Encyclopedia of Color Science

色彩用語事典

日本色彩学会［編］

東京大学出版会

Encyclopedia of Color Science
Ed. by The Color Science Association of Japan
University of Tokyo Press, 2003
ISBN978-4-13-061120-6

野々村仁清（p.367）

青磁（p.291）

茶の湯と色（p.319）

紅型（p.399）

舞楽装束の色彩(襲装束)(p.406)

辻が花(一竹辻が花)(p.328)

ターナー, ジョーゼフ・マラード・ウイリアム(p.306)

マティス, アンリ(p.444)

レオナルド・ダ・ビンチ(p.501)

ティツィアーノ・ヴェチェリオ(p.330)

モンドリアン、ピート（p.472）

クレー、パウル（p.157）

ドローネー、ロベール（p.355）

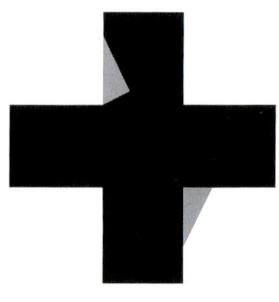

ベナリー効果（p.426）

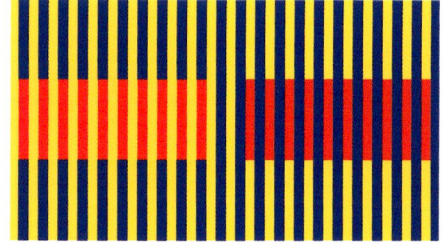

ムンカー-ホワイト効果（p.454）

ハーマン格子錯視（p.369）

ポップ・アート（p.437）

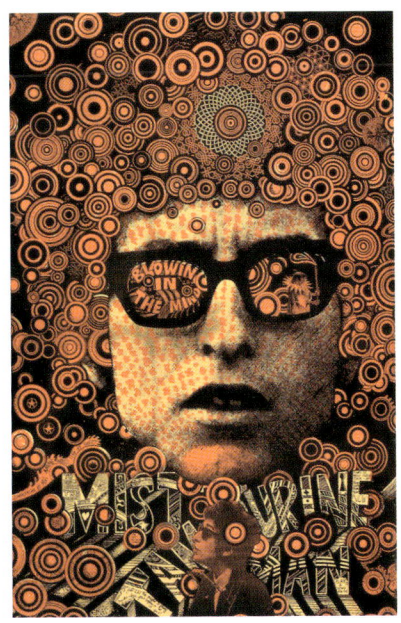

サイケデリック・カラー（p.201）

騒色(p.298)

公共の色彩を考える会(p.175)

公共の色彩賞(p.174)

植栽の色(p.265)

ハイディンガーブラシ現象(p.372)

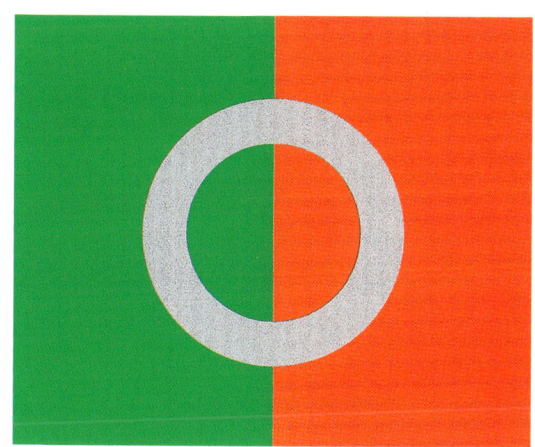

ウェルトハイマーベヌッシ効果
(色科ハンド,口絵・6)(p.64)

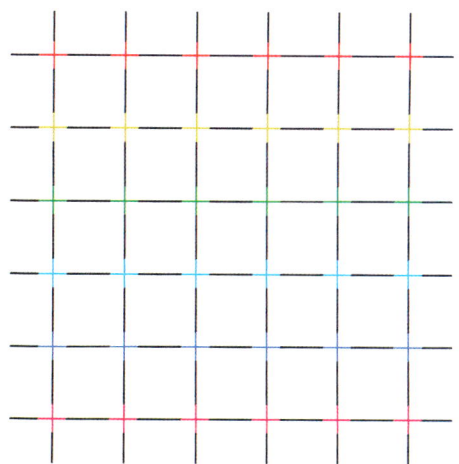

ネオンカラー効果(p.365)

セザンヌ, ポール (p.293)

ゴッホ, フィンセント・ファン (p.192)

スーラ, ジョルジュ (p.276)

カンディンスキー, ヴァシリイ (p.126)

バウハウス（p.373）

ルンゲ、フィーリプ・オットー（p.498）

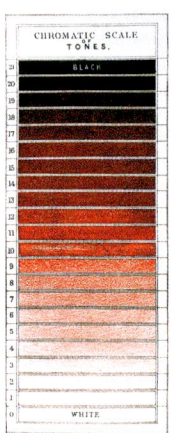

シュヴルールの色彩調和論（p.254）

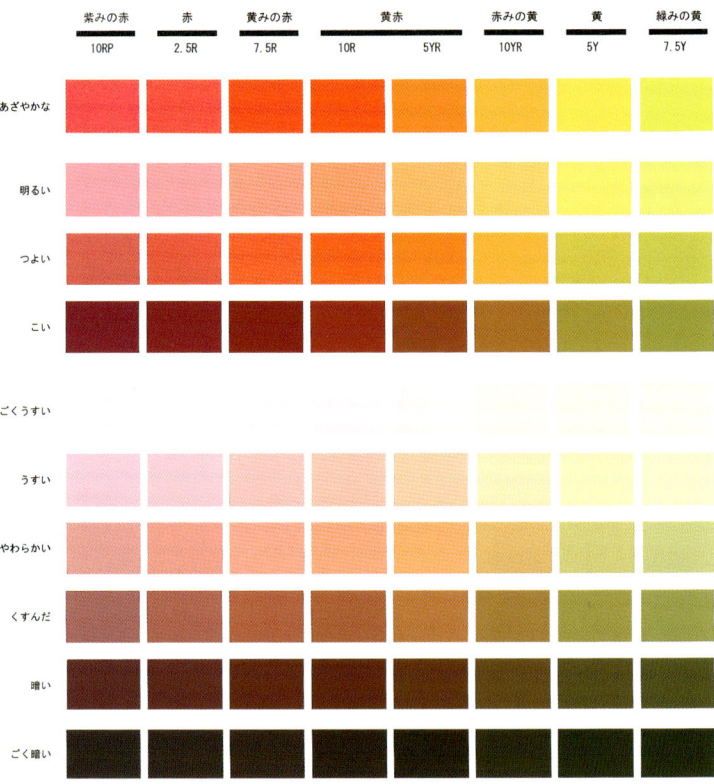

系統色名（p.164）

JIS標準色票（色科ハンド，口絵・4a）(p.211)

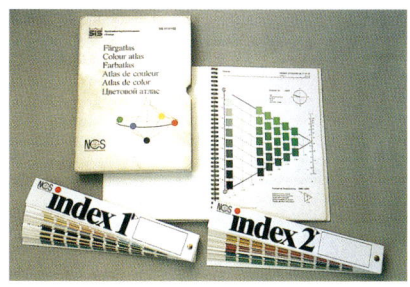
NCS（色科ハンド，口絵・4b）(p.75)

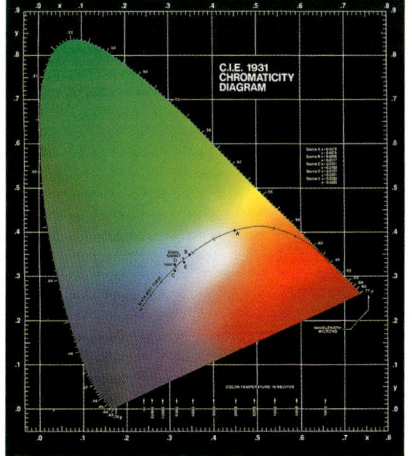
色度図（色科ハンド，口絵・1）(p.238)

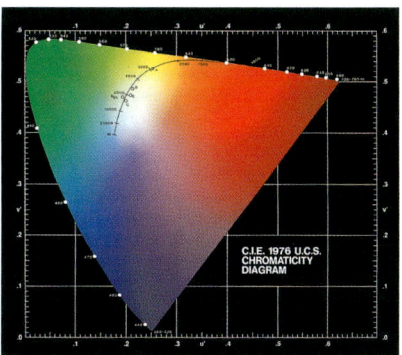
均等色度図（色科ハンド，口絵・2）(p.143)

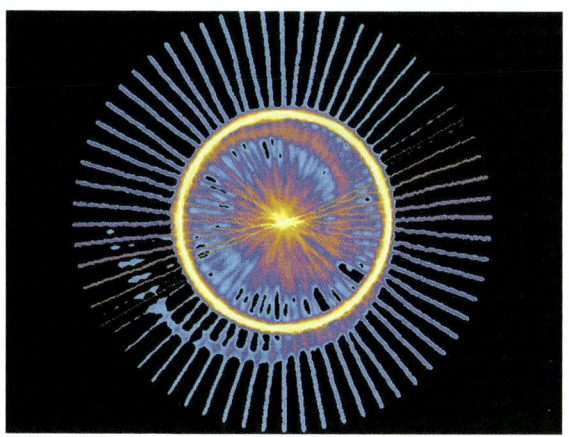
色彩と音楽 (p.228)

ドラクロワ, ウジェーヌ(p.352)

ルーベンス, ペーテル・パウル(p.494)

ルドン, オディロン(p.496)

ヴェネツィア派(p.63)

ステンドグラス(p.280)

ロスコ, マーク(p.507)

ディヴィジョニズム(p.330)

俵屋宗達(p.314)

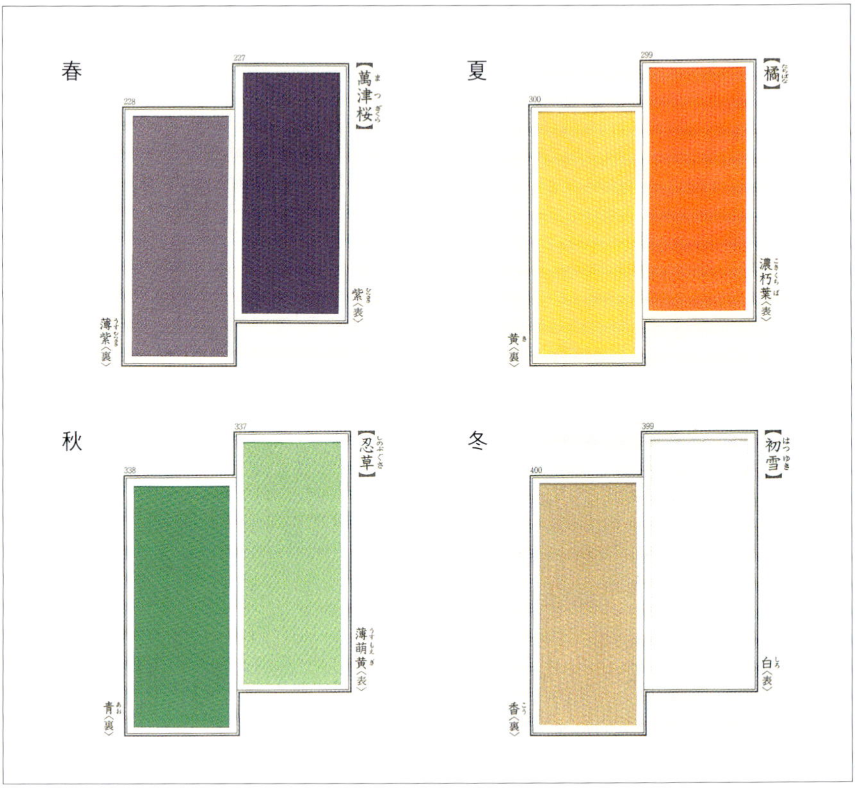

重ねの色目 (p.94)

春 【薫津桜(まつつざくら)】 紫(表) / 薄紫(裏)

夏 【橘(たちばな)】 濃朽葉(こきくちば)(表) / 黄(き)(裏)

秋 【忍草(しのぶぐさ)】 薄萌黄(うすもえぎ)(表) / 青(あお)(裏)

冬 【初雪(はつゆき)】 白(しろ)(表) / 香(こう)(裏)

コントラスト (p.196)

ドミナントカラー (p.351)

ドミナント・トーン (p.352)

序

　古来より美しさの表現に色を用いることが多く，色は私達の生活の一部分として切り離すことのできない存在であった．しかし，社会環境の中で大きく取り上げられることはほとんどなかった．

　私達を取り巻く社会環境が次第に複雑になり，産業的にも色彩を必要とする領域が多くなるに従って，色彩の応用も広い範囲に及び，その研究範囲も今まで考えられなかった分野にまで広がった．色彩の研究が物理，生理，心理学というような基本的な研究から，化学，工学などの技術的な産業部門にも広く用いられ取り上げられるようになると，色彩科学という新しい学問が盛んになった．特に近年のIT産業の飛躍的な進歩は，色彩科学の革新的な進歩と相俟って，色彩の重要性はわれわれの身近かなものになった．

　最近，色彩教育が盛んになり，色彩学を学ぶ希望者が年ごとに激増している現状を見れば，社会的にも色彩学の必要性が見直されていることは明らかである．色彩学が産業界の色彩領域以外の部門でも重要視され，色彩科学の細分化に伴って色彩に関する多数の研究が発表されることは大変好ましいことである．一方，その専門用語も多岐にわたり，研究者それぞれの研究領域から外れた専門外の領域では，用語を理解するために，かなり広い知識と勉強を必要とし，また，新たに色彩学を学ぶ新人達にとっては大きな負担である．

　辞典と事典の相違は，辞典はいろいろな言葉を集めて一定の順序に配列し，その表記法・発音・語源・意味・用法などを記した書物，すなわち辞書，字引で，事典は事物や事柄を表す言葉を集めて一定の順序に配列し，解説を行った書物である．

　今回，日本色彩学会によって企画された『色彩用語事典』は，このような現状をふまえて，編集され，各章は権威ある専門家によって執筆されたものであり，色彩が関係する19分野から1230項目にわたって簡明に解説されており，必要に応じて図や写真が掲載されている．このような内容豊富な色彩事典は，現在までその類書を見ることがなかった．

　かつて1991年に日本色彩学会から発刊した類似の『色彩科学事典』は，「色彩学会ニューズ」のカラーロータリー欄に，色彩科学に関する各種の話題や問題について，随筆風の短い記事を毎号4つずつ掲載したものに，補筆改正して一冊の本に纏めたものであり，本書とは異なるものである．

　また，今から4年前の1998年に，日本色彩学会は旧版の面目を一新した改定第2版『新編色彩科学ハンドブック』（東京大学出版会）を発刊した．本書は色彩科学の基礎から応用まで全般にわたる大著で好評を博している．

　今回の『色彩用語事典』は日本色彩学会が4年ぶりに発刊する快著である．編集にあたられた諸氏の努力に敬意を表し，執筆者の皆様に感謝申し上げる次第である．

2003年1月

　　　　　　　　　　　　　　　　　　　　　　　日本色彩学会長　太田　安雄

刊行にあたって

　色彩に関する関心の広がりはここ数年で目を見張るものがある．その広がりは直接に色彩学に関係しない学問領域の研究者から，向学心に燃えた一般の人まで，領域や，知識のレベルを超えている．これは，新しい時代が今までの枠組みを超えた新しい知のあり方を求めていることに呼応するものと考えられる．色彩学は現代の流行語の一つであるコラボレーションを学問領域で行ってきた学際的な学問であり，それが時代の流れに合い，この広がりが実現したと考えられる．この流れを表す出版は『新編色彩科学ハンドブック』(第2版) (1998年，東京大学出版会)であるが，この『色彩用語事典』はこの学問のコラボレーションをさらに広げ，同時に初学者から専門の研究者のニーズにも応えることを目標として刊行されたものである．

　本書で取り上げられた分野は，色彩の物理学，色彩の化学，色彩の生理学，心理学的測定法，色彩の感覚と知覚，照明，色彩の測定，色彩の表示，自然の色彩・人工の色彩，着色と色彩，画像入出力システム，画像処理と生成，安全色，色彩調和，造形と色彩，社会と色彩，デザインと色彩，衣服と化粧の色彩，商業行為と色彩の19分野を取り上げている．この19分野は学問を構成する基本的な要因と考えられる「科学と文化」，「基礎と応用」が表す2次元空間から色彩学と関係するものとして選ばれた分野であり，その2次元空間での各分野の関係は凡例1の構成の中で図に示してある．これは学問分野での文系と理系，基礎と応用との枠組みをすべて取り去り，色彩学の学際的性質を明らかにした表現である．この19分野が掲載された各項目との関係では，ある項目を包含する大項目（大概念）に相当する．

　知識の壁を乗り越える試みとしては，色彩学全体の枠組みを十分に理解していない初学者のために，各項目の相互関係をわかり易くするために19の大項目の下には，いくつかの中項目（中概念）を作り，その下に掲載された用語である小項目が位置する関係を総目次で明らかにしている．そのため，本事典の項目の配列は五十音順の配列になっているが，総目次では，各項目がこの19の分野の大項目およびその下の中項目に分類，各位置に配置され，色彩全体では各項目がどのような関係になるかがわかるように明示されている．各項目の説明は比較的平易に書くことを目指しながらも，学問的な内容では十分なる知識レベルが得られることを目標に記述されている．さらに多くの知識を求める人のためには，関連項目の明示と，豊富な参考文献を巻末に記載することで，その要求を満たすように心がけた．

2003年1月

編集委員長　鈴木　恒男

色彩用語事典編集委員会 (50音順)

編集委員長　鈴木　恒男

編集委員
内川　惠二　　大関　徹　　岡嶋　克典　　緒方　康二　　後藤　偉男
小町谷　朝生　小松原　仁　城　一夫　　鈴木　恒男　　竹村　和彦
富永　昌治　　中塚　木代春　中山　昌春　長谷川　敬　馬場　護郎
前田　富士男　吉田　豊太郎

執筆者
秋田　宗平　　芦澤　昌子　　阿山　みよし　粟野　由美　　池田　光男
井澤　尚子　　石田　泰一郎　石塚　弘　　　磴　秀康　　　市川　幸治
一條　和彦　　一條　隆　　　市原　茂　　　井筒　與兵衛　出井　文太
伊東　三四　　伊藤　行信　　伊藤　渡　　　稲垣　卓造　　今田　邦彦
今津　玲子　　岩瀬　雅紀　　植木　武　　　上村　清雄　　宇田川　千英子
内川　惠二　　近江　源太郎　大倉　卓二　　大澤　かほる　大関　徹
大竹　史郎　　大田　友一　　大山　正　　　岡嶋　克典　　緒方　康二
苧阪　直行　　尾登　誠一　　加藤　雪枝　　加藤　有希子　金沢　勝
金澤　律子　　金谷　末子　　鹿目　理恵子　河合　正朝　　川上　幸二
川澄　未来子　川添　泰宏　　神作　博　　　北岡　明佳　　北畠　耀
北原　健二　　来海　暁　　　栗木　一郎　　桑原　美保　　鯉田　孝和
郷田　直一　　児玉　晃　　　小寺　宏曄　　後藤　偉男　　後藤　文子
小林　忠雄　　小針　由紀隆　小町谷　朝生　小松原　仁　　小松　英彦
齋藤　美穂　　坂田　勝亮　　坂本　浩一　　佐川　賢　　　櫻庭　美咲
篠田　博之　　篠森　敬三　　島崎　治　　　珠数　滋　　　城　一夫
菅野　理樹夫　鈴木　恒男　　千　方可　　　側垣　博明　　平　不二夫
高橋　啓介　　高橋　晋也　　武井　邦彦　　竹村　和彦　　田島　譲二
辰巳　節次　　田丸　雅也　　多屋　頼典　　千々岩　英彰　出村　洋二
徳井　淑子　　富永　昌治　　鳥居　修晃　　中川　早苗　　中島　恵
中島　由美　　中嶋　芳雄　　永田　泰弘　　中塚　木代春　仲泊　聡
中野　靖久　　中畑　顕雅　　中前　栄八郎　中山　剛　　　中山　昌春
橋本　健次郎　長谷川　敬　　長谷川　博志　花沢　明俊　　馬場　護郎
速水　久夫　　日原　もとこ　日比野　治雄　兵藤　学　　　福士　理
福田　邦夫　　福永　敏明　　舟川　政美　　降旗　千賀子　保坂　健二朗
星野　崇宏　　前田　富士男　前田　正明　　増山　英太郎　松田　博子

色彩用語事典編集委員会

松田　豊	松田　陽子	三浦　佳世	三井　直樹	三井　秀樹
三星　宗雄	宮崎　桂一	向川　惣一	村上　幸三郎	村上　隆
村澤　博人	村山　久美子	室岡　孝	望月　登志子	矢口　博久
矢野　正	矢部　淑恵	山内　誠	山岸　政雄	山田　誠
吉澤　達也	吉田　愼悟	葭田　貴子	吉田　豊太郎	依田　章
和氣　典二	渡辺　明日香			

凡例

1. 項目の構成

この事典は，色彩学を科学と文化，基礎と応用の2次元から構成される学問の広がりと設定し，その広がりを大きく分割し，その区分から大概念（この大概念を項目の分類とする）を設定し，さらにその大概念を構成する中概念を設定し，さらにその中概念を構成する色彩学およびその関連部門でよく使われる比較的知名度の高い用語を見出し項目（見出し語）として 1230 語選定している．

```
                              基礎

              色彩の物理学（物）      色彩調和（調）
              色彩の化学（化）        造形と色彩（造）
              色彩の生理学（生）
              心理学的測定法
                      （心測）
              色彩の感覚と知覚
                      （感知）
                                    社会と色彩（社）
科学 ─────────────────────────────── 文化
              照明（照）
              色彩の測定（測）
              色彩の表示（表）
              自然の色彩・
                  人工の色彩（自人）
              着色と色彩（着）
              画像入出力システム
                      （入出）       デザインと色彩（デ）
              画像処理と生成（画処）  衣服と化粧の色彩（衣化）
              安全色（安）            商業行為と色彩（商）

                              応用
```

2. 配列

見出し語は五十音順に配置した．その場合，清音，濁音，半濁音に関係なく読み方の順位に従った．ただし，同一の読み方の場合は，清音，濁音，半濁音の順位とし，拗音，促音は清音として扱った．

3. 見出し語・解説

1) 見出し語・解説の形式は次のように構成されている．
   見出し語　英語または原語　（分類）
   解説文
2) 見出し語は必ずどの大概念の見出し語かを見出し語，原語の後に（ ）で示す．ある項目は複数の大概念と関係するが，その中で主なもの一つだけの大概念を表示した．
3) 見出し語に対する英語または原語は，訳すことが不適当と思われる項目は省略した．
   例）　重ねの色目　　隈取

4. 表記
1) 表記は原則として当用漢字，現代仮名づかいに従った．
2) 見出し語の人名表記で，美術関係は原則として新潮『世界美術辞典』（新潮社）に従い，その他は『心理学事典』（平凡社），『科学大辞典』（丸善）に従った．ただし，本文中はこの表記には従わないものもある．
　　　例）　カンディンスキー，ヴァシリィ　　ゴッホ，フィンセント・ファン
3) 見出し語の日本人以外の姓名には原語表記を併記し，日本人はローマ字表記は行わない．
　　　例）　シュタイナー，ルドルフ（Rudolf Steiner）　　尾形光琳
4) 原則として人物の生没年は文中に記載することはなく，その人物名を索引に記載し同時に生没年を記載した．
　　　例）　ウェッジウッド，ジョサイア（1730–95）
　　　　　　オストワルト，フリードリッヒ，ウェルヘルム（1853–1932）
5) 単位については波長を表すのに nm，温度を表すのに K を使用するなど国際単位系（SI）を使用した．
6) 三刺激値を X, Y, Z，色ベクトルを X, Y, Z と表すなど，量記号を斜体で表し，必要に応じ立体（質・条件の差を示す）または斜体（特定の量記号との関係を示す）の添え字を付けた．
7) 本文中の人名の原語表記（年号）は引用した参考文献を表し，項目の末尾にはそれらの参考文献を明示してある．
　　　例）　Hunt (1985)　　Kelly, K.L. and Judd, D.B. (1955)
8) 口絵には見出し項目名と（　）内に掲載されている頁を表記した．

5. 文中記号の説明
1) 解説の下に→で書かれた項目は，その項目を理解するのに助けとなる関連見出し語を表している．
　　　例）　→因子分析　　→赤化粧
2) ◇で書かれた用語は同義語であることを表している．
　　　例）　カーボンブラック　◇油煙，松煙　　吸光度　◇光学濃度
3) ◆は参考文献を表す．参考文献の詳細は巻末にまとめて掲載した．
　　　例）　◆ Cheskin, L. (1956)　　◆青木 (2001)

6. 略号の表し方
1) 見出し語の分類は以下の略記で示す．

略記	大概念	略記	大概念
（物）	色彩の物理学	（入出）	画像入出力システム
（化）	色彩の化学	（画処）	画像処理と生成
（生）	色彩の生理学	（安）	安全色
（心測）	心理学的測定法	（調）	色彩調和
（感知）	色彩の感覚と知覚	（造）	造形と色彩
（照）	照明	（社）	社会と色彩
（測）	色彩の測定	（デ）	デザインと色彩
（表）	色彩の表示	（衣化）	衣服と化粧の色彩
（自人）	自然の色彩・人工の色彩	（商）	商業行為と色彩
（着）	着色と色彩		

凡例

2) 引用欧文誌の略号には次のようなものがある．

欧 文 誌 名	略　　号
Acta Physiologica Scandinavica	Acta Physiol. Scand.
American Journal of Psychology	Am. J. Psychol.
American Psychologist	Am. Psychol.
Annales d'Oto-Laryngolgie et Chirurgie Cervico Faciale	Ann. Oto-Lar.
Applied Optics	Appl. Opt.
Archives of Neurology	Arch. Neurol.
Archives of Ophthalmology	Arch. Ophthalmol.
Behavior Research Methods and Instrumentation	Behav. Res. Methods Instrum.
British Journal of Psychology	Brit. J. Psychol.
Bulletin of Psychonomic Society	Bull. Psychonomic Soc.
Color Research and Application	Color Res. Appl.
Communication ACM	Comm. ACM
Computer Graphics and Image Processing	Comp. Graph. Imag. Proc.
European Journal of Neuroscience	Europ. J. Neurosci.
IEEE Computer Graphics and Applications	IEEE Comput. Ggraphics Applic.
Illuminating Engineering	Illum. Eng.
International Journal of Computer Vision	Int. J. Comput. Vision
Investigative Ophthalmology and Visual Science	Invest. Ophthalmol. Vis. Sci.
Japanese Psychological Research	Jap. Psychol. Res.
Journal de Physiologie et de Pathologie Generale	J. Physiol. Pathol. Gen.
Journal of Comparative Neurology	J. Comp. Neurol.
Journal of Experimental Psychology	J. Exp. Psychol.
Journal of General Physiology	J. Gen. Physiol.
Journal of General Psychology	J. Gen. Psychol.
Journal of Human Evolution	J. Hum. Evol.
Journal of Imaging Technology	J. Imaging Technol.
Journal of Neurology, Neurosurgery and Psychiatry	J. Neurol. Neurosurg. Psychiat.
Journal of Neurophysiology	J. Neurophysiol.
Journal of Optical Society of America	J. Opt. Soc. Am.
Journal of Photographic Science	J. Photogra. Sci.
Journal of Physiology	J. Physiol.
Journal of the Society of Dyers and Colourists	J. Soc. Dyers Colourists
National Academy of Science and Letters	Natl. Acad. Sci. Lett.
Pflugers Archiv für die Gesamte Physiologie	Pflugers Arch. Ges. Physiol.
Photograhic Science and Engineering	Photogr. Sci. Eng.

欧文誌名	略号
Proceedings of Physical Society, London General Physics	Proc. Phys. Soc. London Gen. Phys.
Proceedings of the National Academy of Science of the United State of America	Proc. Natl. Acad. Sci. USA
Proceedings of the Royal Society of London	Proc. Roy. Soc. London
Proceedings of the Royal Society of London Series A, Physical Science	Proc. Roy. Soc. London A
Phychologische Forschung	Phychol. Forsch.
Psychological Bulletin	Psychol. Bull.
Psychological Review	Psychol. Rev.
Revue d'Optique	Rev. d'Optique
Scientific American	Sci. Amer.
SID International Symposium : Digest of Technical	SID Int. Sym. Dig. Tech. Papers
Trends in Neurosciences	Trends Neurosci.
Vision Research	Vis. Res.
Zeitschrift für Angewandte Psychologie und Psychologische Forschang	Z. Angew. Psychol.
Zeitschrift für Technische Physik	Z. Tech. Phys.
Zeitschrift für Wissenschaftliche Photographie, Photophysik, und Photochemie	Z. Wiss. Photogr.

3) 日本語文献の略記は次に従う.

　　全文 『新編 色彩科学ハンドブック』　　略記 「色科ハンド」
　　　　東京商工会議所編　　　　　　　　　　　東商編

4) 機関名等の略称は次のようなものがある.

AIC	Association Internationale de la Couleur
ASA	American Standards Association
ASTM	American Society for Testing Materials
BAM	Bundesanstalt für Materialforschung und -prüfung
CIE	Commission Internationale de l'Eclairage
DIN	Deutsche Industrie-Norm
ISCC	Inter-Society Color Council
ISO	International Organization for Standardization
JIS	Japanese Industrial Standard
NIST (旧, NBS)	National Institute of Standards and Technology
NPL	National Physical Laboratory
NRC	National Research Council of Canada
OSA	The Optical Society of America
PTB	Physikalisch Technische Bundesanstalt

SMPTE	Society of Motion Picture and Television Engineers
TAPPI	Technical Association of the Pulp and Paper Industry

7. 索引

1) 本文中に記述され，その項目の理解に重要な用語は索引として巻末に付して検索を容易にした．
2) 索引には見出し項目も加え，項目であることを太字頁で示した．
3) 索引の人名表記は表記 2) の記述方法に準じ，本文中の記述とは異なることがある．

  例) 索引：ウェイデン，ローヒル・ヴァン・デル
     本文：ローヒル・ヴァン・デル・ウェイデン

     索引：トゥルーズ＝ロートレック，アンリード
     本文：ロートレック

8. 執筆者名

各項末に ( ) で示した．複数の筆者で共同執筆した場合は同様項末に連名で示した．

総目次

色彩の物理学（物）

光の定義

光（388）　紫外放射（212）　自然光（246）
赤外放射（293）　光（量）子（178）
光学濃度（173）　ニュートン（363）

光の特性

拡散（93）　ランベルト–ベールの法則（486）
屈折（148）　スネルの式（282）　散乱（208）
隠蔽力（59）　クベルカ–ムンクの法則（149）
サウンダーソン補正（202）　干渉色（123）
ブロンジング（417）　2色性（362）　偏光（430）
色収差（38）　再帰反射（201）
蛍光と燐光（163）　サーモクロミズム（200）

色彩の化学（化）

化学と色彩

色と化学構造（40）　発色団と助色団（377）
電子遷移（338）　基底状態（133）
励起状態（499）　光退色（388）

顔料

1次粒子（28）　分散（420）
有機顔料と無機顔料（476）
パールマイカ顔料（370）　真珠光沢顔料（269）
体質顔料（308）　レーキ顔料（500）
光輝顔料（173）　蓄光顔料（318）
蛍光顔料（162）　フリップフロップ効果（412）

染料

染着機構（297）　移染（27）　天然染料（339）
蘇芳（277）　茜（8）　藍（4）　合成染料（182）
酸性染料（205）　酸性媒染染料（206）
酸化染料（204）　塩基性染料（78）
油溶性染料（479）　分散染料（420）
建染染料（313）　蛍光増白剤（162）
カラーインデックス（104）

陶磁器の化学

酸化焼成（203）　還元焼成（122）
金属元素の呈色（142）
金属コロイドの呈色（142）　呉須（190）
釉（476）

色彩の生理学（生）

眼の構造

眼光学系(角膜, 虹彩, 瞳孔, 硝子体)（122）
眼球（121）　視軸（245）　水晶体（273）
アクロマタイジングレンズ（10）　網膜（464）
視細胞（244）　中心窩（323）　視神経（245）
黄斑部（82）　盲点（464）　視物質（249）
ロドプシン（508）　褪色（309）　錐体（274）
桿体（125）　S錐体分布（71）　過分極（101）
桿体の侵入（125）　Sポテンシャル（73）
錐体分光感度関数（274）
ダートナルの標準曲線（305）

大脳と視神経

大脳視覚野（V1野）（310）
大脳視覚前野（V2, V4野）（309）
大脳視覚領（下側頭皮質（IT野））（310）
受容野（259）　色受容野（38）
二重反対色型細胞（361）　二重職務仮説（361）
大細胞層（308）　小細胞層（261）

生理学的測定法

吸引電極法（137）　吸光度（137）
微小分光測光法（391）
網膜視物質濃度測定（465）　fMRI（76）

色覚の多様性

色覚異常（216）　混同色中心（195）
中性点（323）　1色型色覚の特徴（28）
大脳性色覚異常（311）　夜盲症（474）
色失認症（37）　色失語症（37）
色名呼称障害（241）
マカクサル（の色知覚）（441）
動物・昆虫の色覚（345）

心理学的測定法（心測）

刺激と評価者

標準刺激（396）　比較刺激（388）
変化刺激（429）　被験者（389）　官能検査（127）

心理物理学的測定法

心理（精神）物理学的測定法（271）　調整法（325）
極限法（139）　上下法（260）　恒常法（181）
直線補間法（326）　正規補間法（290）
正規グラフ法（290）
ミューラー–アーバン法（451）
プロビット法（415）　閾値（25）
閾値とその測定法（25）
閾値の決定に影響する要因（26）
刺激閾（242）　弁別閾（431）
上弁別閾にあたる値（263）
下弁別閾にあたる値（101）　識別閾（239）
増分閾値（300）　刺激頂（244）　等価値（341）
主観的等価値（256）　リッコの法則（488）
ブンゼン–ロスコーの法則（421）
ブロックの法則（415）

尺度構成法

尺度構成（250）　直接尺度構成（法）（325）
間接尺度構成（法）（123）　一対比較法（29）
評定尺度法（397）

心理量と物理量の関係

ウェーバーの法則（62）　ウェーバー比（63）
フェヒナーの法則（402）

スティーブンスのべき法則（280）
心理物理量（271）

多次元の解析法

SD法（71）　SD法の実施（72）
SD法の形容詞の選択（72）
SD法のデータ処理（72）　因子分析（56）
因子負荷量（56）　因子得点（55）
バリマックス回転（379）　主成分分析（257）
重回帰分析法（253）　数量化理論（276）
多次元尺度構成法（312）

色彩の感覚と知覚（感知）

感覚と知覚

色感覚（35）　色知覚（39）　感覚属性（120）
感覚様相（120）　モダール間現象（465）
共感覚（138）　色聴（237）

感覚と知覚の測定法

増分閾法（300）　2色閾値法（361）
閾値検出モデル（25）　確率的足し合わせ（94）
足し合わせ係数（312）　空間的足し合わせ（147）
両眼隔壁法（491）　2分視野（362）
同時比較と継時比較（344）
MDB法（最小境界識別法）（76）
非対称カラーマッチング法（392）
対応色（306）　カラーネーミング法（111）
色相キャンセレーション法（235）

色覚および色の見えのモデル

色覚モデル（218）　ヤング（474）
ヘルムホルツ（428）　三色説（205）
ヘーリング（424）　反対色応答（384）
反対色（383）　色覚段階説（217）
π メカニズム（372）
ルミナンスチャンネル（497）
カラーアピアランス（103）
色の見えモデル（52）
レティネックス理論（503）
ランドの2色法（485）

色彩知覚特性

色弁別（53）　波長弁別関数（376）
等色相線（343）　ユニーク色（479）
ライトのダッシュ（482）　錐体空間（274）
カーディナル色空間（90）　色名（240）
基本色名（135）　カテゴリカル色知覚（99）
白みと黒み（268）　スティーブンス効果（279）
明所視（457）　暗所視（17）　薄明視（375）
プルキンエ現象（414）

属性間の交互作用

色の三属性の交互作用（48）
ヘルムホルツ−コールラウシュ効果（428）
ベツォルト−ブリュッケ・ヒューシフト（425）
不変波長（409）　ヘルソン−ジャッド効果（427）
カラードシャドー（111）　ハント効果（384）
カラフルネス（119）　アブニー効果（13）

色彩の空間的影響

色の空間的影響（47）　視角（212）
面積効果（462）　小視野トリタノピア（262）
視野（249）　色視野（37）
ガンツフェルト（126）　固視点（189）
静止網膜像（291）　2刺激光の相互作用（360）
誘導現象（478）　図と地（281）　分割線（417）
ベナリー効果（426）　透明視（346）
図になりやすい色（282）　主観的輪郭（256）
ネオンカラー効果（365）　色対比（39）
対比（311）　キルシマンの法則（141）
ウェルトハイマ−ベヌッシ効果（64）
ティッシュ・エフェクト（331）　色同化（40）
ムンカー−ホワイト効果（454）
ベツォルトの同化現象（425）
ハーマン格子錯視（369）　側抑制（302）
色のエイリアシング（45）
クレイク−オブライエン効果（156）
マッハ効果（444）　エンド・エフェクト（80）
コントラスト感度関数（196）
インパルス応答（59）　色度格子縞（238）
輝度格子縞（133）

色彩の時間的影響

色の時間的影響（48）　色の短時間呈示（50）
臨界呈示持続時間（492）
時間的コントラスト感度(関数)（214）
刺激提示開始時刻ずれ（244）
メタコントラスト（459）
交照法（180）　色と色名の応答時間（41）
2刺激光の相互作用（360）
時間的足し合わせ機能（214）
見えの持続（448）
フェリー−ポーターの法則（402）
ブロカ−ズルツァー効果（414）　色順応（38）
明順応(閾値)（457）　暗順応（16）
選択的色順応（296）
フォン・クリース色順応メカニズム（405）
不完全順応（406）　順応白色（260）
順応視野（259）　主観色現象（255）
ベンハム・トップ（431）　残像（207）
時間対比（213）　方位随伴性色残効（433）

その他の色彩知覚現象

スタイルズ−クロフォード効果（279）
マックスウェル視光学系（443）
ハイディンガーブラシ現象（372）
ブルーアーク現象（412）　両眼色融合（490）
充塡（254）　色の運動視（45）
開眼手術者の色知覚（90）
ランダム・ドット（485）　テクスチャー（333）
光沢感（183）　グレア（155）
色の現れ（見え）方（42）　表面色（398）
面色（462）　空間色（146）　物体色（408）
物体色の見え（408）　開口色（91）
リダクションスクリーン（還元衝立）（488）
関連色（129）　無関連色（453）　光源色（176）
輝面色（136）　色恒常性（35）
明度の恒常性（458）　恒常性指数（179）
ゲルプ効果（167）　色の記憶（46）
色記憶のカテゴリー性（35）　記憶色（131）
ストループ効果（281）　好ましい肌色（193）
色の視認性（49）　色の誘目性（52）
可読閾（100）　可読性（100）

暗い所で目立つ色（150）　目立ちやすさ（459）
目立つ色の組合わせ（460）

色彩の効果

色彩と感情（230）　色彩感情（219）
色彩の心理的意味（232）
色彩の共感覚効果（230）
色の膨張・収縮（51）　色の進出・後退（49）
色の暖・寒（50）　色の軽・重（47）
色彩と象徴（230）　色の象徴性（49）
カラーイメージ（104）　色彩象徴検査（224）
カラーピラミッドテスト（115）
ロールシャッハ法（506）　色彩嗜好（220）
色彩嗜好と性差（222）　色彩嗜好の変遷（223）
色彩嗜好の経年効果（223）
色彩嗜好と加齢（221）　色彩嗜好と年齢差（222）
色彩嗜好と条件づけ（222）
色彩嗜好とマンセル色票系との関連（223）
色彩嗜好とオストワルト色票系との関連（221）
色彩嗜好とNCSとの関連（221）
好ましい色（193）　色と形の効果（40）
色彩論（234）　実験美学（247）
色の感性評価（46）　美度（393）　色の調和（51）
色彩調和色空間（225）　色彩調和論（226）
色彩調和の実験的研究（225）

照明（照）

光と明るさの定義

可視放射（95）　単色放射（316）　放射量（434）
スペクトル（283）　分光分布（419）
スペクトル応答関数（284）　明るさ（9）
放射の視感効果度（434）　分光視感効率（418）
視感反射率（215）　測光量（303）
交照測光法（178）　単一変数の原理（314）
明所視（457）　暗所視（17）　薄明視（375）
異色測光（27）　アブニーの法則（13）
光束発散度（183）　光束（183）　光度（185）
照度（262）　輝度（133）　輝度の比視感度（134）
網膜照度（465）　ランベルトの余弦法則（486）
照度分布（263）　立体角（488）

光源

北空昼光（132）　昼光（322）　測色用光源（302）
常用光源（264）　基準光（イルミナント）（131）
測光標準電球（303）　蛍光ランプ（164）
蛍光（162）　白熱電球（374）
ハロゲン電球（380）　HIDランプ（68）
キセノンランプ（132）　水銀ランプ（273）
ナトリウムランプ（357）
メタルハライドランプ（460）
発光ダイオード（377）
エレクトロルミネセンス（78）　レーザ（501）
光ファイバー（389）

光源の色の表示

演色性（79）　色温度と相関色温度（34）
黒体（放射）（187）　光色（181）

光センサ

光電変換素子（184）　光電流（185）
フォトダイオード（403）　光電子増倍管（184）

色彩の測定（測）

測定方法と機器

反射および透過物体色の測定方法（381）
光源色の測定方法（177）　分光測色方法（419）
反射率（383）　正反射率（292）　透過率（342）
完全拡散面（124）
標準白色面と常用標準白色面（397）
視感度と分光視感効率（215）
測色標準観測者（301）
照明と観測の幾何条件（264）
標準光源と常用光源（395）
標準イルミナント（395）　積分球（293）
分散素子（421）
モノクロメータとポリクロメータ（467）
迷光（456）　刺激値直読方法（243）
ルータの条件（494）　光電色彩計（184）
色彩計（219）　視感測色方法（213）
比色（391）　比色計（391）
加法混色色彩計（102）　変角測色（429）

ゴニオアピアランス（192）　金属色（143）
蛍光物体色（163）　光沢度（183）
像鮮明度（300）

色彩の表示（表）

混色系

色と色彩（41）　混色（194）　測色量（302）
等色方程式（345）　色三角形（36）
色ベクトル（53）　RGB 表色系（3）
XYZ 表色系（74）　加法混色（101）
グラスマンの法則（151）　原色（169）
基礎刺激（132）　負の混色（408）
アリクネ（14）　明度係数（458）
ルミナンス・ファクター（498）　虚色（140）
等色関数（344）　単色記法と三色記法（316）
三刺激値（205）　色度(値)（237）　色度図（238）
（刺激）純度（242）　純紫軌跡（259）
刺激純度と輝度純度（243）
主波長と補色主波長（258）
スペクトル軌跡（285）
昼光軌跡（322）　オプティマル・カラー（88）
補色（436）　色合わせ（33）　等色（344）
等色と同色（344）　条件等色（261）
観測者条件等色（125）　照明光条件等色（263）
国際照明委員会（186）　国際色彩学会（186）
有限次元線形モデル（477）

均等色空間

マックアダムの楕円（443）　均等色空間（143）
均等色度図（143）　CIELAB（209）
CIELUV（209）　メトリック量（461）
色差（218）　色差パラメータ（235）
OSA 表色系（83）　色の許容差（46）
白色度と黄色度（374）

カラーオーダーシステム

カラーオーダーシステム（105）
色の三属性（47）　標準色票（396）
色票と色票集（239）　色立体（54）
マンセル（446）　マンセル表色系（447）
彩度（201）　無彩色と有彩色（453）

色相（235）　明度（458）
クロマチックネス（159）
オストワルト表色系（86）
カラーハーモニー・マニュアル（112）
NCS（75）　PCCS（386）

色名

系統色名（164）　慣用色名（128）

自然の色彩・人工の色彩（自人）

自然現象の色彩

青空の色（7）　虹の色（361）
シャボン玉の色（253）

動物の色彩

動物の色（345）　動物の色素（346）
真珠色（269）　構造色（182）　肌色（376）
隠蔽色（59）　威嚇色と警告色（24）

植物の色彩

植物の色（267）　植物色素（267）　花の色（377）
葉の色（378）

鉱物の色彩

宝石の色（435）　土の色（328）

人工の色彩

視感調色（214）　偏色判定（431）　識別性（240）
印刷の色（55）　草木染め（147）
化粧品の色（167）　マーキングフィルム（441）
プラスチックの色（410）　繊維の着色（296）
塗料の色（354）　郵便ポストの色（478）
食品の色（266）
飲み物に使用される色素（367）
アイボリーペーパー（6）

変色と退色

変色と退色（430）　耐候性（307）　堅牢度（172）
グレースケールとブルースケール（156）
黄化，漂白，青み付け（81）　黄変（82）

着色と色彩（着）

着色材料

顔料（128）　顔料分散（129）　展色剤（339）
カーボンブラック（90）
アイボリー・ブラック（6）
二硫化モリブデン顔料（364）
着色マイカ顔料（319）　アルミニウム顔料（15）
着色アルミニウム顔料（319）
シリカフレーク顔料（267）　板状酸化鉄（383）
UV硬化塗料（476）　溶剤系塗料（481）
フタロシアニン（407）
フタロシアニン・フレーク（407）
ラッカー（484）　光輝材（174）
クリスタルシャイン（154）

着色の方法と関連事項

鍍金（460）　表面着色（398）　材料着色（202）
原液着色（168）　コーティング（186）
コンダクティブ・インキ（195）
コンダクティブ・ヤーン（195）　号口色（176）
ボディーカラー（439）
エクステリアカラー（70）
ブラックアウト（410）　バイカラー効果（371）
トリムカラー（353）　CAB（209）
ヘリコーン（427）　比色（391）

繊維の着色

糸染め（30）　先染め（203）　後染め（12）
トップ染め（351）　捺染（357）　抜染（377）
防染（435）　綿染め（510）
モルフォクロス（471）
ウォータージェットとウォータージェット式織機（65）

塗装

焼付け塗装の塗膜構成（473）
アンダーコーティング（21）
プリ・トリートメント（411）
自動車の中塗り・上塗り塗装機とそのシステム（248）
プライマー（410）　セット中塗り（294）
クリアーコート（152）　カラークリアー（107）
チッピング（319）　色替え（34）
RWBシステム（4）　ノンボラ（368）
焼付け塗装（473）　塗膜の研磨方法（351）
エア霧化塗装（68）
エア霧化静電塗装（REA塗装機）（68）
回転霧化静電塗装機（ベル塗装機）（92）
静電塗装（292）　ロールコーター塗装（506）
アニオン・カチオン電着塗装（13）
ED塗装（23）　真空蒸着（268）
耐酸性雨塗料（308）　二液硬化型塗料（360）
粉体塗料（422）　ハイソリッド型塗料（371）
グラファイト塗料（152）　ウレタン塗料（66）
塗料循環装置（354）　乾燥炉（124）
塗装膜厚（350）　G値（210）
スムーズネス（287）　揮発性有機化合物（135）
エイジング（68）　塗装の不具合（349）
塗料で使用する独特な色用語（354）
PWCとPVC（387）　黄変（82）

画像入出力システム（入出）

色再現の基本原理

分光的色再現（419）　測色的色再現（301）
対応する色再現（307）　等価な色再現（341）
正確な色再現（290）　好ましい色再現（193）
色再現域（35）　画像における主観評価法（95）
画像における対比効果（96）
空間周波数特性（146）　MTF（76）
解像力（92）　色分解（52）

写真

カラーネガフィルム（112）
カラーリバーサルフィルム（118）
カラー拡散転写方式（105）　減法混色（171）
ガンマ（128）　濃度（366）
平行光濃度と拡散光濃度（423）
中性濃度フィルタ（324）　鮮鋭度（296）
粒状度（490）　3色分解撮影方式（205）

印刷

凸版印刷（351）　平版印刷（423）　網点（14）

スクリーン線数（278）　ドットゲイン（350）
スキャナ（277）　ノイゲバウアーの式（366）
UCR（下色除去）（477）　GCR（209）
SCID（277）　モアレ（464）

画像の入出力

イメージセンサ（32）　ディジタルカメラ（330）
CCD（210）　カラーファクシミリ（115）
カラーカメラのホワイトバランス（106）
マルチバンドカメラ（445）
フルカラーディスプレイ（413）
REC709（502）　カラー画像（105）
シャドーマスク（252）　HDTV（69）
NTSC（75）　YIQ信号（510）
ルミナンス（輝度）信号（497）
クロミナンス（色差）信号（159）
インタレース（58）　LED（77）
液晶ディスプレイ（69）
インクジェット記録方式（54）
昇華型プリンタ（260）　電子写真（338）
キャリブレーション（136）　画素と画素値（98）
分光感度（418）

カラーマネジメント

カラーマネジメントシステム（118）
画像におけるカラーマッチング（95）
DTP（331）　sRGB色空間（70）
フォトYCC色空間（404）
色域マッピング（215）
デバイスプロファイル（336）
PCS（386）　デバイス依存色（335）
デバイス独立色（335）　限定色表示（171）
ルックアップテーブル（495）

画像処理と生成（画処）

基本原理

反射モデル（382）　相互反射（298）
拡散反射（94）　鏡面反射（138）
2色性反射モデル（362）　画像の標本化（96）
標本化定理（397）　サブサンプリング（203）
画像の符号化（97）　画像の量子化（97）

画像の圧縮（96）

画像処理

コンピュータビジョン（198）
クラスタリング（151）　K–L展開（161）
カラー特徴空間（110）
カラーヒストグラム（114）　色度平面（239）
灰色仮説（370）　フォン・クリース変換（405）
アンシャープマスク（16）　領域分割（490）
エッジ検出（74）　JPEG（212）
誤差拡散法（188）
ニューラルネットワーク（364）

画像生成

コンピュータグラフィックス（197）
フォーンモデル（404）
トーランス–スパロウモデル（347）
テクスチャーマッピング（334）
スキャンライン法（278）　Z–バッファ法（295）
バンプマッピング（385）　レンダリング（504）
レディオシティ法（503）
有限次元線形モデル（477）
レイトレーシング法（499）
レティネックス理論（503）

安全色（安）

危険と注意（131）　安全色と安全標識（18）
安全標識板（21）　再帰性反射標識（200）
航空灯火（176）　航空標識（176）
交通信号の色（184）　踏切の色彩（409）
配管識別（371）　誘導・警告ブロック（478）

色彩調和（調）

色彩調和論

色の調和（51）　色彩調和色空間（225）
色彩調和論（226）　色彩調和の実験的研究（225）
色彩調和論の類型（227）　ジャッド（251）
ジャッドの色彩調和論（251）
シュヴルール（254）
シュヴルールの色彩調和論（254）

フィールド（401）
フィールドの色彩調和論（401）
オストワルト（84）
オストワルトの色彩調和論（85）
カラーハーモニー・マニュアル（112）
イッテン（29）　イッテンの色彩調和論（29）
マンセル（446）
ムーン‒スペンサーの色彩調和論（452）
ゲーテ（165）　ゲーテの色彩調和論（166）
ルード（494）　ビレン，フェーバー（398）
カラー・キー・プログラム（106）

色彩調和の技法

ドミナントカラー（351）　従属色（253）
アクセントカラー（10）
カラードミナント（111）　トーナル配色（347）
ドミナント・トーン（352）
マルチカラー配色（445）
スプリットコンプリメンタリー（283）
コンプリメンタリー（198）
コントラスト配色（197）　カラーアソート（103）
トーン・オン・トーンとトーン・イン・トーン（348）
フォ・ユニ（404）
カマイユとフォ・カマイユ（102）
ヒュー・アンド・トーン（393）
トーン（348）　オンブレ（89）
エンファシス（重点）（80）
グラデーション（階調）（152）
コントラスト（対比）（196）
セパレーション（分離）（296）
ハーモニー（調和）（369）　バランス（均衡）（378）
プロポーション（比例）（416）
レペティション（反復）（504）
リズム（律動）（487）　ユニティー（統一）（479）
カラーバランス（113）
コンプレックスハーモニー（198）
ナチュラルハーモニー（357）
色相の自然連鎖（236）
ツートーン・カラー（327）
PCCSの色相配色（387）　トリコロール（353）
ビコロール（390）　均衡点（141）
色相分割による配色の形式（236）

造形と色彩（造）

美術（絵画・彫刻・工芸・応用美術・建築）の基本概念

① 色と光の属性

色と色彩（41）　光（388）　色の三属性（47）
無彩色と有彩色（453）　色相（235）
明度（458）　彩度（201）
ヒュー・アンド・トーン（393）
画素と画素値（98）

② 色の感覚と知覚

色彩の心理的意味（232）　色の感性評価（46）
実験美学（247）　美度（393）　感覚属性（120）
感覚様相（120）　色知覚（39）
色の現れ（見え）方（42）　表面色（398）
面色（462）　物体色（408）　物体色の見え（408）
空間色（146）　光源色（176）　構造色（182）
固有色（194）

③ 色の表示

カラーオーダーシステム（105）
カラーアトラス（103）　原色（169）
三原色（絵の具の，減法混色の）（204）
三色説（205）　色相（235）　色立体（54）
基本色名（135）　慣用色名（128）
ティント（333）　シェイド（211）
トーン（348）　反対色（383）　補色（436）
残像（207）　色の進出・後退（49）
色の暖・寒（50）　色対比（39）　対比（311）
テクスチャー（333）　色価（216）

④ 色彩調和論

色彩論（234）　色の調和（51）
色彩調和論（226）　色彩調和論の類型（227）
ゲーテの色彩調和論（166）
シュヴルールの色彩調和論（254）
フィールドの色彩調和論（401）
ジャッドの色彩調和論（251）
ハーモニー（調和）（369）
コントラスト（対比）（196）
バランス（均衡）（378）

プロポーション(比例)(416)
リズム(律動)(487)　黄金比(81)

⑤ 色を作る
混色(194)　加法混色(101)　減法混色(171)
色彩モンタージュ(234)

⑥ 色と形
色と形の効果(40)　図と地(281)
色の空間的影響(47)　建築色彩(170)
環境色彩(121)

⑦ 色の心理的効果
カラーイメージ(104)　リアリズム(487)
色の意味(43)　色彩感情(219)
色彩と感情(230)　色彩の共感覚効果(230)
共感覚(138)　色彩と象徴(230)
色彩文化(232)　重ねの色目(94)
基本色名の発達(135)

技法・材料

① 絵画
フレスコ画(414)　ステンドグラス(280)
テンペラ(340)
キアロスクーロ(明暗法あるいは濃淡法)(130)
カンジャンテ(122)　スフマート(283)
色彩遠近法(219)
ディヴィジョニズム(分割主義)(330)
点描(339)　クレヨン画(158)　パステル(375)
ポリクロミー(439)　モノトーン(467)
暗色問題(16)　アトリエと光(12)

漆絵(65)　白描画(375)　墨と墨色(287)
やまと絵(473)　曼荼羅(447)
丹絵と紅絵(314)　きら摺り(雲母摺)(140)
藍絵(5)　金箔(144)　裏彩色と裏箔(65)
具(146)　暈繝(66)　紅花緑葉(173)
炭(286)　擦れ・古び・枯れ(288)
ぼかし(暈し)(435)　色つや(39)　継紙(327)

② 彫刻・工芸・応用美術ほか
クロワゾネ(160)　ラスター彩(483)
フローラ・ダニカ(414)　王者の青(82)

ブラック・バサルト(410)　ミナイ手(450)
ブルー・フルーテッド(413)
カラーネガフィルム(112)
カラーリバーサルフィルム(118)
ディジタルカメラ(330)　電子写真(338)
ベネトンのカラー計画(426)

色絵磁器(34)　伊万里焼(31)　色鍋島(42)
織部焼(89)
瀬戸(黄瀬戸,瀬戸黒,黒織部)焼(295)
九谷焼(148)　信楽焼(213)
志野(鼠志野,赤志野)焼(249)　備前焼(391)
火襷(392)　楽焼(黒楽,赤楽)(483)
白陶(374)　黒陶(187)　白磁(373)
青磁(291)　三彩(唐三彩)(204)　五彩(188)
景徳鎮(165)　金襴手(144)　染付(304)

友禅染(477)　黒染(158)
舞楽装束の色彩(襲装束の色彩)(406)
黄八丈(135)　唐桟(343)
辻が花(一竹辻が花)(328)

③ 顔料・染料ほか
色名(240)　顔料(128)
有機顔料と無機顔料(476)　蛍光顔料(162)
光輝顔料(173)　天然染料(339)
合成染料(182)　酸性染料(205)
分散染料(420)　油溶性染料(479)
展色剤(339)　釉(476)　黒釉(188)
貝紫(92)　ウルトラマリン・ブルー(66)
ポンパドゥール・ピンク(440)　ベロ藍(429)
べんがら(弁柄・紅殻)(430)

芸術的色彩の流れ

① 西洋
テトラクロマティスム(335)
チェンニーニ,チェンニーノ(318)
レオナルド・ダ・ヴィンチ(501)
ルンゲ,フィーリプ・オットー(498)
ターナー,ジョーゼフ・マラード・ウイリアム(306)
印象主義(57)　シニャック,ポール(248)
カンディンスキー,ヴァシリィ(126)
クレー,パウル(157)　イッテン(29)

イッテンの色彩調和論（29）
シュタイナー、ルドルフ（257）
ビレン、フェーバー（398）

② 東洋
陰陽五行説（59）　茶の湯と色（319）
葛飾北斎（99）

美術の歴史から

① 西洋
原始時代の色彩（168）
古代エジプトの色彩（190）
古代ギリシアの色彩（190）
赤絵式陶器（7）　古代ローマの色彩（191）
グレコ・ローマンカラー（157）
ポンペイ壁画（440）
ビザンティンの色彩（390）
イコン（27）　ロマネスクの色彩（508）
ゴシックの色彩（189）
ルネサンスの色彩（496）
チェンニーニ、チェンニーノ（318）
レオナルド・ダ・ヴィンチ（501）
ミケランジェロ（448）　ヴェネツィア派（63）
ティツィアーノ、ヴェチェリオ（330）
メディチ磁器（461）　マヨリカ（445）
北方ルネサンスの色彩（438）
フランドル絵画の特徴（411）
バロックの色彩（381）
カラヴァッジオ、ミケランジェロ（119）
ルーベンス、ペーテル・パウル（494）
ヴァン・ダイク、アンソニー（61）
ベラスケス、ディエゴ（427）
デルフト陶器（337）　マイセン窯（441）
ベットガー、ヨハン・フリードリッヒ（425）
ロココの色彩（507）
ウェッジウッド、ジョサイア（63）
ブラック・バサルト（410）
クリーム・ウエア（153）
ジャスパー・ウエア（250）
アンピールの色彩（22）
ロマン主義の色彩（508）
ドラクロワ、ウジェーヌ（352）
ルンゲ、フィーリプ・オットー（498）

ヴィクトリアの色（62）
ターナー、ジョーゼフ・マラード・ウイリアム（306）
リアリズム（487）　クールベ、ギュスターヴ（147）
バルビゾン派（379）
印象主義（57）　セザンヌ、ポール（293）
ディヴィジョニズム（分割主義）（330）
点描（339）　ルドン、オディロン（496）
スーラ、ジョルジュ（276）
シニャック、ポール（248）
ゴッホ、フィンセント・ファン（192）
ゴーガン（57）　総合主義（298）
アール・ヌーヴォー（3）
アーツ・アンド・クラフツ運動（1）
イエロー・ブック（23）
ビアズリー、オーブリー（386）
ホイッスラー、ジェームス・アボット・マクニール（433）
ウィーン分離派（61）
クリムト、グスターブ（155）
機能主義（134）　グラスゴー派（151）
マッキントッシュ、チャールズ・レンニー（442）
モリス、ウィリアム（470）　モダンの色彩（466）
フォーヴィスム（403）　マティス、アンリ（444）
オルフィスム（色彩キュビズム）（89）
ドローネー、ロベール（355）
キュビスム（立体派）（137）　表現主義（394）
ムンク、エドワルド（454）
カンディンスキー、ヴァシリィ（126）
クレー、パウル（157）
デュシャン、マルセル（336）
色彩コロニー（220）　アール・デコ（2）
バレエ・リュス（380）
インターナショナル・スタイル（58）
シュプレマティズム（258）　デ・スティル（334）
リートフェルト、ヘリット（487）
ル・コルビュジエ（495）　ドイツ工作連盟（341）
バウハウス（373）
ミース・ファン・デル・ローエ、ルートヴィヒ（448）
マレーヴィッチ、カシミール（446）
構成主義（181）　モンドリアン、ピート（472）
新造形主義（269）

モホリ=ナジ,ラースロ（469）　未来派（451）
オプティカル・アート（87）
ヴァザルリ,ヴィクトール（61）
アクション・ペインティング（9）
ピューリズム（394）　レイヨニスム（500）
クライン,イヴ（150）　シュルレアリスム（259）
タウト,ブルーノ（312）　ロスコ,マーク（507）
ポスト・モダンの色彩（437）
ポップ・アート（437）
スーパーリアリズム（275）
ブルータリズム（412）　アーキグラム（1）
サイケデリック・カラー（201）
ライト・アート（482）
プルーラリズム(多元主義)（413）
アシッド・ハウス（11）　アダム,ロバート（11）
シカゴ派（212）　メンフィス（463）
ソットサス,エットレ（303）
ピアノ,レンツォ（386）　新表現主義（270）
折衷主義（294）　ポップ・デザイン（438）
カラーフィールド・ペインティング（116）

② 日本
古代の色彩（191）　装飾古墳（299）
飛鳥時代の色彩（11）　奈良時代の色彩（358）
平安時代の色彩（423）　源氏物語絵巻（169）
鎌倉時代の色彩（103）　室町時代の色彩（453）
安土・桃山時代の色彩（12）　南蛮の色彩（359）
江戸時代の色彩（74）　俵屋宗達（314）
尾形光琳（84）　琳派（492）　尾形乾山（83）
元禄の色彩（172）　葛飾北斎（99）
野々村仁清（367）　酒井田柿右衛門（202）

映画と色彩
色彩モンタージュ（234）
エイゼンシュタイン,セルゲイ（68）

陶磁器の色彩
色絵磁器（34）　伊万里焼（31）　色鍋島（42）
織部焼（89）
瀬戸(黄瀬戸,瀬戸黒,黒織部)焼（295）
九谷焼（148）　信楽焼（213）
志野(鼠志野,赤志野)焼（249）
備前焼（391）　楽焼(黒楽,赤楽)（483）

酒井田柿右衛門（202）　野々村仁清（367）
火襷（392）　景色（167）　染付（304）
白陶（374）　黒陶（187）　白磁（373）
青磁（291）　黒釉（188）　三彩(唐三彩)（204）
五彩（188）　景徳鎮（165）　金襴手（144）
ラスター彩（483）　赤絵式陶器（7）
ジャスパー・ウエア（250）
フローラ・ダニカ（414）　王者の青（82）
クリーム・ウエア（153）
ウェッジウッド,ジョサイア（63）
ブラック・バサルト（410）　ミナイ手（450）
ブルー・フルーテッド（413）
デルフト陶器（337）
ベットガー,ヨハン・フリードリッヒ（425）
ポンパドゥール・ピンク（440）
マイセン窯（441）　マヨリカ（445）
メディチ磁器（461）

社会と色彩（社）

色彩文化
色彩文化（232）　古代の色彩（191）
飛鳥時代の色彩（11）　奈良時代の色彩（358）
平安時代の色彩（423）　鎌倉時代の色彩（103）
室町時代の色彩（453）
安土・桃山時代の色彩（12）
南蛮の色彩（359）　江戸時代の色彩（74）
元禄の色彩（172）　明治の色彩（456）
大正の色彩（309）　昭和の色彩（265）
装飾古墳（299）　色つや（39）　色の意味（43）
物に由来する色の意味（468）
陰陽五行説（59）　四神（245）　方位色（433）
白馬の節会（6）　慶弔の色（164）
紅白の幕（185）　刺青（246）　色糸威(織)（33）
色直し（41）　通過儀礼の赤と白（327）
お節料理（87）　七福神（247）
雛祭(桃の節句)（393）　端午の節句（315）
七五三（246）　中秋節（323）
ハレとケの色（380）　水引の色（449）
国旗の色（191）　勲章の色（160）
位階の色（24）　位階の色の変遷（24）
禁色（142）　定式幕（262）　浅葱幕（10）

赤絨毯（7）　中世の色彩象徴（324）
黄色の服（130）　五月祭の緑（186）
グリーンマン（154）　グリーン・スリーブス（153）
キリスト教の色（140）　聖パトリックの緑（292）
聖キャサリンの赤（290）　クリスマスの色（155）
サンタクロースの赤（207）
バレンタインデーの色（380）
イコン（27）　イースターの赤（23）
イスラム教の色（27）　ラマ教の色（484）
道教の色（342）　仏教の色（407）　曼荼羅（447）
ヒンドゥー教の色（400）　法衣の色（434）
中国の皇帝の色（322）　カタカリ（98）
文学と色（417）　主義・思想を表す色（257）
色占い（33）　西洋占星術の色（292）
神話の色（271）　アングロ・サクソン系の色（15）
スラブ系の色（288）　フランク系の色（411）
ノルマン系の色（368）　ネグロイド系の色（365）
ゲルマン系の色（168）　オセアニア系の色（86）
アラブ系の色（14）　モンゴロイド系の色（471）
ラテン・アメリカ系の色（484）
ラテン系の色（484）　食の五原色（266）
緑黄色野菜（491）　色彩と音楽（228）
スポーツと色彩（285）　茶の湯と色（319）
ハヌノー族の色カテゴリー（378）
基本色名の発達（135）
ターナー，ヴィクター・ウィッター（305）
シュタイナー，ルドルフ（257）
騒色（298）　誕生石（315）　電車の色（339）
電話機の色（340）

デザインと色彩（デ）

建築物と色彩

道路景観と色彩（346）　街並景観（442）
建築色彩（170）　外装色（91）　景観条例（161）
天候による色の見えの変動（337）
都市計画法（349）　建築物の色彩計画（171）
環境色彩計画（121）　景観形成地区（161）
公共の色彩を考える会（175）　橋梁色彩（139）
公共の色彩賞（174）　植栽の色（265）
広告媒体の色（177）　ライトアップ（482）
ランドマーク（486）　緑道（492）

環境色彩（121）
カラープランニング（色彩設計）（116）
アーバンデザイン（2）　グリーンデザイン（153）
グリーンベルト（154）　視点場（247）
エクステリアカラー（70）
大規模行為の色彩（307）　地域色（318）
トロピカル・デコ（356）　ハートビル法（369）
美観地区（389）　ペーブメント・カラー（424）
バウハウス（373）　ドイツ工作連盟（341）
黄金比（81）　均衡点（141）

衣服と化粧の色彩（衣化）

衣服の色彩

舞楽装束の色彩（襲装束の色彩）（406）
位階の色（24）　重ねの色目（94）
コロネーションカラー（194）
衣服イメージと色（31）　貝紫（92）
友禅染（477）　黄八丈（135）　唐桟（343）
黒染（158）　紅型（399）　粋な色（26）
歌舞伎役者に由来する色（役者色）（100）
赤姫（8）　辻が花（一竹辻が花）（328）
勲章の色（160）　紋章の色（471）
道化の配色（343）　緑の服（450）
ミパルティー（450）　喪服の色（469）
50年代のカラフルな原色（189）
60年代のサイケデリックカラー（506）
70年代のアースカラー（358）
タータン・チェックの色（305）
ホワイトカラーとブルーカラー（440）
エルメスのオレンジ（77）
オリエンタル・ブラック（88）　黒服（158）
シャネルの黒（252）　ケンゾーカラー（169）
ベネトンのカラー計画（426）　ミッソーニ（449）
ティファニー・ブルー（332）　モラ（470）
国防色（187）　迷彩色（456）
イリデッセント・エフェクト（32）

化粧の色彩

身体彩色（270）　肌色（376）　お歯黒（87）
顔色（93）　口紅（148）　頬紅（439）
眉墨（444）　茶髪（321）　隈取（149）

カラーコンタクト（108）　メラニン色素（461）
赤化粧（7）　白化粧（268）

商業行為と色彩（商）

用語

カラー戦略（109）　カラーマーケティング（117）
カラーマーチャンダイジング（118）
カラーバリエーション（114）
ビジュアル・マーチャンダイジング（390）
カラーアベイラビリティー（104）
カラーアソート（103）
カラーベロシティー（117）　アイドカの法則（6）
プロダクトクリニック（415）
アイ・キャッチャー（4）　アイデンティティ（5）
アイディア（5）　イメージ情報（31）
カラーサイクル（108）
カラーシミュレーション（109）
カラースキーム（109）
カラーディレクション（110）
カラーパレット（114）
カラーフレーミング（117）
ゾーニング（301）　カラーコンセプト（108）
カラープランニング（色彩設計）（116）
色彩調節（224）　色彩調節の変遷（225）
カラーコーディネーション（107）
インテリアカラーコーディネーション（58）
アートディレクター（2）
カラーキーパーツ（106）　捨て色（280）
スケルトン（279）　イメージスケッチ（32）
クレイモデル（156）　モックアップ（467）
色なれ（42）　カラーブロッキング（117）

カラリストとカラーコーディネーター（119）
シンボルカラーとシグナルカラー（270）

カラーマーケティングの道具

カラーコード（107）　カラーチャート（110）
標準色（396）　カラーアトラス（103）
カラースワッチ（109）　JIS標準色票（211）
JBCC（211）　POSカラーコード（436）
POSバーコードの色（436）

会議および組織

インターカラー（57）
ジャパン・クリエーション（252）
エキスポフィル（70）　リネアペッレ（489）
ピッティ・フィラティ（392）
日本色彩研究所（363）　日本流行色協会（363）

カラーマーケティングの色彩用語

スモーキーカラー（287）　アースカラー（1）
アシッドカラー（10）　エコロジーカラー（70）
エスニックカラー（73）　迷彩色（456）
国防色（187）　モノトーン（467）
シャーベットトーン（250）　定番色（332）
クラシックカラー（150）
トラディショナルカラー（353）
ディレクションカラー（332）
トレンドカラー（355）
ファッションカラー（401）
ナチュラルカラー（357）
プロモーションカラー（416）
メインカラーとサブカラー（458）
流行色（489）　コロネーションカラー（194）
赤物家電と白物家電（8）

文献
　和文·····511
　色に関する事典およびハンドブック・特許·····522
　欧文·····524
　色彩関連日本工業規格（JIS）一覧·····550
　色彩関連国際規格一覧·····553
　　1. ISO (International Organization for Standardization)·····553

2. IEC (International Electrotechnical Commission)·················561
　　3. CIE (Commission Internationale de l'Eclairage)·················562
執筆者一覧···567
索引···573

[あ]

アーキグラム [Archigram]（造）

1960年代イギリスで結成された建築家集団である．構造表現主義とよばれる空間とストラクチャをキーワードとした建築様式を目指し，1970年代はじめまで盛んに活動した．この「アーキグラム」の活動が，1970年代になってレンツォ・ピアノのパリの《ポンピドゥー・センター》やノーマン・フォスターの《香港上海銀行》のように構造体を表現の主体とする建築に連なっていく．

当時は旧来の街並に突然に構造体があらわになった「構造系建築」が出現したことにより，異化建築として社会的なインパクトも大きかった．また「アーキグラム」は彼らが発行していた同名の雑誌の名前でもある．こうしたメカニカルな装置と都市を結びつけるアーキグラムのコンセプトは，1970年に開催された大阪万国博覧会のお祭り広場，エキスポタワーや東芝IHI館，住友童話館，タカラ・ビューティリオンのパビリオンの設計に大きな影響を与え，シンクロしたといえよう． （三井秀樹）
→ポスト・モダンの色彩

アースカラー [earth color]（商）

アースカラーのアース（earth）は，英語で地球や大地を意味し，アースカラーは，大地や土，岩，砂に見られるような色という意味であり，赤系からオレンジ系，イエロー系にかけての色相の色の低彩度色に相当するブラウン系の色を中心に用いられている．アースカラーという言い方は日本で多く使われる表現であり，同じく大地に見られるような色という意味では，英語では，アーストーン（earth tone）やアーシートーン（earthy tone）の語が用いられるのが普通である．日本では1973年の第1次石油ショック以降に消費者間に自然志向が高まり，この背景を受け，ナチュラルなカラーイメージが抱かれる低彩度色の一群が，自然色という言い方とともに進出した．そして自然色という言い方とともに，ナチュラルカラーやアースカラーという言葉も一般化した．ナチュラルカラーもアースカラーも，ともに低彩度なブラウン系の色を指すが，通常，前者の方がより淡いベージュ系の色を中心に用いられるのに対して，アースカラーはより明度の低い，濃いブラウン系に使われることが多いようだ．また，色相がブラウン系の色に近似するカーキやオリーブといった低彩度色も，アースカラーの仲間として扱われる場合が多い． （出井文太）
→エコロジーカラー，ナチュラルカラー，◎アーストーン，アーシートーン
◆日本流行色協会編（1993, 98）：「流行色, No.436, 497」

アーツ・アンド・クラフツ運動 [Arts and Crafts Movement]（造）

18世紀後半，イギリスを中心に広がった産業革命は，ものの生産を，それまでのギルド（工匠）制度の手づくり生産から工場における機械生産に変革した．しかしながら，当時の工作機械の精度は低く，工場生産の製品は粗悪で安っぽい代物であった．こうした産業革命による工業製品の質の悪さと，荒廃したものづくりを改めようと，ウィリアム・モリスは思想家のジョン・ラスキンの影響を受け，画家や工芸家に働きかけ，1880年代にアーツ・アンド・クラフツ（美術・工芸）運動を起こした．

モリスらは機械生産による工場生産を排斥し，かつての中世のギルド制度の職人たちの手づくりの造形精神に戻れと主張した．彼らは工場の機械による労働を激しく弾劾，機械生産を「労働の偽り」とよんだ．ラスキンは最上の様式として中世のゴシック様式をあげ，ギルドの手技による質の高いものづくりの精神を理想に掲げたのである．モリスが機械生産を否定したにもかかわらず，近代デザインの父とよばれるようになったのは，彼が従来の伝統的な様式にとらわれず，新しい時代の造形美を生みだそうとして，建築・家具・照明器具などの調度品，壁紙，

ステンドグラスから書籍のエディトリアル・デザインやタイポグラフィ，装丁にいたる多岐にわたる分野に新しいデザインの概念を採り入れたからである．自邸《レッド・ハウス（赤い家）》を実験台にして，彼はインテリアや家具など，すべてを自らデザインした．とくに壁紙のデザインには力を入れ，パターン化された植物のデザインは30年間に70種ものモティーフがつくられた．また自ら，印刷工房「ケルムスコット・プレス」を創設し，本の装丁や活字のレイアウトを改革し，新しいタイポグラフィとグラフィックデザインの領域を開拓し，現代のグラフィックデザインの分野に大きな影響を及ぼした．

このようにアーツ・アンド・クラフツ運動は，単なる新しい装飾様式にとどまらず，19世紀の産業社会を反映したデザイン思想であるということに，その意義の大きさが認められる．その後この思想は，アール・ヌーヴォーからバウハウス・デザインの運動に大きな影響を与えることになる．

（三井秀樹）
→アール・ヌーヴォー，バウハウス

アートディレクター [art director]（商）

アートディレクターは，映画やテレビ番組の制作，あるいは演劇，オペラ，バレエなどの舞台公演に際しての美術監督の意味に用いられる．しかし，現在では，広告やパッケージ，書籍，雑誌などの印刷メディアの制作における，視覚表現の責任者の意味で使われることが多い．雑誌や書籍という印刷物における視覚表現の責任者としてのアートディレクターの任務は，エディター（編集者）の意見を尊重しながら，写真家，デザイナー，イラストレーターなどとの共同作業をとおして，最終的なビジュアル表現をつくり上げることにある．ポスターやカタログ，チラシといった広告業界関連の印刷物における場合も，その任務は同様である．また，広告業界では，印刷物というメディアだけではなく，CF（コマーシャル・フィルム）などの映像メディアによる広告が制作される場合があるが，その際にもアートディレクターは，最終的な映像のビジュアル表現の責任者である．なお，広告や印刷物におけるアートディレクターは，通常ADの略称が用いられる場合が多い．

（出井文太）

◆藤井ら（2001）

アーバンデザイン [urban design]（デ）

アーバンデザインとは良好な都市の環境をつくるために，行政主導型で都市計画と建築設計をつなぎ，都市の機能と造形を同時に扱って，総合的に都市づくりを行う仕組みのデザインである．公共施設や公共空間のデザインの意味ももっているが，都市全体としての景観的な秩序をもたせ，都市イメージの向上，住宅地のアメニティ，差別化による地域アイデンティティーの確立，美しい街並みの形成など，魅力ある都市空間の創出に寄与する手法である．そのために行政側からは建物のセットバック，地区計画制度，経済的優遇制度などで規制，誘導が行われる．道路構造に配慮し，建築物の高さやファサードの色彩に脈絡をもたせ，屋外広告物やストリートファニチャー，街の緑化計画まで含んだ街並みの統一感形成のためのデザインコードやガイドラインの整備が必要となる．その中の1つに街並みの色彩に関するデザインコードがあり，都市景観条例に準拠した色彩ガイドラインをもつ自治体もふえている．これらを地域住民や民間業者に理解してもらい，実行してもらうために啓発広報活動も不可欠である．

（永田泰弘）

アール・デコ [Art Deco（仏）]（造）

アール・デコの名称は1925年，パリで開催された「現代国際装飾・産業美術展」にちなんでつくられた造語であり，1966年アール・デコの回顧展「25代展」に際しイギリスの美術評論家ヒアリーによって命名された．アール・デコは19世紀末のアール・ヌーヴォーが終焉した後，その潮流をくむ欧米を中心とした装飾美術様式として捉えられるが，アール・ヌーヴォーが職人による手づくり生産であったのに対し，アール・デコは，20世紀初頭に確立した近代工業化社会を反映したいずれも工業製品であった．

アール・デコの造形は分離派（ゼセッション）の造形言語を基に，20世紀のモダニズムと新古典主義的な創造美学を合わせもった直線とシンメトリーを基調とする新しい装飾様式の形である．全体が円・渦巻や直線・三角形，ジグザグ模

様のような単純な幾何学的形体で構成され，抽象化された形や女性像との組合わせによる新しい時代を象徴する造形となった．　　（三井秀樹）
→アール・ヌーヴォー，ウイーン分離派

アール・ヌーヴォー [Art Nouveau (仏)]
（造）

アール・ヌーヴォーは，おおよそ1890年から1910年頃に欧米を中心に広がった装飾美術様式の総称．この名称は，1895年パリにサミュエル・ビングが開店した日本や中国の美術工芸品を扱う専門店「Art Nouveau（新芸術）」に因む．その範囲は美術工芸品にとどまらず，さまざまな家具・什器からインテリア，ファッション，建築，グラフィックデザインにまで及んだ．

アール・ヌーヴォーの造形表現は，これまでケルト紋様，ロココ様式，ラファエル前派の絵画などに加え，中国・日本などのオリエンタリズムの影響が，さまざま混じり合い誕生したといわれ，日本美術・工芸の影響であるジャポニスムを過小視する傾向がみられていた．その造形表現の特徴からみても，ジャポニスムに引き続き現れた日本美術の表現の影響は，明らかである．平面的描写，あざやかな色彩，単純化された形と抽象表現に加え，従来の西洋美術にはみられなかった自然描写の細やかさや，モティーフの選択など日本人の美意識が如実に反映されている．

また有機的でなめらかな植物的曲線が，全体の動線をなしたアール・ヌーヴォーの表現は，すべて手づくり細工の高価な工芸品であり，これらは当時のブルジョワ層の垂涎の的となった．とくにガラス工芸，フランスのナンシー派とよばれるエミール・ガレやドーム工房のガラス工芸は，アール・ヌーヴォーの象徴的存在であり，現在でも根強い人気を誇っている．ところで，アール・ヌーヴォーはフランスをはじめヨーロッパ全土，アメリカにも及び，その名称もまちまちである．ドイツではユーゲント様式（青春様式），百合様式，イタリアではリバティ様式，花様式，ベルギーではうなぎ様式など，主な名称だけでも25にものぼる．

またオーストリアでは，分離派，イギリスではグラスゴー派のように，アール・ヌーヴォーの植物的曲線のリアクションとして垂直・水平の直線主義的形体を主とする装飾様式も並行して流行した．前者はクリムトや建築家のホフマン，後者はマッキントッシュやゴッドウィンなどの建築家・家具デザイナーがいる．いずれも，やはり日本の造形に見られる垂直・水平線の分割による方形の美意識の影響が，広く認められる．印象派の絵画をはじめ，当時いかに日本美術の影響が，強くヨーロッパ文化に及んでいたか，うかがわれて興味深い．　　（三井秀樹）
→グラスゴー派，ロココの色彩

RGB表色系 [RGB colorimetric system]（表）

色覚は異なる分光感度をもつ3種類の視細胞（錐体）の活動に由来するという生理的構造のため，あらゆる色光は3つの原刺激の加法混色によって視覚的に再現（等色）できる．任意の色光をこれと等色する原刺激の量で表示する表色系を混色系という．国際照明委員会（CIE）は1931年に原刺激として波長700.0nm, 546.1nm, 435.8nmの単色光を用いる混色系として RGB 表色系を制定した．テスト刺激と等色する各単色光の強度 R, G, B は三刺激値とよばれ，次式により計算される．

$$R = \int_{\text{vis}} L_{e,\lambda} \bar{r}(\lambda) d\lambda$$
$$G = \int_{\text{vis}} L_{e,\lambda} \bar{g}(\lambda) d\lambda$$
$$B = \int_{\text{vis}} L_{e,\lambda} \bar{b}(\lambda) d\lambda$$

ここで，$L_{e,\lambda}$ [W/sr/m^2/nm] はテスト刺激の分光放射輝度，$\bar{r}(\lambda), \bar{g}(\lambda), \bar{b}(\lambda)$ はCIEが制定した2°視野標準観測者の等色関数である．大きな視野に対しては黄斑色素の影響が異なるためCIEは1964年に10°視野標準観測者の等色関数も制定している．等色関数は一定強度の単色光を定められた原刺激を用いて等色するのに必要な三刺激値を単色光の波長 λ の関数として実験的に求めたものである．任意の色光は単色光の集まりと考えられるので，等色の加法性を用いて上式により三刺激値が計算できる．積分は可視光領域（380〜780nm）全体にわたって行うが，実用上は5nmまたは10nm間隔の積和により計算する．実際に色を表示する場合は，色光の強度に依存しない色度座標 (r, g) と，視

覚系に対する光の強さを表す測光量である輝度 L [cd/m^2] を用いる場合が多い．これらはそれぞれ三刺激値 R, G, B を用いて，

$$r = R/(R+G+B),\ g = G/(R+G+B),$$
$$L = 683(R + 4.5907G + 0.0601B)$$

で与えられる． (中野靖久)
→負の混色，グラスマンの法則，XYZ 表色系，三刺激値
◆日本照明委員会訳 (1989)

RWB システム [recycle waterborne system]（着）

水性塗料のリサイクルシステム．鋼製家具や自動車の塗装に使われている．スイスのユニカラー社が開発し，日本ペイントなどが導入している．システムは，ウォーターカーテン式塗装ブース，ブース循環液タンク，濃縮タンク，UF（濃縮）装置，UF 濾液タンク，濃縮回収塗料タンク，塗装機により構成される．

RWB システムのプロセスは，以下のとおりである．1. ウォーターカーテン式塗装ブース（以下塗装ブース）の中でスプレーされた水性塗料のうち，塗着しなかった塗料が，ウォーターカーテンとして流れ落ちる循環水とともにブース循環液タンクに回収される．2. ブース循環液タンク中の塗料固形成分が一定の濃度になると，液を濃縮タンクに移す．さらに UF 濾液タンク中の塗料固形成分が一定の濃度になると，液を濃縮タンクに移し，UF 装置で塗料成分と水（溶媒成分）に分離．塗料成分を濃縮する．3. 濃縮した塗料成分は塗料タンクに送られた後，成分を補正．再生塗料として塗装機からスプレーされる．4. 水（濾液）は濾過タンクに集められて塗装ブースに送られ，循環水として再利用される．塗装作業の終了時や色替えどきには，塗装ブースを濾液で自動洗浄し，ブース壁面に付着している塗料を洗浄回収する． (吉田豊太郎)

藍 [indigo]（化）

古代より使われてきた青色の植物染料．藍を含む植物は多品種に及ぶが，主要なものはインド藍（マメ科），タイセイ（アブラナ科），タデ藍（タデ科，阿波藍など）がある．藍の色素成分はインジゴであるが，藍の葉や茎部には，青色のインジゴではなく，インジカシン（インドキシル D-グルコシド）として含有される．インジカシンは発酵によりインドキシルとグルコースに分解された後，空気酸化により 2 量化してインジゴとなる．

インドキシル → インジゴ（青色）
インジゴの生成

染色には藍玉（indigo ball）を用いるが，藍玉は葉を乾燥・選別した後，発酵させ "すくも" をつくり，搗き固めたもので，染料に相当する．藍玉の中に含まれるインジゴ成分は数%程度である．

藍染め（indigo dyeing）は発酵建てと称して，藍玉を灰汁と石灰を用いてインジゴを水溶性のロイコ体に還元し，繊維を浸漬して吸着させた後，空気中で酸化して元のインジゴを生成させて染色する．なお，還元方法としてはハイドロサルファイトを用いた建染染料の染色条件を適用することもできる．インジゴは 1883 年にバイヤーによってその化学構造が決定され，その後工業的な製造方法が確立されたため，現在では天然藍は減少し，合成インジゴ染料が使用されている． (今田邦彦)
◆Storey, J. (1985)

アイ・キャッチャー [eyecatcher]（商）

広告デザインでは広告物の中で最初に人目を引きつけるような絵や写真，図柄などを示し，瞬時に見る人にシンボリックな意味を伝え，さらに具体的なメッセージに目を誘う役割を担う．視覚メディアが進化する中で，テレビの CM や，インターネットの Web コンテンツ（ホームページの内容）制作でも重要な概念になってきている．また，最近では，建築や景観デザインでもアイ・ストップとほぼ同一の意味で用いられる．誘目性の高い色彩，つまり刺激の強い目立つ色彩は，優先的に人目を引きつけて注目度を高める役割において，アイ・キャッチャーとしてふさわしい．しかし，アイ・キャッチャーとしての色彩には，視覚対象全体に視線を心地よく誘い，

混乱なく変化と楽しさをもたらす働きも重要であり，視知覚の場全体との関係において，色彩調和や，色彩の象徴性，連想性，感情的効果などのさまざまな色彩効果に配慮して選択されなければならない．騒色が問題にされ，生活空間の視覚的質の洗練や向上が重要性を増している現在，色彩の視覚的インパクトの強度のみを問題にするのではなく，魅力的に注目を誘うとともに視覚対象全体を美しく調和させる，色彩使用の高度な知識や技術が要求される．

（出村洋二）

→色の誘目性, ◎アイ・ストップ

藍絵 [Prussian blue print]（造）

浮世絵版画で，藍一色で摺った絵をいう．「藍摺絵」ともいう．水野忠邦の天保の改革（1841）の奢侈禁止令（1842）によって極彩色の錦絵が禁じられたときに，墨の一色摺り（黒摺）とともに出現した浮世絵版画が「藍絵」である．墨版を藍で摺った葛飾北斎の《富嶽三十六景》は，それまで日本にはなかったプルシャン・ブルーという人工顔料を用いた藍摺りで浮世絵版画集として出版され，庶民の人気を得た．プルシャン・ブルーは，ベルリンで偶然発見された合成染料である．プルシャンとは，プルシアつまりドイツの青という意味で，オランダ語のベロリン（ベルリンの藍）を略して「ベロ藍」とよばれた．日本には江戸時代後期にもたらされたが，それまで使われていた天然植物染料の藍は，紙に摺ったときに色がくすんだり，耐久性に欠けるという難点があったのにくらべてこのベロ藍は堅牢で，あざやかな青が得られたため，「唐藍」として絵師や庶民の間に急速に普及していった．その1つの答えが，「藍摺絵」であった．このプルシャン・ブルーの到来によって，奢侈禁止令での色彩の制限という政治的な背景をすり抜け，浮世絵版画における藍の文化が庶民にもたらされた．

（金澤律子）

→ベロ藍
◆吉田(暎)(1965)

アイディア [idea]（商）

考え，概念，知識，構想，着想，発想，計画，工夫，予感．日本で日常会話に使われる場合は，ひらめき，思いつきという意味合いが強い．ビジネスでは，既存の要素や異質な要素を組合わせて新しい考えやモノを発想すること，また，発想から思考のプロセスを経てつくられた計画，企画という意味で用いることが多い．色彩計画やカラーコーディネーションでは，ある商品，環境，場などのデザインにおいて，目的に合った適切な色やその組合わせ（コーディネーション）を発想すること，また，それを表現する材料（材質感），人・空間・他のモノとの関係性などについて発想，構想，企画することを指す．

ビジネスや色彩計画においては，アイディアがわいてくるのを待つのではなく，ブレーンストーミングやKJ法などの発想法や各種の発想トレーニングにより，短時間に多くのアイディアを創出する方法が行われている．アイディアは脳の記憶と回路の，従来とは異なる新しい結合ともいえるので，日頃からそのもとになる記憶を蓄積することと，それを従来とは異なる結合をするような，視点の多角化，転換を意識して行うとアイディアの創出につながる．また，Kotler(1991)は，アイディア・マネジャー・モデルを提唱し，「新しいアイディアを集め，検討し，評価するシステムの構築が必要である」としている．

（吉田豊太郎）

◆Kotler, P. (1991)[小坂ら訳, 2000]

アイデンティティ [identity]（商）

もとは自己同一性，つまり，自分が自分であることの証という意味である．性別，年齢，職業，家族，地域（文化，社会背景），学歴，ライフスタイル，生活意識や価値観，センス，経験などが総合されて，他人とは異なる自分というものができていると考えられる．それを何らかの形で表現することがアイデンティティの表現である．「同じ」という意味のラテン語idemがその語源とされている．アメリカの心理学者エリクソンが自我心理学で用いたのがきっかけで一般に広まった．「商品のアイデンティティ」という場合は，他の商品と明らかに識別できる特徴や，オリジナリティ，存在価値などを指すことが多い．また，「企業のアイデンティティ」というのは，他の企業とはっきり区別できる企業理念やポリシー，企業イメージの一貫性，統一性を指す．コーポレートカラーは企業のアイデ

ンティティを象徴し，わかりやすく伝える役割をもっている．商品・建築・環境などのデザインにおいてアイデンティティ・カラーとは，一見してそれとわかる色や，他のものと識別できる特徴をもった色である． （吉田豊太郎）

アイドカの法則 [AIDCA's rule]（商）

　主として広告業界で使われる，消費者の購買行動心理のプロセスを簡単にモデル化したものである．AIDCA は attention（注目），interest（興味），desire（欲求），conviction（確信），action（行動）の頭文字を並べたものである．マズローの「欲求の5段階説」に基づき，具体的には消費者が広告などである商品を認知してから購買に至るまでの心理的変化を，上記の5つの段階に分けて分析あるいは説明したものといわれる．1900年に聖エルモ・ルイスがアイダ（AIDA）の法則を提唱し，1955年にタウンゼントが memory（記憶）を加えてアイドマ（AIDMA）の法則とした．memory を conviction に置き換えたものが AIDCA の法則で，スコットが提唱したものである．また，conviction を action に，そのあと satisfaction（満足）を加えたものはアイダス（AIDAS）理論という．

　カラーにおいても，注目し，興味を覚え，「欲しい」と感じ，やがて「買うのだ」という確信をもつに至り，購入するというプロセスは同じであるが，すべての購買行動にこれがあてはまるわけではなく，商品を決め，色は設定されている中から何色かを選ばなければならないという消極的な決定も数多く見られる．
 （吉田豊太郎）

アイボリー・ブラック [ivory black]（着）

　象牙を焼いてつくる黒色顔料．絵の具によく使われる．紀元前350年頃に，アレクサンダー大王の宮廷画家アペレスが初めてつくりだしたと伝えられている．市販のアイボリー・ブラックの絵の具は，やや青みで，ブラックの中では最も透明感があり，豊かな表現力をもつ．アイボリー・ブラックをベースに塗り，その上からブルーブラックやブルー系の色を重ねると，落ち着いた色調となる．そのほか印刷インキ，塗料にも使われる． （吉田豊太郎）
◎カルシンド・アイボリー，黒色顔料

アイボリーペーパー [ivory paper]（自人）

　画用紙やケント紙よりも白くて光沢のある厚い紙．紙の表面に白土を塗ったもの．紙の腰が強く，加工もしやすい．両面コートのもの，ノーコートのものもある．カラーバリエーションもあり，卓上カレンダー，ダイアリー，パッケージなどに使われている．デザインの用途としてはイラストやスケッチ，コラージュなどを貼り付ける台紙として使うことが多い．「アイボリーケント」は淡いクリーム色で，表面がなめらかで腰のある厚口のケント紙である．インキや鉛筆の載りがよいのでイラスト，版下用の台紙，パッケージ，名刺，模型の製作，プレゼンテーションの台紙などに使われている．#200，#300，#400，#450の厚さで4・6判のものが標準品として市販されている． （吉田豊太郎）

白馬の節会（社）

　人間にとって，自分たちの行く末つまり直前の未来がどうなるのかは，大変，気になるところである．そこで古来から人びとはさまざまな吉凶占いを行ってきた．卜占(ぼくせん)は古代中国においては皇帝が司るもので，占星術をはじめ亀の甲羅を焙ってできるヒビを見て，その年の天候や農作物の豊凶，天変地異の諸現象などを占うのが政治であった．占いは何らかの徴，兆しがあるのを見てとり，客観的に判断しようとするもので，したがって通常とは異なる兆候があれば凶事を予言する．たとえば，日頃見なれない赤い星がいちだんと輝くときなどに，天災が起こるという判断である．

　日本でも平安時代に，天皇によって毎年正月七日に「白馬(あおうま)の節会(せちえ)」と称した吉凶占いが行われた．この行事は朝廷内の左右の馬寮から牽きだされた白馬（栗毛馬）の毛の色を天皇が見て，その年の豊凶を占い，邪気を祓ったりもした．歴史学の黒田日出男は10世紀を境にして，本来の青馬を白馬に変えたように，白を中心に置く色彩感の変化が起こったという（黒田，1986）．このように神の眷属(けんぞく)としての馬や鹿，鳥などの色彩を見て判断する占いは多いが，神社に奉納された絵馬に，白黒の馬の図が数多く見られる．そこでは白を良し，黒を悪しとする傾向は強い．と

くに天候占いで白は晴天を，黒は雨天を表した．

（小林忠雄）

◆黒田（日）(1986)

青空の色 [sky blue]（自人）

　光が粒子（反射体）にあたって不規則な方向に反射する現象を散乱という．散乱の強弱は，光の波長と粒子の大きさによって変化し，粒子の大きさが波長の1/10以下と十分に小さい場合には，波長の4乗に反比例する．このような散乱を，レイリーが理論的に研究したことからレイリー散乱という．400 nmの色光（青）と600 nmの色光（赤）の散乱の強さを比較すると，約5：1になり青の散乱が強くなる．大気中には窒素や酸素の分子や浮遊微粒子があり，この大気中に太陽光が入るとレイリー散乱によって散乱されるために，太陽光を背にした空の色が青く見える．地上と富士山のような高い山での青空を比較すると地上の青空がやや白っぽく感じられるのは，空気中の水滴など波長と同程度か大きな粒子による散乱や地表面による反射などが影響しているためである．夕日が赤く見えるのは，この逆で，散乱の度合いの少ない赤い光を，太陽の進行方向から見ていることによる．

（小松原　仁）

→拡散, 散乱

赤絵式陶器 [red-figured vase]（造）

　紀元前6世紀の黒絵式陶器に続いてアテネを中心に開花したギリシア陶器の代表的装飾様式．赤像式陶器ともいう．黒絵式陶器とは逆に図像の部分を赤褐色の素地のままに残し，他の部分を黒色で塗りつぶし，図像が黒い背景から浮き出る効果も示す．図像の細部の眼，口，髪，衣装などを筆で描き，筆の濃淡，線の軟硬など線刻の黒絵式とは異なり運筆が自由でより生動的な表現となった．このような装飾様式は紀元前530年頃アテネの陶工アンドキデスのもとで絵付けをしていた陶画家によって創始されたものとされる．以来，ギリシア陶器はパナテナイア祭のアンフォラなど一部の特殊な器を除いてほとんどが赤絵式となった．これらの赤絵式の代表的作例に英雄アキレウスを描いたアンフォラ（紀元前450年頃，ヴァチカン美術館）やメイディアスの画家のヒュドリア（紀元前410年頃，

大英博物館）などがある．なお，ギリシアの陶器はガラス質の釉薬がかけられていないので本来の意味での陶器ではない．素地となる土は全般に鉄分が多く，酸化焔では赤褐色に，還元焔では黒色となる．

（前田正明）

赤化粧 [make up a face in red]（衣化）

　広義には赤を使った化粧の意で，口紅，頬紅などのポイントメークアップから，顔の部分に赤を塗る化粧までを含む総称．その後，口紅，頬紅の発達があったことにより古代に行われていた顔に赤を塗る装身を指すことが多い．赤土（赭土），べんがら，水銀朱などが使用された．死者にとっては魂を鎮め，蘇生を期待したり，あるいは死者の魂が生者に危害を加えないことを願う目的で，生者にとっては魔除けのために行われたといわれる．埴輪などに残る赤の化粧は，「人物埴輪顔面の赤彩色に関する限り，ある特定の期間と場所で行われた赤彩色の風習を写し取ったものであった」といわれている（市毛, 1975）．また，兄の火酢芹命（ほのすそりのみこと）が掌と面に赤土を塗って，弟の彦火々出見命（ひこほほでみのみこと）に俳優者（わざをきひと）になると告白した（『日本書紀』巻二・神代下）という話は，ステージメークアップの始まりとしてよく引用される．『万葉集』には「さ丹（に）つらふ　わが大王（おほきみ）」，すなわち「紅顔のわが皇子」という表現がある．この「さ丹つらふ」は枕詞で，赤（紅）い頬をした，が原意である．丹（に）を赤い土とともれば，『日本書紀』の赤い土とも重なる．　（村澤博人）

→口紅, 頬紅

◆市毛(1975)

赤絨毯 [red carpet]（社）

　英語のred carpetは「盛大な歓迎をする」「熱狂的に歓迎する」「下にも置かない」などの意味に用いられている．またred carpet treatmentは「丁重にもてなす」などの意味で使われている．西洋では15世紀頃，赤を礼服や式服に使用する習慣が確立したときに，軌を同じくして，国王や国賓を迎えるとき，歓迎の意を表すために，通り道に赤い絨毯を敷いて，歓待，歓迎の意を表したことに由来している．この伝統はわが国にも伝えられて，明治以降，国会議事堂内部の廊下に，赤い絨毯が敷いてあり，代議士にとってこの赤い絨毯を踏んで登院することが代

議士になった証である．一方，わが国にも古くから，おめでたい席には緋毛氈の絨毯を敷く習慣があった．雛祭りには緋毛氈の雛壇に内裏様などの人形を並べたり，歌舞伎の舞台では長唄囃子連中は緋毛氈の雛壇に座して吟ずる．また「助六」の「三浦屋」の舞台では，助六は緋毛氈を敷いた床几に座した髭の意休とその艶を競い合うのである．これらの緋毛氈は，おめでたい席や場面によく使われて，やはりここでも赤い絨毯は「歓迎」「もてなし」などを表す視覚言語となっている． （矢部淑恵）

茜 [madder red (*akane*)]（化）

古代より使われてきた赤色の植物染料．茜草（アカネ科の多年生草木）には西洋茜，日本茜，インド茜，中国茜などがある．茜草の根にアントラキノン系の色素が含有されており，アリザリンが色素の主成分である．

アリザリン
C.I.Mordant Red 11

茜染めに際しては，茜の色素はそのままでは木綿繊維に染着しないため，前もって灰汁で生地を浸漬処理（先媒染という）した後，茜から抽出した色素を用いて酢酸酸性浴で染色する．この場合に用いる茜の種類，色素成分の抽出方法，媒染の方法などによって染色物の色相が異なる．

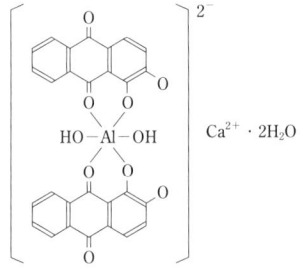

トルコ赤

アリザリンは1868年に合成法によって製造されたため，その後，天然茜の使用は減少している．現在では水酸化アルミニウムで先媒染し，アリザリンで染色する方法が行われている．アリザリンは種々の金属と錯結合を形成し，たとえばAl（赤），Ca（紫），Cr（赤紫），Fe（黒紫）と異なった色相を示す．アリザリンのアルミニウム媒染による木綿の赤色染色物はトルコ赤として知られており，その化学構造は左記のとおりである． （今田邦彦）
◆Storey, J. (1985)

赤姫（衣化）

歌舞伎の用語の1つである．様式性の濃いお姫様役の衣裳である．歌舞伎では，大名家などの高貴な姫君はいつも赤い振袖を着ていることから，この名でよばれる．衣装は緋綸子や緋縮緬の振袖に，そろいの補襠は赤地に金糸や銀糸で繍取りがほどこされ，織の帯を振り分けに長く垂らして締める．頭には大きな吹輪という髷に銀の花櫛を差している．とくに難しい役どころで，代表的な「三姫」とよばれているのは『本朝廿四孝』の八重垣姫，『鎌倉三代記』の時姫，『祇園祭礼信仰記』の雪姫である．これらの役のように主役ではなくとも，この他に『妹背山婦女庭訓』の橘姫，『鳴神』の雲の絶間姫，『紅葉狩』の更科姫，『桜姫東文章』の桜姫，『絵本太功記』の初菊，『妹背山』の雛鳥，などが赤姫である．これらの役での赤は，純粋無垢・可憐な性格を端的に表している．時としては激しい愛情も表現する．江戸時代，奢侈禁止例の最中に，歌舞伎だけには，このハレの赤が許されていた．いわば赤姫の赤は，庶民の願いを込めたハレの現われだったと考えられる． （矢部淑恵）

赤物家電と白物家電 [red and white appliances]（商）

一般家庭で使われる家庭電化製品のうち，主に台所で使用される機器にかつて赤や白が多用されたところからこの名がある．わが国の工業デザインは，高度経済成長の緒に着いた1960年中期から大手メーカを中心に盛んになるが，製品の普及率が高まり，性能面での差別化が難しくなるにつれ，付加価値としてのデザインと色彩による差別化が図られるようになった．1960年代後半から1970年代前半は，とくに原色調の家電商品が人気をよび，白に加え，赤，黄，緑，オレンジなどの原色の家電製品が店頭を飾った．赤物家電という言葉は，とくにトースターやジュー

サー・ミキサーなどに赤が多用されたところから一種の家電業界用語として定着し，原色調の小物厨房家電一般を指す言葉として用いられるようになった．これに対し，白物家電は，電気冷蔵庫や電子レンジなどの比較的大型の家電に多用されたため，赤物と区別し，白物家電の名が定着したものである．

原色調の家電は，オイルショックが起こった1974年以降，急速に減少し，その後は，白，グレー，パステルカラー，黒，シルバーなど，主に無彩色系と明色へと変化しており，現在では，赤が使用されているケースはむしろまれである．かつての白物家電も，1980年代にはパステルカラーや黒が，1990年代にはグレーが人気となり，現在ではシルバーや，原色調のものなども現れるなど，必ずしも白ではなくなっている．なお，英語のホワイト・グッズには家庭用の白い織物，リンネル類，布製家庭用品（タオル，シーツなど）のほか，大型家庭用器具（冷蔵庫など）の意味がある． 　　　　　　　　（大関　徹）

明るさ [brightness]（照）

明るさは視覚系に対する光の強さを表す感覚であるが，その定量化は難しい．現在，視覚系に対する光の強さを表す測光量として輝度や照度が用いられるが，この計算に用いられる分光視感効率関数 $V(\lambda)$ は主に交照法によって求められた．交照法では波長 λ の単色光と一定強度の参照光を交互に繰り返し呈示し，そのちらつきが最小になるように単色光の強度を調整し，その強度の逆数で分光視感効率を求める．ちらつき最小のとき参照光と波長 λ の単色光の視覚系に対する強さの感覚が等しくなると考えるのである．複合光に対しては単色光の集まりと考え，各単色光の放射輝度と分光視感効率をかけて可視光領域で積分することにより輝度が求められる．しかし，実際に同じ輝度の色光を左右に並べて見ると必ずしも同じ明るさに知覚されない．参照光と波長 λ の単色光を並置して参照光と同じ明るさになるように単色光の強度を調整する直接比較法で分光視感効率を求めると図の $V_b(\lambda)$ のような分光感度曲線が得られる．一般に，同じ輝度でもよりあざやかな色光のほうがより明るく知覚される．このような違いが生ずるのは，直接比較法による明るさ知覚には輝度に加えて色み成分が寄与しているためと考えられている．しかし，$V(\lambda)$ の代わりに $V_b(\lambda)$ を用いて輝度を計算することはできない．直接比較法では加法則が成立しないため，単純な積分計算が適用できないのである．また，直接比較法は個人差が大きいことも標準化の障害となる．交照法は加法則が成立し，個人差も小さいので $V(\lambda)$ が現在の標準として採用されている．
　　　　　　　　　　　　　　　　（中野靖久）

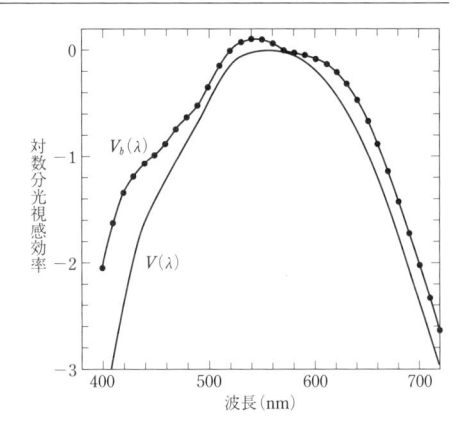

→交照法，分光視感効率

アクション・ペインティング [action painting]（造）

第二次世界大戦後のアメリカで，ヴィレム・デ・クーニングやポロックらが展開した抽象表現主義絵画の表現方法を指す概念．絵画を創作過程，つまり画家の行為（アクション）の記録とみなした．批評家ハロルド・ローゼンバーグが1952年の「The American Action Painters」（Art News, December）で命名した．ポロックはカンヴァスを床に置いて，四方から全身を使ったアクションによってオール・オーバー（All Over）の画面を制作し，中心のない画面全体を「場」とみなして，制作行為そのものに価値を与えようとした．これはドリッピング（Dripping），つまりエナメル絵の具を棒や筆につけて滴らせたり，たたきつけたり，また缶から直接画面に注いだりする方法で，《錬金術》などで1947年から採用された．アクション・ペインティングの成立

には，ジャン＝ポール・サルトルらの実存主義哲学の影響も指摘されるが，ポロックの手法そのものはアメリカン・インディアンの呪術，砂絵からヒントを得たともいわれている．先駆としてはドイツ人画家ハンス・ホフマンがおり類似した手法としてジョルジュ・マチウらのパリを中心としたタシスム（Tachism）がある．

(三井直樹)

◆Rosenberg, H. (1960) [東野・中屋訳, 1965], Harrison, C.・Wood, P. 編 (1992)

アクセントカラー [accent color]（調）

配色のポイントになる色で，全体の色調を引き締めたり，視点を集中させる効果のある色．日本語では強調色という言葉が当てられている．淡彩色の大面積の中に配色された小面積の高彩度色は代表的なアクセントカラー（強調色）の使い方であり，全体を引き立てる効果をもつ．彩度差を用いるほかに，明度差を大きくした色の組合わせでもアクセントカラーとしての効果を出すこともできる．服飾デザインでは図柄効果を強調するので配置や地色との調和が大切であり乱用は全体の調和を乱すことになる．全体に占めるアクセントカラー（強調色）の割合は，10％程度が見た目に安定して美しく見える．景観色彩でマンション建築の上部のパラペットや，大きな煙突の一部に帯状に高彩度色が用いられているのはアクセントカラーとしてよく見かける例である．1つの建物や構造物だけでなく都市空間の中でアクセントカラー（強調色）を考えることもある．都市空間の，ある区画（広場や建築物など）が統一された色彩でまとめられている場合，この空間（エリア）にアクセントカラーとして，パラソル，ベンチ，フェンス，窓枠，サイン，広告，旗など色彩効果のある小物や部分に目立つ色を配したり，路面，広場，階段，壁などに印象的なカラーデザインを用いるなどがある．

(速水久夫)

◇強調色

アクロマタイジングレンズ [achromatizing lens]（生）

人間の眼光学系の色収差を補正するためのレンズ．視覚の色に関する空間周波数特性の測定のときなどに使用される．波長による倍率の変化をなくして，さらに軸上色収差を補正したアクロマタイジングレンズも開発されている．

(矢口博久)

→色収差, 空間周波数特性

◆Powell, I. (1981)

浅葱幕（社）

浅葱色とは，文字通り，薄い葱の葉の色のことであるが，葱の薄い色が，このような綺麗な水色をしているとは考えにくい．しかし，浅葱幕といえば，歌舞伎の大道具の1つで，あざやかな浅葱色（水色）1色の布を縫い合わせた幕である．3色の定式幕や緞帳の奥に吊ってある幕で，それを柝のチョンの音で振り落とすと，一瞬にして本舞台となる．浅葱幕は夜を表す黒幕に対し，昼間の明るい屋外を象徴する色の幕で，ときには「とある場所」を意味するときの背景にもなる．このように，定式幕が開くと舞台の前面に客席と舞台を遮断するように浅葱幕が吊られ，その幕を一瞬にして上から落として豪華絢爛な舞台装置を忽然と現わすのを「振りかぶせ」という．その反対にいきなり吊ってあった幕を落として，今まであった舞台セットを瞬時に隠してしまう「振り落とし」という使い方をする．このように他の幕のように幕を上下したり，左右に引いてゆっくりと徐々に背景を観客に見せるのではなく，天井からつった竹の栓に仕掛けて切って落とすことにより，瞬時にして舞台装置の全貌や俳優の姿を観客の目に飛び込ませたり，隠してしまうために使われる幕である．

(矢部淑恵)

アシッドカラー [acid color]（商）

アシッド（acid）は英語で酸，あるいは酸性という意味であり，アシッドカラーは，酸みの色の意味で使われている．酸みの色とは，オレンジ，黄色，黄緑色のような果物の柑橘類の表皮に見られる色という意味であり，色相環の上では連続して並んでいる色の一群になる．それらの色は，見ただけでも酸っぱさが連想されることから，酸みの色とよばれるようになったものである．柑橘類は元来，ビタミンCを多く含んでいることから，酸みの色と同じ意味で，これらの柑橘類の表皮に見られるような色は，ビタミンCカラーとか，ビタミンカラーとよばれる

こともある．日本では，1956年にVC（ビタミンC）カラーの名称とともに，黄色から黄緑にかけての色相の色が流行したことがある．その後，1996年にもオレンジと黄緑を中心にアシッドカラーが流行している．現在ではアシッドカラーは，酸みの色と訳さなくとも，日本のファッション業界では業界用語として定着するようになっている． （出井文太）
◎酸みの色，ビタミンカラー
◆日本流行色協会編 (1993, 98)：「流行色, No.436, 497」

アシッド・ハウス [acid house]（造）

1980年代末にイギリスの若者文化を席巻したポップ・ミュージックを指す．シンセサイザーなど電子楽器を駆使して，幻惑的な音響効果と地鳴りを思わせるベースを特徴とし，ビートをきかせたポップ・ミュージックである．アシッド・ハウスは1960年代に流行したヒッピーによるLSDアートにも通じるコンセプトをもっていたともいえる．覚醒剤を使用したダンスパーティは，アシッド・ハウス・パーティとよばれるほど，このパーティにはつきもののミュージックであった．また，アシッド・ハウスでは既成の社会通念を否定した前衛的な若者たちに，アシッドカラーとよばれる高彩度の明るく爽やかな色彩や補色色相の配色とともに，あえて不調和な配色も好んで使われた．また，蛍光色やメタリックな色材との組合わせなど従来のカラーハーモニーをくつがえすエキセントリックな色彩文化をつくりだした． （三井秀樹）
→ポスト・モダンの色彩

飛鳥時代の色彩 [color in the Asuka Period]（社）

飛鳥時代は，推古帝が即位した592年から710年，平城京遷都までの約1世紀間である．538年に伝来した仏教は，仏像，仏教絵画，寺院建築などを通して，それまでわが国になかった色彩文化をもたらした．603年，聖徳太子は隋の冠位制を導入して，冠位十二階制度を定めた．この制度は陰陽五行説を基本としており，最高の「徳」には紫，「仁」には青，「礼」には赤，「信」には黄，「義」には白，「智」には黒がそれぞれ配当され，冠位を表す「冠」や「服」の色となった．この制度はその後改定され，さまざまに変化していく．また693年の詔で，「天下の百姓には黄色の衣服を着せ，奴には黒衣を着せ」という規定が発令され，高貴な人から一般庶民までの衣服の色が定められた．また，朝鮮半島との交流により高度な技術をもった染織集団が帰化して，わが国の染色文化の向上に貢献することとなった．

605年につくられた法隆寺繍仏には，赤，黄，緑，紫などの華麗な色彩に彩られた天女が表されている．また，大陸から蜜陀絵とよばれる一種の油絵の技法がもたらされた．法隆寺の玉虫厨子は漆で素地を塗り，その上に朱，黄，緑の蜜陀絵で彩色を施している． （城 一夫）
→位階の色

アダム，ロバート [Robert Adam]（造）

ロバート・アダムは18世紀後半に活躍したスコットランド出身の新古典主義建築家で，高雅なギリシア・ローマ様式の建築やインテリアデザインを幅広く手がけた．一般には，アダム4兄弟の建築家として知られているが，とくにこのロバートとジェイムスが，新古典主義様式建築をつくりあげてきた功績で有名である．彼らは，当時イタリアのポンペイとヘルクラーネウムの発掘で発見されたギリシアやローマの古典様式美に魅せられ，建築装飾に月桂樹やオリーブ，スイカズラから花づな飾り，メダイオン（円形浮彫り），壷などのオーナメントを積極的に用いて，古典的な様式美を再生させた．これらのオーナメントは建築のファサード（正面）ばかりでなく，室内装飾全般にわたり，壁紙，窓枠飾り，暖炉飾り，インテリアのトリム（縁取り），家具，什器すべてに及んだ．

新古典主義のインテリアはアダム兄弟が好んで使った「アダム・グリーン」とよばれるライトブルー・グリーンを特徴とし，現在の西欧のインテリアでもなお伝統的な基調色として使用されている．このようにロココ風の繊細さを引き継ぎながらも，幾何学的な形状を重視した左右対称（シンメトリー）をコンセプトとするアダム兄弟の主張が，新古典主義の骨格をつくりあげたといえる． （三井秀樹）

→古代ギリシアの色彩, 古代ローマの色彩, ポンペイ壁画

安土・桃山時代の色彩 [color in the Azuchi and Momoyama Periods]（社）

安土・桃山時代は1568年の織田信長の上洛から1600年の関ヶ原の戦いまでの30年間をいう。信長が安土城、秀吉が桃山（伏見）城を居城としたのでこの名がある．安土・桃山は室町以来の権威が否定され、政治、経済、社会の仕組み、文化にも新しいエネルギーが湧き出た時代である．とくに織田信長がつくった安土城（1579年）は、新しい権威のシンボルとなった．安土城は、青い屋根、白壁の7層の壮大な楼閣が威容を誇り、内部は黄金の飾りに縁取られた朱塗りの大柱と絵師・狩野永徳らの手になる花鳥風月を描いた黄金の襖や屏風、黄金の金具と黒塗りの格天井で構成されていた．まさに安土城は、赤と黒、そして金色に輝く壮大な色彩空間であった．また、秀吉が建立した大坂城も天井、障壁画、茶室にいたるまで、赤と金色に彩られていた．

絵師・狩野永徳は、信長に続いて秀吉にも起用され、大坂城、聚楽第、院御所などに金色地に濃い朱や群緑で、壮大な骨組みの金碧画を数多く描いて、時代の象徴となった．千利休が開いた侘び茶を引き継いだ古田織部は、利休の「侘び」の精神に理解を示しながらも、独特のフォルムと色彩の織部焼を創造した．織部焼に見る緑釉、黒褐色の鉄釉、藁色の地など新しい時代の息吹きを示す色であった．また人びとの服飾・衣裳も華美をきわめ、信長、秀吉、伊達正宗などの婆娑羅な衣裳が好まれ、出雲の阿国を代表とする傾き者も世の中に登場し、やがて歌舞伎に転化していく新しい波の萌芽の時代であった．　　　　　　　　　　　　（城　一夫）

後染め [piece dyeing]（着）

織・編地（ファブリック）に色をつける染色技法の1つで、「先染め」に対する語．反染めともいう．織・編地に使用される繊維には、綿や羊毛などの原材料の初期状態である「綿」の状態、それに撚りをかけた糸の状態、さらに、その糸を織ったり編んだりした後の織・編地になった状態の大きく3つの状態がある．後染めは、これらのうち、織・編地の状態のものを染色する際に使われる用語である．通常は無地で漂白された状態の織物を染色し、染め上がりも無地のものが一般的である．近年では、織・編地を構成する、繊維自体の種類を複数用い、繊維への染料の定着度が異なることを利用して、杢（霜降り効果）やシャンブレー（経に色糸を、緯に未晒糸を用いて霜降りのようにした平織り綿布）のような効果、チェック、ストライプなどの柄表現も行われている．後染めは、先染めに比較すると色の深みに欠け、デザインの自由度も低いが、あらかじめ織り上げた反物の生地に染色することで、大量の連続染色が可能となる．それにより、コストと時間の合理化が図れるメリットが生じる．　　　　　　　　　　　　（山内　誠）
→先染め

◆松田（1995），板倉ら（1977）

アトリエと光 [atelier lighting]（造）

アトリエ（atelier）はフランス語で、木屑の堆積場所に由来する語とされ、さまざまな作業場の意味に用いられてきたが、現在は美術・工芸家の画室・工房を指し、英語のスタジオと同義語である．アトリエは制作活動の現場であるため、視環境の整備がとくに重視されてきた．一般にあげられるアトリエの望ましい条件とは、①安定的な採光かつ紫外線を避けるため、太陽直射がない北向きの部屋、②天井を高くとり、開口は高窓で、光量が調節できる覆い付き、作品に上部45°からの方位、自身の影と手暗がりを避けるため後方左側からの採光、③室内の人工光は昼白色4500〜5000K程度の三波長型蛍光ランプに白熱灯の補助光を併用（多くのギャラリーの照明環境に近似させる）、④室内の壁面はN8程度の無彩色または彩度2以下の明るい黄みのベージュ、⑤その他、温度・湿度に配慮した作品収蔵庫を設けることが好ましい、とされる．

作家は誰しも採光を気にしているが、これは容易ではない理想の条件である．立地条件の違いと制約もあり、画家、彫刻家、工芸家では事情がやや異なる．また、南窓は明るいし絵の具の乾燥が早い、経験と慣れの問題であり、ゴッホはローソクの下でも絵を描き、レンブラント

は天井に穴を開けて直射光を導いた，などを理由に，北空昼光にこだわらない作家もまれにいる．しかし作業は夜間にも行われ，作品展示の効果からも，採光・照明知識のあるなしは作品のでき栄えに深く関与する．さらには年齢による視力の衰えについても作家は密かにわきまえておかねばならない（視力のピークは20歳頃，以後しだいに低下し，60歳ではピーク時の約3倍の明るさが必要になる，といわれる）．

美術館・博物館における照明は，JIS Z 9110「照度基準」と，文化庁の「文化財公開施設の計画に関する指針」が設けられているため，展示空間の視覚条件は細かな検討と工夫が凝らされている．具体的には，① 明視性と，光による損傷からの保護が両立する照度，② 作品への均一な照度分布（美術館・博物館の照度基準は日本・諸外国とも意外に低く，絵画では 150～300 lx 程度），③ 自然光の変化を調節する方法（これは温度・湿度とも関係する），④ 光の質すなわち演色性と光色（色温度）の関係，⑤ 作品と背景・床との好ましい輝度対比，⑥ 平面展示作品とガラスケースにおけるグレアや影を与えない光源の方位，立体作品の主光源と補助光源による陰影の調整，⑦ 作品に対する照明と室内の一般照明との区分け，⑧ 屋外の明るさから暗い室内へ，眼の順応性を考慮した誘導方法，等々である．これらは相互に関係しあい画一的に語れないため，詳細は数ある専門書の解説に委ねるが，作家が各自それなりにアトリエを好ましい光で整えるために，その知恵を美術館における照明方法から得られるよう勧めておきたい．

（北畠 耀）

アニオン・カチオン電着塗装 [anionic・cationic electro deposition coating]（着）

主に自動車用ボディー，部品などの下塗り塗料に用いられる．アニオン電着塗装は被塗装物を陽極として塗料液中に入れ，塗料液容器などを陰極として両極間に電圧をかけ，電気化学反応で被塗装物上に塗膜を形成させる塗装方法．

カチオン電着塗装は被塗装物を塗料液中に入れ，被塗装物に陰極，塗料には陽極を与えて，電気化学反応により塗料を被塗装物に析出させ塗膜をつくる方法．アニオン電着塗装よりも防錆性能にすぐれている．最近は，防錆性能にすぐれるカチオン電着塗装に変わりつつある．

（吉田豊太郎）

→ED 塗装

アブニー効果 [Abney effect]（感知）

色刺激の色相は純度により変化する．これをアブニー効果（現象）またはオーバート（Aubert）現象という．19世紀後半に最初に記述したのがオーバートで，20世紀初頭に最初に定量的な測定を報告したのが Abney (1910) である．たとえば 475nm 付近のほぼユニーク青の単色光に，明るさは一定に保つようにして適当な白色光を混色していく．このときの色光の見えは，知覚的な飽和度すなわちあざやかさが低下するとともに色相は徐々に赤みを帯び，あざやかな青から薄紫色さらにピンクに変化する．この現象を色度図との関係で述べると，たとえば CIE 1931 xy 色度図上で 475nm と白色光の色度を結んだ直線上の色刺激の色相が変化することを意味する．逆に 475nm と知覚的な飽和度は異なるが色相は同じ色光の色度点を結んでいくと等色相線が描かれるが，これが直線にはならずこの場合はスペクトル軌跡から白色点に向かって上に凸の曲線になる．アブニー効果については，色度図上における等色相線の湾曲で示される場合が多い．アブニー効果は色票でも見られ，CIE 1931 xy 色度図上にプロットされたマンセル表色系の等色相線も曲線となる．

（阿山みよし）

→等色相線

◆Abney, W.W. (1910), Kurtenbach, W. ら (1984), Ayama, M. ら (1987)

アブニーの法則 [Abney's law]（照）

異なる色光の間での明るさの加法則が成立するという法則．輝度 (L) の定義は，

$$L = K_\mathrm{m} \int L_{e,\lambda} V(\lambda) d\lambda$$

で与えられる．ここで $L_{e,\lambda}$ は分光放射輝度，K_m は明所視の最大視感効果度ともよばれる定数．この波長積分は，連続放射の輝度は異なる単色光の輝度の足しあわせで表せることを意味しており，これはアブニーの法則の成立を意味している．輝度については，定義によりアブニーの法則は成立する．しかし，色光の明るさについて

は加法則が成立しないことが知られている．異なる色の視覚に対する効率を測定する異色測光法として，交照法と直接比較法が代表的であるが，前者の場合は異色間の加法則が成立するが，後者の場合は加法則は成立しない．

（矢口博久）

→異色測光，交照法，◎明るさの加法則

網点 [dot]（入出）

印刷物などにおいては，一定の周期をもつ正方格子を中心とした点の大小により画像の濃淡（階調）を表現しているが，この点のことを網点という．網点の階調値は，1つの網点単位の全体面積に対する印字部の面積の百分率で表され，網点面積率とよばれる．最小の階調値は0％，最大の階調値が100％である．また，画像表現の細かさはスクリーン線数（単位長さ当たりの網点の数で，網点の周期の逆数）に対応する．印刷において網点が使用される理由は，印刷の画像形成方式にある．写真などと異なり，作成した版にインキを載せ，これに圧力を加えて非常に高速に用紙に転移させるので，版の上にある大きさのインキの載った点がないと安定にインキを転移できないからである．

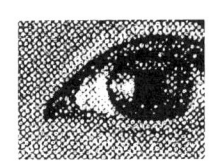

印刷物を拡大したときの網点画像

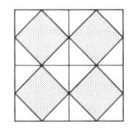

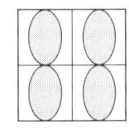

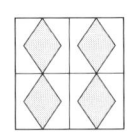

スクエアドット　エリプティカルドット　チェーンドット

さまざまな網点形状

一般的には，網点が小さくなるほど（ハイライト側やスクリーン線数の高い網点），印刷物の階調再現は不安定となる．また，網点の形状としては，正方形基調のスクエアドット，ハイライト・シャドーは円形状だが50％付近では正方形状のユークリディアンドット（ラウンドスクエアドットともいう），楕円形基調のエリプティカルドット，ひし形基調のチェーンドットなどがある．エリプティカルドットやチェーンドットは，スクエアドットの50％付近で2つの接点が同時に接するときに印刷物上で発生しやすいトーンジャンプを軽減するために設計されている．

（島崎　治）

→スクリーン線数

アラブ系の色 [Arab colors]（社）

アラブ系とは，アラビア半島を中心に中近東地区に居住する民族の総称である．7世紀以後のイスラム教の出現により，主にアラブ系民族はイスラム教の熱心な教徒となった．アラビア半島はかつて「幸福なアラビア」とよばれるほどの肥沃な土地であったが，現在は土地の1/3は砂漠化して，「灼熱の大地」「不毛の大地」「砂漠の大地」とよばれている．したがって，アラブ民族の緑のオアシス，満々と青い水を湛えた泉への憧憬は深く，色彩においても緑や青に対する嗜好が非常に高いものがある．とくにイスラム教の聖典コーランでは，天国は緑の生い茂るところとしたため，緑はイスラム教のシンボルカラーとなった．現在でもイスラム教を信奉する国々の国旗は緑を背景色に使用している．たとえば，社会主義人民リビア・アラブ国の国旗は，全面，緑色であり，他の色や模様は一切使われていない．アラブの砂漠の土地では，生命の水に対する強烈な憧憬があった．回教寺院のモスクの外壁はターコイズ・ブルー，コバルト・ブルーなどの青の陶板で彩られている．ペルシャン・ブルー，ターコイズ・ブルーなどの色名は，この民族のブルーへの強い嗜好を物語っている．また，この民族の民族衣裳のチャドリの黒，ペルシャ絨毯の茜色なども，民族の嗜好色である．

（城　一夫）

アリクネ [alychne]（表）

$CIERGB$ 表色系の色空間において輝度が0となる平面が存在し，次のように求めることができる．まず，色光 C の輝度 L_c は，C の三刺激値 R, G, B と RGB 表色系の明度係数 l_r, l_g, l_b を用いて，

$$L_c = l_r R + l_g G + l_b B \quad (1)$$

と表せる．ここで $L_c=0$ とすれば式 (1) は RGB 空間で輝度が 0 となる平面（原点含む）を表す式となる．この平面が無輝面であり，この無輝面をアリクネとよぶ．明度係数 $l_r=1$, $l_g=4.5907$, $l_b=0.0601$ を代入すると，無輝面は次式となる．

$$R + 4.5907G + 0.0601B = 0 \tag{2}$$

この無輝面と単位面 $(R+G+B=1)$ との交線を無輝線（この対応英語も alychne である）とよぶ．無輝線は rg 色度図上でも直線となり，次式で与えられる．

$$0.9399r + 4.5306g + 0.0601 = 0 \tag{3}$$

また，CIE XYZ 表色系は X 軸，Z 軸を無輝面内にとっており，rg 色度図上の X, Z の原刺激の座標を通る直線が無輝線と一致する．す

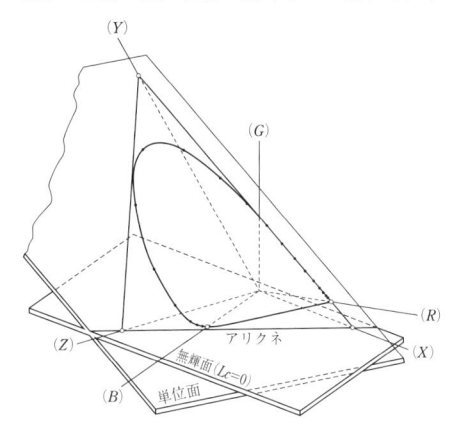

なわち原刺激 X, Z の輝度は 0 である．したがって，XYZ 表色系では X と Z の明度係数 $l_x = l_z = 0$ となり，色光 C の輝度は $L_c = Y$ ($l_y \equiv 1$) で与えられる．つまり輝度の計算は三刺激値 Y のみを考えればよいことになる．

（石田泰一郎）
→RGB 表色系，XYZ 表色系，明度係数

アルミニウム顔料 [aluminum pigment]（着）

金属アルミニウムの鱗片状の粉末で，塗料や印刷インキの光輝材顔料，プラスチックの材料着色用光輝材顔料などとして用い，それらにきらきらとした金属的な質感を与える．メタリックカラーとよばれる塗料は，ほとんどがアルミニウム顔料を光輝材としたものである．アルミニウム顔料のうち，塗膜表面に配列するものをリーフィングタイプ，塗膜層内に配列するものをノンリーフィングタイプとよぶ．不透明で光をよく反射するので，マイカ顔料と比べて明度のフリップフロップ効果が強い．最近は，より美しい輝きや強いフリップフロップ特性を求めて，顔料表面の平滑度（鏡面度）の高いもの，蒸着の手法で製造した薄膜のもの，アモルファス（非晶質）構造のもの，球状のものなどが開発されている．また，アルミナや酸化鉄，着色顔料をコーティングした着色アルミニウムも開発され，独特の干渉効果やフリップフロップ特性をもっている．

（吉田豊太郎）
→フリップフロップ効果, 光輝顔料, ◇メタリック顔料, アルミニウムフレーク顔料

アングロ・サクソン系の色 [Anglo-Saxon colors]（社）

アングロ・サクソン系は，現在のイギリス，アメリカ，オーストラリアを形成する白色人種である．元来はゲルマン民族の一派であったが，民族大移動で，先住のブリトン人を征服して国家を形成した．6世紀頃，キリスト教化され，アングロ・サクソン文化を築き上げた．イギリス国旗は（グレート・ブリテンおよび北部アイルランド連合王国）キリスト教の象徴である十字架と色彩－白地に赤（イングランド）の十字，青地に白（スコットランド）の斜十字，白地に赤（アイルランド）の斜十字の組合わせでできている．アメリカ，オーストラリア，その他の旧植民地の国旗は，そのバリエーションであり，色彩はいずれも青，赤，白である．古代ブリテンでは古くから藍染めの技術をもっており，古代ブリテン，古代スコットランドでは，衣服のみならず，戦闘のときなどに身体を彩色する習慣があった．そのため，イギリスには青に対する嗜好が強く，オックスフォード・ブルー，ケンブリッジ・ブルー，ネービー・ブルーなど数多くの色名が残っている．

また，スコットランドには 10 世紀頃から，緑を中心にして赤，黄，黒，白などを色糸で織るタータン・チェックを紋章として着用する習慣が生れた．とくに緑を使用したタータン・チェックは，クラン・タータン（家柄を表す）のみな

らず，狩猟の際に着用するハンティング・タータンとして好まれた． (城　一夫)

アンシャープマスク [unsharp mask]
（画処）

　画像のボケを修正して，視覚的にシャープに見える画像にする処理の1つであり，次のステップにより処理される．① 原信号に対して平滑化効果のあるフィルタを畳み込んで（最も簡単には近傍の平均値をとる），アンシャープ信号（ボケ信号，画像の低周波成分）を得る．② 原信号とアンシャープ信号との差分をとり，アンシャープマスク信号（画像の高周波成分）を得る．③ アンシャープマスク信号にドット・ゲインを乗じたものを原信号に加える．以上より，シャープネス強調処理画像が得られる．アンシャープ信号はエッジ部が平滑化されているので，アンシャープマスク信号は逆にエッジ部のみに値をもつ．これを原画像に加えるのでエッジが強調され，視覚的にシャープに見える効果を生む．アンシャープマスク信号に対するゲインを調節することで，シャープネス度合いを調節することができ，平滑化フィルタの特性を変えることで強調される周波数帯域を調節することができる．簡易なことから広く用いられているが，より自然なシャープネスを得るために工夫を加えて利用されることも多い．また，ラプラシアン強調処理などともよばれる． (伊藤　渡)
◆映像情報メディア学会編 (2000)

暗順応 [dark adaptation]（感知）

　明るい所から映画館のように暗い所に突然入ると，最初はほとんど何も見えないが，しばらくそこにいると徐々に目が慣れ，あたりがよく見えるようになる．これが暗順応である．網膜の視細胞には視物質とよばれる感光物質が存在し，光があたると化学的な変化を起こして電気信号，すなわち視覚情報を発する．一度光を吸収した視物質は光を吸収できないが，やがて再生して再び光を吸収し反応を起こすことができる．たとえば非常に強い光が網膜にあたり，網膜の視物質全体が100％変化した場合は，もはやいかなる強い光が網膜にあたろうとも視覚反応は生じない．しかし視物質が再生するに従ってやがて光を感じることができるようになる．再生が進むほど光を感じる視物質がふえるので，弱い光でも見えるようになる．これが暗順応過程である．

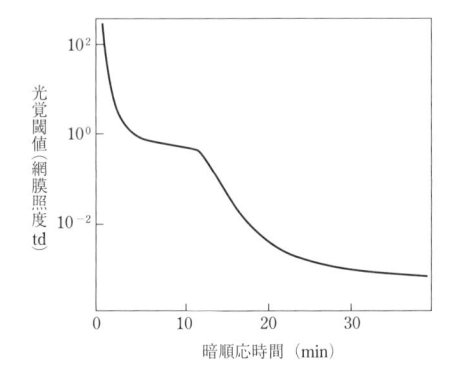

　図は十分強い光を与えてからその光を遮断した後の眼の感度変化を閾値で表したものであり，暗順応曲線（dark adaptation curve）とよばれる．視物質の再生が進むにつれ，閾値は低下（感度が上昇）し，5分ぐらいすぎると1つの平衡状態に達する．さらに順応が進むと，再び閾値は低下し，やがて30分ぐらいでもう1つの平衡状態に達し，ここが視覚系の最高感度となる．視物質は桿体細胞に含まれるロドプシンと錐体細胞に含まれるアイオドプシンの2種類がある．それぞれ光受容の感度や再生の時定数が異なるので，視覚系全体の暗順応過程は，約5分で平衡状態に達する錐体系の過程と，約30分で平衡に達する桿体系の過程の2つで構成される．
 (佐川　賢)

→桿体，錐体

暗色問題 [dark palette]（造）

　暗色は，暗さを感じさせる濃い色，光が足りなくて定かでない色を指し，明色（light color）に対応する用語である．西洋絵画の古典様式では，3次元性を表す明暗諧調の技術をキアロスクーロ（chiaroscuro：明暗法）とよび，盛期ルネサンスではレオナルド・ダ・ヴィンチをはじめ陰影の処理が究極まで追求された．明暗法を最も劇的に用いたのはカラヴァッジオである．強烈な明暗効果を用いる流派はとくにカラヴァジェスキ（Caravageschi）とよばれ，代表画家に

レンブラントがいる．もともと暗色は光が欠如する隠れた部分であり，画家の関心は明色より低かった．印象派に至っては光の諸相を画面に採り込もうとし，黒は意識的に排除された．そのころ日本の浮世絵が彼らを驚かせたのも影の不在が一因であった．

色彩学では暗の文字が付される専門用語に，暗所視，暗順応，暗室，暗清色，DIN 表色系における暗度（Dunkelstufe）などがある．しかし暗の語源を尋ねれば，暗は闇・黒に通じ，暮るが形容詞化してくらし（口語の暗い）になったのであろう，と解かれている．このように暗色は，陰・影・翳・夜・闇・黒・玄の意味を含み（darkでも同似の意味をもつ），比喩的に用いれば死にも結びつく．そこで「明色と暗色」を「光と闇」の概念に置き換えると，暗色は色彩学における固有の意味を帯びてくる．なかでも，ニュートン光学に対するゲーテの運命的な挑戦は，暗色がキーワードであった．

光と闇で説く世界観は古代の思想・宗教や神話に通底している．中国では，天地創造から宇宙の森羅万象まで陰陽で説かれ，道教の祖である老子は『道徳経』で「万物は，陰と，陽と，この両者を結びつける力とから成る」（42 章）と，いわば弁証法的に有と無，光と闇，について論じた．やがて陰陽五行思想に発展し，日本文化もその洗礼を受ける．しかし暗色が後世の色彩学で問われる端緒となったのはアリストテレスの色彩論である．彼は色の生起現象を光と闇で説き，色は白と黒の間にある，とした．この説は連綿と受け継がれ，18 世紀のフィールドやゲーテにまで及ぶ．

ゲーテは『色彩論』第 1 巻の序文で「色彩をつくりだすためには，光と闇，明と暗，あるいはもっと普遍的な公式を用いると，光と光ならざるものとが要求される」と記している．ゲーテにとっての黒は色の基本感覚であり闇もまた実体であった．ニュートンは『光学』第 1 篇第 2 章で，光と影から色彩が生ずるとするアリストテレス説を実験に基づいて明確に否定している．ニュートン光学にとっての黒は，光の欠如であり物理的には無である．ニュートンも神学研究に熱心であったが，光学は客観的事実の解明が目的であり，色彩を質として解釈することとは次元が異なっていた．ゲーテ没後の色彩学は光学に生理学，心理学の研究が重ねられ，また写真術の発明，電気時代の到来もあって多角的な発展をみせ，現代の色彩学はニュートンとゲーテに始まる 2 つの流れを総合するものとして成立している．20 世紀美術においては，オプティカル・アート，キネティックアート，ライト・アートなどで光そのものが表現手法に加わった．光の点滅を含む明暗法の革新といえるであろうが，光科学と色彩芸術の接点には暗色問題がいまも横たわり，止揚の機会を待っている，といえるであろう． 　　　　　　　　（北畠　耀）

→キアロスクーロ，ゲーテ

暗所視 [scotopic vision]（感知）

照度でおよそ 0.01lx 以下，輝度でおよそ 0.001 cd/m² ぐらいの非常に暗いレベルを暗所視とよぶ．日常では，星明かりのような環境であり，物の形がおぼろげながらわかるが色は見えない．ここでは，網膜の視細胞のうち，主に桿体が働く．桿体は主として網膜周辺に多く分布しているので，暗所視では中心視よりも周辺視の方が感度がよい．ただし，長波長の赤い色光の感度は錐体の方がややよいので，暗所視でも赤い色光は網膜中心の方が感度がよい．桿体は錐体に比べ網膜上に粗く分布しているので，空間的な分解能はよくない．暗闇でよく物が見えないのはこ

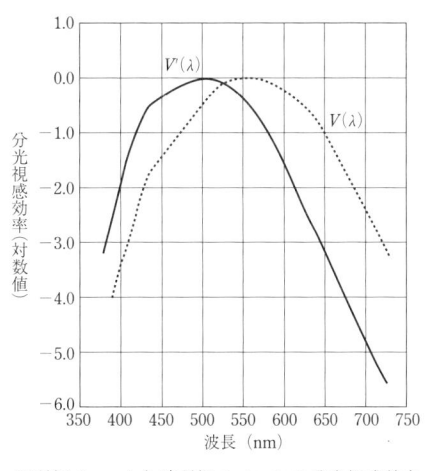

明所視 ($V(\lambda)$) と暗所視 ($V'(\lambda)$) の分光視感効率

のためである．暗所視での視覚系の分光感度は桿体に含まれるロドプシンという視物質の分光吸収特性で決められる．

図は国際照明委員会（CIE）が 1951 年に国際的に定めた暗所視の分光視感効率（暗所視感度 (scotopic sensitivity)）である．一般に暗所視感度といわれ，$V'(\lambda)$ と記される．比較のため点線で示した明所視の分光視感効率 $V(\lambda)$ に比べると，全体が短波長側にシフトし，最大感度は 505nm 付近となる．この暗所視感度曲線を用いて，暗所視輝度 (scotopic luminance) L' が以下のように定義される．

$$L' = K'_m \int L_{e,\lambda} V'(\lambda) d\lambda$$

ここで $L_{e,\lambda}$ は分光放射輝度，K'_m は暗所視の最大視感効果度とよばれる定数で，1700 スコトピック lm/W の値を有する．暗所視輝度は明所視輝度と異なるので，直接その値を明所視輝度と比較することはできない．暗所視輝度どうしの相対評価のみに用いられる．実用的には暗所視輝度はあまり活用されていない．

（佐川　賢）

→桿体，分光視感効率

安全色と安全標識 [safety colors and safety signs]（安）

安全色関係の国際的な規範となる ISO 3864 (1984)「安全色と安全標識」は，1994 年にスタートした ISO/TC145（図記号）/SC2「安全認識，標識，形状，記号，色」の WG1（作業委員会–1）によって改正作業が進められ，ISO 3864「図記号—安全色と安全標識」Part1：作業場および公共エリアにおける安全標識のためのデザイン原則と，同じく Part2：製品安全ラベルのためのデザイン原則との 2 部となった．それらの中で安全色（safety color）は "安全に関する意味が与えられている特別の属性を持つ色" と定義され，Part1 では，赤：禁止・防火，青：義務行動，黄：警告，緑：安全状態の 4 色と，背景色や幾何学図形などの対比色（contrast color）と図記号に使われる白と黒が定められている．色の属性としては，一般色材，ルミネセント（ここでは蛍光），再帰反射，蛍光と再帰反射の混合材（combined materials）の各色材に

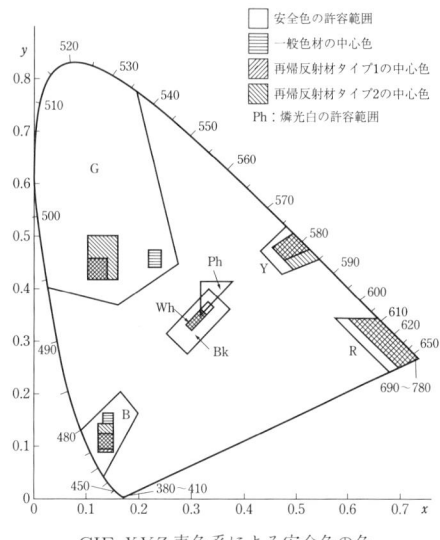

CIE XYZ 表色系による安全色の色度図上の許容範囲と中心色の範囲

ついて，CIE XYZ 表色系による許容範囲や中心色の範囲（図），輝度率の下限などが定められている．また，対比色の燐光白の，昼光下における色度座標の範囲あるいは，蛍光色や透過光色について，組み合わせる安全色との輝度対比の上限下限の値なども定められている．

Part2 では，Part1 の赤，黄，青（緑は使用せず）の他に，オレンジ色を加え，危険の度合いによって，重度を赤：危険，中度をオレンジ：警告，軽度を黄：注意，の 3 段階で表示している．これはアメリカの ANSI Z535.1「安全色通則」の考え方を採り入れたものである．一方，日本で JIS に安全色が制定されたのは，1951 年の JIS M 7001「鉱山保安警標」が始まりで，ISO 3864 に 30 年以上も先行している．この規格では，安全色は，赤，黄，緑，青，白と，だいだいの 6 色で，表示事項や使用例も現在の規格の原型となるものである．その後 1953 年に，安全色の総則となる Z 9101「安全色彩使用通則」が制定され，色と表示事項は，赤：消火・停止（使用例として通行禁止がある），黄赤：危険，黄：明示・注意，緑：救護・進行，青：用心，白：整とん，となっている．ISO の対比色に相当する白，黒は，以前は補助色と称していたが現在整

合させている．

　色の指定もいち早く JIS Z 8701 (1952)「色の表示方法」の CIE XYZ 表色系によっている．その後，赤紫：放射能の追加や，赤の表示事項の主たるものとして禁止を入れる，などの改正があった．この「安全色彩使用通則」は一般表面色の場合であるが，これを総則としながら，各種色材についての個別の規格が制定された．すなわち，Z 9104 (1959)「安全色光使用通則」，Z 9106 (1963)「蛍光安全色彩使用通則」，Z 9117 (1975)「保安用反射シート及びテープ」である．そして，これらの規格はその後種々の改正を繰り返しながら 1993 年に至り，整理統合や国際規格との整合化などの大幅な見直し改正作業が行われた結果，1995 年にまず，ISO 3864 (1984) との整合化を図った新しい Z 9101「安全色及び安全標識」としての改正，次いで同年，旧 Z 9101，9104，9106，9117 の一部，を統合整備した新しい Z 9103「安全色：一般的事項」が改正され今日に至っている．この時点で，それまでの用語である"安全色彩"が"安全色"となった．表 1 に，Z 9103 (1995) の安全色の表示事項を示した．このように，JIS の安全色には黄赤すなわちオレンジ色があり，ISO 3864–Part2 と同様に危険が 3 段階表示となっている．これは，もともと JIS が最初からアメリカの方式に拠ったものであることを物語っている．

　次に安全標識（safety sign）は，ISO 3864–Part1 では，"色と幾何学図形の組合わせによって，一般的な安全上のメッセージを与える標識，また図記号を付加して特別な安全上のメッセージを提供する標識"と定義されている．その基本的な構成を表 2 に示す．まず，単純な幾何学図形と色の組合わせで，それぞれの意味を直感的に認知させる安全標識の基本形をつくり，次いで図記号を配して，何を禁止するのか，何が危険なのかといった，具体的な内容を示す多様な図記号標識が展開される．さらに，必要に応じて，主として文字情報の補助標識（supplementary sign）を付け加えるという構成となっている．この多様な安全標識（図記号標識）の一般的なものを選んで収録する規格が ISO 7010「図記号—作業場及び公共エリアにおける安全標識」とし

表 1　JIS Z 9103 (1995) の安全色と表示事項

安全色の種類	色材の種類*	表示事項
赤	A	防火 禁止 停止 高度の危険
赤	B	停止 防火 禁止 危険 緊急
黄赤	A	危険 航海の保安施設
黄	A	注意
黄	B	明示
緑	A	安全 避難 衛生・救護 進行
緑	B	安全 進行 衛生・救護
青	A（蛍光色を除く）	指示 用心
青	B	指示 用心 誘導
赤紫	A（再帰反射色を除く）	放射能
白	A（蛍光色を除く）	通路 整とん 対比色
白	B	対比色
灰色		対比色
黒	A（蛍光色，再帰反射色を除く）	対比色

*色材の種類 A は，一般表面色，蛍光色，再帰反射色，透過色光を表す．色材の種類 B は，光信号色を表す．

て並行して作成されている．

　また，警告，義務行動，禁止などの各種安全標識を同時に組合わせて掲げる複合標識（multiple signs），工事現場の柵や踏切遮断機の標板のような，しま模様状に各安全色で彩色する安全表示（safety marking）なども規定されている．また，Part2 では，表 3 のように黄の安全色の一般警告記号をつけた，赤，オレンジ，黄，の危険の重度の 3 段階表示が Part1 と異なる方式である．

　これに対して，日本で安全標識の名称で JIS

表2 ISO 3864-1 における安全標識の基本形と一般的意味

幾何学図形	意味	安全色	対比色	図記号の色
⊘	禁止	赤	白	黒
●	義務行動	青	白	白
△	警告	黄	黒	黒
■	安全状態	緑	白	白
■	防火	赤	白	白
□ □	補助情報	白又は安全色	黒又は適する対比色	適する安全標識シンボル

表3 ISO 3864-2 における危険の重度の3段階表示

背景色	対比色	危険重度パネルの図
赤	白	⚠ DANGER
オレンジ	黒	⚠ WARNING
黄	黒	⚠ CAUTION

が制定されたのは,1955年のZ 9103「産業安全標識」である.これを出発点として改正が繰り返され,Z 9103 (1986)「安全標識」に至った.この時点での標識の種類は,防火,禁止,危険,注意,救護,指示・用心,放射能,誘導,指導の9種類である.そして,それぞれ,1種:色

と幾何学図形で主要な意味内容を表す,2種:1種標識の中に特定の文字又は図形を書き加えたもの,3種:1種,2種標識のほかに必要な文字又は図形を書き加えたものとなっている.この3区分は,ISO 3864-Part1 における安全標識の基本形と,次の図記号標識,そして補助標識,という構成と一致している.そして,安全色の項で記述したように1995年3月に,ISO 3864 (1984) との整合化を図った新しいZ 9101「安全色及び安全標識」として改正された.この中での安全標識は,ISO と JIS との基本形を同等に並記したものである.

次いで同年7月には,このZ 9101 を通則とし

表4 JIS Z 9104 の安全標識の配色とデザインの例

標識の種類 \ デザインの種類	配色	基本形	図記号標識(例)	組合わせ標識(例)	警語標識(例)
(3) 危険標識 (高度の危険)	地:赤 文字・図記号:白,黒*	● ■			火薬
(危険)	地:黄赤 文字・図記号:白,黒	◆			危険
(4) 注意標識	地:黄 枠:黒 文字・図記号:黒 感電注意標識赤の電光形:赤	△▽	△	△ 足元注意	△ 足元注意

*補助標識の文字の色を示す.
[備考] 安全標識は,図記号標識および組合わせ標識を用いるのが望ましく,警語標識は参考として例示したものである.

て，旧 Z 9103 を大幅に改正した新しい Z 9104「安全標識——一般的事項」が発行された．標識の種類は，旧 Z 9103–1986 と同じ 9 種である．表 4 に，その安全標識の配色とデザインの中から，危険標識と注意標識の例を示す．赤：高度の危険，黄赤：危険，黄：注意の危険の 3 段階表示が示されている．高度の危険の基本形は，Z 9101 で円形と正方形の両者となっているが，この規格で円形を初めて前面に打ち出すことになった．黄赤の菱形の危険標識はこれまでの JIS を踏襲したものであり，すぐれた視覚的効果をもつ標識として，ISO 3864 Part1 に入れるべく尽力したが果せなかった．基本形の中に文字を入れる警語標識が参考扱いになっている．ISO がめざす，"言語が異なる人びとの間でもひと目で意味がわかる" 図記号標識を優先させるという考え方が明確に打ち出されている．近い将来，新しい ISO 3864 に合わせた，JIS の改正は必然となる．これまでの JIS の独自性はどうなるのか見守りたい．
（児玉　晃）
◆ISO 3864 (1984), ISO 3864-1 (2002), ISO/DIS 3864-2 (2002), ISO/DIS 7010 (2002)

安全標識板 [safety signboards]（安）

ISO では，TC145/SC2/WG1 と同時に，WG2 として安全標識板の規格原案作成作業がスタートした．その草案の定義では，"標識板（またはプレート）とは，一定の物につけられるように準備された情報の伝達用具で，堅いものでもやわらかいものでもよいが，その寿命に適合するように製作され調節されたもの" となっている．そして，やわらかい材質でつくられた標識板またはプレートをラベルとよんでいる．

規格の目的は，主として標識板の耐久性で，そのほか形状，寸法，用語の定義などの規定である．日本ではすでに，1955 年の Z 9103「産業安全標識」の中に標識板についての簡単な規定があるが，その後 1963 年に独立した規格として Z 9107「安全標識板」が制定された．その間，1960 年には標識板が，暗所や夜間でも見えるように，細かいガラス球で指向性反射加工を施す方法についての規格が，Z 9105「反射安全標識板」として制定されている．これは後の 1984 年に Z 9117 (1975)「保安用反射シート及びテープ」を使用する規格に改正される．

その他，Z 9108 (1964)「蛍光安全標識板」，Z 9109 (1966)「安全標識灯」，Z 9115 (1968)「自発光安全標識板」，Z 9100 (1987)「蓄光安全標識板」など，色材や機能別の規格が次々に制定されている．そして「安全色」と同様に統廃合することになり，Z 9117 はそのまま残し，Z 9107, 9108, 9100 を統合して新しい Z 9107 (1998)「安全標識板」となった．これによって，安全色，安全標識，安全標識板の 3 つ揃いとして完結したのである．この Z 9107 に規定されている品質の性能は，標識板の種類によって異なるが，色，耐候性，耐食性，耐衝撃性，色材の付着性，耐水性，耐燃性，耐磨耗性，耐薬品性，燐光輝度の 10 項目で，それぞれの試験方法が厳密に定められている．

ここで ISO の WG2 に戻るが，1999 年の同委員会に，日本からこの Z 9107 全体の英文が提出され，これが全面的に採用されることになり，現在これに基づいて ISO 17398「安全色と安全標識――安全標識の耐久性」が ISO 原案としてまとめられている．
（児玉　晃）
→安全色と安全標識，再帰性反射標識
◆ISO/DIS 17398 (2002)

アンダーコーティング [undercoating]（着）

① 自動車ボディーなどの床裏や，タイヤハウス部の室外側に，防音・防振・防錆を目的として塗料を塗布すること．② 自動車のアンダーボディー（床裏，ホイールハウスなど）に塗る塗料．アスファルトにアスベストなどを混合したものは，比較的安価なのが特徴．ただし，耐食性はワックスより劣り，耐チッピング性は塩化ビニールのゾルよりも劣る．従来は塩化ビニールのゾルが最も多く使われていたが，燃焼時の温度によってはダイオキシンや塩素などの有毒ガスの発生を伴う場合があるため，代替材料として粉体アクリル・アンダーコートが使用され始めた．これは粉体アクリルを基体樹脂とし，発泡剤，充填剤などを可塑剤に分散させ，アクリルゾルとしたものである．③ 導電基板に回路を形成するとき，基板の吸湿性が不十分だとイオンマイグレーション現象が起きる．これを防ぐ

ため，あらかじめ回路と基板の間に樹脂をコーティングすること．④ルアーをつくるとき，下塗りとして数回行う塗装のこと．（吉田豊太郎）

アンピールの色彩 [Empire colors]（造）

フランス，ナポレオン1世の帝政下の1799年から1815年までをアンピール（帝政）時代とよび，この時代には古典古代のギリシア・ローマの様式を彷彿とさせる室内や家具を中心とする装飾様式がフランスをはじめ，ヨーロッパ中に流行した．アンピール時代の美術・装飾様式に好んで使われた色彩を一般にアンピール風の色とよんでいる．やや華美で重厚な装飾や色彩が好まれ，家具では赤色の布地には周囲に金や真鍮の装飾が施されている．

この頃からこうした装飾工芸や家具は，手工芸から一部工場生産に移行した．男子は細身に仕立てられた羅紗地の上着とパンタロンとよばれる長ズボンを着用し，女性もまた体型の美しさを強調したハイ・ウェストの服が流行した．一般にアンピール様式の色は，古代ローマの遺品をモティーフとした形象や色彩を踏襲しており，新古典主義の美意識を象徴化した淡いブルーやグリーンが基調色として認められる．たとえばウェッジウッドの浮き彫り装飾の壺や食器，セーブル（フランス）の陶磁器も彩色に特徴的に見られる．また建築ではアダムの建築に見られるように「アダム・グリーン」とよばれる淡いグリーンが好んで使われた．（三井秀樹）

→古代ローマの色彩，アダム，ロバート

[い]

イースターの赤 [colors of Easter]（社）

　イースターは復活祭のこと．復活祭とはキリスト教の根幹の教義であるキリストが磔刑されて埋葬された後，1週間で蘇ったという信仰に基づく祭りことである．元来，イースターという言い方は異教徒の祭りで，春の女神エオストルに因んでつけられた名前である．したがって，太陽は復活，再生を意味する特別なシンボルであり，イースターの日には，室内に常緑樹の木と春の花々とともに，太陽を表す金色の円盤が飾られるという風習として残っている．またイースターの日は，年によって異なるが，現在では3月21日の春分の日の後の最初の日曜日になっている．イースターで最も象徴的な儀式はイースター・エッグの儀式である．普通，この卵のことをペイス・エッギング（pace egging）といい，異教の風習では，赤，黄，橙，緑などのあざやかな色でカラフルに卵を彩色し，春の訪れと生命の存続，多産を祝う儀式になっている．この異教のイースターの儀式が，キリスト教の復活祭と合体して，キリストの復活，再生を祝うシンボル的な行事となり，とくに卵をキリストの血のシンボルである赤に塗って，キリストの十字架からの復活を祝うのである．（城　一夫）
◎復活祭
◆Cosman, M.P. (1981) [加藤・山田訳, 1986]

ED塗装 [electro deposition coating]（着）

　金属製品の下塗りに多く用いられている塗装方法．電着塗装，電気泳動塗装（electrophoresis coating）ともいう．水溶性樹脂塗料を入れたタンクの中に金属製の被塗物を漬け，被塗物と電極との間に電流を流して，被塗物の表面に塗膜を形成させる塗装方法．また，その工程．塗料溶液に電流を流すと，陽イオン粒子は陰極へ，陰イオン粒子は陽極へ移動する現象を応用したものである．
　ED塗装の利点は，① 防錆性にすぐれる，② 複雑な形状でも塗膜厚が均一，③ 閉じた断面内へのつきまわり性にすぐれている，④ 塗着効率がよい（塗料のロスが少ない），⑤ タレ，ワキなどの不具合が少ない，⑥ 水性塗料を使用するため，安全性が高く，また揮発性有機化合物（VOC）も少ないなどである．アニオン電着塗装とカチオン電着塗装がある．主に下地塗装として使用されているが，電機業界では冷蔵庫やエアコンなどの冷凍機（コンプレッサ）の外郭塗装など，普段はあまり目につかない部位ではトップコートとして使用されている．近年，いわゆる「ワンコート電着」とよばれる比較的耐候性のよいアクリル樹脂系の電着塗料も開発されており，オーディオ機器の外郭など目につく部位へのトップコートとしての適用が期待されている． （吉田豊太郎）
→アニオン・カチオン電着塗装, 揮発性有機化合物,
◎電着塗装, 電気泳動塗装

イエロー・ブック [Yellow Book]（造）

　19世紀末，ロンドンで発刊された季刊の文芸・絵画雑誌で，表紙があざやかな黄色に統一されたことからこの名がつけられた．イエロー・ブックを有名にしたのは，1894年この「イエロー・ブック」誌のアートディレクターにイギリスの挿絵画家ビアズリーが任命されたことで，彼は，エキゾチックでエロチックなペン画の線描写のイラストレーションで一躍反響をよび，時代の寵児となった．オスカー・ワイルドの『サロメ』の挿し絵では，エロチシズムと退廃的な描写のために，イギリス国内では発禁処分となった．モリスは『アーサー王の死』を見て，怒りのあまり，絶句したと伝えられる．ビアズリーのイラストレーションは当時，最新の写真製版の凸版で印刷され，その精緻な描写とモノクロームの線画表現は，浮世絵など日本絵画から影響を受けた構図と特異な平面的な描写であった．ビアズリーは，またマロリーの『アーサー王の死』やアリストファネスの『女の平和』などの挿絵でも，世紀末的な雰囲気が大衆の心を捉え，熱狂

的な支持を得た．

　ヴィクトリア王朝後期のイギリス社会は，退廃的な風俗と印刷技術の発展による印刷メディアの台頭を反映し，ロンドンの街頭には多くの新聞・雑誌と並んで，通俗的な読み物を売る新聞スタンドが雨後の筍のように林立した．「イエロー・ブック」はロンドンっ子の恰好な娯楽誌であり，当時のプリント・メディアのシンボル的存在であったといえる．　　　　（三井秀樹）
→ウイーン分離派，ベルエポックの色彩

位階の色（社）

　推古天皇11年（603），聖徳太子によって冠位制度が設けられ，これは冠の色で位を表すものである．これが冠位十二階の制であり，朝廷の官吏の位を徳，仁，礼，信，義，智の六階とし，さらにおのおの大小に分け，これに五行思想による青，赤，黄，白，黒の五色と，最高位の徳には紫が配せられ，六色の濃淡の色をこれにあてた．推古天皇19年には服色を冠色にそろえている．大化3年（647）には七色十三階の制が定められ，冠と服の色が別になり，冠は錦製と絹製の2種類となり，位は織，繡，紫，錦，青，黒，建武冠の七階をさらに大小に分けている．服色については，織冠と繡冠は深紫，位の順に浅紫，真緋，紺，緑，黒である．大化5年（649）には冠位十九階，天智天皇3年（664）には冠位二十六階に改められた．天武天皇11年（682）の服制から，冠はすべて黒い漆紗となり，位色は従来の冠色から，服色をさすようになり，諸臣の上に親王・諸王の位色として朱華（はねずいろ）が配された．持統天皇4年（690）の改定では朱華は親王に限られ，諸王の上四階には黒紫，下四階には赤紫を配した．大宝令では，黄丹を皇太子の位色とした．元正天皇養老2年（718）に修正施行された養老律令では親王と諸王の上二階は黒紫，以後の諸王十二階は赤紫の冠服であり，諸臣三十階についても階を分けて色が定められており，この律令は今日に伝わっている．　　　　　　　　　　（加藤雪枝）
→飛鳥時代の色彩

位階の色の変遷 [colors of office and rank]（社）

　政府役人の職や地位を官職という．これら官人の序列を位階といい，合わせて官位という．原則として位階によって官職が決まる．これを官位相当という．推古天皇11年（603）に初めて位階がつくられ位階に応じた色が決められた．大徳・小徳・大仁・小仁・大礼・小礼・大信・小信・大義・小義・大智・小智の十二階である．冠位十二階で紫・青・赤・黄・白・黒とされ，この色の絁（きぬ）を付けたとされる．その後，大宝律令・養老律令では律令格式が整い，服装の色，形や生地の材料なども決められ官位とともに規定され，同時に禁色も生じ，順位も紫，緋，緑，縹（はなだ）になる．植物染料を鉄の酸性，灰のアルカリで媒染して染めていたので濃い色を得ることが難しく，11世紀，強装束に移行する以前に官人高位の色である紫の袍と赤の袍が，より濃き色を目指して黒袍ができたと思われる．ここでの黒は漆黒の黒であり，橡（つるばみ）の茶色や灰色の黒ではなく高貴な色とされた．濃い紫，濃い赤，漆黒とともに純白や仏教理念による木蘭色（もくらんじき），香色も位の高い色とされる．明治を迎えるまで公家社会で継承され，武家社会にも影響を与え，今は宗教界において形を変え残っている．現在もなおこれらの色が尊重される精神風土が残存すると考える．
　　　　　　　　　　　　　　　（井筒與兵衛）
→位階の色，禁色

威嚇色と警告色 [threatening coloration and warning coloration]（自人）

　背景の色や模様と区別がつきにくくなるように働く隠蔽色とは逆の効果をもち，目立つことによって相手に何かを警告する働きをもつ動物の色彩を威嚇色または警告色という．昆虫，蜘蛛，魚，蛙，蛇など小型で，毒牙や毒針などを持つ動物に多く見られる．狩猟の際に用いられるという毒性の分泌液を出すヤドクガエルは，青色に黒い模様やオレンジに黒といった目立ちやすい配色模様をもっている．この目立つ模様によって，相手に対して，危険な存在であることを警告している．毒性をもたなくても，蝶や蛾の後翅にある眼状紋は，動物の眼に似ているために，相手の接近にあわせて急に見せると，相手が動物と誤認して逃げてしまう効果があるとされている．このような模様や色彩には，相手を威嚇する効果がある．威嚇色や警告色は標識

として働くため，標識色ともいう．標識色には，威嚇や警告だけでなく，普段は銀灰色であるタナゴの腹部が，産卵期には淡紅色になり，自分のテリトリーの防衛や競争相手を排除する際の標識として働く婚姻色や，カモメの黄色い嘴にある赤い点が雛にとっての目印になるように，仲間であることを認識する働きをもつ模様や色彩がある．　　　　　　　　　　　（小松原　仁）
→隠蔽色

閾値 [threshold; limen]（心測）

われわれの感覚器官は適したモダリティーの刺激であっても必ずしも知覚できるとは限らず，一般的には非常に小さい刺激を知覚することができない．たとえば暗い夜でも非常に暗い星を見ることはできず，また明るい星でも周囲が明るい場合にはやはり肉眼で見ることはできない．このように対象を知覚するためにはある程度の刺激強度が必要になる．また，存在は知覚できてもその変化を知覚するために，一定の変化量が必要となる．たとえば天体や時計の長針の動きはあまりに緩慢すぎて，肉眼でその運動を知覚することは困難である．これらのように外界の刺激やその変化を「知覚できる」と「知覚できない」との境界を閾といい，それに対応する刺激量を閾値という．閾値はいわばわれわれの知覚できる最小の刺激量（または刺激変化量）を表しており，心理的な存在が無から有へと変化する境界の物理量である．閾値を測定することはわれわれの知覚システムの性能を知るために不可欠であるとともに，応用場面においてさまざまな刺激量を決定するための重要な基礎資料となる．このため視覚や聴覚などについて基礎分野から応用分野まで広い範囲でさまざまな研究がなされており，今後，新たな知覚刺激が登場するに伴いますますその重要度を増すと考えられる．　　　　　　　　　　　（坂田勝亮）
→刺激閾，弁別閾，感覚様相

閾値検出モデル [detection threshold model]（感知）

閾値は特定の反応を引き起こすのに必要な最小の刺激強度を表す．暗黒中にテスト刺激のみを呈示してその検出閾値を測定する絶対閾値，背景光の上にテスト刺激を呈示して検出閾値を測定する増分閾値，2つの刺激の違いを検出するのに必要な閾値を測定する弁別閾値などがある．これらのデータをモデルで説明するポイントは大きく分けて3つある．1つは刺激自体の物理的モデルである．ヘクトは呈示する刺激の光量子数の揺らぎがポアソン分布に従うというモデルを用いて絶対閾値のデータを巧妙に説明した．2つ目は視覚系のメカニズムのモデルである．ここでは視覚系の順応メカニズム，受容野の時空間特性，反対色メカニズムなどのモデル化などが必要となる．3つ目は検出に関する統計的モデルである．複数のメカニズムが検出にかかわっているときには確率的寄せ集めの現象をモデル化する必要がある．また，被験者の判断基準の違いによる影響を取り除くためには信号検出理論の助けが必要である．閾値実験は基礎的な実験であるが，そのデータを説明するには上記のようにさまざまな要因を考慮する必要がある．　　　　　　　　　　　（中野靖久）
→光（量）子，閾値，弁別閾

閾値とその測定法 [measurement of threshold]（心測）

外界の存在が知覚できるかできないかの境界を刺激閾といい，また外界の刺激の変化を知覚できるかできないかの境界を弁別閾という．これら両者を併せて閾というが，これらは外界の物理量とその感覚量としての心理量との関係であり，いわゆる心理物理学的測定法によってその値を得ることができる．しかし閾値は知覚の有無の境界なので，知覚される量の測定を目的に考案されている心理測定法は用いることができない．多くの心理測定法は知覚の"有"を前提にしているからである．一般に閾値の測定に用いられる方法は極限法および恒常法である．極限法は2件法（2AFC）もしくは3件法（3AFC）を用いるため，また刺激変化量を最小にするため刺激閾や弁別閾の測定に適していると考えられる．また弁別閾の測定に極限法の一種である完全上下法を用いれば，上弁別閾と下弁別閾の両方を同じ系列内で測定することができる．恒常法も刺激変化量や反応方法など同様の長所をもち，加えて最小自乗法などの各種分析手法を用いることができるため，刺激閾や弁別閾の測

定に適した心理測定法であると考えることができる．しかし調整法や分量推定法などを閾値測定に用いるには，多くの工夫と仮定が必要である．

(坂田勝亮)

→心理(精神)物理学的測定法，恒常法，極限法，刺激閾，弁別閾，調整法

閾値の決定に影響する要因 [factors of threshold] (心測)

閾値はさまざまな条件に応じて変化することがわかっている．閾値を決める要因を大きく分けると，① 心理的要因，② 生理的要因，③ 物理的要因，④ 測定要因(測定誤差) などをあげることができる．

① 心理的要因は測定される被験者の心理状態により閾値が変動することで，代表的なものは「構え(settings)」や「注意(attention)」「認知様式(cognition)」「前もって関連情報を与えられるか否か(priming)」など非常に多くの要因をあげることができる．

② 生理的要因では順応，疲労，薬物の影響，疾患，角膜上の入光位置などをあげることができる．このことを逆に利用して，たとえば光の明暗交替の融合閾(CFF：臨界融合頻度) を用いて眼精疲労を測定することも可能である．

③ 物理的要因は閾値測定対象以外の刺激の物理量が影響をもつことで，刺激強度，面積などが他の知覚に影響する．たとえば波長弁別閾は刺激光の強度により影響を受けることが知られているし，リッコの法則は明るさの閾値が面積の影響を受けることを示している．

④ 測定要因(測定誤差) とは誤った測定結果ではなく，刺激の呈示順方向(系列誤差) や試行反復によるデータの収束・拡散など，測定技法によって複数の値が得られることである．このため心理測定法にはデータ分布から代表値を求める方法が多くあり，必要に応じて適切な手法を用いる必要がある．

(坂田勝亮)

→閾値，閾値とその測定法，リッコの法則

粋な色 〔衣化〕

粋なイメージを惹起する色彩．粋は江戸時代に，意気から転じた語であるが，色彩という視座からその内容を特定することは難しい．シック(chic) やコケット(coquet) などとは異なる日本文化特有の美意識が介在しているものと推知される．哲学者・九鬼周造は，運命によって「諦め」を得た「媚態」が「意気地」の自由に生きるのが「いき」である，と述べている(九鬼，1930)．諦め・媚態・意気地という3つの契機が掲げられているけれども，本来，「粋」は江戸の遊里語であり，その基調が媚態にあることは明らかである．垢抜して(諦)，張のある(意気地)，色っぽさ(媚態)を，色彩によって具体化することは可能であろうか．九鬼は，「いき」の色彩は，灰色，褐色，青色の3系統のいずれかに属するものであると把握している．

この事例において，系統色名「灰色」は慣用色名「鼠色」に，系統色名「褐色」は慣用色名「茶色」に，系統色名「青」は慣用色名「藍色」に，それぞれ，いい換えることができる．「鼠色」関連の色として，深川鼠，銀鼠，藍鼠，漆鼠，紅掛鼠などが「いき」であり，「茶色」関連の色として，白茶，御納戸茶，黄柄茶，燻茶，焦茶，媚茶，千歳茶，鶯茶，鶸茶，鳶色，煤竹色，銀煤竹，栗色，栗梅，栗皮茶，丁子茶，素海松茶，藍海松茶，かわらけ茶，芝翫茶，璃寛茶，市紅茶，路考茶，梅幸茶などが「いき」であり，「藍色」関連の色として，紺，御納戸などが「いき」であると指摘されている．茶色は暖色系であり，藍色は寒色系であり，いずれも，冴えた色ではないし，明るい色でもない．鼠色は，十全な意味における無彩色ではないけれども，無彩色に近似した色といいうる．以上の把握に従うならば，中彩度ないし低彩度，かつ，中明度ないし低明度の色彩が「いき」であることになる．なお，江戸時代の一般的な染色技術を視野におさめるならば，茶色や藍色や鼠色などの愛好は，格別に低彩度や低明度などを意識したものではなかったのではあるまいか．富裕な町人階級においては，求めうる「普通の色」であったのではなかろうか．既述のたくさんの種類の「茶色」の色彩の内容において，さほど明確な差異が認められないことは明らかであり，当代の江戸の市民は，色彩と共に色彩語(色名)を楽しんでいたものと推測される．

「いき」を賞揚する文化は，文化・文政時代(1804–30年)の江戸において開花した．それ

は幕藩体制下における町人階級の諦観と無縁なものではありえないけれども，一方，江戸の市民の文化の爛熟(らんじゅく)を示すものであることが明白である．九鬼周造は，「いき」の構造を闡明(せんめい)するに際し，為永春水(ためながしゅんすい)による人情本『春色梅児誉美』『春色辰巳園』などにおける描写を，しばしば援用している．抽象化された色彩に「いき」の美意識を追うことは難しいけれども，江戸時代の人情本の作中人物の気性や容姿や態度や身なりなどに「いき」の美意識を追うことは，さほど難しいことではないと思われる．　　（武井邦彦）
→歌舞伎役者に由来する色, 系統色名, 慣用色名
◆九鬼 (1930)

イコン [ikon (独), icon (英)]（造）

イコンとは聖画像のこと．形象を意味するギリシア語の eikōn が語源である．元来はキリスト教における「聖骸布伝説」のゴルゴダの丘に連行されるキリストが布で顔を拭ったところ，その布に顔が生き写しで残っていたという伝説に由来している．主にテンペラ画でキリスト，聖母，聖徒，聖書物語を描いたもので，民衆の信仰の対象として，2世紀頃から始まり4世紀にさかんになった．しかし，イコンが本格的に発達したのは東方正教会で，美術的にもすぐれた作品が誕生した．とくに中世のイコンは金色を背景として，黒い衣裳のキリスト，赤や青の衣裳を着た聖母マリアなど，金と赤，黒を用いたコントラストの強いゴシック的な生硬なイコンが多かった．10世紀以降，ロシア正教会のもとで，ロシア・イコンはやわらかい色調を用いた自然主義的な表現が多くなり，優美な作品が多くなってくる．とくに15世紀初頭のロシアのアンドレイ・ルブリョフとその後継者たちは，やわらかな黄色のスフマートな背景色に，キリスト，天使や聖徒たちを描いたが，その聖衣の色をペール・ブルー，ライラック，サーモン・ピンクなどの中間色を用いて描き，優雅な人間性に溢れたイコンを数多く制作した．　　（城　一夫）
◆浜田 (1983)

異色測光 [heterochromatic photometry]（照）

互いに色の違う2つの色光の明るさを等しくすること．CIE 標準分光視感効率関数である $V(\lambda)$ は異色測光により求めたものである．異色測光には，交照法，直接比較法が代表的である．前者は2つの色光を時間的に交互に同じ視野に呈示し，そのとき生じるちらつき感を最小にする方法で，色の見えの違いはほとんど影響しない．後者は2つの色光を2分視野に呈示し，明るさを直接比較する方法で，色の見えの違いが影響する．交照法で合わせた2つの色光は，一般に彩度が高いものほど明るく見える．この現象はヘルムホルツ-コールラウシュ効果とよばれる．
　　（矢口博久）
→ヘルムホルツ-コールラウシュ効果, 交照法

イスラム教の色 [colors of Islam]（社）

イスラム教は西暦610年，預言者マホメット（ムハンマド）によって提唱された宗教である．世界三大宗教の1つ．唯一神アラーを絶対的な人格神として信ずる1神教で，「コーラン」を聖典としている．その教義には，アラー，天使，コーラン，預言者マホメット，来世，予定の6信として，信徒は1日5回のメッカ礼拝を始めとして，厳格な戒律を定められている．イスラム教では，アラーの神がすべての創造行為を行うとして，人間が動物を描くことを禁じたほどだから，コーランには天国を表す緑，地獄の業火を意味する赤，そして神が嘉したもう黄色などのごく限られた色しか表現していない．コーランには「後の2つの楽園は深緑に包まれている．(中略) 彼らは緑の褥と美しい絨毯 … 」（出来事の章64〜76），また「エデンの園には金襴緞子の緑したたる衣服を着て … 」（洞穴の章31）などの記述があり，イスラムの天国は緑の空間として表現されている．また預言者マホメットが緑の服を着ていたという伝承がある．一方，コーランには地獄の業火としての火の色がしばしば描かれている．「われらは不義の徒のために火を用意し，火の幕で彼らを取り囲んだ」（洞穴の章29）とあり，地獄が火の幕として描かれている．そしてアラーの神は，生贄の供物として黄色い雄牛を要求した．黄色はアラーの神が喜ぶ色である．　　（城　一夫）
→国旗の色, アラブ系の色

移染 [migration]（化）

繊維上の染料や薬剤が染色工程中に繊維間あるいは繊維内部で移動する現象を移染とよぶ．染

色工業では，吸尽染色法における染浴中での染料の移行を移染とよび，連続染色法でのパッティング後の乾燥工程での染料や薬剤の移動についても移染とよんでいる．吸尽染色法においては，染色過程でいったん繊維に吸着（染着）した染料が染浴中に溶出し，再び繊維の他の部分に吸着（染着）される現象を指す．染色の初期の過程で染料が不均一に吸着された場合に，濃い部分の染料が溶出して淡い部分に移ることにより，均染化が図られるため，移染性のすぐれた染料は均染性がよいとされ，移染性が染料の均染性を示す指標として用いられる．

一方，連続染色などのパッド・ドライ工程を経る染色法においては，パッティングによって繊維布帛上に付与された染料や薬剤が，乾燥工程での水分の蒸発に伴う布帛内での水分の移動に付随して移行する現象を指す．移染の結果，布帛の表裏や幅方向に濃度差や色相差を生じることになり，これを防止する目的で，マイグレーション防止剤の利用や，乾燥工程での布帛中の自由水分率の管理が行われている．　　（今田邦彦）
◆Vickerataff, T. (1954) [高島ら訳, 1957]

1次粒子 [primary particle]（化）

顔料は，一般に水中または有機溶媒中で合成される．また，一部の無機顔料は焼成により顔料粒子が生成する．生成時は微細な粒子つまり1次粒子として存在するが，この状態の粒子は表面エネルギーが高く，その後の処理過程，とくに乾燥工程で粒子どうしが凝集して塊状粒子を形成する．市販の粉末顔料はこの塊状粒子を機械的に粉砕したもので，2次粒子または3次粒子ともいわれる．顔料の1次粒子の形は，化学構造，合成方法，結晶構造などによって決まるが，針状，立方体状，板状，無定形などである．1次粒子どうしが面と面とで凝集した結合体はアグレゲート（aggregates）とよばれ結合が強く分離（分散）が難しくなる．1次粒子が線（稜）や点（角）で凝集した集合体はアグロメレート（agglomerates）とよばれ，結合の状態はゆるいので分散工程でほぐすことが可能となる．1次粒子の平均直径は個々の顔料によって異なるが，だいたい無機顔料が100～5000nm（100nmは0.1μm），有機顔料が20～1000nmの範囲であるが，具体的には無機顔料の酸化チタンは200～300nm，カーボンブラックは10～100nm，有機顔料のフタロシアニンブルーは20～100nmである．　　　　　　　　　（珠数　滋）
◆彦坂 (1989), 前嶋 (2000)

1色型色覚の特徴 [monochromatism]（生）

正常3色型でない色覚の中に，一般的な表現で全色盲とよばれる色覚をもった人がいる．この全色盲は色覚の分類では1色型色覚に分類される．この1色型色覚はもっている視細胞により桿体1色型色覚と錐体1色型色覚に分けられる．また，錐体1色型色覚はもっている錐体によって3種類に分類される．この1色型色覚の出現頻度は桿体1色型色覚が0.003%，青錐体1色型色覚は0.001%以下，赤および緑錐体1色型色覚は非常にまれであるといわれている．

典型的な先天的全色盲は，目が常に振り子のように動く眼振症状があり，強い日光の下では眩しくてよくものを見ることができない．そこで目を保護するためサングラスが必要となるが，逆に薄暗い場所ではものがよく見える．また，視力が弱いため，近くの文字は拡大鏡，遠くは望遠鏡を使用しなければならない人が多い．全色盲の色世界は，白，黒，灰色という，モノトーンの世界をもっているが，灰色に関してのみ述べるなら，われわれのいう灰色という感覚とは相違する．彼（女）にとっての灰色は，多種に分かれて認識されているため，一般的に灰色といっても意味をもたない．それは，イヌイットが雪という言葉をもたず，それぞれの雪に別々の名前をつけていることと同じである．また全色盲は，色の認識を保管するため，色健常者より鋭敏に物体の形，質感，バランスなどを認識し，さらに触ったり，匂いを嗅いだり全感覚を動員して，ものを観察することに長けている．

全色盲が多数居住する2つの島がある．1つはデンマークの沖にあるフール島で，ここには全色盲が1950年代頃まで多数居住していたが，現在では離島してしまったそうである．もう1つは，太平洋のミクロネシアの小さな珊瑚礁ピンゲラップ島である（Sacks, 1996）．現在は，人口約700人の小珊瑚礁であるが，約30年前の調査では住民の5%，現在では約8%の全色盲

が居住する，と報告されている． 　　（植木　武）
→色覚異常
◆Sacks, O. (1996) [春日井ら訳, 1999]

一対比較法 [method of pair comparisons]
（心測）

心理尺度を構成するための実験方法の1つである．尺度化しようとする n 個の刺激対象内から，2個ずつ選んだ対象の組合わせを $n(n-1)/2$ 組つくる．この組合わせを被験者にランダムな順序で呈示し，両者の優劣，軽重，好悪などの比較判断を行わせる．その結果を利用して n 個の対象を評点や順位といったかたちで1次元の心理学的連続体上に位置づけていく．この結果処理には，人間の比較判断に対するモデル（比較判断の法則）の違いから数種類が提案されているが，最も代表的なものにシェッフェの方法，ブラッドリー＝テリーの方法，サーストンの方法がある．そのほかに帯関数モデル型一対比較法などがある．一対比較法は相対判断であるため，刺激の単独呈示による実験手法に比べ，より徹底した一貫性の検討を行うことができるのが利点である．しかし一方で，比較するものの数が増えると組合わせの数も著しく増大するため，実験の規模は大きくなり，被験者の負担が増すのが欠点である．ただしこの欠点を補うために，適当な実験計画によって，すべての組合わせの比較を行わなくても尺度を構成する方法がある． 　　　　　　　　　（葭田貴子）
→尺度構成法，◇二者比較法
◆和田ら編 (1969)，大山ら編 (1994)

イッテン [Johannes Itten]（調）

イッテンはスイスの画家，美術教育家．ジューデレン＝リンデン生れ．1904年から08年まで，ベルン近郊の小学校教員養成所に学び，1908年小学校の教員となる．1910年から12年にかけて，ベルン大学で中学校教員となるため自然科学，数学を学んだが，ミュンヘンでの青騎士展，パリでの立体派展，ケルンでの分離派展などの影響から，画家となることを決意する．1913年からはシュトゥットガルト美術アカデミーで，ヘルツェンに師事する．1916年ベルリンで最初の個展を開催，同年ウイーンに移り，そこで1919年までイッテン自身の芸術学校を開いている．

1919年，革新的造形教育機関バウハウスの設立にあたり，校長グロピウスから招聘を受け，マイスターとして1923年まで予備過程および工房指導を担当した．イッテンはバウハウス創設期の中心的人物であり，バウハウスでイッテンが展開した新しい色彩教育の手法は，以後の造形の基礎教育に革新的な影響をもたらすこととなった．

グロピウスとの指導路線の対立からバウハウスを去ったイッテンは，1926年ベルリンに私立の芸術学校を設立，1929年からは「イッテン学校」として1934年まで活動を続けている．以後，服飾専門学校校長や博物館の館長を歴任，1956年以降は芸術教育論の執筆，画家としての活動に専念した． 　　　　　（緒方康二）
→イッテンの色彩調和論，バウハウス
◆Wingler, H. M. (1969), Itten, J. (1963) [手塚訳, 1970], セゾン美術館編 (1995)

イッテンの色彩調和論 [Itten's color harmony theory]（調）

スイスの色彩学者イッテンが，調和は力の均衡を意味するとして，1961年に出版した著書『色彩の芸術（Kunst der Farbe）』の中に示した色彩調和論．彼は対比現象における視覚の生理学的な現象を調べ，ある色とその補色残像色の混合が，人間の視覚が要求する平衡状態としての無彩色になることを指摘し，2色またはそれ以上の色を混色した場合に無彩色が得られるならば，それらの色は相互に調和するとして，色料混合による調和論を展開した．彼はまず黄色，赤色，青色の1次色を基にその間に混合色である2次色を配し，さらに1次色と2次色の間に3次色を配して12色相環をつくり，色相環において相対する色は混合すると灰色を生じる物理補色とした．次にルンゲにならって12色相環を基に中心軸に無彩色，赤道の位置に純色の色相環を備える色球をつくり，6本の緯線と12本の経線により色彩分割をし，色球の中心を中点として両端の尖った針を据え付けた場合，針の両端が指し示すいかなる色も混合すると灰色を生じる補色関係にあるとして，この色球に基づき2〜6色における基本的な調和の原則を色彩の和音として示した．

2色調和（ダイアード：dyads）は色球の中心を中点として正反対に位置する2色は補色関係にあり，調和を形成するというもので，色球においては無数の調和する2色の対が得られるとしている．

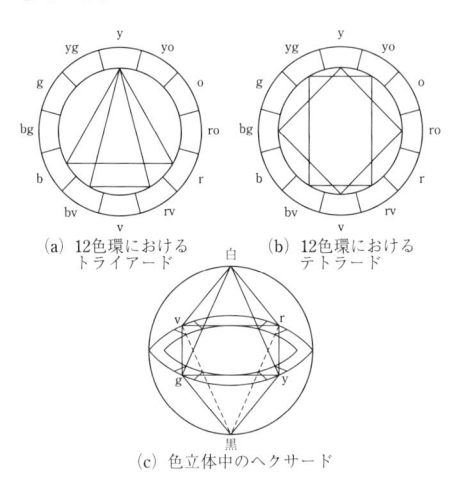

(a) 12色環におけるトライアード
(b) 12色環におけるテトラード
(c) 色立体中のヘクサード

3色調和（トライアード：triads）は，12色相環に内接する正三角形の頂点が示す3色は調和を形成するというもので，1次色である黄色，赤色，青色の3色は3色調和の中で最も鮮明で力強いものとしている．また，2色調和のうちの1色をその両隣の色に置き換えても3色調和と同じような調和の性質をもつとしており，これらの正三角形や二等辺三角形の各辺における二等分線の交点が色球の中心と一致する場合，各頂点が指し示す3色はいずれも調和を形成するとしている（図a）．さらに，3色調和における三角形の頂点の1つが白か黒の場合には，明暗対比が目立った役割を演ずる配色が形成されるとしている．

4色調和（テトラード：tetrads）は12色相環に内接する正方形または2つの補色対が形成する矩形の頂点が示す4色は調和を形成するというもので（図b），これらの正方形や矩形も3色調和と同様に色球の中心を守って球内を旋回させれば多くの調和をつくり出すことができるとしている．

6色調和（ヘクサード：hexads）では12色相環に内接する正六角形の頂点が示す色は調和を形成するとし，色球の中で他の調和と同じように正六角形を回転させることにより明色と暗色が興味深い配色を生みだすとしている．また，白と黒に4つの正方形または矩形をなす純色を結びつけたものも調和を形成するとし（図c），同じように色球の赤道色環上における純色による正三角形に白と黒を結びつけた場合にも5色調和（ペンタード：pentads）が生じるとしている．

イッテンはこれらの基本的な調和のための色彩選択が独断的であってはならないとし，テーマに応じた必然的な表現方法に基づいて行われることにより最も強い効果を得ることができるとしている．なお，彼は調和において，配色される色の面積を考えることが色彩選択と同様に重要であると考え，純色どうしの配色では明度の比率の逆数をそれぞれの面積に用い，純色以外では色面の大きさは色の三属性および対比効果から生じる色彩としての総合的な力を考慮して決定すべきであるとしている．

（宇田川千英子）

→イッテン，対比，ルンゲ，フィーリプ・オットー
◆Itten, J. (1961b) [大智訳, 1971], Itten, J. (1961a, 73)

糸染め [yarn dyeing]（着）

織・編地（ファブリック）になる前の，糸の段階で染色する技法．織物を例にとれば，織物は経糸と緯糸で構成される．それらの糸の色と織り方を工夫することで，縞，絣，格子，模様織りなど，さまざまな文様をつくることができる．糸染めは後染めに比べ，一般に色の深みにすぐれ，染色の堅牢度も高い．一般に上質・高級なファブリックに糸染めやトップ染めなどの先染めの手法によるものが多い．糸染めで織られるファブリックは，その織りの構造（織組織という）によって，同じ糸を使っても，風合い，手触り，柄などが異なってくる．複数の色糸を使い柄を織りだす場合には，織組織によってどのような効果が生じるか把握しにくいため，試験的に織ってその効果を確かめるなど，ファブリックに仕上げるまでに時間とコストがかかるため，近年ではコンピュータグラフィックスを使ったシミュレーションが普及しつつある．

（山内　誠）

→後染め，先染め，トップ染め

◆松田 (1995), 板倉ら (1977)

衣服イメージと色 [color and clothing image]（衣化）

　色彩のイメージは, 因子分析によって「力量性」「活動性」「評価性」の3つの基本因子をもつことがよく知られている. 衣服イメージと色についても, 同様にいろいろな服種やデザインについてSD法が実施され, 因子分析によって解析が行われている. 男性のビジネススーツは, スーツ・カラーシャツ・ネクタイで構成され, その着装イメージは,「調和感と社会的望ましさ」と「目立ち」の2因子によって構築されている. ビジネススーツには, この2因子が相互に影響する. 若い男性の場合, スーツの色は茶色より紺や灰色に, シャツは薄い黄または濃い青を組合わせ, シャツとネクタイの色相関係では「目立ち」の因子がやや高めの関係となる, 暖色系の同系, 類似, 対照の配色を組み合わせたとき, 調和感と社会的望ましさが得られる. 中高年の男性の場合, スーツの色は若い男性と同様であるが, シャツは薄い青または濃い青を選択し, シャツとネクタイの関係では,「目立ち」の因子を低めにする寒色系の同等, 類似, 対照になるように組み合わせることにより, 社会的に望ましい印象が得られる.

　若い女性が, 衿なし, 袖なし, そして膝丈の各種色彩のワンピースドレスを着用した場合のイメージは,「年齢性」と「評価性」の2因子で構築される. 年齢的に若々しく, 派手で評価性の高い色のワンピースドレスは, ピンク, ホワイト, 年齢に適しており評価性の高い色は, ライトブルー, ビビッドブルー, 年齢的に地味ではあるが評価性の高い色はダークブルー, ブラック, ダークレッドである. 女性用各種デザインの衣服のイメージは,「評価性」「活動性」「力量性」の3因子で表され, やや複雑となる.

〔加藤雪枝〕

→因子分析, SD法

伊万里焼（造）

　17世紀初頭, 九州・有田で中国磁器を手本とし, 日本で初めての磁器が, 朝鮮半島の技術者の手によって誕生した. これが伊万里津（港）から各地に積み出されたため伊万里焼とよばれた. 伊万里焼は, 江戸時代に生産された有田を中心とする肥前磁器の包括的名称である. 有田では江戸時代から現在に至るまで磁器を焼き続けており, 現在有田焼とよばれている. 一方, 江戸時代に生産されたものは, とくに古伊万里とも通称される. 1610年代に誕生した当初は, 染付, 青磁などが主な装飾であったが, 1640年代には色絵が焼かれるようになり, 中国磁器と遜色ない製品の生産が可能になった. また1650年代にオランダ東インド会社による輸出事業が本格化したことによって, 技術水準は急速に高まった. 伊万里の壺や皿は遠くヨーロッパまで運ばれ, その白い磁肌と華やかな文様は, 中国磁器とともに彼の地の王侯貴族を魅了し, 18世紀に始まるヨーロッパの磁器窯に大きな影響を及ぼした. 伊万里の装飾技法には, 染付, 色絵, 金襴手などがある. 染付はコバルトを含んだ顔料を用いて, 素地にかかったガラス質の膜である釉の下に, 藍色の文様を描く技法もしくはその作品をいう. 色絵は, 1640年代に有田の酒井田柿右衛門らによって焼かれたといわれる. 17世紀末の元禄年間には, この赤絵に金彩を加えた製品が流行したが, この華やかな伊万里は金襴手とよばれた.

〔中島由美〕

→染付, 青磁, 色絵磁器, 金襴手

イメージ情報 [color images]（商）

　対象物の色を決定する際に重視される色のイメージに関する視覚的資料全般を指して用いられる. デザインに用いられる色は, その対象物のコンセプトにそうカラーイメージをもっていることが望まれる. 製品の開発は多くの場合, 一定の開発期間が必要になるため, その製品を購入, 使用する人びとが嗜好する色をあらかじめ調査, 予測する場合が多い. イメージ情報は, 直接的に望まれる色そのものを集めたものではなく, 色決定の前段階で用意されるもので, 色, 形, 素材感, 全体の雰囲気や表情などデザイン全体から表出されるイメージを決める際の資料として活用される.

　自然物, 風景, 動植物, 人物, 歴史的建造物, 時代様式を形成するインテリアや衣装, 手工芸品, 絵画, 宝飾品, 生活雑貨をはじめ各種民族衣装, 人工的な現代建築など, さまざまな視覚

的な写真，絵画，イラスト，文様などが参照される．イメージ情報は，これらの視覚的資料の中から，対象物のコンセプトにあったものを選択して編集構成されるもので，製品開発者やデザイナー向けに市販されている資料が多々ある．

（大関 徹）

→トレンドカラー

イメージスケッチ [image sketch]（商）

構想をビジュアル化するために描くスケッチ．グラフィックデザイナー，インダストリアルデザイナー，建築家，舞台意匠家などが，頭の中にあるイメージ（形，色など）を，自分で確認するため，あるいは他の人に伝えるために描く．開発のさまざまな段階で描かれるが，どちらかといえば初期の段階で描かれることが多い．アイディアスケッチ，ラフスケッチと同義に使われることもあるが，アイディアスケッチが何らかの意味あるアイディアを具体化，あるいは人に伝えようとするため，曲線定規や各種の画材を駆使して少し時間をかけて描かれるのに対して，イメージスケッチは制約のない自由な発想を表現するため，色鉛筆やマーカなどスピーディーに描ける画材を使い，フリーハンドで描かれることが多い．また，表現したいことや特徴的な部分，スタイルテーマなどを強調（あるいはデフォルメ）して描くことが多い．

カラーデザインの分野でも，色のイメージをビジュアル化するためにイメージスケッチを描くことがある．また，イメージコラージュも，目的はイメージスケッチとあまり違わないが，これは写真や雑誌の切り抜きなどを組合わせて構成し，イメージを表現するものである．

（吉田豊太郎）

イメージセンサ [image sensor]（入出）

入射光によりつくられる像を電気信号に変換する半導体素子．マトリックス状に配置された画素とよばれる光検出器の配列からなる．各画素は画像を標本化し，それぞれ入射光強度に比例する電気信号を発生させる．現在イメージセンサの半導体素子としては，CCD（charge-coupled device，電荷結合素子）が最も広く使われている．CCDはシリコン基板の上にゲート電極を並べた構造をしている．各画素では入射光強度に比例する個数の電荷がゲート下に発生し，画像の1フレーム期間にわたり蓄積される．この電荷は各ゲートに加えられる電圧を順次スイッチングすることにより画素から画素へとシリアル転送され，外部へと排出される．

近年ではCCDに代わり，汎用VLSI用のCMOS技術を用いたCMOSイメージセンサの開発が盛んに行われている．CMOSイメージセンサはMOSトランジスタを光検出器および読み出しスイッチとして用いる画素構造をとり，高電圧の高速スイッチングが不要なため低消費電力で済み，ランダムアクセスが可能であり，製造プロセスが共通なためディジタル回路との共存も容易であるなどCCDと異なる利点をもつ．従来最大の欠点であった画素間の特性ばらつきを補償する回路を組み込んだ能動画素（active pixel）型の出現により，CCDに匹敵する性能のCMOSイメージセンサもつくられるようになっている．

（来海 暁）

→画像の標本化，分光感度，ディジタルカメラ，JPEG，CCD

◆Theuwissen, A.J.P. (1997), 安藤・菰淵 (1999)

イリデッセント・エフェクト [iridescent effect]（衣化）

イリデッセント・エフェクトは，光の干渉効果により，見る角度によって表面の色が変化して見える効果を意味する．日本語では玉虫効果と訳されるように，自然界の中の生物である玉虫やモルフォ蝶，鳥の孔雀の羽の色などにも玉虫効果が見られる．布地におけるイリデッセント・エフェクトは，経糸と緯糸に異なる色の糸を用いて織りあげると，表面が見る角度により色が変化して見えることによって得られる．経糸に色糸，緯糸に晒し糸を用いて平織りしたシャンブレー（chambray）とよばれる布地の一種は，一見，無地調に見えるが，見る角度によって霜降り調に見えるので，イリデッセント・エフェクトの一例といえる．また，モルフォクロスは，糸そのものに光の干渉効果を呈する素材を使って織られた布地であり，イリデッセント・エフェクトの一種と考えられる．工業製品の塗料においては，クロマフレア，ヘリコーン，シリカフレーク，干渉マイカなどの干渉効果をもつ光輝

材を用いると，イリデッセント・エフェクトを与えることができる．また，アルマイトの被膜の上に真空蒸着の色をコーティングすると，イリデッセント・エフェクトを得ることができる．
(出井文太)
→光輝顔料，光輝材，シリカフレーク顔料，ヘリコーン，モルフォクロス，◎玉虫効果
◆東商編（1998b）：「商品色彩」

色合わせ [color matching]（表）

目の前の果物を絵に描くときに，手持ちの絵の具を混ぜ合わせて，描こうとする果物の色と同じ色になるように彩色する．このような「色を自分の希望する色へと導いていく技術的な行為」を色合わせという．カラーマッチングや調色と同義に用いられる．色合わせを行う技術者（調色者）が，与えられた色見本を見て，過去の経験から適当な色材を選定し，色材を混ぜ合わせ，布や紙などに施色して色合わせを行うことを目視調色（視感調色ともいう）という．目視調色では，色材の調合，施色，比色，合否判定，再調合という動作を試行錯誤を繰り返して最終的に希望する色をつくりだすが，色見本と試験的につくったサンプルとを比較する作業を色彩計で行うことがある．さらに，色材の調合を色彩計とコンピュータを使ってあらかじめ予測し，計量的に調色するようにした色合わせをコンピュータカラーマッチング（CCM）という．CCMでは，調色者に要求される①色材の種類と混色量を推測する，②色の差を判定する，③合否を的確に判定するといった能力を色彩計やコンピュータに置き換えることで，調色者の技術水準に関係なく，再現性にすぐれた迅速な色合わせができる．
(小松原 仁)
→画像におけるカラーマッチング，視感調色，◎カラーマッチング，調色

色糸威（縅）（社）

鎧の札を色糸でつづり合わせたもの．色糸というけれども，その実態は，平打ちの組紐である．材料は，主として絹であり，その色彩は，赤，紅，緋，萌黄，浅葱，縹，紺，紫，白，黒などである．平安時代末期に制作された《赤糸威大鎧》（東京・御嶽神社蔵）や《黒糸威大鎧》（広島・厳島神社蔵）などは，とくに優品として名高い．色糸威の様態に，日本の染織文化史の一端をうかがうことが可能である．鎧は戦場の防具であるけれども，戦闘活動のためには動きに耐えうるような屈曲可動の部分が必要である．漆塗りの鉄板や革板をつづり連ねるべく，組糸（組紐）や，染韋を細く切った緒や，綾を細く畳んだ緒などが考案された．それぞれを使用したものが，それぞれ，糸威，韋威，綾威とよばれている．「緒を通す」から「おどし」であり，威である（縅とも記す）．

さまざまな色糸が使用されているが，その色は，必ずしも常に単色であるということではない．室町時代には，白・紅・縹の3色や，紅・白・紫の3色など，色を組合わせて使用する色々威が制作されている．また，斑濃威，裾濃威などのように，1つの色を濃淡のかたちで使用している事例も見うけられる．甲冑は，戦場において人間の身体を防護するための武装である．なお，その制作の様態は，金属，革，漆，染，織などに関する工芸の集大成とみなすことができる．攻撃武器の変化や戦法の変化などにより，防護のために着用する甲冑の形式もまた，さまざまに変化せざるを得なかった．ただし，武士が命がけの戦闘に臨むのであり，しかも，壮麗な，あるいは威風堂々とした武将であることが求められているのであるから，甲冑の造形に，その時代の武士の美意識や，その時代の民族の好尚などが反映されていることは明らかである．
(武井邦彦)

色占い [color fortun-etelling]（社）

色占いとは，色彩を使って，自然現象の変化，災厄，国家の未来，社会のできごと，個人の将来や運命などを予測する占い方法の一種．別に色魔術などといわれる．占い自体が，その根拠を科学的に証明されたわけではないし，その信憑性について，学術的に疑問視されているから，同様に色占いも何ら科学的に裏づけられたものではない．しかしながら，人間にとって予測不可能な将来を予見することは，大変に魅力的なことなので，洋の東西を問わず，古来から数々の方法が取られてきた．その代表的なものを以下に紹介すると次のとおりである．①占星術による色占い：天体の惑星の運行，黄道十二宮の

推移と色彩，人間との相関性から，将来の運命を予測する占い法．西洋占星術と密教占星術の2種類がある．現在最も行われている方法．② 宝石，誕生石による色占い：占星術から派生した占い法．肌に触れる宝石が電磁気作用を発し，身体の細胞に影響を及ぼすとの考えから，宝石の色彩とヒトの運命，将来を占う方法．宝石を身に着けることによって，希望が成就する．③ ろうそく儀式による色占い：赤や緑などの色ろうそくを用いて，定まった曜日に，色占いの言葉を唱えて，希望の成就を祈願する方法．キリスト教の旧約聖書に由来する方法といわれている．④ 花と木による色占い：グリーン・セラピーの一種．いろいろな花と木に触れたり，栽培することにより，花色のもつ効果がヒトの運命を変えていくという占い．⑤ その他カードによる色占いなどがある． （城 一夫）

色絵磁器 [overglaze polychrome enamel]
（造）

色絵とは，やきものの表面を覆うガラス質の膜である釉の上に，赤，黄，緑などの多色を用いて文様を描く技法，もしくはその作品を指す名称である．その色絵の装飾を施された磁器が色絵磁器である．陶器に色絵を施す技術は中国で12世紀後半に華北で始まったといわれるが，磁器に色絵を施す技術が確立されたのは明時代成化年間．染付の上に，赤，緑，黄の色彩を加えた美しい色絵磁器は，「豆彩（とうさい）」とよばれた．中国ではこの後，明，清時代を通じてさまざまな色絵磁器が焼かれた．中国では「五彩」とよぶが，5種類の色という意味ではなく，多くの色を用いることを表している．日本では伊万里焼が，1640年代に色絵磁器を完成させている．最初は中国の色絵に倣ったものであったが，ヨーロッパへの輸出が始まり，それに併せて生産された色絵磁器は，しだいに日本独自のスタイルを確立していった．それらの色絵磁器は柿右衛門様式とよばれ，その白い磁肌，明るい朱色，瀟洒（しょうしゃ）な絵付けは，後の18世紀に開かれたヨーロッパの磁器窯で盛んに写された．江戸時代末，明治以降には日本の各地で磁器が焼かれるようになり，とくに明治に西洋から新しい技術が導入されることによって，あざやかで細密な色絵磁器が焼かれるようになった．色絵磁器は，釉をかけて高温（1250°C以上）で焼成した後，釉の上に顔料を載せ，再度やや低温で焼きつける．2回窯に入れること，顔料が貴重なことから，一般に高価なものである．なお，色絵陶器は色絵磁器の誕生とほぼ同じ頃に京都で生れた．この技術を高め，洗練されすぐれた作品をつくり出したのが野々村仁清である． （中島由美）
→五彩，野々村仁清

色温度と相関色温度 [color temperature and correlated color temperature]（照）

色温度とは，与えられた刺激と色度が等しい放射を発する黒体の温度のことである．相関色温度とは，特定の観測条件の下で，明るさを等しくして比較したときに，与えられた刺激に対して知覚色が最も近似する黒体の温度のことである．つまり，与えられた刺激の色度が，黒体の温度の色度と一致する場合には色温度で表すことができるが，黒体軌跡上にない場合には相関色温度で表すことになる．刺激の相関色温度を計算するために勧告されている方法は，その刺激を表す点を通る公認された等色温度線と交差する黒体軌跡上の点に相当する温度を，色度図上で求める方法である．

色温度の量記号は T_c で表し，相関色温度の量記号は T_{cp} で表す．ともに，単位はKである．単位を K^{-1} または MK^{-1} とする逆数色温度（reciprocal color temperature，量記号：T_c^{-1}）も使われる．単位記号 MK^{-1} は毎メガケルビンと読み，$10^{-6}K^{-1}$ に等しい．この単位は，従来ミレッドとよび，mrd の単位記号で表したものに等しい．また，色温度よりも相関色温度のほうが適当な場合はいつでも，逆数色温度よりも逆数相関色温度（reciprocal correlated color temperature，量記号：T_{cp}^{-1}）を用いる．

（一條 隆）
→黒体（放射）

色替え [color change]（着）

複数のカラーバリエーションをもつ商品や部品を生産するときに，その色を変えることを色替えという．塗装色の場合は，塗料の色を変える．量産塗装ラインでは色替え装置を用い，カラー

バルブを洗浄し，塗料を変更する．一般には上塗り工程で行われるが，セット中塗りを行う塗装ラインでは中塗りにもカラーチェンジャーを設けて色替えを行っている．材料着色の樹脂や原液着色の繊維の場合は，着色した樹脂を変える．したがって，カラーバリエーションの数に対応する樹脂のタンクを用意するか，そのつど色を入れ替える必要がある．量産板ガラスの色の変更は手間と時間がかかる．今生産している色に次の色を継ぎたしていって，目標の色になるまで待つ必要があるので，大量のロットで生産する場合以外は原材料の色替えは行わず，コーティングやフィルムでの着色を行う．（吉田豊太郎）
→セット中塗り

色感覚 [color sensation]（感知）

"色の感覚"を意味するこの用語は，「色知覚」とともに，"色の刺激をわれわれが受け入れること"，あるいは，"色を直接に体験すること"を表している．いわゆる「感覚」と「知覚」は，心理学において重要な役割を果たしてきており，われわれが周囲の環境との相互作用の中で，有効に活動していくために必要な"基本的な働き"とみなされている．すなわち，"より低次な・部分的な・生理的な・生のままの体験"である「感覚」は，われわれの内部あるいは外部からの刺激によって直接にひき起こされる意識内容であり（苧阪編，1969），「色感覚」であれば，"色そのものの見え"，あるいは，"色の発見（探知）"ということになる．ここで，「色感覚」の例としては，"「色彩計」などの測定装置を覗いたときに見える色（「開口色」）"があげられる（金子，1991）が，"そこに色のみが見える場合"が典型的である．それゆえ，夕日や青空も，"それらの色のみが見えている"という観察条件（還元視）が整えられれば，その場合の体験は「色感覚」といえよう．このような体験は，日常生活ではわれわれに気づかれることが少なく，より高次な「色知覚」や"色の認知的処理による体験"にとって代わられる場合がほとんどである．しかし，この「色感覚」は，われわれがとり込んでいる色対象の"素材"を形づくっており，色の利用や探求において，基本的な体験であるとともに，重要な研究対象でもある．（後藤倬男）

→色知覚，色彩計，開口色，感覚属性，感覚様相
◆苧阪編（八木監）（1969），金子（1991），Woodworth, R.S.・Schlosberg, H.（1954）

色記憶のカテゴリー性 [categorical aspect of color memory]（感知）

色は記憶内であいまいになるが，そのあいまいさが色カテゴリー内に留まることを記憶のカテゴリー性という．色記憶のカテゴリー性は大脳中枢レベルの色覚処理が反映していると考えられる．色のカテゴリーとしては 11 個の基本色（赤，緑，黄，青，茶，紫，オレンジ，ピンク，灰，白，黒）がよく知られている．

（内川惠二）
→色の記憶，カテゴリカル色知覚，基本色名

色恒常性 [color constancy]（感知）

色彩は物体認識のための有用な手がかりとなるが，物体表面から反射される光は，光源から入射する光の強さや分光分布によって大きく変化する．たとえば，室内の白熱灯の下と屋外の直射日光の下とでは，照度に著しい差があるだけでなく白熱灯の光の方が黄色みを帯びている．人間の視覚はすぐれた順応能力をもち，光源光の違いをうまく補償して，物体本来の色を知覚することができるといわれている．この現象を色恒常性とよぶ．実際には，色恒常性といっても色の知覚がまったく変化しないわけではない．物体色としての白色や灰色は，光源光の色が変化しても白色や灰色として知覚されるように視覚が順応するが，有彩色では色合いが微妙に変化する．それでも，色恒常性の機能は，人間の色知覚において重要な役割を果たしているといえ，人間の色恒常性のモデル化が研究課題となっている．人間の視覚機能を機械によって実現しようとするコンピュータビジョンの分野でも，色恒常性の実現は重要な研究課題である．この分野では，カメラで撮影されたデータから光源の分光分布を分離し，物体表面の分光反射率を推定する問題として扱われることが多い．

（大田友一）
→コンピュータビジョン，レティネックス理論，明度の恒常性
◆池田（1989），Hunt, R.W.G.（1991b）

色再現域 [color gamut]（入出）

略して色域ともいう．色彩画像を形成する色

材，画像の入出力機器，およびこれらを含む画像システムなどが表現可能な色の範囲を表す．3次元の表色空間においては，座標系の中に再現され得るすべての色点の中の最外郭点を連ねた固有の色立体として表現される．3色または4色インキをさまざまな割合で混色して各種の紙に印刷してできるすべての色を表色系にプロットしたとき，色空間全域に均等に分布しかつ色立体の体積が大きいほどすぐれた色材といえる．インキと紙の組合わせ，印刷適性，混色方法などによって色域は異なるので，インキや紙単体ではなく総合的評価が重要である．CRTディスプレイは，3色蛍光体の発光による加法混色系でモデル化できるので，計算により色域が求められる．印刷でも，ノイゲバウアー式が適用できる場合には計算が可能であるが，インキジェットプリンタなどでは多数の色票を実際に記録し，測色値から色域を抽出する方が信頼性が高い．個々の被写体およびそれらから構成される画像もまた，固有の色域を形成する．

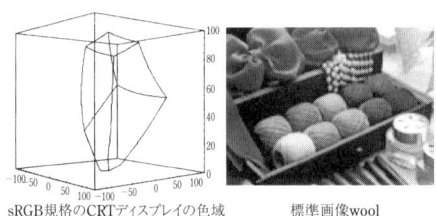

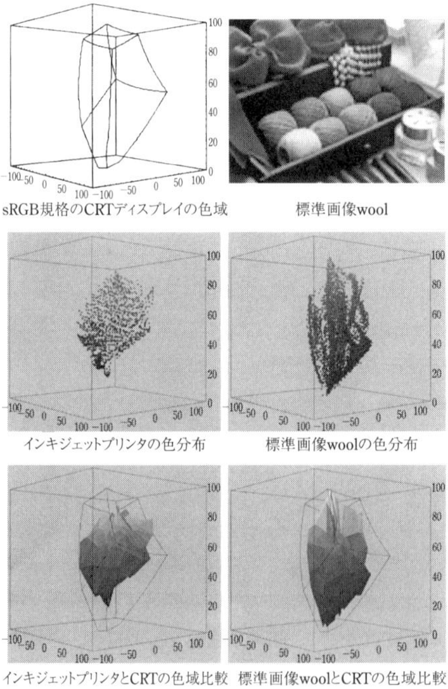

これら色域形状は，2次元の色度平面に最外郭線を射影したり，3次元空間では最外郭点を三角形のパッチで貼り合わせたポリゴンで立体的に表示して比較評価される（図）．色域の異なるメディア間の色再現では，画像源の色域がディバイスや色材の色域より広い場合に，色域外の色点を色域内に圧縮して色の見えの一致を図る，色域マッピング法が近年の重要な研究課題となっている． （小寺宏曄）
→ノイゲバウアーの式，色域マッピング，◎色域
◆大田（1997, 98）

色三角形 [color triangle]（表）

混色系の表色系においては，任意の色は3次元直交空間内の点，あるいはその点への位置ベクトル（色ベクトル）によって表現される．その色空間の単位平面上で，座標の3つの成分がいずれも正となる領域は三角形をなし，色三角形とよばれる．どの色ベクトルも必ずこの平面を通るため，この色三角形との交点で，すべての色ベクトルの方向を規定することができる．さらにこの平面上の点の3つの座標成分の和は1に等しいため，交点の座標は，明るさ情報をもたない2次元の色度座標を与える．たとえば，CIEのXYZ表色系では，図に示すように色三角形は$(1, 0, 0), (0, 1, 0), (0, 0, 1)$の3点を頂点とする三角形であり，この色三角形上の点(x, y, z)は$x+y+z=1$を満たし，色ベクトルと色三角形の交点のXY座標が色度座標(x, y)を与える．ちなみにこの色三角形のXY平面への射影がxy色度図となる．3つの錐体応答によって色を表現するL,M,S錐体応答色空間においても同様に色三角形を定義でき，錐体三角形（cone triangle）とよび区別することもある．色三角形に関しては，池田（1989）やWyszecki

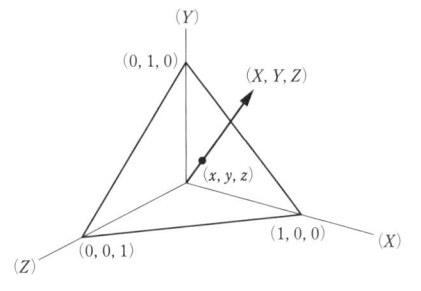

sRGB規格のCRTディスプレイの色域　　標準画像wool

インキジェットプリンタの色分布　　標準画像woolの色分布

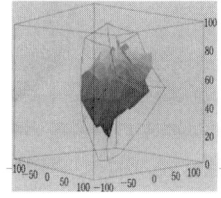

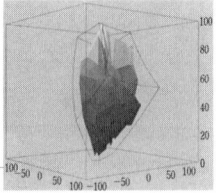

インキジェットプリンタとCRTの色域比較　　標準画像woolとCRTの色域比較

色再現域の3次元表示（CIELAB表色系）

と Stiles(1982) の，CIE XYZ 色空間や RGB 色空間に関する項に詳しく紹介されている．

(篠田博之)

→色ベクトル，XYZ 表色系，錐体空間
◆池田 (1989)，Wyszecki, G.・Stiles, W.S. (1982)

色失語症 [color aphasia]（生）

言語機能に関与する中枢機能の損傷によって生じ，色名を喚起することに特異な障害を示す症状を指す．失語の症状は認められるものの，一般に軽度で，それに比べると色名呼称に著しい障害が認められる．「色名健忘（color anomia）」の一種とも位置づけられている．たとえば，Bauer(1993) は色名健忘を A，B の2種に分類して，一方を「離断性色名健忘」に相当するものとし，他方には「特殊性色失語症（specific color aphasia）」という名称を与えている．その古典的な典型例として，前者については Geschwind と Fusillo(1966) の症例と Oxbury ら (1969) の第 1 症例をあげ，また後者に関してはオクスベリらの第 2 症例と Kinsbourne と Warrington(1964) の症例をそれぞれ引用している．上記 2 者のいずれも，仮性同色表による検査や色相の弁別，色のマッチングなどの「視覚−視覚課題（visual-visual tasks）」には何ら問題がないという点で特性を共有しているが，特殊性色失語症の場合には，「言語−言語課題（verbal-verbal tasks）」に対して多くの誤答が現れてくる．

この課題では，具体的には「What color is a…?」というタイプの質問（たとえば，「バナナは何色？」）に答えることが求められる．オクスベリらの第 1 症例がこの課題に誤答を示すことは一切なかったのに対して，その第 2 症例は，たとえば a banana—「green」，an orange—「dark yellow」，poppies—「blue」，…というような応答をしている．ただ，一見，言語過程が関与しないと考えられる課題，すなわち「彩色されていない線画に色を塗る（塗絵）課題」などについても，失語のある患者で，明白な誤りを示す場合があるとの報告が少なからずあり，「色失認症」との関係が論議の的になっている（たとえば，Beauvois・Saillant, 1985）．

(鳥居修晃)

→色失認症，色名呼称障害，色名
◆Bauer, R.M. (1993), Geschwind, N.・Fusillo, M. (1966), Oxbury, J.M. ら (1969), Kinsbourne, M.・Warrington, E.K. (1964), Beauvois, M.F.・Saillant, B. (1985)

色失認症 [color agnosia]（生）

古典的定義によれば，「色の知覚に関する非言語的な課題には問題がないのに，見た色に対する色名の呼称に障害を示し，色名を聴いてそれに該当する色を指示することができない症状」(Bauer, 1993) となっている．しかし，この限りでは「離断性色名呼称障害」との区別が明確ではない．事実，ゲシュヴィンドらは上記のような症状は「視覚−言語間の離断（visual-verbal disconnection）」によって理解できると主張していて（Geschwind, 1965; Geschwind・Fusillo, 1966），色失認症という独立の症状を認めていない．Bauer(1993) の見解も同様である．

これに対して，独立の症状であるとする主張もあって，たとえば，仮に色の弁別は可能で，失語の症状も認められないのに，上記の古典的な定義にそう課題（「視覚−言語課題」）に障害を示し，「加えて，形態知覚はあるのに，その形態に正しい色彩をあてることができない場合」（山鳥，1985，75 頁）には色失認という病態を考えざるをえないであろう，との見解が提出されている．純粋に視覚的な課題としては，具体的には「彩色されていない線画に色を塗る（塗絵）課題」，あるいは「適切に彩色された物品の絵，または不適切な色の物品の絵（赤いバナナ）を選択・指示する課題」などがあり，これらに支障をきたすのが色失認症の特徴といわれている．ただし，失語のある症例の中には色塗り課題で明白な誤りを示す場合があるので，判定の際の課題設定には十分な配慮が必要とされる（Beauvois・Saillant, 1985）．

(鳥居修晃)

→色失語症，色名呼称障害，色覚異常，色名
◆Bauer, R.M. (1993), Geschwind, N. (1965) [河内訳，1984], Geschwind, N.・Fusillo, M. (1966), 山鳥 (1985), Beauvois, M.F.・Saillant, B. (1985)

色視野 [color field]（感知）

人間の網膜はその構造が不均一なので同一色刺激でも視野（または網膜）上のどこに呈示されるかにより異なった色知覚となる．一般に周辺視野では知覚的飽和度が低下し，視野中心か

らの偏位が90°に近くなると無彩色に見える．色視野とは，ある色を同定できる視野範囲のことであるが，厳密に定義されているわけではない．ある色刺激が中心視と同じ色相に見える範囲なのか同一カテゴリー色に見える範囲なのか，明確に記述されている場合とそうでない場合があるので注意が必要である．赤，黄，緑，青のユニーク色に注目し，たとえば赤刺激を用いて視野全域でその刺激中の知覚的なユニーク赤成分比を心理物理的に測定し，視野全体におけるユニーク赤成分比の定量的変化に基づく色視野が提案されている．中心視でユニーク色に近い色刺激を用いると，単色光か複合光かなど刺激の物理特性に依存しないとの結果が報告されている．

近年，眼科学の分野では，高輝度黄色背景でLおよびM錐体を順応させ，その背景上に青色視標を呈示し，S錐体系応答の増分閾値を測定するブルーオンイエロー視野計測（B/Y perimetry）が，緑内障早期発見や視神経疾患の診断に用いられている．これは上記の定義による色視野とは異なるが，色光を活用した臨床的視野測定である． 　　　　　　　　　　　　　　（阿山みよし）
→ユニーク色
◆高瀬・内川 (1991), 桜井ら (2000), 瀬川ら (1999)

色収差 [chromatic aberration]（物）

光の波長によりガラスなどの光学媒体の屈折率が異なるために生じる収差．像の位置が波長によって変化するのを軸上色収差または縦の色収差，像の大きさが波長によって変化するのを軸外色収差または倍率の色収差という．像面においてこの両者が結合して現れるのを横の色収差という．色収差があると像が鮮明でなくなったり輪郭が色づいたりする．人間の眼光学系にも色収差があり，スペクトル両端で約 1.5〜2.5D（ジオプター）の屈折力の差がある．しかし，短波長および長波長の視感度が低いため気づくことは少ない．人間の眼光学系の色収差を補正するためのアクロマタイジングレンズも報告されている． 　　　　　　　　　　　　　（矢口博久）
→アクロマタイジングレンズ
◆Powell, I. (1981)

色受容野 [color field]（生）

大脳視覚領，下側頭皮質（inferior temporal cortex: IT）の神経細胞が応答する色度領域のこと．サルの下側頭皮質を切除すると深刻な色覚障害を起こすことから，色認知に重要な役割を果たしていると考えられている．下側頭皮質の単一神経細胞は刺激色に応じてどのように発火頻度が変わるのか，Komatsuら (1992) は微小電極による細胞外電位記録で調べた．刺激色による応答を色度図上に示したところ，特定の色相範囲に応答する細胞や高い彩度に応答する細胞などがあった．反応する色領域は特異的な形状をしており，ヒトのカテゴリカル色知覚による色領域と対応している細胞が多く見出されたことから，これらの関連性が考えられている．また，受容野とは神経細胞が視野中のどの位置の光に応答するかを表したものであるが，色受容野と Komatsu らが名づけたのは視野を色空間に置き換えたアナロジーからである．
　　　　　　　　　　　　　　　　（鯉田孝和）
→大脳視覚領，カテゴリカル色知覚
◆Komatsu, H. ら (1992)

色順応 [chromatic adaptation]（感知）

色順応とは，主な効果が相対分光分布の相違による色度の変化であるような色刺激の変化による順応のことである．似た用語に，明順応や暗順応がある．この場合は，明るさが急激に変化したときに一瞬周りがよく見えなくなるが，時間とともに目がしだいにその明るさに順応し，周りのものが見えるようになることをいう．色順応の場合は，視力が極端に変化することはないが，色，つまり相対分光分布が変化したときには，それに応じた順応現象が生じる．たとえば，白い紙をもって，日中，外から白熱電球で照明されている部屋に入ると，初め，オレンジ色がかった紙に見えるが，時間とともに，やがて白い紙に見えてくる．また，白熱電球で照明された部屋にしばらくいて，それから昼光色の蛍光ランプで照明されている部屋に入ると，初め，青白い紙に見えるが，やがて白い紙に見えてくる．これは「色順応」が働いたためである．イルミナント（照明光）が変化したときに，観測者の色順応に変化が生じないうちに観察される，照明された物体に対する知覚色に生じる変化を，「イルミナントによる知覚色のずれ（illuminant

[perceived] color shift)」という．また，一定のイルミナントで照明された物体の知覚色に，目の色順応状態の変化だけによって生じる変化を「順応による知覚色のずれ（adaptive [perceived] color shift)」という．通常，この2つの知覚色のずれが同時に生じる．とくに，光源の演色性評価方法などでは，「色順応」は重要な課題であり，色順応効果を数学的な補正式で表す研究が現在も続いている．　　（一條　隆）
→フォン・クリース色順応メカニズム

色対比 [color contrast]（感知）

ある領域の色が，空間的・時間的に近接する他の色と相互に影響し，その相違が強調されて知覚される効果を色対比という．とくに，空間的に近接した2つの色を同時に見るときに生じる色対比効果は，同時対比または空間対比とよばれる．たとえば，白色領域を緑色で囲むと，白色にやや赤みが知覚される．すなわち周囲領域の色から遠ざかる方向へ色の見えが変化する．明るさが異なっている領域間には明るさの対比効果が生じる．対比効果は，同一の空間領域において時間的に先行して呈示された色によっても引き起こされる．この効果は継時対比または時間対比とよばれる．色の同時対比に及ぼすさまざまな刺激要因をまとめたものとしてキルシマンの法則がある．また，同時対比によって誘導される色の変化は補色の方向に近いが必ずしも一致しない場合があることが報告されている．一般に，同時対比は空間的な相互抑制機構によって説明される．比較的広い面積領域間で顕著であるため，網膜レベルにおける側抑制とは異なる機構が関与しているとされ，二重反対色型細胞との関連性などが議論されている．

（郷田直一）
→時間対比，キルシマンの法則，補色，二重反対色型細胞，色同化

色知覚 [color perception]（感知）

"色の知覚"を意味するこの用語は，"色の対象（刺激）がわれわれに取り込まれること"，あるいは，"色の有様を体験すること"を表しており，「色感覚」とともに，われわれが環境の中で有効に活動していくための"基本的な働き"に含められている．いわゆる「知覚」は，われわれの行動を規定する媒介過程の一側面として（大山編，1970），このような働きの"より高次な・形態的な・認知的な・処理を受けた体験"であり，「色知覚」であれば，"物の色の見え"あるいは"何かの色の同定（確認）"とみなされ得る．ここで，「色知覚」の例としては，"畑や店頭で見えるトマトの赤い色（「表面色」）"があげられるが，"さまざまな対象物（食物・衣服など）の色として見える場合"が典型的である．それゆえ，「色感覚」の典型例であった"色彩計"の覗き口から見える色（赤）"も，その色が（たとえば，陶芸の研修などにおいて）"炉の温度を示している色みを表すもの"として，われわれに取り込まれるような場合には，その体験は，「色知覚」となり得る．したがって，「色感覚」と「色知覚」の間に厳密な区別をつけることは難しく（金子，1991），両者を合わせて「色覚」という用語が用いられることもある．くわえて，さらに高次な色の体験，たとえば，"色が示す象徴"とか"色による感情効果"などは，今後，「色認知」といった用語で表されることになるかもしれない．

（後藤倬男）
→色感覚，表面色，色彩計，色の象徴性，色彩と象徴，色彩と感情
◆大山編（八木監）(1970), 金子 (1991), Woodworth, R.S.・Schlosberg, H. (1954)

色つや（社）

色とつや（艶）であるが，複合語としての色つやは日本美をいう特殊な内容をもって使われる．枕草子に「みこしのかたびらの色つやなどさへぞいみじき」とこの言葉が表す意味を示す一文があることから，平安時代後期においては主には視覚的訴求性に重きを置くものであったことが知られるが，情愛，興味，修飾，愛嬌などの意味もあわせもつ言葉でもある．色という言葉が広く装飾的効果を含めていうことから，連句の色立では景色（趣ある変化）をつけるところで，「白いつつじに紅の飛入」という色彩的な情景を描き出した芭蕉の附句が，俳句における色つやのあり方を示す直接的な例にあげられる．しかし，そこには視覚的効果以外の色つや独自の世界がもつ内容の高さも認められよう．色つやのつやには，物理的光沢という意味はまったくない．専一的に美的効果を志向する言葉であって，

もっぱら精神的，文化的世界においてその生命をもつ．古今集に「物思へば色なき風もなかりけり身にしむ秋の心ならひに」(久我太政大臣) とあるのは，色つや世界を裏面から見ている例である．俗諺に「色で迷はす浅漬なすび」があるが，これはつややかな濃い青紫色の茄子のもつ色の美しさがその域を越えて言及性をもつことの一例としての傑作であろう．戸井田 (1986) の『色とつやの日本文化』には，染色品やその他の分野においてそのような面について大きな裨益を与えてくれる内容がある．現代では，色つやをつけて話すといって，それは脚色して聞き手の関心を引くように話すことをいうが，それは英語の colored (ラジオなどのスポーツ放送で選手のデータや裏話などを加えて放送すること) と同じ意味をもつものである．

〔小町谷朝生〕

◆戸井田 (1986)

色同化 [color assimilation] (感知)

ある領域の色が，その周囲の色の影響を受けて，周囲の色に近づくように変化する効果を色同化という．色対比とは反対の効果に相当する．たとえば，白色背景上に細密な線を描くと，背景部分にも線の色と同じ色が淡く知覚される．線分図形を例にすると，一般的に，線分間隔がせまいときに同化が生じやすく，線分間隔を広くするにつれて同化効果は減少し，さらに広くすると対比効果が顕著となる．このような細密な図形パターンにおける同化効果はベツォルトの同化現象ともよばれる．輝度，色情報が部分的に平均化されるために生じるとの観点から，輝度，色情報の処理機構の空間周波数特性や受容野の空間的広がりと関連づけて説明されることが多い．同化効果による色の変化は，広い空間範囲に渡って生じる場合もある．また，同化効果は，図形の形状や，図と地の知覚などの影響を強く受けることがある．これらの特性は，単純な平均化では説明が難しい．図形要素の両眼奥行き関係にも強く影響を受けることなどから，大脳視覚領における両眼性過程の高次機構の関与が指摘されている (de Weert・van Kruysbergen, 1997)．

〔郷田直一〕

→色受容野，ベツォルトの同化現象，色対比，受容野，空間周波数特性，図と地

◆de Weert, C.M.M.・van Kruysbergen, N.A.W.H. (1997)

色と化学構造 [relationship between color and chemical constitution] (化)

色素の色は，電子系が白色光の特定波長の光エネルギーを選択吸収することによって生じ，色素分子構造の電子系で説明することができる．光の吸収波長は光エネルギーによって励起された分子のエネルギー準位 E_e と，励起を受ける前の基準のエネルギー準位 E_g との差によって決まる．エネルギー差 ΔE は分子の構造によって定まるので，吸収波長も次の関係式によって決定される．

$$h\nu = E_e - E_g = \Delta E$$

または，

$$h(c/\lambda) = E_e - E_g$$

E_g：基底状態のエネルギー水準，E_e：励起状態のエネルギー水準，h：プランクの恒数，c：光の速度，ν：吸収光の周波数，λ：吸収光の波長 ($\nu = c/\lambda$)

色と化学構造の関係については，ウィットの発色団説 (1876)，アームストロングのキノイド説 (1888)，ヘウィット説 (1907) などの経験に基づく考え方が提案された．その後，ハートレーの吸収スペクトル (1890)，バリーの共鳴説 (1935) などにより色と化学構造との関係が量子化学の考え方で説明されるようになった．その後，分子軌道法の発展に伴い，化合物の電子エネルギー状態と吸収スペクトルとの関係の理論づけが進展し，従来の経験則についても理論的解釈による裏づけが行われている．

〔今田邦彦〕

→基底状態，励起状態，電子遷移

◆飛田 (1998)

色と形の効果 [color effects on shape perception] (感知)

色には，固有色によって対象の存在を示す「信号機能」，ならびに一定の色がことがらや事態を連想させたり象徴するという感情・情緒的な「意味の表出機能」のほかに，同一対象の知覚判断や感情評価を色が変える，という知覚・感情的な「評価機能」もある．この働きのうち，色と大き

さ知覚との関係については，膨張色（暖色系）－収縮色（寒色系）に呼応するものとして説明されており，一般的には前者で彩色が施された対象は後者によるよりも大きく評価される．ただし，明度の影響も考慮する必要がある．Oyamaら (1999) は，彩色された幾何学的輪郭線図形への感情評定が形態と色彩の各評定にどの程度回帰できるかを検討し，「評価性」と「活動性」の側面には形態と色がほぼ均等に寄与するが，「鋭さ」では形態が，「軽妙性」では色の寄与度が大きいこと，「評価性」の側面では形態と色の組合わせによって感情効果が異なることを見出している．

意味表現を含む形への色彩効果は，顔の表情線画にその象徴性（情動）と一致する色または一致しない色で彩色した図形を用いて検討されている（望月，2001）．その結果，表情線画に一致色が加算されても表情の識別精度は線画だけのときと変わらないが，感情の強度評価は上昇すること，不一致色で彩色されると表情の識別正答率と感情の強度評価は共に低下することが見出された．ただし，そのような色の効果は，色が顔の周囲にも広く（顔の面積の6～8倍）及んだときに発揮される．

色相の違いはある領域を背景から区分したり，形態に強い奥行き感をもたらす効果を示すが，明度差も十分にない限り有効ではない．この現象の基礎になる神経生理学的な研究成果は Hubel や Livingstone によって発表されている（Hubel・Livingstone, 1987; Livingstone, 1988; Livingstone・Hubel, 1995）． 　　　　（望月登志子）
→色の膨張・収縮, 色の象徴性, 色彩と象徴
◆Oyama, T. ら (1999), Hubel, D.H.・Livingstone, M.S. (1987), Livingstone, M.S. (1988), Livingstone, M.S.・Hubel, D.H. (1995)

色と色彩 [color]（表）

色彩学では，色または色彩という用語を「有彩色成分と無彩色成分との組合わせからなる視知覚の属性．この属性は，黄，オレンジ，赤，ピンク，緑，青，紫などの有彩色名，もしくは白，灰，黒などの無彩色名を，明るい，暗いなどで修飾したもの，またはこれらの色名の組合わせで記述される」（JIS Z 8105）とし，色知覚，または三刺激値のような色知覚をもたらす可視放射（色刺激）の表示に用いる．前者を色知覚・色感覚，後者を心理物理色という．色と色彩の使い分けについての規定はないが，「色に出る」「色を失う」「色をつける」「色なる娘ども」「声色」「成功の色が濃い」「色男」「色女」「色は思案の外」「色の白いは七難隠す」など，色の使い方はさまざまで，生活の中で広く使われる一般用語になっている．『広辞苑』では，色感覚を色彩としており，色彩は，技術用語（専門用語）としての意味合いが強い． 　　　　（小松原　仁）
→無彩色と有彩色, 色感覚, 色知覚

色と色名の応答時間 [response time of color and color naming]（感知）

色を知覚したり刺激の色名を答えたりするために必要な刺激呈示時間は，刺激自体を単純に知覚するために必要な刺激呈示時間よりも長くなる．これは，輝度情報による知覚の場合は，高速のルミナンスチャンネルおよび大細胞（magnocellular）経路の作用により短時間で知覚可能なのに比べ，反対色チャンネルおよび小細胞（parvocellular）経路の作用による色知覚の場合は，これら経路が低速であるために，より時間がかかることによる，と考えられる．さらに，色知覚の時間閾値は，色信号が弱いほど長くなる傾向があり，黄色付近で白からの色置換が起こったときには，他の色の場合よりも閾値が長くなる（Pokornyら，1979）．逆に，刺激呈示時間を短くしたとき（200～20ms へ）の色光の色名応答においては，565～575nm 以下の短波長光の色は青方向へシフトすること，580nm 以下の刺激に対し無彩色応答が増加すること，580nm 以上の刺激に対し赤応答が増加すること，が報告されている（Weitzman・Kinney, 1967）．
　　　　（篠森敬三）
→インパルス応答
◆Pokorny, J. ら (1979), Weitzman, D.O.・Kinney, J.A.S. (1967)

色直し [color correction]（社）

現用の意味は，白無垢を別色の衣服に着替えることをいう．古来より日本では婚礼・出産・葬礼など吉凶の行事には白無垢を着用し，それがすむと色物に改める慣習をもった．この着替えを色直しという．明治になると，葬礼の装束は

白から黒になり，出産の白無垢もすたれ，色直しは婚礼の儀式のみに形式化され現在まで続いている．婚礼での色直しは，室町時代までは婚礼3日後に，男女がそれまでの白無垢から相互に贈り合った色物の小袖や袴を着て，両親に初めて対面することをいった．江戸時代の伝統的な色直しは，花嫁が婚家先の色に染まるという意味を表現したもので，純潔を表す白無垢の婚礼衣裳で式にのぞみ，緋の打掛から振袖にかわり，最後は一生婚家にとどまる意味の黒留袖で終わるのがしきたりとされていた．現在の色直しは，白無垢から色打掛やウェディング・ドレス，色打掛からウェディング・ドレス，ウェディング・ドレスからカラー・ドレスなど，自由な形式で行われている．本来，吉凶行事に用いられた白は神聖さを象徴する浄化の色であることから，色直しは縁を結ぶ非日常の儀式を日常へ変えるための記号的行為であったといえる．

(井澤尚子)

色鍋島 (造)

江戸時代に，佐賀藩鍋島氏の御用窯で焼かれた磁器製品を鍋島焼とよぶ．有田で誕生し発展した磁器製造の技術を生かして，17世紀中頃には藩直営の窯が開かれた．現在の伊万里市大川内山に設置された鍋島藩窯では，城内の調度品，献上・贈答などに用いるための高級食器が生産された．元禄年間に盛期を迎え，すぐれた作品を数多く制作している．10枚，20枚の組食器が鍋島の主な製品であり，それらをそれぞれ大きさ，形，文様に一分の狂いもなく完成させるための高い技術を藩窯は有していた．盛期の鍋島製品は，9割以上が皿である．どれも高台が高く，やや深めの木盃形とよばれる形をしており，口径も五寸，七寸，一尺と規格化されている．その限られた形に，さまざまな文様が描かれ，それが鍋島の見どころとなっている．青磁，染付，色絵などの装飾が施されるが，とくに色絵の鍋島は色鍋島とよばれ，高く評価されている．色鍋島に使われる色は，基本的には染付の藍，上絵の赤，緑，黄の4色のみ．抑えられた色彩が，高い絵付け技術とともに，藩窯製品としての品格をつくり出しているといえる．

(中島由美)

→色絵磁器

色なれ [color adaptation] (商)

複数の色の視覚的印象のそろい具合を意味する言葉として使用される．色のイメージは，色相よりも色調（トーン）の違いが大きく影響する．そのため，色のイメージをそろえるためには，同一もしくは類似した色調を使って，色相に変化を与えるという手法がよく採られる．「色なれ」は，色相の異なる色が多種並んだときに，それらの色の間に一定の共通イメージ（これを「なれ」といっている）があるか否かを指す言葉で，いわば色調をそろえた色展開を指し，主に繊維，ファッション業界でよく使われる用語となっている．柄を使った製品では，同一の柄に対し複数の色違い商品を展開する場合も多い．このような場合に，それらの製品間に一定の共通イメージを与えるためには，「色なれ」をもたせる配慮が基本となっている．複数の色があるとき，それらの色に対し「色なれがとれている」，「色がなれている」などと用いる． (山内 誠)

→トーン

◆松田 (1995)

色の現れ（見え）方 [modes of color appearance] (感知)

色の見え方とは最初に心理学者のカッツが現象学的観察から知覚される色を分類したものである．色の見え方は英語の modes of color appearance の訳であるが，元の彼の独語での表記では Erscheinungsweisen der Farben であり，これは「色の現れ方」と訳すべきであるが，現在は「色の見え方」の方が一般的に使用されている．また，見え方を略して表面色モードのようにモードとよぶこともある．この色の見え方の分類に使用された現象学的観察とは，知覚される現象を偏見のない態度で，あるがままにとらえ，そこに備わった特性を記述し，その特性をもたらす条件変化を追究する方法であり，知覚現象を解明する1つの方法である．

カッツは色の見え方を面色（film color），表面色（surface color），空間色（volume color），透明面色（transparent film color），透明表面色（transparent surface color），鏡映色（mirrored color），光沢（luster），光輝

(luminosity), 灼熱 (glow) の9つに分類した.この色の見え方の分類を通して彼は,人間,物,空間,照明の関係を明らかにすることを試みた.この分類法では表面色と面色が対極をなす見え方であり,空間色,透明面色,透明表面色はその中間であり,光沢,光輝,灼熱は主に光の見え方に注目したものである.この中で,後の色彩学に強く影響を与えたのは表面色と面色である.

この色の見え方についてはその後,米国光学会(OSA)測色委員会の論文「The Concept of Color」で,色を扱うには物理学,心理物理学,心理学の3段階を設定し,その心理学の最終段階では色の見え方を問題にする必要があると述べられている.このように,色の見え方は色の知覚を考えるのに重要な要因である.カッツ以外の研究者も色の見え方を分類する用語を提案し,現在では表面色,面色,物体色,光源色,発光色,開口色,関連色,無関連色,輝面色などが使用されている.最近では,色の見え方はカラーモニタの色とそのハードコピーの色の見え方の差を考えるのに必要な概念として注目されている. (鈴木恒男)
→表面色,面色,物体色,光源色,関連色,無関連色,空間色,開口色,輝面色,◎モード
◆Katz, D. (1935), (OSA) Committee on Colorimetry (1943)

色の意味 [meaning of color] (社)

色は赤や黄の感覚を引き起こすだけではなく,多くの作用を人間に与えてきている.ここでは,各色が歴史的・文化的にどのような作用を与えたかの意味を以下に述べる.

● 橙 (bitter orange)

橙は,黄と赤の中間的な色なので,おのずと,その両者の中間的性質をもっている.すなわち,黄のもつ明るさと,赤のもつ激しさを同時にかねそなえているようであるが,赤のもつ個性にはやや乏しい.火は実際には橙であって,ローズレッドのような赤さはないが,火は赤に主導権をにぎられてしまうのが現実である.ギリシアの赤絵式とよばれるアンフォラも実際は橙である.また,最も赤に近い橙として朱で塗った日本の古代からの神社,仏閣も,それなりのあざやかさで,人びとを魅了し,悪霊を遠ざけさせてくれる.橙という言葉は西欧におけるオレンジと同様,それほど古い色名ではない.日本では,黄と丹の中間色であるので,古くは黄丹とよばれ養老律令の位色の制度では,黄丹の衣服が紫に次ぐ位となっている.この制度を受けついでいるのか,現在の天皇が即位したときの儀式にも,あざやかな黄丹の衣服をつけていた.しかし,彩度の低い橙は,洋の東西を問わず,位のあまり高くない人びとが着ていた.
→赤絵式陶器,位階の色

● 黄 (yellow)

黄色は,各色相の中で最も明度が高く,すなわち最も明るい色である.それだけに,喜びやはしゃぎ,笑い,活力的,ときには嫉妬などのイメージともなる.宗教的文化的には,10世紀,宋の皇帝が黄を最高位の色として以来,封建時代が終わるまで,中国では,皇帝の色としていた.また,インドの僧侶は黄色い衣服をまとっている.一方,ルネサンス時代のヨーロッパのキリスト教絵画,とくに《最後の晩餐》では,裏切り者のユダの色として使われているのも文化の相異として興味深い.また,陰陽五行説の中の方位の中心は黄色(黄竜)としている.また,死後の世界のことを黄泉の国というが"闇の国"から転じた言葉とされている.
→陰陽五行説

● 緑 (green)

緑は安らぎや平穏のイメージがある.古代エジプトでは,緑は生長と死の神,オシリスを表す色とした.プラトンは,緑には人の心を快く刺激するものがあり,それゆえ,忌わしい色であるとしている.そして,ローマの博物学者プリニュスは「エメラルドは疲れを感じさせずに目を楽しませる」と述べている.そして,1678年以降,西欧では,劇場の舞台裏には「グリーン・ルーム」とよばれる楽屋が設けられている.役者の控え室や,接客の場ともなっていたという.強い照明で目が照らされる役者の休み場所となっていたわけである.現在では,強い照明と血の残像を吸収させるために,手術室の外科医の手術着は緑色となっている.また,交通信号の緑(青緑)は安全を意味している.

- 青（blue）

　広大な青は，深く，澄みきっているようで，人びとの心をなごませ，その無限の深さに崇高の念を感じさせることもある．そのためか，ギリシアの主神ゼウスや，ローマの主神コピラルも青で象徴した．聖母マリアの衣も青である．陰陽五行説では方位は東で青竜としている．青のイメージは前述のように，人の心を休める力がある一方，暗い青はブルースのように陰鬱な気分をいうこともある．しかし，理知的，理性的，平和の象徴ともなる．食べ物に，ほとんどといってよいくらい青い色をしたものがない．ただし，清涼飲料水のようなもので多少見受けるくらいである．

→陰陽五行説

- 紫（purple）（スミレ色：violet）

　紫は，古代紫という言葉があるように，古代から，位高き者が着する色であった．パープルの語源でもあるプルプラ（purupura haemastoma）という紫貝は，クレオパトラの衣や，彼女の船の絹の帆まで染めていたというシェイクスピアの小説にあるような官能美もある．また，中世でもロイヤルパープルといわれた．日本においても，聖徳太子が初めて位色を定めたとされる冠位十二階位の制の第一位の色は，何の植物で染められたかは明快ではない古代紫であり，それ以下は五行説の五色が従っている．現在でも宗派によっては，最も位の高い僧が着衣している．また江戸紫は，武蔵野に産する紫芋で染めたようであるが，それまで，ご禁制であった紫の色を頭に巻いた助六が歌舞伎で大みえを切ったのは，江戸町人の心意気であったように思える．古代紫という名は，古代を思わせるような，濃くて深い紫をいうが，江戸紫はそれよりあざやかである．一般の紫は，赤と青という極端にかけ離れた色でつくられるので，やや"不安"なイメージがあるが同時に厳粛，優艶，神秘，やさしさなどのイメージがある．

→貝紫，位階の色

- 白（white）

　白は黒の正反対の色であり，ごくわずかのしみや汚れも目立つので，清浄や純潔の象徴となっている．また，古来からキリストの神の色でもあり，多くの聖者が白衣をつけている．受胎告知の絵の中の白い百合は，神の言葉を象徴している．イメージとしては純粋とか清浄さがあげられる．わが国でも，天照大御神や大和武尊の衣装であった．そして『日本書紀』の文章の中に表れるように，白鹿，白鳥，白きじ，白波，白玉など，すべて神聖なものである．また，白羽の矢が立つといえば，神に選ばれた人のように重要な事を行うことを指す．古代日本ではクロ（暗）に対してシロ（顕）であった．黒が玄と書き表すように，白は素とも書き，玄人に対して素人ともなる．白はあらゆる色に染まる素の色である．赤が，語源的に"あけ"からきたが，白は"しるし"からきたという説もある．シュプレマティズムの画家リシッキーの《白の上の白》という絵画は，19世紀前半に描かれた抽象画で，美術家にひとつの衝撃を与えた．日本の詩人北園克衛の「白のなかの白のなかの白のなかの白，……」という詩もまた，超現実的な詩として，衝撃的であった．

- 黒（black）

　古代日本語では，クロ（暗），アカ（明），シロ（顕），アオ（漠）の4つが色を表す言葉であったという．すなわち明－暗，顕－漠の4つの言葉があった．またクロは玄と同源という説もある．黒は古代語の「暗し」からきており，すなわち，闇の色である．イメージとしては陰鬱，不安，いかめしいなどがあげられる．このことは，古今の東西を問わず，闇に棲む悪魔の色であり，芝居では白い衣装に対して黒い衣装を着ている者は，たいてい悪を象徴しているものが多い．悪魔のマントの色もいわずもがな黒であり，チャイコフスキーのバレー《白鳥の湖》に出てくる「黒鳥」もそうである．また，黒が喪の色であることは，古代エジプトをはじめとする西洋社会でも，通例となっている．黒はキリスト教では清貧，清潔も示す色として田舎司祭の制服であり，僧侶の階級の象徴色ともなった．スタンダールの名作『赤と黒』にもそれは代表されている．中国においてはすこしだけ赤みがかった黒を玄としている．

- 赤（red）

　赤は，古く原始時代から，血や火と関連する

生命あふれる，激しく強力な色であり，また悪霊を防ぐことに効果のある色と考えられていた．それゆえ，赤もまた他の色と同様に，最初に宗教的象徴として，また神話的象徴として用いられてきた．現在でも，赤はその温かいイメージの一方，その豪華さも加わり，来賓をもてなすための赤い絨毯が使われたり，また，おめでたい席には白とともに，すなわち，紅白の幕が張りめぐらされたりするが，サンタクロースの衣服も赤と白である．またお祝いにお赤飯が炊かれたりもする．日本語のアカという言葉は"明し"からきたという説もある．陰陽五行説では，赤（朱雀）は南の方位で夏をさしている．

- 緋（scarlet）

緋色は，英名でスカーレットという赤の一種で橙色にちかい赤と同じような色である．スカーレットはケルメスというカイガラ虫から採った色素である．和名の緋色は古くからある伝統色名で，緋（あけ）と読んだ．紅花と鬱金（うこん）の交染によって染めた色のことをいう．現在では合成染料からつくられるから，昔の緋色よりも彩やかな色となっている．紫みの赤を紅色というのに対して，あざやかな黄みの赤である．フランス名ではエカルラート（ecarlate）と称する．

- 朱（vermilion）

朱は水銀の鉱石である辰砂（しんさ）から採った顔料で，中国の辰州産の朱砂が有名であったので，これを辰砂といった．やや橙みを帯びた赤で，奈良や京都の寺社の柱や鳥居にまた御朱印船なる名も残っているように，判の朱肉に，そして船にまで使われていた．西欧で初めて色票帳のようなものをつくったトビアス・メイアーは，赤・青・黄の三原色の各頂点に，それぞれ赤は辰砂，青は藍銅鑛，黄は雌黄という顔料を使った．1745年のことである．現在の印刷の色料の三原色はマゼンタ・シアン・イエローを使っており，そのマゼンタは，辰砂より紫みがかった，つまり紫みの赤である．朱の英名はバーミリオン（vermilion）で，それは人工の朱で，水銀に硫黄を反応させてつくる顔料である．いずれにせよ「朱に交われば赤くなる」という諺があるように，赤の一種であるといってよい．朱も緋も色としてはさほど変わらないが，あえていえば朱が明るい黄みの赤であるのに対して，緋はあざやかな黄みの赤といってよい．

（川添泰宏）

色の運動視 [chromatic motion perception]
（感知）

色の時空間的変化に基づいた運動の知覚．等輝度の色度パターンを刺激として用いると，輝度パターンの場合と比べて運動知覚が著しくそこなわれる場合がある．この例として，ランダム・ドットによる運動の印象が，背景とドットを等輝度にすると弱くなることや，等輝度の色度格子縞を運動させると実際の運動よりも非常に遅く知覚されること，色の閾値レベルの非常にコントラストの低い色度パターン刺激では運動方向判断が困難になったり，運動が滑らかに知覚されないことが報告されている．しかしながら，運動知覚において色の情報が無視されているわけではない．運動検出機構が色選択性に関して反対色的な特性を示すことや，運動残効やマスキング効果において輝度情報と色情報とが相互作用しあうことも確認されている．これら色の運動視における諸特性は，運動情報処理に特性の異なる複数の階層的・並列的な機構が存在し，それらへの輝度情報と色情報の寄与の仕方が異なっているとの観点から説明されることが多い（Gegenfurtner・Hawken, 1996）．

→ランダム・ドット，色度格子縞　　（郷田直一）
◆Gegenfurtner, K.R.・Hawken, M.J. (1996)

色のエイリアシング [(chromatic) aliasing]
（感知）

高い周波数成分が不十分な密度でサンプリングされることによって，実際には存在しない低い周波数成分が生じてしまうことをエイリアシングという．とくに，周期的パターンに対して強い偽の低周波数成分が生じる．エイリアシングを起こさない限界の周波数はサンプリング密度の半分に相当し，ナイキスト周波数（Nyquist frequency）とよばれる．視覚刺激は，網膜の錐体，桿体によって空間サンプリングされるため，刺激パターンが非常に高い空間周波数成分を含むときエイリアシングが起こりうる（Williamsら，1993）．たとえば，細密な図形パターンにおいて図形の形状が歪んで知覚されることがあ

る．また，L，M錐体のみまたはS錐体のみを刺激したとき，高空間周波数の周期的パターンにおいて，エイリアシングによる低周波数の色パターンが知覚されることも確認されている．とくにS錐体は空間分布密度すなわち空間サンプリング密度がL，M錐体に比べて低いため，エイリアシングを起こしやすい．錐体によるエイリアシングは，細密で周期的な白黒のパターンにおいて主観的に色が粗い縞状に知覚される現象の有力な説明としてもあげられている．

（郷田直一）
→錐体，桿体，S錐体分布
◆Williams, D. ら (1993)

色の感性評価 [aesthetic estimation of color]（感知）

色の美的評価に関しては，単色，あるいは複数の色の組合わせに関する美度や色彩調和の観点から理論化が行われる一方，景観やインテリア，画質評価など実際の用途を考慮した議論が行われている．美醜や調和感といった1次元での評価ではなく，SD法などによる多次元的な評価も多く行われている．両者の対応を見た研究では，調和感は美しさ，好みなどの価値因子，安定感やまとまりなどのバランス因子と高い相関をもち，とりわけ，単色の好みが結果に影響するとされている．SD法による色の印象評定では一般に，価値性，活動性，力量性の3因子が抽出されるが，単色の印象に関しては，評価性は色の美度，活動性は寒色・暖色，力量性は色の明度と関係するといわれている．視覚的快感（visual comfort）も感性評価に関係する概念である．景観やインテリアの写真を使ったSagawa (1999, 2000) の研究では，画像に含まれる色の平均彩度が高いとき，平均彩度は同じでも高彩度の色が含まれているとき，カテゴリー色の色数が多いときに，快感が低下するという．色再現や色彩調和では，しばしば高彩度の刺激が高く評価されるが，実際の環境では高彩度の色は騒色として批判され，彩度規制を行う都市もある．色の用途に応じて，異なる判断基準が適用されるものと思われる． （三浦佳世）
→美度，騒色，環境色彩，色再現域，公共の色彩賞，建築色彩，インテリアカラーコーディネーション
◆Sagawa, K. (1999, 2000)

色の記憶 [color memory]（感知）

色の記憶は，一度見て憶えた色を再認あるいは再生するときに，再認色あるいは再生色が色空間内でどの程度あいまいになるか，どのように変化するかといった色弁別閾値の増大や等色した色のシフトで表される．2色の比較に時間的な遅れを入れる継時色弁別（successive color discrimination）や継時等色（successive color matching）により，色弁別閾値は同時色弁別に比べて色相，彩度，明るさのどの方向でも約2倍ほど増大すること，記憶内では色は彩度が増加する方向にシフトすることが示されている．この色記憶の特性は継時比較の時間遅れが0.5秒ですでに起こり，その後の記憶保持時間にはほとんど影響しないことも報告されている．一方，色の記憶内でのシフトはその色のカテゴリー領域内にとどまり，他のカテゴリー領域までは拡がらないこと，またフォーカル色の位置に向かう傾向にあることが示されている．このように色の記憶はカテゴリカル色知覚と密接に関係し，大脳中枢レベルでの色の処理形態を反映していると考えられる．色の記憶とよく混同されて使われる概念に記憶色（memory color）があるが，記憶色とは物体と結びついて想起される色であり，たとえばバナナの黄，リンゴの赤などのことをいう．記憶色も色の記憶の一特性であるが，色の記憶とは異なった概念である．

（内川惠二）
→同時比較と継時比較，記憶色，カテゴリカル色知覚
◆Newhall, S.M. ら (1957), Uchikawa, K.・Ikeda, M. (1981, 87), Uchikawa, K. (1983), Uchikawa, K.・Shinoda, H. (1996), 内川 (2001)

色の許容差 [color tolerance]（表）

色彩計画や商品取引において指定された色の仕様に基づいてつくられた塗装品や染色品の色を測定してみると，仕様とは必ずしも一致せずに，わずかな色違いが生じる．このため，商取引においては，あらかじめ，色違いの許容できる範囲を色差などで決めて色彩管理を行っている．この許容できる色違いの範囲を色の許容差または許容色差という．色合わせの工程で，見本色（目標色）と試験的につくったサンプルを比較したときの色差の見え方は，見本色とサンプルの配置や寸法，見本色とサンプルを照明している照

明光の種類や照度によって変化する．CIE が推奨している標準的な観察条件で，視角 10° 程度の大きさの見本色とサンプルを比較したときに，許容される確率（判断確率）は色差が大きくなるにつれて S 字曲線を描くように低下する．判断確率が 50% になる色差は，約 $\Delta E_{ab}^* = 0.6$ であることが報告されている．同様の実験で，色の差を識別できるかどうかの値（許容色差に対して識別色差ということがある）は，約 $\Delta E_{ab}^* = 0.3$ とされている． 　　　　　　　　　　　（小松原　仁）
→色合わせ，色差パラメータ，◎許容色差
◆小松原 (1994)

色の空間的影響 [spatial perception of color]（感知）

色や明るさの知覚はさまざまな空間的要因によって影響を受ける．たとえば，色の見えは，空間的大きさによって変化し（面積効果），周囲の色の影響を受けて変化する（色対比，色同化）．色・明るさ知覚の空間的特性の 1 つに空間周波数特性がある．輝度，色度の変化に対する検出閾値の空間周波数特性はそれぞれ帯域通過型，低域通過型となることが知られている．空間周波数特性からさまざまな大きさや配置における色の見えを近似的に予測する試みもされている．色の見えには，より複雑な図形的要因も影響する．この例として，ベナリー効果やムンカー－ホワイト効果，ネオンカラー効果などがある．

色の空間的変化は，形や奥行きなどの知覚の手がかりでもある．ただし等輝度の色度パターン刺激は，細部の形状が不明瞭に知覚され，輝度パターンの場合と比べて形のまとまりの印象や絵画的手がかりによる奥行きの印象が弱くなる場合がある．両眼奥行きの知覚も弱くなる．このような輝度と色の形や奥行きの手がかりとしての効果の違いの理由の 1 つには空間解像度やコントラスト感度の違いに原因があり，空間解像度の範囲内では形や奥行きの知覚におけるこれらの効果に大きな違いはないとの指摘もされている（Cavanagh, 1991）．　　（郷田直一）
→面積効果，色対比，色同化，空間周波数特性，ベナリー効果，ムンカー－ホワイト効果，ネオンカラー効果，色の時間的影響
◆Cavanagh, P. (1991)

色の軽・重 [light color・heavy color]（感知）

色には，見かけ上，軽く感じる色（light color）と重く感じる色（heavy color）とがある．Taylor (1930) や木村 (1950) は，明るい色ほど軽く，暗い色ほど重く感じられるとしている．千々岩ら (1963) は，色の軽重感と色の三属性とその間には図に見られるような比較的簡単な関係があるとしている．ここでは，〈軽い〉と〈重い〉の印象が入れ替わる境界線はどの色相の場合もほぼ重なっており，色相による影響は少ないことが示されている．また，この右下がりの平均的線（太線）から，彩度の影響力は明度の 7 分の 1 以下であることがわかる．なぜ明るい色は軽く暗い色は重く感じられるかは，明らかではない．起き上がり小法師は，軽い側が上方に重い側が下方にくる．これを太陽の下で見ると，上方が明るく下方が暗く見える．この両者が結合することにより通様相的ないし共様相的関係が生じたといえなくはない．しかし，軽い色は同時に，弱い，ふんわりした，さっぱりした，楽しい，寛大などの印象を伴う．逆に重い色は，強い，かたい，しつっこい，悲しい，陰うつな，鈍い，荘重などの印象を与える．したがって，起き上がり小法師のたとえ話に限らない，多様な体験に起因するといわざるをえない．なお，この通様相的関係が国や人種を超えて成立することについては，千々岩 (1999) の報告がある．　　　　　　　　　　（千々岩英彰）
◆Taylor, C.D.(1930)，木村(俊)(1950)，千々岩ら (1963)，千々岩編 (1999)

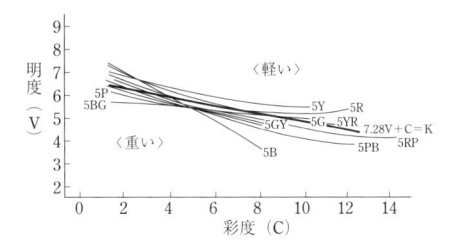

色の三属性 [three attributes of color]（表）

色の見えの違いを分類する場合に，赤，黄，緑，青，紫のような違いに注目することができる．この違いを色相という．同じ色相でも，明るい赤や暗い赤があるように明るさの違いで分類

することができる．この違いを明度という．さらに，同じ色相・同じ明度で，くすんだ赤やあざやかな赤のような違いで分類することができる．この違いを彩度という．色相，明度および彩度は属性といわれ，3種類の属性で色を分類できることから色の三属性といわれる．色の三属性の違いによって色票を順序よく体系的に配列したものをカラーオーダーシステムという．わが国で，最も広く使用されている代表的なカラーオーダーシステムにマンセルが 1905 年に考案したマンセル表色系がある．この表色系による色票集は，JIS 準拠標準色票として(財)日本規格協会から刊行されている．これに対して欧州では SIS (Swedish Institute of Standards) に採用されている NCS (Natural Color System) が定着しつつある．この色票集も日本規格協会を通して，手にすることができる．

(小松原　仁)

→マンセル表色系, NCS, 色相, カラーオーダーシステム, 明度, 彩度
◆Newhall, S.M. ら (1943), Hard, A. ら (1996)

色の三属性の交互作用 [interaction between color attributes]（感知）

一般に色みの種類（色相），明るさ（明度），色みの強度（彩度）を色の三属性というが，これらの1つが変化することにより他の属性が物理的に一定であっても変化して知覚される場合がある．色相と明度との交互作用では，ベツォルト–ブリュッケ現象が有名である．これは同じ波長の光でも明るさを変えると色相が変化して見える場合があることで，明度が色相に影響を及ぼす．たとえば明るくなると短波長光では赤みが減じ緑みを増し，中波長光では逆に波長が長くなったような知覚を生じる．また色相は飽和度の影響も受ける．十分な明るさの場合，長波長では飽和度が高くなるとより波長が長い色相に，また中波長や短波長の場合にはより短い波長の色相に見える．この現象をアブニー効果という．さらに飽和度と明度との間にも交互作用が存在し，飽和度が高いと明るく見える．これをヘルムホルツ–コールラウシュ効果といい，B/L 効果（Brightness/Luminance effect）または L/Y 効果（Lightness/CIE Y effect）ともいう．

(坂田勝亮)

→色の三属性, ベツォルト–ブリュッケ・ヒューシフト, アブニー効果, ヘルムホルツ–コールラウシュ効果

色の時間的影響 [temporal factors in color vision]（感知）

色の見えは刺激の時間的条件により変化する．たとえば，呈示持続時間がある一定より短くなると色の知覚は消滅する．Pokorny ら (1979) は等輝度光と輝度増分光の呈示持続時間閾値を波長の関数として測定した（図）．被験者 RWB, DTL ともに輝度増分光の閾値（●）は波長にかかわらず 5 ms であるのに対し，等輝度光の閾値（○）は波長により異なり，570 nm でピーク（約 45〜65 ms）になる．呈示持続時間 45 ms 以下の 570 nm 付近の色光は，背景光からの輝度増分を検出することはできても色度増分の検出は困難であり，黄色光を知覚するためにはより長い呈示持続時間が必要であることを示している．色覚メカニズムの時間的特性はしばしば S 錐体は L および M 錐体より時間応答特性が劣っており，時間的分解能が低いと報告されてきたが（たとえば，Krauskopf・Mollon, 1971），近年の生理学 (Baylor ら 1987; Schnapf ら 1990; Yeh ら, 1995) および心理物理学知見 (Stockman ら, 1993; Yoshizawa・Uchikawa, 1997) では S 錐体メカニズムの時間特性はほかと比べて劣ってはいないことが報告されている．

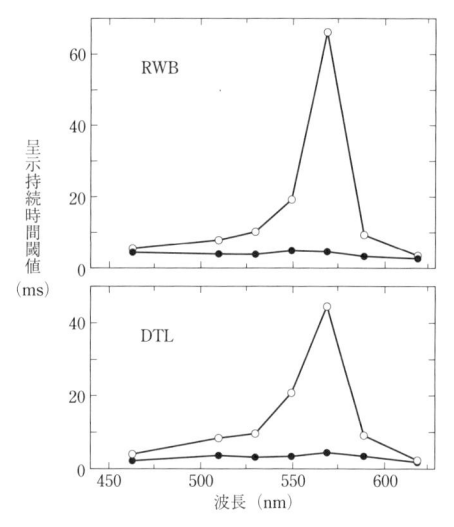

(吉澤達也)

→色の短時間呈示, 交照法
◆Pokorny, J. ら (1979), Krauskopf, J.・Mollon, J.D. (1971)

色の視認性 [visibility of color]（感知）

　視認性とは, 注意を向けてものの存在を見ようとする場合, 目に認められやすい属性をいう. 一般に, 見ようとする対象とその背景との間の色相, 明度, 彩度の差が大きければ大きいほど, 視認性は高くなる. とくに明度対比が大きくなるほど視認性が高くなる. 大島 (1953) は, 白と黒の背景のもとで赤, 橙, 黄橙, 黄, 黄緑, 緑, 青緑, 青, 青紫, 紫, 赤紫の 11 種類の色相の高彩度色の視認性を実験で求めた. その結果, 背景が黒の場合は, 黄, 黄橙, 黄緑, 橙, 赤, 緑, 赤紫, 青緑, 青, 青紫, 紫の順に視認性が低くなることを明らかにした. これに対して背景が白になると, 視認性が高い順に紫, 青紫, 青となり, 視認性が低くなるのは, 橙, 黄緑, 黄橙, 黄となる. このことは, 背景の違いによって視認性が大きく異なることを顕著に示している. JIS で定められている安全標識や安全表示など安全にかかわる規格では, できるだけ早く遠くからそれを発見できるために, 高い視認性が求められる. 近年, 蛍光色が広く使用されているが, 蛍光色と普通色との比較では, 無彩色域では背景が黒や灰の場合, 蛍光色よりも普通色の視認性が全般的に高くなる. 背景が白の場合にも, 普通色の方が視認性は高い傾向を示している.

（金谷末子）

→色の誘目性, 安全色と安全標識
◆大島 (1953)

色の象徴性 [color symbolism]（感知）

　通常, 本事典での項目では色のシンボル性を意味し, 色のイメージや連想と結びつくことが多い. 一方, 臨床心理学では患者の深層心理を分析するための手段としてある種の形や色についてパターン分類し, 診断の手がかりとする場合もあるが, ここでは, 人類の原初的色彩の象徴性について触れてみよう. 人類は古代より世界的に共通するアニミズムの世界観があった. それは自然現象の中から四大または五大ともよばれる最も主要な要素を感得し, それらに色や形を対応させ, 象徴的な意味合いを与えていた. たとえば, 古代インドではヒンドゥー教から発した五大として空, 風, 火, 水, 土があり, それぞれに色が対応する. これはやがて仏教の形をとって, チベットを経由し, 中国では陰陽五行説となり, 五大は木, 火, 土, 金, 水とする五行へと転化した. その後, それらは正しく朝鮮,

古代における五大と色の象徴性

古代ギリシアの五大						インド・ヒンドゥー教・仏教の五大					
五大	エーテル	火	水	土	気	五大	空	風	火	水	土
‖	‖	‖	‖	‖	‖	‖	‖	‖	‖	‖	‖
象徴色	紫	赤	緑	青	黄	象徴色	青	黒	赤	白	黄
チベット・ブータン・ボン教						中国・韓国・日本　陰陽五行説					
五大	空	風	火	水	土	五行	木	火	土	金	水
‖	‖	‖	‖	‖	‖	‖	‖	‖	‖	‖	‖
象徴色	白	緑	赤	青	黄	象徴色	青	赤	黄	白	黒

日本へと伝えられ, 推古天皇 (603 年) の時代には最高位 (天皇の位：徳) の紫を除く第 2 位から順に仁, 義, 礼, 智, 信の意味合いを象徴する青, 赤, 黄, 白, 黒の順で冠位十二階制に反映された. 現代でもその名残りは仏教の五旗や相撲の土俵の四隅 (四神：青龍, 朱雀, 白虎, 玄武) を飾る房などにも見られる.

（日原もとこ）

→色彩と象徴, 色彩象徴検査, 陰陽五行説, ◎カラーシンボリズム
◆Gimbel, T. (1980, 94) [日原訳, 1995]

色の進出・後退 [advancing color・receding color]（感知）

　赤や黄などの長波長光側の色は近くに見え, 青や青紫などの短波長光側の色は遠くに見えることから, 前者を進出色, 後者を後退色という. なぜそう見えるかについては 2 つの説がある. 1 つは, 短波長光は大気中の粒子により散乱するから遠ければ遠いほど青く見えるという説. もう 1 つは, 水晶体の端に入射した短波長光は長波長光より大きく屈折するので, 像は網膜の手前に結び, 遠くにあるように感じられるという説である. 一方, 光の散乱や屈折によらないで, 光の強度や色の迫力, カッツが言う「Eindringlichkeit, insistence」(Katz, 1930) の違いに関係づける考え方もある. 画家の Kandinsky (1952) は「黄色は光を放って中心から外へ運動を始め, 明らかにわれわれに近づいてくるような感じを与え

る．青は求心的運動を起こし（小さな殻の中に自分のからだを引込める蝸牛のように），われわれから遠ざかっていく」（西田訳）と述べている．
(千々岩英彰)
◆Kandinsky, W. (1952) [西田訳, 1958], Katz, D. (1935)

色の暖・寒 [warm color・cool color]（感知）

見た目に暖かく感じられる色を暖色（warm color），冷たく感じられる色を寒色（cool color）という．赤・オレンジ・黄は前者に，青・青紫は後者に相当する．Newhall (1941) や塚田 (1966) らは，赤が最も暖かく，青が最も冷たく，緑と紫は中間に位置するとしているが，千々岩 (1999) が20ヵ国の学生に47色から1色を選ばせた結果によると，「最も暖かい色」はオレンジ色（2位は赤，3位は黄），「最も冷たい色」は水色（2位は青紫，3位は白）となっている．色が温度感を伴う理由は光の身体への直接的作用によるのか体験によるのか明らかでないが，色の心理的作用の中心的役割を担っていることは確かである．たとえば，暖色は進出色や膨張色，興奮色と，寒色は後退色や収縮色，沈静色とよく一致する．また，大山 (1962) の研究に見られるように，暖色は近い，丸い，危ない，騒がしい，派手な，寒色は遠い，角ばった，安全な，静かな，地味ななどのイメージを与える．暖色は近くに（大きく）見え，寒色は遠くに（小さく）見える（大山，1994），赤と黄は円と青は三角形とイメージが似ている（出村，1978），暖色は長調の曲と寒色は短調の曲と連想が一致する（白石，1999），赤照明下では時間がたつのが速く，青照明下では緩慢に感じられる（Smetz, 1969）などの研究からも，暖色と寒色の役割が知られる．

この暖色と寒色を使い分けることによって作業性を高めたり，生活を快適にするとか，躁病やうつ病の患者の治療をするとかの試みは，西洋では相当古くから行われたらしいが，このことを日本に最初に紹介したのは夏目漱石ではないかといわれている（『それから』，明治42年 (1909) に朝日新聞に連載）．同じ頃，斎藤茂吉の東京・青山の脳神経病院では，躁病患者の治療室の壁面に青が塗られていたという（斎藤，1971）．
(千々岩英彰)

◆Newhall, S.M. (1941), 塚田 (1990), 千々岩編 (1999), 大山 (1962), 大山ら (1994), 出村 (1978), 白石 (1999), Simetz, G. (1969), 斎藤 (1971)

色の短時間呈示 [brief presentation of color stimuli]（感知）

色光の呈示持続時間が短いときには視覚系に入力する時間積分した総エネルギーは小さいため，定常光とは違った見えになる．分光組成が同一である色光を異なる輝度で呈示すると色相が異なって知覚されることが知られている（ベツォルト−ブリュッケ現象）．Boynton と Gordon (1965) はこの色相のずれ（Bezold–Brücke hue shift）が呈示持続時間の短いとき（300 ms）にどのように変わるのかを定常光の場合と比較した．図は色相のずれをテスト光の波長の関数として調べた結果で，○，△，◇はそれぞれ定常光，300 ms のフラッシュ光，および Purdy (1931) の定常光を用いた実験のデータをプロットしたものである．フラッシュ光と定常光では色相ずれの生じ方が異なることがわかる．Nagy (1980) も 17 ms のフラッシュ光を用いて同様の実験結果を報告している．また，Nagy (1979) は短時間呈示の場合，すべてのユニーク色相において色相がずれることを報告している．一方，短時間呈示は明るさの知覚にも影響する．Uchikawa

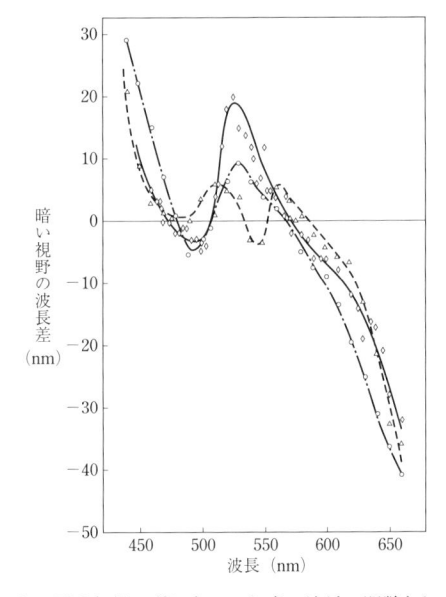

と Ikeda (1987) は 8 ms の等輝度単色光の明るさが 2000 ms の場合より暗く知覚されることを報告している． (吉澤達也)
→色の時間的影響, ユニーク色, ベツォルト－ブリュッケ・ヒューシフト
◆Boynton, R.M.・Gordon, J. (1965), Purdy, D. M. (1931), Nagy, A.L. (1979, 80), Uchikawa, K.・Ikeda, M. (1987)

色の調和 [color harmony] (調)

　color harmony（英），harmonie des couleurs（仏）などの外来語の訳語として用いられてきた配色効果の評価に関する用語．明治25年（1892）には，塩田力蔵著『色の調和』がすでに出版されているので，この前後から日本語の中にこの用語が定着するようになったと考えられる．調和という用語は，紀元前3世紀頃の中国で，すでに呂覧，荘子などに用例があり，中国古典に親しんできた当時の日本の知識人らは，harmonyの最も適切な訳語としてこれを選んだにちがいない．harmonyの語源はラテン語のharmoniaとされており，その意味，概念は古代ギリシア語に由来するといわれているように，色の調和という美的評価はヨーロッパにおける精神文化の伝統と無縁ではない．現代でも調和に相当する言葉や観念をもたない言語や文化があっても少しも不思議はないので，調和という評価を優先させる美的文化の伝統をもつ社会でなければ，おそらく色の調和という共通認識が成立するとは思えない．以下に引用したのは，現代の欧米社会で，色の調和についてごく無難な解釈を示すと考えられる記述の一例である（Burnhamら，1967）．

　「隣接している2色以上の色刺激が，快い感情反応をつくりだすとき，それらの色刺激は色の調和を示す，といわれる．」

　しかし，これでは色の調和という用語の説明としてはいささかものたりない．ある種の色刺激の組合わせが快い感情反応の原因になることはわかるが，色の調和という用語の意味にはほとんど触れられていないからである．このような記述の背景には，20世紀の初頭に始まる色の調和に関する先駆的な実験的研究があった．それらの研究には，色刺激の組合わせの形式と快－不快反応との因果関係を調べることを通じて，色の調和を操作的に定義しようとする試みがみられる．このような研究の場合，色の調和は，調和と判定されたそれぞれの色刺激どうしの色空間における相対的な位置と色差とによって表されることが多い．その結果，色の調和は，主に配色を構成する各色刺激の間の色対比の大小に帰せられる．

　しかし，日本人を被験者とする実験的研究の結果では，欧米で定説となっている調和形式や，同種の実験データとはあまり合致しないと報告されており，調和という評価には，やはり文化による差異があり，快いと感じられる色対比の視覚効果にも民族的な違いがあることを認めざるをえない．また，これらの実証的な研究から導かれた調和法則は，現代美術や複雑なデザインなどの芸術的色彩表現にはあまり適用できないといわれている．確かに，調和する色どうしの色空間における相互関係が示されれば，実用的にはそれで十分といえるが，適切な色の対比効果によって，なぜ色の調和という美的評価が生れるのか，という理由はやはり不明のままに残されている．

　「色の調和および不調和は，音の協和および不協和が空気の振動の比から生ずるように，視神経の繊維を通って脳髄に伝達せられる振動の比から生ずるのではなかろうか？」

　Newtonの『光学』（1704）の末尾に記されたこの疑問文以来，この問題は未解決のまま，現在までさまざまな仮説だけが残されている．

(福田邦夫)
→色彩調和論, ◎色彩調和
◆Burnham, R.W. ら (1967), Newton, I. (1704)

色の膨張・収縮 [expansive color・contractive color] (感知)

　物の大きさは同じでも，色によって大きく見える場合と小さく見える場合とがある．前者を膨張色，後者を収縮色といい，膨張・収縮の効果は主に明るさによって決まる．明るい物体（たとえば太陽や月，星）は大きく見えることは古代ローマ時代から知られていたらしく，永い間光滲または放散（irradiation）が原因であると考えられてきた．しかし現在では，生理学者のBarlow (1958) の実験により，明るい色ほど大きく見え

ることが明らかにされている．この明るい色ほど大きく見える現象を空間加重効果（spatial summation effect）という．もちろん，色相や彩度の影響もないわけではない．

Wallis (1953) は，立方体の見えの大きさを比較し，黄＞白＞赤＞緑＞黒＞青の順に小さく見えたと報告している．これは，寒色より暖色の方が大きく見えるという，われわれの日常的体験と一致する． （千々岩英彰）
◆Barlow, H.B.(1958), Wallis, W.A.(1953)

色の見えモデル [color appearance model]
（感知）

任意の照明下にある物体色が知覚される色（知覚色，色相，明度，クロマなど）を予測する方式をいう．1991年にCIE TC1-13「色の見え解析」委員会でイギリスのハントモデル (1991, 94) と日本の納谷モデル (1990, 95) が報告され，以降改良が重ねられた．両モデルは，明るさや色の異なる照明光への順応機構に対応するためにフォン・クリース則を発展させた非線形変換や，マンセル表色系やNCS表色系に類似した知覚的に等歩度な色空間を有する．CIE 1931 測色システムに基づき，照明光と物体色の三刺激値などを用いて知覚色を予測する．CIE標準の光A光下の物体色と等しい色の見えを有するD65光下での色度（D65対応色）の予測や，ヘルソン−ジャッド効果，ハント効果，ヘルムホルツ−コールラウシュ効果などの色の見えを予測する．背景色の対比効果や物体の材質感の差による色の見えの効果は考慮されていない．CRT画面（ソフトコピー）とプリンタ出力（ハードコピー）や色表示範囲の異なるデバイス間での色合わせ方法，照明光源の演色性評価方法への応用が検討されている．1997年にCIE TC1-34「色の見えモデルの評価」委員会（議長：Fairchild, 1997）で両モデルらを統合したCIE CAM97sが暫定的に報告された．各モデルで予測範囲の向き，不向きがある． （矢野 正）
→ヘルソン−ジャッド効果，ハント効果，ヘルムホルツ−コールラウシュ効果，フォン・クリース色順応メカニズム
◆Hunt, R.W.G. (1991b, 94), Nayatani, Y. ら (1990, 95), Fairchild, M.D. (1998)

色の誘目性 [attractiveness of color]（感知）

誘目性とは，とくに注意を向けていない場合であっても人の目を引きやすく，目立つ属性をいう．一般に，無彩色よりも有彩色が誘目性は高い．色彩の誘目性には色の三属性のすべてが関与する．最も顕著なものが彩度（色光の場合には純度）の影響である．一般に高彩度色は誘目性が高い（乾，1976）．色光の場合，赤が最も高く，次いで青，黄，緑の順になる．また，色相の他に，輝度や純度によっても強く影響を受け，輝度または純度が上昇するにつれて色光の誘目性は高くなる．ある色彩が目立って見えるか否かは，その色彩だけではなく，その背景によっても異なる．物体色の場合，その背景色を白，中灰，黒に変化させて10種類の主要な色相の高彩度色の誘目性を実験した結果（神作，1972）では，白背景の場合，赤，黄赤，黄の順に誘目性が高い．黒と中灰背景の場合は黄，黄赤，赤の順に誘目性が高くなる．また，寒色系の色彩では明度対比の影響が大きく，明度対比が高くなると，やや誘目性が高くなる傾向がある．しかし，一般に明度対比が大きくても，必ずしも高い誘目性が得られるとはいえない． （金谷末子）
→色の視認性
◆乾（正）(1976), 神作 (1972)

色分解 [color separation]（入出）

色分解とは色再現を行うために，再現すべき対象の可視波長域の分光分布の情報を，その対象の色を表すための3つの独立な情報に置きかえることである．この色分解は，観察条件が同じであれば分光分布が異なっていても同じ色に見えるとの条件等色を前提としている．この前提から，色分解された情報に基づき，写真やテレビのような3つの色素や蛍光体を使用した色表示システムで色を表示すると被写体の色と条件等色が成り立つので同じ色が表示されることになる．写真やテレビで被写体を撮影することは，その被写体の分光分布の情報を3つの独立な情報に色分解することである．この色分解は原理的には可視波長域380～780nmを3等分すればよいことになる．図1, 2には，カラー写真とCCDカメラの分光感度分布を示してあるが，波長域を400～700nmとしていて，ほぼこの波

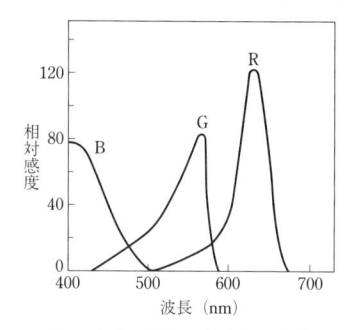

図1 カラー写真の分光感度分布

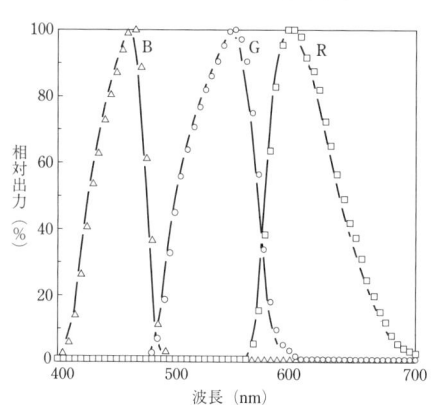

図2 CCDカメラの分光感度分布

長域を3つの領域に分けて，その領域の情報を採っていることがわかる．CIEのXYZシステムも可視波長域を独立な3つの情報で表すことから色分解した情報であるといえる．そのために，入力系の分光感度を等色関数とすることもある．色分解は分解された情報から元の分光分布を再現することは前提としていない．この問題は分光分布を合成するためには，いくつの情報が必要なのかとの問題になる． （鈴木恒男）
→条件等色，CCD，スキャナ
◆映像メディア学会編 (1997)

色ベクトル [color vector] (表)

ドイツのギムナジウム（高等学校）の教師であったグラスマンは色がベクトルとして表せることを初めて示した（1854年）．グラスマンがベクトルの概念そのものを発明したといってもよい．しかし，この時代はまだ三刺激値も色度図も定義されていない時代であったので，グラスマンがイメージしていたのはニュートンの色相環のような図式上でのベクトルである．今日では三刺激値を3つの直交する軸にとった3次元空間内のベクトルを色ベクトルとよぶ．この色ベクトルは，色度を方向で，強度を大きさで示したベクトルである．

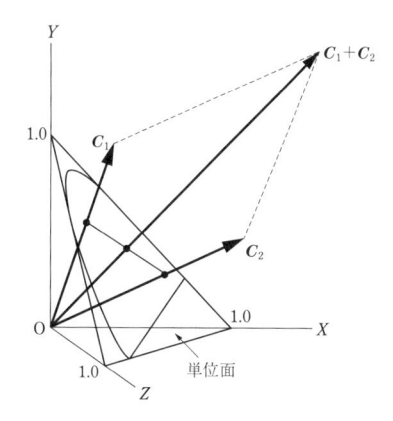

色ベクトルは加法混色の原理を理解する上で重要である．図は XYZ 表色系の三刺激値 X, Y, Z を軸とする3次元空間で2つの色 C_1 と C_2 を加法混色する様子を示している．原点からそれぞれの色の三刺激値で決まる座標 (X_1, Y_1, Z_1) および (X_2, Y_2, Z_2) へ向かうベクトルを C_1, C_2 とする．この2色を加法混色した色の三刺激値は和のベクトルの先端の座標 $(X_1+X_2, Y_1+Y_2, Z_1+Z_2)$ で与えられる．
（中野靖久・矢野　正）
→グラスマンの法則，加法混色

色弁別 [color discrimination] (感知)

色弁別とは色の違いをどのくらい見分けることができるかという能力であり，波長弁別 (wavelength discrimination)，純度弁別 (purity discrimination)，色度弁別 (chromaticity discrimination) に分類される．ここでは，波長弁別の実験例だけを紹介する．

スペクトル光の波長差の弁別能を調べる波長弁別の実験で，Wright と Pitt (1934) や Uchikawa と Ikeda (1985) は波長弁別閾は 490 nm 付近と 590 nm 付近で最小になることを報告している．ただし，これらの結果は刺激条件により異なることも報告されている（Mollon ら，1992）．

上記の色弁別能力を測定する際に一般的に用いられている方法は参照刺激とテスト刺激を空間的に併置し，刺激間の差を感じなくなるようにテスト刺激を調整する同時色弁別（simultaneous color discrimination）である．これに対して，参照刺激とテスト刺激を同じ位置に継時的に呈示することによってそれらの差を比較する方法を継時的色弁別という．Uchikawa と Ikeda (1981) と Uchikawa (1983) はそれぞれ両手法による波長弁別または純度弁別の閾値の結果を比較し，手法間の弁別閾値の差が後者の手法に含まれる記憶過程に起因することを示唆している．

一方，これらの色弁別閾値を色覚モデルにより説明する研究も行われてきた．色覚モデルは基本的に L, M, S 錐体の出力の線形和で表され，錐体から反対色チャンネルとルミナンスチャンネルへの入力の度合を表す重み係数等を操作することにより実験データを説明する試みが行われている．Boynton (1979) は波長の異なるテスト光と刺激光に対する反対色チャンネルおよびルミナンスチャンネルの出力の差分の組合せ（検出メカニズム）がある値を越えたとき，波長弁別閾値となる弁別モデルを提案している．検出メカニズムについても数多く提案されているが，最近の色検出，輝度検出メカニズムからの応答の確率的足し合わせによる線形モデルについては Eskew ら (1999) に詳しく紹介されている．　　　　　　　　　　　（吉澤達也）

→波長弁別関数，反対色チャンネル，ルミナンスチャンネル

◆Wright, W.D.・Pitt, F.H.G. (1934), Uchikawa, K.・Ikeda, M. (1985), Mollon, J.D. ら (1992), Uchikawa, K. (1983), Uchikawa, K.・Ikeda, M. (1981), Boynton, R.M. (1979), Eskew, Jr., R.T. ら (1999)

色立体 [color solid]（表）

順序よく配列された色票によって，色知覚を体系的に分類するカラーオーダーシステムでは，色票は，三属性による3次元の色空間の，ある座標として表すことができる．たとえば，マンセル表色系では，白，灰色および黒の明度の違いだけで分類できる無彩色を中心軸とし，色相を中心角，彩度を中心軸からの距離で表した円筒座標で表すことができる．この円筒座標上に規則的に配列するように色票を作成し，立体的に配列したものを色立体という．マンセル表色系の色立体を，塗料や染料などを用いてつくると，塗料や染料の特性（色域という）によって，色相や明度ごとに再現できる彩度の範囲が異なる．

このため，歪んだ色立体になる．NCS 表色系では，白と黒を頂点とした二重円錐形の色立体となるが，マンセル表色系と同様に，色立体は，使用する色材の色域によって，不規則な円錐形になる．　　　　　　　　　　　（小松原　仁）

→カラーオーダーシステム，マンセル表色系，NCS

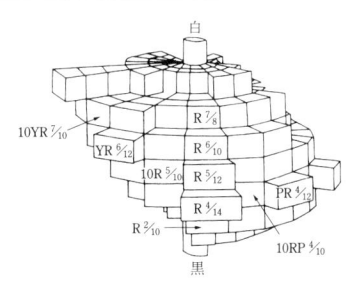

マンセル色立体

インクジェット記録方式 [inkjet printing]
（入出）

インクジェット記録方式には，インキを連続吐出しメディアへの着弾を外力により制御する連続噴射型と，必要に応じてインキを吐出するオンデマンド型とがある．連続噴射型では加圧されたインキをピエゾ素子の振動で連続吐出し，吐出されたインキ滴を記録信号に応じて帯電させる．その後，電場を通過させ帯電インキ滴は偏向されてメディアに着弾し未帯電インキ滴は直進しインキ回収される．連続噴射型は装置が大型になるため産業用で実用化されている．オンデマンド型の主なものとしては，記録信号に応じてピエゾ素子を加電しインキ室を収縮させてインキ滴を吐出させるピエゾ方式と，ノズル内に埋め込まれたヒータ素子の加熱によってインキを沸騰させ，発生した気泡の圧力によりインキを吐出させるサーマル方式とがある．

ピエゾ方式は構造が複雑で高集積化が難しいが，インキ吐出量制御が可能なため同一ノズルで複数のドットサイズ打ち分けができる．また，インキ種選択の自由度が大きく，ヘッドの耐久性にすぐれる．サーマル方式ではインキ吐出量

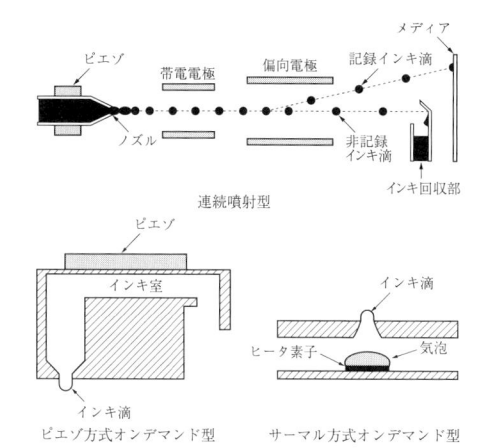

各種インクジェット記録方式の概念図

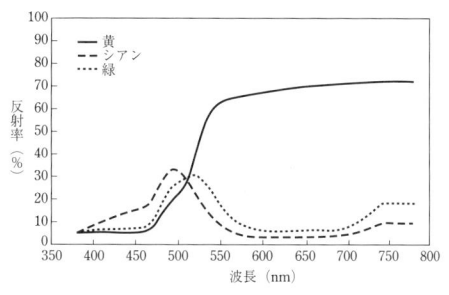

印刷の色（1次色と2次色の関係）

制御が難しいが，製造コストが安く高集積化が可能であるため，微小液滴の多ノズル高密度記録で高画質化と高速化を両立している．ヘッドの寿命は熱的ストレスや気泡消滅時の衝撃などの問題で短い．　　　　　　　　　　（辰巳節次）

印刷の色 [colors in printing]（自人）

カラー印刷には，イエロー（Y），マゼンタ（M），シアン（C）および墨（K）の混色によって印刷するプロセス印刷と赤，緑，茶，金，銀などの特色といわれるインキによる特色印刷がある．さらに，印刷方式と製版方法によって①凸版印刷，②平版印刷，③凹版（グラビア）印刷および④孔版（スクリーン）印刷に分けることができる．また，近年では，コンピュータなどの色彩画像情報から静電気画像を形成することによって直接印刷する方式が普及してきている．プロセス印刷の色は，Y，M，CおよびKのインキを点状（網点という）にして重ね印刷したもので，網点の重なり具合によって色が変化する．Y，M，CおよびKだけを印刷したものを1次色といい，YとM，YとC，MとCが重なってできる減法混色を2次色という．また，Y，MおよびCが同時に重なった色を3次色というが，一般に，3次色はおおむね黒になり，これを墨インキでの印刷に置き換える．この結果，1次色，2次色および3次色（または墨）とインキが刷られていない下地（一般に白色紙）が網状に併置された形で混色（併置加法混色という）されて，印刷物になる．

　　　　　　　　　　（小松原　仁）
→混色, 減法混色, UCR

因子得点 [factor score]（心測）

因子分析において，測定の対象に対して与えられる数量．潜在変量である因子上での対象の位置を示す．平均値が0，分散が1であるような標準得点であると仮定される．複数の因子を求めた場合，因子得点間の相関を0に制約した解は直交解，因子得点間に0でない相関の存在を許容する解は斜交解とよばれる．本来の因子モデルでは，因子得点は潜在的変量であり直接観測することはできず，さらに，理論的にいって，因子得点は一意的に定まらないことが知られている（因子得点の不定性）．統計パッケージなどで得られる因子得点の推定値は，各変数に重みをつけたうえでの合計であるが，これは因子得点とは必ずしも一致せず，分散は1にならないし，直交解の場合でも相互相関は0にならない．この点で，因子得点の推定値を用いることは，理論的には問題があるが，対象に対する得点を求めることが必要な場合もあり，近似的なものとして使うことは許されるであろう．主成分分析における主成分得点は，因子得点の推定値と同様の方法で計算されるが，こちらは正確な値であり，不定性もない．

なお，同じ因子に負荷の高い変数を単純加算したものを因子得点とよんでいるケースもあるが，これは尺度得点とよばれるべきものであり因子得点ではない．
　　　　　　　　　　（村上　隆）
→因子分析, 因子負荷量, 主成分分析, SD法のデータ処理

因子負荷量 [factor loading]（心測）

因子分析の結果として得られる最も重要な数値である．分析の対象となった個別変量ごとに因子の数だけ求められ，変数×因子の形の表としてまとめて示されることが多い．各変数の変動が，因子（得点）をどの程度反映しているかを示す重みである．因子が複数ある場合，回転に関する自由度があり，それを利用して因子とそれに対応する因子負荷量（の座標軸）を回転して解釈を容易にすることが多い．その際目標となるのは，1つの変数に対しては1つの因子だけがかかわりをもち，かつ，多くの因子がほぼ同数の変数とかかわるという単純構造である．回転には，座標軸を直交に保つことによって因子間の相関を0とする直交回転と，軸を斜交させて因子間に相関が生ずることを許容する斜交回転がある．従来より直交回転が用いられることが多い．バリマックス回転は直交回転の代表的な方法である．直交解では，因子負荷量は各変数と因子との間の相関係数であるという記述統計的解釈が成り立つ．また，直交解の因子負荷量の自乗を，変数ごとに総和したものが共通性で，変数の因子によって説明される部分の大きさを示し，同じく因子負荷量の自乗を因子ごとに合計したものが因子寄与で，その因子によって説明される部分の大きさである．これらは因子負荷量とともに表示されていることが多い． (村上　隆)
→因子分析，因子得点，バリマックス回転，SD法，データ処理

因子分析 [factor analysis]（心測）

多数の変数を扱う統計的方法，とくに外的基準のない多変量解析法に分類される方法であるが，理論と応用に関する100年近い歴史的発展の中で，著しく多様な技法と解釈を生みだしている．多変量のデータ，すなわち個々の測定対象について複数の変数上での測定値が存在するようなデータを考えてみよう．たとえば，適当な大きさの色紙を並べて構成したさまざまな2色配色を，「美しい」「好ましい」「すぐれた」といった形容詞によって何人かの評定者に評価してもらった平均値を求めたとする．その結果として得られるデータは，個々の2色配色という対象について，形容詞による評定という複数の変数上の評定値があるという意味で多変量データである．このとき，「美しい」という変数について評価の高い配色の多くは「好ましい」「優れた」でも高い評価値を得るのに対し，「美しい」の評価が低い配色は他の2つの形容詞においても低く評価されることが多い．すなわち，こうした変数の値は，相互にまったく同じではないものの，かなりの意味的な重なり，あるいは冗長性をもっていることがわかる．統計用語では，このような変数は相互に相関が高いという（海保，1985；鷲尾・大橋，1989）．

相互に相関の高い変数の背景には，それらに対して共通の原因となる，見えない変数が存在していると考えることができる．それが因子（factor）である．このことをもう少し具体的にいうと，各測定対象（上の例では配色）ごとに因子（という変数）の値，すなわち因子得点が定まり，それを個別の変数（上の例では配色）がそれぞれの重み，すなわち因子負荷量，に比例する形で反映するという因子分析の基本モデル，すなわち，

対象 i の変数 j における評価値〜変数 j の因子負荷量×対象 i の因子得点

という形を考える．ここで，〜は「近似的に等しい」の意味であり，これによって，複数の変数上の評価値が相互に高く相関することが「説明」される．何らかの統計的な基準を最適化する因子負荷量を求めるのが因子分析の中心的部分である．

因子分析によって，次のようなことが実現できる．第1に，複数の変数の得点を因子得点という1つの得点にまとめるというデータ縮約である．第2に，個々の変数に含まれる偶然誤差を相殺した因子得点（の推定値）を用いることによる測定の信頼性の向上である．第3に，個々の変数の意味を超えた上位概念の生成である．上の例では，「美しい」「好ましい」「優れた」の総合としての「(配色の)よさという概念」が生みだされたと考えられる．ところで，「美しい」「好ましい」「優れた」という3つの変数は相互に高く相関するものの，これらと，「派手な」「明るい」「暖かい」といった変数とはさほど高く相関

しないであろう．こうした状況では，2つ以上の因子を考えて，個々の評価値を説明することが考えられる．すなわち，2つの因子を考えるなら，基本モデルは，

変数 j の因子負荷量 1 × 対象 i の因子得点 1 ＋ 変数 j の因子負荷量 2 × 対象 i の因子得点 2

となり，さらに3つ以上の因子を考えることもできる．

因子分析の計算手続きは，変数の間の相関係数行列に最もよくあてはまるような因子負荷量を求める因子抽出の段階，因子負荷量を解釈しやすくするために回転する段階，(必要なら) 因子得点を推定する段階に分かれるが，それぞれ，多くの方法が開発されており，主成分分析を因子分析に含める見方もあるが，それらの間の優劣については，なお決着がついていない．また，因子数をいくつにするかを決定する方法に関しても議論が多い (芝,1979；繁桝ら,1999；柳井ら,1990)． (村上 隆)
→因子負荷量,因子得点,主成分分析,バリマックス回転
◆海保 (1985), 鷲尾・大橋 (1989), 芝 (1979), 繁桝ら (1999), 柳井ら (1990)

印象主義 [impressionism]（造）

1870年代から19世紀末にかけてフランスで展開された絵画運動．官選のサロンに対抗して，1874年に「画家・彫刻家・版画家等匿名芸術家協会」が開催した第1回展覧会に，カミーユ・ピサロ，オーギュスト・ルノワール，クロード・モネ，アルフレッド・シスレー，エドガー・ドガ，ポール・セザンヌらが出品し，批判をあびたモネの作品《印象・日の出》(1872年) のタイトルがこのグループ全体を指す名称となった．この展覧会は1886年まで計8回行われ，当時は評価も得られず成功したとはいえなかったが，後の20世紀美術の大きな潮流に多大な影響を与えることになる．印象派は「外光派」ともよばれたように，戸外制作のなかで物体の固有色にとらわれずに光によって様相を変える自然の表情を捉えようとし，可能な限り原色を多用することによって明るい画面を確保した．この印象主義の色彩は，自然の中の光の色を追求したターナーの影響があるともいわれる．また写真やジャポニスムの影響により，日常的な題材やモティーフを主題として描き，仰角視，俯瞰視，クローズ・アップなどの大胆な構図，明確な色彩の対照も積極的に取り入れた．直観的ではあるが印象派の理論は網膜上で作品を再現させるという独自の色彩理論を携えた科学的リアリズムともいえる．また，ジュルジュ・スーラからポール・シニャックに受け継がれ，シュヴルールやルードらの色彩理論にもとづいた点描画法は新印象主義とよばれる．自立した色彩，形を強調し，象徴性を際立たせたゴッホ，ゴーガンらはポスト印象主義とみなされる． (三井直樹)
→点描,固有色

インターカラー [Intercolor]（商）

服飾分野の先行色彩の検討，発表を行っている団体が集まった国際的組織の名称．日本名は国際流行色委員会．英名の正式名称は International Commission for Fashion and Textile Colors である．インターカラーは，1963年に発足した，国際間で流行色を選定する機関で，2001年6月現在19ヵ国が加盟している．加盟に際しては，各国を代表する営利を目的としない公益的な色彩団体，1団体に限るという規定があり，日本からは創立当初より (社) 日本流行色協会が日本代表としてインターカラーに登録されている．

インターカラー発足のいきさつは，1963年5月，イタリアのパドバで開催された第7回国際色彩会議の折，フランスのカルラン，スイスのレニアッチ，日本の稲村耕雄 (当時東京工業大学教授) の3氏がファッションの色彩についても，国際的に討議するべきであるという意見を交換したことに始まる．この3ヵ国が発起国となり，第1回のインターカラー会議は，1963年9月パリで開催された．インターカラーの選定会議は，実シーズンに先駆ける約2年前の6月に春夏カラー，12月に秋冬カラーという年2回開催されている．これは，世界的にも最も早い時期のトレンドカラーの選定であり，インターカラー選定色の方向は，その後に発表される世界各国のトレンドカラー情報のいわばトレンドセッター的な役割を果たしている．インターカラーでは，創立時よりウイメンズウエアのカラーが選定さ

れてきた．85年よりメンズウエアカラーも選定されるようになったが，現在はメンズ・ウイメンズ共通カラーとして選定されている．

（大関 徹）

→トレンドカラー，日本流行色協会

インターナショナル・スタイル
[international style]（造）

　国際様式ともよばれ，20世紀初頭から芽生えた国際的に大きな潮流となったデザイン思想である．元来バウハウスの初代校長となったグロピウスが1925年に提唱した建築の理念であり，近代合理主義と工業化社会を反映して，建築は機能に徹し，装飾を排除した形であると主張した．建築のモダニズム（近代主義）の始祖の一人，ル・コルビュジエは「建築は住むための機械」と評し，建築の形は合理主義の帰結としての普遍的な形であり，装飾のない箱形の形をあげ，次々と個人住宅をつくり世に問うた．《サヴォワ邸》はその象徴的な存在である．このインターナショナル・スタイルは建築ばかりでなく，1930年代に入ると，工業製品や家具・インテリアなど広範な分野に及び，伝統的様式や民族的色彩を破棄した世界的に共通したデザイン思想となった．またインターナショナル・スタイルは，時として建築のモダニズム（近代主義）と同義語として扱われるが，バウハウスにおける造形理念から，その工業製品に対し，バウハウス・デザインともよばれ，モダン・デザインの一大潮流をつくりだした．

（三井秀樹）

→バウハウス，ル・コルビュジエ

インタレース [interlace scan]（入出）

　ビデオ信号では，2次元の画像（フレーム）を1次元信号に変換して記録・伝送するために，走査が行われる．通常，走査はフレームの横方向に行われるが，1回分の走査の軌跡を走査線とよぶ．日本の標準テレビ方式では，1フレームが525本の走査線で構成される．また，高精細度テレビ方式では，1フレームの走査線は1125本である．このようなフレームを，毎秒約30枚表示することによってテレビは動きを再現しているが，ちらつきの少ない画面表示を得るには秒間30フレームでは不足である．このために考案されたのが，インタレース走査とよばれる方式であり，まず，奇数番目の走査線だけで飛び越し走査した後，偶数番目の走査線だけを飛び越し走査するという2段階で1フレームの伝送を行う．奇数走査線，偶数走査線だけでできる画像を，それぞれ奇数フィールド，偶数フィールドとよぶ．秒間約60フィールドを表示することによって，伝送に要する帯域は同じでもちらつきを軽減できる．コンピュータのディスプレイ画面では，伝送帯域は無関係なのでインタレース走査の必要はなく，順次走査が行われる．また，動物体を静止画像として撮影したい場合には，インタレース走査では物体輪郭がギザギザになるため，順次走査を採用したビデオカメラが有効である．

（大田友一）

◇飛び越し走査

インテリアカラーコーディネーション
[interior color coordination]（商）

　旧石器時代の洞窟美術の代表であるフランスのラスコーやスペインのアルタミラ洞窟に見られる動物などの彩色画のように，人類は原始の時代から住居に色を用いて生活に利用していたことがわかっている．洞窟美術は生活を楽しむためというよりは，呪術的な目的が主だと考えられるが生活のインテリアカラーとして光のあまり届かない空間を飾っていたのは間違いない事実である．

　今日われわれが考えているインテリアデザインの初期の形が職業として確立されたのはイギリスでは20世紀の初めといわれている（Allen, 1968）．毎日の生活に使う住空間をどう整えるかは大切なことである．これらの設計をする人びとは最初は伝統と様式を重視するインテリアデコレーターからスタートし，1960年代からインテリアデザイナーと名称も変化してきている．インテリアコーディネーションは市場にある既成のインテリアエレメントの中から，トータル的な考えで室内に合う物を選び出し，効果的にまとめることである．インテリアカラーコーディネーションはさらに色彩を主体に選び，トータルとして美しく住みやすいインテリアを構成することである．色彩効果を十分に活用するためには色彩の知識はもちろんであるがさらに建築，照明技術，室内の仕上げ材に精通し，それぞれ

の技術者との協同作業が必要不可欠である．

(速水久夫)

◆Allen, P.S. (1977) [町田訳, 1983]

インパルス応答 [impulse response]（感知）

インパルス $\delta(t)$ がある系に入力したときの応答をインパルス応答 $I(t)$ という．インパルスは数学的にはデルタ関数とよばれ，強さ1で時間 $t=0$ のパルスである．インパルス応答は次式で表されるように線形系の入力 $u(t)$ と出力 $v(t)$ の関係を一意に決定し，その系の時間周波数特性をフーリエ逆変換することで得ることができる．

$$v(t) = \int_{-\infty}^{\infty} u(t')I(t-t')dt'$$

系に入力する刺激の種類は無限にあり，それぞれに対して系の挙動を分析するのは不可能である．しかし，系が線形であれば，特定の入力に対する結果から得られるインパルス応答を用いて，他の入力に対するその系の挙動を分析できる．このため，心理物理学または電気生理学実験で得られた刺激に対する感度の時間周波数関数からインパルス応答を計算し，視覚系の時間応答特性を比較する研究が行われた．Smith ら (1984), Uchikawa と Ikeda (1986), Yoshizawa と Uchikawa (1997) は等輝度刺激光に対するインパルス応答を反対色チャンネル間で比較し，時間応答特性がチャンネル間でよく似ていることを報告している．

(吉澤達也)

◆Smith, V.C. ら (1984), Uchikawa, K.・Ikeda, M. (1986), Yoshizawa, T.・Uchikawa, K. (1997)

隠蔽色 [threatening coloration; cryptic coloration]（自人）

海底や砂利を敷いた生簀で動かずにいるカレイやヒラメは，周囲の砂に同化しており，目をこらしても見分けることが難しい．これは，外敵から身を守るためや，餌を捕食しやすいようにするためで，身が隠れるような効果があることから隠蔽色とよばれる．カメレオンの体色は，緑色の葉を背にしたときには緑色になり，背景が変わると褐色などに変化するが，背景に応じて色素の分布が変化する隠蔽色の例である．背景によって体色が変化しないトラやシマウマのような動物でも，草原や森の中では，一見，派手に見える縞模様が背景に溶け込んで見えにくくなるという．体色と模様が隠蔽の効果を生んでいるもので，隠蔽色の一種といえる．隠蔽色は，背景に溶け込んではじめて効果があるもので，一般的に背景が均一でない自然界では，静止した状態で，その効果が強くなる．近くまで歩いて行って，動いた瞬間に，そこに動物や昆虫がいることに気づくことがあるのは，動きによって隠蔽の効果が薄れるためである．

(小松原 仁)

→威嚇色と警告色, ◎保護色

隠蔽力 [hiding power]（物）

隠蔽力とは，塗料を素地に塗布したとき，素地を見えなくする能力で，被覆力ともよばれる．塗膜を構成するバインダは，一般に光を吸収および散乱する能力が小さいので，隠蔽力は塗膜に含まれる顔料粒子の大きさ，数と光を散乱および吸収する能力による．隠蔽力は，はじめは，塗料を白・黒の下地に塗布して，下地の区別がつかなくなったときの膜厚（μm または g/m^2）で表したが，いまでは他の方法で定量化することが多い．ISO 6504 では，

① クベルカ-ムンクの式による方法（白・淡色塗料），② 隠蔽率の比較による方法（同系・同色の塗料），③ 一定膜厚での隠蔽率による方法（淡色塗料），④ 白・黒素地上の塗膜の色差による方法，⑤ 楔形の塗膜による方法，

などを規定しようとしている（『Paint and Coating Manual』(14th ed.), 1995）．

(馬場護郎)

→クベルカ-ムンクの法則, ◎被覆力

陰陽五行説（社）

古代中国で考えられた陰陽五行説は，「太一陰陽五行思想」とも称され，天文学に由来する．『史記』天官書には，天は五つの部分に分けられ，北極星を中心とする部分が天の中心と考えられ，ここを中宮と称した，とある．また北極星の神霊化が最高の天神である「太一」である．さらに古代中国の宇宙創世説話では，渾沌の宇宙の中から光明に満ちた「陽」の気がまず天になり，重く濁った暗黒の気が地となった．そして陽の気の集積が「火」となり，火の精が太陽に，陰の気の集積が「水」となり，水の精が太陰，すなわち月となった．そして天上では日と月の陰陽が組み合わされて五惑星となり，地上

では火と水の陰陽の組合わせが木火土金水の五元素となったもので，この五元素の輪廻・作用が「五行」とされる．したがって陰陽は，新羅万象にも置き換えられ，暖かい太陽と火，南の方位を象徴化する赤色と白色に，また冷たい太陰（月）と水，北の方位を象徴化する白色と黒色に相対して表現されるようになった．さらに新羅万象の空間認識は南北のみならず，太陽（日）の運行にかかわる東西の他，東南，南西，北西，北東の方位に中央を加えた九方位を定め，これを九気図，九星図で表し，それぞれの名称は一白，二黒，三碧，四緑，五黄，六白，七赤，八白，九紫の九つである．　　　　　　　（小林忠雄）

◆吉野 (1978)

[う]

ヴァザルリ, ヴィクトール [Victor Vasarely]（造）

　ヴァザルリはハンガリー生まれのフランスの画家．ブダペスト大学医学部を中退し，1929年，「ブダペストのバウハウス」といわれたアレクサンダー・ボルトニークの「ミューヘイ」アカデミーに入り，構成主義やマレーヴィチ，モンドリアン，カンディンスキー，グロピウスらの芸術に出会う．1930年よりパリに移住し，有機的なモティーフを抽象化した作品をつくりだしていくが，錯覚効果に対する関心が見られる．1940年代にはオプティカル・アートにおける知覚，色彩，イリュージョン（錯視効果）を研究しはじめ，1947年頃より幾何学的抽象に入り，キネティック・アートと幾何学的抽象を推進したドニーズ・ルネ画廊の設立にも参加．ヴァザルリの理論は1955年の「黄色宣言」で示され，自ら「シネティスム（キネティスム）」とよんだ．
　1950年代はモノトーンで表現できる視覚効果を探り，これをBN（Blanche, Noir: 白，黒）とよんだ．1960年に《惑星のフォークロア》シリーズを開始し，以降，多彩な色を用いて強烈なコントラストをつくりながら，数理的な構成による動きと変形のオプティカルな効果を引き出した平面や立体作品を多数制作・発表，オプティカル・アートの巨匠となった．　（三井直樹）
→オプティカル・アート

ヴァン・ダイク, アンソニー [Sir Anthony van Dyck]（造）

　フランドル出身の画家．1599年アントウェルペンの富裕な商人の子に生れ，1641年にロンドン近郊で没．1609年，ファン・バーレンに師事．1618年にアントウェルペンの画家組合に加入するが，そのころすでに自分の工房を持ち，弟子をかかえていた．ほぼ同じころから，ルーベンスの工房で助手として働き，決定的な影響を受けた．1620年，イギリス王ジェームズ1世に招かれ初めてロンドンに赴く．1621年から27年のイタリア滞在中に，ジェノヴァの貴族階級の肖像画を多く描くほか，ヴェネツィア派，とくにティツィアーノから学び，自己の芸術を確立した．1627年に帰国後，ブリュッセルのイサベラ大公妃の宮廷画家に任命される．1632年に再びロンドンに渡りチャールズ1世の首席宮廷画家となって，当時のイギリス宮廷貴族の肖像画を多く描き，18世紀のイギリスにおける肖像画の開花を準備した．色彩はルーベンスほど華麗ではなく黒，灰色，褐色が主調．滑らかな筆触と微妙に変化する色調を通して，生き生きとした個性と貴族的な洗練を表現するのにすぐれたこの画家の影響もあって17世紀末には褐色で背景を描く画法が流行し，褐炭のような土性物質からつくる褐色の有機顔料はヴァン・ダイク・ブラウンとよばれるようになった．代表作に《狩場のチャールズ1世》（1635頃）など．
（一條和彦）
→ルーベンス，ペーテル・パウル，ヴェネツィア派，ティツィアーノ，ヴェチェリオ
◆Barnes, S.J.・Wheelock, Jr., A.K. (1994), Brown, C.・Vlieghe, H. (1999)

ウィーン分離派 [Vienna Secession (独)]（造）

　ゼセッション（secession）とは，離脱するという意味のラテン語に由来した言葉で，19世紀末オーストリアのウィーンやドイツのベルリンやミュンヘンを中心に起きた美術運動である．オーストリアやドイツの若い芸術家たちは，古い伝統的な芸術表現やアカデミーの権威に反抗し，既成の美術の概念を打ち破る，自由な表現性を目指して組織された．ウィーン分離派は，1897年，グスタフ・クリムトを中心として画家のコロマン・モーザ，ヨーゼフ・ホフマンや建築家，デザイナーらが主導し結成された．当時フランスでは，すでにアール・ヌーヴォーが流行し，花の様式とよばれるように植物的曲線の造形が主

体をなしてきた．またイギリスではマッキントッシュを中心とするグラスゴー派の直線主義的な造形もアール・ヌーヴォーと同時にウィーンやベルリンに強い影響を与えつつあった．ゼセッションでは，アール・ヌーヴォーの影響を否定しつづけながらも，彼らの主張する幾何学的な無機質さと象徴性の中に，微妙な有機的造形と装飾性を宿していたといえる．こうしてウィーン分離派は 19 世紀末から 20 世紀初頭にかけ，ウィーンを芸術と科学の近代都市として広く内外に印象づけた．ウィーン分離派と同様の様式は，ベルリンやミュンヘンにも同時期に見られ，20 世紀美術の台頭を予兆させた． （三井秀樹）
→グラスゴー派，マッキントッシュ，チャールズ・レニー，アール・ヌーヴォー

ヴィクトリアの色 [Victorian colors]（造）

ヴィクトリア王朝は 19 世紀の 1819 年からヴィクトリア女王が亡くなる 1901 年までの大英帝国時代を指す．この時代は産業革命によって工業化社会の基盤がつくられ，イギリスが世界でもっとも繁栄を誇った時代であり，新聞・雑誌が大都市を中心に大量発行され，プリントメディア（活字メディア）が本格的に出現し近代の都市化が急激に進んだ時代でもある．また産業革命は機械技術だけでなく，化学工業も飛躍的に発展させた．その結果，美術の世界でも，色彩の材料に従来の天然の顔料に加え，石炭を原料とするタール系の化学合成染料が続々と開発された．

2002 年現在，合成染料は約 3 万にも及んでいるが，1704 年，最初の合成顔料，プルシャン・ブルーがつくられ，これをきっかけとしてクローム・イエロー，オレンジが誕生した．19 世紀には，モーブ，マゼンタ，アニリン・ブルー，バイオレット，グリーン，ウルトラマリンなどのあざやかな色材が開発され，絵画の色彩表現に画期的な変革を引き起こしたのである．

江戸時代後期に活躍した葛飾北斎や歌川広重の浮世絵には，すでにプルシャン・ブルーが用いられていることからも，その色彩革命は世界的規模で広まっていたことがうかがわれる．こうした豊富な色彩によって画家たちは，実際に見た光がふりそそぐ風景の印象をそのまま忠実にキャンバスに再現する意欲に燃えた．印象派の誕生は，ヴィクトリア時代の化学合成によるこうした色材の開発が契機となったといえるだろう．

クールベの写実絵画への徹底的な探究，モネやターナーの陽光が自然の形と融合する微妙な色調，黒い色をしりぞけた点描派の描くあざやかな色彩の同時対比の合理性，燃えるようなクローム・イエローとオレンジをふんだんに使ったゴッホの《ひまわり》の絵など生き生きとした絵画表現は，よく見るとヴィクトリア時代に誕生した新色が，色彩表現の核心となり，芸術作品としての価値観を高めていることがわかる．こうした新色は，多色刷石版画によるポスターにも生かされ，世紀末のパリの街を飾った．また活版印刷機による大量印刷の実現は近代マスメディア時代の幕開けとなった．こうしたプリントメディアの興隆は一般市民に絵入り大衆本や，数多くの色刷りグラフ誌の出現を促した．ヴィクトリア時代は 20 世紀，色彩の世紀の，まさしく前哨戦となったのである． （三井秀樹）

ウェーバーの法則 [Weber's law]（心測）

ウェーバー比は一定である，すなわち，

$$\Delta S/S = K$$

であるとすると，感覚の最小の変化（単位変化）をもたらす最小刺激差（ΔS）は，初期刺激の大きさ（S）に比例することになる．いま，グラフの縦軸に $\Delta S/S$ をとり，横軸に S をとってこの関係を示すと，高さ K の横軸に平行な直線となる．この関係をウェーバーの法則という．しかし，K の値は，刺激の種類によっても，また感覚判断する個人によっても異なる．さらに，同じ刺激に対する，個人の判断であっても，より広範囲の刺激変化にわたってみると，絶対閾の方向とその反対の上限刺激の方向に向かって増大し，($\Delta S/S$) vs S の関係を示すグラフは，かならずしも横軸に平行な直線ではない．この法則は，人間の判断の相対性を指摘しているという点に意味があると考えるべきである．

「ウェーバー・フェヒナーの法則」といういい方がなされる場合がある．しかし，ウェーバーの法則は，感覚的な弁別ということが介在してい

るにせよ，2つの物理的な測定値，ΔSとSとの関係を記述しているにすぎない．それに対して，フェヒナーの法則は，感覚の増分がウェーバー比に比例して生じるという仮定から導き出されたにせよ，結果として反応と刺激との関係を記述する精神物理学的法則となっている．したがって，ウェーバーの法則とフェヒナーの法則は，別の法則であって，1つの法則であるかのようないい方がなされるのは適切ではない（Guilford, 1954）． （伊東三四）

→ウェーバー比，フェヒナーの法則
◆Guilford, J.P. (1954)

ウェーバー比 [Weber's ratio]（心測）

弁別閾刺激値の，初期刺激値に対する比$\Delta S/S$を，ウェーバー比という．より一般的には，相対弁別閾という．弁別閾とは，いま，ある物理的尺度上で，初期刺激Sをより大きい方へ（あるいはより小さい方へ）変化させ，ちょうどその変化が気づかれたときの刺激をS'とすると，$|S' - S| = \Delta S$をいう．統計的には，その変化が判断回数の50%だけ気づかれるような刺激差として定義される．この比が一定であるという考えが，ウェーバーの法則である．そして，この比に比例して感覚反応の変化は生じると仮定して，導き出された関係がフェヒナーの対数法則である．また，この比に関して，「ウェーバーは，手でもち上げる重量に関しては約1/30から1/40，線分の長さに関しては約1/100であることを発見した．光の明るさに関しては，観察者によって1/60から1/200に及ぶ……」といわれている．したがって，この比は刺激の種類によって変化する．さらに，個人によっても異なるので，その逆数は，「特定の刺激に対する個人の感受性の測度として用いられることができる」．

さらにまた，同種の刺激であっても，より広汎な変化範囲で見れば，絶対閾の方向とその反対側の上限刺激の方向に向かって，比は増大することが知られている（Guilford, 1954; Hurvich・Jameson, 1966）． （伊東三四）

→ウェーバーの法則，フェヒナーの法則，弁別閾，◎相対弁別閾
◆Guilford, J.P. (1954), Hurvich, L.M.・Jameson, D. (1966), Stevens, S.S. (1975)

ウェッジウッド，ジョサイア [Josiah Wedgwood]（造）

イギリス近代陶芸の父．イギリス中西部の陶郷スタッフォードシャーのバーズレムで代々家業として作陶に従事してきた一家の13人兄姉の末っ子．少年時代に悪性の天然痘にかかり右脚が不自由となり松葉杖をつくという肉体的ハンディを背負いながらも勤勉と努力，それに産業革命を先取りし，それまでの農民の手仕事を近代的工業生産に変革し，一代にして莫大な富と名声を手中にした．彼は9歳のとき父を亡くし小学校を中退，兄の工房で作陶の修業を重ね，1757年独立してウェッジウッド社を創設．彼は土地の陶器を改良し，鉛釉による硬質のクリーム色陶器の焼成に成功，1765年これをシャルロッテ王妃が購入，「女王陶器」の名称が与えられた．1768年ウェッジウッドは右脚の膝から下を切断，にもかかわらずその翌年古典的教養を身につけていた商人T.ベントリーと共同でエトルリアとよぶ新しい工場を創立した．このことは彼らが時代の風潮としての古代への関心の高まりにあわせて，単に実用陶器の生産のみでなく美術陶器の製作に着目，その最初の達成がブラック・バサルトとよぶ無釉の黒色の炻器の焼成であった．次いで古代のカメオ風に暗地色に白土で図像を浅浮彫りにしたジャスパー・ウエアを開発，1790年，ローマ時代のカメオ・グラスの傑作《ポートランドの壺》の炻器による完全なコピーを焼成，以降ウェッジウッドはジャスパーによるテーブルウエアのほかメダイヨンや装飾品など多くの作品を製作，これらは現在もウェッジウッド社を代表するものとして圧倒的人気を博している． （前田正明）

→ブラック・バサルト，ジャスパー・ウエア

ヴェネツィア派 [Scuola Veneziana (伊)]（造）

イタリア北東部の海港都市ヴェネツィアとその周辺で形成された画派．15世紀には，フィレンツェに次ぐ美術の中心地となり，16世紀には商業の繁栄を背景に絵画の黄金時代を迎えた．貿易で栄えたこの商都が西洋における顔料の輸出入の中心地であったことも見逃せない．フィレンツェ派が造形の基本を線描・素描に置いたの

に対して，ヴェネツィア派の方は壮麗な色彩の使用を最大の特徴とした．

ヴェネツィア派絵画の隆盛は，フランドルからもたらされた油彩画技法のさらなる発展と色彩表現の成熟に多くを負っていた．ヴェネツィアにおいてテンペラ画から油彩画へと移行する契機の一つとなったのは，1470年代中頃のアントネッロ・ダ・メッシーナのヴェネツィア来訪であった．すでにフランドルの油彩画技法を習得していたアントネッロは，滑らかで斑のない精妙なモデリングを達成し，ジョヴァンニ・ベッリーニに大きな刺戟を与えた．ジョヴァンニの線的様式はしだいに絵画的様相へと移行し，明るい光の効果と統一感のある琥珀色の色調は初期の明確な輪郭線と形態の硬さを緩和した．

ジョルジョーネ／ティツィアーノ《田園の奏楽》1511頃（パリ・ルーヴル美術館）

ジョルジョーネは，1500年頃からわずか10年ほど活動したに過ぎなかったが，ジョヴァンニの芸術上の達成を足がかりに，より自由な油彩画の制作プロセスを生みだした．ジョルジョーネの絵画技法の特徴は，用意した下絵の構図に最後まで従うことなく，想像力やひらめきに応じて構図や形態を改変させるという，近代の芸術家の制作方法を先取りする姿勢だった．また，グレージング（画面に透明な被膜層をつくり，深みを与えること）による伝統的な彩色法に，インパスト（絵の具の厚塗り）を加味した新たな油彩画技法は，絵の具の可塑性を引き出すことにもなった．ティツィアーノは，ジョルジョーネのこうした技法にいっそうの成熟と変化をもたらした．赤褐色の粗描き，散在する絵の具の斑点，重なり合う色調，構図と彩色の同時並行など，絵画的様式の深まりは，ヴェネツィア派絵画の方向性を決定づけた．一方，ヴェロネーゼのように，壮大な建築物を背景に，世俗的衣装をまとった人物のいる華やかで装飾的な絵画を描く画家も登場した．

18世紀にはジャンバッティスタ・ティエポロが，イタリアの偉大なフレスコ画装飾の伝統を復活させ，生地のヴェネツィアはもとより，ヴュルツブルクやマドリードの宮廷にも招かれるなど国際的な名声を獲得した．動勢に富む神話や聖書の人物たちを，軽快であざやかなパステル風の色調と自在な筆致で描いた大画面は，ヴェロネーゼの華やかな装飾画からの影響を示している．一方，グランド・ツアー（ヨーロッパ大周遊旅行）が流行した18世紀には，観光地ヴェネツィアの都市景観画がさかんに描かれた．カナレットことアントーニオ・カナルは，透視図法を巧みに駆使した構図に，空や運河の明澄な青，陰影の施された建築物の黄褐色，水面を飾る波頭の白など明快な色彩を結びつけ，理屈ぬきで見て楽しめる水の都ヴェネツィアのイメージを確立した（口絵参照）． 〔小針由紀隆〕

→ティツィアーノ，ヴェチェリオ

◆森田（義）(1994)

ウェルトハイマ-ベヌッシ効果 [Wertheimer-Benussi effect]（感知）

Benussi (1916) が半分赤，半分緑（口絵参照）の背景の中央に灰色のリングを置いて（図a）観察すると，リングは一様な灰色に見えた．ところがその上に針金でできた分割線を赤と緑の境界に沿っておいてやると（図b），左半と右半のリングにそれぞれ対比色が現れ，違って見えた．Koffka (1935, 88) は「分割線がないときにはリング全体をひとまとまりにする力が強くはたらいた結果，リングが一様に見えることになるのだ」と，説明した．ヘリングの光感覚の相互作用による対比色の原理からしても，対比色はリングの輪郭線辺辺での方が中央でよりもあざやかに現れるはずだが，一様に見えている．後藤(1997)らはリング（実際には彼ら独自の図形を用いているがここでは省略する）を境界線近辺で細くして「二肢的に見える」ようにしたとこ

ろ，物理的に等質であっても左半分と右半分でそれぞれ対比色が見えた．重要なのは分割線の有無ではなく「二肢的な見え方」である．

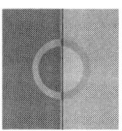

(a) (b) (c)

Gotoら（1995）はこの図形を「コフカリング（Koffka ring）」と命名している．なお，分割線の位置が背景の輪郭線の位置と多少ずれていても（図 c），分割線で区切られた範囲での対比色の平均値はさして変化しないせいか，2つの半リングの対比色はよく見えている．分割線のない場合（図 a）には対比色の移行過程が緩やかになるとともに，平均化がリング全体で起こりやすくなる．変化の緩急が刺激全体の見えに及ぼす効果についてはクレイク－コーンスィート－オブライエン効果（Craik–Cornsweet–O'Brien effect）においても検討されている．

(多屋賴典)

→クレイク－オブライエン効果，対比，対比色，分割線
◆Koffka, K, (1935), 後藤ら (1997), Goto, T. ら (1995), Hering, E. (1874)

ウォータージェットとウォータージェット式織機 [water jets and water jet loom]（着）

ウォータージェット：ファブリックの後加工の一種．水圧を利用して表面に凹凸をつける技術である．主としてパイルをもつファブリック（モケット，ダブルラッシェル，起毛ベロアニットなど）に適用される．凹んだ部分は糸が寝て側面が見えるため，凸の部分とは色も質感も違って見える．したがって，糸の素材色としてはモノカラー（単一色）でも，糸の方向の違いによって数色のトーン・オン・トーン配色に見せることもできる．表面の風合いがソフトになるのも利点．また，有機溶剤を使用しないため，環境保全にも有効な技術である．

ウォータージェット式織機：高速織機の一種．合成繊維のフィラメント糸を用い，シャトルを用いず，水を噴出する圧力で緯糸を飛ばして織る織機である．シャトルを用いるタイプの数倍の高速で織ることができ，生産性がよい．

(吉田豊太郎)

→トーン・オン・トーン, ◎高速シャトルレス織機

裏彩色と裏箔（造）

裏彩色は絵絹の裏面に絵の具を塗り，それを表面側から見るという彩色技法である．とくに鎌倉時代以降仏画の世界で行われてきた．これを裏塗りという場合もある．そのように絵絹の裏面から彩色するときには，不透明性を強めて効果をあげるために，胡粉を加えて「具」の色として使った．また，絵の効果として薄い呈色を求めるため，月や雲などを描くときに裏彩色で表現したり，花卉（草の花の総称）などの葉も裏から塗り花だけ表から彩色するというような技術的な使い分けも行われた．裏箔も同様で，金箔を裏面に押すことにより一歩退いたやわらかな輝き色の効果を求める方法である．人物の服装を効果的に表現するため，裏箔の方法で表されたりした．このような方法が成立するのは絵絹という材料がもつ裏面から若干ある透かしの効果に基づくが，それはとくに平織りの絵絹の性質による．

絵絹の産地はいくつかあるが，明治時代には京都西陣製を最上としていた．絵絹は絹糸の練らないもの（生絹という）を節がなく最も平らになるように織るが，一般には二挺杼（縦糸が2本のもの）で織る．これは一挺杼で織る場合よりも厚手に織り上がる．厚手で節や織りむらのないものが，日本画を描く素地として適している．まれには三挺杼の製品があって，最上品とされた．絵絹は，一般の平織りの布と異なって，横糸が密集して強く一方向への織り目が表れるという特別な性質がある．それとともに表裏の区別もあるが，それを見分けるのは初心者にはなかなか困難だった．この特殊な織り上がりによって，塗られた絵の具がからまりやすくなるという効果が得られる． (小町谷朝生)

漆絵 [lacquer black print]（造）

浮世絵版画では，「黒摺絵」に筆彩色した着色画を「漆絵」という．彩色する際に，墨に膠を入れて塗るために光沢が生じ，漆塗りのように見えることによる．このように黒色を強く光ら

せることによって，他に用いる紅，黄，藍などの色も強調され，画面は華麗に見えることになる．さらに効果を上げる目的で，金粉や雲母粉などを振りかけたものもある．黒摺りに丹で彩色されたのを「丹絵」という．丹を紅にかえたのが「紅絵」であり，次に生れたのが「漆絵」である．「漆絵」の彩色の目的は，「丹絵」「紅絵」などと同じようであって，写実的に色付けされるのではなく，調和のよい自由な配色が施される．また，実際の漆液に各種の顔料を混ぜてつくった彩漆（いろうるし）で描いた絵も，「漆絵」とよばれている．漆は漆樹の外皮との間から滲み出る乳白色の液で，空気中で褐色に変化する．これを加工して透明化させたものと顔料を練り合わせて彩漆をつくる．この彩漆を用いて黒地の漆器に朱，または朱地に黒で描いたものやその他の彩漆があって，また和服や帯などにも描かれた例がある．この彩漆で描いたり，さらには漆塗りの技法を併用したものもある．　　　（金澤律子）
→丹絵と紅絵，きら摺り
◆文化庁監 (1979)

ウルトラマリン・ブルー [ultramarine blue]（造）

　青色の鉱物ラピスラズリ（lapis lazuli, 学名：ラズライト：lazurite）からつくられた高価な顔料．原石のラピスラズリは，エジプトなど古代オリエントにおいて，青色の美しさとその希少性から金と同等の価値が与えられ，宝石や装飾品に加工され，重要な交易品として取り引きされた．この原石を砕いてつくるウルトラマリン・ブルーの特殊な製法は，12, 13 世紀に発展したという．"ultramarine blue" は「海を越えてやってきた青」という意味で，当初産地がアフガニスタンに限られ（現在は南米産が多く出ている），そこから地中海を越えてヨーロッパに運ばれてきた特別の青という意味がこめられている．14 世紀頃の絵画の技法書には，「オルトレマリーノ（ウルトラマリン・ブルーのイタリア語）は，すべての顔料を凌駕して，高貴で，美しく完璧な顔料」と解説されている．青系統の顔料としてはほかに，藍銅鉱（azulite）を砕いた青い顔料（日本画の群青）もあったが，ヨーロッパではウルトラマリン・ブルーは，これとはっきりわけて使われていた．中世イタリアでは，金箔を貼った黄金背景のテンペラ画が多く描かれるが，ウルトラマリン・ブルーは聖母マリアの衣，マントの青にだけ特別に使われることが多かった．聖母マリアのための特別な青ということで，後にマドンナブルー（madonna blue）という名前がついたようだ．　　（降旗千賀子）
◆Gettens, R.J.・Stout, G.L. (1966) [森田訳, 1973], Cennini, C. (1400頃) [辻ら訳, 1991]

ウレタン塗料 [urethane paint]（着）

　ウレタン結合（-O-CO-NH-）を塗膜中に形成する合成樹脂塗料である．耐摩耗性，耐候性，耐薬品性，耐屈曲性に富む．一液型には湿気硬化型，油変性型，ブロック型が，二液型には触媒硬化型，ポリオール硬化型がある．また溶剤型のほかにエマルジョン型があり，粉体塗料，電子線硬化型塗料，紫外線硬化型塗料などにも使われている．ウレタンラッカーはポリオールとジイソシアネート，ジアミンを反応させた熱可塑性ウレタンをエステル，ケトンなどの溶媒に溶解したもの．プラスチックへの付着性がよく塗膜が柔軟なので，プラスチック用のプライマー・上塗りなどに用いられる．従来は黄変するのが短所であったが，無黄変タイプのポリイソシアネートが使われるようになり，この点は改良されてきた．　　　　　（吉田豊太郎）

暈繝（造）

　暈繝（または繧繝）とは有彩色による段暈しの彩色法で，元来は染織の手法を淵源とする語とされる．暈繝彩色は，同系色の顔料で淡色から濃色へと順序に重ねて施色し，立体感と装飾性を表す．建築物，調度品，仏画など，主に仏教的な装飾文様に多用され，暈繝錦，暈繝染めなど暈繝彩色風の染織物の配色にも応用される．暈繝彩色の源流は西域のモザイクや綴織（つづれおり）などにあるといわれている．ヘレニズムの東漸により，陰影法表現のひとつとして中国に伝わった原形が，唐の時代に菩薩像を織り成す繡帳（しゅうちょう）制作で法則化された．この彩色法は日本へは飛鳥時代に寺院建築とともに中国・朝鮮半島からもたらされた．奈良時代から平安時代にかけて絵画や染織にさかんに用いられ，法則的な特徴を強めながら複雑に発展してきた．2 色暈繝は

薬師寺東塔天井の宝相
華文の暈繝彩色（模写）

ごく初期のもので，盛行した奈良時代の遺品には4色暈繝が多い．寒暖の対照的な補色対によ

る配色律を基本とし「紺丹緑紫（こんたんりょくし）」といいならわされている．

　段暈しの数は2段に始まり技巧の発展とともに5段，6段も出現するが，技術的・経済的にも効率よく，補色対比をやわらげながら律動感と緊張感のある装飾的効果が得られる3段暈繝，4段暈繝が最も多い．濃淡の方向にも法則性がある．基本は，淡色の上に濃色を重ね，さらに中心部に濃色，外縁部に淡色を配して立体感と求心性を表現するもので，これを正暈繝という．江戸時代に出現したいわゆる逆暈繝は濃淡の法則性を逆に配したもので，もはや立体表現としての意味は失われている．なお，正暈繝では，外縁部の淡色により輪郭線が不明確となるのを避けるため界線を施す．奈良時代には朱，平安時代には白（胡粉）を多く用いた．また，中心の濃色部には金色，黄色，胡粉などの明るい色をさして暗さを減じ，彩色効果をより多彩で華麗なものとする場合もあった．　　　（松田陽子）
→ぼかし（暈し）
◆野間 (1968)，長崎 (1996)，中村・中村 (2000)，国立歴史民族博物館編 (1990)

[え]

エア霧化静電塗装機（REA塗装機）
[air atomizing electrostatic coating machine]（着）

　圧縮空気を用いて霧化（微粒化）された塗料に静電気（電荷）を与えて，被塗物に塗着させる塗装機．自動車のボディー塗装，樹脂部品などの塗装に用いられる．手吹き用と自動塗装用がある．塗着効率（霧化された塗料のうち被塗物に付着する塗料の百分比）は40〜60％である．
（吉田豊太郎）

エア霧化塗装 [air atomizing spraying]（着）

　圧縮空気の力を利用して塗料を霧化（微粒化）する塗装方式．この代表例がエアスプレーガンである．エア霧化静電塗装やベル塗装に比べ，設備が簡単でコストが安く，取り扱いも容易で，技術に習熟すれば塗面の外観品質もよいという利点をもっている．とくに光輝材の配向がよく，フリップフロップ効果が出やすいのはメリットである．その反面，塗着効率が悪く，VOCの排出が多いのは欠点である．したがって，量の少ない商品や補修などに用いられることが多い．現在，最も広く普及している塗装方式である．
（吉田豊太郎）
→エア霧化静電塗装，揮発性有機化合物

エイジング [ageing; aging]（着）

　① 加齢，老化現象．② 経年変化．年月が経って色が変褪色すること．長期間にわたって使用するもののカラーコーディネーションを行う場合は，エイジングを考慮した材料選択を行うことが望ましい．たとえば天然の木材と，同色の木目柄PVCシートを併用すると，エイジングによる変色が異なるので，数年経つと色が合わなくなる．③ 古く見えるような処理を施すこと．たとえば新品の家具に色褪せたような塗料を塗装するとか，わざと汚れたようにステインを塗るなどの方法がある．④ 自然の状態では長期間かかる変化を，人工的に短期間で目標とする状態になるようにすること．そのほかに，「アイディアなどを熟成させる」という意味で使うこともあるが，一般的ではない．（吉田豊太郎）
→変色と退色

エイゼンシュタイン，セルゲイ
[Sergei Eisenstein]（造）

　セルゲイ・エイゼンシュタインは，今世紀初頭のロシアの映画監督．最初に映画モンタージュ理論を確立した巨匠である．1898年にラトヴィアに生れ，美術学校に学んだ後，映画界に入り，トーキー初期に数々の不朽の名作「戦艦ポチョムキン」「イワン雷帝」などを発表し，映画の歴史上に金字塔を打ちたてた．とくに彼は，最初のカラー映画「イワン雷帝」を制作するにあたって，独自な色彩モンタージュ理論を構築して，映画における色彩の重要性を十分に表現した．彼はこの映画制作を始める前に次のように述べている．「映画における一要素としての色彩の論理にかなった協力の第一条件は，この色彩が何よりもまず，劇的，作画的要素として，映画の中に挿入されていることである」（1948年「ある映画人の考察」）という「色彩モンタージュ理論」を提唱した．エイゼンシュタインは，単に色つきやカラーの絵葉書的な色を嫌い，あくまでも「色彩で」と主張し，それを映画で表現した．彼は白黒映画の「戦艦ポチョムキン」（1925年）において，船員たちが反乱を起こす場面で，そこだけに赤色の旗を掲揚し，また「アレキサンドル・ネフスキー」（1938年）では善玉のロシア軍には黒い軍服，悪玉のチュートン軍には白い軍服を着用させ，そして遺作「イワン雷帝」（1941-46年）では，イワン雷帝謀殺の場面では，赤，青，黄，オレンジの色彩を用い，その殺戮の場面の暗殺者の心の葛藤を色彩で巧みに表現したのである．　　　　（城　一夫）
→色彩モンタージュ

HIDランプ [high intensity discharge lamp]（照）

　HIDランプは，金属蒸気中のアーク放電によって発生するスペクトル発光を主に利用した

熱陰極放電ランプで，高圧水銀ランプ（高圧蛍光水銀ランプを含む），メタルハライドランプ，高圧ナトリウムランプなどの総称である．一般に，High intensity discharge lamp の頭文字をとって，HID ランプとよばれる．研究は，1906 年まで遡るが，最初に実用化されたのは水銀ランプであり，1930 年代から照明用光源として使用され始めた．これらは，発光管内に封入される

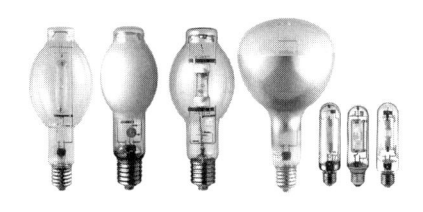

HID ランプ

金属によって光色や演色性が異なり，とくにメタルハライドランプでは，相関色温度で 3000～7000K の広範囲の光源色を有するものが，また平均演色評価数（R_a）で 95 を超えるものが開発されている．なお，CIE や JIS 用語では，光を発するアークが管壁温度によって安定化され，その管壁負荷が $3W/cm^2$ を超える放電ランプと定義している．共通する特徴は，高輝度，高光出力（単位面積当たりの光出力が大），高効率，長寿命，小型で，点灯・放電を維持させるために安定器を必要とする． 　　　（川上幸二）
→高圧水銀ランプ，メタルハライドランプ，ナトリウムランプ，◎高輝度放電ランプ

HDTV [high definition television]（入出）

高精細テレビジョン放送のこと．通常のテレビよりも高い解像度のテレビジョン放送を指す．日本放送協会（NHK）のハイビジョンが原型となった．走査線数は 1125 本（有効 1080 本）で，画面のアスペクト比は，16：9 のワイドとなっている．ディジタル信号の場合，水平方向の画素数は 1920 である．HDTV の基本的なパラメータは，ITU-R BT.709 に規格化されている．カラー放送の色の規格は，以下のようである．

三原色の色度 (x, y)：R：(0.640, 0.330)，G：(0.300, 0.600)，B：(0.150, 0.060)．

基準白色の色度 (x, y)：(0.3127, 0.3290) CIE D65 に準拠，各成分の輝度を $0 \leq L \leq 1$ とすると，

$$E' = 1.099L0.45 - 0.099 \text{ for } 1 \geq L \geq 0.018,$$
$$E' = 4.500L \text{ for } 0.018 > L \geq 0$$

のように γ（ガンマ）変換されたのち，

$$E'_Y = 0.02125E'_R + 0.7154E'_G + 0.0721E'_B,$$
$$E'_{PB} = 0.5389(E'_B - E'_Y),$$
$$E'_{PR} = 0.6349(E'_R - E'_Y)$$

のようにルミナンス信号（輝度信号）とクロミナンス信号（色差信号）に変換され，ルミナンス信号に比較しクロミナンス信号にはせまい帯域が割りあてられて放送される． （田島譲二）
◆ITU-R BT.709 (1993)

液晶ディスプレイ [liquid crystal display]
（入出）

カラー画像のモニタとしては，CRT（cathod ray tube）が代表的なものであるが，近年，とくにノート型や省スペース型パソコンのモニタとして，液晶ディスプレイの利用が普及している．TFT（thin film transistor）方式のものが主流である．液晶ディスプレイは，液晶の配向を各画素ごとに電場により制御し，基板に垂直な方向への光の透過率を変化させることにより表示を行う．各画素に三原色の色フィルタをマトリクス状に装着することにより，カラー画像が加法混色により表示される．バックライトの透過する光により表示する透過型が主体であるが，周囲光を色フィルタを介して反射させて表示する反射型が省電力を要する携帯型のパソコンに利用されるようになってきた．

カラー画像の表示には，輝度を上げられる透過型が適している．従来，垂直方向から離れた角度から見ると異なった色に見える観視角度や，完全に透過を遮蔽できないことによるコントラスト，十分な階調性がとれないなどの問題で，表示品質は CRT に劣るとされていたが，近年，改善が急である． （田島譲二）
◆内田・内池監 (2001)

エキスポフィル [expofil]（商）

フランスで開催される服飾およびインテリア製品のヤーン（糸），ニット，テキスタイルの展示会の名称．エキスポフィルは，この種の展示会としては，最も早いタイミングで開催されるものの1つで，実市場の1年半前の段階で，毎年6月に翌年秋冬季節の対象製品を，12月に翌々年の春夏対象製品の展示を行っている．エキスポフィルは，1979年にフランス・テキスタイル・ヤーン振興協会（French Association for the Promotion of Textile Yarns）が開始した展示会で，欧州を中心とした原糸，ニット，テキスタイルのメーカを中心に組織された．2000年までは，出展企業は欧州内企業に限定し，展示製品分野を服飾に限定していたが，2001年からはこの制限を取り払い，世界規模の展示会をめざしている．また，2001年6月の展示会から，インテリア製品にまで対象分野を拡大した．2001年6月以前は，パリ市内での開催であったが，2001年12月からパリ郊外の展示会場（Parc de Exposition）での開催となっている．

（大関　徹）

エクステリアカラー [exterior color]（デ）

外観の色．建築，航空機，電車，自動車など，外側と内側の両方がカラーデザインの対象になっているものに用いる言葉である．建築では外壁，窓枠，窓，塀，門扉，屋根などの色がその対象となる．また，広い意味では庭，池，樹木，オブジェなどもエクステリアに含まれる．自動車では「ボディーカラー」，「外板色」と同義語として使われる場合もあるが，厳密にいうとボディーカラーと外装部品色（バンパー，クラッディングパネル，ラジエーターグリル，ドアミラーハウジング，アウトサイドドアハンドルなどの色）を総合したものである．　　　（吉田豊太郎）
→外装色，ボディーカラー

エコロジーカラー [ecological colors]（商）

エコロジーは英語で生態学とか生態系，生態環境の意味であり，エコロジーカラーは生態系や生態環境に見られる色という意味になる．英語では環境色という意味のエンヴァイロンメンタルカラー（environmental color）も，ほぼ同じ意味に使われる．生態系に見られる色という意味では，自然に見られるすべての色はエコロジーカラーとよべるわけだが，通常はナチュラルカラーやアースカラーと同じように，自然に見られる色の中でも低彩度の色を指して用いられることが多い．ただし，ナチュラルカラーやアースカラーがブラウン系の色を中心に用いられているのに対して，エコロジーカラーの語はもう少し幅広く用いられ，自然の生態系の色としての森林に見られるグリーン系や，自然界の空や海に見られるブルー系の色相の色を指して使われる場合もある．

日本では，公害問題が深刻化した1960年代末から70年代はじめにかけて，反公害からの自然志向や環境保全意識が高まりを見せるようになってきた．この機運に拍車をかけたのは，1973年の第1次石油ショックであり，以後，生活者間に自然志向が定着するようになり，当時，低彩度色の一群がナチュラルカラーやアースカラーとよばれ，流行色となった．1980年代以降には環境問題は，局地的な公害問題から地球規模の環境問題へと拡大され，1992年には地球環境サミットが開催されている．こうした国際的なエコロジーの関心への機運の高まりを背景に，インターカラー（国際流行色委員会）では，1988年の2月に開催された1989年の秋冬シーズンに向けてのカラー選定会議の折に，エコロジカルな色という意味で，エコロジーカラーというコンセプトが初めて登場している．日本では，1989年の秋冬シーズンにブラウン系の色が人気をよび，以後ブラウン系の色は90年代初頭にかけて流行しているが，それまでナチュラルカラーやアースカラーとよばれていたブラウン系の色を，90年代に入ってからは，新たにエコロジーカラーともよぶようになった．　（出井文太）
→アースカラー，ナチュラルカラー，◇エンヴァイロンメンタルカラー

◆日本流行色協会編（1993, 98）：「流行色, No.436, 497」

sRGB色空間 [sRGB color space]（入出）

パーソナルコンピュータの普及に伴い画像を画像記録メディアやインターネットを経由してビデオモニタで観察する機会が増している．これに伴い市中にあるビデオモニタで再現される画像の色管理の重要性が認識され，IEC（国際

ディスプレイの白色輝度		$80cd/m^2$
ディスプレイの周囲の輝度率		20%
観察時のフレア		1%
ディスプレイを囲む周囲の照明		D50
ディスプレイを囲む周囲の照明レベル		64lx
ディスプレイを囲む周囲の輝度率		20%

原色	x	y
白	0.3127	0.3291
赤	0.6400	0.3300
緑	0.3000	0.6000
青	0.1500	0.0600

電気標準会議）では，画像をビデオモニタで観察するときの標準モニタを検討，標準モニタのRGB色空間とさらにモニタを観察する場合の観察条件とをsRGB規格として規定した．sRGBに定められているRGB原色と白色の色度値，観察環境は上表のとおりである．sRGBはもともとはモニタ用の色空間として定められたが現在ではスキャナやディジタルカメラ用の色空間としても広く業界で採用されつつある．

（竹村和彦）

◆IEC 62966-2-1

S錐体分布 [S-cone distribution]（生）

網膜の錐体細胞のうち短波長に感度ピークを有する錐体（S錐体）は，他の錐体（L錐体もしくはM錐体）と比べて網膜の密度分布が異なる．中心窩の最も中央部（視角寸法 20′ くらい）ではS錐体は存在しない（密度は0）．偏心度が約1°付近で密度が最大（$1mm^2$ 当たり約2000個）となり，偏心度がさらに増すにつれ密度は減少する．一方，S錐体だけでなく，L錐体およびM錐体を加えた錐体全体の密度は偏心度とともに単調減少する．この錐体全体の密度に対するS錐体の密度の比率は，偏心度とともに単調増加する．偏心度0近傍では，L錐体もしくはM錐体しか存在しないことから，S錐体の密度の比率は0である．S錐体の密度の比率は，偏心度3°くらいまで単調増加し，それ以上の偏心度ではほぼ一定の値（約7%）である．S錐体分布は，他の錐体（L錐体およびM錐体）と形状が異なること，選択的に染色が可能なことから，網膜サンプルの顕微鏡像に画像解析技術を適用して計測できる．また小スポット刺激の検知という心理物理学的手法によって計測した報告もある．S錐体分布は，小視野トリタノピア（視角寸法が十分小さい刺激を注視した場合に第3色覚異常のような視覚特性になる現象）や周辺視での色の見えを説明する基本情報の1つである．

（大竹史郎）

→視細胞，錐体，小視野トリタノピア，視角

◆Curcio, C.A. ら (1991)

SD法 [semantic differential technique]（心測）

セマンティック・ディファレンシャル（semantic differential）のわが国における略称．この方法はアメリカの心理学者オズグッド（Osgood, C.E.）が言葉などの意味の測定のために1952年に開発した方法である．ここでいう意味とは，辞書に記されたような言葉の定義ではなく，個人がそれぞれの好みや経験に応じて感じる情緒的意味である．同じ言葉に対して個人によって違った印象が生れれば，その印象こそ，このSD法の測定の対象となる情緒的意味である．当初，SD法は抽象的な言葉や社会的事物（人物，国，団体）などの印象やイメージの測定に主として用いられていたが，とくにわが国において，色彩，配色，形，デザイン，映像，映画，建築，音楽，音色，香り，味，触感などの感覚的刺激が与える印象の測定に広く使われるようになった．

この方法の基本は図に示すような，両側に反対語をなす形容詞対を伴った多くの評定尺度の集まりであり，各尺度は5～7段階尺度を構成している．評定者はある対象（刺激）に対して感じる印象をこのいずれかの段階に印をつけて

刺激番号							氏名			
	非常に	かなり	やや	▽	やや	かなり	非常に			
動的な								静的な		
かたい								やわらかい		
みにくい								美しい		
強い								弱い		
自然な								不自然な		
冷たい								熱い		
重い								軽い		
不安定な								安定した		
派手な								地味な		
好きな								きらいな		

評定する．どこに印をつけるかはまったく個人の自由であって，正答というものはない．刺激対象が，たとえば青色と静かな音楽と「平和」という言葉のように，異質なものであっても同じような評定結果が得られることがある．それらが共通した印象（オズグッドのいう媒介過程）を人びとに与えているからである．この点から色などのイメージの調査研究に好適で，多くの研究成果が得られている．一般に価値に関する尺度の結果では個人差，文化差が比較的大きいが，活動性に関する尺度に対しては色の色相（暖色－寒色）が影響し，力量性（強い－弱い，重い－軽いなど）に関する尺度には色の明度が影響する（大山，1994）． （大山 正）
→SD法の形容詞の選択, SD法の実施, SD法のデータ処理
◆大山（1994）

SD法の形容詞の選択（心測）

SD法に用いられる形容詞対は多様であることが特色である．どのような形容詞対を用いるかは研究対象，評定者（被験者）群，研究目的などによって異なるが，研究ごとに形容詞対を変えたのでは結果の比較ができない．そこで基本的な形容詞対は共通にして，研究目的などに応じてさらに追加するのが実際的である．従来の多くの研究結果の因子分析から，評価因子（evaluation）（良い－悪いなど），活動性因子（activity）（動的－静的など），力量性因子（potency）（強い－弱いなど）の3因子が共通に見出されている．大山ら（1993）は視覚的・聴覚的刺激を用いた多くの研究結果を総合して，力量性因子がさらに軽明性（明るい－暗いなど）と鋭さ因子（鋭い－鈍いなど）に分化することを見出した．新たに形容詞対を加える際には，使用予定の刺激対象を用いて予備実験を行い，自由に形容詞を連想させて参考にするとよい．多義的な形容詞，適切な反対語のないもの，専門家の用語，抽象的理論的なもの，研究目的が推定されるもの，同義語・類似語などは避けて，誰にでも共通して理解できる感覚的，直感的なものが好ましい．想定される各因子にわたった計10～20の形容詞対を選択するのが実際的である． （大山 正）
→SD法, SD法の実施, SD法のデータ処理, 因子分析
◆大山ら（1993）

SD法の実施（心測）

まずSD尺度を並べて印刷したSD用紙（「SD法」の図参照）を所要枚数用意する．各用紙には刺激番号を書く欄を設ける．同じ種類の形容詞尺度が並ばないよう，また積極的な形容詞が左右いずれかに偏らないようにランダム化しておく．使用刺激数に練習用と予備の用紙を加えた枚数をとじ，第1ページに評定者（被験者）名，性別，年齢などを記入する欄を設ける．評定者数は少なくとも20名が必要である．通常，教室などを利用して集団的に行われる．評定者の疲労，飽きなどを考慮して，30分～1時間程度で終了することが好ましい．研究目的や，方法の原理などは告げず，最初に個人検査でないこと，正答はないこと，感じたままに答えることを教示する．第1ページではその際の研究と関係ない刺激を用いて練習をする．そのあとは，調査対象となる刺激（色紙，配色カード）などをランダム順に呈示する．集団実験の場合は，刺激ごとに全員が記入し終わったことを確認してから，次の刺激を呈示する．その際，呈示した刺激番号を確認するとともに，全尺度について記入したかを確認する．刺激の呈示順の影響がないか調べるためには，評定者を2群に分けて，別の順で呈示した結果を比較する．評定用紙の代わりにコンピュータ画面を利用して，評定者に判断を入力させることも可能である．
 （大山 正）
→SD法, SD法の形容詞の選択, SD法のデータ処理

SD法のデータ処理（心測）

m個の評定尺度からなるSD用紙を用い，n個の刺激（色彩など）に対して，k人の評定者（被験者）に評定してもらうと，$m \times n \times k$個のデータが得られる（1ヵ所でも未記入部分がある被験者のデータは全部除いた方がよい）．データ処理にあたっては，まず各評定尺度に対する評定結果を，たとえば7段階尺度であれば1～7の得点として入力する．その際，より積極的な方を高点とした方が後のデータの解釈がわかりよい．次に各刺激，各尺度について，平均値と標準偏差を算出する．この平均値を用いて，SD用紙上に平均的反応をプロットして折れ線グラフとすれば，各刺激のセマンティック・プロフィー

ルを描くことができる．その際，SD 尺度の順を因子ごとにまとめ，形容詞の左右位置を統一した用紙を用いれば，わかりよい．このようなプロフィールを刺激間や個人間，集団間で比較することができる．

通常 SD 法の結果は因子分析法によって分析される．刺激数が尺度数より十分多ければ，各刺激×各尺度ごとの平均値のデータから因子分析が行える．因子分析の結果に基づいて，各刺激に対する因子得点を算出するか，各因子に因子負荷量の多い尺度の値（標準化したものが好ましい）の平均値を求める．この方法によって，尺度数より少ない（因子数に相当）測定値を用いて刺激間の比較ができる．異なった色の間だけでなく，色と言葉や音などの比較をすることによって，色の象徴性や通様相性（inter-modality）が調べられる．またたとえば，種々の色と形の組合わせによってできた合成刺激に対する結果は，多重回帰法によって，色の影響と形の影響と色・形間の相互作用に分解することができる．因子によって色の影響と形の影響の重みが異なることが知られている（Oyama, T. ら，1999；大山，2000）．同様の分析法は色と色の組合わせである配色の効果にも適用できる（大山，2001）．

〔大山　正〕

→SD 法，SD 法の形容詞の選択，SD 法の実施，因子分析，因子得点，因子負荷量，評定尺度法，色の象徴性
◆Oyama, T. ら（1999），大山（2000, 2001）

エスニックカラー [ethnic colors]（商）

エスニックカラーのエスニックは，「異教徒民族的な」という意味であり，エスニックカラーは，「異教徒民族的な表現を感じさせる色」という意味である．民族的という意味では，エスニックと同じようにフォークロア（folklore）という語も用いられ，民族的なファッションは，エスニックルックとかフォークロアルックとよばれる．エスニックとよばれる民族的表現は，一般的にはヨーロッパのキリスト教徒から見た異教徒民族に使われることが多い．なかでもアジアやアフリカ，南米，オーストラリア，赤道地帯の島々などの民族を指す場合が多いが，北米のインディアンや北方のエスキモーなどの民族にも使われる．フォークロアの方は，もう少し幅広く，ヨーロッパの中の一民族や種族，北欧民族などにも用いられるようだ．

エスニックカラーの場合も，ヨーロッパ民族から見た，上記のような異教徒民族の民族的な背景をイメージさせる色に用いられることが多い．それらの色としては，トーンでいうと，ディープトーンやダークトーンなどの深く，濃いトーンの色が中心になり，それらより明るいダル（モデレート）トーンやストロングトーンなども含まれる．また，よりあざやかなビビッドや，ブライトトーンの色の場合も，それらの色に民族的なカラーイメージが抱かれる場合には，エスニックカラーとよばれることがある．

〔出井文太〕

◎フォークロア
◆東商編（1998c）：「ファッション色彩」

S ポテンシャル [S potential]（生）

論争の真っ只中であった三色説と反対色説に解決を得るべく，網膜細胞の光に対する電気生理的な特性が記録された．そこで得られた電位変化のこと．スヴェティチンは微小電極を魚の網膜に挿入し，波長の異なる光を網膜に順々に照射していくことで光受容器がどのように電位変化するかを調べた（Svaetichin, 1953, 56）．ここで得られた電位変化はスヴェティチンの S をとって S ポテンシャルとよばれ，その特性や起源についてしばらく論争が続いた．測定された S ポテンシャルには，輝度型の応答をするものや，赤色光と緑色光に正と負の反対色応答するもの，黄色光と青色光に正と負の反対色応答するものがあった．スヴェティチンは当初この S ポテンシャルは錐体の応答であるとし，ヘーリングの反対色説に言及した．しかし後に，細胞染色による観測などによって S ポテンシャルは錐体の応答ではないことがわかった．S ポテンシャルの応答はニューロンの発火とは電気的に反転していることから，その起源はニューロンではなくグリアであるとみられ，輝度型の S ポテンシャルは水平細胞を起源とし，反対色型の S ポテンシャルはミュラー細胞を起源としているとされている（Tomita, 1986）．

〔鯉田孝和〕

→三色説，反対色，網膜

◆Svaetichin, G. (1953, 56), Tomita, T. (1986)

*XYZ*表色系 [*XYZ* colorimetric system]（表）

　RGB 表色系は実在する 3 つの単色光を原刺激とする表色系であるが，単色光のような純度の高い色に対しては三刺激値が負となり，扱いにくい．そこで CIE は RGB 表色系と同時にこれに線形変換を施した XYZ 表色系を 1931 年に制定した．変換式を決めるうえでの方針は，あらゆる実在色に対して三刺激値が正になること，刺激値 Y が輝度と一致するようにすること，実在しない色（虚色）の領域ができるだけ狭くなるようにすることである．結果として RGB 表色系の三刺激値から XYZ 表色系の三刺激値への変換は次式で与えられる．

$$\left.\begin{aligned}X &= 2.768892R + 1.751748G \\ &\quad + 1.130160B \\ Y &= 1.000000R + 4.590700G \\ &\quad + 0.060100B \\ Z &= 0.000000R + 0.056508G \\ &\quad + 5.594292B\end{aligned}\right\} \quad (1)$$

しかし，XYZ 三刺激値の計算は上式を用いるのではなく一般に次式（2）が用いられる．

$$\left.\begin{aligned}X &= k\int_{\mathrm{vis}} L_{e,\lambda}\bar{x}(\lambda)d\lambda \\ Y &= k\int_{\mathrm{vis}} L_{e,\lambda}\bar{y}(\lambda)d\lambda \\ Z &= k\int_{\mathrm{vis}} L_{e,\lambda}\bar{z}(\lambda)d\lambda\end{aligned}\right\} \quad (2)$$

ここで $L_{e,\lambda}$ [W/sr/m^2/nm] は色光の分光放射輝度であり，等色関数 $\bar{x}(\lambda)$, $\bar{y}(\lambda)$, $\bar{z}(\lambda)$ は CIE が制定した 2° 視野標準観測者で，RGB 表色系の等色関数から式（1）と同じ変換式で導かれる．10° 視野標準観測者の等色関数も RGB 表色系同様 1964 年に制定されている．式（2）の k の値は自ら光を発する光源色の場合は Y が輝度を表すように $k = 683$(lm/W)（ルーメン／ワット）を用い，照明光の光を反射する物体色の場合は分光放射輝度の代わりに分光反射率を用い，Y がルミナンスファクターを表すように完全拡散反射面（すべての可視光域で反射率が 1 に近く，表面の輝度がどの方向から見ても均一の面）に対して $Y = 100$ となるような k を照明光に応じて決める．積分は可視光領域（380〜780nm）全体にわたって行う．実際に色を表示する場合は，色光の強度に依存しない色度座標 (x, y) と，視覚系に対する光の強さを表す測光量である輝度 L(cd/m^2)（光源色の場合）またはルミナンスファクター Y（物体色の場合）を用いることが多い．これらはそれぞれ三刺激値 X, Y, Z を用いて，

$$x = X/(X+Y+Z), \quad y = Y/(X+Y+Z),$$
$$L = Y$$

で与えられる． （中野靖久）

→負の混色，RGB 表色系，ルミナンスファクター
◆日本照明委員会訳 (1989)：「測色」

エッジ検出 [edge detection]（画処）

　画像の中で明るさや色が変化している部分をエッジとよぶ．エッジは，画像に撮影されている対象物体の輪郭や模様の境目に対応することが多い．そのため，画像からエッジを検出することによって，対象物体を背景から分離したり，模様と模様を分割したりすることができる．このような処理をセグメンテーションとよぶが，エッジ検出は領域分割とともに，セグメンテーションを行うための最も重要な画像処理技術である．エッジ検出の手法は，(1) 局所的な微分演算子によって明るさや色が変化している場所の画素を検出し，得られた画素を連結してまとまったエッジに構成する手法，(2) 線分や円弧などエッジの形状を事前に仮定しておき，パターンマッチングによって画像中で該当する部分を探す手法，の 2 つに大別される．(2) の方式では，テンプレートマッチングを行う方法のほかに，ハフ変換とよばれる方式を用いて投票でエッジの位置を特定する方法もある．また，特定の形状を仮定するのではなく，閉じた滑らかな曲線といった仮定で，エネルギー最小化の方式によって物体輪郭に対応するエッジを求めるスネークとよばれる方法も研究されている．

（大田友一）

→領域分割，画素と画素値
◆田村 (1985)，末松・山田 (2000)

江戸時代の色彩 [color in the Edo Period]（社）

　江戸時代は 1603 年の徳川家康による江戸幕府

が誕生し，徳川慶喜による1867年の大政奉還に至るまでの約260年間を指す．この時代は，徳川幕府による幕藩体制が確立し，鎖国政策などによる独自の文化が花ひらいたときである．この時代の文化は，初期の寛永期と元禄期の文化の爛熟期，改革の享保時代を中期として，後期の文化・文政と幕末期などの3期に分かれる．

初期には多彩豪奢な日光東照宮が建立され，宮崎友禅斎による友禅染，本阿弥光悦，尾形光琳らによる琳派の確立など，また九州・伊万里で酒井田柿右衛門の色絵磁器の赤絵，金襴手，また古九谷焼による華麗な色彩文化を誇った．宮崎友禅斎による，いわゆる友禅染めは，布地の上に糊を用いて模様の輪郭を描く染技法である．初期の頃は黒字に紅調子のものが多かったが，紅を主色として，それに多彩な彩色を施す華麗なものに発展していく．

中期以降，町人の経済的台頭を背景にした華やかな工芸美の展開に対して，幕府は奢侈禁止令を発したため，町人たちは独自の色彩文化を工夫することになった．奢侈禁止令により衣服において赤や紫など高価な染色が禁じられたため，それに対して町人は「四十八茶，百鼠」といわれるような色や藍色の縞柄，格子柄の衣裳を開発し，江戸町人の「粋」として愛でた．また民衆芸能として歌舞伎役者が着用する衣裳の色が人気の的となり，団十郎茶，芝翫茶，路考茶，梅幸茶など人気をよんだ．また初期に誕生した浮世絵は，墨一色刷，丹絵，紅摺絵などの技法で発展するが，中期には鈴木春信らによって開発された紅摺絵の木版多色刷の「吾妻錦絵」が誕生し，全盛をきわめた．一方，倹約令を背景にして，紫，緑，薄墨などを主張とする「紅嫌い」の浮世絵も登場した．末期に生れた風景版画が新しい発展をとげるが，輸入顔料である「ベロ藍」による色が巧みに使用され，かえってヨーロッパにジャパンブルーの呼称を残した．

(城　一夫)

→友禅染, 琳派, 歌舞伎役者に由来する色

NCS [Natural Color System] (表)

ヘーリングはすべての色知覚が黄，青，赤，緑，白，黒の6つの色感覚の合成によって成立していることを指摘したが，これらの構成比率によって色を表そうとするのがスウェーデンで開発されたNCSである．これは分離推定法により6つの心理原色に対する類似度を心理測定したデータに基づくもので，色知覚全体を100として黒み量，色み量，および色み量における3つの有彩心理原色の比率を表すものである．このシステムの特徴は，色知覚という心理現象を心理原色という心理現象によって表すという点で，このため物体基準や測光値からの変換関数は理論上存在しない．しかし既定の知覚を保証するサンプルの測光値は存在し，このため実用上は差し支えない．尺度構成自体は等間隔性，絶対原点の存在など，比率尺度とみなせる．このためデータとしての扱いが容易で，知覚量以外にも記憶，視認性，色彩感情など各種実験の指標などに用いることができる．測光・測色という物理現象を介在せず，色彩を純粋な心理現象として尺度構成を行っており，現存する唯一のゲーテ系，非ニュートン系の表色系と考えることができる(口絵参照)．　　　　(坂田勝亮)

→反対色, ベツォルト-ブリュッケ・ヒューシフト, アブニー効果, ヘルムホルツ-コールラウシュ効果, 色の三属性

NTSC [National Television Systems Committee] (入出)

米国のNTSCが1953年に制定したカラーテレビジョンの放送方式であり，北米，南米，日本，韓国などで標準方式として採用されている．走査線数は525本(有効483本)であり，画面のアスペクト比は4:3である．NTSCにおける色の規格は，以下のようである．

三原色の色度 (x, y)：R：(0.67, 0.33), G：(0.21, 0.71), B：(0.14, 0.08)

基準白色の色度 (x, y)：(0.310, 0.316) CIE標準C光源に準拠，各成分の輝度を $0 \leq L \leq 1$ とすると，

$$E' = L/2.2$$

のように γ (ガンマ) 変換されたのち，

$$E'_Y = 0.0299E'_R + 0.587E'_G + 0.114E'_B,$$
$$E'_U = (E'_B - E'_Y)/2.03,$$
$$E'_V = (E'_R - E'_Y)/1.14$$

のようにルミナンス信号（輝度信号）とクロミナンス信号（色差信号）に変換され，クロミナンス信号はさらにI, Q信号に変換され，ルミナンス（Y）信号，I信号，Q信号の順に広い帯域幅が割り当てられて放送される（口絵参照）．

（田島譲二）

→YIQ信号
◆Hunt, R.W.G. (1975)

fMRI [functional MRI]（生）

MRI（magnetic resonance imaging：核磁気共鳴撮像）装置を用い，脳活動を計測する方法．fMRIでは神経活動に伴う血液による酸素の需給を間接計測し，被験者への課題間で画像を統計的に比較することで脳活動を推定する．PETのような放射性同位体による被爆やその半減期に伴う制約がないことから，1人の被験者で多数回の繰り返し試行ができ，単独の被験者で統計的解析が可能である．しかし，fMRI，PETともに神経活動に伴う血流変化の時間特性（hemodynamic response）が，計測の最小時間単位の制約となる．初期には磁化率の高い造影剤（ガドリニウムなど）を血管に注入する方法をとったが（Belliveauら, 1991），後に血液中における酸化/還元ヘモグロビンの比率を強調した撮像法であるBOLD（blood oxygenation level-dependent）法が発明され（Ogawaら, 1992；Kwongら, 1992），現在のfMRI研究ではほとんどがこの方法を用いている．脳内での血液の移動もBOLD信号の変化として計測されるため，脳内に向かう血液に一定のスピンをかけて血液を標識する撮像方法も存在する．

（栗木一郎）

◎機能的MRI
◆Belliveau, J.W. ら (1991), Ogawa, S. ら (1992), Kwong, K.K. ら (1992)

MTF [Modulation Transfer Function]（入出）

MTFは画像システムの空間周波数特性を表す評価値の1つである．正弦波的に変化する画像信号に対して，システムの出力と入力の振幅比をレスポンスとして表したものであり，横軸に空間周波数，縦軸にレスポンスをとったグラフで表される．レンズなどの光学系の場合，点光源の広がりを表す関数（point spread function）をフーリエ変換したものがOTF（optical transfer function）とよぶ．OTFは複素数であり，この絶対値をとって振幅特性のみを表したものがMTFに相当する．なお位相特性を表したものはPTF（phase transfer function）とよばれる．一般にはレンズの収差や回折などの影響を受けて高周波の像に対するMTFは減衰する．

また，電気回路系の場合，インパルス応答をフーリエ変換して絶対値をとったものがMTFに相当し，これも空間周波数に対する振幅特性を表す．ローパスフィルタやハイパスフィルタなどはそれぞれ低周波，高周波のみを通過させるようなMTFをもつ．画像システムの総合的なMTFは，それを構成する個々の要素のMTFの積で表せるという特徴があり，画像システムの空間周波数特性を設計・解析・評価する際にMTFは有効な手段となる．

（田丸雅也）

→解像力，空間周波数特性

MDB法（最小境界識別法）[MDB (minimally distinct border) method]（感知）

光強度調整法の一種．2分視野の左右の領域の境界に注目し，色光の強度を揃える方法．2分視野の境界の顕著（distinct）さが最小になるように光の強度を調整する．加法性が成立し，分光特性は交照法分光感度と同じ結果を示すことが，心理物理学的，電気生理学的に明らかにされている．2分視野による直接比較法と大きく異なるのは，2つの色光の境界に注目し，左右の視野が溶け合うように見えるよう強度調整をする点にある．それぞれの視野全体から受ける光の強度印象を合わせると明るさマッチングになるが，それを避け，境界部分のみに注意を集中する．この方法で測定された強度特性は輝度と同様に加法性が成立する（Boynton・Kaiser, 1968）．電気生理学的には，交照法でサルの網膜神経節細胞の活動が最小化したときの2色光で作成した2分視野の境界に対しても応答が最小化する，という実験的な結果が報告されている（Kaiserら, 1990; Valbergら, 1992）．眼光学系に色収差が存在することから，アクロマタイジングレンズを用い，網膜上で2つの視野が光学的に重なって輝度エッジを形成してしまうことがないように注意をはらって刺激を作成する必要がある．

（栗木一郎）

→交照法, 2分視野, 色収差, アクロマタイジングレンズ, 分光視感効率
◆Boynton, R.M.・Kaiser, P.K. (1968), Kaiser, P.K. ら (1990), Valberg, A. ら (1992)

LED [Light Emitting Diode]（入出）

半導体の pn 接合に順方向電流を流すことで, 電子は n 型領域（自由電子をもつ領域）から p 型領域（自由正孔をもつ領域）へ, 正孔は p 型領域から n 型領域へと注入され, pn 接合領域で伝導帯下端（Ec）近傍の電子と価電子帯上端（Ev）近傍の正孔との発光再結合により, 自然放出光を放出する素子を発光ダイオード（LED）とよび, 発光スペクトル幅は広いが, 小型, 軽量, 長寿命, 低電圧駆動, 低消費電力といった特徴をもつ. LED の発光の概略と構造例を図に示す. 汎用品はホモ接合型であるが, 高輝度化・光応答性向上の要求から電子や正孔を効率的に閉じ込めるために, 電子と正孔が再結合し自然放出光を放出する活性層に隣接して, 伝導帯下端と価電子帯上端とのエネルギー差の大きい半導体で構成するシングルヘテロ接合型やダブルヘテロ接合型の LED が採用されている. シングルヘテロ接合型は, 活性層の片側に異なる物質を接合し, 電子または正孔のオーバーフローを防止する層を設けた構造であり, ダブルヘテロ構造は, 活性層の両側に異なる物質を接合し, 活性層の両側に電子と正孔のオーバーフローを防止する層を設けた構造である.

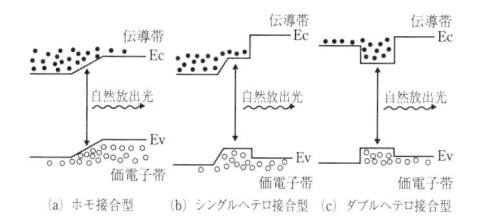

(a) ホモ接合型　(b) シングルヘテロ接合型　(c) ダブルヘテロ接合型

発光効率は, 活性層での再結合の割合を示す内部量子効率の他に, 光取り出し効率があり, この両者の積を外部量子効率とよび, 実用上での発光効率を示す指標となる. 発光効率向上には両者の効率の向上が必要である. 内部量子効率向上には, 半導体結晶の高品質化による非発光再結合の抑制が必要であり, 光取り出し効率向上には, 活性層自身での光吸収低減, 素子の表面や裏面での反射率制御, 素子形状, 電極形状等に工夫が必要である.

発光波長は, 活性層の半導体材料で決まる. 近年, 可視領域での技術進展がみられ, 赤色は AlGaInP および AlGaAs を活性層とし, 青・緑色は InGaN 量子井戸構造を活性層とした LED の高輝度化が進んできた. とくに, InGaN は格子不整合の大きな六方晶系のサファイア（Al_2O_3）基板上に形成され, 結晶欠陥が多いにもかかわらず数万時間以上の信頼性と 10 cd 以上の高輝度化が実現され, 可視 LED の応用範囲もディスプレイ, 交通信号灯や自動車のストップランプ等へ広がってきた. 赤外 LED では AlGaAs, InGaAsP 系の材料が使われており, 光ファイバー用の光通信素子, LED プリンタ, 光リモコン, フォトカップラ, フォトインタラプタ・フォトセンサなどに用いられている. また, 紫外近傍の発光で蛍光体を励起することにより, 白色の発光を得ることができる. 高効率・高輝度な短波長 LED の実現が, 省エネルギーの照明用光源として LED の応用を拡大していくものと期待される.
（福永敏明）

エルメスのオレンジ [Hermes orange]（衣化）

世界有数の高級ブランドであるエルメスは, 1837 年, 初代ティエリ・エルメスによって, パリ・ランバール通りに高級馬具の製造工房を開店したことに始まる. 職人の高い技術を活かした鞍づくりから発展して, 現在ではバッグ類やスカーフをはじめ, 紳士・婦人服, 時計, 貴金属, 食器など, 数々の完成度の高い商品を扱うブランドとして広く知られている. 3代目エミール・モーリスの提案により, 高い技術で素晴らしい発色のスカーフの生産を開始したが, エルメス社の創設時代にナポレオン軍隊の馬具の依頼を受けていたことから, エンパイア様式を取り入れた赤, 白, 青のトリコロール配色をベースにしたものがエルメスのスカーフとして知られていた. ギフトボックスや紙袋に用いられるあざやかなオレンジの色は, 現在ではエルメス・オレンジとして認知されているが, このオレンジ色の由来は, 第二次世界大戦中の物資不足から, これまで用いていた薄いベージュの紙がな

くなり，オレンジの紙しか調達できずに，仕方なく使ったのが始まりという．戦後，紙の色を決めるにあたって，その時の目の覚めるようなオレンジの印象が忘れられず，継続してオレンジのパッケージを用いることが定められた．エルメスの商標である「四輪馬車と従者」も戦後の1945年に登録されたものである．オレンジ色の包装に用いられる濃い茶色のリボンには，毎年の年号と，その年ごとのエルメスのテーマが書き込まれている．　　　　　　（渡辺明日香）
→トリコロール
◆竹宮 (1997)

エレクトロルミネセンス [electroluminescence]（照）

エレクトロルミネセンスは，電界の作用によって生じるルミネセンス（蛍光）で，一般にELまたは電界発光とよばれる．1939年にデストリアーが，硫化亜鉛を主体とする蛍光体に高電界を印加したときに生じる発光現象として発見した．当初は，無機物質に限定され，点灯するために高電圧が必要であり，効率が1 lm/W程度で，白色光が困難であったが，1987年に米国で有機化合物を用いた有機ELが開発されたのを契機に，高輝度でフルカラーおよび白色タイプが可能になった．現在実用化されている主なものは，分散形有機ELと薄膜ELである．

分散形有機ELは，十数Vの低電圧で駆動でき，①安価，②薄く軽量の面光源，③任意の形状で大型化が可能，④低消費電力で発熱が少ないなどの特徴から，液晶表示パネルのバックライトなどに用いられている．他方，薄膜ELは，輝度と寿命特性が分散形有機ELに比べ格段にすぐれていることから，輝度，コントラスト，視野，チラツキなど総合的にすぐれた画質を得ることができるので薄型・軽量のマトリックスディスプレイとしての応用が可能である．
（川上幸二）
→蛍光, ◎電界発光

塩基性染料 [basic dye]（化）

水に可溶で染料イオンが陽イオン（カチオン）である染料を塩基性染料とよぶ．塩基性染料は合成染料の中で最も古い染料種属であるが，アクリル繊維用に適した新しい塩基性染料がカチオン染料として開発されている．旧型塩基性染料は，最初の合成染料モーブ（Mauve）1856の発明以降1880年代にかけて，木綿や絹の染色用として開発された染料を指す．これらの染料は高い染色力と鮮明な色相に特長があるが，耐光性などの堅牢度が弱いため，木綿や絹の染色用途は減少し，現在では主としてパルプや皮革，雑貨の染色に用いられている．以下に旧型塩基性染料について化学構造別に代表的な製品名をあげた．

ジアリルメタン系：オーラミン

$(CH_3)_2N$―〈 〉―C=〈 〉=$N^+(CH_3)_2$
　　　　　　　　|　　　　　　Cl^-
　　　　　　　NH_2

オーラミン
C.I.Basic Yellow 2

トリアリルメタン系：マジェンタ，メチルバイオレット，クリスタルバイオレット，マラカイトグリーン

$(CH_3)_2N$―〈 〉―C=〈 〉=$N^+(CH_3)_2$
　　　　　　　　|　　　　　　Cl^-
　　　　　　　〈 〉

マラカイトグリーン
C.I.Basic Green 4

キノンイミン（アジン・オキサジン・チアジン）系：サフラニン T・ロージュリンブルー，メチレンブルー

メチレンブルー
C.I.Basic Blue 9

キサンテン系：ローダミン

ローダミン B
C.I.Basic Violet 10

アゾ系：クリソイジン，ビスマルクブラウン

ビスマルクブラウン
C.I.Basic Brown 1

カチオン染料はアクリル繊維用に開発された耐熱性や耐光性を改良した塩基性染料で，アクリル繊維の染色のほか，カチオン可染型ポリエステル繊維の染色にも用いられる．（今田邦彦）
→合成染料
◆安部田・今田 (1989)

演色性 [color rendering]（照）

演色とは，イルミナント（照明光）が，それで照明した種々の物体の色の見えに及ぼす効果のことである．その効果は意識的または無意識的による基準のイルミナントと比較される．とくに，光源またはイルミナントの特性と考えたときには「演色性」という．数値は，演色評価数（color rendering index）で計算される．

演色評価数は，試料光源で照明したある物体の色刺激値（心理物理色）が，その色順応状態を適切に考慮した上で，基準イルミナントで照明した同じ物体の心理物理色と一致する度合いを示す．量記号は，R である．照明する物体に関して当事者間で特別な取り決めがない場合には，下記の演色性評価用試験色が用いられる．

15 種類（国外では，番号 1～14 の 14 種類）の試験色は，分光放射輝度率の値で規定されている．また，目視でも評価できるように，それぞれの分光放射輝度率に注意深く近似させて製作された色票が販売されている．番号 1～8 は，赤から赤紫までの比較的穏やかな色で，平均的な物体色の演色性を評価するときに使用される．番号 9～12 は，あざやかな色であり，光源の違いによって演色評価数の数値が大きく異なりやすい試験色である．また，番号 13～15 はそれぞれ，欧米人の肌色，葉色，日本人の肌色を表しており，演色性の違いによって違和感を覚えやすい試験色が選ばれている．

試料光源と基準イルミナントに対して，各試験色 i ごとに計算される演色評価数を特殊演色評価数 R_i という．また，試験色 1～8 の R_i の平均値を平均演色評価数 R_a という．ともに，試料光源で照明した場合と基準イルミナントで照明した場合の色の見え方（心理物理色）が等しいとき，R_i は 100 になり，見え方の一致の度合いが悪くなるほど低い値になる．代表的な光源の演色評価数の例を，以下に示す．

蛍光ランプの種類には，光色（昼光色，昼白色など）による区分のほか，分光分布の性質によって，普通形，3 波長形（または 3 波長域発

表 1 演色性評価用試験色

試験色番号	マンセル記号	色名	備考
1	7.5R6/4	くすんだ黄みの赤	
2	5Y8/4	明るい灰みの黄	
3	5GY6/6	くすんだ黄緑	
4	2.5G6/6	くすんだ緑	
5	10BG6/6	くすんだ青緑	
6	5PB6/8	明るい紫みの青	
7	2.5P6/8	明るい青紫	
8	10P6/8	明るい赤みの紫	
9	4.5R4/13	あざやかな赤	
10	5Y8/10	黄	
11	4.5G5/8	緑	
12	3PB3/11	こい青	
13	5YR8/4	明るい灰みの黄赤	肌色色票
14	5GY4/4	暗い灰みの黄緑	葉色色票
15	1YR6/4	灰みの黄赤	肌色（日本人）

表 2 演色評価数の例

光源		相関色温度	R_9	R_9	R_{10}	R_{11}	R_{12}	R_{13}	R_{14}	R_{15}
蛍光ランプ	普通形昼光色	6500	74	−55	58	64	72	70	94	57
	普通形昼白色	5000	72	−65	49	56	61	66	94	53
	普通形白色	4200	61	−101	36	40	44	56	93	41
	普通形温白色	3500	60	−110	28	28	30	49	92	35
	3 波長形昼白色	5000	88	45	59	76	69	97	73	97
	色評価用昼白色	5000	99	99	99	99	97	98	99	99
HIDランプ	水銀ランプ	5800	14	−327	−55	−23	−26	−3	75	−37
	蛍光水銀ランプ	3900	40	−117	−13	6	−13	32	80	27
	蛍光メタルハライドランプ	3800	70	−105	83	71	88	75	89	42
	すずハライドランプ	4600	90	73	77	87	79	89	94	90
	高圧ナトリウムランプ	2100	25	−194	51	−27	43	23	69	5
	高演色形高圧ナトリウムランプ	2500	85	81	68	62	60	86	87	89

光形)，広帯域発光形の3種類がある．表の中で色評価用と記載しているものが，広帯域発光形であり，蛍光ランプの中では演色評価数が最も高い．美術館や，印刷物・写真・繊維製品・塗料・顔料などの色の識別，評価，検査，管理など，演色性を重視するところで使われる．また，オフィス，住宅，学校などでは，演色評価数が80以上で，かつ広帯域発光形より省エネになる3波長形蛍光ランプが適している．　（一條　隆）
→基準光，色順応，光色

エンド・エフェクト [end effect]（感知）

視覚刺激がある連続変化する刺激分布の一端に配置されている場合，その刺激系列全体の影響を受けて知覚されることをエンド・エフェクトという．たとえばあるオレンジ色を，赤からオレンジの刺激分布の一端として提示した場合と，オレンジから黄の分布の刺激群の一端として提示した場合とを比較すると，前者の方が赤みがかって知覚され，後者は黄みがかって知覚される．同様に黒から中明度の灰色までを提示する場合と，白から同じ灰色までを提示した場合とでは，同じ灰色でも後者の方が高明度に見える．このようにその視覚刺激が端点として含まれる刺激系列全体の傾向を当該の刺激が有することをいい，刺激系列の端点として提示されるためにこの名前でよばれる．周囲の刺激と同じ傾向で知覚される点では同化と似ているが，個々の刺激が独立して領域を接しなくても生じる点が同化作用と異なる．また刺激系列が連続変化していること，一群の刺激として知覚されることなどが重要で，近接の要因や輪郭線などで群化を促進するとこの効果を強めることになる．最初にこの効果を記述したのはヘルムホルツであるといわれている．　　　　　（坂田勝亮）
→ヘルムホルツ，色同化

エンファシス(重点) [emphasis]（調）

エンファシスとは，強調，重点の意味で，一領域に比較的大きな量や面積を集中させることによって，全体をまとめていく手法である．集中した場所は全体の中心的役割を果たし統一をはかることができる．たとえば大きなスカーフやマフラーなどを首のあたりにもってくればエンファシスとなり，全体を引き締めながら眼を顔に誘引することができる．この分量が小さいと効果はアクセントとなる．色による強調は，カラーエンファシスといい，一点に際立った色を用いて調子を高める方法をいう．（中川早苗）
→ユニティ，アクセントカラー，◎強調
◆山口・塚田 (1960), 吉岡 (徹)(1983)

[お]

黄化, 漂白, 青み付け [yellowing, bleaching, blueing]（自人）

白い繊維類（布地，紙など）を放置しておくとその成分の一部が変化して可視域の短波長部の反射率が低下し，黄色っぽく見えることを「黄化」とよぶ．自然物では，黄から黄赤にかけての色相のものが多い．白い農作物などで殻や種皮などを除いて白くするのが精白である．繊維類などに含まれる有色物質を化学的に除去し，必要とする物質を傷めないでできるだけ白くすることを「漂白」という．漂白には，酸化反応と還元反応が利用され，用途によっていずれかが用いられる．黄みのある白色物に，黄の補色である青紫の染料や顔料を加えて，白さを増すことを「青み付け」という．これは，黄みの白よりも青みの白が好まれるからである．青紫の部分に蛍光を発する蛍光物質を用いて白さを増すことを蛍光増白とよび，これに用いる色料を蛍光増白剤（fluorescent whitening agent: FWA）という．

現在，白い紙や繊維類は，蛍光増白されていることが多く，洗剤などにも蛍光増白剤が含まれることが多い．蛍光増白剤は，耐候性に問題があることと，使用が限定されることがあるので，耐久性の要求される白色塗料や，白または無色のプラスチックなどは青み付けされていることが多い． （馬場護郎）
→白色度と黄色度

黄金比 [golden ratio]（デ）

黄金比はユークリッドの『原論』第2巻命題11 の「与えられた線分を二分し，全体と1つの部分に囲まれた矩形を残りの部分の上の正方形に等しくすること」から定義されている比率で，一般に黄金分割として知られる外中比の割合と同じものである（図a）．

黄金比は ϕ で表すほか，マチラ・ジカの研究のように Φ で表す場合もある．ϕ はツァイジングが示した古代ギリシアの彫刻家フィディアス（$\phi\epsilon\iota\delta\iota\alpha\varsigma$）の頭文字を元にしている．$\phi$ はまた，きわめて規則的な連分数や連続根号で表記され，次のような代数的特徴をもっている．

$$\phi = 1 + \cfrac{1}{1 + \cfrac{1}{1 + \cfrac{1}{1 + \cdots}}}$$

$$\phi = \sqrt{1 + \sqrt{1 + \sqrt{1 + \cdots}}}$$

$$\phi - \phi^{-1} = 1, \ \phi \cdot \phi^{-1} = 1 \ \text{かつ,} \ \phi = \frac{1}{\phi^{-1}} \text{より}$$

$$\phi = \frac{1}{\phi - 1} = \frac{\sqrt{5} + 1}{2} = 1.61803398\cdots$$

$$\phi^2 = \phi + 1 = \frac{\sqrt{5} + 3}{2} = 2.61803398\cdots$$

$$\phi = \phi^{-1} + \phi^{-2} + \phi^{-3} + \cdots + \phi^{-n}$$

最後の式は公比 ϕ^{-1}（$0.6180\cdots$）の黄金比の等比数列の総和が ϕ（$1.6180\cdots$）になることを示している．黄金比の等比数列とフィボナッチ数列 $\{1, 1, 2, 3, 5, 8, 13, \cdots\}$ は，よく似た特性をもっており，隣り合う2項の和が次の項の値となる．

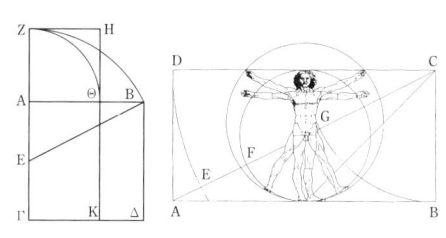

(a) 第2巻命題11　(b) レオナルドの『人体権衡図』の作図方法（向川, 1998）

1:2の矩形 ABCD の対角線上の点 A, E, F, G, C は，CG=1, FG=ϕ^{-1}, EF=ϕ^{-2}, AE=ϕ^{-3} より黄金比の等比数列を形成する．

図に示したレオナルドの『人体権衡図』の作図方法は，1:2の矩形の対角線から黄金比の等比数列を導き身体各部の基準を決めている．レオ

ナルドはこの作図方法を人体比例関係だけでなく遠近法や構図法として使っているように，黄金比はヒトの視覚特性と非常によく適合したものといえる．フェヒナーやボリサヴリェヴィッチは縦横1：φの比率の矩形が心理学的にも人間の視覚に適合し，快適に感じられることを明らかにしている． (向川惣一)
◎神聖比例
◆Zeising, A. (1854), Fechner, G.T. (1876), Borissavlievitch, M. (1954), Ghyka, M.C. (1927), 向川 (1998)

王者の青 [blue de roi (仏)] (造)

18世紀フランスの王立ヴァンセンヌならびに王立セーブル磁器製作所で製作された青色の磁器．1749年フランスの科学アカデミー長官で著名な化学者ジャン・エロー（Jean Hellot）がグラヴィアンらとの釉薬の研究から開発した器で，口縁部や装飾の窓絵の縁飾りには金彩がほどこされている．勅令によってヴァンセンヌ，セーブル窯以外でこの青を使用することが禁止された．このためこの青で飾られた器はとくに「ブルー・ド・ルワ」（王者の青）とよばれた．しかし，当時フランスでは未だカオリンを原料とする真正の硬質磁器は焼成されておらず，これらはすべて人工的に素地を配合した軟質磁器であった．フランスでは1768年にリモージュ近郊でカオリンが発見され，以降フランスでも真正磁器が焼成されるようになった． (前田正明)

黄斑部 [macular lutea] (生)

網膜中心窩の周り直径視角約3〜5°の範囲の網膜の上に，短波長を吸収する色素が存在する．その領域の眼底がやや黄色に見えることからこれを黄斑部とよび，この色素を黄斑色素（macular pigment）とよぶ．黄斑色素は460nm付近に分光吸収率のピークがあり，短波長光を吸収する効果がある．この吸収効果には，眼球光学系の色収差による像のボケを実質的に減らしコントラストを改善する役割があると考えられている（Reading・Weale, 1974）．また錐体などに対して損傷効果の大きい紫外線を減少させる働きがあり，保護機能としての役割もあると考えられている．黄斑部のみに刺激が呈示されるような2°刺激の場合と，黄斑部より大きな領域の10°刺激の場合との間で，等色関数などが異なるのは，黄斑色素の影響が大である．黄斑色素の濃度については，加齢による影響はほとんどなく，むしろ個人差の方が大きい（Wernerら, 1987）．

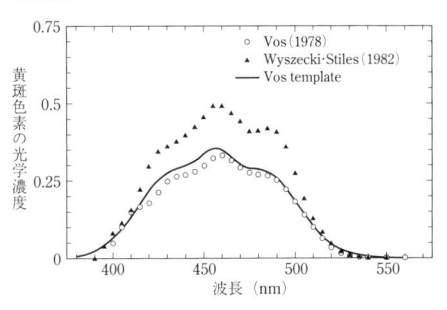

また50名の平均最大濃度（460nmでの濃度）は0.39であり，WyszeckiとStiles (1982)が提唱して長く用いられてきた光学濃度の最大濃度0.5よりも，Vos (1978)が提唱した光学濃度の最大濃度0.33により近い．図には最近提唱されている最大光学濃度0.35 (Vos, 1972)の値に正規化したヴォスの曲線（Vos template）も示す．また黄斑色素の光学濃度は，卵黄やトウモロコシなどに含まれるルテイン（lutein）やゼアキサンチン（zeaxanthin）の摂取量が黄斑色素濃度に影響しているという報告もある（Hammondら, 1997）． (篠森敬三)
→中心窩
◆Reading, V.M.・Weale, R.A. (1974), Werner, J.S. ら (1987)

黄変 [yellowing] (自人)

1. 塗装された塗膜が，黄色みを帯びた色に変色すること．焼付け塗装工程で起こる黄変は，乾燥設備の熱源として用いるブタン，LPGガスなどの中に含まれるNOxや塗料から出るヤニ成分が塗膜表面に付着することによって起こる．上塗り色が純白に近い色の場合は，黄変が目立ちやすく，そのため商品のカラーデザインの表現範囲が制限されることもある．白色塗膜の黄変度は，測色値XYZから黄色さDを次の式から計算する．

$$D = (1.25X - 1.04Z)/Y$$

商品が市場に出てから起こる塗膜の黄変は，日

光の直射，高温または暗所・高湿の環境にあるとき現れやすい．初期のウレタン系塗料は黄変が問題であったが，技術の進歩によりかなり改善された．

2. プラスチックや繊維の色の経年変化のうち，色が黄色く変色するものをいう．天然繊維は種類により程度の差はあるが，日光，高温，経年変化で黄変する．合成繊維でもポリアミド，アクリル，ウレタン系の繊維は黄変するものがある．プラスチックや接着剤ではエポキシ系樹脂が黄変しやすい．
(吉田豊太郎)
→変色と退色

OSA 表色系 [OSA colorimetric system]（表）

OSA（Optical Society of America）表色系とは図に示すように中心から12個の頂点まで等距離になるという6-8面体（cubo-octahedron）の幾何学的な性質を利用してつくられた，空間内でどの方向にも等色差となる表色系である．OSA表色系を具体的な色票で表現しているものがOSA均等色尺度（OSA uniform color scales）である．図にある6-8面体の中心 O にある色を置き，その色と等色差に見える色を A～L の12個の各頂点に配置する．次に，中心 O の色を一つの頂点の色に変えて，次々に6-8面体を増やしていき，最終的にすべての色が含まれるようにして均等色空間を実現する．OSA表色

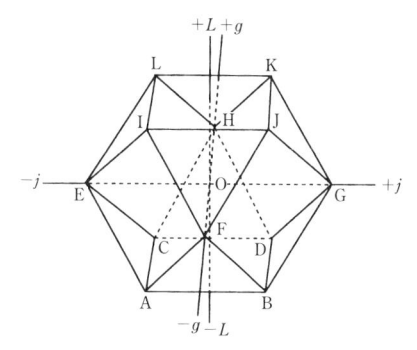

中心 O と12個の頂点 A～L までに色が配置される．中心 O から各頂点までの距離は等しい

系では図にあるように明度軸 L は底面 ABCD と上面 IJKL に垂直な軸となる．L 面内において，色の位置は j 軸と g 軸で表される．実際のOSA表色系では明度 L は灰色を 0 として，黒の -7 から白の 5 まで 13 レベルで構成されている．また，j 軸はおよそ $+$ 方向が黄，$-$ 方向が青，g 軸はおよそ $+$ 方向が緑，$-$ 方向が赤に対応している．

OSA表色系では，隣接する 2 色のユークリッド距離（色差）は等しくなり，この距離を 2 色差単位と決めている．たとえば，O 点からと同じ L 面内の G 点までの距離は 2 として色差も 2 とする．また，O 点から異なる L 面内の J 点までも距離は 2 である．しかし，このような空間では，隣り合う L 面間のユークリッド距離は $\sqrt{2} = 1.414$ であり，L 値の差である 1 にはならない．したがって，2 色間の色差の計算では L 値の差 ΔL を $\sqrt{2}$ 倍しなければならない．すなわち，

$$\text{OSA 色差} = ((\sqrt{2}\Delta L)^2 + \Delta j^2 + \Delta g^2)^{1/2}$$

となる． (内川惠二)
◆Nickerson, D. (1981), 内川 (2001)

尾形乾山（造）

江戸時代中期の陶芸家，画家，書家．京都の裕福な呉服商「雁金屋（かりがねや）」尾形宗謙の三男として生れる．宗謙の次男が画家・尾形光琳であるから，光琳は 5 歳ちがいの実兄にあたる．1699年，京都・鳴滝に窯をかまえ，職業的な陶芸活動を始めた．この窯が京都の西北すなわち乾（いぬい）の方角にあたるため，窯の名を「乾山（けんざん）」とし，また，それを彼自身の雅号とした．世に乾山焼とよばれる．非常な人気を博したが，主として絵付けを担当したのは光琳であった．書に秀でていた乾山は，自分の書と光琳の絵とのコラボレーションを試み，また，光琳による絵が「生きる」ような器の意匠を創案するべく研究を重ねた．後に，江戸に移住し，晩年は絵画の制作に親しむ．書と絵とを協調させた独自の伸びやかな表現世界を展開する．《花籠図》（福岡市美術館蔵）においては，得意の書により和歌の言葉が盛り込まれ，新しい絵画表現が具体化されている．

本阿弥光悦（ほんあみこうえつ），俵屋宗達（たわらやそうたつ），光琳，乾山と続く一連の画家・書家・工芸家を，「宗達光琳派」または「琳派」とよぶ．一般的な意味において宗達の画風を発展させたのは光琳であるけれども，宗達の大胆闊達な造形志向を継承し，書画一体

の洒脱な表現を可能にしたのは，ほかならぬ乾山であった．
　　　　　　　　　　　　　　　　　（武井邦彦）
→尾形光琳，琳派

尾形光琳（造）

　江戸時代中期の画家，工芸家．京都の富裕な呉服商「雁金屋」尾形宗謙の次男として生れる．宗謙の三男が陶芸家・尾形乾山であるから，乾山は5歳ちがいの実弟にあたる．光琳と乾山は経済的に恵まれるとともに，父の仕事の必然として華麗な京小袖にかこまれて成長した．最初，狩野派の画法を学び，後に，本阿弥光悦，俵屋宗達などの作風に学ぶ．画家を職業とするという自覚が生れたのは40歳頃のことであり，その頃の代表作に《燕子花図屏風》（東京・根津美術館蔵）がある．金，群青，緑青による凛とした意匠は，簡潔かつ明快であり，爽やかである．

　生涯の代表作であり，光琳による絵画制作活動の頂点というべき《紅白梅図屏風》（熱海市・MOA美術館蔵）は，文様化した流水を挟み，紅梅と白梅とが咲き誇る微妙な構成がみごとである．大胆かつ巧緻な画面分割は，豊麗な彩色を伴うことにより，造形上の均衡を得て輝いている．華美であるとともに幽遠の趣がみとめられる．光琳は，光悦や宗達などの作風を発展させ，近代の芸術に通底しうる斬新な地平を開拓した．宗達を祖とし，光琳が大成した画風とみなすとき，「宗達光琳派」とよばれる．大成した光琳という画家のみに注目するならば「琳派」となる．理知的でありながら華麗な緊張感を惹起するところに，その特長が指摘されよう．光琳に協力した乾山もまた「琳派」の一人と把握される．

　光琳の没後100年を経て，光琳の画風の再生を試みたのが酒井抱一であった．抱一による《夏秋草図屏風》（東京国立博物館蔵）は，宗達を慕った光琳，その光琳を慕った抱一という系譜を具体的に示すものとして名高い．
　　　　　　　　　　　　　　　　　（武井邦彦）
→尾形乾山，琳派

オストワルト [Friedrich Wilhelm Ostwald]（調）

　オストワルトはドイツの化学者．ラトビアのリガ生れ．1909年，ノーベル化学賞受賞．ドルパト大学卒業後リガ大学教授をへて，ライプツィヒ大学教授(1887–1906)となる．1905年，最初の交換教授としてハーバード大学に招聘されたが，この時期ボストンのバックベイにあったマンセルのスタジオを訪れている．53歳でライプツィヒ大学を退官，以後科学哲学および色彩と形態の研究に没頭した．とくに色彩に関してオストワルトはその自伝で，「私は量的色彩論の創始を，自分でなければ達成されなかった，自己の最高の業績だと思っていることを，ここで強調しておこう」と述べている．オストワルトは没

OSTWALD, Friedrich Wilhelm

年まで数多くの色彩関連書を刊行したが，1916年，白量・黒量・純色量の混合による独自の色空間に基づく色彩論『色彩入門』をまず発表する．『色彩入門』は1931年まで15版を重ねた．こののち1917年『色彩学への寄与』，1918年には『色彩の調和』を発表，1923年の『色彩知識』はスコットテーラーによる英訳版『色彩科学I, II巻』(1931, 33)により，英語圏においてオストワルト色彩学が周知される契機となった．

　日本におけるオストワルトシステム紹介の早い例として，1930年，日本標準色協会（現（財）日本色彩研究所）の創設者和田三造が照明学会での講演でオストワルトシステムに言及している．1931年和田が発刊した『色名総鑑』の色票には，和洋の色名のほかに，オストワルトの色記号が付記されていた．第二次大戦前の日本では，和田に限らずドイツ系としてのオストワルトシステムの信奉者が多かった．1942年，アメリカのヤコブソンらは，オストワルトシステムを色票化した『カラーハーモニー・マニュアル』

を刊行する．戦後日本の工業，とくに弱電産業においてアメリカへの輸出が盛んであった1960年代，デザインの分野で『カラーハーモニー・マニュアル』が盛んに用いられオストワルトの知名度がふたたび高まった． （緒方康二）
→オストワルトの色彩調和論，オストワルト表色系，カラーハーモニー・マニュアル
◆Birren, F. (1969), Ostwald, W. (1927) [都築訳, 1979]

オストワルトの色彩調和論 [Ostwald's color harmony theory]（調）

　ドイツ人化学者オストワルトが，色彩間に秩序が成立していればその配色は調和的に作用するとの考えに基づき，著書の中で展開した色彩調和論．『色彩入門（Die Farbenfibel）』（改訂第4・5版，1920年）の第6章で，「調和＝秩序（Harmonie＝Ordung）」として発表された．オストワルトの調和論はまず1918年の『色彩の調和（Die Harmonie der Farben）』にはじまり，以後彼の数多くの色彩関連著作を通じて完成されたと思われる．オストワルトの色空間は，基本的にはウェーバー-フェヒナーの法則に基づき決定された8つの無彩色系列のもつ白量・黒量を基準に，完全色としての有彩色量とを組合わせた正三角形で構成されている．これをオストワルトの等色相三角形という．1色相は28色からなり，それぞれの色にはその色に含まれる白量と黒量を表すアルファベット1，2文字の記号が与えられている．このアルファベットを手がかりに，等色相三角形上で展開されるオストワルトの色彩調和は，以下のように類型化される．

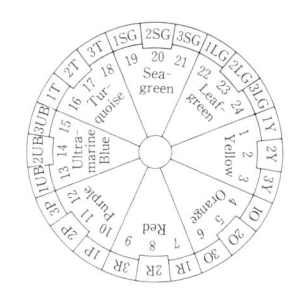

図1　オストワルトの色相環（24分割）

① 無彩色の調和：8段階の無彩色系列上で，等間隔に選ばれた3色の組合わせによる調和．

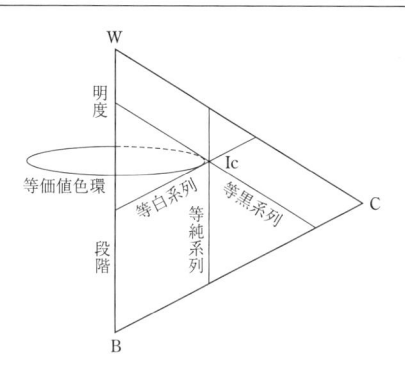

図2　等色相三角形における調和

全部で28通りある．3色としたのは，2色では"色と色との間隔が等しい"という法則性が得られないため．

② 等白系列（isotints）の調和：等色相三角形上で黒と完全色を結ぶ系列に平行な線上から色を選ぶ場合．同一線上の色は白の含有量が等しい．

③ 等黒系列（isotones）の調和：等色相三角形上で白と完全色を結ぶ系列に平行な線上から色を選ぶ場合．同一線上の色は，黒の含有量が等しい．

④ 等純系列（isochromes）の調和：白と黒の無彩色系列に平行な線上から色を選ぶ場合，同一線上の色は白量と完全色量の比（オストワルト純度という）が等しい．なおこの系列はシャドウ系列（shadow series）ともよばれ，自然に見られる明暗の階調に似た美しさが得られるとされる．

⑤ 有彩色と2つの無彩色の調和：等色相三角形上から選ばれた1色は，等白系列と等黒系列を通じて2つの灰色とつながり，この3色は調和する．この組合わせは1色相当たり28通り，全24色相では672の調和関係が得られることになる．

⑥ 等価値色系列（isovalents）の調和：色相が異なってもアルファベット記号が等しい色（等価値色という）は，白量・黒量および完全色の量が等しいことにより調和の要件をそなえた等価値色系列を構成する．すなわち24の色相ごとに記号の等しい28の等価値色があり，等しい記号で構成された色相環は等価値色環ともよ

ばれる．なお1つの色からは等白系列・等黒系列・等純系列と，3方向に調和系列を選択することができる．これを色相環としてつないだものを輪星（ring star）といい，オストワルトは輪星こそが，与えられた色の調和の可能性を最も直観的に表現していると考えていた．

⑦色相環の調和：等価値色環から2つ以上の色を選ぶ場合，これらの光学的に混合した結果が無彩色になれば調和し，2, 3, 4, 6, 8, 12間隔で等分した色には，調和関係が成立するとしている．なお，形態が小さくなるほど色を純粋にすべきことを述べて，形と色の関係の重要性を指摘した．　　　　　　　　　　（宇田川千英子）

→オストワルト，フェヒナーの法則，オストワルト表色系，カラーハーモニー・マニュアル

◆Ostwald, W. (1916) [中島らが訳, 1942], 福田 (1985, 96)

オストワルト表色系 [Ostwald system]
（表）

ドイツの化学者オストワルトが1917年に開発したシステムで，回転混色の色円板の面積を等比級数的に変化させてできる色を色票によって再現したもので，CIE XYZ 表色系と同様に混色に基づいた表色系の1つ．この表色系の色相は，生理的な原色である赤，黄，緑および青に相当する，ある波長範囲の光は完全に反射し，それ以外の波長範囲では吸収するような方形の反射特性をもつ最明色を基準とし，四原色の間を2等分して8色相にし，8色相をさらに3等分した24色相からなっている．また，各色相の最明色（純色）と白（W）と黒（B）との面積を対数比で変化させて明るさとあざやかさを変化させている．面積を変化させてできる色の三刺激値は次式によって計算される．

$$X = w \times X_w + c \times X_c$$
$$Y = w \times Y_w + c \times Y_c$$
$$Z = w \times Z_w + c \times Z_c$$

ここで，X_w, Y_w, Z_w：白の三刺激値
X_c, Y_c, Z_c：純色の三刺激値
w, c：白および純色の混色量で $w+c+b=1$
オストワルト表色系では，純色，白および黒の混色比を2つのアルファベットの組合わせで表し，色相番号と組合わせて，18aaのようにして色を表記する．　　　　　　　　（小松原　仁）

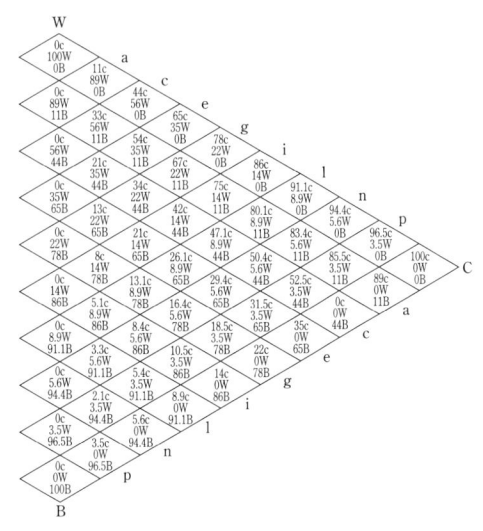

→最明色，オストワルト
◆Zeishold, H. (1944)

オストワルト表色系の同色相三角形

オセアニア系の色 [colors of Oceania]（社）

オセアニアは南太平洋に位置する島々からなる小大陸．別名，大洋州ともいう．地理学および人類学上，メラネシア，ポリネシア，ミクロネシアに分けられる．人類最後の楽園といわれるポリネシアを始めとして，まだ西洋文明に侵されていない豊かな自然が残っている．メラネシアは，元来「黒い島々」の意味であるが，これは住民であるメラネシア人の「黒い肌」に由来する．オセアニア人の身体的な特徴は，黒から褐色に至る黒い肌，黒い髪，黒い瞳，やや太った体型である．燦燦と降り注ぐ太陽の光，紺碧の海，褐色の大地，緑の密林，そして植物繊維でつくった衣裳など，まだ豊かな風土の色彩が色濃く残っている．ニュージーランドのマオリ族の祭礼には，伝統的な民族衣裳が登場するが，女性たちは亜麻の茎や繊維で編んだ褐色と白，そして黒の独特の色合いの衣裳を着ている．また有名な衣服の素材としてタパ（樹皮布）があるが，これも褐色と白の樹皮をそのまま利用したものである．赤道に近い島々だけに，全体に赤，橙，黄などの明るいあざやかな色調は，明らか

にオセアニアの嗜好色の1つである．そして紺碧の海に近いマリーン・ブルーやインディゴ・ブルーに対する憧憬，これらがオセアニアの色彩の特徴である． (城　一夫)

お節料理 [New Year cuisine]（社）

正月とはトシの神を迎えての祭りであるから，なにごとよりもまして神への配慮が優先する．年越しの膳を敢えてオセチと称したのは，正月元旦が1年間の五節句のなかで最も重要なため，神に供える神饌つまり節の日の食べ物としてとくに気を配ったからである．そして年越しにあたり家内親族一同がこの神との共食にあずかるのがお節料理なので，したがってお節料理は大晦日の晩までにつくっておかなければならなかった．お節料理に欠かせないものに田作り（ゴマメ），黒豆，数の子がある．田作りは文字通り春耕に際しての祝い魚であり，黒豆は今年一年まめまめしく働けるようにと掛けことばになっており，数の子は子沢山に恵まれるよう祈願した類感呪術的なものである．このようなお節料理を色彩の見地から見ると，どこか陰陽五行説による色彩観が意識されているようである．つまり数の子や卵巻・キントンなどの黄色を中心に，野菜のサヤエンドウや青昆布・青海苔などの青（緑）色，海老や人参・蒲鉾・干し柿などの赤色，豆腐や大根なます・蕪・百合根などの白色，黒豆や昆布などの黒色の五色である．そこには古代に日本に入ってきた道教や神仙思想の影響が垣間見えるようである． (小林忠雄)
→陰陽五行説

お歯黒 [teeth blackening]（衣化）

歯を黒く染めること．鉄漿（かね）ともよばれた．基本はタンニン酸第二鉄の色である．鉄を溶かしたお歯黒水（酢酸第一鉄の水溶液：上流階級では鉄漿水とよんだ）を温めて，タンニンを含む五倍子粉を混ぜると，化学反応を起こして水に溶けないタンニン酸第二鉄ができ，歯のエナメル質に吸着して歯を染める．タンニン酸第二鉄は万年筆用の黒いインキと同じ成分．日本では古代末から1870年（明治3）太政官布告により禁止されるまで行われた．貴族社会の成人式にはじまり，公家の男性も行うようになり，源平合戦のときに平家の武将がお歯黒をしていたことは有名．江戸時代には一般女性も結婚すると，歯を染めた．漆のように黒く艶やかなのが好まれた．食事などで歯が擦れると落ちるために，人によっては毎日塗り直す必要があった．お歯黒の起源は諸説ある．台湾以南の東南アジアでは檳榔樹（びんろうじゅ）の実や石灰をシリの葉にくるんで噛む風習があり，結果として歯が赤黒く染まるのでこれを起源とする説．ミクロネシア諸島で行われていた一種の黒土に水を加えて沸騰させ，木の実の粉末を混ぜ，就寝前に口中に含むと一夜のうちに染まる風習を起源とする説など．

(村澤博人)

◎鉄漿
◆松岡 (1943), 村澤 (1992), 高橋 (雅)(1997)

オプティカル・アート [optical art]（造）

錯視効果を強調し視知覚のゆらぎ体験をねらった美術作品群で，ヴァザルリの個展（ドゥニーズ・ルネ画廊，パリ，1944；ロンドン，1961）を発火点として「レスポンシヴ・アイ展」（MOMA, N.Y., 1965）頃を最盛期とする．主観的な色・形・奥行きや動きの生成などによる眩暈感を特徴とする通称オプ・アート（ポップ・アートと韻を踏んでいる）は，サイケデリック・ムーブメントの隆盛とともにコマーシャル・デザインを通じて1960年代の諸相を彩った．芸術的固有性を埋滅し，万人が共有できる知覚の興起をうながす表象は，知覚心理学の観察試料にも通じ，科学やデザインの思想に共振する．遡って19世紀初頭，動画や幻灯機など錯視効果を応用した大衆

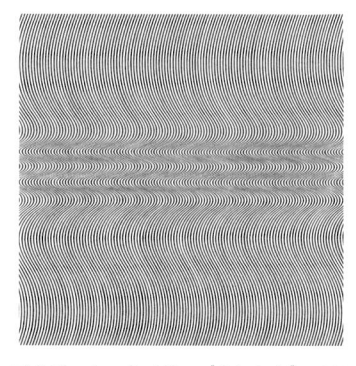

ブリジット・ライリー《カレント》1964
（ニューヨーク・メトロポリタン美術館）

娯楽や，速度や高度など工業技術の発展に伴う新しい空間知覚体験は，知覚機構の理論的整備によるさまざまな視覚現象の理解とともに，印象派，構成主義，抽象主義，キネティック・アート，ライト・アート，テクノロジー・アートといった実験芸術の潮流を生んだ．スーラの点描絵画（1880年代），デュシャンのキネティック彫刻（1910年代），アルバースの色面構成（1920年代）などはオプ・アートの道を拓いた．タレルのスペース・ディビジョン・コンストラクション（1970年代）はミニマリズムの後の静謐なオプティカル体験を提供するものである（図：平坦で無個性な手筆による線の周期的な繰り返しによって埋め尽くされた画面は，見る者に否応なく波打つパターンを生起させ，画布表面的な装飾性と画題の抽象性，ミニマル・アートと科学的方法の微妙な隙間を指摘する）． （栗野由美）
→ポップ・アート

オプティマル・カラー [optimal color]（表）

物体表面の色は，その表面の可視光波長領域における分光反射率分布の形状により決定される．反射率は 0.0 から 1.0 までの限られた値をとるため，物体表面の与えうる色は，色空間内の閉じた領域内に限られる．この領域をルター－ニベルグ（Luther-Nyberg）の色立体または物体色立体（object-color solid）とよび，この領域の最も外側にある色をオプティマル・カラーまたは最明色とよぶ．オプティマル・カラーは等しい明度をもつ色の中で，色度図上最も外側に位置する色と定義することができる．最高明度（ルミナンス・ファクタ Y で 100）を与える表面の色は，すべての波長成分を等しく反射率 1.0 で反射する完全拡散反射面の白色ただ1つであるが，明度が下がれば物体表面が与えうる色度の領域は広がる．また逆に，オプティマル・カラーを，等しい色度をもつ色の中で，最も高い明度をもつ色と定義することもできる．オプティマル・カラーを与える表面の分光反射率分布形状は必ず次の条件を満たす．つまり，ある1つの連続した波長領域において反射率 1.0 となり，それ以外の波長ではすべて反射率 0.0 となる．オプティマル・カラーに関しては Wyszecki と Stiles (1982) の pp.179–183 に詳説されている．

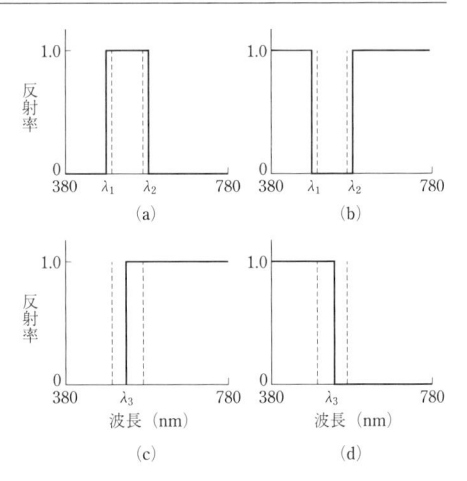

図に完全色の分光反射率曲線の形状と種類を示す．(a) および (b) は境界色型方形分布（I型，II型），(c) は透過型方形分布，(d) は吸収型方形分布という．完全色を用いて，色度図上の任意の色度点を再現できることが知られているが，物体色では各色度点で実現できる三刺激値 Y の値に限界があり，それぞれの色度点に固有の最大値が存在する．スペクトルのような飽和度の大きい色は，単色光のような幅の狭い完全色で表すことができるため，最明色の Y の値は低く，無彩色点の最明色は物体色で可能な最大の Y をもつことになる．Y 値ごとの最明色を求めるアルゴリズムが報告されている．

（篠田博之・小松原 仁）

◎最明色
◆Wyszecki, G.; Stiles, W.S. (1982)

オリエンタル・ブラック [Oriental black]（衣化）

東洋的なイメージの黒色の意味であり，名前の由来は 1982 年（昭和 57）10 月に開催された春夏パリ・プレタコレクションにおいて，日本人デザイナーの山本耀司（ヨージ・ヤマモト），川久保玲（コム・デ・ギャルソン）が初参加したが，出品した作品すべてが黒の服という異例の「黒のコレクション」から生れた言葉とされている．彼らの発表した服は，多彩できらびやかな色を完全に否定した黒という点と，従来の西洋的な造形美の概念を覆すような，カギザキのような穴やほつれのある大胆なデザインとい

う，アンチ・クチュール的な手法を用いたドレスだったという点で，「東からの衝撃」としてファッション界にカルチャーショックを与えた．これまで喪服のイメージの強かった黒い服をファッションの黒として昇華させたことで，彼らの一連の仕事は「オリエンタル・ブラック」「ミステリアス・ブラック」として評価された．日本には，古くから江戸の茶人千利休が好んで用いた黒の楽焼や，輪島の漆塗りにおける漆黒の色のように，黒の美しさを愛でる風習があったが，1980年代以降，衣服においてもファッションの黒が広く認知されることになった．1982年以降，日本の若者の間で全身黒で統一したファッションの「カラス族」が登場するなど，黒ずくめのファッションが流行したのである．　　　　　　　（渡辺明日香）

織部焼（造）

桃山時代から江戸時代初期にかけて美濃で焼かれたやきもの．この時代，美濃では黄瀬戸，瀬戸黒，志野という新しい感覚のやきものが次々と創始されたが，織部はこれに続くものである．桃山時代の武将で，千利休門下の茶人である古田織部の指導によってつくられたとの伝承から，織部焼の名がある．銅呈色の緑釉を使うのが特徴の一つで，この銅緑釉のことを織部釉とよぶ．その銅緑釉を部分的に使った青織部，全体にかける総織部，その他に鳴海織部，織部黒（瀬戸黒に強い歪みが加えられたもの），黒織部（織部黒の一部を白く残して文様を施したもの），志野織部，美濃唐津，美濃伊賀など，さまざまな種類がある．茶碗もあるが，その多くは食器であり，器種は豊富．沓形の茶碗，手付きの鉢，変形の筒向付などの新しい造形，抽象文様，器の面を区切って釉や土を違えた片身替など，奇抜な装飾が特徴である．わざと歪ませたような造形，意味不明の軽快な文様の織部焼については，当時の茶人の日記に「歪ミ候也，剽軽モノ也」と記されている．傾きの美意識ともいえる織部焼は，江戸時代初期に大流行したが，江戸幕府の体制が整うのにつれ，衰退する．　　（中島由美）
→瀬戸焼

オルフィスム（色彩キュビズム）
[Orphisme(仏)]（造）

ジャック・ヴィヨンやロベール・ドローネ，ソニア・ドローネー，マルセル・デュシャン，フランティシェク・クプカ，フランシス・ピカビアらは1912年「セクシオン・ドール」（黄金分割の意）という名のグループをつくり，同名の展覧会をパリで開いた．ギヨーム・アポリネールが《キュビズムの画家たち》(1913) においてオルフィック（抒情的）なキュビズムと評したことに始まる．厳格で知的なキュビズムに対して抒情的な要素を画面内に取り入れ，透明であざやかな色調と抽象形体で構成した．分析的キュビスムの手法によるドローネーの《エッフェル塔》シリーズ (1911–12) はその代表作ともいえるが，とくに《色の円盤》シリーズ (1912–13) では色彩の同時対比，色彩のスペクトル分析に主眼を置いて，円環形の色面による純粋な色彩抽象を完成させている．ドローネやクプカらはシュブルールの「同時対比」の原理に注目し，純粋色彩の実験を押し進めることによって非再現的な色彩抽象を確立したのである．象徴主義絵画から出発したクプカは色の円盤が回転する抽象的な世界を描いた《ニュートンの円盤》や《垂直線の言語のための習作》などのような直線的な色彩構成の作品も制作している．オルフィスムが到達した幾何学的形体による色彩抽象絵画がその後のオプティカル・アートなど20世紀美術に与えた影響は大きい．　　　　　（三井直樹）
→ドローネー,ロベール
◆Atkins, R. (1993)

オンブレ [ombré (仏)]（調）

陰影，濃淡を意味するフランス語．染色技法の一つで，同色相の濃淡による，ぼかし技法である．柄では，ストライプやチェック柄によく用いられる．オンブレの手法を用いたストライプ柄は，オンブレ・ストライプ，チェック柄は，オンブレ・チェックとよばれる．オンブレの技法に見られる色彩の変化は，同色相でのグラデーション配色や，同じく微妙な色変化のカマイユ配色と類似したものだが，オンブレ配色では，明色から暗色にいたる色変化を規則正しく行い，明色から暗色へのなだらかな色変化を1つの単位として，その単位を複数繰り返し行うところに特徴がある．　　　　　　　　　　（大関　徹）
→カマイユとフォ・カマイユ, グラデーション

[か]

カーディナル色空間 [cardinal space of color]（感知）

Krauskopfら（1982）によって提案された色覚検出メカニズムの基本軸であるL−M軸，S軸，L+M軸で張られた色空間．ここでL，M，Sは3種の錐体応答を表し，錐体レベルを第1段階（first stage）とすると，これら3軸は第2段階を規定するものと考えられ，L−M軸とS軸はクロマティックチャンネル，L+M軸はアクロマティックチャンネルに対応する．たとえば，L−M軸方向に時間的に変調させた刺激に順応させると，同じL−M軸方向の検出閾は増大するが，S軸やL+M軸方向の検出閾に変化は見られない（他の組合わせも同様の結果）ことから，これら3軸は「直交」している，すなわち互いに独立な異なるメカニズムに対応している．Derringtonら（1984）は，マカクザルの外側膝状体（LGN: lateral geniculate nucleus）に，これら基本軸に対応する生理メカニズムが存在することを示した．

カーディナル色空間を用いて，さまざまな色覚メカニズムに関する研究が行われている．たとえば，KrauskopfとFarell（1990）は，運動する2つの色グレーティングを互いに垂直に重ねた刺激（plaid pattern）が，透明に滑っているように知覚されるか，あるいは1つのパターン運動として知覚されるかが，カーディナル色空間の直交性と関係することを示している．このように，カーディナル色空間は，色覚メカニズムを理解するうえで非常に便利な概念であるが，さらに高次レベルの色覚メカニズムが存在し，最終的な知覚特性にはその高次の影響が無視できないことも明らかとなってきている．たとえばKrauskopfら（1986）は，カーディナル軸は色の見え特性と一致せず，色検出特性にも高次メカニズムが関与していることを示し，WebsterとMollon（1994）はコントラスト順応において，高次の色メカニズムが関与していると主張している．以上のことからも，LGNレベルではカーディナル色空間に対応したメカニズムが存在するが，1次視覚野以降において，それらを修飾するさらに高次のメカニズムが存在していると考えられる．　　　　　　　　　（岡嶋克典）

→反対色応答，ルミナンスチャンネル

◆Krauskopf, J. ら (1982, 86), Derrington, A.M. ら (1984), Krauskopf, J.・Farell, B. (1990), Webster, M.A.・Mollon, J.D. (1994)

カーボンブラック [carbon black; soot]（着）

炭素が主成分の黒色顔料．塗料，印刷インキ，プラスチック，合成繊維などの着色顔料として最も一般的に多く用いられている．黒色の表現に加え，他の着色顔料と混ぜて明度・彩度を下げるために用いられる．また，塗料，印刷インキの隠蔽力を上げるためにも用いられる．繊維では導電性を付与するためにも用いられる．油や天然ガス，石油などを原料とし，不完全燃焼または熱分解してつくる．グラファイト構造の結晶子が集って球状微粒子の連鎖状構造になっている．可視光線をすべて吸収する色材が黒顔料の理想像であるが，黒顔料として用いられるカーボンブラックは，他の顔料同様，「大きさ」をもっているため，光を吸収するほかに，顔料表面での光の回折，散乱を必ず伴う．光の散乱が多いと漆黒度をそこなう．一般には粒子が小さいほど漆黒度が増すが，カーボンブラックは球状粒子ではなく多孔質の構造であるため，一概にはいえない．　　　　　　　（吉田豊太郎）

◎油煙，松煙

開眼手術者の色知覚 [color perception of the congenitally blind after surgery]（感知）

先天性の盲人で開眼手術を受けた人たち（先天盲開眼者）の場合，その色知覚は手術前の保有視覚に依存する．保有視覚が明るさの知覚に限られていた開眼者，MM（Senden, 1932の分類基準では第I群に属する．生後10ヵ月で角膜軟化症のため失明）は，12歳で虹彩切除を受けて，手術後6日目に眼帯を自らとったとき，「ま

ぶしい」と，光に関する視覚体験のみを報告している（梅津ら，1987, 90）．一方，術前から数種の色（赤，黄，緑，青など）とその色名を知っていた開眼者，TM（角膜白斑のため1歳2ヵ月で失明，11歳で左眼に角膜移植を受けた．第II群）は，開眼直後ベッドに飾られた黄色の造花を見たとき，その形態や事物名を自ら指摘することはできなかったが，色に関しては「黄色がとてもあざやかだった」との印象報告を寄せている（鳥居・望月，1992, 2000）．先のMMは，手術後2年1ヵ月ほどの間に14種の色名を自主的に習得しているが，そこにはBerlin・Kay(1969)のあげる11基本色名のうち，橙を除く10色が含まれている．さらに初出の順序をみると，赤，白，黒が早い段階で現れるなど，バーリンらが提唱した「言語の発展に伴う基本色名の増加の順序性」ともある程度呼応する結果を示している．ただし，色名を習得してはいても色の知覚と1対1の対応がつかないままに用いる段階が現れている．MM以外の開眼者においても，台紙上の色領域と色名の1対1の対応が成立するまでには，2色間の弁別から始めて3種以上の色の識別課題へと順を追った学習試行が不可欠であり，組み合わせる色の種類が増えるほど，その達成までには多くの試行が必要となる（望月，1981）．

　視覚健常者であっても，加齢に伴う水晶体の混濁によって視力低下が生じる．このような症状を老人性白内障といい，低下した視力をとり戻すためには水晶体除去手術を受けることになる．老人性白内障の手術を受けた62歳の或る視覚心理学者は，しばらくの間，「白い紙を見ると，青紫に輝いていた」と色の変化を報告している．画家のモネ（当時83歳）は，右眼の水晶体摘出のあと「手術後の右眼で見る青紫と青が手術を受けていない左眼では見えない」と同様の印象を表現している（Ravin, 1977）．加齢に伴って水晶体は黄褐色を帯びる方向へ変色し，青系統の光を透過し難くなっていたことによる色覚の変化に基づく現象である．　（望月登志子）
→水晶体
◆Senden, M. von (1932), 梅津ら (1987, 90), 鳥居・望月 (1992, 2000), Berlin, B・Kay, P. (1969), 望月 (1981), Ravin. J.G. (1977)

開口色 [aperture color] (感知)

　距離や形そして表面の肌理が明確に知覚できる「表面色」の見え方に対して，たとえば還元衝立（リダクションスクリーンとよばれる）の向こう側にある色が衝立の穴から見えるようなときに，その色の距離や形などが曖昧に知覚され，肌理がわからず焦点ぼけしているように見える色のことを「開口色」といい，そのように見える状態のことを「開口色モード」という．このような見え方は，色の周囲すなわち衝立の表面が暗い場合に顕著に生じ，その見えは「輝面色」あるいは「光源色」のように知覚される．衝立が明るい（色の周囲が明るい）ときは，中の色に黒みが加わり，明度が暗く知覚され，その見えは「表面色」に近づく．十分に周囲が明るいときは，表面色のように距離や形がはっきりと知覚される．たとえば，暗い周囲のときには開口色として橙色に輝いて見える色も，周囲が明るくなるにつれてその輝きは失われていき，徐々に橙色から茶色に見え始め，表面色のような見えに変化する．これらの色の見えの変化は，表示デバイスで規定されるものではなく，観察条件に伴って生じる心理的（知覚的）な効果である．すなわち，観察条件によっては，実際の物体表面や色票なども開口色に見えるし，光学系によって生成された色光を表面色のように見せることも可能である．実際，光学系を使った色覚実験において，よく周辺光が使われるのは，眼の順応状態を維持するためだけでなく，実際の環境下で使えるデータを得るために，表面色に近い状態で実験したいためであることが多い．
（岡嶋克典）
→面色，表面色，光源色，リダクションスクリーン，無関連色，輝面色，色の現れ（見え）方
◆日本色彩学会編 (1998)：「色科ハンド・9章」，池田 (1989)

外装色 [exterior color] (デ)

　"外装"の言葉自体は，荷物の外側の包装なども含まれるが，"外装色"の場合一般的に内装色との対比で建物などの外見の色彩を指すことが多い．建物の外装色は，公共空間を形成する色彩であり，建物それ自体の美醜だけではなく，公共性・地域性・地区性・環境性に配慮した色彩が

求められる．各地の自治体が制定している景観条例においても，旧来は「建築物の外観はけばけばしい色彩とせず，…」との文言が主流であったが，最近は横浜市港湾局の"みなと色彩計画"のように「山下埠頭を中心とする地区の（建築物＆工作物の外壁の）ベースカラーは，灰みを帯びた緑系色とし，9G6/1，9G5.5/2，9G4.5/1を配色基準とする」などの，色彩誘導指針を具体的な色彩で明記するものが増えてきているのも，外装色の環境に与える影響の大きさを配慮したまちづくりの一方向性を示している．ちなみに（財）都市づくりパブリックデザインセンターでは，景観形成材料でいうところの"外装材"とは，ビルなどの建築物の外装材を除いた，高架橋桁カバーやトンネル内装板などの，主として土木的な構造物の骨組み構造やコンクリート打ち放し面の隠蔽，周辺環境との違和感や威圧感の減少，視環境の改善などの目的で，その構造物の外面をカバー（被覆）することにより，景観性を向上させる材料をいうと規定している．

（長谷川博志）
→エクステリアカラー
◆東商編 (1998a)：「環境色彩」，都市づくりパブリックデザインセンター編 (1994)，横浜市港湾局編 (1993)

解像力 [resolving power]（入出）

レンズや感光材料などに対する描写性能を表す評価値の１つであり，解像力が高ければより細かい構造の像を見分けることができる．解像力を測定する一般的な方法は，ピッチの異なる黒白の縞目からなる解像力チャートを撮影し，得られた像からどこまで細かなピッチの縞目を見分けられるかを判別することである．縞目の細かさは一種の空間周波数であり，黒白ペアで１本として，本/mm あるいは lp/mm（line pair per millimeter）などの単位で表す．ただし，テレビジョン系では解像度と称して黒白それぞれを１本と数えることがあるので，単位の取り扱いには注意が必要である．解像力は描写性能を１つの数値として表現するため取り扱いには大変便利であるが，反面，判別限界の空間周波数特性しか表していないという欠点もある．これに対し MTF は低周波から高周波までの空間周波数特性を連続的に表しているため，MTF は解像力を含んだより総合的な評価値であるといえる．とくに画像の鮮鋭感については，必ずしも解像力が高ければよいというわけではなく，MTF を用いた判別限界以下の空間周波数特性も含めた評価が必要になってくる．

（田丸雅也）
→MTF，空間周波数特性

回転霧化静電塗装機（ベル塗装機）
[rotary atomizing electrostatic coating machine]（着）

ベル（鈴）に似た形の霧化頭を高速で回転させることにより，遠心力で塗料を霧化（微粒化）し，この微粒に電荷を与えて静電力で被塗物に付着させる塗装機．回転数は塗料の種類により異なるが，ソリッド系塗料は 1.5～3 万 rpm，メタリック系塗料は 3～5 万 rpm と非常に高速である．この塗装機の最大の特徴は，REA 塗装機に比べ塗着効率がよいことである（70～85%）．したがって，塗装コストも安くなり，しかも VOC の排出量も少なくなる．一方，光輝材のオリエンテーションはあまりよくないため，メタリック系塗料の塗装ではフリップフロップが出にくい．しかし最近はさまざまな工夫により，REA 塗装に迫るところまで改善されてきている．なお，メタリック用は「メタリック・ベル」とよばれる．

（吉田豊太郎）
→揮発性有機化合物

貝紫 [Tyrian purple]（衣化）

特定の巻貝の色素腺から得られる染料，またはこれによる赤紫色の染色を貝紫という．染めた直後は濃い黄色だが，紫外線に曝すと黄 → 緑 → 青紫を経て耐光堅牢度のきわめて高いあざやかな赤紫へと変化する．「ティリアン・パープル」の名は，紀元前から貝紫染めを確立していたフェニキアの地名 Tyre に由来する．希少性ゆえに富と権力の象徴とされ，帝政ローマで皇帝のみが用いる禁制色「帝王紫（royal purple）」とも称されるようになった．貝紫の原料貝であるアクキガイ科（murex）の巻貝の内臓には黄緑色をした鰓下腺（パープル腺）がある．ここから採取されるやや黄みを帯びた乳白色の分泌液は日光や空気によって色素成分が酸化し，6,6'-ジブロモインジゴを化学成分とする安定な赤紫の色素へと変化する．染法には，生貝の鰓下

腺を分離してその懸濁液に浸染する還元染法と，分泌物を直接塗抹して染色する直接法がある．フェニキア人の古式手法は前者であり，メキシコのミステカ族は後者を受け継いでいる．

　この色素をもつ貝は地中海東部，北大西洋，中南米，日本に分布し，沿海民族の文化における貝紫の歴史は古い．紀元前 1600 年頃の地中海沿岸では，古代フェニキア人が自国の領土である地中海沿岸のテュロスやシドンに染工場を設け，当時すでに，輸出産業としての貝紫染めを確立していた．一方，南米ペルーに興ったアンデス古代文明地域では，チャビン文化期砂漠の遺跡から紀元前 1200～1100 年頃の貝紫染の木綿布が発掘されている．これは現存する貝紫染めの遺品の中で世界最古のものである．メキシコの先住民ミステカ族の末裔たちの住むオアハカ州ドン・ルイスとタナバラの両村には現在でも民族衣装などに用いる貝紫染めが伝承されている．日本では志摩半島の海女たちが貝紫で磯手拭いに印をつけて守護を願う風習が伝えられていた程度であったが，佐賀県の吉野ヶ里遺跡から紀元前 300 年頃の貝紫の染織遺物が出土し，日本の伝統的な紫染めは植物染料によるとの通説に反省を求めた．　　　　　　　（松田陽子）
◆吉岡（幸）(1983, 2000), 寺田 (1996), 高木（豊）(1996)

顔色 [complexion] (衣化)

　顔の肌の色．健康状態や精神状態，あるいは年齢などが顔色に現れやすい．その表現は赤ら顔，青みがかった顔，色白の顔，黒ずんだ顔，黄色っぽい顔，くすんだ顔，つやがない顔，地黒，顔の色がすぐれない，顔色がさえない，などがある．最近の研究では季節によって顔色が変動することがわかっている．顔色をよくするためにその原因を医療や食事療法などの助けで直す場合がある一方，化粧によって肌色を整えて顔色をよく見せることも行われる．メークアップでは健康的な顔色に見せるために，複数色のファンデーションが使用されるだけでなく，頬紅やコントロールカラーが併用されることもある．コントロールカラーは色彩効果を応用して肌色を調整するために使用される．ファンデーションの下に使う場合と上に使う場合とがある．赤みが強い肌，いわゆる赤ら顔にはグリーンやイエロー系を使って赤みを減らし，黄みを増やす．血色の悪い肌にはオレンジ，ピンク系がそれぞれオレンジみ，ピンクみを増やす効果がある．黄みよりの血色が悪い肌にはブルーを使って黄みを抑えることができる．　　　　　（村澤博人）
→頬紅
◆村澤・佐藤 (1999)

拡散 [diffusion] (物)

　放射ビームが，その単色放射成分の周波数を変えることなく，ある表面またはある媒質によって多くの方向に散らされて，その方向分布を変える過程で，反射にも透過にも用いられる．入射する放射の波長によって拡散特性が変わるか変わらないかによって，選択拡散および非選択拡散に区別される．拡散のない反射または透過を，正反射または正透過という．反射（透過）による放射が進んでいく半球面のすべての方向について放射輝度または輝度が一定な拡散反射（透過）を，均等拡散反射（透過）という．拡散の様相を知るために，拡散する媒質表面の要素の，相対的な放射強度または放射輝度の角度分布を極座標で表示したものを拡散インディカトリクスという．拡散性の強い材料の場合，面を垂直方向から照射し，その面を法線から 5° の方向から測定した輝度に対する，20° および 70° の方向で測定した輝度の平均値の比を拡散率という．拡散性の弱い材料の場合，0° 方向の拡散光の輝度の 1/2 の輝度が観測される角度を半値角という．透明に近い材料を通して見たときの像の乱れは，正透過にごく近い部分の拡散性によることが多いので，この場合，正透過にごく近い範囲の正透過光束と，その他の拡散光束との比を透過ヘーズという．　　　　　（馬場護郎）

◎散化

拡散反射 [diffuse reflection]（画処）

物体表面に光が入射するときの反射の形態で，表面の明るさに対応する輝度が観測方向によらず一定になるとき，これを拡散反射という（図）．たとえば，石膏の表面はつやがなくて，明るさはどの方向から見ても同じようである．完全拡散体とは，輝度が観測方向によらず一定で，かつ反射率が1であるような理想物体をいう．たとえば，マグネシア（MgO）の粉を固めたものはこれに近い．拡散反射の要因は2とおり考えられる．1つ目は表面の粗さに基づく拡散反射である．物体と空気の境界面に細かな凹凸があるとする．このとき境界面での反射光はあらゆる方向に散乱し，結果として均等な輝度分布になる．この拡散反射は表面で発生するのが特徴

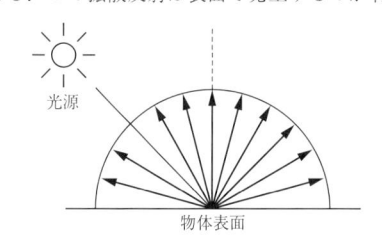

拡散反射の輝度分布

で，すりガラスやざらついた金属面で見られる．2つ目は物体内部での光散乱に基づく．塗装物体を想定しよう．境界面を通過した光が媒体中を透過するとき，色素との間で衝突と散乱を繰り返す．このとき境界面から空気中に再び出射した光は，指向性がなくて均等な輝度分布をもつ．なお完全拡散体では輝度は入射角の余弦に比例する．この性質をランベルト（Lambert）の余弦則，また理想的拡散反射をランバーシャン（Lambertian）とよんだりする．　　（富永昌治）
→鏡面反射，2色性反射モデル，ランベルトの余弦法則，◎ランバーシャン
◆Horn, B.K.P.・Sjoberg, R.W（1979）

確率的足し合わせ [probability summation]（感知）

光刺激が弱くなって閾レベルになると，同じ光刺激を与えても，見えたり見えなかったりする．つまり見えるという反応が確率的にしか記述できなくなり，閾値も確率が0.5のときの値として定義されることになる．いま眼の中の2つの組織AとBがその光刺激に反応しているとして，それぞれの組織がその光刺激を見る確率を p_A, p_B とし，しかも両者はとくに協力して刺激光に反応するというメカニズムになっていないとすると，刺激光が見えるのは，どちらもたまたま反応しなかったとき以外ということになる．したがって，光刺激が見える知覚確率 p は次式のように与えられる．

$$p = 1 - (1 - p_A)(1 - p_B)$$

右辺の第2項はどちらの組織も反応しなかった確率である．これによるとたとえば p_A, p_B がともに0.50よりは小さい0.293という低い値でも，p は0.50つまり視覚系全体では閾に達することになる．2つの組織が確率的に足し合って閾に到達したのである．眼の中の2つの別々の組織が反応していると考えられる場合には，表面に現れる知覚確率 p や閾値をそのまま解釈しないで，確率的足し合わせの結果であるとみることも必要である．　　　　　　　　（池田光男）
→2 刺激光の相互作用

重ねの色目（衣化）

服装における重ねの色目には，男子の直衣，狩衣，下襲や，女子の唐衣，袿などの表裏の配色をいう場合と，女子の表着，五衣，単を重ね着るときの色彩の配列を指すものの2種類があり，いくつかの色彩のもつ重なりを，あるいは表裏の色彩の重なりを1つの体系とみて，この視覚的感覚を自然現象に関連させたものである．重ねの色目の構成には自然の植物，風物の色，染色にちなんだものがあるが，その中で植物の花や葉の色にちなんだものが多い．その植物の季節にあわせて着用したもので，一例をあげると春の色目には「桜」（表白・裏赤花）など，夏の色目には「菖蒲」（表青・裏紅梅）など，秋の色目には「女郎花」（表黄・裏青）など，冬の色目には「雪下」（表白・裏紅）などがあげられる．こうした季節ごとの物象にちなんだ色目の衣の着用はその季節に限られるが，「松重」（表青・裏紫）や，「葡萄染」（表蘇芳・裏縹）などの着用は季節を問わない．配色の色相面は類似色相が最も多く，次いで対比，同一の順になる．

装束の中心となる五衣の色彩の配列には同系色の濃淡で下から上へ順次濃くしていく「匂」（紅梅匂），下の二領を白にする「薄様」（紫薄様），同じ色を五領重ねるもの（裏山吹），一領ごとに色を変えて重ねる「色々五ツ」などがある（口絵参照）． （加藤雪枝）

可視放射 [visible radiation]（照）

電磁波としてのエネルギー伝播（放出）を意味する光放射のうちで，人間の眼に入射して視感覚を引き起こすものをいう．視感覚および眼球の光学特性は個人によって微妙に異なるので，可視放射の波長範囲を正確に定義できないが，一般に，短波長の限界は360nmと400nmの間，長波長の限界は760nmと830nmとの間にとられる．可視光（visible light）ということもある．また，この意味で「光（light）」が使われることもあるが，後述するように眼に見えない光や，視覚系における色や明るさなどの視感覚の属性の意味でも使用されるので，使用に際しては注意が必要である．

可視放射の波長領域の近傍には以下に記すような眼に見えない放射がある．可視放射の波長範囲より長く1mm程度までの波長領域を赤外放射（infrared radiation）あるいは赤外線という．国際照明委員会（CIE）ではこの領域を次の3つの領域に区分している．

① IR–A；780〜1400nm，② IR–B；1.4〜3μm，③ IR–C；0.003〜1mm．

また，可視放射より波長が短く数nm程度までの波長領域を紫外放射（ultraviolet radiation）あるいは紫外線という．CIEではこの領域を次の3つの領域に区分している．

① UV–A；315〜400nm，② UV–B；280〜315nm，③ UV–C；100〜280nm．

（中山昌春）
→光，赤外放射，紫外放射，◎可視光

画像におけるカラーマッチング [color matching]（入出）

複数の対象の色の見えを一致させることをいい，分野ごとに異なった内容がある．色管理システムにおいては，複数のカラー画像入出力デバイス間で，カラーマッチングを実現することが，その目的となる．典型的には，カラー原稿をスキャナで入力し，その画像をモニタにカラー表示する．また，その画像をプリンタにカラー出力する．この場合，①カラー原稿，②カラー表示，③カラー出力，の3つの色が一致することが目標である．通常のカラーマッチングは，観察条件が一定の場合に，CIE 1931–XYZなどの測色値が一致することで実現される．しかし，観察環境や入出力装置における基準白色が異なる場合には，カラーマッチングは，測色値が一致しても実現できない．これは，人の視覚の色順応状態によると考えられる．色管理システムでも，実用的には，基準白色が約9300Kである一般のカラーモニタとD50下のハードコピーのカラーマッチングが必要とされ，色順応モデルやカラーアピアランスモデルの導入が検討されている．CIEでは，そのようなカラーアピアランスモデルとして，CIE CAM97sを推奨しているが，まだ完全ではない． （田島譲二）
→カラーマネジメントシステム
◆田島（1996），日本色彩研究所編（1991）

画像における主観評価法 [subjective evaluation method of imaging]（入出）

提示された刺激に対し，人間が感じる印象を数量値として尺度化する方法．尺度化された数値には名義尺度（複数の刺激を同一特性に従って分類，数字や番号を付加した尺度），順序尺度（要因に対する優劣や順序を順位として表した尺度），間隔尺度（順序尺度の数値間の間隔が等しい尺度），比例尺度（絶対的な原点を設定し，各評価尺度の数値を比として表した尺度）がある．イメージングの分野においても主観評価実験は，たとえば肌色の好ましさやノイズの目立ちやすさなど，写真，印刷などのハードコピーやディスプレイの画質評価に広く利用されてきた．このうちテレビジョンの画質評価においては，実験に用いる画像，標準観察条件，統計処理法などはもとより，最適条件下でシステムの性能を評価する品質評価を行う目的や，システムのロバスト性（劣化特性）を調べる目的に応じて，最適な主観評価方法がITU-R（国際電気通信連合）で規定されている．一方，近年のディジタルイメージングの普及に伴い，モ

ニタやプリント画質の評価や符号化技術の評価用として，16bit XYZ, 8bit CIE LAB および 8bit $sRGB$ で構成された高精細カラーディジタル標準画像（XYZ/SCID）も開発され，広く利用されている．　　　　　　　　（竹村和彦）
◆田中 (1977)

画像における対比効果 [simultaneous contrast of imaging]（入出）

刺激から知覚される印象は，その刺激の特性のみならず，その刺激を囲む周囲や周辺の環境にも影響される．図は3種の明度の異なる無彩色の刺激を，一方は明るい背景に，他方は暗い背景に配置したものであるが，とくに暗い背景に囲まれた輝度率の低いグレイが明るく知覚される．このような効果を対比効果（同時対比）と称し，実際には輝度だけでなく色相にも影響を及ぼすことが知られている．画像の観察においても対比効果は重要な影響を及ぼす．たとえば映画やスライド画像の観察においては，暗い周囲に囲まれて画像を観察するために，画像中の暗部が明るく知覚され，結果としてコントラストが低く知覚されてしまう．そのためこれらのフィルムの設計においては，通常のフィルムよりあらかじめコントラストを高く設計することが必要となる．テレビ画像において髪の毛が黒く知覚される現象も，背景との対比効果のため，より暗く知覚されるために見える現象である．
　　　　　　　　　　　　　　　　（竹村和彦）
→色対比
◆Fairchild, M.D. (1998)

画像の圧縮 [image compression]（画処）

画像データに対し，情報の一部損失を許すことによりデータの大きさを縮小すること．情報損失のために画像が完全には復元不可能となる非可逆的な操作を伴う．データの圧縮は符号化の際に導入される量子化の効果により生じる．たとえば予測符号化や変換符号化では，量子化幅より小さい予測誤差や空間周波数成分が切り捨てられることによってデータ量が圧縮される．圧縮においては画像の劣化が人間に知覚できるレベル以下に抑えられていることが望ましく，これは1標本当たり決まった劣化の度合（歪み）を許容するのに必要な最小ビット数を表すレートディストーション関数（rate distortion function）R_D によって見積もられる．

歪み D を量子化前および後の標本値 x, y の差の分散 $D = E[(x-y)^2]$ と定義し，x の分散を σ^2 とするとき，R_D は，

$$R_D = \frac{1}{2}\log_2\frac{\sigma^2}{D}$$

によって与えられる．画像圧縮の規格としては，カラー静止画像については JPEG，動画像については MPEG（motion picture experts group）などが定められている．MPEG ではとくに時間軸方向の相関を利用し，フレーム間差分により画像中の物体の動きを予測・補償し，この動きの量を符号化することにより大幅なデータ圧縮を図っている．　　　　　　　　（来海　暁）
→画像の符号化，画像の量子化，JPEG
◆土井・安藤 (1980), Jain, A.K. (1989), 安田・渡辺 (1996)

画像の標本化 [image sampling]（画処）

画像を空間方向に離散化すること．画像は x, y の2次元空間における光強度の連続分布関数 $f_c(x, y)$ として表されるので，画像の標本化は $f[i, j] = f(i\Delta x, j\Delta y)$ のように2次元にわたって行われる（i, j は整数，$\Delta x, \Delta y$ はそれぞれ x, y 方向の標本間隔）．このときの標本点 (i, j) を画素（pixel）とよぶ．画像の標本化では1次元の標本化定理と同様のことが成立する．すなわち標本化により $f[i, j]$ の空間スペクトル $F(e^{ju\Delta x}, e^{jv\Delta y})$ は，元の連続画像 $f_c(x, y)$ のスペクトル $F_c(u, v)$ がそれぞれ x, y 方向に標本化（角）周波数 $u_s = 2\pi/\Delta x, v_s = 2\pi/\Delta y$ の

周期で繰り返されたものになる（図）．したがって u_s, v_s が元の画像 $f(x, y)$ に含まれる空間周波数成分の上限（ナイキスト周波数）u_c, v_c に対してそれぞれ $u_s/2 > u_c, v_s/2 > v_c$ を満たすならば，$0 < u < u_s/2$ および $0 < v < v_s/2$ で $H(u, v) = \Delta x \Delta y$，その他の空間周波数で $H(u, v) = 0$ となる低域通過フィルタ $H(u, v)$ を用いることにより，標本値の系列 $f[i, j]$ から元の連続画像 $f_c(x, y)$ が完全に復元できる．逆にこの条件が満たされない場合，元の連続画像 $f_c(x, y)$ に含まれる高周波の成分が低周波の成分の上に折り重なるため（エイリアシング，aliasing），標本化によって元の連続なパターンには存在しない模様が現れる．この現象は細かい模様をもつ対象をイメージセンサで撮像する場合や，元のディジタル画像から画素を間引いてよ

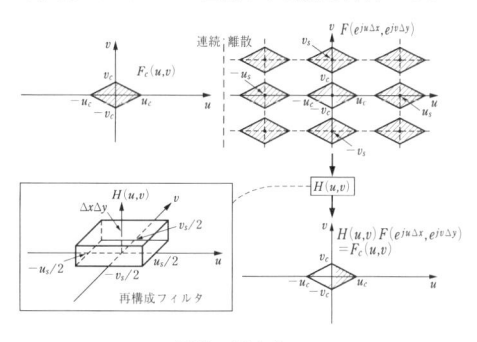

画像の標本化

り小さい画像に縮小する場合（downsampling）にしばしば見られる．エイリアシングを防ぐには，より解像度の高いイメージセンサを用いて標本化周波数を高くする，逆にイメージセンサ上の像を拡大してナイキスト周波数を低くする，もしくは標本化に先立って元の画像に空間平均などの低域フィルタリング操作を施す，などの工夫が必要である． （来海　暁）
→標本化定理，画素と画素値
◆Jain, A.K. (1989), 長橋 (1998)

画像の符号化 [image coding] (画処)

標本化・量子化によりディジタル化した画像データを 0 と 1 の 2 進符号列としてさらに処理し，その大きさを縮小すること．画像のデータ量はきわめて大きく，たとえば 8 bit VGA（640×480 画素）の RGB カラー画像 1 枚でも 30 万 7200 バイトもの大きさに上り，さらにこれがイメージセンサからフレームレート 30Hz で 1 分間送り続けられるとその大きさは $307200 \times 30 \times 60 = 553$ MB にまで達する．したがって，画像データの大きさを効率よく縮小することは，記憶資源やネットワーク容量の節約，データの転送やアクセスの高速化などを図るうえできわめて重要である．

符号化は画像が完全に復元可能な可逆的なものと，一部情報の損失を伴い画像が完全には復元不可能な非可逆的なものとに分かれ，とくに後者を圧縮という．符号化の種類は，画素間の空間相関に無関係に行うエントロピー符号化（entropy coding）やランレングス符号化（run-length coding）などのグループと，画素間の空間相関を利用する予測符号化（predictive coding）や変換符号化（transform coding）などのグループの 2 つに大きく分かれる．

エントロピー符号化は複数の画素からなるブロックごとに平均ビット数がエントロピーに等しくなるように符号化するもので，最も高効率な方法としてハフマン符号化（Huffman coding）が知られている．またランレングス符号化は前後して現れる 1 の間にはさまれた 0 の個数により符号化する．一方，予測符号化は画像データをラスタ走査などと同様の順番に並べ，ある画素の値をそれより前の 1 ないし複数の画素の値から予測し，その差分（予測誤差）の値をもって符号化するという操作を画像全体にわたり逐次的に繰り返すもので，DPCM（differential pulse code modulation，差分型パルス符号変調）ともよばれている．また変換符号化は，画像をブロックごとにユニタリ変換した領域においておのおののブロックを符号化するもので，とくに 2 次元 DCT（discrete cosine transform，離散コサイン変換）がユニタリ変換として多く用いられている． （来海　暁）
→画像の圧縮，画像の量子化
◆Jain, A.K. (1989), 安田・渡辺 (1996), 映像情報メディア学会編（原島監）(1991)

画像の量子化 [image quantization] (画処)

画像をディジタルデータとして扱うために画素の値をディジタル化すること．通常の CCD カ

メラから出力される画像信号の各画素の値はアナログ値であり，これをディジタル処理するには量子化が必要となる．量子化は画素値のとりうる値の範囲を複数の区間に分割し，各区間をそれぞれ異なるディジタル符号に対応させることにより行う．量子化の方法には等間隔量子化，等分散量子化などがある．量子化により画素値には必ず誤差（量子化誤差）が混入する．たとえば等間隔量子化では画素値のとりうる範囲を一定の区間幅 Δ で分割する．このため $[-\Delta/2, \Delta/2]$ の範囲で量子化誤差が発生する（図）．

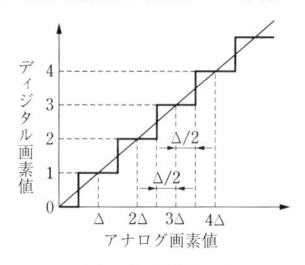

画像の等間隔量子化

画素値 f の画像全体における統計的分布 $p(f)$ がすべての画素値にわたる一様分布であると仮定すると，量子化誤差 u も区間 $[-\Delta/2, \Delta/2]$ における一様分布に従うので，その分散 σ^2 は，

$$\sigma^2 = \frac{1}{\Delta}\int_{-\Delta/2}^{\Delta/2} u^2 du = \Delta^2/12$$

と見積もられる．一方，等分散量子化は，各区間における量子化誤差の分散が一様になるように区間の幅を決定するもので，画素値の分布 $p(f)$ が既知であれば等間隔量子化に比べて量子化誤差の分散を小さくすることができる．

（来海　暁）

→画像の符号化, 画素と画素値
◆土井・安藤 (1980), Jain, A.K.(1989), 長橋 (1998)

画素と画素値 [picture element and picture element value]（入出）

ディジタル画像において，各種の処理が行われる画像を構成している最小の単位を画素という．一般的な光学像は空間的には連続的なものであり，無限に小さな単位に分解することが理論的には可能であるが，その連続的な光学像をディジタル的に処理するためには，その連続的なものをある単位でまとめて，そのまとまりを最小の単位として数値的に処理することになる．画像の入力を考えると，ある大きさをもった写真をディジタル画像として処理するには，スキャナやCCDカメラなどの入力機器でその画像を取り込む．その際に，その入力機器が，ある長さをある区分として離散的に読みとることになり，これが画素となり，その画像がどのくらいまでの細かい情報をもっているかの空間的な解像度ともなる．出力ではこの入力画像の画素が表示機器がもっている画像の色情報を変化できる最小の単位である表示機器の画素を制限する．

各画素がもっている色に関する情報が画素値であり，この画素値は入力では色分解された色情報であり，出力では光に変換される値である．この画素値は3つの値からなり，画素値はどのレベルの情報かで表すものが違う．画素値が入力直後のものであれば，色分解された値であり，ある処理がされればその値から変換された（量子化された）RGB の値の場合もあれば，各表示機器の光に変換される直前の値のこともある．また，目的に応じては三刺激値 XYZ も画素値となる．

（鈴木恒男）

→色分解
◆映像メディア学会編 (1997)

カタカリ [Kathakali]（社）

カタカリとは，インド南部ケーララ州に伝わる無言舞踏劇のこと．16世紀に発生し，民俗的な土着芸能に端を発し，サンスクリット語の古典劇の技法を取り入れ，独自の発展をした．演目としてはインド神話に題材を求め，「マハーバーラタ」「ラーマーヤナ」「ハーガヴァタ・ブラーナ」などがある．カタカリの特徴は，化粧法，とくに色彩によって役柄を表現することである．① 神や英雄はパッチャ（緑）といい，その名のとおりに顔を緑色に塗る．額にはヒンドゥー教のカーストマークが白く描かれる．舞台効果をあげるため黄色く塗る場合も多い．そして高貴な生れを表現するために白い顎鬚をつける．目は特殊な目薬をさし，真っ赤にするのがしきたりである．② 魔王は緑の地の中央に赤で短剣型の文様を書き込む．③ 狩人や森の住人は顔を黒く塗り，衣装も真っ黒である．④ 猿神ハヌマンは白ひげとよばれ，顔の地を赤く塗って，目のま

わりに黒い隈取をとる．白いふさふさとしたひげは神聖のシンボルである．⑤魔女は黒い顔に黄色の隈取をとる．カタカリの化粧では，以上のような緑，白，黒，赤，黄の5色が重要な意味をもっている．

(城 一夫)

葛飾北斎（造）

北斎は江戸時代後期の浮世絵師．江戸本所割下水に生れる．19歳で勝川春章に入門，春朗と称し，戯作挿絵，役者絵，美人画などを描く．のち勝川派から離れ，狩野派，堤等琳派，琳派，土佐派，中国画，さらには洋風画と，広くさまざま画法を学び独自の様式を確立した．宗理，戴斗，辰政，画狂人，為一など30に余る画号の改称，90回におよぶ転居と，その奇人的性格が喧伝される．40歳代には，「東遊」，「潮来絶句集」，「隅田川両側一覧」などの狂歌本挿絵や滝沢馬琴の『新編水滸画伝』をはじめとする読本挿絵に秀作を残し，50歳代に入ると絵手本類に力を注ぎ，『北斎漫画』（1814年に初編が，没年にあたる1849年に13編が出版された）を制作．代表作として知られる《富嶽三十六景》は，1831年から翌々年ころまでに46図が出版された．従来の錦絵で使用する藍とは異なる青色，すなわち輸入化学染料のプルシャン・ブルー，ベルリン藍，通称ベロ藍を多用し，併せて洋風の陰影法や遠近表現をも活用するなど，その斬新さは，まさしく風景版画に新境地をひらくものであった．

一方，『北斎漫画』の3編（1815年刊）には，「三つ割りの法」と称して，西洋風の透視図法や陰影法の技術が紹介され，同様に『略画早指南』初編（1912年刊）では，あらゆる物の形は四角と丸からなっているので，定規とぶんまわし（コンパス）を使うことからはじめれば，さまざまなものが直ちに描けると述べ，また89歳の時に著した絵手本・『絵本彩色通』初編・2編（1848年刊）は，より具体的な作画技法書の性格を備えており，筆，刷毛の使用法，絵の具の種類と調合法，ヨーロッパの隈取と日本の彩色の隈との違い，銅板画用薬品の製法と制作法，オランダ伝来の油彩画の具の調合法および描法，ガラス絵の描法や彩色の方法など，広汎にわたる多様な絵画技法が示されている．しかし，1849年4月18日未明，浅草聖天町遍照院境内の仮宅で北斎は生涯を終えたため，「次編に詳しく述べる」とした銅版画の技法については予告に止まった．

(河合正朝)

◆楢崎 (1944)，辻 (1982)，永田 (1986-88)，永田 (1987-89)，河野 (1966)，小林（忠）監 (1998)，浅野・吉田 (1998)

カテゴリカル色知覚 [categorical color perception]（感知）

色は連続的に知覚されるが，一方で類似している色がまとまって1つのカテゴリーとしても知覚される．たとえば，明るい青，暗い青，赤みを含んだ青，などのように1つの「青」で表現される色にもさまざまな色があるが，これらはすべて「青」として知覚される．このように異なって見える色を大きく1つのカテゴリーにまとめて知覚することをカテゴリカル色知覚という．

カテゴリカル色知覚を調べる方法としてカテゴリカルカラーネーミング（categorical color naming）がある．これは呈示されたテスト色に対して，その色を最もよく表す色名として1色名を選択して答える色名法である．被験者に自由に色名を選択させる場合と，11個の基本色名（basic color term）に限る場合がよく使われているが，いずれにしても被験者は色名に形容詞をつけたり，2個の色名を連結させた複合色名を使ってはならないとする．色空間内の色をすべてカテゴリカルカラーネーミングすることにより，色空間をカテゴリカル色名領域に分割できる．11個の基本色名によるカテゴリカル色名領域は言語によらず不変であること，またチンパンジーによるカテゴリカル色名領域も人間のものと一致するという報告，さらにサルの大脳下側頭皮質の神経細胞がカテゴリカルな色応答を示すという報告などから，カテゴリカル色知覚は脳内の中枢レベルでの色処理メカニズムが反映した結果であることが示唆されている．

色のカテゴリーを代表する色をフォーカル色（focal color）という．たとえば，赤という色のカテゴリーにはいろいろな見えの赤，つまり黄に近い赤，暗い赤，青みが含まれている赤などが含まれているが，その中で最も赤らしい「赤」がフォーカル色である．

(内川惠二)

→カラーネーミング法
◆Berlin, B. ・ Kay, P. (1969), Boynton, R.M. ・ Olson, C.X. (1987, 90), Uchikawa, K. ・ Boynton, R.M. (1987), Matsuzawa, T. (1985), Komatsu, H. ら (1992), 内川 (2001)

可読閾 [legible threshold] (感知)

文字などが読める読めないの境界値．形態弁別閾の一種．可読性が視覚の空間分解能に基礎をおくため，可読閾は，空間分解能に相関した刺激値をもって測定される．

たとえば，可読閾は，読み取ることができる最低視力として測定される．これを行う1つの方法は，刺激画像にローパス・フィルタリング処理を施し，特定の空間周波数（カットオフ周波数）よりも高い成分を取り除き，読めるか読めないかを問うことである．閾値として得られたカットオフ周波数から読み取りに必要な最低視力を算出できる．また，可読閾は，最小文字サイズとして測定される．文字の読み取りに必要な文字サイズ当たりの空間周波数帯域が既知であれば，読み取り可能な最小文字サイズは，視力に換算できるし，応用場面で有用な数値である．この他，視力との相関が認められる輝度コントラストや色コントラスト，呈示時間なども，刺激値として使用される．

測定実験においては，単純な形態弁別に終わらせない工夫と同時に，形状以外の手がかりに基づく推測を排除する工夫が必要である．また，調整法や極限法の下降系列の使用には，文字認知が再認過程であり履歴効果が大きいことに配慮しなければならない．　　　　　　　（舟川政美）
→可読性, 調整法, 極限法, 閾値

可読性 [legibility; readability] (感知)

文字などの読みやすさ，換言すると，形態弁別に基づく記号認知の難易度を意味する．視覚の空間分解能（視力や空間周波数特性）がその基礎であり，可読性が高いとは，できるだけ低い空間分解能で読み取ることができることである．しかし，記号認知は再認であり，単純な形態弁別に還元できない．なお，可読性という用語は，文章の読みやすさや理解しやすさを意味する readability の訳語として用いられる場合がある．

可読性は，記号特性，観察条件，視覚特性により複雑に変化する．記号特性として，記号サイズ，輝度コントラスト，色コントラスト，輝度極性（ネガ/ポジ），線幅やセリフの有無や画数などの形状（書体・文字種），相互に弁別される記号数（アルファベットなら26文字，数字なら10文字など），視覚ノイズ（印刷物なら印刷汚れ，VDT画面上の記号であればビットマップ化に伴うエイリアシングなど）があげられる．文章の場合，さらに，文字間・行間スペース，1行の文字数などがあげられる．

観察条件としては，観察距離や照明の強度・色温度・位置・分光組成などがあげられる．照明の影響は多様で，視覚系の順応状態を規定し，視覚の空間分解能やグレアに対する感度を変化させたり，光沢のある印刷面やVDT画面に反射しグレア光源となったり，VDTなど自発光表示のコントラストを低下させたりする．交通標識など遠方にある記号の場合，雨・雪・霧など大気の光学濃度も無視できない観察条件となる．

可読性に直接かかわる視覚特性は，空間分解能である．空間分解能は，明暗順応状態，網膜部位，加齢などにより変動する．また，時間分解能が要求されるような場面（短時間呈示や動態観察など）で，空間分解能は相対的に低下する．

色彩が可読性に与える効果は，可読性が視覚の空間分解能に基礎をおき，色覚の空間分解能が輝度知覚に比べ大きく劣っていることから，限定されたものである．記号と背景間の色コントラストが大きいほど高い可読性が期待されるが，輝度コントラストの効果に比べわずかである．むしろ，① 輝度知覚に比べ色覚の時空間分解能が低いこと（さらに，赤・緑に比べ黄・青が低い），② 周辺視野における色覚機能の低下，③ 色覚異常や加齢に起因する色弁別特性の低下，④ 色覚異常や加齢に起因する波長選択的な輝度知覚特性の低下，に配慮し，可読性をそこなわない色彩デザインを行わなければならない．

　　　　　　　　　　　　　　　（舟川政美）
→空間周波数特性, 可読閾, 色の視認性, 色の誘目性

歌舞伎役者に由来する色（役者色）
(衣化)

当代人気の歌舞伎役者が愛用した色であり，江戸市中の流行色となったもの．団十郎茶，芝翫茶，

梅幸茶,璃寛茶,路考茶など.現代の歌舞伎は伝承された「芸術」であるけれども,江戸時代の歌舞伎は熱狂的な人気を集める「大衆芸能」であった.歌舞伎役者は,風俗現象としてのアイドルであり,その身なりの色彩は,ファンの注目の的となり,社会の話題となり,流行色となった.団十郎茶は初代市川団十郎,芝翫茶は3代中村歌右衛門(俳名=芝翫),梅幸茶は初代尾上菊五郎(俳名=梅幸),璃寛茶は2代嵐吉三郎(俳名=璃寛),路考茶は2代瀬川菊之丞(俳名=路考)が,それぞれ好んで使用したことから,市中に流行した茶色である.当時の役者は,芸名とともに俳名(俳諧の雅号)も知られていた.なお,しかし,草根木皮を材料とした染色技術の時代において,特定の色調を安定したかたちにおいて染色することは,ほとんど不可能であったから,当代の江戸の町民は,色彩とともに役者の名の冠せられた言葉(色名)を楽しんでいたものというべきであろう.歌舞伎役者に由来する色(役者色)は「流行色」であり,「流行語」であった.

役者色の類義語に「役者染め」がある.「役者染め」は,人気役者が愛用した染めという意味である.それは,「役者色」とは異なり,主として,模様に関するものであった.従来,石畳文とよばれていた文様は,2代佐野川市松が好んで使用したことにより,それ以来,市松染めとよばれるようになった. (武井邦彦)
→粋な色

過分極 [hyperpolarization](生)

神経細胞の内側は外側に比べて負の電位にある.それよりさらに負の電位になることを過分極という.感覚受容器は通常脱分極によって情報を伝達するが,視細胞は光を検出すると過分極する.定常状態にある視細胞には暗電流とよばれる Na^+ イオンの細胞内への流入が存在し,膜電位が K^+ イオンの平衡電位よりも高い $-40mV$ に保たれている.光を受容することによって Na^+ チャンネルが閉じ,膜電位が K^+ イオンの平衡電位である $-80mV$ になる.この過分極性の電位変化がシナプスを介して伝達され視覚情報となる.視細胞の過分極は視物質の光受容によって引き起こされるが,これには cGMP を細胞内メッセンジャーとする数段階の生化学的カスケードが関与している.光を受容した視物質はGタンパク質を活性化し,cGMP ホスホジエステラーゼを活性化させる.これにより cGMP は減少し,cGMP 依存性 Na^+ イオンチャンネルが閉じ,Na^+ イオンの流入が止まり過分極が起こる. (花沢明俊)
→錐体,桿体,視細胞,吸引電極法

下弁別閾にあたる値 [lower difference threshold](心測)

比較の基準になる無変化の刺激(これを標準刺激という)に対して,これより減少方向に変化する刺激(これを比較刺激という)との差が初めて知覚できたとき,この比較刺激の刺激量と変化が知覚できなかった刺激量の最大値との境界を下弁別閾にあたる値といい,これと標準刺激量との差を下弁別閾という.下弁別閾にあたる値とは,比較刺激が下降方向に差があると知覚される最小の刺激値のことである.下弁別閾にあたる値の操作的定義は測定法によって異なり,極限法(完全上下法を含む)など刺激が上昇または下降系列で呈示される場合には,上昇系列の場合には「小」から「等」または「不明」に反応が変化する境界,下降系列の場合には「等」または「不明」から「小」に変化する境界をこれとする.また,恒常法など刺激がランダム順に呈示される場合には回答の出現頻度によって定義され,3件法の場合には「小」という回答とそれ以外(「大」および「等・不明」の和)が50%ずつになる刺激量を下弁別閾にあたる値とする.2件法の場合には「小」という回答が75%となったときの刺激量を下弁別閾にあたる値とする.このようにして求めた下弁別閾にあたる値と標準刺激値との差が下弁別閾となる. (坂田勝亮)
→弁別閾,極限法,標準刺激,上弁別閾にあたる値

加法混色 [additive mixture](表)

刺激が色光である場合に,ある色光に別の色光を加えると,重なった部分の色光(混色光)は光量が増加する.このように輝度が足し合わされるような混色方法を加法混色という.加法混色による混色光の輝度は,それぞれの色光の輝

度の和になる．また，分光放射輝度はそれぞれの色光の分光放射輝度を各波長ごとに足したものになる．グラスマンの法則により，それぞれの色光の xy 色度座標と輝度が (x_1, y_1, L_1) と (x_2, y_2, L_2) であるときの，混色光の xy 色度座標 (x_m, y_m) と輝度 L_m は，

$$X_m = [(x_1/y_1)L_1 + (x_2/y_2)L_2],$$
$$Y_m = L_1 + L_2,$$
$$Z_m = [(1-x_1-y_1)/y_1]L_1$$
$$+[(1-x_2-y_2)/y_2]L_2$$

となることにより

$$x_m = X_m/(X_m + Y_m + Z_m),$$
$$y_m = Y_m/(X_m + Y_m + Z_m),$$
$$L_m = L_1 + L_2$$

と計算される．2色混色の場合の加法混色光は xy 色度図上で2つの色光の色度座標を結んだ線上の色になり，3色混色の場合の加法混色光は，xy 色度図上で，3つの色光の色度座標でつくる三角形の内側の色になる．よって，テレビ画面など，赤，緑，青の三原色よりさまざまな色をつくる場合には，それらのつくる三角形が大きいほど再現できる色の範囲が大きくなる．

同時ではなく，きわめて短い時間間隔で交替する色光が眼に入る場合にも同様に混色が生じる．これを継時混色という．回転混色盤（Maxwell disc）による場合をとくに回転混色という．継時混色の場合，n 色混色後の明るさ (L_m) は元の色光の明るさ (l_n) および提示時間 (t_n) との積の平均となる．

$$L_m = (l_1 t_1 + l_2 t_2 + \cdots\cdots$$
$$+ l_{n-1}t_{n-1} + l_n t_n)/n$$

また，時間周波数だけではなく，空間周波数の高い小さな色光でも同様の混色が生じる．たとえば，点描画のように細かい点が隣接して並んでいるような場合に，各点の色が混ざって見える．これを併置混色という．併置混色の場合の明るさは，元の色の明るさとその色の点の面積との積の平均となる．この継時混色と併置混色を加法混色とは分けて，中間混色とよぶ場合もある． （坂田勝亮・篠森敬三）

→減法混色，グラスマンの法則

加法混色色彩計 [additive color mixture colorimeter]（測）

加法混色色彩計および減法混色色彩計という名称は，それぞれの混色の原理に由来している．加法混色の方法には，次の3つがある．① 色光を重ね合わせて眼に入射させる．② 色光を高速で交互に眼に入射させる．③ 微小な点の集合として眼に入射させる．加法混色で色をつくるとき，通常は赤，緑，青の3種類の色が用いられる．一方，減法混色は印刷インキや色フィルタなどの重ね合わせにより種々の色をつくることをいう．加法混色あるいは減法混色により色をつくるとき，3種類の色を選び，それらの混色で広範囲な色度の色が再現できる．加法混色の原色は赤（R），緑（G），青（B）で，この3つを三原色という．減法混色の三原色はシアン（C），マゼンタ（M），イエロー（Y）である．

加法混色に用いられる原色，赤と緑を加法混色すると R+G=Y（イエロー）になる．同様に G+B=C（シアン），B+R=M（マゼンタ）などの減法混色の原色が得られる．減法混色の原色，シアン（C）とマゼンタ（M）を減法混色すると青が得られる．同様にイエロー（Y）とシアン（C）を減法混色すると緑，マゼンタ（M）とイエロー（Y）で赤が得られる．減法混色の原色を減法混色すると加法混色の原色が得られる．加法混色の原理に基づく最も簡便な色彩計は，マックスウェルにより考案された回転円盤式色彩計がある．一方，減法混色の原理に基づく色彩計はロビボンド式色彩計がある．

（側垣博明）

→加法混色，減法混色，混色，比色計
◆日本色彩学会編 (1998):「色科ハンド・15 章」

カマイユとフォ・カマイユ [camaïeu and faux camaïeu (仏)]（調）

カマイユとは，絵画技法である単彩（画）・単色（画），染色では単色染めという意味のフランス語．単色で濃淡2層からなるカメオ用貴石（カマユー）の意味もある．カマイユ配色は，ほぼ同一色相の明度，彩度差がきわめて近い色の組合わせで，一見，1色に見えるほど微妙な色

の差の配色をいう．トーン・イン・トーン配色の一種．フォ・カマイユ配色のフォ（Faux）は，「偽の」という意味のフランス語．カマイユ配色が，ほとんど同一色相に近い配色であるのに比べて，フォ・カマイユ配色は，色相に変化をつけた配色をいう．また，異素材で近似色を組合わせて生じる微妙な色の配色効果をフォ・カマイユといったり，多色配色でありながら，単色画のように見せた絵画をカマイユという場合もあり，解釈は必ずしも一定ではない．

(松田博子・大澤かほる)
→トーン・オン・トーンとトーン・イン・トーン
◆大井・川崎 (1996), 野末ら (1996)

鎌倉時代の色彩 [color in the Kamakura Period]（社）

鎌倉時代は平家滅亡の1185年から足利尊氏の室町幕府開設の1333年までの約150年間，文字どおり武家による鎌倉幕府統治下の時代である．源氏の白旗，平家の赤旗の源平合戦を経て，鎌倉時代は武家の色彩が時代をリードする．戦場では軍旗以外にも鎧の威の色が重要な役割を果たす．華やかな緋色，赤の「匂い」（下の方から段々に濃くする），「裾濃」（下の方を濃くする）や重厚な黒威の鎧が多く見られたが，勝利を祈願する意味で，褐色と称する「勝ち」に音が通ずる濃い藍色の威も好まれた．その他，平安時代に最も好まれた紫，白，萌黄もよく使われた．直垂では，将は青地錦が多く，一般の武士たちは，海松色，褐色，紺，檜皮色，朽葉色，萌黄色など多く，僧兵では褐色が中心であった．女性は平素は小袖にうちぎを着用する質素なものであったが，表地に蘇芳，裏色を青にする「色目模様」とよばれる配色が好まれた．

(城 一夫)

カラーアソート [color assortment]（商）

カラーアソートは，色を取りそろえる，色の分類を意味する言葉で，他の用語では，カラーラインアップ，カラーバリエーション，カラーアベイラビリティーなどと同義に用いられる．ある同種の製品の色違いが多数ある場合，色の種別ごとに分類する作業がカラーアソートである．また，ある製品を新規に開発し，その製品のための色を複数取りそろえる行為も含まれる．

(大澤かほる)
→カラーアベイラビリティー，カラーバリエーション，◎カラーラインアップ

カラーアトラス [color atlas]（商）

色地図帳という意味をもった言葉で，色の広がりを一覧するために平面上に色相，明度，彩度を微妙に変化させた色票を掲載した一覧表や冊子のこと．カラーアトラスと同義で用いられる言葉に，カラーマップ，カラーチャート，カラーテーブルなどがある．これら色の一覧表のつくり方は目的に応じて一定ではないが，色の三属性に基づいた配置や，色相と色調（ヒュー・アンド・トーン）に基づき，広範な色域にわたり，微妙な色変化を伴った色票を偏りなく配置する方法が一般的である．カラーアトラスを使うと，広範な色域の色を見比べながら作業が進められるので，製品色のカラーバリエーションを検討したり，配色時の色探しに便利である．また同色系の微妙に異なる色を探したり，色の分布を調べる際のツールとしてもよく利用されている．

なお，アトラスは，ギリシア神話の巨人神の名で，オリンポスの神々との戦いに敗れ，罰として世界の西の果てで天空を支える役割を科せられた神である．近代世界地図の先駆者として知られる16世紀のフランドル（現在のベルギー）の地理学者メルカトル（1512-94）が作成した地図帳以来，その表紙にこのアトラスを描く慣習が定着し，地図帳をアトラスとよぶようになったといわれる．

(大関 徹)
→ヒュー・アンド・トーン，カラーオーダーシステム，カラーチャート，◎カラーマップ，カラーテーブル

カラーアピアランス [color appearance]（感知）

人がある色刺激を見た際に知覚する絶対的な色感覚をカラーアピアランス（色の見え）とよぶ．カラーアピアランスは，一般にブライトネス，ライトネス，カラフルネス，クロマ，サチュレーション，色相などの属性を用いて表現される．カラーアピアランスは，色刺激そのものの CIE 三刺激値が同一であったとしても，観察者の順応状態や観察環境の違いなどのさまざまな要因によって変化する．このような現象は数多く知られているが，代表的なものとしては，ベ

ツォルト-ブリュッケ効果，アブニー効果，ハント効果，ヘルソン-ジャッド効果，スティーブンス効果，同時対比効果などがある．これらの効果を考慮してカラーアピアランスを求めるモデルが 1980 年代より報告されるようになり，代表的なものに Hunt (1982)，Nayatani (1986) らによる報告がある．90 年代に入るとさらに多くのモデルが発表され，それぞれが性能を競い合うという状況になったが，CIE は産業界からの強い要望に応える形でカラーアピアランスモデルの暫定版である CIE CAM97s を発表した (CIE, 1998)．CIE CAM97s は上記のすべての効果を予測できるわけではなく，より複雑な現象への対応については課題を残している．

(山田　誠)
→ベツォルト-ブリュッケ・ヒューシフト，アブニー効果，ハント効果，ヘルソン-ジャッド効果，スティーブンス効果，色対比，色の見えモデル
◆Hunt, R.W.G. (1982), Nayatani, Y. (1986), CIE Pub. No.131 (1998)

カラーアベイラビリティー [color availability] (商)

1. 商品の色の選択肢．ある商品で，顧客が選択可能な設定色．一般にアベイラビリティーは「可用性」と訳されているが，カラーアベイラビリティーは色の可用性ではなく，利用可能な色という意味である．「カラーラインアップ」がつくり手から見た色揃えという意味合いであるのに対し，カラーアベイラビリティーは顧客側から見た色揃えの意味合いが強い．「カラーアソートメント」も同じ意味に使われるが，アソートメントは取り合わせる，盛り合わせるという意味で使うことが多い．また「アソートカラー」という別の意味の言葉もあり，誤解を招きやすい．「カラーバリエーション」も同義語として使われることがあるが，これはかなり広い意味と使い方があり，同じではない．

(例)

	商品 A	商品 B	商品 C
色 a	○		○
色 b		○	
色 c	○	オプション	

2. 商品別の設定色のマトリクス．商品ごとに選べる色が異なる場合に，その選択肢を一覧表にしたもの（例参照）．

(吉田豊太郎)
→カラーバリエーション

カラーイメージ [color image] (感知)

自然科学の一分野となることを目指してきた心理学の歴史の中で，行動主義全盛の時代には，目に見えないものを研究対象にしないという方針により，イメージという心理現象はほとんど省みられることはなかった．その後，人間の知的活動に注目する認知心理学隆盛の時代が訪れると，イメージをいかに科学的・定量的に研究するかという努力がなされるようになった．カラーイメージを定量的に研究する方法としては，たとえばオズグッドの開発した SD 法 (semantic differential technique) がある．この方法では，一群の双極性の形容詞尺度上に，色に対する被験者の評価をプロットし，評価の平均値として，カラーイメージプロフィールが作成される．さらに因子分析により，評価性因子 (evaluation) (例：美しい-醜い)，力量性因子 (potency) (例：重い-軽い)，活動性 (activity) (例：興奮-沈静)，などの因子が抽出されている．これはイメージを統計的・客観的に研究していく方向である．今日，物理科学のモデルに従わずとも，心には心の研究法があるという主張が心理学の中に生れている．そのような領域ではイメージが心の中に表象としてどのように出現するかという，定量的ではなく経験的な研究がなされるようになっている．深層心理学はそのような方向性の典型である．カラーイメージが個人史の中でどのように形成され，その人にとって色彩がどのような意味をもつのか，とか，あるいは人類として，民族として，共通のカラーイメージがあるとすれば，どのような集合的無意識によるものであろうか，といった観点からのカラーイメージの研究が許される時代になっている．

(村山久美子)
→SD 法，因子分析

カラーインデックス [Colour Index] (化)

工業的に製造・販売されている合成染料および顔料について，種属，色相，化学構造をもとに整理，分類したデータベース．英国の The Society of Dyers and Colourists (SDC：英国染色者学会) が 1924 年にカラーインデックス第 1 版を出

版，その後 1956 年に第 2 版，1971 年に第 3 版，1975 年にはその増補版全 6 巻が出版されている．カラーインデックスでは，化学構造ごとに種属と色相に基づいて分類した C.I.Generic Name と，その化学構造別に分類した C.I.Number を付与している．たとえば，

  商品名：Sumifix Brilliant Blue R,
  C.I.Generic Name：C.I.Reactive Blue19,
  C.I.Number：61200.

現在使用されているカラーインデックスの分類法は第 2 版が基本となっており，増補版では，新製品の追加を中心とした情報の追加と訂正を行っている．最近，SDC では安全性に関する情報などを含めた新しい内容での編纂を進めており，第 4 版は Fourth Edition Online というかたちの電子情報版とし，2000 年度に顔料版を発表，染料版は 2002 年に公表されている．

（今田邦彦）

◆Tordoff, M. (1984)

カラーオーダーシステム [color order system]（表）

物体色の属性を尺度化して配置した色体系の一種で，数値や記号によって各色を表記する．配置の尺度は測光値や測色値などに基づく物理的尺度か，明度や弁別閾といった心理物理的尺度による場合が多いが，NCS のように物理量に基づかない純粋な心理尺度によるものもある．尺度構成は等間隔性*（等歩度性**である必要はない）が保証され，間隔尺度以上の尺度構成による．順序尺度以下によるものはカラーシステムとはよばれるが，一般的にはカラーオーダーシステムには含めない．また表色系のうち CIE XYZ システムや CIE LAB システムなど測光値に基づく混色系はカラーオーダーシステムには含めないが，オストワルトシステムや OSA システムのように色票化を目的としているものはカラーオーダーシステムの一種と考えるのが一般的である．カラーオーダーシステムは色の 3 次元性から色立体として表され，また表記にはそれぞれのカラーオーダーシステムによって独自の三属性を用いるが，NCS のように三属性という概念自体が希薄なものも存在する．そしてこの三属性を用いて色の表記，配色調和の選択，系統色名の区分，色票化などを目的とすることが一般的である．（* 色空間内の任意の距離が知覚的に同じ意味をもつこと．** 尺度値の増減分が知覚的に一定であること．）

（坂田勝亮）

→NCS, オストワルト表色系, OSA 表色系

カラー拡散転写方式 [diffusion transfer color process]（入出）

ハロゲン化銀乳剤と色材の組合わせにより，現像時に移動性の色素を生成させ，受像層へ拡散させ，染着してカラー画像を形成させる方式．主にインスタントカラー感光材料に用いられる．カラー拡散転写方式には，色素固定方式（拡散性色材が反応により非拡散性に変化）と色素放出方式（非拡散性色材が反応により拡散性に変化）とがある．また，色材の方式には，ネガ作用色材（ネガ乳剤と組合わせた場合ネガ像を与える）とポジ作用色材（ネガ乳剤と組合わせた場合ポジ像を与える）とがある．これらの組合わせによって下表のとおり分類される．たとえば，富

	ネガ作用色材	ポジ作用色材
色素固定方式		色素現像薬
色素放出方式	レドックス色素レリーサ	銀イオン色素レリーサ

士フイルムのインスタントカラー感光材料ではネガ作用色材であるレドックス色素レリーサとオートポジ乳剤の組合わせ，ポラロイドではポジ作用色材である色素現像薬および銀イオン色素レリーサとネガ乳剤との組合わせが採用されている．インスタントカラー感光材料は青感光性ハロゲン化銀乳剤層とイエロー色材層，緑感光性ハロゲン化銀乳剤層とマゼンタ色材層，赤感光性ハロゲン化銀乳剤層とシアン色材層の組合わせから成り立っている．これら 3 組の間には中間層が設けられており，望ましくない相互作用（混色）を防止している．

（大倉卓二）

◆日本写真学会社員用語委員会編 (1988), 日本写真学会編 (1988)

カラー画像 [color image]（入出）

人間の錐体細胞は，分光感度特性が異なる SML の 3 種類が存在するため，カラーは三原色で表現される．加法混色による光の三原色は

RGB（赤，緑，青），減法混色による印刷の三原色は CYM（シアン，黄，マゼンタ）である．カラー画像は，三原色に対応する3次元のベクトル値を個々の画素がもっている画像である．カラーの表色系は用途に応じて種々用いられているので，カラー画像のベクトル値もそれに対応するものが考え得る．一般には，カラーディスプレイの三原色である RGB や，ビデオのコンポーネント信号形式の表色系である Y, Cr(R–Y), Cb(B–Y) が用いられることが多い．ここで，Y は上記の黄に対応するものではなく，明るさに対応する信号である．分光測色では，入射光の分光分布を計測し等色関数との積を求めて三刺激値を獲得する．

一方，カラービデオカメラやディジタルスチールカメラでカラー画像を撮影するためには，色分解フィルタを用いる．色分解フィルタの分光透過特性が等色関数に相当し，フィルタによって光学的に積を求めていると考えると，分光測色とカラー画像撮影の関係がわかりやすいであろう．

（大田友一）

◆Hunt, R.W.G.（1991b）

カラーカメラのホワイトバランス
[white balance for color TV cameras]（入出）

映像信号は RGB 三原色の信号（またはその1次変換であるルミナンス（輝度）・クロミナンス（色差）信号）であり，アナログ信号の場合は 0〜700mV（放送の規格では，8bit のディジタル表記の場合，黒が 16 で 100％レベルが 235）のレベルをもつ．映像信号は，白のピークで規格化されており，画像の中で無彩色の部分での映像信号レベルは RGB それぞれが等しい値をもつ．無彩色の物体をカメラで撮影したときに，その被写体に対応する映像信号で，RGB の各3チャンネルの信号レベルが等しくなるように，映像信号回路の利得を調整する．この調整を，ホワイトバランス調整という．カラーカメラの構成の概略を，図に示す．ホワイトバランス調整は，プリアンプの利得を調整することにより行う．あらかじめ調整しても，実際に使用する照明が理想の分光分布と異なれば，白い被写体を撮像したときに，RGB が同じ信号レベルにはならない．このため，調整が必要なのである．照明が，D65 ではなく A 光源などというように大きく異なる場合は，色温度変換フィルタも用いられる．なお，「白」とは，規格では基準白色であり，ハイビジョンやディジタル放送では D65，地上の標準放送である NTSC では C 光源である．

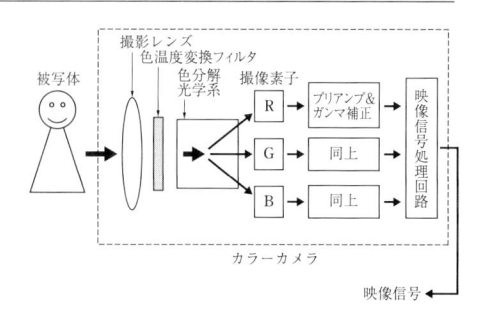

（金沢　勝）

→基準光

カラーキーパーツ [color key parts]（商）

カラーキーは色調という意味であるが，カラーキーパーツは，本体（または主要な部分）と色を合わせた部品のこと．商品がいくつかの部品で構成され，主要な部分と附随する部分の色を同色で合わせる場合，それらの部品をカラーキーパーツとよぶ．一般には，本体に複数のカラーアベイラビリティー（ラインアップ）があり，A 色の本体には A 色の部品，B 色のそれには B 色の部品というように同じ色，あるいは指定されたコンビネーションカラーを組み合わせることを指す．カラーキーの考え方は，とくにアメリカ合衆国のインテリアや自動車で多く取り入れられており，たとえばインテリアでは壁の色と同色のドアと窓枠，フロアと同色の家具，バスと同色のシャワーヘッドと水栓ノブなどがあげられる．自動車ではボディーカラーと同色のバンパー，アウトサイドドアハンドル，ミラー，ラジエーターグリル，クラッディングパネルなどがある．

（吉田豊太郎）

→カラーアベイラビリティー，◎共色部品

カラー・キー・プログラム [color key program]（調）

アメリカのロバート・ドア（1905–79）が 1928 年に考案した色分類による色彩調和システム．彼は，すべての配色は，青みを帯びた色によるブ

ルーベースの色群による調和（クールカラー調和）と，黄みを帯びた色によるイエローベースの色群による調和（ウォームカラー調和）の2種によって調和がとれるとした．彼はこれらの色分類に基づき，1941年に「カラー・キー・コーポレーション・オブ・アメリカ」を設立し，以後，衣料品，化粧品，塗料，テキスタイル，インテリアの配色，さらには百貨店，ホテル，自動車，映画のカラーリングにいたるまでカラー・キー・プログラムを応用し，成功を収めている．彼の調和論は，その後のカラーイメージコンサルタントの色分類手法にも影響を与え，現在広く行われている個人に似合う色を分析する際の肌色の4分類手法（クール，ウォームの基本分類に明暗分類の視点を加えたもの）の基礎となっている．

カラー・キー・プログラムの調和分類は，多色の対象物に青フィルタをかけた際の色群と黄フィルタをかけた際の色群とに分類するような視点であり，一種のカラードミナントの効果を応用したものと考えられる．アメリカのデボー・ペイント社からおよそ1400色の色見本帳が市販されている．　　　　　　　　　　（大関　徹）
→カラードミナント

カラークリアー [colored clear coat]（着）

色みのあるクリアー塗装のこと．一般のクリアーコートは，ほとんど無色透明であるが，これに少量の着色顔料を入れ，わずかに色をつけることによって，美観上の効果をあげるのがカラークリアーである．普通はあざやかな色（ベースコート）に，同じ色系のカラークリアーを施すことにより，よりあざやかな色を実現するために用いられる．カラークリアーのPWC（顔料の含有率）が高すぎると，ムラになったり，被塗物のふちに色が溜まったりする（通称「額縁現象」といわれる）．少し変わった使い方としては，低明度高彩度で光輝感の強い色の上に黒のカラークリアーを塗り，全体としては黒色だがハイライト部分だけが有彩色に見えるという塗装もあり，自動車用に実用化されている．
　　　　　　　　　　　　（吉田豊太郎）
→クリアーコート，◎ティンテッド・クリアーコート，にごりクリアー

カラーコーディネーション [color coordination]（商）

服飾や化粧などファッションの色彩，工業製品や都市の建築色彩など生活にかかわる色彩が快適に心地よく感じられるように，全体的な調和を考えて配色・デザインすること．日本では奈良時代の当色（とうじき），禁色（きんじき），江戸時代の奢侈禁止令など色の自由な使用を抑圧する歴史があり，西欧でも色が自分自身を表現するためのものとなった創造的な伝統はほんの600年に過ぎない．日本で色彩を生活や仕事に効果的に使うテクニックが知られるようになったのは第二次大戦後の1950年代からアメリカのCheskin (1956) のクリエイティブカラー（creative color）などが紹介されたのが始まりといえる．

配色には情緒性と識別性の2つの効果がある．SD法に基づく因子分析によれば情緒性にかかわる色彩の心理的効果は，評価因子（良い−悪い，美しい−汚い，など），活動性因子（動的−静的，派手な−地味な，など），軽明性因子（軽い−重い，陽気な−陰気な，など），鋭さ因子（鋭い−鈍い，緊張した−ゆるんだ，など）の4因子が有効であるということが最近の研究で認められている．色彩の情緒性が重視される服飾製品ではこれらの感情効果と色彩・配色の関係を重視し，上記の4因子を考慮しつつ単色のもつ色彩効果をベースにカラーコーディネーションを考えることが大切である．環境色彩における交通標識類は情緒性よりも視認性や記号性といった色彩の識別性が優先される．ゾーンとしての都市の景観色彩には永続性，公共性，個と全体のバランスを考えた関係性を基本として，秩序，落ち着き，にぎわい，地域特性，伝統や個性が感じられるカラーコーディネーションが求められる．
　　　　　　　　　　　　（速水久夫）
→SD法
◆Cheskin, L. (1954), Birren, F. (1950)

カラーコード [color code]（商）

カラーコードは，原理や一定の規則に基づき，色を分類整理した記号系のことである．カラーチャートが実際の色見本を添付したものであるのに対し，カラーコードは，単に色見本に付された記号系として処理されるものであり，実際

の色見本を指す用語ではない．カラーコードは，主に色彩管理に活用される．色彩を伝達する際，色彩の情報発信側と受信側とが，ある色に関する情報を共有するためには，その色を特定する何らかの約束ごとが必要になる．カラーコードはいわば，色彩を正確に整理，分類，伝達するための道具といえる．分類整理の手法は，目的に応じてさまざまな考え方があるため，その考え方によって，多種のカラーコードが存在する．

一般には，色相と色調による記号系，色の三属性に基づく記号系がよく使われる．たとえば，測色値に基づいて，ある色の系統色名を求め，それが明るい緑みの青（light greenish blue）とすれば，それを記号化し l-gB というように表記したり，店頭での商品色の統計などに活用されている POS カラーコードのように，色調を 0～9，色相を 0～9 とし，2 桁の数字の並びで表記するなどの事例があげられる．実際の色材では，メタリックカラーやパールカラーなど，色だけではなく，色の質感を伴うものも多いため，それらをカラーコードに含める場合もある．

(大澤かほる)

→カラーチャート，POS カラーコード，系統色名

カラーコンセプト [color concept]（商）

英語のコンセプト（concept）には，概念とか構想，発想といった意味があり，マーチャンダイジング（商品化計画）に際して策定される．これから生みだされる商品についての，新たな性格づけや，方向づけは，商品コンセプトとよばれる．この商品コンセプトに基づいて，どのような色彩をその商品に採用するのかという，そこで採用される色彩の方向性を示す筋道として設定されるのが，カラーコンセプトである．

カラーコンセプトは，商品コンセプトの一環として設定されるだけではなく，流行色予測情報においても重要な役割を果たしている．当該シーズンに向けて発信される流行色予測情報においては，そのシーズンに向けた色の方向性を示す根拠としてカラーコンセプトが設定される．カラーコンセプトの趣旨が，簡潔なキーワードで表現されると，それはカラーテーマ（color theme）とよばれるものになり，この場合のカラーテーマは，そのシーズンに向けての流行色予測情報全体を表すテーマ名となる．

(出井文太)

→カラースキーム，カラーマーケティング，カラーマーチャンダイジング，流行色，

◆東商編 (1998c)：「ファッション色彩」

カラーコンタクト [color contact lens]（衣化）

カラーコンタクトレンズ（虹彩の色が選べるソフトコンタクトレンズ）．自分の好みにあわせて，服装やアイメークにあわせて，瞳の色を変化できる（ただし瞳孔部分は無色なので，無色レンズと同じ）．カラーコンタクトの色にはブルー，グリーン，ヘーゼル，ブラウン，バイオレット，グレイなどがある．カラーコンタクトレンズが普及しはじめる背景には，1990 年代にはじまった茶髪とよばれる毛染めの影響が大きい．伝統的な黒から脱して，自由に色を楽しむようになった結果，眉毛や睫毛の色にとどまらず，虹彩の色まで選択できるようになった．

(村澤博人)

→茶髪

カラーサイクル [color cycle]（商）

色彩の需要は，増加，減少を繰り返すことが市場ではよく観察されるが，その繰り返しの周期のこと．色の色相の増減だけでなく，色調の増減もある．市場に出回る色の占有率が変化するためには，市場に複数の色が存在することが条件となる．その点では，色彩が多様な製品分野でよくこのような色彩の増減が観察される．色彩が最も多様化している婦人衣料分野を例にとると，個々の色のカラーサイクルはそれぞれ異なっており，周期が長い色と短い色の存在が観察される．日本市場における婦人衣料では，白，黒，ベージュ，紺色，灰色，茶色の占有率がとくに高く，これらの色のカラーサイクルは長い．これに対し，これらに次ぐ色である赤，ピンク，ラベンダーなどは，前記の色に比べるとそのカラーサイクルは短い．色の増減は，その色を購入する人びとの嗜好，飽き，マスコミなどによる宣伝効果，素材やスタイルとの関連など，多様要因が絡むため，これらの色の繰り返し周期は一定ではなく，決まった期間で規則正しく増減を繰り返すような現象は観察できない．

(大関 徹)

カラーシミュレーション [color simulation]（商）

色彩計画において，完成後の対象物の様子をあらかじめ予想するために，模擬的に完成後の色のようすを見ること．対象物が置かれる周囲の景観を模擬的に用意し，その対象物の色をさまざまに変化させたり，対象物自体の色をさまざま変更するなどし，よりよいカラーを検討・評価するために，よく行われる．

色を変化させたレンダリング（きわめて実物に近い細密画），パース（透視図）を描いたり，クレイモデル（粘土模型）や縮小模型をつくったりする作業や，製品模型の色違いを複数つくる作業もカラーシミュレーションの一種であるが，いずれも手間と費用がかかるため，現在ではコンピュータグラフィックを活用することが多い．カラーシミュレーションを行う装置をカラーシミュレータという．カラーシミュレータでは，実写のカラー写真フィルムを用い，カラーを変更すべき部分を他の写真と置き換え，その置き換え部分だけを投射映像などで色変更を行うものもあるが，大型で写真加工に手間がかかるため，現在ではコンピュータグラフィックを使用したものが主流である．　　　　（大関　徹）
→クレイモデル

カラースキーム [color scheme]（商）

色彩計画に使われる色を，組織的にグループ化し，互いの色関係を系統的に示したもの．カラースキームという言葉は，翻訳すれば「色彩計画」となるが，その計画に使う色の関係を具体的な色票を使って示したものである．地域の色彩計画や大規模の建築物などでは，その対象物が個々の集合や複合で構成され，それらに使用される色が100色以上にも及ぶ場合が少なくない．このような場合には，基調をなす色群や，アクセントとすべき色群といった色の役割や，対象物の使用目的や機能などによって，色彩の性格を分け，色彩を混乱なく生かすために，個々の色をその性格に応じてグルーピング化する作業がよく行われる．

カラースキームは，計画に携わる人びとがこれらの色の関係を把握した上で効率的に作業ができるように，これら複雑な色群の関係を，わかりやすく示すためのものである．カラーのグルーピングの一例としては，大面積の地色などに使用するベースカラー（基調色），出現頻度が高く統一的印象を与えることを目的としたドミナントカラー（主調色），前記2種の色を補助するアソートカラー（従属色），形や空間の印象を引き締めるトリムカラー（整頓色），配色に対比関係をつけ，配色の印象を強めるアクセントカラー（強調色）などの分類がある．

（大関　徹）
→カラーパレット，色彩調節，ドミナントカラー，アクセントカラー，従属色

カラースワッチ [color swatch]（商）

色の指定・伝達のために使用される色生地・皮革・プラスチックなどの各種素材の小片，あるいは，この種の作業の目的のためにつくられた色見本のこと．カラースワッチは，その色見本を使用して，最終の製品色を指示するために使われることが多いため，最終製品に使用される各種素材と同一か近似した素材感や表面効果をもつもののほうが望ましい．色指定に使用されるこの種の色見本類の色構成は一定ではないが，汎用性の高いものとしては，色相，明度，彩度を系列的に並べたカラーオーダーシステムの体裁を採った色紙によるものが多く市販されている．また，糸，布帛，塗料吹きつけ，印刷色，プラスチックなど，素材別のカラースワッチも多数存在する．　　　　（山内　誠）
→カラーオーダーシステム
◆松田 (1995), 北畠 (1989)

カラー戦略 [color strategy]（商）

カラー戦略は経営戦略，商品戦略などの一部として，カラーの情報収集から開発，販売，アフターサービスに至る総合的な計画を意味する．時代によってその意味や内容は大きく変化してきている．1950年代から70年代は，カラー戦略の一般的な定義は「敵（競合他社）に打ち勝つための具体的色彩施策を明示すること」であり，商品を量販することによるスケールメリットの追求に重点が置かれていた．1980年代には「企業が所有する資源（人，物，資金，情報など）を有効活用し，効率的に目標（顧客ニーズ・満足，会社の利潤など）を達成するための色彩計

画」という意味合いが強くなった．1990年代から2000年代にかけては「企業理念やアイデンティティを表現し，また，顧客に価値を提供して共感を得るための色彩計画」という側面がクローズアップされている．

　歴史的にカラー戦略の事例をあげると，1950年代から70年代のアメリカの自動車産業は，イヤーズカラーチェンジというシステムをつくり，車種ごとに毎年何色かの車体の色を変更した．顧客は，新型車を購入したことを周囲に誇示するために，その新色の車を購入した．このカラー戦略が販売台数の増加に多大に貢献したのである．しかし，1980年代から90年代初めには，カスタマー・オリエンティッド（顧客意見や満足度重視）の戦略が主流となり，顧客要望を正しくとらえるための情報戦略システムが重視された．90年代から，環境への関心の高まり，また企業の再編成が活発になり，企業姿勢やブランド戦略を重視する動きが台頭し，カラーもそれを表現する方向に向かいつつある．

〔吉田豊太郎〕

→カラースキーム

カラーチャート [color chart]（商）

　チャートは，地図や図表の一覧という意味であり，カラーチャートは，いわば色を一覧表の形式に整えたものである．同様の言葉に，カラーアトラス，カラーテーブル，カラーマップなどがある．これらの言葉は，いずれも色を体系的に捉え，色調，色相による分類や，色の三属性に基づき，秩序立てて連続的に色を配置するなどし，広い色域を整然と展開する形式が多い．いずれも「色一覧」という意味ではカラーチャートと同じだが，カラーチャートという場合には，とくに色を整然と配置したものだけではなく，単にある製品のカラー一覧表など，自由な形式の色配置を行ったものにもよく使われる平易で一般的な用語として定着している．また，カラーチャートは前記のカラーアトラスなどと同様に，実際の色見本を添付したものであるが，これに対しカラーコードは，カラーの記号体系を指す用語であり，色見本自体を意味するものではない．

〔大澤かほる〕

→カラーアトラス

カラーディレクション [color direction]（商）

　ある特定の色や色域を，対象製品の特徴的な色として設定し，その色や色域を生かしたカラー展開を行っていくこと．ディレクションには方向を指し示すこと，指導，演出などの意味がある．カラーディレクションはカラーについての方向性を指示するという意味であり，ある特定の色域を限定することにより，商品展開における訴求イメージの統一化を図り，消費者に対する色彩の訴求効果を高めることを主な目的として実施される．

　カラーディレクションは，企業単位，業界単位，あるいは業界を越えた展開を行う場合もある．カラーディレクションにより，消費者への訴求効果を高めるには，そのカラーデザインの訴求点を，製造，商社，販売，広告など，各流通段階に携わる者それぞれがよく理解し，その訴求要点が明確に伝わるように情報を共有する必要が生じる．そのため，商品の企画意図に対する意志疎通を円滑に行うための手段として使われることも多い．服飾のように，季節によって色彩の変動が大きい商品では，カラーディレクションに用いる色域をその季節によって変化させながら，半年，または通年にわたり，一定の物語性をもたせた企画で行う場合もある．

〔大関　徹〕

カラー特徴空間 [color feature space]（画処）

　パターン認識では，観測パターンから得られた N 種類の特徴を並べてできる N 次元ベクトルを特徴ベクトルといい，それがつくる N 次元空間を特徴空間とよぶ．三刺激値の組で表されるカラー情報は，3次元の特徴空間をつくると考えられる．1枚のカラー画像中のすべての画素がつくるカラー特徴空間に対してカルフーネン-レーベ展開（K-L展開）を行い，分散が最大となる第1主軸，それに直交する中で分散が最大の第2主軸，両者に直交する第3主軸を求めることによって，当該カラー画像を最も効率よく記述できる表色系が得られる．自然情景を撮影した画像では，第1主軸は明るさにほぼ対応する．

一方，第3主軸上での分散は小さく，それを省略してカラー特徴空間を2次元に縮退させても元のカラー画像はあまり変化しない．カラー画像を領域分割する場合を考えよう．ひとつの領域に属する画素群は類似のカラーをもつと考えられるので，カラー特徴空間の中でまとまりのよいクラスタをつくる．したがって，特徴空間においてクラスタを検出し，そのクラスタに属する画素群を画像上で取り出すことで領域の切り出しができる．　　　　　　　（大田友一）
→カラー画像，領域分割，K–L展開
◆坂井 (1983)

カラードシャドー [colored shadow]（感知）

色のついた影という意味をもつカラードシャドー（色陰）という現象は，ゲーテ現象ともいわれ，その詳細はゲーテの『色彩論』に述べられている．この現象を得るためには2つの条件が必要である．第1に白い壁を任意の色彩に染めるような色光があること，そして第2に壁面にできた影をある程度照らす逆光が存在することである．まず黄昏どきに炎の小さいローソクを白い紙の上に立て，次に黄昏の弱い陽の光とローソクの間に1本の鉛筆を垂直に立ててそれを観察すると，鉛筆の影がきわめて美しい青であったとゲーテは報告している．このような劇的な現象を得るために留意すべきことは，影を消してしまうほど強すぎるようなローソクの光を用いないことである．こうしてできた影の色は，色光と白色光を混色した光の補色の色となる．恒常性の研究で有名なHelson (1964) は赤，黄，緑，青の色光と白色光の混合比と，影の色との関係について言及し，混合の比率によって影の飽和度は変化するが色相（照明の色の補色）は変わらないことを明らかにした．さらにこの現象の実験的再現とも考えられるポラロイド・ランド社のLand (1959 a, b) の実験は2色分解合成による色再現を行ったもので2色法とよばれるが，色再現における実用性はきわめて低い．
　　　　　　　　　　　　　　　　（齋藤美穂）
→ランドの2色法，ヘルソン–ジャッド効果
◆Goethe, J.W. von (1810), Helson, H. (1964), Land, E.H. (1959 a, b)

カラードミナント [color dominant]（調）

カラードミナントとは，組み合わせる色それぞれに，ある色相（赤系，青系といった色み）が共通している配色をいう．たとえば，赤いサングラスをかけて風景を見たとしよう．すると，見るものすべてが赤みを帯びて見えるが，そこに現れる色には赤という色相が，風景を構成するものすべてに共通している．ドミナント（dominant）は，直訳すると優勢な，支配的なという意味で，カラードミナントとは，いわば組み合わされたすべての色が，ある色相でドミネイト（dominate：支配する）された配色を指す．

配色表現で使われる「ドミナント」とは，組み合わせる色すべてに共通の条件（実際には色だけでなく，素材，表面処理なども含まれることが多い）を与えて配色全体に統一感をつくり出すことを意味する．「ドミナント」は色彩調和を得る上で重要な原理のひとつである．「ドミナント」を使った配色用語では，他に「ドミナント・トーン」（淡い，濃いといったトーンが共通している配色）がある．組み合わせる色それぞれに，ある色調が共通している配色をいう．色と色とを組み合わせるとき，色数がふえるほど，調和は得にくくなるが，カラードミナント，ドミナント・トーンは，多くの色を組み合わせる配色（多色配色，マルチカラー配色とよばれる）で，色彩調和を得るための有効な手段といえる．
　　　　　　　　　　　　　　　　（大澤かほる）
→ドミナント・トーン

カラーネーミング法 [color naming method]（感知）

測色値によって，同じ色の見えを与える色光は規定できるが，その色光の見えを直接規定することはできない．また，表色系はある特定の視環境における色の見えを規定するが，環境や条件が変わった場合の見えを保証するものではなく，また個人差の情報も含んでいない．しかし，さまざまな視環境や実験条件そして各被験者に対する色の見えを直接測定することは，色覚メカニズムを調べたり，色環境を評価するうえで重要である．そこで，心理的な色の見えを人間が言語的に評価することによって，直接的に色の見えを測定し，定量的に分析する方法のことをカラーネーミング法という．カラーネーミング法の利点は，色の見えの応答が直接的に

得られるだけでなく，参照光との比較が不要なため，他の光による順応や対比効果の影響を心配する必要がないこと，また測定したい色と被験者さえ存在すれば色の見えを測定できることから，フィールドワークによる実際の色の見えに基づく色彩環境の測定や評価にも適している．

ここでは反対色理論に基づいた方法についてのみ説明する．反対色理論によれば，1つの色の中に赤（R）と緑（G）は同時には存在せず，黄（Y）と青（B）も同時には存在しない．したがって，すべての有彩色の色相はおおざっぱではあるが R, G, Y, B, RY, RB, GY, GB のいずれかで表現できる．より精密な色相は，RGYB の比によって（たとえばある橙色の R：Y の比でどの程度赤っぽいのか，または黄色っぽいかを）示すことができる．たとえば，色光に黄成分のみしか見えない場合は Y，黄と緑が両方見えるときは YG あるいは GY と応答する．YG と GY のように，順序が違うだけの組合わせがあるのは，強く感じた色成分を先につけるという規則をつけたためで，たとえば YG は緑みより黄みが強い黄緑であることを表す．その後，彩度を 0～3 点の得点で応答したり，白（White）を RGYB と同等に扱い，組合わせにあわせて 0～3 点を各要素の得点として加える方法が提案されている．

これらの方法は，被験者が色の見えをある程度スケーリングすることから，カラースケーリング法というべき方法である．さらに，RGYBの中から 2 色の比（パーセンテージ）を使って色光の見えを被験者に応答させる方法や，彩度を含めて定量的に測定するために白（W）を考慮して彩度の応答を含めたカラーネーミングも提案されている．具体的には，色光に含まれる無彩色成分 A（achromatic component）の割合を評価し，残りを RGYB の有彩色成分に分配して，全体の合計が 100（％）となるように数値で答える，あるいは無彩色成分（A）と有彩色成分（C）の割合を合計が 10 になるように応答し，次に有彩色成分に含まれる 2 つのユニーク色成分の比を合計が 10 になるように応答するという 2 段階の評価方法である．たとえば色光が橙色の場合，含まれる有彩色成分は赤と黄であるが，全体を 10 とした場合に含まれる無彩色成分と 2 つのユニーク色成分の比は $A:R:Y$ であり，$A+R+Y=10$ が成立する．被験者は R と Y の比である $r:y$ の値を $r+y=10$ となるように応答するが，r と y および C の値から，R と Y の値は，$R=(r/10)C$ および $Y=(y/10)C$ で求まる．以上の方法は，すべて光源色モードの刺激を用いて行われたものである．物体色で行う場合は，黒応答も考慮する必要がある．
（岡嶋克典）
→ユニーク色, 色の現れ（見え）方, ◎色名呼称法
◆日本視覚学会編 (2000a), 池田 (1989)

カラーネガフィルム [color negative film]
（入出）

　一般的に広く使用されている撮影用銀塩感光材料である．撮影されたフィルムをカラー発色現像すると被写体のネガ像を生成する．これをカラーペーパーにプリントすることによりポジ像を得る．このプリントの際にプリント濃度を調節するため，広い露光許容域，いわゆる撮影ラチチュード（−1～+5）を有するような階調設計が可能になっている．また，感度も広範囲の（ISO25～3200）のフィルムがある．カラーネガフィルムは，支持体上に 10 層以上の機能の異なる感光層，非感光層が塗布されている．一般に，表面から保護層，青感層，イエローフィルタ層，緑感層，赤感層，ハレーション防止層，ベース層の順に構成されている．青，緑，赤感層が各色の光に対して現像後補色に発色することで，被写体のネガ像が得られる．イエローフィルタ層は下層への青光の漏れを遮断する機能を，ハレーション防止層は感光層とベース層境界面で生ずる光散乱による鮮鋭性の劣化を防ぐ機能を有する．色彩度の向上のため，層中にカラードカプラー，DIR カプラーなどの素材が利用されている．また最近は，色の忠実再現を目的とした，第四の感光層をもつフィルムも製造されている．
（礒　秀康）

カラーハーモニー・マニュアル
[Color Harmony Manual: CHM]（表）

　オストワルトの色彩調和の研究と，色票および 1916–31 年にかけて著わされた彼の著書をもとに，シカゴのアメリカ・コンテナー社が，同

社のディレクター，ヤコブソンを中心に制作した工業デザイン用の色票集．第 1 版は 1942 年．色票は CIE 1931 測色標準観測者の等色関数および標準の光 C（現在は補助標準イルミナント C）を用いてフォスが行った分光測色学的測定結果に基づき作成された．当時，最も堅牢とされたカドミウム赤，カドミウム黄，フタロシアニン緑，フタロシアニン青，ウルトラマリン青顔料，建築染料の紫と赤，および黒，チタン白などの顔料が用いられ，光沢のあるアセテート・フィルムの裏面に塗料を吹き付け無光沢色とし，表から見た場合が光沢色となる．初版の色票は正方形であったが，後に六角形に挿入軸を加えた形となり，取り外しのできる 680 色の色票を色相ごとにまとめ，バインダーでとめる形式となった．

CHM が出版されて 4 年間に，オストワルトの体系はアメリカの芸術界や産業界で広く認められるようになり，小型の第 2 版が準備されたが，彼の簡略体系における色相環は 12 の補色対を基本としているため，隣接する色相間の等間隔性が黄と青の色相においてある程度犠牲とされた．これらの領域には芸術界・産業界ともに有用な色が多く含まれているため，1948 年に製作された第 3 版では，オストワルトの 24 色相に 12 1/2，24 1/2，および 1 1/2，13 1/2 の 2 組の補色対を加え，さらに最もよく使用される赤の領域を満足させるために，6 1/2 と 7 1/2 の色相が加えられた．また無彩色では，オストワルトにより決定された a, c, e, g, i, l, n, p の 8 段階の灰色のほかに，仕事用色票として灰色 b が追加されており，db, fb, hb, kb, mb, ob の等黒系が，黄色領域の 24 1/2, 1, 1 1/2, 2 に加えられた．等色相三角形においては，1, 2, 3, 5, 7, 10, 13, 15, 19, 22, 24, 24 1/2 の色相に ba, cd, dc, fe, ih, ml, po からなる 7 段階の等純系列が加わった．このように 277 色が増補されて，合計 957 色となった CHM 第 3 版は，ヤコブソンによる解説書と世界各地の購入者リストのほか，全色票のうち 862 色に該当する固有色名についての色名帳がセットされ，持ち運びに便利なように持ち手のついたバッグとなっている．なお，CHM は 1958 年の第 3 版増刷をもって制作が中止されている． （宇田川千英子）
→オストワルト，オストワルト表色系，オストワルトの色彩調和論
◆Jacobson, E. ら (1948)

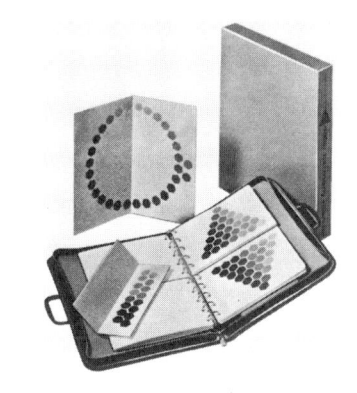

図 1　CHM の色相環

図 2　CHM の固有色名

カラーバランス [color balance]（調）

カラーバランスとは，2 色以上の配色における各色の面積や配置などの関係が，視覚的，感覚的，心理的に安定を保っている場合を指す．このような状態は落ち着いた統一のとれた美しさを構成し，見る人に快い安定感を与える．たとえば，進出色や膨張色といえる暖色系の色は，目に訴える力が強いためにその面積を小さくし，逆に後退色や収縮色ともいえる寒色系の色は，あまり目立たないために面積を大きくすることによって，全体としてバランスのとれた配色を得

ることができる．同様に大きな面積の色は低彩度に，小さい面積の色は高彩度に配色するとバランスのとれた構成となる．服装においては明るい色を上衣に，暗い色を下衣にもってくることによって，安定感あるバランスのとれた配色を得ることができる．一般に色の寒暖，軽重，膨張・収縮，進出・後退，強弱などと，形やその面積，配置などで，カラーバランスは変わる．マンセルは，カラーバランスにおいて最も重要なのは，白黒を両端とする明度軸の中心点N5で，N5から等しい距離で離れた2色はバランスすると述べている．また色立体上の2色が完全にバランスするのは，この2色の回転混色結果がN5の灰色になる場合で，マンセル色立体においてN5を通る直線上の色で，N5から等距離にある2色は完全なバランス色であると述べている．

上記以外の使い方として，写真，テレビ，印刷の三原色で色を再現するシステムにおいて，三原色で無彩色を再現する際に，明るさの各段階で忠実に無彩色が再現されていることをカラーバランスがよいという．この無彩色の再現が特定の明るさで，ある色相にずれると色全体の再現にある歪みが生じる．そのために，色再現能力の評価にはカラーバランスの評価は欠かせないものである．　　　　　　　　　　　（中川早苗）
→バランス，色の膨張・収縮，色の進出・後退
◆向井・緒方 (1993)，山口・塚田 (1960)，吉岡 (徹) (1983)

カラーバリエーション [color variation]
（商）

1種類の対象物に対し，複数の色違いをつくったときの，それらの色の種類のこと．また，1つの対象色に対し，微妙に異なる何種類かの色をつくる場合にもこの用語が用いられる．商品のカラーバリエーションは，一般に複数の消費者のさまざまな色彩嗜好に対応するために，商品で展開される色数を多数用意するためにつくられる．色彩計画時に，売れ筋となる色，店頭で人目を引くための色など，それぞれの目的に応じた色を用意したり，口紅の赤系や木質家具のブラウン系など特定の色域の中で，微妙な色違いをそろえる場合など，手法はさまざまある．

まったく新規の商品，たとえば携帯電話を例にとれば，市場で購買層が広がるにつれ，その色は機能性を訴求する黒から，白，ピンク，ブルー，赤など，購買層の拡大・変化と企業間の競争の激化につれて，急速にカラーバリエーションが拡大する．

このように，市場対応とデザイン差別化の施策として，カラーバリエーションをそろえる手法は，マーケティング上の有力な手段となっている．なお「商品のカラーバリエーション」と同じ意味で使われる言葉として「カラーラインアップ」「カラーアベイラビリティー」がある．
　　　　　　　　　　　　　　　（山内　誠）
→カラーアベイラビリティー
◆松田 (1995)，東商編 (1998c)：「ファッション色彩」

カラーパレット [color palette]（商）

色彩計画において，配色に使用するために用意される色全体を指す言葉．配色計画で用いられる色はあらかじめ対象物のコンセプトにそって用意され，使われる色の互いの調和関係を考慮しながら色選定が行われている．カラーパレットは，その結果できあがった色全体を指すもので，ちょうど画家が用意する絵の具のパレットのようなものであるところからこの名がある．カラーパレットの構成要素は，色彩計画上で，大きな面積を占め，基本となる色を基調色（ベースカラー）といい，その基調色に次ぐ面積をもち，配色イメージを補完する色を従属色（アソートカラー）という．さらに，配色効果を強調し，対象物の存在を目立たせたり，配色効果を印象づける色として強調色（アクセントカラー）あるいは配色効果を高める色としてイフェクトカラー（effect color）が用いられる．これらの色関係をすべて含む色の一覧表として作成されたものがカラーパレットである．また，色彩計画だけでなく，販売時の製品色のカラーバリエーションをカラーパレットとよぶ場合もある．
　　　　　　　　　　　　　　　（大関　徹）
→カラースキーム，色彩調節，アクセントカラー，カラーバリエーション，従属色

カラーヒストグラム [color histogram]
（画処）

カラー画像の画素値を色空間でプロットする

とき，画素値の分布をカラーヒストグラムという．色空間としてRGB空間を使用することが多い．カラーヒストグラムに被写体の材質や反射特性が現れる．実際，カラーヒストグラムの特徴から被写体を照明する光源色や被写体表面の物体色を推定することが可能である（Klinkerら，1988；富永・西辻，1996a）．また相互反射の解析にもヒストグラムは有用である（Tominaga，1996；富永・西辻，1996b）．さらに最近では反射モデルの各種パラメータがヒストグラムに基づいて推定できることが示された（Tominaga・Tanaka，2000）．一例として，図はプラスチック物体を電球光で照明し，これをカラーカメラで撮影したときのカラーヒストグラムをRGB空間で示している．物体の色は緑で，表面からは強いハイライトが観測された．

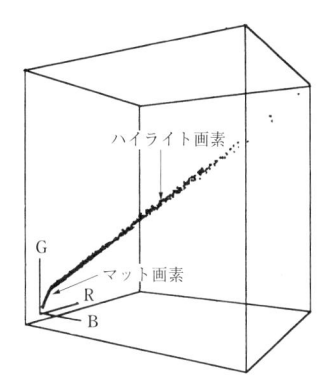

RGB空間でのカラーヒストグラムの例
（富永・西辻，1996a, b）

カラーヒストグラムは直線的な2つの画素のクラスタが接合したような形状をしている．原点から伸びるクラスタは拡散反射によるマットな領域の画素に対応し，その先端から始まるクラスタは鏡面反射の強い領域の画素に対応する．このときマットクラスタの向きが物体色ベクトルに，ハイライトクラスタの向きが光源色ベクトルに対応することが知られている．すなわちヒストグラムの形状から物体色と光源色が推定できることになる． （富永昌治）
→カラー画像，鏡面反射，拡散反射，画素と画素値
◆Klinker, G.J.ら (1988), 富永・西辻 (1996a, b), Tominaga, S.(1996a, b), Tominaga, S.・Tanaka, N. (2000)

カラーピラミッドテスト [color pyramid test]（感知）

投影法による性格検査の1つであるカラーピラミッドテストは，人格の一部である情動性の診断を目的として1950年にチューリッヒ大学の応用心理学研究所員であるPfister (1950)により考案された．その後Heiss (1952)を中心とするフライブルク大学心理学研究所のスタッフにより整えられ，わが国でも平沼ら (1983)による日本版が標準化されている．被検査者には24色からなる1辺2.5cmの正方形のカラーチップを，台紙に描かれた5段階のピラミッド型の上に好きなように並べてピラミッドを構成するという作業が要求される．使用するチップは15色で，何色のチップを何回使用してもかまわない．それぞれ3個ずつ作成された好きな（美しい）ピラミッドと，嫌いな（醜い）ピラミッドの配置と使用色および使用回数が診断の手がかりとなる．診断されるのは，情緒的安定性・情緒的成熟度・自閉的傾向・適応力・内向/外向などの側面である．配置は人格構造の分化の段階の指標となり，色彩選択の幅は刺激や環境に対する受容性などを，そして色彩選択の可変性は刺激に対する反応様式を反映する．多用された色も解釈され，たとえば，赤は衝動的欲求などを，緑は環境への適応などを示す．また各ピラミッドや各層もそれぞれ意味をもち総合的に診断される． （齋藤美穂）
→色彩象徴検査
◆Pfister, M. (1950), Heiss, R. (1952), 平沼ら (1983)

カラーファクシミリ [color facsimile]
（入出）

カラー文書を対象としたファクシミリで，送信側は原稿を読み取るカラースキャナ，色変換と信号圧縮を含むカラー符号化部とモデム変調機能からなり，受信側はモデム復調，カラー復号化およびカラープリンタから構成される．相互通信性確保の面から伝送される信号の色表現方法は装置に独立な共通色空間であることが基本であり，さらに伝送路でのデータ歪耐性を考慮して均等色空間であるCIELAB空間が採択されている．また連続調カラー画像を効率よく伝送するためJPEG圧縮符号化方式が採用され

```
カラースキャナ              カラープリンタ
  ↓ RGB                      ↑ CMY
色空間変換                  色空間変換
  ↓ CIELAB                  ↑ CIELAB
 JPEG                        JPEG
符号化処理                  復号化処理
  ↓                           ↑
モデム変調 ──通信回線── モデム復調
```

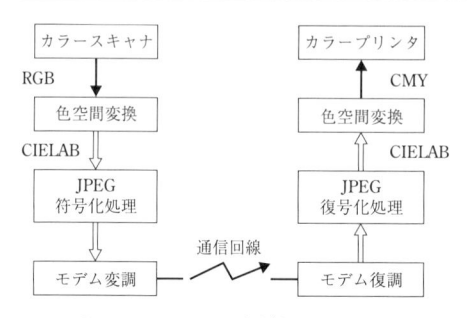

カラーファクシミリ信号処理ブロック

ている．

　カラー原稿は送信側のスキャナで 8～10 bit/画素の RGB 信号に変換され，補正強調などの画像処理が行われた後，CIELAB 空間に変換される．JPEG 符号化処理では，高周波域における人間の視覚感度が低い a*b* の情報がサブサンプリングによって間引かれる．さらに DCT 変換，量子化およびハフマン符号化が行われ圧縮された信号がモデム変調され通信回線へ送出される．受信側では受信した信号を復調し，ハフマン符号の復号化，逆量子化，DCT 逆変換，サブサンプリングの補間処理が行われ CIELAB 空間のデータが復元される．その後，プリンタ装置固有の色空間に変換され印刷される．

（依田　章）

→画像の符号化，JPEG
◆本宮 (2000)，池上ら (1996)，松木 (1993)

カラーフィールド・ペインティング
[color field painting]（造）

　画面全体（フィールド）を豊かな色彩によって強調した絵画で，抽象表現主義の延長線上に生れた．1950 年代半ばから 60 年代後半にかけてマーク・ロスコ，クリフォード・スティル，ヘレン・フランケンサーラー，バーネット・ニューマン，モーリス・ルイスらが中心的存在となった．フォーマリズムの理念を反映して 3 次元的なイリュージョンを否定し，図と地の境界を取り去った平面を構築した．きれいにレイアウトされた色面には作家自身の筆使いや痕跡は見あたらず，色彩の彩度や明度の微妙さが表現されたキャンバス全体はあくまでも 1 つの面（フィールド）として扱われている．別の呼称として 1964 年にロサンゼルス・カウンティ美術館で開かれた企画展のタイトルとして批評家クレメント・グリーンバーグが名づけた「ポスト・ペインタリー・アブストラクション（Post-Painterly Abstraction）」もあるが，カラーフィールド・ペインティングが一般的である．また，エルスワース・ケリーやアド・ラインハートらの色面と色面とを区画するハード・エッジも同じ動向とみなしてよい．

（三井直樹）

カラープランニング（色彩設計）
[color planning]（デ）

　物の表面の色は，光と物とそれを見る目（脳）の 3 点セットで色として認識される．色を見る目は選びようがないが，物（色材など）は人の選択に任せられることが多い（ただし，景観色彩の場合，小規模な植栽などの自然の色を除き，人の力の及ばない部分が多い）．光は人工光の届く範囲であれば選択の余地はある．このような諸条件の中で，最適な色彩が感じられるような物（色材）と光（光源）の組合わせ（配色）を考えることがカラープランニングであろう．ただし，大規模な人工の光の選択は照明設計として別の専門家の仕事と考えられている．色を選び考える仕事は，小さいことでは顔の化粧やファッションカラー（衣服など），生け花，料理などがあり，住環境ではインテリア，エクステリアの色選び，都市環境では建物や橋などの大型構造物の色の選択がある．工業製品の製造の過程での色選びや，アパレルでのテキスタイルの色選択も大切である．それぞれで規模，目標が異なるが，要は人が楽しく快適に感じられ，好まれる色を考えることになる．この過程は計画と設計の 2 工程に分けて作業をすることが多い．環境色彩設計では①対象物件の確認，②デザインコンセプトの確立，③周辺，関連条件の確認，④具体的な色彩の選定，⑤モデルによる事前評価，⑥必要な修正，⑦色彩決定，⑧色材などによる施工，⑨保守・管理などの流れに分けられる．カラープランニング（色彩設計）は④の工程だけを指すことがある．色彩計画というと，全体計画の前の企画，資料収集のことをいう場合と①から⑦までを指す場合がある．　　　（速水久夫）

カラーフレーミング [color framing]（商）

色彩計画に使用する色をその計画のコンセプトにそってまとめ上げていく際の枠組みを考える作業のこと．色彩計画では，具体的な色選定を行う際に考慮すべき事項が多岐にわたる．たとえば，対象物の性格や置かれる周囲の環境との色彩的環境の考慮，対象物にもたせるべきデザイン的なイメージ，対象物が使用される時間的な長短や，その対象物を使用する人びとの性や年齢層，あるいは地域文化との関係などがある．また，具体的な計画にあたっては，施工期間や施工に要する費用とその中で選択可能な素材類の手当ても考えねばならない．色彩については大面積を占め，全体の色彩計画の主軸となる色（ベースカラー）との調和感を意識しながら，他のドミナントカラー，アソートカラー，アクセントカラーなどの色を計画していくといった考慮が必要となる．カラーフレーミングは，色彩に求められるこれら諸条件をあらかじめ考慮し，色彩計画の大枠を設定し，その候補色をつくりだしていくという一連の作業全体を指す．

（大関　徹）
→カラースキーム，アクセントカラー，ドミナントカラー，従属色

カラーブロッキング [color blocking]（商）

大きな色面積を特徴とする幾何学図形を「ブロック」として組合わせていく配色手法の呼称．モダンな感覚を表現する手法として使用されることが多く，色をパネル状にした部材で組立てていく家具や室内空間の色構成，あるいは，大胆で単純な幾何学柄構成をねらったラグ，カーペット，ニットドレスや，ファブリック柄などに多用されている．また，絵画ではモンドリアンの作品がその手法の典型としてあげられる．家具ではリートフェルトの「レッド ＆ ブルー ＆ イエローチェア」がその典型である．

（山内　誠）
→リートフェルト，ヘリット
◆吉村 (1990)

カラーベロシティー [color velocity]（商）

ベロシティーは「速度」という意味であるが，カラーベロシティーは商品の色の売れ行きの速さを意味し，通常は色別平均在庫日数で表す．たとえば赤の商品の平均在庫日数は 10 日，白は 20 日だとすると，ベロシティーは赤の方が 2 倍速い（よい）ことになる．商品のカラーの人気を測るデータとしては，カラーポピュラリティー（市場における販売個数の実績）が一般に最も多く使われるが，これだけでは初期供給量の多い色が人気色であるという間違った判断をする場合がある．そのため，ポピュラリティーとベロシティーを併用することにより，できるだけ正確に人気度を測る工夫がなされている．

（吉田豊太郎）
◎色別平均在庫日数

カラーマーケティング [color marketing]（商）

マーケティングとは売れる仕組みを考える戦略的企業活動を指している．カラーマーケティングは，企業が市場活動を行う際に，色彩を有力な手段として活用した戦略的手法のこと．単に販促手法を指すものではなく，市場の色彩動向を分析し，それに対応したカラー計画，設計・デザイン，販促計画をねり，色彩の市場効果を十分に考慮した企業活動全般を指す用語であり，その意味する範囲は広い．製品自体に対し，色彩を最も強調した市場展開を行うものもあれば，企業イメージを向上させたり，イメージ統一を図るために，企業のロゴマークの色などを一定のものに統合する CI（コーポレート・アイデンティティ）カラーの普及に努める活動なども含まれる．化粧品業界やファッション業界で多く見うけられるカラーキャンペーンやカラープロモーションもカラーマーケティングの一種である．カラーキャンペーンを事例にとれば，大規模なものは 1960 年代前後にファッション業界を中心に展開されたが，消費市場の高度化に伴い 1960 年代後期にいったん終息した．近年の事例では，インターネットを活用した「ユニクロ」の 50 色のフリース素材展開や，コンピュータのアップル社が事務的なベージュを主体とした製品色から離れ，ブルー，レッド，グリーンなどの透明色を全体に押し出した展開などがあげられる．

（山内　誠）
◆吉村 (1990)，東商編 (1998c)：「ファッション色彩」

カラーマーチャンダイジング [color merchandising]（商）

　商品のカラーを需要に合わせて適切な場所，時期，数量で販売するために必要な商品化活動の総称．商品を開発する際に，色彩の効果を十分に考慮に入れて，前記の活動のための計画を立て，商品化を図っていくことである．とくに，最終的に消費者の目にふれる店頭やコマーシャルなどの販売促進媒体の色彩効果まで細かく配慮した展開が重要視される．カラーマーチャンダイジングでは，カラーを商品訴求の重要な対象とする．したがって，その商品訴求の重点は，商品のもつイメージがどのような生活を提供してくれるかという，商品が生み出すイメージの波及効果におかれるケースが多い．そのため，店頭での単品展示やごく短期間の展示ではなく，関連の複数の商品群展開や，季節などの時間経過を考慮し，たとえば年間にわたる物語性をもたせて商品のカラー展開を構成するなどといった形式をとることが多い．　　　　　（山内　誠）
◆松田 (1995)，吉村 (1990)

カラーマネジメントシステム [color management system]（入出）

　色彩を扱うさまざまな機器は固有のハードウエアによるデバイス依存色を入出力するので，そのまま特性の異なる入出力機器を接続すると再現色が異なる．カラーマネジメントシステムは，異機種間の色信号を標準化してデバイス独立色として扱い，正確な色を伝達するための色管理を行う枠組みである．異機種間を結ぶ標準の色空間は PCS（profile connection space）とよばれ，デバイス依存色はプロファイルを介して PCS で表現されたデバイス独立色に変換され，他の任意のシステムとの色情報の交換が可能となる．これによりデータの可搬性が生れる．国際標準化の中では，プロファイルの規格化が進められている．

　図は PCS で結ばれたデバイスインデペンデントシステムを示す．各入力機器の出口には，入力プロファイルに従ってデバイス依存色信号 $a, b, c, \ldots$ から標準色信号 s への変換を行う色変換器を置く．一方，各出力機器の入口には，標準色信号 s を受けてこれを正しく色再現するために，出力プロファイルに従って s からデバイス依存色信号 $d, e, f, \ldots$ を生成する色変換器を置く．これによって，すべての入出力機器は仮想的に同一のデバイスとみなすことができ，デバイスに依存しない色情報の交換が可能となる．
　　　　　　　　　　　　　　　　（小寺宏曄）
→デバイス依存色，デバイス独立色，デバイスプロファイル，PCS，◎色管理システム
◆Giorgianni, F. J. · Madden, T.E. (1998), MacDonald, L.W. · Luo, M.R. (1999)

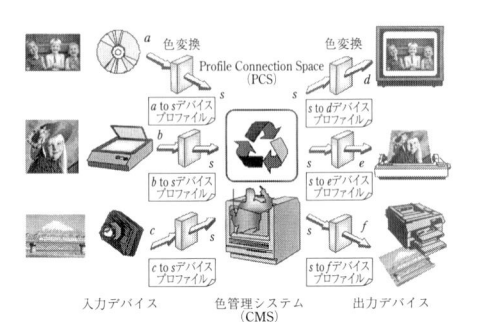

カラーマネジメントシステムの概念

カラーリバーサルフィルム [color reversal film]（入出）

　ネガ型ハロゲン化銀乳剤を用いた感光材料を第一現像にて黒白ネガ現像し，第二現像で残存ハロゲン化銀をカラー発色現像することによりポジ画像を得る撮影用銀塩感光材料である．ポジ画像として直接透過または映写にて鑑賞されることを前提にしており，高いコントラストに設計されている．このため，カラーネガフィルムに比べ相対的に露光ラチチュードが狭い．適切な濃度で感度を規定する関係上，感度のバリエーションは ISO25～400 とカラーネガフィルムに比べて相対的に低く，第一現像時間を延長する増感現像（～+3 絞り増感）がしばしば行われる．透過光で鑑賞されるため光反射に伴う色材の分光吸収の拡がりがなく，また最大濃度が高く設計されていることから，色再現性の特長として彩度が高い画像が得られる．フィルムの層構成は，表面から保護層，青感層，イエローフィルタ層，緑感層，赤感層，ハレーション防止層の順が一般的であり，カラーネガフィルムとほぼ同様の構成である．現在は，発色カプラー

を乳剤膜中に含むタイプの内型フィルムが大半であるが，カプラーを乳剤膜中に含まず現像液から供給する外型フィルムも一部残っている．

（磯　秀康）

カラヴァッジオ，ミケランジェロ
[Michelangelo Merisi da Caravaggio]（造）

16世紀末から17世紀初めに活躍したイタリア人画家．一般にイタリア・バロックの代表的画家として知られる．本名はミケランジェロ・メリージ．ミラノに生れ，同地で修業したのち，1592年ローマに移る．1606年殺人を犯し，ローマからの逃亡を余儀なくされ，ナポリ，マルタ島に滞在．ポルト・エルコレで没．静物画の傑作とされる《果物籠》(1596頃)には，徹底した細部描写へのこだわりと，赤・黄・緑・褐色の組合わせへの偏愛が見てとれる．1590年代末から宗教画を次々に制作する．《聖マタイの召命》(1600)など，暗い室内に強い光を照射して主題をなす人物だけを浮かび上がらせる明暗法を確立．ローマで受注したこれら一連の宗教画では，黒褐色の闇に映える白い肌，赤と緑の縦縞衣装，静物モティーフを際立たせる純白のテーブル・クロスなどに，大胆にして繊細な天性の色彩感覚が示されている．身振り豊かな人物たちは，肉体の存在感を十分伝えながら，闇の中で肌色に輝き，鑑賞者の心情を大きく揺さぶった．カラヴァッジオ自身は弟子をもたなかったが，強い明暗対比を最大の特徴とする模倣しやすいその様式は，瞬く間にローマ内外に大きな反響を巻き起こし，17世紀のヨーロッパ各地にカラヴァッジェスキ（カラヴァッジオ派）とよばれる多くの追従者を生み出した．

（小針由紀隆）

→バロックの色彩
◆Cinotti, M. (1991) [森田訳, 1993], Gash, J. (1996)

カラフルネス [colorfulness]（感知）

CIE国際照明用語集では，1つの領域において，純粋な有彩色がより多く，もしくは，より少なく存在するように知覚される視感覚の属性と定義される．表に物体色の色の見えの属性（知覚属性）分類を示す．有彩色属性で照明光の照度による影響を含む物体色の知覚属性に属する．これに対する無彩色属性はブライトネスである．カラフルネスに対するもう1つの有彩色属性のクロマは，主として，物体色自身（照明光の照度による影響はほとんどない）の知覚属性である．たとえば，赤いバラを照らしている照明の

知覚属性	有彩色属性		無彩色属性
主として 物体色自身	ヒュー	クロマ	ライトネス
物体色と 照明光の照度の 影響も含む	ヒュー	カラフルネス	ブライトネス

照度を高くすると本来の色よりもあざやかな赤色に知覚される．この知覚される色がカラフルネスであり，照明の状態を鑑みて認識されるバラ本来の色がクロマである．CIEで定義された心理メトリック量のメトリック・カラフルネス M_r^* は，

$$M_r^* = L_a^{\frac{1}{6}} C_{uv}^* k_s$$

で表される．ここで L_a は順応視野の輝度 $(\mathrm{cd/m^2})$，C_{uv}^* はメトリック・クロマ，k_s はその対象色の視野の大きさ d（度）の関数で表された，$k_s = (d/2)^{\frac{1}{6}}$ である．

種々の色の見えモデルで，カラフルネスは算出されるが，開発者によって定義の解釈が異なるため数値に統一性がない (Nayatani, 2000)．

（矢野　正）

→彩度，色の見えモデル
◆Nayatani, Y. (2000)

カラリストとカラーコーディネーター [colorist and color coordinator]（商）

カラリスト，カラーコーディネーターとも，色彩をデザイン，アートなどにおいて活用することを業とするという点では同様な意味をもっている．類語では，この他にパーソナルカラリスト，パーソナルカラーコンサルタント，カラーアナリスト，イメージコンサルタント，カラーコンサルタント，カラーデザイナー，カラーセラピスト，カラーカウンセラーなどがある．

カラリストは，本来色彩の扱いが巧みな芸術家を指す言葉であるが，現在では，芸術分野だけではなく，商品や環境などのよりよい色彩やその調和を考える専門家をも意味する用語となっている．カラーコーディネーターという言葉は，近年日本において検定試験の隆盛もあり，色彩を生活の中で上手に使っていくための専門家の

よび名として定着しつつある．商品デザインにおいて色彩設計を主としている者はカラーデザイナーとよばれることが多い．また，依頼主に対し，色彩的なアドバイスを行う専門家がカラーコンサルタントやカラーカウンセラーである．カラーセラピストは色彩療法を業とする人で，色彩によって心身の健康を促進させることを専門とする者である．

パーソナルカラリスト，パーソナルカラーコンサルタント，カラーアナリスト，イメージコンサルタントなどには，明確な区別はない．いずれも基本的には個人を対象にし，肌の色や目，髪の色などを分析し，顧客を特定の類型に分類したうえで，それに似合う衣服，化粧などのよりよいカラーのアドバイスを行うことを業とする者を指す．一般に日本国内ではパーソナルカラリストとよばれる場合が多い．この分類作業を彼らは「カラーアナリシス」（色彩分析）とよび，個人の色彩的特徴を春，夏，秋，冬の4つのタイプに分類する手法がよく採られる．この手法はバウハウスで色彩指導を行ったイッテンの調和論に影響を受けアメリカで発達し，1981年にジャクソンが著した『カラー・ミー・ビューティフル』により，この手法がさらに広まった．その後，日本でもメイクアップ，美容関連者が主体となり，普及していった経緯がある．

(松田博子・速水久夫・大関　徹)
◇パーソナルカラリスト，パーソナルカラーコンサルタント，カラーアナリスト，イメージコンサルタント，カラーコンサルタント，カラーデザイナー，カラーセラピスト，カラーカウンセラー

感覚属性 [attributes of sensation]（感知）

「感覚」には，視覚・聴覚・味覚・嗅覚・触覚といった"感覚の様相（種類）"がよく知られているが，このような「感覚様相」に共通する特性として，周りの環境における刺激がもっている"大きさ・強さ・広がり・持続性"といった"感覚の属性（固有の性質）"があげられてきている（和田，1969）．このような特性は，「感覚属性」とみなされているが，「感覚の次元（dimension）」とよばれることもある（大山編，1984）．すなわち，同一の「感覚様相」内での"感覚の性質の違い"が，「感覚属性」と考えられている．現実の"色の感覚属性"の例としては，「色の三属性（色相・明度・彩度）」がただちに思いつかれるが，色の3次元的表示を特徴とする各種の「カラーオーダーシステム」（表色系）には，これらの属性が，きわめて合理的に表現されている．ところで，「感覚属性」に関しては，感覚の性質を区別するための別の名称があり，「色相（赤と青）」の差異などは，"感覚の質（quality）"とよばれている．しかし，この名称は，"視覚における色・形・奥行きなどの違いを表している"とも考えられ，これらの用語の意義は，明確に定められてきていないように思われる．くわえて，「感覚属性」に関連する"さまざまな形容詞対（例：大きい－小さい，強い－弱いなど）"を用いての評定に基づく「SD法」が，色対象や色イメージの"意味の測定"に広く利用されている．

(後藤倬男)
→感覚様相，色感覚，色の三属性，カラーオーダーシステム，カラーイメージ，SD法，モダル間現象，共感覚
◆和田(1969), 大山編(1984), Woodworth, R.S.・Schlosberg, H.(1954)

感覚様相 [sense modality]（感知）

「感覚」は，われわれが周りの環境から"生の刺激（情報）を受け入れる働き"であるが，この働きの様相は，われわれの感覚器官によって異なっており（大山編，1984），視覚・聴覚・味覚・嗅覚・触覚（圧・温・冷・痛）の5種類がよく知られている．このように，感覚の種類に対応する"感覚体験の差異"が「感覚様相」と名づけられており（苧阪編，1969），"感覚モダリティー（sense modality）"，あるいは，単に「モダリティー（modality）」とよばれる場合もある．さらに，"運動感覚・平衡感覚・内臓感覚"なども，個別の感覚を表す「感覚様相」と考えられている．われわれの"色の感覚"は，この「感覚様相」の中では視覚に属しており，聴覚に属している"音の感覚"とは，「感覚様相」が異なる．すなわち，各種の「感覚」を生じさせるためには，それぞれ特定の刺激が必要であり，"眼には色（光）"・"耳には音（空気の粗密波）"のような刺激のことを，われわれは"適刺激"とよんでいる．くわえて，"黄色い声"や"明るい音"といった言葉に示されているように，複数の「感覚様相」にわたって表現される感覚体験

があり、これらは「モダール間現象」と名づけられているが、その極端な例が、「色聴（音が聞こえると色が見える現象）」に代表される「共感覚」といえよう。　　　　　　　　（後藤倬男）
→色感覚，モダール間現象，色聴，共感覚，色彩の共感覚効果，感覚属性，◎モダリティー
◆芋阪編（八木監）(1969), 大山編 (1984), Woodworth, R.S.・Schlosberg, H. (1954)

眼球 [eyeball]（生）

球状の構造をもつ視覚器のこと．個体発生の過程で、大脳の前駆組織である前脳の一部が隆起し、周囲の支持組織を誘導して形成される．ヒトの眼球組織は、外膜（角膜・強膜）、中膜（ぶどう膜）、内膜（網膜）および内容（眼房水・水晶体・チン小帯・硝子体）からなる．角膜は、厚さ約 0.5mm の透明な膜状組織で、外気との間の屈折率差が大きいため、40D もの屈折力を有する、眼球で最も重要なレンズである．強膜は、厚さ 0.3～1mm の白色不透明の強靱な膜状組織である．ぶどう膜は、虹彩、毛様体および脈絡膜からなり、色素と血管が豊富な柔らかい膜状組織である．網膜は、厚さ 0.1～0.3mm の神経組織の膜である．眼房水は、眼球内を環流する液体である．この分泌と吸収のバランスにより、眼内圧が規定され、眼球が球形に維持されている．水晶体は、20D の屈折力を有する透明な凸レンズ状の構造体であり、チン小帯で毛様体に吊られている．毛様体の輪状筋の作用によりチン小帯の張力が変わる．これにより水晶体の屈折力が変化し、調節が可能となる．硝子体は、水晶体後方の眼球内を満たす透明なゲル状物質である．

以上のように、外膜は球構造の支持を、中膜は網膜栄養、遮光、調節を、内膜は光受容と視覚情報処理を、そして内容は光の透過・屈折を担っている．　　　　　　　　（仲泊　聡）
→屈折, 網膜, 水晶体

環境色彩 [environmental colors]（デ）

環境色彩を広い意味で生活環境の中、あるいは生活する人びとの周辺にある色彩と定義すれば、建物の中にある色彩と、屋外にある色彩の2つが考えられる．建物の中の色彩としては、室内の床、幅木、壁、天井など建築空間を構成している建築部位、家具、調度品、照明器具、カーテン、カーペットなど室内に配置されている物品などの色彩がある．外部の色彩としては、自然物や人工構造物の色彩がある．しかし、環境色彩という用語には都市環境の色彩としての意味が一般的である．都市の色彩を環境色彩というようになったのは、近年 20 年くらいのことであろう．平成 6 年 (1994) の建設省（当時）の「都市空間色彩計画に関する報告書」では色彩環境という用語が使われている．一般的に建築内部の色彩にはインテリアカラーという用語が定着しており、これに対するエクステリアカラーは環境色彩というよりは、屋根、壁など建物の外部の色彩としての意味合いが強い．環境色彩は、公害から地球環境を守る環境保護の考えを、色彩にも適用していると考えれば理解しやすいであろう．騒音公害に対しての「騒色」をなくそうという願いは、徐々に美しい環境色彩をもった都市景観をつくりだしているといえる．景観という用語も比較的新しい言葉である．環境（environment）に対して、景観にはランドスケープ（landscape）、都市景観にはアーバンランドスケープ（urban landscape）の日本語が定着している．　　　　　　　　（速水夫夫）
→騒色, エクステリアカラー

環境色彩計画 [urban color design]（デ）

フランスでは 1970 年代に入り、パリ地区に集中する人口を緩和するために、周辺にいくつかのニュータウンを建設したが、これらのニュータウンにはカラリストが参画し、色彩を意欲的に採り入れた．カラリスト、ジャン・フィリップ・ランクロは、この頃ニュータウン・ボードルイユの色彩計画を担当していたが、彼は新しく建設される街の外壁を、近くの伝統的な街・ルーアンに存在していた色彩のみで構成する提案を行っている．このような試みを機に、フランスでも地域の街並み再生に色彩が果たす役割が議論され、認識されていった．日本でも 1974 年頃色彩計画が立てられた鹿児島県の鴨池海浜ニュータウンで、地域の色彩調査を行いそこで得られた色彩を使って、海側から市街地に向かって建築外装色の明度を下げていくカラーシステムがデザインされたが、このあたりがスーパーグラフィックの実験的な試みが終結し、色彩計

画が環境全体の景観の質を高める方向へと転換した事例であろう．環境色彩計画で大切なことは地域の固有の色彩を見つけ出し，それらの色彩との関係性を整理することである．それまでの建築単体の色彩計画は，地域の色彩とは無関係であった．環境色彩計画は地域に蓄積された色彩との関係を重視し，地域の景観全体の質が向上することを目的とする． 　　　　(吉田慎悟)
→アーバンデザイン，地域色，景観条例

還元焼成 [reduction firing] (化)

陶芸窯内の燃焼に対して空気が不十分だと，排気中に酸素がなくなり，不完全燃焼による一酸化炭素や，燃料の分解生成物である水素が焼物に還元作用をおよぼす．このような焼成方法を還元焼成(還元炎(または焔))という．焼成の初期の段階から900°C前後までは，完全な酸化焼成を行うが，本焼とよばれる900°C付近から酸素量を減らし還元焼成雰囲気をつくる．還元焼成では粘土に含まれる酸化鉄が Fe_2O_3 という三価の形から FeO の二価の形になり，生地は目立たない弱い灰青色を帯びて白色のような感じを与える．

白色磁器の焼成は還元焼成を行う．釉に対しては，とくに酸化鉄および酸化銅を含む系で発色の違いが生じる．たとえば，酸化鉄を1～3%含む釉は，酸化焼成で黄瀬戸とよばれる黄褐色のものになり，還元焼成では淡青色の青磁になる．少量の酸化銅を含む釉を還元焼成すると，酸化銅が還元されコロイド状の金属として釉に分散し，深紅色を呈する．焼成の際に酸化炎が入り込むと，部分的に異なった発色が起こったりする．これを窯変といい，味わいのある作品が得られる場合がある． 　　　　(珠数 滋)
→酸化炎
◆Cooper, E.・Royle, D. (1978) [南雲訳, 1995], 黒田(永) (1995)

眼光学系(角膜, 虹彩, 瞳孔, 硝子体)
[eye optic system (cornea, iris, pupil, vitreous body)] (生)

網膜上に視覚像を適切に結像させるシステムのこと．眼球自体を含む基本的な光学系と焦点調節を行う調節系および絞り機能をもつ調光系からなる．眼球の角膜表面から網膜面までの距離は，眼軸長とよばれ，ヒトでは約24mmである．眼軸長は，個体差が大きく，近視や遠視の主要因になっている．角膜(屈折率 $n=1.38$)は，外気(屈折率 $n=1.0$)と眼房水(屈折率 $n=1.34$)との間にあり，40Dの屈折力を有する透明な膜状組織で，眼球の屈折力の3分の2を担っている．一方，水晶体(屈折率 $n=1.41$)は，凸レンズ状の形態を有しているものの眼房水と硝子体(屈折率 $n=1.34$)との間の屈折率の差が少ないため，その屈折力は20Dに過ぎず，むしろ焦点調節における役割が大きい．水晶体は，チン小帯で毛様体に吊られている．毛様体の輪筋の作用によりチン小帯の張力が変わる．これにより水晶体の屈折力が変化し，調節が可能となる．眼球の調光系は，虹彩の瞳孔括約筋と瞳孔散大筋による瞳孔径の収縮と拡大によって行われる．瞳孔は，ほぼ正円で光量により約2～8mmの間で，その径を変える．
 　　　　(仲泊 聡)
→水晶体

カンジャンテ [cangiante (伊)] (造)

イタリアの美術用語．しかし，フランス美術用語となりえなかった点から判断すれば，イタリア固有の彩色用語ということがより正しいかもしれない．カンジャンテは，「光がくる方向に応じて，色が変わること」を意味する形容詞である．したがって，カンジャンテによる色というと，玉虫の羽の呈色のような状態が本来の意味として考えられるだろう．美術で使われる場合，カンジャンテは基本的には明暗法と同一路線における彩色表現という内容をもつことになる．つまり，第1には，光がくる方向に対する面と光が遮断されて陰となる面とによって構成される，漸次明暗の色調差がつくられている状態を指すのであり，第2には，単一色と明暗か複数有彩色による組合わせを基本にし，白さによるハイライト的効果を加えて表すということである．そのような彩色法が成立したことには，明暗法などの浸透によって，絵画の色彩表現に関する見方が四大による新プラトン主義を離れうる環境が社会的に整いつつあったことが側因として考えられよう．しかし，より大きく拍車をかけた条件は，絵画の制作が自由なパレット

のもとに描かれる小画面の絵画ではなく，大画面の絵画であって，しかも使用する予定の色を1色ずつ個人的に用意するという条件が実際の局面にあったということであろう．この条件は，単一色の濃淡変化による表現を誘導しやすい．

ミケランジェロがシスティーナ礼拝堂内部の壁画にカンジャンテの手法を採用した理由は，おそらく制作上の効率，作業進行における経済性が働いたと思われる．この彩色法は，たとえば赤色が主要彩色色である場合ならば，光があたる範囲は白によって表現し，陰の部分は暗さを帯びた赤色にする．その間の移行範囲は，赤と白の混合比率をだんだんに変え，しだいに赤色単一に移りながら淡い赤色から濃い赤色へとつないでいく，というかたちが原則となる．もちろん大画面はこの一方式ではもたないから，変化を与えるために，白を黄色に替える，また赤を明部に，緑を暗部に使うなどの配色の工夫によって，より華麗な色彩効果が得られることになる．このようにして得られる画面効果は，明るく華やかであるが，どこか落ち着きのない感じに傾きやすい．おそらく以後の絵画史の上でカンジャンテ彩色法が見捨てられていった原因は，重厚な色彩世界を自在に表現した油絵に太刀打ちすべくもない色の軽さに理由があったと思われる． (小町谷朝生)
→チェンニーニ，チェンニーノ，ミケランジェロ
◆青木 (2001)

干渉色 [interference color] (物)

光の干渉に起因して見える色を干渉色という．最も普通に見られる干渉色は，薄膜の干渉色で，水面の油膜やシャボン玉に白色光があたったときに見られる．薄膜の干渉色はその光学的膜厚（屈折率と機械的膜厚の積）で決まる．薄膜の干渉光の分光反射率を波数に対して描くと干渉波形を示し，光学的膜厚を変えると波形は左右に移動する．このときの色度座標を求めると，色度図上で規則的な軌跡にそって移動する．カラーステンレスは，平滑なステンレス鋼鈑の表面を酸化皮膜で覆ったもので，膜厚によりあざやかな金属色を呈する．

干渉パールマイカは，微細なマイカ（雲母）片の表面を二酸化チタン膜で覆ったもので，その膜厚によって種々の干渉色となる．干渉色があざやかに見えるためには，1次または2次の干渉波形の山か谷が，可視波長域にあることが必要でそのように膜厚を調整する．干渉色は，膜厚が変わらなければ変化しないので，耐久性を要求されるものにも使用される．干渉フィルタで最も単純なものは銀干渉フィルタで，透明な誘電体膜を半透明な銀膜の間に挿んでつくられる．透過中心波長は誘電体膜厚で，波形は銀膜厚で変化する．単一の干渉膜を重ねたり，屈折率や膜厚の異なる膜を重ねると，単一膜とは異なる干渉波形が得られる． (馬場護郎)

間接尺度構成（法）[methods of indirect scaling] (心測)

心理尺度は，尺度値としての数のもつ特性によって，名義尺度，順序尺度，間隔尺度（距離尺度），比率尺度の4水準に分けられる．名義尺度は学級に1組，2組と数を割りあてる場合のように，数は単に対象を識別するラベルとしての役割しかもたない場合である．順序尺度は学級の構成員に成績順に番号を割りあてるといった，数が順序量の性質をもつ場合である．距離尺度は対象に割りあてた数が対象間の距離を表す場合で，物理量では温度計の目盛りがそれに相当する．比率尺度は対象に割りあてた数が距離だけでなく，絶対的な原点をもち，比率を求めることができる場合である．物理尺度では絶対温度がその例である．

間接尺度構成法は，心理尺度を構成する際に，心理量を直接，数値で判断する直接尺度構成法と対比的に，心理的刺激の有無の判断，大小判断，あるいは心理的属性上でのカテゴリー判断など，間接的な判断を通して尺度を構成するためにこの名がある．直接尺度構成法で得られる尺度値は，比率尺度の水準であるといわれるが，間接尺度構成法では一般に順序尺度と距離尺度の水準の尺度が得られる．

間接尺度構成法には大別して1次元尺度構成法と，多次元尺度構成法がある．1次元尺度構成法の代表的な方法に評定法尺度がある．これは5段階や7段階など，特定の心理的属性上での段階的なカテゴリーを用意し，対象をこのカテ

ゴリーのいずれかに位置づけるものである．カテゴリーに数値を割りあてることにより心理尺度が得られる．カテゴリー上での対象に対する判断の分布の中央値または平均値をもって，その対象の尺度値とする．このような手続きで得られた尺度値は厳密には順序量である．これをカテゴリー間の距離を求めることにより，距離を表す尺度値に変換する方法として系列範疇法がある．

この方法では，心理学的連続体上でのカテゴリー判断が正規分布すると仮定して刺激の各カテゴリー上での度数分布から心理学的連続体上でのカテゴリー境界を求め，距離尺度の水準の尺度に変換する．この尺度の上での判断の分布の平均値を求めることにより対象の距離尺度の水準の尺度値が得られる．ただ，系列範疇法で距離尺度に変換した結果，評定尺度法でカテゴリーに割りあてられる尺度値は，一般に，両端のカテゴリーを除くとほぼ等距離と見て差し支えないことが知られている．このことから，実際的には評定尺度法で得られた尺度値を距離の性質を満たすものとみなし，分布の平均値をとったり，相関係数を求めるなど，距離尺度に対してのみ許される数学的処理をすることが多い．

評定尺度法では，個々の対象に対する判断は判断者がもつ絶対的な基準に従って行われる．この意味でこの場合の判断は絶対判断とよばれる．このように判断者の中での判断基準が明確でない対象に対する判断を必要とする場合，あるいは対象間の心理的距離が近く，個々の対象間の差異が弁別し難い場合は，2つの刺激を同時または継時的に呈示し，何らかの心理的属性上での両刺激の大小関係の判断から1次元尺度を求める一対比較法もよく用いられる．この場合の判断は比較判断とよばれる．多次元尺度構成法には，刺激間の類似度の距離を求め，この距離を説明する空間の次元数を求める計量的多次元尺度構成法と，刺激間の類似度の順位データに基づいて多次元尺度を構成する非計量的多次元尺度構成法がある． （中山　剛）

→尺度構成，直接尺度構成法，評定尺度法，間接尺度構成法，一対比較法，多次元尺度構成法
◆境・中山 (1978)

完全拡散面 [perfect diffuser]（測）

反射（または透過）された放射が進んで行く半球面のすべての方向について，放射輝度（または輝度）が一定な反射（または透過）体を，均等拡散反射（または透過）体（isotropic reflecting or transmitting diffuser）という．物体に入射した放射束（または光束）に対する，反射（または透過）した放射束（または光束）の比が1である，均等拡散反射（または透過）体を，完全拡散反射（または透過）体といい，両者をあわせて完全拡散面という．均等拡散反射（透過）体の反射（透過）率は，1でなくてもよい．完全拡散反射体は，これに近い性質の物体（硫酸バリウム面，PTFE圧着面）が実在するが，完全拡散透過体は理論的にも実在せず仮想のものである．しかし，材料の反射（または透過）特性を表す量，放射輝度率（または輝度率），反射率係数（または透過率係数）は，いずれも同じように照射され，受光された完全拡散反射（または透過体の放射輝度，または輝度）に対する，試料からの放射輝度（または輝度）の比と約束されているので定義せざるをえない．材料の反射（または透過）特性を，完全拡散反射（または透過）体を媒介しないで表す量として，放射輝度係数（または輝度係数）および2方向反射（または透過）率分布関数（ASTM E1392-96; BRDF or BTDF）がある． （馬場護郎）
→反射率

乾燥炉 [dry oven]（着）

塗装されたワーク（コンベアなどで搬送されるもの）を乾燥するために加熱する装置．熱風式と赤外線乾燥式がある．塗料のうち，熱硬化性の樹脂を用いた塗料は，乾燥炉で加熱することにより，溶剤を蒸発させ乾燥・硬化させる．

直接式熱風乾燥炉（convection oven using hot exhaust air）：燃焼ガスを外気あるいは循環ガスで希釈して，乾燥炉内に直接熱風を送りこみ，乾燥させる方式．

間接式熱風乾燥炉（indirect convection oven）：熱風式乾燥炉の一種．燃焼ガスの循環系と乾燥炉内の循環系を分け，熱交換器を介して熱を炉内へ送る方式． （吉田豊太郎）

観測者条件等色 [observer metamerism]
(表)

ある物体の色と同じ色を異なった材料を用いて再現する場合，元の色と再現された色とでは，一般に分光反射率分布が異なるので，特定の観測条件では色が等しく（等色）ても条件を変えると等色がくずれる．この現象は条件等色とよばれている．そして，この特定条件で等色する物体色を条件等色対（metamer）という．条件等色は特定の照明光と特定の観測者の組合わせについて成立するもので，別の観測者が見た場合は等色ではなくなる．これは観測者が変化して条件等色がくずれる現象で，観測者条件等色という．このときの等色のくずれの程度を観測者条件等色度という．

条件等色はカラー写真やカラー印刷などにおける色再現あるいは塗料や染料などの調色において問題となる．このような色彩関連工業で色合わせを行う場合，規準の色に対して再現された色は条件等色となることが多い．この再現色の観測者に関する条件等色の評価方法は JIS Z 8718「観測者条件等色度の評価方法」で定められている．この JIS Z 8718 では，観測者条件等色度の計算手順の詳細が記述され，計算例も 4 種類が示されている．そして，計算された観測者条件等色指数の等級区分（A，B，C）が規定され，色製品の定量的評価を可能としている．

この規格の制定に際し，新しいアイディアが生かされている．これまでの色に関する標準は，ある事象の中心的な値（平均値）が採用されている．しかし，この規格では，観測者の年齢 20～60 歳にわたる等色関数の変動を標準化することに着眼している．この研究成果は，まず，国際照明委員会（CIE）の技術報告書（CIE, 1989）として出版された．そして，それを受けてわが国の色彩関連工業の実情を考慮して JIS 化された．日本が世界に誇る研究成果の 1 つである．

(側垣博明)

→条件等色
◆JIS Z 8718 (1989)

桿体 [rod] (生)

人間の網膜には大きく分けて桿体と錐体の 2 種類の視細胞が存在し，それぞれ光の量が少ないときと多いときの光受容器として機能している．桿体は細長い細胞で，外節，内節，シナプス終末からなっている．外節にはディスク膜が存在し，そこに光感受性タンパク質ロドプシンが存在する．ディスク膜は細胞膜が折り畳まれることによって形成されるが，錐体では視物質の埋め込まれた膜が細胞膜と連続しているのに対し，桿体では細胞膜と分離され，細胞質中を浮遊している．ディスク膜は 1 時間に 3 枚程度の割合で新しいものがつくられ，古い膜は外節の先端部で色素上皮細胞の食作用（ファゴサイトーシス）によって取り除かれる．内節には細胞体および核が存在する．錐体が網膜の中心窩付近で最も，また急激に密度が高くなるのに対し，桿体密度は周辺から徐々に増加し，中心窩から 5～7mm のところでピークになり，中心窩付近で急激に低下する．錐体に比べて多くの視物質を含み，錐体の応答に数十から数百の光子が必要なのに対し，桿体は 1 つの光子でも応答する．また，多数の桿体出力が 1 つの双極細胞に収束することによりさらに感度を上げている．錐体ではこのような収束は少ない．結果として，桿体システムは錐体システムと比較し，光に対する感度が非常に高いが時空間的な解像度の悪いシステムとなっている．

(花沢明俊)

→視細胞，錐体，ロドプシン，◎桿状体細胞

桿体の侵入 [rod intrusion; rod participation] (生)

周辺視野で色の見えが変化する要因の 1 つ．一般的に色覚は中心視について議論されている．中心視を行う網膜の中心窩には桿体はほとんど存在しないが，中心窩から網膜周辺部に移ると桿体の数が急激に増加する．錐体・桿体比率が大きく変わるのであるから，これに伴って色の見えや明るさが変化するのかもしれない．しかしながら，周辺視では照度や刺激サイズに応じて色の見えが変化したり打ち消し合ったりするため，単純に桿体の侵入を測ることができないでいる．錐体・桿体両方が働く薄明視でもヒトは 4 色型色覚にならず，3 色でカラーマッチが可能であることと，桿体だけが働く暗所視では色が見えないことから，桿体から色覚へ直接の寄与は少ない．しかし，2 色型色覚異常者は桿体を使っ

て混同色を見分けているという報告（Montag・Boynton, 1987）もあり、桿体と色覚は単純に無関係であるとはいいきれない．　　　（鯉田孝和）
→桿体，薄明視，暗所視
◆Montag, E.D.・Boynton, R.M. (1987)

ガンツフェルト [Ganzfeld(独)]（感知）

ドイツ語の「全体野」を意味する Ganzfeld のことである．最も単純な刺激条件において最も原初的な知覚体験が得られるとの前提で行われた視覚の成立条件の検討過程で提示された事象である．視野全体が均一で肌理のない状態（それがガンツフェルトである）は、最も単純な視覚刺激であるとみなすことができるが、そのような刺激条件では、普通の意味での視覚は成立せず、観察者は距離の定位ができない識別不能の空間にいるような経験をするのである．このガンツフェルトを成立させるには、均一で肌理のない壁面を均一に照明して観察させる、均一で肌理のない半球面を均一に照明して観察させる、半分に切ったピンポン球を眼鏡のように装着させて均一に照明して観察させるなどの方法がある．

白色光ではなく、色光によるガンツフェルトの照明条件の場合では、観察者はしばらく観察していると、色みが消失するという体験をすることも知られている．つまり、直感的には、絶対閾を越える刺激が受容されれば視覚は成立するように思われるが、実際にはそうではなく、ガンツフェルトのような場合には形態視はもちろん、色知覚も成立しなくなるのである．このガンツフェルトでは、均一性ということが何よりも重要な条件であり、視野にほんの少しでも不均一な部分があると、そこに図と地の分化が生じ、形態視が発生することになり、ガンツフェルトは消失するのである．　（日比野治雄）
→テクスチャー，視野，色知覚，図と地
◆Hibino, H. (1991, 92a, b)

カンディンスキー，ヴァシリィ
[Wassilij Wassiljewitsch Kandinskij (Wassily Kandinsky)]（造）

抽象絵画の創始者，理論的指導者として知られるロシア出身の画家．モスクワに生れ，パリ郊外のヌイイ=シュル=セーヌで没．モスクワ大学で法律と国民経済学を学んで博士号を取得し，研究者の道を歩んだが，1896 年にミュンヘンに移住．美術アカデミーでフランツ・フォン・シュトゥックに学ぶ．1901 年芸術家グループ「ファーランクス」の創立に参加．1903 年以降は北アフリカ，イタリア，フランス，オランダに旅行をつづけ，1908 年ミュンヘンに戻る．近郊のムルナウでは風景を題材に，生彩に富む表現主義的画風を展開した．1909 年ヤウレンスキーらと「新芸術家協会」を主宰．1911 年末にはマルクとともに年刊誌「青騎士（デア・ブラウエ・ライター）」グループを創立し，編集部主催の展覧会として第 1 回「青騎士」展を開催して，翌 12 年 3 月には年刊誌を刊行した．「青騎士」の活動と著書『芸術における精神的なもの』(1912) を通じて，カンディンスキーは抽象絵画こそ現代の精神的な価値の追究にふさわしい表現形式と主張して，その後の現代美術の動向に指導的な役割を果たした．

カンディンスキー《コンポジション IV》1911（デュッセルドルフ・ノルトライン・ヴァストファーレン州美術館）

1914 年ロシアに帰国．革命後の美術教育に尽力したが，1921 年ドイツに戻り，バウハウスの教育陣に参加（1922–33）．その後，フランスに亡命した．カンディンスキーはすぐれた色彩画家として多くの傑作をのこしたが，また著書『芸術における精神的なもの』と『点・線・面』(1926) は 20 世紀を代表する造形論として名高い．造形とは諸要素の「内的必然性」，「内なる響き」を取り出すことと主張し，色彩についてもカラーオーダーシステムやそうした秩序に内在する調和的原理は重視せず，対立や矛盾にみちた動的な関連を重視した．とくに黄と青に求

対立の第1の組：IとII（精神的作用として内面的性格をもつ）

I　暖　　　寒
　　　　　　　　　　　＝第1の対立
　　　黄　　　青

2種の運動：
1. 水平的

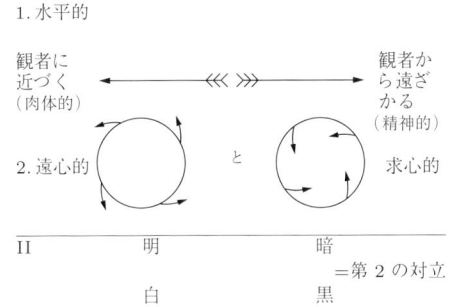

観者に　　　　　　　　　　観者から遠ざ
近づく　←―《《 》》―→　かる
（肉体的）　　　　　　　　（精神的）

2. 遠心的　　　と　　　求心的

II　明　　　暗
　　　　　　　　　　　＝第2の対立
　　　白　　　黒

2種の運動：

1. 抵抗の運動
　　永遠の抵抗と　　　　絶対的な無
　　　　しかも　　　　　抵抗と無の
　　可能性（誕生）　白　黒　可能性（死）
2. 遠心的運動と求心的運動
　　　黄と青の場合と同じ，ただし凝固した形での

心的運動と遠心的運動を見出し，色彩間の多様な運動形成こそ絵画の本質的作用である感情の「ヴァイブレーション」を引きおこすと主張した．油彩画作品は約1200点を数える（口絵参照）．

（前田富士男）

→バウハウス
◆Kandinsky, W. (1952) [西田ら訳, 1979], 西田 (1993), Ringbom, S. (1970) [松本訳, 1995]

官能検査 [sensory inspection]（心測）

官能検査という言葉は，日本では大正時代から，お酒の利き味検査（お酒の品質の等級分けをするための検査）を中心に，食品の品質の感覚による検査という意味で，行われていた．だが，最近の日本の製造業においては，官能検査という昔ながらの仕事，つまり，食品を中心とした商品の感覚（それも味覚と嗅覚）による強度の強弱調べから，どの商品が好まれるかを，味・嗅覚以外の感覚も用いて，品質評価する，というように，仕事の内容が広がってきた．感覚強度の検査（I型の検査）から，好みの検査（II型の検査）へと，官能検査の業務内容に全体として変わってきた．当然のことながら，製品の印象（＝気分）の評価も，II型の官能検査では，業務の大切な部分となってくる．そこで，最近では，この評価が大切だという気持ちを込めて，官能検査という昔のよび名を，官能評価（sensory evaluation）と変えてよぶようになってきた．

官能検査の方法の中には，①統計的方法がそのまま方法として用いられる場合と，②官能検査のためにつくられた方法が用いられる場合と，③計量心理学の方法が用いられる場合とがある．①としては，t検定や分散分析法が，②としては，シェフェの一対比較法，一意性の係数や一致性係数がある．③としては，サーストンの一対比較法，因子分析法やSD法がある．官能検査で用いられる感覚は，以下の5つの感覚，つまり五感（1. 視覚，2. 聴覚，3. 味覚，4. 嗅覚，5. 皮膚感覚）と気分とがある．心理学では，視覚と聴覚のみが熱心に研究されているが，企業では，その他の感覚も利用されている．また，官能検査は，初期のころには，主として，味覚と嗅覚を検査するのに用いられ，食品の官能検査が，その中心であった．だが，戦後，日本科学技術連盟で開催され，最近まで続いている官能検査研究会や，日本官能評価学会では，自動車，建築，広告，音響機器，化粧品，香料，アパレルなど，ほとんどの製造業の業種が官能検査に関わるようになってきた．そのため，研究に現れてくる感覚は，五感と気分のすべてに及ぶようになってきた．

実際の官能検査というものは，織物に例えると理解しやすい．織物は，横糸に縦糸を通してやるとできる．ここでの横糸は，6本であり，五感の1つずつ，視覚，聴覚，味覚，嗅覚，皮膚感覚で，5本であり，それと気分という横糸で全部である．横糸だけでは織物にならないが，これに縦糸を通してやると，丈夫な織物になる．つまり，織物にスジを通してやるのが，①～③の3本の縦糸，つまり，統計的方法と官能検査固有の方法と計量心理学的方法と考えれば，理解が容易であろう．色彩の官能検査は，織物に例えると，主として視覚という横糸に，4本の縦糸，統計的方法，官能検査固有の方法，計量心理学的方法とSD法を通すことによって，研究がなされるといえよう．

（増山英太郎）

→一対比較法, 因子分析, SD法

ガンマ [gamma]（入出）

写真感光材料に光を当て，露光量の対数 $\log_{10} E$ と，それを現像したときの写真濃度 D との関係を表す図を特性曲線という（図参照）．この特性曲線の直線部分 L の傾斜角 α の正接 $\tan\alpha$ をガンマとよぶ．すなわち，特性曲線の直線部分の傾きである．ガンマは写真感光材料のコントラストの程度を表す．ガンマが大きいものを硬調であるといい，明暗差のわりに大きい濃度差が得られる．ガンマが小さいものを軟調であるといい，微妙な明暗差を表現できる．また，特性曲線は色再現にも影響を与える．無彩色の場合はガンマの大きい硬調な特性は高コントラストとなるが，有彩色の場合は高彩度となる．

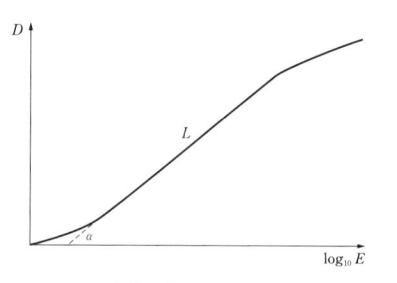

写真感光材料の特性曲線

テレビでもガンマという用語をガンマ補正として使用する．蛍光体を使用した CRT では受像管に加える信号電圧と電子ビーム電流との関係が非線形である．電子ビーム電圧と 3 色の蛍光体の発光輝度の関係は線形であるので，この信号電圧と蛍光体の発光輝度の関係を線形にすることをガンマ補正とよぶ．具体的には輝度 L と信号電圧 E の関係は，

$$L = kE^\gamma$$

の関係であり，この関係で信号電圧を $1/\gamma$ 乗することで，輝度と信号電圧の関係が線形となる．写真の入力と出力との関係を対数で線形とする関係と同じである．この γ の値は NTSC では 2.2，PAL では 2.8 と規定されている．

量子化されたテレビ信号では，この信号値と蛍光体の発光輝度との関係も，信号電圧と発光輝度との関係を反映し非線形の関係となっている．

（兵藤　学）

慣用色名 [color name]（表）

牡丹色，柿色，山吹色など特定の色の感じを表すために用いられる名前を固有色名という．江戸・文化文政の時代には，48 茶 100 鼠といわれるように，多くの茶と鼠の色が使われ，色名の表現にも工夫がなされた．固有色名は，顔料や染料の名前だけでなく，色を連想させる自然物や人工物，さらに人物，地名からつけた，多くの名前が用いられている．色名によっては，どのような色を指しているか，定かでないものも見られる．そこで，固有色名の中でも，日常的によく使われ，多くの人が色を連想できる色名を慣用色名という．JIS Z 8102「物体色の色名」に採録されている慣用色名でも，鴇色のように，鴇そのものが絶滅の危機に瀕し，実際にその色を見ることが難しいものもある．時代や文化または地域によって，慣用色名と固有色名との線引きは変化するが，色のイメージをよび分ける方法として，必要に応じて新しい色名が創作・利用されている．

茶色の例：焦茶，黒茶，金茶，赤茶，海老茶，江戸茶，桑茶，白茶，媚茶，鶸茶，鶯茶，千歳茶，団十郎茶，璃寛茶，芝翫茶，路考茶，梅幸茶，岩井茶，遠州茶，信楽茶，枇杷茶，豆殻茶，文人茶，光悦茶，観世茶，利休茶，猟虎茶などがある．

（小松原　仁）

→系統色名
◆JIS Z 8102

顔料 [pigment]（着）

水，油，溶剤などに溶けない，化学的，物理的に安定している微粒子状の固体で，物に色，意匠効果，機能を与えるものである．絵の具，印刷インキ，塗料，プラスチック，化粧品などに用いられる．有機顔料と無機顔料があり，有機顔料は主として着色顔料として用いられる．無機顔料には，① 着色顔料，② エフェクト顔料（金属感，きらきら感，2 色性などを与えるアルミニウム・真鍮・チタン・酸化鉄などの金属フレーク，マイカ，アルミナフレーク，シリカフレーク，微粒子二酸化チタンなど），③ 防錆顔料（酸化鉄，亜鉛，クロームなど），④ 体質顔料（鉱物や貝殻を粉砕した粉で，塗膜を肉厚化

する，光沢を調整する，パテやサフェーサーなどの機能塗装のための顔料）がある．

顔料に要求されることは①意匠効果（色相・明度・彩度の表現，着色力，透明感，フリップフロップ性，光輝感など），②隠蔽力，③分散性，④物性（耐光性，耐候性，耐薬品性，耐熱性など），⑤貯蔵安定性，⑥適切なコスト，⑦適切なPH，⑧適切な吸油量などであり，塗料に用いる場合は，塗装作業性や仕上がり外観への影響なども重要な要素である．他に，導電性，磁性，防汚，抗菌など機能性を目的とした顔料もある． （吉田豊太郎）
→有機顔料と無機顔料

顔料分散 [pigment dispersion]（着）

通常，顔料は乾燥した粉体として供給されるが，この状態では多くの顔料粒子が凝集して，数百 μm の凝集塊となっている．凝集塊を構成する最小単位の顔料粒子は1次粒子とよばれ，直径が0.01～数 μm 程度である．顔料の凝集塊を樹脂溶液の中でひとつひとつの1次粒子に解きほぐすのが顔料分散である．一般に，顔料分散度が高い方が顔料凝集塊による凹凸が少なくなり，塗膜は平滑になり，光沢は増す．着色力は顔料粒子の表面積に依存するので，同じ重量の顔料であっても分散度が高い方が表面積が大きく，着色力は高くなる． （吉田豊太郎）
→1次粒子

関連色 [related color]（感知）

関連色はHunt (1985)が論文「Perceptual factors affecting colour order systems」で色に注目したときには，色の秩序化（color ordering）は2つの差異性に注目することである程度可能であり，その1つの差異性は関連色か，無関連色であり，もう1つの差異性は自ら光を発光しているか，または正反射光であるように知覚される発光色か，光を反射または透過しているように知覚される非発光色かであることを提案した．はじめの差異性の1つである関連色とは，他の色との関連性が，見えている領域に属しているように知覚される色である．この関連色と，もう1つの差異性の発光色か非発光色かを入れて色を分類した非発光の関連色は，他の色の見え方の分類では表面色や物体色に相当するものであり，紙やその他の物体の表面に属していると知覚される色である．発光の関連色は，他の色の見え方の分類では米国光学会（OSA）が提唱した光源色モードに相当するもので，光源の色やCRTやLEDのような発光するディスプレイの色である．蛍光物体の色もこの発光の関連色に分類される．この発光型ディスプレイの色は知覚上は非発光の関連色つまり表面色に知覚されるので，色の知覚と色のつくられ方が多少混同している面もある． （鈴木恒男）
→色の現れ（見え）方，表面色，物体色，無関連色
◆Hunt, R.W.G (1985)

［き］

キアロスクーロ（明暗法あるいは濃淡法）[chiaroscuro]（造）

イタリア発生の美術用語で，本来は立体物の立体感を明暗差異や濃淡差異によって表す表現法．時代による表現法の展開により次の3種類の内容に分化した．

①光があたる明部から影になる暗部へと漸変的に明るさを違えて表現して，物体を立体的な感じに表す方法．古典的絵画やイタリアのルネサンス絵画の基本的な要素であった．②一色相あるいは単一の絵の具の色を明暗差で使い分けて，対象を3次元的に表現する方法．「単彩明暗画」と訳されている．地色をもつ紙に，重点的に暗部を描出し，白くハイライトを加える表現法もそれに含まれる．③16世紀のイタリア画家，ダ・カルピの発明による凸版版画の明暗的表現法．多色木版やリノリウム版画で，ハイライトを白抜きにして表すが，陰影の色調と中間色調をそれぞれの明るさによって重ね刷りする表現法．

以上のうち②と③の表現法を合わせてフランス美術用語ではカマイユ（camaïeu）とよぶが，その言葉が今日ファッション配色用語に転用されている．フランス語では，明暗法とほぼ同じ意味で使われる．絵画表現でのカマイユにはグリザイユ（灰色明暗法）とシラージュ（黄色明暗法）がある．キアロスクーロ表現のうちで地色紙に描く方法は，視知覚のもつ固有な反応を引き出すという意味でおもしろい．われわれの目が記憶を取り入れた反応を示すことはよく知られるとおりであるが，この方法による表現は，表現されている以上の内容の知覚情報をもたらすからである．きわめて簡単，ごく簡略な粗い明暗差による表現であっても，対象の立体性をよく伝えるものとなる．とくに人体の場合には，きわめて微細な情報さえも補足しながらの表現提示となる．その表現の伝統はドイツからフランスまで多くの画家を含むが，モネなど印象派の色彩表現にもそれを踏まえたところが認められる． 　　　　　　　　　　（小町谷朝生）

→カマイユとフォ・カマイユ

黄色の服 [yellow clothing]（社）

黄色の意味は東洋と西洋とでは大きく異なっている．東洋における黄色は，東方最古の宗教であるヒンドゥ教，道教，仏教，儒教において最高の色とされた．中国の「易」には「天地それは玄黄の　雑（まじわり）　なり」とあり，黄色は天地の根源の色と特定されている．ヒンドゥ教の三大神のうち創造の神ブラフマーに，また仏教の釈尊たる仏陀に聖別された色だった．紀元前1世紀の前漢の末頃成立したという陰陽五行説では，黄色は中天に位置するとされ，黄色は最も尊い天子の色とされた．天子の衣服は黄袍，天子の乗る車の天蓋を黄屋といって黄色は最も尊ばれた色であった．一方，キリスト教社会では，黄色は最も忌避された色とされる．伝承によれば，最後の晩餐の日に，キリストを裏切ったイスカリオテのユダが黄色の衣服を着用したことに黄色が忌避された由来があるとされる．ユダが本当に黄色い衣服を着ていたのか，ユダを黄色で描いたキリスト教の色彩象徴のせいか，定かではないが，16世紀のイタリアの画家ファーネスの描いた《最後の晩餐》では，確かにユダは黄色の衣服を着て登場している．

中世ヨーロッパでは，黄色に対する嫌悪が進行し，ユダヤ人と娼婦だけが黄色の衣服を着せられたり，国によってはユダヤ人は黄色の衣服を着用することを法制化したところもあった．1215年，キリスト教はユダヤ人は全員黄色のバッジを付けることを義務にしたり，16世紀のスペインの宗教裁判では，異端者は黄色の衣服を着せられて，生きたまま火炙りの刑に処せられるなどした．同じ頃，フランスでは重罪人の家の戸を黄色に塗るとの決まりもあった．スペインでは，キリスト教関係者が黄色を嫌い，19世紀半ばまで，聖職者が黄色の服を着ることを禁じた．

今世紀には，ナチス・ドイツによって，ナチスの収容所において，ユダヤ人に黄色の腕章をつけさせたりもした．　　　　　　　（渡辺明日香）
→陰陽五行説
◆城 (1993a, b)

記憶色 [memory color]（感知）

りんごは赤く，空は青いなど，特定の事物とりわけ熟知対象と連合して記憶された色のこと．記憶色は実際より明度，彩度ともに強調され，色相も典型色にシフトしていることが多い．事物の目立った特徴が選択的に記憶され，その特徴が強調されて記銘・保存されることによるとされる．一般的な色の記憶 (color memory) と区別して用いるべきことが指摘される一方，熟知対象の色の記憶の問題として color memory の用語を使用した論文もある．実際，記憶や認知における概念化・言語化と密接な関係があり，最近はカテゴリー化やプロトタイプの枠組みで検討されている．すなわち，事物の色はカテゴリーに分類して記憶され，カテゴリー内の典型（プロトタイプ）にシフトするというモデルである．色票の記憶においても，再認色は色カテゴリー内に収まり，フォーカル色にシフトすることが示されているが，記憶色は色カテゴリーのみならず，事物のカテゴリーと結びついた色の記憶といえよう．一方，記憶色も再現時に照明の影響を受けるという報告もあり，色の恒常性の観点からも考察されている．なお，記憶色は色再現の評価に影響するため，写真や印刷，テレビ，ビデオ環境では記憶色あるいは理想色を考慮した色再現が行われている．　　　（三浦佳世）
→色の記憶，好ましい色再現，カラーマッチング，カラーネーミング法，色恒常性，SD法，カテゴリカル色知覚，恒常度指数

危険と注意 [danger and caution]（安）

日常では，"危険だから注意しなさい" といった使い方であるが，安全色・安全標識関係の ISO や JIS ではそう簡単ではない．まず，ISO 3864-Part1 では，黄の安全色で危険を警告することになっているから，上のいい方と同じである．これに対して Part2 では，危険の軽重を赤：危険 (danger)，オレンジ：警告 (warning)，黄：注意 (caution) の3段階表示としている．これは，アメリカの ANSI Z 535 シリーズの考え方が取り入れられたもので，ここでいう危険とは "回避しないと死に至る高度の危険"，警告とは "回避しないと死に至る可能性のある中度の危険"，注意とは "回避しないと小さな傷害を受ける軽度の危険" と定義されている．JIS でも ANSI と同様に，赤：高度の危険，黄赤：危険，黄：注意，という3段階表示である．また，以前の JIS Z 9104 (1987)「安全色光使用通則」には，黄の表示事項に「明示」があり，これは駅や空港などの内照式一般案内用標示板に多用されている．そのような中で，三角形で囲んだだけの黄の標識が，はたして危険を知らせる重要な役目をまっとうできるかどうか，疑問が残されている．　　　　　　　　　　　　　（児玉　晃）
→安全色と安全標識

基準光（イルミナント）[reference illuminant]（照）

基準イルミナント，基準光とは，他のイルミナント（照明光）との比較に用いるイルミナントのことである．演色評価用の基準イルミナントは，一般に，CIE などによって，必要な波長範囲の相対分光分布が定められているものに限る．白熱電球など色温度または相関色温度が比較的低い光源の評価には，それと近い色温度の黒体放射が基準イルミナントとなり，相関色温度が比較的高い光源の評価には CIE 昼光が基準イルミナントとなる．なお，イルミナント，測色用の光とは，それで照明された物体の色知覚に影響を及ぼす波長域全体の相対分光分布が規定されている放射のことである．以前は"標準"，"基準" などの語と組合わせて "…の光" とよび，単独の場合には "測色用の光" としたが，場合によっては紫外波長域も含む分光分布を表すので，IEC 60050 (845) 01-06 light の定義1.および2.と矛盾しないように，イルミナントとよぶことになった．

CIE は，相対分光分布が規定されたイルミナント A，C，D65 およびその他のイルミナント D_r（ISO/CIE 10526；CIE 出版物 15.2 参照）を定めており，これを「CIE 標準イルミナント，CIE 標準の光 (CIE standard illuminant)」という．これらのイルミナントは，次のことを意図している．

A：温度が $2848 \times 1.4388/1.4350 = 2856$K である黒体の放射，B：直射太陽放射（廃止），C：平均昼光（紫外部を除く），D65：相関色温度 $6500 \times 1.4388/1.4350 = 6504$K の昼光イルミナントで，紫外部を含む平均昼光に相当する．

JIS Z 8720 では，上記のうち A，D65 および C だけを狭義の標準イルミナントとし，B ならびにその他のイルミナントのうちの D50，D55 および D75 を補助標準イルミナント (supplementary standard illuminants) と定めている．IEC 60050（845）では，用語としてとくに定めていないが，JIS Z 8720 で規定した 3 種類の CIE 昼光イルミナント D50，D55 および D75，その相関色温度は，K 単位でそれぞれの式による．

$$5000 \times \frac{1.4388}{1.4350}, \; 5500 \times \frac{1.4388}{1.4350}$$
$$および \; 7500 \times \frac{1.4388}{1.4350}$$

イルミナント A，C，D65 などを省略して記す場合は，混同のおそれがない限り，光 A，光 C，光 D65 などと記してよい．さらに，イルミナント C は，主に過去のデータとの関連を必要とする場合にだけ用いる． （一條　隆）
→演色性，標準イルミナント

キセノンランプ [xenon lamp]（照）

主にキセノンガスの励起による発光を利用した光源で，分光分布は，紫外域から可視域にかけての連続スペクトルと，近赤外部の強い線スペクトルとからなる．とくに，可視域において相関色温度約 6000K，平均演色評価数（R_a）94 の自然昼光にきわめて近似した連続スペクトルを発し，この特性が寿命中にほとんど変化しないことから，色検査用や太陽光シミュレーション用など，昼光の近似光源として用いられている．発光効率は 20～40 lm/W であり，高輝度，瞬時点灯可という特徴がある．種類は，ショートアークタイプ，ロングアークタイプとキセノンフラッシュタイプとがある．ショートアークタイプは，圧力が数 10^6Pa で，アーク長が短く点光源に近いことから，数十 W から数十 kW のものが光学機器用，サーチライト用，ピンスポットライト用光源などとして製作されている．ロングアークタイプは，圧力が約 10^5Pa で，印刷製版用や退色試験用などとして数十 kW 程度まで使用されている．キセノンフラッシュタイプは，パルス電圧を印加して瞬間的に発光させ，写真撮影用として利用されている． （川上幸二）
◇クセノンランプ

基礎刺激 [basic stimulus]（表）

3 つの原刺激を用いて表色用の等色関数を求めるとき，3 つの原刺激の単位をあらかじめ決めておく必要がある．通常用いられる方法は，ある決められた色に 3 つの原刺激を混色してマッチングさせ，そのときのそれぞれの原刺激の量を単位とする方法である．その決められた色として選ばれるものを基礎刺激とよぶ．基礎刺激が変わると，それにマッチングする原刺激の混色比も変わるので表色系が変わる．したがって，基礎刺激の選択は重要である．通常，基礎刺激として選ばれる色は，白色光であり，その中でもとくに等エネルギー白色光（各波長に等しいエネルギーを持つ）が基礎刺激として用いられる．実際に再現するのは難しいが，理論的にわかりやすいので白色の代表としてよく用いられる．また，黒体放射で特定の色温度をもつ白色も基礎刺激として用いられる．CIE 1931 XYZ 表色系の等色関数の基になるデータを実際に測定したイギリスのライトは色温度 4800K の白色を基礎刺激とし，もう一方のデータ提供者であるギルドはガス封入型ランプに溶液フィルタを加えた白色を基礎刺激として用いた．最終的に CIE の XYZ 表色系では，等エネルギー白色が基礎刺激として用いられ，それに基づいて表色系が定められた． （佐川　賢）

北空昼光 [north sky light]（照）

色を比較するときの照明として，昼光が用いられることが多い．太陽の直射光を含んだ昼光は，直射光の射し具合や時間によって大きく変動するため，季節，天候，時間による変動が最も少ない北空からの拡散光が利用される．この拡散光を北空昼光という．実際には北窓から入る昼光を利用するので北窓昼光ということもある．北半球では，日の出 3 時間後から日没 3 時間前までの，北空昼光が色の比較に適している

とされている．7時頃に日の出を迎える冬期には3〜4時間程度しか利用できないため，北空昼光を人工的にシミュレーションした光源が開発された．この光源の相対分光分布は，補助標準イルミナントCとして規定されている．標準光源Cは，白熱電球と2種類の溶液フィルタを組合わせてつくることができるが，この溶液フィルタのことを，考案したDavisとGibson (1931) にちなんで，DGフィルタという．

〈小松原 仁〉

→標準イルミナント，標準光源と常用光源
◆Davis, R. · Gibson, K.S. (1931)

基底状態 [ground state]（化）

分子のエネルギーはとびとびの値をもつ量子化された定常状態にあるが，この中で最もエネルギーレベルの低い定常状態を基底状態とよび，安定で化学反応の進み難い状態である．通常，有機化合物分子は $2n$ 個の π 電子を有するため，量子化された $2n$ 個の π 分子軌道がある．基底状態の電子状態は $2n$ 個の π 電子が逆平行のスピンをもつ対としてそれぞれ2個ずつ，1〜n までの結合性軌道に順番に配置されており，それよりもエネルギーレベルの高い $n+1$〜$2n$ までの反結合性軌道は空になっている．ここで，結合性軌道の中でエネルギーが最も高い軌道をHOMO (highest occupied molecular orbital) とよび，反結合性軌道の中で最もエネルギーの低い軌道をLUMO (lowest unoccupied molecular orbital) とよぶ．基底状態以外の定常状態は励起状態とよばれ，基底状態から励起状態への遷移に伴って吸収される光エネルギーは，基底状態と励起状態のエネルギー差に相当する．通常はHOMOからLUMOへの電子遷移のエネルギー差が最も小さいので，第一吸収帯（最も長波長側の吸収帯）がこの遷移に対応する（π–π^* 遷移）．

〈今田邦彦〉

→励起状態，電子遷移
◆時田ら (1989)

輝度 [luminance]（照）

輝度とは，発光面上，受光面上または放射の伝播路の断面上において，次式によって定義される量のことである．

$$L = dF_\mathrm{v}/dA \cdot \cos\theta \cdot d\Omega$$

ここで，dF_v：与えられた方向を含む立体角 $d\Omega$ 内を伝播する要素ビームによって伝達される光束，

dA：与えられた点を含むそのビームの断面の面積，θ：その断面の法線とそのビームとがなす角

量記号は，L_v または L で表され，単位は，カンデラ毎平方メートル（$\mathrm{cd}\cdot\mathrm{m}^{-2}$）またはルーメン毎平方メートル毎ステラジアン（$\mathrm{lm}\cdot\mathrm{m}^{-2}\cdot\mathrm{sr}^{-1}$）である．

輝度計（luminance meter）とは，輝度を測定する計測器のことである．

〈一條 隆〉

輝度格子縞 [luminance grating]（感知）

空間的一方向に，一定の周期で2色が交替するパターンを格子縞（grating）というが，この2色間に輝度差のある場合に輝度格子縞，または輝度グレーティングという．輝度格子縞は2色の輝度変化のパターンによって，矩形波格子縞，正弦波格子縞，鋸歯状波格子縞などのさまざまなヴァリエーションがある．また格子縞の幅を周波数で表したものを空間周波数といい，2色の交替パターンが視角1°当たり何回繰り返されるかを表すcpd (cycle/degree) という単位を用いる．空間的な輝度分布は，次式で定義される．

$$L(x) = L_0(1 + m \cdot \sin 2\pi f x)$$

ここで，L_0 は平均輝度，m は（マイケルソン）コントラスト，f は空間周波数（cpd），x は位置（deg）を示す．図より，$\Delta L = L_\mathrm{max} - L_0 = L_0 \cdot m$ が成立し，

$$L_0 = \frac{L_\mathrm{max} + L_\mathrm{min}}{2}$$

より，コントラスト m は，

$$m = \frac{L_\mathrm{max} - L_\mathrm{min}}{L_\mathrm{max} + L_\mathrm{min}}$$

で定義される．これは

$$m = \frac{\Delta L}{L_0}$$

と書くこともできる．すなわち，ウェーバーの法則（弁別閾は物理量に比例する）が成立している範囲内であれば，コントラストはウェーバー

比に相当し，その逆数（$1/m$）はコントラスト感度に対応することから，mの値は平均輝度レベルによらない感度を表す定数値と考えてよいことになる．したがって，輝度格子縞は，視覚系のコントラスト感度を測定する際の刺激パターンとして用いられる．その際，mの変域は0〜1であるから，コントラスト感度は1〜無限大，コントラスト感度の対数値は0から無限大の変域となる．

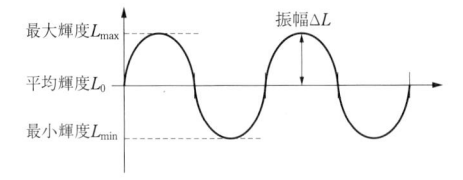

最大輝度L_{max}　振幅ΔL
平均輝度L_0
最小輝度L_{min}

正弦波格子縞はエッジの検出をほとんど生ずることなく方向検出器を働かせることができるため，知覚の方向性の研究に用いられることがある．一方，輝度格子縞は輝度変化や空間周波数を一定にしたまま，無限に続く運動刺激を提示できるため，運動視研究の実験刺激としても広く用いられる．　　　　　（坂田勝亮・岡嶋克典）
→色度格子縞，空間周波数特性，ウェーバーの法則，エッジの検出

輝度の比視感度 [relative luminous efficiency]（照）

比視感度とは可視スペクトルにおける相対分光感度のことで，現在は分光視感効率といい，閾値，明るさなどさまざまな視感覚に対して定義されうる．その測定方法は多様で，結果としての分光特性は，測定方法，視野サイズ，呈示時間，測定位置により異なる．測光量としての輝度は，刺激の分光放射輝度にCIE標準分光視感効率$V(\lambda)$を波長ごとに乗じて可視域で積分することにより定義されている．この$V(\lambda)$は交照法と段階比較法のデータに基づいている．交照法は，参照光とテスト光を同じ位置に10〜15Hz程度の周波数で交互に呈示し，一方の光量を変化させてちらつきが最小となる点を求める方法である．段階比較法は，併置された波長差の小さい（すなわち色差の小さい）テスト光と参照光の明るさを直接比較法でマッチングする方法で，順次波長をずらして可視スペクトル全域をカバーする．交照法による結果が最も代表的な輝度の比視感度関数で，実際には$V(\lambda)$ではなく$V(\lambda)$の短波長域における過小評価を修正した$V_M(\lambda)$に近い555nmにピークをもつ滑らかな関数となる．境界線の明瞭度が最小となる判断基準によるMDB法の結果も同様な関数となる．これらは視覚系におけるルミナンスチャンネルの特性を表すと考えられている．（阿山みよし）
→分光視感効率，交照法，MDB法，ルミナンスチャンネル
◆Lennie, P. ら（1993）

機能主義 [functionalism]（造）

20世紀デザインの根幹をなした思潮で，1920年代以降建築や工業デザインを中心に国際的に広がっていった．近代工業化が進行するに従い，工場の生産ラインに都合のよい形，新しい技術や素材に適合するような経済的・社会的条件の制約の中で形を選ぶプロセスから，しだいに機能主義的な考え方が芽生えてきた．19世紀末，アメリカの建築家ルイス・サリヴァンは，いち早く鉄筋コンクリート造りの高層建築を導入し，その際，「形は機能に従う（Forms follow the function）」の名言をはき，一躍機能主義デザインが脚光を浴びた．

この思潮は1920年代に入ると建築の近代主義（モダニズム）の造形原理となった．そのコンセプトは新設の造形学校，バウハウスにも影響を与え，バウハウス・デザインとよばれた機能を徹底的に追求した形となった．こうして一切の装飾を排除し，無機質でクールな幾何学的形体の機能優先の造形がしだいに現代デザインとして認められるようになった．この機能主義は，やがてデザインにおけるインターナショナル・スタイルをつくりあげ，従来の地域性を超え，世界的に統一されたデザイン思想をつくりあげる契機となった．しかしながら，その間1925年にはアール・デコの装飾様式，1930年代には流線型が流行し，人間の装飾への飽くなき欲求の強さを，逆に呈示する形となった．建築のモダニズムは戦後も続き，1970年代のポスト・モダニズム（脱近代主義）に引き継がれるまで続いた．
（三井秀樹）
→バウハウス，インターナショナル・スタイル，アール・デコ

黄八丈 (衣化)

　黄八丈は,伊豆八丈島で生産され黄・樺(鳶色)・黒の3色を基調色とする,竪縞や格子縞の絹織物.黄八とか丹後ともよばれた.染料は島内に自生する植物を用いるのが特徴である.黄色は乾燥させた八丈刈安(コブナグサ)を用いて煮出して染液を取り,染色しては直射日光にあてる工程を数回から十数回繰り返して染め重ねた後,椿や榊の葉を焼いた灰汁で媒染する.樺色はタブノキ(和名はイヌグス,八丈島ではマダミ)の樹皮を用いて煮出した染液を使用し,煮出した後のタブノキの樹皮を焼いた灰汁で媒染する.黒は椎の生の樹皮を煮出して染色した後に「沼づけ」を行う.沼づけとは鉄分を多く含んだ沼の泥土をザルでこした泥水に浸して媒染する方法で鉄媒染が行われる.八丈島では室町時代からすでに養蚕が行われ,島でとれる蚕糸で紬糸がつくられたが,八丈絹の名は文献上では平安後期にのぼる.黄八丈は江戸時代,租税の上納品とされ,大名や御殿女中などの階級の人びとに愛用された.江戸中期から町人文化の発達とともに,庶民にも着られるようになった.黄八丈が大流行すると,明治以降,黄八丈を模倣した織物が全国各地でも織られるようになった.伊豆八丈島で織られた黄八丈を本場八丈(本八丈ともいう)とよんだが,この他に秋田八丈,八王子八丈,米沢八丈などがあった.

(矢部淑恵)

◆荒関 (1978)

揮発性有機化合物 [volatile organic compound: VOC] (着)

　塗料の溶剤などに含まれる揮発性有機化合物(VOC).1966年にカリフォルニアで有機溶剤が光化学スモッグの原因であるとしてルール66(有機溶剤規制)が制定された.1969年には連邦大気清浄法により,塗料1ガロン当たりの揮発性有機化合物量(ポンド)が規定された.これは,溶剤の種類より総量を規制するという考え方に基づくものである.1977年の連邦大気清浄法改正では,塗装時の塗着効率も加味し,塗着固形分当たりの溶剤量規制の考え方が導入された.しかし,1990年の改正では大気有害物質として多くの有機物質を指定し,その削減をめざす指定物質制度の考え方に戻っている.欧州でもドイツ,イギリスをはじめ,厳しい溶剤規制があり,環境保護の観点から低VOC化への技術開発が求められている.これに対応し,塗料のハイソリッド化,中塗・上塗りベースコートの水性化,二液硬化型クリアー,粉体クリアーの開発導入などが行われている. (吉田豊太郎)
→二液硬化型塗料,粉体塗料

基本色名 [basic color terms] (感知)

　BerlinとKay(1969)は色のカテゴリーとして11個の基本色名(basic color term; name)があることを明らかにした.基本色名は白(white),黒(black),赤(red),緑(green),黄(yellow),青(blue),茶(brown),橙(orange),紫(purple),桃(pink),灰(gray)となる.基本色名の定義は(1)すべての人の語彙に含まれること,(2)人によらず,使うときによらず,安定して用いられること,(3)その語意が他の単語に含まれないこと,(4)特定の対象物にしか用いられることがないこと,である.発達した言語にはこの11個の基本色名がすべて含まれているが,言語によっては基本色名が11個に満たないものもある.しかし,それらの言語がもつ基本色名の組合わせには一定の規則があることが知られている.基本色名が2個しかない言語は必ず白,黒となり,3個の場合はそれに赤が加わり,4個,5個になると緑と黄が続く.6個目は青,7個では茶,8個以上では桃,紫,橙,灰が加わって11個となる.このような言語における基本色名の現れ方は色名の「進化」とみなされ,おそらく何らかの色覚の高次メカニズムが反映していると考えられる. (内川惠二)
→基本色名の発達
◆Berlin, B.・Kay, P. (1969), Crawford, T.D. (1982), 内川 (2001)

基本色名の発達 [development of basic color terms] (社)

　多くの文化の基本色彩語をていねいに調べ,文化進化論的な観点から分析したのは,BerlinとKay(1969)である.彼らは図にある7段階に分かれる11色が,世界の多くの文化で識別されている基本色彩語のすべてであるという.図

のように，白と黒はどの文化でも最初に識別され，語彙も存在するということから並列される．途中の緑から黄，あるいは黄から緑というのは，文化により順序が逆になるので，両方の可能性があるということで or となる．最後の紫，ピンク，橙，灰は，最終段階で，やはり文化によりそれぞれ違うので，やはり並列されている．

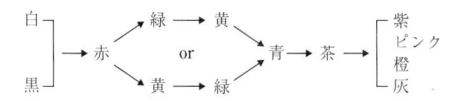

```
白 ┐         ┌→ 緑 → 黄 ┐        ┌ 紫
   │→ 赤 →  or         │→ 青 → 茶 │ ピンク
黒 ┘         └→ 黄 → 緑 ┘        │ 橙
                                   └ 灰
```

2人の研究から生れた最初の成果は，1段階目の白，黒と2段階目の赤しか語彙をもたない文化もあるが，ある文化のように全7段階の11色すべてを識別し，それぞれの色に語彙がある文化もあるということを発見した点である．2つ目の成果は，語彙の少ない文化から多い文化へ並べると，図のように決められた7段階のオーダで色が並ぶという点である．最後は，3つの色名しかもたない文化から，11の色名をもつ文化までを横並びにすると，どうも文化による技術の発達の程度と相関がありそうだ，という点である．2人が以上の3点の結論を発表した1960年代後半は，まだ世界の文化に共通して見られる普遍的な文化事象を探索していた時代で，その意味で彼らは進化論的な観点から探し得たという成果を発表したことになる．しかし現在では，こういう文化間における普遍性は否定される傾向にあり，彼らの結論も批判されている．ただし，多くの文化をクロスカルチュラルな観点から眺め，それなりの傾向を見出した業績は高く評価されるべきで，色彩学の研究史の中でも忘れてはならない研究の1つである．

(植木　武)

◆Berlin, B.・Kay, P. (1969)

輝面色 [luminous color] (感知)

輝面色とはその色の面が光を発しているように知覚される色の見え方である．輝面色は色のつくられ方ではない見え方での光源色と同じ意味である．この意味での光源色は，米国光学会 (OSA) が定義した光源色 (illuminant mode) ではなく，その面が光を発しているように知覚することでの見え方の分類である．この輝面色は面色の特徴はもつが，それよりも光を発光しているように知覚することに重きを置いたものである．この意味では，カッツの色の見え方の分類の光輝に近いものである．この輝面色をつくるには，開口色と同様に暗黒中にある色を提示すればよいが，暗黒でなくてもその色が周囲よりもある程度以上明るいと輝面色に見える．

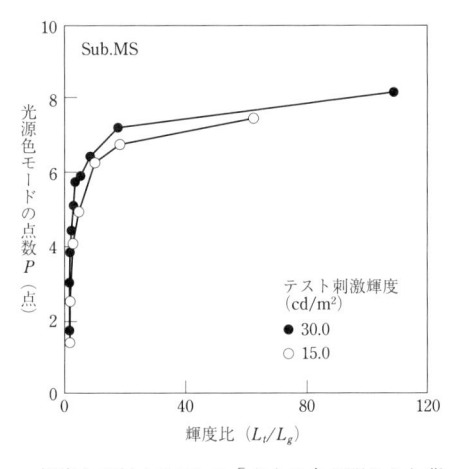

根岸と西村 (1998) の「中心の白の明るさと背景の白の明るさの関係」で，その面が光を発しているように知覚されるかの結果を図に示してある．縦軸は光源色に見える心理的な値で，値が高いほど光を発しているように知覚されることを示し，横軸は中心と周囲との輝度比を表している．輝度比がある値以下になると，急激に光を発しているように知覚されることがなくなる様子が示されている．ある面が光を発しているように知覚されるには，背景との輝度比以外に彩度差も影響するが，その点に関してはまだ十分な実験がなされていない．　(鈴木恒男)

→色の現れ(見え)方，光源色，開口色，◎発光色

◆根岸・西村 (1998)

キャリブレーション [calibration] (入出)

スキャナ，プリンタやディスプレイなど画像機器の色再現特性を標準的な状態に調整することをキャリブレーションという．機器に依存した信号を CIELAB などの機器非依存信号に変換する意味に用いられる場合もあるが，色再現特性を機器ごとの標準状態にもどす機能という意味で使われることが多い．通常のカラーマネ

ジメント工程では対象とする機器の標準状態において機器依存信号から機器非依存信号への変換特性をプロファイルとして求めておき，標準状態からの変化分をキャリブレーションで補正する．

たとえばスキャナの場合は，管理用チャートを読み取った信号を標準状態における読み取り信号と比較し，その差分を階調補正LUTにフィードバックするなどの方法が用いられる．プリンタの場合には，カラーパッチデータをプリント出力し，専用濃度計または測色計で計測し，標準状態における値と比較してその差分を補正LUTにフィードバックする．経時劣化，温度や湿度変化などの要因による機器特性の変化は避け得ないため，キャリブレーションは正確な色管理を行う上で非常に重要である．　　　（依田　章）
→カラーマネジメントシステム，デバイスプロファイル，ルックアップテーブル
◆Hulub, R. ら (1988), 日本写真学会・日本画像学会合同編集委員会編 (1999)

吸引電極法 [suction electrode]（生）

単一の視細胞の，光に対する電気的応答を測定する方法．この方法は微小なガラス管電極の先端に桿体または錐体の外節を吸い込み，そこに光をあてて流れる電流を計測するものである．ガラス管壁が視細胞の細胞膜に密着するため，微小な電流の流入出が測定できる．桿体外節に対して光子1個から2個にあたる微弱な光をあてて観察される電流は，まったく流れない，最小単位，あるいはその2倍といったように量子的であった．このことから，1個のロドプシン分子の活性化が桿体の電気的応答を引き起こすことが確認された．サルの桿体では1個の光子によって0.5pA暗電流が減少する．これは桿体に存在するNa$^+$チャンネルの3～5%にあたる300個のチャンネルが閉じることに相当し，cGMPカスケードの高い増幅率によってもたらされる結果である．また，この測定を単波長光を用い可視領域全体について行うことにより，錐体や桿体の光応答スペクトルを測定することができ，視細胞に含まれる視物質の種類の同定や，その吸収スペクトルを求めることができる．微小分光測光法による視物質の光吸収スペクトル測定では，光の拡散や，視物質以外の物質による光の吸収のため，吸収率の低い波長領域での測定が正確に行われないという問題点があるが，吸引電極法では視物質の光吸収のみを増幅して観察できるため，視物質の光吸収スペクトルの測定を精度よく行うことができる．　（花沢明俊）
→微小分光測光法，ロドプシン，錐体，桿体，過分極，視細胞

吸光度 [absorbance; extinction]（生）

視物質の活性化は，レチナール分子が光を吸収することによって起こる．これは光によって化学反応が引き起こされる光化学的過程である．このような光化学物質の光吸収特性は吸光度（光学濃度）で表される．物質の低濃度溶液に一方から強度 I_0 の光が入射し，通過してきた光の強度が I のとき，この溶液の透過率 T は $T = I/I_0$，吸光度 A は $A = \log(I_0/I) = \log(1/T)$ で定義される．濃度 C mol/l の溶液中，光路長 D cm の距離を波長 λ の光が通過するときの吸光度 A_λ は，吸光度が溶液の厚さと濃度に比例するというランベルト–ベールの法則により，$A_\lambda = \varepsilon_\lambda \cdot C \cdot L$ と表される．ε_λ は入射光の波長 λ におけるモル吸光係数（分子吸光係数）とよばれ，単位は $M^{-1} cm^{-1}$ である．透過光 I が 0 から I_0 まで変化するので，吸光度 A は 0 から無限大までの値をとる．分光吸光度（吸収スペクトル）は，入射光の波長を連続的に変化させ，吸光度を波長に対して記録したものである（分光測光）．視物質の分光吸光度は視細胞の分光感度を決定する主要な要因である．分光測光は調製が容易な試料に対しては分光光度計を用いて行うが，霊長類の錐体視物質など，異なる種類の視物質を別々に抽出することが困難な場合は，単離した視細胞外節部分に光を通過させて行う顕微分光光度計を用いた微小（顕微）分光測光法が用いられる．　　　　　　　　　　　（花沢明俊）
→視物質，微小分光測光法，ランベルト–ベールの法則
◎光学濃度

キュビスム（立体派）[cubisme (仏); cubism]（造）

1907–08年にピカソとブラックが開始した造形的探求に端を発する20世紀美術の代表的動向．立体派ともいう．現実の3次元空間を2次元平面に結実させる絵画表現の根本問題を，ル

ネサンス以来の遠近法や対象の再現によらない方法で解決しようと試み，抽象表現の確立や制作論的批判精神の重視など，以後の芸術運動に決定的な影響を与えた．ピカソとブラックによる1907-08年から12年春までの油彩画による試みを分析的キュビスム，1912年5月以降のコラージュを含む展開を総合的キュビスムとよぶ．分析的キュビスムでは，対象が基本要素に還元され，多視点によるあらたな空間表現の可能性が追求されたが，一方で色彩は極度に抑制され，完成期の作品では茶，黄土，灰緑，灰色など無彩色系の色彩によるほとんどモノクロームの画面が構成される．とはいえ，セザンヌに倣った微妙な階調の筆触は切り子面を形成しつつ明暗によってフォルムを浮かび上がらせ，また集中遠近法によらない立方体（キューブ）的な面の接合は特異な空間を成立させている．フォルムと空間の問題を探求するために色彩の発言力を限定してゆく過程は，ブラックが1908年よりレスタックの風景を題材に制作した一連の作品によく見てとれる．ピカソとブラックの試みについて，支援者であった画商カーンワイラーはフォルムと空間の探求に専念するうえでの正当な理知的態度と擁護したが，同時代の画家ドローネは色彩の追放と非難し，構築的役割を担いながらも生き生きと作用する色彩システムの探求へと向かった．

一方，還元された諸要素の再構成を試みた総合的キュビスムでは，色紙や壁紙など固有色をもつ素材が画面に取り込まれる．カーンワイラーによれば，これは初期のキュビスムが断念していた色彩表現に再度取り組んだ成果で，色彩の復活と肯定的に評価できる．しかし，この時期の作品でも基本となる色調に大きな変化は認めがたい．現代の美術史家クラウスは，コラージュの果たす記号的な役割の大きさに比して，色彩があくまで感覚を刺激するにとどまり，色彩自体を指示する記号に転換されないことから，キュビスムにおける色彩探求の限界を指摘している．

（前田富士男）

→ドローネー，ロベール，オルフィスム
◆Kahnweiler, D.-H. (1920) [千足訳, 1970], Golding, J. (1988), Rubin, W. (1989), Zelevansky, L. 編 (1992), Krauss, R.E. (1998) [松岡訳, 2000]

共感覚 [synesthesia; synaesthesia]（感知）

感覚のモダリティーを越えて1つの刺激から異なる感覚が同時に顕著に共通に生ずるものを共感覚という．たとえば，耳が刺激されると音を聞くだけでなく，同時に色や光が目の前に浮かんで見える，などがその例である．別に記す「色聴」などもこの具体例である．文字を見ると匂いがする，キーキーという音を聞くと悪寒が走る，高いところから見下ろすと不愉快な感覚を下肢に経験する，など種々のものが報告されている．一般には，ある特定感覚に属する経験の生起に，それと異なる別の感覚体験（2次感覚）が同時に，しかもいつも決まって随伴する特異な現象をいう．多くの場合は2次感覚が視覚であることが多く，これに反し，視覚が1次感覚の場合はまれである．

共感覚における結合の恒常性は高く，ある変化はあるものの30～40年後でも見られるという報告もある．共感覚者がどのくらいの割合で存在するのかは報告者によって一致はしていないが，たとえば12.8%（Bleuler・Lehmann, 1881）とか9.0%（Rose, 1909）の数値が散見される．結合される色の頻度は高い順から褐＞黄＞灰＞赤＞青＞緑＞石竹色＞白＞橙＞菫＞ラベンダー色であり，文字，人名，町名などに色が結合される場合が多いという報告もなされている（Rose, 1909）．

（神作 博）

→色彩の共感覚効果，感覚様相，感覚属性，モダリティー，色聴
◆和田ら編 (1969), 高木・城戸監 (1952), Bleuler, E.・Lehmann, K. (1881), Rose, K.B. (1909)

鏡面反射 [specular reflection]（画処）

物体表面に光が入射するときの反射の形態で，鏡面での反射のように拡散や散乱をせずに正反射の法則に従うものを鏡面反射という．一般の物体表面での反射は鏡面反射と拡散反射（Torrance・Sparrow, 1967）の2成分からなり，このとき反射光の輝度は図のような空間分布をしている．拡散反射が観測方向によらず一定であるのに対して，鏡面反射は観測範囲が限られ，入射角と観測角が一致する正反射方向でのみ観測される．鏡面反射の鋭さは表面の滑らかさで決まる．たとえば，表面が粗ければ，鏡面ピークが低くて分布は広がり，表面が滑らかになるに従って，ピー

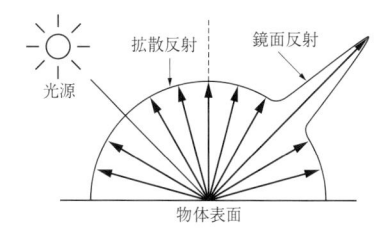

鏡面反射と拡散反射の輝度分布

クが高くて分布は鋭くなる．

鏡面反射の光学的性質はフレネル（Fresnel）反射（Born・Wolf, 1983）に基づき，屈折率や吸収係数といった光学定数に依存する．とくに，偏光と色の性質は物体によって大きく2つに分類される．最初の物体はガラスや樹脂といった透明体あるいは塗装物体で，その鏡面反射光は偏光の影響を受けている．また，分光反射率は波長に関して一定で，したがって鏡面反射の色は光源色に一致すると考えてよい．第2の物体は金属で，金属物体からの反射光は偏光の影響を受けていないと考えてよい．この鏡面反射光の色は金属の物体色である． （富永昌治）
→拡散反射，2色性反射モデル，反射モデル，◎界面反射
◆Torrance, K.E.・Sparrow, E.M. (1967), Born, M.・Wolf, E. (1983)

橋梁色彩 [color bridge scenery]（デ）

橋梁とは交通路を連絡するために，河川・湖沼・運河・渓谷などの上に架設する構築物．構造上，桁橋・アーチ橋・吊橋などがある．色彩の役割はその情報効果にある．具現化では案内の色と判断の色および現象する色に分けて配色効果を期する．①案内色には斜張橋主塔の安全色や，黒と黄色の組合わせによる危険防止色，高欄に緑色系を用い心的な転落防止を図る塗色などがある．ときには希少鳥保護のため赤を避けるなどの環境保全色もある．また鉄道橋の色は通過確認にも有効で機能色が多い．②判断色には山や海の自然景観や，河川敷，ダムサイトなどの人工自然景観および都市景観への配慮色がある．橋の色は橋脚などの下部構造と，桁や床板，吊橋の主塔，高欄などの上部構造を見せながら複合的に配色される．③現象色は，赤い鉄橋も晴れた日と雨の日では赤の見え方が違うとい

う考えで，多様な条件にかかわる色彩選択では重要な役割をもつ．そして最も期待される配色はその場にふさわしい象徴色である．色彩決定は人文，社会，自然を見すえながら選ばれる知の組みかえゆえに，どのような条件にあっても，その色がふさわしいか否かを常に問う手はずを用意することが大切である．また色彩表記の方法は，色彩様相については，マンセル（Munsell）表色系の色相（hue），明度（value），彩度（chroma）によるのが一般的である．色彩特性は，国際照明委員会（CIE）の勧告による，明るさと色相，彩度の均等色空間を定量化した $L^*a^*b^*1976$ 表色系が簡潔でよい．評価手法は視感測定と定量測定があるが，合目的であればいずれでもよい．
 （山岸政雄）
→マンセル表色系，CIELAB
◆武市ら（2001），近田ら（1994）

極限法 [method of limits]（心測）

主観的等価値や刺激閾を求める心理物理学的測定法の1つで，丁度可知差異を前提としている．実験者が刺激の属性を一定方向に，一定の刺激値幅（Δ）で変化させ，そのつどその刺激に対する被験者の判断を求める．このとき，判断は通常3件法で求めるが，2件法でもよい．たとえば比較刺激が標準刺激より明らかに「明」反応が生じるレベルから徐々に輝度を小さくして，「等」反応を通過し「暗」反応に達する系列と，逆に「暗」反応から「等」反応を通過し「明」反応に達する系列を，それぞれ下降系列（descending series）と上昇系列（ascending series）という．両系列は，反応バイアスなどを相殺する目的で，同回数実施するのが普通である．刺激の変化は，反応カテゴリーが「等」を超えて変化した転換点で打ち切る．その際，「明」反応と「等」反応の境となる刺激値の平均を上弁別閾（S_u），「等」反応と「暗」反応の境の平均を下弁別閾（S_l）とし，両者の平均を主観的等価値とする（$PSE = (S_u + S_l)/2$）．また，両者の差の半分を弁別閾 ΔS とすることもある（$\Delta S = (S_u - S_l)/2$）．2件法を用いて刺激閾を測定する場合は，上昇系列のみを数試行試み，"見えた"と報告する刺激強度の平均を刺激閾とする場合もある．なお，刺激閾を測定する場合，

被験者の態度や反応基準により刺激閾は変化する．そのため，不算実験（blank experiment）や偽試行（catch trial）を適宜挿入したり，強制選択法（forced choice）を採用したりすることもある．　　　　　　　　　　　（蒔田貴子）
→調整法，心理(精神)物理学的測定法，恒常法，主観的等価値
◆学阪 (1994), Watson, A.B.・Pelli, D.G. (1983)

虚色 [imaginary color]（表）

スペクトル光において，その波長範囲が狭ければ純度の高い色になる．しかし波長範囲が無限に狭くなると分光曲線の積分値が無限に0に近づくから，純度が無限に高くなれば明るさは無限に暗くなってついには実在しない色となる．同様に，CIE XYZ 空間における XZ 平面上の色は，原刺激の混色比率は決まるが $Y=0$ のため混色された色は実在の色ではない．このように理論上は存在するが，実際には見ることのできない色を虚色という．しかし，虚色であっても加法混色のベクトル演算は実在色とまったく同様に扱うことができる．たとえば，ある実在色 [P] を [A], [B], [C] の足し合わせによって等色させる場合，[P] を物理的に再現するためには [A], [B], [C] は実在色でなくてはならないが，等色式（[P]=A[A]+B[B]+C[C]）における数式の処理上は [A], [B], [C] は実在色でも虚色でもかまわない．[P] を記述する基本ベクトルの取り扱いの違いにすぎないのである．むしろ表色系では原刺激を虚色にとった方が都合がよいこともある．事実，XYZ 表色系では [X], [Y], [Z] 軸は実在色領域を外から取り囲む方向，つまり虚色に設定されており，X, Y, Z の正の値ですべての実在色を表現できるように考慮されている．

また RGB の三原色光を調整してスペクトル光に条件等色する場合，原刺激の加法混色だけでは等色できない場合がある．たとえば一般に RGB 表色系の原刺激は R=700nm (683 cd/m^2), G=546.1nm (3135.47 cd/m^2), B=435.8nm (41.0482 cd/m^2) を用いるが，この3色の混色では 500nm の光に等色することはできずに R を 0 にしてもなお緑みが足りない．そこで等色実験の際に 500nm の参照光の方に R の原刺激を加えることによって等色し，R の混色量をマイナスと考える．このような負の混色によってできる色も理論上しか存在せず，実際に見ることはできないので虚色とよばれる．
　　　　　　　　　　　（坂田勝亮・石田泰一郎）
→条件等色，アリクネ，負の混色
◆Stiles, W.S.・Burch, J.M. (1955)

きら摺り（雲母摺）[mica printing]（造）

浮世絵版画の技法の1つで，銀色に光る効果を出すため雲母の粉を用いて刷る方法をいう．「きら」とは，雲母を意味する．とくに白雲母の細粉は独特の光沢をもっている．「きら」を明礬に溶かした水を紙・絹に下塗りしたり，地塗りとして用いる．「雲母引き」した下地はやわらかな光沢をもつばかりではなく，白土や胡粉などの白色顔料を下地に引く「具引き」に比べて，その上に描かれる線や色彩を引き立たせる．同じような効果を得る「銀摺り」があるが，銀摺りは銀が変色して黒く焼ける欠点がある．「きら摺り」は，雲母版で摺る前に，その下地として，まず藍鼠色で薄く色をかけておく．次に，第1版と同一の第2版に糊を叩き，摺ってから，その上に雲母粉をふるう．乾燥した後で，さらに雲母粉を払いおとしたり，カラ摺りをして定着させる．簡易な方法として，雲母粉を糊やドーサ液に混ぜたりして絵の具のように用いる場合もあるし，膠と雲母粉を混ぜて刷り子で引くやり方もある．きら摺りの下地として，墨を用いれば「黒雲母」といい，紅を用いれば「紅雲母」，下地に色を用いなければ，「白雲母」という．雲母摺りを用いた絵を「雲母摺絵」という．最初に大首絵に使用したのは，喜多川歌麿である．続いて，東洲斎写楽，葛飾北斎の作品が代表的に知られる．　　　　　　　　　　（金澤律子）
→具
◆谷・野間編 (1952), 吉田(暎) (1965)

キリスト教の色 [colors of Christianity]（社）

キリスト教は，ユダヤ教に源を発しながら，大工の子イエスを救世主（キリスト）と信ずる宗派．イエスが磔刑に処せられた後，教勢を拡大し，以後西洋文明の規範となった．世界三大宗教の1つ．キリスト教の宇宙観においては，色彩は神の栄光を表徴する重要な手段として重視

された．すなわち，キリスト教の宇宙は「青」であり，赤は東，白は西，南は鼠色，北は黒で表された（ザカリア書 1：7－11）．また三位一体では神（父）を青とし，子（キリスト）は黄，聖霊は赤で表現した．神が嘉する色は，白，青，紫，緋色であり，神はユダヤの民にこれらの色糸で，幕屋や衣服をつくって差し出すことを命じた（出エジプト記 26：30－31）．このキリスト教の色彩象徴主義は，キリスト教圏の国々の国旗の色として用いられている．またキリストが十字架上で流した尊い赤い血は，キリスト教の教義の根幹をなすものとして，信仰の対象になった．今日でもキリスト教会では聖餐式の際に，キリストの血を表す赤い葡萄酒とキリストの肉体を象徴する白いパンを食する儀式となっている．また，これらの色はキリスト教（カトリック）の聖職者の法衣の色として，今日まで伝えられている．すなわち，神の代理人である法王は神の色である白．次いで枢機卿は赤，司教は紫，青，緑，そして司祭は黒い法衣を着用するように定められている．　　　　（城　一夫）

キルシマンの法則 [Kirschmann's law]
（感知）

キルシマンは，同時色対比（simultaneous color contrast）の生じ方に影響を及ぼす刺激要因に関して組織的な研究を行い，その成果は後年キルシマンの法則とよばれるようになった（たとえば Graham・Brown, 1965）．すなわち，①誘導領域に対して検査領域が小さいほど色対比は大きくなる，②色対比は両領域が空間的に分離していても生じるが，その距離が増大するほど対比効果は減少する，③色対比は明るさ対比が最小のとき最大となる，④色対比量は誘導領域の面積とともに変化する（大きいほど顕著となる），⑤誘導領域の明るさが一定であれば，その飽和度とともに色対比量は変化する（飽和度が高いほど色対比は大きくなる）．

これらのうち，キルシマンの第三法則③として知られる明るさ対比との関連性については法則に否定的な実験結果が多く，一般に検査領域よりも誘導領域が明るいときに色対比が最大になりやすいとされる．これに関連して，三星（1984）は，視覚系のルミナンスチャンネルと反対色チャンネルの相互作用を理論化する上で第三法則のもつ意味が大きいことを指摘し，関連する視覚現象を含めて広範な議論を行っている．一方，第三法則以外の諸法則については，その妥当性がおおむね確認されている．たとえば，Hanari ら（1998）はコフカリング型パターンにおける色対比に及ぼす検査領域と誘導領域の面積比の効果を検討し，第一法則を裏づける実験結果を得ている．　　　　　　　　　　　　（高橋晋也）
→色対比，ウェルトハイマー—ベヌッシ効果
◆Graham, C.H.・Brown, J.L. (1965), 三星 (1984), Hanari, T. ら (1998)

均衡点 [balance point]（デ）

ムーンとスペンサーがその調和理論の中で導入した概念で，ある室内の，各構成要素の色彩に面積による重み付けを行ったもので，その室内の色彩の平均と考えることができる．実際にマンセル表色系で測色された場合には，いったんその色彩を XYZ 表色系に変換し，その面積を重み付けして平均した後，再度マンセル表色系に変換しなければならない．このようにして求められた均衡点は，当然ながらその室内の基調色に近いものとなり，通常は暖色系の高明度低彩度色に落ち着くことになる．図1のように，マンセルヒューとマンセルクロマとから特徴をつかむことが多い．

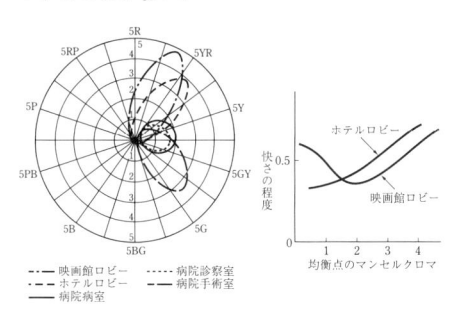

図1　各種室内の均衡点の分布範囲

図2　均衡点と快不快の関係

図1は，病院手術室だけが寒色系に偏っていることを示す．赤い血液などに対する心理補色である青緑色系の残像に，医師が惑わされないための配慮の結果である．図2は，同じロビーでも，ホテルが彩度の上昇と直線的に快さも増

すのに対し，映画館では，均衡点の彩度がある程度高いか無彩色に近いことが快さにつながり，中途半端な彩度では評価が落ちることが見てとれる．2つの例でも明らかなように，室内の色彩の心理的効果を端的に予測する場合に便利なツールともなりうるが，単純な指標だけにその限界もわきまえる必要があるだろう．

(稲垣卓造)

→残像，補色，ムーン‐スペンサーの色彩調和理論，基調色
◆Inui, M. (1969)

禁色 [forbidden colors] (社)

推古天皇11年 (603)，冠位十二階が定められた．以降に官人は位階によって定められた冠，服を着用することが決められ，それによって身分位階を表示した．身分によって定められた自分の官位に相当する色は当色(とうじき)といわれ，自分の位階より下位の色の着用は自由であったが，上位のものを着用することは禁じられていた．これを指して禁色(きんじき)という．この位階制度は改正が繰り返され，天武天皇14年 (685) には冠の色はすべて黒とされ，位階を示す色は服色のみとなり，持統天皇4年 (690)，7年 (693)，大宝元年 (701) の服制，養老2年 (718) の養老令へと変化しながら引き継がれていく．このため位階の色は時代によって異なるが，全体を通してみると，紫，緋，緑，縹(はなだ)などがあげられる．なお，ここでいう服色は朝廷の公事に携わるときに着用する服をいい，装束で一番上に重ねる表衣である袍の色を指している．

黄櫨染(こうろぜん)は嵯峨天皇の弘仁12年 (821) に天皇の服色と定められ，黄丹(おうに)は大宝以来皇太子の袍の色とされて禁色とされた．また，麹塵(または青白橡(おおしろつるばみ))は天皇の平常時の袍の色，赤白橡は太上天皇の袍の色として禁色であった．平安時代になると時代の変遷とともに奢侈(しゃし)の風が起こり，貴族階級だけでなく庶民も色彩を使用することへの欲求が強まったため，平安中期以降は身分による服色選択の範囲を広くし，経済的な面から身分不相応の贅沢を禁じるために，天皇，皇族などの貴人の服色にあたる支子(くちなし)色，黄丹(きあか)色，赤色，青色，深紫，深緋，深蘇芳(すおう)の7色について一般の着用を禁じた．しかし，禁色勅許(ちょっきょ)の制度により大臣の子孫，天皇に近侍する蔵人などは宣旨をこうむって，禁色の着用を許された．これにより麹塵および赤白橡についてはしかるべき地位にあるものはその着用が許されるようになった．また，紫，紅の淡染のものは禁制以外の聴色(ゆるしいろ)といい，一般庶民でも自由に用いることができた．

(桑原美保)

→位階の色，位階の色の変遷
◆前田 (千) (1960)，永島 (1943)，江馬 (1949)，大丸 (1961)

金属元素の呈色 [color development of metal atoms] (化)

陶磁器釉の発色はもとをたずねると，銅，鉄，クロム，マンガン，コバルト，ニッケルの6つの元素の呈色(呈色とは色が表れることを示す化学で使用する用語)である．これらは釉組成，焼成温度，焼成雰囲気によって複雑な発色を示す．主な金属の呈色は次のとおり．

① 銅の呈色：銅の呈色はたいてい Cu^{+2} イオンの色で，釉のガラス相に溶けるときも，釉に析出する結晶物質に固溶するときも，鮮明な緑ないし青である．

② コバルトの呈色：コバルトがガラスに溶けたときの呈色は二価のコバルトイオンによる．Co^{+2} の色には青と赤がある．この色の違いは Co^{+2} イオンに隣接する酸素イオン O^{+2} の数による．青の発色は $[CoO_4]$ で赤の発色は $[CoO_6]$ である．

③ 鉄の呈色：鉄は日本の伝統的な色釉の最も重要な着色剤で，黄色，赤茶，小豆色，オリーブ緑や黒にいたる広い範囲の発色が得られる．これらは鉄単独の色ではなく，釉薬組成の組合わせで多くの発色を示す．鉄釉には飴，黒天目，油滴，柿，青磁など有名なものが多い．

④ クロムの呈色：他の元素との組合わせで得られる色釉が重要で，コバルトとの組合わせによる青緑や海碧，鉄，マンガン，コバルトと併用する黒などが重要である．

(珠数 滋)

◆伊藤 (彰) (1996)，大西 (2000)，高嶋 (2000)

金属コロイドの呈色 [color development of metal colloids] (化)

金，銀，銅の3元素は金属コロイドとして釉や絵の具のガラス相に分散して濃い着色をする．

これらの元素は，原子の状態で珪酸塩ガラスに溶ける性質をもっていて，原子の状態または凝集した微粒子の状態では無彩であるが，一定の大きさの結晶粒子に成長したとき，特定の強い発色をする．金コロイドの発色は結晶粒子が200〜500nmで金属特有の光の散乱反射が起こる．5〜60nmでは金ルビーの呈色が得られる．銅コロイドは少量の酸化銅を含む釉を還元雰囲気で焼成すると，それが還元されガラス相にコロイド状に分散し，深紅色を呈す．これは辰砂釉とよばれる．銀コロイドはガラスの表面に，銀化合物を混ぜた粘土や黄土を塗りガラスの軟化点付近で加熱処理するとAg^+イオンとNa^+イオンとの塩基交換で，銀がガラス中に浸透する．ガラス中にFeOやSb_2O_3などが存在すると，Ag^+イオンは金属に還元され，粒子成長が起こり黄色の呈色をする． (珠数 滋)
◆伊藤 (彰) (1996), 大西 (2000)

金属色 [metal colors]（測）

金属面と非金属（誘電体）面からの反射光は，次の点で大きく異なる．① 金属面からの鏡面反射率は，鏡面反射角の小さいときでも大きな値をとるが，非金属面からの鏡面反射率は，鏡面反射角の小さな場合は小さく，鏡面反射角が大きくなるにつれて急激に増大する（フレネル反射率）．② 金属面からの反射光はすべて表皮反射光で，その金属の色に着色している．金属粗面からの表皮拡散光も同じ色である．非金属面からの表皮反射光は，通常波長選択性が小さくほとんど無色で，層内からの拡散光はその物体の色に着色している．③ 非金属面には測定面に平行な直線偏光に関して鏡面反射率が0となるブルースター角があるが，金属面にはない．これらの特性のいくつかをもつ非金属面でも金属感を与えることがある．蓮の葉の上の水滴は，全反射のため反射率がきわめて大きいので水銀のように見える．着色アルマイトは，平滑なアルミ面に着色した酸化皮膜を付けたもので，鏡面反射光が着色するので金属感を与える．塗膜内にアルミ細片を分散させたメタリックペイントは，層内からのアルミ片からの反射率が高く，かつ着色し，その空間分布がアルミ片の配向によりいろいろに変化するのでメタリック色を呈

する． (馬場護郎)

均等色空間 [uniform color space]（表）

CIE XYZ 表色系の三刺激値 XYZ は2つの色の等色性を表すことができるため，三刺激値のおのおのの，それらの和に対する比である色度座標 xy とともに，色表示の客観的方法として用いられている．xy 色度図は，色度座標を表示するのに広く利用されているが，色度図に表された2色の距離と色差知覚との不一致性が，MacAdam (1942) や Wright (1941) の行った等色実験の繰り返し再現性を示した偏差長円または色差線素（閾値に相当する）によって明らかにされた．このため，1940年代に xy 色度図を修正し，2色の色差が色度座標上の幾何学的距離に等しくなるような均等色度図 (uniform chromaticity scale diagram：UCS色度図) の研究が進められ，Judd (1935)，MacAdam (1937) らが均等色度図を提案している．

さらに，明るさと三刺激値の Y との関係を表す明度関数と均等色度図を組合わせた均等色空間 (uniform color space) の開発へと発展し，1964年にCIEは $U^*V^*W^*$ 色空間を均等色空間として採用した．また，偏差長円や色差線素に基づいたアプローチとは別に，マンセル空間を心理的に等歩度な空間として扱った均等色空間が Nickerson ら (1944) によって開発された．この均等色空間で色差を計算する色差式はアダムス-ニッカーソンの色差式といわれる．現在，標準的な均等色空間として採用されている CIE LAB 色空間および CIE LUV 色空間は，CIE 1964 $U^*V^*W^*$ 色空間およびアダムス-ニッカーソンの色空間を修正または変形したものである． (小松原 仁)
→均等色度図, CIE LAB, CIE LUV
◆MacAdam, D.L. (1937, 42), Wright, W.D. (1941), Judd, D.B. (1935), Nickerson, D.・Stults, K.F. (1944)

均等色度図 [uniform chromaticity scale diagram]（表）

色相と飽和度を組合わせた色知覚の相関量（色度）は色度座標で表すことができる．色度を表すには，CIE XYZ 表色系において，色度座標 y を縦座標に，x を横座標とする xy 色度図が用いられる．この xy 色度図上に明るさが等しくて色の異なる2色を表示したとき，色度図上

の距離と実際に観測される色差知覚との不一致性が，MacAdam (1942) や Wright (1941) の行った等色実験の繰り返し再現性を示した偏差長円または色差線素（閾値に相当する）によって明らかにされた．このため，色度図上の幾何学的な距離が，明るさの等しい 2 色の色差を，近似的に表すことのできる色度図の研究が行われた．このような色度図を均等色度図（UCS 色度図）という．CIE は 1964 年に次の式で計算される uv 色度図を勧告した．

$$u = 4X/(X + 15Y + 3Z),$$
$$v = 6Y/(X + 15Y + 3Z)$$

現在では，uv 色度図を改良した $u'v'$ 色度図が 1976 年に勧告され，利用されている（口絵参照）．

$$u' = 4X/(X + 15Y + 3Z),$$
$$v' = 9Y/(X + 15Y + 3Z)$$

（小松原　仁）

→均等色空間, ◇UCS 色度図
◆MacAdam, D.L. (1942), Wright, W.D. (1941)

金箔 [gold foil; gold leaf]（造）

純金などを槌で打って薄く紙のように延ばしたもの．和紙と板状の金とを交互に重ね，手または機械でたたき延ばしてつくっていく．金薄とも書かれる．金（元素記号 Au）は有史以前から用いられた金属で，化学的に安定しており，重くやわらかく金属中最も延性・展性に富む．1g の金で約 3000m の長さの線，4g で畳 1 畳ほどの面になる．現在の技術では厚さ約 $0.1\mu m$ 程度まで薄くできるが，古代のものは厚い．金が薄く延ばせるのは，等方性の原子配列と原子の間を動き回る自由電子の存在による．つまり，均一で強すぎない結合状態のためである．自由電子は外部からの光をはじき出すため，金や金箔の表面の反射率は高く，光輝・光沢がある．また，金は内部に進入した光のうち，500～600nm 以下の短波長側の光を選択的に吸収する．これも自由電子の作用によるところであるが，このため残りの長波長側の光が反射されることによって，表面の色相は赤みを帯びた黄色になる．また，色相は金に含まれる不純物の種類と量によって変化する．銀・プラチナ・ニッケル・亜鉛などの金属を添加すると，淡色の金またはホワイトゴールドに，銅を加えると赤み，鉄では青みを帯びる．金箔では，より薄くなるほど内部で吸収される光の量が減り，「入射光は反射光と透過光に分けられる」という関係が現れる．金箔を自然光に透かして見ると，表面の色の補色である緑から青色の透過光が見える．さらに金箔は，波長 500～600nm 以上の長波長側の光もわずかであるが透過する．このため表面の色に下地の影響が出る．下地が白い場合は冷たい輝きを，赤色系の場合は暖かみをもつ色になる．前者の例として古代エジプトの装飾棺が，後者では中世ヨーロッパのテンペラ画や日本の漆工芸がある．

金箔は，その美しい反射の輝きと希少性，加工性や経済価値のため，古くから広く使用されてきた．日本では，中尊寺金色堂や金閣寺などの建造物，金屏風・金碧障壁画・扇面画などがある．日本画では，絹地の裏に金箔を置くことで金の色調をやわらげる「裏箔」の技法が用いられた．料紙などの装飾材料として箔を小片にした砂子，細長い箔片にした野毛，細かい采の目状などに切った切金も使われた．ほかに，仏像・仏画の装飾では截金（きりかね），漆工芸での箔絵がある．染織では金糸や金襴，能装束としても使われている摺箔・縫箔などがある．桃山時代は，とくに金彩美の文化として知られる．現在日本で用いられる金箔は，主に金沢でつくられており，応用範囲も広くなって菓子・茶・酒などの食品や化粧品として，さらにはテレホンカードの装飾などにも使われている．　　　　（鹿目理恵子）

→裏彩色と裏箔
◆井口 (1982), 長崎 (1996), 河北 (1997)

金襴手 [overglaze enamels and gold]（造）

金彩を用いた華やかな装飾のやきものが，金襴手である．中国で明時代嘉靖年間（1522–66）頃に，景徳鎮民窯（けいとくちんみんよう）で焼かれた，金彩を施した色絵磁器が金襴手とよばれた．「金襴」は織物の名称だが，その華やかさを見立てたものであろう．色絵の上に金彩を施したものの他，萌黄地や瑠璃地などの色釉の上に金彩を施すものもある．後の日本で，江戸時代元禄年間（1688–1703）に流行した金彩の磁器も，同様に金襴手とよばれ

る．これは伊万里焼の一種であるが，当時国内でも海外でも大変好まれ，伊万里焼を代表するものとなった．国内では献上手とよばれる高級品で鉢などが主な形であり，輸出品はヨーロッパの貴族の居城を飾るにふさわしい大きな蓋付き壺などがつくられた．その絢爛豪華な様子は富裕層に好まれ，江戸時代後期に開かれた九谷などの磁器窯でも金襴手は主力製品となった．さらに明治期には，有田などで輸出向け製品として数多く焼かれた．金襴手は，釉をかけて高温で焼いた磁器の上に色絵を施して再度焼いたものに，さらに金彩をほどこして焼き，磨き上げて完成させる．中国の金襴手は金箔を切って張り付けているが，日本の金襴手の多くは，金泥とよばれる金絵の具を，筆を用いて絵付けたものである．金襴手と同じ金彩の装飾に，釉裏金彩の技法があるが，これは金彩の上に釉をかけて焼いたものである．

〔中島由美〕

→伊万里焼

[く]

具 [tools]（造）

　具は平安時代から「物の具」，「絵の具」などのように使って，物や器，道具などを一般的に表す言葉であるが，絵画においては「草汁の具（くさじるのぐ）（黄緑系の色を白で明るくし薄めた色）」などのように，とくに白色を加えて不透明感を高めた色のことを表す日本画の用語である．この場合白色の絵の具とは，貝殻（材料はかつては，はまぐりの貝殻からつくられたが，現在は輸入品のあわび貝の貝殻を用いる．数年間野天でさらして十分に枯らしてから製品化する）を粉砕処理してつくられる胡粉（ごふん）である．墨に胡粉を加えたものを具墨（ぐずみ）という．光沢がない鈍い感じの灰色であるが，これを使って，艶墨（つやずみ）（膠を加えて濃くて光沢感を出した墨色）の下地にする．たとえば髪の毛の場合には，その全体を具墨で描いておき，艶墨で細かい毛の様子を描き加えて，立体感や量感を濃淡変化で描き表すわけである．朱や臙脂など他の色を具とするのは，不透明感のある色を表すためである．なかに「うるみ具」という色がある．普通には見ない文字であるが，黒偏に旁に参の字を合わせた漢字と下に色の字を置いて「さんしょく」と読ませる．「うるみ」という意味である．参考ながら，このうるみ色とは，日本画では胡粉に生臙脂（しょうえんじ）と藍を混ぜた色のことであるが，漆工芸では黒色漆と弁柄色の漆の混合色を指す．また，「藍の具」は藍と胡粉の混合色であるが，これを「浅葱（あさぎ）」ともよぶ．藍色を白で割るとやや緑みを表すのはプルシャン・ブルーと同じであるが，それを浅葱色と称するところに江戸時代の名残りが感じられておもしろい．

　具引きはまた具を引くともいうが，描く前に素地の絵絹や和紙全面に胡粉を引くことで，これは描画の準備段階としての用意である．胡粉絵の具の細かさを利用し，表面の凹凸を殺し平滑化して絵の具がのりやすくなるようにするのであるが，塗むらが出やすくなる欠点もある．橋本雅邦のように，同じ目的で寒天を使う人もあった．

（小町谷朝生）

空間周波数特性 [spatial frequency characteristic]（入出）

　画像システムの空間周波数に対するレスポンス特性を表したものであり，代表的な特性にMTFやOTFがある．空間周波数とは，物体や像を構成する周期的な構造の細かさを表す量のことであり，電気信号などの周波数と区別するために空間周波数というよび方をする．一般に髪の毛などの細かい構造のものは空間周波数が高く，頰のように緩やかに変化する構造のものは空間周波数が低いという．空間周波数の単位には本/mm，lp/mm（line pair per millimeter），cycle/mm，cpd（cycle per degree），TV本，LW/PH（line width per picture height）などがある．空間周波数特性はこれらの単位を横軸にとり，縦軸に信号の振幅比やコントラスト感度などのレスポンス特性をとったグラフで表現される．空間周波数特性は2次元的な方向性をもち，水平方向，垂直方向，45°方向などによっても変わり得る．人間の視覚，写真レンズ，フィルム，ディジタルカメラなどの画像システムの特性を表すものとして用いられる．

（田丸雅也）

→MTF，解像力

空間色 [volume color; bulky color]（感知）

　空間色とはKatz（1935）が提案した9種類の色の見え方の1つであり，観察者の目の前の3次元空間をある色が満たしている場合，その空間にある色の見え方である．3次元空間は透明であり，その空間の向こうに何かが見える必要がある．眼の前に非常に大きな水槽があり，その水槽はある色水で満たされており，その水槽の向こう側には何か物体が見える状況で，向こうの物体の色ではなく，その手前の水槽の色に注目したときの色の見え方である．この空間色の透明性ではなく，空間にある色と対象の色の両者に注目した見え方が透明面色である．ある

透過率をもった半透明のガラスやゼラチンフィルタを手にもち，その腕を前方にのばし，ガラスやゼラチンフィルタの縁が見える状態で，そのガラスやゼラチンフィルタを通して背後にある物体を見たときに，ガラスやゼラチンフィルタの色と物体の色が分離できず（分離できるとの考え方もある），ガラスやフィルタの位置に見える色の見え方である．空間色が色で満たされた空間全体の色を問題としている．一方，透明面色は空間のある位置に色があり，その色と対象の色が融合した見え方を問題としている．

(鈴木恒男)

→色の現れ（見え）方
◆Katz, D. (1935)

空間的足し合わせ [spatial summation]
（感知）

網膜には外からの光を受ける視細胞が片眼だけでも億の単位ある．しかしこれらから出る反応を大脳に送っている視神経の数は百万本くらいしかない．当然，何十，何百の視細胞が1本の視神経に集約される．もし光がその集約された範囲内に入ってくると，視細胞の反応はすべて視神経レベルでは足し合わされてしまうことになる．すなわち反応の空間的足し合わせが起きる．このことを心理物理学実験で確かめるには光刺激の面積を変数にして光覚閾を測定してみればよい．光刺激全体が集約範囲内に入っている限り光刺激による反応はすべて足し合わされるから，閾値は全エネルギーによって決定される．光刺激を空間的に倍の大きさにすれば半分の輝度で閾に達するはずである．面積を大きくしていきこの法則が成り立たなくなれば，そこが集約範囲からはみ出たところである．

空間的足し合わせの利点は反応が増えるので暗いところでも見えることである．光覚感度の増大である．しかしある2点の分離した光が網膜に入ってきても，集約範囲内にあれば2点は分離して見えない．視力の低下である．人間の眼は環境の明るさによって集約範囲が変化し，長所と短所がうまくバランスするように働いている．

(池田光男)

→受容野

クールベ, ギュスターヴ [Gustave Courbet]（造）

フランスの画家．ブザンソン近郊のオルナンに生れ，亡命先のスイスにて没．1840年パリに出て，画家を志望する．ロマン主義に対抗し，周到な現実観察で労働者はじめ市井の生活情景を描いた．1850年のサロン出品作《オルナンの埋葬》は，歴史画の常識をはずれて平凡な葬儀を題材にしたために保守的なサロンの反発を買い，物議をかもした．1855年のパリ万国博では，万国博美術展に《画家のアトリエ》が落選したために会場近くで「リアリズム」を宣言する個人展を自ら開催．同展はいわゆる「個展」の嚆矢とされる．プルードンの社会主義思想に共感し，新しい時代の現実を描くことを画家の使命とみなして，一貫して反体制的な芸術家の道を歩んだ．1871年パリ・コミューンに参加したために，刑務所暮らしを余儀なくされた．視覚的現実を追求する姿勢は，森の鹿を描いた風景画やエトルタ海岸の海景画などの傑作を生み，印象主義の画家たちに影響を与えた．ただし彩色はドラクロワとは対照的に，画面内での統一性を重視しなかった．油彩画は約1100点を残す．

(前田富士男)

◆Imdahl, M. (1987)

草木染め [vegetable dyeing]（自人）

エジプトのピラミッドに安置されたミイラに巻かれていた麻布は，植物から採取された藍や茜で染められたものが使われていたとされる．藍の使用は，紀元前3000年頃まで遡ることができるとされている．このような，植物からとれる染料によって染める染色手法のことを草木染めという．植物の葉や花を，布に擦り付けても，色に染まる．これを花ずりおよび草ずりといい，最も原始的な草木染めといえる．わが国では，山藍の葉，露草，萩，杜若などが使われた．草木染めの染料で重要な植物性染料に，藍がある．藍のことをインジゴ（indigo）というが，藍の原産地がインドであることに由来する．最も，藍は，中国，東南アジア，アメリカ，ブラジル，日本でも広く栽培されている．日本では江戸時代に栄えた阿波藍が有名である．藍染めは，藍の葉を乾燥・発酵させた堆肥状の「す

くも」を玉状に加工した「藍玉」を藍甕（あいがめ）の中で発酵させ，その溶液に布や糸を浸した後に，空気に晒して酸化させて布や糸に固定させることで，染色する．藍以外にも，紅花や茜草の根から取れる染料が用いられる．茜については，染色法が百済から伝えられ，正倉院にその染色物が残されている．

　　　　　　　　　　　　　　　（小松原 仁）
→藍

九谷焼（造）

　九谷焼は，石川県産の陶磁器．17世紀中頃に山中町九谷に開かれた窯では，白磁，青磁，染付などの磁器および陶器を焼いたが，江戸前期に廃窯．19世紀になって，加賀藩各地に新しく窯が開かれたが，これらを再興九谷といい，青手と金襴手の二様式が製品の柱となって，現代まで続いている．17世紀の九谷焼を古九谷とよぶが，当時の窯の活動状況は不明な点が多く，現在，古九谷とよばれている色絵磁器をそれと推測するための資料はわずかである．それに対し，17世紀に色絵磁器焼成に成功していた九州・有田の窯跡の発掘調査などの結果から，古九谷とよばれる色絵磁器の多くを有田産とする意見が出て，古九谷様式という名称が生れた．古九谷の青手とよばれるタイプは，濃い緑，紫，黄色などを用いた文様で余白なく器面を埋めるもの．だいたんな構図と色使いに魅力がある．また五彩手とよばれるタイプは，余白は生かすが，やはり文様の輪郭線は黒く色彩は濃い．現代の九谷青手は，この濃い色彩を継いでいる．一方，九谷赤絵，金襴手などといわれるタイプは再興九谷で始まったもので，朱色と細かい金彩文様が特徴である．　　　　　　　　　　（中島由美）
→伊万里焼

口紅 [lipstick]（衣化）

　口唇に色，つや，輝きを与え，輪郭をととのえる，と同時に，皮脂腺が少なく汗腺がないので乾燥して荒れやすい唇を保護するために使用．伝統的には紅花から採った紅（カーサミンレッド），カイガラムシ科のコチニールから採った染料コチニールなどが使われた．日本では紅が口紅として登場するのは江戸時代になってからで，紅板や紅猪口，紅皿などに塗って売られていた．寒の水とよばれた寒中に汲んだ水を使うと不純物が少なく上質の紅ができたため，「寒紅」として尊ばれた．その値段は「金一匁紅一匁」とよばれるほど高価であった．濃く塗ると黄金虫色に輝くために，武家社会では嫌われ，薄く塗るのがよいとされた．江戸後期には墨を塗って紅を少量使う「笹色紅」が流行した．欧米でスティック状が一般化するのは第一次世界大戦後．合成染料の発達であざやかな色が登場する．1930年頃にはマニキュアの色にマッチさせた口紅も発売された．日本ではもともと口紅はさすもので小さく見せる美意識があったが，戦後，進駐軍文化の影響で，上下唇全体に塗るようになった．口紅の色調は多様になり，代表的な系統だけでもピンク系，ベージュ系，ブラウン系，オレンジ系，ゴールド系，レッド系，ローズ系，パープル系となる．さらに質感で分類することもある．

　　　　　　　　　　　　　　　（村澤博人）
→赤化粧
◆Corson, R. (1972) [ポーラ文化研究所訳, 1982], 村澤 (1992)

屈折 [refraction]（物）

　電磁波の一種である光が電磁気的性質の異なる媒質に入射したときに，入射光と比べて振幅および進行方向が変化することを屈折という．光もマックスウェル方程式に従うので，境界条件などからスネルの式が導かれ，これにより屈折後の進行方向が求められる．同様に振幅はフレネルの式より求められる．ただし臨界角（critical angle）を超えた入射光はすべて反射されてしまい，屈折光は生じない．媒質の屈折率には光の波長依存性があるため，たとえば太陽光などをプリズムに入射させると屈折光は波長ごとに異なる方向へ進行する．これにより太陽光が赤・橙・黄・緑・青・藍・紫といわれる光のスペクトルに分割されることになる．眼光学系では，主に角膜および水晶体で屈折を生じているが，屈折率変化は空気との境界の方が大きくなるので，屈折の約2/3が角膜で，約1/3が水晶体で生じている．屈折が正しく行われず，水晶体の曲率を変化させても網膜上に像が結像しない現象を屈折異常とよび，遠視（hypermetropia），近視（myopia），乱視（astigmatism）などがあげら

れる．これらは通常，新たなレンズ（眼鏡やコンタクトレンズ）を導入することによって矯正が行われる．

(篠森敬三)

→スネルの式

クベルカ−ムンクの法則 [Kubelka-Munk's theory] (物)

混濁媒体中の光の挙動について，クベルカとムンク（Kubelka, P.・Munk, F. (1931)）は，① 空気との界面を考えない媒体内で，② 媒体内の粒子は一様にランダムに分布し，③ 光はすべて均等拡散であるとしたとき光学特性は，散乱係数 S と吸収係数 K の2つの定数で定まることを示し，媒体中を上方または下方に向かう光束の変化量を微分方程式で示した．この微分方程式の解を，指数関数または双曲線関数を用いて求め，K，S，X（層の厚み）と計測される透過率，反射率などの関係が求められている（Judd・Wyszecki, 1975）．K–M 式の ① の仮定については，空気との界面があるときの実測反射率から層内の反射率を求めるサウンダーソンの補正式がある．③ の仮定に対しては，層内の散乱を平行光と均等拡散光の任意の組合せとする4光束式（たとえば BAB 式），任意の方向に向かう任意の光束を用いる多光束式（たとえばリチャードの式（Richards, 1970））などがある．K–M 式を色材の混色計算に応用するときには，染色や白を多く含む塗料では K を一定とする一定数法が，白を含まない色材では K と S が原色によって異なる二定数法が多く用いられる．いずれの場合にも，目標色と三刺激値を一致させるメタメリックマッチと，分光分布を一致させるアイソメリックマッチの2つがある．

(馬場護郎)

→サウンダーソン補正

◆Kubelka, P.・Munk, F. (1931), Judd, D.・Wyszecki, G. W. (1975), Richards, L. W. (1970)

隈取 (衣化)

隈取は歌舞伎の演技効果を高めることを目的として「荒事」とともに発達した化粧法である．荒事は歌舞伎の演技，演出の様式の名称である．勇士などの勇ましい所作を指す荒事は，ひとくちにいえば，歌舞伎の花である．たとえば紅の筋隈のように，現実をコピーする化粧法をはるかに離れて単純化された様式性をもって，大仰で荒々しくて豪華絢爛，装飾的な演技が表す効果を，江戸時代の役者は心得ていたのである．「こーりゃ，でっけえ」などの唱和のかけ声も「化粧声」という．隈取は初代団十郎が不動尊像の憤怒の形相から考案して，坂田金時をつとめたと伝えられる（寛文12年，1672年）．隈取は，仮面の性格をもつ反面，顔の頬骨や表情筋をうまくとらえて線が引かれるから，表情の動きに同調するところは仮面の静止性を超えた独自の動勢化粧となる．色彩的には，陽性の「紅隈」，陰性の「藍隈」と「代赭隈」に大別されるが，赤と青を併用した隈取もある．

隈取の化粧をすることを「隈をとる」というが，隈取とはもともと日本画の隈取りから派生された言葉と思われる．隈とは，景色の中で入り込んで陰になったところをいう言葉である．そこは自然に暗くなるから，日本画では明暗差などによって，遠近感や凹凸感を表現することを隈取りとよび，ぼかしでその感じを表した．それには濃淡の色をつけた2本の筆を一度に手にもってその操作で描くが，その専用筆として隈取筆がある．隈取の化粧法は，まず顔の全面におしろいを塗って，たとえば紅の筋隈ならば，人差し指に紅をつけて所定のパターンに筋を片ぼかし（片側だけのぼかし）に引く（これを指で取るという）．八代三津五郎（1906–75，坂東流の舞踊にもすぐれ，歌舞伎の生き字引といわれた）は「隈取りは，影をつくること，ぼかすこと，が隈で，顔に筋を引くことではない」といっている．つまり，隈取の生命はぼかしにあるというのである．鼻の上に横に2本の筋を入れるのを「しかみ」，鼻筋に沿う筋を「きめ込み」といって，まずこの順序で隈取をしてから，あとの隈をとる．いわばこの2つが絵でいうデッサンにあたることであって，その順序に従わないと隈取は駄目だという．隈取とは役別のパターンでも仮面づくりでもなく，役者の演技と環境である舞台の間で生きる表情をつくるものであって，その点で中国京劇の瞼譜とは本質性での相違をもつのである．

(小町谷朝生)

◆森田・坂東 (1974), 河竹 (1989)

暗い所で目立つ色 [colors that glow in the dark]（感知）

　色の見え方は，周囲の視環境の明るさレベルの違い，すなわち視覚系の順応状態の違いによって大きく異なってくる．ところで，視環境の明るさレベルの変化に即応した視覚系の感度の変化は，主に網膜における錐体系から桿体系への，活動する視細胞組織の移行によってなされる．この錐体系から桿体系への活動組織の移行をプルキンエ移行（Purkinje shift）とよんでいる．プルキンエ移行が生じると，図に示すように，視細胞の活動主体は錐体から桿体へと移行するため，その結果として，短波長側の感度は相対的に上昇する．

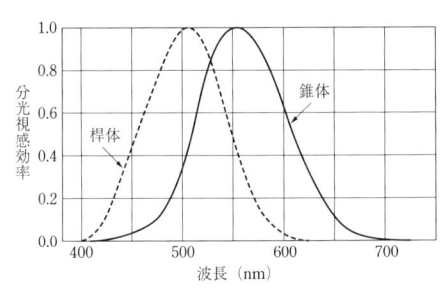

波長と分光視感効率との関係

　このプルキンエ移行は，注意をして観測していれば日頃誰でも経験することができる．青色あるいは紫色（いずれも白色を含んだ白っぽい色相の方が効果は大きい）をした花を昼間注目しておき，それを夕方再び観測すればよい．次に，池田らが行った視環境の明るさレベルの変化による色の見え方，すなわち色の目立ちの度合いを測定した実験によれば目立つ色は照度が低下するに従って，赤色系統から青色系統へと移行する，すなわち暗い視環境下にて最も目立つ色は薄い青色系統の色であり，逆に最も目立たない色は赤色系統の色であると報告している．

（中嶋芳雄）

→暗色問題，プルキンエ現象
◆伊藤（安）編 (1991), 池田・芦澤 (1994), 山岸（政）編 (1991), 金子 (1995)

クライン，イヴ [Yves Klein]（造）

　フランス，ニースで生れ，イギリス旅行を経て1952–53年まで日本に滞在．講道館4段の免許を受け，マドリードで柔道教師も務める．戦後フランスにおける前衛芸術の一翼を担ったヌーヴォー・レアリスムの代表的なメンバー．早くからモノクローム絵画を手掛けていたが，1956年に「インターナショナル・クライン・ブルー（IKB）」と名づけたウルトラマリン・ブルー1色で絵画，レリーフ，インスタレーションの作品を次々と発表した．《青のモノクローム》では青く塗った画面が作品を物質の拘束から解放し，《人体測定》は青の顔料を身体に塗りたくったモデルが，カンヴァス上にその動きを刻印することで，身体の物質からの解放を表現した．そして水や火の彫刻，空気の建築の構想も含め，すべての作品は彼の「芸術の非物質化」というコンセプトの踏襲でもあった．《炎の絵画》(1961–62) では赤，青，黄色の顔料をつけた石綿を実際の炎で焼いている．環境芸術，ライト・アート，ミニマルアート，ボディ・アートの先駆者であり，1960年代末のコンセプチュアル・アートを予見させる夭折の芸術家ともいえよう．（三井直樹）

クラシックカラー [classic colors]（商）

　英語のクラシックは，古典的なとか，伝統的なという意味であり，伝統的なという意味では，トラディショナルも同義語になる．クラシックカラーは，古典的な色とか伝統的な色という意味になるが，これは欧米において古典的，あるいは伝統的とみなされている色という意味である．伝統的な色という意味では，トラディショナルカラーも同じような意味になるが，トラディショナルカラーというと，具体的な過去の用例とともに現代に伝えられている色を指すことが多いようだ．それに対して，クラシックには典型的なとか，基本的なという意味もあるように，昔から受け継がれているような基本的な色という意味で，トラディショナルカラーよりも，より普遍的な意味に使われる場合が多い．

　欧米において昔から変わらずに今日まで通用している色という意味においては，欧米の歴史の中で過去に使われてきた色は，すべてクラシックカラーとよんでさしつかえないわけだが，実際には19世紀以降の今日に至る間の近代以降に，フォーマルウエアなどに慣例的に用いられ

てきた色がクラシックカラーとよばれることが多いようだ．それらの色は，黒や白の無彩色を筆頭に，有彩色ではダークブルー，ダークグリーン，ワイン（ダークレッド）などのダークカラーに，ダークブラウンをはじめとするブラウン系の濃色などに代表される． （出井文太）
→トラディショナルカラー
◆東商編（1998c）:「ファッション色彩」

グラスゴー派 [Glasgow School]（造）

19世紀，芸術家は新しい表現の可能性を探り，さまざまな領域で実験的な試みを行った．グラスゴー派はスコットランドのグラスゴーを中心として活躍した建築・工芸・グラフィックデザインのデザイン集団である．建築家で家具デザイナーのマッキントッシュ，家具デザイナーのゴッドウィン，テキスタイルのアネスリー・ボイスィ，ベンソン，タイポグラフィーのキングなどを中心として，いわゆる「モダン・スタイル」とよぶ世紀末様式を確立した．グラスゴー派の造形には日本の家具や間取りを思わせる垂直・水平の幾何学的な分割と構成によって抒情的で象徴的なイメージを彷彿とさせる独自の様式美が見られる．とくにゴッドウィンは，日本の武家屋敷の飾り棚ではないかと思わせるほど日本の美術工芸品から強い影響を受け，同じ頃，植物的曲線によってフランスを中心としてヨーロッパを席巻したアール・ヌーヴォーとともに，ジャポニスムの「アングロ・ジャパニース」の形態的特徴が見られる．そのためグラスゴー派は，イギリスにおけるアール・ヌーヴォーともいわれている．

グラスゴー派の中心人物はマッキントッシュであり，建築家としてすぐれた功績を残しているが，何といっても彼の才能を花開かせたのは家具デザイナーとしての作品である．垂直線や格子状の構成を活かした背高の椅子や，テーブル，照明器具から独特の曲線や火炎状の模様の壁紙など幅広い活躍を見せ，オーストリアの分離派にも大きな影響を与えた． （三井秀樹）
→アール・ヌーヴォー，マッキントッシュ，チャールズ・レンニー

クラスタリング [clustering]（画処）

特徴ベクトルとして表現されたデータがつくる特徴空間において，類似性の尺度を導入し，全データの集合をいくつかの類似した部分集合（クラスタ）に分割する処理をクラスタリングとよぶ．各クラスタの代表ベクトルをクラスタ中心という．類似性の尺度としては，特徴空間上の距離を使うのが普通である．通常のユークリッド距離や，クラスタ内のデータの分散を考慮したマハラノビス距離が用いられる．クラスタリングの手法は，多数提案されているが，代表的な手法の1つであるK平均アルゴリズムを以下に紹介する．クラスタ数を既知と仮定し，クラスタ数分のクラスタ中心を初期値として配置する．次に，すべての特徴ベクトルについて，それぞれを，最も距離が近いクラスタ中心のクラスタに分類する．このようにしてできた各クラスタの平均ベクトルを代表ベクトルとしてクラスタ中心を再配置し，あらためてすべての特徴ベクトルを分類する．上記の過程を，クラスタ中心が変化しなくなるまで繰り返す．K平均アルゴリズムの性能はクラスタ中心の初期値の与え方に依存する場合が多いので注意が必要である．
（大田友一）
→カラー特徴空間
◆鳥脇（1993）

グラスマンの法則 [Grassmann's law]（表）

ドイツのギムナジウム（高等学校）の教師であったグラスマンは色に関する経験的観察から以下の3つのことを主張した（1853年）．① 色覚を記述する変数は色相，彩度，明るさの3つである．② 2つの色光の混色において片方の強度の連続的変化は連続的な色知覚の変化を生じさせる．③ すべての色光は白色光と特定の単色光（あるいは紫）の混色によって等色できる．グラスマンはまた色がベクトルで表されることも示している．以上が，オリジナルのグラスマンの法則とよぶべきものであるが，今日グラスマンの法則といえば三刺激値で表した色空間がベクトル空間になることをいうことが多い．現代版グラスマンの法則は以下のようになる．① すべての色光は3つの独立な原刺激の加法混色により等色できる．② 等色している色刺激はその分光分布が異なっていても加法混色において同一とみなせる．③ 3つの原刺激による加法混色

において1つまたはそれ以上の原刺激の連続的輝度変化は連続的な知覚の変化を生じさせる．ベクトル空間と対応させると①は基底の1次独立性，②は空間の線形性，③は空間の連続性を記述している．　　　　　　　（中野靖久）
→色ベクトル，加法混色
◆Sherman, P.D.(1981), 日本色彩学会編 (1998)：「色科ハンド・1, 4, 15章」

グラデーション（階調） [gradation]（調）

グラデーションとは，形態や色彩の状態や性質が徐々に一定の比率で段階的に変化したり，移行したりすることをいう．点や線がだんだん大きくあるいは太くなったり（図1），数がふえていったり，色相がスペクトルのように順次移行していったり，色の明度や彩度が順次変化していくといったように，同一単位の要素が繰り返し一定律で発展する場合，その方向に沿って視点を誘導し，優美なリズム感を構成する．単位の単なる繰り返しとは異なり一定律で徐々に変化していくために，統一と変化の要件が同時に満たされ，見る人に流れるような美しいリズムを感じさせる．自然界には貝殻や年輪などこのような形式をもつ生物が数多く見られ，統一のとれた美しいリズム感で私たちの目を魅了する（図参照）．

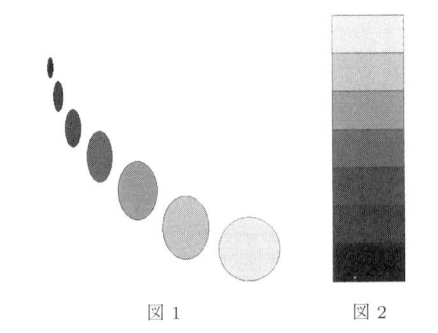

図1　　　　　図2

色彩では，自然に移り変わる階調的な配列をいい，色数が多いほど階調性が見られる．明度や彩度を同じにして色相を順次変えていく色相のグラデーションや，同一の色相で明度を順次変えていく明度のグラデーション（図2），同じく彩度を順次変えていく彩度のグラデーション，トーンをビビッドトーンからペールトーンへ，あるいはダークトーンへと順次変化させていくトーンのグラデーションなどがある．またグラデーションによる配色では，隣り合う色は類似の関係に，両端の色は対照の関係になり，色の類似性と対照性が含まれているために調和しやすいといえる．平安時代に盛行した色図，また建築に施された繧繝彩色は鮮烈でその漸移的表現は迫力をもってグラデーションが効果的に表現されている．

階調とは上記以外の使い方として，写真分野では明るさの再現のされ方を階調とよぶ．写真に入ってきた光量の対数値に対して写真上に再現された濃度との関係を表したものが特性曲線であり，この特性曲線の特徴が階調となる．写真の特性曲線を表す軟調，硬調はこの階調の特徴を表したものである．　　　　　（中川早苗）
→リズム，レペティション，◎段階，階級，漸増
◆向井・緒方 (1993), Graves, M. (1951), 山口・塚田 (1960), 吉岡(徹) (1983)

グラファイト塗料 [graphite paint]（着）

顔料に黒鉛（石墨）を用いた塗料．黒鉛には天然黒鉛と人造黒鉛があり，人造黒鉛はコークスを高温で加熱黒鉛化してつくられる．塗料に黒鉛を混入すると付着性が高まり，水分を通しにくくなるため，防錆塗料に用いられる．また，耐熱性，耐薬品性，耐光性，導電性がよいので，それらの目的の塗料に用いられる．1980年代末から，デザイン上の目的でグラファイトが使われ始めた．メタリックやマイカ塗料にグラファイトを混ぜると，独特の濁り感を呈し，アンティークなイメージになる．当時のレトロブームを背景に，自動車のエクステリアカラーとして人気を博した色も多い．90年代のはじめには，チタンコート・グラファイトが開発された．これはチタンの厚みによって数種類の干渉色を呈する．
（吉田豊太郎）
◎グラフィタン塗料

クリアーコート [clear coat]（着）

透明塗料（クリアーペイント）を塗装すること．一般には複層に塗装する場合の最終塗装工程となる．美観上は塗装にツヤと平滑性を与え，機能上は色落ちを防ぎ，耐候性・耐酸性を高め，すり傷から塗膜を守る働きがある．

1970年頃までは，クリアーコートはごく一部

の高級商品に限られていたが，徐々に一般的な商品にも適用されるようになってきた．クリアーを2層に塗装するのをダブル・クリアーコートという．これは主としてベースコートに大粒径の光輝材を用いたとき塗面外観品質（平滑性とツヤ）を確保するために行われる．

クリアー塗料にわずかな着色顔料を入れたものをカラークリアー（またはティンテッドクリアー）という．被塗物がアルミニウム，ステンレス，プラスチック，木材や木質系素材などの場合は，複層でなくクリアーのみを塗装することもある．また特殊な効果や高品質感をねらった塗装の場合は，途中の工程でクリアーコートする場合もある．近年，VOC の低減を目的として，粉体クリアーや二液硬化型クリアーが使用され始めている． (吉田豊太郎)

→カラークリアー，揮発性有機化合物

クリーム・ウエア [cream-colored earthenware]（造）

イギリス中世の鉛釉陶器の伝統を受け継ぎ，1763年頃ジョサイア・ウェッジウッドがデボンシャーの白土に粉末にしたフリントを混ぜて素地として焼成したクリーム色の陶器．1765年シャルロッテ王妃がそのすぐれたでき栄えにこのディナー・セットを買い上げ，王妃より「女王御用陶工」の肩書を受け，また，このクリーム色陶器を「女王陶器」とよぶ特権を与えられた．その代表作に1773年ロシアのエカテリナ女帝買上げの952点のディナー・セットがある．このディナー・セットにはすべてに蛙の紋章が描かれていることから「フロッグ・サービス」とよばれている．このディナー・セットは約1600点のマイセンの「スワン・サーヴィス」，「デンマークの約1800点の「フローラ・ダニカ」と並ぶ18世紀最大のディナー・セットとして知られる． (前田正明)

グリーン・スリーブス [greensleeves]（社）

グリーン・スリーブスを直訳すれば，「緑の袖」である．中世ヨーロッパで用いられたラブ・スリーブス（愛の袖）の一種であった．中世時代には，袖は，現在のように身頃に縫い合わされたものではなく，取り外しのできるものであったから，貴婦人たちは，自分が愛している騎士たちに対して，愛情の証として，自分の袖を与える習慣があった．騎士たちも，戦場や長い旅に赴くときに，武運や旅の安全なことを祈願して，愛する人の愛の証の袖を楯や槍の穂先につけて出発したという．勿論，袖の色はいろいろであったが，その中で最も有名なものは，イギリスのバラードに歌われている「グリーン・スリーブス」（緑の袖）である．その歌詞の一部を紹介すると，

"Greensleeves was all my joy, Greensleeves was my delight; Greensleeves was my heart of Gold and who but Lady Greensleeves"

これは作者不詳のバラードであるが，この歌詞は，自分に緑の袖をくれた女性（ミス・グリーンスリーブスといわれている）に対する切々とした愛情を歌ったものである．中世では緑は愛情の証の色であったから，とくにラブ・スリーブスの色として好まれていた． (城 一夫)

グリーンデザイン [green design]（デ）

グリーンデザインとは，ヨーロッパやアメリカで始まった，設計対象が地球環境や生態系に与える影響を最小にするための設計方法論あるいは運動のことである．太陽，風力，波，雨などの自然の力をポジティブに活かし，伝統や文化を尊重したデザインを建築などにも適用すること．とくにデザインに際し，設計対象の性能は使用材料の特性と加工形状により左右されるので，材料選択は環境調和性と材料特性および加工特性を考慮して最適化が求められる．

グリーンという言葉は色彩の緑色を指すほかに植物にかかわる用い方，すなわちグリーンベルトとか，観賞用植物の賃貸や販売をする業種をグリーンビジネスというような使われ方がされてきたが，最近ではグリーンを環境保護の象徴として用いる傾向が増えてきている．たとえばグリーン購入という言葉で，環境への負荷の少ない資材を選別して購入するシステムを表すなどである．1993年に「The Consortium on Green Design and Manufacturing」が英国で発足したり，東京大学人工物工学センターと英

国ケンブリッジ大学工学設計センターの共同研究が1996年に始められたことなどが具体例である．　　　　　　　　　　　　（永田泰弘）
→グリーンベルト

グリーンベルト [greenbelt]（デ）

グリーンベルトは，都市が無制限に膨張していくことを避けるために，イギリスにおいて1938年のグリーンベルト法により都市の周囲を取り巻くように設けられた広い緑地帯を指す．イギリス国内では19ヵ所486万6000エーカーのグリーンベルトがある．その中でも大ロンドン計画のグリーンベルトが有名である．イギリスではグリーンベルト内の開発は法律により制限されているが，住宅需要の増加から開発を計画している都市も現れている．本来は大気汚染，騒音，悪臭などから田園地帯を守るために設けられた緑地帯を指す言葉であるが，ケニアの植樹計画がグリーンベルト運動の名で進められているように象徴的な使い方がなされている．日本では市街地に隣接した山麓斜面の樹林帯を都市山麓グリーンベルトと称してすぐれた環境の創造や，土砂災害の防止のために整備し，開発を制限する場合に用いる言葉にもなっている（六甲山系グリーンベルト整備事業など）．また，たとえば道路の中央分離帯を緑化したもの，あるいは連続的な都市緑化事業による帯状の緑地，公園や学校の帯状の植栽など，もっと小規模なものまでグリーンベルトとよぶことがある．

（永田泰弘）

グリーンマン [greenman]（社）

グリーンマンは中世のグロテスク模様の一種で，豊穣，多産，再生のシンボルとして信仰を集めた．元来は古代ケルトの地母神，古代ゲルマンの異教的な樹木信仰，または古代ローマのディオニソス信仰などの多様な要素から生れたもので，後にキリスト教とも習合し，植物＋人間の独特な図像として発達した．普通，グリーンマンの図像は3種類に分類される．① 初期の形態で，1枚または沢山の木の葉で髪の毛，目鼻，顔全体ができているもの．② 植物を口や耳や目から吐き出している男の顔で，顎鬚や口髭，眉毛も巻き毛のような植物の枝葉でできているもの．③ 果実または花で顔全体がつくられているもの．4世紀にはすでにキリスト教と習合し，教会の装飾図像として取り入れられたが，とくに13世紀ゴシック時代には数多くの教会で取り入れられた．とくにシャルトル大聖堂の緑色に彩色されたグリーンマンは有名である．グリーンマン信仰は，民間の祭りとしても生き続けている．現在でもヨーロッパの各地で5月になると，緑の樹木の再生，復活を祈願するグリーンマンの祭りが開催されている．身体中に沢山の葉っぱを身につけた緑のジャックが，数多くのグリーンマンをお供に従え，緑の再生を祈願して，モリスダンスを踊りながら，街を練り歩く祭りである．　　　　　　　　　　（城　一夫）
→五月祭の緑
◆Anderson, W. (1990)

クリスタルシャイン [crystal shine]（着）

アルミナの結晶成長型の光輝材．マイカに比べ，顔料表面の平滑度が高く，光輝感が強い．干渉タイプ（光の干渉を利用して発色させるもの）のホワイト，ゴールド，レッド，ブルー，グリーンや着色タイプ（酸化鉄などをコーティングすることにより色をつけるもの）のオレンジ，レッドがある．初めて商品に適用したのは1999年にトヨタ自動車（株）のクラウンが採用したホ

クリスタルシャイン顔料とチタナイズドマイカ顔料の比較

	クリスタルシャイン	チタナイズドマイカ	
		人工マイカ	天然マイカ
基体	アルミナ Al_2O_3	合成雲母 $KMg_3(AlSi_{10})F_2$	天然雲母 $KAl_2(AlSi_{10})(OH)_2$
コーティング	二酸化チタン TiO_2	←	←
製造方法	結晶成長法	粉砕法	←
特徴	人工的に製造するため不純物が少ない		天然鉱物のため，鉄・マンガンなどの不純物を含む
		コーティング表面が平滑で均一な厚み	表面が粗く，不規則	←
光輝感	光輝感が強い．粒状に光る印象	クリスタルシャインより光輝感が弱い．シルキーな光輝感	人工マイカより光輝感が弱い．シルキーな光輝感

（注）← は同左を表す．

ワイトパール・クリスタルシャイン［062］である．これは干渉タイプのホワイトを用いている．塗膜構成は3コート2ベイク（3C2B）で，従来のパールマイカと同じであるが，マイカベースにクリスタルシャイン顔料を使用している点が異なる．色域によっては2コート1ベイク（2C1B）の塗色設計も可能である．

（吉田豊太郎）

◎アルミナフレーク

クリスマスの色 [color of Christmas]（社）

クリスマスとは，キリストの降誕記念日のことで，ローマ教皇ユリウス1世（在位337–352）の時代に12月25日をクリスマス・デーと定めたとされる．古来よりローマやゲルマンの人びとの間で行われていた豊作・豊穣を願う冬至祭の時期にキリスト生誕の祝祭が制定されたことで，キリスト教とクリスマスが自然に広まっていき，現在でも年中行事の中で一番大きな祝祭日となっている．クリスマスを象徴する色として，主に赤，緑，白，金，銀の5色があげられるが，これらの色はすべてキリスト教の思想に繋がるものであり，赤は「尊い愛」の象徴，すなわち，キリストが十字架に掛けられたときに流した血は何よりも尊い，とされることに由来している．緑は「永遠の命（エバー・グリーン）」の意味で，一年中緑を保つ，常緑樹の色であり，キリストの教えが時代を超えて永遠に受け継がれて欲しいという願いによるものとされる．白は「神の色」として，またキリストが誕生した日の雪の降る様子，あるいは「潔い心」に由来している．金色は「豊かな輝き」を意味し，キリストが生れたとき，羊飼いや哲学者がベツレヘムに金銀の財宝を持って現れたことの象徴である．銀色は羊飼いや哲学者がキリストのもとに駆けつけるために目指したとされるベツレヘムの夜空に1つだけ輝く銀の星の由来によるものとされる．生命の象徴としてモミやヤドリギなどの常緑樹をツリーとして用いることがあり，また，濃い緑の葉と赤い実をつけるヒイラギは，イバラの冠をかぶったキリスト受難のシンボルとして，クリスマスのディスプレイによく用いられる．

（渡辺明日香）

◆Beazley, M. (1980)［本明訳, 1982］

クリムト, グスターブ [Gustav Klimt]（造）

オーストリアの表現主義を代表する画家．オーストリア，ウィーンに生れ，ウィーン工芸学校で1883年より兄弟のエルンストとフランツ・マッチュと「ウィーン工房」を立ち上げ，ブルグ劇場（1888）やウィーン美術史美術館（1891）など多くの装飾壁画・天井画を手掛けていった．クリムトのスタイルはラファエル前派やオーブリー・ビアズリー，スイスの象徴主義者フェルデイナント・ホードラー，オランダのヤン・トーロップなどからの影響，ビザンティンのモザイクの研究も大きな要因となっている．1892年にエルンストが他界したことによって制作から遠ざかっていたが，1897年にはウィーン分離派（正式にはウィーン美術家連盟）を結成し，初代会長に就いた．あざやかに彩られた装飾パターンと官能的な裸体像は精緻に描かれ，独自のアール・ヌーヴォー様式を成熟させていった．しかし，ウィーン大学の装飾画《哲学・医学・法律》（1900–03）やクリンガー展のためのベートーヴェン壁画（1902）などは評価を得られず，1905年にはウィーン分離派を脱退することになる．ヨーゼフ・ホフマンが設計したストックレー邸のための装飾壁画（1905–10）は，ガラスや金属などでつくられており，渦巻き模様と組合わされた平坦な人物像はもはや装飾パターンと化している．エゴン・シーレ，オスカー・ココシュカらに大きな影響を与えていった．

（三井直樹）

→ウィーン分離派

グレア [glare]（感知）

視野内の輝度の分布や値の範囲が不適切であったり視覚心理的に不具合が生じる光の状態をいう．視野内，とくに視線の付近に自発光体が存在することにより生じる直接グレアと，高輝度の物体の反射像により生じる反射グレアに分類される．また，視覚心理的に生じる不具合の内容によって，不快感を生じる不快グレアと，対象物の見え方を低下させる減能グレアに分類される．不快グレアの表し方として，Luckieshら（1949）の不快感を生じる限界輝度（BCD）がある．不快グレアは，光源の輝度，光源の見かけの大きさと数，光源の位置，背景輝度，光源の

光色，観測者の年齢などで変化する．CIE 117 (1995) 技術報告書で屋内照明の不快グレア評価方法 UGR が提示された．

$$UGR = 8\log\left(\frac{0.25}{L_b} \cdot \sum \frac{L^2 \omega}{p^2}\right)$$

ここで，L_b は背景輝度（cd/m²），L は観測者の目の位置から見た照明器具発光部の輝度，ω は観測者の目の位置から見た照明器具発光部の立体角（sr），p はグースのポジションインデックスである．日本照明器具工業会の「オフィス照明器具の選択および適用」のグレア分類は，不快グレアに関する G 分類と VDT 画面への照明器具の移り込みを防止する V 分類から構成される（Luckiesh・Guth, 1949）． (矢野　正)
◆Luckiesh, M.・Guth, S.K. (1949)

クレイク-オブライエン効果 [Craik-O'Brien effect]（感知）

図 (a) のように，緩やかな輝度勾配と急激な輝度変化からなる輝度輪郭で一様な視野領域を分割すると，分割された 2 つの等輝度領域の明るさが異なって知覚される現象のことをいう（Craik, 1966；O'Brien, 1958）．同様の現象に，図 (b) のように，クレイク-オブライエン型輪郭を明暗の極性を反転させて組合わせた輪郭によって生じるコーンスイート効果があり（Cornsweet, 1970），両者を合わせて COCE（Craik-O'Brien-Cornsweet effect）ともよぶ．

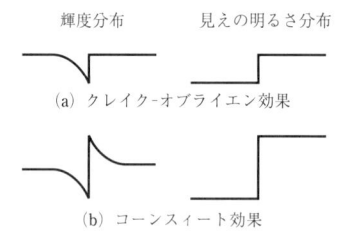

輝度分布　　見えの明るさ分布

(a) クレイク-オブライエン効果

(b) コーンスイート効果

ある領域の明るさが輪郭でのわずかな輝度変化によって大きく影響を受けることから，これらの効果は面の明るさ知覚における輪郭の重要性を示すものとして捉えられている．空間周波数特性や，エッジ検出機構の作用に基づいた説明，レティネックス理論などによる色の恒常性と関連づけた説明が提案されている（Kingdom・Moulden, 1988）．輪郭から遠く離れた領域の輝度が輪郭近傍の輝度と等しいように一様化されるため，明るさの充填現象の例としてもよく紹介される．色相・彩度，両眼奥行き，運動など他の視覚属性においても類似の効果が報告されている． (郷田直一)
→空間周波数特性，エッジ検出，レティネックス理論，充填，色の恒常性，ウェルトハイマー-ベヌッシ効果
◆Craik, K.J.W. (1966), O'Brien, V. (1958), Cornsweet, T. (1970), Kingdom, F.・Moulden, B. (1988)

クレイモデル [clay model]（商）

粘土でつくった模型．家電製品や自動車など立体的なデザインのシミュレーションに主に使われる．工業デザインに用いるクレイは，工業用の特殊な合成粘土である．オーブンで加熱してやわらかくし，木芯や粗削りした発砲スチロールの上に盛りつけ，スクレイパーや金属製のヘラなどの道具で切削し，ゲージや測定器を用いながら精密に造型する．最近は CAD-CAM システムでかなり精密な切削加工が自動的にできるシステムもある．クレイは比較的早く乾燥・硬化するので，その上から常温乾燥タイプのラッカーか二液硬化型ウレタンの塗料などで塗装するか，ダイノックシート（プラスチックフィルム）を貼り付け，部品（木型モデルなど）を艤装してモデルを完成させる．デザインが決定したら，そのモデルの寸法を測定機で測定し，データをコンピュータに入力して図面化する．

(吉田豊太郎)
→モックアップ

グレースケールとブルースケール [grey scale and blue scale]（自人）

染色堅牢度試験結果を目視判定する際の等級の基準尺度となる標準色票で，変色や退色の評価用の変退色用グレースケールと，汚染判定用の汚染用グレースケールがあり，耐光堅牢度評価にはブルースケールが用いられる．グレースケールは，変退色用，汚染用ともに各号が無彩色の 2 枚の組合わせからなり，5〜1 号の間を 0.5 きざみの色票で構成されている．各号の色表の色差値は JIS や ISO で ΔE^*_{ab} の値で規定されており，色差は等比級数的に増大する．堅牢度の判定は，目視により試験片とグレースケールを比較対照して行い，5 号に相当する場合は

5級と判定され，まったく変退色あるいは汚染が生じないもの，1号に相当する場合は最も変退色や汚染が著しいもので1級と判定される．

ブルースケールは，所定の酸性染料および建染染料で染色した1級から8級までの8段階からなる青色標準染色布で，8級が最も変退色が少なく1級は変退色が著しい．各級の色票の変退色が変退色用グレースケールで4号色差と同程度を標準退色とよび，標準退色させるのに必要な光量は級が上がるごとに2倍の等比級数的に設定されている．耐光堅牢度を試験する場合には試験片とブルースケールを同時に露光し，ブルースケールの各級の標準退色を基準に堅牢度の判定を行う． （今田邦彦）
→変色と退色
◆JIS L 0804 (1994), JIS L 0805 (1998), JIS L 0841 (1998)

クレー，パウル [Paul Klee]（造）

20世紀を代表する色彩画家の一人．すぐれた『日記』の作者，ヴァイオリニストでもあり，また造形理論家として特筆すべき成果を残した．スイス・ベルンで育ち，ミュンヘンに出て美術アカデミーで学ぶ．1903年ベルンに戻るが，06年に結婚し，以後はミュンヘンにて活動．カンディンスキーとフランツ・マルクの「青騎士」グループはじめ，前衛的画家と親交を深めた．1912年パリに旅行し，ロベール・ドローネーの色彩豊かな画法や著作に関心を寄せる．1914年のチュニジア旅行を機に，抽象的な色面をリズミカルに配列する色彩法を展開した．1920年ヴァイマールのバウハウスに教員として赴任．講義や実習のために色彩論や制作論を膨大なノートとして作成し，近代画家の手になる最高の造形理論を生みだした．この時期には，色相の微妙な推移と記号的フォルムとを重ね合わせた数々の傑作が制作された．ナチスの迫害もあり，1931年デュッセルドルフ美術アカデミーに，33年ベルンに移った．

クレーの色彩論は，色彩球としてのカラーオーダーシステムを基本とし，諸色彩間の多様かつ連続的な動きを「色彩のカノン」として重視する．カンディンスキーの黄と青のように特定の色相を強調することはなく，また対立や対比（コ

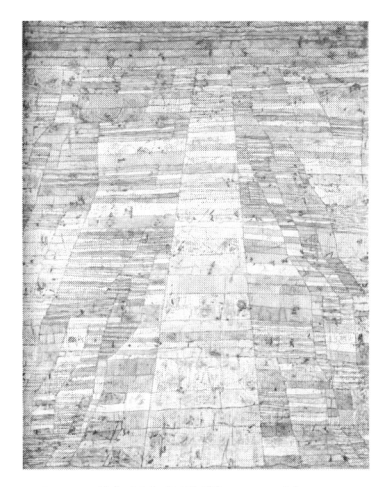

クレー《大通りと脇道》1929（ケルン・ルートヴィヒ美術館）

ントラスト）の概念もとらない．むしろ明度の変化がもたらす生成的・連続的運動性が重要で，それゆえ灰色があらゆる動きを内含する象徴的色彩とみなされる．クレーはまた紙や布の支持体や顔料にも独自な工夫をこらし，画面の肌理や表層が色彩の「見え方」に与える効果を徹底的に追究した．《大通りと脇道》(1929)のように，色彩を通じて画面にみちあふれる光を描きえた点でも，20世紀の画家として他の追随を許さない．生涯に約4000点の着彩画を制作（口絵参照）． （前田富士男）
→カンディンスキー，ヴァシリィ，バウハウス
◆Klee, P. (1956) [土方訳, 1973], Klee, P. (1970) [南原訳, 1981], Klee, P. (1979) [西田・松崎訳, 1988], Klee, P. (1957) [南原訳, 1961], 前田 (富) (1983, 95)

グレコ・ローマンカラー [Greco-Rorman colors]（造）

グレコ・ローマンとは，ギリシア文化の影響を受けたローマの芸術・文化を指し，一般にはギリシアがローマに征服された紀元前146年から4世紀までの「グレコ・ローマン様式」として知られる．グレコ・ローマンカラーとはこのグレコ・ローマン様式に見られる色彩の特徴をいうが，この時期の色は全体として地味で明度の低い茶系統の色が多く，黒褐色や茶褐色のコプト織りなどに象徴的に見られる．

またヘレニズム文化の影響を受け継いだ漆喰

による壁面装飾が，建築には欠かせない装飾となり，そこでは暖色系の朱色や漆喰の白と混色されたスモーキー・ブルーを背景とした多くの人物像や神話が描かれた．いずれも大理石彫刻や漆喰壁面などの石像や石造建築とよく調和することから，好んで使用されたと考えられる．これら比較的あざやかな色調は，地中海の輝く青い海と大気に醸成された色彩であろう．これらの色彩の特徴は西暦79年にヴェスヴィオ火山の噴火によって埋没したポンペイの富裕階級の住宅の壁画や装飾様式によって知ることができる．

（三井秀樹）

→ポンペイ壁画

クレヨン画 [crayon drawing]（造）

クレヨンはチョーク，パステルと混同されていることが多い．もともとクレヨンはフランス語でチョークやコンテなど棒状の画材を指した．チョーク（白亜）を意味する「craie」に小さいという意の接尾語「on」がついて crayon となった．チョークは岩石もしくは土を成型したもの，クレヨンはチョークに油や鑞などのつなぎを加えて成型したもの，パステルは粉末顔料をガムなどで固めたものである．レオナルド・ダ・ヴィンチの記述にもその初期的な製法が書かれている．一般的に黒，赤，白のチョークとクレヨンを使用して素描を行う．ランプ・ブラック（油煙）でつくった油性の固いクレヨンが16世紀には使われており，以後素描用として一般化した．クレヨンには鑞が含まれているので，線描きに向いているのである．日本では1917年にアメリカから輸入されたクレヨンを手本につくられ，山本鼎らが普及させた．18世紀ロココ時代のフランスでは，紙とチョークの色のハーモニーを工夫した作品としてのデッサンが流行した．

（三井直樹）

黒染 [black dyeing]（衣化）

墨で染めると黒く染まる．ただし墨染めは狭義の染めではない．古くからの黒染に泥染がある．これは土の中にタンニンを含む樹木が溶け込み土に含まれる鉄分が触媒になり（媒染）黒く染まる．植物染料は，この仕組みで橡（櫟，楢，柏，樫などブナ科の植物の団栗）や矢車の実，梅，五倍子，檳榔樹，ログ・ウッドなどで染める．鉄媒染でグレイに，明礬，灰汁媒染で黄系に染まる．お歯黒や印度更紗は，粥状の澱紛に錆びた鉄を入れ発酵させた乳酸鉄を媒染剤として染める．黒は皁ともいう．墨は涅ともいう．江戸初期には吉岡憲法の憲法染めが黒では有名である．鈍色は喪の色としていろいろな濃淡で使われている．『源氏物語』で鈍色は藤衣と表されている箇所があり，茶色っぽい鈍色も使われていたと思われる．

カチン染は紺色の限りなく黒いものをいい現在は黒色そのものをカチン染という．藍下，紅下の黒と分かれるが，黒は光なき闇の色と捉えられていない．橡で染める薄い黒は庶民の色であったが，漆黒になると高貴な色とされた．僧侶の墨染めは，本来はグレイであったが黒く染めることが容易になると黒染を指すようになった．死者の色が白に対して黒は喪の色であり，漆黒は儀礼上も上位の色とされる．

（井筒奥兵衛）

◆吉岡（幸）(2000)

黒服 [black clothing]（衣化）

黒服は時代により異なる意味をもつ．中世ヨーロッパの修道服は黒色であったが，これは毛織物を黒く染めるのに，茜と藍の重ね染めにより黒をつくったが，当時の染色技術では美しい黒に染められず，したがって簡素さや清貧の意味を込めて着用されたことに起因する．15世紀に入り光沢のある漆黒のビロードが生産されると，王侯貴族を中心に上流階級の間で喪服に黒服が用いられる．フランスのブルゴーニュ大公フィリップ・ル・ボン（1396-1467）は，父ジャンが暗殺されて以来，黒の喪服を着続け，黒服の流行を広めたといわれる．16世紀にはスペインをはじめヨーロッパ諸国に黒服が波及していくが，これにはプロテスタントの色彩破壊論（クロモクラスム）が影響している．宗教改革を進めたルターやカルヴァンが黒やグレイを道徳的な色と判断し，市民服に着用するように提唱したのである．やがて喪服のみならず，市民服として市民権を得た黒服は，19世紀にはブルジョア階級の男性が着用した燕尾服の色となり，紳士服の色として浸透，現在のダーク・スーツに繋がる．

20世紀に入ると，黒服の意味は非常に多様化

する．1920 年代にはシャネルがリトル・ブラック・ドレスを発表し，それまで女性には喪服でしかなかった黒服がファッションとして採り入れられた．1930〜40 年代にはナチス親衛隊，イタリア・ファシストの黒シャツ隊，イギリスの黒シャツ党が出現し，秩序と暴力の象徴として黒服を用いた．1950 年代には反抗者のユニフォームとして黒服が定着し，フランスのサルトルらの影響を受けた実存主義者や，アメリカの作家，ケルアックらに傾倒するビートニクスとよばれた若者たちが登場し，黒のタートルネックやブラックデニムの G パンを好んで着用した．また同時期にアメリカやイギリスではバイカーやロッカーが出現し，黒革のライダース・ジャケットやレザー・パンツが彼らのユニフォームとなった．1970 年代にロンドンのサブカルチャーから生れたパンクも，黒服が象徴的に用いられた．1980 年代には，川久保玲と山本耀司が黒一色のコレクションを発表し，黒服はアヴァンギャルドでシック，そしてエキセントリックなファッションとしての意味をもつようになった．1990 年代以降，若者を中心にカジュアル・ファッションが浸透するようになると，色合わせの容易な黒の服はベーシック・カラーとして汎用され，黒服の解釈も幅広くなっている． （渡辺明日香）
→オリエンタル・ブラック，シャネルの黒
◆Hervey, J. (1995) [太田訳, 1997]

クロマチックネス [Chromaticity]（表）

JIS Z 8105「色に関する用語」では，日本語として「色み」をあて，ある面の知覚色について，有彩色の度合いが強いか弱いかの基になる視感覚の属性として定義している．ある面の有彩色の度合いは，その面を照明している照明光の照度の上昇に伴い，面の輝度の上昇とともに強く感じられることが知られている．このような視感覚の属性はカラフルネス（colorfulness）ともよばれる．しかし，クロマチックネスという用語は，ある面について，その明るさと比較して相対的に判断される色みの程度を表す飽和度と色相との組合わせによる視感覚の属性，すなわち，色度に対する知覚の相関量を表すときにも使用されていた．この概念に対応するクロマチックネスは，均等色空間における等明度面内の色座標で表すことができる．たとえば，CIELAB における座標 a^*, b^* に相当し，これをクロマチックネス指数という．このように，同じ用語について 2 つの意味が与えられている原因は，ある面のあざやかさの知覚を表す用語を，どのような判断に基づいて知覚しているかによってクロマ，飽和度，カラフルネスなどにわけて定義するようになったことによる．国際的な用語集に IEC60050-845「照明用語集」があるが，そこでは JIS Z 8105 と同じ意味で，クロマチックネスを定義している． （小松原 仁）
→カラフルネス，彩度，(刺激) 純度

クロミナンス（色差）信号 [color difference signal]（入出）

カラーテレビの三原色は，R（赤），G（緑），B（青）であるが，ビデオ信号を記録・伝送する場合には，これをルミナンス信号（輝度信号）とクロミナンス信号（色差信号）に変換する．人間の視覚系でも，撮像素子にあたる錐体細胞では R, G, B であるが，脳に伝送される段階ではルミナンス信号とクロミナンス信号に変換されている．ルミナンス信号（Y）は明るさに対応し，R, G, B からの変換は，$Y=0.299R+0.587G+0.114B$ で与えられる．なお，ここでの R, G, B は，NTSC の RGB 表色系であり，CIE の RGB 系とは異なることに注意されたい．白黒テレビでカラーテレビ信号を再生する場合には，ルミナンス信号だけを再生すればよい．NTSC 方式のテレビ放送では，クロミナンス信号として $I=0.596R-0.274G-0.322B$，$Q=0.211R-0.523G+0.312B$ が使われている．また，コンポーネント方式のビデオ信号では，R−Y, B−Y がクロミナンス信号として使われている．ルミナンス信号とクロミナンス信号に変換して記録・伝送することによって，3 つの信号間でゲイン変化や時間ズレが生じた場合にも，色ズレが生じにくい利点がある．また，人間の視覚系はクロミナンスについての空間周波数特性が悪いため，クロミナンス信号の標本化周波数を低くおさえてデータ圧縮を図る，放送電波におけるクロミナンス信号への帯域割当をせまくするなどが行われている． （大田友一）
→YIQ 信号

クロワゾネ [cloisonné(仏)] (造)

仏語クロワゾン（cloison）「仕切，壁」に由来する．中世のステンドグラスやエマーユ（仏語でémail，英語でenamel）の色の部分を仕切る境界線のことをいい，その技法をクロワゾネとよぶ．エマーユ・クロワゾネ（émail cloisonné）とはいわゆる七宝焼で，素地の面に金属線で仕切を設け，そこに釉薬を流しこんで焼成するので有線七宝ともいわれる．この技術は6世紀ビザンティン帝国の主都コンスタンティノポリス（現在のイスタンブール）で発達し，ヴェネツィアのサン・マルコ大聖堂の《パーラ・ドーロ》（12世紀）などの作品がある．西ヨーロッパではメロヴィング朝時代に伝わり，エマーユ・クロワゾネの他，宝石，ガラス細工なども盛んになった．エマーユ・クロワゾネはカロリング朝，さらにロマネスク時代まで続く．琺瑯細工のエマーユ・シャンルヴェ（émail champlevé）は12世紀にリモージュやムーズ川流域（フランス北東部）で発達し，エマーユ・クロワゾネより盛んであった．クロワゾネから派生した用語に，クロワゾニスム（cloisonnisme），色面分割主義があるが，これは1890年代に日本の浮世絵に影響されたポール・ゴーガンやエミール・ベルナール，ナビ派，ポン・タヴァン派の画家たちが，濃淡のない平坦な色面をはっきりとした太い輪郭線で区切って描いていた手法のことを指す．この手法による最初の作品はベルナールの《牧場のブルターニュの女たち》（1888）とされており，ゴーガンが発展させたようである．ベルナールは「…画面に〈区分された〉空間の感じを与える，ひとつの色調のくまどりを理由に，クロワゾニスムと名づけたのであった．事実，それこそ色彩と線の装飾的な要素が加わって，絵画というよりはむしろ大きなステンド・グラスであった」と語っている．　　　　　（三井直樹）

◆Sérullaz, M. (1961)［平岡・丸山訳, 1992］

勲章の色 [colors of medals and decorations] (社)

勲章は国家または社会に対するすぐれた功績者を表彰する目的で，国から与えられる栄典の制度．功績の度合いに応じて等級が定められており，勲章のデザイン（形態・色彩など）によって区別されている．勲章の起源は11世紀に発生した十字軍の宗教騎士団（オーダー）の表彰に由来するといわれているが，しだいに国家ごとにその叙勲制度が定められた．現在，授与されている最古の勲章は1219年に制定されたデンマークのダネブログ勲章（白いクロス・パッティーに白の飾綬の勲章）である．その他，代表的な外国の勲章では，1348年制定のイギリスのガーター勲章（濃紺のビロードの飾綬），1802年のフランスのレジョン・ド・ヌール勲章（真紅の飾綬），1856年のイギリス・ビクトリア十字勲章（濃紺の飾綬），1772年のスウェーデン・ワッサー一等勲章（緑の飾綬）などがある．現在の日本の勲章制度は大勲位菊花大綬章（白い菊花に真紅の綬）を最高として，その下は勲一等から勲八等までの8段階に分かれている．これとは別に文化に対する功労者に文化勲章（紫のモワレの綬），また紅綬褒章（人命救助），緑綬褒章（すぐれた人格），黄綬褒章（業務に精励），紫綬褒章（学術・芸術），藍綬褒章（社会福祉），紺綬褒章（私財寄付）などの褒章制度がある．　　　　　（城　一夫）

[け]

K-L 展開 [K-L expansion]（画処）

カルフーネン-レーベ展開ともいう．パターン認識において，観測パターンから得られた N 次元特徴ベクトルがつくる N 次元空間を，パターン空間，または特徴空間とよぶ．特徴空間の次元を削減した部分空間によって観測パターンを近似したい場合に有効な手法として K-L 展開がある．K-L 展開は，特徴ベクトル集合に対する共分散行列を固有値展開し，固有値の大きな順に順序づけた固有ベクトルによって特徴ベクトルを直交展開する手法である．これは，N 次元の特徴空間を座標回転し，特徴ベクトルの分散が最大となる方向，それに直交して分散が最大となる方向，などに軸を向けた新しい座標系を求めて特徴ベクトルを表現することに相当している．したがって，固有値の小さな固有ベクトルに対応する軸方向には，観測パターンの散らばりは少ないと考えられ，それらの軸を削減した部分空間によって観測パターンを表現しても近似誤差は小さい．K-L 展開によって得られる K-L 部分空間は，同じ次元数の部分空間の中で自乗誤差最小という意味で最適である．

(大田友一)

→カラー特徴空間
◆鳥脇 (1993)

景観形成地区 [townspace improvement district]（デ）

地方公共団体が制定する景観条例では，都市景観形成上とくに重要だと考えられる地区や，伝統的な建造物が多く残されている地区，あるいは住民の自発的な景観形成活動がさかんな地区などを景観形成地区として指定することができる．一般に景観形成地区として指定された場合は，すみやかに地区景観形成計画および地区景観形成基準を定めなければならない．地区景観形成基準には地区内に建設される建築物・工作物の意匠や色彩，植栽，広告物などの誘導基準が示される．色彩基準は数値や色票などを使って，より具体的な誘導を図っている自治体も増えている．たとえば神奈川県の藤沢市は1989年3月に江ノ島を特別景観形成地区として指定しているが，江ノ島特別景観形成基準の中で，建築物・工作物の色彩はマンセル値を使って使用する色彩の範囲を示している．屋根は江ノ島の歴史的景観を再生するために和瓦の低彩度・低明度色の使用を勧め，外壁は岩肌色と名づけたベージュ系の色を勧めている．景観形成基準の説明書では，マンセル数値による範囲だけでは一般の人にはわかり難いので，参考として推薦色の色票も添えられている．色彩基準は日除けテントや，看板の色彩にも及び，彩度を抑えた落ち着いた和風の街並への誘導を図っている．

(吉田愼悟)

→地域色，景色，街並景観

景観条例 [townscape ordinance]（デ）

都道府県や市町村などの地方公共団体は，地域の良好な景観を形成するために，議会の決議によって景観条例を制定することができる．景観形成に関する条例は，都市景観の修景創造を目的とするものなど，目的別にいくつかに分類できるが，近年景観形成に関する条例を制定する地方公共団体の数は確実に増加している．昭和53年 (1978) には，総合的・体系的都市景観条例である神戸市都市景観条例が施行され，都市景観環境の保全と創造の先駆的条例となった．景観形成に関する条例の色彩基準は当初「けばけばしい色彩は避ける」とか「周辺に調和する色彩を選ぶ」など，精神規定的内容が多かったが，しだいに具体的な色彩値を示して使用色を誘導する自治体も増えてきた．具体的な色彩についての記述の例としては昭和60年 (1985) の兵庫県の「大規模建築物等指導基準」がある．外壁の基調色の基準として色相ごとに，「R 系，YR 系は彩度 (クロマ) 6以下，Y 系では4以下，その他の色相では2以下」と明確にうたっている．色相の特性，外壁材の特質を的確に把握した端

的な表現として評価されているが，明度に関する記述が見あたらないなどの批判もある．一方で，姫路市では市のシンボルである姫路城の眺望を守るため，城を焦点とする駅南大路の建築外壁の明度を5以上9以下とすることを，そのガイドラインで提案している．

(稲垣卓造・吉田愼吾)

→都市計画法
◆飯島 (2001)

蛍光 [fluorescence] (照)

「蛍光」は，残光が目で認められないフォトルミネセンスである．フォトルミネセンスとは，ある種の物質に光放射を照射したときに，別の波長の光放射を発する現象をいう．一般に蛍光は，ストークスの法則に従い励起光よりも長波長の光を放出する．このような現象は，絶縁物（半導体）結晶中に希土類金属や遷移金属などの不純物を添加したものに多く見られ，このような性質を示す物体を蛍光体とよぶ．蛍光を利用した代表的な例として蛍光ランプがある．

「ルミネセンス」は，熱放射を除く物質の発光現象の総称であり，物質を構成する原子，分子，イオンなどの電子が，外部刺激によって高いエネルギー状態に励起され，それが再び安定なエネルギー状態に移るとき，その余分なエネルギーを光として放出する現象をいう．ルミネセンスには，電界によって励起されるエレクトロルミネセンス，光放射によって励起されるフォトルミネセンス，加速された電子によって励起されるカソード（陰極線）ルミネセンス，化学反応によって生じるケミカル（化学）ルミネセンス，生体において起こる生物ルミネセンス（生物発光）などがある．

(川上幸二)

→蛍光ランプ，エレクトロルミネセンス

蛍光顔料 [fluorescent pigment] (化)

有色色素で蛍光を発するもののうち，顔料の用途に使用できるように製品化した色材を蛍光顔料とよんでいる．蛍光顔料には顔料色素型と合成樹脂型の2つのタイプがあり，現在，工業的に使用されている蛍光顔料は合成樹脂型が主流である．顔料色素型蛍光顔料は，水に不溶性の顔料としての特性を有する色素の中で蛍光性を示す顔料を指す．このタイプは蛍光性が合成

C.I.Pigment Yellow 101
（顔料色素型の例）

樹脂型に比べて劣るため，最近はほとんど使用されていない．合成樹脂型蛍光顔料は，色素自体は染料を使用するため本来顔料として分類されるものではないが，蛍光性を有する染料を合成樹脂にとかして固溶体とし，これを微粉化し顔料として使用できるように製品化したものである．

合成樹脂型蛍光顔料に使用する染料としては，酸性染料，塩基性染料，油溶性染料の中からとくに蛍光を有する染料が選ばれている．使用する合成樹脂としては，アミノホルムアミド樹脂，アクリル樹脂，ポリ塩化ビニル樹脂，ポリアミド樹脂，ポリエステル樹脂，ウレタン樹脂などが用いられる．合成樹脂型蛍光顔料は，その鮮明な色相と蛍光性を利用して，印刷インキ，塗料，プラスチック着色，顔料捺染，文具などの用途に使用されている．

(今田邦彦)
◆シーエムシー編 (1983)

蛍光増白剤 [fluorescent brightening agent] (化)

近紫外部（330～380nm）の光を吸収して，可視部の短波長側（400～450nm）の青～紫の蛍光を発し，繊維などに親和性を有する無色の染料を蛍光増白剤とよぶ．蛍光増白剤は見た目の白さを増加させる物質で，蛍光白色染料あるいは単に蛍光染料とよばれることもある．天然繊維は，精練，漂白工程を経ても多少の夾雑物が残存しており，短波長の青色の光をわずかに吸収して，その余色にあたる黄みの着色が観察される．蛍光増白剤は紫外部の光を吸収し，青み

4,4′-トリアジニルアミノスチルベン-2,2′-ジスルホン酸誘導体
（X, Yはアミン類またはアルコール類残基）

の目に見える蛍光を発するため，繊維の短波長側の光吸収を補充して肉眼に白く見せる効果が得られる．

蛍光増白剤の主要な用途は木綿などのセルロース系繊維用である．この用途に工業化されている蛍光増白剤の大部分は，4,4′-トリアジニルアミノスチルベン-2,2′-ジスルホン酸誘導体であり，直接染料と同様の染着機構で染着する．この系統の蛍光増白剤は，合成洗剤への配合用や，紙・パルプの増白にも広く利用されている．

羊毛やナイロンなどのポリアミド系繊維用途には，酸性染料タイプの染着機構で染まるクマ

クマリン系蛍光増白剤
C.I.Fluorescent Brightener 52

ピラゾリン系蛍光増白剤
C.I.Fluorescent Brightener 54

オキサゾール系蛍光増白剤
C.I.Fluorescent Brightener 135

ナフタルイミド系蛍光増白剤
C.I.Fluorescent Brightener 162

リン系やピラゾリン系蛍光増白剤も開発されている．ポリエステルなどの合成繊維用には，オキサゾール系やナフタルイミド系があり分散染料タイプの染着機構で染着する． （今田邦彦）
◎蛍光白色染料，蛍光染料，黄化，漂白，青み付け
◆安部田・今田 (1989)

蛍光と燐光 [fluorescence and phosphorescence]（物）

エネルギーレベルの低い状態（基底状態）にある分子に対し光を照射すると，分子は光エネルギーを吸収し，励起されてよりエネルギーレベルの高い電子状態（励起状態）に変わる．通常，励起状態は1重項状態とよばれる状態となるが，場合によってはより電子エネルギー準位の低い励起3重項状態への系内交差とよばれる遷移が起こることもある．これらの励起状態の分子はエネルギーを放出して再び基底状態に戻るが，この際のエネルギーの放出には，分子が吸収エネルギーを熱運動エネルギーの形で放出して基底状態に失活するケース（無放射失活過程）と，光の放射を伴って失活するケース（発光失活過程）の2とおりがある．蛍光や燐光は発光失活過程に関係するもので，通常1重項状態からの失活過程で放射される光を蛍光とよび，3重項状態からの失活過程で放射される光を燐光とよんでいる．

励起光を遮断した後の発光の減衰時間は，蛍光の場合は$10^{-9}\sim10^{-5}$秒程度と短く，一方，燐光の場合は$10^{-4}\sim10$秒と長いため，残光の長さを基準に蛍光と燐光を区別することもある．なお，ZnSやCaSなどの蓄光性硫化物蛍光体は燐光の寿命が1日程度と長く，種々の用途に利用されている． （今田邦彦）
→励起状態，基底状態
◆Allen, N.S.· McKellar, J.F. (1980)

蛍光物体色 [fluorescent color]（測）

蛍光物質を含む物体の色は，物体自体の反射光成分に，照明光によって励起された蛍光成分が重畳して観測されこれを蛍光物体色という．蛍光物体色には大別して蛍光白色と有彩蛍光色とがある．蛍光白色は紙や布地などをより白く見せるために蛍光増白したもので，近紫外部の放射で励起され，440～450nm付近にピーク波長をもつ蛍光を含んでいる．有彩蛍光色は衣服や標識を目立たせるためあざやかな蛍光色を用いたもので，主として可視部の光で励起された強い蛍光を含んでいる．蛍光白色には耐候性に問題のあるものもあるが，有彩蛍光色にはかなり強いものもあり，かつ可視部で励起されるため

紫外線吸収剤との併用も可能である．蛍光物体色の基本的な測定は励起側と蛍光側にそれぞれ分光器を備えた2分光器法によるが，較正や操作が煩雑なので一般的ではない．通常は，昼光（たとえば標準イルミナントD65）で照射したときの蛍光物体色を測定するもので，その手順が約束されている（JIS Z 8717）．蛍光物体色の，反射光成分と蛍光成分を比較的簡単に分離する方法として，アレンの方法（Allen, 1973）やサイモンの方法（Simon, 1972）などがある．蛍光白色の場合，励起波長帯の照射光の分光組成を調整するには標準試料を用いる． （馬場護郎）
◆JIS Z 8717 (1989), Allen, E. (1973), Simon, F.T. (1972)

蛍光ランプ [fluorescent lamp]（照）

「蛍光ランプ」は，蒸気分圧が0.6〜0.8Paの低圧水銀蒸気中の放電を利用した熱陰極の低圧水銀ランプで，主に波長253.7nmと185nmの水銀発光スペクトルで，ガラス管内面に塗布された蛍光体を励起し，可視光に変換しうる光源である．光色および演色性は，蛍光体の組合わせで自由に変えることができ，JIS Z 9112では，光色を，昼光色（D：5700〜7100K），昼白色（N：4600〜5400K），白色（W：3900〜4500K），温白色（WW：3200〜3700K），電球色（L：2600〜3150K）の5種類に，演色性を普通形と高演色形に大別し，高演色形はその程度により，A級（DL），AA級（SDL），AAA級（EDL）の3種類に区分している．

「3波長域発光形蛍光ランプ」は，赤・緑・青の狭帯域に発光する蛍光体を組み合わせることによって，高いランプ効率と演色性を両立させたものである．上記のJIS演色区分では，普通形と高演色形以外の特殊なものとして3波長域発光形（EX）として取り扱われている．一方，点灯方式からの分類では，スタータ形，ラピッドスタータ形，高周波点灯専用形に区分される．

（川上幸二）
→演色性，光色

慶弔の色 [colors for rituals]（社）

慶弔とは慶事と凶事を指すが，慶事の代表は婚礼であり，凶事の代表は葬式である．中国大陸の漢民族では婚礼を紅事，葬式を白事と称した．つまり中国では婚礼には赤色を多用し，とくに解放前は男性は赤い衣服を，女性は緑の衣服や帯を着用した．それは赤色は力強い太陽の色であり，緑色は優しい月の色とされたからである．また葬式には白い衣服を着用し，豆腐など白い食べ物を食べる習慣がある（常，1994）．日本でも同じ性格がある．婚礼時には酒を入れた赤漆塗りの角樽や銚子，盃が使われ，また赤を強調するため白を組合わせた紅白の食品が披露宴に並ぶ．また葬送時には明治期まで葬式の参列者は白い着物を着用し，豆腐を食べ，白色の幟や吹き流しを立てて葬列を行った．ただ武士の場合は，鈍色（淡い藍色）を葬の色とし，庶民とは一線を画していた．したがって，慶弔の色は基本的に中国のそれと変わらないが，明治以降に日本は西洋の慣習を模倣し，あらゆる冠婚葬祭に黒を儀礼服とし，とくに葬の色を黒とするようになった．しかし近年まで葬式に赤飯を出す地方もあったことから，必ずしも赤と黒とは慶弔をそのまま表す色と限定することはできない．

（小林忠雄）
◆常 (1994)

系統色名 [color name designation]（表）

日常会話で使用されている色名で，ひまわり色のような「○○のような色」という表現やくすんだ赤のような「○○み」という修飾語を用いた表現を除いた色名の種類は，10〜13種類程度になることが知られている．このような色名を基本色名または基本色相名という．JIS Z 8102「物体色の色名」では，赤，黄赤，黄，黄緑，緑，青緑，青，青紫，紫，赤紫，白，灰色および黒の13種類を基本色名としている．この基本色名に，「赤みの」とか「黄みの」という色相に関する修飾語と「明るい」とか「濃い」という明度および彩度に関する修飾語をつけて色を表す方法を系統色名呼称方法という．JIS Z 8102では，色相に関する修飾語14種類，有彩色の明度および彩度に関する修飾語13種類，無彩色の明度に関する修飾語4種類を規定している．これらの修飾語と基本色名を組み合わせると350種類の色が色名で表示できることになる．系統色名は，色空間のある点（色座標）ではなく，境界のあいまいなある範囲に含まれる色を表して

いるため，200〜300色程度の色を表すのに適している とされる．それ以上を系統色名で表すには，カラーオーダーシステムのように色票を伴うことが必要になる（口絵参照）．　（小松原　仁）
→慣用色名，カラーオーダーシステム，基本色名
◆内川ら (1994)

景徳鎮 [Jingdezhen]（造）

　中国江西省東北部にある窯業地．中国を代表する磁器窯．五代から青磁が焼かれていたが，北宋の景徳年間にこの地に鎮が置かれ，景徳鎮の名になったといわれる．近郊に良質な磁器の原料土であるカオリンを産する．宋代には，淡い青磁の釉をかけた影青（青白磁）を焼いた．この影青は，彫りや印刻で表した文様部分に青磁釉が溜まり，そのほのかな青色が陰影を生むもので，素地の白さを生かした技法といえる．続く元代には，酸化銅による赤い呈色の釉裏紅と青花（染付）を創始する．以降，白い磁器の上にコバルト顔料の藍色であざやかに文様が描かれた青花が，景徳鎮の主力製品となり，これをもって景徳鎮は，世界最大の磁器窯として名を馳せることになる．明時代には，景徳鎮に官窯機構である御器廠が置かれ，まさに中国窯業の中心地となり，青花，釉裏紅のほか，五彩や豆彩の技術を確立した．清時代には粉彩を完成させて磁器上の絵画的表現を可能にした．また単色釉にも力が入れられ，伝統的な紅釉，藍釉，吹青釉などの他，紫金釉，烏金釉，珊瑚釉，孔雀釉，茶葉末釉など多くの新しい釉が開発された．現代の景徳鎮でも，青花，五彩をはじめ，さまざまな磁器製品が生産されている．　（中島由美）
→五彩

ゲーテ [Johann Wolfgang von Goethe]（調）

　ゲーテはドイツの文学者．フランクフルト・アム・マイン生れ．文豪として名高いゲーテは，まず法律家として人生のスタートをきっている．文学以外にも形態学，植物学，動物学，地質学，気象学など，幅広い自然科学への関心をよせたゲーテであったが，彼が41歳から取りかかった色彩研究が大部な『色彩論』3巻として刊行されたのは研究着手20年後の1810年のことであった．『色彩論』の刊行後も約10年間，色彩の研究は継続されたから，ゲーテはおよそ30年を色彩研究に費やしたことになる．研究の動機は，色彩表現のための規則や法則性の探求にあった．このためニュートンの実験を追認すべく，7色に彩られた世界を期待して目前にプリズムをかざしたところ，ゲーテが目にしたのは壁はもとのまま白く，窓格子の明暗の境目だけがくっきりと色づいて見える光景であった．驚いたゲーテは直感的に「ニュートン光学は誤りである」との結論を下した．以後20年にわたるニュートン光学との戦いがはじまる．『色彩論』の第1巻第2部「論争篇」は，ニュートンの『光学』の細部にわたる検証とともに，ニュートン光学へのゲーテの対決姿勢をあらわにした内容となっている．ただ人間の外にある，客観的な事実としての光と色の本性にせまるニュートンと，人間の側に立って視覚現象に重点を置き，色彩現象における視覚の精神作用とその意義を重視したゲーテとは，そもそも色彩研究の立場を異にしていたのである．ただ当時においても自然科学におけるニュートンの威光は絶大なものがあり，ゲーテの『色彩論』に対する世人の評価は，晩年のゲーテと接したエッカーマンによれば，「非難と否認以外の何者でもなかった」（『ゲーテとの対話』（中），山下訳 (1968)）という．しかしゲーテは，『色彩論』こそが，詩人としての自分の業績をこえる作品と自負していたのである．なお『色彩論』は，日本では高木伊作によって1893年，「ニュートンに抗背して，視学上の定見を立てんと欲したる，『色学』」として紹介されている．　（緒方康二）
→ゲーテの色彩調和論

◆Goethe, J.W. von (1810) [高橋ら訳, 1999], Eckerman, J.P. (1836) [山下訳, 1968-69]

ゲーテの色彩調和論 [Goethe's color harmony theory] (調)

ドイツの詩人・文豪として知られ、また自然科学者ともいえるゲーテの色彩調和論は、1810年に発表された著書『色彩論（Zur Farbenlehre）』の中で展開されている．この著作は工作舎版訳書では第1巻教示篇・論争篇，第2巻歴史篇および別冊の図版集の3部からなるが，一般に教示篇がゲーテの色彩論といわれ，自然観察や視覚現象を通じて得られた独自の内容をもっている．なかでも自然の啓示を受けるとされる眼の生理的現象を取り上げた教示篇には，彼がすべての色彩調和の根本法則とする心理補色が取り上げられている．ゲーテは，心理補色を「よび求めあう色 (im Auge) wechselweise fordern」とよび，「もともとこれらの色彩現象はその本性からして，また人間の精神の要求に基づいて，元どおり一体になることを求めてやまないものだ」として，補色色相の対立を通して生みだされた全体性が眼に調和的な印象を与えると考えた．彼は観察で得た補色色相を対向位置に配した6色相環を創案した．この色相環の構成はまた，彼のギリシア的色彩観による対立関係からも意味づけられている．この対立関係は分極性とよばれ，黄は光に近い色としてプラス側の極に，青は闇に近い色としてマイナス側の極に位置づけられる．根源的な対立色とされる黄と青は，混合により世俗的な緑となり，一方，ゲーテの独特の概念である高昇作用により，黄は橙を，青は紫を経て彼が最も高貴色とする輝きが最高段階に高昇した真紅（赤）に結合する形の色相環を形成する（図a）．ゲーテの色彩調和論は以下の3つに類型化される．

①「よび求めあう色」：色相環上で直径の両端に位置する色どうしは眼の中で互いによび求めあう調和的な関係にあり，この色相環自体が自然に即した調和ある全体性を表している（図b）．

②「特異な組合わせ」：6色相環における黄－真紅（赤），黄－青，橙－紫，橙－緑のように，中間の色を1色だけ飛び越すような組合わせの色は"よび求めあう"のではなく恣意的に選ばれ，色相環のもつ調和のとれた全体性からはずれているという意味から「特異な組合わせ」という．それぞれの組合わせには，意味が与えられる．たとえば，黄と真紅（赤）は快活，華麗である（図c）．

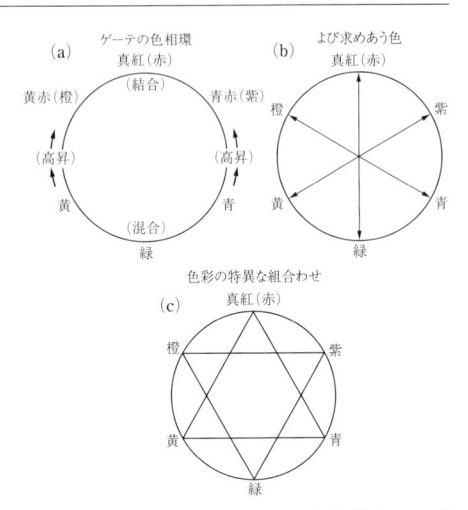

③「特異さのない組合わせ」：黄－橙，橙－真紅（赤），青－紫，紫－真紅（赤）のような隣接する組合わせは，近接した配色は印象が明確でないことから，「特異さのない組合わせ」とよばれる．この組合わせの多くは，高昇や到頂などの前進する動きを暗示しているためそれなりの存在意義を有し，量的な均衡さえうまくとれていれば悪い効果につながることはないとする．

なお，絵画表現における色彩調和に関しては，「芸術家はまず明暗を色彩から切り離して考察し，そのすべてに精進してこそ，絵画表現の謎を解明しうるだろう」と述べて，「調和ある色彩のもつ真の作用は，色彩すべてが均衡をもって並置されたときにしか生れない」としながらも，こうした色彩は一般的すぎて特徴を欠いたものになると指摘している．彼は特徴ある彩色の3つの主要項目として力強さ，やさしさ，はなやかさをあげ，力強さは黄や橙，プラス側にとどめられた真紅などのプラス要素が優勢のとき，やさしさは青や紫，マイナス側に引き寄せられた真紅などのマイナス要素が優勢のとき，はなやかさは色相環全体が均衡をとって表現されたときに現れるとしている．

（宇田川千英子）

◆Goethe, J.W. von (1810) [高橋ら訳, 1999]

景色（造）

　景色とは主に，釉の色調の変化をいう．釉の色の窯変(ようへん)や，永年の使用による色合いの変化などが現れている部分を指していうことが多い．窯変とは，焼成時に窯の中で作品が予測なく変化すること．備前焼の火襷(ひだすき)や，不思議な光彩をもつ曜変天目なども窯変である．そうした窯変によって，均一な釉色が1ヵ所だけ緋色が現れたりする変化の部分を，景色といって鑑賞のポイントとする．焼成によって生じた釉の焦げ，火間（釉が縮れたり切れたりして，赤褐色の素地がのぞいた部分．粉引茶碗ではとくに珍重される），梅華皮(かいらぎ)（鮫肌状の釉の縮れ．高台脇の土が荒立った部分にかかった釉に主に生じる．井戸茶碗では重要な見所のひとつ）など．その他，釉の流れた様子やカセた（釉のつやがなくカサカサだったり，素地が露出した）部分なども景色として示される．また，永年使用することで，水分が浸み込み，シミをつくったり，色合いが変わったりした場合も，景色として見ることがある．萩茶碗などによく見られる雨漏とよばれるものも永年の使用によるシミである．景色は，茶碗や茶入などの茶道具を鑑賞する際の見所のひとつである．　　　　　　　　　（中島由美）
→火襷

化粧品の色 [color of cosmetics]（自人）

　洗顔料，基礎化粧料，メイクアップ，頭髪化粧料，ボディ化粧料などさまざまな化粧料が使用されている．とくに，メイクアップには，多くの色が使用されている．メイクアップは，皮膚に塗布するファンデーション，白粉(おしろい)およびほほ紅，唇に塗布する口紅，目元まわりに使うアイライナ，マスカラ，それにマニキュアが含まれる．このため，皮膚，唇，毛髪および爪の色分布や構造との関係によって化粧品の色の範囲が限定され，安全であることが優先されるために，薬事法によって使用できる色素が制限されているが，ライフスタイルや被服の流行に関連して色彩嗜好が変化する．化粧品には，ファンデーションなどに見られるように，化粧品を用途にあわせてケーキ状やスティック状に仕上げやすくすることや，皮膚や唇への付着性，のび，感触などを調整するために，カオリン，タルク，デンプンなどの体質顔料が用いられる．体質顔料には色の効果がほとんどないため，色を付けるための色素，キラキラした感じを与えるパール顔料などが追加される．　　　（小松原　仁）
→体質顔料

ゲルプ効果 [Gelb effect]（感知）

　アーク灯が準暗室に置かれた黒布製の回転円盤（直径 10cm）だけを照らしている．円盤以外は暗くて何も見えない．このとき円盤は白ないし明灰に見える．円盤に対する照明はその周辺領域と同様，ごく弱いように見える．アーク灯から発する光の円錐も見えるが，それをも含めて部屋全体がとても弱く照明されているように見える．ところが円盤の手前数 cm のところに白の小紙片をかざしたとたん，実は円盤は黒，紙片は白で，両者とも強く照明されていることがわかって観察者はびっくりする．紙片を遠ざけると，円盤は再び白く見えだす．スポット照明で円盤が白く見える現象をゲルプ効果とよぶ．

　Gelb (1929) はこの実験を白さの恒常性（lightness constancy：照明量の多少にかかわらず対象の白さが恒常に保たれて見える現象）を検討するために行った．照明と対象の反射率特性の2つが分離して知覚できるためには，視野内に反射率の異なる対象が少なくとも2つ存在しなければならないことを示そうとした．Wallach (1948) は黒円盤上の白紙片をリングに囲まれた円盤のパターンに変えて，両者の輝度勾配が円盤の見えの白さに及ぼす効果を検討した．全体の水準が変わっても円盤輝度とリング輝度の比率が一定（1/3〜2/3）である限り円盤の白さはほとんど変化しなかった（輝度勾配説 ratio theory）．

　この現象をヘルムホルツの照明差し引き説（discounting the illumination theory）で説明してみよう．観察者は視野内の最高輝度領域を白とみなし，照明量はこの領域の輝度に等しいとみなしている．黒円盤だけが提示されていると，円盤は白で，照明は弱い，と判断される．最高輝度領域が白紙片に移ると，ターゲットは当然黒になる．ゲルプ効果はまた Hering (1874) の対比説からも検討できる．円盤だけが照明さ

れているときにはこの領域に対応する感覚が周囲領域から抑制されることがない．しかし白の小紙片が提示されれば，その強い光覚から抑制が生じ，円盤は黒になる．Stewart (1959) は白紙片の代りに3種類の大きさの白円盤を提示した．照明水準は常に一定であっても白円盤の大きさや提示位置しだいで背後円盤の白さの程度が違って見えた．これらの白円盤の大きさや位置の効果は照明差し引き説では説明できない．

（多屋頼典）

→対比，明度の恒常性
◆Gelp, A. (1929), Wallach, H. (1948), Hering, E. (1874), Helmholtz, H. von (1867), Stewart, E, C. (1959)

ゲルマン系の色 [Germanic colors]（社）

ゲルマンとはインド・ヨーロッパ言語のうちゲルマン語に属する言語を話す民族の総称．主にドイツ人，オランダ人，デンマーク人，スウェーデン人，ノルウェー人などであるが，一般的には民族大移動以前の古ゲルマン人を指している．ゲルマン人の身体的特徴は長身，金髪，赤毛，青や緑の虹彩，白い膚であり，体格は堂々としている．ゲルマンの土地は一般的に肥沃な黒い大地であり，ゲルマン全域に渡って，濃い緑の森林に覆われていた．古代ゲルマン人は「黒い森」（シュヴァルツヴァルト）の森林民族であり，樫，ブナ，トネリコなどに対する深い樹木信仰をもっていた．したがって，彼らには古くから緑の植物に対する限りない憧憬があった．植物が人間になり，人間が植物に変容する「グリーンマン」の図像は，彼らの緑への信仰を端的に表している．また中世ゲルマンに見るメーデイ（5月1日）には緑の復活，再生を祈願するさまざまな行事が行われた．メイ・ポール（May Pole：五月柱），ジャック・イン・ザ・グリーンなど，すべて緑に対する憧憬を表現したものに他ならない．またゲルマン人には，肥沃な黒い大地，黒い森に対する畏敬もあった．後の18世紀にゲルマンの地から，アメリカ新大陸に渡った清教徒の一派アーミッシュが着用する黒いスーツやドレスも彼らの黒に対する嗜好を物語っている．

（城　一夫）

→グリーンマン，五月祭の緑

原液着色 [solution dye]（着）

繊維に着色する方法の1つ．糸にする前の樹脂の状態で着色する．一般に，糸になってから染色するのが難しい繊維（ポリプロピレンやポリ塩化ビニール），あるいは，1つの色を大量に使う場合，高い染色堅牢度が必要な場合に用いる（ポリエステル，ポリアミド，アクリル）．コストが安く，変退色しにくく，洗濯で色落ちしないのが利点であるが，ロットが大きいため小量生産にはむかない．色はあざやかな色もつけることができるが，前記の理由から黒，紺，茶色など需要の多い色が流通している．服飾よりは黒い傘や人工毛などの用途に使われる．なお，原液着色した糸を原液着色糸（solution dyed fiber）といい，略して原着糸とよばれる．先染糸や後染糸と黒やグレーの原液着色糸を混紡することによりコストを下げる手法もある．

（吉田豊太郎）

→変色と退色，材料着色，堅牢度

原始時代の色彩 [prehistoric colors]（造）

紀元前3万年前から旧石器時代後期に入り，ヨーロッパ各地で洞窟画・刻画，岩壁への浮彫り，石や骨，角，土製の道具などがつくられた．多くの遺跡が集中しているのはフランスとスペインの国境をなすピレネー山脈の麓である．洞窟美術遺跡には，フランスのラスコー，ペシュ・メルル，ニオー，レ・トロワ・フレール，スペインのアルタミラ，エル・カスティーリョ，イタリアのレバンツォなど，約100ヵ所がある．洞窟壁画の主題は呪術的な役割で描かれており，捕獲の対象であった牛，馬，バイソン，シカ，ヤギなどの動物に集中している．これらの絵には，赤や黄，黒などの彩色が見られるが，これはべんがら（酸化鉄を成分とする赤色顔料）や酸化マンガン，木炭，粘土，黄土を粉にして動物の脂肪と混ぜ合わせたものと考えられている．また，動物の体毛や皮膚の色に応じた明暗を使い分けることで，豊かな描写を実現させている．約1万年前の中石器時代にはレバント美術（東スペイン）や極北美術（スカンジナビア）があるが，岩陰の壁面に赤または黒の単彩による描写が見られる．写実的な動物像や様式化された人物像が見られ，狩猟や舞踊などの情景も描かれて

いる． （三井直樹）

源氏物語絵巻 [The Tale of Genji scroll]（造）

一条天皇の中宮彰子に仕えた紫式部の作とされる『源氏物語』は，11世紀初めに成立してまもなく，その鑑賞をより趣き深いものとするための挿絵の制作，すなわち絵画化が始まったと考えられる．それは「源氏絵」とよばれ，日本絵画における最も普遍化された古典的主題として，王朝期以来さまざまな形式によって中世から近世に至るまで描き継がれた．現存する作品のうち，最も早い時期の制作とされるのは，12世紀前半と推定される東京の五島美術館や名古屋の徳川美術館ほかに分蔵の絵13帖20図，詞書22帖29段である．この絵巻は54帖からなる物語全体の各帖から，1ないし3の場面を選び出して絵画化し，各図に対応する本文の一部を詞書として添え，全10巻ほどのセットに仕上げたと思われる．その描法は「つくり絵」とよばれ，濃密な彩色と繊細な筆致に特徴を示し，まず細い淡墨の描線によっておおまかな構図を下書きし，次にそれより柔軟で抑揚のある筆描で人物などを描き込み，さらに紺，丹，緑，紫を基調とする彩色顔料を各部分に厚く賦彩し，最後に細密な濃墨の筆線を用いて，人物のほか，諸景物の輪郭を描き起こして完成する．また，引目鉤鼻と称される一本の線で引かれたように見える目，簡略な鉤形に描かれた鼻といった没個性的な顔貌表現も，鑑賞する者が，物語の登場人物に感情移入しやすくするための装置として，その世界の内に自由に心を遊ばせることを可能にする絶妙の技法として成功をみせる．

近年の東京文化財研究所の調査の成果によれば，徳川，五島の両美術館所蔵の19面に用いられた顔料には，白（鉛白），赤（朱），橙（鉛丹），淡紅（鉛白と朱の混合），黄（黄土），黄（鉛黄と鮮黄色の有機顔料・藤黄との混合，あるいは鉛白の上に藤黄をかけたもの），褐色（代赭），緑（岩緑青），青（岩群青），黒（墨），金泥，銀泥などの無機顔料（岩絵の具）および有機顔料のあることが知られるほか，臙脂のような赤色の有機色料が変色し，褐色または紫色となったものも認められる．さらに，蛍光X線分析装置による測定によって，使用されている白色は，主成分が鉛，カルシウム，水銀，主成分が検出されない白のほぼ4種に分けられ，鉛白のほか胡粉，白土，白粉などの使用を考える可能性が引き出された． （河合正朝）
→やまと絵
◆秋山(1967, 2000), 三谷・三田村(1998), 佐野(2000), 早川ら(1999, 2001)

原色 [primary colors]（表）

3つの色を混色して新しい色をつくるとき，3つの色をそれぞれ原色とよぶ．3つの色が独立，すなわちどの2つを混色させても他の1つにならない場合は，3つの色の適当な比率の混色によって任意の色が再現できる．この原理を利用して，あらかじめ共通に決めておいた3つの原色の混色の量で色を表すことができる．この原理に基づいて色を表記するシステムを表色系とよび，この原色を原刺激とよぶ．CIE 1931 RGB 表色系の原刺激は 435.8 nm, 546.1 nm, 700.0 nm の3つの単色光であった．原刺激は互いに独立であればどんな色でもよいが，CIEはこの3つの単色光を原刺激として採用した．CIEはさらに RGB 系の負の等色関数の不便さを解消するため，仮想的な原刺激 X, Y, Z を RGB 系と同じ1931年に定め，これに対する表色系CIE 1931 XYZ 系を定めた．これは，等色関数，すなわち単色光の三刺激値がすべて正となるように，3次元の座標を数学的に変換する過程で出てきたもので実在しない色，いわば虚色，という原刺激に基づく．ちなみに，原刺激の X と Z は輝度のない色，つまり明るさのない色という現実には考えられない原刺激である．このように実在しない原刺激が定義されたのに対して，実際に実験で用いるような実在する原刺激を器械的原刺激とよぶ． （佐川 賢）
→RGB 表色系，XYZ 表色系

ケンゾーカラー [Kenzo colors]（衣化）

高田賢三は1939年兵庫県生れ．1960年，文化服装学院在学中にデザイナーの登竜門といわれる「装苑賞」を受賞し，卒業後，三愛に入社する．やがて1965年に単身でパリに渡り，70年に「ジャングル・ジャップ」という名のブティックをパリ2区のギャラリー・ヴィヴィエンヌに

オープンさせる．外壁はパープル・レッド，床は緑というエキゾチックな色調の店構えだった．1973年にパリ・コレクションにデビューし，シンプルな麻の葉柄のドレスが雑誌「エル」の表紙を飾り話題となる．その独特のコレクションは，"パリの KENZO"として定着し，川久保玲，山本耀司らの日本人のパリでの活躍を基礎づける地盤を築いた．ケンゾーの服は，従来の西洋のファッションの既成概念を打ち崩すもので，着物や中国の衣装をはじめ，ギリシア，インド，中近東，モンゴルなど，世界の民族衣装を採り入れたフォークロア・ファッションを流行させた．民族衣装に特有の対照色相や中差色相をいかした色彩，赤と緑や青緑と黄色の対照的な配色による花柄のあざやかなプリントなどを得意とし，高彩度の赤と緑の配色などはケンゾーカラーとして親しまれている．ほかにもペザントルックやレイヤード・ファッション，ビッグ・ルックなど，和洋折衷に溢れた独自の作風と色彩の斬新さ，色の組合わせの妙でモード界に多大な影響を与え，イヴ・サン・ローラン，ソニア・リキエルとともに，黄金の70年代といわれるパリ・プレタポルテ隆盛期の一端を担い，多くの後続デザイナーに影響を与えた．

（渡辺明日香）

建築色彩 [interior and exterior building colors]（デ）

「建築と他の立体造形との違いは，建築には"マド"がある」(Frank, O.G., 1929–)との至言があるが，建築とは人が生活するために必要な空間を，それを包み込むための構造物によってつくりだすことである．建築の色彩を考える場合，大きく2つに分けて検討する．1つは，インテリアの色彩であり，もう1つはエクステリアの色彩である．前者に関する研究の方が歴史が古く，後者はそれに立ち遅れている感があるが，景観に対する市民の関心，いわゆる景観色彩のとりざたなどで急速に進捗を早めているのが現状である．建築色彩は一般的に多くの人びとに共通に受け入れられるものであるべきだが，同時に建築物の置かれた環境，用途，人との関係性の中で検討されるべきである．たとえば，インテリアの色彩は私的空間としての自由度は高いものの，人や物の背景としての在りかたがポイントであり，エクステリアの場合には公共空間を形成するものとして個人の所有物であっても公共性・地域性・環境性などへの配慮が色彩選定のポイントとなるだろう．また，建築材料には石材のように材質感を生かした素材の色，プラスチックのように素材そのものに顔料などの着色剤を混合し内部着色された色，鉄鋼系素材のように塗料などの被覆による彩色・表面加飾された色と，建築材料によりその色彩表現は多岐にわたっており，使用材料との関係で色彩を選択することも重要である．

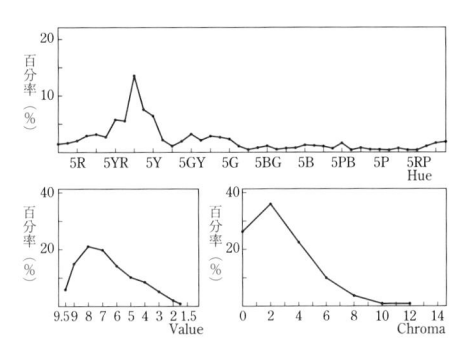

建築室内の色彩のヒュー，バリュー，クロマ別頻度

図はインテリアの色彩を，三属性ごとにその使用頻度を示したものである．おおざっぱにいえば，暖色系の高明度低彩度といえるであろう．仕上げ材の色はともかく，太古から慣れ親しんだ土，木の幹，穀物，獣皮などもこのような色で，人間はこういう色に囲まれていると心の安寧が得られるのであろう．ル・コルビュジエが，単純な白い外壁・内装の直方体を組合わせた「白い箱」の「シトロエン」住宅を立案し，《ラ・ロシュ・ジャンヌレ邸》《ペザックの集合住宅》《サヴォア邸》を建築するなど，建築家は時代背景の中で各種の建築色彩を提言し，かつ実践してきている．ちなみに建築に由来する色名として，伝統色名の中の藍染めの色（ダル・ブルー）の代表的な色名として納戸色がいまも使われている．

（稲垣卓造・長谷川博志）

→都市計画法，ル・コルビュジエ，外装色

◆乾（正）(1976), 東商編 (1998a)：「環境色彩」，東商編 (2000)

建築物の色彩計画 [color planning for architecture]（デ）

建築物の色彩計画は1960年代中頃まで，カラーコンディショニング（色彩調節）という機能主義的な手法が一般的であった．カラーコンディショニングの考え方は主に効率を求める工場建築などに採り入れられた．その後建築物をあざやかな色彩で塗色するスーパーグラフィックという手法が流行し，世界中に新しい色彩空間をつくり出したが，建築色としてそれまで使用されなかったあざやかな原色を多用したために，一部では景観論争を巻き起こし，10年ほどでその運動は衰退していった．この頃から色彩計画は建築単体を対象とするのではなく，地域の景観全体を見すえたあり方が議論されるようになった．同じ頃フランスのカラリスト，ジャン・フィリップ・ランクロはフランスの街並の色彩調査を行い，各地域に固有の色彩が存在することを示した．1977年ポンピドーセンターで開催された"色彩の地理学"展はこの調査・研究の集大成であった．ランクロは"色彩の地理学"展をとおして，地域色の重要性を説き，地域の特徴的な色彩の保全の必要性を訴えた．このような動きの中でわが国においても，地域固有の色彩のあり方を示す環境色彩という言葉が定着していった． （吉田愼悟）
→環境色彩，色彩調節，建築色彩，地域色，環境色彩計画

限定色表示 [color quantization]（入出）

カラー画像を少ない色数で表示すること．通常，フルカラー画像を表示するのにはR，G，Bの各原色に対して8bitの階調を用いて表示する．この場合，各画素当たり24bitの表示用メモリを必要とするが1600万色以上の色が同時に表示できる．しかし，低価格のパソコンや画像端末などでは，図に示すように各画素当たりたとえば1バイトのメモリしかもたず，カラーマップとよばれるLUT（look up table）を介して，1600万色の内の256色が同時に表示できるようにすることがある．このような表示装置にフルカラー画像を表示するには，① 1600万色から256色を選ぶ選択法，② 画像に与えるディザ（ノイズ），などによって，画質が大きく変化する．画質劣化は多くの場合，偽輪郭として現われる．

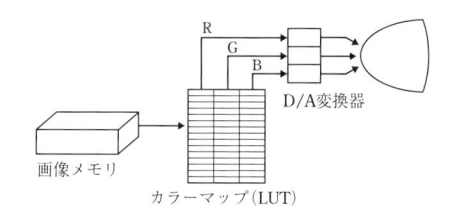

カラーマップディスプレイ

手法としては，すべての画像について同じ色のセットを用いる固定型限定色表示と，各画像について最適な色のセットを用いる適応型限定色表示があり，応用によって使い分けられる．色を選ぶ際に，CIELAB，CIELUVのような均等色空間に一様に選択するのは必ずしも適当でないことが知られており，偽輪郭の目立つ明度方向に，色度方向よりも細かい間隔で色を選択することが必要である． （田島譲二）
→ルックアップテーブル
◆田島（1996）

減法混色 [subtractive color mixture]（入出）

色フィルタのような特定のスペクトル領域の光を吸収する媒体の重ね合わせによって別の色が生ずる色の混色方法．通常，黄，マゼンタ，シアンの3色が減法混色の原色として用いられ，黄はスペクトルの青領域，マゼンタは緑領域，シアンは赤領域の光を吸収する．したがって，黄とマゼンタの混色で赤，マゼンタとシアンの混色で青，黄とシアンの混色で緑が得られ，黄，マゼンタ，シアンの混色で黒が得られる．加法混色では混色するたびに明るさが増すのに対し，減法混色では明るさが減じるのでこの名がある．加法混色の色が，その原色の三刺激値X, Y, Zの和で表現できるのに比べ，減法混色の色はやや複雑な表現となる．加法混色に比べ，色再現域は，一般に低明度域で広く，高明度域では狭い傾向がある．カラー写真は代表的な減法混色系で，黄，マゼンタ，シアンに発色した積層された3層の画像形成層で，フルカラーの画像を再現している．また，印刷も代表的な減法混色系として知られているが，インク量を抑えるた

堅牢度 [colorfastness]（自人）

染色物は，消費段階での着用や洗濯，保管などの取り扱いや，あるいは生産段階での染色・仕上げ加工工程や縫製などでの過程で，外界から各種の作用を受ける．これらの作用に対する染色物の色の安定性を堅牢度あるいは染色堅牢度とよんでいる．堅牢度の項目をその機構から見ると，染料の化学構造が外界からの作用を受けて変化し退色や変色となるもの（耐光堅牢度やガス退色堅牢度など）と，染料自身は変化しないが繊維との間の結合がはずれて染料が脱落するもの（洗濯堅牢度や汗堅牢度など）の2つのタイプに分類できる．

堅牢度試験の方法は，国際規格のISOのほか，JIS（日本），ATTS（米国），SDC（英国），DIN（ドイツ）など各国で設定した規格，あるいはアパレル，テキスタイル企業が独自に設定した規格がある．最近の消費者の生活様式や取り扱い状況の変化に伴い，汗と光の複合堅牢度などの新しい堅牢度項目が問題となることも多く，新規の複合堅牢度試験法も種々検討されている．

堅牢度の評価は，通常の堅牢度試験項目について一般に5段階表示が行われ，5級が最も堅牢度が高く，1級は最も低いことを示している．ただし耐光堅牢性については8段階評価が行われ，8級が最も堅牢と評価される．　　（今田邦彦）
→変色と退色, グレースケールとブルースケール, ◎染色堅牢度
◆日本色彩学会編 (1998)：「色科ハンド・19章」

元禄の色彩 [colors of the Genroku era]（社）

元禄とは，江戸時代の元禄年間（1688-1704）前後のこと．五大将軍徳川綱吉（在籍1680-1709）は，犬公方といわれたり，経済政策に失敗し，後に悪名を残すことになるが，一方では文治につとめ古典を復活し，学問を奨励して，いわゆる元禄文化を出現した．とくに上方では，経済力を獲得した町人たちが，貴族文化の粋を吸収して，独特な雅の文化を築き上げた．その代表的作家は本阿弥光悦，尾形光琳，尾形乾山，俵屋宗達などのいわゆる琳派の作家たちである．彼らは幕府や宮廷の既存の流派にとらわれず，日本美術の伝統的装飾美・意匠美を近代的な感覚で追及し，従来とはまったく異なる抽象的で大胆なフォルムや構図，そしてコントラストの明快な色彩美を創造した．光悦の《舟橋蒔絵硯箱》は銀板に金蒔絵と黒の鉛板で舟模様を表現し，宗達の《風神雷神図屏風》では，金箔を背景にして緑と赤の風神，雷神がダイナミックに描かれている．また光琳の《紅白梅図屏風》も，金箔を背景にして黒漆で流水を大胆に表現し，紅白梅の美しさを巧みに表現している．

一方，染織の世界では，宮崎友禅斎によって，いわゆる友禅染が開発された．友禅染は布地の上に糊を用いて模様の輪郭を描くものである．初期の頃は黒地に紅調子のものが多かったが，紅を主色として，それに多彩な彩色を施す華麗なものに深化を遂げていく．また江戸の初期出雲の阿国の念仏踊りから出発した歌舞伎も元禄時代には確立し，世話物を得意とする上方歌舞伎，荒事を得意とした江戸歌舞伎を中心に華麗な色彩空間の舞台をつくりあげていく．　（城　一夫）
→尾形光琳, 尾形乾山, 俵屋宗達, 友禅染

[こ]

光学濃度 [optical density] (物)

ある光学媒体を通過することによって入射光の強度がどれだけ減少したかを対数で示す指標である．光学濃度（D）は入射光強度（I_i）および透過光強度（I_t）を放射照度（W/m²）や放射露光（J/m²）で表したとき，

$$D = \log_{10}(I_i/I_t)$$

で求められる．よって減衰が大きいほど光学濃度は大きくなる．たとえば，光学濃度が1であるということは，光学媒体を通過することにより光の強度が10％に，光学濃度が2では1％に減少することを示す．ただし，人間の光強度感覚はおおよそ対数強度に比例するので，対数指標である光学濃度は，感覚的にわかりやすい．また透過率 T（$0 < T \leq 1$）とは，$D = -\log_{10}(T)$ の関係がある．なおこの光学濃度は，光の波長により異なることがある．よって中性濃度フィルタなど以外には，D_λ として波長ごとに異なる値を用いる必要がある．たとえば赤フィルタは，長波長での光学濃度が低く，短・中波長での光学濃度が高いフィルタであるということになる．眼光学媒体である水晶体は，有害な紫外線や短波長光を吸収するために，短波長での光学濃度が高い．また一般的なフィルタとは異なり，水晶体の光学濃度は年齢とともに大きく変化することに注意する必要がある．　（篠森敬三）
→水晶体，中性濃度フィルタ

紅花緑葉 (造)

漆工芸の用語の1つで堆漆の一種，つまり塗り重ねた色が彫り出される技法で，堆朱の変種．中国の技法であるが，赤ひと色（堆朱）黒ひと色（堆黒，また堆烏という）の単純さを嫌い，図柄が花鳥と植物のデザインであるとき花鳥の部分を赤色（朱），植物の部分には緑色を使ってする，反対色による2色配色の漆器である．このほかの配色もあることを中国の漆芸の書『髹飾録』は述べている．すなわち「剔彩はまた雕彩漆というが，それは複数の色を重ね塗りしたものを彫り出して色彩的効果を表す方法である．それには紅花緑葉，紫枝黄果，彩雲黒石などがあり，色彩の効果で目を悦ばせるものである」と説明している（訳は筆者）．堆漆（堆朱やその他同様な技法をひとまとめにしていう言葉）は中国で好まれた技法で，何百回も1種類の漆を塗重ねて数ミリの厚みの積層にしたものに図柄を彫刻して表すものである．漆は乾くと固くなる．だが，一定の時間差で塗り重ねていくと，上にいくほど一定的にやわらかになり，かつ木材が木目の方向性と年輪による硬軟さの違いをもつのに比べて無方向性であって，ずっと彫りやすい．熟達者が非常に細かい模様を彫ることができる1つの理由である．日本でも茶道などで堆朱の道具が喜ばれているが，紅花緑葉の器の嗜好についてはあまり聞くことがない．堆漆の簡略技法として考案された鎌倉彫の遺品の1つに，紅花緑葉を表した笈がある．

（小町谷朝生）

光輝顔料 [sparkling effect pigments] (化)

メタリック塗装した乗用車のキラキラ感，ディスプレイなどの意匠性を高める虹彩色や金属面を思わせる光沢感の表現には光輝顔料が使用される．光輝顔料の代表的なものにアルミニウム顔料と真珠光沢顔料がある．アルミニウム顔料は高純度アルミニウムの熔湯を噴霧してつくる粒状のアトマイズ粉やアルミニウムの箔片を出発原料とし，これをボールミルで有機溶剤の存在下ステアリン酸などの粉砕助剤とともに機械的に粉砕研磨してフレーク状に仕上げる．粒子径はおおよそ 5μm から数十 μm までであり，細かいほどアルミ金属面を思わせる光沢感が得られ，大きいほどいわゆるメタリックのキラキラ感が増す．

アルミニウム顔料のもう1つの重要な性質はリーフィング現象である．粉砕助剤にステアリン酸を使用したアルミニウム顔料を塗料に使用

した場合に表面に吸着されたステアリン酸皮膜が塗料中の界面張力を下げる働きをして，乾燥による溶剤の蒸発で起こる対流で，アルミニウム顔料は表面に浮上してシルバーの外観を呈する．これをリーフィング現象という．防錆効果にすぐれることから建築物内外装塗料や自動車部品用塗料に多く使用される．ステアリン酸に比べ界面張力を下げる効果の少ないたとえばオレイン酸を助剤として用いるとアルミニウム顔料は浮上せず沈降して塗膜はキラキラしたメタリック外観を呈する．この顔料はノンリーフィングタイプという．このほかの光輝材としてはブロンズパウダー（銅と亜鉛の合金），ガラスフレークの表面に金，銀などをメッキ法で被覆したもの，金箔，銀箔やプラチナ箔などがある．

(珠数 滋)

→真珠光沢顔料，アルミニウム顔料
◆日本色彩学会編 (1998)：「色科ハンド・20 章」, 色材協会編 (1989)：「色材工学ハンド・II-1 章」

光輝材 [sparkling material; shinning material; metallic pigment]（着）

塗料，プラスチック，印刷インキ，捺染用インキなどの中に入れる顔料の一種．光の大部分，または一部を反射するため，キラキラと光り輝く．フレーク状のアルミニウム，天然マイカ，人工マイカ，アルミナフレーク，板状酸化鉄，シリカフレーク，塩化ビスマス，ガラスフレーク，ガラスビーズ，液晶ポリマー，微粒子二酸化チタン，チタンコート・グラファイト，金属蒸着フレーク，真鍮，チタン（金属）などが用いられる．これらの基材にさらに二酸化チタンや酸化鉄などをコーティングしたり，めっきをほどこしたものもあり，光輝感だけでなく，シェードの色相・明度・彩度，見る角度・光のあたる角度による色の変化（フリップフロップ効果）に違いがある．塗料，プラスチック，印刷インキ，それぞれの用途で粒径や厚み，コーティングの仕方が異なる．

(吉田豊太郎)

→フリップフロップ効果

公共の色彩賞 [The Best Colors in Public Places prize]（デ）

公共の色彩を考える会の事業活動の一環として設けられた賞で，1986 年 2 月の第 3 回東京シンポジウムにおいて，「第 1 回公共の色彩賞—環境色彩 10 選」が発表された．その趣旨は，「いわゆる公的私的の区別なく，公衆の目に触れる，主として外部環境の色彩を，われわれは公共の色彩と称している」．そのような公共の空間を構成するさまざまな対象のうち，とくに，公共環境形成上すぐれた色彩効果を発揮していると認められるものを表彰することを，公共の色彩を考える会の活動の一環として実施していくことになった．

図 1 埼玉県・川越の街並に調和させたコンビニのチェーン店舗（第 16 回，2001 年度）

表彰の対象は，街並，公園，遊園地，ニュータウンなどの全体的な景観や，工場やビル，橋梁などの建造物あるいはストリートファーニチャー，屋外広告物，さらには電車，バス，タクシーなどの移動物など，大規模なものから小規模なものまで広範囲にわたる．そして最も重要なことは，個々の物の色だけの問題ではなく，それらが周辺の景観に対してどのように有効な働きかけをしているか，という観点を重視して選考される．したがって，表彰の対象は，個々の物それ自体ではなくそれらの物が主役になって，あるいは脇役になって創出している環境色彩の「状況」ということになる．

これらのものを計画し具体化していくためには，多くの人びとの力と時間を要することであり，計画者，調整者，施主，設計者，施行者，管理者，住民等がみな関与しているわけである．ここではこのような中の特定の人を表彰するのではなく，あくまでも具体化された環境色彩の状況を表彰しようとするものである．このような趣旨にそって全国から応募される対象の中から，

図2 山里の農産物をテーマにデザインした．山口県・道の駅「仁保の郷」(第16回, 2001年度)

毎回原則10件が厳選され，その年の東京シンポジウムで発表される（図1，2参照）．したがって，入賞対象はほぼ全都道府県にわたっており，第17回（2002年4月発表）の現時点で170件におよぶことになる．また，これらの入賞写真のパネル展が，要請された各地域で開催される仕組みになっている（口絵参照）． （児玉 晃）
→公共の色彩を考える会

公共の色彩を考える会 [The Study Group for Color in Public Places] (デ)

美濃部亮吉都知事から鈴木俊一都知事に交替した翌々年の1981年3月末，それまでの白とブルーの配色の都バスを押しのけるようにして，黄色のボディーに赤の帯を締めたお色直しの「新都営バス」（初めての冷房車）が出現した．あまりの不快さに都民は"びっくりカラーの騒色公害"として猛反対し，その6月，都民の声の受け皿として（財）日本色彩研究所が「公共の色彩を考える会」（委員長・小池岩太郎東京芸術大学名誉教授）を急遽発足させ，8月に改善要望書を鈴木都知事に手渡した．これに対して，都知事は即座に改善を約束し，11月に都交通局に「都バス色彩懇談会」が設置された．そして，委員各位がデザインした配色案が実車塗装され，都内の主要ターミナルで都民のアンケート調査を行い，緑をアレンジした「新・新都バスカラー」が出現したのである．これが「公共の色彩を考える会」発足の契機となった．黄・赤都バス騒色事件である（口絵参照）．

東京・渋谷駅前の黄・赤都バス (1981)

この事件の解決をバネに，騒色公害の汚名を着る日本の街の環境色彩の改善運動を全国的に展開することになり，翌1982年に，会活動の核ともなる環境色彩問題をテーマにしたシンポジウムとして，第1回東京シンポジウム「公共の色彩を考える—街づくり，すむ人・つくる人の集い」を開催，以後，毎年継続して1992年には会設立10周年の記念シンポジウム「日本縦断—地域文化と色彩」を開催した．この時点で，これまで（財）日本色彩研究所の特別事業であったのが，任意団体（委員長・田村美幸）として独立，現在に至っている．そして2002年には20周年記念シンポジウム「騒色日本—私達が街を変える時」を開催した．その間地方からの要請にも積極的に対応し，シンポジウムを共催あるいは後援した．また，これと並行して，"騒色を指摘する一方で，それならどのような色彩がよいのかを会として示す必要がある"との考え方から，1985年に「公共の色彩賞」の顕彰事業を発足させた．また，実際の騒色公害事件にも率先して立ち向かい1985年，東京都世田谷区の巨大赤色ネオン広告塔事件，1986年，群馬県高崎市の蛍光赤・カメラ店事件，1994年，東京都大田区羽田1丁目の黄色ビル騒色事件などの反対運動に協力して解決に導いた．そして，黄・赤都バス事件からちょうど20年目，全身に広告をまとったラッピングバスが，公共の色彩を考える会の前に，再び大問題をつきつけているのである． （児玉 晃）
→公共の色彩賞，騒色，日本色彩研究所

航空灯火 [aeronautical ground light]（安）

航空機が空港に着陸する場合の最終段階の操縦は，パイロットの視覚に依存して行われるが，灯火によって視覚情報を与える標識を航空灯火という．航空灯火の種類には，航空灯台，飛行場灯火および航空障害灯があり，灯火の光色には，航空赤，航空黄，航空緑，航空青，航空白および航空可変白がある．飛行場灯火には，進入灯，滑走路灯，滑走路末端灯，停止線灯，誘導案内灯など33種類あり，使用する灯火の光色が国際民間航空条約（International Civil Aviation Organization: ICAO）およびJIS W8301「航空標識の色」に色度範囲が規定されている．航空灯火には，白熱電球が通常使用されることから，白熱電球の光色を航空白としている．ただし，霧などによる天候に応じて光源の点灯電流を5段階に調整して，明るさを可変して用いる．このとき，最低の電圧では，光色は航空黄と区別しにくくなる色の領域にまで変化する．5段階に調整した光色は白とはいえないものを含むが，総称して航空可変白という．航空緑については，色覚異常者が灯火の光色を識別できるような色度範囲を制限緑として，航空緑の中の青み側に狭めた範囲に規定している．

（小松原　仁）
→航空標識，混同色中心

航空標識 [aeronautical sign]（安）

航行中の航空機の航行の障害となる物件の存在や航空情報を与えるために使用される標識を航空標識という．航空標識は，航空灯火と航空視覚標識に分かれるが，パイロットの国籍に関係なく，確実，迅速に認識・識別できることが必要なことから，色の視認性を重視し，国際民間航空条約第14附属書およびJIS W8301「航空標識の色」に色についての規格が制定されている．航空視覚標識は，60m以上の煙突や鉄塔など航空機に対して航行の障害となる物件を認識させるための昼間障害標識，滑走路，誘導路などに施す色彩，滑走路標識などの飛行場標識施設および地上走行中の航空機に行先，経路，分岐点などを示すための誘導案内灯に使用される標識に分類される．標識の色には，赤，黄赤，黄，白および黒の5種類がある．昼間障害標識は，煙突などに黄赤と白を交互に施したものが市街地でよく見られる．この配色は，景観色彩の点から，周囲との調和を乱すことが指摘され，航空灯火（航空障害灯）に置き換えることができるようになっている．

（小松原　仁）
→航空灯火，色の視認性

号口色 [production colors]（着）

号口色（ごうぐちしょく）は生産色のこと．実際に工場の生産ラインで製造される色（塗色，プラスチック部品の色，シート・トリムの色など）を指す．試案色，試作色，一品制作色などと対比して用いられる．もとはトヨタ自動車（株）の社内用語であったが，一般的にも用いられるようになってきた．トヨタでは，創業時から完成車製造用の部品を，ある台数ごとにグループとして1号口，2号口とよび，工程管理を行っていたことに由来する．

（吉田豊太郎）

光源色 [light-source color; illuminant color]（感知）

光源色は物体色と同様に，大きく分けて2つの使われ方がある．その1つは色の見え方の1つを表すものであり，光を発する物の色として知覚されたことを表す．もう1つは，その色のつくられ方を表すもので，自ら発光している物を測定する場合に，発光している光の特性を表すのに使用される．CRT等のカラーディスプレイを測定する場合には，光源色の測定であり，JIS Z 9724「色の測定方法―光源色」は後者の例である．前者の例は，米国光学会測色委員会の論文「The Concept of Color」の中で色の見え方を観察者と見る色の位置関係を知覚できる定位モードと距離関係を知覚できない非定位モードに分け，定位モードの1つとして光源色を分類している（この分類にはilluminant（光源）とともにその照明された空間の色を表すillumination（照明）も入っている）．この委員会が次に出版した本『The Concept of Color』（1943）では色の見え方を物体色と非物体色に分け，光源色を物体色に分類している（この分類では照明モードは非物体色モードに入れている）．最近の見え方での光源色の使われ方は，色のつくり方の影響を受け，物の表面にある色である表面

色に近い物体色に対して発光している物の色として知覚されるとの使われ方が多い．暗黒中にある色が提示されると，その色は反射している物の色ではなく，自ら発光しているように知覚され，このように物体色と光源色の見え方の相違が問題となっている．　　　　　（鈴木恒男）
→色の現れ(見え)方，物体色，開口色，輝面色
◆OSA Committee on Colorimetry (1943, 53)

光源色の測定方法 [methods of measuring light-source color]（測）

光源色とは，JIS Z 8105「色に関する用語」によれば，光源から出る色と定義されている．光源色の測定方法とは，光源から出る光について三刺激値を測定により求めることをいう．この方法の詳細は JIS Z 8724「色の測定方法―光源色」に定められている．JIS Z 8724 では，光源色の測定方法を分光測色方法と刺激値直読方法に分類している．分光測色方法における光源の分光分布の測定は，測定したい試料光源と標準光源を各波長ごとに比較することにより行う．ここで，標準光源とは独立行政法人産業技術総合研究所（計測標準研究部門）の標準に基づく分光放射照度標準電球のことである．このようにして試料光源の分光分布が定まると，この分光分布を用いて CIE1931 測色標準観測者に基づく三刺激値 X, Y, Z が計算でき，色度座標 x, y を求めることができる．また，同じ分光分布を用いて，CIE1964 測色補助標準観測者に関する三刺激値 X_{10}, Y_{10}, Z_{10} および色度座標 x_{10}, y_{10} を求めることができる．

刺激値直読方法は，光電色彩計を用いて計器の指示値から直接三刺激値 X, Y, Z あるいは X_{10}, Y_{10}, Z_{10} を求め，色度座標 x, y あるいは x_{10}, y_{10} を求めることができる．測定に用いる光電色彩計は，受光器の感度とフィルタを組合わせた特性が CIE1931 測色標準観測者の分光特性にどれだけ近似しているか，いわゆるルータの条件をできるだけ満足していることが望ましい．JIS Z 8724 では，光電色彩計分光感度の偏差の許容限界を計算する式と限界値が定められている．この許容限界値は，光電色彩計設計時の指標の1つになっている．測定の確かさを必要とする場合は分光測色方法が推奨される．一方，測定時間の短縮化，測定の簡便などが重視される場合は刺激値直読方法が適しており，色彩管理に多く使用されている．　　（側垣博明）
→分光測色方法，刺激値直読方法，ルータの条件，光電色彩計
◆JIS Z 8105 (2000), JIS Z 8724 (1997)

広告媒体の色 [colors in advertisements]（デ）

広告とは，広く社会に向けてなんらかのメッセージを伝達することであり，狭義には商業的目的で顧客を誘致する宣伝行為を指す．そのためには広告の目的を明確にしたうえで，まず対象・地域・時期・期間・規模・数量などの条件を設定し，表現のテーマやメッセージ，トーンやマナーなどの広告目標を決定する必要があり，さらには的確な媒体（印刷・映像・サイン・看板など）を利用して，その効果をデザインする方法がとられる．広告には多数の人びとに対応した訴求効果が求められ，その色彩は，視覚刺激がもつ視認性・誘目性・識別性・記憶性などへの高い寄与から，広告媒体を有効に機能させるための重要な要素として応用される．とくに「情報」としての意味をもつ色彩は，差別化・個性化・統合化の戦略のもとに，経済活動活性化の一翼を担うが，一方で伝達媒体の多様化と情報量の拡大に伴い，複雑で無秩序な色彩の混乱状況を派生させる．近年，問題視される騒色公害は，情報発信側の一方的な過剰広告がもたらす，環境無視や生活者無視の結果であり，公共性の観点から広告媒体の色彩を考えることの必要性が問われている．

昭和24年（1949）に制定された屋外広告物法の目的規定に掲げられた基本理念は，「美観風致の維持」および「公衆に対する危害の防止」である（屋外広告物法第1条）．ここでいう屋外広告物とは，常時または一定の期間，継続して屋外で公衆に表示されるものであって，建築物や屋外工作物に掲出または表示される看板，立看板，広告塔，広告板などを指す．そしてこれらの具体的な施策は，各都道府県や市町村などがつくる屋外広告物条例や景観条例に基づいて行われている．ただ，これらの条例は，おおむね，地域特性に根ざすすぐれた景観の保全と創造を図ることを目的とするため，街並や自然景

観に配慮する外壁，屋根，屋上工作物，道路占有物（ストリートファーニチャー）などの色彩基準やガイドラインにとどまる場合が多く，屋外広告物の色彩そのものに一歩踏み込んだ事例は少ないようである．

社会経済情勢の変化や時代的要請の下で，屋外広告物をめぐる現状は，さまざまな問題を抱えており，1999年，建設省がまとめた「屋外広告物基本問題検討委員会報告書」に示された観点は，広告色彩のありようを示唆する．

第1は，歴史・文化・風土・自然環境から創出されるバナキュラー性，ローカリティへの対応である．広告は大量伝達の手法をとる場合が多く，地域性との脈絡のない，固定化・均質化された色彩を使用しがちである．その対処として，歴史的建造物や街並保存の視点で「地域色を背景とした広告色の規制」を枠組みとする事例などはこれにあたる．広告は表現の自由と深くかかわるものであるが，前述した美観風致の維持，および公衆に対する危害の防止の理念のもとに，とくに公共性に深くかかわる広告の色彩は「規制」の対象となることを認識しなければならない．

第2は，国際化に向けた景観色としての色彩対応である．経済協力開発機構（OECD）の対日都市レビューで，日本の都市が屋外広告物規制の国際基準に達していないという指摘は，屋外広告物を含めた日本の都市景観に対するマイナス評価が，国際的な共通認識になりつつあるという現実であり，都市の国際的比較という観点からも，身近な生活環境にかかわる屋外広告物の色彩のありようを「景観」として再構築する必要がある．

第3は，屋外広告物規制のシステムを，さまざまな要請とのバランスの中で考えるという姿勢である．たとえば，規制主体をどのように考えていくべきか，広告媒体の多様化にどのように対応すべきかという視点は，情報としての広告色彩の「システム化」「総合化」にほかならない．いずれにしても，広告媒体の色彩は，想像以上に社会的影響力をもつものであるという認識のうえに，広告文化の創出にむけた色彩デザインが求められる． （尾登誠一）

→公共の色彩を考える会

光（量）子 [photon]（物）

光が電磁波であることはマックスウェルにより理論的に予測され（1864年），ヘルツの実験により証明された（1888年）．しかし，ヘルツが1887年に発見しレナードらによって詳しく調べられた光電効果（金属に紫外線などの光をあてると電子が飛び出す効果）は光が電磁波であるという考え方では説明できない．アインシュタインは光は光速で動く粒子（光量子）の集まりで1個の粒子のエネルギーEは光の振動数をνとすると$E = h\nu$で与えられるという光量子仮説を唱え，光電効果を説明した（1905年）．ここでhはプランク定数（$h = 6.63 \times 10^{-34}$ J·s）である．一般に電子と光の相互作用のようなミクロな現象を取り扱うには光を光量子として扱う必要がある．視覚系が光をとらえる最初の過程は視細胞外節内のロドプシンなどの視物質に含まれるレチナールとよばれる分子が光を吸収してシス型からトランス型に変形する過程であり，この過程は1個の光量子の吸収により起こる．ヘクトは絶対閾値の実験データを刺激に含まれる光量子の数に着目して説明した．

（中野靖久）

→閾値検出モデル

交照測光法 [flicker photometry]（照）

2つの光の明るさの比を定める方法の1つで，比較しようとする2種類の光源で，1つの非分割視野を断続的に交互に照射するか，または2個の隣接視野を交互に照明したものを観測者が見る，これを異色測光用の視感測光法という．交照周波数をある程度遅くして，一方の光の強度を増減してチラツキ感が最小となったとき，2つの光の明るさは等しいと約束する．2つの光にスペクトル光を用いるか，あるいは一方に白色光を用いて測定を繰り返せば分光視感効率が求められる．現在の測光の基礎をなす，2°視野および10°視野のスペクトル比視感度はいずれも交照測光法による結果から導かれたものである．近年の光電的測光器において，複光束の装置で試料の透過（反射）率を測定するとき，参照側と試料側を交互に受光し，参照側の光路に減光器を置いて光を増減し，試料側と等しくなった

ときの減光器の目盛から透過率を読みとる方法（光学的零位法）や，参照側の光電出力が一定になるよう光電子増倍管の印加電圧を制御してそのときの試料側の光電出力から透過率を直読する方法（ダイノードフィードバック法）などを交照測光法ということもある． 　　　（馬場護郎）
→交照法，分光視感効率

恒常度指数 [index of phenomenal regression]（感知）

対象に対する照明を変化させても，刺激はそれほど変化して見えず，ほぼ恒常に見える．この照明光の変化が照明量の次元のときは明るさの恒常性（brightness constancy），色度の次元のときは色の恒常性（color constancy）とよんでいる．恒常に保たれる程度を 1.0（完全に恒常に保たれた場合）と 0.0（完全に照明光の物理量に比例して変化した場合）の間の数値で表現したものを恒常度指数という．以下にブルンスウィク指数 R とザウレス指数 Z を紹介する．

　ブルンスウィク指数　$R = (S - P)/(W - P)$
　　W：標準刺激の反射率（ないし色度）
　　S：別の照明下で標準刺激と等しいと判断された比較刺激の反射率（ないし色度）
　　P：標準刺激を別の照明下に置いたときの輝度（ないし色度）

　ザウレス指数　$Z = (\log S - \log P)/(\log W - \log P)$

　　尺度の単位を log でとる他はブルンスウィク指数と同様

　R 指数と Z 指数の優劣　R 指数では 2 つの対象の反射率や照明量に変化がない場合でも，どちらを基準として計算するかによって指数の値が変化してしまうのに対し，Z 指数ではそれが一定に保たれるので，Z 指数の方が適応性にすぐれている（参考までに以下の説明を付記する）．

　R 指数と Z 指数の違いの説明　小笠原・森（1959）の大きさの恒常性指数について行った説明を，ここでは明るさの恒常性指数に置きなおして説明する．観察者は同じ白さ（反射率 S_a）の標準刺激を 3 段階の照明水準（I_a, I_b, I_c）下で観察し，その白さが照度 I_a で照らされている回転円盤（比較刺激）と等しく見えるように，回転円盤の白セクターと黒セクターの角度を調節

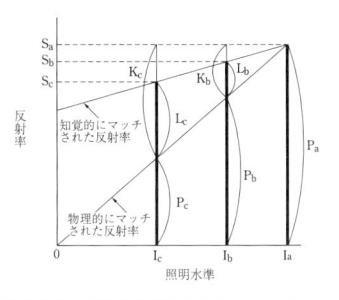

(a) 照度が I_a の刺激を標準刺激として用いた場合

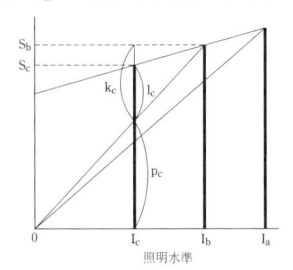

(b) 照度が I_b の刺激を標準刺激として用いた場合

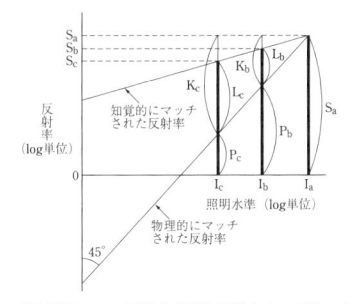

(c) 照度が I_a の刺激を標準刺激として用いた場合（両軸とも対数尺度）

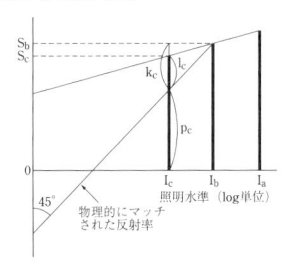

(d) 照度が I_b の刺激を標準刺激として用いた場合（両軸とも対数尺度）

する．その調整されたセクターの角度から「マッチされた反射率」を算出する．

R 指数　図 (a) の横軸は照明水準を示し，$I_a > I_b > I_c$ である．縦軸は反射率を示す．I_a, I_b, I_c の照明下に置かれた標準刺激の輝度が等しくなるように調節すると，円盤の反射率はそれぞれ P_a, P_b, P_c になるが，実際にマッチされた反射率はそれより多少白く，$S_a(=P_a)$, $S_b(=P_b+L_b)$, $S_c(=P_c+L_c)$ になった．R 指数について，S_a と S_b からは，$R_1 = (S_b-P_b)/(S_a-P_b) = L_b/K_b$, S_a と S_c からは，$R_2 = L_c/K_c$ となる．S_a, S_b, S_c が照明量に比例しているなら，$R_1 = R_2 = R$ となる．しかし S_b と S_c からは，図 (b) に示すように，$R_3 = (S_c-p_c)/(S_b-p_c) = l_c/k_c \neq L_c/K_c = R$, $R_3 \neq R$.

Z 指数　両軸ともに対数軸とする（図 c）．照明と輝度は比例し，輝度から計算される回転円盤の反射率は，両対数軸間の中央の 45°斜線で示され，原点を通らない．先と同様に Z 指数を計算すると S_a と S_b から，$Z_1 = (\log S_b - \log P_b)/(\log S_a - \log P_b) = \log L_b/\log K_b$, S_a と S_c から $Z_2 = (\log S_c - \log P_c)/(\log S_a - \log P_c) = \log L_c/\log K_c$ となり，$Z_1 = Z_2 = Z$ が示された．S_b と S_c から（図 d），$Z_3 = (\log S_c - \log p_c)/(\log S_b - \log p_c) = \log l_c/\log k_c = \log L_c/\log K_c = Z$, すなわち，$Z$ 指数はどれとどれを比較しても同じになる． (多屋頼典)

→色恒常性，明度の恒常性
◆小笠原・森 (1959)

交照法 [flicker photometry]（感知）

2 つの光を時間的に交互に呈示し，ちらつき（フリッカー）知覚が最小となるように光の強度比を調整する方法．一方を基準光，もう一方を試験光と設定し，基準光の強度を固定した状態で被験者が試験光の強度を調整する．基準光の波長を固定し，試験光の波長を変化させて交照法を行うことにより，輝度分光感度を求めることができる．主波長の異なる 2 色光に対して行う交照法を HFP（heterochromatic flicker photometry）とよぶ．

交照法は視覚の基本特性を調べる際に一般的に用いられる．直接比較法では測定精度が低い，または測定が困難な場合，たとえば，異なるスペクトル光間の輝度を比較するときなどに交照法は有効である．CIE は標準分光視感効率 $V(\lambda)$ を定義する際に，交照法により得られた分光感度も考慮した（池田，1980；Kaiser・Boynton, 1996）．

色交替に対する感度が低く，輝度コントラスト知覚に対する感度が高い周波数（10～20Hz）において，正弦波もしくは矩形波状に強度を変調する．交照法に最適な周波数は，刺激の強度レベルやサイズによって異なる（Kelly・van Norren, 1977；Lennie ら，1993）．ちらつき感の感度は交替時間周波数が一定以上では，その増加とともに低下し，やがて，ちらつき感は消滅する．この交替時間周波数を臨界融合周波数 CFF（critical fusion frequency）とよぶ．色度変調の CFF は輝度変調の CFF よりも低いことが知られている（Kelly・van Norren, 1977）．このことは，明るさと色を処理する異なる視覚メカニズム（それぞれ，ルミナンスチャンネルと反対色チャンネルとよばれている）が存在することを支持している．

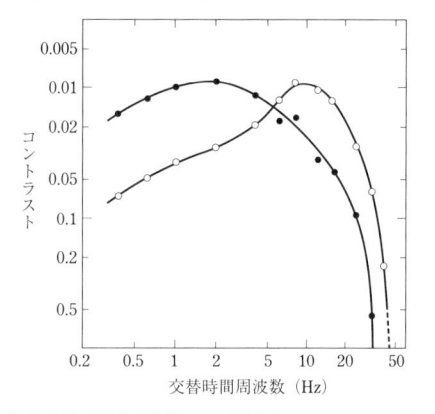

2 色光の組合わせや周波数によってはどのように調整してもフリッカーが消失しない（residual flicker）．この現象は，シナプス結合などにおいて錐体間に時間特性の差が存在するためだと考えられている．このフリッカーを解消するためには，2 色光の時間的変調の位相をずらす方法がある（Swanson ら，1988）．

(吉澤達也・栗木一郎)

→輝度，分光視感効率，ルミナンスチャンネル
◆池田 (1989), Kaiser, P.K.・Boynton, R.M. (1996),

Lennie, P. ら (1993), Kelly, D.H.・van Norren, D. (1977), Swanson, W.H. ら (1988)

恒常法 [constant method] (心測)

この方法では，測定前に決められた強度範囲の中で一定のステップ幅で強度をランダムに変える．変化する強度の個数は条件によって異なるが，7個か8個が一般的である．繰り返し試行は数十回行われ，2件法あるいは3件法によって，それぞれの強度ごとの出現頻度を求める．2件法による刺激閾の測定では，たとえば対数的に等間隔になるように選ばれた9個の強度をランダムな順序で呈示する．これを数十回繰り返して，"見えた" と "見えない" の出現頻度を求め，"見えた" という反応の出現確率を推定する．出現確率50%になる刺激強度を求めるのが最も一般的であるが，場合によっては，75%を採用することがある．この方法では強度をランダムに変えるため，被験者の予想や期待の影響を受けにくい点ですぐれている．だが，測定に時間がかかりすぎ，1個の測定値を得るのに1時間くらいかかることがある．すると，疲労などによる時間変動や日間変動などを無視することができなくなるという欠点をもつ．標準刺激より "暗い"，"わからない" あるいは "等しい"，"明るい" という3件法では，"わからない" とか "等しい" という反応の取り扱い方に次のような工夫が必要である．1) すべてを "暗い" という反応に含める．2) 最後に再呈示して，強制的にどちらかに決める．3) 折半して，"明るい" あるいは "暗い" に割り振る． (和氣典二)
→極限法，調整法，心理 (精神) 物理学的測定法，刺激閾，標準刺激，◎恒常刺激法

光色 [light color; illuminant color] (照)

光源の色を表す一般用語として，光色が使われる．光色は，3次元の色のうちでその明るさの次元を除いて考えられるものであるため，xy色度図など2次元の色度 (色度座標) で表される．また，一般照明用の光源の場合には，電球色，温白色，白色，昼白色および昼光色といった名称で表されたり，色温度や相関色温度の値で示されたりする．光色という用語は日常使うときには便利な用語ではあるが，定義があいまいで，国際的には公認されていない表現である．xy色度図上で表される光源色の色名や，スペクトル単色放射における波長と色名とのおおよその関係 (ケリーチャート) などは，国内外でそれほど大差ないが，一般照明用の光源の色名は国内外で異なるため注意する必要がある．

(一條　隆)
→蛍光ランプ

構成主義 [Constructivism] (造)

1910年代よりロシア革命を挟んで1920年代にかけて展開したロシアを中心とした前衛芸術運動．1913年にウラジミール・タトリンが，カシミール・マレーヴィッチのシュプレマティズムやパブロ・ピカソの影響から始めた鉄や木片によるレリーフを「構成」とよんだのが発端で，この傾向は絵画，彫刻，建築，デザイン，写真，ファッション等，多岐にわたり，マルクス主義を基礎として大量生産を前提とした実用的なデザインを目指した．空間を表現した完全な抽象彫刻となったタトリンの《カウンター・レリーフ》や《第3インターナショナル》は，構成主義の記念碑的作品となったが，さらに発展させたのがナウム・ガボと兄のアントワーヌ・ペヴスナーであった．2人がつくりあげた1920年の「リアリズム宣言」の中でも，言葉として「構成」が使われている．構成主義は光，運動，空間を主眼において，鉄やガラス，プラスチックなどさまざまな新しい素材を駆使してグラフィックデザイン，写真を中心とした産業デザインにおいて大きな役目を果たした．はじめから印刷効果を狙った色使いや大胆で明快なレイアウトによって，その視覚効果を高めた．当時の工業製品の品質の向上は画材にも影響を与え，高純度と高彩度の色彩を出現させたことは，大量生産のポスター・デザインの普及にも貢献した．ラースロ・モホリ=ナジの《光=空間調節器》(1922-30) ではモータ駆動でプラスチックやスチールが幾何学的に構成され，光の視覚効果を引き出しており，素材の無機質さは現代的な知性を感じさせる．現代芸術，デザインの出発点のひとつにもなったこの傾向はロシア構成主義もしくはロシア・アヴァンギャルドともよばれエル・リシツキー，アレクサンドル・ロドチェンコらも活躍した．1920年代に社会主義リアリズムが台頭し

てくると，この前衛運動も敵対視され，ヴァシリィ・カンディンスキーを始め多くの芸術家たちはバウハウスなど西側に移っていった．

(三井直樹)

◆Harrison, C.· Wood, P. 編 (1992)

合成染料 [synthetic dye] (化)

古くから使用されてきた天然染料に対して，人工的に製造された染料を合成染料とよぶ．世界で最初の合成染料は 1856 年に英国のパーキンによって発明されたモーブ（Mauve）で，現在では工業的に使用されている染料はほとんどすべてが合成染料になっている．

Mauve（最初の合成染料）

合成染料の化学構造は，カラーインデックスでは 16 種類に分類されているが，工業的に生産されている合成染料はアゾ系染料が最も多く全染料の 50％以上，次いでアントラキノン系染料が 25％程度である．合成染料は実用的には染色する対象の繊維の種類と染色性を基に染料種属として次のように分類されている．

セルロース系繊維（木綿，麻，再生セルロースなど）用：直接染料，反応染料，アゾイック染料，建染染料，硫化染料，酸化染料，イングレイン染料，

ポリアミド系繊維（羊毛，絹，ナイロンなど）用：酸性染料，酸性媒染染料，反応染料，

アクリル系繊維用：カチオン染料，塩基性染料，その他の合成繊維（ポリエステル，アセテートなど）用：分散染料，分散顕色染料．

合成染料の主要な用途は繊維染色用であるが，パルプや雑貨の着色用や食品，化粧品の着色用などの用途が広がっており，最近では電子デバイスに関連した記録や表示材料としての用途も注目されている． (今田邦彦)

→カラーインデックス，顔料，天然染料

◆安部田・今田 (1989)

構造色 [structural coloration] (自人)

昆虫や動物の体表表面の光の波長より細かい規則的な構造によって，光の屈折，干渉，回折および散乱によって生じる色の総称を構造色という．体表に分布する色素による発色と結びついて，複雑な色彩を呈する．モルフォチョウのコバルトブルーの翅が構造色の例として知られているが，翅表の鱗粉を顕微鏡で拡大して見ると，規則正しい間隔に並んだ図 (a, b) のような棚構造が観測される．この棚構造はクチクラ層とよばれ，屈折率 1.6 の物質であるため，空気層との多層構造による干渉色が観測される．しかし，干渉色は正反射方向で観察されるものであることから，モルフォチョウの広い観察角度範囲で見られるコバルトブルーを説明することができない．実際には，一定間隔に並んだ個々の

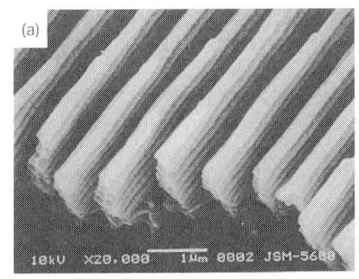

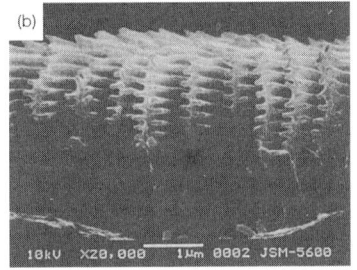

モルフォチョウの鱗粉の走査型電子顕微鏡写真

棚構造表面で生じる回折が加わることによって，特徴ある構造色が観察される．モルフォチョウ以外でも，太刀魚や鰯などの魚類，孔雀などの鳥類，イグアナなどの爬虫類，コガネムシなどの昆虫と自然界にはさまざまな構造色が見られるが，その発色原理は多様であり，未解明のものが多い． (小松原 仁)

→屈折，干渉色，散乱

◆木下 (2001)

光束 [luminous flux]（照）

　光束とは，放射束を，CIE 標準分光視感効率と最大視感効果度に基づいて評価した量のことである．量記号は，F_v，F で表す．「光束」は，放射束の分光分布を $F_{e,v}(\lambda)$ とするとき，次式で与えられる．

$$F_v = K_m \int_0^\infty F_{e,v}(\lambda) V(\lambda) d\lambda$$

　ここで，K_m：最大視感効果度，$V(\lambda)$：CIE 標準分光視感効率．

　暗所視の場合は K'_m，$V'(\lambda)$ を用いる．「光束」の単位はルーメンで表し，ルーメンは，国際単位系における光束の単位となっている．光度 1cd の均一な点光源から単位立体角 1sr 中に放出される光束と表現することもできる．単位記号は，lm である．また，周波数が 540×10^{12} Hz で，その放射束が 1/683W の単位放射の光束という，定義と等価である．　　　（一條　隆）

光束発散度 [luminous exitance]（照）

　光束発散度とは，その点を含む表面要素から出ていく光束 dF_v を，その表面要素の面積 dA で除した量のことで次式で与えられる．

$$M_v = (dF_v)/(dA)$$

　なお，量記号は，M_v または M で表され，単位は，ルーメン毎平方メートル（lm·m^{-2}）である．また，次のような定義と等価である．ある面の与えられた点において，種々の方向に立体角 $d\Omega$ で放出される各要素ビームの輝度を L_v とし，その点におけるその面の法線と各要素ビームがなす角を θ とするとき，値 $L_v \cdot \cos\theta \cdot d\Omega$ の，その点から見える半空間にわたる積分を次式で表す．

$$M_v = \int_{2\pi sr} L_v \cdot \cos\theta \cdot d\Omega$$

（一條　隆）

光沢感 [luster]（感知）

　光沢は，物体表面に関する視知覚の属性の1つである．色が反射光の分光分布によって生じるのに対し，光沢は，反射光の空間的分布あるいは時間的分布（観察角度変化など）によって生じる．たとえば，光沢の言語的表現である「つるつる」は反射光の空間的分布，「きらきら」は時間的分布に基づく表現である．光沢の程度を数値で表したものを光沢度といい，また，人間が知覚する心理的光沢度を光沢感という．人間が知覚する光沢感は，機器により測定される光沢度とは必ずしも一致しない．光沢感は，物体の材質（塗装，樹脂，金属，布など），物体表面の曲率，物体表面の色などの影響を受けやすい知覚であるため，定量化は単純ではない．鏡面光沢度，対比光沢度，鮮明度光沢度，その他の物理的な測定値を併用して定量的に表現するのが一般的である．また，光沢感とは，物体表面の本来の色・形・模様などの様相を知覚することを惑わす（妨げる）感覚であると説明する場合もある．光沢のない白い図形と黒い図形とを視野で重ねて観察したときに，光沢感を生ずることがある．この現象は，白黒のコントラストを空間的あるいは時間的に重ね合わせることによって視覚が惑わされるために起きると考えられている．　　　　　　　　（川澄未来子）

→光沢度

光沢度 [glossiness; gloss]（測）

　表面の方向選択特性のために，諸物体の反射ハイライトが，その表面に写り込んで見えるような見えのモードを光沢（心理量）とよぶ．これに対して，正反射光の割合や，拡散反射光の方向分布などに注目して，物体表面の光沢の程度を1次元的に表す指標を光沢度（心理物理量）とよんで区別する．英語ではこの区別はない．光沢度には，鏡面反射光の強度に注目した鏡面光沢度，鏡面反射光と拡散反射光の割合に注目した対比光沢度，像の鮮明さに注目した像鮮明度光沢度などがある．光沢度測定の規格を定めるときは，測定の幾何学的条件，分光条件，偏光条件，尺度化の係数などを約束しなければならない．工業的に広く用いられているのは鏡面光沢度で，光沢の範囲が広い塗料やプラスチックなどには，20°，60°，85° 鏡面光沢度が規定され（ISO 2813, JIS Z 8741），比較的低光沢のものが多い紙に対しては，75° 鏡面光沢度が規定されている（ISO 8254-1, JIS P 8142）．光沢度は，視感的な光沢感に影響をあたえるが，心理

的なつやの評価には，反射光の空間分布の変化，分光分布の変化，物体表面の形状，照明の条件などが影響するといわれている．　　（馬場護郎）
→光沢感

交通信号の色 [color of traffic signals]（安）

道路交通法で，「都道府県公安委員会は，道路における危険を防止し，その他交通の安全と円滑を図り，又は交通公害その他の道路の交通に起因する障害を防止するため…信号機又は道路標識等を設置して…道路における交通を規制することができる．」としている．このため，道路交通法施行令で形と色を組合わせた信号の種類と意味を規定している．色は，青色，黄色および赤色を使い，灯火を単独に使う場合の意味を次のように規定している．

青：1. 歩行者は進行することができること．2. 自動車，原動機付自転車，トロリーバス及び路面電車は，直進し，左折し，又は右折することができる．3. 省略．

黄：1. 歩行者は，道路の横断を始めてはならず，又，道路を横断している歩行者は，すみやかに，その横断を終わるか，又は横断をやめて引き返さなければならないこと．2. 車両及び路面電車は，停止位置を越えて進行してはならないこと．ただし，黄色の灯火の信号が表示されたときにおいて当該停止位置に近接しているため安全に停止することができない場合を除く．

赤：1. 歩行者は道路を横断してはならないこと．2. 車両等は，停止位置を越えて進行してはならないこと．3. 交差点においてすでに左折している車両等は，そのまま進行することができること．4. 省略．5. 省略．　（小松原　仁）

光電色彩計 [photoelectric colorimeter]（測）

色を物理的に測定するには，分光測光器により各波長ごとの試料の反射あるいは透過を測定し，計算により三刺激値を求める方法と，試料の三刺激値を受光器の出力から求める方法とがある．後者の方法は，刺激値直読方法ともよばれ，この方法により光電的に試料の三刺激値を測定する色彩計を光電色彩計という．光電色彩計は物体色の色差を測定するために用いられることが多く，色差計ともよばれることがある．光電色彩計は，分光測色方法に比べて，操作が簡単であり測定時間も短い．このため種々の工業製品の色彩管理に広く用いられている．

物体色の反射率を測定する場合，測定器の光源，フィルタおよび受光器などを組合わせた分光感度が国際照明委員会（CIE）で定められたCIE等色関数とCIE標準イルミナントの相対分光分布の積に等しいか，比例していれば，測定器の出力から直接三刺激値を求めることができる．これは光電色彩計の必要条件であり，ルータの条件という．　　　　　（側垣博明）
→ルータの条件，刺激値直読方法，等色関数，標準イルミナント
◆日本色彩学会編 (1998)：「色彩ハンド・6章」，JIS Z 8724 (1997)

光電子増倍管 [photomultiplier]（照）

光放射の入射によって陰極の光電面から放出された光電子を，電界で加速してダイノード（dinode）とよばれる2次電子放出電極へ衝突させて，入射した光電子より多い数の2次電子を放出させる．それを何度か繰り返して最終段の陽極に集めることにより，微小な光放射を増幅して計測することができる．一般の光電子増倍管は6～8段程度のダイノードをもっており，増幅度は10^8倍程度である．検出能力に影響する暗電流は，初段の光電面と次段以降のダイノードからの放出される熱電子であり，その熱電子も増幅されるため，微弱な光やフォトンを検出する際にはその影響をおさえるために，恒温装置を付加して使用することもある．一般の光電子増倍管は動作電源として1000V程度の高い直流電圧を必要とし，可搬性に乏しいが，上述の高感度という特徴とあわせて高速応答性にすぐれていることから微弱光の測定では広く利用される．なお，光電子増倍管に匹敵する半導体素子としては，フォトダイオードにキャリア増倍機構をもたせたアバランシェフォトダイオード（avalanche photodiode）があるが，いまのところ，微弱光測定においては光電子増倍管に一日の長があるようである．　　（中山昌春）
→光電流，光電変換素子，フォトダイオード

光電変換素子 [photoelectric cell]（照）

ある特定の物質に光放射があたると，その光エネルギーを吸収して，物質内部に電気的変化が起こる．この現象は単に光電現象とよばれる

こともあるが，物理学では光電効果という用語で定義される．この現象を利用して，光エネルギーを電気エネルギーに変換する素子を光電変換素子という．内部光電効果を利用したものとしてフォトダイオード，フォトトランジスタ，撮像素子（CCD），太陽電池などがあり，光センサとして広く利用されている．また，外部光電効果を利用したものとして光電管（photoemissive cell; phototube）がある．光電管は，光放射の入射によって光電子を放出する光電面（陰極）と，放出された光電子を捕捉する電極（陽極）から構成された真空管である．光電面には酸化物などの化合物半導体が利用されるが，検出しようとする光放射の波長に応じて各種ある．一般には近紫外から近赤外域まで使用可能である．フォトトランジスタなどの半導体製品より低ノイズで温度特性にすぐれているが，構造的に大きいことや半導体製品より高い電圧を必要とすることなどから最近ではあまり使用されない．

（中山昌春）

→光電流，フォトダイオード

光電流 [photocurrent]（照）

物質に光を照射したとき，フォトンのエネルギーが物質固有の仕事関数より大きくて，物質表面から電子が飛び出す現象を外部光電効果，光を吸収して電子と正孔をつくり，それによって導電率が増加（光伝導効果），または電極との接合部で起電力が発生（光起電力効果）する現象を内部光電効果という．これらの光電効果（photoelectric effect）によって生起された光電子の流れが光電流である．内部光電効果を利用した装置にフォトダイオードや太陽電池などがあり，外部光電効果を利用した装置には光電管や光電子増倍管などがある．なお，光電流を発生する装置において，入射光がなくても流れる電流を暗電流（dark current）という．

光放射の入射によって導電率が増加する内部光電効果を利用した半導体や絶縁体による光電変換素子のことを光導電素子といい，外部電界を加えて入射光を検出するのに利用される．化合物半導体のCdSやCdSeを焼結した素子などが古くからあり，可視域に高い感度を有していることから，テレビカメラの撮像管で使用されたこともある．

（中山昌春）

→光電子増倍管，光電変換素子，フォトダイオード

光度 [luminous intensity]（照）

光度とは，光源からある方向に向かう光束の，単位立体角当たりの割合のことである．量記号は I_v または I で表され，単位は，カンデラ（cd）またはルーメン毎ステラジアン（lm·sr^{-1}）である．問題とする方向を含む微小立体角 $d\Omega$ の錐体に含まれる光束を dF_v とするとき，次式で与えられる．

$$I_v = (dF_v)/(d\Omega)$$

カンデラとは，国際単位系における7つの基本単位の1つで，光度の単位である．周波数 540×10^{12} Hz の単色放射を放出し，ある方向における放射強度が $1/683$ W·sr^{-1} である光源の，その方向の光度の大きさである．カンデラには，次の関係がある．① 1cd=1lm·sr^{-1}，② 上の周波数を標準的な空気中での波長に換算すると，実用上 555 nm に等しい．③ 放射強度が $1/683$ W·sr^{-1} で，波長が λ の単色放射の光度は，明所視において $V(\lambda)$ cd，暗所視において $V'(\lambda)/V'(555\text{nm})$ cd となる．ここに，$V(\lambda)$，$V'(\lambda)$ は，それぞれ，明所視および暗所視の（CIE）標準分光視感効率である．

（一條　隆）

→分光視感効率，立体角

紅白の幕 [red and white displays]（社）

布を縦横に縫い合わせ，空間を区切ったり遮蔽する長大な布を幕と称した．歌舞伎などの芝居では，演技を中断するときに張る幕を引き幕という．幕はとくに野外で部屋と同じような区切った空間をつくるために用いられ，武士の戦場や鷹狩り，花見や紅葉狩での陣幕などがそうである．鎌倉初期の《当麻寺曼荼羅縁起》には，蓮糸を染めるために井戸を掘ったところ水が溢れ，蓮糸を浸すと五色に染まった場面が描かれるが，その場面には井戸の周囲に幔幕と屏風が張り巡らされ，その幔幕は紅白である．この場合の紅白の幕がもつ意味があったかどうかはわからないが，少なくとも鎌倉初期に紅白の幕が存在したことは確かである（渋沢ら編，1984）．紅白は日本では祝意を表す色で，近代以降は正

月を初めとした祝日や入学式，卒業式，入社式，建物の落成式，新製品のお披露目式などの式典の場に，また都市の祭礼や町場における毎年11月20日の恵比寿祭(えびすこう)には商店街で恵比寿講の行事があり，店には紅白の幕が張られた．つまり，日本人にとって祝意をこうした紅白の色あざやかな幕でもって演出することにより，非日常性を表現することができたのであろう．

(小林忠雄)

◆渋沢・神奈川大学日本常民文化研編 (1984)

コーティング [coating](着)

物の表面を何かで覆うこと．金属，木材，プラスチックなどに塗料を塗ることや，ガラスに反射防止用の膜をつけること，セラミックを吹きつけること，プラスチックの被膜をかぶせることなど，幅広い意味に使われる．目的は，美観，耐熱，耐光，耐候，耐薬品，防水，防汚，制電，導電，除菌，触感の改善などさまざまである．欧米では，単にコーティングというと，ペイント（塗装）と同じ意味で使われることが多い．「表面着色」と似ているが，着色を伴わないコーティングも数多くある．コイルコーティング（coil coating）というのは，コイル状の薄板をロールコーターで塗装することである．

(吉田豊太郎)

→表面着色

五月祭の緑 [May Day](社)

五月祭（5月1日）は，最初，ゲルマン地方から始まった中世ヨーロッパの春の再生，豊穣を祝う祭りのこと．人びとは5月1日になると，緑色の衣服を着て，街や森を散策したり，常緑樹の枝や草花を集めて，遅い緑の季節の到来を祝った．また彼らは樫，樅，サンザシ，白樺などの木で，頂点の部分だけに緑を残して，真直ぐな五月柱（May Pole）をつくり，それに赤，白，青，黄などのリボンを飾り付け，その周囲を手を繋いでグルグルと廻って，緑の到来を祝うのである．さらにこの日には，儀典官が最も美しい若い女性を選んで，五月の女王に指名をする．この女王は金色の葉をつけた金色の王冠を被り，緑の衣裳を着て，五月のゲームの開始を告げたり，勝利者に賞品を与えたりする役割をするという．人びとは戸外の遊びに飽きた後，室内に入って緑づくしの御馳走を頂くことになる．食卓には緑色をしたパセリパンの皿が並び，その上に，これもレタス，ほうれん草，豆，緑色をした西洋スモモの入ったグリーン・サラダが出され，さらに牛肉料理や緑色をしたペパーミントライス，そして緑色の葡萄酒を頂く．最後にジャック・イン・ザ・グリーンという，緑色のデザートを食べて，緑色で埋めつくされた五月祭は，ようやく終る．

(城 一夫)

→ゲルマン系の色，◎五月の柱，五月のサラダ，五月の女王

国際色彩学会 [Association Internationale de la Couleur: AIC(仏)](表)

色に関する科学，技術，芸術についての研究の報告，討論，情報交換を行う国際学会連合．1国1代表学会が正規の構成員となり，現在，24ヵ国の団体が加盟している．色に関する国際会議を組織しようとする動きはヨーロッパ諸国を中心として以前からあったが，1961年にはじめての国際色彩会議（AIC）がデュッセルドルフで開催された．その後1967年CIEワシントン大会の折に15ヵ国の代表が集まってAICの発足を決め，1969年，正式に第1回AIC大会がストックホルムで開かれた．以来，4年ごと（CIE大会の中間年）にAIC大会が開かれている．最近では，1997年に第8回大会が京都で，2001年第9回大会がアメリカのロチェスターで開催された．大会を行わない年には，年1回に限って特定テーマでのシンポジウムを開けることになっており，最近では，1999年「産業，デザインにおける測色の応用」シンポジウムがワルシャワで，2000年「環境と色彩」シンポジウムがソウルでそれぞれ開催された．AICの機関誌は「*Color Research and Application* (*CRA*)」で，1976年発刊以来，年4回発行されている．AICはまた1975年以降隔年に色彩学への顕著な貢献者に「AIC Judd賞」を贈ることにしている．

(馬場護郎)

国際照明委員会 [Commission Internationale de l'Éclairage: CIE(仏)](表)

光と照明に関する科学および技術上の諸問題について，国際的な討論，情報交換，研究を行い，国際的な規約を作成することなどを目的と

する国際機関で，1913年に設立された．各国を代表する国内委員会で構成され，わが国では日本照明委員会が構成員である．CIEは，他の標準化に関係する国際機関，国際電気標準会議（IEC），国際標準化機構（ISO）と互いに協力して標準化を進めることが約束されている．CIE大会は，4年に1回開かれることになっており，最近では，1999年第24回大会がワルシャワで開かれた．技術的問題は7つの部会で継続的に検討され，色に関係する主な部会は，第1部会（視覚と色），第2部会（光と放射の物理測定），第8部会（画像技術）である．技術的成果は逐次CIE出版物として発行されるが，とくに基礎的なものとして，「CIE測色用標準イルミナント」「測色用標準観測者」はISO/CIE規格となっており，さきに勧告として発行された「測色–第2版」は現在（2002年）改訂中である．

(馬場護郎)

黒体（放射） [Planckian radiator]（照）

黒体とは，波長，入射方向，または偏光にかかわりなく，入射するすべての放射を完全に吸収する理想的な熱放射体のことである．「プランクの放射体」ともよぶ．この放射体は，いかなる波長，いかなる方向においても，同じ温度で熱平衡状態にある熱放射体のうちで最大の分光放射輝度をもつ．波長および温度の関数としての黒体の放射輝度の分光密度を与える法則を，「プランクの放射束（Planck's law）」という．

黒体軌跡（Planckian locus）とは，色度図上における，種々の温度の黒体の色度を表す点の軌跡のことである．黒体放射軌跡，プランクの軌跡ともいうが，以前は完全放射体軌跡ともいった．

(一條 隆)

黒陶 [black pottery]（造）

黒い土器．1000°C前後の温度で焼かれた漆黒のやきもの．黒い色は表面のもので，これは焼成のとき，還元炎で燻し焼くことで土器の表面に炭素を付着させて黒色を得る．また黒い顔料のようなものを土器の表面に塗り付け，磨きあげるタイプのものもある．中国で，紀元前2000年程の龍山文化期にすぐれた黒陶がつくられている．それらのなかには素地の厚さが1mm以下と非常に薄く，器肌はていねいに研磨されたものもあり，また均一に黒く仕上がっている点も技術的にすぐれている．このごく薄い黒陶の器は，その薄さを評して「卵殻黒陶」「エッグシェル・ポタリー」などともよばれる．中国龍山文化期の黒陶は，轆轤（ろくろ）を使って胎を均一に薄くし，研磨を加えて，漆黒を得ていると思われるが，実際の製作技法に関しては不明な点も多い．無釉の黒陶は，現代の作家にも，オブジェ作品の表現などに好んで使われている．低い温度で焼成するため，比較的やわらかく，一般にそのままでは実用の器には適さない．

(中島由美)

国防色 [national defense colors]（衣化）

日本が太平洋戦争へと歩みを進めていた昭和12年（1937），国民精神総動員実施要綱が決定され，戦争に向けての国民精神の結集が図られた．この折，国民精神総動員中央連盟が結成され，内部に服装委員会が設置された．服装委員会では，翌1938年に国民服の着用を提唱し，その案を公募することになり，昭和15年（1940）に男性の国民服が制定された．男性服に続いて1941年には婦人標準服も公募されることになった．男性の国民服は，甲型と乙型があり，甲型は陸軍の軍服に範をとったものであり，乙型は背広型であった．色は，ともに国防色のカーキ色であった．陸軍の軍服に用いられていた色は，当初，帯赤（赤みに寄った）茶褐色であったが，その後，東アジア圏では保護色になる帯青（緑みに寄った）茶褐色に変えられ，これが国防色としてのカーキ色に受け継がれたものである．

日本が太平洋戦争に突入した昭和16年（1941）から戦中にかけてもカーキ色の国防色は，軍服や国民服のほか，中学校男子の制服などにも広く用いられた．日本は昭和20年（1945）には終戦を迎えたが，翌年くらいまでは，男性の国民服や，復員服とよばれた兵役から帰国した男性の軍服姿が数多く目につき，色では，女性の標準服としてのもんぺ姿の紺とともに，国防色のカーキ色がいまだ多く目についた．

(出井文太)

→アースカラー，迷彩色
◆オリベ出版部編 (1987)

黒釉 [black glaze]（造）

　黒色に呈色する高火度釉．釉中に鉄分を10%前後含み，酸化炎，還元炎，ともに黒色を呈する．中国では漢時代に例が見られるようであり，日本では中世に中国陶磁を写すかたちで始まった．黒釉は，天目釉ともよばれる．天目とは本来，茶碗の一種を指す名称で，中国の天目山の禅院で使用されていた黒色の茶碗を，日本の禅僧が持ち帰って，天目とよんだのが始まり．小さめの高台から直線的に広がった側面が口縁下で一度内にすぼまり，また開くという形を典型とする茶碗である．これに黒い釉がかけられているのだが，その釉中の過剰な鉄分が原因で，釉の表面に油の粒が浮かんだり流れたりしたように見える油滴天目や禾目天目，その浮かんだ油の粒のような斑が不思議な光沢をもつ曜変天目などが，名品として伝えられている．この天目に多くかかっている釉と同じ鉄釉であれば，それが茶碗でなくても天目釉とよぶようになったのである．室町時代には瀬戸で黒釉のやきもの，とくに茶陶が多く焼かれた．また，黒い釉には，瀬戸黒や黒楽の引出黒がある．これも黒呈色の原因は鉄である． 　　　　　（中島由美）
→瀬戸（黄瀬戸，瀬戸黒，黒織部）焼，楽焼，酸化焼成

五彩 [overglaze polychrome enamel]（造）

　白磁に上絵付けする技術，もしくはその作品．高温で本焼きした白磁の透明釉の上に，赤，黄，緑，青などの多色の上絵の具を用いて文様を描き，これを低温で再度焼くもの．最も早い例は，中国12世紀後半の磁州窯においてのもの．技術が完成し，盛んに焼かれるようになったのは，中国で明時代においてである．「五彩」というが，5色という意味ではなく，多くの色を用いていることを表している．日本では「赤絵」「色絵」とよぶ．中国明時代，五彩磁器が全盛を迎えたのは16世紀の嘉靖，万暦年間のことである．清時代には，粉彩という新しい技法も誕生したが，引き続き五彩も焼かれた．五彩は硬彩ともよばれる．なお中国では，透明感のある上絵と，染付を組合わせたものを「豆彩」とよび，上絵が主となる五彩とよび分ける．この豆彩は，明時代成化年間に完成された技法で，清時代にも再現された．この名称は，緑色が豆の色のようにきれいだから，という説と，「闘彩」の字をあてて，色が競い合うようだから，という説がある．「粉彩」は軟彩ともよばれる．白色釉の粉と色釉を混ぜて絵を描く技法であり，これによって色の微妙なグラデーションを表したり，繊細な絵画的表現が可能になった．なお五彩も豆彩も粉彩も，日本では一般に「色絵」と表記している． 　　　　　（中島由美）
→色絵磁器, ◎赤絵, 色絵

誤差拡散法 [error diffusion method]（画処）

　0～1の連続調画像を2値化する際，閾値として0.5を選び，単純に閾値と入力信号との関係から"0：ON"，"1：OFF"を決め処理した場合，本来なだらかに変化している入力画像の濃淡変化が，閾値との上下関係の変化点で急に濃淡が変化する画質劣化が生じる．この劣化を目立たなくさせるために画像に一種のノイズを加える手法があり，その手法にはディザ法と誤差拡散法とがある．ディザ法が周期的なノイズを画像に加えて処理するのに対し，誤差拡散法は図1

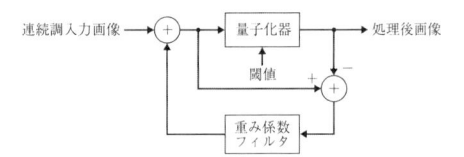

図1　誤差拡散法

のようなフィードバック処理により，量子化前に加える雑音が実際の入力画像に応じて決定されるのが大きな違いである．例として，座標 (x, y) における256階調原画像の濃度を $f(x, y)$，閾値 t により2値化し $g(x, y)$ を得る際，t により生じる誤差を E とすると，誤差拡散法は次式のように表される．

$$0 \leq f(x, y) \leq 255$$

$$g(x, y) = \begin{cases} 255 & (T_{xy} > t) \\ 0 & (T_{xy} \leq t) \end{cases}$$

$$T_{xy} = f(x, y) + \sum W_{ij} E_{x+i, y+j},$$

$$E_{x+i, y+j} = T_{x+i, y+j} - g(x+i, y+j)$$

　上式において，W_{ij} は任意の重み付け係数フィルタであり，誤差 E に W_{ij} を付加し隣接画素に拡散することにより補正値 T_{xy} が求められる．

1	3	5	3	1
3	5	7	5	3
5	7	*		

(×1/48)

	1	5	3
7	*		

(×1/16)

(a) Jarvis, Judice & Ninkeフィルタ　(b) Floyd & Steinbergフィルタ

図2　誤差拡散の重み係数フィルタ

重み係数フィルタとして代表的なヤービス・ジュディス&ニッケーフィルタとフロイド・スティンバーグフィルタを図2に示す．いずれも図中の＊は注目画素，すなわち量子化しようとしている画素の座標を示す． (市川幸治)
◆Floyd, R.W.・Steinberg, L. (1975), 田島 (1996), 三宅 (2000)

ゴシックの色彩 [Gothic colors]（造）

中世ゴシック様式としてロマネスク様式を引き継ぎ，13世紀に華開いたキリスト教文化の様式を指す．ゴシックという用語はゲルマン民族のゴート人に由来し，それ以前のロマネスクはじめ古代ローマの様式を規範とする建築から区別するために使用され，当時は蔑視のイメージの強い美術様式であった．

ゴシック様式は教会建築に代表され，交差リブ・ヴォールト（穹窿(きゅうりゅう)），控壁（バットレス），尖頭アーチを構造上の特色とする．透明な壁体，天空にそそり立つような垂直線を強調した動線の力強い建築様式であり，ステンドグラスの華麗な窓飾りが特徴となっている．ゴシック様式ではこのほか装飾写本，染織，タペストリーなどが発展し，当時ヨーロッパを席巻した総合的な国際ゴシック様式となった．また紋様や染織において中国など東方文化の影響を受け，鳳凰や龍などのモティーフが見られる．14世紀に入ると，絵画が芸術において主導的な役割を担うようになり，宮廷趣味を反映して，より華やかな色彩が好まれるようになる．ゴシック様式の色彩は，ステンドグラスに象徴されるように華やかであざやかな色彩と金銀を多用した装飾美術などによく見られ，この時代には装飾の占める割合がさらに大きくなった． (三井秀樹)
→ロマネスクの色彩

固視点 [fixation point]（感知）

人間の眼の主要な動きは，眼球の急速な回転（サッカード）と停止の繰り返しで成り立っている．この眼球が停止している状態を固視（または注視）とよび，その間，視線が定まっている位置を固視点という．すなわち，固視点とは眼が最も解像力が高い網膜の中心窩を向けている対象点のことである．固視の持続時間は通常数百ミリ秒であるが，意識的に固視点を固定し続けるためには，眼を向けるべき対象が必要である．均一な背景に対して視線を定めることは困難なのである．したがって，視覚心理実験で被験者の眼球の向きを固定し，網膜の一定の部位に視覚刺激を呈示する必要がある場合には，被験者が固視するためのマーカ（目印）を呈示する．固視点はこのマーカを意味する用語としても用いられる．マーカとしての固視点は視覚刺激の観察に影響しないことが必要であり，複数の固視点を配置して，それらの中心を固視するように設定することもある．また，固視点の光が弱すぎると，中心窩から外れた網膜部位（暗所視での感度が高い）で固視点を捉えている可能性もあり注意が必要である． (石田泰一郎)

50年代のカラフルな原色 [vivid colors of the 1950s]（衣化）

1950年代にはカラフルな原色の色とパステル・トーンの色が流行した．第二次世界大戦後の復興を色で願うかのように，インテリア，自動車，ファッションなど，あらゆるものにビビッドな赤や黄色などの原色調ならびに，ペールピンクなどパステル調の色が用いられるようになった．インテリアでは，アルヴァ・アアルトなどの北欧スカンジナヴィアのデザイナーらに代表される木材のテーブルや椅子に用いられる原色使いをはじめ，これまで実用一点張りだった台所にも，新しいプラスチック染料や顔料が用いられ，ピンク，オレンジ，赤，金，ターコイズ，ベージュなど，あざやかな色がインテリアに登場した．ファッションでも，クリスチャン・ディオールのドレスに見られるサテンやタフタの光沢感のある素材に緑，ターコイズ，ライラック，ピンクなど，非常にあざやかな色が用いられた．また，テキスタイルの分野では，エミリオ・プッチやシモネッタのように多色使いの派手なプリントが評判になった．50年代のファッションを代表する色であるピンクは，ジャック・ファット

が発表したホーナン絹による「ホット・ピンク」のデザインが大成功をおさめたことによるものだが，雑誌「ヴォーグ」の後押しで大流行した．また，フォード社のフェアレーンのように，赤と白のコンビ塗装による，ツートーン・カラーの車や，ライト・メタリック・ブルーのような光沢のあるメタリックカラーの車が流行するなど，カラフルな色に溢れた時代であった．

（渡辺明日香）

◆Beazley, M. (1980) [本明訳, 1982]

呉須（化）

コバルト化合物を含む鉱物の名前．沙のように黒くて青緑を帯びている．これを極細末にして水に分散し，文様を磁器に描き，上に釉をかけて焼けば藍色となる．それゆえ青絵釉ともいう．器上に藍文を付したものを青絵・染付・青花・呉須手などということから，呉須は彩料の名であると同時に一種の磁器をも指し，また装飾様式をも指す．呉須は中国雲南地方に出る呉須土という鉱物が使われ，唐呉須などとよばれ珍重される．現在は合成品が主として用いられる．

呉須の主成分はコバルト，マンガン，鉄，ニッケル，銅などであるが，酸化焼成ではマンガン，鉄，ニッケルの発色があり，黒く汚くなる．還元焼成することでこの発色がおさえられ美しい青色が現れる．釉薬にアルミナ分が多いと紫青色があざやかとなり，亜鉛が入ると藍青色があざやかになる．合成品の製法は酸化コバルトとカオリンを1：5で混合し，1300℃ぐらいで煆焼（かしょう）する．これは青色の物質で焼貫呉須（やきぬきごす）とよばれる．これをカオリンや素地土でうすめて絵の具として使う．釉薬としての呉須は陶磁器釉薬中では最も多く使われる重要なものである．

（珠数　滋）

→酸化焼成，還元焼成
◆加藤（唐）(1972)

古代エジプトの色彩 [colors of ancient Egypt]（造）

古代エジプト文明は，メソポタミア，黄河文明と並ぶ人類で最も古い文明の1つとして数えられている．その源は紀元前3100年頃，エジプトを統一した初期の王朝時代に遡る．

エジプト文明が新王国時代（紀元前1570-1070頃）を経て19王朝から末期王国時代にいたる3000年の王朝文化の中心は，王家と聖職者，貴族であり，他の文明のように庶民にまで及んでいなかった．したがって，エジプト文化・美術は，王室の墳墓であるピラミッドや，神殿における壁画・浮き彫り・彫刻，装飾・埋葬品が中心となっている．こうした美術に見られる色彩は，王の威光を象徴し，優美な装飾に満ち，あざやかな色彩がほどこされている．

黄金のマスクのように，黄金をモティーフとしてエメラルド・グリーンや朱色をキー・カラーに置き，一般に使用されている色彩は彩度が高く，色彩対比の高い配色が好まれた．また男子は鳶色，女子は黄土色，神々は緑や黒で表された．人物を取り巻く装飾はロータスやパルメット，パピルスの紋様にユレウス（蛇），スカラベ（甲虫）などの聖なる動物が配されている．これらの表現は，壁画や浮き彫りなど平面的な描写が多く，それだけに彩色は明快であざやかな配色が志向されたと考えられる．またガラス工芸・色釉陶器にもブルーやグリーンの高彩色が好んで使われ，華麗な様式美をつくりだしている．ただ残念なことに，エジプト文明が王朝を中心とする限られた宮廷美術であったため，ギリシア文明のように，その後他の文明に大きな影響を及ぼすことはなかった．　（三井秀樹）

→古代ギリシアの色彩

古代ギリシアの色彩 [colors of ancient Greece]（造）

紀元8世紀に生れた古代ギリシアはその史跡から見ても，都市アテネを中心とした石灰岩地帯に形成された大理石文明といってもよいほど，大理石とのかかわりが深い．パルテノンやアポロン，ヘラ，ポセイドンなど数々の神殿や円形の屋外劇場，競技場やクノッソス宮殿などの建造物から，彫刻にいたるまで木造の屋根を除き，大理石が使われており，当然のことながらギリシア時代の基調色は大理石の白や灰色など無彩色系であったと考えられる．

19世紀初頭にヘルクラネウムやポンペイの遺跡発掘が進展し，ヨーロッパに新古典主義的表現がもたらされたが，この調査によって，それまではほとんど無彩色と思われていたギリシア

の色彩は，実はあざやかな色彩で飾られていたことが明らかとなった．宮殿や住宅は大理石ばかりでなく，柱や梁は木造で，壁面は石や日乾し煉瓦で埋められ，表面はスタッコで仕上げられ，その上にフレスコ画もしくはセッコ画が施されていたのである．また古代ギリシアでは白黒の大理石やピンクなど色大理石を使ったモザイク画が建築装飾として用いられていた．また神殿の大理石も，当時は赤や紫・緑などの彩度の高い色彩で着彩されていたことがうかがわれた．

城（1993）の研究によると「ギリシアの色は無彩色の色を柱として，原色の色を1色か2色をコントラスト的に配色する比較的あっさりとした色使いを特徴としている」と分析している．

こうしたギリシア人の色に対する嗜好は，当時のファッションにも表れており，ゆったりとした白を基調とした「キトン」や「ペプロス」の衣装を身につけ，外套やアクセサリーに少量の有彩色をアクセントに使っていたと思われる．

(三井秀樹)

→古代ローマの色彩
◆城（1993a）

古代の色彩 [color in ancient times]（社）

わが国における前10000年前から前300年に至る縄文時代には，素焼きの土器と青森県の亀ヶ岡や是川遺跡から出土した赤色の漆や，福井の鳥浜貝塚の朱塗りの竪櫛などが発見されている．縄文時代に続く前4世紀から後3世紀までの弥生時代の弥生式土器は，縄文のような呪術的形態に代わって，全体に淡褐色の明るい色の器形の整ったものになった．また弥生時代には北九州から水稲栽培が始まり，農耕文化が定着していった．銅鐸などそれと関連して当代に固有の祭器とされるものが出土する．近年の研究によれば，銅鐸は金色に輝やいていたと推測される．また白，赤，黄，褐，緑，青などの勾玉が近畿地方，中国地方を中心に生産され，護符として尊ばれた．弥生後期の後3世紀頃，『魏志倭人伝』によれば，倭国の女王卑弥呼に対して，中国の魏王は書簡を送り，それに金印と紫綬（房）とともに，赤地の竜の模様に錦，赤地の毛織物，茜色の布，紺青の布を使者に授けたとある．さらに4年後，卑弥呼は，魏王に対し

て，「生口，倭錦，赤と青の交じった絹布，木綿布など」を返礼に贈ったと記述されている．また「婦人は……朱丹をもって其の身に塗る」とあり，わが国に天然朱などを身体に塗って魔除けとした風習があったことを記している．また，近年発掘された九州・吉野ヶ里遺跡からも貝紫や茜染の織物が発見されている．　(城　一夫)

古代ローマの色彩 [color of ancient Roman]（造）

ローマ時代はギリシア時代に形成された文化様式を継承したさまざまな表現が見られることから，ギリシア時代の影響を受けたという意味から，グレコ・ローマン時代ともよばれている．したがって古代ローマの色彩も，大理石を中心とした無彩色を基調とし，色調を踏襲していく．つまり，大理石の白と黒を中心に赤と黄の有彩色が入った4色，これをテトラクロマティスムとよんでいるが，この4色の配色が古代ローマの色彩を象徴化しているといえる．これらの配色はポンペイ壁画，ローマ各地から出土された狩猟図，オデッセウスやオルフェウスの壁画からも特徴的な色として認められる．しかし，ローマ時代も後半になると，赤や黄のほかに緑・紫などが加わり，華美な配色に変化していく．

(三井秀樹)

→テトラクロマティスム

国旗の色 [colors of national flags]（社）

国旗はその国の建国の精神や宗教，思想，歴史，政治，自然，伝統，文化，象徴，地域的な嗜好などを反映し，色彩や図像，模様によって比喩的に表した国家のシンボルである．国旗に使用されている色は全部で16色で，明視性の高い色の使用が多く，色彩のもつ意味は各国により異なるが，主な色の意味をあげてみると赤は太陽の象徴，勇気と愛国心を表す，キリストの血，共産主義の色，革命と進歩，犠牲，自由，博愛などである．黄色は仏教，豊かな鉱物資源や地下資源の象徴，金，国の富，太陽と国土，結団，赤道，権威などである．緑はイスラム教の象徴，農業，農作物，豊かな土地，美しい大地，豊かな森林，将来の希望と豊かな原始林，自由，誠実と希望，独立などである．青は海や空との関係が深く，太平洋，インド洋，カリブ海，青

い空，自由，希望，正義，友愛，真実などを表している．白は平和，正義，純粋性，宗教，清浄，希望，理想，平等，白人，雪などを表している．黒はアフリカ大陸の諸国に多く使われているが，過酷な戦争，力と理想，アフリカの自由，アフリカの大地，黒人，抑圧された長い歳月などである．オレンジはヒンズー教，ラマ教，繁栄，太陽，鉱物資源，国の繁栄などである．

(矢部淑恵)

ゴッホ，フィンセント・ファン [Vincent van Gogh] (造)

近代画家を代表する一人．ゴッホはドイツ語読みで，正しくはホッホ，またはフランス語でゴーグ．オランダで牧師の家庭に生れ，パリ近郊で没．画商手伝い，伝道師などを経て，1880年頃から画家を志す．独学ながら，卓抜した素描作品と労働者の惨めな生活を題材とする暗い色調の作品を制作した．1886年3月弟テオをたよってパリに出て，印象主義，新印象主義の画家たちを知り，日本の浮世絵に影響を受ける．1888年2月南仏アルルに移り，激しい筆触と強烈な色彩を駆使する独特な画法を進展させた．10月にはゴーガンが訪れ，協力して新しい絵画の開拓に努力しようとするものの2ヵ月で悲劇的結末を迎える．アルル近くのサン＝レミのカ

ゴッホ《ひまわり》1889（東京・安田火災東郷青児美術館）

トリック精神療養院サン・ポールで1年間ほど療養後，1890年5月パリ近郊のオーヴェール＝シュル＝オワーズに転居．7月に自ら死を選ん

だ．ゴッホは，ほぼ5年間といってよい短期間に約830点の油彩画を制作し，絵画における色彩表現に革命をもたらした．弟テオほかに宛てた膨大な書簡があり，とくにアルル時代以後は色彩についての言及が多い．ゴッホは早くからシャルル・ブランによる美術理論書『素描芸術の文法』(1880)を読み，ドラクロワの明暗法や色彩対比（コントラスト）を学んだ．パリに出てからは印象主義のように固有色や灰色，明暗を画面から追放し，補色対比を重視した．アルル時代以降は，浮世絵の色面の単純化に強く共感しつつ，人間感情をそのまま強い筆触の色彩表現に託した．とくに《硫黄の黄》は太陽の圧倒的な力を表現する色彩として決定的な役割を果たした（口絵参照）．

(前田富士男)

→印象派
◆Gogh, V.V. (1958) [二見訳, 1969-70], Badt, K. (1961) [佃訳, 1975]

ゴニオアピアランス [gonioappearance] (測)

照射角または観測角が変化するのにつれて，そのものの見えが変化する現象をゴニオアピアランスとよぶ．以前はジオメトリック・メタメリズムとよばれたが，国際的なメタメリズムの定義と相反する部分があるので使用されない．光源と観測者は変わらずに，照明・受光の角度条件が変わったとき，そのものの色の属性の一部かすべてが変わって見えることをゴニオクロマチズムとよぶことがある．照射角または観測角が変わるにつれて，見えも変わる様子を表す形容詞はゴニオアパレントである．自動車塗装などに多く見られるメタリックペイントやパールマイカペイントは，塗膜内の光輝材の配向によって反射光の空間分布も分光組成も観察方向によって変化するのでゴニオアパレントな様相を呈する．これに対して，1組の試料が照明・受光のいかなる条件に対しても等色しているときゴニオクロマチック・マッチしているという．織物の色は経・緯糸の方向によって色が変わって見える．経糸と緯糸に異なる色を用いて織られたものは観察方向により色が大きく変わってゴニオアパレントな様相を呈し，玉虫色とよばれることもある．ゴニオアパレントな色の測定には

好ましい色 [preferred color]（感知）

色彩の「好ましさ」を考える視点はいくつかあげることができる．第1は，色彩感情の評価的次元すなわち好き嫌い，調和不調和などである．こうした分野の研究からは，人類にある程度共通した法則性が認められている．これらは，人間のいわゆる快─不快の問題として理解すべきであろう．ただ，そこに認められる法則性と日常生活における色彩選択との関連は，かなり間接的である．第2には，知覚的な水準での好ましさがあろう．たとえば標識の見えやすさ，信号検出の容易さのように知覚的合理性をもつゆえに，人間にとって好ましいというケースである．第3は，日常生活の場面での色彩選択にかかわる好ましさである．欲求や快適性との関連における好ましさといってもよいかもしれない．セータの色として，リビングの色として，あるいはいま流行しているから，といった"物"との関係での好ましさである．対象物の客観的・主観的性質や時代という文脈に規定されて，好ましい色は変化する．「好ましい」「好き」などの言葉ははなはだ多義的であるために，このようにさまざまな視点での好ましさが考えられる．

（近江源太郎）

→色彩嗜好

好ましい色再現 [preferred color reproduction]（入出）

ハントが分類した6種の色再現目標の1つ (Hunt, 1970). よく知られているいくつかのオリジナル色（代表的なものとして肌色，青空，草色などがある）の色を，観察者が好ましいと考える色に再現することを指す．これはすなわち，再現色をオリジナル色の見えとは意図的に変えることを意味する．好ましい色再現を報告した例としては，たとえば，バートレソンらは昼光と白熱電球下でのカラー写真における好ましい色再現を調査し，好ましい色再現はオリジナルの色とも記憶色とも一致しないことを報告している (Bartleson・Bray, 1962). また，ハントらも反射カラープリント，およびカラースライドを用いた同様の実験を行い，バートレソンらと同じような結論を得ている (Hunt ら, 1974). しかしながら，好ましい色再現は使用する色再現システムや観察環境，さらには文化や民族の違いにも影響を受けることから，応用目的に応じて適切な目標を選択する必要がある．

（山田　誠）

→分光的色再現, 記憶色, 好ましい肌色

◆Hunt, R.W.G. (1970), Bartleson, C.J.・Bray, C.P. (1962), Hunt, R.W.G. ら (1974)

好ましい肌色 [preferred complexion]（感知）

実際の肌色に対して好ましい方向に色ズレがなされている肌色をいう．日本人女性では，一般的に，明度が高く，白くやや赤みのある肌色が，上品で，健康的にイメージされるため好まれる．肌色は各メディアの色再現評価の良し悪しにおいて35～70%を占める．そのため，各業界において肌色の好ましさについて研究が多くなされている．人間はイメージを美化する傾向にあることから，人が記憶している色（記憶色）は一種の好ましい色と考えることができる．このため，Bartleson (1960) が記憶色の研究に基づいて写真における西洋人女性の好ましい肌色を検討した．物体色の好ましさの中では，肌色

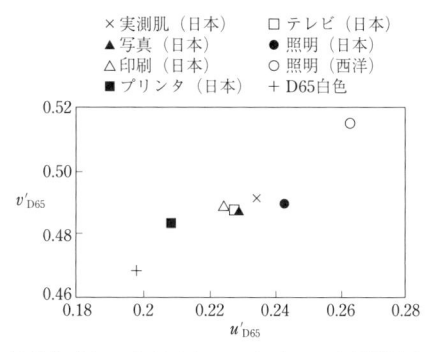

×実測肌（日本）　□テレビ（日本）
▲写真（日本）　●照明（日本）
△印刷（日本）　○照明（西洋）
■プリンタ（日本）　＋D65白色

が最もばらつきが小さい．とくに，色再現されるモデル（評価される人）の容姿や評価者（評価する人）の色の好みや性差による差は少ない．一方，色再現されるメディア（写真，印刷，テレビ，プリンタ，照明），色再現されるモデルの人種，評価者の人種，年齢，評価者が自分自身か他人かによって変化する．図の色度図上に各メディアにおける日本人女性の好ましい肌色の差異，および照明における西洋人女性と日本人

女性の好ましい肌色の差異をD65対応色で示す（矢野・橋本, 2001）． 　　　　　　　　　　（矢野　正）
→記憶色, 好ましい色再現
◆Bartleson, C.J. (1960), 矢野・橋本 (2001)

固有色 [localcolor; Lokalfarbe (独); ton local (仏)]（造）

適度な光のもとで特定の物体・対象の材質やその部分に認められる固有な色彩のこと．物体色・対象色と同義で，場所や位置を意味する locus（ラ）に由来する概念として，いわゆる「地方色」を意味する場合もある．主に美術史の絵画領域で用いられ，木製の机なら褐色，金髪なら金色，さらに青い絹地の服は光沢を帯びた青，青い麻地の服はざっくりした感触の青，と対象それぞれに固有な色彩を指す．したがって西洋絵画史上，固有色の再現は，対象の的確な写実を目指すルネサンス以後の自然主義的表現において，最も重要な技法の1つとみなされた．反対概念は「現象色」で，机の褐色も金髪も夕陽のもとでは色みを変えるように，条件や環境に即して視覚的に発現する色彩を指す．フランスで1874年に始まる印象主義の絵画は，徹底して固有色を否定して現象色を重視し，色彩の自由な使用から成り立つ抽象絵画に通じる近代的な画法を開拓した．西洋には古典古代から物の色（colores corporei），真の色（colores veri）に対し，見かけの色（colores apparentes），偽りの色（colores falsi）を区別する伝統があり，固有色と現象色の概念もその延長に位置する．

　　　　　　　　　　　　　　（前田富士男）
→印象主義

コロネーションカラー [coronation colors]（衣化）

イギリスにおいて1953年，エリザベス2世女王の戴冠式を慶祝して英国色彩評議会（BCC）が公式に発表した23色のこと．第二次世界大戦後初の世界的な流行色となった．当時BCCのパトロン（後援者）でもあったイギリス王室のプリンセス・マーガレット・ローズが自ら選定した Elizabethan Red（マンセル値推定：2.6R3.4/12, 以下同様），Beau Blue（7.8B7.1/4.3），Marguerite Green（2.9BG4.1/4.2），Princess Grey（N5.5），Spun Gold（2.8Y8.1/4.6）の5色が正色として最も重視されている．ほかにトップコート，ショートコート，ナイトウエアに用いるウール地の色として Regatta Crimson（2.5R3.6/12），Imperial Gold（3.5Y7.7/8.0），Silver shadow（7.4PB5.8/2.2），Regal Purple（1.9P2.8/4.2），Rook wing（2.6PB2.2/4.0），Green Dusk（8.7 G4/3），Viola Crimson（1.1R2.8/6.9）の7色，イヴニングガウン用のシルク，レーヨン，サテン，レース，ベルベット，ジャージなどの色として Rose-leaf Blue（5.4B2.6/2.8），Rosebud Green（9.6YR4.7/5.8），Tea Rose（7.3YR6.0/5.8），Crimson Petal（9.4RP2.8/6.8）の4色，デイドレスとブラウス用のシルク，レーヨン，リネン，ナイロン，コットンなどの色として Powder Blue（2PB6.9/4.9），Sapphire（5.9PB3.3/9.9），Gay Green（2.2G5.4/8.9），Bean Blue（7.7B7.0/4.7），Sundust（3.3Y8.6/4.5），Elizabethan Rose（4.4R4.1/8.0），Pacific Yellow（6.1Y8.7/4.4）の7色が選定されている．

色見本は指定素材による染色物で，以後のカラーサンプル情報の先駆けとなった．なお，BCCの活動は（社）日本流行色協会（JAFCA）創立のきっかけとなり，コロネーションカラーは1959年の現天皇陛下ご成婚および1993年の皇太子殿下ご成婚の際に発表された「慶祝カラー」の手本ともなった． 　　　　　（宇田川千英子）
→日本流行色協会
◆稲村 (1953)

混色 [color mixing]（表）

赤いフィルタと緑のフィルタを重ねると黄色のフィルタができる．2つ以上の色を混ぜ合わせることを混色という．混色には加法混色と減法混色の法則がある．加法混色は色光の混色であり，(a)色光を同時に同じ場所に照射して混色する方法，(b)色光を素早く交代させて経時的に混色する方法（回転混色），(c)個々には見分けることのできないほど微小な色点を並べて混色する方法に大別される（併置混色）．(a)は舞台照明などでスポットライトを同時に照明するような場合であり，(b)は複数の色で塗り分けた円盤（独楽）を回転させて混色する場合に相当

する．(c) はテレビのブラウン管の例で，管面を拡大すると赤，緑および青の色点が観察できる．加法混色では赤（R），緑（G）および青（B）の3種類の色光を使うことによって，ほとんどすべての色をつくることができるため，この3色を三原色という．減法混色は透明なフィルタの混色で，重ね合わせた個々のフィルタによって透過された光が混色されて得られる．カラー写真に利用されている混色で，イエロー（Y），マゼンタ（M）およびシアン（C）が三原色になる．加法混色と減法混色の三原色の間には次の関係がある．

$$R+G=Y, R+B=M, G+B=C,$$
$$M+Y=R, Y+C=G, M+C=B$$

（小松原　仁）

→加法混色，減法混色

コンダクティブ・インキ [conductive inks]（着）

導電性のインキ．カーボンブラック，グラファイト，銀などの導電性物質を練り込むことにより導電性をもたせたもの．ワイヤ（電線）を使わず，印刷で電気回路を構成できるため，生産性が高い．IDカード，チケットなどのほか，音の出るタペストリー，光るカーテンや壁紙などへの応用が考えられている．また，紙幣の鑑定にも利用でき，これは電波を照射することにより識別される．最近では透明なコンダクティブ・インキが開発され，意匠の自由度が広がった．

（吉田豊太郎）

→カーボンブラック，グラファイト塗料

コンダクティブ・ヤーン [conductive yarn]（着）

導電性の糸．普通の繊維は電気を通さないが，導電性をもたせた糸をコンダクティブ・ヤーンという．一般には繊維の中に導電性の物質，たとえば炭素，金属などを混ぜて電気が通じやすいようにしている．最近は導電性の合成樹脂も開発され，その利用技術が研究されている．これは機能性高分子の一種である．白川英樹（2000年ノーベル化学賞受賞）が開発したのはポリアセチレンで，主鎖が炭素からできており，ポリエチレンに近い化学構造をもつ．これは金属に近い導電体である．

コンダクティブ・ヤーンは，ファブリックに起こる静電気の防止，ファブリックの一部に豆電球などを取りつけ，光るディスプレイにするといった用途に使われる．一般的な導電系は，導電性の物質がカーボンやグラファイトなど黒いものが多いため，カラーデザイン（色や風合い）に制約を受けるので，あらかじめそれを利用するデザインを計画することが望ましい．なお，最近は高性能な撥水性，撥油性，防汚性，制電性をもつテフロン加工ポリエステル繊維が開発されている．これは発色，風合いを維持したまま制電性を付加したものである．　（吉田豊太郎）

→グラファイト塗料，◎導電性繊維，導電糸

混同色中心 [co-punctual point]（生）

2色型色覚における混同色を色度図上に示した軌跡が混同色線（混同色軌跡）である．たとえばL錐体を欠いている2色型色覚の人が等色実験を行うと，XYZ空間におけるL錐体軸を含む平面上の色は，M錐体系とS錐体系の応答の比が一定であるので，その明るさの変化はわかるが，色の変化は識別できない．つまり色を混同してしまう．このような関係にある色を混同色という．このL錐体軸を含む平面とXYZ空間の単位平面が交差する線は混同色の色度図上の軌跡（混同色線（軌跡））となる．L錐体軸を含む別の平面でも同様のことがいえるので，別の混同色線が得られる（図参照）．これらの混同色線は1点で交わり，この点を収束点または混同色中心という．混同色中心の座標は理論上，第1色盲では$x=0.747, y=0.253$，第2色

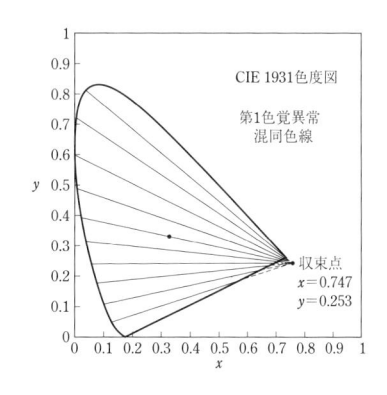

第2色覚異常
混同色線

収束点
$x = 1.080$,
$y = -0.080$

第3色覚異常
混同色線

収束点
$x = 0.171$, $y = 0.000$

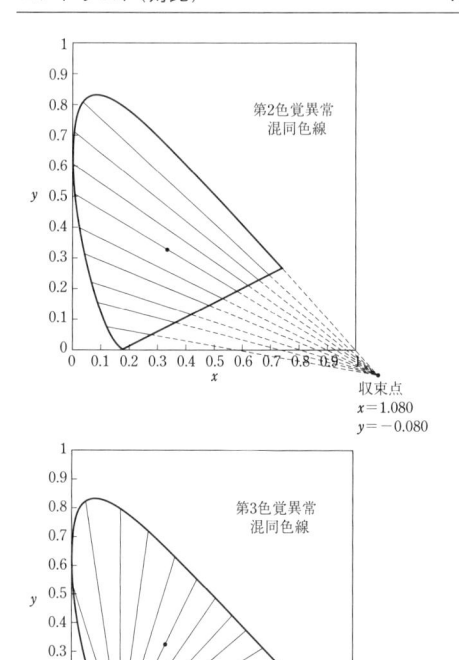

盲では $x = 1.080$, $y = -0.080$, 第3色盲では $x = 0.171$, $y = 0.000$ となる. （仲泊　聡）
→色覚異常

コントラスト（対比）[contrast]（調）

コントラストとは，質的または量的にまったく異なる2つの要素が組合わされたときに，互いにひきたて合い美的効果を生みだし，しかも全体として変化のある美しい統一感を構成する原理をいう．たとえば，直線と曲線，線の強弱や長短，方向，形の大小や材質の粗密や硬軟，色では色の濃淡や明暗など，量的，質的に相反するものを組み合わせることによって，単独で見た場合よりもいっそうそれぞれの特性が強調され，全体として変化のある調和のとれた美しいまとまりを構成する場合である（口絵参照）．

配色調和論では，調和のとれた配色を得るための理論として，色相やトーンのコントラスト配色や，明度や彩度のコントラスト配色があげられている．たとえば色相やトーンでは，補色や対照の配色が，明度では白と黒の配色が，彩度では高彩度と低彩度の配色が最もコントラストの強い配色といえる．これらの配色は，動的で若々しく現代的な雰囲気を表現して，見る人に新鮮な魅力と強い印象を与える．つまり，対比による視覚的効果をねらうために用いられる場合が多いが，それぞれの部分がバラバラに対立するのではなく，全体として有機的に統一されたときにその効果が十分に発揮されるといえよう．Graves (1951) は，「コントラストはユニティと同様デザインにとって必須である．変化は興味を刺激し，心を高ぶらせる．変化はデザインに生命を与え，構図に趣をそえる．構図にコントラストがなさすぎると無味乾燥なものになる．いかなるデザインにおいても一定量の変化は不可欠である」と述べている．（中川早苗）
→ハーモニー，コントラスト配色

◆Graves, M. (1951), 山口・塚田 (1960), 吉岡（常）ら (1993), 向井・緒方 (1993)

コントラスト感度関数 [contrast sensitivity function: CSF]（感知）

いかなるモノクロ画像パターン（輝度分布）も，フーリエ変換することでさまざまな空間周波数成分を有する正弦波（輝度グレーティング）パターンの合成関数として記述することができる．したがって，視覚系にとって最も基本的なパターンは正弦波パターンと考えることができる．空間周波数とは，単位視角内に存在する明暗正弦波の周期数で定義され，単位は cpd (cycles per degree) である．たとえば，2 cpd とは，視角1°内に2つの波が含まれる大きさの正弦波サイズを意味する．実際に空間周波数特性を測定するためには，さまざまな空間周波数の正弦波パターンをディスプレイ上に呈示し，そのコントラストを変えてコントラスト閾（正弦波パターンが見えるコントラストの最小値）を求めればよい．得られたコントラスト閾の逆数をコントラスト感度と定義して，空間周波数（の対数値）を横軸にとり，縦軸にコントラスト感度の対数値をプロットしたものが空間周波数特性を表すグラフであり，MTF (modulation transfer function) といわれる.

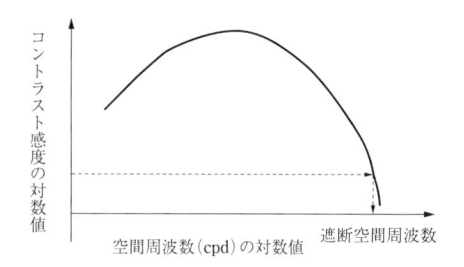

一般に，空間周波数特性は図のようなバンドパス特性を呈し，数 cpd 付近で最大感度を有する．40 cpd 以上では，コントラストをどれだけ上げても縞が見えないことから，遮断空間周波数（cut-off spatial frequency）は約 40 cpd といえる．40 cpd は，視力に換算すると約 1.3 に相当する．すなわち，視力とは，高いコントラスト（0.9 以上）の刺激を用いて，遮断空間周波数を測定していることにほぼ相当する．逆にいえば，空間周波数特性を測定することで，視力だけでなく，異なる空間周波数パターンに対するコントラスト感度を総括的に求めることができ，応用範囲が広いデータを得ることができる．

（岡嶋克典）

→空間周波数特性，輝度格子縞，MTF，◎変調伝達関数，輝度グレーティング

◆乾（敏）(1990)，日本視覚学会編 (2000a)

コントラスト配色 [contrast]（調）

コントラストは，対比，対照という意味で，コントラスト配色とは，相反する性質をもつ色どうしの組合わせを指していう．コントラスト配色は，とくにことわりがない場合は，色相のコントラスト配色を示していることが多いが，色の三属性に基づき，色相だけでなく，明度，彩度についてもコントラスト配色がある．色相コントラストは，赤と青，黄色と青紫のように，互いの色の色相差が大きい色どうしの配色をいう．また，明度差を大きくとり，色の明暗を対比させた配色は，明度コントラストとよばれる．明暗関係を明示した言葉として，「ライト・アンド・ダーク（light & dark）」と平易によばれることもある．彩度を対比させた配色は，彩度コントラストといい，冴えた色と，くすんだ色との組合わせのように，彩度差を大きくとった配色を指す．ちなみに，デザインの現場では，色だけでなく，「木質」と「金属」のような素材のコントラスト，「ざらざら」と「つるつる」のようなテクスチャーのコントラストもあげられる．

（大澤かほる）

コンピュータグラフィックス
[computer graphics : CG]（画処）

コンピュータのハードウエア・ソフトウエアを活用して，静止画・動画像などの視覚情報を提供する技術全般をいう（Foley ら，1990, 94）．歴史的には，(1) 1963 年，サザーランドが発表したインタラクティブな図形処理システム Sketch PAD に始まった 2 次元 CAD を主体とした創生期，(2) 1970 年代の 2 次元 CAD の実用化と 3 次元 CG 基礎技術の確立期，(3) 1980 年代の放送メディアを中心とした実用化，グラフィックスワークステーションの本格的参入，および 2 次元・3 次元レンダリング技法の成熟による応用分野の急速な拡がり，(4) 1990 年代のコンピュータのパーソナル化，ディジタルコミュニケーションの急拡大をとおして，CG は，ディジタル情報化社会における視覚情報基盤技術として，あらゆる分野で日常茶飯事の道具として活用されている．

CG の基礎となるソフトウエア技術は，① 各種分野の 2 次元 CAD 用線描画，② 2 次元・3 次元幾何モデル，そのデフォルムとデータ圧縮，③ アート・デザインなどに多用される 2 次元ペイント・ドローシステム，④ ディジタル映像・CG 画像の補色・合成・加工によるイメージベースとレンダリング，⑤ 光学現象を忠実に再現するフォトリアリスティックレンダリング，⑥ CT, MRI などの 2 次元画像から 3 次元情報に再構成するボリュームレンダリング，⑦ 理・工学の諸現象をはじめ，経済・社会事象などの可視化のためのステレオ画像を含む疑似表示，⑧ エンタテイメント・ディジタルネットワーク・コミュニケーション・医用などを目的としたリアルタイムレンダリングおよびインタラクティブグラフィックス，⑨ これらの開発を支援するグラフィックス言語など，日進月歩の進展をしており，マルチメディア・バーチャルリアリティを含むすべての視覚情報分野の基礎技術として

活用されている．

ハードウエアとしては，高速化のためのグラフィックスエンジン，並列コンピュータ，コンピュータネットワークをはじめ，2次元・3次元データの計測・入力装置，およびステレオ，パノラマ，オムニマックス，ヘッドマウントディスプレイ，CAVEシステム，イメージウォールなど，出力装置も多岐にわたっている．

〔中前栄八郎〕

→レンダリング
◆Foley J.D. ら (1990, 94)

コンピュータビジョン [computer vision]
（画処）

コンピュータビジョンとは，画像や映像を手がかりとしてコンピュータが外界の情報を獲得できるようにするための科学と工学を指す．2次元に投影された画像から3次元の外界を推定する問題は，一般に不良設定問題となるため，対象とする世界に仮説を導入してアルゴリズムを構成する．物体表面の反射特性として2色性反射モデルが考案されたのも，コンピュータビジョンの要求からである．また，多視点から観測した画像や，多チャネルで撮影したカラー画像を用いて，観測データをふやすことによって，推定の安定化を図ることが多い．画像からの特徴検出手法は，パターン認識分野でもさかんに研究されてきたが，コンピュータビジョンでは，ラプラシアン・オブ・ガウシアン（LOG），スケールスペース，オプティカルフロー，色恒常性など，人間の初期視覚を指向したものが多い．物体認識のための形状表現法や画像を撮影するカメラのモデル化法，カメラのキャリブレーション法など，多様な研究が行われている．コンピュータビジョンの研究は，これまでのような自動化のための技術としてだけでなく，コンピュータグラフィックスなどと融合した視覚メディア処理のための技術としても注目されている．

〔大田友一〕

→2色性反射モデル，色恒常性，キャリブレーション
◆谷内田 (1990)，江尻ら (1990)

コンプリメンタリー [complementary]（調）

コンプリメンタリーは，補色のことである．2つの色光を加法混色した場合，その結果は白色となる．また，色料の場合の減法混色では黒に，中間混色では灰色となる．補色はこのように混色によって無彩色になる2色の有彩色の関係を指す．反対色ともよばれる．補色の関係にある2色は，色度図上では白色点をはさみ，直線上の対象位置となる．顕色系では，よく色相環が活用されているが，たとえばマンセルシステムにおける色相環では，補色は対極に位置するように配置されている．これらの関係は物理補色といわれる．

ふだん意識することは少ないが，われわれは補色を残像（あるものを凝視した後に現れる像）として体験することがある．ある有彩色の残像色は厳密には物理補色の関係にはないが，これらの関係は心理補色とよばれる．たとえば，黄色を1～2分凝視した後に，白い紙をしばらく見つめていると，その前に見ていた黄色の心理補色である青紫が白紙上に浮かんで見える．このような補色の関係にある色どうしは，配色上では調和が得られる関係とされている調和論が多く，この配色を単にコンプリメンタリーとよぶことがある．しかし，補色どうしの組合わせは，使用する色の面積や，それぞれの色がもつ明度，彩度によっては，色と色との境目にぎらつき（glare：グレア）が生ずる．グレアを防ぐために，間に無彩色をはさむ手法がよく使われる．

〔大澤かほる〕

→補色，残像

コンプレックスハーモニー [complex harmony]（調）

隣接色相や類似色相の配色において，「色相の自然連鎖」に従い，色相環上で黄寄りの色相の明度を高く，青紫寄りの色相の明度を低くする「ナチュラルハーモニー」に対して，明度の関係を逆にし，黄に近い色相の明度を低く，青紫寄りの色相の明度を高くする配色を「コンプレックスハーモニー」（複合的な調和）という．コンプレックスは複合の，複雑なという意味．本来は隣接・類似色相の配色だが，ファッション界では，黄みに近い暖色系の色を比較的暗くし，反対に青紫に近い寒色系の色を相対的に明るくした配色も含めて，「コンプレックスハーモニー」とよんでいる．「ナチュラルハーモニー」は自然

連鎖に従っており，自然界において見慣れた配色で，調和して見えやすいが，自然連鎖に逆らうような「コンプレックスハーモニー」は違和的に見え，複雑なイメージを抱かせることになる．ただ今日の人工的な色彩環境の中で，「コンプレックスハーモニー」は目新しい配色として流行し，ミスマッチの面白さとして社会に求められ，受け入れられている． （松田博子）
→ナチュラルハーモニー，色相の自然連鎖
◆福田 (1996), 大井・川崎 (1996), 全国服飾教育者連合会 (AFT) 監 (2001)

[さ]

サーモクロミズム [thermochromism]（物）

物質に熱を加えると（可逆的に）変色し，熱を除去すると元の色に戻る現象をサーモクロミズムとよびサーモトロピー（thermotropy）ともいう．サーモクロミズムを示す物質としては，無機化合物では Ag_2HgI_4 や Cu_2HgI_4 が知られており，色の変化の機構は結晶構造の変化と考えられている．また有機化合物では，無色のスピロピラン系誘導体が加熱により赤色〜紫色を呈することが知られており，この場合の発色の機構は開環によるものである．また，ジフェニルおよびジアニシル−メチレンアンスロンが加熱により黄色から赤橙色に変色することが知られており，変色の機構は熱エネルギーによって振動状態の分子の分布が変わるためといわれている．

サーモクロミズムはアゾ系の色素でもしばしば見られるが，この場合は熱による互変異性化と考えられ，その変色の程度はあまり大きくない．サーモクロミズムを利用した商品の開発は，サーモクロミズムのある色素を利用するよりもむしろサーモトロピック液晶系を利用することがより実用的であるケースが多く，サーモトロピック液晶系を利用した技術が温度表示用などに用いられている． （今田邦彦）

◎サーモトロピー
◆市村（1989）

再帰性反射標識 [retroreflective safety signs]（安）

JIS では，M 7001-1951（鉱山保安警標）の塗装という項目に，"必要があるときはスコッチライトなど特殊反射塗料を用いる"とあり，"これを用いれば相当遠方から認識できる効果があるが，高価になるので警標のうち重要な部分に応用する……"と，当時の事情を伝えている．その後 10 年ほどして 1960 年に，独立した規格として Z 9105「反射安全標識板」が制定され，"直径 0.02〜0.3 mm の透明なガラス球で指向性反射加工を施した標識板"と規定している．そして，構造としては，基板に直接加工する場合と，あらかじめ加工した薄膜を貼りつける場合との 2 種としている．その後，後者の薄膜すなわち反射加工したシートあるいはテープ（以下反射シートという）について，その頃の反射シートの先進技術を参考にした Z 9117「保安用反射シート及びテープ」が 1979 年制定，1984 年改正で現在に至る．この規格の大きな特徴は，ほかの安全色関係の規格の多くで適用外扱いされている，"道路標識，その他の道路付属物" が適用範囲に明記されていることである．そのような事情もあって，この Z 9117 は安全色や安全標識板の統合とは別に，独立した規格として残り，むしろ道路標識を中心として広い範囲で活用されている．ただし，色と反射性能については，新しい Z 9101 と Z 9103 において，再帰反射色として改正されている．色は，赤，黄赤，黄，緑，青の安全色と対比色白の 6 種である．ISO 3864-1 では黄赤を除く 5 種である．再帰反射（retroreflection）とは，Z 8713（1995）「再帰性反射体−光学特性−用語」では"広い照射角にわたって，入射光路にほぼ沿う方向に，選択的に反射光が戻るような反射"と定義され，続いて再帰反射体とは"その反射光のほとんどが再帰反射である面又は器具"となっている．その構造には，プリズム型と球面レンズ型の 2 種があり，Z 9117 では，図のような，ガラス球が完全に覆われた球面封入レンズ型に限定されて

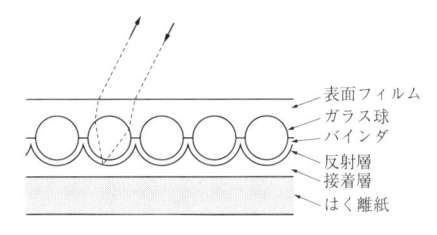

球面封入レンズ型反射シートの構造

いる. （児玉　晃）
→安全色と安全標識, 再帰反射

再帰反射 [retroreflection]（物）

　反射光が入射光の方向の近傍に選択的に集中する反射を再帰反射とよび, 反射する放射の大部分が再帰反射による反射面または器具を再帰性反射材（体）（retroreflecter）という. この性質は入射光の方向が変わっても保持される. 再帰反射するものとしては大別してガラス・ビーズを用いるものとプラスチックの成形品とがあり, 両者を併用したもの, 蛍光色と併用したものもある. 前者は屈折率が 2 のガラス球が近軸光線を全反射する性質を, 後者はコーナー・キューブのような正四面体の全反射を利用したものである. 用途として, 前者には反射シート, レーン・マーク, キャッツアイなどがあり, 後者には車両の後部反射器などがある. 反射シートは主として標識として用いられ, ほぼ, 法線方向から照射されたときその方向に強く反射する. 標識として用いられたとき, 昼間は一般標識と同じ色に見え, 夜間もその色に見えることが望ましい. レーン・マークは前照灯による照明光の反射光が運転者の方向に向かうことが必要で, 入射角はきわめて大きくなる. 再帰反射の定義と測定法については, Pub. CIE No.54.2–2001, JIS Z 8713–1995；8714–1995 が参考となる.
（馬場護郎）

サイケデリック・カラー [psychedelic colors]（造）

　LSD などの薬物による幻覚体験で得られる視覚世界に直感を得た, 派手な極彩色や蛍光色, 光輝色などの配色.「サイケデリック」とは,『サイケデリック体験』(1965) を著したアメリカのリアリーによる, ギリシア語の「精神（psyche）」と「目に見える（delos）」とを組合わせた造語である. 薬物使用と同時に瞑想による宗教的高揚を得て, 魔術的思想と結びつく例もある. 激動する 1960 年代のアメリカ社会情勢の中で登場したヒッピーとよばれる若者たちは, 反戦運動と現実逃避の狭間で, 薬物使用による幻覚体験に芸術的直感を得た音楽, ファッション, アート, 文学など, 既存の価値観を破る独自の文化を形成していった. なかでも「反戦・平和・自由」

マーチン・シャープ《風に吹かれて》1967

をスローガンにサンフランシスコ市ヘイト・アシュベリーにコミューンを形成した, フラワーチルドレンとよばれる若者たちに端を発するサイケデリック・アートは, 享楽と幸福感溢れる配色が見られる一方で, ブラックライトやフラッシュ, カラードライトや液体透過光による眩暈空間の演出や, ときに形態を見失わせるほどの激しい錯視効果に満ちた色彩の氾濫という点で, オプティカル・アートと不可分の関係にある（口絵参照）. （栗野由美）
→オプティカル・アート

彩度 [chroma]（表）

　色みの強さを表す尺度を彩度という. すなわち彩度とはあざやかさの程度を表す尺度であり, 無彩色を 0 として色みを感じる程度が増大するにしたがって大きな数値が割りあてられる. マンセルシステムの彩度は無彩色軸から知覚的に等歩度になるよう距離が積み上げられ, 他の多くのカラーオーダーシステムのように無彩色と最高彩度色との間を内分しているわけではない. このためマンセルシステムの最高彩度は色相によって異なっており, 色立体は無彩色軸方向から見て正円にならない.
　これに対して色光に含まれる無彩色成分と残りの成分の比をもとに定義されるあざやかさの程度を飽和度（saturation）という. 飽和度の指標として刺激純度（excitation purity）があ

り，これは色度図上の白色点 W から，当該の色の色度点 F との距離 WF と，同じ主波長のスペクトル軌跡上の点 C との距離 WC との比で定義される．飽和度はいわば光に含まれる色光成分の割合だから，もとの光量自体にはほとんど依存しない．このため光量が非常に少ない場合（Y が小さい場合）でも，そこに含まれる色光成分の割合が多ければ大きな値をとる．このことは高い飽和度の色でも黒に近い暗い色があることを示しており，彩度と飽和度が一致するとは限らない．色立体内において彩度は無彩色軸からの距離を表すのに対し，一般的に飽和度は黒を原点とした無彩色軸からの傾きを表すことになる．

飽和度を求める一般的な方法として，カラーネーミング法を用い，色み（有彩色）と白み（無彩色）の評価点から彩度を求めることが多い（飽和度＝色み点／（色み点＋白み点））．このとき，波長によっては（たとえば黄色）単色光であっても飽和度が 100％にはならないことが知られている．また，飽和度のみによる色弁別をとくに純度弁別（purity discrimination）とよぶが，そのときの純度の差で求められた飽和度弁別閾値を飽和度の指標とする方法もある．とくに，白色（L_W）からの単波長による純度弁別閾値（L_I）を求めて，その逆数（$(L_W + L_I)/L_I$）を採ったものを，各波長の飽和度を表す指標として彩度関数と定義し，彩度の指標としている．570nm 付近で最小となり，それより短波長および長波長で値が大きくなる． （篠森敬三・坂田勝亮）
→明度, 明度係数, 色相, 無彩色と有彩色, (刺激) 純度, マンセル表色系
◆内川 (2001)

材料着色 [material coloring]（着）

材料に直接顔料などを練り込んで着色する方法．プラスチックの着色では最も多く使われている．成形前の原料樹脂に，分散した顔料などの着色剤を混ぜて着色する．成形してから塗装・印刷などの後加工（表面着色）をしたものより耐光性にすぐれる．また，一般に表面着色よりもコストが安い．色や質感の自由度は表面着色に劣るが，厚みの制限が少ないため，塗料などに比べて大粒径の光輝材その他の材料を入れることができ，その利点を生かした材料が使われ始めている．また，大理石や御影石のような柄をつくることもでき，人工大理石として，キッチンや洗面カウンターなどに使われている．リキッドカラー着色も材料着色の一種だが，これは未着色樹脂のペレットをシリンダーの中で溶融するときに，着色剤（インキ）を添加する方法である． （吉田豊太郎）
→原液着色, ◎練りこみ, 内部着色

サウンダーソン補正 [Saunderson's correction]（物）

混濁媒体中の光の挙動についての基礎的な理論としてクベルカ－ムンクの理論（Kubelka・Munk, 1931）があり，種々の制約にもかかわらず現在でも塗料，染料，プラスチックなどの混色計算に用いられている．この理論の制約の1つは，これは媒体内での光の挙動で界面による影響を考慮していないことおよび媒体内で上下に向かう光束はすべて均等拡散であるとしていることである．Saunderson (1942) はこの点に着目し，空気中で実測される反射率と着色層の内部反射率との間について次の関係式を提案した．

$$R' = k_1 + (1 - k_1)(1 - k_2)R/(1 - k_2 R)$$

ここで R'：着色層の実測反射率，R：着色層の内部反射率，k_1：着色層外の法線方向からの平行入射光束に対する空気－着色層の界面の反射率，k_2：着色層内からの均等拡散入射光束に対する着色層－空気の界面の反射率

この補正式をサウンダーソンの補正式とよぶ．k_1, k_2 の値は，一般に樹脂層の屈折率が 1.5～1.6 であることを想定して，$k_1 = 0.04$, $k_2 = 0.5$～0.6 とされることが多い． （馬場護郎）
→クベルカ－ムンクの法則
◆Saunderson, J.L. (1942)

酒井田柿右衛門（造）

有田焼の窯元の一軒．日本における赤絵磁器の創始者と伝えられる初代柿右衛門を祖とし，現在 14 代が柿右衛門を襲名している．初代柿右衛門といわれる喜左衛門が，中国からの技術導入，朝鮮の陶工の協力によって赤絵を創始した様子を記した文書が伝えられている．伊万里焼の上絵が完成したのは 1640 年代のことである．

その当時，中国ではすでに美しい色絵磁器が焼かれており，日本はそれにやっと追いついた形だったのだが，50年代には欧州への磁器輸出が始まり，厳しい注文に応えるべく，伊万里焼は急速に技術を向上させていった．中国風が流行していた時代であり，最初は中国の写しで始まったが，だんだんと日本独自の意識が製品に現れるようになり，1680年代には，乳白色の白磁素地に明るい上絵，瀟洒な絵付けの独特な色絵磁器が完成された．昔は，これらを代々の柿右衛門の作として柿右衛門手とよんだが，近年の研究によって，個人の作品ではなく輸出用高級色絵磁器であると考えられるようになり，現在は柿右衛門様式とよぶようになっている．柿右衛門様式の特徴のひとつが，米の研ぎ汁色の「濁し手」とよばれる乳白色の素地である．上絵の色を美しく見せるために，できる限り青みを取り除いた白磁が濁し手である．この上に，朱に近い明るい赤を生かして絵を描いている．古九谷様式の重厚な色彩と対照的． (中島由美)
→伊万里焼，色絵磁器

先染め（着）

織・編地（ファブリック）をつくる際に，それに使われる初期の素材段階である繊維の「綿」，それをひも状にそろえたスライバーの段階や，それを撚って糸とした段階で染色してつくりあげる手法のこと．すでにファブリックとなった段階で染色する「後染め」に対する用語である．厳密に綿の段階での染色には，「綿染め」がある．また，糸の段階での染色には「糸染め」という用語が使われる．梳毛紡績の中間製品である「トップ」の状態で染色するのを「トップ染め」という．トップ染めは，異なる繊維種や色を混合使用することにより，糸染めよりもさらに味わい深い色彩効果が現れる．先染めは，後染めに比較して，均一な染色が可能で，染色の堅牢度も高い．先染めでの色彩表現は織・編柄での表現となり，その性質上，綿や糸に使用される色での混色（並置加法混色）となる． (山内　誠)
→後染め，綿染め，トップ染め
◆板倉ら監 (1977)

サブサンプリング [sub sampling]（画処）

すでに標本化（サンプリング）されている画像から，さらに標本点を間引いて再サンプリングすることをいう（N 分の 1 に間引くのみではなく，補間により標本点の数をへらすこと全般を意味する）．単純に間引いてしまうと，ナイキスト周波数の移動によりエイリアシングが生じて歪みとなるので，高周波帯域をあらかじめ減弱しておく前置フィルタを用いたり，高周波帯域を減弱する効果のある補間フィルタにより行うことが多い．JPEG 圧縮においては，YCbCr のルミナンス（輝度），クロミナンス（色差）信号に変換後，クロミナンス信号に対する視覚感度が低いことを利用して，CbCr については標本点を間引くサブサンプリングを行い，情報量をへらす処理が可能であり，多くの場面で使用されている．ほかに，ウェーブレット変換やラプラシアンピラミッドのような多重解像度分解する処理においては，標本点の数をへらすサブサンプリングが重要な要素となっている．また，画像を縮小する処理を一般に表す言葉として使われることもある．これに対して拡大する処理はオーバーサンプリングまたはスーパーサンプリングなどと称される． (伊藤　渡)
→JPEG，クロミナンス（色差）信号，標本化定理
◆映像情報メディア学会編 (2000)

酸化焼成 [oxidation firing]（化）

酸化焼成（酸化炎（または焔））とは酸素を十分供給する焼成方法，すなわち，酸素が介在するあらゆる反応作用を自由にもたらす，普通の焼成雰囲気の状態のことをいう．これは 400～900°C 前後にかけての焼成の初期の段階でとくに重要なプロセスで，酸化炎焼成過程とよばれる．この過程で粘土に含まれている炭素質の物質は，一酸化炭素や二酸化炭素のガスとなって完全に焼失する．焼成の最終温度は 1300°C 程度になるが，この過程で酸素が過剰になると酸素は反応性が高く，釉薬や素地に含まれる金属分や無機物と酸化反応することになる．

鉄酸化物（Fe_2O_3）は赤，褐色，黄色などの素地色を呈色する．銅酸化物は第二酸化銅（CuO）の状態で緑色を呈する．焼成過程で供給酸素量が減ると酸化現象が起きなくなり，窯内は還元雰囲気となり還元焼成とよぶ．この系では酸化鉄は一酸素を失い濃い紫，黒，灰色を呈し，第

二酸化銅は同じく酸素の一部を失い，第一酸化銅（Cu_2O）となり赤系の発色となり，全部を失うとコロイド金属銅の赤紫と薄青の斑文を現す．酸化・還元雰囲気を現す窯内の酸素濃度は，明確ではないが3～5％以上で酸化焼成といわれる．

（珠数　滋）

→還元焼成
◆Cooper, E.・Royle, D. (1978) [南雲訳, 1995]

酸化染料 [oxidation dye]（化）

アミノ基や水酸基を有する芳香族化合を用い，繊維上で酸化重合または縮合を行い水不溶性の染料を形成して染色する染料を酸化染料とよぶ．酸化染料は主として木綿の染色用途に使用される染料で，色相は黒色，褐色，濃紺色，紫色，黄色などに限定され，代表的な酸化染料としてアニリンブラックがある．アニリンブラックは堅牢な黒色が安価に染色できる特徴があるが，作業時のアニリン中毒など安全衛生面での問題や染色工程の複雑さに加えて，酸化不良の場合には緑色に変色するなどの色相の不安定さ，酸化過度のものは繊維が脆化しやすいなどの欠点があり，現在ではほとんど使用されていない．

酸化染料は白髪染め用としても利用されており，この分野ではパラミンブラックが有名である．カラーインデックスには酸化染料という染料種属はなく oxidation base として約50種の化合物が登録されている．代表的なものとしてはアニリン（アニリンブラック：黒），P-アミノジフェニルアミン（ジフェニルブラック：黒），m-アミノフェノール（フスカミンブラウン：褐色）などがあげられる．酸化剤としては，木綿染色の場合には重クロム酸カリウム，塩素酸ナトリウム，黄血塩，毛皮の染色には過酸化水素が用いられる．

（今田邦彦）

◆有機合成化学協会編 (1970)

三原色（絵の具の，減法混色の）
[three subtractive primary colors]（感知）

混合によって多くの他の有彩色を生じる，最小限の有彩色．原色は他の色の混合では得られない色であり，加法混合（光の色），減法混合，心理的な原色などがある．絵の具の色では，現在最も受け入れられている色は，赤，黄，青の3色である．光の場合も三原色であるが，白色光が得られればよいということであれば二原色もある．減法混合では明度低下が起きるが，同時に色が濁るという現象も不可避的に伴われる．絵では，よい混合色が必要になることがある．その目的のために混合でつくられる有彩色が満足できるものであるためには，原色の純度は可能な限り高くなくてはならない．

三原色理論の原型は最初版画の世界で経験的に見出された．ル・ブロン（画家）は赤-黄-青の三原色による色混合理論を開発し，特許をとった．この技法によって，18世紀初期にフルカラー版画を刷った．後にロンドンで「COLORITTO」（約1723–26）を刊行した．1756年にフランス版が出版されている．なお，ビレンによって1980年に両者を校合した復刻版が出版されている．原本は44頁の本で，メゾティント（鋸歯をもつローラーによって地を荒らしてつくる一種の凹版で，ハーフトーン印刷が実現できた）という技法による乙女の原色印刷肖像シリーズが付されていた．

（小町谷朝生）

三彩（唐三彩） [three glazes]（造）

素地に直接，低火度釉をかけて焼いたやきもの．釉には銅や鉄，コバルトを呈色剤とする緑，黄，茶，藍などの色があり，これらをかけ分けてやきものを彩る．三彩といっても，3色とは限らない．三彩は中国で唐時代に盛んに焼成された．これを唐三彩という．唐三彩は，白い素地の上に2色から4色の色釉を流しかけて彩っている．地の白，緑，褐色の組合わせが多く見られ，藍釉は比較的少ない．壺，瓶などの器の他，大型の馬やらくだ，人などの俑も三彩釉をかけたものが見られる．その多くは墳墓に副葬する明器である．色釉の鉛része溶ける温度にあわせて700°C前後の低い温度で焼成されているため，焼き締まらない比較的やわらかい陶器であり，実用向きではない．華やかな貴族文化を象徴するような装飾品である．青磁，白磁などのシンプルなやきものの歴史の中で，その色あざやかさは独特なものである．なお，遣唐使などによって唐三彩は日本にもたらされ，これを写すように奈良三彩がつくられている．明時代後半から清代まで焼かれた素三彩は，磁胎に三

彩を施したものである． 　　　　(中島由美)

三刺激値 [tristimulus values]（表）

加法混色の三原色のように適切に選ばれた3個の原色を混色して，ある色（試料）と等色させるに必要な原色の量を三刺激値という．代表的なものとして，CIE の XYZ 表色系および $X_{10}Y_{10}Z_{10}$ 表色系における三刺激値 X, Y, Z および X_{10}, Y_{10}, Z_{10} がある．XYZ 表色系の三刺激値 X, Y, Z は次式で計算される．

$$X = \Sigma S(\lambda) R(\lambda) \bar{x}(\lambda) \Delta\lambda,$$
$$Y = \Sigma S(\lambda) R(\lambda) \bar{y}(\lambda) \Delta\lambda,$$
$$Z = \Sigma S(\lambda) R(\lambda) \bar{z}(\lambda) \Delta\lambda$$

ここで，$S(\lambda)$：標準イルミナントの相対分光分布の値，$R(\lambda)$：試料の分光反射率係数の値，$\bar{x}(\lambda), \bar{y}(\lambda), \bar{z}(\lambda)$：CIE 1931 表色系の等色関数の値，$\Delta\lambda$：波長間隔で，一般に 5nm，$\Sigma$：積和の範囲で，一般に 380～780nm の間．

なお，$X_{10}Y_{10}Z_{10}$ 表色系における三刺激値 X_{10}, Y_{10}, Z_{10} は，上式の CIE 1931 表色系の等色関数の値を CIE 1964 表色系の等色関数の値に置き換えて，求める．　　　(小松原 仁)
→XYZ 表色系，標準イルミナント，等色関数

三色説 [trichromatic theory]（感知）

一般に三色説といえばヤング-ヘルムホルツの色覚三色説を指す．すなわち人間の網膜には3種類の光受容体があって，それぞれが入ってきた光に独自に反応し，それら3種類の反応の大小によっていろいろの色が知覚されるというもの．三色説の根拠は視覚の3色性にある．どのような色でも3種類の色を加え合わせることによって再現できるというのがそれで，現在では3種類の色を原刺激，加え合わせることを加法混色という．また3種類の光受容体は L, M, S 錐体ということになる．ヘルムホルツは19世紀のドイツの人で，この考えを18世紀から19世紀にかけて活躍した英国の物理学者ヤングの考えを引用しながら提案したのでヤング-ヘルムホルツの三色説と現在ではよばれる．しかしヤングより前の何人かの科学者が同様の考えを発表しているので，そうよぶのは正しくないとの意見もある．3つの色光による等色実験を精密に行い，やがて XYZ 表色系にまで発展させていったのは主に物理学者であったので，自然科学系の人に強く支持されてきた．一方で心理学者ヘリングが正と負の反応を光受容体に想定した反対色説を提唱したので，両支持者の間で長いきびしい論争が続いた． 　　　(池田光男)
→反対色，錐体分光感度関数

3色分解撮影方式 [tri-color separation exposure process]（入出）

19世紀末から20世紀の終わりには，撮影時に3枚の黒白感光材料におのおの3枚の赤，緑，青のカラーフィルタを組合わせ，赤と緑と青の3枚のネガ画像に分解して撮影記録する方式が使用されていた．その記録画像を再現する場合は，それらのネガ画像をネガ感光材料に焼き付けポジ画像にしてから，光源に赤と緑と青のフィルタとを組合わせて3枚の画像を重ねて投影することによりカラー画像を再現していた．これは，マックスウェルによる初めてのカラー写真の方式である．このように，被写体から3色の画像を独立に取り込み記録することを3色分解撮影方式とよぶ．この方式の初期のカメラは，赤と緑と青の3回の順次露光が必要で動きのある被写体は撮影できなかったが，オーロンにより，ワンショットカメラ（one-shot camera）が考案され，レンズからの光を3つに分け分解フィルタを通して同時3色露光が可能となった．現在，普及しているカラー感光材料は赤と緑と青の画像をおのおの独立に感光する3層から構成されており，1枚の感光材料で撮影できるため，上記の方式に比べ取り扱いが簡単である．

(室岡 孝)

酸性染料 [acid dye]（化）

水に可溶で，染料イオンが陰イオン（アニオン）性を示す染料としては，直接染料と酸性染料がある．この中で分子量が小さく，羊毛やナイロンなどのポリアミド系繊維に対して親和力があり，セルロース繊維に対しては親和力の小さい染料を酸性染料と分類している．また，酸性染料の中で，染料分子中に金属を配位したものを金属錯塩型酸性染料（あるいは含金属酸性染料）とよんでいる．酸性染料という種属の名称は，通常，羊毛繊維を酸性浴から染色を行うことに由来し，それ自身が酸性の pH を示す染

C.I.Acid Yellow 23
アゾ系酸性染料の例

C.I.Acid Red 138

C.I.Acid Blue 113

C.I.Acid Blue 40
アントラキノン系酸性染料の例

C.I.Acid Red 52
その他の構造の酸性染料の例

C.I.Acid Black 52:1
金属錯塩型酸性染料の例

ほかにアントラキノン系染料，縮合系の染料，金属錯塩型の染料がある．左欄に代表的な構造の例を示した．

酸性染料は，その羊毛に対する染色性から，均染型，半ミーリング型，ミーリング型の3つのタイプに分類されている．均染型の染料は分子量の比較的小さい染料で均染性がよいため主として布帛の染色に用いられるが，湿潤堅牢性が不良．半ミーリング型は分子量が中程度の湿潤堅牢性と均染性のバランスのよい染料で，これも主として布帛の染色に用いられる．ミーリング型は分子量の大きい湿潤堅牢度にすぐれた染料で主として糸やバラ毛などの先染染色に用いられ，ミーリング工程に耐える染料の意味でミーリング染料とよばれている．酸性染料のナイロンに対する染色性は羊毛とは多少異なる点もあるため，ナイロン染色用酸性染料として適性のある染料が選ばれ，羊毛用とは別の冠称名，分類にて市販されている． (今田邦彦)
◆安部田・今田 (1989)

酸性媒染染料 [acid mordant dye]（化）

酸性染料としての特性を有し，かつ金属原子と配位結合を形成できる官能基を有する染料を酸性媒染染料とよぶ．通常，染色時に重クロム酸塩の処理によりクロム錯塩とするため慣用的にクロム染料ということもある．酸性媒染染料はクロム錯塩の形で染着するため，鮮明な色相は得がたいが，耐光や湿潤堅牢度面ですぐれた特長があり，黒，紺，濃茶などの濃色分野を中心に多く用いられている．化学構造的にはアゾ系が主体で，そのほかにトリフェニルメタン系やアントラキノン系の染料も知られているがこのタイプの染料は現在ではほとんど使用されていない．金属と配位結合できる置換基としては，水酸基やカルボン酸基が用いられる．次に代表的な酸性媒染染料の構造例を示す．

酸性媒染染料の発色には，六価のクロム化合物（重クロム酸カリウムなど）が使用されるが，繊維上で三価のクロムとなり染料と錯結合を形成するため，繊維上に六価クロムは残存しない．酸性媒染染料は，濃色での色相や堅牢度面でほかの染料にかえがたい特長があるが，染色後のクロムイオンを含む排水の処理に手間とコスト

料という意味ではない．酸性染料をその化学構造から分類すると，アゾ系染料が主体で，その

C.I.Mordant Black 11

C.I.Mordant Yellow 3

がかかる点や，染色物を廃棄焼却した場合に灰中にクロムが残存し有害性が問題となることから，その使用を避けようとする動きがあり，代替染料として羊毛用の反応染料の検討が進められている． 　　　　　　　　　　　　　（今田邦彦）
◆安部田・今田 (1989)

残像 [afterimage]（感知）

刺激が消えた後も，続けて網膜の同一部位にその刺激に対する知覚が残る．これを残像とよぶ．先行して与えられる刺激の色や明るさ，空間的配置によって見える残像は異なる．とくに先行刺激と色や明るさが同じものを正（positive）の残像，反対のものを負（negative）の残像とよぶ．正の残像に関する研究報告は少なく，残像の減衰過程で正と負の残像が交互に現れるとした報告（Padgham, 1968）や，十分に暗順応した状態でフラッシュ光などにより一瞬だけ視野を明るく照らすことで長時間にわたる正の残像が得られるという報告（Swindle, 1916）などがある．それに対して，負の残像は色の時間対比（temporal contrast）ともよばれ，順応の観点から多くの研究がなされている．明暗に関しては明るい（暗い）先行刺激に対して暗い（明るい）残像が，色については先行刺激と補色の残像が知覚される．先行刺激に対する網膜レベルの局所的な順応が負の残像の主な成立要因と考えられている． 　　　　　　　（篠田博之）
→時間対比，◎色残像
◆Padgham, C.A. (1968), Swindle, P.E. (1916)

サンタクロースの赤 [Santa Claus red]
（社）

サンタクロースは 4 世紀に小アジア（現トルコ）のミュラの司教だった聖ニコラスに由来し，聖ニコラスを意味するオランダ語の Saint Kleas または Sinterklaas が英語でなまってサンタクロースとなった．ニコラスの祝日は 12 月 6 日で，ヨーロッパ，とくにドイツ，スイス，オランダではその前夜は子供が楽しみにする贈り物の日である．ニコラスは敬虔なカトリックで資産家の両親に育てられ，両親の死後，莫大な財産を貧しい人びとに施し，哲学，神学を学んで司祭となり，ミュラで布教活動を行い，ミュラの司教に就いた．当時は教会の迫害時代であり，ディオクレチアヌス皇帝の時代にミュラの聖堂は破壊され，ニコラスも投獄されたが，313 年のコンスタンティヌス大帝の信教自由の勅令で釈放され，教会を復興し，343 年の没後，遺体はミュラの聖堂に葬られ，巡礼の中心地となった．宗教改革の頃からプロテスタントを信奉する地方では，ニコラスを彼の司教服にちなんだ赤い服と赤ずきん，長靴ばきの好々爺姿で，クリスマスの晩に子供たちにプレゼントを配る人にしたといわれている．

サンタクロースは，その後，1822 年にアメリカの神学校教授クレメント・クラーク・ムーアがセント・ニコラスの伝説をもとに書いた詩に登場し，1847 年にはドイツの人気挿絵画家モーリッツ・フォン・ジュヴィントが赤いマントを羽織り，子供にプレゼントを配る冬男を描き，さらに 1894 年にムーアの詩集をテオドール・C・ボイドが挿絵した絵本がアメリカ全土に広がり，サンタクロースのイメージが波及していった．現代のサンタクロース像のイメージに最も影響を与えたのは，政治漫画家のトーマス・ナストが描いた 1863 年の「ハーパーズ・ウィークリー」誌の表紙のサンタクロースであり，ナストの作品以降，サンタクロースは威厳のある守護聖人像から離れ，人間味のあるサンタクロースとして世界中に浸透していった．なかでも，1931 年にアメリカの飲料メーカであるコカ・コーラ社の依頼を受けた画家のハッドン・サンドブロムがサンタクロースのキャラクターを創り出し，赤地に白の縁取りのある服に赤ずきん，白いひげ姿のサンタクロース像がさらに定着したのである．

　　　　　　　　　　　　　　（渡辺明日香）

散乱 [scattering]（物）

　一方向に進んできた光が粒子などにあたったときに，進行方向以外に光が広がっていくことを散乱という．光が粒子にぶつかると，粒子の分子中の電子が揺り動かされる．揺り動かされた電子はいろいろな方向に光を放出することから散乱が起こる．光の波長が短いほど，微粒子を構成している原子内部の電子を振動させる振動数に近く，この電子の振動が新たにまわりに光を出し，散乱は強くなる．この粒子が波長に比べ十分に小さいときに短波長ほど散乱がされやすい．このような波長によって散乱の程度が異なることをレイリー散乱とよぶ．青空は大気中の粒子によるレイリー散乱が原因である．粒子が波長と同程度の大きさのときの散乱は粒子表面での反射に似て，散乱の程度が波長に依存しない．この散乱をミー散乱とよぶ．雲は白く見えるが，この散乱はミー散乱ではなく，雲を構成する粒子の大きさが異なるために，多く散乱する波長が異なって，この光が混色して白く見えるので，散乱としてはレイリー散乱である．光が媒質中を進むとき，吸収や散乱で強度が減衰する，この減衰の程度を線形減衰係数とよび，吸収での減衰でない部分を散乱係数（scattering coefficient）とよぶ． 　　　　　（鈴木恒男）

→青空の色

［し］

CIELAB（表）

国際照明委員会（CIE）が 1976 年に推奨した均等色空間で，この座標上で示される 2 色の色の一定距離が，どの色領域においても，ほぼ一定の知覚的な色差を与えるように開発された．CIE$L^*a^*b^*$ 色空間という．三刺激値 X, Y, Z から次の式によって L^*, a^*, b^* を求める．

$$L^* = 116(Y/Y_\mathrm{n})^{1/3} - 16,$$
$$a^* = 500[(X/X_\mathrm{n})^{1/3} - (Y/Y_\mathrm{n})^{1/3}],$$
$$b^* = 200[(Y/Y_\mathrm{n})^{1/3} - (Z/Z_\mathrm{n})^{1/3}]$$

ただし，$X_\mathrm{n}, Y_\mathrm{n}, Z_\mathrm{n}$ は，標準イルミナントの下の完全拡散反射面の三刺激値である．この色空間はアダムスとニッカーソンが開発したマンセル表色系の等明度面で，等色相線が放射状の直線になり，等彩度線が無彩色を中心とする同心円になるようにした chromatic-value 空間と明度関数を組合わせた ANLAB40 を変形してまとめたもので，CIELAB 色空間で計算される色差を 0.9 倍すると，おおむね ANLAB40 で計算される色差と一致する． （小松原 仁）
→CIELUV, 色差, 均等色空間
◆CIE Pub. No.15.2 (1986), 日本色彩学会編 (1998)：「色科ハンド・7 章」

CIELUV（表）

CIELAB とともに CIE が 1976 年に提案した均等色空間で，CIE$L^*u^*v^*$ 色空間という．三刺激値 X, Y, Z から次の式によって L^*, u^*, v^* を求める．

$$L^* = 116(Y/Y_\mathrm{n})^{1/3} - 16,$$
$$u^* = 13L^*(u' - u'_\mathrm{n}),$$
$$v^* = 13L^*(v' - v'_\mathrm{n})$$

ただし，$u' = 4X/(X + 15Y + 3Z)$, $v' = 9Y/(X+15Y+3Z)$, $u'_\mathrm{n} = 4X_\mathrm{n}/(X_\mathrm{n}+15Y_\mathrm{n}+3Z_\mathrm{n})$, $v'_\mathrm{n} = 9Y_\mathrm{n}/(X_\mathrm{n}+15Y_\mathrm{n}+3Z_\mathrm{n})$. ここで，$X_\mathrm{n}, Y_\mathrm{n}, Z_\mathrm{n}$ は，標準イルミナントの下の完全拡散反射面の三刺激値である．この色空間は，CIE が 1964 年に CIE 1960 均等色度図と明度関数を組合わせて定めた均等色空間と次の関係がある．

$$L^* = W^*, \ u^* = U^*, \ v^* = 1.5V^*$$

$U^*V^*W^*$ 色空間は，現在でも，光源の演色評価数を計算する際に使用されている．
 （小松原 仁）
→CIELAB, 色差, 均等色度図
◆CIE Pub. No.15.2 (1986)

CAB [Cellulose Acetate Butyrate]（着）

セルロース・アセテート・ブチレートの略．繊維素誘導体の一種．天然リンターを酢酸，酪酸などでエステル化したもの．塗料，プラスチック，写真用フィルムなどに使われている．プラスチックでは，耐衝撃性，耐候性，成形性がよい．セルロース・アセテートよりも吸水性が低く，軟化点が低い．包装用フィルム，サッシ，建築用パネルなどに使われている．一時期，酸素透過型コンタクトレンズの素材として商品化されたが，白濁することと，形状安定性がよくないことで定着しなかった．塗料ではニトロセルロースと比べて耐候性がよく，白エナメルでも変色（黄変）しにくい．また，比較的難燃性である．アクリルラッカーによく使用され，乾燥時間が 0.5～1 時間と自然乾燥タイプの塗料としては最も短い方で，建築外部用から木製品，バルサ，プラスチックなどの塗装に広く用いられる．アセチル基とブチル基の比率により特性が異なり，一般にブチル基が多い方が溶剤への溶解性がよく，粘度が低くなる．JIS 番号は K6900.
 （吉田豊太郎）
◎酢酪酸繊維素

GCR [Gray Component Replacement]（入出）

カラー印刷やハードコピーでは，CMY3 色インキに黒（墨）K を加えた 4 色再現が行われる．GCR は，4 色再現のためにグレイ成分を黒で置換する処理の総称である．黒インキを加えることによる暗部のしまりの改善や，高価な色イ

ンキの使用量を抑えかつインキの乾きを早めるなどの効果がある．CMY3色で再現される色成分からグレイ成分を取り除き黒で置換する操作はUCR (under color removal：下色除去) とよばれるが，置換した黒が色成分と重なると彩度が低下するので，これを補正するためにさらに色成分を追加する操作をUCA (under color addition：下色追加) という．UCRとUCAを総合した墨版処理のトータル概念をGCRとよび，UCRと区別される（図）．

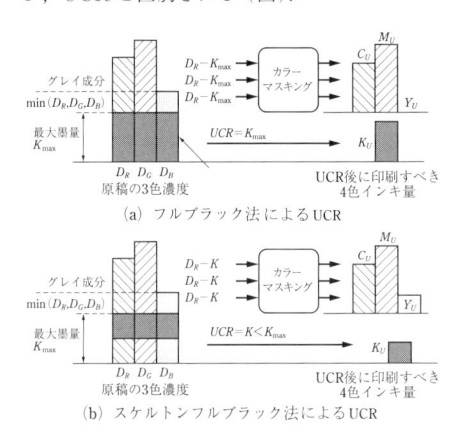

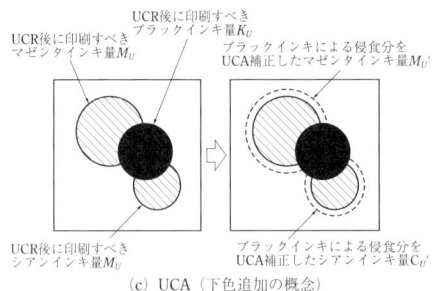

(a) フルブラック法によるUCR

(b) スケルトンフルブラック法によるUCR

(c) UCA (下色追加の概念)

4色印刷における墨入れのトータル概念
GCR(=UCR+UCA)

UCA量はUCR後の色成分に黒が重なる確率から計算される．黒インキの印刷部分をブラックプリンタなどとよんでいる．3色から4色への変換に伴い生成される墨版は従属変数として扱われ，インキ量は最大でも単色の300%を超えない．近年，CMYとは独立に黒Kを扱い最大400%までの混色を許して，CMY3色あるいは従来のGCRでは再現できない暗部の色域を拡大する完全4色印刷法 (entire black) も提案されている． （小寺宏曄）

→UCR, ◈墨加刷

◆中村（千）ら (1990), Nakamura, C.・Sayanagi, K. (1989)

CCD [Charge Coupled Device]（入出）

CCD（電荷結合素子のこと）．半導体表面のある領域の金属電極に電圧を加えてつくった空乏領域（ポテンシャル井戸）に少数電荷を蓄積し，隣接する類似の井戸にこの電荷を伝達することで電荷を転送する半導体素子．空乏領域は，たとえばMOS型半導体（金属－酸化膜－半導体）において，半導体をP型として正電圧を加えた場合，半導体表面近くには正孔の存在しにくい抵抗の高い状態をいう．電圧を上げていくとここには自由電子が存在できるようになり，光があたったりして電子がたまる．CCDはディジタル信号およびアナログ信号のシフトレジスターや，同じチップ上に光電変換部や周辺回路を備え，画像情報を処理・伝達する集積回路として用いられる．CCD image sensor（撮像デバイス）の略称として使われることも多く，スキャナ，光学天体望遠鏡，ビデオカメラ，ディジタルスチルカメラなどに使用されている．

（兵藤　学）

G値 [G value]（着）

塗装表面のツヤを評価するのに用いられる値．ウエーブスキャン (wave scan) 装置を用い，レーザ反射光スキャンで塗膜表面の凹凸を高解像度で検出する．反射光の変化をフーリエ変換し，長波長から短波長までを4つの波長領域 (W1～W4) ごとに定量し，そのうちのW4 ($320\mu m$以下の短波長領域) をG値としている．これは，この波長領域がツヤの目視判定と最も相関が高いからである．ウエーブスキャンによるツヤの評価は，1999年頃から行われている．それまではグロステスタを用いて計測していた．これはナイフエッジパターン（明暗）を，レンズを介して塗板に投影し，その反射光を光センサで測定するもので，ナイフエッジパターンの走査によって変化する光センサ出力の立ち上がり角度により，鮮明度を算出するものである．算出した値をGT値という．GT値は塗面の曲率によ

り，補正の必要があるが，G 値の場合はその必要はない．G 値と GT 値はほぼ相関する．

(吉田豊太郎)

JIS 標準色票 [Standard Colors for Japanese Industrial Standard]（商）

日本工業規格の JIS Z 8721「三属性による色の表示方法」に準拠した色票．この色票は，1929 年に米国から出版されたマンセル体系『The Munsell Book of Color』をもとに，その後，米国光学会で 1943 年に色並びの均等性を検討・修正して発表された修正マンセル体系が 1958 年に日本工業規格に採用され，それに基づいて翌 1959 年に色票化し，(財)日本規格協会から刊行されたものである．JIS 標準色票は，マンセル色相 100 分割において，それを 2.5 色相ステップで分割し，基本色相 R, Y, G, B, P, および中間色相の YR, GY, BG, PB, RP を加えた 10 色相の 2.5, 5, 7.5, 10 の色相位置にあたる計 40 色相それぞれの等色相断面 40 チャート，無彩色明度スケールおよび色相環チャートからなっている．各色票は，$L^*a^*b^*$ 表色系による CIE 1976 暫定色差式における色差 $\Delta E = 2.0$ 以内の許容範囲で高精度に制作されている．工業分野で需要の多い低彩度領域については，彩度 1 および 3 の色票化にあたり，その CIE 色度座標値が CIE から発表されていないため，補完法によって色度座標値を求めた上で色票化しているなどの特徴がある（口絵参照）．　(大関 徹)
→カラーオーダーシステム, マンセル表色系

シェイド [shade]（造）

シェイドという言葉は主に美術関係と染色や色材関係で使われ，その 2 つの分野でそれぞれ使い方が異なっている．美術関係ではティントに対比する形でシェイドと使われ，純色に白を混ぜた明清色をティント，純色に黒を混ぜた暗清色をシェイドとよんでいる．染色や色材関係での定義は Judd (1952) によると，5 つの使い方があり，① 色の強さ（strength）以外の変化での色の違いの表現であり，ある色と等色にするために加えなければならない他の色素を意味する．この意味ではシェイドの変化は色相の変化か，明るさの変化，または両者の組合わせの変化を表す．② 目的の色をつくり出すのに加える他の色材．③ ある要件である色とわずかに色が異なること．④ ある黒い色素や染料をもった色素や染料でつくり出された色．⑤ すべての色．色材の用語ではシェイドが最も広く使われる．

このような定義があり，色材関係では主に色の濃さを表す用語であり，英語の強さ（strength：ある色をつくり出すのに使用される色素の量と関係した知覚的な質を表す言葉）が日本ではあまり使用されないので，このシェイドが広く使用される．シェイドは本来陰の意味であり，光のあたらない陰の部分の色を表すこともある．

照明関係では光を遮る日よけや照明器具のかさなどもシェイドという．　(鈴木恒男)
→ティント
◆Judd, D.B. (1952)

JBCC [JAFCA Basic Color Code]（商）

日本流行色協会（JAFCA）が 1978 年に刊行したカラーコード．JBCC では，米国の系統色名体系の 1 つである ISCC-NBS 系統色名に基づき，マンセル表色系の色空間を 267 ブロックに分け，各ブロックの中央値を色票化している．JBCC は，その 267 色を，色相とトーンで分類し一覧表とした JBCC カラーテーブル，調査用に小冊子にした調査用カラーコード，および国内外の固有色名約 1 万語を収録した色名辞典で構成されている．系統色名は，マンセルシステムからの変換テーブルが与えられており，マンセル値に応じて，その色の系統色名を特定することができる．また，カラーテーブルは，ヒュー・アンド・トーンによって一覧表となっているので，色彩統計の際の色相分布やトーン分布が容易に把握できるように考慮されている．JBCC のトーン分類は色名によっているため，もともと明るい色調をもつピンクや，暗い色調をもつブラウンなどの色名に対し，暗いピンク，明るいブラウンといった意味のトーン名が用いられるので，実際の色の明るさ感と，色名として表示されたときのトーン名が一致しない場合があり，その点留意する必要がある．系統色名は，すべて英語表記となっており，国際間の系統色名での伝達に便利である．　(大関 徹)
→系統色名, ヒュー・アンド・トーン

JPEG [Jonit Photographic Experts Group]
（画処）

カラー静止画像圧縮の国際標準．国際標準化の組織（JPEG）によって勧告された．RGB，YUV，CIELUV，CIELABなど色座標系によらない圧縮の方式を提供する．ベースライン（baseline）システムとよばれる必須機能における圧縮の流れは，次のとおりである．まず画像を8×8画素のブロックに分割する．次いで各ブロックごとに2次元DCT（discrete cosine transform, 離散コサイン変換）を実行する．最後にDCT係数を量子化しさらにハフマン符号化する．ここで量子化されるのは，DCT係数のうちDC係数は左隣のブロックのDC係数との差分，またAC係数はジグザグスキャンによる差分である．

圧縮はこの量子化における割り算の効果による．このことは逆にデータの損失を意味するため，JPEGは非可逆な圧縮方式である．通常の画像では高い空間周波数成分はエネルギーが小さいため量子化によって切り捨てられる傾向がある．なおカラー画像では各画素が3成分をもっているが，各成分の画像を個別に圧縮する方式をノンインタリーブ（noninterleave），各成分を1つの画素あるいはブロックで1つのまとまりとして圧縮する方式をインタリーブ（interleave）という． (来海　暁)

→画像の圧縮
◆安藤ら (1998), 安田・渡辺 (1996)

紫外放射 [ultraviolet radiation]（物）

紫外放射（紫外線）は1〜400nmまでの波長領域で波動性と光子の性質による粒子性を兼ね備えた電磁放射をいう．400nm付近の放射は紫色のため紫外放射といわれる．分類方法はさまざまで，たとえば，CIEでは100〜280nmをUV-C，280〜315nmをUV-B，315〜400nmをUV-Aと分類している．UV-B付近の波長域は，ヒトの眼の角膜や結膜に傷害を与え，紫外性眼炎，毛細血管の拡張による皮膚の紅斑，細菌や微生物を死滅する殺菌効果，体内のエルゴステロールを変換するビタミンD生成効果を有し，UV-A付近の波長域は皮膚内にメラニン色素を生成，沈着する直接色素沈着効果をもつ．ヒトの眼，およ び，皮膚の傷害防止のためにDIN，ACGIH（米国労働衛生官会議），JIS Z 8812 (1983)「有害紫外放射の測定方法」などで安全基準が制定されている．光化学的な作用が強いため産業に使用される．245nmの水銀紫外放射により蛍光物質を励起する蛍光灯，紫外線放射により基板に付着した有機物を分解，除去する紫外線洗浄，紫外域で発振する紫外レーザ，紫外域の光に対して感光性を有する紫外線フォトレジストなどがある．ソーダガラスに吸収され，石英ガラスは透過される． (矢野　正)
◎紫外線

視角 [visual angle]（感知）

眼が視対象を見込む大きさを，眼に対してその対象物が張る角度で表した量を視角という．すなわち同一の対象物でも，近くで見れば視角は大きく，離れて見れば視角は小さくなる．逆に，視角一定の対象物は，実サイズや観察距離によらず，それが視点から見た視野内で占める領域の大きさが等しい．換言すれば，同一の視角を有する視対象は，網膜上で同じ大きさの領域を占めることになる．そのため，視角は視覚特性に関連して視対象の大きさを記述するためによく使われる．たとえば，円形の対象物の直径をl (m)，眼から対象物までの距離をd (m)とすると，対象物の視角θ (rad)は，$\theta = 2\tan^{-1}(l/2d)$で与えられる．$l/d \ll 1$であれば，$\theta \fallingdotseq l/d$としてよい．親指の指先（幅約2cm）を腕を伸ばして（距離約57cm）見たとき，その視角はおおよそ2°となる．この大きさは高い視力が得られる中心視の領域（網膜の中心窩の大きさ）に対応する．ちなみに測光システムの基本となる分光視感効率$V(\lambda)$は，2°の大きさの視野に対して定義されたものである． (石田泰一郎)

シカゴ派 [Chicago School]（造）

ルイス・サリヴァンやヘンリー・ホブソン・リチャードソンを中心として1880年代から世紀末にかけシカゴを中心とし，活躍した建築家グループをいうが必ずしも建築分野の様式を指すものではない．19世紀後半，高層ビル建築の先駆けとなったエレベータ (1860) やセメントが発明された．1868年にはフランスで鉄筋コンク

リートが開発され，建築設計に新しい時代を迎えた．サリヴァンはシカゴを中心として鉄筋コンクリートによる初の《ウェインライト・ビル》をセントルイスに 1891 年に完成させ，近代の高層建築時代の先陣を切った．

コンクリートづくりゆえの機能主義デザイン志向から，サリヴァンは「形は機能に従う」の名言をはき，装飾排除の建築を主張し，近代建築の基礎を築いた．晩年の 1904 年には，シカゴに《スコット百貨店》を完成させた．外装が白いタイルで被われたこのビルは，文字通り装飾がなく端正な窓枠は明快で軽やかさを感じさせ，やがて訪れるアメリカのスカイクレーパ（摩天楼）の出現を予感させた．シカゴ派は 1920 年代のル・コルビュジエやローエラの建築の近代主義（モダニズム）の理念や，技術の先駆的役割をはたしたのである． 　　　　（三井秀樹）
→ル・コルビュジエ，機能主義，インターナショナル・スタイル

信楽焼（造）

中世から現代まで続くやきものの 1 つ．滋賀県甲賀郡信楽町一帯で焼かれる．中世，鎌倉時代に常滑焼の影響を受けて始まった．無釉の焼き締め陶で，中世には主な製品は壺，甕，すり鉢などの生活必需の日用品であった．室町時代末に，備前焼とともに茶人によって茶陶として取り上げられた．最初は中世の日用品が見立てられて花入，水指などの茶陶とされたが，桃山時代以降は，茶陶を意識して積極的に製作し，優品を生み出し高い評価を得た．

信楽焼は土色の明るさが特徴である．酸化炎焼成で土の中の鉄分が赤く発色するが，その赤みが，たとえば備前のように暗くならない．その明るい土肌に，白い米粒のような珪石や長石粒がぷつぷつと吹き出すところも見所の 1 つ．また燃料の灰が降りかかって自然に生じた釉は，深い緑色をしておりビードロ（ガラス）釉とよばれる．また，壺の肩の部分に，檜垣文とよばれる短い線を斜めに交差させた連続文様を施したものが見られ，これは信楽の代表的な装飾の 1 つであるが，本来は種壺などに使った容器であるから魔避けなどの意味をもったものと思われる．　　　　　　　　　　　　（中島由美）

視感測色方法 [visual colorimetry]（測）

「視感測色方法」は，測色値（三刺激値 X, Y, Z または x, y, Y）が既知の色シリーズを用い，測色したい試料の色と等しい色（比較色ともいう）を色シリーズより選び，その測色値を試料の測色値に置き換えることである．色シリーズとしては，JIS 標準色票，マンセル標準色票や DIN 標準色票あるいは赤，緑，青などの色光の混色が用いられる．これらの方法では，試料の色と選定した色票，あるいは混色との間の一致・不一致の判定を人間の視感覚によって行うため，視感測色とよばれる．

視感測色には，上述のように色を直接比較する方法がある．この方法は JIS Z 8723「表面色の視感比較方法」として規定されている．この規格において，物体を照明する光源は常用光源 D65 あるいは D50 を用い，その性能も詳細に規定されている．また，日の出 3 時間後から日没 3 時間前までの北空昼光を照明に用いてもよいと定められている．そして，物体を照明する方向と観察方向なども規定している．

視感測色方法は簡便なため，着色製品の色検査によく使用されている．試料色に対して比較する標準色票の数に限りがあるため，2 色間の完全な一致は得がたい．そこで，測色の精密化のため色を連続的に変化できる混色装置を用いて試料色にきわめて近い比較色をつくることができる．また，試料色および比較色をつくるのに混色装置を用いた装置もある．このような色彩計を総称して「視感色彩計」とよばれている．このような装置は試料の測色だけでなく，2 色間の等色性をもとに人間の色覚メカニズムの研究にも活用されている．三刺激値の計算に使用される CIE 等色関数の基礎データは視感色彩計を用いて測定された．　　　　（側垣博明）
→比色計，常用光源，北空昼光
◆日本色彩学会編 (1998)：「色科ハンド・6 章」，JIS Z 8723 (2000)

時間対比 [temporal contrast]（感知）

ある領域の色や明るさは，同一の網膜部位に先行して呈示される刺激の色や明るさに大きく影響を受ける．とくに先行する刺激との色や明るさの差が強調される場合を時間対比とよぶ．時

間対比は「負の残像」ともよばれ，一般に，赤を見続けた後は緑，黄の後は青というように，それまでに見ていた色の補色あるいは反対色が通常より強調されて知覚される現象を指す．照明光の分光組成が変化しても物体表面の色が同じ色に知覚される，色恒常性とよばれる現象があるが，実はこの色恒常性と時間対比（負の残像）は，ともに色順応という同一の色覚メカニズムにより引き起こされると考えられている．たとえば，赤みがかった照明の下にしばらくいると，視覚系は赤成分に対する反応を抑制し，その反対の緑成分の出力反応をふやすように自動的な色補正を行う（色順応）．その結果，この赤い照明下の白色表面からの反射光の分光組成は相対的に長波長成分を多く含んでいるにもかかわらず，白色として知覚される（色恒常性）．そしてこのように赤に色順応した視覚系がフラットな分光組成の色光を見ると逆に緑みがかっているように見える（時間色対比）のである．色順応それ自体は，3種の錐体レベルでの選択的な感度補正，あるいはより高次の反対色チャンネルに働く補正により起こると考えられている．

（篠田博之）

→色順応，色恒常性，残像

視感調色 [visual color matching]（自人）

「色を自分の希望する色へと導いていく技術的な行為」を色合わせといい，目視で行う色合わせを視感調色または目視調色という．視感調色は次のような工程で行われる．最初に，技術者（調色者）が，与えられた色見本を見て，過去の経験から適当な色材とその混色量を選定し，色材を混ぜ合わせ，布や紙などに施色して色見本を作成する．次に，作成した色見本を，目標となる色と比較して，色があっているかどうかを検査する．完全に色が一致する場合は少ないので，色違いの程度を判定し，色違いを修正するかどうかを決め，修正が必要であれば，最初の工程に戻って，修正のための色材および混色量を選定する．調色者には，色材の混色に関する知識，色彩識別能力および合否を的確に判定する能力が求められる．色彩識別能力を訓練する方法が ASTM E1（499-1992）「Standard Guide to the Selection, Evaluation, and Training of Observers」に規定されているが，これには日本色彩研究所が開発した色彩能力テスターが採用されている．

（小松原 仁）

→色合わせ，◎目視調色

◆川上（1968）

時間的コントラスト感度（関数）
[temporal contrast sensitivity(function)]（感知）

視覚系の時間特性を測定するのに，輝度が時間的に繰り返し変化する刺激光（輝度フリッカー光）を与え，ちらつきが見えるかどうかを調べる方法がある（フリッカー弁別）．とくに，さまざまな周波数の正弦波状フリッカー光に対してコントラスト閾値を測定し，その逆数を，周波数の関数として表したものを時間的コントラスト感度関数（temporal contrast sensitivity function，時間的 CSF）とよぶ．周期性のあるすべての波形は，さまざまな周波数の正弦波の合成によりつくりだせるため，この時間的 CSF を用いて，任意の時間変調刺激光に対する視覚系の応答を予測できる．これは光学分野でのレスポンス関数，通信理論での伝達関数と同じ概念であり，時間的 MTF（temporal modulation transfer function）ともよばれる．Kelly（1961）の得た時間的 CSF によれば，フリッカー刺激の輝度レベルが十分に高いときはバンドパス型の形状を示す．輝度レベルが下がるにつれて，全体的に感度を下げ，ピーク位置も低周波数側にシフトする．さらに低くなるとローパス型の形状となる．また輝度一定のまま色度のみを変調した色度フリッカー光に対する CSF も van der Horst（1969）により求められており，高い輝度レベルでもローパス型の形状を示す．　（篠田博之）

◆Kelly, D.H.（1961）, van der Horst, G.J.C.（1969）

時間的足し合わせ機能 [temporal integration function]（感知）

視覚系には刺激光のエネルギーを時間的に統合し，1つの応答として出力する働きがある．これは時間的足し合わせ機能とよばれる視覚系の基本的な時間特性の1つである．Roufs（1972）と Smith ら（1984）はそれぞれ呈示持続時間 D に対する輝度，色度の増分閾値を測定した．図は色度の増分閾値を等輝度刺激を用いて測定したスミスらの実験結果である．輝度純度の増分

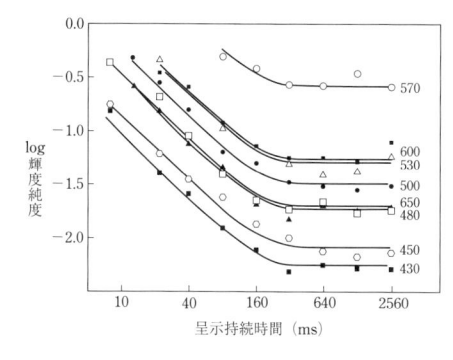

閾値は刺激の波長の違い（図中では記号の違い）にかかわらず，D が 160～320 ms まで単調に減少し，D がそれ以上の場合では一定となる．$D < 160$ ms では閾エネルギー（輝度純度×呈示持続時間）が一定であり，時間的足し合わせが生じていることを示している．また，時間的足し合わせは呈示持続時間の短い刺激光列が継時的に呈示された場合にも生じ，それら刺激光のエネルギーの時間的総和が閾以上であれば，視覚系は刺激を検出することができる．Uchikawa と Yoshizawa (1993) や Yoshizawa と Uchikawa (1997) は SOA の関数として，等輝度の 2 刺激光の相互作用を観察し，SOA が約 200 ms 以下の場合に時間的足し合わせが生じることを報告している．　　　　　　　　　　　（吉澤達也）
→臨界呈示持続時間，刺激呈示開始時刻ずれ
◆Roufs, J.A.J. (1972), Smith, V.C. ら (1984), Uchikawa, K.･Yoshizawa, T. (1993), Yoshizawa, T.･Uchikawa, K. (1997)

視感度と分光視感効率 [spectral luminous efficiency and relative luminous efficiency]（測）

人間は電磁波のうち 380～780 nm を光および色として知覚できる．人間が見ることのできる波長 380～780 nm を可視波長という．眼は放射エネルギーが一定である光をあてると波長によって明るさの感度は異なる．これを「視感度」という．視感度は波長 λ の単色光束 $\varphi_{V\lambda}$ を，それに対する単色放射束 $\varphi_{e\lambda}$ で割った値と定義されており，その量記号を $K(\lambda)$ と表し，$K(\lambda) = \varphi_{V\lambda}/\varphi_{e\lambda}$ の関係がある．単位はルーメン毎ワット（lm･W^{-1}）である．光の強さを表す物理量は，この視感度関数を介することにより心理物理量に変換することが可能となった．

視感度の測定は次のようにして行われる．規準とする白色の参照光と波長 λ のテスト光を時間的に交互に同位置に呈示し，チラツキ感が最小になるテスト光の輝度を求める．波長 λ を順次変えて可視波長域について測定する．この方法は交照法とよばれる．明順応状態では波長約 555 nm の黄緑色光で最も感度が高く，長波長側，短波長側ともにその波長から離れるに従って感度が低下する．最大値に対する比率で表したものを「比視感度（分光視感効率との名称が多く使用されている）」という．

国際照明委員会（CIE）は 1924 年に多数の測定データに基づき明順応状態における分光視感効率 $V(\lambda)$ を制定した．この測定データの中にわが国の宗正路の測定値が東洋人のデータとして取り入れられている．その後，CIE は 1951 年に暗順応状態で得られた測定データに基づいて $V'(\lambda)$ を定めている．可視波長域において最大となる波長の感度を最大視感度といい，明順応において記号 K_m，そして暗順応において K'_m で表す．最大視感度 K_m，K'_m はそれぞれ 683 lm･W^{-1} および 1700 lm･W^{-1} である．最大視感度と分光視感効率の積を視感度 $K(\lambda)$ という．　　　　　　　　　　　　　　（側垣博明）
→分光視感効率，明所視，交照法，交照測光法
◆CIE Pub. No.15.2 (1986)

視感反射率 [luminous reflectance]（照）

視感反射率とは，物体に入射した光束に対する，反射した光束の比のことである．量記号は ρ_v で表し，単位はなく無次元量となる．
　　　　　　　　　　　　　　　　　　（一條　隆）

色域マッピング [gamut mapping]（入出）

異種メディア間（たとえばモニタとプリント）の色再現において，おのおののメディアが再現できる領域である色域（色再現域ともいう）が常に同じとは限らない．この異なる色域をもつメディア間で測色的な等色（color matching）を行うとすると，再現メディアが目標メディアの色情報をすべて再現できない問題が生じる．このような課題に対して目標メディアの色情報を再現メディアの色域におさまるように写像することを色域マッピングとよぶ．

色域マッピングの手法は，多数存在するが，大

別すると，おのおののメディアの色域を対象として写像する場合（device to device）と，目標メディアで表示された画像の色域と再現メディアの色域を対象として写像する場合（image to device）とに分かれる．前者は，色相を保存し，彩度/明度を色域境界もしくは境界近傍に写像する手法などがある．これらの手法は，固定的な処理で比較的簡便に色変換を実行できる反面，再現メディアの色域外の色が存在しない画像にも処理を実行してしまうため，画像によっては最適とはならない場合がある．一方，後者は，目標メディアで表示された画像の色情報の分布や画素相関によって写像する手法などがある．この手法は，画像ごとの最適化を必要とするため，計算時間などの負荷が増大する．　　（坂本浩一）
→画像におけるカラーマッチング，◎色再現域圧縮

色価 [valeur (仏); value]（造）

　フランス語のヴァルールという表現が色価より一般的に用いられている．写実的な西洋絵画の表現として，画面上に色彩的な表現をする場合，表現すべき対象の部位に，いかにその色彩が的確に納まり，なおかつ各モチーフ間の距離感の表現や周囲の他の色彩といかに調和をしているかという色の調子の関係を意味する概念．これらの考え方の前提として，色彩の明暗のコントラストおよびその調和ということが重要視され，初心者の石膏像デッサンの習得段階から油絵の制作にいたるまで，画家として必ず身につけなければならない表現能力であると考えられている．これは多数の画家の色彩的な感性，変化に富んだ多様な表現のため，この色価ということを文章や調査データにより客観的な説明をすることは困難であるとされている．あくまで制作活動を通じて身につけていくものである．現代の抽象化された絵画表現の場合でも，このヴァルールということは，画家にとって重要な研究テーマであると考えられている．　（平　不二夫）
◎ヴァルール
◆橋本・飯田 (1976)

色覚異常 [color vision deficiency]（生）

I. 先天色覚異常

先天色覚異常の種類と分類

　先天色覚異常は，補色関係にある色に対して色弁別が困難なことがあり，この2つの反対色を結ぶ混同軸によって先天赤緑色覚異常，先天青黄色覚異常，全色盲に大別される．他方，等色法（色合わせ法）に必要な原色の数によって，異常3色型色覚，2色型色覚，1色型色覚に大別される．さらに混合比の違いによって，異常3色型は第1色弱，第2色弱，第3色弱に，2色型は第1色盲，第2色盲，第3色盲に分類される（図1）（北原，1999）．1色型は，桿体1色型色覚と錐体1色型色覚に大別され，後者は，機能している錐体によって，赤，緑，青錐体1色型色覚に分類される．

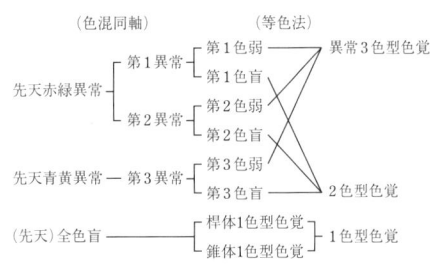

図1　先天色覚異常の分類

(1) 先天赤緑色覚異常

(a) 発生頻度

　先天赤緑異常はX連鎖劣性遺伝であり，発生頻度は，日本人男性の約5%，女性の0.2%，保因者は女性の約10%である．人種差が見られ，白人では男性の8%，女性の0.4%である．第1異常と第2異常の比は1：3.0〜3.5で，人種差はない（馬嶋，1970）．

(b) 遺伝形式

　近年，網膜に混在する赤・緑・青錐体視物質の蛋白質部分をコードする遺伝子が解明され，先天赤緑異常ではX染色体に存在する赤・緑視物質をコードする遺伝子の異常であることが明らかにされた（Nathansら，1986a，b；丸尾ら，2001）．性染色体として男性はX染色体とY染色体を1本ずつ，女性は2本のX染色体をもつ．したがって，男性では色覚異常の遺伝子があれば色覚異常である．女性では2本のX染色体に第1異常と第2異常のうち同タイプの遺伝子をもつと色覚異常になる．このほか，女性では1本のX染色体のみに異常遺伝子をもつ場

合と，一方の X 染色体に第 1 異常（第 1 色弱か第 1 色盲），他方に第 2 異常（第 2 色弱か第 2 色盲）の遺伝子をもつ場合とがある．この場合が保因者であり，色覚は正常である．

(c) 分光視感効率（図 2）

第 1 異常では，長波長域の感度低下が特徴で，波長 540nm 付近に極大があり，感度曲線は全体に短波長側に移行する．第 2 異常では波長 560nm 付近が極大で，やや正常者より長波長側に移行するが，個人差が大きく正常者と明らかな差は見られない（Wyszecki・Stiles, 1982）．

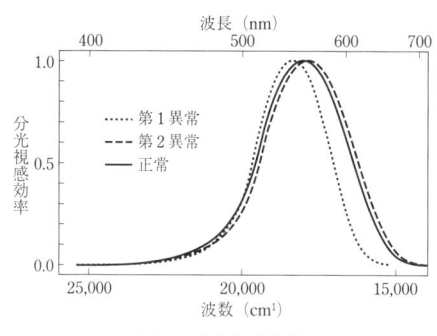

図 2 分光視感効率

(d) 混同色線および中性点

2 色型色覚の混同色を色度図上に示した軌跡を混同色線または混同色軌跡という．CIE 1931 xy 色度図上の各混同色線は，少なくとも 1 点で交わり，この点を収束点という（Wyszecki・Stiles, 1982）．2 色型では白色光と等色可能な単色光が存在し，中性点という．色度図において白色点（$x = y = 1/3$）を通過する混同色線とスペクトル軌跡との交点の波長がこれにあたり，第 1 色盲では 494nm，第 2 色盲では 499nm である（Wyszecki・Stiles, 1982）．

(2) 先天青黄異常（丸尾, 2001）

常染色体優性遺伝であり，頻度は 0.002～0.007%とされ非常にまれである．青錐体視物質の異常であり第 3 異常ともいう．第 3 色盲では，中性点が 570nm に存在する．分光視感効率は，短波長側で個人差が大きいが，正常者と明らかな差は見られない．

(3) 全色盲（丸尾, 2001）

(a) 桿体 1 色型色覚

常染色体劣性遺伝で頻度は 0.003%である．色弁別は不能であり，視力は 0.1 前後で，眼振，羞明感，昼盲を伴う．分光感度は暗所視分光視感効率に近似する．

(b) 錐体 1 色型色覚

青錐体 1 色型色覚は，X 染色体劣性遺伝であり，桿体系反応と青錐体系反応のみが残存し，暗所視では桿体系，明所視では青錐体系の 1 色型色覚である．視力は 0.1 から 0.3 で，桿体 1 色型色覚と同様に，眼振，羞明，昼盲を伴う．緑・赤錐体 1 色型色覚は，視力は良好で，眼振や羞明はなく，非常に稀であり，遺伝形式も不明である．

II. 後天色覚異常

後天色覚異常とは，視覚系または視覚関連領域の障害によって生じた症候をいう．角膜から大脳皮質に至るいずれかの部位の病変によっても，またいかなる要因によっても起こりうる．つまり，先天性色覚異常を除くすべてが対象であり，加齢変化，色視症，心因性色覚異常なども含まれる（丸尾, 2001；太田・清水, 1992）．先天異常の分類に準じて，後天青黄異常，後天赤緑異常，後天全色盲（暗所視型），混同軸不明などに大別される．また，大脳病変に伴う色情報処理障害は，大脳性色覚異常，(離断性) 色名呼称障害，色失語症（失語性色名呼称障害），色失認症に分類される（仲泊, 1997）．青錐体系反応が障害されやすく，青黄異常をきたすことが多いが，特定の視細胞または反対色応答が選択的に障害されることは稀である．青錐体が完全に障害された場合には，波長 560～570nm に中性点が存在し，黄を白っぽく感じ，緑の色感覚が消失し，青紫から黄緑色までが波長 480nm の青みを帯びて感じられ，赤と青の反対色応答の様相を呈する（Alpern ら, 1983）． （北原健二）

→補色, 等色, 中性点, 色失語症, 色失認症, 色名呼称障害, 混同色中心, 大脳性色覚異常, 視物質, 分光視感効率, 1 色型色覚の特徴

◆北原 (1999), 馬嶋 (1970), Nathans, J. ら (1986a, b), Wyszecki, G.・Stiles, W.S. (1982), 丸尾ら (2001), 太田・清水 (1992), 仲泊 (1997), Alpern, M. ら (1983)

色覚段階説 [zone theory]（感知）

網膜にはまず 3 種類の光受容体があり，外からの光に対して 3 種類の反応が起きる．そして

それらの反応がつぎの段階で足し合わされたり引き算されたりして反対色的な反応となるという説で，三色説と反対色説を段階的に並べて色覚現象を説明しているので段階説とよばれる．20世紀の初頭に提唱されており，心理学者のミューラーや物理学者のシュレディンガーが有名である．当時，網膜には3種類の光受容体があって色を見るとする三色説と，足し算と引き算をする光受容体があって色を見るとする反対色説が激しく衝突していた．段階説はその両者のいわば仲裁役として出されたもので，両者を段階的に配置した．現在ではまさにこの説こそ正しかったということになるが，当時はもちろんのこと，1948年に発行されたル・グランの教科書『Light, Colour and Vision』でも確かな証拠がないとの記述となっていて，この説は歴史的にはほかの2説ほどには重要視されてこなかった．スウェーデンのスベティチンが金魚の網膜から反対色説的な電気反応を記録し反対色説が強く支持され，やっとこの段解説の正しさが証明され，注目を浴びるようになった．　（池田光男）
→三色説, 反対色, 色覚モデル

色覚モデル [color vision models]（感知）

あらゆる色光が3つの独立な原刺激の加法混色で等色できるという色覚の特性だけを説明するのであれば，ヤング-ヘルムホルツの三色説だけで十分である．しかし，色差や色の見えに関するさまざまな色覚の知覚特性をすべて説明しようとするとこれだけでは不十分であり，反対色過程も取り入れた段階モデルを構築する必要がある．このような色覚モデルは数多く考えられ，現在も多くの研究が行われている．たとえばGuth (1991) はさまざまな色覚特性を説明するためATDベクトルモデルというモデルを提案している．最初のステージは3種の錐体L, M, Sであり，ここで色覚の3色性が説明される．それぞれの錐体の出力はノイズを加えた後ゲイン調整が行われ，ここで順応の効果を説明する．次に2段階の反対色過程がつづき，最終的に赤-緑，黄-青反対色チャンネルに対応する T_2, D_2 と白みの知覚量に対応する A_2 の出力が得られる．最後にそれぞれの出力に飽和的な非線形関数を作用させて圧縮する．明るさは第1反対色ステージの出力のベクトルの長さで決まり，彩度や色相は第2反対色ステージの出力のベクトルの方向で決まる．色差は2つのベクトルの差の長さで決まる．出力の飽和的な非線形によりベツォルト-ブリュッケ効果やアブニー効果なども説明できる．　（中野靖久）
→明るさ, 三色説, 反対色, アブニー効果, ベツォルト-ブリュッケ・ヒューシフト
◆Guth, S.L. (1991)

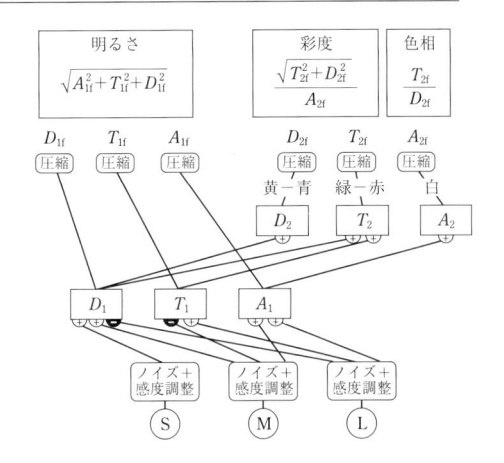

色差 [color difference]（表）

2つの色の間に知覚される色の隔たり，またはそれを数量化した値を色差という．色差は，均等色空間で計算される2つの色の距離で表すことができる．CIELABおよびCIELUVを用いて色差を計算する式を色差式といい，次に示す．

CIELABの場合：

$$\Delta E_{ab}^* = (\Delta L^{*2} + \Delta a^{*2} + \Delta b^{*2})^{1/2},$$

ただし，$\Delta L^* = L_2^* - L_1^*$, $\Delta a^* = a_2^* - a_1^*$, $\Delta b^* = b_2^* - b_1^*$.

CIELUVの場合：

$$\Delta E_{uv}^* = (\Delta L^{*2} + \Delta u^{*2} + \Delta v^{*2})^{1/2},$$

ただし，$\Delta L^* = L_2^* - L_1^*$, $\Delta u^* = u_2^* - u_1^*$, $\Delta v^* = v_2^* - v_1^*$.

国際照明委員会（CIE）では1994年および2000年にCIELAB色差式で計算される色差の属性であるメトリック明度差，メトリッククロマ差およびメトリック色相差に異なった重み付け係数で補正して色差を計算する方法を提案し

ている.　　　　　　　　（小松原　仁）
→均等色空間, CIELAB, CIELUV, メトリック量
◆CIE Pub. No.116 (1995), CIE Pub. No.142 (2001)

色彩遠近法 [color perspective]（造）

　色彩遠近法は空気遠近法ともいい，数々の歴史的な変遷を経てきた．現代の色彩遠近法とは，視覚的に色彩が遠くにあるほど彩度と明度がより淡く変化をし，形態も色相も不明瞭となり，背景に溶け込んで見えるという感覚的・主観的な意味が強い色彩表現の手法と考えられている．同じく，距離の変化と色彩の見え方との関係を，太陽の位置と天候，空気中の水蒸気や浮遊する微粒子，自然状況を現象としてとらえ，客観的な立場で研究を進めたその成果が空気遠近法であると考えられている．主観的な色彩遠近法と客観的な空気遠近法との対比として，人びとが眺めた主観的な風景の色彩の印象と，科学的な研究成果を基に忠実に色彩を再現したカラー写真やテレビ画面との間に印象度の差が生じ，写真やテレビの色彩を人間側の印象に合わせて調整をすることが行われている．色彩遠近法はギリシア時代からあり，ルネサンス期に体系化が進み，レオナルド・ダ・ヴィンチは絵画表現は線遠近法のほか空気遠近法という考え方があることを手記に残している．その後ターナーや印象派の画家たちを経て現代の絵画や映像の表現に至っている．別に中国の山水画で三遠の手法の例もある．　　　　　　　　（平　不二夫）
→スフマート, ◎空気遠近法, 大気遠近法

色彩感情 [affective meaning of color]（感知）

　ゲーテを待つまでもなく，色彩がもたらす印象，イメージ，感情的効果は，人びとが感じることのできる色彩の基本的な性質である．Jacobs (1981) は人類を含めて動物にとっての色覚の効用を，次の3つに分けて説明している．「緑の背景上の赤のしみ（物体の検出），緑の葉の中の赤いリンゴ（物体の認識），熟したリンゴ（色の信号的な特性）」．この視点からいえば，色彩感情は第3の色彩の信号的特性あるいは意味の発展したかたちとして位置づけられよう．赤から暖かさや強さを，白からは明るさやすがすがしさを感じとる．人類は他の動物にくらべて，この色彩のもつ信号的意味を著しく細分化して識別しているといえる．美術家たちは，この信号的な意味によって作品の色彩を構成する，といってよいであろう．

　色彩に関心を寄せる多くの人びとが古くから，個々の色彩の，あるいは配色の感情的効果を定性的に記述してきた．そして20世紀に入ると，定量的な測定が試みられるようになる．さらに，20世紀後半からは，もっぱら Osgood ら (1957) の提案した SD 法によって色彩感情の定量的な研究が進められてきた．〈強い－弱い〉〈陽気－陰気〉〈かたい－やわらかい〉など多数の心理尺度上で，個々の色彩のもつ効果が量的に記述される．その結果から，たとえば〈暖かさ〉は色相と，〈軽快さ〉は明度と，といったぐあいにある種の感情は三属性とかなり単純な関数関係をもつことが示された．さらに，色彩感情を表す言葉と色彩の評価からの言葉間の相関行列（尺度×色彩の尺度値行列）の因子分析からは，色彩感情を規定する基本的な因子が抽出された．典型的には，オズグッドが言語の感情的な意味の次元として導いたと同じ3因子が求められる場合が多い．評価性（美しい－醜い，好きな－嫌いな），活動性（動的－静的，暖かい－つめたい），力量性（強い－弱い，かたい－やわらかい）の3因子である．しかし，研究によってはやや異なった因子を得る場合もある．たとえば納谷ら (1980) による配色感情の分析では，快さ，はなやかさ，目立ち，暖かさ，年齢感，まとまりなどの因子が抽出されている．なお，こうして構成された色彩感情の空間と知覚的な色空間との関係も検討されているが，かなり複雑な対応関係を示すようである．　　　　　（近江源太郎）
→SD 法, 因子分析
◆Goethe, J.W. von (1810), Jacobs, G.H. (1981), Osgood, C.E. ら (1957), 納谷 (1980)

色彩計 [colorimeter]（測）

　色を測る計測器．最も普及しているのは CIE の XYZ 表色系での色度座標 x と y を測るもので，色フィルタ方式と分光方式がある．測色の原理は，色光を波長に分光し，等色関数 $\bar{x}(\lambda)$, $\bar{y}(\lambda)$, $\bar{z}(\lambda)$ で荷重した後波長について積分し，定数をかけて三刺激値 X, Y, Z を求め，それらから色度座標を計算するというもの．3つの光

センサにそれぞれ適当な色フィルタを組合わせ，それらの分光感度がちょうど等色関数と同じになれば，色光に対するセンサの出力はその三刺激値になる．これが色フィルタ方式．色光を波長について分光し，その分光放射パワーを測定してから上記の積分計算を計測器の中で行うのが分光方式である．前者の方が計測器の製作が簡単といわれてきたが，最近では小さいセンサを並べたアレイ状センサが開発されてきたので後者の製作も楽になって普及するようになった．対象物を見て測る色彩輝度計と色光を受けて測る色彩照度計がある．簡単な計算器も内蔵できるので，xy に限らず，$L^*a^*b^*$ や $L^*u^*v^*$ や色差など，さらにはマンセル HVC などもただちに読めるような色彩計がでている．採用する等色関数は 2°視野のものが主流である．

（池田光男）
→等色関数, 測色量, 測色標準観測者, マンセル表色系

色彩コロニー [color of colony]（造）

ドイツの建築家タウトは，1933 年から 3 年間，日本に滞在し，日本文化について深い造詣をもち，鋭い批評とともに当時の日本の美術・工芸に多くの示唆を与えた．タウトは，1924 年ベルリンでジートルング（集合住宅）の設計を手がけ，その際，建物のファサードを赤・青・緑・黄などの高彩度の色で塗ったために，色彩コロニーとよばれた．

道路に面して建てられたジートルングには一方の外側は赤，対面するもう一方は補色の緑に塗られた．タウトは外光や環境を考慮した上で，それぞれ色彩を施し，色彩設計を行った．このことからタウトが手がけた集合住宅は，「絵の具箱のコロニー」ともよばれた．色彩コロニーは，現在の環境デザイン的な見地から見ると，都市環境の色彩設計では先駆的な試みであり，第二次大戦後の都市計画の中で，集合住宅建設では，タウトの考えが引き継がれ，環境の色彩学に大きな影響を与えた．

（三井秀樹）
→モダンの色彩

色彩嗜好 [color preference]（感知）

多数の色見本を，多数の人びとに呈示して，好き嫌いの判断を求め，その回答を統計的に解析したものが，色彩嗜好調査といわれる．この種の研究は，1894 年の J. コーンに始まるとされるが，以来おびただしい数のデータが報告されている．たとえば 1920, 30 年代にすでに T.R. ガースのように，さまざまな人種・民族を対象とした調査が行われている．また，1940 年前後には，Guilford (1934) が好悪反応と三属性との関数関係を追求しているし，Eysenck (1941) は人種・性別を超えた普遍的な特徴の存在を指摘している．1950 年代以後は，色立体から網羅的かつ系統的に選んだ色見本を，標本抽出法に従って抽出した対象者に呈示して調査し，データも多変量解析によって分析した報告が主流になる．そうした結果から，20 世紀後半の日本人の嗜好の特徴を要約すると，次のようである．① 青や白は好まれる．② 紫系は好まれにくい．③ 明るい色，あざやかな色は好まれる．④ 暗いにごった色は好まれにくい．⑤ 赤や黒のように「好き」「嫌い」いずれの選択率も高い，いわば両面価値的な色も存在する．

色彩嗜好調査は，フェヒナーの実験美学の流れの中で，色彩美の普遍的な法則を求める目的で始められたと考えられる．しかし，その後データが蓄積されると，あるいは進化論の影響もあってか，個人差や集団差にも目が向けられ，パーソナリティとの関係あるいは文化・社会との関係が考察されるようになる．さらに，"消費者が好む色"を探すといったマーケティング目的や，快適な色彩環境を構成するためにといったデザイン目的から嗜好調査が行われる場合もある．しかし，このように対象物を特定して判断を求めれば，その対象物の機能や意味が加わるわけであるから，単に「好きな色は？」と質問した結果とは回答は異なってくる．基本的に，

$$嗜好判断 = 普遍的成分 + 集団差成分 + 個人差成分 + 誤差成分$$

と理解すべきであろう．その場合，普遍的成分は人類にほぼ共通した快－不快，あるいは色彩感情の評価性因子の強度に相当すると考えられる．したがって，時代や人種の差を超えて認められる嗜好傾向，たとえば青や白への好みは，将来的には視覚系や情緒に関する脳神経科学的な仕組みやはたらきとの関係で考察されるべきと

思われる．また，そこからの偏差としての集団差や個人差は，社会やパーソナリティの特徴との関係のもとで分析すべきであろう．

(近江源太郎)

→実験美学
◆Guilford, J.P. (1934), Eysenck, H.J. (1941)

色彩嗜好と NCS との関連 [color preference and NCS]（感知）

色彩嗜好研究の1つの大きな課題は，嗜好反応を色の三属性との関係で定式化するところにある．その際，どのようなカラーオーダーシステムをとりあげて検討するか，換言すれば色彩嗜好が既存のどのシステムとより単純な関係をもつか，が問題となる．その意味では，心理的な比例尺度によって色の知覚量を記述した NCS は，嗜好や色彩感情など高次の心理反応を説明するには有利なのではないか，と期待される．図は，

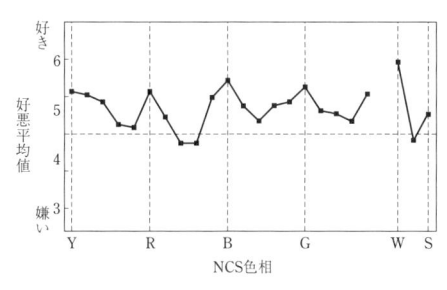

NCS 色票と色彩嗜好

NCS 色票の20色相について色み量の最も多い色見本を掲示して，好き嫌いの7段階評定を求めた結果である．図に見られるとおり，NCS 基本色である黄・赤・青・緑・白・黒の6色への好みは，その中間に位置する色相への好みを上廻っている．また，NCS 色票から系統的に選んで構成した2色配色についての調和判断調査では，各構成色の黒み量および構成色間の黒み量の差が，調和判断に強く影響することが指摘されている．こうしたところから見て，マンセル表色系よりも NCS の方が，嗜好の現象的特徴をより単純なかたちで説明できるのではないか，と考えられる．

(近江源太郎)

→マンセル表色系，NCS
◆近江 (2000)

色彩嗜好とオストワルト色票系との関連 [color preference and Ostwald color system]（感知）

色彩感情が色属性にどう対応するかという問題は，多くの場合マンセル表色系との関係で説明される．しかし，その関数関係はかなり複雑である．これに対して，オストワルト表色系の方がより単純に色彩感情を定式化できるという報告もある．富家ら (1972) は，オストワルト表色系にしたがって選んだ88色についてのSD法調査結果から，次のように述べている．「色彩感情はオストワルト表色系の黒（p）へ向かう成分（黒色量の増減），純色（pa）へ向かう成分，白（a）へ向かう成分（白色量の増減），および色相（主として暖色－寒色）に従って変動し，物理的な体系であるオストワルト体系と色彩感情との間に密接な対応のあることが明らかになった」．また，色彩嗜好と関連づければ次のような指摘がある．「「調和」「自然な」「好き」…などの評価性の感情項目は寒色（turquise, seagreen, blue, leefgreen）の黒色量0の isotone 系列にあたる色（pa, la, ga, ca）および暖色の黒色量0で白色量大なる色（ca）に対応している」．彼らも関数式を求めるには至っていないが，マンセル表色系よりも，かなり単純に色彩感情を規定できそうである．

(近江源太郎)

→マンセル表色系，NCS，オストワルト表色系
◆富家ら (1972)

色彩嗜好と加齢 [aging effect in color preference]（感知）

加齢とともに明るいあざやかな色への好みが減少し，暗い色やにぶい色への好みが上昇する．この傾向は1950年代のデータにもすでに認められる強固な特徴である．20世紀後半の50年間の日本には社会・文化・経済的にかなりの変革があったにもかかわらず一貫性が認められるところから，世代というよりも生物的な年齢にかかわる特徴ではないかとすら想像される．この想像を補強するデータとしては，北原白秋の詩歌で用いられる色名の推移があげられる．加齢とともに，有彩色の色名とりわけ赤の使用率が減少し，無彩色の色名が増加する．また，色名の使用率そのものも低下する．なお，加齢効果

については，集中から分散へというもうひとつの特徴が認められる．低年齢では好みが特定の色，典型的にはあざやかな色に集中するが，加齢とともに好みの個人差が大きくなる．高年齢に至ると，あざやかな色への好みは確かに低下するけれども，暗い色やにごった色への好みがそれを上回るわけではない．高齢者の好みは多様化あるいは個性化している． （近江源太郎）
→色彩嗜好と年齢差
◆近江 (1983)

色彩嗜好と条件づけ [conditioning of color preference]（感知）

色彩嗜好の形成過程は，いまだ十分明らかにされていない．その理由の1つは，色彩嗜好とは何か，が必ずしも明確でないところにある．しかし，嗜好も人間の心理的な反応であるから，先天的な要因と学習要因とによって形成される，とみるのが自然であろう．嗜好調査の多大な蓄積から時代や社会・文化の差を超えた共通性が認められる事実に基づけば，嗜好の先験性も予想される．他方，嗜好データにおける集団差や個人差からは，学習の影響が推測される．好きな色にマイナスの，嫌いな色にプラスの条件づけをするという実験もいくつかある．その結果からは，ある程度条件づけが可能，成人より子供で効果が大きい，嫌悪感を低減できる，などが報告されている．しかし，この種の直截的・実験的な成果については，さらに詳細な研究が必要であろう．むしろ，社会心理学者 Zajanc (1968) の単純接触の効果仮説の方が注目に値すると思われる．接触量の増加が好みを高める，という考え方であり，彼は色彩は取り上げていないようであるが，いくつかの視覚刺激を用いた実験で検証されている． （近江源太郎）
◆Zajanc, R.B. (1980)

色彩嗜好と性差 [sex difference in color preference]（感知）

日本人の成人を対象とした色彩嗜好調査結果で見る限り，性差は小さく，0.9程度の相関係数が得られるケースが多い．少なくとも年齢差にくらべれば性差は小さい．しかし，データを詳細に比較すると，次のようなかなり規則的な差を読みとることができる．① 色相ごとに比較すると，女性の方が青紫・紫・赤紫・赤の範囲を好みやすく，男性はその他の色相とりわけ青を好みやすい．② 女性の方が，明るく淡い色を好みやすく，男性は純色や暗い色への好みがより強い．③ 女性の好みの方がさまざまな色に分散しており，男性のそれは特定の色，典型的には青に集中する．

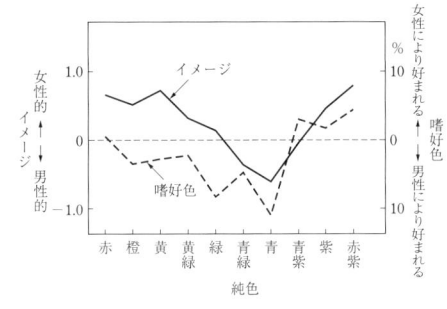

嗜好色の性差と性イメージ

また，児童を対象とした色見本の選択実験や絵画表現における色の使用量調査などでも，性間の高い共通性と同時に安定した性差も認められる．① 女児は暖色系，男児は寒色系の選択率あるいは使用率が高い．② 女児の方が多色化している．これらの傾向は，文化間比較からも指摘されており，かなり強固な特徴といえよう．図は，各色の嗜好率の性差と性イメージの評定値とを重ねたものである．両者は巨視的には一致しており，性イメージに合致する色が好まれやすいようである． （近江源太郎）
◆近江 (1999)

色彩嗜好と年齢差 [age difference of color preference]（感知）

日本人の成人を対象とした嗜好調査データの個人差パターンを，数量化3類などによって分析すると，第1軸の規定要因としては年齢が抽出されてくる．嗜好の個人差をもたらす最大の要因としては，年齢をあげてよいと考えられる．年齢による差は，色相よりも明度，彩度に現われ，ビビッドトーンやライトトーンなど，あざやかな色や明るい色への好みは加齢とともに低下する．逆に，ダークトーン，グレイッシュトーンなど低彩度かつ中明度以下の色に対する好みは，加齢に応じて上昇する．この傾向は，少な

くとも10歳代半ばから70歳あたりまでの間でほぼ一貫して認められる。それ以前の児童・幼児については、あざやかな色とりわけ赤、橙、ピンクなど暖色系の色が好まれやすいとする報告が多い。しかし、青が最も好まれるという報告もあり、低年齢層の色彩嗜好の特徴について結論づけて記述することは難しい。その理由としては、心理的に未分化な児童・幼児に成人と同一の方法を適用することの限界があげられよう。ちなみに古い例として、1992-93年に6歳から15歳の男女1170名を対象として行われた調査を引用すると、好みは青、赤、緑、黄、紫、橙の順である。

〈近江源太郎〉
◆日本色彩研究所編(1993)

色彩嗜好とマンセル色票系との関連
[color preference and Munsell color system]
(感知)

心理学者Guilford (1940)は、「色彩嗜好にはシステムがある」と題した論文を1940年に発表している。『Munsell Book of Color』(1929)に従って選んだ316色について、40名の大学生に、11段階点尺度上で快-不快の評定を求めたデータを解析したものである。その結果、感情価（affective value）が三属性とある種の規則的な対応関係をもって変化する事実を確認した。この滑らかな対応関係の存在を「システム」と称したわけである。おおまかにいえば、色相では青や緑が好まれ、茶や紫は好まれにくい、明度・彩度はそれぞれ高い方が好まれやすい、という傾向にある。しかし、三属性間には複雑な相互作用があり、三属性と感情価との関係についての、包括的な定量的定式化に至っていない。その後、Oyamaら(1965)はSD法調査から、評価性因子の得点と三属性との関係を考察している。さらに、中川ら(1984)は色彩感情の三因子とマンセル三属性との間の関数関係を求めている。それらの結果からみると、ギルフォードのデータに認められるおおまかな関係は成立するが、定量的には相当複雑な関係である。

〈近江源太郎〉
→オストワルト表色系、NCS、マンセル表色系
◆Guilford, J.P (1940), Oyama, T.ら(1965), 中川ら(1984)

色彩嗜好の経年効果 [trend of color preference] (感知)

色彩嗜好が経年的にどう変化するかを説明するには、日本色彩研究所が1979年から1993年まで同じ方法で嗜好調査を繰り返したデータが有効であろう。75の色見本を、東京・大阪在住の成人男女約1000名に示して、好きな色3点、嫌いな色3点を選択させている。その結果で見ると、好きな色の上位5位には14年間すべてにわたって白が含まれている。さらにビビッドレッドは13年、ビビッドブルーは12年登場している。また、嫌いな色の5位までにオリーブは毎年、ダークブラウンは12年登場している。なお、好き嫌いとも、5位以内から脱落した場合も、10位以内には必ず含まれている。また、トーン別に見ると、ビビッドトーンとライトトーンが最も好まれ、ダークトーンが最も嫌われる、という傾向も不変である。14年間という限られた期間ではあるが、このように嗜好の経年変化は、かなり小さいと見るべきであろう。少なくとも、集団の代表値に関しては、好みは安定しているといえる。好みとはそのようなものであろう。ただ、社会的に激変する時期には好みの変化も大きい、という指摘もある。

〈近江源太郎〉
→色彩嗜好の変遷
◆色彩情報研究会編(1994)

色彩嗜好の変遷 [transition of color preference] (感知)

日本で行われた色彩嗜好調査データに見られる変遷をたどると日本人成人を対象とした調査が『心理学研究』第1巻にすでに報告されている(1926年)。17色を刺激とした結果、1位から青、菫、コバルト青、緑青、赤、……、灰、黄、橙黄となっている。1950年以後、系統的に選んだ数十色を、標本抽出法に従って選んだ被調査者に呈示した調査が中心になる。その結果は、男子は緑、黒、紺色、銀鼠、赤、青、女子は黒、銀鼠、燕脂色、ネイビーブルー、濃紺(相馬・橋本、1956)の順とある。また1990年代の報告では、好まれる色は明るい青、あざやかな青、あざやかな緑、白、明るい青緑（日本色

彩研究所編，1993）などとなる．この種のデータを通覧すると，次のような特徴がうかがえる．① 青のように，戦前戦後を通じて好まれ続けている色がある．② ドラマティックな変化を示した色がある．典型的には紫で，1960年前後を境に，トップグループから最下位グループに転換した．③ 1960年代から，明るい色への好みが強くなった．④ 橙系へ好みが強くなった．

以上のように変遷をたどると，不易と流行とが認められるが，後者の変動は紫などを除いて緩慢であり，また20世紀のうちでは循環は認めにくい．

〔近江源太郎〕

◆水口・青木 (1926)，橋本・相馬 (1956)，日本色彩研究所編 (1993)，近江 (1983)

色彩象徴検査 [color symbolism test]（感知）

キーワードに検査という文字が加わると「色彩の象徴」とは意味がまったく違ってくる．こちらは患者の深層心理にせまり，精神分析の手段とされるものである．さまざまな検査方法の中で，投影法とよばれる描画テストには樹木画，人物画，家屋画，家族画，風景構成法などがある．これらに共通するのは，患者が描く主題を通じて患者の生い立ちの背景，家庭環境，人間関係などが象徴的に表現されているとみなされる．そこでの色彩的な要因はその一部に限られるが，ロールシャッハテストやカラーピラミッドテストなどは色彩の占めるウエイトが大きい．ロールシャッハテスト（Rorschach, 1921）ではインキのしみによる偶然の形や色から患者が受けるイメージの傾向によって性格や病理を判断する．一方，カラーピラミッドテスト（Pfister, 1950）は精神障害者の性格的な偏りを検出するためにつくられたもので，方法は24色の四角形のカラーチップスを使い，その中から好きな，美しい，醜いという各3種類のグループのピラミッドをつくるように指示される．観察者は使われた色の種類や配列から性格を診断する．このように，色の選び方が患者の深層心理を投影，すなわち象徴すると考えられる性格検査の1つである．

〔日原もとこ〕

→ロールシャッハ法，カラーピラミッドテスト

◆Rorschach, H.(1921), Pfister, M.(1950), 空井 (1989), 岡堂 (1993), 国分 (1990)

色彩調節 [color conditioning; color dynamics; color control; color engineering]（商）

カラーコンディショニング，カラーダイナミックス，カラーコントロール，カラーエンジニヤリングなどこれらの用語は，日本語では「色彩調節」として普及しているが，カラーコンディショニングはもともと総合化学メーカのデュポン社の登録名称である．カラーダイナミックスはピッツバーグガラスプレート社が，デュポン社のカラーコンディショニングにかえて用いた用語であり，カラーコントロールやカラーエンジニヤリングも同じ意味で一般に用いられた．色彩調節は，色彩の生理的・心理的機能を積極的に活用することにより作業環境を改善し，作業効率を上げることを目的とする．この意味では，第一次世界大戦以降発達した迷彩も色彩調節の一種といえよう．作業環境の改善という観点では，1920年代の半ばアメリカで進められた手術室の照明および色彩の研究がその発端といえる．外科医の疲労度軽減が目的であった．今日，手術衣に緑系統の色が多用されるのはその成果である．

アメリカでは1940年代以降，とくに第二次世界大戦時，軍需工場の熟練労働者不足に対処し生産効率を高める目的で，色彩調節の研究が盛んとなった．結果として色彩調節は工場における作業環境の改善と安全性の確立，労働意欲と生産性の向上に大いに寄与し，のちに事務所，病院や学校，さらにはバスや電車の内装へと適用範囲がひろまった．アメリカにおける色彩調節の権威者の1人がビレンである．彼がデュポン社のコンサルタントとしてまとめた安全色彩は，のちにアメリカの安全色彩基準色に取り入れられている．日本では戦後の復興期にあたる1951年以降，(株)東京計器製造所蒲田工場，日本油脂(株)川崎工場，(株)日立製作所亀戸工場などで導入が計られた．日本の色彩調節は，1950年代の10年間が最も盛んであった．

〔緒方康二〕

→ビレン，フェーバー

◆上田 (1953)，稲村 (1955)，乾 (正)(1976)，Birren, F. (1950)

色彩調節の変遷 [change of color conditioning]（商）

色彩調節は英語のカラーコンディショニングの邦訳で，色彩の心理，生理的効果を活用し，安全で効率的な作業環境や快適な生活環境をつくりだす手法のこと．色彩調節の起源としての逸話は，1925年，ニューヨークの病院の手術室の壁色に関するものといわれる．外科医が執刀中に，その白がまぶしく，さらに血液の色の補色である青緑の幻を見るという報告が当時のデュポン社の色彩コンサルタントをつとめていたビレンに出され，白壁を淡い青緑に変更することによって，それを解決したという．こうした色彩の効用は，その後，第二次世界大戦時のアメリカで，軍需工場の生産効率を向上させるために，操作機器のサイン類の色，危険個所の色などに視認性の高い色使いをしたり，作業室の色を心理的に好ましいものに改善し，本格的に色彩調節の概念が普及した．

日本では，第二次世界大戦後アメリカから色彩調節の理論や技術が導入され，一時期おおいに普及したが，効果の測定が容易にできないことや，日本独自の自然な素材感を重んじるという，建築様式への配慮や美的配慮が不足しているなどの批判がおもに建築界で高まった．色彩調節の概念は効率性を重んじるあまり，美的配慮を欠く点があり，カラーコーディネーションにおいて，この用語を用いることは現在ではほとんどなくなっている． （大関　徹）
→カラーコーディネーション

色彩調和色空間 [harmonic-color space]（調）

色彩調和色空間とは調和する色を合理的，計画的に選びだすことができるように，すべての色が系統的に色空間の中に配列されているカラーオーダーシステムをいう．カラーオーダーシステムに期待されているもう1つの機能は，色空間の中の一点として，特定の色を正確かつ客観的に指定し表示しうる機能，とされている（Arnheim, 1957）．しかし，この2つの機能を完全に両立させることはきわめて難しく，前者の機能を優先させた色空間には，わずかな色差まで正確に指定できるような色表示方法や，同じ記号で表示される色が常に一定の精度で複製，再現できるような技術的保証にしばしば欠けていることがある．

色彩調和のための色空間を表すとされてきた代表的な色票集には，オストワルト表色系に基づきアメリカで色票化されたカラーハーモニー・マニュアルと，（財）日本色彩研究所で開発されたPCCSとがあげられる．前者はオストワルトの「調和は秩序に等しい」という調和の定義を色空間において実現したものであり，後者では，色相の自然連鎖に基づき各色相を明度/彩度の複合概念とされるトーンによって分類し，定説となっている色彩調和のさまざまな類型を確かめられるように工夫されている． （福田邦夫）
→PCCS，カラーハーモニー・マニュアル，カラーオーダーシステム
◆Arnheim, R. (1957)

色彩調和の実験的研究 [empirical studies of color harmony]（調）

色彩調和の実験的研究は，1820–30年代にかけて，フランスの化学者シュヴルールによる色の同時対比の実験的研究に始まったとされる．色対比の大小によって，色彩調和を，対照（contrast）の調和と類似（analogy）の調和のような類型に分類して記述することを可能にしたのは，確かに彼の功績であった．これらの用語と概念は，20世紀の実験的研究にも踏襲され，そのまま定着して現在に至っている．20世紀の初めに，マンセルやオストワルトによって実用的なカラーオーダーシステムが開発され，色彩調和の実験的研究に不可欠な色表示のメトリックが用意された．第一次世界大戦から第二次世界大戦までの間に行われた主な実験的研究では，標準化されたこれらの色空間から任意に選ばれた色票を組合わせた単純な配色について，そこに含まれる単独の色刺激から受ける快さの感情と，配色された複数の色刺激から受ける快さの感情との相関を調べることに関心が向けられていた．これらの実験結果から「感情的結合の法則」が提唱されている．配色の感情価（affective value）は，その配色を構成する単色の感情価に依存するということである．しかし，この法則の適用は，複雑な多色配色の場合には，色以外の要因

がいろいろ加わるために保留されている.

これらの研究の後に，MoonとSpencer(1944a,b)の論文が登場し，色彩調和の実験的研究として，とくに注目を集めることになった．彼らは，まず伝統的な色彩調和の諸原理を予備実験を通じて確認し，調和と不調和の色域をマンセル色空間において計量的に定義するとともに，それらの色域を図式的に示すことを試みている．さらに配色を構成するそれぞれの色の適切な面積比を求める方法，最後に配色の美度を，Birkhoff (1933)の公式を借り，秩序の要素と複雑さの要素の比によって計量化する方法を提案した．

戦後の日本で行われた代表的な実験的研究としては，細野らによる日本色彩研究所グループと，納谷を中心とする電気試験所グループによる研究があげられる．実験の規模や実験データ解析の精密さにおいて，どちらも欧米の先行研究をはるかに凌ぐ．しかし，その結果は，ムーンとスペンサーが提出した色彩調和領域や美度とはほとんど一致が認められず，彼らの実験方法や理論についても疑問符がつけられた．呈示サンプルの選定法，被験者数など，実験手続きの入念なこと，データ解析の精度の高いことなどにおいて，現在でも欧米のどの実験的研究も，日本のこれらの研究以上の水準に達しているといえるものはほとんど見あたらない．

(福田邦夫)

→色の感性評価, 美度, ムーン-スペンサーの色彩調和論

◆福田 (1996), Moon, P.・Spencer, D.E. (1944a,b), Birkhoff, G.D. (1933), 日本色彩学会編 (1989):「色科ハンド・17章」

色彩調和論 [color harmony] (調)

色彩調和に関する何らかの見解や意見が表明された文献を総称して色彩調和論という．レオナルド・ダ・ヴィンチ以来，芸術家によって記録された経験法則があり，哲学者，文学者らによる思弁的考察があり，科学者たちの観察結果や実験に基づく分析，評価もある．また，色彩を扱う各分野の技術者，専門家による実用的な手引きもあるし，美術教育者によって示された指針もある．色彩調和の問題については，著者の数だけ仮説があり，無数の試行錯誤の結果から生れた多種多様な原理がある，といわれるゆえんである．

色彩調和の古典的仮説には，協和音がそれぞれの音の周波数の単純な整数比から生れるように，調和する色刺激どうしにも誰にも感得できる何らかの視覚的要因があるにちがいない，という音楽から類推される仮説（この信奉者はニュートニアンとよばれる）と，混色結果が無色または無彩色になるような関係，あるいは残像補色になる関係にある色どうしの間には，視覚を中性化するような均衡作用がある，と考える視覚的均衡の仮説（通称ゲーテ理論）とがあった．ケンブリッジ大学の美術史家，Gage (1999)は，これらの仮説は最近でもある種の志向をもつ画家や研究者らには魅力を失っていないと紹介している．しかし，視覚の科学の研究者には，18世紀以来の主な色彩調和論を読破して，それらを要約してみせたJudd (1950, 55)の4つの原理の方が参考になるだろう．それらを以下に紹介しておく．

1. 秩序の原理：色空間から何らかの規則性をもって選ばれた色による配色は，適切な対比効果をもつために，知覚的にも情緒的にもただちにその秩序が感得される．この原理の代表的なものに，Ostwald (1916)の色彩調和論がある．ジャッドは，秩序は欧米では伝統的に最も尊重された原理だと述べているので，Goethe (1810), Chevreul (1839), Field (1845), などのカラーオーダーシステム出現以前の色彩調和論も，この原理に属するといえるかもしれない．

2. なじみの原理：ふだん見慣れている色の連鎖は，調和と判断されやすい．つまり自然の中に見られる色の配列を色彩調和の最高の指標と考える色彩調和論がある．その一派には，Bezold (1874), Brücke (1887), Rood (1879) などの名前があげられる．かれらは，色の本性としての色相の自然連鎖の法則を示し，自然界に見られる色の連鎖はたいていこの法則に従っていると述べている．

3. 類似性の原理，または共通要素の原理 (Arnheim, 1957)：共通要素をもつ似ている色どうしは調和しやすいという原理で，これはほとんどの色彩調和論に共通して取り上げられて

いる原理である．この原理はいくらでも拡大解釈して適用できるという指摘がある．

4．明瞭性の原理：原文では非不明瞭性の原理．色差が小さすぎる，色対比が類似でも対照でもない，あるいは対比によって本来の色に見えない，というような配色の意図があいまいな配色は不調和と判断されやすいので，配色効果を明瞭に示す配色をよしとする原理である．この原理は，MoonとSpencer (1944c) の不調和色域の指摘に基づいている．

これら以上4つの原理には何らかの色彩調和の指針が含まれている． （福田邦夫）
→ジャッドの色彩調和論，シュヴルールの色彩調和論，オストワルトの色彩調和論，フィールドの色彩調和論，ゲーテの色彩調和論
◆Gage, J. (1999), Judd, D.B. (1950, 55), Ostwald, W. (1916), Goethe, J.W. von (1810), Chevreul, M.E. (1839), Field, G. (1845), Rood, O.N. (1879), Arnheim, R. (1957)

色彩調和論の類型 [typical theories of color harmony]（調）

色彩調和論はギリシア時代にさかのぼるという考え方があるが，ここではニュートン以降のおもだった調和論を類型化して取り上げる．

類型にはまず①音楽との類推による調和論がある．ニュートンは『光学』(1704) 巻末の疑問14において，色の調和が音の振動に基づく調和と似た関係にあるのではとの推論を述べているが，調和論としてまとめられてはいない．イギリスでは化学者フィールドが，赤・黄・青の三原色と，音階のド・ミ・ソ対応による調和関係を論じた (1817)．フィールドほど直接的ではないにせよ，フランスのシュヴルールも，自身の色空間の尺度名称に ton（音調，英訳は tone），gamme（音階，英訳は scale）といった音楽用語を用いている．アメリカのマンセルもまた，HV/Cによる色彩表記は，系列やグループとして色を表記した場合，"楽譜" music scale に似た"色譜" color scale となるという (Munsell, 1905)．ただしマンセルは，「音の調和と色の調和は，同じではない」とも述べている．このように色の体系化において，色と音楽とにある種の類似性を考えるケースは多く，さらに音楽との類推による色彩調和論へと発展させた例は，現在においてもフランスのプファイファーの調和論 (Pfeiffer, 1972) に見ることができるという．

②は無彩色となるような混色を視覚的バランスととらえる調和論である．熱の運動説で有名なアメリカの物理学者ランフォード伯 (Sir Benjamin Thompson, Count Rumford) は "色陰" colored shadows の実験から，「色陰に現われる2色は，混合の結果完全な白となると考えられ，調和する」とし (Thompson, 1794, 1802)，1色は他方の "補色" complement であると述べている．Complement はランフォードの提唱した言葉であった．色陰現象については，すでに酸素の発見者イギリスのプリーストリーによる指摘があり (Priesfley, 1772)，こののちゲーテも色陰現象の観察を記述している．ただしゲーテの調和論は，「よび求め合う色」とよんだ残像補色どうしの組合わせに視覚的バランスを求めた結果である (Goethe, 1810)．フィールドの調和論は音楽との類推のほか，減法混色により無彩色となる赤5・黄3・青8の組合わせも調和関係としている (Field, 1835)．無彩色となる3色の定量的配合は，独自の実験装置により得たものであった．

③は幾何学的に体系化された色空間上で，規則性をもった色の組合わせを選択する調和論である．3次元的色空間の体系化には，メイーヤ (Burris-Mayer, 1935)，ランベルト (Lambert, 1772)，ルンゲ (Runge, 1810) らの先例があるが，体系化された色空間を色彩調和と結びつけたのはシュヴルールであった．彼は色相ごとに置かれた20段階のトーンの集合体，すなわち72色相からなるスケール上で類似と対比による6種の調和関係を論じている (Chevreul, 1839)．マンセルは色相・明度・彩度を尺度化した色空間上で，ある点（"バランスポイント" balance point といい，最も完全な "バランスポイント" は N5）から幾何学的に選択された色の組合わせをもとに，バランスに基礎を置いた調和論を展開した (Munsell, 1905, 1921)．のちにアメリカのムーンとスペンサーが ω 空間を前提に論じた定量的な色彩調和論も，基本的にはマンセル色空間上で幾何学的に関係づけられた色による調和論といえる (Moon・Spencer, 1944a-c)．ムーンと

スペンサーのほかに，マンセル空間そのものにより調和論を展開したのがアメリカのグレイヴスであった (Graves, 1951). ただ彼の場合，色空間上での色選択が幾何学的であることはさほど重視していない．スイスのイッテンの色空間はルンゲの色彩球をモデルとしており，マンセルやオストワルトほど徹底した体系化ではないが，彼の調和論は色彩球から，幾何学的に整合性の高い色を選択するシステムをとる (Itten, 1961b). 立体的色空間上で幾何学的に選択された色が調和関係をなすという理論を徹底させたのがドイツのオストワルトである (Ostwald, 1918). "調和=秩序" がオストワルト調和論の基本理念であった．オストワルトの調和論では，ウェーバー—フェヒナーの法則性に依拠したオストワルトの色空間上で規則正しく選ばれた色どうしは，おのずと調和関係をなすという．のちに『カラーハーモニー・マニュアル』(1942) としてアメリカでマニュアル化されたゆえんである．

（緒方康二）

→色彩調和論，カラーハーモニー・マニュアル，ウェーバーの法則，フェヒナーの法則

◆Thompson, B. (1794, 1802), Goethe, J.W. von (1810), Burris-Meyer, E. (1935), Lambert, J.H. (1772), Runge, P.O. (1810), Chevreul, M.E. (1839), Munsel, A.H. (1905, 21), Moon, P.・Spencer, D.E. (1944a-c), Graves, M. (1951), Itten, J. (1961b), Ostwald, W. (1918), 福田 (1985)

色彩と音楽 [synthesis of color and sound]
（社）

色彩学の「事始め」である遠くギリシア時代の哲学者アリストテレスの心理学にも色と音の関係は語られている．アリストテレスによれば「色は光と闇，白と黒の混合によって生じる」ということになっている．白と黒の眼には見えないほどの粒状のものが，並置したり重置したりして色が生れるのであるが，そのときの白と黒の量が，琴が美しい音を出すときの弦の長さの比のような数値であれば，それは美しい色となるということをはっきり記述している．白と黒とをまず対置することの色彩学はカンディンスキーや，オストワルトなどドイツ色彩学の歴史に脈打ち続けているが，音に関してはドイツ色彩学ばかりではない．かの偉大なニュートンでさえ，その『光学』において，音階の8音1オクターブにプリズムの7色をあてはめたわけである（図1）．ニュートンのカラーサークルでは，

図1 ニュートンによる音階つきカラーサークル

赤，橙，黄，緑，青，藍，紫（菫）がD，E，F，G，A，B，Cの各色に割りあてられている．それぞれの色が等分割されていないのは，音の幅そのものがもともと等分割されていないためであるが，呼応の関係は図のように成り立っている．

ニュートンが使ったドリア施法というギリシア時代からの1オクターブによると半音の部分が対称となり，橙と菫の面積が狭まっているわけである．この『光学』の中でも，ニュートンは，アリストテレスをさらに発展させたかのように，弦の比率と色の調和との関係をさらに詳しく研究し，説明している．しかし，アリストテレスやニュートンが色聴者であったかどうかはわからないが，画家で詩と戯曲にもその才能を発揮したカンディンスキーは，「抽象芸術論」の中で次のように述べている．たとえば，

- 黄はしだいに高く吹き鳴らされるトランペットの鋭い音色．
- 紫みの赤は情熱を帯びた中音から低音のチェロの音色．
- 暗い青はチェロ，その濃さと深みがましてくるとコントラバスの音色ににてくる．要するに，深みと荘厳さのある点では青の響きは，パイプオルガンの低音部がもつ音色に比較できる．
- 白は精神的に無音・休止．

というように．また，詩人のアルチュール・ランボーは「母音」という詩の中で，母音のaは黒，eは白，Iは赤，oは青，uは緑，として謳っている．これに対してコンクレート・アート（具

体芸術）の〈負の変態 [A・E・I・O・U・]〉において向井周太郎は，バナー（旗）に形象とともに母音の氏独自の色をつけている．

アレクサンダー・スクリアビン（1915）は，自分の作曲した「プロメテウス」にリューチェ（luce）というカラー・オルガンパートをつけ（図2），Cは赤，Gは橙，Dは黄，Aは緑，Eは明るい青，Fisに青，Desに紫，Asに菫，Esにメタリックな鉄色，Fに赤をつけて1950年代頃モスクワとパリで演奏した．これを聞きにきた著名な作曲家たちには決して評判のよいものではなかった．また，イギリスのアーサー・ブリスは「色彩交響曲」（1922年）という曲を創り，

図2 スクリアビンの Luce というカラー・オルガンのパートのついた楽譜

その4つの楽章に，紫，赤，青，緑の意味をもたせている．なお，コンクレート・ミュージックが盛んになり始めた1962年に武満徹はグラフィックデザイナーの杉浦康平とともに，弦楽のための「コロナⅡ」を色彩による図形楽譜として創り，指揮者と演奏家は，回転しながら進む図形上に現れる色の染みをその色の性格によって，感じたままに，ピチカート（弦楽器の弦を指で弾く奏法）や，レガート（音をきらずに滑らかに出す奏法）で奏でるという興味深い楽色を見せている．時間的に流れる音楽というものを，武満は，「あたかも不動明王」の彫刻のように一瞬に凝固させてみたいという願望があった

ようである．

ここまで取り上げたさまざまな人たちの色と音との関係性以外にも，まだまだ例はいくつもある．では実際に普遍的な色と音との関係性はどの程度あるのであろうか．音楽心理学の方では，音の高低は色の明度と関係があるとだけ筆者の調べた限りでは記されている．そこで私は，20年ほど前から研究調査をしてみたが，音楽でいえばピッコロのような高い音は，黄色を連想する人が多く，トランペットはスカーレットのような赤およびそれ以外では彩度の高い色を選ぶこと，すなわちビビッドトーンを選ぶ人が多くいた．ヴァイオリンはビビッドよりもストロングやディープトーンに集中し，その選択色相

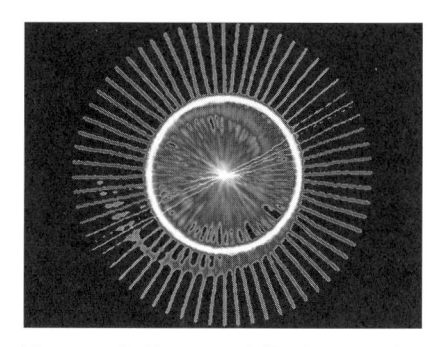

図3 アップル社の iTune が描いたガーシュインのラプソディー・イン・ブルーの一場面

は個人差があること，チェロや，さらにコントラバスになると圧倒的にディープトーンからダークトーンを選んだり連想する傾向がある．すなわち確かに明度の高低は，音の高低と相関するのは事実でもあり，コモンセンス（共通感覚）でもあろう．しかし，彩度は音の鋭さと関係があるようである．

白はカンディンスキーによれば無音の休止符ということになっているが，ハープの音に白を感じる人が意外と多いことも付け加えておく．いずれにせよ色と音との共感覚性は個人がどう認識するかという認識論の問題である．それゆえ，定量的にばかり気を使うことなく定性的にも認める必要がある（口絵参照）． （川添泰宏）
→共感覚，カンディンスキー，ヴァシリィ，色彩の共感覚効果

色彩と感情 [color and emotion]（感知）

　色彩は人びとの感情にはたらきかける，といわれる．たとえば，ロールシャッハ法においては，色彩反応の量を感情世界の豊かさの指標とみなし，著しい多用は，衝動的とみなす．色彩が「感情」といわれてきた心理的処理過程と深いつながりをもつであろうことは推測できる．しかし「感情」と称される範囲は多様であるとともに，強さの差も大きい．怒り，喜び，恐怖，悲しみ，あるいは快不快など，一般に情動（emotion）といわれ，大脳辺縁系などとの関係が見通されている水準での色彩の作用は，まだ十分明らかではない．また，心拍，皮膚電気活動，血行力学的反応などの自律神経活動や呼吸活動と色彩効果との直接的な関係についても，現段階では統一的な結論には至っていない，といってよかろう．

　色彩の感情的な作用に関しては，こうした生理的な変化を伴わない，あるいは生理的な変化が現段階では明確でない，いわゆる対象感情，感覚感情（feeling）の水準での現象的な特徴が，三属性との関係でかなり詳細にまた体系的に記述されるにとどまっている．ただ，20世紀末からの脳神経科学的測定の目ざましい進展からは，色彩と感情との関係がしだいに分析されてゆくであろうと期待される．　　　（近江源太郎）

色彩と象徴 [color and symbolism]（感知）

　古代から，人は事物のある側面を強調する手段として，人びとに共通する記憶や連想につながる特定の色や形をシンボル化し，端的に意味づけを行ってきた．古代人が森羅万象を五大に分類し，それらに色を照応させたことは世界的に共通現象があった．それに関連して，天体や曜日，人体の各部位，臓器にも色が対応し，現代でも色彩療法の分野で補助医療手段として活用されている．たとえば古代インドに端を発するヨーガの行法にはチャクラという概念があり，脊柱にそって頭頂部から尾骶骨まで8つの生命エネルギーポイントがある．英国色彩療法協会の会長を務めたテオ・ギンベルによれば，象徴色とその意味について以下のごとく述べている．「人間の脊柱はすべて色に対応しており，紫（前額部）は赤（尾骶骨部）に較べて密度が低く，赤が象徴する肉体的性質から最もかけ離れた精神的性質を象徴する色で，頭頂部にあるマゼンタ（赤紫）は霊的象徴の最高位を示す色である」．

　時代が進んでも，言葉が通じない人びととの間では非言語コミュニケーションである，約束ごととしてのサインやシンボルはさまざまな場面で活躍する．たとえば，交通信号や安全色彩などの色も，1つの象徴的意味合いを活用した例で，赤＝消火・停止，橙＝危険，黄＝明示・注意，緑＝救護・進行，青＝用心，白＝通路・整頓となる．

（日原もとこ）

→色の象徴性，カラーイメージ，色彩と感情，陰陽五行説，◎カラーシンボリズム
◆Gimbel, T. (1994)［日原訳，1995］

カラーヒーリングに用いられるチャクラと象徴色（Gimbel, 1994）

チャクラ	仙骨神経	副腎	太陽神経叢	心臓
象徴色	赤	橙	黄	緑
意味	エネルギー	喜び	分離	バランス

チャクラ	甲状腺	下垂体	松果体	頭頂部
象徴色	青	藍	紫	マゼンタ
意味	免疫性	リラックス	尊厳	解放，変化

色彩の共感覚効果 [synaesthesia of color]（感知）

　空間の設計や事物のデザインなどにおいて，色彩の効果をより高めるためには，色感覚・色彩感情とともに他の感覚領域の興奮の生起が同時に測れることが望ましい．色彩に関する共感覚には色聴が著しいが，暖色・寒色で知られる赤系統の色彩と暖かい感じ，青や紫系統の色彩と冷たい感じとの対応関係は種々のところで用いられている．ニュートンの『光学』では，スペクトルの7色に音程があてはめられており，18世紀初頭には，鍵盤を打つと音とともに色光が投影される色彩ピアノが考案されている．文字，数字，人名，母音などと色とを結合した共感覚の事例は多い．また，文字や楽曲などに色が結合する場合もあるという．色彩の共感覚的効果は色彩感情や色彩象徴にまでも拡大し，激情にはほとんどの人が赤を対応させ，純潔には白をあげる．

　ランボーは，「A黒，E白，I赤，U緑，O

味覚，嗅覚，温度感覚などによって生じた色の共感覚効果の例

報告者	内藤					Ginsberg	Collins	Downey
観察者	KN♂	KH♀	YH	TH	GK	報告者自身	♀	♂
色味 甘	黄	黄；白	桃色		白；黒	甘=橙赤色	甘=石竹色	甘=輝く黒色
酸	緑	緑	緑		白；黒	酸=緑；青緑	酸=緑	酸=赤；褐；ときには緑
苦	茶	茶；灰黒	茶		白；黒	苦=黒	苦=マゼンタ色	苦=曇った橙赤色
鹹	赤	白；青	茶；藍		白；黒	鹹=青	鹹=青	鹹=強い場合は澄んだ結晶の感じ
色嗅 ヘリオトロープ		桃色	桃色			ペパーミント=黄	ペパーミント=白	
レモン		橙	橙			沃度=黄緑	沃度=暗青緑色	
カナダバルサム		橙	橙			カンフル=赤	するどい匂=マゼンタ色	
低温タール		暗紫	暗紫			大黄およびソーダ=黄緑	腐敗臭の如き不快臭=褐色	
二硫化炭素		黄	黄			丁子油=橙	石炭酸=暗黄色	
コパイババルサム		水色	水色				バラ=黒	
硫化水素		黄	黄				ラヴェンダー=淡黄色	
白檀（燻す）		茶	茶		青		オードコロン=緑	
							快臭=種々多様な色	
色温 色冷	KNにおいては中位の温度（生理的零点）では無色，温度の上昇と共に黄-橙-深紅色に至り，反対に温度下降の場合には無色より帯青白色となる．					冷=白	冷=白	
						正常温度=中性的暗灰	正常温度=黄	
						極端な冷および温は赤みを帯ぶ（痛覚に伴う色）	熱=赤	
色痛	KNにおいては熱痛および冷痛には放射状の金色が現れる．					頭痛=黒		
						激しい頭痛=赤		
						歯痛=青	歯痛=緑	
						激しい歯痛=赤		
有機感覚に伴う色							餓=緑	

（『実験心理学提要』第2巻より）

青」と読み，カンディンスキーは「フルートはライトブルー，ファンファーレは赤，ホルンは紫……」と述べている（日本色彩学会編，1991）．

色と形との関係については古来より諸説があるが，たとえば，フェーバービレンは「赤は正方形，橙色は長方形，黄色は三角形または三角錐，緑は六角形または正二十面体，青は円または球，紫は楕円形を暗示する」と色の連想と形の性格とを結びつけている．また，カンディンスキーは色の運動として黄は遠心的，青は求心的運動，赤は安定し，水平線は黒または青，垂直線は白または黄，斜線は灰色，緑または赤，平面図形の三角形は黄，正方形は赤，円は青の性格をもつとしている．このような結びつきについては独断的な面を払拭できえないもののデザインなどの面から見ると興味深い．なお，味覚，嗅覚，温度感覚などによって生じえた共感覚的効果の例は表に示すとおりである（内藤，1938；Ginsberg，1923；Collins，1929；Downey，1911，12）．

（神作　博）

→共感覚，色聴
◆日本色彩学会編 (1991), 内藤 (1938), Ginsberg, L. (1923), Collins, M. (1929), Downey, J.E. (1911, 12), 高木・城戸幡監 (1952)

色彩の心理的意味 [psychological meaning of color]（感知）

ここでの色あるいは色彩は，色名（赤，うすい赤など）で区分する光あるいは可視光とよばれる電磁波に対する視知覚の特性である．光のないところに色はない．色感覚・知覚刺激としての光は，身体の諸機能にも影響を与え，とくに太陽光は25時間周期の体内時計を調節して，生活の基本である昼働き，夜眠る24時間周期の生活リズムに体内生物時計を合わせる役割を果たしている（Klein ら，1991）．色彩の心理的意味の生物的基礎として可視光の強度や波長の変化，たとえば強い光，弱い光や赤（長波長），青（短波長）などの色がそれぞれ内分泌系（松果腺）に異なる効果を与える可能性は無視できない（Brainard, 1998）．

色彩の心理的意味は，色彩のもつ情緒的・内包的意味であり，好みや連想から知ることができる．芸術家の個性的好みや，厳密な光の物理学的，神経生理学的分析による理解などに偏ることなく，多くの人に共通する色彩の意味を知ることは客観的な統計的方法，たとえばSD法（Osgood ら，1957）などにより心理学的に明らかにされる．また，暖色−寒色，進出色−後退色，興奮色−沈静色などの分類も色彩の心理的意味を表し，色が異なる働きをもつことを示している．たとえば，暖色と寒色は，興奮と沈静，暖かさと冷たさ，熱情と冷淡，活動と休息，陽と陰，火と水，太陽と月，夏と冬，勇猛果敢と沈着冷静のように相反するさまざまな意味に対応する（千々岩，1999）．色彩が公共的連想として特定の抽象的概念と結びつくことは，文化や宗教が色彩の心理的意味に影響することを示唆する（千々岩，1994）．一方，色彩の心理的意味は個人的に異なり，色に対する個人の反応の違いはロールシャッハ検査（Rorschach, 1921）や色彩象徴検査（松岡，1983）など性格診断に利用される．このように，色彩の心理的意味は，個人にとっても公共にとっても，それぞれによい環境をデザインするうえで重要な要因である．

(秋田宗平)

→SD法，ロールシャッハ法，色彩象徴検査

◆Klein, D.C. ら (1991), Brainard, G.C. (1998), Osgood, C.E. ら (1957), 千々岩 (1994), 千々岩編 (1999), Rorschach, H. (1921), 松岡 (1983)

色彩文化 [color and culture]（社）

色彩文化とは，色彩に表れた文化の性格，意味を考えていくことである．その範囲は，風土・自然，哲学・思想，神話・宗教，化粧と身体彩色，人生儀礼・祭事，文学，食，音楽，演劇，映像から，建築，環境，デザイン，諸分野などにおいての視覚効果と視覚言語などきわめて広範囲にわたっている．人類がいつ頃から文化として色彩を用いるようになったのかは定かではない．しかし，今から7万年前のネアンデルタール人たちは，死者を埋葬する習慣をもち，その墓所には赤い顔料が撒かれていたといわれている．つまり人類は，すでに7万年前に，赤色を再生祈願の文化的象徴として用いたと考えられる．それに示されるように古代社会では色彩は呪術の媒体であった．今からおよそ5000年前に，エジプト，メソポタミア，インダス，黄河流域に四大文明が開化する．人びとは集落を形成し，都市をつくり，宗教をもつようになる．その後ユダヤ教，キリスト教，イスラム教，仏教，ヒンドゥー教は，死後の世界，天上界，浄土，天国などをそれぞれの華麗な色彩空間として表現した．また中国に誕生した陰陽五行説では，宇宙を構成する色として5色を定めた．

中世は国家権力と宗教権力が習合した時代である．宗教が定めた色彩象徴は，やがて地上の権力者や為政者に拡がる．ローマ皇帝は貝紫色を服のシンボルとし，中国の皇帝は黄色の衣服を皇帝の象徴として，禁色とした．また宗教の普及とともに，色彩象徴は，一般人にも普及して，彼らの人生儀礼，祭事を象徴する．中世の人びとは，自然の再生，復活を祈願して緑の服を着用し，愛の証しとして緑の袖を贈り物とし，一方，犯罪や道化者，売春婦には黄色の衣服を着用させて社会的な印づけとした．洋の東西を問わず15, 16世紀は，宗教象徴主義が終焉を迎え，人間中心主義の時代に移行したときである．合理的精神が時代の風潮となり，科学の目で真実を追求する気運が高まった．レオナルド・ダ・ヴィンチは，色彩遠近法（空気遠近法）を用いて，3次元の世界を表現した．世界各地からすぐ

れた顔料，染料が輸入されると，色彩のパレットは飛躍的に広がった．そして 1666 年，アイザック・ニュートンのプリズムの実験によるスペクトル・カラーの発見は，色彩科学の幕を開け，「光」を描くことが以後の絵画の大きな命題となった．19 世紀初頭，文豪ゲーテは大著『色彩論』を著して，色彩の生理的，心理的，感覚的側面を強調した．ターナー，ドラクロワ，ジェリコなどの画家たちは，事象のもつ心理的な葛藤や苦悩，喜悦の感覚を色彩で表現することを試みた．以来，色彩は人間の心象と深く結びつき，後の文化と深くかかわり合っていく．

一方，18 世紀後半に始まる産業革命は，従来の人間の生活基盤を根底から覆すこととなった．機械時代にあっては物を通じて得られた色彩の象徴性は稀薄となって，ただ新奇性のある色彩が価値あるものと評価されるようになり，同時に視覚言語としての記号性が重要になった．20 世紀には，民族的色彩を華麗に表現したアール・デコから，機能性を重視した白いモダン・デザインへ，また色彩こそ快適な生活をつくり出す機能であるとするポスト・モダンへと，色彩は新奇性のシンボル，視覚言語としてめまぐるしく変容を続けている．

(1) 宗教・思想の象徴としての色彩

宗教において色彩は，天国の描写や秘儀，そして聖職者の官位を表す有効な手段であった．キリスト教では青色の天国，イスラム教では緑色の天国，仏教の曼荼羅は胎赤金白に彩られる．古代中国では「天地玄黄」といい，地上についても青，赤，黄，白，黒の 5 色をもって季節や方位，聖獣と対応させた．すなわち青は春，東，龍に，赤は夏，南，雀に，黄は土用，中央に，白は秋，西，虎，そして黒は冬，北，玄武にと配当した．

(2) 化粧，身体彩色の色彩

身体に彩色することは神への畏敬や悪しきものから免れるための印づけであり，同時に喜悦，勇気などを象徴した．また化粧は人間の自己主張でもあった．16 世紀エリザベス 1 世は自らの顔を真っ白く塗り，ヴァージン・クイーンの決意を表した．歌舞伎や京劇に見る隈取は登場人物の性格や心情を表している．

(3) 文学と色彩

10 世紀に誕生した『源氏物語』は，紫色をライト・モチーフとして展開する．マーローの『アーサー王物語』は緑の騎士，黄色の騎士が忠誠と不忠を表して登場する．スタンダールは『赤と黒』によって軍人と僧侶階級を象徴的に表現した．レミ・デ・グールモンは『le Couluers』で，各色のもつイメージを巧みな手法で短編小説につくり上げた．わが国にも芝木好子の『貝紫幻想』など色彩のイメージを生かした小説がある．

(4) 演劇・映画と色彩

劇評家小山内薫は「仮名手本忠臣蔵」を評して，「色彩の芝居」といった．歌舞伎は定式幕，浅葱幕を初めとして，舞台装置，舞台衣装，小道具，照明，役者の化粧，隈取など色彩によって，物語の展開，人物の性格・感情，場面の雰囲気などを演出する．白塗りは二枚目か極悪人，赤姫はお姫様，紫色は粋な二枚目か放蕩者，銀色は霊界，悪霊を表現し，右巻きの紫の鉢巻は病人を象徴している．映画でカラーが意識的に用いられたのは，ロシア映画の巨匠エイゼンシュタインからである．エイゼンシュタインは「戦艦ポチョムキン」「イワン雷帝」において色彩モンタージュ論を展開し，意識的に部分カラーを採用した．この影響を受けた黒澤明は「天国と地獄」「どですかでん」でこの理論を継承した．以後ヴェンダース「ベルリン天使の詩」，スピルバーグ「シンドラーのリスト」，クシシュトフスキ「トリコロール」，北野武「HANA–BI」など，色彩を効果的に使用した名作が数多く生れている．

(5) デザインの色彩

20 世紀初頭，ヘンリー・フォードは黒の T 型自動車を発表し，自動車時代の幕を開けた．やや遅れてレイモンド・ローウィは白い四角い冷蔵庫のデザインを発表して，色彩が販売に有効な手段であることを証明した．以後，コルビュジエ，ローエ，ブロイアーの白か黒の四角いモダン・デザインの時代を経て，ポスト・モダンによる色彩復活の時代となり，エットーレ・ソットサスの「ウエストサイド・チェア」「カールトン」，ヴェンチューリの「クイーン・アン・チェ

ア」，アリスカルの「アレキサンドル・チェア」など，ポストモダンのカラフルなデザインが数多くつくられている．ファッションの世界では，新奇性が新しい需要を開拓する手段となり，国際会議によって誘導される流行色は有効な販売戦略の1つとして有益な実績をあげている．

（6）視覚言語としての色彩

国旗，五輪旗，企業のCIカラー，ユニフォーム，交通機関の車体カラー，信号機，JISの安全色彩など，色彩は有効な視覚言語である．

(城 一夫)

→中国の皇帝の色，四神，色彩遠近法，文学と色，色彩モンタージュ，エイゼンシュタイン，セルゲイ

色彩モンタージュ [montage of color]（造）

モンタージュ（montage）とはフランス語で「組み立てる」「取りつける」などの意味である．転じて映画，写真の専門用語として，①「映画で撮影したフィルムの断片を配列し，統一ある作品とすること」，②「映画や写真で，複数の像や場面を合成して1つの画面にすること」などの意味で使われている．ロシアの映画監督セルゲイ・エイゼンシュタインは，このモンタージュ理論に色彩を効果的に用いた．彼はまず「戦艦ポチョムキン」（1925年）では全体を白黒映画としながら，反乱のシンボルである旗のみを「赤く」彩色した．また「アレキサンドル・ネフスキー」（1938年）では善玉のロシア軍に黒い軍服を着せ，悪玉のチュートン軍には白い軍服を着せて，従来の色彩イメージとは反対の画面をつくり上げた．そして遺作「イワン雷帝」（1941-46年）では，イワン雷帝暗殺のドラマティックな場面だけを，赤や青，黄などの色彩を使い，暗殺者の動揺する心情を巧みに表現している．この色彩モンタージュ理論は，やがてわが国の代表的な映画監督黒澤明が採用し，映画「天国と地獄」（1962年）において，あの有名なピンク色の煙のシーンに再現した．またこの黒澤明の影響を受けたアメリカの映画監督スティーブン・スピルバーグは「シンドラーのリスト」（1995年）で，白黒のホロコーストの場面で赤いコートを着た少女を描き，観客に大きな感銘を与えることになる．

(城 一夫)

→エイゼンシュタイン，セルゲイ

色彩論 [color theory]（感知）

色彩論とは，色あるいは色彩に関連するさまざまな事象を統合し，色彩とは何かについて普遍的に答えようとする理論である．答え方は大きく分けて，自然の問題か，精神の問題かの2問題になる．前者は唯物論，後者は観念論である．色彩は，意識とは関係なく外部に物理的に実在する自然の光を感覚し意識にとり入れる人間の脳活動である精神の働き，認識によって生れる．色彩は自然より精神をより本質的とする問題である．光は電磁気的放射であり，波長の異なりによって，電波，赤外線，紫外線，X線，ガンマ線とよばれる．多くの場合科学者は，感覚的に直接とらえられる波長帯の電磁波を"光"あるいは"可視光"とよび，色は波長に対応する．物の色彩は光に照らされた物から目に入り，脳へ光エネルギーが神経インパルス信号として伝わり，色と形情報に変換され，光を送った物に投影されてその物が知覚，認識される．

現在，光と色は3分野でどちらかといえば別々に扱われている．すなわち，唯物論として，生体と無関係に扱われる光の物理学（Newton, 1704）と，光の生体内情報の処理過程を取り扱う神経科学（Spillmann・Werner, 1990），および観念論として，目で見える色の現象を研究する心理学（Goethe, 1810）である．これらに，物理的な光と心理的な色の見えの精神物理学的混色理論を基本とする測光・測色学（Wyszecki・Stiles, 1982）を加え，この4学問が主として色彩論の科学的根幹を形成する．しかしながら，科学の対象にならない色彩論もあり，魂は色彩を感覚的に体験するだけではなく超感覚的，霊的にも体験すると唱える霊学（人智学）はその一例である．魂が色彩を受けとりこれと同一化することによって芸術にまで高められる感情経験を色彩の本質と認識する論（Steiner, 1986）である．さらに芸術家の実際経験に基づく色彩論（Kandinsky, 1977）もある．また，現場での応用実務経験を通して色彩について考えたことをまとめ，これを色彩論とするものもある（稲村，1955）．

このように，現在の色彩論と称される理論は混色理論あるいは芸術的評論など，その特色は唯物論的あるいは観念論的，微視的あるいは巨

視的などいろいろである．いずれも特殊的個別理論であり，これらを統合・包括した普遍的一般色彩論の必要性は十分に認識されてきたが（米国光学会，1953），いまだ存在しない．科学的，非科学的を問わず各分野におけるさまざまな色彩論が体系的に統合され，人間にとって色彩とは何かに答えうる理論の確立は今後に残された問題である． （秋田宗平）
◆Newton, I. (1704), Spillmann, L.・Werner, J.S. 編 (1990), Goethe, J.W. von (1810), Steiner, R. (1986), Wyszecki, G・Stiles, W.S. (1982), Kandinsky, W. (1977), 稲村 (1955)

色差パラメータ [parameter for color difference] (表)

2つの色の色差を視感で比較するとき，たとえば，2つの試料の端を合わせて観察する場合と2つの試料を一定距離離して観察する場合とでは，前者の方が色差の識別にすぐれていることが知られている．このように観察する際の条件の諸因子を色差パラメータという．代表的なパラメータには，照明光，照度，背景色，試料の大きさ，試料間の距離，試料の明度，試料のテクスチャ，試料の見えのモード，試料の色差の大きさなどがある．国際照明委員会（CIE）では，次の観察条件と異なる場合には，CIELABで計算される色差を，色差パラメータの影響に応じて補正することを提案している．

照明光：標準イルミナント D65，照度：〜1000lx，背景の色：灰色（$L_{10}^* = 50$），試料の大きさ：視角 4°以上，試料間の距離：隙間なし，試料の明るさ：〜$L_{10}^* = 50$，テクスチャ：同一の材料，見えのモード：物体色，色差の大きさ：$\Delta E < 5$． （小松原　仁）
→色差，CIELAB
◆CIE Pub. No.101 (1993)

色相 [hue] (表)

色みの種類を表す尺度を色相といい，ほぼすべてのカラーオーダーシステムで用いられる三属性の1つである．色の知覚は，分光感度が異なる3つの錐体がそれぞれ反応することで生じている．それぞれの錐体の反応比率を順に変えていくと，藍〜青〜緑〜黄〜オレンジ〜赤〜紫と色の見えが変わる．3つの錐体の反応比率を順に変えていくと元の反応比率に戻り，知覚される色相は元に戻る．色の種類はスペクトル上の可視放射と，その両端にある赤と菫を混合して得られる色に対応する．これらの色相変化は無限連続的な変化として知覚され，色相変化は円環状に並べることができる．この円環を色相環（hue circle）という．

色相環からわかるように，色相はその連続的変化が量的変化ではなく質的変化として知覚される連続体であり，このような連続体をメタセティック連続体（metathetic continua）という．これに対し明度や彩度のように，尺度値の大小が感覚量の大小を表す連続体をプロセティック連続体（prothetic continua）という．色相はメタセティック連続体であるから，色相間に大小関係や高低関係が存在しない．このことは心理的尺度構成が複雑であることを示しているとともに，非常に多くの尺度構成の可能性を有していることも示している．このため色相の尺度構成は各カラーオーダーシステムによって多様なものが用いられており，色相環の対向位置に物理補色を配置するものや生理補色を基にしたもの，心理原色に基づくものなどさまざまな方法が考えられている． （坂田勝亮・鯉田孝和）
→彩度，明度

色相キャンセレーション法 [hue-cancellation method] (感知)

色光中のユニーク色成分すなわち赤み，緑み，黄み，青みの定量的測定方法の1つである．反対色の光を重ねると互いに赤と緑（または黄と青）の色みだけを打ち消し合う性質を利用した手法である．赤領域の単色光をテスト光とし，それに反対色の緑色光（たとえばユニーク緑波長の光）を混色していく．この場合，注目している赤みを打ち消すので緑色光をキャンセレーション光とよぶ．テスト光の赤みをちょうど打ち消した点，これを反対色平衡点というが，そこでの緑色キャンセレーション光の光量をテスト光の赤みの測度とするのである．テスト光の赤みが強ければそれをキャンセルするのに必要な緑色キャンセレーション光の光量は大となる．実験ではテスト光は等輝度で，反対色平衡点におけるキャンセレーション光の光量を測定し，それを比視感度で割って等エネルギーテスト光に

対する値に換算した値をクロマティック・バレンスとよぶ．図はこのようにして測定されたスペクトルの各波長光の赤みと緑みの強さ（$r-g$）と，同様の原理により測定された黄みと青みの強さ（$y-b$）で，クロマティック・バレンス関数とよばれる．

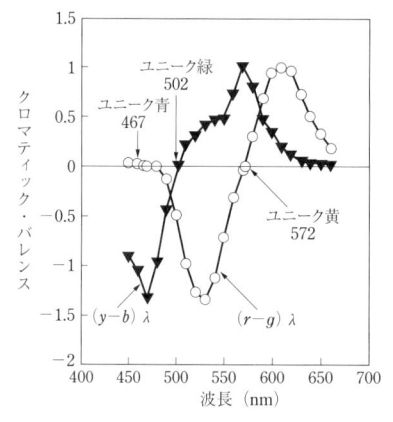

グラフ：横軸 波長(nm) 400〜700，縦軸 クロマティック・バレンス -2〜1.5．ユニーク緑 502，ユニーク青 467，ユニーク黄 572．（$y-b$）λ，（$r-g$）λ．

○は赤－緑反対色過程の，▼は黄－青反対色過程のクロマティック・バレンス関数

色相キャンセレーション法では，テスト光を等輝度に設定すると加えるキャンセレーション光の輝度が異なるので，反対色平衡点での輝度が一定とならない．黄－青反対色過程の非線形性は周知なので，上述のようなクロマティック・バレンス導出法には矛盾がある．また，Ayamaと Ikeda (1989) はクロマティック・バレンス関数は用いるキャンセレーション光の波長に依存するので，色空間における反対色平衡点の集合すなわちユニーク色面を記述することが反対色過程の特性を明らかにすることだと指摘している．しかしながら，スペクトル光の色み分光特性として見ると定性的には理解しやすい結果であり，神経節細胞以降の反対色型応答を示す細胞の分光応答特性と類似しているので，反対色過程の分光特性として紹介されることが多い．

（阿山みよし）

◆Larimer, J. ら (1975), 阿山・池田 (1981), Ejima, Y.・Takahashi, S. (1985), Ayama, M.・Ikeda, M. (1986, 89)

色相の自然連鎖 [natural sequence of hues]
（調）

「色相の自然連鎖」とは，アメリカの自然科学者であるルードが，著書『モダンクロマティックス』(Rood, 1879, 1973) の色彩調和論の中で指摘した色彩の自然な明暗関係をいう．「陽光の下での草葉の色は，黄みの緑色に見え，陰の暗い部分では青みの緑色に見える」といった色彩の見え方の現象を，ルードは自然界の観察をとおして発見した．彼は「明るい部分は本来の色よりも黄みに，暗い部分は青みに偏って見える」というような，色の見え方についての色相と明暗の関係を，色彩調和の類型の1つと考えた．同時代の色彩学者ベツォルトやブリュッケも，同様の見解を明らかにしている．たとえば，赤系の隣接色相や類似色相配色をする場合において，明度の高い方の色を色相環上の黄み寄りの赤にし，明度の低い方の色を青み寄りの赤に用いると，色相の自然連鎖に従っており，調和しやすく見慣れた配色になる．このような配色を「ナチュラルハーモニー」という．　（松田博子）

→ナチュラルハーモニー，◎色相の自然序列，色相の自然な明暗比

◆Rood, O.N. (1879, 1973), 福田 (1996, 98)

色相分割による配色の形式（調）

色彩調和論では，自らの論を説明するためにカラーシステムを構築したものが多数ある．色の世界は複雑であるが，カラーシステムを活用することによって，色の空間内での位置を定め，それによってシステマティックに色と色との組合わせを考えることができる．この項では，色相の関係については，色相環（補色を向かいどうしの位置に並べた色相環）を一定の法則で分割し，その法則にのっとった位置にある色どうしは調和しやすいとする色彩調和に対する古典的な考え方をまとめる．

- ダイアード（dyads）

ダイアードには，「2個1組の関係」という意味がある．配色用語として使われる場合は，補色どうしを組み合わせる配色を指してダイアードという．色相環の，向かいどうしの位置にある色の組合わせである．ダイアードはその考え方の一例であり，補色の関係にある色どうしは，調和が得やすいとされている．ダイアードは，対比感が強く，活動的な印象を与える．身の回りでは，スポーツ用品などで多く見かける配色で

ある.

● トライアード (triads)

トライアードとは3つ1組を意味する. 配色用語として使われる場合は, 色相環を3等分する位置にある色を用いた配色を指す. たとえば, オレンジと青紫と緑との組合わせのような配色である. このように, トライアードはそれぞれの色相が対照的な性質をもっている.

● テトラード (tetrads)

テトラードは, 4個1組を意味する. 配色用語で使われる場合は, 色相環を4等分する位置にある2組の補色を組合わせた配色がそのテトラードの典型例である. そのほか4等分位置だけでなく, 2組の補色対を使った配色も含まれる.

● ペンタード (pentads)

ペンタードは5個1組という意味である. 配色用語として使われる場合は, 色相環を, 5等分する位置にある色どうしの組合わせのことをいう. また, トライアード (色相環を3等分する位置にある色どうしの組合わせ) に白と黒を加えた5色配色もペンタードとされる.

● ヘクサード (hexads)

ヘクサードは6個1組という意味である. 色相環を6等分する位置にある色を用いた配色を指す. その中には, 3組の補色対も含まれる. また, テトラード (色相環を4等分した位置にある色どうしの組合わせ) に白と黒を加えた6色配色もヘクサードに含む. (大澤かほる)

→イッテンの色彩調和論

色聴 [color-hearing] (感知)

色に関する共感覚の中で, 顕著な現象に色聴がある. たとえば, ある特定の音を聞くと, それに伴って目の前に一定の色彩シーンが現れる. 低音には暗い色, 高音には明るい色が現れる傾向が報告されている (Riggs・Karwoski, 1934). 音の高低と色相との間には多くは一定の関係は認められない. 研究者自身の観察結果では, ピアノの低音から高音になるにつれて黒—褐—暗赤—橙赤—明赤—青緑—緑青—青—灰—銀灰色に変化した. また, Myers (1911) の報告の一例では音叉の256〜1300Hzの間ではだいたい褐色—石竹色—晴青—明青色のような変化があったという. 色聴における色と音との結合は顕著な一致と持続性が見られる. ある色聴者について, ピアノの各音程に対する色聴を7年の間隔をおいて研究した結果では, それぞれの音程に対応する色相はほぼ同様であった (Langfeld, 1914). この場合, 音と同時に見られる色は視覚的ではなく, 聴覚的である. つまり, 音のようにつかまえどころのない, 色のように輪郭ははっきりせず, 大きさや形が明らかでなく, 視野の中に定位されない (音源も空間内では定位されにくい特徴が知られている). 色は聴覚と同じ場所に同じ拡がりをもち, 聴覚の起こっている間だけ見える. 音が聞こえなくなれば, 色も見えなくなる.

色聴現象は発達段階とともに減少する. すなわち, Révész (1923) の研究によれば, 幼稚園児において50%, 11歳児において25〜30%, また矢田部 (1955) によれば成人で12.7%および15.7%であると報告されている (しかし, 色聴者の分類基準や色聴者の経験内容等も上記の報告内容・数値に関連するので直接的比較には慎重な配慮を要すると思われる). これらの他, 色聴に関しては次のようなことも明らかにされている.

1. 色聴は聴覚刺激にも影響され, たとえば音楽の方が音叉の純音よりも生起しやすい.
2. 2つの音が一緒に与えられると, 混色の法則について知らない人にも混色の法則に従った色の融合の経験が生じる.
3. ある聴覚刺激に色反応を条件づけることを試みた例では, 成功の報告例もみられている. (神作 博)

→共感覚

◆Riggs, L.A.・Karwoski, T. (1934), Myers, C.S. (1911), Langfeld, H.S. (1914), Révész, G. (1923), 矢田部 (1955), 高木・城戸幡監 (1952), 和田ら編 (1969)

色度(値) [chromaticity value] (表)

色は XYZ 表色系において, 三刺激値 (X,Y,Z) で表せる. すなわち, 色は X 軸, Y 軸, Z 軸の直交軸で張る3次元空間のベクトルとして表すことができる. しかし, 3次元表示は一般にわかりにくく, また図示しにくいため, 次元を落として表記する方法として, 2次元の色度が用いられる. 明るさを無視して色の違いだけを表す xy 色度 (x,y) は, 三刺激値 (X,Y,Z)

から，

$$x = \frac{X}{X+Y+Z}, \quad y = \frac{Y}{X+Y+Z}$$

で求めることができる．物理的に存在する色度すべてを包含する xy 色度図を図に示す．

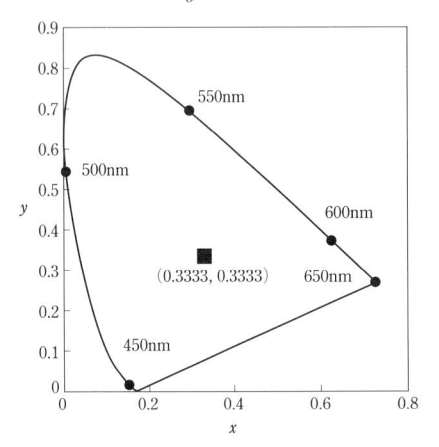

一般に，この分母の三刺激値の和 $X+Y+Z$ のことを刺激和とよぶ．同様に

$$z = \frac{Z}{X+Y+Z}$$

も定義できるが，

$$x+y+z = 1$$

の関係が成立するので，x と y だけわかれば十分である．この関係式は，XYZ 空間におけるベクトル $(1,1,1)$ に直交する単位面の方程式である．したがって，(x, y) の値とは，色ベクトルと単位面との交点の (X, Y) 座標である．上述の定義式から導かれる

$$X = \frac{x}{y}Y, \quad Z = \frac{1-x-y}{y}Y$$

の関係式は，色度座標 (x, y) と輝度 Y で表された色を三刺激値 (X, Y, Z) に変換する際に便利である．また，「基礎刺激」とよばれる等エネルギー白色（可視光域において分光分布が一定の値をとる光）の三刺激値は，XYZ 表色系の定義から $X=Y=Z$ の関係を満たす．したがって，その xy 色度は $(x, y) = (0.3333, 0.3333)$ となる． 　　　　　　　　　　　（岡嶋克典）
→XYZ 表色系, 色度図, 基礎刺激, 色ベクトル
◆池田 (1989), 大田 (1993)

色度格子縞 [chromatic grating]（感知）

人間の視覚情報処理経路は，輝度情報を中心に処理を行う大細胞系（Magnocellular：M path）と色情報などを処理する小細胞系（Parvocellular：P path）に分かれている．このためわれわれの視覚システムを詳細に検討するためには，輝度情報によるものと，それ以外とを分ける必要がある．格子縞パターンを用いる場合にも，輝度情報以外の視覚情報による視覚情報処理特性を知るためには，交替する2色間の輝度が等しいパターンを用いる．これを色度格子縞，または色度グレーティングという．このパターンは輝度が等しいため，色度平面上の2色から構成されている．色度の異なる2つの色光を用いて，それぞれ同一の周波数の正弦波状の輝度格子縞を作成し，一方の空間位相を反転させて空間的に重ね合わせることによって作成することができる．

輝度格子縞の場合とは異なり，色度格子縞の振幅（または色コントラスト）の定義は難しい．刺激の作成の仕方によっては，成分光の輝度振幅（または輝度コントラスト）をもとに色変化の振幅を定義する方法や，任意の色空間上での距離を用いて振幅を定義する方法が採られるが，色度変化の方向が異なる刺激について色コントラストの強さを比較する場合には，色差の計量法に任意性があるために注意が必要である．この場合，閾値などの心理物理量を単位として定義する方法，錐体応答に基づいて振幅を定義する方法などもよく使用される．色度格子縞は主波長の違いや，純度の違いによるコントラストを測定する場合に用いられることがある．また，格子縞パターンは運動視研究の実験刺激として適しているため，等輝度事態における運動視の研究に用いられる． 　（坂田勝亮・郷田直一）
→輝度格子縞

色度図 [chromaticity diagram]（表）

色度図とは，色度座標で定められる図上の点が色刺激の色度を表す平面図のことである．CIE 標準表色系では，通常，y を縦座標とし，x を横座標とする xy 色度図を用いる．とくに，視角で4°以上のものの色刺激を表すときには，y_{10} を縦座標とし x_{10} を横座標とする $x_{10}y_{10}$ 色度

図を用いる.「色度座標（chromaticity coordinates)」は，三刺激値のおのおのの，それらの和に対する比で表すことができる．3つの色度座標の和は1になるので，それらのうちの2つだけで色度が定められることから，平面図となる色度図が使われる．色度座標が同じものは，同じ色に見える．この色度図の発明によって，カラー印刷，カラー写真，カラーテレビなど，さまざまな技術開発が進み，色彩学が発展する一因となった（口絵参照）. 　　　　（一條 隆）

色度平面 [chromaticity plane]（画処）

色空間で色度座標を定義する2次元平面を色度平面という．色彩画像処理の分野で使用する色度平面は CIE の xy 色度図とは異なり，カメラ出力の RGB 値から簡単に定義される．まず，RGB を正規化して（$r=R/(R+G+B)$, $g=G/(R+G+B)$, $b=B/(R+G+B)$）で定義される色度座標系は色三角形とよばれる．すべての画素の色度はこの三角形の内部に落ちる．白や灰といった無彩色は $(r, g, b)=(1/3, 1/3, 1/3)$ となり，三角形の中央に位置する．三原色は三角形の各頂点に一致する．このように色三角形は三原色に関して対称でわかりやすい．ただ数量化のためには直交座標系の方が便利といえる．次

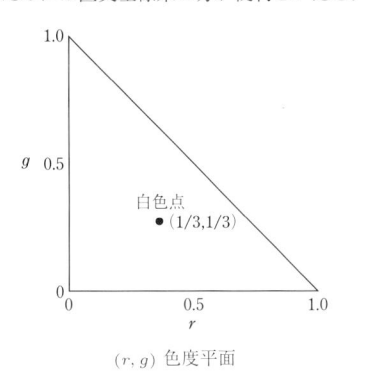

（r, g）色度平面

に，直交座標系の一例として，直交座標系 (r, g) で定義される色度平面を図に示す．ここで rgb の間には $r+g+b=1$ の関係が成立するので，この色度平面は色三角形と等価といえる．すなわち $(1/3, 1/3)$ は無彩色に，$(1, 0)$, $(0, 1)$, $(0, 0)$ は，それぞれ，赤，緑，青の原色に対応する．さらに，富永・岡山 (1997) は光源の色度を基準とする相対的な色度平面を提案して，物体間の相互反射を解析している． 　　　（富永昌治）
→カラー画像, カラー特徴空間
◆富永・岡山 (1997)

色票と色票集 [color chip and color atlas]（表）

色の表示などを目的とする色紙または類似の材料による標準試料を色票という．特定の属性，たとえば，色相，明度または彩度が一定である色票を平面上に配列したものをカラーチャートといい，複数のカラーチャートを編集したものを色票集という．マンセル表色系や NCS など，色票または色票集を伴う表色系をカラーオーダーシステムという．表色系を再現することを目的としないで，表色系を均等に分割したカラーチャートではなく，使用目的に応じて，カラーチャートを編集した色票集が数多く市販されている．それらを分類すると以下のように分けられる．

（a）規則的配列細密色票集：カラーオーダーシステムの公刊されている基準値を用いて，各種の補間法によって公刊されている色票集をより細密にした色票集．例として，Chroma Cosmos 5000（日本色彩研究所）など．

（b）不規則的配列色票集：あるカラーオーダーシステムの中で，用途に応じてある特定の色域の色票だけを編集した色票集．例として，標準土色帳（日本色研事業(株)），建築デザイン色票（日本色研事業(株)），日本園芸植物標準色票（日本色彩研究所）など．

（c）色材配合別規則的配列色票集：印刷の網点面積率や色材の配合を，ある間隔で変化させて，配列した色票集．例として，『Color Atlas 5510』（光村推古書院），『Designer's Color Atlas』（小学館）など．

（d）色材配合別不規則的配列色票集：印刷の網点面積率や色材の配合を変化させてつくった配合表と色票からなる色票集．DIC カラーガイド（大日本インキ化学工業(株)）など．

　　　　（小松原 仁）
→カラーオーダーシステム, カラーチャート

識別閾 [identification threshold; discrimination threshold]（心測）

物理的には2つの刺激が，知覚的に1つから

2つに変化する点を識別閾という．たとえば触覚において，非常に小さい間隔をおいて与えられた触刺激は1つと知覚されるが，ある程度間隔を離すと2点の知覚を生じる．このように触覚において1つ知覚から2つの知覚になる識別閾を触2点閾という．視覚においては副尺視力（vernier acuity）が識別閾の例として広く知られている．これは線や図形のずれを識別する閾であり，2本の直線が一直線上に並ぶ場合には連続した直線に見えるが，空間的にわずかにずれることにより2本の直線として知覚される．このように直線が1本から2本へと知覚される空間的なずれの知覚に関する識別閾を副尺視力という．また輝度に関する識別閾も広く知られ，背景の輝度が影響することがわかっている．空間的な輝度識別閾は信号灯などの研究において，また時間的な輝度識別閾はVDT作業の人間工学的研究において成果の蓄積が行われてきている．臨界融合頻度（CFF）なども，時間的な輝度識別閾と考えることができるだろう．絶対閾が知覚の感度を表すと考えられるのに対し，識別閾は知覚の分解能を表す指標と考えることができる． 　　　　　　　　　（坂田勝亮）
→刺激閾，弁別閾

識別性（自人）

色彩のもつ特質に，情緒性と識別性があげられる．カラー刷りされた道路地図は，色彩の識別性を利用して使いやすくデザインされている．色彩の識別性は，対象の認識のしやすさと考えることができるが，対象を認識するために寄与している色の特性には，視認性，誘目性および狭義な意味での識別性がある．視認性は，「対象の存在，または形状の見やすさの程度」で，点または線の存在および2点または2線の区別の識別のしやすさに関係している．案内標識に書かれた情報は，同じ大きさの文字であっても，文字の色と背景色の組合わせで，可読しやすかったり，そうでなかったりするが，これは視認性の違いによる．視認性を数値として表した代表的なものとして視力がある．誘目性は，「多数の対象が存在する場合に，どの色がより知覚されやすいか，目立ちやすいかの程度」で，短時間で，他と区別できるかどうかに関係している．誘目性の高い例として，工事現場などで見られる黄色と黒のゼブラ模様などがある．狭義の識別性は，「色の違いによって，情報の違いを区別して伝達する性質」で，例として，地下鉄の車両および地下鉄の路線図の色分けやスポーツのユニホームの色分けなどがある． （小松原　仁）
→色の視認性，色の誘目性

色名 [color name]（感知）

ある色を他の色と区別して認識することに何らかの意味があるとすれば，諸言語において，その区別を表すための専用の言葉が考案される．当然，それらの色彩語彙の数や種類，命名法は文化や言語によって異なっている．このような色彩語彙については，視覚の科学の分野，および言語学，文化人類学などの民族科学の分野において，それぞれ別の立場から，互いにほとんど没交渉のまま独自に研究が行われてきた．

視覚の科学の分野では，色表示に用いられる用語は色名とよばれている．Ridgway (1912)の「色の標準と命名法」以来，主な研究目標は，色名によって表示される色の標準化であり，その成果は色名辞典のような形で残されてきた．しかし，どれだけ多くの色名を集めても，色空間には命名不能の色域がかなり残される．そこで言語表現上の工夫が加えられることになった．その成果が，色空間のすべての色域を言葉でもれなく表示することができる"ISCC-NBS 色名法"(1955)の考案である．既知の色名に明暗，濃淡，清濁などを表す修飾語をつけることで，命名不能の色域を解消させたのがこの色名法の工夫であった．この方法は日本語に取り入れられてJIS Z 8102「物体色の色名」，8110「光源色の色名」となった．日本語の規格では，ISCC-NBS色名法による色表示を系統色名と名づけ，日本語の色表示の基本と考えられる基本色名に適当な修飾語をつけた系統色名によって，マンセル色立体のすべての色域を言葉で表示できるようにした．系統色名とは別に，個々の色に命名された固有色名がもともと存在していた．その中で比較的よく知られていると想定される色名を，JISでは慣用色名として分類している．しかし，慣用色名といえども，日本人のほとんどが，それらの色名の知識をもち合わせているわけでは

ない．

一方，言語研究の分野では，色範疇を表すために用いられるある種の語彙に関心がもたれてきた．物理的刺激としては完全連続体とみなされる色空間を，諸言語ではこれらの語彙によっていくつかの不連続な色範疇に分類しているからである．この色範疇を表す言葉には，色名ではなく色彩語（color terms）という用語が主に用いられている．20世紀前半までは，諸言語は色空間をそれぞれ任意に分割し，それぞれの色彩語で範疇化しているという言語相対論が支配的だったが，BerlinとKay（1969）が，諸言語の色範疇の比較調査を通じて，各言語は3次元色空間を11語以内（最少2語）の基本色彩語によって範疇化しており，それぞれの色範疇の分布には普遍的な法則性が認められることを指摘してから，基本色彩語（basic color terms）という用語に，多くの関心が寄せられるようになった．その普遍的法則性の理論的基盤として，言語学，文化人類学の分野でも，ヘーリングの反対色説に基づく色覚研究の実験結果などが注目されるようになった．そして，基本色彩語の普遍性はヒトの色知覚の普遍性にほかならないというKayとMcDaniel（1978）の主張が生まれ，さらに彼らの基本色彩語の進化モデルの提案へと発展した．このモデルでは，ヘーリング説の6主要色，W, R, Y, G, B, Bkを基本範疇とし，その中の2～3をまとめて1語の色彩語で表す進化の前段階を複合範疇とよび，基本範疇の2つの範疇の重なりから生じた色彩語の範疇を派生範疇として分類している．この進化過程は現在も継続的に調査検討が続けられている．慣用色名のいくつかを知らなくても生活に何の支障もないが，基本色彩語を知らなければ日常の視覚的生活は困難になる． （福田邦夫）
→基本色名，系統色名，慣用色名，基本色名の発達
◆Ridgway, R.（1912），Berlin, B.・Kay, P.（1969），Kay, P.・McDaniel, C.K.（1978），Kelly, K.L.・Judd, D.B.（1955），Kay, P. ら（1997）

色名呼称障害 [color-naming defect (deficit)]
（生）

色の弁別が可能で，言語機能も健常でありながら，① 見た色に対する色名の呼称に障害を示し，② 色名を聴いてそれに該当する色を指示する課題にも支障をきたす症状を指す．大脳の病変に由来するという点では共通であっても，「大脳性色覚障害（cerebral achromatopsia）」とは異なる病態である．その発症の仕組みを基盤にして「離断性色名呼称障害あるいは離断性色名健忘（disconnection color anomia）」ともよばれている（Bauer, 1993）．その典型例とされているのは，GeschwindとFusillo（1966）が報告した症例（H.C.）とOxburyら（1969）の第1症例である．なかでも，最も純粋な症例として知られているH.C.（58歳，男性）は，たとえば見せられた有彩色・無彩色紙のほとんどに対して，該当しない色名をあげるという状態で，上記2種の「視覚－言語課題」については著しい障害を示している．これに対し，仮性同色表による検査，色のマッチング（たとえば，黄色のクレヨンと彩色されたバナナの絵の照合）や色の分類などには何ら問題がなく，特定の事物（リンゴ，バナナなど）の色について尋ねても，間違いなく答えている．これは，健常な色の知覚機構と健常な言語機能との間の対応が断たれた状態，すなわち「視覚－言語間の離断（visual-verbal disconnection）」に起因するとゲシュヴィンドらは推定した（Geschwind・Fusillo, 1966）．この仮説を「離断説または離断理論（disconnection hypothesis, or theory）」という．

H.C.には上記の色名呼称障害に加えて，「純粋失読（pure alexia）」すなわち失書を伴わない失読症状の合併が認められ，その視野に関しては「右同名性半盲（right homonymous hemianopsia）」を呈していた．解剖所見では，左半球後頭葉と脳梁の膨大部に損傷が見出されている．ここから，「色」は残った左視野を通して受容されて右半球に送られるものの，脳梁の損傷により左半球には伝わらず，したがって言語野には到達しないとの推論が導かれている（河内，1995）．ただ，純粋症例に対する説明としては最も有力な説とされつつも，離断仮説では説明困難な色名健忘の症例があるとの報告があり，他方，仮説そのものに対する異論も提起されている（Coslett・Saffran, 1992; Davidoff, 1991; Farah, 1990; 浜中, 1982）． （鳥居修晃）
→色失認症，色失語症，色覚異常，色名

◆Bauer, R.M. (1993), Geschwind, N.・Fusillo, M. (1966), Oxbury, J.M. ら (1969), 河内 (1995), Coslett, H.B.・Saffran, E.M. (1992), Davidoff, I. (1991), Farah, M.J. (1990), 浜中 (1982)

刺激閾 [stimulus threshold]（心測）

外界に存在する物理的刺激を知覚できるかできないかの境界のことを刺激閾，または絶対閾という．物理的刺激が心理的に存在するか否かの境界のことであり，対応する物理量で表す．しかし人間は精密機械ではないため，いつも同じ刺激量で知覚されるとは限らない．すなわち知覚できるとできないとの境界はある確率変動をもつ分布に従い，一般的にこの分布は正規分布となる．このため刺激閾を求めるためには確率に基づくルールが必要になるが，心理学では知覚されるとされないとの出現頻度が等しくなった場合，すなわち50%の確率で知覚される場合の刺激量を刺激閾と定義する．このことは必ずしも反応が50%の点を採用することを示すものではない．閾値測定の場合に2者強制選択法（2AFC）を用いることが多いが，このときには知覚されない場合には正答率は50%になることが予測される．このような場合には，知覚されない（回答はランダムで正答率は50%）と知覚される（回答は完全で正答率100%）の中間をとって，正答率75%の刺激量を刺激閾とする．色彩の分野では，光覚閾などが刺激閾としてよく知られている．刺激閾はわれわれの知覚に必要最小の刺激量を表しており，われわれの感覚器官の感度を示す指標の1つと考えることができる．　　　　　　　　　　　　　　　（坂田勝亮）
→弁別閾，識別閾，◎絶対閾

（刺激）純度 [(excitation) purity]（表）

色度図上における白色点から刺激色度までの距離を，白色点から刺激の主波長までの距離で割った値である．たとえばxy色度図において，ある白色点$W(x_w, y_w)$から，ある色刺激Sの色度座標（刺激色度）の点$S(x_s, y_s)$を通り，色度図の最も外側のスペクトル軌跡の線で交差する点Dの座標を(x_d, y_d)とし，そのスペクトル波長をλ_d（色刺激Sの主波長）とすると，刺激純度P_eは，

$$P_e = \frac{\overline{WS}}{\overline{WD}}$$

で定義される．$\overline{WS}$は，点Wと点Sの間の距離を表す．実際の計算は，次式のように色度xあるいはyの値を使って，

$$P_e = \frac{x_s - x_w}{x_d - x_w} = \frac{y_s - y_w}{y_d - y_w}$$

（ただし，分母 $\neq 0$ の場合）

で計算できる．単色光および純紫軌跡上の色の刺激純度は1であり，白色光の刺激純度は0である．それ以外の色は，0から1の間の値をとり，白色点から離れるほど1に近い値をとる．刺激純度は，刺激色のおおよその彩度を示す指標となるが，刺激純度が同じでも，主波長によって実際の彩度（知覚される色のあざやかさ）は異なることに注意する必要がある．点Dがスペクトル軌跡ではなく純紫軌跡上にくる場合は，その補色方向のスペクトル軌跡との交点の波長である「補色主波長（complementary dominant wavelength）」を主波長の代わりとして用いることとし，その波長をλ_cまたは$-\lambda_d$で表す（図参照）．

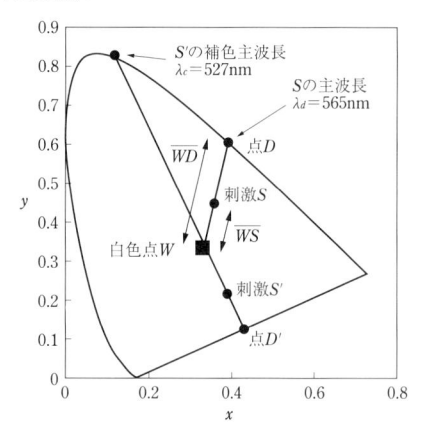

刺激純度と主波長によって，極座標的に(x,y)色度図上の1点を示すことができるため，直交座標系である(x,y)色度の代わりに色を示す一対の値としてよく用いられる．この場合，刺激純度が白色点からの距離（彩度方向）に，主波長が白色点からの方向（色相方向）に対応するので，数値から色をイメージしやすい．また，刺激純度は，色光を定義したり分類する場合に便利な指標となるため，たとえばxy色度図内部

から限られた数の色刺激を選択する場合の基準にもなる．同様な純度の指標として「輝度純度」があるが，数値的な取り扱いやすさや直感的に理解しやすいことなどから，刺激純度の方がよく使われる．また，純度弁別とは，2つの色光の刺激純度の違いを区別することを示し，通常その弁別閾を使って記述される．そのスペクトル弁別能は，黄色付近が低く，短波長・長波長になるほど高い． (岡嶋克典)
→刺激純度と輝度純度，主波長と補色主波長
◆池田 (1989)，内川 (2001)

刺激純度と輝度純度 [excitation purity and colorimetric purity]（表）

色の表示は色度座標 x, y によって表し，それは xy 色度図にプロットできる．図における，白色点 $W(x_w, y_w)$ と色光 $C(x_c, y_c)$ の色度座標点を結ぶ延長線と色度図のスペクトル軌跡との交点 $M(x_d, y_d)$ を考えよう．色光 C は図に示すように，白色 W と単色光 M を加法混色したものに等しい．すなわち，C は白色光に波長 λ_d の単色光 M を加えてできる色と同じである．したがって，C の色相は λ_d の色相と同じであり，λ_d を示せば点 C の色の性質の1つがおおよそわかる．そして，線分 WM と WC の比率 $P_e = (WC/WM)$ を考える．この比率 P_e は「刺激純度」とよばれ，色光 C の彩度に相当する色の単色表示として考えられた．

もう1つ，「輝度純度」P_c というのが定義されている．色光 C は白色光と単色光の和であるから，そのときの単色光の光束と全体の光束の比で定義されると考えて差し支えない．光束は三刺激値の Y 値に比例するから P_c は次式のように表せる．

$$P_c = Y_d / Y_1$$

ただし，Y_d は単色光の三刺激値の Y 値である．Y_1 は色光 C の三刺激値の Y 値である．この輝度純度は視覚実験などにおいて用いられる色刺激の規定に使用される．

刺激純度 P_e と輝度純度 P_c の間には次の関係がある．

$$P_c = (y_d / y_c) \times P_e$$

ここで，y_d は単色光 M の色度座標の y 値，y_c は色光 C の色度座標の y 値である．

(側垣博明)
→色度（値），色度図
◆日本色彩学会編 (1998)：「色科ハンド・4章」

刺激値直読方法 [method of photoelectric tristimulus colorimetry]（測）

刺激値直読方法は光電色彩計を用い，計器の指示から XYZ 表色系の三刺激値 X, Y, Z または $X_{10} Y_{10} Z_{10}$ 表色系の三刺激値 X_{10}, Y_{10}, Z_{10} もしくはこれらの相対値を求め色度座標 (x, y) または (x_{10}, y_{10}) を求める方法である．光電色彩計は光電子増倍管やシリコンフォトダイオードなどの光電検出器の受光面に赤，緑，青などのフィルタを重ねて，その分光応答度を等色関数に近似するように調整される．等色関数の $\bar{x}(\lambda)$ は約 504nm を境に2つのピークがある．短波長側の $\bar{x}_1(\lambda)$ と $\bar{z}(\lambda)$ の相対分光応答度がよく似ていることから，これを兼用して，長波長側の $\bar{x}_2(\lambda), \bar{y}(\lambda), \bar{z}(\lambda)$ の3種類の受光器で構成する3素子式光電色彩計がある．

刺激値直読方法の原理に基づく光電色彩計は3種類の受光器の分光応答度が，どれだけ等色関数に合致するかという，いわゆるルータの条件により測定精度が決まる．JIS Z 8724「色の測定方法―光源色」では，受光器とフィルタの総合的な分光応答度（ルータの条件）を評価する式を与え，かつ分光応答度偏差の許容限界も与えている．

(側垣博明)

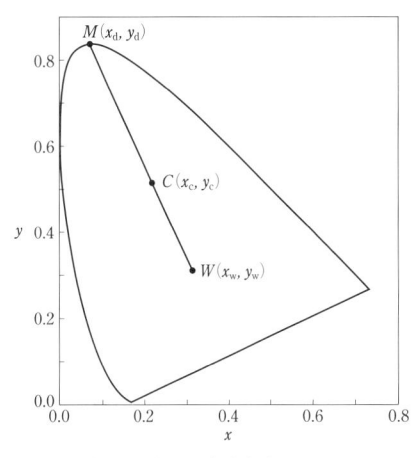

色度 C とその純度を求める図

→三刺激値, 色度(値), ルータの条件, 光電色彩計, 等色関数
◆JIS Z 8724 (1997)

刺激頂 [terminal threshold]（心測）

　刺激閾とは逆に，われわれの知覚には上限が存在する．たとえば刺激量が物理的に増大しても，ある量を超えると知覚できなくなることがある．すなわちわれわれの知覚の上限と考えられる刺激量が存在する．また刺激量が増大しても，われわれの知覚量はもうそれ以上増大しない値に達することもある．すなわち知覚できる最大量の下限と考えられる刺激量が存在する．これらの値をまとめて刺激頂とよぶ．刺激頂は物理的刺激量の変化が心理的な量変化として知覚される場合（プロセティック連続体）に用いられる概念であり，心理的な質変化として知覚される場合（メタセティック連続体）には用いられない．物理的に刺激をつくることが難しいことや，被験者の感覚器官に障害を与えないよう安全に測定を行うことが困難であることなどから，一般に刺激頂の測定は難しい．しかし測定法としては刺激閾の場合と同様に，極限法，恒常法，調整法などを用いることが可能である．刺激頂の測定では標準刺激を提示することが不可能であるため，比較刺激だけで測定を行う単一刺激法とよばれる手法が用いられる．このため比較を前提とする測定法，すなわち一対比較法や分量推定法などは用いることが困難である．
（坂田勝亮）
→刺激閾, 極限法, 恒常法, 調整法

刺激呈示開始時刻ずれ [stimulus onset asynchrony: SOA]（感知）

　時系列に複数の刺激が呈示される際に，ある刺激の呈示開始から次の刺激の呈示が始まるまでの時間間隔を刺激呈示開始時刻ずれとよぶ（図参照）．図は2つの刺激列の場合の時間的構造を示している．一方，前の刺激（刺激光1）の呈示終了から次の刺激（刺激光2）の呈示開始までの時間間隔を刺激間時間間隔（inter-stimulus interval：ISI）とよぶ．前者が刺激列のオンセットの間隔に注目した変数として用いるのに対し，後者はテスト刺激が呈示されない間隔に注目するときに用いられる．これらの時間変数を

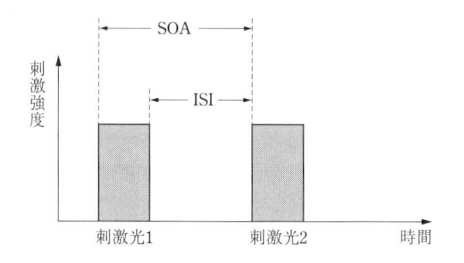

変えることにより，視覚系の時間特性に関するさまざまな研究が数多く行われている．吉澤と内川（1993）は心理物理学実験においてSOAの関数として等輝度の2刺激光間の相互作用を調べ，反対色チャンネル間で時間応答特性が似ていることを報告している．また，運動視の研究でも時間変数に注目した実験が行われている．BoultonとBaker（1993）やYoshizawaら（2000）は仮現運動の刺激間のSOAとISIによって分離される2種類の運動メカニズムが存在することを報告している．
（吉澤達也）
→2刺激光の相互作用, 反対色チャンネル
◆吉澤・内川 (1993), Boulton, J.C.・Baker, Jr., C.L. (1993), Yoshizawa, T. ら (2000)

視細胞 [visual cell]（生）

　視細胞には桿体と錐体とがあり，網膜においてモザイク状に配置されている（視細胞モザイク）．桿体および錐体は光受容器であり，3つ（① 外節，② 内節，③ シナプス終末）の部分から構成されている．
　桿体および錐体は，いずれも外節が眼球の強膜側に向いている．すなわち眼に入射した光は，眼球光学系を経てシナプス終末および細胞核，リボゾーム，ミトコンドリアなどが存在する内節を透過して，外節に存在する視物質で吸収される．視物質が光を吸収することにより，複数段の化学反応が外節内で生じる．その結果，イオンチャンネルが閉じて，シナプス終末からの神経伝達物質の放出が抑制される．これが視覚系における光受容器から次の網膜細胞（水平細胞，双極細胞）への神経信号である．桿体では外節の原形質膜で囲まれた円板状に視物質があり，錐体では円板状に折れこんだ原形質膜に存在するといった構造的な違いがある．錐体は桿体よりも感度が低く，時間応答が早い．また錐

体には外節に存在する視物質がそれぞれ異なる L 錐体，M 錐体，および S 錐体とがある．

（大竹史郎）

→錐体, S 錐体分布
◆Nicholls, J.G. ら (1992)

視軸 [visual axis; collimation axis]（生）

眼光学の分野では，眼球内の節点（nodal points）を通る「視線」のうち，凝視点（fixation point）と眼の中心窩を結ぶ線のことを示す．節点とは，眼に入射するすべての光線が交わる眼球内の共役な 2 つの特定点で，光学的に重要な後方の節点は，網膜から約 17mm 前方に位置する．また中心窩とは，眼の網膜において最も視力（visual acuity）がよい中心部のくぼみのことをいい，われわれは頭部と眼球を動かすことで，この中心窩の位置を常に見たい方向に向けている．視軸は，眼球内の（曲率）中心を通る光軸に対して，網膜上で水平に 1.5mm，上下に 0.5mm，角度でいうと約 5°ずれている．眼球運動によって，視軸の方向は絶えず変化しているが，眼球運動には視軸を中心とした回転運動もある．これを眼球の「回旋運動（rotatory movement）」といい，とくに垂直視差が伴う両眼視での補償機構の役割を不随意的（反射的）に担っている．

視軸に対するある視線の方向を「相対的視方向（relative visual direction）」といい，相対的視方向は網膜上の刺激位置だけで決定されるので，「眼球中心的視方向（oculocentric visual direction）」ともよばれる．相対的視方向は視軸の方向，すなわち眼球運動によって変化するが，静止刺激の視方向は眼球運動中に変化しているようには感じない．このような視方向は，眼球位置も考慮されており，「絶対的視方向（absolute visual direction）」あるいは「頭部中心的視方向（headcentric visual direction）」とよばれる．この絶対的視方向は，われわれの普段の空間認識「視野の安定性（visual stability）など」に深くかかわっている．また，照準あるいは望遠鏡などの光学系の中心と，レンズの曲率中心を結ぶ線のことを指すこともあり，この場合は「視準線」ともよばれる．

（岡嶋克典）

◎視準線
◆岡嶋ら (1998), 大山ら編 (1994)

四神（社）

古代中国で考えられた四方の方位を守護する神．つまり東に青龍，南に朱雀，西に白虎，北に玄武の四神である．基本的には五行思想から架空の動物を図像化し，4 色で表現したものだが，とくに古代の墓室の壁画に描かれることが多かった．中国の墓室壁画はすでに春秋・戦国時代から出現しており，なかでも漢代には四神の他に日・月・星辰などの天象が描かれ，墓室内の邪鬼を追い払う役割を担っていた．また唐代にはより鮮明な四神図が描かれ，わが国への影響が考えられている．朝鮮半島の高句麗では 6 世紀後半から四神図が中心となったが，わが国では時期は不明ながらも，四神を大陸からの伝聞に基づいて想像しながら描いたとされる福岡県若宮町の竹原古墳の壁画が知られている．奈良県明日香村の高松塚古墳は 7 世紀末から 8 世紀初頭の終末期古墳で，四神図をはじめ唐様式の男女の群像図が鮮明に残っていたため一躍有名となった．日本では古代の四神よりも仏教伝来後の四天王の方にむしろ信仰が集まり，四神をそれほど重視してこなかった．

（小林忠雄）

◆国立歴史民俗博物館編 (1993)

視神経 [optic nerve (disc)]（生）

網膜に入った光の情報は網膜の最も外側に存在する桿体と錐体の光受容細胞で電気信号に変換された後，水平細胞，双極細胞，アマクリン細胞からなる網膜内神経回路で処理され，網膜の最も内側の視神経細胞層に存在する網膜神経節細胞に伝えられる．網膜から視覚情報の出力を行うのは網膜神経節細胞である．網膜神経節細胞に発生した活動電位を中枢に伝える軸索は，視神経細胞層の内側部分にあたる視神経線維層を通り，眼底の鼻側半分の領域に存在する視神経乳頭（円板）に向かう．視神経乳頭は明るい白色の円板状の領域である．

網膜神経節細胞の軸索はすべて視神経乳頭に集まり，そこから網膜を出て神経線維の束をつくり，視床の外側膝状体や上丘などの投射先に向かう．この神経線維の束が視神経である．ヒトの視神経には約 100 万本の神経線維が含まれる．網膜内では神経節細胞の軸索は無髄線維であるが，視神経内では有髄線維となる．右目と左

目のそれぞれから出た視神経は脳底で出合い視交叉を形成したあと，再び2つに分かれる．視交叉より中枢側は視索とよばれる．視神経乳頭は視神経の網膜からの出口であるとともに，網膜内側半分に栄養を供給する網膜中心動脈と網膜中心静脈の出入口となっている．

（小松英彦）

→盲点

刺青 [tattoo]（社）

文身（=肌に傷をつけて模様を残すこと．いれずみとも読んだ．白川静説では身体に施された種々の模様から「文」の字がつくられたと解する．たとえば屍体の胸に朱をもって印を加えて生命復活の儀礼とし，また凶の字も胸部への入れ墨からつくられたとする）の一種で，模様を表す色彩効果に主点が置かれた．また，「ほりもの」ともいわれ，刺青を施す専門家のことを一般には「ほりもの師」とよんでいた．刺青は墨・朱・緑青など色の溶液を針につけて刺し，皮膚組織に色素を沈着して文様を表すが，簡略の方法として写し絵方式のものもある．中国ではこの一時的な簡略な刺青を「絵身」，針を用い色をさすものを「鯨涅」，刃物による切り傷のあとを模様化するものを「瘢痕」とよんでいた．刺青の青は絵の具のことで，刺青とは色を皮膚に刺す行為をそのまま言葉に表したものである．一方入れ墨は，成人，犯罪，功労の印や魔除けとして広く世界で行われていることを示す言葉である．日本については『魏志倭人伝』にその最初の記録が見えるが，また土偶，埴輪に入れ墨を表したものが多い．

明治時代に医師ベルツ（1849–1913）による研究は，刺青着物説を唱えた．沖縄の女子には成人の印に，家，地域による定まった図柄の入れ墨をする習俗がある．同様な習俗はアイヌにもあり，わが国の民俗学の主たる刺青研究の対象はまずアイヌからであった．江戸時代の1720年以降犯罪者の額や腕に入れ墨の刑を実施したことにより，前科者は「入墨者（いれずみもの）」とよばれた．江戸時代後期にいたると，いなせな職人や臥煙とよばれた火消しなどの間に顔，頭を除くほぼ全身に華麗・精巧な図柄を入れ墨することが流行し，世界でも特色ある皮膚装飾芸術の領域に達した．以前はそのように男子の世界に固有のものであったが，しだいに女性にもすぐれた刺青が見られた．今日までその技術は伝えられて市井に名人と称せられる者もいるが，社会的には1872年の太政官令で公式には禁止されている．なお，近年のボディペインティングについては，皮膚芸術という点での共通性はあるが，刺青の色彩的な身体加工性とボディペインティングのパフォーマンス性との発動原点での差異については，なお議論すべき余地が残されていよう．

（小町谷朝生）

◆礫川編 (1997)，高山 (1969)，安田（徳）(1952)

自然光 [natural light]（物）

放射はJIS Z 8113「電磁波としての，従って同時に光子としての，エネルギーの放出または伝搬」で，明るさまたは色を感じることのできる放射を可視放射または光という．電磁波は，進行方向に直交する振動の向きをもつ横波であるが，その振動方向は，上下左右に考えることができる．白熱する金属等の物体表面から発生する放射は，すべての振動方向を均等にもつ横波で，自然光という．これに対して，振動方向が規則的な方向に向いている放射またはその状態を偏光という．自然光をガラス表面に，法線に対する角度 θ_i で入射したとき，空気の屈折率を n_1，ガラスの屈折率を n_2 とすると，$\tan\theta = n_2/n_1$ のときに，反射光は，入射面に垂直な面内で振動する偏光になる．この角度をブルースター角（Brewster angle）という．

（小松原 仁）

→偏光

七五三（社）

毎年11月15日には各地の神社で七五三参りが行われる．3歳と5歳の男児，3歳と7歳の女児のそれぞれ奇数歳を祝うもので，江戸時代に江戸を中心に流行した儀礼である．この背景にはそれ以前に民間にもあった3歳の紐落し，帯解きや帯結び，そして室町中期頃より武士の習俗として始まった男女児3歳の髪置きの儀礼や，男児5歳の袴着の儀礼，女児5歳の下帯初，7歳の袿着初の儀礼を根拠にしている．またかつて7歳までは神の子と称して，霊魂がまだ十分に安定していない時期とみなされたことから，7歳の年祝いは一人前の人間として認められる

きわめて重要な儀礼であった．武家ではこの日初めて男児は小袖の紋服に濃い藍色の褐色（勝色）の裃姿になり，頭に麻の苧の束を長く垂らした綿の帽子を被ったが，それは長く白い髪に見立てたもので，その子の長寿を祈った．こうした白い苧の髪は，その後近代以降に千歳飴として七五三行事に欠かせないものになった．また女児の5歳の下帯初めは初潮祝いと同じ意味があり，赤飯を炊いて祝された．

（小林忠雄）

◆江馬 (1976)

七福神 (社)

福徳をもたらす神として，とくに農民や漁民，商人などの民衆のあいだで信仰された七神．それは恵比須，大黒天，毘沙門天，布袋，福禄寿，寿老人，弁財天の七神である．室町時代にはすでに福徳を願望するこうした七福神信仰があった．それぞれの神はインドや中国など出自を異にするが，わが国では古代中国の「竹林の七賢人」に準えた表現が確立した．とくに近世以降になると人びとは正月の初夢に縁起を担ぎ，宝船に乗る七福神を描いた刷り物を枕の下に敷いて寝る習俗が生れるほど，一般的なものとなった．七福神の表現にはキリスト教のギリシア正教に見られるイコンと同様の決まった図像や彩色表現がある．たとえば恵比須は釣り竿を担ぎ，真っ赤な魚の鯛を抱える図像により漁民や商人たちの信仰を集め，大黒天は黒い帽子を被って黒衣を着用し，手に打出の小槌を持ち，黄色の米俵の上に乗った図像なので，農民や商人たちの信仰を集めた．弁財天は元来，インドの水の女神で音楽と弁舌が得意で，また吉祥天女とも目されたことから，天女が持つ白のスカーフに琵琶などの楽器を持った図像で描かれている．さらに布袋は元来，中国の禅宗の僧侶であり，時に大きな白い袋を抱えたふくよかな姿に描かれている．こうした色彩豊かな表現が人びとに幸福感やめでたさの心をよんだのであろう．

（小林忠雄）

実験美学 [experimental aesthetics] (感知)

心理学的な実験により美的経験を科学的に分析しようとする学問．実験心理学，心理物理学を創設したフェヒナーが美的経験についてはじめて組織的に実験を行い，美の概念を心理的な経験から基礎づける実験美学を提唱した (Fechner, 1876)．哲学的・演繹的な「上からの美学」に対し，経験的・帰納的な「下からの美学」ともいわれ，美学を経験科学として基礎づけた．実験美学は実験を基礎として帰納的アプローチにおいて美的法則を追求する．実験美学の目的は意識経験に現れた個々の美的経験や事実を分析し，そこから美についての一般的な法則を探求することにある．たとえば，黄金分割の実験では多くの矩形の中から被験者に美しいと感じるものを選択させたり評定させたりする．このような実験美学的方法が，単純な美的事実に対しては有効であるとしても，複雑な美的事実にまでも適用できるかどうかについては疑問もあるが，心理学的な立場からの美学を新たに創設したことは美学史上，大きな意義をもっている．

（苧阪直行）

→評定尺度法

◆Fechner, G.T. (1876)

視点場 [viewpoint] (デ)

風景や景観を眺望する場をいう．風景を眺めるときの人間の目の位置を視点とし，眺望に適した居心地のよい場所が視点場である．山頂や峠に設けられた展望台などは典型的な視点場であり，現代では超高層ビルの展望室も視点場といえる．視点場は，よい構図の風景が眺められなければならない．眺めるべき対象群がよく見えること，そのために好ましい風景の眺めを阻害するものを取り除くことも大切であり，安全で居心地よく眺望できる施設としての場を設けることによって視点場が形成される．歴史的な眺望点とされてきた視点場などには，たとえば三保の松原からの富士，天橋立の成相山・傘松公園や大内峠，松島の眺望点とされてきた四大観の富山，大高森，扇谷山，多聞山などがあげられ，京都清水寺や上野寛永寺の舞台なども視点場としてつくられている．自然環境を対象とするだけでなく，都市環境に対しても新しく視点場をつくることは各地で行われており，一定の方向性をもたせて，印象的なヴィスタ・アイストップ型の沿道建築景観に対する視点場をつくり，都市のアイデンティティを高める試みが

なされている. （永田泰弘）

自動車の中塗り・上塗り塗装機とのシステム[automobile middlecoat and topcoat equipment & system]（着）

　国内の自動車産業では，1930年代の中頃までは刷毛塗りの手作業による塗装が行われていたが，1930年代の末頃から，スプレーガンによる吹き付け塗装が採用され始めた．1960年代の初めにエアレス・スプレーガンが採用され，中頃には中塗りに自動静電ベル塗装機が導入された．1960年代の末には上塗り自動静電塗装機が導入され，塗着効率は大幅に改善された．1970年代の前半にメタリックカラーはクリアーコートを施すようになり，2コート1ベイク（2C1B）の工程となった．1970年代の末には粉体中塗りが一部の塗装ラインで試みられたが，定着しなかった．静電ベル塗装機は，当初は塗膜面の均一性や平滑性の点で上塗りに使えるようなレベルではなかったが，ベルの回転を高速化することにより微粒化がよくなり，均一で平滑な塗膜面が得られるようになったため，1980年代の初めには上塗りとしても使用されるようになり，ソリッドカラーはこれで塗装されるようになった．この頃からパールマイカカラーを塗装するために3コート2ベイク（3C2B）の塗装工程が開発された．また，スーパーカラーの塗装のため，セット中塗り方式が開発され，中塗りにカラーチェンジャーが導入された．塗装ロボットが開発されたのもこの頃である．

　1980年代の末には，高意匠の要求に応えて，4コート3ベイク（4C3B）の工程が一部の高級車で採用された．1990年代にはメタリック用の静電ベル塗装機がトヨタ自動車（株）によって開発され，ここでも大幅な塗着効率の改善が行われた．現在の自動車塗装は，中塗りはベル塗装，上塗りはメタリック・ベル塗装のラインとREA（エア霧化静電塗装）のラインがあるが，塗着効率のよいメタリック・ベル塗装に移行しつつある． （吉田豊太郎）
→エア霧化静電塗装（REA塗装機）

シニャック，ポール[Paul Signac]（造）

　シニャックはフランスの画家で，新印象派（スーラなどが行った19世紀末の絵画運動で，科学理論に基づき印象主義の主張の延長上に活動を展開した）の代表の一人で，アンデパンダン展の会長を務めた．海や港，水辺に主題をとる風景作品が多いが，それらをエネルギーに満ちた豊かな色彩的感受で表現した．理論構築にもすぐれ，多くの論文によって新印象派の主張を発表したが，ほかに同派のテキストとして知られる『ドラクロアから新印象派』（1899）の著述がある．ラトリフの論文（1972）で，《食堂》（1887年）が側抑制の現象を描出した作品の例として取り上げられたことからもわかるように，シニャックの科学的観察眼は同時代の画家から抜きん出ていた．色と色との境界線は強調されて知覚される．その事実を，スーラの影響を受けて以後，とくに1880年代後半以降の諸作品で明確に描き表していたのである．その場合，ある色とそれに接する他の色との間には視知覚が歓迎する「強められた輪郭効果」が現れるから，絵の印象は光が溢れているように明るくて明確，描かれたものすべての形態は明瞭で間断しない．それらの条件は，人間の視知覚体制にとっては本質的に同意されるものであるから，つまり見てただちに受け入れられるわかりやすい絵なのである．

　同時期の作品でもうひとついうべきことは，色彩使用の特徴である．それは明るく，ある程度まで絵の具の純度は高いが，けっして強烈な色が使われているわけではない．しかし，明確な明暗対比がそれの基調になっていて，絵の構成も単純明白だから，いっそう使用される色彩の性格がはっきりと表に現れて知覚される．彼は点描的な表現を多用した．後にそのひとつひとつの点が拡大され，粗く大きくなっていく1900年代に入っても，その色彩的特徴は保持され続ける．色相の組合わせ方は，補色的配色が基本的性格である．空の表現についてそれを見れば，黄と青，赤と青緑が組合わされている．この点も目の作用がもつ基本路線と一致しているのである．そのような点から，シニャックの作品は，視的認知の研究対象として，今後さらに解読されるべき内容を備えていると考えられる．

（小町谷朝生）

◆Ratliff, F. (1972), Gage, J. (1999)

志野(鼠志野, 赤志野)焼（造）

桃山時代に美濃で焼かれたやきもの．長石釉をかけた白い陶器で，鉄顔料による下絵付けのあるものもある．白いやきものであるということ，下絵付けによる装飾が志野の特徴だが，どちらも日本のやきものでは初めてのことである．絵の有無で，絵志野，無地志野と分けられ，また下絵付けの顔料の使い方で鼠志野，赤志野，紅志野などとよび分けられる．その他，素地に特徴のある練込志野などもあり，志野といってもその技法，様子には幅がある．志野は，素地に鉄絵を施し，その上に長石釉を厚くかけ，素地，鉄絵，釉が，火を受けて紅色を呈するのが特徴である．やわらかな雪のような白さの中に，ほんのり，ときには強く赤みが現れる．その一方

《志野茶碗・銘卯花墻》16-17世紀（東京・三井文庫蔵）

で鼠志野とよばれるものは，鼠色の中に白く文様が浮かび上がるもの．これは素地に鉄釉をかけて，文様部分を掻き落とすか，もしくは文様部分のみ釉をかけ残して表し，その上に長石釉をかける．黒く発色した鉄と長石釉の白があわさり，灰色，鼠色になるのである．文様が白抜きになることから逆志野ともよばれる．鼠色の中に，ほのかな紅色がところどころ浮かび，それが作品の味わいを深めている．《志野茶碗・銘卯花墻》は国宝に指定されている．現在でも多くの陶芸家が桃山時代の志野の再現，新しい志野の表現に取り組んでいる．　　　　　（中島由美）
→瀬戸（黄瀬戸，瀬戸黒，黒織部）焼

視物質 [photopigment]（生）

視細胞が光を電気信号に変換する過程は，視物質が光を吸収することによって始まる．人間では桿体に1種類，吸収波長の異なる3種類の錐体それぞれに1種類ずつ，合計4種類の視物質が存在する．視物質は桿体，錐体ともその外節に存在し，桿体ではとくにロドプシンとよばれている．それぞれの視物質はレチナールとオプシンの2つの分子から構成されている．レチナールはビタミンA誘導体の非アミノ酸で，オプシンと共有結合している．オプシンはアミノ酸連鎖からなるタンパク質で，視細胞外節の脂質2重膜に埋め込まれている．これらのうち光を吸収するのはレチナールであるが，レチナールは各視物質で同じ構造をしており，吸収波長の違いはアミノ酸配列が異なるオプシンとの結合が原因になっている．しかし，その分子メカニズムの詳細は明らかになっていない．レチナールは光を吸収すると11番目の炭素がねじれた11-シス型からすべてまっすぐのオールトランス型になる．立体構造が変化することによってオプシンとの結合が維持できなくなり，オプシンから解離する．レチナールが解離するまでの間オプシンは構造変化を起こし，数段階の中間体を経てオプシンに戻る．その中間体がGタンパク質に作用し，Na^+チャンネルを閉じて視細胞の過分極応答を引き起こすまでの酵素反応を活性化する．
　　　　　（花沢明俊）
→視細胞，錐体，桿体，微小分光測光法，吸引電極法，網膜視物質濃度測定，過分極，ロドプシン

視野 [visual field]（感知）

視覚系が刺激を受容しうる範囲のことをいう．したがって，一般的にはものが見える範囲と考えることができる．しかし，視野の部位によって，ものの見えは大きく変化することには注意しなければならない．視野を大別すると，中心視野と周辺視野の2つになる．中心視野は，人間が視対象を注視するときに用いる網膜の中心窩付近の視野（視角で約直径2°の円形領域）である．人間は中心視野での視力が最も高く，また色覚の能力も最もすぐれているので，日常的にものを見る場合には，主にこの中心視野からの情報を利用している．一方，周辺視野は，中心視野に比して視力や色覚能力の点では劣っているが，中心視野以外の非常に大きな領域からの視覚情報を受容するという重要な役割を担っ

ている（たとえば，次にどの方向に注意を向けるべきかなどの情報を得るうえで重要な役割を果たす）．

中心視野と周辺視野の視覚的な能力を比較するには，刺激の大きさが重要な要因となる．視覚系における脳内での拡大率を補正するように，中心窩から離れるにつれて提示刺激を大きくしていけば，周辺視野と中心視野での視覚能力差の多くは，非常に小さくなることが知られている（Hibino, 1991）．また，中心視野と周辺視野の相違について検討するには，視覚の受容器に2種類の視細胞があり，網膜上でのそれぞれの分布特性が異なっていることも考慮に入れなければならない．錐体は中心窩で最も分布密度が高く，中心窩から離れるとその密度は激減する．人間の視力が中心窩から離れると大きく低下するのは，この錐体の分布密度と関連があることが知られている．一方，桿体は中心窩にはまったく存在せず，傍中心窩で最も密度が高く，周辺視野でやや密度が低くなるが，錐体に比して，高い分布密度を保つのが特徴である．そのため，視力や色覚などの点では中心視野がすぐれているが，光感度やフリッカー感度などの点では周辺視野がすぐれているのである．

さらに，中心視野と周辺視野の色知覚の比較で検討すべき要因は，黄斑色素の存在である．網膜の中心領域（直径10°～17°の円形領域）には選択的に短波長光を吸収するという特性のある黄斑色素が存在する．しかも，その濃度は一様ではなく，中心窩から周辺部位へと少しずつ濃度が低下しながら分布している．そのため，この黄斑色素の存在は，直感的には，中心視野と周辺視野での色知覚の相違の大きな要因となると考えられる．ところが，人間の視覚系には，そのような黄斑色素の濃度差による影響を補正する機構が存在し，網膜上のどの部位でも一様な色知覚が得られるという報告もある（Hibino, 1992a, b）．　　　　　　　（日比野治雄）

→ガンツフェルト，中心窩，黄斑部，錐体，桿体，網膜，色知覚
◆Hibino, H. (1991, 92a, b)

シャーベットトーン [sherbet tone]（商）

シャーベットに見られるような，淡く明るい色調の色のこと．一般的な意味としては以上であるが，日本市場において，この名は1960年代初頭の大流行色となった記録がある．流行色としてのシャーベットトーンは，日本流行色協会が1962年に婦人衣料向けの色として発表した．当時の市場では，シャーベットトーンのような色調統一型の流行色の提案は新鮮であったため，多種の企業がこの色のプロモーションに参加したことで大きな広がりを見せた．婦人衣料関連企業のみならず，口紅などの化粧品，家電，冷菓・ガムなどの食品，靴，ハンドバッグを扱う企業などが共同でカラーキャンペーンを展開した．当時の調査では，シャーベットトーンの知名度は一般消費者の96.9%に達したと記録されている．　　　　　　　　　　（大関　徹）

尺度構成 [scaling]（心測）

人間の判断を数量化することを尺度構成または尺度化という．尺度は数の特性である同一性，順序性，加法性，比率性との関係に応じて ① 名義尺度，② 順序尺度，③ 間隔尺度（距離尺度）および ④ 比率尺度の4水準に分けられる．① 名義尺度（nominal scale）：学級に1組，2組と番号をつけたり，人間に背番号をつけたりするように，個々の対象にこれを同定するための数を割りあてるものである．この尺度に対しては度数，相対度数，最頻値を求めることができる．② 順序尺度（ordinal scale）：個人の成績の順位のように，個人の識別だけでなく成績の序列を表す数は，同一性だけでなく順序性の公準も満たしている．この水準の尺度に関しては中央値，分位数，順位相関係数などの操作が適用できる．③ 距離尺度（distance scale）：対象に割りあてた数の順位だけでなく，相互の距離が意味をもつ．この尺度に対しては尺度値の比を取ること以外ほとんどすべての数学的操作が可能である．④ 比率尺度（ratio scale）：この尺度では加法性の他に絶対的原点が存在し，比をとることができることからこの名がある．
　　　　　　　　　　　　　　　（中山　剛）
→直接尺度構成（法），間接尺度構成（法）
◆境・中山 (1978)

ジャスパー・ウエア [Jasper ware]（造）

イギリス近世陶芸の父ウェッジウッド・ジョサ

イアが1775年頃に完成した細かい粒子の硬質の炻器（せっき）．「碧玉手」ともいう．ジャスパー・ウエアは半磁土に硫酸塩を加えることによって創造された．これは焼成したときわずかに透明な白となり，その白地に金属酸化物の着色剤を混ぜることによって多彩な色の生地が得られる．1785年以降は器の表面にのみ薄く色が加えられた．これがジャスパー・デップとよばれる技法である．ここで用いられた色は明るい青，ラベンダーの紫，濃い青，オリーブ・グリーン，ライラックのピンク，黄，漆黒などである．青いジャスパー地に白い古典的なモチーフを浮彫りにした装飾の器は18世紀後半に新古典主義という全ヨーロッパにそなわった新しい時代思潮の開花にあわせて人気を博し，ヨーロッパ各地でも模倣された．

古典神話の神々や英雄たち，同時代の人物の肖像を浮彫りにしたジャスパー・ウエアは，他の花瓶や水差し，婦人のブローチ，カフス・ボタンなどさまざまな分野に及んでいる．その最も代表的な作品に古代のカメオ・グラスの名器《ポートランドの壺》を3年間かけてジャスパー・ウエアでコピーした壺（1790年）が知られ，ジャスパー・ウェアの名はウェッジウッドと同意語として親しまれている． （前田正明）
→ウェッジウッド・ジョサイア

ジャッド [Dean Brewster Judd]（調）

アメリカの色彩学者．オハイオ州立大学時代に著わした『補色色料の物理的特性』により，コーネル大学より物理学の博士号を授与される（1926）．米国国家標準局（NBS，現NIST）の測色・測光部長．米国光学協会（OSA）等歩度色空間委員会議長．全米色彩協議会（ISCC）の第1回 Godlove Award 受賞（1957），OSAのFrederic Ives Medal 受賞（1959）など，受賞多数．色彩関連の世界的機関の要職を歴任．国際色彩学会（AIC）には，Dean B. Judd Award が置かれている．日本ではヴィゼッキーと共著の『産業とビジネスのための応用色彩学』（1952，本明監訳，1964）で知られる． （緒方康二）
→ジャッドの色彩調和論
◆Judd, D.B・Wyszecki, G.W. (1975) [本明監訳，1964], Hope, A.・Walsh, M. (1990)

ジャッドの色彩調和論 [Judd's color harmony theory]（調）

アメリカの色彩学者ジャッドは「色彩調和は非常に複雑な問題である」という．彼はまず，専門家のあいだで色彩調和に関する見解が相矛盾する理由を5つあげている．すなわち① 色彩調和が好き嫌いの問題であり，同一人であっても「飽き」や「見慣れ」によりその好みが変化すること．② 配色が占める絶対視角の大きさにより，知覚される印象が異なること．③ 配色領域の相対的大きさによる対比現象などで，色知覚が不安定に変化すること．④ 配色されている形が目のたどる道筋に影響をあたえ，その順序がデザインにおけるさまざまな要素の評価を左右すること．⑤ 観察者がデザインの意味をどう解釈するかにより，配色の良し悪しが変わること，の5つである．その結果，色彩調和の構成を簡単な規則にまとめることには限界があるが，科学的に証明されていない多くの不完全な記録や部分研究の中にも快い配色を選ぶための最善の指針があるとして，調和の原理を次の4つに類型化した．

原理Ⅰ：一般に「秩序（order）の原理」として知られ，「色彩調和は，認知でき，情緒的に感得されうる秩序立ったプランに従って選ばれた色の併置によってもたらされる」という．これは均等に区分された色空間に基礎を置くオストワルトやムーンとスペンサーの調和論に基づいており，色空間内の規則的な線や円の上から選ばれたいかなる色も調和するという考え方である．

原理Ⅱ：一般に「なじみ（familiarity）の原理」で知られ2つの同様な色の系列があった場合，見る人にとって一番なじみのある方が調和的だとする考え方である．これは自然を色彩調和論の指標とするベツォルトやブリュッケ，ルードらに共通する理論で，オストワルト体系における「シャドウ系列（shadow series）」もその代表例である．また無彩色による色連鎖は，すべての系列の中で最も容認されやすいという．色相では，明るい黄や黄緑から暗い青や紫方向へ色を連鎖させると，自然の色の配色に則したいわゆる「色相の自然連鎖（natural sequence of hues）」となって，誰もが見なれている安定した

配合となる.

原理III：一般に「類似性（similarity）の原理」で知られ，共通の側面または特質をもっている色どうしは，その共通性により調和するという原理．たとえば色のまとまりが悪い場合，すべての色にある1色を加えることによって共通性をもたせ，まとめる手法などはその一例である．また配色において，色の三属性が共通する場合も調和的であるという．

原理IV：一般に「明瞭（unambiguous）性」の原理で知られ，配色の選択プランに曖昧さがなく，明確である色の配色は調和的であるとする．これは1944年にアメリカ光学協会誌に，色の調和－不調和の関係を定量的に示したムーンとスペンサーの調和論における「曖昧（ambiguity）」の概念に起因する考え方であるが，ジャッドは色の領域が占める相対的な大きさがもたらす色対比現象も，色知覚のもつ曖昧さの一例にあげている． 　　　　　　　　　　　（宇田川千英子）
→ジャッド，色相の自然連鎖
◆Judd, D.B.・Wyszecki, G.W.（1975）［本明監訳，1964］，福田（1985, 96）

シャドーマスク [shadow mask]（入出）

カラーテレビジョンの受像管内に設けられた電子ビーム遮蔽板．ブラウン管の蛍光面の直前に置かれ，色にじみを防ぐための小穴の多数あいた金属板である．電子ビームがシャドーマスクを通過することで，不要なビームの広がりをおさえることができる．3色の電子ビームはその小穴を通過し所定の蛍光体にあたり，それぞれの色（赤・緑・青）を発光させる．

シャドーマスクの代わりにすだれ状のアパーチャーグリルを用い，垂直ライン状に塗布された蛍光体をアパーチャーグリルの上下方向に強力なるテンションを加えて電子ビームを正確に指定の蛍光体にあてるアパーチャーグリル方式もある． 　　　　　　　　　　　　　（兵藤　学）

シャネルの黒 [Chanel black]（衣化）

20世紀を代表するデザイナーであり，女性からコルセットを解放した現代ファッションの始祖として，ファッション界に革命をもたらしたシャネルは，1883年フランス，ソミュールに生れる．本格的なファッションの創作活動は1914年パリに帽子店を開業したことから始まる．1916年に第一次世界大戦の最中に男性の下着に用いられていたベージュ色のジャージ素材に着目し，初めて女性のためのスポーティーな服の原型をつくりだした．そのデザインはスカート丈も膝下程度と短めで，歴史上初めて女性がくるぶしを出すきっかけをつくった．また，1926年には，かつては喪服にしか用いられなかった黒をシンプルなドレスに仕立て上げた「リトル・ブラック・ドレス」を発表して話題を巻き起こし，これまでの女性服はきらびやかで色あざやかでなければならないという概念を大きく覆し，シックで機能的なファッションを提案した．当時，高い販売台数を誇っていたアメリカのフォード車にちなんでシャネルは，「ファッション界の黒のフォード」とよばれた．

シャネルの定番ともいえるベージュと黒のバックストラップ付きのバイカラーのシューズは，1960年代初め，足のサイズを小さく見せるために考案されたものだが，このように，シャネルのデザインはすべて機能性と美しさの両面を備えた現代の女性にふさわしい服であった．第二次世界大戦を契機にいったんは引退するが，1953年に71歳という高齢ながら再登場し，有名なシャネル・スーツを世に生んだ． 　（渡辺明日香）
◆Morand, P.（1976）［秦訳, 1977］

ジャパン・クリエーション [Japan Creation]（商）

1997年より年1回，東京国際見本市会場で開催される日本最大の繊維総合見本市．日本全国の繊維産地が誇るすぐれた素材を一堂に結集して，国内のみならず海外へも訴求しようとする試みとしてスタートした．2000年12月に開催された第4回展示会では，394団体・企業が参加し，6万人を越える来場者を得て，世界規模の素材展として大きな成功をおさめた．従来，一部の業界関係者しか接することのない産地の各企業が直接に自社の素材をプレゼンテーションしている点も，この展示会の特色である．企業のブース展示の他に，トレンドコーナーが設営され，テキスタイルコンテストやファッションショーも開催される．主催：JC実行委員会（テキスタイル関連中央工連）． 　（山内　誠）

シャボン玉の色 [color of a soap bubble]
（自人）

　正弦波的な振動をする波の1周期中のある時点を位相というが，1回の振動は，位相で2πに相当する．位相差が2πの波が重なると，波の山と山および谷と谷が重なることになり，振幅の大きい波になる．反対に位相差がπの波が重なると，波の山と谷が重なることになり，振幅の小さい波になる．このような現象を光の干渉という．光の速度は，媒質によって異なり，真空中との速度の比を屈折率という．媒質が違っても光の振動数は変化しないので，屈折率nの媒質中の波長は真空中の波長の$1/n$になる．媒質中の2点間の距離は，媒質が違っても等しいが，位相差で表すときには，媒質中の波長が違うことを考慮する必要がある．このため，真空中の距離に換算して2点間の距離を表す．これを光路長lといい，媒質内の距離dが波長のm倍とすると，光路長は$nm\lambda = nd$になるので，位相差は$2\pi nm = 2\pi nd/\lambda = 2\pi l/\lambda$になる．したがって，波長の整数倍の光路差がある波が重なると強め合い，波長の1/2倍の奇数倍の光路差がある波が重なると弱め合うことになる．

　光が空気中からシャボン玉の膜に入射するときに，膜面で反射する光と，膜内に屈折して進んだ光が反対側の膜面で反射して膜外に出てくる光とが重なるときに，2つの光には膜内の光路長に相当する光路差があるので，上の条件を満たすときに干渉がおきる．屈折角は波長によって異なるので，光路差も波長によって異なるため，膜の厚さによって干渉が起こる波長とそうでない波長が生じる．このため，シャボン玉の表面に特有の色を見ることになる．シャボン玉の膜の厚さは均一でないので，より複雑な干渉色が観察される． （小松原　仁）
→屈折，干渉色

重回帰分析法 [multiple regression analysis method]（心測）

　何らかの対象の総合的な特性を表すと考えられる変数が存在し，また，この変数を説明すると考えられる何組かの下位の変数があるとき，この下位の変数をまとめて総合的な特性を表す変数との関係を記述する最も単純なモデルが，両者の間に線形な関係があることを仮定した重線形回帰式である．

　ここで，m個のサンプルについてn組の特性値を表す変数x_{ik}があり，かつ，これを総合した特性値y_iがあって，yがn組の変数の線形加重和で表されるとき，yはxと重線形回帰関係にあるという．すなわち，

$$y_i = a_1 x_{i1} + a_2 x_{i2} + \cdots + a_k x_{ik} + \cdots + a_n x_{in} + b$$

ただし，iはサンプル番号で，$i = 1, 2, \cdots, m$，kは変数の番号で，$k = 1, 2, \cdots, n$である．

　この重線形方程式において，y_iとx_{ik}の実験値から回帰係数$a_1, a_2, \cdots, a_k\cdot, a_n$を求める方法を重回帰分析法という．これにより，実験から求められた測定値y_iと，これを説明すると考えられるn組の独立変量の測定値との関係を重線形回帰式でモデル化することができる．実験値であるため，ユニークな回帰係数を求めることはできないが，最小自乗法を用いてデータ分散からの最小自乗解としてのn個の回帰係数，すなわち重回帰係数を求める．実際的な分析手段は最近はパソコンの統計ソフトとして提供されている．分析にあたってはn組の変数が独立であることを確認しなければならない．

　この方法は，音質や画質の総合評価値とこれを構成するとみられる感覚尺度値との関係を記述する研究に用いられ，総合評価値と感覚尺度値がともに心理尺度値である場合は両者の関係を記述するのに有効な方法であることが知られている（中山ら，1966；中山，1979）．また，画像の鮮鋭さの尺度値が，画像の鮮鋭度係数，コントラスト，ピーク輝度の対数の重線形回帰式で記述されるとする研究（中山ら，1987）もある．

（中山　剛）

◆中山（剛）ら（1966），中山・黒須（1987），中山（剛）(1979)

従属色 [subordinate color]（調）

　われわれが目にする生活周辺の色彩は単色で構成されていることはほとんどない．いくつかの色が色彩調和を目的に配色されているのが普通である．この場合，一望できる範囲にある色彩は均等に分けられることはまれで面積の大きい主になる色彩，従になる色彩，その他の小面積の色彩の3グループに区分されることが多い．仮

に面積比で 6:3:1 くらいになったときに 30%の面積の色彩は 60%の色彩に対する従属色または従調色，サブオーディネートカラー，アソートカラーという位置づけになる．

　従属色（その他の名称でも同じ）は 1 色のときもあれば，数色のときもあるが，色数をしぼって 60%の色と色相やトーンの差を小さく，類似にすると統一感のある調和を得ることができやすい．すなわち類似調和配色である．60%の色彩は配色の全体を支配する色であるから支配，優位という意味のドミナントカラーといわれることがある．10%の色は彩度差や明度差のあるアクセントカラーとして配色されるのが一般的である．なお配色用語としてのドミナント（多数色配色の統一要素）は面積比と関係なく用いるので混同しないよう注意が必要である．

（速水久夫）

→ドミナントカラー，アクセントカラー，◎従調色

充填 [filling-in]（感知）

　われわれの眼には光を受容できない盲点が存在する．にもかかわらず，視野中に盲点があることに気づかない．これは網膜上の情報欠損を補う働きが視覚系にあるからである．この働きを充填とよぶ．充填は盲点の周辺情報を巧みに用いており，一様な面は一様に，色やテクスチャーはそれが連続して維持されるように見えが補われる．盲点以外でも病気や損傷により網膜上の一部から受容器がなくなることがある．この場合も充填が起こり，視野が連続一様に見えるようになる．また，充填が起こすと考えられる錯視に，運動刺激によって静止点刺激が見えなくなる運動誘発性消去現象や，視野全体のダイナミックランダムノイズによって視野中の静止点刺激が見えなくなる知覚的充填などがある．

（鯉田孝和）

→盲点

シュヴルール [Michel Eugène Chevreul]（調）

　シュヴルールはフランスの化学者．アンジェの生れ．動物性脂肪，染料研究の権威．体系的色彩調和論の創始者．17 歳でパリに出てコレージュ・ド・フランスで化学を学び，のちに自然史博物館で有機物の研究に従事する．27 歳でリセ・シャルマーニュの物理科学の教授に就任，のちに自然史博物館教授，同館長となる．フランス王立科学アカデミー会員，会長に選出され，またイギリス王立協会会員にも推挙されるなど，ヨーロッパ一円に知名度の高い科学者であった．

　1824 年シュヴルールは，王立ゴブラン織物製作所の染織部門監督官に任命される (1824-52)．以後 30 年以上にわたり彼は染料と色彩の研究に専念し，その成果は 1839 年の著書，『色彩の同時対比の法則』に結実した．著書は 1840 年ドイツ語版『色彩の調和』，1854 年には英語版『色彩の調和と対比の法則』が出版され，ヨーロッパ有数の科学者として知られていたシュヴルールは，翻訳版を通じて色彩理論でも著名な科学者となった．彼の色彩理論における功績には，色彩の同時対比現象の発見とこれに伴う色彩調和論，近代絵画に転機をもたらした視覚混色の理論などがあげられる．

（緒方康二）

→シュヴルールの色彩調和論
◆Chevreul, M.E. (1987)

シュヴルールの色彩調和論 [Chevreul's theory of color harmony]（調）

　フランスの化学者シュヴルールが 1839 年，『色彩の同時対比の法則』で発表した色彩調和論．立体的色空間を前提に展開された色彩調和論としては，世界初の試みである．1824 年，シュヴルールが王立ゴブラン織製作所の染織部門監督官に任命されたとき，ゴブラン織の黒が青や青紫を暗くする力に欠けるという苦情がよせられた．シュ

ヴルールはさまざまな実験に基づき，原因は染料や素材の物理的・化学的問題に起因するのではなく，隣り合った色どうしが引き起こす視覚上の問題，すなわち色の同時対比現象によることを明らかにし，これを同時対比に基づく色彩調和論にまとめたのである．著書の中でシュヴルールは，自身の調和理論を普遍的なものとするため，彼が前提とする色空間を"トーン"（英訳でtone，原著はton：音調）と"スケール"（英訳でscale，原著はgamme：音階）という概念によって説明する．"トーン"とは，赤なら赤の純

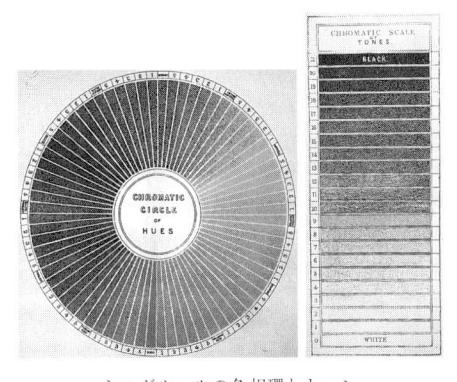

シュヴルールの色相環とトーン
左図は三原色から派生した72色相環，右図は各色相ごとに設定される，白から黒にいたる20段階のトーン・スケール

色に白もしくは黒を加えてできる明暗の階調をいう．彩度の変化も含む一種の明度段階であり，白：0，黒：21を両極とし，その間に20段階の"トーン"が置かれる．"スケール"とは，各色相ごとに構成される20段階の"トーン"の集合体である．シュヴルールの色相環は，赤・黄・青の三原色から派生した72色相からなり，それぞれの色相が"スケール"を構成する．さらに各スケール上には1/4円が立てられ，白・黒の両方，すなわち灰色の混ざったトーン（これを"ブロークン・トーン"（broken tone）という）がこの上に展開することになっている．このような色空間を前提に，シュヴルールは色彩調和を類似と対比に類別し，それぞれ3パターンずつ，計6種の調和の類型を呈示している．いずれも"同時に（simultané）見た場合"との断りがつく．

第1類 類似色の調和
① スケールの調和：単一のスケール上で，トーンの異なる色どうしの調和，② 色相の調和：近いスケール上で，同じか近いトーン色どうしの調和，③ 主調光の調和：色ガラスを通して対比の法則に基づいた配色を見るように，1色が主調色をなす調和．

第2類 対比の調和
① スケール対比の調和：同一スケール上で，トーンが離れた色どうしの調和，② 色相対比の調和：隣接スケール上で，トーンが離れた色どうしの調和，③ 色対比の調和：対比の法則に従いつつ，スケール上もトーン上も大きく離れて配色された色どうしの調和．

シュヴルールの著作は発刊の翌年ドイツ語版が，1854年には英訳版が出版され，実務的な調和理論として欧米一円に広範な支持を得ていた．その影響を受けた近代の画家として，アメリカの色彩学者ビレンはドラクロワ，ピサロ，モネ，スーラらの名をあげている．日本においてもシュヴルールの著作は，小冊子による抄録ながら明治25年（1892）刊の『色の調和』（著者は陶磁器研究家塩田力蔵）で，"仏人シュヴレーユ氏の原著なる「色の調和及び相比の理法，附たり芸術上の応用論」"と紹介されていた（口絵参照）．
(緒方康二)

→シュヴルール，トーン
◆Chevreul, M.E. (1987), 福田 (1996), 文化女子大学図書館編 (2000)

主観色現象 [subjective color] (感知)

客観的には色みのない対象（白黒で描かれた図形）から色覚を覚える現象．白紙上の放射線状の黒線を見ると，密な部分でゆらぎが感じられ，図にはないモアレ状の縞やかすかな色が見えるし，もっと粗っぽい図形でも相応の図形を回転させると明確に色を知覚する．後者はとくに顕著で，一般的にはこの色知覚を主観色とよぶ．プレヴォストなどから始まり，ベンハム，フェヒナーなどが体系的に報告したので，彼らの名を冠してよぶこともある．ベンハムのコマの例が最も著名である．これは白紙円盤の半分を黒とし，残りを放射状に4等分し，さらに各部分

を外側から4等分する．

　第1の部分の外側1/4に，第2の外側から2番目の1/4に，第3の内側から2番目の1/4に，第4の部分の最内側1/4に3本ほどの黒い円弧の縞を描き，この円盤を3～10c/sほどで回転させるとちらつき感とともに各部に異なる色が感じられる．速度や照明光によって色は異なる．この色の現象記述はPiéron (1923), Hasegawa (1971), LeRohellecとViénot (2001) が示しているが，生起理由については明るさの断続的な時間特性が色覚の反応に整合する信号を神経系に生じさせるためと解され，その論理が電位変化（本川，1957），加重遅延回路（Both・Campenhausen, 1978）などとして示されているが検討の余地は残されている．眼球運動も網膜上では刺激の時間的変化をよぶが，この現象は単に時間特性だけではなく，空間的な構成も関与していると考えられる． 　　　　　（長谷川　敬）
→ベンハム・トップ，◎ベンハムカラー，フェヒナーカラー
◆Piéron, H. (1923), Hasegawa, T. (1971), LeRohellec, J.・Viénot, F. (2001), 本川 (1957), Both, R.・Campenhausen, C. von (1978), Cohen, J.・Gordon, D.A. (1949)

主観的等価値 [point of subjective equality: PSE]（心測）

　2個の刺激が見かけ上同じであると報告したとき，それらは等価であるとみなすことができる．標準刺激の明るさに比較刺激の明るさを変えて，両者が同じ明るさに見えるようにマッチングする．同じ明るさに見えたときの比較刺激の強度を主観的等価値（PSE）という．この意味で，PSEを求める測定をマッチング法ともいう．色の異なる標準刺激と比較刺激を用い，比較刺激の強度を変えて，両者の見えの色の違いを無視して明るさのみをマッチングして等価値を求めることもできる．標準刺激の波長を種々に変えて主観的等価値を求めたものが視感度曲線である．このとき，標準刺激と比較刺激との波長差を小さくして，主観的等価値を求めるのが段階法，大きいままで主観的等価値を求めるのが直接比較法である．また，標準刺激に任意の色（C），比較刺激に赤（R），緑（G），青（B）の混合光を提示する．R, G, Bの混合率を変えてCとマッチング（等色）することもある．つまり，3色それぞれの強度を変え，なおかつ，明るさも同じに見えるように調整されれば，それを完全等色という．その他，明るさの対比や色対比の研究においてもこの方法が用いられる．詳細は和氣 (1998) を参照のこと．
　　　　　　　　　　　　　　　　　（和氣典二）
→標準刺激，比較刺激
◆和氣 (1998), 日本色彩学会編 (1989)：「色科ハンド・8章」

主観的輪郭 [subjective contour]（感知）

　物理的には輪郭線が存在しないのに，輪郭線が見えることがある．これを主観的輪郭という．主観的輪郭という現象を最初に発見したのは，Schumann (1900) であるが，その後 Kanizsa (1979) がさまざまな刺激を考案し，一般に広めた．カニッツァの例で説明すると，図 (a) は，4つの八角形と黒い十字の上に背景よりも明るい長方形がかぶさっているように見えるが，物理的には長方形を構成する輪郭線は存在していない．これが主観的輪郭である．4つの八角形は，それぞれ一部が欠けていて，そのままでは図として完結していないが，白い長方形がこれらの上にあると見れば，完結した図形になる．次に，

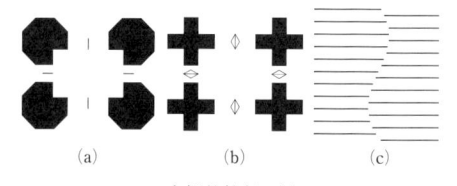

主観的輪郭の例

図 (a) を図 (b) のように，各要素がそれだけで十分に完結しているものにすると，もはや，主観的輪郭は見えなくなる．一部が欠けた八角形のように完結化が不十分な要素を適切な位置に配置すると，完結化が生じ，面の層化が起こり，主観的輪郭が生じるというのが，カニッツァの考えである．主観的輪郭の中には，図 (c) のように層化を伴わないものもある．主観的輪郭は，研究者の立場により，異種輪郭や認知的輪郭，錯視的輪郭などさまざまなよび方がある．
　　　　　　　　　　　　　　　　　（市原　茂）
◎錯視的輪郭，認知的輪郭，異種輪郭

◆Schumann, F. (1900), Kanizsa, C. (1979)

主義・思想を表す色 [colors of principles and ideas]（社）

色彩はしばしば視覚言語として，政治の立場や主義・主張の象徴的役割を果たしている．とくにイギリス議会では，1679年カトリック教徒であった王弟ジェームス（後のII世）の王位継承を巡って，王権支持派のトーリー党（王党派）と王権阻止のホィッグ派が対立した．王党派は赤色で王位継承を支持したのに対して，ホィッグ派は青色で無効を主張した．また宗教に関して，16～17世紀イギリス在住の改革派プロテスタントは，青色を主義の色として使用，国教会と対立した．王政復古の後，彼らは解散したが，バプテスト，クエーカーに引き継がれ，やがて渡米してアメリカ建国の祖となった．彼らが着ていた服からアーミッシュ・ブルー，クエーカー・ブルーという色名が今日まで残っている．また1750年頃，イギリスで，エリザベス・モンタギュー夫人らが女性も参加できる知的なサロンを開催していたが，そのうちの夫人が青い靴下を履いていたので，当時の進歩的な女性たちやサークルをブルー・ストッキング（blue stocking）と称した．1789年フランス革命が勃発，革命軍は青，白，赤の3色旗を自由，平等，博愛のシンボルとして使用した．また1919年にレーニンは共産主義インターナショナルを結成，そのシンボルとして赤旗を用いた．同様に1921年，イタリアではムッソリーニがファシスト党を結成，黒シャツを身につけた独自な軍隊を組織して，ファシズム運動を展開した．　　　　　　（城　一夫）

主成分分析 [principal component analysis]（心測）

外的基準をもたない多変量解析の方法の1つであり，実に多くの定式化があるが，結局は変数間の相関行列（または共分散行列）の大きな固有値に対応する固有ベクトルを重みとした合成変量，すなわち主成分（または主成分得点）を定義する方法というところに落ち着く．定式化の仕方によっては，主成分分析の結果は因子分析と大変よく似たものとなるので，しばしばその近似，あるいは代用として用いられる．主成分分析を因子分析に含めて考えることもある．最近，因子分析は，データに対するモデルの当てはめを通じての推測統計学的な仮説検証の方法として用いられることが多くなっているが，主成分分析は，データから理論，あるいは仮説を見出すための探索的方法として有効であろう．また，主成分分析で得られる主成分得点は，因子分析における不定性がなく，測定対象についての得点を計算する必要がある場合には，因子分析より適切な方法であるとも考えられる．一方，因子の数が変数の数に比して多い場合には因子分析と主成分分析の結果はかなり異なることが知られており，注意が必要である（海保, 1985；鷲尾・大橋, 1989）．　　　　　　（村上　隆）
→因子分析
◆海保 (1985), 鷲尾・大橋 (1989)

シュタイナー，ルドルフ [Rudolf Steiner]（社）

ルドルフ・シュタイナーは，現クロアチアのクラリエヴック（Kraljevec）に生れる．人智学（Anthroposophie）の創始者，教育者，思想家で，多くの著述がある．『色彩の本質（Das Wesen der Farben）』の著者．人智学における実践としてスイス・バーゼル市郊外のドルナッハ（Dornach）に「ゲーテアヌム（Goetheanum）」の建設を開始する(1913)．さらに人智学的人間の本質に基づく教育の普及を目指した，ドイツのゲーテアヌムを拠点とする活動は，宗教，芸術（身体運動の形態によって音と響の質を表現しようとした芸術であるオイリュトミー，舞台芸術である神秘劇と関連する言語形成，絵画，建築），教育（自由ヴァルドルフ学校，治療教育），医療，農業などの分野において，独自な展開がなされた．この活動は現在でも，ドイツを中心にヨーロッパ各地，スイス，オランダ，米国，日本など世界各国で行われている．

ウィーン工科大学を卒業後，彼は『ゲーテ的世界観の認識論要綱』の出版 (1886) を手始めに「ゲーテの自然科学論文」の編纂に携わる．これらの研究を通じて，彼の色彩論は，ゲーテから多大なる影響を受けることとなる．『色彩の本質』において，「色彩の像と輝き」が彼の色彩用語の基本となる．すなわち，「4つの像の色」として，

「緑，淡紅色，白，黒」があげられ，「輝きの色」として「赤，黄，青，緑」について述べられている．一般には，「色彩の像」は，物質を色付けるものであり，陰影と関連する．「色彩の輝き」は，光の放射が心身に影響を与える働きをもつものと解される．「緑」の場合でいえば，前者の「緑」は，物質が色付いているという不透明感のある色であり，表象との関連をもつ．後者の「緑」は，「生命の輝き」の残像を意味する．「生命の輝き」「魂の輝き」「霊の輝き」を与える色が「色彩の輝き」であり，「色彩の輝き」は，シュタイナーの色彩論において，より宇宙的な世界観に立つものである．「赤は生命」「青は魂」「黄は霊」の輝きをもつとされるのは，「人間の本質」が「身体，魂，霊」の3つの要因により成り立つという人智学の教義の基盤に基づく．

(金澤律子)

◆Steiner, R. (1966) [高橋訳, 1997], Steiner, R. (1986) [高橋訳, 1990], 広瀬 (1988)

主波長と補色主波長 [dominant wavelength and complementary dominant wavelength] (表)

色の表現としては色名を用いたり，色相，明度，彩度といった三属性や三刺激値 X, Y, Z が使われる．X, Y, Z の値だけでは，それがどんな色か見当がつきにくい，そこで X, Y, Z を変換して，その色の属性の見当をつける方法が考えだされた．任意の色は1つのスペクトル色と白色の混合でつくることができる．その様子を図を用いて説明する．この白色は光源色の場合，標準イルミナント D65 のような白色光源が用いられる．物体色の場合は三刺激値 X, Y, Z の計算に用いた標準イルミナントの色度座標が用いられる．図の xy 色度図上で任意の色を $C(x_c, y_c)$ とする．白色は $W(x_w, y_w)$ と定める．これらの点 W と C の延長線と xy 色度図のスペクトル軌跡との交点を $M(x_d, y_d)$ とする．この交点の波長を λ_d とすれば，この λ_d を色 C の主波長という．そして，この λ_d の色相と色 C の色相は同じである．

図の xy 色度図上において，白色点を W，短波長端を B，長波長端を R で表すとしよう．これら3点を結ぶ三角形 $\triangle WBR$ は非スペクトル

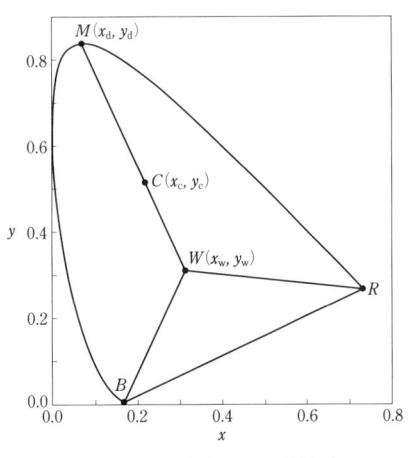

色度 C とその主波長および補色主波長を求める図

領域（色度図内の $\triangle WBR$ 以外はスペクトル領域）とよばれる．試験色が $\triangle WBR$ 内にあるときは主波長が求められない．そこで，その試験色と白色の色度座標点を結び，スペクトル領域側に線を延長してスペクトル軌跡との交点を求める．この交点に対応する波長を補色主波長とよんでいる．この波長のスペクトル色と試験色を混色すれば，白色がつくれることを意味する．

(側垣博明)

→スペクトル軌跡，純紫軌跡，三刺激値，色度（値），標準イルミナント

◆日本色彩学会編 (1998):「色科ハンド・4 章」

シュプレマティズム [Suprematism] (造)

20世紀初頭にはじまった一連の美術運動の1つで，絶対主義ともよばれている．マレーヴィチによって提唱されたロシア・アヴァンギャルドの動向の中で，1915年マレーヴィチ自ら，自己作品をシュプレマティズムの所産と評した．《白の上の白》(1918) では，オフホワイトの白のカンヴァス地に白い正方形を斜めに重ねて描いた幾何学的抽象に見られるように，マレーヴィチは絵画表現から作家の精神性や感情表現を一切排除した．ここでは色彩さえも，白と黒に限定し，最も単純なフォルムに純化させた．こうしてシュプレマティズムは造形を純粋に抽象にまで昇華し，完全な抽象絵画を目指した最初の美術運動となった．

シュプレマティズムの運動は，ロシア構成主義運動に決定的な影響を及ぼした．マレーヴィチのほかに主な作家にエル・リシツキー，ポポーワ，ロドチェンコなどがいる． （三井秀樹）
→マレーヴィチ，カシミール，構成主義

受容野 [receptive field]（生）

網膜や大脳視覚領の神経細胞が，視野のどの位置からの光に応答するかを視野分布で示したもの．受容野に入力がきたときの反応特性は，視野位置，細胞の種類，細胞の位置する領野などでさまざまである．たとえば，錐体の受容野は中心窩で小さく周辺視野で大きい．双極細胞の受容野には光の入力に対して応答が強くなるオン型，弱くなるオフ型という2つの種類がある．神経節細胞には受容野中心と周辺で反応が拮抗する側抑制という特徴がある．また，色違いの側抑制による反対色型特性，色の側抑制を拡張した二重反対色型特性などをもつ細胞も視覚系に存在する．また，単純に光点刺激を呈示して求めた応答分布は古典的受容野（classical receptive field）とよばれることがある．光点では応答を示さない離れた視野領域の周辺刺激によって，受容野内に呈示された中心刺激への神経応答を修飾的に変化させることがあり，これと区別するためによび分けられている．
（鯉田孝和）
→側抑制，二重反対色型細胞

シュルレアリスム [surréalisme (仏)]（造）

超現実主義．両大戦間にパリを中心として起こった芸術運動．ダダによる反社会的，反道徳的精神を受け継ぎ，1924年の「シュルレアリスム第一宣言」で詩人のアンドレ・ブルトンは，シュルレアリスムを「理性の制御なしに（中略），真の思考プロセスを表現しようとする純粋な心的オートマティスム」と定義．フロイトの精神分析学の影響のもと，文学，芸術，政治などの幅広い分野で，意識下の非合理な領域を明るみに出すことを通じて，想像力の解放を試みた．その後，政治参加の有無をめぐって分裂するが，1930年代には国際的規模の運動になる．自動デッサン（ミロやマッソン），コラージュ（エルンスト），煙で燻すフュマージュ（パーレン），グアッシュを別の紙に転写するデカルコマニー（ドミンゲス）など技法は多様．偶然に「オートマティック（自動的）に」現れた形態を事後的に彩色するなど，無意識的な色彩に関してはとくに重視しなかった一方で，マッソンの砂絵などは色彩のもつ物質性を強調した．画家としては，まずエルンストとミロが，ついでダリとマグリットが中心的役割を果たした．第二次世界大戦中のブルトンらのアメリカ亡命により，大戦後の抽象表現主義の誕生にも影響を与えた．とくにポロックはオートマティックな技法で色彩線描の表現に成功している．ブルトンの1966年の死とともに運動は衰退． （一條和彦）
◆山中（散）(1971), Breton, A. (1965) [巌谷ら訳, 1997], Chenieux-Gendron, J. (1984) [星埜・鈴木訳, 1997], Gale, M. (1997) [巌谷・塚原訳, 2000]

純紫軌跡 [purple boundary]（表）

1つの波長成分しか含まれていない単色光をxy色度図上に表したものがスペクトル軌跡であり，この馬蹄形をしたスペクトル軌跡の両端である短波長の380nmと長波長の780nmを加法混色した結果を表す直線が純紫軌跡であり，この直線の外側には色は存在しないことから純紫限界である．CIEはpurple boundaryと定義しているが，JISではこの訳語として純紫限界ではなくスペクトル軌跡との関係で純紫軌跡を一番の用語に採用している．また，JISの用語には採用されていないが短波の紫と長波の赤を結んだ線であるので，赤紫線ともよぶ．電磁波としての光が色としての感覚を引き起こすにはどの波長成分を含んでいるかで決まる．この波長は短波から長波までの1次元の直線的変化であるが，人間の知覚では色は直線的に変化するのではなく，色相環で表されるように，また元に戻る円としての変化である．この物理的な直線としての変化から感覚の円としての変化を結びつけているのが，紫と赤の混色から得られる純紫軌跡である．この純紫軌跡で主波長は補色主波長で定められる． （鈴木恒男）
→主波長と補色主波長，◎純紫限界，赤紫線

順応視野 [adaptation field]（感知）

人間の眼の視野内に存在する順応光の状態をいう．順応光によって眼の感度は変化するため，順応視野は色の見えに大きな影響を及

ぼす．Hunt(1991b) は，観察視野の構成要素を刺激（stimulus），刺激と隣接している隣接視野（proximal field），刺激が置かれている背景（background），背景の外側に位置する周辺（surround）の4つに分類した．このうち，順応に関する構成要素は刺激と背景である．とくに，背景の三刺激値によって順応は大きく変化する．刺激については，三刺激値よりも発光方式による見え方のモードの違いの方が順応は変化する．そのため，納谷モデルでは，物体色，モニタ色，カラースライドプロジェクター色のモードに対応する変数Dを設けている．順応光の輝度，色度で順応が安定する時間は異なる．実際の場では，理論的に完全な順応を得ることは少なく，これを不完全順応という．できる限り単純で完全な順応が行えるように，実験室内の天井，壁，床，背景を無彩色の拡散反射面とし，照明光の照度を均一にして十分に順応時間をとることが多い．色彩環境下での仮想的な順応視野には，背景にモンドリアンパターンが使用される（Nayataniら，1999）．　　　　（矢野　正）
→色の現れ（見え）方
◆Hunt, R.W.G. (1991b), Nayatani, Y. ら (1999)

順応白色 [adapted white]（感知）

一般に，観察者がある観察条件に順応している状態において完全に無彩色と判断し，輝度率が1.0であるような色刺激．順応白色は観察者の順応状態を定義する際に用いられ，一般的には照明光の(x, y)色度座標などにより表現される．たとえば，標準の光D65に観察者が順応している場合には，順応白色は$(x, y) = (0.3127, 0.3290)$なる色度をもった白色に相当する．なお，タングステン光源などのように光源が強い色みをもっている場合には，光源の色度をもった色が完全な無彩色には見えない場合もあるが，このような場合にも一般に順応白色として光源の色度をもった白色を用いる．順応白色を定義する際には，順応白色刺激の分光強度分布を定義する必要はなく，刺激の色度値が記述されていれば十分である．なぜなら，観察者の順応状態は3種の錐体の受ける光量比，すなわち三刺激値の比によって決定されるからである．順応白色の色度値は，色順応変換式やカラーアピアランスモデルを利用する際に必要となる観察条件を定義するパラメータの1つである．　　　（山田　誠）
→色順応

昇華型プリンタ [sublimation dye transfer printer]（入出）

熱昇華性染料が塗布されたドナーシートをサーマルヘッドなどの熱源で加熱することにより染料分子を昇華させ，受像紙に転写させる方式のプリンタ．着色材料が分子として移動することが静電トナーやインクジェットなど他のプリント方式と異なる特徴であり，加熱量を変えることにより連続的に濃度を変化させることができる．受像側では使用する染料分子との親和性を高めるため，ポリエステルなどの樹脂からなる受容層が設けられた専用紙とする必要がある．印字されたプリントでは色素が弱い分子間力で受容層の表面近傍に染着されるため画像の耐久性に弱点がある．しかし，表面保護層を設ける方法，あるいは色素自体を安定なものに変性する方法など改良がなされている．

典型的な構成ではイエロー，マゼンタ，シアンの3色が面順次に塗布されたドナーシートを300 dpi程度のライン型サーマルヘッドで加熱し，3色を順次重ねて転写させカラー画像をつくる．発熱素子に印加する電力パルス幅を変調しドットごとに濃度を変えることで豊かな階調性を表現できるため，主としてフルカラー写真プリント用途に使われる．また熱源としてレーザを用いて1800〜3600 dpiの高分解能で網点記録を行うものもあり，印刷プルーフ用途にも用いられる．　　　　　　　　　（依田　章）

上下法 [up-and-down method]（心測）

極限法の変形として発展したもので，毎回の呈示刺激に対する被験者の応答結果を逐次検討して，少ない試行数で効率的かつ急速に漸近させていく方法である．2件法を用いた単純上下法（段階法）では，極限法のように刺激強度を大きくしていき，反応転換点に達したところでそれまでとは逆の方向に強度を変える．次の反応転換点でまた逆方向に強度を変える．このような試行を何回か繰り返す．このとき，刺激閾は反応の転換点ではさまれた範囲にあり，十分な試行回数を経ると推定値が刺激閾の近傍に収束する

と想定される．そこで，上と下（山と谷）の両転換点の平均値，ないし変化した点とその1つ手前の点に対応した値間の中央値の平均値をもって，閾値の推定値とする．このような方法は適応的精神物理学（adoptive psychophysics）の方法とよばれるもので，極限法の変形とみなせるものが多く提案されている．代表的なものには，単純上下法のほかに，変形上下法（UDTR法），ノンパラメトリック上下法，重みつき上下法，推計近似法，PEST法，最尤法，QUEST法などがあげられる．これらはそれぞれ，先行する数試行に対する反応履歴の利用の仕方や，後続施行の刺激決定を効率的に実施する方法が異なる． 　　　　　　　　　　　（和氣典二・菰田貴子）
→刺激閾，極限法
◆大山ら編 (1994), Watson, A.B.・Pelli, D.G. (1983)

条件等色 [metamerism]（表）

図のように，分光分布が異なる2色の三刺激値が，ある条件の下で一致して等色となる現象を，条件等色（メタメリズム）という．この条件には，三刺激値 X, Y, Z の計算式から，照明光，等色関数（観測者），分光反射率がある．条件が変化すると，もはや2色は等色でなくなるが，その度合いを条件等色度といい，条件等色度を数値で表したものを条件等色指数という．条件等色を成立させている条件によって，次のように区別してよんでいる．

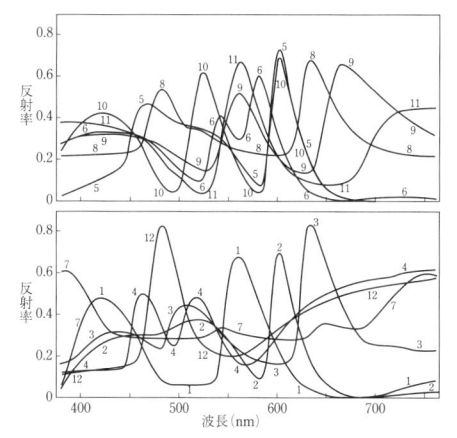

XYZ 表色系で標準の光 C の下で条件等色となる12種の灰色物体色（Wyszecki・Stiles, 1982）

(a) 照明光条件等色（illuminant metamerism）：照明光が $S(\lambda)$ から $S'(\lambda)$ に変化．
(b) 観測者条件等色（observer metamerism）：等色関数が $\bar{x}(\lambda), \bar{y}(\lambda), \bar{z}(\lambda)$ から $\bar{x}'(\lambda), \bar{y}'(\lambda), \bar{z}'(\lambda)$ に変化．
(c) 観測視野条件等色（field metamerism）：等色関数が $\bar{x}(\lambda), \bar{y}(\lambda), \bar{z}(\lambda)$ から $\bar{x}_{10}(\lambda), \bar{y}_{10}(\lambda), \bar{z}_{10}(\lambda)$ に変化．
(d) 幾何学的条件等色（geometric metamerism）：測定または観測の幾何学的条件によって，分光反射率が $R(\lambda)$ から $R'(\lambda)$ に変化．例として，パール塗色やメタリック塗色で見られる．

（小松原 仁）
→観測者条件等色，照明光条件等色
◆Wyszecki, G.・Stiles, W.S. (1982)

小細胞層 [parvocellular layers]（生）

網膜から視神経を通して出力される視覚情報は，外側膝状体で中継されて大脳皮質1次視覚野（V1）に伝えられる．外側膝状体はヒトやサルでは6層構造をもち腹側の2層は大細胞層，背側の4層は小細胞（parvo）層とよばれる．網膜の $P\beta$（ミジェット）神経節細胞からの信号は，外側膝状体の小細胞層で中継されてV1の主に $4C\beta$ 層に伝えられる．この経路を小細胞経路（parvo系）とよぶ．これに対して網膜の $P\alpha$（パラソル）神経節細胞からの信号は，外側膝状体の大細胞層で中継されてV1の主に $4C\alpha$ 層に伝えられる．この経路を大細胞経路とよぶ．これら2つの経路は機能的に非常に異なっている．視野の同じ場所に受容野をもつニューロン間で比較すると，小細胞経路のニューロンは大細胞経路のニューロンに比べて受容野が小さく空間的な解像度が高い一方，時間的な解像度は劣っている．

また小細胞経路のニューロンは波長によって応答の極性が興奮から抑制に変化する色対立型の応答（反対色応答）を示し，色の情報を伝えることができる．これらのニューロンの多くは受容野中心部に L 錐体または M 錐体の一方からの信号のみを受ける．

受容野周辺部は中心部と異なる種類の錐体からの信号を逆の極性で受け取る（タイプⅠ型細

胞).その結果,受容野全体ではL錐体とM錐体からの信号の差分を取ったような応答を示すことになる(たとえば+L－M).しかし,最近の網膜回路の解析では,受容野周辺部は錐体の区別なしに信号を受け取るという結果も報告されている.いずれにせよこのようなニューロンはスペクトルの赤と緑にあたる波長で正または負のピークをもち,赤緑色対立型細胞とよばれる.これ以外にS錐体の信号とL錐体とM錐体の信号の和の差分(S－(L＋M))を取ったような応答を示す細胞があり黄青色対立型細胞とよぶ.

このようなニューロンはスペクトルの黄と青にあたる波長で正または負のピークを示す.このタイプのニューロンは受容野中心と周辺の区別がなく同じ領域に異なる錐体からの信号を受ける(タイプⅡ型細胞).最近の研究で黄青色対立型細胞はPα神経節細胞やPβ神経節細胞とは異なる種類の網膜神経節細胞であり,外側膝状体では各層にはさまれた部分に多く存在し,小細胞経路と大細胞経路以外の第3の視覚経路(顆粒細胞経路)を形づくることが示されている.この経路は大脳皮質1次視覚野の2～3層のブロブに投射すると考えられている.

(小松英彦)
→大細胞層
◆Komatsu, H. (1998a)

定式幕(社)

歌舞伎に使われる引き幕で3色(萌葱・柿・黒)の木綿を縦に縫い合わせたストライプの幕をいう.江戸時代では幕府が公認した大劇場にだけ引き幕の使用が許されていた.定式幕は狂言幕ともよばれ,幕に使用される色や配色は各劇場によって異なり,江戸三座で使用されていた定式幕の配色は,中村座では右から紺・柿・白,市村座では紺・柿・萌葱,森田座では萌葱・柿・紺であった.現在では紺ではなく黒が使われているが,国立劇場で使用される定式幕は市村座の様式が取り入れられ,歌舞伎座では森田座の様式を取り入れた配色になっている.定式幕の始まりは寛永9年(1632)に三代将軍家光がつくらせた御用船安宅丸を伊豆から回航するときに,中村座の初世猿若勘三郎がその美声を買われて船の櫓をこぐ音頭取りを勤めた功績から幕府より褒美を賜り,このとき船覆いに用いられていた白・黒・白・黒・白に染められた白三布黒二布の染分幕も拝領した.これをかたどり引き幕にしたのが定式幕の始まりである.しかし幕府への遠慮から黒を紺に替え柿色を加えて,紺・柿・白の3色の配色にした.市村座と森田座は中村座への遠慮から白を萌葱に替えて引き幕として使用していた.

(矢部淑恵)
◎狂言幕

小視野トリタノピア [small field tritanopia] (感知)

中心視での刺激サイズが小さい場合の視覚特性が,十分な大きさの刺激サイズで得られた第3色覚異常の特性と似ている現象を小視野第3色覚異常,もしくは小視野トリタノピアという.たとえば波長弁別閾は,刺激サイズが小さいと450nm付近(青緑の波長域)で他の波長域と比べて閾値の増大が著しい.また,カラーネーミング実験から,刺激サイズが小さいと400nmの短波長領域と560nm領域での彩度の低下,および黄応答と緑応答の抑制が見られる.これらのことは,第3色覚異常者を対象とした実験結果の特徴と似ている.小視野トリタノピアが生じる主な原因は,中心窩の中央部20′くらいの領域には,短波長に感度を有する錐体(S錐体)が存在しないことにある.

(大竹史郎)
→S錐体分布,錐体,◎小視野第3色覚異常
◆池田(1989),内川(2001), Wyszecki, G.·Stiles, W.S. (1982)

照度 [illuminance] (照)

「照度」は,単位面積当たりに入射する光の量で,単位はルクス(lx)である.いま,面積A (m^2)に光束Φ (lm)が入射しているとすると,その面の平均照度E (lx)は,$E = \Phi/A$である.被照面が床や机上面のような水平な面の照度を水平面照度,壁や黒板など垂直な面の照度を鉛直面照度,また,光源に対して垂直な面の照度をその光源に対する法線照度という.

「照度計」は,照度を測定する計器で,その受光面の平均照度が計測される.構成は,主に光電素子(光電池,光電管など),乳白ガラス(拡散体),視感度補正フィルタなどからなり,水平面

照度や鉛直面照度などの平面の照度を計測するものは，その指示が光の入射角の余弦に比例するという余弦法則を満足する必要がある．JIS C 1609では，照度計を，精密級，一般型AA級，一般型A級，一般型B級の4階級に区分し，その性能を，確度，斜入射光特性，可視域相対分光応答度特性，紫外域・赤外域の応答度特性，表示部の特性，疲労特性，温度特性，湿度特性，断続光に対する特性で規定している．なお，基準・規定の適合性評価などにおける，照度の信頼性が要求される照明の場での照度測定には，一般型AA級を用いることと規定されている．

(川上幸二)

→ランベルトの余弦法則

照度分布 [illuminance distribution]（照）

照度分布は，平面的または空間的な照度の広がりや変化を表すものである．たとえば，等照度曲線図は，平面を微小部分に分割し，その微小部分の照度をそれぞれ求め，同じ値をとる微小部分の照度を，地図の等高度曲線のように連ねたものである．一般に，JIS照度基準などで規定される照度は，机や作業面など比較的広い範囲の平均照度である．見え方は，同じ平均照度であっても，その分布状態によって異なってくることから，照明環境の評価では照度分布が重要になる．とくに，暗い部分の見え方が悪くなることから，視野内およびその近傍の照度均斉度が問題になる．照度均斉度は，最小照度/平均照度や最大照度/最小照度などで表されるが，同一視野に収まらない広範囲の均斉度を取り扱っても意味をなさない．国際照明委員会 (CIE) の屋内照明のガイド (CIE Publication 29/2) では，局所的な作業面における照度均斉度（最小照度/平均照度）に対して 0.8 以上を推奨している．なお，照度測定法 (JIS C 7612) では，全般照明の照度測定法として，照度測定点の決め方，平均照度の算出法などが規定されている．

(川上幸二)

→照度

上弁別閾にあたる値 [upper difference threshold]（心測）

標準刺激 (standard stimulus) と比較して比較刺激 (comparison stimulus) の方が大きいと判断された場合，この比較刺激量と「等しい」という判断時の比較刺激量との境界を上弁別閾にあたる値といい，この上弁別閾にあたる値と標準刺激値との差を上弁別閾という．上弁別閾にあたる値とは，比較刺激が上昇方向に差があると知覚される最小の刺激値のことである．上弁別閾にあたる値の操作的定義も下弁別閾にあたる値の場合と同様に測定法によって異なり，極限法（完全上下法を含む）など刺激が上昇または下降系列で呈示される場合には，上昇系列の場合には「等」または「不明」から「大」に反応が変化する境界，下降系列の場合には「大」から「等」または「不明」に変化する境界をこれとする．また恒常法など刺激がランダム順に呈示される場合には回答の出現頻度によって定義され，3件法の場合には「大」という回答とそれ以外（「等・不明」および「小」の和）が50%ずつになる刺激量を上弁別閾にあたる値とする．2件法の場合には「大」という回答が75%となったときの刺激量を上弁別閾にあたる値とする．このようにして求めた上弁別閾にあたる値と標準刺激値との差が上弁別閾となる． (坂田勝亮)

→下弁別閾にあたる値

照明光条件等色 [illuminant metamerism]（表）

条件等色とは，分光分布の異なる2つの色刺激が，一定の観測条件の下では三刺激値 X, Y, Z が一致するが，観測条件が変化すれば三刺激値が一致しなくなること（条件等色のくずれ）をいう．

条件等色指数は，観測条件が変化したときの条件等色のくずれの程度を評価するための指数である．条件等色のくずれの原因は，観測条件が変化することによる．われわれがある物体を見る場合，その物体を照らす照明があり，物体からの反射（あるいは透過）を見て（等色関数）色を感じている．すなわち，観測条件とは，照明光，物体，観測者などを指し，このうちのどれかが変化することにより条件等色がくずれる．

JIS規格では，これら3つの要因に基づく条件等色のくずれの程度を評価するために，照明光，物体，観測者などに対応する3つの規格を制定している．照明光条件等色に関しては，JIS Z 8719

「条件等色指数—照明光条件等色度の評価方法」が定められている．この条件等色指数は塗料，染料，印刷などの色再現に関係する色彩関連工業で活用されている．ある着色物体を例として，$X_{10}Y_{10}Z_{10}$ 表色系における条件等色指数の求め方を述べる．① 条件等色対を構成する見本色およびその複製色が規準照明 D65(r) の下でもつ三刺激値 $(X_{r_1}, Y_{r_1}, Z_{r_1})$ および $(X_{r_2}, Y_{r_2}, Z_{r_2})$ を計算する．② 同じ条件等色対を用いて，試験照明 (t) の下でもつ三刺激値 $(X_{t_1}, Y_{t_1}, Z_{t_1})$ および $(X_{t_2}, Y_{t_2}, Z_{t_2})$ を計算する．③ 複製色の試験照明下の三刺激値 $(X_{t_2}, Y_{t_2}, Z_{t_2})$ が規準照明 D65(r) 下の三刺激値に一致することは非常にまれである．そのため次式による乗法的補正により複製色の試験照明下の三刺激値を補正する．

$$X'_{t_2} = X_{t_2} \times (X_{r_1}/X_{r_2}),$$
$$Y'_{t_2} = Y_{t_2} \times (Y_{r_1}/Y_{r_2}),$$
$$Z'_{t_2} = Z_{t_2} \times (Z_{r_1}/Z_{r_2}).$$

複製色の三刺激値が規準照明下で一致している場合は，

$$X'_{t_2} = X_{t_2}, \quad Y'_{t_2} = Y_{t_2}, \quad Z'_{t_2} = Z_{t_2}$$

である．④ 見本色の試験照明下の三刺激値 $(X_{t_1}, Y_{t_1}, Z_{t_1})$ および $(X'_{t_2}, Y'_{t_2}, Z'_{t_2})$ から $L^*a^*b^*$ 表色系による色差式を用いて色差 ΔE^*_{ab} を計算する．この色差 ΔE^*_{ab} が条件等色指数である．

JIS Z 8719 では，試験照明として 12 種類（F_1 から F_{12}）が規定されており，そのうち F_6，F_8 および F_{10} を優先させるとしている．

（側垣博明）

→条件等色
◆JIS Z 8719 (1996)

照明と観測の幾何条件 [geometric conditions of illumination and viewing]（測）

照明と観測の幾何条件は，物体を観察する場合，光を計る場合，色を計る場合などにおいて最も基本的な条件の 1 つである．JIS Z 8723「表面色の視感比較方法」，JIS Z 8724「色の測定方法—光源色」および JIS Z 8722「色の測定方法—反射および透過物体色」などにおいて照明と観測の幾何条件を規定している．これらの規格では，その専門に応じて微細な違いはあるが，基本は同じである．照明と観測の幾何条件は，次の 3 つ（図中の (a)〜(c)）のいずれかによる．

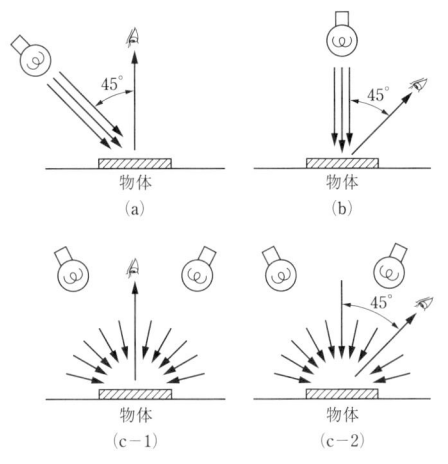

無光沢な表面に対しては，上記のどの方法を用いても，ほぼ同じ結果が得られる．しかし，光沢面の場合は，試料色と標準色の表面を同時に少し傾け，光沢を感じない位置で観測するとよい．

照明と観測の条件

（側垣博明）

→正反射率，反射および透過物体色の測定方法
◆JIS Z 8722 (2000)，JIS Z 8723 (2000)，JIS Z 8724 (1997)

常用光源 [daylight simulator]（照）

常用光源とは，物体色の色比較を行う場合に，実用的に標準イルミナント D65 ならびに補助標準イルミナント D50，D55 および D75 の代用として用いられる相対分光分布をもつ人工光源のことである．似た用語に，「CIE 標準光源（CIE standard sources）」があり，仕様が国際照明委員会（CIE）によって規定され，その相対分光分布が標準イルミナント A および C に近似する人工光源がある，各標準光源の仕様は，次による．

標準光源 A：分布温度が約 2856K の透明バルブーガス入りータングステンコイル電球．

標準光源 C：標準光源 A に規定の溶液フィルタを組合わせて相関色温度を約 6774K にした光源．

換言すれば，これらの標準光源は，仕様どおりの光源であれば，CIE 規定の相対分光分布を実現できる人工光源である．一方，常用光源として代用する標準イルミナント D65 ならびに補助標準イルミナント D50, D55 および D75 は，「昼光イルミナント，CIE 昼光イルミナント（daylight illuminant）」の種類に属し，昼光のある様相とほぼ等しい相対分光分布をもつように定めたイルミナントである．昼光イルミナントは，主として北窓についての多くの分光測定値から統計的手法によっておのおのの相関色温度における昼光の代表として CIE が定めた分光分布をいい，それを明確にするためには，CIE 昼光，または CIE 昼光イルミナントともよばれる．

統計的手法で相対分光分布を規定したために，蛍光ランプ，白熱電球と色フィルタとの組合わせ，キセノンランプと色フィルタとの組合わせなど，さまざまな開発の試みがなされてきたが，標準イルミナント D65 およびその他の補助標準イルミナント D_T を完全に実現する人工光源は，いまだ確定されていない．このため，標準光源ではなく常用光源という用語を定義し，その近似のよさを示す特性評価方法およびそれによる等級 A～D の区分は，JIS Z 8720 附属書に定めることにした．なお，常用光源ではないが，古くから用いられているものに「北空昼光（north sky light）」がある．物体色の色比較を行う場合に，実用的に標準イルミナント D65 およびその他の昼光イルミナント D_T の代用として用いられ，北半球における北空からの自然昼光である．通常，日の出 3 時間後から日没 3 時間前までの太陽光の直射を避けた天空光をいう．

(一條 隆)

→北空昼光，標準イルミナント

昭和の色彩 [color in the Showa Period] (社)

昭和の色彩は大正時代のリベラルな風潮を感じる色彩感覚を受け継ぎ，昭和初期は穏やかな和風の色調に始まり，日中戦争勃発を契機に戦争の緊張感で，しだいに色を失っていった．昭和 10 年代は軍の支配が働いた，国防色と藍染めに象徴されよう．第二次世界大戦終結を境にして，華やかな原色調の赤（フレーム・レッド）・緑（ビリヤード・グリーン）のアメリカンカラーに接したあと，天然色映画『赤い靴』『赤と黒』の影響を受け，高彩度の色彩に対する関心が高まっていった．

昭和 28 年（1953）(社) 日本流行色協会が発足．昭和 38 年国際流行色委員会（インターカラー）が結成された．経済成長につれて激しく変わる時代の風潮を反映しながら，流行予想色がさまざまな商品を彩っていく．30 年代はピース・ブルー，チャコール・グレイ，サックス・ブルー．モーニングスター・ブルーの名でシアン・ブルーが脚光を浴びた後，合成繊維・化粧品・製菓・電機メーカ・デパートなどが参加したコンビナートキャンペーンが出現．複数の色相を色調で統合したクールなニュアンス，シャーベットトーンと名付けた高明度・低彩度・寒色調の色群が関心を集め，しだいに色彩がセールス・プロモーションの核に用いられていった．40 年代半ば，ブームを招いたジーンズのブルーに続いて，50 年代はエコロジー指向で環境保全を意識しアースカラーとカーキ．自然保護を提唱する 50 年後半の，落ち着いたエスニックカラーへと続く．デザイナーブランドが注目され，究極の色として黒がブームを招来した．その後，ファッションの個性化が進み，組合わせやすい低彩度色群が大勢を占めつつ 60 年代に移る．これらの推移から昭和の色彩を概観すると，単色ならばイメージとしてブルー系をあげたい．また戦後の前半は高彩度色．後半の色彩傾向は，ときおり高彩度色が出現するものの，徐々に落ち着いた低彩度の色調が支配的であったと考えられよう．

(松田 豊)

→日本流行色協会，インターカラー，アースカラー

植栽の色 (デ)

鑑賞，食用および医療用収穫，防災，生態系保存など植物栽培の目的はさまざまだが，惑星規模での環境改善や心身治癒など，われわれは植物とますます多様な接点をもちつつある．空間をやわらかく仕切る装置としての植栽は，境界というよりは緩衝域である．道路の中央分離帯の植栽や街路樹は劣悪な空気環境にあって逞しく生き延びる種が選ばれるため種類は限られるが，桜並木で花咲く頃には花見がてら人びと

がそぞろ歩き，梢高く成長した落葉樹並木が初夏には緑のトンネルとなって渋滞する幹線道路で運転者の心をふと和ませる．管理上の手間や手狭感はあるが，街路樹は萌芽，開花，結実，紅葉，落葉など季節を知らせる都会の自然であり，都市開発により連続性が断たれ点在する公園や社寺境内の豊かな緑のストックを結び直す役割としても関心が高まっている．学校や公共施設，住宅地では緑地帯や境栽花壇がブロック壁にとって代わりつつある．同じ種類の植物をまとめてたくさん植える群植，数種類の植物を混ぜて植える混植，銀葉，銅葉など葉の色が緑以外の樹種を配して花の色をひき立たせたり，刈りこんだ樹木と草花を組合わせ，刺繍模様のように仕立てたパーテアなどの手法が街並みを豊かに演出している．

銀閣寺垣：京都・東山慈照寺の参道を仕切る石垣・竹垣・椿の生け垣

常緑広葉樹の椿や柘植など，葉の表面のクチクラ層が発達していて光沢感のある照葉には霊力があると信じられ，古来より「イエ」の境界を示す生垣に用いられてきた．一定の形に刈りこまれたものを刈りこみ生垣，自然の形のままのものを植え込み生垣という．植栽方法には外垣，高生垣，混ぜ垣，境栽垣などの種類がある．電車の沿線や休耕田などでは自然環境で育つ1年草の種を混ぜて蒔き，春から秋まで順に咲く花を楽しむワイルドフラワーなどのコーディネーションが散見される．欧米ではビオトープの意義も含め，河川海岸における植生の護岸効果に関心が高いが，コンクリートブロックで固める工法が

いまだに優先されているのが日本の現状である．しかし高層建築敷地内公開空地の植栽整備，省エネ効果の高いルーフガーデンやウォールガーデン整備への補助など，政府をあげて都市緑化を推進する背景には，空気洗浄能力やヒートアイランド現象緩和，防災など，都市環境対策にかける期待が大きい（口絵参照）． （粟野由美）

食の五原色 [five primary colors of food]
（社）

食生活にとって重要な役割を果たす5つの食材の色のこと．一般的に赤，白，黒，黄，緑の5色の食材の色を指している．食生活では，これらの5色の食材を使うことにより，栄養のバランスがとれ，しかも配膳の際の盛りつけも美しく見え，楽しく食事をすることができるといわれている．たとえば，赤い食肉，赤みの魚は蛋白源になり，人参，トマトなどにはカロチンというビタミンAが含まれている．白いお米は炭水化物で即効性のあるエネルギー源となり，白身の魚は良質の蛋白源となる．黒の昆布はカリウム，海苔，ひじきは鉄分を補給する．また黄色のバター，チーズは，脂肪，蛋白質など，そして緑は主に野菜類でビタミン源になっており，食卓にこの5色の食材を並べることにより，バランスのよい食事がとれる．また，この5色の食材を白い器に盛りつけることにより，見た目にも美しく，食欲の増す食卓になるとされている．たとえば，赤い牛肉のステーキに，緑のレタス，白いパン，黄色のバター，黒のキャビアなどを盛りつけることによって，色彩的にバランスのとれた美しい配色のテーブル・コーディネーションになる．別に，この5色の中から黒を削除して，赤，白，黄，緑の4色のみで，食の四原色という言い方がある． （城　一夫）
→緑黄色野菜

食品の色 [colors of foods]（自人）

食品への化学合成物質の添加は，健康面から規制されており，世界食品規格等で，原則として物理的な加工のみが認められている．このため，食品固有の自然な色が食品の色といえる．ただし，和菓子などで代表される見た目を競うような食品には，合成食用色素や植物色素が添加されている．合成食用色素は，国連食料農業機

関（FAO）と世界保健機構（WHO）で1日の許容摂取量が規定され，醬油，食肉，カステラ，スポンジケーキ，鮮魚類，お茶，豆類，麵類などには使用できないことになっている．見た目のおいしさや好ましさは，商品購入の際の重要なポイントになるので，醬油では，好ましい色の研究から「明るいあざやかな赤みの強い赤橙色」がよいとされている．しかし，醬油をはじめ味噌，ワイン，清酒は貯蔵中でも褐変して味や香りも変化する．このため，醬油では褐変の程度を測定するために醬油標準色がつくられている．また，果物では，外観色と実の糖度とに関係があることから，ナシ，レモン，リンゴ，ブドウなどでは，収穫時を判断するためのカラーチャートが開発されている． （小松原 仁）
◆日本色彩学会編 (1998)：「色科ハンド・30章」

植物色素 [vegetable pigment]（自人）

クロロフィル，カロチン，アントシアニン，フラボンが代表的な植物色素として知られている．クロロフィルは葉に最も多く含まれる色素で緑色を呈するが，キサントフィルと共存しており，気温が低くなりクロロフィルが破壊されるとキサントフィルが発現して黄色を呈する．この状態は黄葉とよばれる．カロチンは，ニンジンの色素として知られ，黄色から赤色を呈する．アントシアニンは，アジサイの色素として知られ構造的には6種類の基本型がある．酸性やアルカリ性によって色が変わり，酸性では赤色，中性では紫色，アルカリ性では青色になる．フラボンは，構造的にはアントシアニンに近く，両者を合わせてフラボノイドとよばれる．白，クリーム，淡黄色を呈する．色素は細胞質とよばれる細胞の外壁または細胞液が含まれている液胞に分布している．カロチンのように細胞質に含まれる色素は水に溶けにくく，アントシアニンやフラボンのように液胞に含まれる色素は水や酸に溶けやすい性質をもっている．他の植物色素には，ベタシアニン，ベタキサンチン，オーロン，カルコンなどがある． （小松原 仁）
→植物の色

植物の色 [colors of vegetables]（自人）

植物の色は，葉色と花色の2つに大別できるが，前者はクロロフィルで，後者はカロチン，アントシアニン，フラボンなどの色素によって発色している．葉の表面の表皮保護細胞と裏皮保護細胞の間にクロロフィルを含んだ細胞と空隙が分布しており，クロロフィルの量や細胞間での相互反射・透過によって葉色の発色が変化する．葉の平均的な測定値は，暗い灰黄緑であるが葉を透過する光や葉の重なりによって複雑に変化する．花色は色素の種類，量およびその分布によって変化するが，花弁の透過性，花の着生位置や状態，花弁の表面構造，花の年齢・水分・生命力などの生理的要因によっても変化し，複雑な発色メカニズムになっている．花色の測定値は，黄緑・黄・橙・赤・赤紫・紫・青紫に渡って分布している．黄緑はクロロフィルの色であり，青紫は青色色素であるアントシアニンの色とされているアヤメなどの色に相当する．牡丹でまれに見ることのできる薄い緑を除くと，緑，青緑および青が欠落している．自然界では存在しない青紫より青い花色を，遺伝子工学を用いて人工的に作出する研究がバラを中心に行われており，青いカーネーションが商品化されている． （小松原 仁）
→植物色素

シリカフレーク顔料 [silica flake pigment]（着）

基材がシリカフレーク（SiO_2：二酸化硅素）で，その上に酸化チタンあるいは酸化鉄をコーティングした光輝材顔料．1990年代の末に開発された．シリカフレークの表面は平滑性が高く，入射光の透過，反射角度の位相差がはっきりしているので，従来のバイカラー顔料（干渉マイカなど）と比較すると，強い干渉効果と色変化の連続性（スムーズさ）が特徴である．クロマフレアやヘリコーンと比較すると，干渉効果や光輝感は弱いがコストが安いという利点がある．赤からゴールド，ブロンズ，緑へと変化するものと，紫からシルバー，緑，青へと変化するものがある．日用品，建築用塗料，自動車用塗料，プラスチック，化粧品など幅広い分野で利用され始めている．自動車用塗料としては，2001年に日産自動車（株）が初めて商品化した．

（吉田豊太郎・伊藤行信）
→光輝顔料，◎酸化チタンコートシリカフレーク

白化粧 [face powder]（衣化）

古くは白い粉，すなわち白粉を用いて肌を白く美しく見せた．白い肌は古くから洋の東西を問わず，清浄さ，若さ，高貴さを意味した．白粉の主な顔料は白土，貝殻粉，穀粉，鉛白（塩基性炭酸鉛），甘汞・軽粉（かんこう・けいふん）（塩化第一水銀），亜鉛華，酸化チタンなどが用いられた．鉛白，甘汞は有毒のために古代ギリシア時代から批判の対象で，これに代わる顔料，亜鉛華が発明されるまで，主な化粧料として使われた．日本へは鉛白も軽粉も中国から伝わり，元興寺の僧観成が白粉をつくり女帝である持統天皇に献上して褒美をもらった，という記述が『日本書紀』にある．平安中期に書かれた『源氏物語』には透き通るような白い肌が尊ばれている．江戸時代には「色の白いは七難隠す」といわれるようになり，肌の白さに対する美意識が高まっていった．舞台照明がロウソクからガス，電気へと発達した結果，舞台がより明るくなり，白塗り化粧もより舞台効果のある白さ，すなわち光の反射率の高い白粉が求められ，酸化チタンを使った現在の白塗り化粧に至っている．一般の化粧では明治時代半ばに肉色白粉（のちに肌色白粉）が登場し，従来の白塗り化粧品はなくなっていったが，白化粧の根底にある白く透き通るような肌色を好む美意識は美白化粧品の発達を促してきている． （村澤博人）
◆村澤・佐藤 (1999)

白みと黒み [whiteness and blackness]（感知）

色みが知覚されない無彩色には，白，灰色，黒が含まれる．これらの色の見えを白-黒反対色チャンネルで説明する色覚モデルも過去に提唱されたが，灰色をうまく取り扱えないことから，現在では，これらの見えの違いは，生じている黒み量の変化によると考えられている．黒み知覚は，その刺激の周りの周辺刺激の輝度が刺激本体よりも高い場合にのみ，刺激上に黒みが誘導されることにより生じる．刺激輝度が極端に低い場合を除き，周辺刺激がないような場合や周辺刺激輝度が刺激輝度よりも小さい場合には，刺激は白と知覚される．周辺刺激輝度が刺激輝度を上回ると黒み誘導が起こり，刺激の見えに黒成分が生じて見えは灰色へと変化する．空間的配置や個人差にも大きく依存するが，周辺光輝度がおおよそ 3～4 log 以上高い場合には，刺激光は完全に黒に見える．

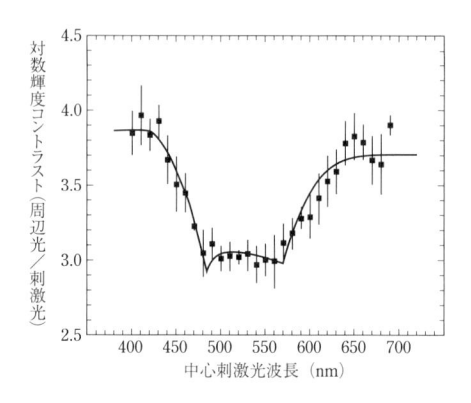

白みや黒みはもちろん有彩色中にも生じており，色みと白みの比が彩度である．また周辺輝度が高い場合には，色みと黒みとが知覚される．刺激の色みは，黒み誘導の中でも残るので，刺激が高彩度の場合ほど周辺光輝度をより高くしなければならない．図はある被験者に 100％の黒みを誘導するのに必要な対数輝度コントラストを示しており，赤や青では黒みが生じにくい一方で，黄色などでは容易に黒が誘導されている（Shinomori ら，1997）． （篠森敬三）
→無彩色と有彩色，対比
◆Shinomori, K. ら (1997), Volbrecht, V.J.・Kliegl, R. (1998)

真空蒸着 [vacuum deposition]（着）

真空中で金属（アルミニウム，亜鉛，銅，錫など），セラミックス，有機物などを加熱して蒸発させ，その分子を蒸気温度より低温の基材（被処理物）に付着させると，表面で蒸気が凝縮し，薄膜（0.05～0.1μm）の鍍金（めっき）のような状態になる．この方法を真空蒸着という．抵抗加熱方式，電子ビーム方式など数種類の蒸着方法がある．鍍金（湿式）に比べ，耐摩耗性，耐光性は劣るが，コストは安い．耐久性や付着性を上げるために，アンダーコートやトップコートを行うこともある．カラークリアーにより，ゴールドやブロンズなどさまざまな色調が得られる．真空蒸着の色とトップコートの色を少し変えることにより，バイカラー効果をもたせることも

できる．反射鏡，化粧品の容器，家電製品，玩具，生活用品，自動車のヘッドランプ，リヤコンビネーションランプの部品をはじめ内外装樹脂部品などに用いられている．　（吉田豊太郎）
→バイカラー効果, 鍍金
◆東商編 (1998b)：「商品色彩」, トヨタ技術会 (1999)

真珠色 [pearl color]（自人）

1907年に真球の真珠を養殖する方法が開発され，アコヤ貝，シロチョウ貝，クロチョウ貝，淡水産の貝に貝殻を球体状に加工した核を入れることによって核に真珠層を形成させた真珠がつくられるようになった．養殖真珠は，核と真珠層および核と真珠層の間にできる異物質層の3層で構成されるが，真珠層は微細な炭酸カルシウムのアラゴナイト型結晶の集合体でタンパク質の薄膜をバインダとして，層を形成している．結晶の厚さは，ほぼ可視光の波長の範囲にあることから，積層構造により生じる干渉により真珠独特な輝きと色が観察される．結晶の厚さによって色が決まり，0.3μm前後でピンク，0.4μm前後で緑になる．ただし，積層構造は規則的ではなく歪みや乱れがあるため，規則的に積層された薄膜による干渉色より複雑な発色を呈する．また，真珠色はタンパク質に含まれる色素および異物質層の色の影響も知られている．タンパク質の色素は，アコヤ貝では黄色，シロチョウ貝は黄橙，クロチョウ貝は褐色，淡水産の貝は橙・赤紫を呈する．異物質層は，暗褐色から褐色で，真珠層を通して観察される．

（小松原　仁）

→干渉色

真珠光沢顔料 [nacreous pigments; pearlescent pigments]（化）

真珠光沢とは，天然真珠やあわび貝の内側などに見られる七色の彩をもち，やわらかく，深みをもった光沢を指している．天然真珠はアラゴナイトとよばれる炭酸カルシウムの板状結晶が層状に堆積したものであり，その層の間にはコンキオリンとよばれる硬質タンパクがきわめて薄い層として存在し，一種のバインダの役割を果たしている．全体としては一種の多層構造を形成しており，入射した光はこの層状構造の中で繰り返し反射される．そして七色の彩はこの反射光の干渉の効果によるものである．

真珠光沢顔料の起源は17世紀半ばのフランスで淡水魚のうろこから採取したグアニンの結晶をゼラチン溶液に分散させ，中空のガラス玉に注入し模造真珠をつくったこととされる．現在の天然真珠光沢顔料（魚鱗箔）はニシンと太刀魚のうろこを精製しグアニンの結晶をペースト状に加工して用いられている．魚鱗箔は比重が軽く，耐光性，耐熱性にもすぐれ安全性にもすぐれるが，漁獲量に支配され高価である．人工的には塩基性炭酸鉛系および酸塩化ビスマス系のものが開発され，化粧品，貝ボタンなどの用途に多く使用されてきたが，1970年代になり二酸化チタン被覆雲母系他の真珠光沢顔料が開発され耐光性，耐熱性，耐薬品性にすぐれることや安全性の高さから用途が広がっている．

→パールマイカ顔料, 干渉色　　　（珠数　滋）
◆巨勢 (2000), 喜田・瓜屋 (1983)

新造形主義 [Neo-Plasticism]（造）

1920年頃，オランダ出身のピエト・モンドリアンが中心となって押し進めた幾何学的抽象芸術理論で，用語としてデ・ステイルと同義的に扱われることが多い．モンドリアンはキュビスムや数学者スフーンマーケルスの神智学の影響を受けた後，再現的，偶然的，感情的な投影を排除して水平・垂直線，赤・青・黄の三原色，無彩色のみで構成される厳格な美学を構築した．バート・ファン・デル・レックによる原色を使った平塗りの色面がデ・ステイルの色彩を誕生させ，とくに，《コンポジション 1916 no.1》(1916)はその記念碑的な作品となった．1917年にはレイデンでピエト・モンドリアン，テオ・ファン・ドゥースブルフ，ヘリット・リートフェルト，ファン・デル・レックらが「デ・ステイル（De Stijl）」誌を創刊し（1928年まで刊行），1920年にはモンドリアンがバウハウスから『新造形主義』として刊行した．主観的な視覚世界を否定し，知的で普遍的な造形言語の確立を目指していたこの運動では，均衡，比例関係とリズム，明確に独立した色面を徹底的に遂行していった．有名なピエト・モンドリアンのグリッド状絵画の作品群やリートフェルトによる木製椅子《赤と青の椅子》などが生み出されていく中，1925年ピエ

ト・モンドリアンとテオ・ファン・ドゥースブルフの間に対立が生じ，ドゥースブルフが亡くなる1931年にグループ活動の終焉を迎えることになる．バウハウス，構成主義，ダダなどとも交流をもち，「冷たい抽象」の系譜を形成，後のハード・エッジへの布石となった．　（三井直樹）
◆セゾン美術館編 (1997)

身体彩色 [body painting]（衣化）

　身体装飾の1つ．ボディペインティングともよばれる．体をキャンバス代わりに顔料などを塗って，文様を書いたり，絵画を描写したりする．現代では芸術表現の1つととらえられるが，アフリカ，中南米の諸民族をはじめ世界各地に存在する．彼らの習俗として身体彩色をする民族にとっては大きな意味をもっている．すなわち，Ebin (1979) が『The Body Decorated』の中で「ボディ装飾に関する第一の根本的な事実は，社会的な存在としての人間を，森林に住む動物や自分が所属する集団以外の人間と区別する役目を果している」と述べているように，元来，身体彩色する行為は人間をほかの動物世界から区別するために行われてきた．身体彩色はメークアップの一種であり，基本的に洗い落とすことができる．身体装飾には，顔の化粧やヘアスタイリングを含めて，入墨（タトゥー），瘢痕文身，リッププラグ（唇に穴を開けて皿状のものをはめる）やコルセット（腰を細く変形させる）のような身体変工，ピアシングなどが含まれる．　（村澤博人）
◆Ebin, V. (1979), Polhemus, T. (1988)

新表現主義 [Neo-Expressionism]（造）

　1970年代後半から80年代の半ばに，コンセプチュアル・アートやミニマリズムに対する反動として，具象的な絵画や彫刻の復権を告げた芸術動向のこと．ベルリンで開催された「ツァイトガイスト（時代精神）」展 (1982) が名高い．制作の身振りを残す荒々しい人物像や風景表現の感情表出に重きをおいた点で，ドイツ表現主義との連続性を踏まえてこうよばれる．狭義にはキーファー，バーゼリッツなどに代表されるドイツでの動向と目されるが，広義で時をほぼ同じくして登場し，同様の様式的特性をもっていたアメリカのバッド・ペインティングやイタリアのトランス・アヴァンギャルディアも含む（この場合「ニュー・ペインティング」と総称される）．1970年代には顧みられなかった神話，国家，歴史，エロス，暴力といった伝統的問題を取り上げる作品は，巨大なスケールとともに，藁や土や血など実物を取り入れるほどに画面の材質感を重視する．しかし新表現主義は，生成される意味が個人性を帯びないように反省的態度をとり，色彩についても，かつての表現主義のように三原色に象徴性を見いだしたり，無彩色の劇的な対比を強調するよりは，むしろ画面の官能性と情緒性を明確にするための機能的な役割を大切にし，結果として作品は，空虚な崇高さとでもいうべき現代的特性を獲得している．
（保坂健二朗）
→表現主義
◆Germer, S. (1994), Kuspit, D. (1981, 93)

シンボルカラーとシグナルカラー
[symbol color and signal color]（商）

　色は情報伝達の手段として用いられる場合がある．そのとき色が担う役割は，大きく2つに分類される．1つは，シンボル（symbol：象徴）としての役割，もう1つはサイン（sign：合図）としての役割である．前者は，シンボルカラーとよばれ，後者は，サインカラーあるいはシグナルカラーとよばれる．シンボルカラーがより抽象的な概念を表す色であるのに対して，シグナルカラーは，ある特定の事象を指し示すものといえる．シグナルカラーとは，特定の感情を表現した色，行動を指示する色，情報を的確に伝えるような色を指す．われわれの身の回りでは，交通標識，非常口を知らせる標識，危険を知らせる標識，地下鉄路線図を一覧にするための色分けなどがシグナルカラーの例としてあげられる．これらシグナルカラーの表現では，目立つこと，文字や絵がよく読み取れることなど，それを見る人びとに対して視認性や誘目性の強い色が求められる．同時に，誰でもわかる簡潔な表現が重要である．
　シグナルカラーがある特定の事象を指し示す色であるのに対して，シンボルカラーは，より

抽象的な概念を表す色である．世界の国や民族には，社会構造や慣習，風土，信仰などに由来するシンボルカラーが存在する．たとえば，われわれがよく目にするさまざまな国の国旗には，その民族の希望や，風土性が象徴されている場合が多い．フランス国旗はトリコロール（3色旗）で，青，白，赤が使われており，青は自由，白は平等，赤は博愛のシンボルとなっている．イタリアの国旗も3色旗で，その色はイタリア・ラテン系民族のシンボルカラーである．色は緑，白，赤で，緑は豊かな森林を，白は自由を，赤は独立のために人びとが流した血の色を表している．

（大澤かほる）

心理（精神）物理学的測定法
[psychophysical method]（心測）

フェヒナー（Fechner, 1860）は身体と精神に関する構想を心理（精神）物理学と称した．つまり，心理物理学は物理的世界と心理的世界との関連を明らかにするものであるといえる．心理量を満足させる視環境を具体的に設計しようとするとき，物理量には単位系が存在するが，心理量には単位系がないことがネックになることがある．そのためには，心理量を物理量で表現できるようにしておかなければならない．そのための方法が心理（精神）物理学的測定法である．この測定の代表的なものは刺激閾・弁別閾と主観的等価値である．暗背景の上に提示される検査光の強度を変え，視覚など目的とする感覚を引き起こす限界の強度を絶対閾あるいは刺激閾という．背景光を一定の強度で呈示し，そこに検査光を重ねて呈示して刺激閾を求めることもあり，これが増分閾（increment threshold）である．一定の強度（I）をもつ刺激（標準刺激）とそれと異なる強度（I'）をもつ刺激（比較刺激）を呈示して，I'を任意に変える．I'の感覚がIの感覚より強く感じる最小の強度（ΔI）を弁別閾という．比較刺激の強度でなく，その波長を変えて，標準刺激との違いを区別する最小の波長差を波長弁別閾という．比較刺激の強度を変えて，標準刺激と同じ明るさに見えたときの比較刺激の強度を主観的等価値（PSE）という．

（和氣典二）

→主観的等価値，極限法，恒常法，調整法，刺激閾，弁別閾，標準刺激，比較刺激，増分閾値

心理物理量 [psychophysical quantities]
（心測）

純粋の物理量を人間の感覚にとって意味あるように変換した量である．視覚が感じるのは光であるが，その感じ方は波長によって異なり，同じ1 Wの光でも550 nmの光と600 nmの光を比べると前者の方がずっと明るく感じられる．したがって，視覚にとって意味ある量にするには視覚の分光感度すなわち分光視感効率$V(\lambda)$によって荷重するという操作が必要になる．この変換を行うとワットで表現される放射束という物理量はルーメンで表現される光束という心理物理量になる．放射光度は光度に，放射照度は照度に，放射輝度は輝度になり，いずれも心理物理量である．また等色関数$\bar{x}(\lambda)$, $\bar{y}(\lambda)$, $\bar{z}(\lambda)$で荷重すればX, Y, Zという色を表す三刺激値になる．これらも心理物理量である．心理物理量は物理量と同じように加減乗除ができる．しかし光が人間にもたらす心理的効果つまり心理量は心理物理量に比例するとは限らない．たとえば1 cd/m^{2}の輝度を2倍にすると2 cd/m^{2}になるが，その心理的効果は2倍にはならずほぼ$2^{1/3}$つまりおおよそ0.7倍になる．視覚系を心理物理量で取り扱う場合には，その応用範囲はおおよそ網膜レベルまでと考えられている．

（池田光男）

→スティーブンスのべき法則，分光視感効率，輝度，光度

神話の色 [colors of mythology]（社）

神話とは，宇宙の開闢（かいびゃく），神々の出現，地球創世，人類の誕生，国家の成立など，人類の遠い過去の記憶と歴史を伝承，物語としてまとめたものである．四大文明の発祥地のみならず，世界各国で神話はつくられている．神話の世界では，神々の姿，容姿，性格，持ち物などを色彩を使って，寓話的イメージとして表現する場合が多い．たとえばギリシア神話ではゼウスは金髪，碧眼で，黄金の雨や白い牛に変身し，金羊毛を捧げられる．ヘラは紫の帯を身につけ，太陽神アポロは金色の髪をなびかせ，軍神マルス，酒の神ディオニソスは赤で象徴されている．緑色の海から生れた愛の神アフロディテ（ヴィー

ナス）は紫のベールを被り，緑色の衣裳を着ている．また知恵の神アテナは胸当てにエメラルドをつけ，緑色の眼をして緑色の服を着ている．一方，エジプト神話では，赤は北の女神プト，白は南の女神ネクブトを表している．またイシスはエメラルドの貴婦人とよばれ，復活，再生の神オシリスは緑色の顔をしている．ホルスは白い神．オシリスの手足を切ったセトは黒い神である．北欧神話では大神オーディンは金髪で，青い眼をしている．またトールは赤い顎鬚をつけている．一方，東洋のヒンドゥー神話では創造神ブラフマンとは金色か赤い身体をしており，維持神ヴィシュヌ神は黄色，破壊の神シヴァ神は黒い衣裳で描かれる． （城　一夫）

［す］

水銀ランプ [mercury lamp]（照）

高圧水銀ランプは，蒸気分圧が 10^5 Pa 以上の水銀蒸気中のアーク放電によって，主に 404nm，436nm，546nm，578nm の水銀発光スペクトルを有する高輝度放電（HID）ランプである．構造は図に示すように，外球，発光管，口金などで構成され，相関色温度 5400K，平均演色評価数（Ra）20 程度のものが一般照明用として商品化されている．高圧蛍光水銀ランプ（fluorescent

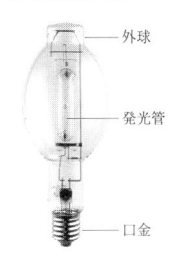

高圧水銀ランプ（外球／発光管／口金）

high pressure mercury lamp）は高圧水銀ランプと同一の構造であるが，その外球内面に蛍光体を塗布し，紫外放射（主に 365nm）を可視域（主に赤色部）に変換することによって，光色と演色性を改善したものである．相関色温度 3800～4500K，平均演色評価数（Ra）40～50 程度で，40W～2kW のものが商品化されており，屋外照明などに広く普及している．

高圧水銀ランプには，水銀から放射する 365nm や 313nm の紫外放射をよく透過する石英ガラスを用いたものがあり，光化学反応用として産業分野で使用されている．また，水銀ランプには，水銀蒸気圧の異なる低圧水銀ランプと超高圧水銀ランプがあり，前者の例として蛍光ランプがある．　　　　　（川上幸二）
→HID ランプ

水晶体 [crystalline lens]（生）

水晶体は眼球内にある両凸レンズ上の透明な組織で，水晶体核（nucleus lentis）を中心に約 2000 層もの薄い層によって構成されている．その屈折力は，眼光学媒体全体のおおよそ 30% 位である．毛様体筋（ciliary muscle）の収縮によって毛様小体（zonule fibers）を介してレンズの曲率を変化させ，近くの物体にピントを合わせる調節作用（accommodation）がある点で通常の光学レンズと異なる．これにより通常の屈折力 20D から最大 30D ぐらいまで屈折力が変化する．また水晶体の屈折率は単純な凸レンズとは異なり，中心部が高く，周辺の皮質部が低い屈折率分布型レンズとなっており，球面収差の補正に寄与している．

水晶体の分光光学濃度は短波長領域にいくほど高く，中・長波長領域へいくにつれて低くなる（たとえば Norren・Vos, 1974）．これは細胞組織に有害である紫外線や短波長光を，網膜上で減少させる効果がある．また，この光学濃

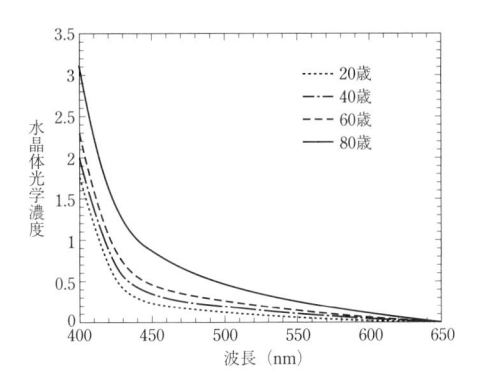

度が年齢とともに変化することはよく知られており，およそ 60 歳ぐらいまでは濃度はほぼ単調に増加するが，それ以降は急激に増加するという 2 因数モデル（Pokorny ら，1987）で良好に説明される．図は，このモデルより Norren と Vos (1974) の分光光学濃度を用いて計算した水晶体光学濃度のグラフである．加齢の影響はとくに短波長で顕著であり，これは主に長年の紫外線照射の影響であると考えられている．計算値（実測値に十分近い）では，たとえば 410nm

での80歳の光学濃度は20歳と比べて，おおよそ1.1も増加する．これより光学濃度から大きな色の見えの変化が予測されるが，実際には神経系による補償作用があり，色の見えにはそれほど大きく影響しないことが明らかとなっている（Shinomori, 2000）． （篠森敬三）
◆Norren, D.・Vos, J.J. (1974), Pokorny, J. ら (1987), Shinomori, K.(2000)

錐体 [cone]（生）

網膜において光を吸収して視覚系の神経信号を発信する視細胞は，桿体（桿状体細胞）と錐体（錐状体細胞）とがある．錐体は，視物質がある外節が円錐状になっていることから名づけられた．ヒトの場合，視物質は3種類あり，それぞれ最も分光吸収度の高い波長が異なる．分光吸収度ピークが最も短い波長の視物質を有する錐体をS錐体（short-wavelength sensitive cone），次に短い波長にピークがある視物質を有する錐体をM錐体（middle-wavelength sensitive cone），そして最も長い波長にピークがある錐体をL錐体（long-wavelength sensitive cone）という．錐体は，中心窩での密度が最も高く，網膜周辺での密度は低い．中心窩では桿体の密度が低いため，主に錐体が稠密に配置された錐体モザイクを形成している．また，錐体は桿体に比べて光に対する感度が低い．主に錐体が働いている眼の状態が明所視であり，標準分光視感効率 $V(\lambda)$ は錐体の光応答特性を反映している．3種類の錐体からの神経信号が視覚系で演算されて，明所視におけるさまざまな視覚・色覚特性となる．色覚特性における自由度が3であることは，錐体が3種類あることに起因している．

（大竹史郎）

→S錐体分布，明所視，◇錐状体細胞
◆Curcio, C.A. ら (1990)

錐体空間 [cone space]（感知）

色知覚ではなく，錐体の応答を基準として表した表色空間．錐体応答を軸にとった3次元空間の中では，色光はベクトルとして表される．広く知られているものとして，マクラウド−ボイントン空間（MacLeod・Boynton, 1979）やカーディナル軸（cardinal axes (Krauskopf ら, 1982)）があげられる．実用色空間として用いられる機会はほとんどないが，色覚の基礎研究では用いられることが多い．何らかの現象が，錐体応答信号もしくはその線形・非線形な組合わせに大きく依存していた場合，錐体空間上にデータをプロットすると，データ点が特定の軌跡を描く．その結果，背後に存在するメカニズムを簡潔に示すことができることが利点である．3錐体の出力に基づくため3次元の空間であるが，線形変換によって1つの強度軸と2つの色度軸に分けることができる．マクラウド−ボイントン空間では，スミス−ポコーニーの錐体分光感度を用いたときのL, M錐体の和 $(= L + M)$ を輝度軸，$r = L/(L+M)$ と $b = S/(L+M)$ の2つの色度軸を定義している．(r, b) 座標系は，横軸がL, M錐体の応答比，縦軸がS錐体の応答を表す色度座標系となる． （栗木一郎）
→錐体，錐体分光感度関数，カーディナル色空間
◆MacLeod, D.I.A.・Boynton, R.M.(1979), Krauskopf, J. ら (1982)

錐体分光感度関数 [cone spectral sensitivity]（生）

錐体の分光感度は，生理学的方法と心理物理学的方法により研究されている．生理学的な方法における生体外（in vitro）での計測は，生体内（in vivo）での感度と異なることが指摘されている．心理物理学的方法では，色覚異常者の混同色中心，条件等色の結果，選択的順応下の交照法分光感度などの知見を組合わせて算出する．厳密には錐体分光感度は波長ごとの計測値を用いるが，原理的に等色関数と錐体分光感度は相互に線形変換可能な関係にあり，錐体分光感度を等色関数で近似した関数を cone fundamentals とよぶ．ジャッド修正等色関数（Judd, 1951）$\bar{x}_J(\lambda)$, $\bar{y}_J(\lambda)$, $\bar{z}_J(\lambda)$ を用いた Smith と Pokorny(1975) による cone fundamentals は以下のとおりである．

$$L_{SP}(\lambda) = 0.15514\bar{x}_J(\lambda) + 0.54312\bar{y}_J(\lambda) - 0.03286\bar{z}_J(\lambda)$$

$$M_{SP}(\lambda) = -0.15514\bar{x}_J(\lambda) + 0.45684\bar{y}_J(\lambda) - 0.03286\bar{z}_J(\lambda)$$

$$S_{SP}(\lambda) = 1.0\bar{z}_J(\lambda)$$

$L_{SP}(\lambda)$, $M_{SP}(\lambda)$, $S_{SP}(\lambda)$ はスミス−ポ

コーニーの cone fundamentals を示している．

Stockman ら(1993)は，錐体の遺伝子表現形が特定された被験者で，背景色置換による選択的順応を用いて心理物理的に測定した錐体分光感度を報告した．ストックマンらは，さまざまな等色関数について測定の背景や定義などを考慮に入れて比較検討した結果，彼らの測定結果に最も合致する近似として，スタイルズ-バーチの2°視野等色関数 (Stiles・Burch, 1955) $\bar{r}(\lambda)$, $\bar{g}(\lambda)$, $\bar{b}(\lambda)$ を基にした以下の cone fundamentals を提唱した．

$$L_{SMJ}(\lambda) = 0.214808\bar{r}(\lambda) + 0.751035\bar{g}(\lambda) - 0.045156\bar{b}(\lambda)$$

$$M_{SMJ}(\lambda) = 0.022882\bar{r}(\lambda) + 0.940534\bar{g}(\lambda) + 0.076827\bar{b}(\lambda)$$

$$S_{SMJ}(\lambda) = 0.000000\bar{r}(\lambda) + 0.016500\bar{g}(\lambda) + 0.999989\bar{b}(\lambda) \quad (\lambda \leq 525nm)$$

$$\log(S_{SMJ}(\lambda)) = \frac{10402.1}{\lambda} - 21.549 \quad (\lambda > 525nm)$$

$L_{SMJ}(\lambda)$, $M_{SMJ}(\lambda)$, $S_{SMJ}(\lambda)$ はストックマン-マクラウド-ジョンソンの cone fundamentals である． (栗木一郎)

→選択的色順応，錐体，混同色中心，等色関数

◆Smith, V.C.・Pokorny, J. (1975), Stockman, A. ら (1993a-c), Stiles, W.S.・Burch, J.M. (1955)

水墨画 (造)

白い紙に墨を濃淡に用いて描いた絵のこと．今日この言葉でいうのが普通であるが，昔から中国では同じ意味を単に水墨といって表したから，水墨画は日本の言葉であろう．中国での水墨の仲間の言葉には「水墨山(すいぼくさん)」と「水墨図(すいぼくず)」があって，いずれも淡墨で描かれたものという．これら2つの言葉はもともとは漢詩に表れたものであるようで，前者の例は鄭谷の詩「名画はまず求む水墨山」に，後者は楊万里の詩「樹に一葉すらなく万梢枯れ，活底す秋江の水墨図」に見える．日本の水墨画は室町時代に中国から伝えられた．天才画僧・雪舟(室町時代後期の画家，諱(いみな)は等楊)の元の職業からも知られるように，当時禅宗がその移入媒体の役目を果たしていたが，そのことによって当初の水墨画には禅の気分を伝えるものがある．その原因の1つは，水墨画には色の三属性のうちの明暗性だけが使われることに求められよう．また，墨を摩ることにもまず自分の心気を静めることが求められる．さらに墨と硯との間にはある物性が伝える働きがあり，他面に紙と墨色との関係づくりという条件も生れる．それらのすべてが，一面で心の問題として結びつき合うことを自然発生的に成立させているものが水墨画である．

材料技術性の点からも認められる特性がある．すなわち水墨が紙にもたらされるとき，瞬間的にではあるが紙面の上に墨汁が滞留する．したがって，ただちに紙の組織の縦方向だけに浸み込むのではなく，わずかにではあっても横方向にも拡がる．つまり，滲むチャンスが与えられるわけである．そのときに，墨汁のつくる濃淡差という水墨の特性が生きて，さまざまな墨色の変化がつくられる．つまり，使われる和紙一般がもつ，洋紙に比べて材料の繊維が長くからみ合うことによって，嵩があって組織が粗く内部に空気を含んでいる性質が働き出す状況が生れるのである．和紙の性質は，そのように本質的に水墨の特性と非常にうまくマッチできる．かくして，西洋技法であるテンペラ画や油画とはまったく異質の，没骨法(もっこつほう)(輪郭線を使わず，墨色，彩色料などの濃淡差だけによってする表現)という，材料技術が満たす固有の表現性が獲得される．それによって，水墨画に固有の「天地の五彩山川の陸離」といわれるものが表される．

(小町谷朝生)

◆結城(発行年次不記載, 日本美術学院), 寺崎(発行年次不記載, 日本美術学院)

スーパーリアリズム [superrealism] (造)

ポップ・アートに続く1970年代のアメリカ，とくにニューヨークを中心とした「リアリズムを超えるリアリズム」の動向．徹底的に克明に描写していることから，この用語が与えられた．フォト・リアリズム，スーパーグラフィックともよばれるが，ヨーロッパではハイパーリアリズム(Hyperrealism)が多く使用されている．多くの場合，モティーフにはアメリカにおいて平凡でありがちな都会の日常風景やポートレートが取り上げられる．そして，その極度な描写は

直接対象物から描き出すのではなく，撮影した写真をもう一度克明に描写する手順を踏んでいる．機械的かつクールに描写されていく画面からは，寂寥感さえ漂ってくる．ドイツのカッセルで 1955 年からほぼ 4 年ごとに開催されていた 1972 年の「ドクメンタ 5」においてスーパーリアリズムの作品が多数出品された．この先駆けの 1 人で，「スーパーリアリズム」という呼称を最初に使用したのはマルカム・モーリーであり，船会社のパンフレットや歴史上の名画を克明に模写した．リチャード・エステスは窓のある都会の風景を徹底して均質に捉え，チャック・クローズは没個性的な顔写真を巨大に拡大し描いた．彫刻ではドゥエイン・ハンソンの型取りしてつくられた，ジョン・ド・アンドレアのポリビニールの彫刻などは，まさに 3 次元のスーパーリアリズムである． （三井直樹）

スーラ《アニエールの水浴》1887（ロンドン・ナショナル・ギャラリー）

スーラ，ジョルジュ [Georges Pierre Seurat]（造）

フランスの画家で，色彩表現の転回点というべき新印象主義を創始した．1859 年パリに生れ，1891 年同地で没．パリのエコール・デ・ボザールに入学したが，印象派の作品に興味をひかれて自分の道を歩むことを決意する．シュヴルールの色彩論，通俗的ながら特異な理論家シャルル・アンリの視覚論に没頭して研究を進め，色彩の均衡や調和，数学的比例に基づくコンポジションを画面で実践した．《アニエールの水浴》(1884)，《グランド・ジャット島の日曜日の午後》(1886) は，小さく分割した筆触で色面をつくるディヴィジョニズム（分割主義）によって描かれ，また印象主義には見られない合理的な画面構成をもつために「新印象主義」の作品とよばれる．ほかにオンフルールやグランカンの海岸で描かれた静謐な海景画，厳格な比例的構成を目指した《シャユ踊り》(1889-90)，《サーカス》(未完，1891) などを手がけたが，急逝した．

ディヴィジョニズムは印象派にも見られるが，スーラのそれは非常に小さい色点ゆえ，点描法（ポワンティリスム）というべき技法．絵の具の色面を何層も重ねてゆく油彩画の伝統から見ると異例の技法で，画面をおおう微小な色点のために，「面色」に似た静かな触感をもつ画面が成立する．点描法によって，人物や風景など特定の題材を描写するための手段・画法としての色彩ではなく，色彩そのものが絵画制作の主役を担うようになった．とりわけカラーオーダーシステムが絵画の自律的造形に結びついた点は注目してよい．スーラの思想は，盟友シニャックの名著『ドラクロワから新印象主義まで』(1899) に示され，20 世紀初頭の新世代の画家たちに多大な影響を及ぼした（口絵参照）． （前田富士男）
→ディヴィジョニズム，面色，印象主義，点描
◆Homer, W.I. (1964), Ratliff, F. (1992)

数量化理論 [theory of quantification]（心測）

名義尺度や順序尺度で測定される質的変数の各水準（カテゴリー）ごとに適切な数値を与える（＝数量化・尺度化する）方法のこと．適切な数値の付与の具体的なアルゴリズムとして，数量化の目的によって数量化 I 類から IV 類の 4 つがある．数量化 I 類は，名義尺度の各カテゴリーに属するかどうかのダミー変数を説明変数とする場合の重回帰分析に対応し，間隔尺度や比尺度の変数を最大に説明するように各カテゴリーに数値が付与される．数量化 II 類は重判別分析（正準分析ともいう）において，説明変数を名義尺度のダミー変数とした場合に対応し，これにより群別をカテゴリー変数によって説明することが可能である．数量化 III 類は，項目への被験者の応答が「はい」「いいえ」のように 2 値をとる場合，複数の項目と被験者を同時に数量化する方法である．数量化 IV 類は個体間の類似度（または非類似度）から個体の多次元空

間上での配置を決定する方法で，多次元尺度法の1つと考えることができる．これらの4つの方法が狭義の数量化理論であるが，カテゴリーに数値を付与する方法は他にも提案されている．たとえば数量化III類で2値ではなく多値データを扱う方法として対応分析が開発されている．

(星野崇宏)

→多次元尺度構成法，尺度構成，◇尺度構成法
◆駒沢編 (1992)

蘇芳 [brasilin wood] (化)

古くから使われてきた赤～紫色の植物染料．蘇芳の木（蘇木）はマメ科の低木で，東南アジア，南米を中心に分布している．英語名から南米ブラジルの国名命名の由来となった木ともいわれている．染料分は蘇木の心材から抽出して使用される．心材は空気に触れると赤色になりこの赤色色素は水で容易に抽出されるため soluble red wood とよばれている．色素の主成分はベンゾピラン系のブラジリン（brasilin）とよばれ，ログウッドのヘマティンと類似した構造を有している．ブラジリンの化学構造は以下のとおりである．

ブラジリン（蘇芳）

蘇芳は抽出液をそのままで用いて絹を染色すると黄味茶色に染着するが，通常は，金属媒染法により吸収スペクトルがより長波長側の色相が得られ（深色化という），かつ堅牢性も向上するため媒染法が用いられる．媒染剤の種類によりアルミ媒染（ミョウバン）で赤～臙脂色に，銅媒染で紫色，鉄媒染で暗紫～灰色に染色される．合成染料が出現する以前の時代には，比較的安価に入手できる染料であったため，紫色，赤色用染料として多く利用された．

(今田邦彦)

→天然染料
◆岡本・村上 (1970)

SCID [Standard Color Image Data] (入出)

主に印刷・製版のための画像入出力装置や処理アルゴリズムを評価するために作成されたディジタル標準画像であり，まずわが国で JIS として規格化され，後に ISO として国際標準化された．最初に規格化されたのは，各画素 C, M, Y, K（シアン，マゼンタ，イエロー，ブラック）各 8bit の値をもつ 8 種の自然画像（portrait, cafeteria, fruit basket, wine and tableware, bicycle, orchid, musicians, candle）とカラーチャートであり，CMYK-SCID とよばれる．この画像は，その画素値を網点面積率としてオフセット印刷すると，高品質な画像として再現されるものであるが，その画素値は色を正確に指定していない．そのため，各画素が色彩的に意味のある標準画像の必要性が叫ばれた．その要望に応え，2000 年に，やはりわが国の提唱により XYZ 値，sRGB 値，CIELAB 値をもつ XYZ-SCID がまず JIS 化された．2001 年現在，この ISO 化と欧米を中心とした色域の広い CIELAB-SCID の ISO での規格化が TC130 で進められており，ISO 12640 のシリーズとなる予定である．

(田島譲二)

→sRGB 色空間
◆JIS X 9201 (ISO12640-1) (2001), JIS X 9204 (2000)

スキャナ [scanner] (入出)

印刷物用途としては，大きく分けてカラースキャナ（color scanner）とモノクロスキャナ（monochrome scanner）の 2 種類に分けられる．前者は，カラーリバーサルフィルムなどの印刷用途の原稿を読み取り電気信号に変換し，階調補正，色補正，墨版発生・下色除去，シャープネス強調など，カラー印刷物画質を向上させる画像処理を施す装置である．後者は，文字原稿などの貼りこまれた版下台紙や，白黒印画紙原稿などを読み取り電気信号に変換し，階調補正，シャープネス強調など，モノクロ印刷物画質を向上させる画像処理を施す装置である．

カラースキャナ実用化は 1950 年代とかなり古い．初期は，ガラスドラムの上に原稿を貼りドラムを回転走査させながらフォトマルにて読み取り網点化して，フィルム出力する出力機一体型のドラムスキャナが多かったが，最近は，フラットベッド型でライン型 CCD センサを用いて原稿を読み取り画像処理機能までで出力装置はついていない（ディジタル画像で編集を行う

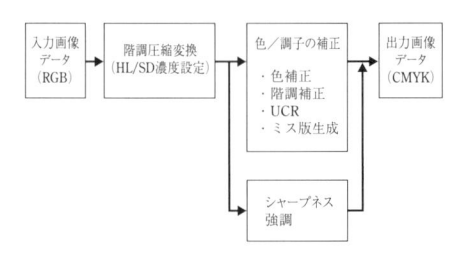

カラースキャナの画像処理機能の一例

ため）ものが主流となってきている．カラー印刷物の場合，色・調子・シャープネスなどの画質は大略，このカラースキャナの補正機能のパラメータ設定（この作業をセットアップ作業とよぶ）で決まるため，セットアップのノウハウをもつオペレータが重要視されてきた．最近では，原稿を自動的に解析してセットアップを行う「オートセットアップ機能」をもつカラースキャナもふえてきた． （島崎　治）

スキャンライン法 [scan-line algorithm]
（画処）

スクリーン上の各スキャンラインに対応するポリゴンのソーティングを，ポリゴン間のコヒーレンスを活用して行い，隠面消去，陰影表示を行う（Glassner, 1995）．3次元レンダリングの代表的な手法の1つである．必要に応じて，Z-バッファ法およびレイトレーシング法を組合わせて使用される．スクリーン上にポリゴンを投影し，それぞれの頂点の Y 軸，X 軸に対する mini–max を求め，Y 座標の大きい順に整列しておき，図に示すように，スクリーン上を上から下へ順に，各スキャンラインごとに，スキャンライン平面とポリゴンとの交差線分を X 座標の小さい順に求め，各線分のスパンを求め，各スパンについて一番手前のポリゴンを抽出（2次元の隠線消去処理）する．影の計算は，一般に隠面消去と同時に行う．すなわち，光源からの可視面の各辺を，処理中のスキャンライン平面へ投影して影線分を求める．必要なメモリは，X, Y 軸それぞれの辺の数とセグメントの数に比例するからきわめて少なくてよい．計算時間は，透視変換，X, Y 軸それぞれについてのソーティング，各線分の奥行き比較，および走査変換に要する時間である． （中前栄八郎）

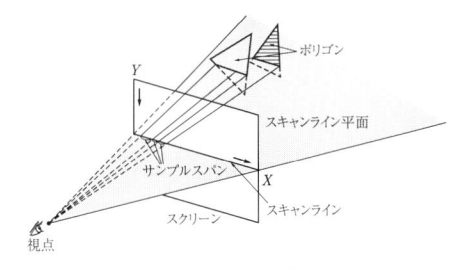

スキャンライン法

→レンダリング, Z-バッファ法, レイトレーシング法, レディオシティ法
◆Glassner, A.S. (1995)

スクリーン線数 [screen ruling]（入出）

単位長さ当たりに入る網点の数をスクリーン線数といい，通常は 1 インチ当たりの網点の数を用いて LPI（line per inch）という単位で表す場合が多い．スクリーン線数が大きくなるほど，印刷画像の再現はよりきめ細かくなるが，反面，網点が小さくなるため印刷物の色・調子が不安定となる．日本国内では，アート紙・コート紙の印刷物の標準的なスクリーン線数は 175 LPI である．新聞用途では 100 LPI 前後，高級商品のカタログなどでは 300 LPI 以上（通称，高精細印刷といわれる），というように目的・用途により使い分けられる．欧米市場においては，150 LPI 程度が標準的なスクリーン線数となっている．

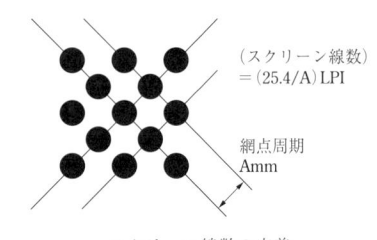

（スクリーン線数）
＝(25.4/A) LPI

網点周期
A mm

スクリーン線数の定義

スクリーン線数の簡易な測定方法として，線数メータとよばれる計器が用いられる．扇形状の細線がフィルム上に記録されており，これを印刷物に重ねて回転させると干渉縞が発生し，この位置を直読することによりスクリーン線数を判別できる． （島崎　治）

スケルトン [skeleton]（商）

スケルトンは，英語で骨格，骨組みの意味であり，工業デザインの分野においては，骨格のみのデザインや，外部の透明な筐体から内部の骨格が透けて見えるようなデザインがスケルトン・デザインとよばれる．後者のスケルトン・デザインの筐体には無色透明な樹脂素材だけでなく，着色された透明樹脂や半透明樹脂を用いる場合もある．日本においては，この着色された樹脂の色をスケルトン・カラーとよぶことがあるが，本来の英語においては，着色された透明樹脂の色をスケルトン・カラーとよぶことはなく，この場合はトランスペアレント（transparent：透明な）・カラー，あるいはトランスルーセント（translucent：半透明な）・カラーという．なお，骨格のみのデザインを指して用いられる本来のスケルトン・デザインの建築における事例としては，骨組みがそのまま外装に現れているエッフェル塔や東京タワーなどの建造物をあげることができる． （出井文太）

◆東商編（1998b）：「商品色彩」

スタイルズ−クロフォード効果 [Stiles-Crawford effect]（感知）

スタイルズとクロフォードは瞳孔計を開発している過程において奇妙な現象を発見した．瞳孔の中心を通って網膜に到達する光と，瞳孔の周辺を通って到達する光では効率が異なるという現象である．この効果を正確に測るために新たに装置をつくって実験したところ，図のような結果を得た（1933）．実験データは瞳孔の中心を通る光と中心から距離 r だけ離れた位置を通る光を交互に入射し，そのちらつきが最小になるように後者の光の強度を被験者が調整し，調節した強度の逆数で効率を求めることにより得られた．図の縦軸は中心を通る光の効率を 1 に規格化した相対的な効率である．結果から中心から外れるに従って効率は急速に低下し，4mm 離れたところでは 1/5 まで落ちていることがわかる．この効果が現れるのは明所視，すなわち錐体に対してだけであり，暗所視，すなわち桿体に対しては現れない．したがって，この効果は錐体の入射光に対する角度の指向性を表していると考えられる．なぜ錐体には入射角に対する指向性があって桿体にはないのか，その解釈は確立していないが，次のような推測が成り立つ．スタイルズ−クロフォード効果の意味するところは，錐体に対しては常に一定の径の人工瞳孔が入っているようなものである．瞳孔径を狭めることは被写界深度を深める効果がある．視覚系は明所視では効率を犠牲にして被写界深度を深め，暗所視では効率を優先するため被写界深度を犠牲にしているのかもしれない．

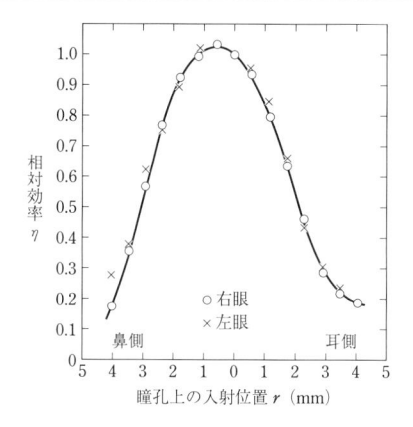

（中野靖久）

→暗所視，明所視
◆池田（1975）

スティーブンス効果 [Stevens effect]（感知）

白色照明光下に無彩色サンプル（白−灰−黒）を置く．低い照度から，照度を上げていくと，白いサンプルはより白く知覚され，黒いサンプルは逆により黒く知覚される．灰色サンプルはほとんど変化しない．この現象は，スティーブンスによって実験的に明らかにされたため，一般にスティーブンス効果（Stevens, 1961）とよばれる．同様な効果を Jameson と Hurvich（1961）も実験的に明らかにしている．なお，通常，白色照明下で照度を上げていくと，白・灰・黒のいずれのサンプルも明るさ（brightness）が上昇することはよく知られたことである．後者の現象は，照度変化に対する物体の明るさ知覚を示したものであり，前者の現象は照度変化に対する物体の白み−黒み知覚を示したものと考えられる．ただ，このような照度変化に対する物

体(無彩色系列)の白み－黒み知覚を実験的に確認することは容易ではなく,今後の課題の1つである. (橋本健次郎)
→明るさ
◆Stevens, S.S. (1961), Jameson, D.・Hurvich, L.M. (1961)

スティーブンスのべき法則 [Stevens' power law] (心測)

感覚反応の大きさを R,刺激強度を S として,$R = kS^n$ として表された関係を,スティーブンスのべき法則という.感覚反応の大きさは刺激強度のべき関数として変化することを意味する.ここで,k は測定単位に依存する定数にすぎないが,べき指数 n は感覚の種類(様相(modality)と質(quality))によって異なり,各感覚を特徴づける指数となる.スティーブンスは,従前のフェヒナーによる対数法則に替わるべき反応と刺激の関係を表す法則であるとした.主に分量評定法によって直接判断された各種感覚反応の大きさ変化について,n の値を精力的に決定した.たとえば,暗中における視角 5°の指標の輝度に対する明るさ感については $n = 0.33$,同じく点光源の場合 $n = 0.5$,灰色紙の反射率に対する明度感については $n = 1.2$ などである.

上記式の両辺を,対数変換すると,

$$\log R = n \cdot \log S + \log k$$

となり,この関係を両対数グラフに表すと直線となり,その勾配が n である.さらに両辺を微分すると,

$$dR/R = n \cdot dS/S$$

となる.フェヒナーの法則からは,反応は刺激の比に対応して変化すると考えられるが,べき法則によれば,反応の比が刺激の比に対応して変化するのである.なお,スティーブンスは,新精神物理学の創始者として知られている.ハーバード大学に,始めは心理学の教授として,後には精神物理学の教授として,40年間在職し,1940年代の初めに心理音響学実験室(後に精神物理学実験室となる)を創設し,30余年にわたってそれを指導し,精神物理学の革新のために尽くした. (伊東三四)
→フェヒナーの法則,感覚様相

◆Guilford, J.P. (1954), Hurvich, L.M.・Jameson, D. (1966), Stevens, S.S. (1975)

捨て色 (商)

複数の商品展開色において,販売量よりも商品群のカラーイメージ形成や,他の色を引き立てる役割に重点を置いて設定される色のこと.市場には,多くの消費者が好む売れ筋色・定番色といわれる色が存在する.しかし,それらの色だけでは,色彩傾向の変化や,シーズンの変化に対応した新鮮みを演出しにくい.捨て色は,こうした嗜好変化の少ない色に対し,商品群の目立ち効果や,市場の活性化を意図した色として活用される. (山内 誠)
→定番色
◆松田 (1995)

ステンドグラス [stained glass] (造)

色ガラス板を鉛の桟にはめ込んで,ハンダでとめながら画面構成をする技法.色彩調和論でいうテトラード(4色調和)に白・黒を加えた一種のヘクサード(6色調和)はステンドグラスの基本配色といわれる.色ガラスの技術は紀元前20～30世紀頃のエジプト,メソポタミアが起源と伝えられ,1世紀までには薄い透明なガラス板をはめた窓が登場していた.ローマ帝国滅亡後,ガラスは贅沢品とされキリスト教美術から離れた結果,絵画的ステンドグラスの登場はカロリング朝時代を待つことになる.およそ9～11世紀とされる聖人の頭部を描いたステンドグラスの破片が現存する最古のものである.12世紀ロマネスク時代,大聖堂新築に伴い急速に広まった.一般的な主題は,ニッチ(壁がん)には1人,高窓や上階の窓には2人の人物を描くことが多く,背景に青,赤,黄,緑色などを,肌には暗いピンク色を使用した.13世紀ゴシック時代にはフランスで最盛期を迎え,この時代の傑作とされるノートルダム大聖堂のバラ窓など,教会の窓はより大きく,数も増えて,ステンドグラスの完成度も高まった.紫色,暗緑色,黄色が加わり,細かく分割され,複雑な透過光を導き入れる色面構成が見る人にさまざまな混色感をもたらした(口絵参照).

14世紀に入ると,王冠や後光の描写に塩化銀や硝酸銀を低温で熱してガラスに付着させてつ

アンリ・マティス《生命の木(西側祭壇奥)》
1951(ヴァンス・ロザリオ礼拝堂)

くる銀色や黄色が用いられ，黄土色，薄緑色や白も広く使用された．15世紀にはガラスの上に絵を描くようになり，16世紀に入るとそれまでの複数の色ガラスによる色彩が衰退し，多彩なエナメル顔料の絵付けや焼付けが取って代わる．19世紀のゴシック・リバイバルで，モリス率いるアーツ・アンド・クラフツ運動（イギリス）とそれに続くアール・ヌーヴォーや，ティファニー（アメリカ）が新たなステンドグラスの様式をつくった．教会建築や工房で得たステンドグラスの視覚体験に直感を得たという近代西洋美術の巨匠も少なくない．やがて建築技術の発展と，新しい加工技術によって一般建築物にも広く採り入れられるようになった．日本では1875年，オランダ人ホルトマンの指導により建造された加賀藩祖前田利家公を祀る尾山神社の，5色のステンドグラス窓を設えた和・漢・洋折衷三層の楼門（重要文化財，石川県金沢市）上部に灯りを点し，日本海沖を通る北前船が金沢の目印として利用したという例がある．　　（粟野由美）
→アーツ・アンド・クラフツ運動，アール・ヌーヴォー

図と地 [figure-ground]（感知）

　紙面などの2次元面上に明度，色相，テクスチャなどに関して異質な2領域が隣接する（あるいは一方が他方を取り囲む）呈示対象を見るとき，与えられた条件が許す限り，一方はまとまりをもって際立ち，他方の領域は背後にまで拡がっているように知覚される．Rubin (1921)以来，これは前者が「図（figure, Figur）」として知覚され，後者は「地（ground, Grund）」として知覚されている現象と定義されている．視知覚に関するこのような，図と地の体制が成立した状態を「図と地の分化」という．下の図はルビンによって考案された「酒杯（花瓶）－横顔」の図形（goblet (vase)－profile figure）で，図・地分化現象を端的に示す具体例としてよく引用される．この図はまた，観察し続けるとき，当初は図となっていた領域が一転して地となり，それに他方がとって代わって図になる「反転・交替現象」が起こるので，「図地反転図形」とよばれる図形群の一種でもある．

　このような，図地反転図形を用いて，ルビンは図と地に関する現象特性を明らかにした（Rubin, 1915）．主なものをあげると，①2つの領域の境界は図になった方の輪郭として知覚される．②図は形状をもち，「物の性質（Ding-charakter）」を有するが，地には形状がなく，「素材的な性質（Stoff-charakter）」を帯びている．③図は地に対して前方にあって浮き出ていると知覚されるのに対して，地は境界のところで終わらず，図となる領域の背後にまで一様に拡がっているように見える．④図は表面色をもち，地の色は面色的である．なお，図と地の分化は視知覚における最も基本的な過程であること，それは形態知覚の前提になっていることなどがルビン以降の実験・現象学的な諸研究を通じて主張されている（Hebb, 1949; Metzger, 1953; Senden, 1932; 鳥居・望月, 2000）．　　　（望月登志子）
→図になりやすい色
◆Rubin, E. (1915, (独版)1921), Hebb, D.O. (1949), Metzger, W. (1953), Senden, M.von (1932), 鳥居・望月 (2000)

ストループ効果 [Stroop effect]（感知）

　ストループが1935年に報告した多重課題における認知処理を示唆する効果をいう．すなわち，外界の対象をそれと理解する過程を重複する付加を通して探る方法で，多くは比較的単純な事

態—色の呼称とそれを示すインキやディスプレイの色—での整合,非整合における色名指定や読みへの相互阻害効果を指す.色名（アオ,青,あか,赤）が黄色,緑色で示されたとき,インキが何色であったかの応答が困難な場合をストループ,その逆にアオや青の読みそのものが阻害される場合を逆ストループと分けている.つまり,前者は対象の言語的属性からの干渉であり,後者は視覚的,映像的特性からの干渉といえる.この例は感覚あるいは知覚的な色自体と認知的な色名の組合わせという事態で単純であるが,この効果は葛藤や選択的注意あるいは注意の配分と密接に関連し,経験効果もなく,個人的特徴も安定であることから,連想語,同音・同義漢字,さらには3重課題などを取り上げ,認知機構の同時処理課題を主眼とした過程分析に役立てることも可能である.また,今後はそこからの仮説理論の提言がこれまで以上に多様に展開されることが期待される. （長谷川　敬）
◆Stroop, J.P. (1935)

図になりやすい色 [relative dominance of colors in "figure" perception] （感知）

図になりやすい色があるかどうかは,図地反転図形のうち一方の領域を有彩色,他方を同じ明度の無彩色とした条件下で実験的に検討されている.Oyama(1960)は,図のような図地反転図形のうち,1つおきに並ぶ3つの扇形領域のうち一方にR, O, YO, Y, YG, G, BG, gB, B, BP, P, RPのいずれかの色相（高い彩度のもの）を配し,他方の3つの扇形領域はそれと同じ明度の無彩色としたとき,最も図になりやすい色相は赤（R）で,最もなりにくい色相は青（B）であることを有彩色領域が図になる時間の相対比によって示した.両者の間にある色相については,色相環上の配列順に赤から青へと図になりやすい傾向が規則的に低下し,青から赤紫（RP）へ向かっては順次上昇している.反転図形の周囲が白または黒のいずれでも結果に大差はない.ここに見られる,暖色系の色相（赤,橙,黄）は図になりやすく（70〜80％）,寒色系の色相（青緑,青,青紫）では図になりにくい（30〜40％）という規則性は,進出色—後退色の差に照応する結果といってもよい.一

方,地になりやすさは色の類同性に規定されることを示す研究もある（Torii, 1963）.

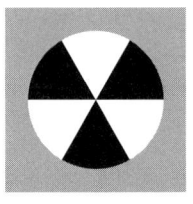

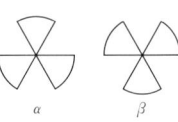

他方,図形とそれを取り囲む外部領域から成る呈示図形について,両領域の明度が同じか,あるいはきわめて近似してくると,図・地の分化は生じにくく,図の輪郭も不鮮明になる.さらに,そこに知覚される形状は不明瞭になるか変形する.このような現象を,リープマン効果という（Koffka, 1935）.有彩色図形の場合には,2領域を青・緑系の組合わせにするときの方が,赤・黄系の場合よりもこの効果は生じやすいといわれている.また,内部領域が有彩色でそれを取りまく外部領域が無彩色の場合には,内部を青・緑系にした方が赤・黄系にするよりもリープマン効果が起こりやすいという実験結果がある（Koffka, 1935; 高木・城戸幡監, 1952）.

（望月登志子）

→図と地
◆Oyama, T. (1960), Torii, S. (1963), Koffka, K. (1935), 高木・城戸幡監 (1952)

スネルの式 [Snell's law] （物）

光は電磁波の一種でありマックスウェル方程式に従う.線形光学の領域（太陽光のように光電場が,媒質を構成する原子の内部電場（~10e+11V/m）に比べて十分低く,媒質に誘起される分極が光電場に比例する場合）では,電気的性質の異なる媒質に入射したときの屈折や反射は,このマックスウェル方程式に,位相の連続性条件を付与することによって求められる.反射の場合は入射角と反射角が同じになることが導かれる.屈折の場合の入射角（q_i,法線となす角度）と反射角（q_r,法線となす角度）の関係は,次式で表されるが,これをスネルの

式（法則）とよぶ．

$$n_\mathrm{i} \cdot \sin(q_\mathrm{i}) = n_\mathrm{r} \cdot \sin(q_\mathrm{r})$$

ただし n_i, n_r はそれぞれ入射する前と後の媒質（たとえば空気とガラス）の屈折率であり，屈折率は次の式で求められる．

$$n = c/v$$

ただし c は真空中の光の速度，v は媒質中の光の速度である．屈折率は，光に応答する媒質の双極子の応答関数を表しているので，双極子の固有波長付近で大きく変化するなどの波長依存性をもつ．これを屈折率分散（refractive index dispersion）とよぶ．ローレンツ-ローレンツ（Lorentz-Lorenz）のモデル式を用い，真空での誘電率，入射光がつくる局所電界で分極可能な電子の種類，その単位体積当たりの個数およびその電子の分極率から近似的に求めることもできる．透明領域での屈折率はセルマイヤーの式（Sellmeier's equation）で良好に近似できる．

光が入射していく媒質（たとえばガラス）の屈折率が，もとの媒質（たとえば空気）の屈折率よりも大きい場合には，$\sin(q_\mathrm{r}) < \sin(q_\mathrm{i})$ が導かれるので，q_r は q_i よりも小さくなる．このときの角度変化の度合いは，n_r が n_i に対して大きいほど大きくなる．またガラスなどでは短波長光の方が屈折率が大きいので，短波長光の方がより大きく屈折する．この原理によりプリズムによってあまり屈折しない赤から，大きく屈折する紫までを赤・橙・黄・緑・青・藍・紫の順に分離することができる．同様に屈折率が小さい場合には，$q_\mathrm{r} > q_\mathrm{i}$ である．ただし $q_\mathrm{r} = \pi/2$ となってしまう臨界角（critical angle: q_c）を越えた入射光は全反射となる．q_c は $\sin(q_\mathrm{c}) = n_\mathrm{r}/n_\mathrm{i}$ で求められる．この原理を用いると直角プリズムのように光を全反射することができる．

（篠森敬三）

→屈折

スフマート [sfumato（伊）]（造）

ぼかし画法のこと．イタリア語で，煙のようにぼやけて消えてゆく，フェイドアウトを意味する動詞に由来する名詞．絵画で，描写対象の輪郭や形の明暗を淡彩や他の手法でぼかして描く技法を指す．そもそもレオナルド・ダ・ヴィンチと彼の画派の作品（口絵参照）について用いられ，立体的な対象を描きつつ背景との一体感を描き出す独特な空気遠近法的な手法を意味した．この画法の実践には，やわらかい特殊な筆や，顔料と媒材の混合比などに工夫がこらされた．レオナルド派以外でも，すぐれた色彩画家として知られるコレッジオはじめ多くの画家がこの画法を用いている．今日ではひろく知られるように，輪郭線がぼかされると色彩の「見え方」はやわらかさを増すように変化し，地と図，遠近の関係も変容する．研究史上，空気（色彩）遠近法が線遠近法に比較して注目されない事態を考慮すると，スフマートは絵画における色彩知覚を探究するための重要な手がかりとなる．

（前田富士男）

→レオナルド・ダ・ヴィンチ
◆Birren, F.（1965）

スプリットコンプリメンタリー
[split complementary]（調）

スプリットコンプリメンタリーとは，ある色とその補色をはさんで左右に振り分けた位置にある色を使った3色配色を指す．たとえば，黄色と，黄色の補色である青紫を中心にして，1つは青方向にわずかにずらした色，もう1つは紫方向にわずかにずらした色，この2色と黄色との配色が，スプリットコンプリメンタリーである．補色どうしは相性がよいとされているが，補色である1対1の関係は，対照的な性格をもつ色どうしであるため，互いに異なる性質を強調しあい，場合によっては衝突を起こす．つまり，対比感が強すぎる．そこで，補色の両隣に位置する2色を使い，1対2の関係をつくる．補色の両隣に位置する2色は，同系色であるためなじみやすい（対比感が弱い）．結果として全体の対比感がやわらげられる．スプリットコンプリメンタリーの方が，補色どうしで組み合わせるよりも調和が得やすいと考えられている．

（大澤かほる）

スペクトル [spectrum]（照）

放射の単色成分を波長または周波数の大小順に並べたものをいい，このように整理することをスペクトル分解という．スペクトルにはその

形状から線スペクトルと連続スペクトルがあり，白熱ランプの光は連続スペクトルであり，蛍光灯の光などは線スペクトルと連続スペクトルが組合わさったスペクトルである．微小波長幅に含まれる放射量を分光密度といい，ある波長範囲にわたって分光密度の分布を表したものを分光分布という．このように，光に関する諸量をスペクトルに分解して表記した特性は，「分光……」あるいは「スペクトル……」と表記される．たとえば，反射率なら「分光反射率」あるいは「スペクトル反射率」，眼の感度や測定器の感度なら「分光感度」あるいは「スペクトル感度」のごとくである． （中山昌春）
→分光分布, 単色放射

スペクトル応答関数 [spectral response function]（照）

スペクトル光に対する応答（感度）を波長の関数として表したもので，光センサ（システム）の感度の波長依存性を示す関数である（波長の代わりに周波数に対してとる場合もあるが，ここではより一般的な波長に対する関数として説明する）．ある一定の放射エネルギーを有する単色光を，波長を変えて光センサに入射し，各波長の単色光に対して得られた出力（電圧または電流など）が分光感度 $S(\lambda)$ に相当する．また，最大感度の値を1に正規化したものを「相対分光感度」とよぶ．入力量を一定にせずに，ある入力量 $X(\lambda)$ に対する出力量 $Y(\lambda)$ が得られたとき，

$$S(\lambda) = \frac{Y(\lambda)}{X(\lambda)}$$

で定義された $S(\lambda)$ については，「分光応答度」とよぶ場合もある．いま，光センサシステムが比例則と加法則が成立する線形システムと仮定すると，感度 $S(\lambda)$ を有する光センサに波長 λ の単色光が分光放射束 $\{I(\lambda_0) \cdot \Delta\lambda\}$ だけ入射した場合，その出力は比例則から，

$$I(\lambda_0) \cdot S(\lambda_0) \cdot \Delta\lambda$$

に比例する．ここで，$\Delta\lambda$ は単色光の波長幅である．出力の単位に換算するための適当な比例係数 K を導入すれば，出力は，

$$K \cdot I(\lambda_0) \cdot S(\lambda_0) \cdot \Delta\lambda$$

と記述できる．線形システムの加法則から，波長 λ_1 と λ_2 の入力に対する総出力量は，各波長の単色光成分に対する出力量の和となるため，2つの単色光成分の分光放射束を $\{I(\lambda_1) \cdot \Delta\lambda\}$ と $\{I(\lambda_2) \cdot \Delta\lambda\}$ とすると出力は，

$$K\{I(\lambda_1) \cdot S(\lambda_2) + I(\lambda_1) \cdot S(\lambda_2)\}\Delta\lambda$$

と書ける．したがって，分光感度が $S(\lambda)$ である線形な光センサに分光分布 $I(\lambda)$ を有する複合光（単色光の集合）が入射した際の出力は，分光感度が0ではない波長範囲を λ_1 から λ_2 とすると，すべてのスペクトル成分に対する出力の総和として，理論的には積分形式で，

$$K \int_{\lambda_1}^{\lambda_2} I(\lambda) \cdot S(\lambda) d\lambda$$

と書くことができ，離散的な形に書き直した式，

$$K \cdot \Delta\lambda \sum_{\lambda_1}^{\lambda_2} I(\lambda) \cdot S(\lambda)$$

を用いれば，実際に数値計算を行うことが可能である．

視覚の分光感度を測定する場合，任意の波長 λ において，視覚系がある一定の応答をもたらすために必要な単色光の物理量を $E(\lambda)$ とすると，分光感度 $S(\lambda)$ は，

$$S(\lambda) \propto \frac{1}{E(\lambda)}$$

で求められる．測光学によれば，$I(\lambda)$ が分光放射輝度 $L_e(\lambda)$ で，$S(\lambda)$ が眼の分光視感効率 $V(\lambda)$ のとき，K を K_m（最大視感度=683 lm/W）と置けば，可視光領域（380〜780nm）で積分した式，

$$L = K_m \cdot \Delta\lambda \sum_{380}^{780} L_e(\lambda) \cdot V(\lambda)$$

は，分光放射輝度分布 $L_e(\lambda)$ を有する複合光の輝度 L（cd/m^2）を与える．分光視感効率 $V(\lambda)$ は既知なので，光の分光放射輝度（分光エネルギー分布）が測定できれば，輝度が求まる．あるいは，分光視感効率曲線 $V(\lambda)$ と相似な分光透過率特性をもつフィルタを通した光の受光量から，輝度を測定することもできる．前者は分

光輝計，後者は簡易型輝度計の測定原理である．
(岡嶋克典)
→分光視感効率
◆照明学会編 (1990)

スペクトル軌跡 [spectrum locus]（表）

色度図上において単色光の色度座標を表す点の軌跡，または三刺激値空間内において単色光刺激を表す点の軌跡をいい，単色光軌跡ともよばれる．図は xy 色度図上に表したスペクトル軌跡である．図中の数字は単色光の波長（nm）を表しており，実線は XYZ 表色系の CIE 1931 測色標準観測者（スペクトル三刺激値 $\bar{x}, \bar{y}, \bar{z}$）によるもので，点線は $X_{10}Y_{10}Z_{10}$ 表示色系の

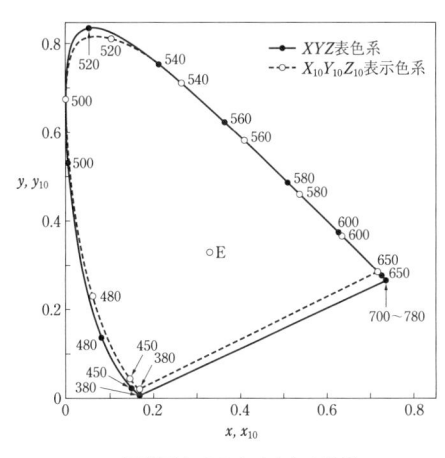

xy 色度図上でのスペクトル軌跡

CIE 1964 測色補助標準観測者（スペクトル三刺激値 $\bar{x}_{10}, \bar{y}_{10}, \bar{z}_{10}$）によるものである．波長 λ のスペクトル座標 $(x(\lambda), y(\lambda), z(\lambda))$ は次式で与えられる．$X_{10}Y_{10}Z_{10}$ 表示色系に関しても同形の式で与えられ，次式の各スペクトル三刺激値の記号に添字 10 を付けて考えればよい．なお，図中の E はこの項目と直接関係はないが，等エネルギー白色の座標を表している．

$$x(\lambda) = \bar{x}(\lambda)/\{\bar{x}(\lambda) + \bar{y}(\lambda) + \bar{z}(\lambda)\}$$
$$y(\lambda) = \bar{y}(\lambda)/\{\bar{x}(\lambda) + \bar{y}(\lambda) + \bar{z}(\lambda)\}$$
$$z(\lambda) = \bar{z}(\lambda)/\{\bar{x}(\lambda) + \bar{y}(\lambda) + \bar{z}(\lambda)\}$$

(中山昌春)
→色度図, スペクトル, ◎単色光軌跡

スポーツと色彩 [sports and color]（社）

スポーツの色彩は識別と雰囲気づくりに使用目的がある．競輪，競艇，競馬は色彩の識別により枠番が決められている．競輪は 1 枠白，以下黒，赤，青，黄，緑，橙，桃，紫の 9 枠，競艇は白，黒，赤，青，黄，緑の順で 6 枠からなり，競輪は帽子，上着と同色，競艇は上着と同色である．競馬は白，黒，赤，青，黄，緑，橙，桃の 8 枠で帽子と同色である．競輪のレーサーパンツは色によって級判別を表し，上から S 級，A 級，B 級に分けられている．S 級は赤の帯でその中に白ぬきの星が 7 つあり，A 級は緑の帯，B 級は青の帯となっている．競馬騎手の着用する服色の登録は馬主 1 人につき 1 種とし，胴および袖を 1 組とする．服色に使用する色は規定色の赤，桃，黄，緑，青，水，紫，薄紫，茶，海老茶，鼠，黒および白の 13 色に限られる．また標示の模様デザインは①輪，②一文字，③帯，④山形，⑤たすき，⑥縦じま，⑦格子じま，⑧元ろく，⑨ダイヤモンド，⑩うろこ，⑪井げたかすり，⑫玉あられ，⑬星散らし，⑭蛇の目または銭形散らし以外は使用できない．競艇選手の硬質ヘルメットはデザイン，配色とも自由であるが，上着にデザインを施す場合は，各番号の色が容易に識別できるものでなければならない．特殊のものとして F1 のフラッグは，レーススタートはその国の国旗，レース競技の中止は赤旗，競技終了は黒と白のチェッカーフラッグと変わる．

ユニフォームの色彩では，サッカーの場合，(財) 日本サッカー協会の規定では，審査員が通常着用する黒色と明確に判断し得るものでなければならない．対戦するチームのユニフォーム（ゴールキーパーのユニフォームを含む）の色彩が類似し，敵味方が判断しがたい場合は，その試合において着用するユニフォームを主審が決定する．テニスのウエアは基本的に規定はなく大会ごとに決められ，英国ウインブルドンでは上下白となっている．また，自転車競技のツールドフランスでは総合トップの選手に贈られるイエロージャージ，以下スプリント王は緑色ジャージ，山岳王は白地に赤の水玉模様のジャージ，25 歳以下の新人賞は白ジャージと賞により色が活

用されている.

スポーツ用具の色彩では，1989年に卓球台の色が緑，青の2種類になり，この年の第1回ジャパンオープン（国際大会）で青の卓球台，オレンジボールを初めて使用した．ボール，卓球台の大会での色の使用については基本的にどの大会はどの色でなければならないという規則はない．ボールは大まかに競技性の高い大会（チャンピオンを決めることを目的とした大会など）は白，普及を目的とした大会はオレンジと使い分けられている．また，ラインやストライプのデザインされた練習用のボールもあり，これらは回転がわかるように動体視力トレーニングとして活用されている．

柔道大会については日本で開催される場合は白色柔道着のみの着用となっているが，国際柔道連盟では青色柔道着の着用が義務づけられている．青色柔道着は1998年オランダで開催されたワールドカップで正式採用された．青色柔道着採用は，①2名の柔道選手を明確に分けるため，②テレビ放送における柔道競技の魅力を高めるため，③審判員の判断ミスを低減させるため，とされる．日本の国技である相撲は地位によって廻しとさがりの色が異なる．幕下以下は稽古廻し，取り廻しともに黒もしくは紫系統の木綿，下がりは稽古廻し，取り廻しと同色．十両以上は稽古廻しは白の木綿だが，取り廻しの色は自由となっており博多織繻子を使用する．稽古廻しの下がりについては稽古廻しと同色の白を使用し，取り廻しの下がりについては取り廻しの色と同色で共布を布海苔で固めたものを使用する．土俵入りの際に使用される化粧廻しはデザイン，配色とも自由，また場所中に力士が使用する座布団については，幕下以下は共用で白の薄物を使用し，十両は共用で紫の厚物を使用する．幕内，小結，関脇，大関，横綱については私物を自由に使用できる．　　　　（岩瀬雅紀）

炭 [charcoal] (造)

木などを燃やしたあとに残る黒いものが炭である．炭がいろいろな点で有用なことを知った古代人が，窯の中で木を蒸し焼きにして木炭を製造する技術を発明した．よく知られているように，日本刀は，砂鉄と木炭をいっしょに高温下で溶融させて得られる玉鋼（炭素鉄）からつくられる．さらに鍛造の過程でも木炭が重要である．炭が材料に強度を与えることは，今日ゴルフのドライバーなどにも生かされているが，かつてはその力がもっと積極的に生活の中で生かされていた．黒い瓦は，奈良・平安時代から，宮殿，寺社，城の建築や京都・江戸などの街の生活を彩ってきた．この黒い屋根瓦は炭の色である．瓦を焼くときに，窯の温度を普通の焼き物の場合のように徐々に低下させると弱い瓦になってしまう．中国は昔からその事実を知っていて，焼き上がった時点で窯の温度を急激に下げて，窯の中に浮遊している煤（炭素の集合体）を瓦の表面に蒸着させて強度を高めた．日本の瓦もその知恵を借りたのである．瓦はそれによって，陽光・風雪雨に耐える強さと一時期都市の象徴色であった黒い色を，同時にもつことができたのである．

木炭は硬軟の度合いに応じて発熱の高さが異なるから，堅い備長炭からやわらかな消し炭まで，種々の炭が用途で使い分けられてきた．また，絵画の石膏デッサンも木炭を使って描かれ，一名，木炭デッサンとよばれる．そのために素描に使われる種々の適材が探し求められてきた．木炭はそのように西洋画の基礎訓練に不可欠の材料であるが，日本画でも江戸時代から下絵描きに使っていたことはあまり知られていないかもしれない．焼き筆とか朽筆，腐筆などとよばれ，材料は柳，柘植，檜，桐などで，その小枝を燃やし灰に埋めて一種の蒸し焼きにした木炭を各自がつくった．焼筆法などのほか数個のよび方があることからすると，ある程度の秘伝であったらしい．この木炭を和紙の全体に塗ったものを「念紙」といい，原画の複写に用いた．

また，炭は火と関わるから神聖である．この感覚は，火祭り，火男や墨塗りの祭りの行事などを通して民間に今日も生きている．正月の飾り炭は，炭の神聖な力を招福に向かわせようという願いを表すものであり，臘月の煤払い・煤掃きも同様に次年の招福への祈願の意味をもっていた．このとき，福の神も貧乏神も町や村の居場所を訪ね歩いていたことは，各地の伝説に

残されている．大黒天は本来煤で黒い台所の神様であるが，そのもとはヒンズー教のシヴァ神の妃で，生と死，創造と破壊，光と闇を支配するカーリー神にある．カーリー神は身体真っ黒で，口から赤い舌をのぞかせる恐怖の神だ．台所で燃える火をそれは象徴しているのであろう．黒とは，また竈(かまど)の口と燃えさかる2段の火を組合わせた文字，と説明される．だから，当然炭もそれと密接な連続的関係にある．このような意味合いからは，炭の黒がすべての元であることを示す色であることが理解されよう．

(小町谷朝生)

◆本間 (1933), 柳 (1986)

墨と墨色 (造)

墨は良質の油煙に香料を加えて膠で固めたものであり，中国で初めてつくられた．よく知られるように，墨は日本画の黒の彩色料であるとともに描写に不可欠な基礎色料である．墨という文字が黒と土から成り立つことは，黒色の原初の材料を推測させるが，中国東漢時代の辞書『説文』に「墨は松烟で造る土のようなものだ」とある．唐時代に李超，李廷珪父子によって最初の松烟墨がつくられた．ちなみに煙も烟も煤を意味する．大和言葉の「すみ」はそみ（染，つまりそめる）から出たとされる．墨の製法は後に改良されて，煙に膠液を加えて団子状にしたものを，温床の上に百たたきと称して何度もたたきつけてよく融和させる方法でつくられた．日本ではほかに，寒中，足の温度だけで何百何千回踏みつけて練り上げていく方法もとられる．香料としては，麝香(じゃこう)，龍脳，樟脳などを加え，また藍，紅，サフランなどの色を配合し，型に入れて成型し，木灰の中に置いて乾燥させる．日本の墨は，中国産の唐墨と日本産の和墨に分けている．和墨としては奈良の古梅園製がよく知られているが，唐墨と比較すると一般に和墨の方が膠が強い．膠の量が多いと硬質の墨となり，光沢が強いが，濃いときに紙を縮ませることがある．また，墨の色は紫黒色のものが最上とされ，落ち着いた黒色ではっきりし，潤いある墨色を紫黒光とよぶ．小口 (1980) の研究によれば，炭素粒子の大きいものが青みに発色し，小さいものが茶色に発色する．つまり，烏賊墨のセピア色は細かな墨の粒子によることという．

江戸時代後期の墨の種類は，北斎（姓葛飾．江戸後期の浮世絵師）の『彩色通』によると，けんぽう墨，玉ずみ，大平墨，油煙墨があげられていたが，昭和のはじめの市販品には，藍墨，紅花墨，烏賊墨，楮墨などの種類があった．唐墨は，中国の言葉に「百年を賞用の好期とする」とあるとおり，長年月をおき枯らして使うことが好まれた．良質の墨がよい色を出す条件であることは当然だが，摩り方によっても違う色になる．それはまた，硯との関係でもある．一般的な摩り方の条件としては，堅い硯で墨がやわらかい場合には力を入れて強く摩り，反対に硯の石がやわらかくて墨が硬ければ弱く摩るのがよい．また，良質の唐墨は前日から摩っておくのがよく，悪い墨は使う直前に摩るのがよいといわれてきた．

(小町谷朝生)

◆小口 (1980), 本間 (1933)

スムーズネス [smoothness] (着)

塗膜の表面の平滑性．商品の塗装表面の見栄え品質（塗り肌感）を評価する指標の1つ．スムーズネスのよい塗装面は映り込みに歪みがなく，高品質に感じられる．スムーズネスのよくない塗装面は，オレンジピール（ユズ肌）などとよばれ，品質が低く感じられる．公に規格化された評価方法はないが，ウエーブスキャンという装置を用いて測定する方法や，7段階程度の基準板（ランク板）を定めておき，それとの比較で評価する方法などがある．波長が $2400\mu m$ 以上の大きなうねりが平滑性の評価に影響するといわれている．ちなみに，波長が $320\mu m$ 以下の微細な凹凸はツヤの良し悪しに関係する．なお，自動車などのような大きな立体に塗装をする場合，一般に水平方向面の方が垂直方向面よりもスムーズネスがよい．

(吉田豊太郎)

→塗装の不具合, ◎塗膜平滑性

スモーキーカラー [smoky color] (商)

① 煙でいぶしたような色．くすんだ，すすけた色．② 少しグレーのベールをかぶせたような，ソフトな色調の色．特定の色相やトーンがあるわけではなく，スモーキーパステルとよばれるペール，ライトグレイッシュトーンからモデレートトーン，ダークグレイッシュトーン

まで，幅広い色域を含んでいる．本来のスモーキーの意味である汚れた感じとは異なり，きれいなグレイッシュカラーである．1980年代からこの意味に使われているが，とくに2000年から2001年にかけて，ファッション，アクセサリー，文具，雑貨，カセットテープのケースやハーフ，化粧品，ヘアカラー，カーテン，家具，インテリア，花など多くの商品やディスプレイで注目された．カラーデザインのコンセプトもさまざまだが，シックな，エレガントな，おだやかなニュアンス，大人っぽい，渋さの演出，都会的な，アンニュイな，甘くなりすぎない，英国調の，といったイメージの表現に使われた．また，彩度が低いので日本人の肌に合うとする主張もある．雑貨などではポリエチレンやポリプロピレンなどのトランスルーセント（半透明）素材と組合わせて，色だけでなく材質でもソフトな印象を演出しているものも見られる．

（吉田豊太郎）

スラブ系の色 [Slavic colors]（社）

スラブとはスラブ語を話す人種の総称．東欧を中心に東スラブ（ロシア人，ウクライナ人），西スラブ（ポーランド人），南スラブ（ブルガリア人）などに大別される．広大な土地にまたがるだけに文化的差異も大きく，南・東スラブはギリシア正教，西スラブはカトリックの影響が強い．広大なロシアの大地は雪に覆われた「白い大地」である．シベリアの白い大地，そして白いオーロラ，白夜，白鳥の湖など，スラブ民族は白い風土に囲まれた空間に生活している．そしてロシア正教の白と金色に輝くドームと黒い僧衣，金色に輝く板に描かれた黒衣のキリスト像，ここでも白，黒の無彩色に金色である．1915年ウラジーミル・マレーヴィッチが，白の四角の上に白の四角を重ねるという絶対主義の絵画を提唱した風土でもある．極寒の地では夏になると満艦飾の花が咲き誇る．1907年，ロシアからパリに登場したバレエ・リュスは，レオン・バクストの設計した原色の舞台装置，舞台衣裳で，ヨーロッパに大きなカルチャー・ショックを与えた．ヴァシリイ・カンディンスキー，マルク・シャガールのあざやかで，幻想的な色彩は

一方でロシアの色として大きな感動を与えている．これもスラブの色である．そして共産主義の赤，1917年，ロシア革命で翻ったソヴィエト連邦の赤旗は消えたけれども，その赤は新生ロシアの3色旗の1つになっている．（城　一夫）
→バレエ・リュス

擦れ・古び・枯れ（造）

これらは日本美固有の世界を語る言葉であるが，同時に多くの場合道具屋，古美術商によって使われてきた業界的言葉でもある．擦れは手擦れ，また磨きずれ，使用による畳ずれである．それが生み出した1つの例が根来塗（ねごろぬり）の漆器である．また，長い間反復された手擦れから生れた，手沢（しゅたく）という，固有領域で生きる言葉がある．それは，長い時間の流れの中で人と器の間につくられる愛着の交流を1個の美の価値として認めたことである．それはすなわち，時間の経過が形成する日本人に固有の目と精神（こころ）の対話が生んだものであって，そこには触知の美感というべき，精神性を含んだ視認性がある．その精神性を軽めて日常行為化したものが，急須につや布巾をくり返してかけたり，床の間や廊下をから雑巾で磨きあげて，その摩擦の反復の中でつくりだした何ともいえないつやの輝きである．古道具世界の手沢は，そのように庶民感覚としての普遍性をもって受け止められ，限りなく広い視触の感性土壌を培ってきた．

古び，すなわち古色とは，存在体からマイナスする擦れと反対の存在体にプラスすることで生れるものであるが，その点では擦れと共通的であって同意語となる．古びのもつ古びたるさまは，直接には器物に溜まる埃の汚れなり手垢の痕である．しかし，それはすでに源氏物語に，「心ばせなどの古びたるかたこそあれ，いとうしろやすきうしろみならんと思ひ……」（蓬生）などと見えて，古びと同時に，時間の経過に取り残されつつその過ぎこし彼方を振り向くときに生れる，自然な感銘の世界でもあることが示されている．人では記憶と心情のせめぎ合いになるのだが，物には自身にその経過した時間が重く記録されるのである．

人間でいえば，それがさらに意志的でなくなるときに「枯れ」現象となる．枯れることは生気

の消失である．その事実によって，それは象徴と背中合わせに隣り合う．庭園の枯山水は，大石を組んで滝を表し，小石で水流を表す象徴表現である．枯れとは，その意味で原意からの離別，乖離である．大工や木工芸の世界では，木を枯らすとよくいう．木は生気がある間，絶えず動いて暴れる．その間は加工の時間ではない．枯れ果てて，動きを失ったときに加工の時間がくる．そのとき，加工は木に新しい生命を与える技術となる．しかし，はじめから虫に食われ風にやられた倒木は，加工の対象にはされない．生で活気のある木だけが再生の資格をもつ．その点がおもしろい．木は生木から枯れた状態に変わるまでの間，板にされた状態でいえば縦にも横にも縮む．その点では，焼き物の土と同じかもしれない．どこまでも限界いっぱいに縮んで，そのあとで建築なり器なりの形として安定する．枯れるとは，安定をつくる過程の儀礼である．しかし，安定が単に固化ではないことが，意味として重要であろう．均衡といういくばくかの動的性質がそこには含まれていて，機会あればその力が発動される．そのポテンシャリティが視覚的に認められるときに，枯れの精神構造が生れるのである．

（小町谷朝生）

[せ]

正確な色再現 [exact color reproduction]
(入出)

ハントが分類した6種の色再現目標の1つ(Hunt, 1970). 被写体と再現色を照明する光源の分光分布が等しく, それぞれのCIE三刺激値が一致し, さらに被写体と再現色の絶対輝度が等しくなるような再現を指す. これはすなわち, 測色的色再現に対して, 被写体と再現色の絶対輝度の一致という条件を加えた場合に相当する. 正確な色再現の場合, 照明の分光分布と輝度が等しいことから, 視角や周辺視野などの条件が一致しているならば, 被写体と再現色の色の見えが一致することが保証される. しかし, 一般的な色再現システムの場合, 被写体と再現画像の輝度レベルを一致させるのは困難であり, コピーなどのオリジナルと再現物を同一の照明で観察する場合を除いて実際的ではない. また, 測色的色再現の場合と同様に, 被写体と再現色で観察環境が異なる場合, たとえば照明光の色度が異なる場合には, 一般的に正確な再現を達成しても両者の見えは一致しない. このような場合に正確な色再現を色の判断基準として利用するのは適当ではなく, 等価な色再現, もしくは対応する色再現の判断基準を適用すべきである.

(山田 誠)
→分光的色再現, 対応する色再現, 等価な色再現
◆Hunt, R.W.G. (1970)

正規グラフ法 [normal graphic process]
(心測)

恒常法で得られた測定関数から, 刺激閾など特定の出現率となる刺激強度を推定する方法の1つである. 強度と出現率との関数が累積正規分布曲線に従うと仮定して, 得られたすべての測定値を z 値 $((x-u)/\sigma, x=$ 得点, $u=$ 平均, $\sigma=$ 標準偏差) に変換するか, あるいはそのまま正規確率紙にプロットし, その近傍を通ると思われる直線を目測で近似させる. たとえば50%弁別閾を求める場合, この直線が $p=0.5$ $(z=0)$ の水平線を横切る点を求め, その点の横軸座標をもって閾値とする. この方法では, 正規補間法や直線補間法における, 得られたデータのうち2個の観測値だけしか利用しないという欠点を補うことができる. しかし, 目分量で直線を近似するために, 得られた直線関数に多少の恣意性が残る. さらに, 測定点が直線から逸脱する程度が大きくなってくると, 推定値にばらつきが生じてくる. これらの問題を解決するために, 最小自乗法を用いて数学的に直線近似を行う場合がある.

(葭田貴子)
→恒常法, 正規補間法, 直線補間法

正規補間法 [normal interpolation procedure]
(心測)

恒常法で得られた測定関数から, 閾値など特定の出現率となる刺激値を推定する方法の1つである. 直線補間法などの直線内挿法の1つの欠点である直線性の過程を補うために, 累積正規布曲線を仮定し, 反応出現率の観測値を正規分布の z 値に変換してから直線内挿を行う. 一般式で示せば, 刺激閾 L は,

$$L = S_L - Z_L(S_H - S_L)/(Z_H - Z_L)$$

となる. ここでは, S_L は閾よりすぐ下の刺激強度, S_H はすぐ上の刺激強度, Z_L, Z_H はそれぞれ S_L, S_H に対して観測された反応の出現率を z 値に変換した値に相当する. この方法は, 所定値の分布が正規型よりも矩形に近い場合に適用できるという利点がある. しかし, 直線性の仮定以外の点では, 直線補間法と同じ欠点をもっている.

(葭田貴子)
→恒常法, 刺激閾, 正規グラフ法, 直線補間法
◆Guilford, J.P. (1954) [秋重監訳, 1959]

聖キャサリンの赤 [red of St.Catherine]
(社)

聖キャサリンは, 伝承によれば, 3世紀の後半, アレキサンドリアに生れたキリスト教の女性聖者の1人. 幼少より信仰心が厚く, ローマ皇帝マクセンティウス (280-312) の前で, 58

人の哲学者を前にして，キリスト教の奥義について論争し，みごとにこれを論破したといわれている．別にカタリナ（St.Catharina）ともよばれている．後に捕らえられて，車裂きの刑になるが，車輪が折れてしまって，最後は斬首され，殉教者となった．この故事から，赤く燃え盛る車輪は聖キャサリンのシンボルとなった．聖キャサリンは女性，独身女性，女子学生の守護聖人であるばかりではなく，車大工，法律家の守護聖人でもある．中世の聖キャサリンの日には，火の奇術師が燃える車輪（聖キャサリンの輪という）をグルグルと廻し，広間中をとんぼ返りを繰り返す．また各テーブルにはたくさんの赤いローソクを灯し，壁や天井，窓辺に貼りつけた赤いキャサリンの輪を照らし出す．人びとの衣裳には，赤い布地のキャサリンの輪が縫いつけられている．この日には至るところで，赤いキャサリンの輪を見ることができる．そして，最後は赤，オレンジ，黄色の花火を打ち上げたり爆竹を鳴らして，赤い車輪に象徴される殉教者を祝うのである． 　　　　　（城　一夫）

青磁 [celadon]（造）

微量の鉄分を含む釉が，還元炎焼成により青く発色したやきもの．青といっても時代，産地，焼成条件で色は異なり，黄褐色に近いものから緑，淡青色までさまざまある．日本では磁器の誕生とほぼ同時に，白い磁器土の上に青磁釉がかけられたものが焼かれた．中国では素地は磁器質とは限らず，「青瓷」の字を当て有色の炻器質のものが多い．青磁（青瓷）は，東洋を代表するやきものといわれる．中国におけるその誕生は，紀元前1500年に遡り，原始青瓷とよばれるそれは，世界初の高温焼成の施釉陶器である．その後，漢代には完全な青瓷が越州窯において焼かれ，唐，五代と続き，また宋代には中国各地でさまざまなすぐれた青瓷が焼かれ，竜泉窯では元，明代まで多くの青瓷が焼かれた．これらは中国周辺の国々にもたらされ影響を与えて，朝鮮半島の高麗青磁，日本の施釉陶器などがつくられた．青磁の色は，含まれる鉄分の量，釉の成分，釉の厚さ，素地の色，焼成条件で微妙に変化する．その神秘的な色を，中国では玉に喩えて賛美した．日本でも，平安時代にもたらされた越州窯青瓷を秘色とよんでもてはやし，鎌倉時代には竜泉窯青瓷の所有を権力者たちが競い合ったのである（口絵参照）．　（中島由美）

《青磁鳳凰耳瓶（砧青磁）》12-13世紀（東京・五島美術館）

静止網膜像 [stabilized retinal image]（感知）

視覚系の役割は，できるだけ多くの外界の視覚的情報を受容することである．ところが，人間の視覚系の解像力は，中心窩付近では非常にすぐれているものの，それ以外の網膜部位ではかなり劣ることが知られている（Hibino, 1991）．そのような短所を補うために，人間は眼球運動，頭部の運動，体全体の運動などにより，中心窩をさまざまな方向に動かすことで，外界のさまざまな位置にある情報を受容しようとする（これは，人間の視覚系が，形態知覚や色知覚の点で最もすぐれている中心窩という網膜上の非常に小さな領域からの情報に大きく依存しているためである）．したがって，通常の網膜像は刻々と変化していて，完全に静止することはほとんどない．また，人間は静止した対象をできるだけ眼球を動かさないようにして見ることによって網膜像を静止させようと努力しても，どうしても不随意の眼球運動が生じるため，網膜像が網膜上で静止することはないのである．

そこで，たとえば被験者に極小のプロジェクターを取り付けたコンタクトレンズを装着させ，そのプロジェクターから刺激を網膜上に直接投影するようにすれば，眼球運動が生じてもプロ

ジェクター自体が眼球運動に伴って動くので，投影している刺激は網膜上では完全に静止したままになる．このような人工的な方法で静止させられた網膜像を静止網膜像という．この静止網膜像は，すぐにそのあらゆる形態的属性（色や形など）を失い，見えなくなってしまうというのが大きな特徴である．実は，人間の網膜には自然の静止網膜像がある．それは網膜の血管が形成する影の像である．網膜の血管は視細胞よりも角膜側にあるので，人間が物を見ているときには，常に網膜に影を落としているはずである．ところが，通常はこの血管の影は見えない．その理由は，この血管の影が完全な静止網膜像であるため，人間の眼にはまったく見えなくなってしまっているからである． (日比野治雄)
→中心窩，網膜，色知覚
◆Hibino, H. (1991)

静電塗装 [electrostatic painting]（着）

一般に被塗物を陽極とし，塗料噴霧装置を陰極として，噴霧させた塗料粒子を負に帯電させて被塗物に付着させる方法．普通のスプレー塗装に比べ，塗着効率がよく，塗膜品質・性能も高い．静電塗装機には回転霧化静電塗装機，エア霧化静電塗装機などがある．また，粉体塗装も静電塗装で行われるものが多い．プラスチック製品，ガラス製品，家具，オフィスファーニチャー，自転車，自動車の外板色から部品まで，幅広く使われている． (吉田豊太郎)
→自動車の中塗り・上塗り塗装機とそのシステム，回転霧化静電塗装機，エア霧化静電塗装

聖パトリックの緑 [green of St.Patrick]
（社）

聖パトリックはアイルランドの守護聖人．ラテン語で，パトリキュウス．385年頃から461年頃に活躍したといわれている．スコットランドで生れ，少年の頃，アイルランド人の侵入を受け，奴隷になる．帰国後，神学校に学び，司教となってアイルランドに伝道に赴き，当時ドルイドの異教を信じていたアイルランドのキリスト教化と文化の向上に尽くし，多数の教会，修道院を建立した．アイルランドでも崇拝され，親しまれている聖人．聖パトリックはクローバーを聖者の記号として，キリスト教の三位一体を説いた．したがって緑色の三つ葉のクローバーは聖パトリックの象徴であり，アイルランド人のお守りになっている．この結果，緑色はアイルランドのシンボル・カラーである．彼が瞑想と祈りの生活をしたアイルランドのダーク湖は，有名な巡礼地である．3月17日は聖パトリックの祭日．現在でも聖パトリックの日には，アイルランド系の人びとは街に流れる川を緑色に染め，緑色の帽子を被り，三つ葉のクローバーの飾りをつけたり，緑色のタータン・チェックや緑色の衣服を着て，賑やかにバグ・パイプを奏でながら，行進して，聖者の威徳を称える風習になっている． (城 一夫)

正反射率 [regular reflectance]（測）

放射が，その単色放射成分の周波数を変えることなく，ある表面またはある媒質によって戻される過程を反射といい，そのうち，光学的鏡像の法則に従う反射を正反射，肉眼で見えるような正反射がない反射を拡散反射，同時に正反射性と拡散反射性とがある反射を混合反射という．反射放射束または光束のうちの正反射成分の，入射放射束または光束に対する比を正反射率 ρ_r，拡散反射成分の比を拡散反射率 ρ_d といい，両者の和が反射率 ρ となる．実際に正反射率を測定する場合，正反射率の値は入射束の平行度，受光開口の大きさなど測定の幾何条件に依存する．誘電体の正反射率は，測定波長，媒質の空気に対する屈折率が与えられればフレネルの式で求められ，実測ともよく一致する．フレネルの式は，測定面（入射光軸と試料の法線を含む面）に平行および垂直な偏光成分について求められ，自然光では両者の平均となる．分光測光器を用いて正反射率を測定するには，V–W法，V–N法などの付属装置を用いる．規定された幾何条件で，工業製品の正反射率と基準物体（通常は波長に関係なく屈折率が1.567である物体）のそれとの比を鏡面光沢度という． (馬場護郎)
→反射率，◎鏡面反射率

西洋占星術の色 [colors of astology]（社）

占星術とは，天体の運行や位置を観察して，宇宙の運行が国家の命運や個人の運命に深くかか

わると考え，その星座の性質や運行位置から，国家や天然現象，個人の命運を予言したり，吉凶を占う術のことである．この占星術は，今から5000年前のバビロニアに起こり，ペルシャやエジプト，ギリシアに伝わって，2世紀の天文学者，数学者のプトレマイオスによって古代占星術の代表的著作ともいうべき『テトラビブロス』によって体系化された．プトレマイオスは，太陽，月，火星，金星，木星，土星などの惑星の性格や天体の運行が，地上のできごとや物質，身体，性格，色彩に影響を与えるという占星術の基盤を確立したが，彼によれば火星は赤，木星は白，金星の色は黄，土星は灰色，水星は条件によって変化するとした．またその色との対応から金星は銅，火星は鉄，木星は錫（白鉛），水星を水銀に配当し，この金属の属性が黄道十二宮に対応して，人間の性格や行動を規定するものと考えたのである．その後占星術は，キリスト教の台頭によって一時低迷するものの，中世後期にノストラダムス，アグリッパなどが出現し，ヨーロッパで大流行して，今日の西洋占星術の基本的な考え方をつくりあげることになる．

（城　一夫）

赤外放射 [infrared radiation]（物）

可視光の長波長端（約780nm）から数mmほどの波長範囲の電磁波．「可視」ではないことから，赤外光というよりむしろ赤外放射という表現のほうが妥当である．温度をもつすべての物体から放射される熱放射（熱輻射）であり，赤外線もしくは熱線ともよばれることもある．一般に，可視光に近い部分（可視光の長波長端から約2μm）を近赤外線，可視光に遠い部分（波長の長いもの）を遠赤外線など細分化していうことがあるが，波長の区分は用途によって異なり確定したものではない．白熱電球などの黒体放射源，高圧水銀灯などの放電灯，赤外レーザ，また発光ダイオードなどが代表的な赤外放射源である．赤外検出器として，赤外放射によって生じる熱を検知する検出器と光電効果に基づく検出器などがある．　　　　　（大竹史郎）
◎赤外線

積分球 [integrating sphere]（測）

積分球は，中空の球の内壁に反射率が高く，均等拡散に近い白色塗料を一様に塗布したもので，積分球に入射した光が内壁で相互反射されて壁面の照度が場所によらず一定になるという特徴がある．このような積分球の性質は，次のような測定に用いられる．光源の全光束を測定する球形光束計は，積分球内に光源と遮蔽板を置き，光源から直接照明されない内壁面の輝度または照度を測定する．測定にあたっては，まず光束既知の標準電球を置いて測定し，次に試験電球を置いてその比から試験電球の光束を求める．光源の大きさに対して積分球の内径は十分大きいことが必要で，大きな光源を測定するには内径数mの積分球が用いられる．分光測光器で反射または透過を測定するとき，反射（透過）光のすべてを捕捉するため積分球が用いられる．積分の誤差には，積分球の全内表面積に対する開口面積の総和の比率，真球からの外れ，反射率の一様性，遮蔽板の大きさ・位置などが関係する．単光束の測光器で反射または透過を測定するとき，試料開口に標準を置いたときと，試料を置いたときで積分球の効率が変化するので誤差を生じる（JIS Z 8722）．視感実験で，均等拡散照明が必要なときも積分球が用いられる．

（馬場護郎）

◆JIS Z 8722 (2000)

セザンヌ, ポール [Paul Cézanne]（造）

絵画の近代性を明示したフランスの画家．エクス=アン=プロヴァンスに生れ，同地で没．友人の作家ゾラの勧めでパリに出るが，1860年以降はパリと故郷で交互に生活．印象派の指導者ピサロの知遇をえて，第1回展（1874）と第3回展（1877）に出品するもののさして評価されなかった．1881年からは南仏の故郷で制作に専念し，風景画や静物画を中心に孤独な造形的探究を続けた．1895年の画商ヴォラールによる個展でようやく注目を集め，やがてセザンニズムとよばれるほど多大な影響を若い画家たちに与えた．セザンヌは，印象主義の成果が色彩のたんなる視覚上の混合にすぎないと主張し，それをこえる方法と実践を模索した．色彩論をふくめて自分の造形に理論的な見通しを与えたいとも考えたが，その希望は実現をみなかった．セザンヌの後期作品は具象的作風とはいえ，

セザンヌ《サント＝ヴィクトワール山とシャトー・ノワール》1904–06（東京・ブリヂストン美術館）

対象物のもつ固有色にとらわれない自由な色面による純粋な運動を呈示しており，近代絵画における先端的な色彩感覚を実現した．筆触をのこす青，褐色，緑などの小さい色面は，対立的な対比（コントラスト）でも連続的な移行でもなく，階層的な集積として立体的空間を生みだす．各色相は，それぞれが多様な明度をもつのではなく，色相それ自体がもつ明るさに即して接合・配列され，画面に透明感を与えながらも緊密な構築性と空間性を形成する．印象主義は，固有色や明暗法を否定しながらも，空間内にある対象物の形や位置についてはそのまま受け入れ，その状態を色彩が与える視覚的効果に置き換えた．しかし，セザンヌはそうした対象物の存在そのものを前提とせず，色面の差異性だけから画面に空間性を表現しようとした．こうした色面は当然，運動性を帯びることで空間を形成する．セザンヌ自身が「転調（モデュレーション）」とよんだこの特異な色彩法は，1910年頃に登場するキュビスムの結晶的な小色面や，抽象絵画の非再現的色彩画法の成立に決定的な役割を果たした．その意味で1907年10月にパリで開催された「セザンヌ大回顧展」の意義は大きい．油彩画約800点と重要な水彩画約350点が知られる（口絵参照）． 　　　　（前田富士男）
→印象主義
◆Rewald, J.(1937)［池上訳, 1982］

折衷主義 [eclecticism]（造）

時代や文化など，さまざまな異なるところから借りてきた特徴を取捨して融合させた様式などについて用いる批評用語．この言葉は初め，哲学において使用されたといわれている．過去の偉大な芸術家や傑作のよいところを取捨し，1つの様式や画風，作品に取り込んで融合させていくという態度に基づいている．たとえば，ジョルジョ・ヴァザーリはラファエロの作品を彼の先輩からいいところを絶妙に取り入れていると評価する際に，折衷的という表現を使っている．また別の例では，19世紀半ばのヨーロッパのデザインは歴史主義的なデザインともいえるが，特定の装飾様式をもたないまま，さまざまな過去の歴史的装飾様式のいわばリバイバルと折衷を繰り返している．1920年代から30年代にかけて流行したアール・デコは，1960年代から70年代に再燃したが，これはかつてのヴィクトリア朝様式への熱中にも似た歴史主義とある種の懐古趣味であり，折衷主義の側面がうかがえる．ポスト・モダニズムは異質な要素や，過去の作品からの引用，たとえば民族的色彩によって成り立っているが，1つの原理に基づいておらず，さまざまな時代の要素の寄せ集めとなっている．
　　　　　　　　　　　　　　（三井直樹）

セット中塗り [exclusive middle coat]（着）

一般の塗色の中塗り色は汎用の中明度のグレイであるが，上塗り色に隠蔽力の低い塗料を用いる場合は，中塗りの色を専用に設定する．これをセット中塗りという．このうち，中塗り色が有彩色で，上塗り色と色相・明度・彩度が同一または近似色のものを「カラー・セット中塗り」（略して「カラー中塗り」ともいう），あるいは，カラーシーラー（color sealer），シェーディッド・プライマー（shaded primer）という．中塗り色が無彩色で，上塗り色の明度に近づけたものを「グレイ・セット中塗り」という．一般に，高明度の（純白に近い）白，高彩度のレッド系，高彩度のイエロー系などの塗料は，隠蔽力が低い．この場合，必要な隠蔽度を実現するには膜厚を厚くするか，顔料濃度を高くする必要があるが，これは次の点で問題がある．
① 塗料コストが高くなる．② 膜厚が厚いと塗装時間がかかり，通常の工程では塗装困難．③

膜厚により色が違う（ムラになる）．立体の鋭角部で「スケ」がでる．補修時に色が合いにくい．④ 顔料が多くなりすぎると，鮮鋭性，ツヤが悪くなる．1コートの場合は色落ちや，退色しやすくなるなどの問題もある．⑤ 顔料が多くなりすぎると，塗料が高粘度になり，塗装作業性が悪くなる．そこで，上塗りの膜厚も顔料濃度も問題のない範囲におさえながら，中塗りの色とセットで目標の色を実現するのがセット中塗りである．近年では3コート2ベイク（3C2B）のホワイトパールマイカ系や，2コート1ベイク（2C1B）の低明度色にも応用されている．

（吉田豊太郎）

◎専用中塗り

Z-バッファ法 [Z-buffer algorithm]（画処）

デプスバッファ法ともよばれる（Glassner, 1995）．透視画像作成時に必要な隠面消去法の，最も一般的かつ簡易な方法であり，透視投影，平行投影による可視面の計算などにも広く活用される．図に示すように，スクリーン上の各画素に投影されるポリゴンについて，視点からの奥行き情報を格納するZ-バッファとポリゴンの色（R, G, B）を格納するフレームバッファを用意し，すべてのポリゴンを順不同に1個ずつ投影し，そのつど，各画素に対応する視点からの奥行き（Z値）とそのポリゴンの色を記憶する．その際，すでに格納されているZ値と現在計算中のZ値を比較して，小さい（視点に近い）方のZ値とその色を記憶する．すべてのポリゴンを投影したときのフレームバッファの色は，そのまま陰影が施されていない場合のレンダリング結果になる．必要なメモリは，スクリーンの解像度に比例する．計算時間は，各ポリゴンの透視変換と走査変換（各画素のZ値の計算），およびZ値の比較に要する時間に比例する．アルゴリズムが単純なためハードウエア化が容易である．

この手法は，隠面消去だけでなく，レンダリングの種々な段階で活用される．たとえば，① 陰影表示の影計算の場合，視点と光源両者からの透視投影をZ-バッファ法を用いて行い，視点からの可視面上の計算点を，光源のスクリーン座標に変換して，光源のZ-バッファのZ値と比較して影の領域を求めるのに用いる（2段階法）．② 広域的な相互反射を考慮したレンダリングにヘミキューブを用いてフォームファクタを求める場合，各計算点 P に置いたヘミキューブの各面をスクリーンと考えて，点 P からの可視面情報を得るためにZ-バッファ法を用いる．

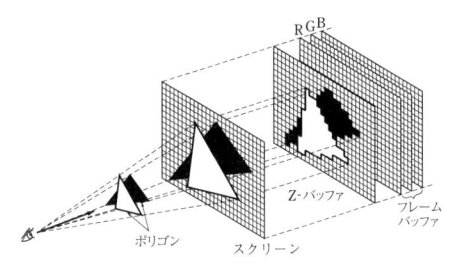

（中前栄八郎）

→レンダリング，レディオシティ法，◎デプスバッファ法
◆Glassner, A.S. (1995)

瀬戸（黄瀬戸，瀬戸黒，黒織部）焼（造）

瀬戸とは中世より現代まで続く窯業地であり，瀬戸焼とは愛知県瀬戸市一帯でつくられたやきものである．瀬戸窯は中世より東日本最大の窯業地で，鎌倉，室町時代には中国陶磁を写し，国内で唯一，施釉陶器を焼いた．この中世の瀬戸焼を古瀬戸とよぶ．中国の青磁，白磁の形を写しているが，施す釉は灰釉，鉄釉で，発色は黄褐色，飴色など．瀬戸の名をもつやきものに，黄瀬戸，瀬戸黒などがあるが，これらはいずれも岐阜県の美濃のやきものである．黄瀬戸は，桃山時代に美濃でつくられた黄色のやきもの．高温に耐える釉を開発する過程につくられた，灰釉に黄土などを混ぜた釉が，酸化炎焼成で黄色に発色したもの．これにタンパン（酸化銅）を散らして，緑の色彩を添えたものもある．また，「瀬戸の黒」の名をもつ瀬戸黒も，美濃焼の一種である．焼成中に窯から引き出して急冷することで美しい黒色を得る，引出黒の技法でつくられた茶碗である．この瀬戸黒茶碗に強い歪みが加わったものを織部黒，さらに白抜きの部分をつくって，そこに文様を表して透明釉をかけたものを黒織部という．美濃のやきものは古くは瀬戸焼と同一視されていたため，黄瀬戸，瀬戸

セパレーション（分離）

黒などのような名称がある．　　（中島由美）
→志野（鼠志野，赤志野）焼，織部焼

セパレーション（分離）[separation]（調）

　セパレーションとは，分離を意味し，色彩では隣り合う2つの色の間に他の1色を挿入して分離させ，2色の関係に変化を与えることをいう．たとえば色相差や明度差，彩度差がなく接し合った関係が弱い調子の場合には，強い調子にし，純色で明度差が小さい補色の組合わせなど接し合った関係が強い調子の場合には，弱い調子にするなど，弱すぎる配色を引き締めたり，強すぎる配色をやわらげたりして，より効果的な配色を得る技法をいう．Chevreul（1987）は，もし2色の組合わせがよくない場合には，2色の間に白を挿入すれば調和が得られること，トーンのレベルや，明瞭さとくすみぐあいの比率を考慮しながら，2色を白，黒または灰色で隔てることによって配色をよくすることができると述べている．セパレーションに用いられる色は，より効果的な配色を得るための補助的な色であるために，白や黒，灰色などの無彩色や低彩度の色がよく使われる．たとえば補色の関係にある純色どうしの強烈な色の組合わせの間に，明度差のある無彩色を入れてやわらげたり，高明度の色どうしの配色に低明度の色を入れて引き締めたり，強い対照色相の配色を低明度の色を用いてやわらげるなどである．　（中川早苗）
→シュヴルールの色彩調和論
◆塚田（1966），Graves, M.（1951），山口・塚田（1960），吉岡（徹）(1983)，向井・緒方（1993），Chevreul, M.E.（1987）

繊維の着色 [dyeing of spun and woven fiber]（自人）

　繊維の着色は，糸や布の状態に加工される工程で行われ，染色される繊維の状態によって，原料，糸，織物，編物に分けられる．羊毛などの綿毛状の原料は染色後に紡績されて糸，布に加工される．原料や糸の段階で染色することを先染めといい，織・編物された後の布の状態で染色することを後染めという．先染めは，織物や編物にするときに，さまざまな色の糸を組合わせて使うことができるため，多彩な色柄のものをつくることができるが，コストがかかるために高級品に使用されることが多い．後染めは，先染めよりコストを低くおさえることができるとともに，短期間での大量生産が可能なため，汎用品に使用されることが多い．繊維に着色するには，毛焼き（短繊維表面の毛羽を焼くこと），糊抜き（紡績の際に用いられた糊や油剤をとること），精錬，漂白などの前処理が必要になるが，この結果が着色の良否を左右するといわれている．染色法には，羊毛や合成繊維を綿毛状のままで染めるばら毛染め，束で染めるトップ染め，糸染め，織物を一反ずつ染めるバッチ染め，反物を繋いで染める連続染め，プリント染めなどがある．　　　　　　　　　　（小松原　仁）
→先染め，後染め，トップ染め，糸染め

鮮鋭度 [sharpness]（入出）

　画像の微細な構造や輪郭部分を観察すると，とくに拡大した画像において，像がぼけて鮮鋭さに欠けて見える．このぼけの物理的評価値を鮮鋭度とよぶ．鮮鋭度は粒状度と合わせて画像の像構造特性を表す．代表的な鮮鋭度としては，解像力や変調伝達関数（modulation transfer function：MTF）があり，視覚系のMTFを組合わせたCMTアキュータンスなどもある．解像力は，JIS K 7623（ISO 6328）で定められた解像力テストチャートを使用する方法で，微細な構造の再現性の評価に用いられる．MTFは，正弦波を入力とした空間周波数応答特性で，種々の空間周波数uに対して入力変調度$M_i(u)$と出力変調度$M_o(u)$の比として$MTF(u) = M_o(u)/M_i(u)$で定義される．MTFには，カメラやフィルムの組合わせなど2つ以上のMTFをもつシステムのMTFがそれぞれのMTFの積で表される特徴があることから，画像システムとしての鮮鋭度を評価する場合に有効である．MTFはまた，空間的なぼけ特性である線広がり関数をフーリエ変換することによって求めることも可能である．
　　　　　　　　　　　　　　　（宮﨑桂一）
→MTF, 解像力

選択的色順応 [selective chromatic adaptation]（感知）

　3種類の錐体のうち，特定の種類の応答を単離する目的で行われる色順応．通常，大視野の

背景光と，小視野の試験光からなる刺激図形を用いる．最も単純な場合，測定目的の錐体以外を選択的に強く刺激する背景光を呈示して応答を抑制する方法を採る．しかし，この方法で個々の錐体単体の特性を得るには非常に高い背景光強度が必要とされる（Wald, 1964）．そのため，一般には試験光と背景光の波長・色度の組合わせを，目的とする錐体が選択的に刺激されるように選択する．たとえば，S錐体の感度を測定するためには黄色の背景の上に青い光を呈示し，L，M錐体の活動を選択的に抑制することができる（Eisner・MacLeod, 1981）．

ラシュトンが開発した背景色置換法（background exchange）は，背景光の波長を感度測定の直前で切り替えることによって，錐体応答をより明確に単離する方法である（King-Smith・Webb, 1974）．置換前の背景としてL錐体を選択的に刺激する波長，置換後の背景としてM錐体を選択的に刺激する波長とした場合，置換後のL錐体の応答が強く抑制され，M錐体の活動が単離される．ストックマンらは錐体分光感度の心理物理的測定を行い，L，M錐体分離の精度を上げることに成功した（Stockmanら，1993）．しかしながら，背景色置換法のメカニズムの詳細はいまだに不明である．　（栗木一郎）
→錐体，順応視野，πメカニズム
◆Wald, G. (1964), Eisner, A.・MacLeod, D.I.A. (1981), King-Smith, P.E.・Webb, J. (1974), Stockman, A. ら (1993b)

染着機構 [mechanism of dyeing]（化）

染料が高分子基質（繊維）に選択的に吸収され染色される機構を染着機構とよぶ．染料分子を溶解（分散）した水溶液中に繊維を浸漬すると，溶液内の染料分子は繊維へ移動し，続いて繊維表面から内部に移動する．この溶液中の染料分子が繊維内に移動し，そこにとどまる現象を染色という．ここで，溶液内および繊維内を染料分子が熱運動を行いながら移動する濃度分布の変化の過程を「拡散（diffusion）」という．染料分子は繊維内の染着座席（dye site）に染着するが，熱運動により染着座席を離れ，次の染着座席に移動する現象を「移染（migration）」という．長時間（無限に）染色を行うと，最終的に染料は繊維内の染着座席に均一に染着し，染浴中の染料濃度と繊維内部の染料濃度の割合が一定のみかけ上染着が停止したかのような状態になる．これを染着平衡（dyeing equilibrium）という．染着平衡に至るまでの過程において，染料分子が染浴から繊維に移動する速さを染色速度（rate of dyeing）とよぶ．

繊維–染料間の結合には物理結合力（水素結合，ファンデルワース力，疎水結合など）と化学結合（イオン結合，配位結合，共有結合）があり，染料の種類や繊維の種類によって異なっている．　（今田邦彦）
→移染
◆黒木 (1966)

[そ]

総合主義 [synthetism]（造）

19世紀末のフランス象徴主義のなかで，ポール・ゴーガンやエミール・ベルナール，ナビ派，ポン・タヴァン派の画家たちによって実践された芸術制作上の理念．すでに1870年代に総合主義という用語が使われていたようだが，一般的には1889年パリ万国博覧会内にあるカフェ・ヴォルピーニで開かれた「印象主義および総合主義グループの絵画」展で生れた主張とされている．総合主義の理念は，「芸術は3つの要素—自然形態の外観，主題に対する画家自らの感覚，線・色彩・形態についての美学的な考察」を「総合」することにある．つまり，色彩の分割・併置を行う印象派の科学的で分析的な手法に反対し，対象物のデフォルメ，力強い輪郭線と濃淡のない色彩で，画家の主体性に基づく作品を取り戻そうとした．色彩，描線を単純化させることで感情をストレートに画面に投入し表現力を高めようとしたのである．1891年のグループ結成には，シャルル・ラヴァル，ルイ・アンクタンらも加わった．エミール・ベルナールの《牧場のブルターニュの女たち》(1888)，ポール・ゴーガンの《説教のあとの幻影，あるいはヤコブと天使との闘い》(1888)が総合主義最初の2つの作品であるとされている． (三井直樹)
◆Sérullaz, M. (1961) [平岡・丸山訳, 1992]

相互反射 [mutual reflection; inter-reflection]（画処）

複数の物体が接近して存在するとき，それらの表面間で光が相互に反射する現象を相互反射という．たとえば，表面が滑らかなプラスチック物体の近くに他の物体を置くと，滑らかな表面に他の物体が映り込む．つまり物体表面は光源からの直接光のみならず，近くに存在する他の物体からの反射光でも照明される．このような相互反射の影響は色彩画像解析で無視できないことが多い．相互反射は物体の材質と表面状態によっていくつかの反射成分に分かれる（Tominaga, 1996）．いま不均質誘電体の2つの凸物体が図のように接近しているとしよう．まず，物体表面Bは光源からの直接光で照明されている．

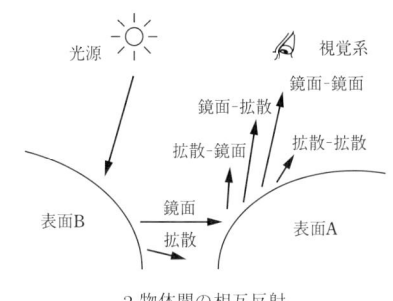

2物体間の相互反射

次に，表面Bからの反射光が表面Aを照明している．この照明光による2次的な反射成分が，A自身の1次反射と重畳して観測される．2物体間で光の跳ね返りが1回のみと仮定するとき，相互反射の成分は2色性反射の積によって，拡散–鏡面，鏡面–拡散，拡散–拡散，鏡面–鏡面の4成分からなる．色については，拡散–鏡面と鏡面–拡散はどちらかの物体の色度に一致し，拡散–拡散は新しい拡散相互反射色を生成し，鏡面–鏡面は光源色に一致する．なお表面が滑らかな物体間では，拡散–拡散の成分は無視できる．
 (富永昌治)
→拡散反射, 鏡面反射, 2色性反射モデル, 反射モデル
◆Tominaga, S. (1996b)

騒色 [color pollution]（社）

騒色という言葉は騒音をもじったものであるが，騒音規制法のような法的規制はない．しかし，1986年度『朝日年鑑』に環境破壊の項目の1つとして，「騒音・騒色」と掲載された．これは，1981年に起こった黄・赤都バス騒色事件で，この言葉がマスコミ用語として頻繁に使われ出したことによる．大気汚染や水質汚濁，騒音などの諸公害に比肩するものとして，「騒色公害」が社会的に認知されたとみてよい（口絵：「公共

の色彩を考える会」参照）．ところで，この言葉が文献に見えはじめたのはそんなに新しいことではなく，第二次世界大戦後の街の復興が闇市の延長のように無秩序，無計画に進むことを憂え，すでにその頃から諸先輩が社会への警告として使っていたのである．

そのI：戦後10年たったばかりの1955年9月発行の『カラーサークル』（10月号）に，「街の燥音燥色について」と題し，"色彩のさわがしさ"は，燥音と同じ程度に眼を疲れさせ神経をいらだたせているはずなのに，無関心無自覚でいられるのはどういうことか，それは戦争中の混乱と無秩序がもたらした感覚の麻痺が原因である，と嘆いている．そのII：1956年7月刊，細野尚志著『配色読本』に上記の論が再録されている．そのIII：1959年3月発行の『色彩研究6–1』「自動車の色彩調査報告–I」のまえがきに"都市計画上の燥色防止対策"云々とあり，これら3件では，"燥色"という文字が使われている．そのIV：1968年4月，都からの要請で，日本色彩研究所が美濃部亮吉都知事に提出した「東京シティーカラーについての提案書」に"街の騒色の規制をして欲しいものです．看板，ネオンサインはもとより，タクシーの強烈な配色，また，高速道路の橋桁の赤い色はまさに色の暴力です"と激しく訴えている．

東京・羽田1丁目の黄色ビルの遠景（1994）

そのV：1971年1月発行の『COLOR』（No.8）に，「公共色彩研究会発足」（「公共の色彩を考える会」ではない）の見出しで，"都市の過密化が進むにつれて色彩の無秩序さもますます広がる一方である．このような騒色は，騒音，悪臭などと同様に人びとに不快感を与える公害とみなすべきであろう"と記述している（図・口絵参照）．そのVI：1972年5月発行のJIS Z 9106「けい光安全色彩使用通則」の解説の中に，"けい光塗料が昭和28年（1953）頃街の看板に乱用されたため，妙にどぎつい印象を与え騒色などといわれ……」と出ている．とすれば，すでに昭和20年代にこの言葉が使われていたのであった．そして続々と騒色公害事件が起きたのである．

(児玉　晃)

装飾古墳（社）

装飾古墳という場合，一般にはわが国の古墳のうち，玄室内部や石棺，そのほかに文様を彫刻したり，彩色したものを指す．だいたい5世紀頃から装飾をもつ古墳は現れるが，ここでは彩色による装飾された個体や彩色壁画をもつ横穴式の墳墓を指していう．それらは時代的拡がりとともに，九州から東北までの地域的な拡がりをもつ．概括的にいうと，九州の装飾古墳は技法的に稚拙ながら，原始美術の魅力に溢れて力強い（竹原，王塚，ちぶさん古墳など）．しかし時代的に下がる近畿では，中国の影響の濃さをうかがわせる四神や人物などの絵画的描写に格別にすぐれた装飾古墳が発見されている（高松塚，キトラ古墳など）．関東・東北の古墳はさらに時代的に遅れるが，この地域に固有の単純ながら力強い装飾古墳が見られる（虎塚，清戸迫古墳など）．

その中のいくつかについて個別的に見ると，福岡県の6世紀の竹原古墳はとくに2本のさしば（上代に用いられた貴人の顔にかざす大型の柄つき団扇型の装飾具）と竜馬とされる怪獣の絵によって知られているが，黒と朱による単純な彩色画面は強烈なインパクトをもち，その訴えくる強さという点では，縄文の火焔土器に比肩しうるものがある．珍敷塚古墳壁画は，横穴から出されて道路に置かれているために，残念ながら退色がはなはだしく現在は描かれているものがほとんど認められないほどであるが，大きな石面に死者を乗せた舟とへさきにとまる鳥の姿やひきがえるが描かれていて，高句麗古墳との関係が推測されて貴重である．色彩材料は主

には，朱，べんがら，白土，黒でこれに青，緑が加わる．珍敷塚古墳の壁画は色彩表現で類例ない貴重なものである．

高松塚，キトラ古墳の漆喰地に描かれた壁画の優秀さは，考古学分野だけでなく，わが国の絵画史を改めさせた，材料，技術，表現力などすべての点において予想もされなかった高度なものであって，今後いかに現状保存が可能かという文化財学の課題が残されている．色彩的にもわが国の以後の展開での絵画材料の基準レベルとなるものである．関東・東北の古墳壁画は，ほぼべんがら，白，黒で表されている．色彩材料的にはきわめて限定性が明確であるが，中に小形ながらきわめて精妙な毛描き（動物の毛を1本ずつ描出すること）をもつ白い鹿を含む壁画がある（福島県，羽山古墳）．古代の絵画表現として刮目すべき高度な技術によるもので，きわめて貴重である． 〔小町谷朝生〕

◆上田（正）ら (1972), 日下 (1998)

像鮮明度 [distinctness of image]（測）

物体表面の面のよさを評価する方法として，表面に何かの物体を写してその反射像の鮮明さで評価することがある．視感によって像鮮明度を判定するには大別して2つの方法がある．1つは，標準試料と試料面とに同一のパターンを写して反射像の鮮明さを比較するもので，ASTM D 4449 にも規定されている．いま1つは，標準図形のぼけの限界を判別する方法で，標準図形としては，だんだんに大きさが変化するランドルト環や，線幅と間隔が規則的に変化する白黒の縞が用いられる．像鮮明度を光電的に測定して定量的に表したものが鮮明度光沢度（distinctness of image gloss）である．当初は，ナイフエッジの反射像を光電的に走査し，矩形波からの乱れで評価した．ASTM E 430 (1997) では変角光度計を用い，30°入射で鏡面反射方向と，それから0.3°離れた方向の反射光強度の比を D/I 値とし，2°および5°離れた方向の強度比をそれぞれ2°ヘーズおよび5°ヘーズとしている．また，20°入射で，鏡面反射方向と，1.9°離れた方向の反射光強度との比を20°反射ヘーズという．一般に，高光沢のものの光沢評価には鮮明度光沢度が用いられることが多いが視感判定による場合は，面の凹凸による像のわん曲，部分的な像の不安定さ，像のコントラストが強く影響する． 〔馬場護郎〕

◎image clarity

増分閾値 [increment threshold]（心測）

大きな背景光の上に小さな刺激光を重ねて呈示したとき，その刺激光を検出する閾値を増分閾値という．つまり背景光の輝度を L，刺激光の輝度を $L+\Delta L$ とすれば，ΔL が背景光に対する刺激光の増分であり，刺激光の検出閾に到達するために必要な ΔL が増分閾値である．絶対閾値は背景光の輝度を0とした増分閾値の特別な場合とみなすことができる．背景光輝度がきわめて弱いとき，増分閾値は絶対閾値にほぼ等しい値をとる．しかし，背景光輝度がある程度高くなると，それに応じて増分閾値も増大し始める．その移行過程の後，背景光輝度と増分閾の比（$\Delta L/L$）が一定の値となることが知られている．すなわち，刺激光の検出は増分輝度の絶対値ではなく，$\Delta L/L$ の値によって決定される．$\Delta L/L$ が一定となる関係をウェーバーの法則とよぶ．このとき刺激光の検出を支配している変数は刺激と背景の相対的な明るさの関係である．このような増分閾の変化は背景光による視覚の順応状態の変化に起因していると考えられる． 〔石田泰一郎〕

→ウェーバーの法則, ウェーバー比, 閾値

増分閾法 [increment threshold method]（感知）

増分閾値を測定する増分閾法によって視覚のさまざまな特性が調べられてきた．たとえば，図に示す結果（Barlow, 1958）は，種々の背景光強度に対して刺激光の増分閾と面積との関係を調べたものである．グラフの横軸は刺激面積の対数，縦軸は刺激光の増分閾値の対数である．結果の曲線は，刺激面積の小さいところでは実線で示した傾き -1 の直線に沿っている．これは（増分閾値）×（刺激面積）＝一定の関係を示し，刺激面積内のエネルギーが完全に足し合わされて増分閾値が決定されていることを意味している．さらに注目すべき点は，背景光の強度が強くなるほど各曲線が -1 の傾きから離れる刺激面積が小さくなっていることである．つまり背

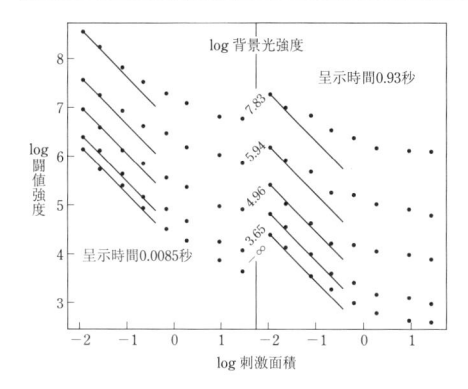

景光が強いほど完全な足し合わせの範囲が小さくなっている。これは視覚の明順応による受容野サイズの変化を意味すると解釈できる。このように増分閾法は視覚の明るさ順応に伴う種々の特性を調べる手段として有効である。また、視覚の基礎研究だけでなく照明環境の分野においても、指標の増分閾を調べた研究データが、明視性に基づいた照度基準を定めるための基礎資料となった。　　　　　　　　　（石田泰一郎）
◆Barlow, H.B. (1958)

ゾーニング [zoning]（商）

ゾーンとは区画のことで、ゾーニングは区画に分けることをいう。色彩計画において、計画に含めるべき対象物が多岐にわたるとき、その対象物の機能、用途、他の対象物との関連などに応じて、計画を組織的、効率的に進めて行く際に、同種の役割を果たす対象物を区分けすることである。たとえば、居住空間を例にとれば、人びとが集い、複数の人びとが使用する共用空間、プライバシーを守れるプライベート空間、各種の作業を行う空間や、物を収納維持するといった利便性が求められる空間などがある。また、これらの空間内には、その用途に応じて、壁・床・天井材や、家具・家電類、照明機器、インテリア雑貨やアクセサリーなどもある。色彩計画では、その対象物の規模や種類にかかわらず、個々のゾーンが果たすべき役割に応じて、そのおのおののゾーンにふさわしい色彩設計やイメージづくりがなされなければならない。ゾーニングは、個々のゾーンの役割を熟慮した上で、それに適したカラーデザインのしつらえを計画していく

際のガイドラインを与えるものである。先の室内空間の例でいえば、共用空間に属するものは、パブリックゾーン、個人的なプライバシーを守るべきものはプライベートゾーン、利便性を追求すべき空間はユーティリティゾーンなどと区分けしていくことを指す。　　　　（大関　徹）

測色的色再現 [colorimetric color reproduction]（入出）

ハントが分類した6種の色再現目標の1つ（Hunt, 1970）。被写体と再現色を照明する光源の分光分布が等しく、かつそれぞれのCIE三刺激値が一致する（すなわち、色度と相対輝度が一致する）ような再現を指す。測色的色再現は、被写体と再現色の照明の相対強度分布が等しく、かつ観察条件が等しい場合に有用な判断基準となる。反射プリントの観察環境は多くの場合前記条件に該当することから、測色的色再現は反射プリントの色再現基準としてしばしば利用される。しかしながら、より厳密には絶対輝度に応じて色の見えは変化することから、測色的色再現に絶対輝度の一致という条件を加えたものを正確な色再現とよんで区別している。また、被写体と再現色で観察環境が異なる場合、たとえば照明光の色度が異なる場合には、一般的に測色的色再現を達成しても（三刺激値を一致させても）両者の見えは一致しない。このような場合に測色的色再現を色の判断基準として利用するのは適当ではなく、等価な色再現、もしくは対応する色再現の判断基準を適用すべきである。
（山田　誠）
→分光的色再現, 正確な色再現, 等価な色再現, 対応する色再現
◆Hunt, R.W.G. (1970)

測色標準観測者 [colorimetric standard observer]（測）

国際照明委員会（CIE）は1924年に光の強さを表す物理量を心理物理量に変換するために必要な分光視感効率、いわゆる$V(\lambda)$関数を定めた。これにより工業的な測光基準の1つが確立された。当然のことながら、色彩関連工業からも色に関する基準も要望された。CIEは1931年にイギリスの国立研究所NPLのギルドによる7人、およびロンドン大学のライトによる10

人の観測者により行われた等色実験の結果に基づいて，CIE 1931 測色標準観測者の等色関数を制定した．ギルドとライトはそれぞれ独自に研究を行ったので，実験装置も異なり等色実験に用いた赤，緑，青の原刺激の波長も異なっていた．

CIE は 1924 年にすでに制定されている明るさに関する $V(\lambda)$ 関数を生かして，かつそれまでになかった虚色という概念を導入し，両者の実験結果を平均化した等色関数を導きだした．CIE は 1931 年にもう 1 つの重要な基準を制定している．それは照明光で，標準イルミナント A, B, C である．国際的に基準となる CIE 1931 測色標準観測者および標準イルミナントが定められたことにより，色を数値（三刺激値）で表現できるようになった．この成果は多大で，色彩が科学として発展する端緒を与えた．

物体の色や光源の色の見え方は，同じ試料であってもその大きさが異なると見え方が変化する．CIE はこの点を考慮して，1964 年に測色補助標準観測者を定めた．試料の大きさが視角 2°近傍に相当する場合は CIE 1931 測色標準観測者を用い，視角 4°以上の場合は，CIE 1964 測色補助標準観測者を用いるとよい．

(側垣博明)

→虚色，視角，標準イルミナント，分光視感効率
◆日本色彩学会編 (1998)：「色科ハンド・4 章」，JIS Z 8782 (1999)

測色用光源 [CIE standard sources for colorimetry]（照）

光源とは白熱電球や蛍光管などのように光を発生または放射する機能をもつランプまたは装置（ランプにフィルタを取り付けたものを含む）をいい，光源から放射されて物体を照らす光とは区別される．測色のための光はイルミナント（illuminant）として，A, D65 などが CIE や JIS で規定されているが，測色のための光源として単独のランプが存在するとは限らない．CIE では標準光源として，標準イルミナントとして規定された相対分光分布を近似する光放射を有する人工光源を規定している．以下に標準光源 A の規定を示すが，標準光源 D65 を実現する人工光源はまだ確定されていない．しかし，視感測色の上で D65 の光とみなせる十分に実用的な蛍光ランプが日本で開発されている．

標準光源 A：分布温度を約 2856K になるように点灯した透明バルブのタングステン電球．
(中山昌春)

→標準光源，常用光源，標準イルミナント，◇CIE 標準光源

測色量 [colorimetric quantity]（表）

狭義には，測色器で測定され，求められた CIE の XYZ 表色系での XYZ またはその値から変換された色の感覚を表す量をいう．広義に解釈すると，色の測定方法は測色器による物理的測色方法以外にも視感測色方法もあるので，視感測色方法に使用するカラーオーダーシステムでの色を表す量も測色量といえる．光および物から反射した光の分光特性は物理量であり，その物理量にヒトの眼および脳での特性が関与した心理物理量か，視感比色されて等色と認められたカラーオーダーシステムの色を表す量記号である心理量が測色量となる．測光量も厳密には測色量の一部であるが，はじめ明るさの定量化が先行した歴史的経緯から測光量と測色量を分けることになった．測色量は，はじめ等色実験からのデータを使用して色の感覚を表すものであったが，しだいにさまざまな視環境での色の見えを表す量が求められるようになってきた．それが，XYZ から $L^*a^*b^*$ であり，さらに色の見えのモデルで記述される量となっている．

(鈴木恒男)

→分光測色方法，刺激値直読方法，視感測色方法，色の見えのモデル，測光量

側抑制 [lateral inhibition]（感知）

網膜レベルの空間的な情報処理における最も基本的な仕組みで，近隣の視細胞の活動が，互いに抑制的に作用しあう機構を，側抑制とよぶ．Hartline と Ratliff (1957) は，カブトガニのある 1 つの個眼の視神経活動を記録しているときに，付近の個眼への光照射が，測定している個眼のインパルス頻度を減少させることに気づき，側抑制の存在を電気生理学的に実証した．ヒトの網膜にも同様の機構が存在することが，さまざまな心理物理学的研究によって確認されている．この側抑制は網膜レベルの空間情報処理の

基本単位とされ，中心と周辺，あるいはオン領域とオフ領域の拮抗的な二重構造をもつ受容野をつくりだしている．この側抑制は明暗の境界をいっそう際立たせる，エッジ強調の役目があると考えられている．またマッハ効果という視覚現象をよく説明する． （篠田博之）

→マッハ効果
◆Hartline, H.K.・Ratliff, F. (1957)

測光標準電球 [photometric standard lamp]
（照）

　測光標準電球は，放射測定および測光における比較の標準として用いられる光源である．光の基本量は，カンデラ（cd）であり，国際単位系（SI）の基本単位である．これを基に，輝度，光束，照度などが定義されるが，これらの予測や計測が正しく行われるためには，測光標準が必要になる．測光標準は，絶対値を理論的に決定できる1次標準と，1次標準によって較正される2次標準および実用標準に分けられる．測光用標準電球は，実用標準として用いられているものであり，目的とする量（光度や光束など）について値づけがされており，その値が定められた使用期間中において保証されている．測光標準電球としては，タングステンフィラメントを用いた電球が，最も安定しており使いやすいことから，広く用いられている．種類としては，真空電球，ガス入り電球，ハロゲン電球などがあり，光度や光束などのレベルに応じていろいろな定格のものが用意されている．なお，光度標準電球（一般用）が JIS C 7526 に，測光標準用電球の測光法が JIS C 7613 に規定されている．

（川上幸二）

→光度

測光量 [photometric quantity]（照）

　光の明るさを定量的に測定することを測光およよび，測光により測定されたある明るさを表す量が測光量である．光そのものを測定した量は放射量であり，その物理的な放射量に人間の眼の特性である分光視感効率で重みづけしたのが測光量であるので，測光量は物理量に人間の特性が加味された心理物理量である．光を発する光源と，その光を受光する面の大きさなどの関係で，測光量は光束，光度，照度，光束発散度，輝度に分けられる．測光量は国際単位系では，光度を基準として採用し，カンデラ（cd）という単位を用いる．基準となる光度の標準は，現在では1cdを 540×10^{12} Hz（分光視感効率 $V(\lambda)$ が1となる約555nmに等しい波長）の 1/683W の単色光の与えられた方向での光度と定められている．測光量の計算には分光視感効率が使用され，その分光視感効率は通常明所視での $V(\lambda)$ であるが，暗所視での分光視感効率 $V'(\lambda)$ もある．

（鈴木恒男）

◆CIE Pub. No.38 (1977)

ソットサス，エットレ [Ettore Sottsas]
（造）

　ソットサスは1917年オーストリアのインスブルックに生れ，イタリアのトリノ工科大学を卒業後，戦後，ミラノに建築とデザインの事務所をかまえる．1950年代はオリベッティのコンサルタントとして活躍，タイプライターやコンピュータの革新的なデザインを手がける．ソットサスの地位を不動のものにしたのは1982年，建築家やデザイナーとともに「メンフィス（Menphis）」のグループを立ち上げ，たちまち現代のヌーヴォー・デザインの旗手となってからである．

　メンフィスのデザインでは，装飾が蘇り，遊び心を映した形の実験とあざやかな色彩，素材の使い方と組合わせなどに，人間的な温もりや粋を前提とした精神性を重んじたコンセプトに特徴が見られる．ソットサスはメンフィス・グループの中核として，常に実験的な表現を模索しながら，それまでのデザインの常識をくつがえしていった．さまざまなパターンのプリントされたラミネート・プラスチックの採用によって現代のファーニチャー・デザインの様相やスタイルを一新した．一例として，細菌を散らしたようなバクテリア・パターンやひび割れ状，スポンジ状のパターンなど人工的な模様におおわれた家具があげられる．メンフィス・デザインは装飾様式そのものであるといわれるように，あざやかな色彩とともに機能を無視した形や，単純な幾何学的形体のくり返し，重層の形を駆使した遊びの形は，まるでかつてのアール・デコの形を想起させる．しかし，ソットサスの目指した創造理念はアール・デコと異なり，現代の

都市文化を視座に，人間に最も身近な家の中の物との関係を見直し，相互の細やかで豊かなコミュニケーションを前提としたものづくりといえる． 　　　　　　　　　　　　　　（三井秀樹）
→ポスト・モダンの色彩，アール・デコ

染付 [blue and white]（造）

　白い素地に，コバルトを含む青料で文様を描き，これに透明釉をかけて焼き上げ，藍色に模様が浮かび上がったやきもの．もしくはその技法．一般には磁器製品に対していう．磁器を焼成する高温に耐えて美しく発色する顔料は，伝統的な技法では数が少ないが，コバルト顔料はその1つである．染付の技法は中国で元時代（14世紀）に完成された．中国では青花もしくは釉裏青とよぶ．西洋ではブルーアンドホワイト（blue and white）．日本では有田で磁器誕生と同時に焼かれ始める．染付とは，日本独特の名称で，文様を染め付ける，染織品からの発想と思われる．白磁とコバルトの青色の出合いは，世界やきもの史上の1つの大きな事件であった．白く澄んだ磁肌にあざやかな藍色で文様の描かれた中国磁器は，シルクロードを通って西方へ運ばれ，地中海沿岸，イスラム教圏の人びとを魅了した．当時，それらの地方では磁器を焼く技術をもたなかったため，陶器の上に白濁する錫釉をかけて白い器をつくり，この上にコバルト顔料で文様を描いて，中国青花磁器を写した．また，中国の影響をさまざまな形で受けながら，朝鮮半島，ベトナムなどでは15世紀に染付磁器を焼いた．染付の色は，原料の成分，精製具合，焼成条件などさまざまな要因で変化する．最も長い染付の歴史をもつ中国の作品を概観したとき，それぞれの微妙な色の変化に，背景にある時代や地域の違いなどを見出すことができる．
　　　　　　　　　　　　　　　（中島由美）

[た]

タータン・チェックの色 [Tartan plaid colors]（衣化）

元来はスコットランドの高原地方の人が家紋として使用した綾地のサージを用いた毛織物の色格子柄のことで，12世紀スコットランド統一の折に，各種族が自分の家の家紋として用いだしたのが始まりとされている．現在でもスコットランド人の正装として，キルト，コート，ショールなどに用いられている．緑，黒，赤，黄，青，紫，白，橙など色とりどりの糸を用い，模様の大小，粗密さの異なる千差万別な格子柄がある．タータン・チェックのうち，氏族を表徴するクラン・タータンは，ベースカラーにダーク・グリーンを用いたグリーン・タータンと，レッドを地色にしたレッド・タータンの2種類が主なものであるが，家柄によってそれぞれの指定の色が異なり，また藩主の変動により，1本，2本と色柄が加えられるなどしてしだいに複雑化していった．

1826年にはタータン模様を収録する「タータン紋章院」と称されるものが存在していたことが確認されており，今日でも300種類を越えるクラン・タータンがある．クラン・タータン以外にも用途に応じたタータンが存在し，ブラウンやダーク・カラーなどの保護色が主の狩猟用のハンティング・タータン，赤，黄色など派手目な配色を用いた女性用のドレス・タータン，主に白と黒配色の葬儀用のモーニング・タータンなど柄や色の異なる多種類のタータンがある．スコットランド以外では一般的な毛織物として，その配色と格子柄が人気を集めており，トラッド・ファッションの定番柄として，スカート，ブレザー，ベレー帽などに用いられている．

〔渡辺明日香〕

◆城 (1995)

ダートナルの標準曲線 [Dartnall's standard curve]（生）

人間が色を見るには網膜に3種類の視物質があることはしだいに人びとの確信するところとなり，次はそれらの分光感度を精密に確立することが最重要課題となった．この時期20世紀の半ば頃に発表されたのが英国のダートナルによる1つの分光感度曲線である．彼はいろいろの動物の網膜から視物質を取り出して分光感度を測定し，それらを横軸に波長の逆数つまり波数で，縦軸に光量子の単位でプロットすると，たがいに異なるのはピーク波長だけで，形はすべて同じ，したがって横軸方向に適当にずらすとすべて重なることを経験則として発見し，その形を数値で発表した．その後多くの研究者が，化学的，物理的，心理物理学的手法を駆使して種々の視覚系光受容体の分光感度を得たが，それらが単一の視物質のものであるかどうかを検討するのにこのダートナルの分光感度曲線を標準曲線と称して利用した．したがってダートナルの標準曲線は視物質探求のパイロット役を果たしたといえる．その後の研究によってこの標準曲線は桿体のロドプシンを表し，また錐体ではS錐体と一致するが，MとL錐体とは長波長領域で一致せず感度が高いことが確認されている．

〔池田光男〕

→錐体分光感度関数, 三色説, 桿体, ロドプシン, 錐体, S錐体分布

ターナー，ヴィクター・ウィッター [Victor Witter Turner]（社）

1920年，スコットランドに生れ，1988年に死亡．マンチェスター大学人類学科に学び，コーネル大学，シカゴ大学，ヴァージニア大学教授を歴任．象徴人類学者．彼は，アフリカ・ザンビアのンデンブ族（Ndembu），ランバ族，ウガンダのギス族などの実地調査を行い，未開民族の民族誌例を克明に調査した．とくに1952年，1954年の2回にわたり，アフリカ・ザンビア北西部州のンデンブ族の実地調査を行い，通過儀礼の実際例を詳細に記録し，それらの基本となっている色彩の象徴性を解明したことで，高

同調査において，彼はンデンブ族の「白の川，赤の川，黒（闇）の川」の宇宙観を明らかにし，併せて割礼，族長継承儀礼，双子儀礼，不妊治癒儀式などの通過儀礼における「白，赤，黒」の3色の象徴性を解明した．たとえば，ンデンブ族では不妊の女性は，闇（黒）の亡霊によりその生殖力を抑えられていると考えられ，治癒儀礼の際，妻は純潔と幸運をよぶ白い若鶏を抱き，夫は用意した赤い牝鶏を縛ることを命じられる．その後，占い師は黒い大鼠の穴に向かって，子供を授けるように祈願したのち，赤い牝鶏の首を刎ね，牝鶏の血と血に染まった羽根を穴へ投げ込む儀式を行うという．彼らにとっては，白は母乳，精液，再生，繁殖（白い鶏）を意味し，黒は暗闇，穢れ，死滅を表徴し，また赤は，魔術（牝鶏），殺人を表すとともに，生命，母の血の色の象徴でもあった．他の通過儀礼の折りにも，その儀礼を象徴する3色のモノを通じて，呪術的祈願が行われた．彼はこの3色の象徴性は，諸民族に共通するキーワードであると提唱した．また，ターナーは，ンデンブ族は通過儀礼の際，まさに境界状況にあるときは「コミュニタス」に入るという新しい概念も導入し，後の人類学研究に寄与した． （植木　武）
◆梶原 (1984), Turner, V.W. (1969) [冨倉訳, 1976], Swartz, M.J.・Jordan, D.K. (1976)

ターナー，ジョーゼフ・マラード・ウイリアム[Joseph Mallord William Turner]
（造）

イギリスの風景画家．1775年ロンドンに生れ，1851年同地に没．1789年ロイヤル・アカデミー美術学校に入学．また地誌学的な関心から水彩画を学び，トマス・ガーティンとともに当時発展しつつあった水彩画の色彩法を研究する．油彩画とは異なり，支持体の紙の白を制作過程の最後まで残して光や空間の表現に用いる水彩画の技法は，ターナーの油彩画に大きな示唆を与えた．大気の変化を描く闊達な水彩画とともに油彩画でも独自の画風が認められ，1802年にロイヤル・アカデミー正会員．同年，初めてヨーロッパ大陸各地を旅行した．1811年アカデミーの教授となる．1828年にはイタリア滞在．神話や歴史に取材した傑作も多いが，《国会議事堂の火災》(1834)，《解体のために曳航される戦艦テメレール》(1839)（図・口絵），《雨，蒸気，速力》(1844) などのすぐれた作品によって，歴史画重視のアカデミーの世界で評価の低かった風景画・海景画の位置を大きく変えた．

ターナー《解体のために曳航される戦艦テメレール》1838（ロンドン・ナショナル・ギャラリー）

ターナーは実作上で傑出した色彩画家であったのみならず，色彩理論やダゲレオタイプ写真などの視覚理論の探究者でもあった．1811年から28年にかけてはロイヤル・アカデミーで講義を担当し，色彩への発言が残されている．ターナーは，自然界の嵐，雪崩，大気，雨，火といった根元的現象に関心を寄せて絵画の題材とする一方，色彩でも黄，赤，青を色彩の始原とみなし，それぞれに光，物体，空間と等しい性格を見出した．後の印象主義と異なって固有色を否定せず，むしろ固有色の自由な拡張によって色彩のもつ力を強調した．晩年にはゲーテの『色彩論』(1810，英訳版は「教示篇」のみ1840年に刊行) に関心を寄せた．ただしターナーの興味は必ずしも色彩現象の知覚にはなく，むしろ物体色の可能性に向けられた．その点で若いときからモーゼス・ハリスの色彩環（1776頃）などに注目していた．油彩画約500点，2万点の水彩・素描画の大半はロンドン・テート・ギャラリーに収蔵． （前田富士男）
→ゲーテ，ロマン主義の色彩
◆Gage, J. (1969), Lindsay, J.・Turner, J.M.W. (1966) [高儀訳, 1984]

対応色 [corresponding color]（感知）

照明光や背景色，色表示メディアといった観

察条件が非対称な状況において，主観的に等色する色のペア．色恒常性が完全に成立する場合には，照明光 A 下にある色票の照明光 B 下における対応色は，その色票を照明光 B の下に置いたときの色度となるべきだが，実際には色の見えを判断するレベルの色恒常性が不完全であるために，この 2 つは対応色とならない．対応色を予測する式が多くの研究者によって提唱されている（Hunt, 1991b；Nayatani ら，1990；Fairchild, 1998）．いずれの式も，基本的にフォン・クリース係数則に従って，錐体ごとの感度調整によって対応色が推定されるシステムである．近年，国際照明委員会（CIE）において，それらの予測式の特徴を取り入れた簡易型の予測式（CIE CAM97s）が提唱されているが，まだ完全な形での予測式は得られていない．色表示メディア間の対応色については，色の見えのモードと関係があると考えられており，予測式に経験的パラメータが導入されている．しかし，その背景にある生理的なメカニズムについてはまったく解明されていない． （栗木一郎）
→色恒常性，非対称カラーマッチング法，フォン・クリース色順応メカニズム
◆Hunt, R.W.G (1991b), Nayatani, Y. ら (1990), Fairchild, M.D.(1998)

対応する色再現 [corresponding color reproduction]（入出）

ハントが分類した 6 種の色再現目標の 1 つ（Hunt, 1970）．等価な色再現（照明色，照明強度，周辺視野条件を考慮した見えの一致）に対して，被写体および再現画像の輝度の取り扱いを参照白色に対する相対輝度の関係として簡略化し，絶対輝度の差に伴う彩度およびコントラストの変化を取り除いた再現のことを指す．この場合，照明色の差を考慮した対応色の算出，および周囲条件の違いによるガンマ補正，の 2 つの要因を考慮すればよい．等価な色再現は観察条件の差に起因するすべての効果を考慮するものであるが，被写体と再現画像の絶対輝度レベル差が大きい場合には実現は困難であり，現実的な判断基準とはなり得ない．そこで，被写体と再現画像の輝度レベルが仮に同じだった場合に見えが一致するような色再現基準として考えられたのが対応する色再現であり，実際的応用にはこちらが用いられるのが一般的である．対応する色再現の具体的応用としては，昼光照明下の被写体をカラースライドフィルムで撮影し，これを暗室中でスクリーン上に投影する場合の色再現基準として用いる例があげられる．

照明の色である白色を参照白色と順応白色とよんでいるが，色順応に関連する現象を扱っている際に用いられる白色を順応白色とよび，それ以外の三刺激値の計算や相対輝度の計算等に用いられる白色を参照白色とよぶ．（山田　誠）
→分光的色再現，等価な色再現
◆Hunt, R.W.G. (1970)

大規模行為の色彩 [colors of large-scale architecture]（デ）

大規模行為とは景観条例などに関連した言葉で，大規模建築物等と表現される場合も多い．大規模な建築物は景観に対する影響が大きいために特別に取り上げられて誘導の対象にされる場合が多い．大規模建築物等には建築物のほかに大規模な工作物が含まれるため「等」と表現されて両者の建設や改修が大規模行為とよばれる．昭和 60 年（1985）に施行された兵庫県の「都市景観の形成等に関する条例」は，日本で初めてマンセル値を用いた客観的な色彩の指導基準が定められたものである．この条例では大規模建築物とは高さ 15m 以上，または建築面積が $1000m^2$ を超えるものとされ，工作物では高さ 15m 以上，または土地の面積が $1000m^2$ を超えるものとされている．これらの数値は各自治体が定めるが，おおむねこの規模である．この条例での色彩指導基準は，彩度の制限を外壁の基調となる色に適用するもので，R（赤），YR（黄赤）系の色相を使用する場合は彩度 6 以下，Y（黄）系の色相を使用する場合は彩度 4 以下，その他の色相を使用する場合は彩度 2 以下と定められている．この条例以後，マンセル値で基準を定めるケースが見られるようになった．

（永田泰弘）

耐候性 [weather resistance]（自人）

可視光や紫外線による酸化・還元，加水分解などの化学反応によって生じる，顔料が退色または変色することを，耐光性といい，放射だけでなく，雨水や塩による退色または変色を含め

たものを耐候性という．材料の耐候性は，日射の強さ，日照時間，雨量などの気象条件や空気の汚染状態，塵埃などの環境条件によって異なるため，標準的な試験場所で自然に曝して行う．暴露試験場所として，日本では銚子や沖縄，外国ではマイアミやアリゾナが有名である．暴露試験の結果が得られるまでには数ヵ月から数年かかるため，人工的に退変色を起こさせる促進耐候試験が併用される．促進耐候試験には，カーボンアーク灯，サンシャイン・カーボンアーク灯，キセノンアーク灯などの放電灯が用いられる．促進耐候試験では，数十時間から数百時間で結果を得ることができるが，自然に暴露した結果との関係が，材料の種類や劣化要因によって異なるために，暴露試験との併用にとどまっている．退色や変色の表示には，未暴露試料の色との色差や染料の種類と染量が規定されている8段階のブルースケールが使用される．

(小松原 仁)

→変色と退色，グレースケールとブルースケール

大細胞層 [magnocellular layer]（生）

網膜から大脳皮質1次視覚野（V1）に至る視覚経路のうち，外側膝状体の腹側の2層の大細胞（magno）層で中継される経路を大細胞経路（Magno系）とよぶ．大細胞経路に信号を送りだすのは網膜のPα（パラソル）神経節細胞であり，外側膝状体の大細胞層で中継された信号はV1の主に4Cα層に伝えられる．視野の同じ場所に受容野をもつニューロン間で比較すると，大細胞経路のニューロンは小細胞経路のニューロンに比べて受容野が大きく空間的な解像度は落ちるが，時間的な解像度はすぐれている．また，大細胞経路のニューロンは受容野中心部と周辺部ともすべての錐体からの信号を受け，波長によって応答の極性が興奮から抑制に変化せず広帯域の応答を示す．このためこの経路のニューロンは広帯域型ともよばれる．広帯域型ニューロンの波長感度分布は，ヒトの標準分光視感効率 $V(\lambda)$ に近い．この経路は色の情報は伝えず輝度の情報のみを伝えている．また，外側膝状体大細胞層の損傷により運動視に重篤な障害が生じることから，大脳皮質で行われる動きの情報処理に用いられる信号は，大細胞経路を通して大脳皮質に伝えられると考えられている．

(小松英彦)

◆Schiller, P.H.・Logothetis, N.K. (1990)

耐酸性雨塗料 [acid rain-resistant paint]（着）

空気中に含まれるNOx（窒素酸化物）や硫黄酸化物が雨に溶解して硫酸や硝酸となり，塗膜上に残って濃縮されると，従来のメラミン架橋型塗料では，樹脂間の化学結合が切れ，塗膜表面がエッチングされてしまうため，雨シミが発生する．この対策として酸性雨によって侵されないようにした塗料が耐酸性雨塗料である．酸エポキシ塗料がその代表で，これはカルボキシル基とエポキシ基の反応により，エステル結合の架橋を形成させるものである．酸エポキシ塗料はメラミン架橋型塗料に比べ，硫酸存在下での加水分解速度がきわめて遅いので，酸性雨に対して有効であることが実証されている．

(吉田豊太郎)

◎耐酸塗料

体質顔料 [extender pigments]（化）

プラスチックやワニスなどの展色剤（ビヒクル）と練った場合に無色で，隠蔽力の小さい透明な材料を体質顔料とよぶ．たとえば，低密度ポリエチレンに炭酸カルシウムを1%添加したフィルムは元の添加しないフィルムと色および透明度はほとんど変化がない．ポリエチレンの屈折率と炭酸カルシウムの屈折率が近いことによる．屈折率の大きい酸化チタンを同量使用した場合は，不透明な白色のフィルムとなる．体質顔料はプラスチック，塗料，紙などの光学的性質，機械的性質，流動性などの改善を目的として使用する．具体的にはプラスチックに使用して樹脂の弾性率を向上させ，溶融粘度を上昇させる．塗料に使用して粘度の調整，艶消しなどの効果を得る．

製紙用としては内墳用およびコーティング用として各種の体質顔料が使用され，印刷インキの浸透の調整，裏うつり防止などの役目を果たす．用途に合わせて粒度の異なるもの，表面処理を施したものが用意されている．また，体質顔料は空気との屈折率の差は大きいので空気中では白色に見えるので，学校で使用するチョークや運動場の白線などに炭酸カルシウムが多く

体質顔料と展色剤の屈折率

体質顔料および展色剤	屈折率
アルミナホワイト（塩基性硫酸アルミニウム）	1.5
重質炭酸カルシウム	1.48〜1.65
沈降性炭酸カルシウム	1.54〜1.68
沈降性硫酸バリウム	1.64
カオリンクレー	1.56
ホワイトカーボン（含水珪酸アルミニウム）	1.4〜1.5
水酸化アルミニウム	1.56
あまに油	1.48
低密度ポリエチレン	1.51
メタクリル樹脂	1.49
［参考］白色顔料のルチル型酸化チタン	2.71

使用されている．体質顔料および展色剤の屈折率を表に示す． （珠数 滋）
→展色剤
◆日本顔料技術協会編 (1989)，伊藤（征）総編 (2000)，色材協会編 (1989)

大正の色彩 [color in the Taisho Period]（社）

大正時代は1912年から1926年までの14年間である．明治時代の急激な西洋化の進行は，社会的にさまざまなひずみを生み出し，その反動として大正時代には，一種のナショナリズムと反体制運動を促すこととなった．各地の炭坑や農村で労働運動やストライキが勃発し，赤旗の赤が労働者の象徴色となった．また，大正時代は大衆の中から真の民主主義を求める大正デモクラシー運動が起こった．とくに平塚雷鳥，物集和子らは，彼らの主張の証としてイギリスのブルー・ストッキング運動を模倣して，青い靴下を履き，女性参政権を求める雑誌「青鞜」を発刊し，当時の女性たちに大きな影響を与えた．いわば体制側の黒い権威に対して青は，彼女らの自由民権運動の象徴の色でもあった．

大正時代には，近代化，西洋化が一層進み，大正9年には「生活改善同盟」が結成され，中産階級の家族生活全般の経済性，合理性の追求が推進された．衣服の洋装化が進むとともに，日本の美意識と結びついた大正ロマン風潮が生れた．その代表的な挿絵画家として，竹久夢二，高畠華宵，蕗谷虹児らが輩出し，大正時代の都市の風俗や女性像を独特なくすんだ赤紫や紫，灰みの緑，暗い黄色などの色調で表現して，大正ロマンの旗手となった．また和服の世界でも化学染料が導入され，明るい緑みのブルーの新橋芸者の愛好した「新橋色」が流行色になった．
（城 一夫）

褪色 [bleaching]（生）

網膜の中で最初に外からの光に反応するのは桿体と錐体の視細胞であるが，その最初の仕事はその光を吸収することである．それを担当しているのが視物質で視細胞の最先端の外節というところに含まれている．視細胞は光を吸収すると一仕事を終えて自らは透明となり，もう光を吸収しなくなる．このときの色に注目すると，桿体の場合はピンク色が透明になる．褪色の名が出てきた所以である．視物質は褪色しそこで終わってしまったのではそれ以上の光の吸収がなくなり視覚機能はなくなってしまう．視物質は再び元の状態に戻らねばならない．これが再生である．したがって，視物質は褪色と再生を同時進行で実行している．褪色現象が視覚研究で最も有効に使われたのは視物質の分光感度を測定するときであった．褪色する前の視物質に光をあてどれだけ透過したかを測る．次に強い褪色光を与え視物質を褪色させ透明状態にしてもう一度透過の量を測る．差をとると視物質によって吸収された分が得られる．測定光を単色光にすれば分光吸収曲線が決定できる．視物質を抽出して微小分光測光したり，人間の目で眼底からの反射する光を測定したりして視物質の分光感度が決定されてきた． （池田光男）
→微小分光測光法，視細胞

大脳視覚前野（V2, V4野）[prestriate cortex]（生）

大脳皮質1次視覚野（V1）からの信号は前方の視覚前野とよばれる皮質領域に伝えられる．視覚前野は多くの領域に分けられているが，色の情報はV2野を経てV4野に伝えられる．この経路は物体識別の高次中枢である下側頭皮質に物体の色や形に関する視覚情報を伝える経路であり，大脳視覚野の腹側経路とよばれる．V2野はV1のすぐ前に隣接して存在する．V2野にはチトクロームオキシダーゼの染色で濃く染まる太い縞状の領域と細い縞状の領域，それに縞と縞のあいだの薄く染まる領域の3種類の領域が区別される．V2野の細い縞の領域には方位

選択性をもたないニューロンが多く色選択性をもつ細胞が多く存在することが報告されている．V4野はV2野から信号を受け，下側頭皮質の後部領域に信号を送る．V4野にも視覚刺激の形態的特徴（傾き，長さ，幅，空間周波数，テクスチャーなど）や色に選択的に反応するニューロンが存在する．

V4野にはV1と同様さまざまな色に選択性をもつニューロンが存在するが，V1と異なり色の恒常性に対応した応答特性をもつことが報告されている．それによると，さまざまな色の面で構成された刺激を異なる波長成分の光で照明したとき，V1の色選択性ニューロンの応答は受容野上の面の反射光の変化に応じて変化したが，V4の色選択性ニューロンは同じ応答を示したということである．また，V4野の破壊では色弁別は軽微にしか障害されないが，色の恒常性が重篤に障害されることが報告されている．

（小松英彦）

◆Komatsu, H. (1998b)

大脳視覚野（**V1野**）[visual cortex]（生）

大脳皮質1次視覚野は大脳皮質の一番後ろに存在する領野で，眼から外側膝状体を経て最初に視覚入力を受け取る大脳領域である．この領域はV1，ブロードマンの17野，有線領野などともよばれる．V1は網膜との詳細な位置対応関係をもっており，視野中心はV1の前方部に対応し，上視野はV1の腹側部，下視野はV1の背側部に表現され，V1全体で反対側の半視野を表現している．網膜と外側膝状体のニューロンが同心円状の受容野をもち，視覚パターンの傾き（方位）や運動方向には選択性をもたないのに対し，V1の多くのニューロンは同心円状の受容野構造をもたず，方位や運動方向のような視覚属性に選択性を示す．

また，左右両眼からの視覚情報が単一ニューロンに収束し，両眼視差に選択性をもつニューロンもV1ではじめて見られる．色情報の表現について見ると，外側膝状体では基本的に2種類の色選択性細胞（赤緑色対立型細胞と黄青色対立型細胞）しか存在しないのに対して，V1にはさまざまな色選択性をもつニューロンが存在する．それらのニューロンには色空間のさまざまな方向の色に最大応答を示すものが見られ，また低い彩度の色に強い応答を示すニューロンも見られる．また受容野の中心部と周辺部で異なる色対立型の応答を示す二重色対立型細胞も報告されている．

色選択性をもつニューロンの一部は方位選択性ももつ．V1の上では左右のそれぞれの目からの入力が強い領域が約0.5～1mmの幅の縞状に交互に並んでおり，眼優位性コラムとよばれる．V1は他の大脳皮質領域の多くと同様6層構造をもつが，眼優位性コラムの中心付近の2～3層には，チトクロムオキシダーゼ染色によって濃く染色される領域が斑点状に存在する．これらの斑点のそれぞれはブロブとよばれる．ブロブには方位選択性をもたず色選択性をもつ細胞が多く集まっており，とくに二重反対色型細胞が存在するという報告があるがこれと異なる報告もあり，ブロブが色情報処理にどのように関係するかはまだ結論が出ていない．ブロブは夜行性で色覚をもたない種類のものも含めてこれまでに調べられたすべてのサルのV1に存在している．

（小松英彦）

→二重反対色型細胞

◆Hanazawa, A. ら (2000)

大脳視覚領（下側頭皮質（**IT野**））[inferior temporal cortex]（生）

下側頭皮質は，大脳視覚野の腹側経路の最後に位置する皮質領野であり，物体識別の中枢である．下側頭皮質の破壊によって視覚パターンの弁別や再認が重篤に障害される．また，色弁別にも顕著な障害が生じる．下側頭皮質は機能的，解剖的に大きく前部（TE野）と後部（TEO野）に分けられる．V4野からの信号はTEO野およびTE野の後部に終わり，TE野前部はTEO野を介して視覚情報を受け取る．TE野のニューロンは視野中心を含んで両側にひろがるきわめて大きな受容野をもつ．下側頭皮質のとくにTE野にはそれ以前の領域には見られない複雑な形やパターンに選択的に反応するニューロンが存在し，類似した図形特徴に反応するニューロンはコラム状に集まって存在する．このような図形選択性は学習に伴って新たに形成される．下側頭皮質にはさまざまな色相や彩度に選択性を

もつニューロンが存在する．これらの中にはヒトの色知覚における基本色名のカテゴリーと類似した範囲の色に選択的に反応するものが見られる．また，色と図形の一方のみに選択的に反応するニューロンと，それらの両方に選択性をもつニューロンが見られる．下側頭皮質からの信号は大脳辺縁系の扁桃体や海馬に伝えられ，物体刺激の価値判断や記憶に用いられる．

〔小松英彦〕

◆Komatsu, H. ら (1992)

大脳性色覚異常 [cerebral achromatopsia]
(生)

大脳損傷によって発症した色覚異常のこと．外側膝状体の小細胞系を経由した視覚情報には，形態情報と色情報が混在している．通常この径路が後天的に損傷されると形態情報を失うため視野欠損を生じ，視対象の色だけが異常に自覚されるということはない．しかし，後頭葉底部の紡錘回に障害をきたした場合，視対象の色の見えに異常をきたす場合があることが古くから知られている．これを大脳性色覚異常という．両側病変の場合，全視野にわたる色覚異常を示すことがあり，片側病変でも色覚検査（とくに色相配列検査）に異常をきたす場合がある．典型的な大脳性色覚異常の患者は，「セピア色に見える」「モノトーンに見える」などとその見え方を表現するが，部分障害の場合であっても「汚れて見える」「薄暗く見える」などと訴える場合がある．片側病変では，半側の視野だけに色覚異常を認める場合もあることが報告されている．近年の脳機能画像法による実験結果から，ヒトV4野が後方紡錘回に存在し，色覚の成立に重要な役割をもっていることがわかってきたが，形態視との分離の点では判然としない点が多く，純粋に色情報だけを担う大脳領域が存在するものかどうかについては，いまだ議論の余地が残されている．

〔仲泊 聡〕

→大脳視覚野 (V1 野)

対比 [contrast] (感知)

ある領域と隣接する他領域との差異を過大視する知覚現象を対比という．代表的な研究としてヘルムホルツとヘーリングの説を紹介する．

Helmholtz (1962) によると，網膜に投射された光をわれわれは照明と対象表面の反射率特性の2項に分けて知覚しているので，対象の色は照明分を差し引いた残りになる．石炭は黒く，雪は白く見えるが，網膜像の上では逆転している場合もある．太陽光下で黒く見える石炭は，照明が 10 万 lx, 反射率 1% として 1000 lx も反射しているのに，月光下で白く見える雪は，照明が 100 lx, 反射率 100% として 100 lx しか反射していないかもしれない．しかし，われわれが照明を視野全体の明るさの平均として捉え，対象の反射率をこの平均からのずれとして知覚するなら，平均よりも少ない光を反射している石炭は黒く，多く反射している雪は白く見えることになる（場合によっては照明成分の決定にはごく小さな光沢部分の明るさが重要になることもある）．さて，明るさの対比現象はこの照明分の差し引きから次のように予測される．白背景上に置かれた灰色ターゲットは，白に偏った視野全体の平均を基準にするから，−白，すなわち＋黒に見えるはずである．色対比も同様に全体の平均からのずれとして予測される．ただしこの説は，ターゲットとその背景が同一照明下にあることを前提にしているので，この前提が満たされない条件には適用できない．

他方，Hering (1874) にとって，物体表面上の色などは空間性を含む純粋でない色であった．純粋な色とは手前の平面上にある小穴の向こうに見える色のような物体感のない色であり，照明や反射率とは関係をもたず，輝度や色度など測光学上の色と対応する．対比は投射光に基づいて生起する感光細胞や神経の興奮や側抑制の作用から説明される．Haack (1929) はこのヘリング説を次の2部屋実験で吟味した．隣室をスクリーンにあけられた穴を通して観察する．スクリーンが強く照明された黒の場合には隣室は暗化して見えたが，陰中にあって弱く照明された白スクリーンの場合には隣室は普通に見えた．この観察から，対比現象の記述には輝度用語だけでは不十分であることが示された．

〔多屋頼典〕

→ヘーリング，ヘルムホルツ

◆Helmholtz, H. von (1867), Hering, E. (1874), Haack, T. (1929)

タウト, ブルーノ [Bruno Taut]（造）

ドイツの建築家. 1880年旧東プロイセンのケーニヒスベルク（現ロシアのカリーニングラード）に生れ, 1938年イスタンブールで没. ケーニヒスベルクの建築学校を1902年に卒業後, シュトゥットガルトのテオドール・フィッシャーのもとで02年から04年の間, 働く. 1909年に友人フランツ・ホフマンと共同でベルリンに設計事務所を設立して独立. 1913年のライプツィヒ国際建築展に《鉄のモニュメント》を, 14年のケルンのドイツ工作連盟展にパビリオン《ガラスの家》を出展し, 近代的な素材を駆使する新進の建築家として注目された. とくに後者は, 多色のガラスにより色彩と光の戯れをつくりだし, 石と煉瓦による重く暗い建築と対立する造形理念を提出している. 第一次世界大戦直後には, ユートピア思想の影響から, 自然と調和した幻想的建築物を水彩で描いた『アルプス建築』(1919年) などの著作により, 表現主義建築の主導者と目された.

一方,「絵の具箱のコロニー」と称された1913, 14年のファルケンベルクの集合住宅（ジードルング）に引き続き, タウトは21年から24年にマグデブルクで市の建築顧問として都市計画を担当し, 既存の市街地建築の外壁に多彩な塗装を施すなど「色彩建築」の実践を行っている. 色彩を建築に従属するものとは考えず, 色彩によって都市と自然との間の調和を実現しようと試みた. 1924年から31年には, 労働組合の住宅建築企業（ゲハーク）で主任建築家として, 自身の田園都市構想に基づき, ベルリン近郊を中心に1万2000戸以上の色彩塗装されたジードルングを建てている. ブリッツの《馬蹄型ジードルング》やシェーレンドルフの森のジードルング《オンケル・トムス・ヒュッテ》などがその代表例.

1930年から32年, シャルロッテンブルク工科大学の教授を務めた後, モスクワの都市計画に対する助言を求められ32年に同市を訪れるが, 意見が合わず翌年ドイツに帰国. 1933年, ナチス政権成立直前に亡命の形で来日し, 熱海の旧日向別邸を設計建築するほか, 仙台と高崎で工芸デザインの指導を行う. また, 第一次世界大戦直後の著作で理想とした「田園都市とクリスタル・ハウス」の関係を「京都と桂離宮」のそれに見いだし, 桂離宮に最大限の評価を与えるなど, 日本の建築や文化に関する多数の著作を残す. 1936年にイスタンブール芸術大学建築科主任教授, トルコ政府建築顧問として同地に赴き, 教授や設計に忙殺されるなか, 急逝した.

（一條和彦）

◆土肥・生松 (1981), SD 編集部編 (1982)

足し合わせ係数 [summation index]（感知）

2つの光刺激を与えて生じる2つの現象の間にどのような相互関係があるかを検討するために考えられた係数で, 色覚のメカニズムを研究するのにも用いられる. たとえば赤の光刺激を与えて光覚閾 ΔN_{R0} を測定する. これとは別に緑の光刺激を与えて ΔN_{G0} を測定する. 次に赤と緑の光刺激を重ねて与えて光覚閾 ΔN_{RM} と ΔN_{GM} を測定する. そして σ（シグマ）という量を次の計算で求める.

$$\sigma = 0.30 - \log(\Delta N_{RM}/\Delta N_{R0} + \Delta N_{GM}/\Delta N_{G0})$$

これが足し合わせ係数で, 赤と緑によって刺激された視覚系の組織がどれだけ関係し合っているかを示す値となる. 両組織が100%助け合う場合, あるいはそれらが同一の組織であるなら, 重ねて与えたときはそれぞれが単独の場合の半分の強さがあればよいのでカッコの中の両項はそれぞれ1/2となり, 対数値は0, したがって $\sigma = 0.30$ となる. これは2の対数値, すなわち足し合って2倍となるという意味を表している. もし重ねても以前と変わらず $\Delta N_{RM}/\Delta N_{R0}$ も $\Delta N_{GM}/\Delta N_{G0}$ も1なら, $\sigma = 0$ となる. これは, 両方刺激しても, もともとの強さが必要で, これは両者が抑制し合っていることを表す. 関係ないときは確率的足し合わせが起こり σ は約0.1となる.

（池田光男）

→確率的足し合わせ

多次元尺度構成法 [method of multi-dimensional scaling]（心測）

刺激や個体の類似性データや非類似性データからそれらの距離を算出し, 多次元の空間（一般には2次元）に配置することで各刺激や個体の

関係性を探る方法のこと．たとえば複数の色見本を被験者に呈示し，それを SD 法で評定してもらう．SD 法のデータから距離行列を作成し，多次元尺度法を用いれば，その被験者の色見本の心理的な配置を知ることができる．ここで，距離関数は無数にあり，その選択によって解析結果は異なることに注意する必要がある．データの性質によってどの関数が最適であるかは異なるが，一般的にはユークリッド距離や市街距離（絶対値を用いる）が多く利用される．与えられたデータと距離が線形の関係があると想定される場合は計量多次元尺度法とよばれる．データが順序尺度などであり，単純に距離を計算できない場合の方法は非計量多次元尺度法とよばれ，その解法としては ALSCAL などのアルゴリズムが代表的である．データが刺激 × 変数 × 被験者という構造（3 相データ）になっている場合，刺激だけでなく被験者も多次元空間に配置することができる個人差多次元尺度法（INDSCAL）などが開発されている． (星野崇宏)

→SD 法

◆岡太・今泉 (1994)

建染染料 [vat dye]（化）

水に不溶性の色素で，アルカリ性還元浴で還元して得られる水溶性ロイコ化合物がセルロース系繊維に親和性を有する染料．染色に際してはロイコ化合物の形で繊維に染着させた後，繊維上で酸化によりもとの水不溶性染料に戻して染色を完了する．

建染染料の染着機構

建染染料の名称は染色時の還元操作を建化（バッティング：vatting），還元浴をバット（vat）とよぶことからバット染料とよばれる．最初に工業化された Indanthrene 染料の冠省名からスレン染料とよぶこともある．建染染料はその化学構造から，インジゴ系建染染料，アントラキノン系建染染料，その他の建染染料に分類される．以下に代表的な構造例を示した．

建染染料の製品形態は当初，染料を乾燥粉砕した粉状染料が吸尽染色用に用いられたが，その後ピグメントパッド染色法の普及に対応し，分散剤を用いて微粒化した分散タイプが開発され，現在市販されている建染染料はほとんどが分散タイプになっている．建染染料のロイコ化合物は硫酸エステルの形で比較的安定で，酸性条件下でも水に可溶であるため，この性質を利用し

Indigo
C.I.Vat Blue 1

Thioindigo
C.I.Vat Red 41

インジゴ系建染染料の例

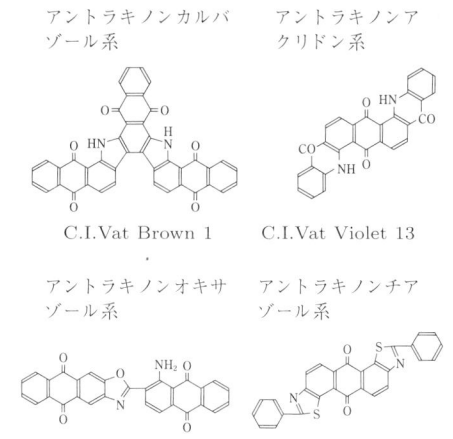

アントラキノンカルバゾール系
C.I.Vat Brown 1

アントラキノンアクリドン系
C.I.Vat Violet 13

アントラキノンオキサゾール系
C.I.Vat Red 10

アントラキノンチアゾール系
C.I.Vat Yellow 2

アントラキノン N-ヒドラジン系
C.I.Vat Blue 6

アントラキノン系建染染料の例

ピレン系 ペリレン系

C.I.Vat Orange 2   C.I.Vat Green 1

ベンザントロン系

C.I.Vat Black 25

その他の建染染料の例

た可溶化建染染料が開発されたが，現在このタイプの染料を生産しているメーカはない．

（今田邦彦）

◎バット染料，スレン染料
◆安部田・今田 (1989)

俵屋宗達 (造)

桃山・江戸初期に本阿弥光悦と密接な関係をもって活動した京都の画家．出自や伝記は不詳．絵屋は色紙や巻物の装飾，扇面画などを扱う新興の商家で，宗達は絵屋「俵屋」を営んだ．やまと絵の伝統をふまえて斬新で大胆なデザインの作品を制作し，町衆や公家に支持を得た．元和年間 (1615–24) には古典的な題材を中心に水墨画《蓮池水禽図》を，寛永年間 (1624–44) には金屛風に色彩のみごとな構図を展開する《舞楽図》，《風神・雷神図》を描いた．金地の絵に

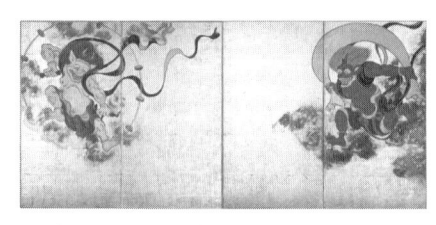

宗達《風神・雷神図屛風》17世紀前半（京都・建仁寺）

おける緑と赤の使用，あるいは単色の墨絵でも明と暗など，対比（コントラスト）の効果を駆使した色彩画家で，とくに「たらしこみ」技法の確立者として重要．たらしこみとは，最初に塗った墨または絵の具の色面が乾かないうちに，その上に墨や絵の具をさす技法で，没骨画法の一種（西洋では wet in wet とよばれる水彩画技法に等しい）である．宗達はこの方法を創出し，単純化した画面に生動する色彩感を生みだした．（口絵：風神・雷神図のうち風神図．）

（前田富士男）

◆小林 (忠) ら (1990)

単一変数の原理 [principle of univariance]
（照）

光受容細胞が光を受容する際に，光受容細胞から高次の神経レベルにいく情報は，各光受容細胞が吸収した光量子の数で表せる単一の変数であるという原理．最初の定義はラッシュトンによるもので，どの2つの色光も等しくロドプシンにより吸収されると，桿体に与える効果は等しくなることを述べた．つまり，光の波長に依存せず，吸収された光量子数だけが高次のレベルに伝達されることを意味しており，複合光による光受容細胞の応答は単色成分の光による光受容細胞の応答の総和で表せることとなる．たとえばある錐体の分光感度を $S(\lambda)$ として，そこにすべての波長成分の光量子を含む分光放射束 Φ_λ が入射したとすると，吸収される光量子は次式の単一変数に比例する．

$$\int \Phi_\lambda S(\lambda) d\lambda$$

三色表色系は基本的にこの単一変数の原理に基づいている．

（矢口博久）

丹絵と紅絵 (造)

浮世絵版画のうち多色摺以前につくられた筆彩色の版画．黒摺絵に「丹」を筆彩色した絵を「丹絵」，黒摺絵に「紅」を着色したものを「紅絵」という．18世紀の初め頃に行われた．丹は鉛丹で四酸化三鉛を熱して生成した赤色顔料である．黄色みの強い明るめの赤で，朱の代用として普及した．しかし，酸や光，湿気による影響を受けやすく，長年の間に褐色に変質することがある．丹絵は版型の大きいものが多く，大判丹絵とよばれる．その丹に代って，筆彩色に

用いられたのが，紅である．

紅絵の紅は，紅花の花弁を集めてつくる片紅とよばれる色材で，紅花特有の赤い色素を取り出して絵の具にする．享保年間の初期に，版元泉谷権四郎が紅彩色の絵を売り始めたとの記録もあり，当時から紅絵とよばれていた．これを得意とした絵師に奥村政信，奥村利信，西村重長らがいた．

今日では，「紅絵」は「漆絵」の中に統括されて，はっきりとは区別されていない．しかし，紅を中心とする筆彩色版画を，とくに「紅絵」という場合もある．浮世絵版画では，「丹絵」「紅絵」「漆絵」はすべて筆彩色の版画であったが，「紅摺絵」は，色を版で摺ったものをさす．はじめは，色摺りの原始的なものであり，紅，緑を主調とした色彩であったが，しだいに色数を増やし，5，6色の複雑なものとなり，後の「錦絵」へと発展していく． （金澤律子・降旗千賀子）

端午の節句（社）

5月5日は端午の節句日で，3月3日が女節句であるのに対して男節句と称された．この日は屋外に赤や黒の鯉のぼり，5色の吹き流しを立て，屋内に武者人形を飾るのは本来武家の習俗である．中国では5月を悪月としていることから，その日はとくに家に入ってくる毒蛇や毒虫など五毒を払うため，家の戸口や窓に菖蒲と蓬の葉を刺す習俗があった．

日本でも同じ習慣があるのも，まったく中国大陸から伝播したからにほかならない．この場合，中国では菖蒲は皇帝の軍隊の剣の形に，蓬も軍隊の旗の印に似ていることから皇帝が毒を祓うのだと伝承するが，日本では菖蒲も蓬も匂いが強く，その芳香の力が邪悪なものを祓うとされ，大きな違いをみせている．しかし日本では必ずしも匂いだけでなく，むしろ初夏に目立つ新鮮な緑の色と芳香の両方の祓う力を信じてきた傾向がある．また菖蒲はこの日，布団の下に敷いて寝たり，鉢巻きをしたり，茎の部分をストロー代わりに菖蒲酒を飲むと今年は病気に罹らないとされた．さらに笹の葉を巻いた粽も中国から伝わったもので，日本ではそれを食するだけでなく玄関に吊るして厄除けとするのも日本独自の習俗である． （小林忠雄）

誕生石 [birthstone]（社）

生れ月にちなんで定められた宝石．由来は必ずしも明らかではないが，旧約聖書の「出エジプト記」に記されている，イスラエルの祭司長の胸あてにはめ込まれた黄道十二宮をかたどる12種類の宝石，あるいは新約聖書の「ヨハネ黙示録」中に記される，新エルサレムにある理想郷の聖都の東西南北12の城門の土台を飾る宝石といわれている．これらは，イスラエルの12の部族や使徒の象徴とされる．一方，紀元前のバビロンに住んでいたカルデア人により創始された西洋占星術においても，黄道十二宮のそれぞれに宝石が配されており，天頂にある星座を象徴する石の力が最も強くなると信じられていた．このため，各月の石を順次取り替えて身につけることが習慣となった．これがもととなり，その後生れ月の石を始終つけることが一般化した．なおほかに，占星術では人間の運命は生れた瞬間の天体の位置と関係があるとされ，12の星座が運命を支配するとの考えから決められた「星座石」もある（表参照）．

以前，宝石は神の石として聖職者や王侯貴族が独占し，一般の人がもつことは原則として禁止された時代もあった．しかし，誕生石を身につけると幸運を招いたり不幸を予防したりすると信じられ，18世紀頃からポーランドをはじめとし，占星術信仰が母体となって，ユダヤ人を中心に広くヨーロッパに普及した．1912年には米国宝石小売商業組合が，まったく商業的な目的で，象徴性や季節感を考慮して誕生月につける誕生石を選定・発表した．1937年には，イギリスの貴金属商業組合がこれを真似て独自に選定・発表した．現在では，前記2種類のリストが世界的基準になっている．誕生石の決め方は時代や民族によって異なるが，フランスのようにとくに定めない国もある．日本では，1958年に全国宝石商業組合が「日本の誕生石」を選定した．アメリカのものを基準に3月にはサンゴを，5月にはジェダイト（翡翠）を東洋七宝の中から加えている．また，合成宝石の普及に伴い「新誕生石」も定められ，宝石選びの1つの

誕生石と星座石

月	誕生石	象徴
1	ガーネット	貞操, 真実, 友愛, 忠実
2	アメシスト	誠実, 心の平和
3	アクアマリン, サンゴ, ブラッドストーン	沈着, 勇敢, 聡明
4	ダイヤモンド	清浄無垢
5	エメラルド, ジェダイト	幸福, 幸運
6	真珠, ムーンストーン	健康, 長寿, 富
7	ルビー	熱情, 仁愛, 威厳
8	ペリドート, サードニクス	夫婦の幸福, 和合
9	サファイア	慈愛, 誠実, 徳望
10	オパール, トルマリン	心中の歓喜, 安楽, 忍耐
11	トパーズ	友情, 友愛, 希望, 潔白
12	トルコ石, ラピスラズリ	成功

星座	月・日	星座石
牡羊座	3・21〜 4・19	ルビー ダイヤモンド
牡牛座	4・20〜 5・20	エメラルド サファイア
双子座	5・21〜 6・21	アゲート ジャスパー
蟹 座	6・22〜 7・22	真珠 ムーンストーン
獅子座	7・23〜 8・21	ダイヤモンド ルビー
乙女座	8・22〜 9・22	サードニクス カーネリアン
天秤座	9・23〜10・22	ペリドート トルマリン
蠍 座	10・23〜11・21	オパール
射手座	11・22〜12・21	トパーズ
山羊座	12・22〜 1・19	トルコ石 ガーネット
水瓶座	1・20〜 2・18	アメシスト サファイア
魚 座	2・19〜 3・20	ブラッドストーン アクアマリン

日本ジュエリー協会編 (1997)

手がかりとなっている. なお, 宝石はその色彩から象徴となる言葉をもっていて, これがそのまま月の象徴とされている. (鹿目理恵子)
→西洋占星術の色, 宝石の色
◆日本ジュエリー協会編 (1997), 城 (1994), 山中 (茉) (2001)

単色記法と三色記法 [monochromatic designation and trichromatic designation] (表)

色度を表示する場合, CIE 標準表色系では, 一般に三刺激値のおのおのの, その和に対する比である色度座標 (三色係数) x, y または x_{10}, y_{10} を用い, 色度図上に表示する. この表示法を三色記法という. 色度を表示するいまひとつの方法に, 主波長 λ_d または補色主波長 λ_c および刺激純度 p_e による方法があり, これを単色記法という. この方法では, 色度図において無彩色の点と試料の点を結んで延長し, スペクトル軌跡との交点の波長を主波長とし, 無彩色の点から試料までの距離の, スペクトル軌跡までの距離との比を刺激純度とする. 試料が紫色刺激の場合は, 無彩色と試料を結ぶ線を逆に延長し, スペクトル刺激との交点の波長を補色主波長とする. 刺激純度の代わりに輝度純度 p_c を用いることもある. $X_{10}Y_{10}Z_{10}$ 表色系の場合は, 添字 10 をつけて区別する. 光源色などの場合, 色度を表示するのに, 相関色温度と黒体軌跡からのはずれによって表示する方法があり, これを色温度記法という. この方法は, 均等色空間 (通常は 2° 視野または 10° 視野における CIE 1960 UCS 色度図) において試料の点から黒体軌跡に垂線を立て, その点の温度を相関色温度とし, 試料から黒体軌跡までの隔たりを何らかの尺度 (たとえば MPCD) で表す.

(馬場護郎)

単色放射 [monochromatic radiation] (照)

単色光 (monochromatic light) ともいう. 可視放射に含まれる単一の周波数によって特徴づけられる放射. 厳密な意味では単一周波数で記述できる放射は存在しないが, 実用上は非常に狭い周波数範囲 (波長幅) の放射をもって記述する. たとえば, レーザ光や, ナトリウムや水銀, カドミウムなどの低圧放電ランプが放射する輝線 (スペクトル線) は単色光である. 分光器 (モノクロメータ) は白熱ランプなどの連続スペクトルの光から単色光を取り出す装置である.

輝線 (スペクトル線) は, 励起原子における 2 つのエネルギー準位間の遷移に伴って放出される線状の鋭いスペクトルをいい, 輝線スペクトル (bright line spectrum) ともよばれる. たとえば, 蛍光ランプは, 管に封入された水銀蒸気の励起によって発生した輝線が管壁の蛍光体

を励起して，蛍光体固有の可視域連続スペクトルを放射するランプである．それゆえ，蛍光ランプの発光スペクトルには連続スペクトルの中に水銀の輝線スペクトルも観測される．

（中山昌春）

→分散素子, スペクトル, ◎単色光

[ち]

地域色 [colors in an area]（デ）

　地域色と似た言葉で広く用いられている言葉に「地方色」あるいは「ローカルカラー」がある．地方色は自然，気風，習慣，産物などによって知られるその地方独特の趣を指し，郷土色ともいう．地域色は環境色彩計画などの新しい分野で用い始められた言葉で，市民権を得るまでには至っていないと考えられる．都市景観条例のための街並の色彩ガイドラインをつくったり，建築物の新築にあたって環境色彩計画を立案する際に周辺環境の色彩調査を行うことが多い．調査対象は，既存の建築物の壁面や屋根，歩道やストリートファーニチャーなどの道路環境，屋外広告物や標識，樹木や山や土砂岩石の色彩などである．空や海，川，湖などを加える場合もある．このような測色調査結果の分析から導きだされたその地域の特性を伝えている色彩と，その地域の歴史，風俗，地形，気候などの地方色から導きだされた色彩を合わせて地域色という．この地域色や，地域色に調和する色を用いて，環境色彩計画を立案していく．歴史を感じさせる伝統的な建物からなる街並には，このような手法による街づくりが必要とされている．

（永田泰弘）

◇地方色，郷土色，ローカルカラー

チェンニーニ，チェンニーノ [Cennino d'Andrea Cennini]（造）

　イタリアの画家，芸術理論家．フィレンツェ近郊に生れ，パドヴァで没．アーニョロ・ガッディの弟子とされ，ジオット派の一人．ヴァザーリの言及する作品が1点あるものの，現存作品については確定が困難で，職人的な画家だったと推定される．ただし，1390年頃に執筆したと思われる手引き書『技法の書』は，アルベルティやヴァザーリの理論書に先立つ位置をしめ，西洋美術史や色彩研究史で著名である．あくまで顔料の調合やフレスコ技法ほか絵画技法のための手引きだが，色彩の見え方について経験に則した指摘も多い．肌色を効果的に見せるために緑の下地をつくる手順や，カンジャンテ技法の説明は興味ぶかい．カンジャンテとは変化を意味するイタリア語で，立体感を表現するときに明暗を用いずに，明度の異なる純色（たとえば黄と緑）を並置する方法をいう．カンジャンテ技法は，盛期ルネサンスにはアルベルティの主張した自然模倣に基づく明暗（キアロスクーロ）画法にとってかわられた．しかしチェンニーニの『技法の書』が1821年に初めて公刊されると，たちまち各国語版に翻訳され，近代色彩論の観点から再び注目された．

（前田富士男）

◆Cennini, C. (1400頃) [中村訳, 1976], Ackermann, J. (1980)

蓄光顔料 [phosphorescent pigment]（化）

　蓄光顔料とは，昼間の太陽光や蛍光灯などの光を内部に一時的に吸収・蓄積して，暗所でこれを徐々に放出・発光する性質をもった顔料をいう．蓄光顔料は安定な状態（基底状態）から光エネルギーを吸収することで励起状態（蓄光）になり，基底状態に戻る際にエネルギーを光として放出し発光現象を起こす．励起光を断った後も肉眼で認識可能な光を長時間にわたり放出し続ける（燐光）ことができる．また，蓄光と発光は半永久的に繰り返す．この特性を利用して，時計をはじめ家電製品，防災関係標識，ディスプレイなどに利用されている．

　蓄光顔料は古くは微量の銅を添加した硫化亜鉛系（$ZnS:Cu$）があり，黄緑色の発色で化学的安定性，安全性に比較的すぐれ，安価であることから現在も蓄光顔料の主力であるが，残光輝度，耐候性などが不足していた．近年ユーロピウムイオン（Eu^{2+}）を賦活したストロンチウムアルミネート系（$SrAl_2O_4:Eu, Dy$）が開発され残光輝度，残光時間とも硫化亜鉛系の10倍以上となり一晩中視認可能なレベルの光を放出できるようになった．さらに，初期輝度および残光時間を改善する試みもなされている．蓄光

顔料と類似のものに蛍光顔料があるが，蛍光顔料の場合は励起光源を取り去ると同時にその発光もすみやかに停止する．　　　　（珠数 滋）
→基底状態，励起状態
◆松沢（1998）

チッピング [chipping]（着）

　自動車の塗装が，走行中に車輪によって跳ね上げられた小石などがあたってその衝撃により剥離する現象をチッピングという．一般に，中塗り塗膜に耐チッピング性をもたせることが多い．近年では，上塗り塗膜が剥がれてもそれが目立たないように，中塗りの色を上塗りの色と同じか，あるいは近似色にすることが行われている．また，その色をセット中塗りとして利用し，高彩度の色や透明感のある色を実現することも行われている．耐チップテープは，チッピングから塗膜を保護するため自動車の側面下部に貼り付ける透明なテープ（材質はウレタンが多い）である．　　　　　　（吉田豊太郎）
→セット中塗り

着色アルミニウム顔料 [colored aluminum pigment]（着）

　アルミニウム・フレークに着色顔料，アルミナ，二酸化チタンなどをコーティングした光輝材顔料．1990年代に開発された．コーティングされたものやフレークの形状などにより，色や光輝感が異なる．着色顔料と併用することにより，一般の（着色されていない）アルミニウム顔料に比べ，透明感のあるあざやかな発色が得られること，シェードの彩度が高く，濁りが少ないこと，マイカに比べてフリップフロップの明暗差が大きいことなどが特徴である．また，2色性を呈するものもある．寒色系からゴールドまでのものは比較的耐光性がよいが，オレンジからレッドのものは耐光性が劣るためで，屋外で使うものには注意が必要である．
　　　　　　　　　　　　　　　（吉田豊太郎）
→フリップフロップ効果，◇カラードアルミニウム顔料

着色マイカ顔料 [colored mica pigment]（着）

　マイカ（雲母）顔料に二酸化チタンをコーティングし，さらに酸化鉄などをコーティングした光輝材顔料．コーティングした二酸化チタンと酸化鉄の厚みにより，色相が異なる．ホワイトマイカより光輝感は少ないが，低明度域から中明度域では透明感の高いあざやかな色彩の塗料をつくることができる．ただし，明度が低いため，ホワイトマイカのような明るい色域では使えない．着色アルミニウムに比べるとやはり光輝感は少ないが，光の一部を透過するため，透明感がある．　　　　　　（吉田豊太郎）

茶の湯と色 [color and the tea ceremony]（社）

　一般に「侘び」や「寂び」といった閑寂なイメージで語られる茶道（茶の湯）は，「茶禅一味」のことばに代表されるように，その精神的基盤となった禅のイメージと深く結びついて，原色を排したモノトーンの世界と思われがちである．しかし正式の茶会である「茶事」に招かれた客人は，待合に始まり，露地とよばれる茶庭を経て茶室に入り，炭点前，懐石，濃茶，薄茶と二時（約4時間）に及ぶ饗応を受ける過程にあって，自然と人工の織りなす光と色のさまざまなコントラストを眼にすることに気がつく．それは陽光によって露地を染める木々や苔の緑，茶室の土壁のベージュとその下部に張られた腰張りの白や紺紙．また床の間に掛けられた掛物の表具の裂の彩りや，点前座に据えられ肌に露をたっぷり含んだ土物の水指とその前に置かれた茶入の色あざやかな仕覆（茶入を入れる袋物）の錦，あるいは烏肌玉色の如き漆黒の樂茶碗と，その中に点てられた濃茶の刺すような緑色である．それら茶席での色彩は，極小の空間にあってわずかに障子を通して差込む太陽光線や，夜は蝋燭の光の中で仄かに浮かび上がるのである．

　かつて小林太市郎は「茶の湯における光と色彩」の文中，茶の湯の色を「色がみずから色の罪深さを悟って，色の境界をいとい，そこから侘び離れようとしているそのしおらしい色」である「すねた色」と規定した．それは丹波や信楽，備前焼に代表される「どんな色の概念にもあてはまらないほの暗い色」に由来すると説く．確かに，茶の湯で用いられる道具の多くも，茶室の空間そのものも，その色面積の多くは，純色や彩度の高い色よりも，ベージュ色などの中

間色によって構成されている.

あるいはその大成者千利休の名を冠した「利休色」とよばれる20色以上に及ぶ一連の色彩のいずれもが,暗い灰緑色をベースにしたバリエーションを示していることも,あざやかな色彩を排除した感のある茶の湯のイメージ形成に一役買っていることは間違いない.が,意外にも「利休色」の多くは利休その人と何の係わりもない.唯一「利休鼠」とよばれるわずかに緑みを帯びた灰色に関して,利休が衣装において鼠色を好んでいたことが『長闇堂記』の記載から推測できるが,これも現行の茶の席ではなかなか見うけない.「利休色」はいずれも緑色を帯びていることから「利休=茶の緑」という連想に,単純な「佗び・寂び」のステレオタイプなイメージが反映して生みだされた,いうなれば外から見た茶の湯のイメージの副産物と捉えることができる(それは今日これらが,主に着物の色見を示す用語であることからもうかがえる).

実際の利休は,茶席における色の使用,それもあざやかな純色の効果的な使用にかなり心を砕いていた.その様子は残された茶具類によって主にうかがわれる.

龍光院茶室「密庵席」床に掛かる密庵咸傑墨跡

まず,数ある利休道具のうちでも彼の色彩感覚を雄弁に物語るものに,彼自身が裂を選択し仕立てたことが判明する「利休表具」を施された禅僧の墨蹟類の表装があげられる.表具を指図した利休の消息が添う「密庵咸傑法語」墨蹟(南宋時代,国宝,龍光院蔵)は,最も大きな面積を含める上下の裂に明るい茶色の緯,そして中廻しには白色の緞子を用いる(口絵参照).これらがいずれも生成りに近い色無地であるところに「佗びの想念がうかがわれる」と林屋晴三は指摘するが,最も本紙に近く,アクセントとして目を引く一文字の部分に,大胆に金色の牡丹文をあしらった紫地印金を用いているところに注目するべきであろう.表具の全体は明らかにこの色あざやかな名物裂を引きたて,さらに本紙の格調を高める役割を果している.同じことは,一文字が金襴であることを除いてほぼ同様の配色で仕上げられている利休所持「石渓心月跋語」墨蹟(南宋時代,重文)表装にもいえる.さらに「中峯明本尺牘」墨蹟(元時代,重文)にも表具に携ったことを示す利休の消息が付属するが,ここでは上下に明るい浅葱色の泥紙を配し,中廻しに白地の花麒麟紋の銀襴をあしらい,一文字は紫地唐草文印金と,見た目にもかなり派手な表具が「笹葉体」とよばれる中峰の個性的な書体と競合している.これらの表具は今でこそ古色を呈しているが,400年前にはいずれも目の醒めるような配色であったことを考えるなら,いわゆる「佗びの色」という従来の茶道の色への概念はまったく異なったものとなってくる.ただ重要なことは,これらが白日の下に曝されたのではなく,あくまで中間色を主体とした茶席の奥まった床に掛けられて,賞玩に給されたことにある.障子を透かした恢暗い光線の中で,これらの色使いや金銀は神秘的に輝き,見るものに墨蹟に対する尊崇の念を促したのではないだろうか.

また器物において色に関わる利休の創意で目を惹くものに,備前焼の肩衝茶入・銘「布袋」(桃山時代)の仕覆の仕立てがあげられる.利休が博多で見い出だした備前焼の小壺に,同地の豪商神屋宗湛(1551–1635)から贈られた《白地牡丹唐草文金襴》の名物裂を仕覆として仕立て,同地箱崎において初めて茶会に用いたのは天正15年(1587)6月14日.招かれた宗湛は『宗湛日記』に以下のように記す.

「御茶入備前肩衝ヲ白地ノ金ランノ袋ニ入,緒ツカリ紅也,利休被仰ニハ此茶入ハホテイト申候袋ハカリナホトニト有」

金糸を織り交ぜた白地の錦に，紅色の紐の掛かった仕覆こそこの茶入の眼目であり，ゆえに「布袋」と名づけた，と利休は宗湛に伝えた．裂を贈った若き宗湛に対する利休の配慮もさることながら，無釉で地味な無名の小壺に，あえて高価な名物裂の仕覆を付することで，彼はその主従関係を逆転させ，仕覆の存在を主張させた．そして目にあざやかな紅の紐を通すことで，茶席におけるその主役としての存在をいっそう確かなものにしたのである．記録した宗湛に，その意図は確かに伝わった．

　『宗湛日記』にはこの他にも利休の色に対する言動として興味深い記述が見られる．唐物の内側を朱に外に黒漆を施した《四方盆》に対して，利休が言及した雑談の一節「内朱ノ盆ハ，赤ハ新タナルココロ也，黒ハ古キココロ也」（天正15年正月12日条）．もとより内朱盆の赤も，上に据える名物茶入を際立たせる役割をもち，かなりあざやかな朱色を見せる．この言葉における利休の真意は定かではないが，赤と黒という色の対比から，彼が好んだ長次郎作の黒と赤の樂茶碗に結びつけ言及することは，早計の誇りを免れない．しかし彼の思想を最も具現した造形物と考えられる樂茶碗が，今日いわれる「利休色」とは程遠く，また有彩色で動の色といわれる赤と，無彩色でありながらさまざまな色相を内蔵した静の色である黒という色として両極を示すものであることは大変興味深い．

高麗玉子手茶碗に映える茶の緑（撮影：畠山　崇）

　野村（2000）は，赤樂茶碗とそこに映える茶の緑の組合わせは「補色（反対）関係」にあり，2色は互いに彩度を高め合い結果静の色である緑は動に転じる，逆に黒茶碗と緑は「単色関係」にあり，無彩色1色は有彩色1色の彩度を高め，黒の中での緑はいよいよ深みを増し静に落ちつく意味で，本質的に同じ働きをもつと説かれる．茶碗とその中の茶がともに茶席で主役を務めることはいうまでもない．さらにグレイやベージュを基調色とする高麗茶碗に色あざやかに映える茶の緑は，よりその存在を主張する．利休や初期の茶人が茶室や茶の空間の多くを中間色で埋めてしまった意図もおそらくここにあると考えられる．野村によると茶室の色は「色を見るための色」，いわば「捨て色」となる．しかし当時の茶人の眼目が，現在「侘びの色」とよばれるような捨て色になく，用いたい道具や茶など，全体から見たらわずかな純色にあったことに改めて注意を喚起したい．それは床の掛物であり，花入に挿された花であり，点前に用いその日の主役を務める茶具，さらに茶そのものであった．

　その意味において茶の湯は，静かに色溢れる世界の現出といえよう．後世の茶書『南坊録』の中で利休のことばとして伝えられるものに，彼は小間での花の入れ様を指して「一色を一枝か二枝軽くいけたるがよし，（中略），本意は景気をのみ好む心いやなり」と諭したという．色によって己が本意を伝える，という茶の美意識は，現代に到るまで脈々と継承されている．

(千　方可)

◆小林（太）(1963)，野村(2000)，塚田(1966)，千ら(1989)，戸田（勝）(1994)

茶髪 [hair-dyeing] (衣化)

　黒髪を脱色して茶系に染めること．1994年当時の新聞では「茶髪」とルビが振られていた．最近の新語である．日本では万葉の時代から黒髪は若さの象徴であり，髪の毛を黒く染める方法については，平安時代に編纂された日本最古の医学全書『医心方』にも記載されている．西洋では古代ギリシア末期にはブロンド系の髪の色が美とされ，染毛が行われている．茶髪が流行する以前から，サーファールックとして髪を脱色して染めることは行われていたが，1990年

代に入り，年齢を問わず，男女を問わず，茶髪が流行していった．たとえば，1991年に10%ほどだった20代，30代の女性の染毛率が，2000年に60%以上に増加している（ポーラ文化研究所編，2001）結果をみると，染めていないのが少数派になるという現象が起きていることがわかる．染める色は，茶色（ブラウン）からイエロー，オレンジ，レッド，クリーム色，ブロンド，白，ブルー，グリーン，パープルまで色幅は広い．茶髪の流行は結果として眉毛やひとみ（カラーコンタクト）の色やファッションの選択のみならず，ガングロの出現にも影響を及ぼしたと考えられる． （村澤博人）
→カラーコンタクト
◆ポーラ文化研究所編 (2001)

昼光 [daylight]（照）

物体の色は，照明光の分光分布と物体表面の分光反射特性によって定まるが，国際照明委員会（CIE）は測色用の標準イルミナントとして，A，C，D65の3種と4種の補助標準を定めている．日常の最も身近な光源は太陽光であるが，その分光分布は大気成分や気象条件，観測地点などにより種々の様相を呈する．CIEは，アメリカ249点，イギリス274点，およびカナダ99点の合計622点の実測値を基に自然昼光の代表的な相対分光分布をCIE昼光として定めている．これらの実測値をCIE-xy色度図にプロットして代表的昼光の色度軌跡を次の実験式で近似している．

$$y = -3.000x^2 + 2.870x - 0.275$$

この軌跡は色温度Tを変数として計算された黒体輻射の分光分布の色度軌跡に沿った曲線を描くので，昼光の色度軌跡上の1点のx座標は，近似的に対応した分光分布をもつ黒体輻射の相関色温度T_Cに関係づけられる．相関色温度T_Cに対応するCIE昼光のうち，5000，5500，6500，および7500Kの分光分布をもつ色光をD50，D55，D65およびD75と表記し，とくにD65を標準の光に定めている．その他はこれに準ずるが，D50は印刷，写真，カラーハードコピーなどの，またD65はCRTディスプレイの標準観察照明として利用されている．

（小寺宏曄）

→色温度と相関色温度，標準イルミナント
◆日本色彩学会編 (1998)：「色科ハンド・29章」，Berns, R.S. (2000)

昼光軌跡 [daylight locus]（表）

昼光は人間の生活や心理生理に深くかかわり，また照明の標準として重要な意味をもつ．しかし自然光である昼光は観測場所，時間，天候などさまざまな要因によって大きく変動する．そこでCIEは多数の昼光測定のデータを整理することにより，xy色度図上の種々の相関色温度をもつ昼光の色度点(x_D, y_D)をプロットした．実際にはロチェスター（米），エンフィールド（英），オタワ（カナダ）で測定された622個の測定データを採用したものである．次いで，これらのデータ点の軌跡を近似する次式を求めた．

$$y_D = -3.000x_D^2 + 2.870x_D - 0.275$$

この昼光の色度点を連ねた曲線をCIEの昼光軌跡とよぶ．CIE昼光軌跡（図のD）は黒体放

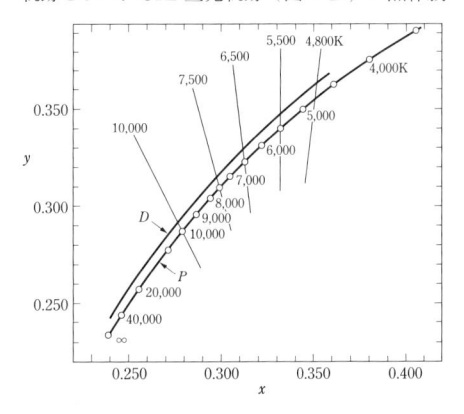

射の軌跡（図のP）のやや上方に近接して位置している．またCIEはこれらの昼光データに統計的な処理を施して任意の相関色温度における平均的な昼光の分光分布を求めた．これがCIE昼光であり標準の光の基礎として採用されている．昼光を代表する標準の光D65は相関色温度6500K（物理定数の改定により厳密には6504K）のCIE昼光である． （石田泰一郎）
→黒体（放射）

中国の皇帝の色 [colors of the Chinese emperors]（社）

古代中国の皇帝が着ていた衣服の色．中国で

は伝説上の最初の皇帝を「黄帝」として崇めた．隋代より皇帝は黄袍を着用し，庶民や農民などの着用を禁じていたが，清朝になると中国全土を統一し，政権を強化する政策として服飾を権力や地位を象徴とするために厳格な冠服制度を定めていた．とくに皇帝が着用する衣服は季節や祭祀，行事により細かく種類や色，模様などが決められていた．皇帝が宮廷で重要な儀式や祭祀を行うときは明黄色の衣服が着用され，黄色は皇帝以外の者が着用できない禁色で，皇帝を象徴する色となった．たとえば皇帝が着用する衣服を「黄袍」，皇帝が征伐するときに使用するまさかりを「黄鉞」といい，皇帝が出入りする宮中の門を「黄門」，皇帝が乗る輿を「黄屋」とよんだ．また，中国では「天地それは玄黄の雑(まじわり)なり」という言葉があるように，天が黒を尊い色としたのに対して，地では黄色を最も尊い色とし，天の代理人である地上の皇帝は黄色の衣服を着用するようになった．また，この風習は朝鮮半島を経由して，わが国にも伝播し，現在でも儀のときに天皇は「麹塵色」という渋い黄色の衣服を着用し，皇太子は「黄丹色」という赤みがかった黄色の装束を着用したのである．

(矢部淑恵)

中秋節（社）

旧暦8月15日の満月の夜に月見をする慣習は，本来中国大陸のもので仲秋の名月と称された．日本の暦は古来から月の満ち欠けを示す月齢に合わせた陰暦が採用されていたことから，とくに月に関係した民間信仰が多い．たとえば，特定の月齢の日を忌み籠りの日と定め，講を開催して飲食をしながら月の出を待って月を拝むという月待講とよぶ講集団が早くからあった．なかでも二十三夜講は広く普及した習俗で，講員は身を浄めてから，床の間に掛けられた月読尊の掛け軸を拝まなければならないほどであった．中秋の名月のときには中国では西瓜やザボンのような蜜柑を供え，月餅を食べるが，日本では縁先に机を置き，ススキや萩，オミナエシなどの秋草と果物，団子を供えて月見をする．九州地方では里芋の収穫期にあたり芋を供えており，また豆名月とよぶ地方もあることから，中秋節は畑作物の収穫祭の意味もあったらしい．さらに仏教における旧密教系の曼荼羅図に顕著な太陽と月の表現は，太陽が赤色で月は白色で表現されていることから，白色に特別の清浄観を感じ，また再生の力を信じる日本人にとって，月は特別の意味があったことが考えられる．

(小林忠雄)

中心窩 [fovea]（生）

中心窩は網膜の中心部にある，くぼんだ部分である．視線中心にある視対象物は，眼球光学系によって中心窩の中央部に実像が結ばれる．中心窩では，視細胞以降の視覚神経細胞層（水平細胞，双極細胞，アマクリン細胞，神経節細胞など）が周囲に分かれて配置され，視細胞が眼球内のガラス体に対して露出したようになっている．中心窩の大きさは，視角寸法にして直径約2°．中心窩は網膜のほかの部分よりも視細胞の密度が高く，また中心窩でも中央部ほど視細胞の密度が高い．視細胞としては主として錐体が存在し，3種類の錐体（L錐体，M錐体，およびS錐体）が稠密に配置されたモザイクを形成している．CIE 1924標準分光視感効率 $V(\lambda)$ や，CIE 1931 XYZ 表色系は，中心窩に与えた光刺激によって得られた心理物理的実験結果に基づいて定められたものである．なお中心窩の中央部（視角寸法20′くらい）では，錐体のうちS錐体はなく，L錐体とM錐体しか存在しない．このため，視角寸法が小さい視対象物を観測すると小視野トリタノピアという現象が生じる．

(大竹史郎)

→小視野トリタノピア，錐体，S錐体分布
◆Curcio, C.A. ら (1990, 91)

中性点 [neutral point]（生）

色覚異常の中で2色型色覚は，多くの場合，L錐体（第1色覚異常）もしくはM錐体（第2色覚異常）の視物質の異常に起因している．2色型色覚にはスペクトル上に白と等色できる点が存在し，これを中性点とよぶ．各2色型色覚の中性点は標準光源Bの白色点を用いたものが報告されており，第1色覚異常では495.5nm，第2色覚異常では500.4nm，第3色覚異常では570nmに在るといわれている．この波長は何を標準の白色として選択するかに依存する．また，

個人差，測定方法による影響も大きい．色度図上の白色点を通る混同色線（混同色軌跡）上の点はすべて中性点となる．2色型色覚異常では，中性点近傍における波長弁別能は高く，その両端では急速に弁別能が低下する．つまり，知覚的に白色に近い領域で波長弁別能が高くなっている．また，色の見えとしては中性点を挟んでそれより長波長側では黄みを帯び，短波長側では青みを帯びるとされている．

中性点の存在は，色覚の解明において有力な手がかりとなっている．ヤング-ヘルムホルツの説によれば，3色型色覚の場合には3つの錐体入力から生じる色感覚が均衡した点を白色と知覚するが，2色型色覚では3つの錐体入力が均衡することはない．ゆえに中性点をいかに説明するかが重要なポイントとなる．ヤング-ヘルムホルツの範疇では融合説が中性点を説明するとしているが，基本的に三色説は中性点の説明が不十分なものが多い．この点で段階説の多くは中性点をうまく説明できる．

（坂田勝亮・石田泰一郎）
→色覚異常，混同色中心

中性濃度フィルタ [neutral density filter]
（入出）

中性濃度フィルタとはフィルタに入ってきた光の相対的な分光分布の形（波長特性）を変えないで，全体的な光量を減少させるために使用されるフィルタである．この中性濃度フィルタは写真関係で主に使用されるために，透過率ではなく光学濃度（透過率の逆数の対数値）で表示されるので，フィルタの色としては無彩色であるので中性，フィルタの透過光量を表すのに濃度を使用することから，中性濃度フィルタとよばれるが，一般的には neutral density の頭文字をとって ND フィルタとよばれている．フィルタの材質としてはガラス，ゼラチン，プラスチックが使用されている．この中でプラスチックフィルタのトリアセチルセルローズを支持体とした富士フイルム光学フィルタの分光透過率を図に示した．濃度の段階は，光学濃度で 0.1 から 1.0 の間は 0.1 間隔で，その他は 1.2, 1.5, 2.0 の濃度がある．この中性濃度フィルタは入射光の相対分光分布を変えないで，光量だけが変えられるので，一般の光学装置や視覚実験の光量調節には広く利用されている．（鈴木恒男）
→光学濃度．◎ND フィルタ

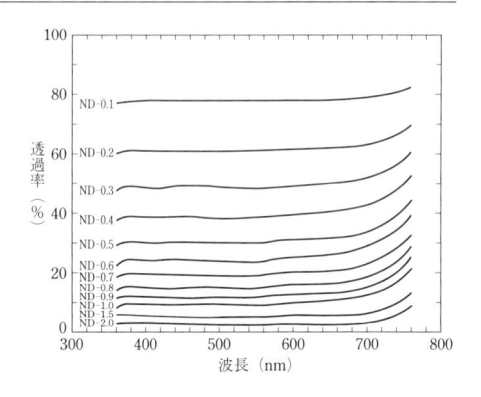

中世の色彩象徴 [symbolism of color in the Middle Ages]（社）

中世ヨーロッパは色彩の分類機能あるいはシンボル機能にとくにこだわった時代である．生活の中で使われた布の多くが模様をもたない毛織物であり，これらが色名でよばれ，そのため衣服の色が社会の階層や集団を明示したことが1つの理由であろう．たとえば黒い修道服を採用したベネディクト会士が「黒僧」，同じようにしてクリュニー会士が「白僧」，フランチェスコ会士が「灰色僧」とよばれたのは典型である．高位の身分には，草木に寄生する貝殻虫で染める赤色の毛織物スカーレット，すなわち赤が，下層の者には自然の羊毛の色であるベージュや茶色が，それぞれの記号になっていたことも確かである．また子どもには赤や緑がふさわしく，女の子には紫が，青年には緑が好まれたという年齢・性による違いのあったことも近年の調査で明らかになっている．青はフランス王家の紋章の色として，また聖母マリアの衣の色として，13世紀に飛躍的に価値を上昇させた一方で，ヨーロッパ産の安価な藍染料が出回ったため，農民階級の服装を代表する色でもあった．黄色はキリスト教徒がユダヤ人にそのしるしとして都市法などが強制した色で，したがって道化や芸人の衣服，若干の子ども服を除いて，しかるべき身分の大人は決して身につけることのない嫌悪された色であった．中世を特徴づけるデザイン

に，2ないし3種の色で上着やズボンを縦に色分けるミパルティーという趣向がある．赤・黄・緑が使われた場合は宮廷の道化師や楽師，大道芸人のいわばユニフォームであったが，同じデザインが少年・少女の衣服としてイタリアを中心に14世紀に流行した事実もある．

　色の使い方のこのような差異は単に染織の技術的・経済的要因によるのではない．長い歴史の中で形成された色彩感情の伝統のためでもあり，その色彩感情は日々の生活の中でいっそう固定化していく．赤色の高い価値は，染色技術の未熟な時代にスカーレットがあざやかで美しい唯一の布であったためもあるが，同時に古代の貝紫，すなわちパープル染めの赤色に対する価値の伝統を引き継いだためでもある．子どもに赤が好ましいのは，血や麻疹の色との類似から病気予防の効能が信じられたためである．赤い珊瑚の首飾りや腕輪も子どもの護符であった．緑が子どもや青年の色であるのは，人生のサイクルの春にはこの色がふさわしいとする感情があったためである．すなわち5月1日に緑の服を着て春の到来を祝う習慣があり，緑は青春と恋の歓びに結びつく色であった．青は農民服を代表したから田舎者で愚鈍というイメージがある一方で，誠実を表す色でもあった．黄色は裏切り・欺瞞を表し，国家反逆罪を問われた者の家や門を黄色く塗ることは後の時代まで行われている．このような色の意味やシンボルを語ることは中世人にことのほか好まれ，アラゴン王に仕えた紋章官シシルが1458年頃フランス語で著した『色彩の紋章』はその集大成ともいえる著作である．

　中世末期にイメージを大きく変えた色は黒と黄色である．黒は清貧・謙譲のシンボルとして修道服をおいて他に使われることはなかったが，贅沢禁止令によって黒い服が強制された結果，美しく漆黒に染める技術の開発が進み，15世紀にこの色は洗練された色となった．黒い燕尾服や暗色の背広，また機械製品には無彩色をよしとする近現代の価値感はここに発する．黒は同時に喪のシンボルであり，この色が流行色となったのはおそらく中世末期のメランコリックな情緒に合致したためである．このことは黄色の価値の転換にあっても同じで，黄色もまた悲しみの表現として15, 16世紀に好まれた．

〔徳井淑子〕

→藍, 黄色の服, 五月祭の緑, 緑の服, 紋章の色, 黒服, 喪服の色, ミパルティー
◆Piponnier, F. (1995), Bidon, D. A. (1989), Pastoureau, M. (1988) [徳井ら訳, 2000], 徳井 (1995), Pastoureau, M. (1992) [石井・野崎訳, 1995]

調整法 [method of adjustment]（心測）

　閾や主観的等価値を求める方法には，大別して調整法，極限法，恒常法の3つがある．その中でも調整法は最も歴史の古いもので基本的なものである．調整法には，実験者が強度を調整する実験者調整法と被験者自身が調整する被験者調整法とがある．刺激閾や主観的等価値を求めるには，検査刺激の強度（通常，網膜照度）を任意に変えて，見えたか否かの境目を求めたり，標準刺激と同じ明るさに見えるように比較刺激の強度を変える．等色実験では，R, G, Bの混合比を任意に変え，同時に混合光全体の強度を変える必要がある．この混合比を変えるためには，R, G, Bの強度をそれぞれ独立に変え，なおかつ混合光の全体の強度を独立に変えるため，測定は大変複雑になる．そのため，被験者調整法が適用されることが多い．また，この方法は実験者調整法に比べて負担が大きい．だが，被験者自身で調整するため，明らかに"暗い"あるいは"明るい"強度を容易に呈示できるので，被験者に判断の基準ができやすくなるという利点がある．いま，被験者調整法6試行の場合を例にとると，上昇系列と下降系列が3試行繰り返される．被験者の予想が入らないようにするため，系列ごとに出発点の強度はランダムに変える必要がある．この方法では刺激閾や主観的等価値が求めにくいといわれることがある．それは検査刺激あるいは標準刺激の呈示時間を統制しないため，その刺激に対する順応状態の変化などが測定値に入り込むからである．

〔和氣典二〕

→主観的等価値, 恒常法, 極限法

直接尺度構成（法）[methods of direct scaling]（心測）

　尺度構成の基礎として，外界の物理的刺激量

を表す刺激連続体が存在するとき，人間の内部にそれに対応する心理学的連続体が形成されると仮定する．直接尺度構成法には，心理学的連続体上の位置を推定し，量あるいは比の形で報告する推定法と，心理学的連続体上で特定の位置を有する刺激を指示する構成法の2種類の方法がある．なお，この方法による尺度は比率尺度の水準にあるといわれている．

　推定法（methods of estimation）　基準刺激を100とした場合，特定の刺激がいくつになるかを報告させる量推定法と，2つの刺激を呈示し，これが引き起こす感覚的印象の比を報告させる比率推定法ならびに2つの刺激の比でなく，両刺激が与える感覚的印象の和が100になるような数値をそれぞれの刺激に対して配分する恒常和法がある．

　構成法（methods of construction）　標準刺激が引き起こす感覚量を100とするとき，これに対して70とか120とかの任意の数で表される感覚量に対応する刺激の物理量を求めさせる量構成法と，ある刺激が引き起こす感覚量に対し一定の比率の感覚量を引き起こす刺激を求める比率構成法とがある．　　　　　（中山　剛）
→尺度構成，間接尺度構成（法）

直線補間法 [method of linear interpolation]
（心測）

　恒常法などで得られた測定関数から，刺激閾など特定の出現率となる刺激値を推定する方法の1つである．たとえば50％弁別閾を求める場合，反応出現率の観測値Pが0.5を通過した前後の観測値を用い，その前後2つの刺激値の間をPが直線的に変化するものと仮定したうえで，$P = 0.5$となる点を推定する．一般式で示せば，刺激閾Lは，

$$L = S_L + (S_H - S_L)(0.50 - P_L)/(P_H - P_L)$$

となる．ここでは，S_Lは閾よりすぐ下の刺激強度，S_Hはすぐ上の刺激強度，P_L，P_HはそれぞれS_L，S_Hに対して観測された反応の出現率，$S_H - S_L$は刺激変化の1段階の感覚に相当する．この方法は，刺激呈示の反復数が比較的少ない予備実験や累積正規分布曲線からかなり外れているが，他に適当な関数型を見出し難い場合に利用できる．一方，得られたデータのうち2個の観測値しか使用しない点と，2点間のPの変化に直線を仮定する点が短所である．

（蕗田貴子）
→恒常法，正規グラフ法，正規補間法，刺激閾
◆Guilford, J.P. (1954)

[つ]

通過儀礼の赤と白 [ritual uses of red and white]（社）

日本人の一生には，年中行事と同じように折り目となる時期に，何らかの儀礼を行う慣習がある．とくに子どもが誕生してからの数年間，成人前後，そして晩年にそうした儀礼が集中する．まず妊婦は妊娠時に腹帯を締めるが，腹帯は明治期以前は赤色で，後に白色に変わった．また犬の安産にあやかりコロコロ団子と称した白餅を配る．とくに出産後の妊婦は赤不浄と目され，囲炉裏や井戸に近づいてはならず，とくに漁師の世界でこのタブーは厳しかった．赤児の誕生から7日目に近所の女性たちを集めてお披露目をする．百日目に百日祝，「食い初め」と称して神社に参った後，年寄りから赤い御膳に盛った赤飯と鯛を食べさせてもらう．満1歳の初誕生には，農家では白餅を担がせ臼に乗せ，足下に小豆餅をぶっつけ，子どもの成長を祈願する．商家では算盤と筆をもたせる．15歳の男子は元服（前髪下し）と称して大人になったことを祝うが，これは武士の世界．農村でもこの元服を真似た儀礼があり，仮親をたてた擬制親子関係を結ぶところから親分子分，あるいは烏帽子親子というが，多くは20歳を祝う儀礼であった．それらの通過儀礼には赤と白色が多く使われている．

（小林忠雄）

→七五三

ツートーン・カラー [two-tone]（調）

ツートーン・カラーとは，一般に異なる2色の組合わせをいう．英語では単にtwo-toneあるいはtwo-tone combinationである．1950年代のアメリカでは，流行の主流はパステルカラーであった．アメリカのファッション業界は新しい需要を喚起するため，パステルカラー2色の組合わせによるツートーン・カラーを提案する．ツートーン・カラーの導入はファッション業界のみならず，自動車業界にも広がりをみせた．たとえば1954年，アメリカの自動車メーカのクライスラー社は車の外装色に，58の単色とそれらを組合わせた86のツートーン・カラーを展開している．日本では，1957年秋冬のウイメンズウエアカラーとして，日本流行色協会（JAFCA）は，ティントとシェイドの明暗コントラストの2色配色を「ツートーン・カラー」として提案した．同年8月には，類似色系，反対色系それぞれの2色配色90例を，「ツートーン・カラー配色帖」で発表している．ツートーン・カラーは，組み合わせる2色間の色相差やコントラストの強弱によって，多様なイメージ表現が可能となる．このため日本でもツートーン・カラーは，適用範囲がファッション製品から自動車，家電といった工業製品へと広がり，とくに自動車では今日，重要な外装色の1つとなっている．

（松田博子）

◆Hope, A.・Walch, M. (1990)，日本流行色協会編 (1993)，東商編 (1998b)：「商品色彩」，東商編 (2000)

継紙（造）

平安時代に貴族社会で盛行した料紙装飾の一方法である．料紙とは，書の用紙のことで，とくに貴族階級が全盛の藤原時代に，楮紙，墨流し，飛雲紙などの優美華麗なものがつくられた．継紙はその一種で，料紙の紙面にさまざまな色や文様の装飾を施し，また破いたりして継いだ紙のこと．刃物で切って継いだものを切継，手で破って継いだものを破り継，薄様（斐紙のごく薄手のもの）を5枚重ねて破り，少しずつずらして継いだものを重継ぎという．1枚の料紙に2，3種の継紙があるものもある．

代表的な作品としては，12世紀初めの西本願寺本の「三十六人家集」（藤原今任撰）がある．この家集は唐紙，厚様，薄様，飛雲紙，墨流し，陸奥紙などを使用し，合わせて金銀の砂子，切箔，金泥，銀泥などで模様を描き，白金の地に，黄土色，切継，破継，重継などを継紙にして，優美，華麗な歌集となっている．また継色紙は，平

安中期に，継紙の技法を用いて書写された歌集の断簡のことで，素紙，紫，代赭，緑，藍，黄の染紙を2つ折りにして，見開きに和歌一種を散らし書きで書くものである．なかには下(しも)の句が次の見開きに掛かるものがあり，左右で地の料紙が変わるところから，継色紙といわれている．

（城　一夫）

辻が花（一竹辻が花）(衣化)

室町時代に誕生した絵模様染め．桃山時代に最盛期を迎えた．絞り染め模様を主体とし，筆による絵模様のじか描き，金銀の箔の摺り込み，刺繍，隈取などを加えた，さまざまの多様な技法を活用した絵画的な模様染めである．名称については染め色からついたとも，文様からついたともいわれているが定かではない．辻が花という言葉の初見は文安（1444–49）頃の作とされる「三十二番職人歌合せ」の歌中に見える「つしか花」といわれている．辻が花は庶民の小袖から始まったが，しだいに手の込んだ高度な技術が使われるようになって高級化し，上級武士の帷子にまで使われ，気品の高い染模様として男女ともに広く愛された．現存するものは少なく「桐矢襖文様辻が花胴服」（京都国立博物館）や「葵梶葉文染分辻が花染め小袖」（明長寺）などが代表である．色は藍，紫，墨，茶，紅，緑などが多く用いられ，生地は薄い練緯(ねりぬき)である．江戸時代の初期に忽然と姿を消してしまい，技術の伝承も文献も残っていないところから幻の辻が花染めといわれてきた．その主たる理由は，糊防染による部分的彩色技法の出現により急速に衰えたと推測されている．

昭和50年代に辻が花染めを復元したのは久保田一竹である．辻が花染めの裂の美しさに魅せられ再現を心に期し研究を重ね，友禅染師としての技術を基礎に絞りや染色の技法を工夫して辻が花を復元した．以来，さらに研究を重ね辻が花の技法を発展させ新しい独自の「一竹辻が花」を創り上げた．一竹辻が花は化学染料を使用し，厚手の縮緬を用いて縫い締め絞りを行い，友禅風の塗り染めで求める色を出すために何度も色を重ねる手法を用いている．とくに重ね染めのたびに間に「洗い」を入れることにより濁りのない美しい色に染め上げている．一竹辻が花の特徴はこの重ね染めにあり，色に深みと寂が加わり，より落ち着きのある微妙な色彩になっている．山辺知行は「文様の構図の壮大さ，しぼによる模様の盛り上がりによる立体感の重視，多彩な配色で華やかで豪華，そしてモダンである」と高く評している．一竹は着物による連作を試み「光響」，「富士山」などを発表している（口絵参照）．

（芦澤昌子）

→友禅染め，安土・桃山時代の色彩，室町時代の色彩，防染

◆切畑 (1983), 久保田 (1994)

一竹《富士山（一竹辻が花）》（河口湖北岸・久保田一竹美術館）

土の色 [color of soil] (自人)

土は，「土壌（地殻の最上層．地殻表面の岩石が崩壊・分解して地表に堆積し，それに気候や動植物などの作用が加わって生成したもの）のこと．大地．地面」であり，1つ1つの粒径の違いによって礫（約4mm）から粘土（約$1\mu m$）に分類される．土質改良を目的とした土壌調査で土の色を測定・表示するためにマンセル記号，土壌色名，系統色名が付された396色の色票からなる標準土色帖が編集されている．標準土色帖や日本各地で収集された土（粒径が約$20\sim30\mu m$より小）および砂（粒径が約$20\sim30\mu m$より大）の測定結果から，土・砂の色は，鉄が結晶化した赤土や還元状態の青土など特殊な例を除けば，色相は黄赤を中心とした比較的狭い範囲に分布し，明度は3〜9，彩度は6以下の低彩度の範囲に集

中している．平均的なマンセル値は 10YR 5/3 である．土の色は，乾燥状態と水分を含んだ湿潤状態とでは大きく異なり，湿潤状態では乾燥状態と比較して，暗く，あざやかになる傾向を示す．とくに，乾燥時に明るい土の場合で顕著である．

（小松原　仁）

[て]

ディヴィジョニズム（分割主義）
[divisionism]（造）

　近代絵画で画面上に加法混色の原理によって明確な色彩効果をつくる方法を指す．必要な色を求めてパレットやカンヴァスの上で絵の具を混色すると，色は減法混色の原理に従って濁り，暗くなる．明るく輝いた色を画面につくるために，純色や絵の具の原色を筆触や点などの小さな分割色面に並置し，一定の距離をおいて立つ観察者の眼の中で加法混色として生じさせる方法．視覚混合とよぶこともある．たとえば橙をつくるときに，パレット上で黄と赤を混色せず，黄と赤をそのまま多数の小さな色面として画面上に配置すると，より明るく生彩にみちた橙に見える．シュヴルールやヘルムホルツの視覚理論を学んだ印象主義の画家たちによって試みられた．一般に，視覚理論を追究して分割を極度に小さ

ポール・シニャック《サン=トロペの港》1901
（東京・国立西洋美術館）

な色点とした新印象主義のスーラやシニャックの作風の代名詞とされ，また点描主義（ポワンティリスム）と同義とみなされる．ただし，ディヴィジョニズムはすでに印象派が実践していること，またスーラにおける極度の色面分割は理論とは反対に色の明瞭さよりもむしろ面色的なやわらかさや半透明の見え方を生起させること，点描主義という用語は新印象派自身が好まなかったこと，など多義的な側面が少なくない（口絵参照）．
（前田富士男）
→加法混色，スーラ，ジョルジュ，点描

ディジタルカメラ [digital camera]（入出）

　イメージセンサを用い画像をディジタルデータとして取り込み記録するカメラ．最大の特徴は従来のフィルムに代わり，画像を電気信号に変換するイメージセンサおよびディジタルメモリを使用して画像の獲得・記録を行うところにある．従来のフィルム写真用カメラと異なり，フィルムやその現像・焼き増しなどの機械的・化学的処理が不必要であること，画像データの保存・再現・複製さらにはコンピュータなど他の電子機器とのデータ授受が電子的に容易に行えること，液晶モニタで撮った画像をその場で見ることができ，また画像データをその場で消去して撮り直し可能であること，照明光にかかわらず画像の色の見えを一定に保つホワイトバランス機構がついていること，などの利点をもっており，フィルム写真用カメラの置き換えが期待されている．

　ディジタルカメラの実現に際しては解像度，画像に含まれる雑音，色再現性などが問題とされてきたが，半導体の細密化・高集積化や回路・信号処理技術の進展により解決されてきており，とくに解像度は最大で 500 万画素程度までのものが市販されるなど実用化が進んでいる．また，大容量メモリを搭載した動画記録用のタイプも市販されてきている．　　　　　（来海　暁）
→イメージセンサ，分光感度，カラーカメラのホワイトバランス
◆美崎 (1996), ディジタルカメラ学習塾編 (2001)

ティツィアーノ，ヴェチェリオ
[Tiziano Vecellio]（造）

　盛期ルネサンスを代表するイタリアの画家．アルプス山麓の小邑ピエーヴェ・ディ・カドーレに生れ，ヴェネツィアに没する．ジョルジョーネ

ティツィアーノ《バッコスとアリアドネ》1522
（ロンドン・ナショナル・ギャラリー）

から受け継いだ芸術的遺産を、スケールの大きな才能と70年に及ぶ長い活動の中で発展させ、16世紀ヴェネツィア画壇の第一人者として君臨する．1533年カール5世の宮廷画家となったのち、教皇パウルス3世やフェリペ2世のためにも制作した．下絵の構図を自由に改変したジョルジョーネの技法に感化されたティツィアーノは，明快華麗な色彩，自由な斑点や描線，絵の具の塗り重ね，躊躇ない描き直しなどを加味し新たな技法を発展させたが，変容するその技法は，ヴェネツィア派の油彩画技法の発展をあざやかに映し出すと同時に，バロック期以降の多様な絵画表現のイデオムを予告していた．《バッコスとアリアドネ》(1522)（口絵）には，色彩対比の鋭い感覚が示されている．フェリペ2世のために制作した一連の神話画に言及したヴァザーリは，初期作品は繊細さと驚くほどの入念さをもって描かれていたが，晩年の作品は一気に仕上げられ，大まかな斑点で描かれているので，近くからは何も見えないが，遠くからだと完璧に見えてくる，と述べている．《羊飼いとニンフ》(1570頃)は晩年の様式をよく示す作例で，画面全体から滲みでるようなくすんだ黄金色が牧歌的世界に深い情感を与えている．　　　（小針由紀隆）

→ルネサンスの色彩，ヴェネツィア派

◆森田（義）(1994)

ティッシュ・エフェクト [tissue effect]
（感知）

2つの色領域が接する場合，その境界において対比や同化などの相互作用が起きることがある．このとき各領域の面積や配置，色などの関係によって，色どうしの相互作用の強度や方向が決まるが，両領域の輪郭線をぼかすことによっても影響を与えることができる．色領域に囲まれた灰色領域は一般に同時対比を生じ，周辺領域に対して色相，明度，彩度，白み，黒み，色みなどの色属性が逆方向に偏倚して見える．たとえば強い黄に囲まれた中明度の灰は，暗く青みがかって見える．このとき全体をトレッシングペーパーのような半透明のフィルムで覆うと，各領域の色が見えながら輪郭線があいまいになり同時対比はいっそう強く知覚されるようになる．また中央の灰色領域の縁辺部に強かった同時対比が，灰色領域全体に広がって知覚される．このような現象をティッシュ効果という．ティッシュ効果は色領域間の相互作用における境界線の効果を示していると考えられている．境界線の存在はしばしば，フィル・インのように色の同化作用を促進することがある．しかしながら境界線の不在が，むしろ対比を促進することがあることをティッシュ効果は示している．

(坂田勝亮)

→対比，充填

DTP [Desk Top Publishing]（入出）

卓上電子出版は1980年代中頃になってパソコンの普及に伴い，それまでの大型の専用機にかわって登場した小型電子製版システムをいう．電子製版は1960年代になってカラースキャナの成功により商業印刷に浸透した．色分解・階調再現・色修正・墨版生成・網かけなどの処理を実時間で行う専用電子回路が組まれ，操作パネルから種々の条件を設定するために熟練した専門技能者が必要とされた．

1980年代には計算機による画像処理技術の進展により，スキャナからの色分解入力を計算機でレイアウト処理し，再びスキャナの網かけ部に出力するCEPS（color electronic prepress system）がその機能を拡大した．DTPは高性能パソコンと画像入出力機器による小型・安価な構成で，ソフトウエアによる柔軟かつ多彩な電子製版を可能としてきている．従来の画像入力には高精度のドラムスキャナが用いられたが，DTPでは

高分解能のCCDを搭載した平面スキャナやディジタルカメラがこれにかわりつつある．また出力には文字，線画，画像からなるPS（post script）ファイルをラスタデータに変換するRIP（raster image processor）を備えたイメージセッタとよばれる製版プリンタや，カラー製版の仕上がりを模擬できるプルーフとして，高画質かつ低価格のカラープリンタなどの利用が進んでいる．DTPにおける高精度の色再現やプルーフの作成には，カラーマネジメントシステムの導入が盛んである． 　　　　　　　　　　　（小寺宏曄）
→カラーマネジメントシステム，◎卓上電子出版
◆Bruno, M.H. (1994)

定番色 [basic color]（商）

　定番とは，品番が定まっていて変わらないという意味であり，流行に関係なく，長期間にわたり変わらずに市場に流通しているような基本的な商品は，定番，あるいは定番商品とよばれる．定番商品と同じ意味で定番色も，流行に左右されずに，その商品を代表する色として長年使い続けられてきたような基本的な色のことを指す．すなわち，おのおのの商品において，その商品色を代表するような基本的な色のことであり，たとえば紳士用革靴における黒と茶，紳士用スーツの紺とグレイと茶，工業製品では，カメラや音響家電商品におけるシルバーと黒などが典型的な定番色といえる．商品における基本色という意味の定番色は，英語のベーシックカラーも同じような意味で使われ，時流の色，流行の色という意味のトレンドカラーは反対語になる．定番色は，個々の商品において特有な色として認識されているだけではなく，特定の商品分野ごとにも存在する．通常は，各商品分野ごとで，定番色とよばれている色は異なるが，近年の日本では，衣料品と工業製品という異分野で，ともに，白，黒，グレイの無彩色系の色や，ダークカラーの紺，低彩度色の茶系の色といった色が定番色の主流を形成しているという傾向が見られる． 　　　　　　　　（出井文太）
→トレンドカラー
◆日本流行色協会編 (1993, 98)：「流行色，No.436, 497」

ティファニー・ブルー [Tiffany blue]（衣化）

　ダイヤモンド・リングやシルバー・アクセサリーで知られるアメリカを代表する宝石店であるティファニー社は，1837年にチャールズ・ルイス・ティファニーとジョン・B・ヤングが，ニューヨークのブロードウェイに文房具と装身具の店「Tiffany & Young」を創設したことに始まる．ルイス・ティファニーは，1840年代に政治的動乱から逃れたフランス貴族から宝飾品を多数入手したことで，偉大な宝石商となった．1851年にはニューヨークの著名な銀細工師ジョン・C・ムーアの事業を買収し，シルバーのデザイン，ならびに銀製造の伝統が始まる．現在最もポピュラーな爪によるダイヤモンドのセット法を考案したのもティファニーで，1粒のダイヤを6本爪で持ち上げるセッティングを考案し，ダイヤの透明な輝きを十分に引き出したことでダイヤモンドの地位を確立させた．
　ティファニーのギフトケースや紙袋に用いられている淡い青の色は，現在では，ティファニー・ブルーとして知られているが，このギフト用のブルー・ボックスが使われるようになったのは，19世紀前半からのことである．このブルーの色は，当時の欧米では土地の権利書や住民台帳の表紙に用いられた色でもあり，高潔の象徴であると同時に，空，水，まばゆい朝の日差しを表している色とされている．ティファニー社では，すぐれた品質とデザイン，技術の象徴としてこの水色をイメージカラーと選定した．1845年より年に1度発行されているティファニー社のカタログは「ブルー・ブック」と命名されており，ティファニーの高い技術力に裏づけられた美しい宝飾品の数々が紹介されている．
　　　　　　　　　　　（渡辺明日香）
◆アプトインターナショナル編 (1999)

ディレクションカラー [direction color]（商）

　ディレクションカラーは，流行色予測情報において提案されている，次期シーズンをディレクション（方向づけ）している色という意味である．その意味では，流行色予測情報で提案されている色はすべてディレクションカラーとよん

でもさしつかえないわけだが，通常は，提案されている色の中でも，そのシーズンに向けた色の方向性をとくに強く打ち出している色が，ディレクションカラーとよばれる．このため，流行色予測情報の中には，次期シーズンの色の方向性を明確に打ち出した新色を中心にしたディレクションカラーのカラーパレットを，あらかじめ先に提案し，その後に改めて活用色や，前シーズンからの継続色を加えたカラーパレットを発表するという事例も見られる．

衣料商品のマーチャンダイジング（商品化計画）に際しては，その衣料品が出回る次期シーズンを対象にしたシーズン・マーチャンダイジング（season merchandising）が行われているが，シーズン・マーチャンダイジングの一環として，次期シーズンに顧客に提案するための色を選定したカラーパレットが策定される場合がある．このカラーパレットの策定にあたっては，次期シーズンに向けて発表されている種々の流行色予測情報を分析し，さらに自社のブランドや商品の性格，顧客ターゲットなどを考慮に入れた色がセグメントされている．このシーズン・マーチャンダイジングにおいてセグメントされたカラーパレットの色も，ディレクションカラーとよばれることがある． 　　　　（出井文友）
→カラーマーケティング，カラーマーチャンダイジング，流行色，カラーパレット
◆東商編 (1998c)：「ファッション色彩」

ティント [tint]（造）

中学校の美術教育では，同じ色相に含まれる色を大きく色区分けするとき，純色および無彩色を含んだ清色と濁色とに分ける．清色は純色に白または黒を混ぜた色であって，色立体の表面に位置し，濁色は灰色を混ぜた色で内部にある，と教える．やや詳しくは，純色に白を混ぜて明るい方向に向かう場合が明清色，黒を混ぜると暗清色，と説明される．ティントとはこのときの明清色を指し，対応する暗清色をシェイド（shade）とよぶ．色彩用語でのティントは，このような限定された色域の慣用語であるが，一般用語としての tint は，詩的な響きを伴ったもっとあいまいな概念で，色合と同義語ないしは明るく淡い色調を意味している．印刷では薄い地色を指し，木版画や銅版画の細い平行線による明暗のぼかしもティントに含まれる．これを彫る細い鋭利な線刻刀はティントトゥールとよぶ．

ティントは，1400 年頃ラテン語の tinctura（染料，色合）から英語の tincture に転じ，やがて 1700 年代に tint と省略され，色合（color, hue）とほぼ同義語で用いられた．白を加えた色調の濃淡も意味するようになったのは 1800 年代後半からである．陰や暗がりの shade は tint よりはるかに古い英語であるが，暗清色として使われるようになったのも同じ頃からである．20 世紀になってオストワルトが調和論の中で「isotint series（等白系列，イソは等しいの意）」を用い，概念の普及を促した．色彩用語として日本で初めて tint が紹介されたのは 1918 年発行の濱八百彦『色の研究』においてであろう．彼は色彩の調子（トーン，tone）の項で，純色を基本調子とよび，白を加えた段階を「明るき調子（チント，tint（ティントと同じ意））」，黒を加えた段階を「暗き調子（セード，shade）」，白と黒を同時に混和する場合を「破調（ブロークンチント，broken tint）」とした． 　　（北畠 耀）
→オストワルトの色彩調和論，シェイド，◎チント

テクスチャー [texture]（感知）

テクスチャーは，物体の材質や表面構造によって生じる視知覚の属性の 1 つである．色が物体表面の反射光の分光分布によって生じるのに対し，テクスチャーは，2 次元平面における反射光の分布パターンによって生じる．製品や美術工芸品では，テクスチャーが品質やデザインの良し悪しを決定づけるため，色・形と並んで重要視される．テクスチャーには，物体の材質や表面凹凸などの物理的構造に応じて自然に生じるものと，デザインとして人為的に生じさせるものとがある．また，肌理や織りのような微視的な捉え方と，模様・柄・絵のような巨視的な捉え方とがある．たとえば，木や石は，材質上の構造により微視的にも巨視的にも独特のテクスチャーを有する．布地では，繊維の種類や紡ぎ・織りの構造によりさまざまな微視的テクスチャーを意図的に生じさせることができる．塗装品は，内部に含まれる光輝材粒子の分布パターンにより，また，樹脂品は，成形手法や成形温

度により，表面の微視的テクスチャーを制御することができる．テクスチャーは，表面凹凸による陰影や表面反射の異方特性なども含めて構成されている場合があるため，計測や定量的表現は単純ではない．　　　　　（川澄未来子）

テクスチャーマッピング [texture mapping]（画処）

テクスチャーマッピングは，リアルな陰影表示を簡易に実現するのに欠かせない手法の1つである（Ebert ら，1994）．織り物や磁器などの人工物，花などの自然物は一般に複雑で精妙な肌理（texture）をもっており，観察者に特有の材質感を与えている．厳密にいえば，テクスチャーは入射光スペクトルに対する受光面各部の微視的な凹凸，反射，吸収，透過，屈折特性によって決まるものである．これは，直接モデリングして表示するには，あまりに複雑すぎる．CGの幾何モデルは，一般にポリゴンまたは比較的滑らかな曲面で構成されているから，テクスチャーがなければ，のっぺりした一様な陰影（shading）画像になり不自然さを与える．テクスチャーマッピング（厳密には 2D texture mapping）（Gardner, 1984）は，ペインティングソフト，スキャナ，カメラなどからのディジタル画像，レディオシティ法などで求めた陰影画像をテクスチャーとして扱い，幾何モデルのポリゴンや曲面上に写像することによって，リアルな画像を高速に作成できる．したがって，リアルタイムレンダリングに適しており，種々のデザイン分野をはじめ，汚れの表示に至るまで，フォトリアリスティックなレンダリングの便利な道具として広く活用されている．

欠点としては，1) パッチ形状のテクスチャーを繰り返した場合（地面，壁紙，水流など）つなぎ目に格子模様が発生しやすいことである．これを防ぐために正弦波のフーリエ級数を採用したものがある．2) テクスチャーを縮小するとエイリアシングやモアレパターンが生じる．これを回避する方法としてミップマッピングが広く用いられている．また，3) 曲面（球，円錐など）へマッピングしたとき生じるテクスチャーの歪み，隣接ポリゴン間のテクスチャーの不連続性（柱の木目，大理石など）を避ける一般的な手法がないことである．この解決策として，完全な3次元空間に色彩の変化を定義（2次元の正弦波の積和を使用）したソリッドテクスチャーリング（solid texturing）（Peachey, 1985），目的にかなった模様のパラメータの設定の困難さを避ける経験に基づいた手続き的手法，階層構造のテクスチャーを解析する方法，ほしいテクスチャーのディジタル写真画像をスペクトル解析する手法などが開発されている．　（中前栄八郎）
→レンダリング，バンプマッピング
◆Ebert, D.S. ら (1994), Gardner, G. (1984), Peachey, D. (1985)

デ・スティル [De Stijl (蘭)]（造）

20世紀初頭から，はじまったさまざまな美術運動の1つとして1917年，ヴァン・ドゥースブルグ，モンドリアンやリートフェルト，フサールらが中心となりオランダのライデンで「新造形主義」が結成された．

「デ・スティル」は同美術運動の機関誌の名称で，ライデンで創刊され，これを中心に多くの美術家・建築家が集まり，芸術の統合化を目指した．デ・スティルとは「ザ・スタイル」ではなくという意味のオランダ語で，芸術の目指す純粋性とは，作家の手に届くところにあるという信念を象徴したタイトルであった．彼らの造形理念は主観や個人の感覚的な視覚を否定し，具象性を一切排除した．そのため垂直・水平線のみの分割と彩度の高い明快な色面（赤・青・黄の三原色）とそれを白，黒，灰色で拡張した色彩の構成（コンポジション）によって純粋抽象を目指した．しかし 1924 年には中心メンバーであったドゥースブルグは彼の主張する「エレメンタリズム」によって画面の中に斜線を導入し，これがもとで翌年モンドリアンは「デ・スティル」を脱退した．「デ・スティル」は 1928 年まで刊行され，ドゥースブルグが 1931 年亡くなり，活動を終える．一方モンドリアンは第二次世界大戦を前に，ニューヨークに移住，《ニューヨーク・シティ》や《ブロードウェイ・ブギ・ウギ》の一連の作品を制作し，新しい色彩の境地を開いた．　　　　　　　　　　（三井秀樹）

テトラクロマティスム [Tetra-chromatism]（造）

4色主義．ギリシアの影響が大きいローマ時代，つまりグレコ・ローマン時代（紀元前140?～紀元後300）の色彩をグレコ・ローマン・カラーといい，白，黒，赤，黄の四原色による配色をテトラクロマティスムという．その出発点は，ギリシアの哲学者エンペドクレスの四色論（four-color theory）にある．青も使用されたようだが，黒が含まれるとされるテトラクロマティスムには入らない．黄は壺絵などの技法では陶器素地の褐色と，また色彩象徴法では金色とみなされるなど，色相としての振幅が大きい概念．絵画領域では，この4色による彩色法は平塗りのため，遠近表現に限界があったことも事実である．その代表作としてはポンペイで発見されたモザイク壁画《アレクサンダー大王とダリウス大王との戦い（アレクサンドロスとダレイオスの戦い）》（紀元前150頃，原作前300年頃）がある．暗褐色の明度対比による配色でギリシア軍とペルシア軍の死闘が写実的に描かれ，臨場感豊かな戦争画となっており，白，黒，褐色の濃淡だけの古典的な表現がかえって作品の迫力を引き出している．ローマの色彩はギリシアを踏襲した，白を中心としたモノクロームの世界ともいえる．つまりギリシアの陶器に見られる配色が昇華されてローマのモザイク画に活かされているのである．この時代の《大狩猟画》，《マストに縛られたオデッセウス》，《オルフェウス》などにもテトラクロマティスムが見られ，ローマ絵画の色彩の流れを築いていった．

（三井直樹）

◆城 (1993a), 水田編 (1995)

デバイス依存色 [device-dependent color]（入出）

機器依存色ともよばれる．カラー情報の入出力機器は，機器を構成するハードウエアが製造者により異なるために，それぞれに固有の色信号を出入力する．入力機器の出力端，あるいは出力機器の入力端に現れる色表現をデバイス依存色という．カラースキャナやディジタルカメラなどの画像入力機器は一般に，3色分解系を内蔵しているが，色分解信号の特性は，光学レンズ，カラーフィルタ，光電変換素子，および信号変換回路までを総合した分光特性で決定される．入力デバイスの多くは，加法混色系のRGB信号を出力するが，この信号はデバイス固有の色信号空間を形成しているので，測色値として扱うには RGB 値から XYZ 三刺激値への変換（色補正または色校正）が必要とされる．

また，カラーディスプレイやカラープリンタなどの画像出力機器もデバイスに固有の表示特性をもっており，測色的に正確な色を表示するには，デバイスに依存した色信号で駆動されなければならない．とくに減法混色系のCMYK信号で駆動されるカラープリンタは，その記録原理とインキや紙などの媒体までを含めた固有の表示特性をもつので，正確な測色値を表示するには，XYZ 三刺激値から固有のCMYK信号への複雑な変換（色修正）が不可欠である．

（小寺宏曄）

→デバイス独立色, カラーマネジメントシステム, PCS, デバイスプロファイル, ◎機器依存色

◆MacDonald, L.W. (1996), 日本色彩学会編 (1998)：「色科ハンド・27章」

デバイス独立色 [device-independent color]（入出）

機器独立色ともよばれる．カラー画像機器の入出力端における色信号は，一般に機器に依存した固有の色表現（デバイス依存色）をもっており，異機種間での色再現を保証してデータの交換を

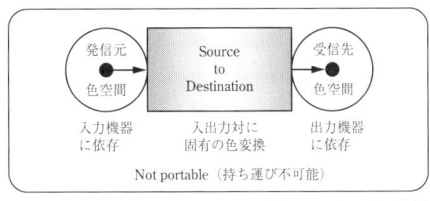

デバイス独立色の概念

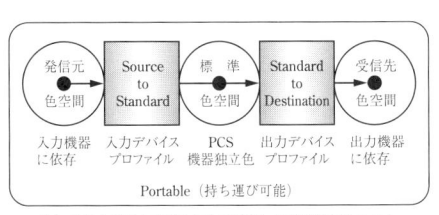

行うには機器に依存しない色表現（デバイス独立色）が必要とされる．色管理システム（color management system：CMS）は，種々のデバイス依存色をもつ機器の色表現をデバイス独立色に変換して色再現を保証した画像データの交換を行う枠組みである．デバイス独立色を表現する標準の色空間として，CIE 1931 XYZ や CIE LAB 表色系のほかに特性を定義した RGB や CMYK 系も用いられる．デバイス依存色からデバイス独立色への変換には，変換特性を記述したデバイスプロファイルが用いられ，そのフォーマットの標準化が ICC（International Color Consortium）の下で進められてきた．各機器は ICC プロファイルを介して標準色空間で相互に結ばれるので，デバイス独立色を表現する標準色空間を，PCS（profile connection space）とよんでいる． (小寺宏曄)

→デバイス依存色, PCS, カラーマネジメントシステム, ◎機器独立色

◆簗ら (1993), Giorgianni, F.J.・Madden, T.E. (1998)

デバイスプロファイル [device profile]
（入出）

コンピュータ上の色管理システムでは，各入出力デバイスの色特性をデバイス独立色空間により記述することが必要である．それにより，色管理システムは，たとえば画像の表示色と印刷色を一致させることができる．画像入出力デバイスは，それぞれ制御に利用されるデバイス依存色空間が存在する．たとえば，カラーモニタでは R, G, B 信号で表示色が定まる．そこで，RGB 信号と CIE XYZ 色空間との関係を知るには，少なくとも，各原色の色度，基準白色の色度，制御信号と発光強度の関係を示す γ 値あるいは関数，の3種の情報が必要である．このような情報がカラーモニタのデバイスプロファイルである．カラープリンタやカラースキャナ，カラーカメラなど，デバイスごとに記述されるべき情報は異なっている．

デバイスプロファイルの形式は，色管理システムごとに規定されてもいいが，その情報の互換性を高めるために，任意団体である ICC が定めた ICC プロファイルが広く知られている．現行の ICC プロファイルの場合，デバイス依存色空間と PCS とよばれるデバイス非依存色空間との関係を示す情報が記述される．図は，上記のカラーモニタのための ICC プロファイルを例として示したものである． (田島譲二)

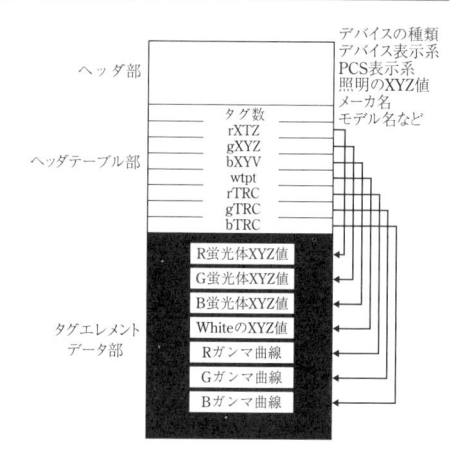

→カラーマネジメントシステム, デバイス独立色, PCS
◆田島 (1996)

カラーモニタの ICC プロファイル

デュシャン, マルセル [Henri Robert Marcel Duchamp]（造）

20世紀を代表する前衛的芸術家．フランス，ルーアンのブランヴィルに生れ，ヌイイで没．ジャック・ヴィヨンとデュシャン＝ヴィヨンの弟．まず画家としての道を歩み，キュビスムの影響下に《階段をおりる裸婦》(1912) では機械的身体を主題とした．しかし，1913年には自転車の車輪を丸イスに取り付けた作品を制作．大量生産されたレディー・メイド（既製品）をオブジェ作品とする方法を開拓した．第一次世界大戦を機に1915年アメリカに渡り，17年男性用便器をそのまま〈泉〉と命名して展覧会に出品し，スキャンダルとなる．1915年頃から構想をすすめた大ガラス作品《彼女の独身者たちによって裸にされた花嫁，さえも》（フィラデルフィア美術館）は8年間を経て未完成ながら公開水準に達し，1926年の展覧会に出品．しかし展示後に破損，再度手が加えられた．性的妄想と機械とを題材にした著名な作品で，多くの批評家や芸術家が解釈を試みている．1944年から66年までひそかに制作された《1. 水の落下，2. 照明用

ガス,が与えられたとせよ》は謎めいたインスタレーション的作品で遺作とされる.たえず,芸術とは何か,と形而上学的な問いを発しつづけ,また制作や発言を行わない「沈黙」の実践も含めて,20世紀後半のコンセプチュアル・アートを先取りする活動をつづけて現代の芸術家に決定的な影響をおよぼした.

デュシャンはまた科学と芸術との接点に着目し,《回転半球》(1925)などで回転板を作品にして視覚光学を探究し,大ガラス作品では線的遠近法の再構築をモティーフにした.色彩については,1910年代から色彩そのものよりもその名詞化や,絵画と名辞主義(ノミナリズム)の関連に言及したが,ウィトゲンシュタインのような体系的な発言にはいたらない. (前田富士男)
◆Duchamp, M. (1975) [北山訳, 1995], Duve, T. (1984) [鎌田訳, 2001]

デルフト陶器 [Delftware; Delfts Aardewerk (蘭)](造)

デルフトを中心にオランダで生産された錫釉陶器.16世紀初頭のネーデルラント地方(現在のオランダ,ベルギーを含む地域)には,イタリアからアントワープへ移り住んだ陶工によりイタリアン・マヨリカの生産技術が伝えられた.しかし,彼らはスペインの圧政や信仰上の理由から徐々にハーレム,デルフト,アムステルダムなどへ移住して行ったので,窯業の中心は1600年頃すでにハーレムを中心とする北ネーデルラント地方に移行した.オランダではその頃,ポルトガル船を拿捕して手に入れた中国磁器が市場に出回っており,その後,東インド会社の貿易により中国磁器の輸入が継続され隆盛をきわめると,近隣の窯業にもその影響が表れた.なかでもデルフトはこうした時代の特殊な要請にいち早く対応した.すなわち,1620～40年頃にかけて,基本的にはマヨリカと同じ錫釉陶器の陶土を精製してごく薄く成形し,クワルツ(Quarz)という光沢ある透明釉を錫釉の上にかけ,その上焼成方法にも改良を加えることで磁器のように薄く光沢もある白い陶器を開発した.

折しも,1650年代から80年代にかけて中国磁器の輸入が停止すると,デルフトはその需要にねらいを定め中国磁器写しの大量生産を開始し,ハーレムを凌ぐ大窯業地へと躍進した.デルフト窯業の最盛期は1675年から1730年頃までといわれる.「ギリシアのA工房」による藍で絵付けを施した西洋的なバロック様式の作品や日本の古伊万里写し,ならびにアードリアーン・リーセルベルフ(Adriaa(e)n Rijsselberg(h))工房の柿右衛門様式や古伊万里写しなどが,隆盛期における優品としてとくに知られている.一方,画家フレデリック・ファン・フライトムが風景を描いた陶板画は,デルフト陶器に絵画表現への道を開いた重要な作品である.なお今日,デルフト陶器は国際的な用語でデルフト製ファイアンスと通称されている. (櫻庭美咲)

天候による色の見えの変動 [variance of chromaticity by weather](デ)

物体色はそれを照明する光の分光分布によって色の見えが変化する.このあたり前の事実は,理論的また経験的に理解できても,それを実証的に裏づけるような資料はきわめて乏しい.ここでは,景観を構成する事物を1年間にわたり連続的に測定した例を取り上げる.図1は距離150mから見たオレンジ色の瓦である.直射を受けると色みが増すことが見てとれる.暖色系の物体にはほぼこの傾向があてはまるであろう.図2は距離110mから見た常緑樹群葉である.天候の影響が図1と似通っていることが読みとれる.ただ,図1と比較し,y軸方向に長いのは,1年間にわたる群葉の季節的変化が合成されたためである.図3はほぼ真北を向いたベージュ色の小学校の壁面(距離100m)である.曇

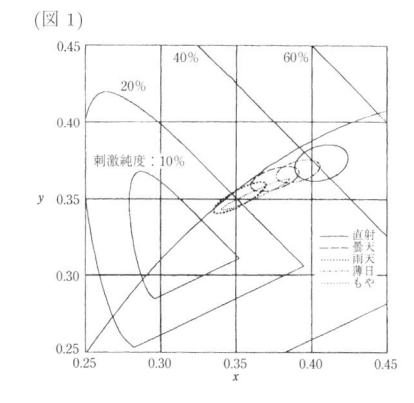

(図1)

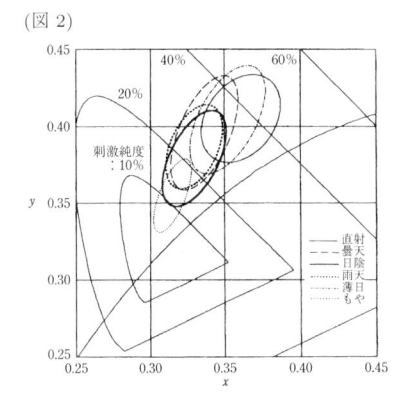

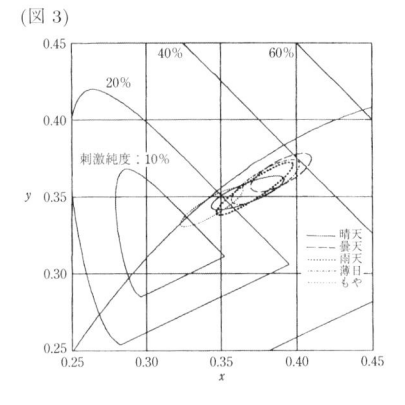

(図2)

[散布図: x軸 0.25-0.45, y軸 0.25-0.45, 刺激純度:10%, 20%, 40%, 60%のライン、直射/曇天/雨天日陰/薄日/もや]

(図3)

[散布図: x軸 0.25-0.45, y軸 0.25-0.45, 刺激純度:10%, 20%, 40%, 60%のライン、晴天/曇天/雨天/薄日/もや]

天時は天空光の色温度が下がるため，この壁面は赤みが増すことになる．このことから，直射→曇天→雨天（日陰）→もや，と移行するにつれ，色みが薄れることは，経験的事実と合致する．しかし，現実には順応，対比など複雑な要因が錯綜し，天候の影響は，これらの図ほどは過大視されずに感じられることになる．

(稲垣卓造)

◆稲垣 (1993)

電子写真 [electrophotography]（入出）

電子写真プロセスは，光導電性を有する感光体に帯電，露光して静電潜像を形成し，これに一定の帯電量をもった着色粉体（トナー）を静電気力により付着させることによって可視像化（現像）する技術であり，1938年にカールソンが提案したものである．可視像化したトナーは，用紙と密着させ，トナーとは逆極性の電荷を用紙裏面から与えることにより，一般に静電気的に転写され，用紙上にトナー像を形成する．これに熱（または圧力）を加え，トナーを用紙に融着（定着）させることにより最終出力画像を得る．このプロセスは，モノクロおよびカラー複写機やプリンタ，ファクシミリなどに応用されている．

カラー画像形成のためには，通常イエロー，マゼンタ，シアン（および黒色）の3色ないしは4色のトナーを使用する．感光体上に各色別に分解露光，現像し，その後の工程で各色トナー像を重ね合わせることにより，フルカラー画像を得る．また感光体への露光には，原稿像を直接感光体上に投影するアナログ光学系に加え，電気信号として与えられた画像情報をレーザなどの光信号に変換して作像，感光するディジタル光学系が用いられ，モノクロおよびカラー画像出力方法として広く実用化されている．

(石塚 弘)

◎ゼログラフィー

電子遷移 [electronic transition]（化）

原子や分子の電子状態がエネルギーの誘起によって変化する現象を電子遷移とよぶ．色素などπ電子を有する有機化合物の電子状態は近似的に電子配置によって表すことが可能で，エネルギーの低い電子配置の状態を基底状態とよび，光エネルギーなどの吸収によって電子がエネルギーの高い空軌道に遷移した電子配置となった状態を励起状態とよぶ．基底状態では$2n$個のπ電子がエネルギーの低い順に$1\sim n$までの結合性軌道に逆のスピンをもつ対としてそれぞれ2個ずつ配置されている．$n+1\sim 2n$までの軌道は空で反結合軌道となっているが，励起状態では電子がこの反結合軌道に移った電子配置となる．ここで，エネルギーが最も高い結合性軌道をHOMO（highest occupied molecular orbital）とよび，最もエネルギーの低い反結合性軌道をLUMO（lowest unoccupied molecular orbital）とよぶ．

色素の可視光の吸収に対応する電子遷移は，通常HOMOからLUMOへの電子遷移のエネルギー差が最も小さいので優先して進行し，$\pi-\pi^*$遷移とよばれている．まれにn軌道からLUMO

への遷移（n–π^* 遷移）の場合もある.

（今田邦彦）

→基底状態, 励起状態
◆飛田 (1998)

電車の色 [railway car colors]（社）

電車の色といえば客車の車体外装色を指すほかに，JR や電鉄会社のコーポレートカラーや路線カラーがあげられる．日本最初の電車は 1904 年に甲武鉄道を走ったナデ 963 型で灰緑色の塗装が木製の車体に施されていた．車体色の差別化で強い印象を残したのは，1957 年に完成した高性能電車 101 系に塗られた東京の山手線の黄緑，中央線の橙，総武線の黄色であった．これらは車体外板がスチール製のため車体全体が 1 色で塗装されていた．長距離通勤電車のはしり湘南電車は緑の地色にみかん色のラインという伊豆のみかん山をイメージした配色が話題になった．1958 年登場の 151 系特急こだまのクリーム色に赤のラインの配色も人びとに親しまれた．次いで 1964 年，新幹線ブルーとよばれた白と青の配色は，超特急のイメージカラーとなったが，2001 年現在，15 配色の新幹線が走り車体色は多様化の道を歩んでいる．また，車体のステンレス化，アルミ化は全面塗装から部分的なマーキングフィルムによる着彩に変わり，彩色面積が減少してきている．

（永田泰弘）

展色剤 [vehicle]（着）

顔料と混ぜ合わせて，絵の具，塗料，印刷インキなどをつくる液体成分．天然樹脂，合成樹脂，繊維素，膠，澱粉，植物油，カゼイン溶液などが用いられる．被塗物の表面で乾燥・固化して被膜をつくり，顔料を固着させる．水彩絵の具の場合，アラビアゴムの水溶液が展色剤である．日本画の絵の具は膠の水溶液，テンペラには卵が使われる．油絵の具にはポピーオイルやリンシードオイルなどのような乾性油，テレピンやペトロールのような揮発性油を用いる．展色剤の違いにより，光沢がある/ない，乾きが早い/遅い，定着力が強い/弱いといった違いがある．たとえばテレピンはつや出し，ペトロールはつや消しに使う．揮発性油はすぐ乾燥するが定着力はなく，ポピーオイルは定着力が強いので，用途に応じて混合して使う．塗料の場合，同じ顔料を使っても，展色剤の分散特性が違えば発色は異なる．また，塗膜の耐久性，フレキシビリティー，補修性などの基本的な性能も，展色剤によるところが大きい．

（吉田豊太郎）

◎ビヒクル

天然染料 [natural dye]（化）

自然界の動物，植物，鉱物から得られる色素を天然色素と総称し，その中で染料として使用できる色素を天然染料とよんでいる．植物から得られた染料を植物染料，動物から得られる染料を動物染料とよぶこともあり，鉱物から得られる色素は顔料としての性能を有するものが多い．天然染料には紅花のような直接染料タイプのもの，藍や貝紫のような建染染料に属するものもあるが，茜やログウッド，車輪梅，コチニールのように金属媒染染料に属する染料が圧倒的に多い．

天然染料の名称は合成染料に対比して用いられているが，合成染料の発達により工業的な染色に天然染料が用いられるケースはきわめてまれになっている．天然染料の主成分と同じ化学構造を有する合成染料はあまり多くないが，建染染料に属するインジゴ（天然染料は藍），媒染染料に属するアリザリン（天然染料は茜）は代表的なものである．天然染料の色素は主成分以外に種々の異性体などを含有しているため，天然染料による染色物は合成染料による染色では得られない独特の趣があり，最近の環境問題への関心の高まりとも関係して，一部の手工芸としての染色には天然染料が好んで用いられている．

（今田邦彦）

→茜, 藍
◆木村（光）(1998)

点描 [pointillism]（造）

フランス・新印象派のジョルジュ・スーラがつくりだした絵画技法で，スーラは自らの手法を「分割手法（divisionism）」とよんでいる．シャルル・ブランの『素描芸術の文法』(1867)，ルードの『近代色彩学』(1879)，シュヴルールなどの色彩や光学，視知覚に関する理論をもとに，スーラは絵画空間の中に科学的手法を取り込んだのである．印象派の画家たちがすでに取り入れていた視覚混合は，原色を画面上に併置すること

（筆触分割）で視覚効果をあげられるということをあくまでも直観的に行っていたが，スーラは厳密に検証していったのである．点描は均一な色点を画面上に併置させ，各色に対応して反射したスペクトルの異なる色光が網膜上で加法混合を起こして，融合し1つの色に見えるというものである．また，白色と原色，その補色を接近させて併置させることによって，きわめて明るい画面を構築することが可能になり，微妙な色相を制御することができた．この成果は1884年に設立されたアンデパンダン展に出品された《アニエールの水浴》(1884) において部分的に示されたが，この時ポール・シニャックと親交を結んだ．シニャックのアドバイスで土色をパレットから排除し，さらに系統的な点描法を発展させていった．シニャックは1891年のスーラの死後，ポスト印象派のリーダーになったが，この頃より彼の作品は抽象化が進み，さらに輝きのある画面がつくりだされていった．スーラは最後の印象派展に出品した大作《グランド・ジャット島の日曜日の午後》(1884–86) で，全面的に「ディビジョニズム（分割主義）」を実践した．この技法はゴッホ，マティスらにも影響を与えた．

(三井直樹)

→スーラ，ジョルジュ，シニャック，ポール
◆中山 (公) 監 (1996)

テンペラ [tempera]（造）

現在のテンペラは，顔料を卵で練ってつくった絵の具とその絵の具で描く技法のことをいう．もとはラテン語の，「混ぜる・結合させる」という意味のテンペラーレ（temperare）から派生したイタリア語で，18世紀中頃までは，絵の具を定着させるため顔料を卵以外に，膠，アラビアゴム，カゼインなどの展色剤で練った水性絵の具の総称として用いられた．さらに古くは顔料を油で練り合わせる油絵の具もテンペラとよばれていたらしい．中世から初期ルネサンスにかけてテンペラは卵であった．テンペラに使われる卵は卵黄と卵白の場合があり，卵黄の場合は被膜が柔軟で艶のある仕上りになり，卵白の場合は少し柔軟性にかけるが顔料の色があざやかに仕上がる．卵のタンパク質と油分が顔料をくるみ，支持体に密着させる．支持体は，木に白亜地，石膏地をつくりその上に描いてゆく．

(降旗千賀子)

電話機の色 [colors of telephones]（社）

木製茶色の電話機にかわり黒いベークライト製が登場したのが昭和8年 (1933) の3号自動式卓上電話機から．昭和25年 (1950) に誕生した4号自動式卓上電話機も黒色．昭和37年 (1962) に600型卓上電話機が黒で登場し，昭和46年 (1971) からホワイト，グレイ，グリーンの3色が加わった．1969年にグレイのプッシュホンが現れ，1972年にホワイト，グリーン，レッドが加わり4色になった．さらに，電話機が民間会社から発売されるようになると，インテリア商品としてプラスチックの内部着色の特性を生かして多彩化の道を歩み始めた．一方，公衆電話の色は，明治33年 (1900) 当初は木製の茶色であったが，昭和28年 (1953) 4号自動式委託公衆電話機「赤電話」が登場した．1969年にボックス公衆電話機「青電話」が，1959年特殊簡易公衆電話機「ピンク電話」が登場した．大型赤公衆電話機，大型青公衆電話機，大型ピンク公衆電話機などの後に黄色の100円公衆電話機が昭和47年に，緑色のカード式公衆電話機が昭和57年に登場している．平成3年 (1991) のディジタル公衆電話機は環境調和を考えライトグレイが採用され，1996年には暗いウォームグレイのものが，1999年にはICカード公衆電話機がダークブラウンとピンク，ピンクとグリーンの2配色で登場した．

近年，急激な普及をみせている携帯電話は塗装仕上げが中心となり，メタリック，パール，干渉パールなどの新しい光輝材が有彩色顔料と組み合わされて，パーソナルユースの商品色として次々と変遷していくこととなった．

(永田泰弘)

[と]

ドイツ工作連盟 [Deutscher Werkbund (独)]（デ）

　1907年10月，工業生産・建築・デザインを統合し，社会改革に寄与することを目的にミュンヘンで結成された団体．建築家でプロイセンの官僚でもあったヘルマン・ムテージウスが主導し，建築家，デザイナー，技術者，実業家，芸術家，学者の参加する領域横断的な性格をもち，美術史にとどまらず社会史上でも特筆すべき活動を展開した．1914年ムテージウスは建築や工業製品の規格化・標準化をめぐって，芸術性を重視するアンリ・ヴァン・デ・ヴェルデと有名な論争を行った．この年にケルンで開催されたドイツ工作連盟展会場には多数の先端的な建築が提示され，1927年のシュトゥットガルトの展覧会におけるヴァイセンホーフ・ジードルングの集合住宅とともに，建築規格の実現に新しい展望をもたらした．色彩研究の領域でもドイツ工作連盟は重要な役割を演じた．

　19世紀末から議論されてきた顔料・染料・塗料の色名統一や成分規格化の要請をうけて積極的な活動を行い，とくにヴィルヘルム・オストワルトと協力し，その色彩システムの構築を支援した．1919年にはシュトゥットガルトでオストワルトと芸術関係者を招いて「第1回色彩会議」を開催．オストワルトの数学的な調和論と画家アードルフ・ヘルツェルの色彩論との間で激しい議論がかわされ，抽象絵画の揺籃期に多大な影響を与えた．1934年ナチスによって解散を余儀なくされたが，第二次世界大戦後の1950年に再建された．ドイツ工作連盟は創立時より文化政策的な目的に賛同する者のみを会員とし（1915年2000名），毎年，大規模な展覧会や会議を開催し，有名な『年鑑』（1912–17）ほかの出版活動も行った．20世紀における工業デザインの興隆とあいまって，ドイツ工作連盟の活動は世界的に注目され，1910年にオーストリア，1913年スイス，1915年イギリス，1916年フランス，1927年アメリカに同様な団体が開設された． 　　　　　　　　　　（前田富士男）

→オストワルト
◆前田（富）(1992, 93)

等価値 [subjective equality]（心測）

　2つの感覚刺激が，その質あるいは強度において等しいと判断されるとき，その2つの刺激を等価刺激（equivalent stimuli）といい，その2つの刺激の値が等価値である．等価刺激を求めることは，刺激閾，弁別閾を求めることと並んで精神物理学の主要な目的である．実際の実験手続きとしては，対刺激の一方を一定に保ちつつ，その感覚強度または質において等しいと判断されるように他方の刺激を変化調整したり，または，あらかじめ用意された刺激の変化系列の中から感覚強度または質において等しいと判断されるような刺激を選択する．このような手続きを，マッチング（matching：明るさマッチング，色マッチングなど）という．また，前者を標準刺激といい，後者を比較刺激という．さらに，質または強度において等しいと判断された比較刺激値を主観的等価値といい，PSEと略称する．標準刺激に背景刺激や空間配置を変えた他の刺激を同時的に付与したり，継続的に付与したりして，比較刺激における主観的等価値を求めることにより，錯覚や同時対比・誘導や継時対比・誘導などの仕組みを調べることができる（Guilford, 1954, 大山, 1989）．

（伊東三四）

→標準刺激，比較刺激，主観的等価値
◆Guilford, J.P. (1954), 大山 (1969)

等価な色再現 [equivalent color reproduction]（入出）

　ハントが分類した6種の色再現目標の1つ（Hunt, 1970）．照明光の分光分布が異なるが，被写体と再現色の見えが一致するようにした再現を指す．この場合，CIE三刺激値を一致させても色の見えは一致しないことから，観察者の

順応状態を考慮して対応色の三刺激値を求める必要がある．また，照明色の差異以外に照明光の輝度変化によっても知覚される彩度，コントラストが変化する．さらに周辺視野の条件も見かけのコントラストを変化させる原因となる．このように，等価な色再現では照明の色，照明の強度，周辺視野などの条件を同時に考慮して対応する色を求める必要があり，非常に複雑である．

近年，ここにあげた3つの条件をパラメータとして入力し，色の見えの一致が得られる三刺激値対を算出する式が国際照明委員会（CIE）より提案されている（CIE, 1998）．なお，屋外シーンの見えを室内で観察するプリント上に再現する場合のように，照明の輝度レベル差が大きい場合に等価な色再現を達成することは現実的ではない．そこで，等価な色再現に対して，被写体および再現画像の輝度の取り扱いを参照白色に対する相対輝度の関係として簡略化し，絶対輝度の差に伴う彩度およびコントラストの変化を取り除いた再現のことを対応する色再現とよんで区別している． (山田　誠)
→分光的色再現，好ましい色再現，正確な色再現，測色的色再現，対応する色再現
◆Hunt, R.W.G. (1970), CIE Pub. No.131 (1998)

透過率 [transmittance] (測)

図において，均質な物体の試料の第1面に垂直に入射する放射束を I_1，その面から試料中に入る放射束を I_0，第2面に入射する放射束を I，その面から試料外に出る放射束を I_2 とするとき，透過率は次式，

$$\tau = I_2/I_1 \qquad (1)$$

で与えられる．色ガラスのような比較的均質な物体の透過率を測定するときは，試料を平行平面に保った平らな板状が望ましい．また，図において I_0 と I の比をとった物体の透過率は次式，

$$\tau_1 = I/I_0 \qquad (2)$$

で与えられるが，実際には無色透明の試料と同じ材質の同じ厚さの標準の透過物体を用い，その透過率に対する試料の透過率の比で表す．これは内部透過率とよばれる．もし，液体の透過率を測定する場合には，無色透明なガラス壁の液槽に溶液を入れて透過率 τ を測定し，次に溶媒だけを同じ液槽に入れて透過率 τ_0 を測定して次式，

$$\tau_s = \tau/\tau_0 \qquad (3)$$

で透過率を表す．これは溶質透過率とよばれる．

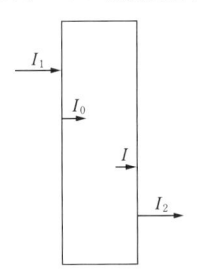

光の吸収および透過

上記3種類の透過率は(1)式の場合には同じ厚さの空気層を，(2)式の場合には同質同厚の無色透明ガラスを，(3)式の場合には溶媒だけを入れた液槽を，それぞれ標準の透過物体と考え，それらの透過率と，試料の透過率の比を取るので，一般に比透過率とよばれる．透過率係数は立体角透過率ともよばれる．試料と完全拡散透過面に対し，同一条件で照射し，同一方向の同一立体角内に置いた試料を透過する放射束と完全拡散透過面を透過する放射束の比である．受光の立体角が0に近づけば，透過率係数は輝度率に近づく．一方，立体角が 2π sr（ステラジアン）に近づけば透過率に近づく．

(側垣博明)
◆日本色彩学会編 (1998)：「色科ハンド・6章」

道教の色 [color of Taoism] (社)

道教とは，老子の思想を基盤として，その上に中国土着のアニミズムやシャーマニズムを含む民間呪術的な要素，さらに神仙思想や陰陽五行説，仏教などを取り入れて成立した漢民族の多神教的，土着的，伝統的な宗教である．しかし，道教は時代的状況，社会的，政治的，地域的状況によって変化し，その宇宙観も必ずしも一定していない．道教の宇宙には無数の神々が鎮座している．天界の頂点には大羅天（元始天尊）などの三聖が存在し，宇宙を運行している．その下に五老（黄老，赤精，水精，西王母，東王公）が存在し，それらの神々は，陰陽五行説

に基づく華麗な色によって表されている．さらにその下位は無色界，色界，欲界の三界にあり，それらはさらに三十六天に分かれている．ここでの色は，怒り，嫉み，貪り，悪口，二枚舌などの人間の営みにおける欲を表している．また天上の神々には，玉皇帝を頂点とする数多くの民間信仰の神々，たとえば関聖帝君（関羽），斉天大聖（孫悟空），門神，竈神，南極老人星などがいる．これらの神々は，黄色の屋根，朱塗りの神殿の中で，5色の衣服を纏い，黄金色に輝いている．また道教においては朱書き，墨書きの霊符が重要であり，符を書く際には心身を清め，春は青色の霊玉，夏は赤色の霊玉，秋は白色の霊玉，冬は黒色の霊玉のごとくなれと説いている．

(城　一夫)

道化の配色 [colors of buffoonery] (衣化)

道化とは，おどけた言語やしぐさで人を笑わせる者のことで，英語のfool，フランス語のfoo，ドイツ語のNarrは愚者，まぬけ，職業的道化師など多様な意味をもつ．西洋の道化の外観の特徴には共通点が多く，まだらな衣装にロバの耳と鈴のついた頭巾を被り，笏杖などの杖をついている姿が数多くの絵画の中にも残されているが，これらのイメージが定着したのは中世末期，ルネサンスにおいてである．一貫する特徴は，社会的常識から大きくはみ出すような外見の異形性にある．まだらな服は，道化のちぐはぐさと非順応性を示したもので，その多くは黄色と赤，黄色と緑色などの色を左右の身頃で染め分けたミパルティーの衣服，あるいは黄色と赤と緑の3色を縞柄にしたもの，白地に黄色の菱形を配したものなど，主に黄色を加えた2色以上の多色配色を着用する慣わしがあった．時として緑の代わりに青が用いられることもあった．黄色は狂気の色として一般の大人は着用しない色であり，また中世では一度に数色で身を飾ることは悪趣味であると考えられていたため，黄色に赤や緑といったコントラストの強い色を一緒にミパルティーで用いたり，多色配色を着衣とする道化の服は，その色使いからも一般人とは違う異人だったことがうかがえる．

道化の頭巾は，すでに貴族が道化を抱える習慣のあったローマ時代の彫刻にも見られ，赤や黄色など目立つ色で塗られていた．長い耳はロバを表し，ロバは愚を表した．鈴は狂気，自由，警告などを象徴し，帽子にはとさかや羽根がついているが，鳥も狂気と自由の象徴とされる．現在もサーカスのピエロなどに道化の配色の習慣が残っている．

(渡辺明日香)

◆徳井 (1995)

唐桟 (衣化)

唐桟は桃山時代以降に外国から舶載された細番手の上質の木綿糸で織られた縦縞の織物である．別に唐桟留や奥縞ともよばれた．布の表面には光沢があり薄手でなめらかな風合いが特徴．色合いは主に紺地に蘇芳で染めた赤い糸を入れた細かい縞の紅唐桟と藍を基調に浅葱色（水色）の細かい縞の藍唐桟がある．南蛮船により南方諸国から輸入された織物であり，唐桟という名はこの縞がインド東海岸のコロンデル地方にあるセント・トーマス島（St.Thomas）で織られたことから，地名がなまって桟留縞から唐桟留，それを略して唐桟とよんだというのが定説である．初期の唐桟は赤や茶，黄のような派手な色調だったが，しだいに日本人好みの渋い色調の縞が織られるようになり，舶来の唐桟は高価だったが江戸中期以降から江戸末期にかけて庶民に大変好まれ，奢侈禁止令の時代に流行した．日本の織物にも大きな影響を与え，わが国でも木綿栽培が普及し始める江戸中期頃から京都，博多，堺，川越，青梅など全国各地でも唐桟が織られるようになった．とくに川越で織られる唐桟は川唐として有名であった．現存する唯一の唐桟の房州唐桟は，1868年に昭憲皇太后が行った殖産所の技術を斎藤豊吉が踏襲し，その子孫によって受け継がれ，現在，千葉県の無形文化財に指定されている．

(矢部淑恵)

等色相線 [constant hue loci] (感知)

色空間において色相が等しい点の集合は面を構成するが，その面上で等輝度，等明度，または等明るさの面と交わる点の集合を色度図上に描いた線が等色相線である．知覚の飽和度は異なるが色相は同じ色度点を結んだ線のことである．たとえばCIE 1931 xy 色度図上では色光でも色票でも等色相線は一般的に曲線となりアブ

ニー効果を示す結果として紹介される．同じ色相の等色相線でも色光であれば輝度により，色票であれば明度により色度図上の位置や曲線の形状が変化する．これまでの報告では，色光の方が色票よりも等色相線の湾曲は大きく，その傾向は赤領域で目立つ．ユニーク赤，ユニーク緑は黄－青反対色過程の，ユニーク黄，ユニーク青は赤－緑反対色過程の平衡点である．したがって，これらユニーク色等色相線が錐体分光感度の線形変換である色空間の色度図，たとえばCIE 1931 xy 色度図上で直線とならないことは，反対色過程への錐体入力の非線形性を示す意味がある．ユニーク黄の等色相線はほぼ直線であるが，ユニーク青，緑，赤の等色相線は湾曲する．これは赤－緑反対色過程の中・長波長領域における線形性と短波長領域における非線形性，黄－青反対色過程の非線形性を意味している． （阿山みよし）
→アブニー効果
◆Burns, S.A. ら (1984), Ikeda, M.・Uehira, I. (1989), 阿山・池田 (1994)

同時比較と継時比較 [simultaneous comparison and successive comparison]（感知）

色を扱う心理物理実験においては，色弁別や等色など，2つ以上の色を比較する課題が多く用いられる．このときの色比較の方法は大きく2つに分けられ，目的によって使い分ける必要がある．1つは複数の色刺激を空間的に併置して同時に呈示し比較を行う，同時比較であり，もう1つは空間的に同一の場所に時間的にずらして色刺激を呈示する，継時比較である．継時比較の場合は，短時間であるが記憶の機構が関与すると考えられる．また同時呈示でも刺激の空間的配置と観察方法によって，得られるデータの解釈が大きく異なるため注意が必要である．たとえば刺激を隣接させ，境界部分を観察させて比較すれば中心窩での色覚特性を調べることになるが，空間的に離して呈示し，周辺視で比較させることもできる．また，空間的に離れた刺激を視点移動しながら比較させることで，実際的な場面での色弁別特性を調べることができるが，この場合は同時呈示でも，継時比較同様に記憶を介した色比較となる． （篠田博之）
→色の記憶

等色 [color matching]（表）

与えられた色に等しい色に見える色をつくる操作．2つの色刺激の色の見えを等しくすること．視感測色計の視野の両半部の色が等しくなるように調整することや，同じ色をもつ2つの物体試料を選択する操作をいうこともある．欧文用語のカラーマッチング（color matching）が色材の「色合わせ」を意味する用語として用いられる．ある色刺激を赤，緑，青など異なる3種類の原刺激の混色により等色を行うことは一般に等色実験とよばれる．この等色に要した各原刺激の量は三刺激値とよばれ，色刺激の表色値として用いられる． （矢口博久）
→色合わせ, 等色関数, 三刺激値, カラーマッチング

等色関数 [color matching function]（表）

与えられた三色表色系において単位エネルギーの単色光の三刺激値を波長の関数で表したもの．記号は $\bar{r}(\lambda)$, $\bar{g}(\lambda)$, $\bar{b}(\lambda)$ のように，原刺激を表すアルファベットの小文字の上にバーを付け，( ) 内に波長を入れる．CIE 1931年2°視野の等色関数 $\bar{x}(\lambda)$, $\bar{y}(\lambda)$, $\bar{z}(\lambda)$ はライトとギルドの等色実験から得られた等色関数に基づいている．ライトとギルドの等色実験ではライトの色彩計が使用され，これは原刺激として，650, 530, 460 nm の単色光が用いられた．CIE 1964年10°視野の等色関数 $\bar{x}_{10}(\lambda)$, $\bar{y}_{10}(\lambda)$, $\bar{z}_{10}(\lambda)$ はスタイルズ－バーチとスペランスカヤの等色実験が基になっている．スタイルズ－バーチの10°視野の等色実験ではスタイルズの三色色彩計（trichromator）が用いられ，この原刺激の波長は645.2, 526.3, 444.4 nm である．スタイルズ－バーチの等色関数については，10°視野については49人の，2°視野については10人の個人データが報告されており，観測者条件等色や色覚の個人差の解析などに有用なデータとなっている． （矢口博久）
→観測者条件等色
◆Stiles, W.S.・Burch, J.M. (1955), Trezona, P.W. (1987)

等色と同色 [(metameric) color matching and isomeric (spectral) color matching]（表）

等色とは，国際照明用語集（JIS Z 8113 照明用語）では，与えられた色刺激と，色が等しく見える別の色刺激をつくる行為とし，また視感

色彩計で2つの視野の色が等しくなるように調整することなどにも用いられるが，この場合は主に色合わせを用いるとしている．同色は国際照明用語集にはないが，色刺激が等しいだけでなく，それを与える分光組成およびその空間分布も等しい2つの色をいう．分光反射率の異なる2つの色刺激が，特定の観測条件で等しい色に見えることを条件等色（metamerism）とよび，条件等色が成立する2つの色刺激を条件等色対（metamer）とよぶ．

メタメリズムという用語は，元来，化学の分野で構造異性に対して用いられたもので，化合物の原子の種類と数が同じでも構造の異なるものに用いた．色料の混合で色合わせをする場合，分光反射率が等しくなる色合わせをアイソメリック・マッチといい，観察の条件が変わっても等色関係は変わらない．しかし，原色の種類や材質が異なると分光反射率を等しくする色合わせはできなくなり，三刺激値が等しくなる色合わせとなり，これをメタメリック・マッチとよぶ．条件等色には，物体色の分光分布，照明光，観測者によるもののほか，反射光の空間分布，偏光状態などによるものもある．　　（馬場護郎）
→条件等色

等色方程式 [color-match equation]（表）

与えられた色刺激が3種類の原刺激の混色で等色している状態を表す式．色刺激を Q，原刺激を R，G，B とした場合，次のようなベクトル式で表現される．

$$Q = R_Q R + G_Q G + B_Q B$$

ここで，R_Q，G_Q，B_Q はそれぞれ原刺激 R，G，B の量に相当し，三刺激値とよばれる．単色光などの彩度の高い色刺激は3つの原刺激の加法混色では等色できない場合がある．この場合は3つの原刺激のうちの1つを等色しようとする色刺激に加える．たとえば，彩度の高い緑の色刺激を等色する場合は，

$$Q + R_Q R = G_Q G + B_Q B$$

と表現される．これは，

$$Q = -R_Q R + G_Q G + B_Q B$$

と表すことができる．この赤の原刺激のように，色刺激に加える原刺激の三刺激値は負の値で表される．　　　　　　　　　　　　　　　（矢口博久）
→等色，三刺激値

動物・昆虫の色覚 [color vision of an animal and an insect]（生）

動物や昆虫に色覚があるかどうかは，視物質の分光測光や飼料の選択などの行動実験を通して研究が行われている．その結果，類人猿は色覚の発達が高度であり，マカクサルのようにヒトに近い3色型をもつ属と2色型の色覚をもつ属が確認されている．イヌやネコは2色型とされ，ウマは黄と緑に対する感度が高く，赤には低いとされている．ニワトリについては，色彩選択実験や行動実験によりハトと同様に色覚があることが確認されている．爬虫類では，錐体をもつ種類が多く確認されており，カメ，トカゲ，ヤモリについての色覚が確認されている．両生類や魚類でも，カエル，サンショウウオ，キンギョ，コイ，フナの色覚が確認されており，コイはヒトの色覚のメカニズム研究に使われている．また，昆虫類にも色彩弁別能力があることが確かめられており，ミツバチは3色型，モンシロチョウは紫外，紫，青，緑，赤の視物質をもつ4色型，ゴキブリは2色型とされている．そのほか，海中に深く生息するカニやタコには色覚がないとされるが，タコの体色変化から色覚があるとする説もあり，節足動物や無脊椎動物については明らかになっていないものも多い．

（小松原　仁）
◆日本色彩学会編 (1998)：「色科ハンド・11 章」

動物の色 [colors of animals]（自人）

動物の色は，体表面または体内に分布する体内で合成することのできるメラニンなどの色素と餌から摂取するカロチノイドなどの色素および表面構造や細胞内物質層などによる光の干渉，回折，散乱などに起因している．メラニンは，黒色から暗褐色をした不溶性または難溶性の色素で，人間の体内で生成されるメラニンを真正メラニンという．古代に染色に使われた動物の分泌液からとれるインドール系の色素は，紫色を呈し，帝王紫として知られている．キンギョの橙やフラミンゴの朱はカロチノイドに起因するもので，フラミンゴはカロチノイドを含まない

餌を与えて飼育すると色が褪せるために，上野動物園などではカロチノイドを含む餌を与えているとされる．色素による色は，概して，チョウなど昆虫に見られる非常にあざやかなものは少なく，あざやかな体色は色素と干渉や回折によって生じる構造色の相乗効果によるとされている．モルフォチョウの鱗粉は層状構造をしており，見る角度によって，青から赤紫までの干渉色を生じる．また，鱗粉中に空気の小胞の層があるアゲハチョウ科のチョウでは，空気の小胞による散乱が生じることによって青色をしている． (小松原 仁)
→構造色
◆梅鉢 (2000)

動物の色素 [pigment of an animal] (自人)

動物の色素は，動物自身が体内で合成している色素と食物摂取によって体内に蓄積される色素とに分類することができる．前者には，チョウの翅から抽出された黄色色素や赤色色素であるプテリジン系色素，人間の皮膚にも存在する黒から暗褐色をしたメラニン，帝王紫として珍重された紫貝の分泌液からとれるインドール系色素，昆虫の赤眼など，複眼の色に関する研究から発見されたオモクローム系色素などがある．後者には，植物摂取によるカロチノイドやフラボノイドがある．動物の色素の中には，その由来が解明されていないものもあり，その性質も多岐にわたっている．動物の色は，色素によって決定されるだけでなく，これらの色素と体表表面構造によって生じる構造色が関係している場合が多く，その発色機構は多様性をもっている． (小松原 仁)
→構造色
◆梅鉢 (2000)

透明視 [perceptual transparency] (感知)

空間的に同一の位置に，重なり合った複数の面を知覚し，ある色の面を透かして他の色の面あるいは背景を同時に知覚することを透明視という．透明視は，2次元の図形パターンに対してもその図形の空間配置や輝度，色の関係がある一定の条件を満たすときに成立する (Metteli, 1974)．このとき，重なり領域の色，明るさは，それぞれの面または背景の属性として分離されて知覚される．面の重なりの前後関係も同時に知覚されることが多いが，あいまいな場合もある．透明視による面の分離は 60ms の短時間呈示においても成立することが報告されている．

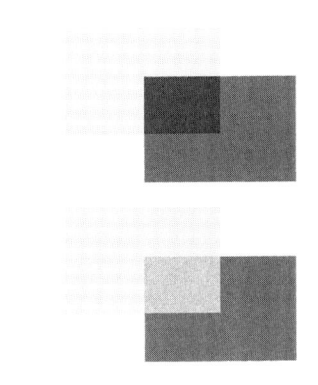

透明視の成立には，X 型接合 (X-junction) などの図形の輪郭の接合形態が重要な手がかりとなっているとされている．また，透明視の成立に必要な輝度，色の条件は，加法混色や減法混色に基づく物理的な制約条件のみから予測される条件とは必ずしも一致せず，図形接合部における明暗の極性の関係や色に対する視覚応答の組織的変化などの条件に強く関係していることが指摘されている．これらの形態，色彩の手がかりから刺激図形を面として解釈する視覚処理が，透明視の成立に作用すると考えられている (Anderson, 1997；D'Zmura ら, 1997)．
(郷田直一)
→加法混色, 減法混色
◆Metteli, F. (1974), Anderson, B.L. (1997), D'Zmura, M. ら, (1997)

道路景観と色彩 [road landscape and color] (デ)

戦後の日本は，高度経済成長とともに経済優先思想と車社会という 2 大要因によって金太郎飴とよばれる全国画一の道路景観をもたらした．すなわち，中心を外れた国道やバイパスなど主要幹線の沿道は不特定多数の購買層が往来する格好の商業圏となった．地代ははるかに安く，全国的規模のチェーン店は地方都市にも軒並み進出，大規模店舗を展開してきた．次は車社会のスピードに対応して企業カラーを打ち出すとと

もに，いかに人目をひくかが生き残りをかけた競争原理の戦いとなった．いきおい広告看板もいかに高く，大きく，派手に，目立つかが工夫される．色彩も高彩度の対比配色となり，近隣との調和は無視される．それらはエスカレートして，近年は店舗の外壁すべてが広告媒体となっている例もめずらしくない．一方，買い物客の立場にとっても大型のスーパーなどは買い回りすることなく，駐車料金もとられず，車は停めやすく，誰にも煩わされず自由に豊富な商品が選べる．かくして，日本中いたるところで深刻化している問題は，中心商店街の低迷である．すなわち中心が郊外に移ったためにドーナツ化現象を招いたからである．行動が車に依存する限り，わが国に伝統的なローカル色がよみがえることはないであろう． （日原もとこ）

→街並景観，騒色，環境色彩，◇都市景観
◆公共の色彩を考える会編 (1989, 94)

トーナル配色 [Tonal]（調）

トーナルとは「色調の」という意味．本来は音楽用語．トーナル配色は，PCCS の中明度・中彩度である中間色調のダルトーン（d）を基本トーンに用いた配色をいう．ダルトーンの他に，ソフトトーン（sf），ライトグレイッシュトーン（ltg），グレイッシュトーン（g）が使われる．いずれも中彩度から低彩度域にあり，比較的色みの弱いトーンで，控え目で地味な印象を与える点を特徴とする．灰みのある色，鈍い色，くすんだ色の組合わせである．このような比較的彩度の低い色を基調にした配色は，個々の色のイメージよりも配色全体を支配する色調（トーン）によってイメージが特徴づけられよう．トーン・イン・トーンやドミナント・トーンの同類でもある．　　　　　　　　　　　　（松田博子）

→トーン・オン・トーンとトーン・イン・トーン，ドミナント・トーン，PCCS
◆大井・川崎 (1996)，東商編 (2000)，野末ら (1996)

トーランス−スパロウモデル [Torrance-Sparrow model]（画処）

フォーンモデルは局所反射の物理的根拠が欠けているから，光学的に忠実なシミュレーションによるレンダリングには対応できない．トーランス−スパロウモデルは，より微視的な反射モデルであり，表面の粗さをランダムなV型の溝（図1：微小面上の光の反射）による幾何学的自己遮蔽効果，等方性の反射分布，およびフレネル関数を用いた不完全鏡面反射モデルである．ブリンモデル（Blinn, 1977）は，トーランス−スパロウの粗い面からの不完全鏡面反射モデルをコンピュータグラフィックスに最初に適用したもので，金属の表現を試みている．反射面を，微細な完全反射面の集合と，ガウシアン分布と回転楕円体分布を仮定している．分布関数は，計算点 P における面の法線ベクトル N，光源から P への入射光の方向ベクトル L，視点から P への方向ベクトル V とすると，H と N の角 ζ と定数（実験的）によって与えられる（図2：反射の幾何モデル）．

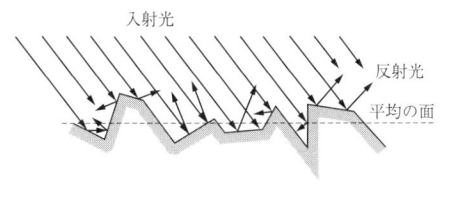

図1　微小面上の光の反射

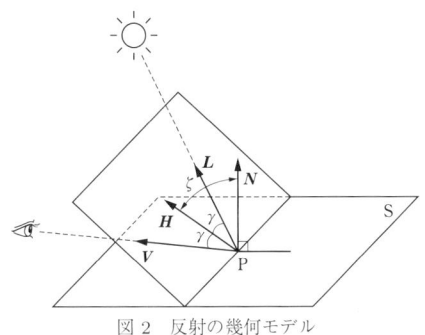

図2　反射の幾何モデル
ブリンのモデル

実際の反射率はこれに凹凸による幾何学的遮蔽効果減衰係数 G（入射光の角度が大きくなるほど大）を乗じている．

$$G = \min\{1, 2(\boldsymbol{N}\cdot\boldsymbol{H})(\boldsymbol{N}\cdot\boldsymbol{V})/(\boldsymbol{N}\cdot\boldsymbol{H}), \\ 2(\boldsymbol{N}\cdot\boldsymbol{H})(\boldsymbol{N}\cdot\boldsymbol{L})/(\boldsymbol{V}\cdot\boldsymbol{H})\}$$

クック−トーランスモデル（Cook・Torrance, 1982）は，トーランス−スパロウの光学モデルを

物理的に公式化したものである．表面の粗さをランダムなV型の溝を仮定し，面の粗さによる分布関数に電磁輻射散乱に関連したBeckmannを用いており，フレネルの項を導入することによって入射光の波長を考慮している．これは，与えられた溝の傾斜に対して統計的に扱うことができ，特定された方向への反射光を近似的に求めることができる．これに対して，計算点Pをどの方向から見ているのかが反射率の分布関数に影響するモデルを非等方性双方向反射（anisotropic BRDF）（Poulin・Fournier, 1990）とよび，面や溝の方向に大きく影響を受ける光沢のある髪の毛や一定方向に磨かれた金属などの偏光効果の表示に用いる．また，金属表面のスクラッチ，陶器のひび割れ模様，人の肌，葉など多層構造の透明感を表示する反射モデルが開発されている．

(中前栄八郎)

→レンダリング，フォーン-モデル，バンプマッピング
◆Blinn, J.F. (1977), Cook, R.L.・Torrance, K. (1982), Poulin, P.・Fournier, A. (1990)

トーン [tone]（調）

音，言葉，色などの調子のこと．英語圏では，音や言葉の調子，物の雰囲気，色の調子など，意味する範囲は広い．色に限定すれば「色調」となるが，英語での用いられ方には，elegant tone, bluish tone, light tone, vivid tone など，醸し出す雰囲気，色相の様子，明度・彩度の様子など，さまざまな色の様子を示す言葉として用いられ，わが国で定着している明度と彩度の合成概念のみに限定できない広い意味での色の調子を意味するものとなっている．ここでは，わが国における色彩用語としてのトーンに限定して，その概念をまとめるが，以下にまとめる内容に限定できないとの異論もある．

トーンは，色の三属性である色相，明度，彩度のうち，明度と彩度を合成した概念である．たとえばマンセルシステムなどの色立体の等色相断面には，明度と彩度に応じた色の広がりが展開される．高明度・低彩度の領域には，いわゆる「明るい」色が，中明度・中彩度の領域には「にぶい」色が，また，明度軸から高彩度色の方向に離れた領域には「あざやかな」色が，低明度・低彩度領域には「暗い」色が分布する．

トーンは，等色相断面をこのように，いくつかの色の領域に分割し，前記のように，その色の見えの印象を「明るい」「暗い」などの形容詞として分類したものである．トーンの概念を用いると，色相，明度，彩度で構成される3次元の色空間を，便宜上，色相とトーンの2つの概念に集約できるようになる．色相とトーンを使い，平面上に色の一覧を展開できるようになるので，カラーチャートやカラーコードを作成する手段として多く使用されている．また，トーンの概念は，形容詞として使用できるので，明るい青，暗い赤といった，系統色名を展開する際にも使用されている．色相とトーンを使ったカラーオーダーシステムとしては，日本色彩研究所のPCCS（日本色研配色体系）がよく知られている．

(大関　徹)

→ヒュー・アンド・トーン，PCCS

トーン・オン・トーンとトーン・イン・トーン [tone on tone and tone in tone]（調）

「トーン・オン・トーン」とはトーンを重ねるという意味で，基本的には，同一色相で明度差を比較的大きく取った配色をいう．普通「同系色の濃淡配色」といわれている配色である．組み合わせる色相は，同一色相を基本とするが，隣接や類似色相から選択してもよく，とくに明度差に留意して配色する．ベージュとブラウン，水色と紺色などの組合わせは典型例といえる．このような同系色の濃淡配色は，自然界の同一色の物体に光があたっている部分と陰の部分との色あいにも観察することができる．2色だけでなく3色以上の多色配色でもトーン・オン・トーンという．奈良時代の「縹纐」彩色に見られるぼかしの技法も，美しいトーン・オン・トーンといえる．

「トーン・イン・トーン」はトーン差の近似した配色をいい，色相とトーンの両者がともに近似した配色を指すとする解釈もあるが，一般にはトーンを統一し，色相を自由に選択した配色をいう．2色以上の多色配色にも使われる．また，カマイユやフォ・カマイユ，トーナル配色もトーン・イン・トーン配色の同類である．

(松田博子・大澤かほる)

→カマイユとフォ・カマイユ，トーナル配色，縹纐，

トーン
◆大井・川崎 (1996), 東商編 (2000), 野末ら (1996)

都市計画法 [city planning law]（デ）

昭和4年（1929）に制定され，全7章と付則よりなる．これに準じるものとして，都市計画法施行令，都市計画法施行細則，風致地区内における建築などの規制の基準を定める政令，がある．この法律の目的として，第1章総則第1条として，「この法律は，都市計画の内容及びその決定手続，都市計画制限，都市計画事業その他都市計画に関し必要な事項を定めることにより，都市の健全な発展と秩序ある整備を図り，もって国土の均衡ある発展と公共の福祉の増進に寄与することを目的とする」とある．都市景観の保全・形成について，地区計画制度・美観地区・風致地区の指定制度を有している．昭和25年（1950）に文化財保護法が成立し，景観を含む歴史的環境の保全が図られたが，開発の波をかぶった結果，反対住民運動も起こり，昭和41年（1966）に「古都における歴史的風土の保全に関する特別措置法」が成立した．また，昭和50年（1975）に改正された文化財保護法に関しては「伝統的建造物群保存地区制度」が生れた．地方分権が推進されるなか，自治体独自の構想や手法を可能とした景観条例を制定しているところも多くなった． （稲垣卓造）
→景観条例

塗装の不具合 [defect in coating]（着）

塗装の不具合には，大きく分けて塗装ブースで起こる不具合と，時間が経過して塗膜が劣化あるいは損傷するために起こる不具合がある．

1) 塗装ブースで起こる不具合の主な現象は以下の物である．

● 色ムラ（unevenness; non-uniformity）：均一であるべき製品の色に，明度差や彩度差ができてしまうこと．要因は塗料の隠蔽力が低い，顔料の分散が不均一，塗装の膜厚が不均一，などが考えられる．またメタリック顔料など，光輝材を含む塗料を塗装したときに，塗色が不均一になることを「メタルムラ」という．光輝材によってムラの出やすいものと出にくいものがある．また塗装機の調整または作業の不具合，塗装ブースの環境などにより，光輝材の配合が一定でない場合や，光輝材や塗装条件に対して展色剤（ビヒクル）が適切でない場合などにもムラが生じる．なお，故意に色ムラをつくり，意匠として活用する場合もある（例：ハンマートーン，大理石調塗料）．

● オレンジピール（orange peel）：塗膜の表面が，オレンジの皮の表面のような波状の凹凸になる現象．ユズ肌ともいう．吹き付け塗装，静電塗装などで，流展性の不足によって起こる．塗装面への映り込みがスムーズでなく，外観品質上好ましくない．

● ガス肌：塗膜にツヤがなく，カサカサした感じの仕上がり．塗料の希釈，吹き付け作業が不適切なために起こることが多い．

● スケ（lack of hiding）：塗装で，下地が透けてしまって目標とする色にならないこと．塗膜の隠蔽性が低いか，塗膜が薄い場合に起こる．また，下地と塗料，中塗りと上塗りの色差が大きいほどスケが目立ちやすい．被塗物の形状に鋭いエッジがある場合もスケが起こりやすい．

● タレ（sagging; running; curtaining）：塗料が流れて発生した塗料跡．「流れ」ともいう．running は細長く棒状に流れる「タレ」で，curtaining はひだ状に流れる「タルミ」である．塗膜が厚すぎる場合や，塗料を希釈しすぎることにより起こる．

● ナク（bleeding）：下塗りの色が上塗りの上にしみ出すこと．

● ハジキ（creeping; crawling）：塗膜に生じたすり鉢状のへこみ，および気泡の跡をいう．

● ブツ（seediness）：塗料中の異物，または塗膜が未乾燥のうちに付着した異物．

● ブリスター（blistering; blister）：水泡のこと．「ふくれ」ともいう．下地に水分，油分，汗などの汚物が付着していたか，あるいは塗膜形成後に水分やガスなどが侵入したために塗膜の各層間の付着力が低下し，発生することが多い．また，日光により揮発成分が加熱されてできるふくれもある．

● モットリング（mottling）：ムラ．一般に塗装の膜厚の差による色の不均一な状態をいう．

● ワキ（popping）：塗膜にきわめて小さな穴

やふくれが生じる現象．膜厚が厚すぎる場合や，乾燥炉で急激に過熱・乾燥させた場合などに起こりやすい．

● シミ（spotting）：塗装面の小さな斑点や色ムラ．塗料に異物が混入したり，塗装から乾燥の工程で異物が付着したりすることにより起こる．また，雨じみは雨水中の酸化物質などにより，膜厚が侵されることにより起こる．

● 白化（blushing）：塗料の乾燥工程で，塗料が白くなってしまうこと．「かぶり」ともいう．溶剤の揮発により，塗料表面の熱が奪われ，温度が低下すると，水滴が塗料の表面に入り込んだり，セルロース誘導体の熱が析出したり，樹脂成分が析出したりすることによって起こる．また，塗装後に塗膜表面が白い粉を吹いたようになる現象も白化という．

2) 時間が経過して塗膜が劣化あるいは損傷するために起こる不具合には主に以下の現象がある．

● クラック（crack）：塗装の表面にできるひび割れ．被塗物の膨張・収縮が大きく，塗膜がそれに追従できない．塗膜が厚すぎる．硬化剤が多すぎる．乾燥時の温度不適切，顔料濃度が高すぎる．展色剤の耐候性不良などにより起こる．

● チョーキング（chalking）：長時間屋外にさらされた塗膜の表面が分解して，黒い布などでこすると白い色が付着してくる現象．アナターゼ型二酸化チタンを含む塗料はチョーキングを起こしやすい．ルチル型二酸化チタンはチョーキングを起こしにくい．

● ピーリング（peeling）：はがれ．塗膜が部分的にはがれ落ちること．直径 3mm 未満の小さいものを小はがれ（flaking），それ以上のものを大はがれ（scaling）という．塗膜の層間付着が悪い場合，光（紫外線）による塗膜の劣化，チッピングによる物理的な衝撃などの原因による．

（吉田豊太郎）

塗装膜厚 [film thickness; coating thickness]
（着）

塗布された塗料の厚さ．塗装の仕上がりを平滑にするためには，膜厚が薄くかつ均等になるように塗装するのが理想である．しかし，薄い膜厚で下地を隠蔽するためには，隠蔽力の高い塗料が必要であるが，それは色の透明感や深み感とは相反する要素である．また，肉持ち感，光輝感を表現するためにはある程度の膜厚が必要なので，それらのバランスを考えて膜厚を設定する必要がある．塗装時に膜厚変動により色がムラになったり，目的とする色が得られなかったりすることがあるので，塗色設計をする際は膜厚変動を考慮する必要がある．

膜厚の測定は一般には乾燥した状態で膜厚計により行う．単位はミクロン（μm）である．被塗物が磁性体の場合は磁気的測定法，非磁性金属の場合は渦電流式測定法，絶縁体の場合は変位計により測定する．なお，防錆防食を目的とする塗装では，ウェット（未乾燥）の状態で膜厚を測定することもある．

（吉田豊太郎）

ドットゲイン [dot gain]（入出）

印刷工程などで発生する，いわゆる網点の太りのことをいう．古くは，フィルム原版の網点面積率に対して対応する印刷物の網点面積率の増分を指していた．CTP などフィルムを介さず直接に刷版を作成する工程においては，刷版上の網点面積率に対する印刷物の増分をいったり，場合によっては，ディジタル値から換算した網点面積率（たとえば 8 bit 256 階調であれば，127 がだいたい 50%に相当）に対する印刷物の増分をいったりするようになってきた．横軸を 0～100%のオリジナルの網点面積率と取り，縦軸を各網点面積率における印刷物の網点面積率の増分としたグラフにて，ドットゲインの特性を表すことがよくある．ドットゲインをその原因によって大別すると，印刷時に高圧力がかかるため実際に印刷インキがつぶれて網点領域をはみだすため発生するメカニカルドットゲインと，印字部と非印字部との境界付近においてインキ膜面と紙の表面との多重反射により発生する光学的ドットゲインとがある．

ドットゲインは，インキの粘性，インキ量，胴仕立てなどの印刷機条件が変動要因となる．また，一定の印刷機条件においては，スクリーン線数が高くなるほどドットゲインが大きくなる傾向がある．ISO 基準では，通常の 175LPI 程

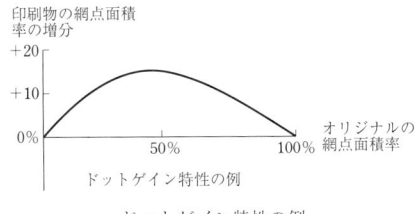

度の印刷物のドットゲインの標準を50%付近で各色18%としているが，比較的新しい印刷機においては50%付近で12〜15%程度となるのが実状のようである． 　　　　　　　　　（島崎　治）
→網点

凸版印刷 [letter press]（入出）

凸版印刷とは版の凸部にインキを着け，そのインキを紙などの被印刷物に転写する印刷方式の総称である．凹版印刷，平版印刷，孔版印刷など数ある印刷方式の中でも歴史的には最も古いものであり，8世紀頃から木版による文字の印刷が始まっていたとされている．凸版印刷は，文字が鮮明に印刷でき文字中心の印刷物（案内状，はがき，名刺，書籍，雑誌本文など）向けに近年までは広く使われていた．最近では，カラー画像を高速に美しく印刷できる平版を用いたオフセット印刷の台頭がめざましく，凸版印刷方式で印刷される印刷物の割合は減少している．

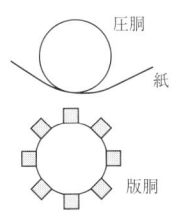

凸版印刷で用いられる凸版の部材には，鉛，亜鉛，軽合金，樹脂，ゴムなどがある．名刺，はがきなどに対しては，小型のプラテン型印刷機を使用し，手軽に印刷が可能である．一方，ある大きさ以上のページ物印刷の場合，むらとりや見当あわせなど高度な技能が必要となる．
　　　　　　　　　（島崎　治）
→平版印刷

トップ染め [top dyeing]（着）

トップとは繊維加工の初期段階を意味するもので，具体的には，羊毛素材などが「綿」から糸になる中間段階であるスライバー（sliver: 紡績の中間工程で，繊維の長さをそろえて平行に並べた，綿状態のひも状の繊維の束．これに撚りを加えて糸にする）の段階で行う染色技法．スライバーは本来ウール素材の梳毛前の行程であったが，現在は合成繊維の紡績糸の製造工程でも同様の呼称が使われる．スライバーの段階でも綿染めと同様に，染色されたスライバーを複数取り混ぜて糸にするということで，複雑な混色糸（カラーミックスヤーン）をつくりだせる．このときの混色は中間混色（併置混色）となるため，混ぜる色にもよるが一般に中間色の落ち着いた印象のものになる． 　　（山内　誠）
◆松田 (1995)，板倉ら (1977)

塗膜の研磨方法 [way of sanding of coating film]（着）

塗膜を研磨する目的は，塗面の平滑性を高めること，塗膜の層間密着性を高めること，素地についた汚れ，へこみ，ブツ，タレ，ユズ肌などをなくし，美しい上塗り塗面を実現することである．塗膜の研磨方法には空研ぎと水研ぎがある．木材・木質系素材など水を吸い込む素材の場合は，一般に空研ぎしながら塗り重ね，仕上げ塗りの前に水研ぎする．

空研ぎ（dry sanding）：乾いたサンドペーパーや布ペーパーで研ぐこと．ペーパー目（研いだあとに残るスジ）が残りやすく，研いだ粉塵が残るのが難点である．

水研ぎ（wet sanding）：水で濡らしながら研ぐ方法．空研ぎよりもスムーズな面が得られる．水研ぎには耐水性のサンドペーパー，布ペーパー，軽石粉と布などが使われる．また，漆塗装の場合は朴炭などやわらかい炭も使われる．
　　　　　　　　（吉田豊太郎）
◆色材協会編 (1993)

ドミナントカラー [dominant color]（調）

対比配色を淡い色ガラスを透して見た場合に見られる色彩の調和，あるいは夕焼けに包まれた美しい赤みの風景，2色の調和しているといえない色の塗料にお互いの色素をいくらかずつ混

入すると共通要素をもった色どうしに変化する．これらに感じられる統一感のある共通の色彩要素をドミナントカラーという．ここにあげた例は色相に関するものであり，色ガラスを透して見た調和はシュヴルールが第1類，3番目の主色光の調和（harmony of a dominant colored light）としてあげている．

色相以外にも，配色調和の共通要素が同一トーンの場合はそのトーンが配色全体を支配するため，トーンが配色のドミナントとなる．配色において，支配的な色を決定する要素は色相やトーンであることが一般的であるが，景観の色彩設計における個別対象物の配色などは色の数が限定されるので，環境色（背景）をふくめてドミナントカラーが評価される．したがって，個別対象物の中では配色理論でいわれるドミナントカラーは見つけにくく，対象物の中で大面積に使われ視覚的に優位に立つ色をドミナントカラーということがある．いくつかの色が色彩調和を目的に配色されている場合，全体の中で面積の最も多い色彩をドミナントカラー，あるいは主調色，基調色，ベースカラーなどの名前をつけて指すことがある．

ドミナントは支配する，優位という意味で，配色全体のイメージを表す色彩である．主調色は大面積になるので，建築内外装や屋外構造物などでは低彩度の色彩を選ぶことが一般的である．明度は高明度過ぎると内部の色彩では明るく眩しくなり，また外部では汚れが目立つことになる．明度が低くなり過ぎると暗い陰気なイメージとなるので明度の選択は慎重にしなければならない．主調色，基調色は全体の統一イメージを表すので，色相の選択で色相のもつ暖かい，冷たい，新鮮などの色彩の連想イメージを活用し効果的な配色を考える．このとき，ドミナントカラー（支配色，主調色）に対して配色される中・小面積の色をサブオーディネートカラー，アソートカラー（従属色）などとよぶことがある．これは単純なグラフィックデザインや交通標識などの場合にもいえる．なお冒頭に述べた配色用語としてのドミナント（多数色配色の統一要素）は面積比と関係なく用いるので混同しないよう注意が必要である（口絵参照）．　　（速水久夫）

→従属色，シュヴルールの色彩調和論

ドミナント・トーン [dominant tone]（調）

トーンとは，色の三属性の色相，明度，彩度のうち，明度と彩度の複合概念を指す．ドミナントは「支配的な」「優勢な」「主な」という意味をもち，ドミナント・トーンとは，配色全体をあるトーンに統一することで，イメージに共通性をあたえる配色方法である．多色配色に統一感を与える手法でもある．意図するイメージに合ったトーンを選択し，同一トーンでまとめ，色相は自由に配色する．トーン・イン・トーンの類型である（口絵参照）．

トーンを用いると，色相が異なってもトーン個別のイメージの特徴が出しやすく，配色におけるイメージのコントロールが容易になる．たとえばペールトーンやグレイッシュトーンは低彩度トーンであり，明度差も少ない配色になり，やわらかい，軽いイメージになる．中彩度トーンでは穏やかなイメージが支配的になり，高彩度のトーンでは動的なイメージが表現される．このように同一トーンで支配されたドミナントトーン配色は，統一感が演出しやすいといえる．トーンの概念を体系化の基本に置いたカラーオーダーシステム，PCCSがある．　　（松田博子）
→ドミナントカラー，トーン・オン・トーンとトーン・イン・トーン，カラーオーダーシステム，PCCS，トーン
◆大井・川崎（1996），東商編（2000），野末ら（1996）

ドラクロワ，ウジェーヌ [Ferdinand Victor Eugène Delacroix]（造）

フランスの画家．パリ近郊シャラントンに生れ，パリで没．新古典主義の画家ピエール・ナルシス・ゲランに学ぶが，独自な画法を追究し，1822年《ダンテの小舟》でサロンに初入選．1824年のサロンでは《キオス島の虐殺》を出品し，アングルと並んで高い評価を受ける．アカデミックなアングルと対照的に，エキゾティックな題材と振幅に富む人間的感情の表現を重視し，ロマン主義絵画の旗手と目される．1832年政府使節団の一員としてモロッコを訪問．光彩にみちた異国の風土に色彩画家として大きな示唆を得た．バイロンの史劇に基づく《サルダナパロスの死》（1828）はじめ，ダンテ，シェイクスピア，ゲー

ドラクロワ《アルジェの女たち》1834（パリ・ルーヴル美術館）

テなどの文学作品をとり上げ，力動的な構図とすぐれた色彩表現で高い評価を得た．宮殿や教会堂の壁画などに傑作も多い．油彩画はおよそ800点を数える．ドラクロワは色彩表現の革新者で，友人シャルル・ブランの啓発もあって理論的な関心の持ち主でもあった．ただし，その思想がひろく知られるようになったのは，1893年のことである．《アルジェの女たち》(1834) に見られるように，物体の陰影部にも明るさや色彩が息づいている様子に注目し，また色彩の同時対比も技法として画面にとり入れている．シュヴルールとドラクロワは同時期に別の道をたどりながら同一の色彩法則を解明していたと考えてよい（口絵参照）． （前田富士男）
→シュヴルール，ロマネスクの色彩
◆Gage, J. (1993), Roque, G. (1997)

トラディショナルカラー [traditional color]（商）

トラディショナルカラーは，伝統的な色という意味であり，日本に伝わる伝統色は日本のトラディショナルカラーといえるが，通常は，欧米において伝統的に伝えられてきた色という意味で，トラディショナルカラーの語が使われている．欧米に伝統的に伝えられている色という意味では，クラシックカラーもほぼ同じような意味に使われるが，トラディショナルカラーの場合は，クラシックカラーより，より明確に民族的な，あるいは国家的な背景をイメージさせる色を指すことが多い．英国の例をとると，英国の氏族（クラン）の間には，おのおのの氏族を表す特有のクランタータンとよばれる格子柄のタータン・チェックが伝えられているが，その柄の色に多く見られるような赤やダークグリーン，また，英国海軍の軍服の色であるネービーブルー（紺）などが，トラディショナルカラーの典型とみなすことができる．

現代に伝わる欧米の伝統的な紳士服のスタイルを，日本ではトラディショナルスタイルを略して，トラッドスタイル，あるいは単にトラッドとよんでいるが，ブレザージャケットなどのトラッドスタイルを代表する服飾アイテムには，ネービーブルー，ダークグリーン，赤といったトラディショナルカラーが，現在でも多く使われている． （出井文太）
→クラシックカラー
◆東商編 (1998c)：「ファッション色彩」

トリコロール [tricolore (仏)]（調）

トリコロールはフランス語で，「3色の」，「3色旗」という意味をもつ配色用語である．とくにフランス国旗の青・白・赤はその代表であるが，イタリア国旗の緑・白・赤やドイツ国旗の黒・赤・黄などにも，3色使いの配色例が見られる．トリコロール配色は，このようにメリハリがあり，3色という限定された色相や色調の組合わせによって明快なコントラストが表現されるところに特徴がある．ファッションでは，東京五輪開催後の1965年にトリコロールが盛んに用いられ，当時の人達には新鮮な配色として受け入れられた．その後ニュートラ，ハマトラ，プレッピーといったトラッド調ファッションが流行した1979年頃に，再びトリコロールが台頭している．白のトップと，赤や紺のボトムの組合わせや，白地に赤と紺のライン入りのテニス用セータやポロシャツなどにその例が見られる．その後もマリンやトラッドファッションの人気が高まると，トリコロールは，必ず出てくる定番配色とされている．トリコロールとよく似た特徴をもち，テキスタイルではポピュラーな2色配色にビコロール（バイカラー）がある． （松田博子）
→ビコロール
◆大井・川崎 (1996), 東商編 (2000), 東商編 (1998b)：「商品色彩」

トリムカラー [trim color]（着）

「トリム」はオーナメント（装飾品）を付け

るという意味の動詞から転じて，インテリアや庭園などのデコレーションを意味する．日本では自動車の内外装の，ボディーや機能部品を除いた部分を指すことが多い．エクステリアでは，モールディング，クラッディングパネル，ガーニッシュ類などである．ホイールやタイヤは機能部品であるから普通は含まれないが，ホイールキャップやアルミディスクはトリムとよぶこともある．インテリアでは，ドアの内ばり，天井，シート，カーペット，オーナメント（木目柄などの装飾品）などを指すが，単にトリムというとドアの内ばりを指すことが多い．トリムカラーは主たる部分とコーディネートして車をより美しく見せ，また，アクセントとして全体をひきしめる役割をもたせるなど，カラーデザインの重要な要素である．　　　　（吉田豊太郎）

塗料循環装置 [paint mixing equipment]（着）

　量産商品の塗装設備においては，常に一定の色目や塗装品質を維持する必要があるため，調合した塗料を循環させながら塗装を行う．塗料循環装置はそのための設備である．塗料調合室（paint mixing room）では，塗料原液をシンナーなどで希釈し，塗料粘度などを調整する．次に塗料ミキシングタンク（paint mixing tank）で常時撹拌される．これは，塗料中の顔料成分がタンク内で沈澱し，塗料成分が変化するのを防ぐためである．これを，サーキュレーションパイプを通じて各塗装ブースのスプレーガン，あるいは自動塗装機に供給し，そこで使われなかった塗料は，サーキュレーションパイプを通じてミキシングタンクに戻る．途中には塗料温度調整装置（paint temperature control equipment）があり，熱交換機によって塗料の温度を一定に調整している．

　塗料循環装置を用いる場合，光輝材顔料は，長時間の循環による変形に耐える耐久性をもたなければならないし，あまり粒径の大きな光輝材は濾過装置のフィルタに詰まりやすいので使えない．つまり，独立した塗装装置（ハンドスプレーなど）による塗装に比べ，意匠的な制約がある．また，色替えのときは，サーキュレーションパイプの中にある塗料を捨て，洗浄しなければならないので，コストがかかる上に環境負荷も大きい．こうしたデメリットを回避するため，最近は塗料循環経路の短いカートリッジ式の塗装装置も一部で導入され始めている．

（吉田豊太郎）

塗料で使用する独特な色用語（着）

　塗料に関する言葉で，独自の意味で使用している言葉がある．その代表が次に示す4つである．

● 色あし（tinting shade）：塗料の原色に白を加えて明度を上げたとき，色相が変わって見えること．たとえば，AとBの塗料は原色どうしの比較では同じ黒に見えるが，Aに白を加えると赤みの灰色に，Bに白を加えると青みの灰色に見えるとき，この2色は色あしが違う（色あしがずれる）という．

● 色がのぼる：塗料は塗装直後と乾燥したときでは色が異なる．普通，乾燥すると色が少し濃くなる傾向がある．これを「色がのぼる」という．一般に，焼付け塗料では正規の焼付け工程後，約2時間冷却時間をおいた後，色の確認（あるいは測色など）を行う．

● 色分かれ（flooding）：色ムラの一種．複数の顔料を混ぜ合わせて塗料をつくる場合，顔料の粒子の大きさ，比重などが違うと沈降速度に差ができるため，塗膜上層と下層の色が違ってしまう．これを色分かれという．

● 色落ち（color off）：塗面などを布などでこすったとき，塗色が付着する現象．一般に濃色の方が色落ちしやすく，また目立ちやすい．これを防ぐにはクリアーコートするか，顔料濃度を下げる．

（吉田豊太郎）

塗料の色 [color of paint]（自人）

　塗料は，顔料，樹脂および添加剤からなる塗膜成分と溶剤・水の非塗膜成分によって構成されている．顔料は着色と被塗装物の素地を隠蔽し，樹脂は顔料と素地を保護するための被膜をつくるために用いられる．添加剤は，顔料の分散を助けたり，流動性や耐候性を高めたりする働きをする．シンナーなどの溶剤や水は，塗装時の流動性を調節するために用いられるもので，乾燥によって揮発して，塗膜中には残らない．塗料の色は，顔料の種類によって決まり，顔料に

は金属の酸化物などの無機顔料と炭化水素を骨格とする有機化合物の有機顔料がある．ほかにも，自動車などの工業用塗料として，アルミ片でつくられたメタリック顔料や雲母片に酸化チタンや酸化鉄をコーティングしたパール顔料などが用いられる．塗料の色は，赤系，橙系，黄系，緑系，青系，紫系の有彩色塗料と白および黒の無彩色塗料を混色してつくるが，原則として，有彩色塗料は目標とする色の色相を挟むような色相をもつ2種類の塗料を用いることから4種顔料選定方法とよばれる．ただし，混色によって再現できる彩度には制約（色域という）があるため，赤系だけでも多くの種類がつくられている．このため，色域，耐候性およびコストなどを考慮して，目的にあった塗料を選定して用いられる． 〔小松原 仁〕

→色合わせ，顔料

トレンドカラー [trend color]（商）

英語のトレンドには，「時流の」という意味が含まれており，トレンドカラーは，時流の色と解釈される．商品色においては，時流に関係なく長年にわたり活用されている色は定番色（ベーシックカラー）とよばれるので，トレンドカラーはその反対語になる．英語のトレンドには，「流行」のという意味もあり，流行の色という意味では，流行色もトレンドカラーとほぼ同じ意味で使われているといってよい．ただし，流行色の語は，特定の一時期に集中的に流行現象が見られる色を指す場合が多いのに対して，時流の色という意味のトレンドカラーの語が使われる範囲は，もう少し広いようだ．たとえば，実シーズンにおける現在時に実際に流行している流行色が，今シーズンのトレンドカラーとよばれる場合もあるし，また，数シーズン，数年間という長期間にわたり人気が継続しているような定番色が，時流を表現している色であるならば，近年のトレンドカラーとよばれるような場合もある．また，実際に流行した色だけではなく，次期シーズンに向けて予測される流行予測色のような場合も，次期に向けて予測される時流の色であるから，トレンドカラーということができる． 〔出井文太〕

→定番色，ファッションカラー，流行色

◆東商編（1998c）：「ファッション色彩」

ドローネー，ロベール [Robert Delauney]（造）

新印象派からキュビスムをへてオルフィスム（色彩キュビスム）に至ったフランスの画家．外界の対象分析を基礎とするキュビスムを克服し，感覚に直接働きかける色彩を重視して，再現対象に一切依存しない「純粋絵画」の実現を目指した．1912年に始まる《窓》の連作と1913年の《円環的なかたち》の連作に，その造形的特徴が集約される．シュヴルールとルードの色彩対比論を参照したドローネーは，彼らの理論書が教示する色彩対比の具体的効果よりも，むしろそうした効果を生みだす視覚そのものの機構に関心を示した．色彩環上の隣接色の対比がもたらす効果を「速い振動」，補色の対比がもたらす効果を「遅い振動」と規定し，色彩が視覚にもたらす内発的な運動システムそのものを主題化したドローネーの色彩論は，具体的な意味作用を求めない色彩の選択と，色彩環上の色相全域を活用する動的表現にその特徴がよく認められる．ドローネーはこうした絵画を，シュヴルールの同時対比概念を拡張した「同時主義」として推進した．色彩環はドローネーにとって生動する視覚システムそのものの具現であった．

ドローネー《円環的なかたち・太陽1番》1913
（ドイツ・ヴィルヘルム・ハック美術館）

これは，色彩の描写的価値に基礎を置く自然主義的絵画とも，神智学に接近して色彩の象徴的価値を参照した同時代の多くの抽象絵画とも一線を画する独自の色彩法である．クレーをはじめドイツの画家たちにも影響を与えた．視覚システムの関係性そのものを絵画に導入しようとしたドローネーの造形思考は，科学と芸術との架橋というべき記念碑的な試みでもあった．妻ソニアも絵画やテキスタイル・デザインに活躍した．

(加藤有希子)

→オルフィスム，クレー，パウル

◆Delauney, R. (1957), Imdahl, M. (1987), Roque, G. (1997)

トロピカル・デコ [tropical decoration] (デ)

1925年パリで頂点に達したアール・デコの様式がアメリカに渡り，不況下の1930年代初頭から約10年の間，パラダイスを求めてかフロリダ州のマイアミ・ビーチの建築群として独特の流行が見られ，いつしかトロピカル・デコ(アメリカン・デコともいう)とよばれるようになった．オールド・マイアミ・ビーチはアメリカ政府から史跡の指定を受けた唯一のアール・デコ地区である．1926年の超大型ハリケーンにより街並が完全に破壊された後，アメリカン・デコ調の建築が始まった．建築当時は白の基調に1，2色をあしらった程度の色彩であったが，1979年，ホロウィッツ (Horowitz) により多色装飾の手法で修復が始まり，「マイアミ・ビーチ保存連盟」によって，約800軒のホテル，ペンション，映画館，長期滞在者用のアパートメント，リゾート・マンション，店舗などが補修・彩色されて，その街並が現在も保存されている．建物に用いられている色彩は，パステル調の明るいピンク，レモンイエロー，ミントグリーン，スカイブルー，明るいモーブなどが，ホワイトや中彩度の有彩色と組み合わされて，多色のハーモニーで構成されたカラフルな街並になっている．

(永田泰弘)

→アール・デコ

[な]

ナチュラルカラー [natural color]（商）

ナチュラルカラーは，自然の色という意味であり，自然界に存在する物や事象の色はすべてナチュラルカラーとよべることになる．しかし，通常は人工的な加工が施されていないか，加工が施されていても本来のままの色をとどめているような木材や石材，天然繊維などの自然素材に見られるようなオフホワイトからベージュにかけての色を中心にナチュラルカラーの語が用いられている．同じブラウン系の色でも，高明度のベージュ系の色がナチュラルカラーとよばれることが多いのに対して，より明度の低いブラウン系の色は，大地の色という意味のアースカラーとよばれて区別される場合もある．日本では公害問題が，1960年代末から70年代はじめにかけて局地的に深刻化し，その反動としての反公害意識から，生活者間に自然志向や環境保全意識が高まりを見せるようになってきた．この機運に拍車をかけたのが，昭和48年(1973)の第1次石油ショックであり，以後，生活者間に自然志向が定着するようになり，当時，低彩度色の一群がナチュラルカラーやアースカラーとよばれ，流行色となった．その後，1980年代以降に入ると，公害問題は局地規模から地球規模へと，その関心を拡大させ，エコロジー意識は国際的な高まりを見せるようになった．この背景を受け，1990年代以降には，ナチュラルカラーとほぼ同じ色域の色は，エコロジーカラーともよばれるようになっている． （出井文太）

→アースカラー，エコロジーカラー

◆日本流行色協会編 (1993, 98)：「流行色, No.436, 497」

ナチュラルハーモニー [natural harmony]（調）

隣接色相，類似色相の配色において，色相の自然連鎖に従い，色相環上で黄寄りの色相の明度を高くし，青紫寄りの色相の明度を低くする配色を，「ナチュラルハーモニー」という．19世紀後半にベツォルト，ブリュッケ，ルードらは，自然の色彩観察から，色彩の自然な明暗関係の理論を発表した．1923年にカーペンターは，ルードの色相環に示された明暗関係を，「色彩の自然序列（natural order of colors）」と名づけ，この自然序列に従った隣接色相，類似色相による配色を「単純調和（simple harmony）」と命名している．このような色相の移行に伴う明度の関係を現代では「色相の自然連鎖」，色相の自然連鎖に基づく配色は「自然な調和（natural harmony）」という．色相の自然連鎖に従った配色法は，多くの色彩調和論に受け入れられており，ジャッドの「なじみの原理（親近性の原理）」の主要概念でもある． （松田博子）

→色相の自然連鎖，ジャッドの色彩調和論，ルード，コンプレックスハーモニー

◆福田 (1996), 大井・川崎 (1996), Judd, D.B. (1955)

捺染 [printing]（着）

型を用いて，ファブリック上に染料や顔料を染着させることで，さまざまな柄を染め出す技法．糸の組成やファブリックの織編構造に制限されることなく，自由な色彩表現が可能である．現在では，機械プリントが主流で，プリントの量，速度，色数，柄のリピートの大きさなどにより，オート，ロータリー，マシン，転写など各種のプリント技法が選択・使用される．また，直接ファブリックや製品などに染料を吹きつけるインクジェットプリントも定着し始めている．

（山内 誠）

◆松田 (1995), 板倉ら (1977)

ナトリウムランプ [sodium lamp]（照）

高圧ナトリウムランプ（high pressure sodium lamp）は，蒸気分圧が約 1.3×10^4 Pa 以上のナトリウム蒸気中のアーク放電によって，相関色温度 2000〜2100K，平均演色評価数（Ra）15〜30程度の光を放射する高輝度放電（HID）ランプである．構造は図に示すように，外球，透光性アルミナセラミックス管を使用した発光器，

口金などで構成される．一般の水銀ランプ用安定器で点灯できるものには，始動器が内蔵されている．このランプは，白色光源の中で最高の効率（360Wで140 lm/W程度）を有し，長寿命で光束維持率もすぐれていることから，省エネルギー光源として，道路や工場などに普及している．

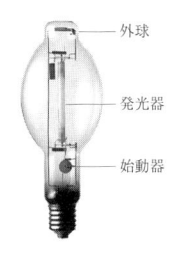

高圧ナトリウムランプ（始動器内蔵型）
外球
発光器
始動器

ナトリウムランプは，蒸気分圧が0.5Pa程度の低い状態（低圧ナトリウムランプ）では，D線（589nmと589.6nm）の発光が見られるだけの単色光であるが，蒸気分圧を上げていくと発光スペクトルに広がりが見られるようになる．さらに蒸気分圧を上げると，D線が吸収されスペクトルが大きく広がりをもつようになり，効率は低下するが，白熱電球に似た光色を放つようになる．商品化されている高演色高圧ナトリウムランプは，相関色温度約2500K，平均演色評価数（Ra）84程度である．　　（川上幸二）
→HIDランプ

70年代のアースカラー [earthy tones of the 1970s]（衣化）

1970年代初頭には60年代に続くサイケデリックの色，エスニックな配色が流行していたが，1973年，および1978年のオイルショック以降，省エネルギーなど，地球資源に対する意識が人びとの間に芽生え，ファッションではナチュラルなブラウン，カーキ，ベージュなどの自然の色に近いアースカラーが流行となった．また，レイヤード・ファッションの流行にともない，上着下着を問わず，複数に重ねた衣服の色をそれぞれ別々にして楽しむカラーコーディネーションの発想が定着した．またユニセックスなファッションが流行したことで，男性が黄色のスーツを着たり，女性がダークグレーのパンツを履くなど，男女間で着る服の色の差がなくなった．さらにジーンズが若者ファッションの代表的なアイテムとなり，インディゴ・ブルーのGパンやGジャンが労働者の衣服ではなく，若者のカジュアルな普段着として定着した．

インテリアでは，1970年代末に工業用材や工業製品が取り入れられるようになり，クロムや研磨スチールの光沢とビビィドな赤や黄色のペイントカラーのコントラストに見られるような，ハイ・テク（ハイスタイルとテクノロジーの合成語）感覚の色が多用された．工業製品では，大量生産車では，かつてなく豊富な色が登場し，省エネ対策として低燃費で小型化の車が増えるものの，色ではグリーンや赤，メタリックカラーなどあざやかな彩色が施された．　（渡辺明日香）
→アースカラー
◆Beazley, M. (1980) [本川訳, 1982]

奈良時代の色彩 [color in the Nara Period]（社）

奈良時代は710年から784年までの平城京を都としていた期間の総称．「青丹よし奈良の都」と詠われたように，奈良の都は，青い屋根（緑色の屋根），朱塗りの建築物に輝いていた．奈良時代の色彩的特徴は，中国の唐の染織文化の影響を受けたことである．紅花（韓紅），蘇芳，櫨染，紫などの染色技術が伝えられて華麗な染色文化を築き上げた．また彩色技法では，繧繝彩色が代表的なものであり，正倉院御物などの彩色法として用いられた．この繧繝彩色法は，一種の濃淡ぼかしの方法であり，紺丹，緑紫と称されたように対立する補色的配色によるぼかし法を巧みに取り入れている．その外側は多くの場合白く括られており，明暗とコントラストによる明確な配色を特徴としている．正倉院御物には当時伝来した染織品が数多く残っているが，それを見ると錦，綾，羅，絹などの織物があり，色彩と染料名が混在している．華麗な彩色文化に触れた当時の人びとの様子を知ることができる．なお，7世紀初頭には高松塚古墳，キトラ古墳がつくられた．これらの古墳の壁画は，明らかに中国の陰陽五行説に基づくもので，それのわが国への浸透ぶりをうかがい知ることができる．　　　　　　　　　　　（城　一夫）
→暈繝

南蛮の色彩 [colors from Southeast Asia in the Azuchi and Momoyama Period]（社）

南蛮とは，中国の中華思想の影響で，初めは広く南方から来た外国人や外国の風物を意味したが，室町末期以後，ルソン，シャム，ジャワなどの南の島々を経由して，キリスト教布教や貿易のために渡来したポルトガル人，スペイン人などを称した．とくに織田信長が南蛮貿易を奨励したため，多くの南蛮人が渡来して，わが国の文化，経済，思想，風俗に大きな影響を与えた．信長に謁見した宣教師ルイス・フロイスが著した『日本史』には「ヨーロッパの衣裳，深紅のマント，羽根飾りのついた黒のビロードの帽子，聖母マリアの金メタル，コバルト製の革細工……」などとあり，華麗な深紅のマントや黒のビロードの帽子などがもたらされていたことがわかる．

織田信長は，赤いマントや黒の帽子を好んで着用していたといわれるが，当時の戦国武将たちはカイガラ虫で染められたこの鮮烈な赤に強く魅せられ，陣羽織として着用した．赤いマントは上杉謙信，小早川秀秋所用のものが現存している．この南蛮人によってもたらされた南蛮美術には，西洋のキリスト関係の絵画や工芸品のコピー，南蛮屏風，南蛮のガラス器，家具などがある．狩野内膳が描いた南蛮絵は，南蛮人が渡来した当時の風俗を，金箔を背景にして黒と赤で詳細に描いたものであり，他の工芸品においても金，赤，黒が南蛮の色として突出している．

（城　一夫）

［に］

二液硬化型塗料 [two-component (package) coating]（着）

主剤と硬化剤の混合により架橋が起こり，網目構造をつくって硬化させるタイプの塗料．エポキシ樹脂塗料，ウレタン樹脂塗料などがある．架橋反応は温度が高いほど早く，通常は 40～80°C で強制乾燥する．熱硬化型塗料と同様，緻密な網目構造となるため，光沢がよく，硬度，可撓性，耐摩耗性，耐薬品性，耐汚染性など塗膜性能にすぐれる．ラッカーよりも色の表現範囲が広く，自動車の補修用，木製品，家具，プラスチック製品などに幅広く使われている．また，VOC の排出が少ないため，欧州では最近，自動車の生産ラインでクリアーコート塗装に使われている．これに対し，塗料に一定量の溶剤を加えて希釈し，塗装後乾燥させて塗膜を硬化させる塗料を一液塗料（one component coating）という．

（吉田豊太郎）

→揮発性有機化合物

2 刺激光の相互作用 [interaction between two stimuli]（感知）

複数の継時的に呈示される刺激光に対する応答を測定し，応答間の相互作用を調べることにより，視覚系の基本的な時間特性である時間的足し合わせ機能の振る舞いを知ることができる．Yoshizawa と Uchikawa (1997) は刺激呈示開始時刻ずれ（SOA）の関数として，等輝度 2 刺激光に対する応答の相互作用を観察し，継時呈示された 2 刺激光に対して SOA が短いときには時間的寄せ集めが生じ，SOA が長いときにはほとんど相互作用がないことを報告している．図は彼らの実験結果の 1 つであり，足し合わせ係数 SI（summation index）を SOA の関数として示している．SI は応答間の時間的な足し合わせの程度を表し，2 刺激光が呈示されたときの色度検出閾値を単一の刺激光が呈示されたときの色度検出閾値で正規化した値であり，約 0.3 のとき完全な時間的足し合わせであることを意味する．

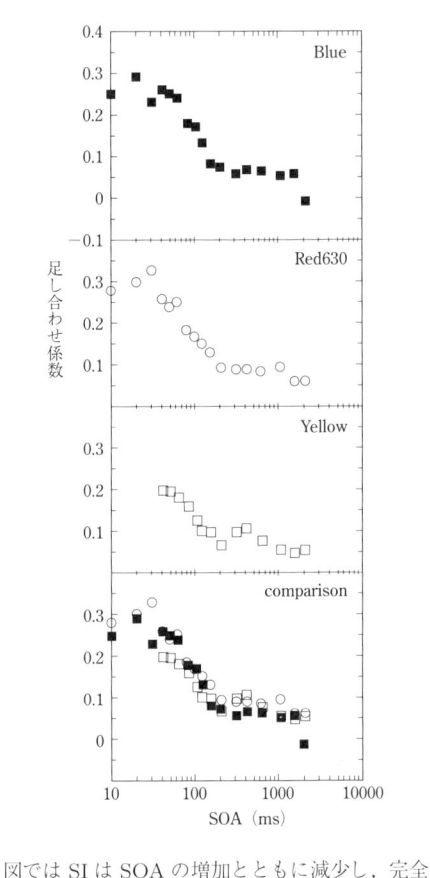

図では SI は SOA の増加とともに減少し，完全な時間的足し合わせから部分的足し合わせへと変化する様子がわかる．また，SOA>200 ms では SI は一定となり，応答間の相互作用がほとんどないことを示している．相互作用の様子は刺激条件により異なる．Uchikawa と Yoshizawa (1993) は 2 刺激光が同一でない場合（一方は輝度増分，他方は色度増分の刺激を継時的に呈示）の抑制的な相互作用を報告している．また，Ikeda (1965) や Rashbass (1970) は順応光に対する輝度の増分または減分の刺激を組合わせた 2 刺激光を用いて輝度刺激に対する相互作用

の様子を報告している． 　　　　　（吉澤達也）
→刺激呈示開始時刻ずれ，時間足し合わせ機能
◆Yoshizawa, T.・Uchikawa, K. (1997), Uchikawa, K.・Yoshizawa, T. (1993)

虹の色 [colors of the rainbow]（自人）

　可視光線は，たとえば，空気層から水に入射すると，表面で反射する反射光と，水の中に進む屈折光とに分かれる．屈折光がどのくらい屈折するかは，2つの媒質（ここでは空気と水）の屈折率で決まり，スネルの式として知られている．屈折率は媒質中の光の速度と真空中の光の速度との比で，波長によって異なる．このため，屈折光の角度は波長によって異なる．このような現象を光の分散という．虹は，空気中の水滴内の屈折および反射によって生じることが知られている．デカルトがスネルの式を使って，水滴に平行に入射する1万本の光線の光跡を計算して，最初に証明したとされている．森(1998)が同様の計算をした結果，水滴内で1回反射する光線は，入射光線に対して，656.3nmの赤は42°36′，546.1nmの緑は41°59′，404.7nmの青は40°42′の角度に集中することを示している．このように分散した光は虹として観察され，主虹という．水滴内を2回反射する光線も，主虹の上側に観察されるが，この虹を副虹という．主虹と副虹の間は散乱光の影響がある周囲の空と比較して暗く感じられるが，これをアレキサンダーの暗帯という． 　　　　　（小松原　仁）
→スネルの式，屈折
◆森 (1998)

二重職務仮説 [double duty hypothesis]（生）

　空間的に細かいコントラスト情報を担当するルミナンスチャンネルと，色情報を担当する反対色チャンネルは両方とも，反対色型の応答をする外側膝状体（LGN）小細胞層（parvo）の出力だけで構成できるという考え方．輝度と色の二重の情報を伝えていることから二重職務とよばれる．仮説の根拠は，同一の色チャンネル出力から記述できる視覚特性である．例として輝度コントラスト感度の時空間特性だけを測定することで色コントラスト感度の時空間特性を予測できること（Burbeck・Kelly, 1980），時間差をつけて呈示される2刺激光検出の時間的足し合わせ特性が輝度・色とも同時に記述できること（Uchikawa・Yoshizawa, 1993）がある．実際，空間的に細かいコントラスト情報と色情報は小細胞層だけが伝えているので，初期視覚野以降で輝度と色の2つの情報に分離していくことは明らかである．ただし，実験結果は中心窩に限っていることと，大細胞層が伝えている輝度情報については明示していないことに注意する必要がある． 　　　　　（鯉田孝和）
→ルミナンスチャンネル，反対色，2刺激光の相互作用，二重反対色型細胞
◆Burbeck, C.A.・Kelly, D.H. (1980), Uchikawa, K.・Yoshizawa, T. (1993)

二重反対色型細胞 [double color-opponent cell]（生）

　色選択性をもつ細胞の中で，同心円状の受容野構造をもち，受容野中心部に複数の種類の錐体からの信号を逆の極性で受け取り（たとえば(+L)と(−M)），かつ受容野周辺部が同じ種類の錐体から逆の極性で信号を受け取る（この場合(+M)と(−L)）細胞を二重反対色（色対立）型細胞とよぶ．二重色対立型細胞は大脳皮質1次視覚野においてはじめて見られる．網膜と外側膝状体にも同心円状の受容野をもつ色選択性細胞は存在する（タイプI型細胞）が，これらは受容野中心部と周辺部に異なるタイプの錐体の信号が逆の極性で入力する（たとえば中心は+L，周辺は−M）．二重色対立型細胞では刺激の隣接する領域間で同一の種類の錐体からの信号のコントラストを検出できるため，照明光の変化に対して不変な分光反射率変化を取り出すことができ，色恒常性の成立に重要な役割を果たすのではないかと考えられている．二重色対立型細胞は最初金魚の網膜で発見されたが，その後マカクサルのV1にも存在することが報告された．とくにブロブ内に多く存在するという報告もなされている．また，同心円受容野構造をもつものだけでなく，方位選択性をもつ単純型細胞にも見られるという報告もある．
　　　　　（小松英彦）
→大脳視覚野 (V1 野)
◆Conway, B.R.(2001)

2色閾値法 [two-color threshold method]（感知）

　順応光の上に増分（減分）光を呈示したとき

の検出閾値を求めることで，視覚系の複数のメカニズムを分離して計測する方法の1つ．順応光の色と増分光の色を変えれば複数の錐体メカニズム，いわゆるπメカニズムの分離ができる．この方法は選択的色順応ともよばれ，スタイルズが大々的に発展させた．3錐体のような分光感度の異なるメカニズムに，たとえば青色光で順応をさせると青に感度をもつメカニズムは相対的に感度が下がる．そこでの増分検出閾値を測定すると，増分光の色ごとに順応前と比較して感度特性が異なり，青以外のメカニズムが顕著になると考えられる．スタイルズは順応光，増分光のすべての波長光組合わせに対して，順応光強度に応じた増分検出閾値を求める膨大な試行回数の実験を行い，πメカニズムとして分離した．
(鯉田孝和)
→増分閾法，増分閾値，πメカニズム，錐体分光感度関数

2色性 [dichroism] (物)

光の吸収に異方性のある物質が，見る方向によって色が変わって見える現象を一般に2色性という．光学活性物質は，活性吸収の波長域で左右の円偏光に対する吸光度が異なりその差を円2色性という．直線偏光が特定の媒質を透過するとき，その偏光面が透過距離に比例して回転する現象を旋光性といい，円2色性と旋光分散は分子や錯体の配置の推定や電子状態の研究に利用される．流体を流動させるとき，入射偏光の電気ベクトルの方向と流れの方向により吸光度が異なる現象を流動2色性といい，光の電気ベクトルが流線に平行なときの方が垂直のときより強く吸収されるときを平行2色性，逆の場合には垂直2色性という．また，着色溶液の透過色が，溶液の濃度や液層の厚さによって変化する現象も2色性という．たとえば三価のクロム酸溶液は厚さが薄いときや低濃度のときは赤紫色であるが，厚いときや濃いときは補色の緑色に見える．屈折率のきわめて高い顔料を塗布したとき，樹脂が顔料を覆っていて屈折率差が小さいときは顔料本来の色に見えるが，顔料が空気と接して屈折率差が大きくなると本来の色の補色に見える現象（ブロンジング）も2色性という．
(馬場護郎)

2色性反射モデル [dichromatic reflection model] (画処)

物体からの反射をモデル化するとき，反射光の色が2つの反射成分の加法混色で記述されるものを2色性反射モデルという．これはShafer(1985)が提案したモデルで，カラー画像解析のために現在広く実用されている．また，コンピュータグラフィックスで使用される反射モデルは基本的に2色性反射モデルである．自然界に存在する多くの物体の表面層は不均質誘電体の構造で近似できるといわれている（Tominaga, 1994）．これは媒体と埋め込まれた色素のように異なった成分材料からなる物質である．この場合，物体からの反射光は2つの物理的に異なった経路で反射する．まず，鏡面反射成分は一部の光が物体表面と空気層の間の境界で反射する成分である．表面が滑らかなとき，この反射光は狭い角度でのみ観測され，その色は光源色に一致する（Tominaga・Wandell, 1989）．

次に，拡散成分は，表面を通過して着色層に入射した光が色素粒子との散乱により，再び空気中に戻ったとき観測される成分である．この反射光には方向性がない．拡散反射の色は物体色そのものである．したがって，反射光は鏡面と物体の2成分の線形結合からなり，観測される色は光源色と物体色の一種の加法混色になる．
(富永昌治)
→鏡面反射，拡散反射，相互反射，反射モデル
◆Shafer, S.A. (1985). Tominaga, S. (1994), Tominaga, S.・Wandell, B.A. (1989)

2分視野 [bipartite] (感知)

2分視野とは視覚の心理実験における光刺激の呈示方法の1つであり，通常円形の視野を左右，または上下に分け，それぞれの領域内の光や色を独立に設定できるようにしたものである．たとえば，明るさの分光感度を直接比較法によって測定する場合，2分視野の片方に白色の参照光，もう一方の側にテスト光として単色光を呈示し，被験者はテスト光が参照光と同じ明るさに感じられるように，テスト光の強度を調整する．あるいは，波長弁別閾の測定では，2分視野の片方に波長λの単色光を呈示し，被験者はもう一方の側に呈示された光の波長をλから徐々

に変えていき,左右の色の違いが知覚できる波長差 $\Delta\lambda$ を求める.このように 2 分視野を用いる実験では,2 分された領域のそれぞれに呈示された色光の何らかの属性を被験者が比較判断することによってさまざまな視覚特性の測定が可能となる.また,2 分視野では分割した領域を互いに密着させる場合やそこにある幅をもつ境界を設定する場合があるが,測定内容によっては 2 分視野の領域間隔が測定結果に強く影響することもある. (石田泰一郎)

日本色彩研究所 [Japan Color Research Institute]（商）

1927 年創立の公益民間学術研究機関で,色彩研究についてはわが国で最も長い歴史をもつ組織.正式名称は,財団法人日本色彩研究所.色彩科学,工学,心理,デザイン,教育などの分野で幅広い研究活動を行っている.1927 年に日本における色彩の標準化を目的に和田三造が創立した「日本標準色協会」が前身であるが,1945 年に現在の(財)日本色彩研究所として文部省の認可団体となっている.1948 年に「色彩教育研究会」,1981 年には「公共の色彩を考える会」を発足している.色の標準化については,1929 年に『日本標準色カード 500 色』を,1951 年には 1062 色からなる日本初の総合標準色票『色の標準』を刊行した.1954 年には修正マンセル体系の色票化を手がけ,その後の JIS 標準色票を制作するなど,とくに色の標準化への貢献が大きい.1964 年には,現在教育界で幅広く利用されている PCCS(日本色研配色体系)を発表している. (大関 徹)
→PCCS

日本流行色協会 [Japan Fashion Color Association: JAFCA]（商）

色彩の先行需要予測,色彩調査,色彩啓蒙活動を主な業務とする公益法人.正式名称は,社団法人日本流行色協会(略称 JAFCA:ジャフカ).創立 1954 年 9 月.1958 年 3 月に通商産業省(現在の経済産業省)より社団法人として認可され現在に至っている.所轄官庁は経済産業省製造産業局.2001 年 5 月時点での会員数は,法人およそ 800,個人 250.先行需要予測の対象分野は,衣料品,服飾雑貨,家具や家電を含むインテリア商品,自動車外装色,化粧品,和装.衣料品については,国際的な組織である国際流行色委員会(インターカラー)があり,その日本代表団体としても活動している.商品の色彩は,実市場よりも前の段階で計画するため,実市場で望まれる色彩の傾向を予測し,カラーパレットの形態で会員を中心に発表している.原材料の色彩企画は,実市場の 1 年から 1 年半前に着手されることが多いため,同協会の発表色もそのタイミングに合わせて発表されている.

(大関 徹)
→インターカラー

ニュートン [Sir Isaac Newton]（物）

ニュートンは『自然哲学の数学的原理』(1687)とならぶ有名な著書『光学』(1704) の中で,太陽の白色光をプリズムによりスペクトルに分解し,再び合成してさまざまな色をつくりだす実験を行った.ニュートンは色が眼の感覚器によって生ずる生理的なものであることをよく理解しており,「光に色はない.ただ,あの色やこの色といった感覚を生じさせる力や性質をもっているだけだ」と述べている.彼は,基本的な色の感覚は赤,オレンジ,黄,緑,青,藍,菫の 7 色であるとし,白色を中心としてこれらを円周上に並べた色度図を用いて混色の原理を説明している.たとえば,7 色すべてを均等な割合で混色すると,その混色点は重心則に従い,中央の白色になる.また,赤と黄を混色するとオレンジになり,スペクトル中のオレンジと見た目は

同じになるが，前者は再びプリズムで分光すると赤と黄に分かれるのに対して，後者はオレンジ単色のままであるという今日でいうところの条件等色の観察や，赤と菫を混色するとスペクトルの中にはない紫が生ずるという観察も行っている．さらに，スペクトルの色を非常に早いスピードで繰り返し継時的に呈示すると白色に見えること，そしてこれが眼の感覚器の残効による現象であると正しく見抜いていることなど，今日の視覚実験のさきがけとなる実験が数多く見受けられ，興味深い． （中野靖久）
◆Newton, I. (1704)

ニューラルネットワーク [neural network]（画処）

神経細胞の活動をモデル化したユニットを相互にネットワーク状に結合したものを，（人工）ニューラルネットワークとよぶ．層状モデルと連想記憶モデルが代表的である．層状モデルは，学習法として誤差逆伝搬法（バックプロパゲーション）が考案されてから一躍，実用に向けて注目をあびるようになった．入力と出力との関係は必ずしもルール化できないが，入出力関係のデータは豊富に与えられるような，パターン認識系や制御系への応用が試みられている．3層からなる（単純）パーセプトロンが原型であり，層状モデルとして一般化したものは多層パーセプトロンともよばれる．時系列情報を扱えるように拡張したものとしてリカレントニューラルネットワークがある．連想記憶モデルは，パターンからパターンへのマッピングを多重に記憶できるニューラルネットワークである．ホップフィールドネットワーク，ボルツマンマシン，カオスニューラルネットワークは連想記憶モデルの一種であり，脳モデルの立場からの研究もさかんに行われている．現在のコンピュータとは異なった，柔軟な情報処理の仕組みを実現する手段としても期待されている． （大田友一）

二硫化モリブデン顔料 [molybdenum disulfide pigment]（着）

二硫化モリブデンは，固体潤滑剤としてオイルやグリースに混ぜて使われるが，不溶性で不活性で微粒子であることから，塗料の顔料としても用いられるようになった．メタリックカラーやマイカカラーに混ぜると，グラファイトに似たスモーキーな色となる．一般的なメタリックカラーやマイカカラーと比較すると，質感が緻密で滑らかな印象になる．一方，フリップフロップ感，金属感は減少する．組み合わせる色相にもよるが，一般に「アンティーク」「レトロ」「エレガント」といったイメージの表現に適している．1990年代から自動車用塗料として使われており，一般工業用やコイルコーティングにも使用可能である． （吉田豊太郎）
→グラファイト塗料

[ね]

ネオンカラー効果 [neon effect] (感知)

　ネオンカラー効果とは，ある線分の一部が異なる色や明るさの線分で置き換えられているときに，その色や明るさが周囲に漏れ出すかのように知覚される錯視である（Van Tuijl，1975；Redies・Spillmann，1981）。口絵では，格子の交点の十字の上に十字と同じ色みを帯びたディスク状の（あるいはダイヤモンド型の）ベールのようなものが知覚される。この錯視に色は必須ではなく，明るさの違いだけでも起こるが，いずれも刺激図形の明るさの組合わせに制約があり，「背景＞十字＞格子」あるいは「背景＜十字＜格子」となっている必要がある（Van Tuijl・de Weert，1979）。ネオンカラー効果は主観的輪郭と明るさ・色の錯視からなる視覚的補完の一種であり，これらの2つの属性を考慮した1985年のグロスバーグとミンゴラのモデルが説明原理として有力視されている。最近，視覚的補完の一種である視覚的ファントムとの密接な関係も指摘された（Kitaokaら，2001）。ネオンカラー効果は色や明るさの同化と類似しているが，透明視や図地分離を伴う点で，より高次の視覚処理系が関与していると考えられる（Bressanら，1997）。　　　　　　　　　　（北岡明佳）

→主観的輪郭，◎ネオン色拡散

◆Grossberg, S.・Mingolla, E. (1985), Kitaoka, A. ら (2001), Bressan, P. ら (1997)

ネグロイド系の色 [color of Negroid] (社)

　ネグロイドとは民族用語ではなく，黒い肌をした人たち，黒人系の人たちを意味する人種用語である。主にアフリカ大陸に居住し，黒褐色の肌，黒い縮れた髪，黒い瞳，白い歯を特徴としている。アフリカ大陸を表現する色名として，黒褐色のアフリカン，アフリカン・ブラウンなどの名前がある。このような風土を背景として，ネグロイドたちは，真っ黒の色を美の基準としている。アフリカの灼熱の太陽の下では，あざやかな赤，橙，黄色が最も映える色である。彼らは黒い肌に合わせて，強烈な赤や橙の衣裳を身につけている。スワジランド王国やケニア・マサイ族は目も綾な真っ赤なスカートをはいている。またモロッコのラバト族の女性は黄色のカフタンを着用している。アフリカ大陸は強大な緑の密林，豊かな森林資源をもっている。また砂漠の民には緑のオアシスは生命の源である。したがって，彼らは人一倍の緑に対する強い愛着をもっている。同様に灼熱の大陸では生命の源である青色に対する憧憬が強く存在する。アフリカ諸国の民族衣裳にしばしば藍染めの布地が用いられている。その代表的布地が西海岸の種族に着られているブルー・ワックス（蠟染め）である。以上のようにネグロイドの色彩嗜好は，彼らの国旗の色として再現されている。たとえばタンザニア連合共和国の国旗は，密林と農業資源の緑，タンザニア国民の皮膚色の黒，タンザニア湖の青，豊富な鉱物資源の黄色の4色で構成されている。　　　　　　　　　（城　一夫）

［の］

ノイゲバウアーの式 [Neugebauer's equation]（入出）

カラー印刷における 3 色色分解網版による再現色を予測した最初の理論式．1937 年に提出されたノイゲバウアーの学位論文で明らかにされた．網点面積率が c, m, y で与えられるシアン（C），マゼンタ（M），イエロー（Y）の 3 色インキを刷り重ねたときにできる再現色は，C，M，Y が単独で存在する 1 次色，2 色ずつが重なってできる赤（R），緑（G），青（B）の 2 次色，3 色が重なってできる 3 次色，黒（K），およびインキが存在しない白地（W）の基本 8 色の微小な色領域からなり，その三刺激値はこれら 8

再現色の三刺激値（Neugebauer式）

$$T = \begin{bmatrix} X \\ Y \\ Z \end{bmatrix} = \begin{bmatrix} X_C & X_M & X_Y & X_R & X_G & X_B & X_K & X_W \\ Y_C & Y_M & Y_Y & Y_R & Y_G & Y_B & Y_K & Y_W \\ Z_C & Z_M & Z_Y & Z_R & Z_G & Z_B & Z_K & Z_W \end{bmatrix} \begin{bmatrix} c(1-m)(1-y) \\ (1-c)m(1-y) \\ (1-c)(1-m)y \\ (1-c)my \\ c(1-m)y \\ cm(1-y) \\ cmy \\ (1-c)(1-m)(1-y) \end{bmatrix} \begin{matrix} \text{シアン} \\ \text{イエロー} \\ \text{マゼンタ} \\ \text{レッド} \\ \text{グリーン} \\ \text{ブルー} \\ \text{ブラック} \\ \text{ホワイト} \end{matrix}$$

［基本8色の三刺激値］　［基本8色の面積率］

イエローの面積率
$a_Y = (1-c)(1-m)y$
三刺激値 $T_Y = [X_Y, Y_Y, Z_Y]$

ホワイトの面積率
$a_W = (1-c)(1-m)(1-y)$
三刺激値 $T_W = [X_W, Y_W, Z_W]$

グリーンの面積率
$a_G = c(1-m)y$
三刺激値 $T_G = [X_G, Y_G, Z_G]$

レッドの面積率
$a_R = my(1-c)$
三刺激値 $T_R = [X_R, Y_R, Z_R]$

ブルーの面積率
$a_B = cm(1-y)$
三刺激値 $T_B = [X_B, Y_B, Z_B]$

マゼンタの面積率
$a_M = m(1-c)(1-y)$
三刺激値 $T_M = [X_M, Y_M, Z_M]$

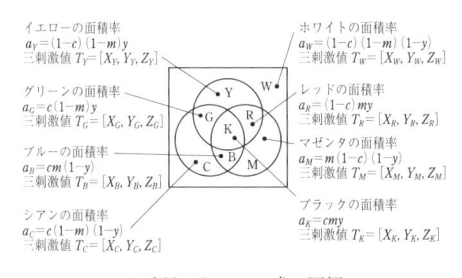

シアンの面積率
$a_C = c(1-m)(1-y)$
三刺激値 $T_C = [X_C, Y_C, Z_C]$

ブラックの面積率
$a_K = cmy$
三刺激値 $T_K = [X_K, Y_K, Z_K]$

ノイゲバウアーの式の図解

色の併置加法混色により計算される．3 色インキは確率的にランダムに刷り重なるものとすると，8 色の色領域の面積率 $a = [a_i]$;（i=R, G, B, C, M, Y, K, W）は，統計的な確率の積として，1924 年にデミッシェルが解析した式 (1) で与えられる．

$$a_C = c(1-m)(1-y), a_M = m(1-c)(1-y),$$
$$a_Y = y(1-c)(1-m), a_R = my(1-c),$$
$$a_G = yc(1-m), a_B = cm(1-y), a_K = cmy,$$
$$a_W = (1-c)(1-m)(1-y) \tag{1}$$

$$X = \sum_{i=1}^{8} a_i X_i,\ Y = \sum_{i=1}^{8} a_i Y_i,\ Z = \sum_{i=1}^{8} a_i Z_i \tag{2}$$

ノイゲバウアーは，式 (2) で表される基本 8 色の XYZ 三刺激値 $T_i = [X_i, Y_i, Z_i]$;（i=R, G, B, C, M, Y, K, W）を式 (1) で重み付け加算することにより，再現色の三刺激値 $T = [X, Y, Z]$ を予測する式 (2) を導いた（図参照）．

〔小寺宏曄〕

◆Neugebauer, H.E.J. (1937), 佐柳 (1984)

濃度 [density]（入出）

写真や印刷の分野では，「濃度」は物質が光を減衰する程度を表す用語で，「光学濃度（optical density）」ともよばれる．化学の分野では，混合物の組成（物質量の比など）という意味で使用されるがまったく異なるものである．図のように，入射光 I_0 が試料に照射すると，試料の表面や内部で散乱や吸収が生じて出射光 I は減衰する．濃度は，入射光 I_0 に対する出射光 I の比の常用対数に -1 を乗算した数値である．

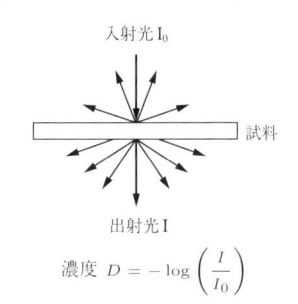

入射光 I_0

試料

出射光 I

濃度 $D = -\log\left(\dfrac{I}{I_0}\right)$

たとえば，減衰が 90％あり，出射光の強度が入射光に対し 10％のとき，濃度は 1 であり，減衰が 99％で出射光 I の強度が入射光に対し 1％の

とき濃度は2となる．また，上記の例は出射光が透過で透過濃度であるが，出射光が反射の場合は反射濃度として区別する．さらに，分光的に厳密な式は次のようになる．

$$D = -\log \frac{\int P_\lambda S_\lambda T_\lambda d\lambda}{\int P_\lambda S_\lambda d\lambda}$$

D：試料の濃度 (R,G,B)，P_λ：光源の分光強度，S_λ：受光器の分光感度 (R,G,B)，T_λ：試料の分光透過率．

この式の分光感度 S_λ の種類によって，焼付け濃度（printing density）や露光濃度（exposure density）などさまざまな種類に定義される．加えて，光学系の空間的な配置によって，平行光濃度や拡散光濃度なども定義される．

（室岡　孝）

→平行光濃度と拡散光濃度，光学濃度

野々村仁清（造）

江戸時代前期の京焼を代表する陶工．生没年不詳．丹波国野々村の出身と伝えられ，名は清右衛門．京都粟田口，瀬戸などで修業し，正保4年（1647）頃，洛北仁和寺門前で御室窯を開窯．仁和寺の「仁」と清右衛門の「清」を組合わせたのが「仁清」の名の由来である．京焼は江戸時代初期に色絵陶器を創始していたが，これを完成し，洗練したのが仁清であり，「仁清」といえば，野々村仁清その人を指すばかりでなく，その作品をも指す名称である．仁清の作品には，唐物や瀬戸写しの茶入や天目などもあるが，主体は色絵である．赤，緑，紫，青，茶などの多色を用いた色絵に金銀彩を加えて文様を描く．色絵を生かすための白化粧を器全体に施さず一部に土色を覗かせる景色の工夫，画面構成の妙，あえて黒地に色絵を載せる試みなど，仁清の色絵陶器はまさに京焼をきわめるものである．轆轤技術も彫塑的造形も精巧なすぐれたもので，そこに精密な色絵が施される．御室窯には何人かの陶工がおり，仁清を含めたそれらの人びとがこうした優品をつくり出していたと考えられている．仁清の《色絵雉香炉》（石川県立美術館），《色絵藤花文茶壺》（熱海市・MOA美術館）（図・口絵参照）は国宝に指定されている．茶壺といえば本来は葉茶を入れる容器であるが，

仁清《色絵藤花文茶壺》江戸時代
（熱海市・MOA美術館）

仁清がいくつか残した茶壺は，どれもみごとな色絵が施され，調度品として用いられたのではないかと思われるほどの装飾性をもっている．

（中島由美）

→色絵磁器

飲み物に使用される色素 [colors of beverages]（自人）

飲み物にはお酒やビールなどのアルコール飲料，緑茶，紅茶，コーヒー，牛乳，炭酸系清涼飲料，ジュースなどがあり，色は商品価値や味を支配している．食用色素は天然色素と合成色素がある．日本で許可されている水溶性合成色素は，アゾ系の赤色2, 40, 102号，黄色4, 5号，キサンテン系の赤色3, 104, 105, 106号，トリフェニルメタン系の青色1号，緑色3号，インジゴイド系の青色2号の12種類である．一方，果実飲料や清涼飲料に使われている天然色素はアントシアニン系のアカキャベツ色素，ブドー果汁色素，ボイセンベリー色素，エルダーベリー色素，カロチノイド系のクチナシ黄色素，トウガラシ色素，ニンジンカロチン，デュナリエラカロチン，フラボノイド系のベニバナ黄色素，アントラキノン系のコチニール色素，ラック色素，アカネ色素と，デンプン加水分解物，糖蜜，糖類などを熱処理してつくられる褐色色素のカラメルがある．オレンジやトマトのようにカロチノイド色素を多量に含んだ原料を用いた果実飲料やフレッシュジュースには色素は添加

しない．また，緑茶のクロロフィル，紅茶のタンニンなども飲み物の色素である．（永田泰弘）

ノルマン系の色 [Norman colors]（社）

ノルマンとは「北方人」の意味であるが，民族的にはデンマーク，スカンジナビア半島を原住地とした北方ゲルマン人の一派．民族大移動のときは移住しなかったが，8世紀から11世紀の頃，「ヴァイキング」として北フランスに侵入し，「ノルマン領」を獲得し，イギリスではウィリアム1世が「ノルマン朝」を開いた．また現在のアイスランド，デンマーク，スカンジナビアの3国を建設した．これら北方ゲルマンのノルマン人の身体的特徴は，その風土的な特徴から長身，金髪，白い肌，青や水色の虹彩などである．これら北欧3国の国旗は，緯度の高い「森と湖の国」にふさわしく，空の色，湖の色の青や水色，キリスト教のシンボル・カラーである赤や白のスカンジナビア十字で構成されている．また白い氷の絶壁というべきフィヨルド，白夜，オーロラなどのさまざまな自然現象．豊かで輝くばかりの森林浴のできそうな緑の森や草原，美しい白樺の樹々，青く澄んだ湖や泉，そしてすべてを閉ざす白い雪，これらがノルマン人のすむ北欧の風景である．これらの原風景が北欧人の，緑，白，青などの色に対する嗜好を養ったと思われる．一方，このような寒色系の嗜好色に対して，反対色の暖色系—赤，橙，黄—などで，暖かさ，温もりを求める心が強く働き，ノルマン人の色の嗜好に幅をもたせているのである．

（城　一夫）

ノンボラ [nonvolatile content]（着）

塗料などの不揮発分のこと．塗料は一般に塗膜成分（樹脂，顔料，添加剤）と非塗膜成分（溶剤，シンナー）で構成されている．塗料中の塗膜成分の比率は塗料の種類によって異なり，ラッカーは約30％，合成樹脂塗料は約50％，ウレタン系塗料は約80％，不飽和ポリエステル塗料は約98％程度である．この不揮発性分をノンボラタイル・コンテントといい，略してノンボラとよんでいる．同じ種類の塗料の中で，一般的なものと比べてノンボラが15〜20％程度高い塗料をハイソリッド・タイプ，中間の塗料をミドルソリッド・タイプという．同じ粘性の塗料でも，ノンボラ（不揮発分）が多いほど厚い塗膜が得られる．また，非塗膜成分が少ないほど，溶剤の無駄な蒸発が少なく，VOC対策もしやすくなる．

（吉田豊太郎）

→ハイソリッド型塗料，揮発性有機化合物，◈トータルソリッド性分，不揮発性分，ノンボラタイル・コンテント

[は]

ハートビル法 [heart buil law]（デ）

平成6年（1994）に施行された「高齢者，障害者等が円滑に利用できる特定建築物の建築の促進に関する法律」の略称である．これは高齢者，障害者らが円滑に利用できる特定建築物の建築を促進することによって，建築物の質を向上させ，福祉の増進に寄与することを目的とした法律である．不特定多数の人が利用する病院，ホテル，百貨店などの特定建築物の出入口，廊下，階段，便所などは高齢者や障害者らが円滑に利用できるような整備が義務づけられている．都道府県知事は大臣が定める基礎的基準を勘案して特定建築物の建築主に対して指導，助言を行うことができる．また建築主は都道府県知事に認定を申請することができる．特定建築物に対しては，補助金の交付，税制上の特例，低利融資などの支援措置および建築基準法の手続の簡素化，容積率の特例措置が設けられている．ハートビル法の色彩にかかわる部分としては，視覚障害者誘導用床材の色は周囲の床材の色と明度の差の大きい色にすること，傾斜路の色は接する踊場や廊下の色と明度の差の大きい色にすること，階段の踏面の色と蹴あげの色の明度差を大きくすることなどにより段を識別しやすいものにするなどの決まりが盛り込まれている．

（永田泰弘）

ハーマン格子錯視 [Hermann grid illusion]
（感知）

図1のように白い背景に黒い正方形を間隔を空けて並べると，白い道筋の交差点に黒いスポットが知覚される．これをハーマン格子錯視とよぶ．Hermann（1870）はこの錯視を明るさの対比で説明した．2つの正方形の間の白い道筋領域は明るさの対比で明るく見えるが，交差点では接する黒い領域が少ないため明るさの対比が弱いから黒いスポットが見える，という考え方である．現在，ハーマン格子錯視の最有力説は

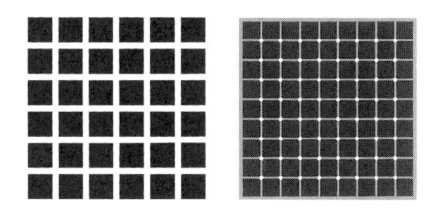

図1　ハーマン格子錯視　図2　きらめき格子錯視

Baumgartner（1960）の同心円型受容野モデルである．中心にオン，周辺にオフの特性の受容野をもつニューロンを考えると，道筋に受容野中心が位置した場合に比べて交差点に位置した場合はその応答が小さくなるから明るさ知覚に違いが生じる．ハーマン格子錯視が中心視で弱いことは，中心窩のニューロンは受容野が小さ過ぎるからである，と説明される（Spillmann, 1994）．正方形に色をつけると同じ色相で彩度の低いスポットが知覚される．背景と正方形を等輝度にしても色のスポットは知覚される（McCarter, 1979）．近年，ハーマン格子錯視と同様のスポットでありながら，よりダイナミックな知覚を与える「きらめき格子錯視」（Schraufら，1997）（図2）が注目されている（口絵参照）．　　（北岡明佳）

◆Spillmann, L.(1994), McCarter, A.(1979), Schrauf, M.ら(1997)

ハーモニー（調和）[harmony]（調）

ハーモニーとは，2つまたは2つ以上の要素間の相互関係が，質的にも量的にも秩序と統一が保たれ，静的で快い感情が得られる状態をいい，色彩や音楽の領域では美の中心原理になっている．つまりさまざまな諸要素を互いに矛盾することなく秩序づけるための美の統一原理であり，バランス，リズム，プロポーションなどの諸原理を含む総合的原理ともいえる．色の世界では，古くからカラーハーモニーという言葉が使われてきたように，美しく調和の取れた配色を創造するうえでの重要な原理である．一般的には次の3つが調和の取れた美しさを構成す

る原理としてよく使われている.

1) コントラスト (contrast)：別項参照.

2) シミラリティ (similarity)：形や色, 材質などにおいて似たものどうしを組み合わせることによって, 全体としておだやかで落ち着いた統一感を構成する原理をいう. 配色調和論では, 類同の原理として同系や類似の色相やトーンを組み合わせるなど, 組み合わせる色の間に共通する成分を設けることによって調和が得られるとしている (図). しかしあまりにも似た色どうしの組合わせがすぎると, 統一感はあるものの活気や変化に乏しく平凡になるきらいがある.

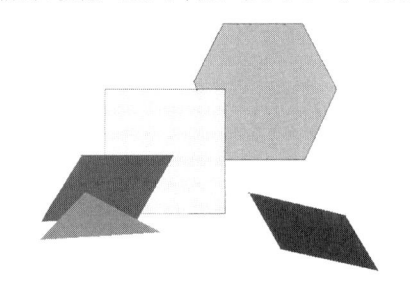

3) アクセント (accent)：強調する, 引き立てる, 目立たせるなどの意味で, 形や色, 材質においてある部分を変化させ, 人の目を惹きつけるような強調点をつけることによって, 全体として調和の取れたまとまりを求める手法である. 色彩の分野では, 単調な配色の一部に対照的な目立つ色を少量加えることによって, 全体を引き締め調和の取れたまとまりを得る手法で, このような色をアクセントカラーとよんでいる. アクセントカラーには, 色相やトーンが対照的な色や明度差のある色が用いられることが多い.

(中川早苗)

→コントラスト (対比), アクセントカラー
◆塚田 (1996, 90), Graves, M. (1951), 山口・塚田 (1960), 吉岡 (徹) (1983)

パールマイカ顔料 [mica nacreous pigments; pearly luster pigments] (化)

パールマイカ顔料は, 高い光透過率をもつマイカ (フレーク状雲母) の表面を高い光反射率のある二酸化チタン, 酸化鉄などの薄層で被覆したものをいう. この顔料を透明な展色剤 (プラスチックス, 塗料, インキなど) 中に分散させ, 層状に配列させると, 入射した光は, 被覆層とマイカ層の表面での反射光どうしの干渉が起こり特有の発色を示し真珠光沢を呈する. パールマイカ顔料は, 一般的に粒径は $5〜50\mu m$, 厚さは $0.1〜1\mu m$ である. 被覆層の厚みを変えることで色相が変わるが, たとえば二酸化チタンの被覆厚みと色相の関係は, $20〜40nm$ でシルバー, $40〜90nm$ ではゴールド, さらに厚くなると赤, 紫, 青, 緑と変化する.

また, 被覆層に二酸化チタンとともに酸化鉄等の有色素材を用いることにより干渉色にその素材の色が加わってワインレッド色やゴールド色が得られる. さらに, 二酸化チタン被覆層にニッケル無電解メッキを施して光輝性を高めたもの (木村ら, 1997), 球状二酸化けい素に二酸化チタンを被覆して, 滑らかさを出し, 光沢をおさえるもの (特開平 11-236315) などがある. パールマイカ顔料は耐熱性にすぐれているので, ガラス製品, 陶磁器など窯業製品への用途も広く, 無毒のものが多く口紅, ネイルエナメルなどメーキャップ製品にも使用されている. 天然雲母を基材としたデュポン社の商品であるアフレアはパールマイカ顔料の例である.

(珠数 滋)

→干渉色, 展色剤
◆日本色彩学会編 (1998)：「色科ハンド・20 章」, 木村 (朝) ら (1997)

灰色仮説 [gray world hypothesis] (画処)

画像処理手法の 1 つとして, 照明光の影響を除去する目的で仮定された拘束条件であり,「自然画像中の平均色度はグレイである」という仮説 (Buchsbaum, 1980). 照明光が変化すると, 視野中に存在する物体が反射する光のスペクトルが変化する. たとえば, 照明光の色温度が大きく下がった場合, 何の感度変化も伴わない撮像媒体で取得した画像の色は全体に黄みを帯びる方向にシフトする. このシフトを補正するための 1 次近似的な方法として, 画像中の色度の平均値を算出し, 平均値が灰色になるように補正をかける方法が提唱された.

このアルゴリズムが用いられるのは画像処理におけるケースが多く, ビデオカメラやディジタルカメラおよびその色補正ソフトウエアなどのカラーバランスの自動調整において, 灰色仮説

に類似したアルゴリズムが用いられている．必ずしもすべての画像に対して有効な手法ではなく，広い面積に特定の色度をもつ領域が存在するような場合（たとえば，青い空と青い海，など）には，その色度に対する比重が大きくなりすぎて補正がうまく作用しないことが知られている． (栗木一郎)
→色恒常性，カラーバランス
◆Buchsbaum, G. (1980)

バイカラー効果 [bicolor effect]（着）

塗料や染料，印刷インキなどで，見る角度や光のあたる方向により，2つの色相を同時に呈することを，バイカラー効果という．塗料の場合は，光輝材顔料のフリップフロップ効果によるものが多い．バイカラー効果を呈する光輝材顔料は，干渉マイカ，着色マイカ，微粒子二酸化チタン，シリカフレーク，着色アルミニウム，P.I.O.（板状酸化鉄），M.I.O.（鱗片状酸化鉄）などがある．薄膜を重ねることによりバイカラー効果を呈するものもある．真空蒸着では，下層の色と上層の色を変えると，バイカラー効果を呈する．さらに多色相を呈することを，マルチカラー効果，またはカラートラベルという．
(吉田豊太郎)
→イリデッセント・エフェクト，2色性，◎マルチカラー効果，カラートラベル

配管識別 [identification marking for piping systems]（安）

JISでは1954年に，Z 9102「配管識別」として制定され，以後改正を繰り返し1987年に，Z 9102「配管系の識別表示」となって現在に至る．適用範囲は，"工場・鉱山・学校・劇場・船舶・車両・航空保安施設その他において，配管系のバルブの誤操作防止などの安全を図り，配管系の取り扱いを適正化すること"などである．管内物質と対応する識別色を表1に示した．このほかに安全表示として，危険表示：黄赤の安全色と黒の対比色，消火表示：赤と白，放射能表示：赤紫と黄，がある．この安全表示は，ISO 3864-Part1の安全マーキングと同類である．このZ 9102と，同様の配管識別を規定したISO/R508 (1966)「地上施設と船内における液状又はガス状流体移送管識別色」との比較を，東ら (1988)

表1　JIS Z 9102の物質の種類とその識別色

物質の種類	識別色
水	青
蒸気	暗い赤
空気	白
ガス	うすい黄
酸又はアルカリ	灰紫
油	茶色
電気	うすい黄赤

表2　ISO 14726-Part1の物質の種類とその識別色

物質の種類	識別色
廃材	黒
水	青
燃料	茶色
海水	緑
不燃性ガス	灰色
泥土	栗色
燃料以外の油	オレンジ
蒸気	銀
消防	赤
酸，アルカリ	紫
換気装置の空気	白
可燃性ガス	黄土

が行っており，整合していないものとして，水に対しJISの青とISOのグリーン，蒸気の暗い赤とシルバーグレイ，空気の白とライトブルーの3種としている．

ISO/R508は，JISではF 7005 (1984)「船用配管の識別」の参考となっているが，その後改正されて新しい編成となったISO 14726-Part1 (1999)「船及び海洋技術－配管識別色－第1部主要色及び媒体」と交替した．その物質と識別色を表2に示した．その他，JIS W 0601 (1990)「航空宇宙－配管－識別」がある．これはISO 12 (1987)の翻訳規格で，業界特有の技術内容となっている．
(児玉　晃)
→安全色と安全標識
◆ISO/R508 (1966), 東ら (1988), ISO 14726-1 (1999)

ハイソリッド型塗料 [high solid paint]（着）

ハイソリッド型（高固形分）塗料は，塗装時の固形分が従来の溶剤型塗料（ハイソリッド塗料と区別するため，便宜的にローソリッド型塗料とよぶ）に比べて15～25%程度高い塗料である．つまり，シンナー希釈率が低くてもスプレー塗装が可能なように設計された塗料である．ローソリッド型塗料ではシンナーで固形分30%前後

に希釈されてスプレー塗装されるが，ハイソリッド型塗料の場合は固形分60％前後まで高めることが可能である．したがって，VOCが少なく，環境保護塗料の1つとして使用されている．塗装時における塗料の不揮発成分（NV）を高くするため，低分子量のアルキド樹脂，アクリル樹脂，メラミン樹脂が使用される．

ハイソリッド型塗料はローソリッド型塗料に比べ，クラックや剥離，紫外線や酸化に対する対策，塗料粘性の制御，タレ対策などが必要である．また，光輝材の配向や塗膜の平滑性はローソリッドと比べて不利な点が多いため，これに匹敵する外観を確保するためには，ベース塗料とクリアー塗料の硬化速度の調整を行う必要がある．ミドルソリッド型塗料は，この両者の中間のもので，それぞれのよい点を活かそうというものである． （吉田豊太郎）
→ノンポラ，揮発性有機化合物

ハイディンガーブラシ現象 [Haidinger's brush phenomenon]（感知）

注視点を中心に放射状の白か青の偏光の光源で黄斑部が照射されると，ヒトはその中心視野内に偏光の方向に対応して，かすかな黄色と青色のブラシのようなものを観察する．分銅型，砂時計，プロペラ状のパターン，これがハイディンガーブラシ現象である（口絵参照）．ハイディンガーブラシ現象は眼底網膜の一部である，黄斑部黄斑色素（macular pigment）の短波長光と偏光吸収特性による自覚的生理的な眼球内光学現象（entoptic phenomenon）の1つである．太陽が出ている晴れた空を見上げると，注視点の周りにぼんやりした斑点（すすけた黄褐色の楔形あるいはプロペラ形をしたもので，両端にぼんやり青みがかった雲のようなもの）が見える．

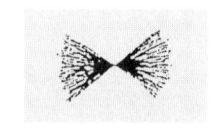

見えの上のハイディンガーブラシ現象

オーストリアの鉱物学者ヴィルヘフム・フォン・ハイディンガーは，この現象を1844年に発見し，太陽の自然光の代わりに人工的な偏光を用いて実験的にこの現象を考案した．この現象は，静止網膜像であるため，偏光面を変化させないとすぐに消失してしまう．偏光フィルタを回転させ（100rpm），偏光面を常に変化させるとこのパターンを持続観察することができる．この現象の最適出現条件を利用し，視野のどこにパターンが現れるかを報告させることにより，観察者自身の注視点を自覚的に知ることができる（Coren, 1971; Lester, 1970; 増田・菅野, 1985, 88, 91; 菅野・増田, 1993; 増田ら, 1988）．また，ヘルムホルツは，この現象を23歳のときに観察したが以後12年間このブラシのパターンに気づかなかった（寺田, 1948）． （菅野理樹夫）
→黄斑部
◆Coren, S. (1974), Lepter, G. (1970), 増田・菅野 (1985, 91), 増田ら (1988), 寺田 (寅) (1948)

πメカニズム [π mechanism]（感知）

波長 μ で放射輝度 M_μ の背景光の上に波長 λ のテスト刺激を載せ増分閾 N_λ を求める．M_μ を0から徐々に強くしていくと N_λ は最初は一定値をとるが，さらに強くしていくとやがて上昇し始め，横軸に $\log M_\mu$，縦軸に $\log N_\lambda$ をとって描くと水平からスロープ1の曲線になる．これをtvi曲線という．threshold-versus-intensityの略である．μ を他の波長に変えると，反応している網膜の錐体の感度に応じてtvi曲線が横方向に移動する．感度が下がる方向に μ を変えたのなら右向きに，上がる方向なら左向きである．変化させた μ の量とtviの水平方向の移動量とを測れば反応している錐体の分光感度が求められる．背景光の強さを変えて求めるのでfield sensitivityとよばれる．λ と μ との組合わせを上手に取ればそれぞれ異なった錐体の反応を分離でき，それぞれの錐体の分光感度が測定できる．英国のスタイルズが考えた手法で，彼はこれによって π_1 から π_5 まで5つの感度曲線を得たが，錐体との確証がなかったので π メカニズムという抽象的な名称をつけた．その後多くの人が検討し，π_1 は S 錐体に，π_4 は M 錐体に，π_5 は L 錐体に対応すると理解されているが，詳細は多少異なっている． （池田光男）
→錐体，錐体分光感度関数

バウハウス [Bauhaus]（造）

1919年4月にドイツの建築家ヴァルター・グロビウスがヴァイマールに開設した公立の総合造形学校．1925年10月デッサウに移転し仮校舎で授業再開，翌年グロビウスの設計になる新校舎・教員住宅が完成する．1928年にハンネス・マイヤー，1930年にミース・ファン・デル・ローエが校長に就任した．1932年10月同校の活動を危険視するナチスの圧力で閉鎖．同月末，ミース・ファン・デル・ローエの努力により私立校としてベルリンで再発足したが，1933年夏に廃校を余儀なくされた．バウハウスは，工芸デザイン，写真，広告，舞台，絵画，彫刻，建築などにわたる理論形成や工房実習を行った研究所的な教育機関．「あらゆる造形活動の最終目標は建築にある」とプログラムで宣言したように，感性を反映する手仕事を重視しつつ，すべての造形活動が生活世界としての建築環境のもとに集約されると主張した．こうした共同性と総合芸術性の理念は，一方で教員集合住宅といった独特なコロニー的な組織，他方で多様な作品や企画を市民社会に還元しようとする実践によく現れている（バウハウスの名称も中世の聖堂建築職人組合バウヒュッテに由来）．

造形教育システムも斬新で，基礎課程と工房実習課程からなる．後者の課程では担当教員がマイスターとして指導にあたる工房システムをとり，ヴァイマールで家具，金属，陶器，織物，製本，印刷，ガラス絵，壁画，舞台，彫刻の工房が設けられ，ついでデッサンから建築，写真，絵画，スポーツが加わった．基礎課程は木材，金属などの造形素材演習とともに色彩を重要な教育課題とし，ヨハネス・イッテンがすぐれた授業を行った．イッテンは，アードルフ・ヘルツェルの色彩論を継ぎ，対比（コントラスト）を中心とする教育を展開した．ほかに基礎課程担当者ではないが，クレーとカンディンスキーもきわめて重要な授業をもち，20世紀を代表するかれらの造形論色彩論がバウハウスで成立した．

一般に近代的デザイン教育の原点とみなされるバウハウスだが，その色彩教育・色彩論の方向は必ずしも合理的なカラーオーダーシステムに向かったわけではなく，むしろ色覚の根源性，視覚以外の感覚との共通性や身体感情との相即性などが追究された．そもそもグロビウスは色彩建築の推進者ブルーノ・タウトの盟友だったからバウハウスの建築教育でも色彩は大きな役割を果たし，またオスカー・シュレンマーによるダンスや舞台装飾の工房では照明もふくめて多様な実践がなされた．短期的にバウハウスに参加した者に色彩と音楽の共感覚を論じたゲルトロート・グルノウ，色光投映作品のルートヴィヒ・ヒルシュフェルト＝マック，また学生から教員となったジョーゼフ・アルバースがいる．デッサウ時代にはオストワルトもバウハウスを訪問し，講演を行った（口絵参照）．　　（前田富士男）

→クレー，パウル，カンディンスキー，ヴァシリィ，イッテン

◆Gropius, W.(1952) [利光ら編訳, 1991], Wingler, H.M. (1962) [バウハウス翻訳委員会, 1969], Droste, M. (1990), 利光 (1970), Itten, J. (1963) [手塚訳, 1970], Albers, J. (1963) [白石訳, 1972]

オイゲン・バッツ《カンディンスキーの授業の演習作品》1929（バウハウス・アルヒーフ）

白磁 [white porcelain]（造）

白い素地に透明釉がかけられ，高温焼成された白色のやきもの．普通，素地がガラス質化する磁器を指していうが，中国では完全に磁器化していない半磁胎のものもすべて白磁といい「白瓷」の字をあてる．唐時代にはすでに美しい白磁が焼かれており，その代表的窯は邢窯である．邢

窯の白磁は唐代に書かれた文書に「雪のような」と表現されている．実際に邢窯の白磁は純粋な白さで堅く焼き締まったものである．また，唐代は白磁の完成期であり，華北を中心にいくつもの窯で白磁を焼いている．そして北宋時代には定窯で，純白だがクリーミーな暖かさをもった白磁が焼かれた．日本では，白磁の誕生は磁器の誕生と同じ，17世紀初頭である．九州有田町で，日本で初めての磁器，伊万里焼が焼かれたのだが，ここで白磁も焼かれた．ただ，伊万里焼は初期の段階から染付という装飾技法を用いていたので，白磁の作品は比較的少ない．初期では青や灰色がかった素地であったが，17世紀後半になると色絵技法が完成したため，この色絵を美しく見せるための純白の素地が開発された．これを米の研ぎ汁色と見て，濁し手とよび色絵用の素地としている． (中島由美)
→伊万里焼，酒井田柿右衛門

白色度と黄色度 [whiteness and yellowness] (表)

紙，繊維製品，農産物，陶器，塗料，プラスチックなどの白に近いものでは，白さという概念が重視され，これを数量的に表す度数が白色度である．これらのものは，元来，多少黄みをもったものが多かったので，視感反射率の高さや，完全拡散反射面からの色差で白色度が表示された．その後，黄みを減らすだけでなく青みをつけることで白さを増すことが知られる．さらに蛍光増白によってより白さを増すようになり，青みの白を含むときの白色度式が種々提案され，青みの白を含んで好ましい白を推定することも試みられた．

1970年代に Ganz (1972) は，白を含むごく狭い色の領域で，白さは完全拡散反射面の色度点を通り，主波長約 470 nm の線上で青みに向かう方向で増すことに着目し，色度座標と視感反射率から白色度指数を求めることを提案し，これが CIE 白色度式となった．これは，JIS Z 8722 (2000) にも採用されているが，問題点も指摘されている．一方，白いものも劣化して黄変する場合もあって，その程度を表すものとして黄色度があり，プラスチック材料の黄変度を示すのに用いられている．製紙業界では伝統的に紙を室内昼光で照明したときの分光反射率を波長 470 nm 付近に重みをつけた分光応答度で評価する ISO ブライトネスが，白さを示すものとして用いられている． (馬場護郎)
→黄化，漂泊，青み付け
◆Ganz, E. (1972)

白陶 [white pottery] (造)

中国殷代に焼かれた白色印文土器．銅器を模したもので，カオリン質の磁土を素地に用いている．古代中国では，黒陶，紅陶などと並んで新石器時代に焼成された．なお，日本では土器というが，中国ではこれを「陶」という字で表現する．赤い土器は紅陶，黒い土器は黒陶，白い土器が白陶である．文様が描かれた土器は彩陶，また灰色の土器に顔料による色彩が加えられたものは，灰陶加彩とよぶ．微量の鉄分やその他の含有金属，また焼成条件によって，やきものの色は微妙に変化する．その焼き上がりの土の色からの判断であるので，白陶と灰陶などは区別が難しい場合もある．中国古代の白陶は，黒陶よりやや低い 800°C 前後で焼かれたと思われるが，器胎は非常に薄くつくられ，表面はていねいに研磨されているものもある．同時代の黒陶と製作技法が似ているともいわれる．使われている素地土は磁器の原料ともなるカオリン質の粘土で，これに透明釉をかけ，高温で焼成すれば磁器となる．よって，この新石器時代の白陶を，原始磁器とする考え方もある．これらの素焼きしただけの白陶や黒陶は，実用には不向きで，よって儀礼用のものとして主に焼かれた可能性もあるといわれる． (中島由美)
→黒陶

白熱電球 [incandescent lamp] (照)

白熱電球は，フィラメントの熱放射（温度放射）を利用した光源である．熱放射は，分光放射が連続スペクトルであり，放射体の温度上昇とともにその放射強度が増大する．放射体が黒体（完全放射体）の場合には，分光放射がプランクの放射則に従って，放射体の絶対温度によって決まる．現在，フィラメントとして一般に使用されているタングステンは，融点約 3387°C で黒体に近似した放射を示す．一般照明用白熱電球は，フィラメントの温度を約 2500°C（色

温度 2854K）とし，発光効率約 15 lm/W，寿命 1000 時間程度を得ている．このときの入力電力に対する可視光への変換率は約 10％であり，約 70％が赤外放射となっている．ランプ電圧を上げ電流を増加させると，フィラメントの温度が上昇し，可視域への発光が増加してランプ効率が改善される．しかし，タングステンの蒸発が増加することによって，ランプ寿命が短くなり，約 10％の過電圧点灯で，寿命が 50％も減少する．タングステンの蒸発を抑制する手段として，不活性ガス（窒素－アルゴンの混合ガスなど）が，ガラス球内に封入されている．

（川上幸二）
→ハロゲン電球，黒体(放射)

白描画（造）

墨の描線のみで仕上げられた絵画のこと．墨描きの線描のみのままで彩色されていない絵画をとくにこうよぶ．浮世絵版画の下絵は，各色ごとの版木分けという制作工程のつごう上，墨線のみの絵であったために「白描画」ともいわれる．中国では「白画」という．日本では奈良時代からさかんとなる．平安時代には「しらえ」といわれ，大和絵の一技法を指して「白描画」といった．素描的な一般的な絵においても，墨のみで描かれていれば「白描画」とよばれることもある．また，白描画は密教図像の転写蒐集の降盛により，白描画の発達が促されたともいわれている．この分野では，奈良時代から引き継がれた伝統により，墨画を描く絵師は重要視された．

白描は，13 世紀半ば頃から絵巻にも用いられる．白描によって制作された絵巻をとくに「白描絵巻」という．白描絵巻は，わずかに人物の口元に朱を施す程度で，それ以上の彩色を加えないで完成とする．「枕草子絵巻」（鎌倉時代）はこの手法によるわが国での代表的な作品である．繊細な墨線によって描かれた一種厳格な風趣をもつその絵巻は，よく時代性を表すものとして高く評価されている． （金澤律子）
◎白絵
◆吉田(暎)(1965)

薄明視 [mesopic vision]（感知）

明所視と暗所視の中間の明るさレベルを薄明視とよぶ．輝度レベルで表すと数 cd/m^2 からおよそ $0.001\ cd/m^2$ の間の薄明かりの視環境である．数値的に明所視と暗所視との境界を明確に定めることは難しい．視覚生理的に表現すると，網膜にある桿体と錐体の視細胞が同時に働いているレベルといえよう．すなわち，数 cd/m^2 では主として錐体が働き，一方 $0.001\ cd/m^2$ 以下では桿体が主として働くが，薄明視では桿体と錐体がともにその寄与率を変えながら何らかの働きをする．薄明視では，一般的に色や形がやや分かる状態である．

薄明視における視覚特性は輝度レベルとともに変化するので，一般的に不安定であり複雑である．これは，桿体と錐体の寄与が輝度レベルや色の種類，さらに視作業の種類によって大きく異なるためである．たとえば，最も基本的な特性である分光視感効率は，薄明視では明所視の分光視感効率 $V(\lambda)$ から暗所視の $V'(\lambda)$ まで徐々に変化する．このため，輝度レベルが下がると相対的に赤色系の感度が低下し，逆に青色系の感度が上昇する．これをプルキンエ現象とよぶ．しかし，その変化の様子は複雑で単純に桿体と錐体の重み付き平均では表されない．薄明視の測光システムは検討が進められているものの，まだ国際標準化されたものはない．時空間特性も桿体と錐体の空間分解能や時間分解能が異なるため，複雑に変化する． （佐川 賢）
→明所視，暗所視，桿体，錐体，分光視感効率，プルキンエ現象

パステル [pastel]（造）

棒状（または鉛筆型）になった乾性絵の具の一種で，いわゆるパステルトーンとよばれる画材独特のやわらかな発色効果が発揮される．その製法は粒径をそろえた顔料を微量の成型剤の溶液でつないで固める．パステルの語はラテン語 pasta（糊）に由来している．成型剤はトラガカントゴム（マメ科植物のゴム）あるいはメチルセルロースが主に用いられ，固着力の違いでソフト型とハード型がある．両者は面描き・線描きで使い分けられる．このほか油性の練ったオイルパステルもあるが，一般にクレヨンやパスとよばれる．パステル画の専門家は顔料と成型剤を練り上げて独自につくることもする．パ

ステルはパレットで混色する絵の具と違って色数を多くそろえるため，メーカは個別の色調を原色，白，黒の混合比で何らかの表示を行っている．パステル画の画地（支持体）は主に粗さと硬さをもつ紙である．専門家は，地色の着色，軽石やガラス粉による表面処理，水彩や油絵の具との併用等々，それぞれの工夫を凝らしている．描かれた画面は不安定な付着状態のため，途中段階や仕上げで定着液（フィクサチーフ：アルコールで溶いた透明樹脂）を噴霧して固定しなければならない．そのため取り扱いと保存には他の画材よりも慎重さを要する．　（北畠　耀）
◆Hayes, C. (1978) [北村訳, 1980], Degas, E.(1992) [大森訳, 1993]

肌色 [skin color; flesh color]（自人）

肌色は色名として肌の色を想起する色を表す場合と，実際の肌の色を表す場合とがある．色名としての肌色は，慣用色名では日本人にとって好ましいと思われる肌の色を代表したもので，JIS Z 8102「物体色の色名」の慣用色名では肌色はうすい黄赤で，相表的な色をマンセル表色系で表すと 5YR8/5 とされている．日常的には肌色との色名は非常に頻繁に使用されている．誰がいつどこで使っても安定して用いられるカテゴリカルカラーネーミング法の 11 個の基本色彩語以外に，肌色も安定した色名である．実際の肌の色は，人種，身体の部位などで変動するが，その変動は血液中のヘモグロビンと表皮と真皮の境界近傍にあるメラニンで決定される．この肌の色を測定することは，肌の色と疾患との関係で医学的な見地から始められ，その後の照明の重要な対象としての肌の色，写真でよい色を再現するにはどのように色を再現するかの問題で一番重要な被写体としての肌の色が研究され，好ましい肌色を決める心理的要因の研究も行われている．最近の肌の色に関する関心は，実際の顔の色は部位によって異なるが，その顔を見る人はその部位の差を意識しないで，ある顔色の見え方をするが，それはどのように決まるのか．また，肌の色には測色的には決して青にはなりえないのに，知覚的に青いとの見えが現れるがそれはなぜかという問題に向けられている．
（鈴木恒男）

→好ましい肌色，好ましい色再現，慣用色名
◆鈴木 (1997, 98), 鈴木・棟方 (2001)

波長弁別関数 [wavelength discrimination function]（感知）

波長弁別（wavelength discrimination）とは，テスト色光の波長 λt に対して比較色光の波長 λc を増大あるいは減少させて，テスト色光と比較色光の間でちょうど色の差が弁別できる閾値を求めることをいう．このときの閾値を波長弁別閾値（wavelength discrimination threshold），波長弁別閾値を波長の関数としてプロットした曲線を波長弁別関数という．波長弁別は主に色相方向の弁別でもあるので色相弁別（hue discrimination）とよばれることもある．波長弁別閾値はテスト色光と比較色光を等輝度にするか，等明るさにして求められる．等輝度条件

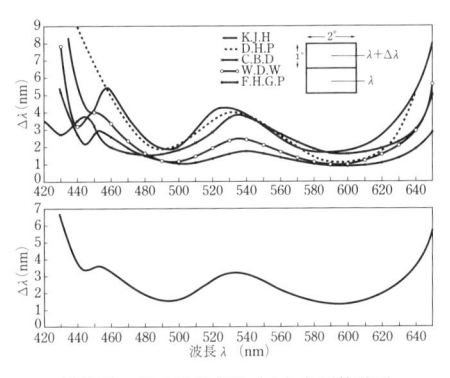

被験者 5 名の波長弁別（上）と平均波長弁別関数（下）．(Wright・Pitt, 1934)

では波長の違いが色みではなく明るさの違いによって弁別される場合も含まれるが，この条件ではルミナンスチャンネルの出力が一定になり，純粋に反対色チャンネルの特性を測定していることになる．一方，等明るさ条件では波長の違いが色みと輝度の違いで弁別されることになるが，ルミナンスチャンネルと反対色チャンネルの出力で決まる明るさを一定にしたときの色弁別ということになる．標準的な波長弁別関数を図に示す．波長弁別関数は 590 nm 付近と 490 nm 付近に 1～2 nm の極小値をもち，440 nm 付近にも小さな極小値をもっている．また，530 nm, 450 nm 付近には 3～4 nm の極大値があ

り，弁別閾値はスペクトルの端では急激に増大する．　　　　　　　　　　　　（内川惠二）
→ルミナンスチャンネル
◆Wright, W.D.・Pitt, I.T. (1934), 内川 (2001)

発光ダイオード [light emitting diode]（照）

電流を注入することにより発光する物質を利用したエレクトロルミネセンスの総称．さまざまな仕様で市販されており，その仕様によって電気・光特性が異なる．材料的には，ガリウム・砒素やガリウム・砒素・燐など半導体に酸化亜鉛や窒素などを添加した無機 LED と，金属錯体や共役高分子（PPV）などをベースにした有機 LED とがある．通常 LED と称して市販されているのは前者であり，後者は EL とよばれることがある．LED は，定格電流での寿命が 10 万時間以上，消費電力は小型電球より小さい．発光色は材料および添加物の種類により異なる．とくに近年，従来は困難とされていた青色発光の LED が開発され，さらに，この青色発光の LED と黄色蛍光体とを組み合わせることにより，白色発光 LED も開発された．このため LED 素子自体を情報表示用として応用したり，複数個のユニットを組合わせてカラーディスプレイや携帯電話のバックライトとするなど，応用分野が広がっている．また近年では，複数種類の発光色の LED と反射鏡とを組合わせて，調光・調色が可能な装飾用のスポット照明光源も開発されている．　　　　（大竹史郎）
→エレクトロルミネセンス，LED

発色団と助色団 [chromophore and auxochrome]（化）

ウィットは，合成染料について染料の化学構造と色との関係を整理し，経験的法則として「発色団説」を発表した．ウィットによれば，有機化合物が発色するためにはその分子構造中に潜在的に発色の原因となる置換基を複数個有していることが必要であるとし，これらの基を「発色団」と名づけ，発色団を分子中に含む芳香族化合物が色素の母体となるので，これを「色原体」（chromogen）と名づけた．色原体自体は一般に色が浅く，また繊維に対する染着性も低いが，色原体にアミノ基や水酸基などの造塩基を付与すると色が深くなり，より高い染着性を有するようになる．これらの色原体に深色効果（吸収スペクトルが長波長側に移動する）と高い染着性を与える原子団を「助色団」と名づけた．ウィットの説によれば，色原体に，発色団と助色団が複数結びつくことにより，有用な染料が得られることになる．この説は現在でも経験則として実際とよく一致する．従来から合成染料の開発では多くの場合この発色団，助色団の考え方に基づいて染料分子の設計が行われてきた．図に発色団，色原体，助色団の例を示した．
　　　　　　　　　　　　　　　　（今田邦彦）
→色と化学構造
◆飛田 (1998)

抜染 [discharge printing]（着）

あらかじめ布全体を無地染めとし，その生地に漂白剤（抜染剤）を含む抜染糊を捺染し，部分的に色を抜くことによって，柄模様をつくりだす技法．抜染には模様部分の色を完全に脱色する白色抜染，薄く色を残す半抜染，色抜き部分を他の色で染める着色抜染の 3 種類がある．一般に無地生地に対する柄効果となるので，白色抜染では白との配色，半抜染では生地色との同色相の濃淡配色となる．抜染では，色生地を地色とするため，その上に色を乗せる捺染では，地色の影響を受けてしまい配色に制限を受けてしまう．着色抜染を用いることで，生地の地色との自由な配色が可能となる．　　（山内　誠）
◆松田 (1995), 板倉ら監 (1977)

花の色 [colors of flowers]（自人）

花の色は，色素の種類，量および分布によってさまざまな色を呈するばかりでなく，表面の凹凸，毛の有無，そりや表皮細胞の配列，形，大きさによって発色が異なる．基本的には，花に含ま

れる色素が最も重要な役割をもっている．植物色素としては，クロロフィル，キサントフィル，カロチン，アントシアニン，フラボン，フラボノール，ベタシアニン，ベタキサンチン，オーロン，カルコンなどがある．しかし，花の色としては，黄色，橙，赤に発色するカロチン，赤，ピンク，青，紫に発色するアントシアニンおよび白，クリーム，淡黄色に発色するフラボンが中心になっている．色素は，花弁全体に均等に分布しているわけではなく，花弁の表裏の表皮だけか表皮にごく近いところに分布する．表皮の細胞は硬い細胞質と液胞とからなるが，両者ともに色素が存在する．ただし，細胞質の性質から細胞質にある色素は水に溶けにくく，細胞液に溶けている液胞にある色素は水に溶けやすい性質をもっている．このような色素によって発色する花の色は，色空間全体に分布しているように思われがちであるが，緑から青紫の間には色が見つかっていない．　　　（小松原　仁）
→植物の色，植物色素

ハヌノー族の色カテゴリー [color categorization among the Hanunóo]（社）

フィリピンのミンドロ島に住む，約1万人のオーストロネシア語族民．主食はバナナ，イモ類，トウモロコシで，焼畑で陸稲も栽培する．Conklin(1955)は，彼らの色識別がわれわれの三属性（色相・明度・彩度）と大変相違していることに気づいた．つまり，彼らの色は最初に大きく4つ（黒，白，赤，緑）に分類され，次に細かく多数の色に分けられる．最初に分類される色はハヌノー族にとってだいたい一致する識別であるが，2段階目に分類される色となると，数も多く個人差が生じる．ただし，最初の段階の「黒」といっても，これはわれわれの黒から，菫，藍，青，濃緑，濃灰色等をふくみ，「白」は，薄い各種の色を含む．「赤」はマルーン，赤，橙，黄色など，そして，最後のあまり重要な色と評価されない「緑」は，ライトグリーンとか，緑・黄・ライトブラウン合成色などを含む．

ハヌノー族は，色を識別する際に，明るいか暗いかということと，もうひとつは，植物の生育と直接かかわりをもつ，乾燥されているか，あるいは，フレッシュで湿っているかを基準に考える．この点は，熱帯雨林の森の中で生活する彼らにとって，生活の知恵と直接かかわる価値観が，色識別にも使用されていると解釈できよう．コンクリンの提出したこの民族誌例は，われわれの基準ではなく，そこに住む伝統社会人の目になり判断しなければならないという，つまり，イーミック的見方の重要さを投げかけたわけで，広く認識人類学の好例として現在でも語り継がれている．　　　　　　　（植木　武）
◆Conklin, H.C.(1955)

葉の色 [color of leaves]（自人）

葉は，表面の表皮保護細胞と裏面の裏皮保護細胞の間の細胞壁面にクロロフィル色素を含んだパレンキマ細胞と空隙が分布する構造になっている．葉に入射した光は，細胞間または細胞と空気層での相互反射・透過をし，表面または裏面から外にでる．このときの色は，クロロフィルの量や細胞形状によって変化する．葉の分光反射率を測定すると，680nm付近に鋭い吸収が見られるが，この吸収はクロロフィルによるものである．吸収の程度は，クロロフィルの量により，新芽が出始めたころの若葉は吸収が少なく，その後，クロロフィルの合成が進むとともに大きくなる．また，700〜1400nmの可視から近赤外で放射を強く反射する特性をもっている．色としては，クロロフィルが破壊される秋ごろに，クロロフィルと共存するキサントフィルが発現することやアントシアニンやカロチンの生成により黄葉や紅葉となる以外は，クロロフィルの生成の程度によって，系統的に色度が変化する．色度分布の平均色度は，$x = 0.3449$，$y = 0.4016$，明度は，$Y = 12.3$（％）近傍にあり，色名としてはオリーブグリーンで代表される．

（小松原　仁）
→植物の色
◆Gates, D.M. ら (1965), Breece, H.T.・Holmes, R.A. (1971)

バランス（均衡） [balance]（調）

バランスとは，力学的な量や質の釣り合いを指し，本来の意味は支点を中心に左右の重さの釣り合いがとれている状態をいう．造形においては線，形，大きさ，方向，色相や明暗など，2つ以上の要素の関係が，視覚的，感覚的，心理

的に安定を保っている状態をいい，このような状態は落ち着いた統一のとれた美しさを構成し，見る人に快い安定感を与える．一般には次の3つがバランスのとれた美しさを構成する原理としてよく使われている．

1) シンメトリー（symmetry）：形態や色彩などの面積や配置を対称に構成することによってバランスのとれた美しさを構成する手法で，見る人に安定感や端正さ，厳粛さなどの印象を与える．対称には対称軸を中心として両側にある形の大きさや数，位置などがすべて等距離にある左右対称と，1つの点を対称の中心として一定の角度で配置された放射対称とがある．自然界には人体をはじめ動植物など左右対称・放射対称のものは数多く存在し，釣り合いのとれた美しさを構成している．なかでも左右対称は形態として最も安定した均衡を保っており，秩序性を与える造形原理として古代から重視され，神殿や寺院，家具など数多くの造形に応用されている．

2) アシンメトリー（asymmetry）：対称性を破るように形や色などの面積を変えたり配置することによって，全体として見ると釣り合いがとれた美しさを構成する手法で，見る人に動的で新奇な印象を与える．形や色などの面積や配置の釣り合いを意識的にくずすことによって，動的な美しい構成をつくり出すには，高度のバランス感覚が要求されるが，思いがけない効果や楽しさを味わうことができる．

3) プロポーション（proportion）：別項参照．

（中川早苗）

→プロポーション（比例），◎平衡，釣り合い
◆Graves, M. (1951), 山口・塚田 (1960), 吉岡 (徹) (1983), Garret, L. (1967)

バリマックス回転 [varimax rotation]（心測）

因子分析において，因子負荷量を単純構造に近づけるために行われる直交回転の方法の一種であり，今日，最もよく用いられている解析的回転法である．因子分析において，複数の因子があれば座標軸の回転に関する自由度があること，また，適切に回転を行うことによって因子の解釈が容易になることはあきらかで，視察による回転は古くから行われていた．計算によって回転を行う，いわゆる解析的回転に関する研究が発表され始めるのは第二次大戦後のことである．バリマックス回転に先立って開発されたクォーティマックス回転は，因子負荷量の自乗の変数ごとの（つまり横方向の）分散の和が最大になるように，すなわち，1つの変数において絶対値の大きい負荷量（1に近いもの，通常1つ）と小さい負荷量（0に近い値）の違いが際立つことを目指していた．しかし，この方法では，高い負荷量が特定の因子に偏ってしまうという問題があった．Kaiser (1958) は因子ごとの（つまり縦方向の）分散の和の最大化を行うことで，高い負荷量が多くの因子に散らばるようにすることに成功した．事前に仮説をもたないまま，解釈しやすい単純構造に到達するために経験的には最良の方法とみられ，今日も多くの研究で用いられている（芝, 1979）．

（村上　隆）

→因子分析，因子負荷量
◆Kaiser, H.F. (1958), 芝 (1979)

バルビゾン派 [Ecole de Barbison (仏); Barbizon School]（造）

1830年頃からパリ東南の森フォンテーヌブローの小村バルビゾンに移り住んで自然風景を描いたコロー，テオドール・ルソー，ミレー，ド・ラ・ペーニャ，ドービニーら19世紀フランスの画派．風景画のほかに農民画，動物画も手がける．淡い薄曇の陽光が差し，うっすらと霧が立ち込めた薄明の充満する画面を特徴とする．コローの風景画に代表されるように，その抑制された統一感のある色彩効果は固有色の対比によらず，色調（トーン）の濃淡を調和の軸として画面全体をまとめることから生れている．ミレーの代表作《落穂拾い》(1857) では，前景で落穂を拾う3人のうち中央人物の白い袖の部分に弱い光を集めるのに対して，彼らの衣のそのほかは赤茶系色，青灰系色というわずかに限定された色相でまとめられ，それぞれの色調に変化を与えることで相互間の色彩調和をもたらしている．浮遊する空気感に満ちた中景の茶系色は前景人物の青灰系色に対して淡い赤紫みを帯びるが，暗さを増した前景の色調で均衡がとられる．こうした色彩効果は，印象派のように明暗を排

し、色彩の対比効果によって光彩の充塡する画面を追究する制作態度とは異なる。しかし、野外での風景観察や大気への関心は、近代絵画的な視覚の揺籃となった。　　　　　　（後藤文子）
→印象主義
◆Herbert, R. (exhib.cat., 1962), Laudenbacher, K. (1999), 山梨県立美術館 (2001)

バレエ・リュス [Ballets Russes]（造）

ディアギレフ・ロシア・バレエ団のこと。1909年、セルゲイ・ディアギレフによって創立されたバレエ団であり、バレエでは、初めて踊りとともに舞台装置、衣装、音楽の重要性を訴求し、その後の20世紀のモダン・バレエに大きな影響を与えた。ロシアのオリエンタリズムの色彩の濃いスラブ民族の踊りから触発された〈シェヘラザード〉、〈ダッタン人の踊り〉、〈春の祭典〉などで、一躍世界中に名を馳せた。後年、ピカソ、マティスやマリー・ローランサンなどの画家、エリック・サティの音楽などもこれに加わり、国際的となり、前衛的な作品を上演することが多くなった。　　　　　　（三井秀樹）
→モダンの色彩

ハレとケの色 [lights and darks]（社）

日本の民俗的世界には、民俗学者の柳田國男が提唱した分析概念として、日常性もしくは日々の生活を維持するための力を意味するケ（褻）と、正月や節供、祭りなど季節の折り目や特別な日に神事や儀礼を行い、いわば衰えたケの力を回復させるための新たな力を意味するハレ（晴れ）という2つの異なった性格のものが存在する。この「晴れ」は、天候の快晴を指す言葉として知られるように、日本人にとって清々しく心地よい感覚を伴い、人びとを浮き立たせたことから、晴れの日といえば祝日または祭日のことをいう。それは人の一生における折り目の儀礼、子どもの誕生や七五三、成人、還暦などの年祝、さらに入学や就職、婚姻や葬送などの儀礼を行う日も晴れの日となる。ハレを表現する色は本来、白色である。つまり晴れの日を迎えるために垢のつかない真新しい白色の着物を用意し、その浄衣を晴れ着とした。後世にはめでたいときと不幸なときの衣服は区別されるようになったが、とくに女性の晴れ着は赤い色を強調したものが多い。この場合の白色は日本では素地もしくは生地の色を示す用語で、ケの色ともいえる。したがって白色はケの力が衰えたケ枯れの状態を回復する力があると考えられてきた。　　　　　　（小林忠雄）

バレンタインデーの色 [St. Valentine's Day red]（社）

バレンタインデーは、「St. Valentine's Day」つまり「聖バレンタインの日」という意味であり、キリスト教の聖人バレンタインの祝日として毎年、2月14日に行われるヨーロッパでは古くから伝わる祭日である。3世紀後半に殉教した同名の聖人が2人おり、さらに事跡不詳の別の修道士もいたとされ、どの人物がバレンタインの由来なのかは不明とされている。バレンタインデーを象徴する色には赤と緑と金色があるが、赤はキリストの流した尊い血、あるいはハートを象徴する色として、また、緑は恋人たちを意味する緑の袖に由来している。ローマ時代のバレンタインの祝宴では、ラブ・ノットとよばれる8の字や無限大のマーク∞をかたどった小さな金属製のピンを「始まりもなく、終わりもない」全き愛の象徴として衣服につけた。

また、ハート型に切り取られた赤い布や、金属にエナメル加工した赤色のハート型のアクセサリーを、キリストの血、心からの愛情のシンボルとして、洋服の身頃、あるいは袖の上に縫い付けることもあった。これらはみな「愛」に身も心も捧げている証とされ、この愛は、特定の人ばかりでなく、理念としての愛、神の愛、聖人への愛など、さまざまな対象への愛の証でもあった。女性が男性にチョコレートを贈るのは、日本独自の習慣であり、1958年に東京都内のデパートで開かれたバレンタイン・セールで、チョコレート業者が行ったキャンペーンが始まりとされている。欧米では、現在でも恋人や友達、家族などがお互いにカードや花束、お菓子などを贈る風習が残っている。　　　　（渡辺明日香）
◆Cosman, M.P. (1981) [加藤・山田訳, 1986]

ハロゲン電球 [tungsten halogen lamp]（照）

ハロゲン電球は、白熱電球と同様に、タングステンフィラメントの熱放射を利用した光源である。一般白熱電球では、ランプ点灯中にフィ

ラメント表面からタングステンが蒸発し,ガラス内面を黒化させ光出力を低下させるとともに,フィラメントが細化して断線の原因となる.ハロゲン電球は,わずかのハロゲン(臭素など)を封入し,ハロゲン再生サイクルを利用することによって,効率改善,寿命特性改善と同時に小型化をはかったものである.

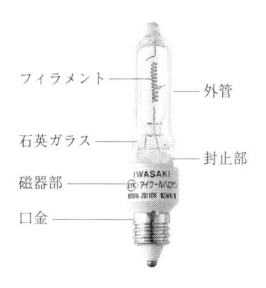

一般照明用ハロゲン電球

ハロゲン再生サイクルとは,ランプ内の対流などによって次の反応を繰り返すことをいう.① 管壁付近の温度では,タングステンとハロゲンが反応し,透明なハロゲン化タングステンをつくる,② フィラメント付近の高温では,ハロゲン化タングステンがタングステンとハロゲンに分解,タングステンはフィラメント表面に析出する.ハロゲン電球は,小型で高輝度であり,光色(色温度 3000~3200K)がよく,演色性もすぐれていることから,店舗などの一般照明ばかりでなく,スタジオ照明,映写機,OHP,複写機,自動車ヘッドライト,航空灯火など広い範囲で使用されている.　　　(川上幸二)
→白熱電球,◎ハロゲンランプ

バロックの色彩 [Baroque colors](造)

17世紀から 18 世紀にわたって全ヨーロッパに流行した美術様式ならびに音楽や文学を風靡した芸術様式をいう.ルネサンス期の端正な秩序を重視する古典主義に対し,不規則性や曲線の動勢,激しいコントラストを重視し,たとえば建築では楕円形の平面プランやイリュージョンにみちた内部空間,複雑な壁面構成のファサード(正面部)を特徴とする.工芸の装飾では,外観の偉容と細部にわたる有機的で流れるような技巧性が特徴である.

「バロック」の語源は,歪んだ真珠を意味するポルトガル語とする他に諸説もあるが,「伝統からの脱皮」を計る意図として 17 世紀の建築様式を形容したことに端を発する.これはバロック様式の装飾が過剰で,複雑怪奇な装飾であったことにも一因する.色彩は黄金色を中心に華美をきわめ,また,鑑賞者の感性や色の見え方をあらかじめ想定した用法が登場してくる.イタリアでは絵画のアンニーバレ・カラッチ,彫刻のジャン・ロレンツォ・ベルニーニが装飾性と人物の動感の表現に新しさを盛り込み,オランダとフランドルではルーベンスやヴァン・ダイク,レンブラントらが活躍,肖像画の表情と光の明暗法に,またフェルメールは風俗画に新境地を開いた.

17 世紀はスペイン絵画の黄金期といわれるようにベラスケス,スルバラン,ムリーリョらの傑出した画家を生んだ.フランスではラ・トゥールやプッサン,クロード・ロランによって,明快な構図と造形性がより強調された.18 世紀に入ると,それまでのイタリアにかわり,フランスのルイ王朝が台頭し,文化でも名実ともにバロックの中心となり,クロード・ペロー設計による《ルーヴル宮殿》や《ベルサイユ宮殿》が,規模の大きさもさることながら,絵画・彫刻・工芸の芸術全体から見ても,バロックを象徴する様式美の範例となった.

バロックはまた,光学や色彩論が急速に脚光をあびる時代でもあった.自然科学領域ではイギリスのニュートンとロバート・フックの論争が著名で,ニュートンは『光学』(1704)で屈折率の異なる色光の混合が白色光であることを実験をもとに論証した.フランスの美術アカデミーでは,絵画製作において形を輪郭づける線描の位を主張する古典主義的な「プッサン派」と色彩の重要性に新しい意義を認める「ルーベンス派」が対立した.少数派ながらロジェ・ド・ピールが色彩派として論陣をはり,近代絵画の色彩表現を予示する橋頭堡を築いた.　(三井秀樹)
→ロココの色彩

反射および透過物体色の測定方法
[methods of color measurement–reflecting and transmitting objects](測)

反射および透過物体色の測定方法は,大別す

ると分光測色方法と刺激値直読方法がある．一般に色の物理測定では分光測色方法が刺激値直読方法に比べて測色値の正確さはよいといわれている．刺激値直読法に基づく光電色彩計は測定操作の簡便さ，再現性のよさ，データ処理の容易さなどの点で色彩管理などによく活用されている．ただ，光電色彩計の分光特性をルータの条件に合致させることはなかなか困難である．

反射物体の測定は，各波長λについて測定したい試料と分光反射率が既知の標準白色板との反射の比を計ることである．精密な測定を必要とする場合は，波長380〜780nmにわたり波長間隔5nmで行われる．標準白色板は硫酸バリウムの圧着面や研磨したビトロライト面が用いられる．反射物体の測定で重要な照明および受光の幾何学的条件がある．その要約を図1に示す．光電色彩計により反射物体を測定する場合の照明と受光の幾何学条件はこの図1に準じてよい．

図1のいずれかの条件で測定された反射率を用いて，標準イルミナントおよび CIE 1931「測色標準観測者に関する三刺激値」を計算することができる．透過物体の測定は，各波長λについて光路中に試料を挿入した場合の透過の値と，挿入しない場合の空気層を基準物体とした場合との透過の値の比を計ることである．透過物体測定の場合の照明および受光の幾何学条件を図2に示す．光電色彩計により透過物体を測定する場合の照明と受光の幾何学条件は，図2に準じてよい． (側垣博明)

→反射率, 分光測色方法, 刺激値直読方法, 標準白色面と常用標準白色面, ルータの条件, 光電色彩計

◆日本色彩学会編 (1998)：「色科ハンド・6章」, JIS Z 8722 (2000)

図1 反射物体測定の場合の照明と受光の幾何学的条件

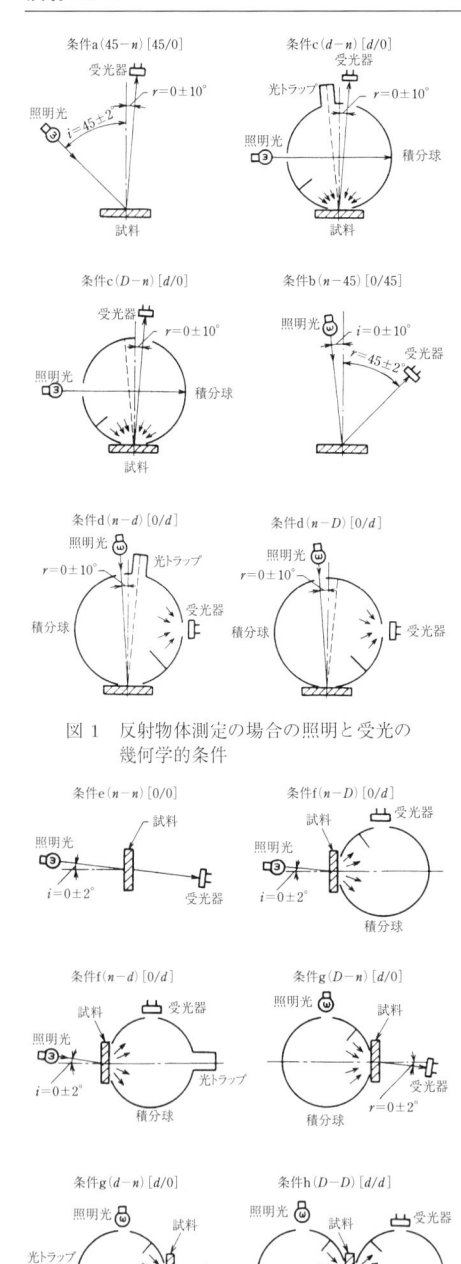

図2 透過物体測定の場合の照明と受光の幾何学的条件

反射モデル [reflection model] (画処)

物体表面での光の反射の仕方は，物体を照明する光源，物体表面の光反射特性，および視覚系の3者で決まり，これを数学的に記述したものを反射モデルという．物体の色の見えは反射モデルで予測することが可能で，物体表面を形成する材質と観測条件に大きく依存する．モデル化はおおよそ3つに区分できる．1つ目として，光沢のない紙のように，輝度分布が観測方向によらず一定となる拡散反射成分のみからな

る．2つ目として，プラスチック物体のように，反射光は拡散反射成分のみならず，鏡面反射による光沢やハイライトが正反射の方向で観測される．この観測範囲は表面の滑らかさで決まり，鏡面のように滑らかであれば，鋭いハイライトがせまい角度範囲で観測される．3つ目として，磨いた金属のように，反射は拡散反射成分をほとんど含まず，鏡面反射成分のみからなり，これが金属色を生成する．このように反射モデルは各種物体の反射特性を記述し，色彩科学としても重要であるとともに適用範囲は広い．たとえば，コンピュータグラフィックスでは，物体のリアルな画像生成のために反射モデルが必須である（Foleyら，1990）．また，画像処理では2色性反射モデルがよく使用される．反射モデルは色情報に関する項と幾何情報に関する項で構成される． （富永昌治）

→2色性反射モデル，拡散反射，鏡面反射
◆Foley, J.D. ら（1990）

反射率 [reflectance]（測）

物体に入射した放射束，または光束に対して反射した放射束，または光束の比を反射率という．記号はギリシア文字の ρ が使われる．拡散（散乱）がない場合，すなわち正反射（鏡面反射）の場合には測定光学系の構成は比較的容易である．これに対し拡散反射の場合には，拡散した光をすべて測定しなければならないので，その光度の角度分布を配光測定装置を用いて積分するか，または入射・出射光束を同一の積分球に順次入射させて比較するか，いずれかの方法が採られる．光源からある方向への光度を，その方向への光源の正射影面積で割った値を輝度という．単位は（cd/m^2）である．輝度は光の強さ，とくに光源の光の強さを表す量の1つであり，発光面や反射面，たとえば，蛍光ランプや室内の壁面などの明るさの度合いを表すときに使われる．

反射率係数は立体角反射率ともよばれる．試料と完全拡散反射面に対し，同一条件で照射し，同一方向の同一立体角内に置いた試料から反射する放射束と完全拡散反射面から反射する放射束の比である．受光の立体角が0に近づけば，反射率係数は輝度率に近づく．一方，立体角が $2\pi sr$（ステラジアン）に近づけば反射率に近づく．輝度率はルミナンス・ファクターともよばれ，一定の照明および観測条件で測定した物体の輝度と，完全拡散反射面に対する輝度の比をいう．完全拡散反射面は入射した光をあらゆる方向に均等な輝度で反射する理想的な白色面であり，輝度率はわれわれが見た反射物体の明るさを表す量である．記号は $\beta(\lambda)$ を用いるが，単位はない．物体に光束 F（lm：ルーメン）が入射し，その一部 F_1（lm）が反射し，他の一部 F_2（lm）が透過するとき，物体に吸収された光束は $F - F_1 - F_2$ である．この場合，反射率 $= F_1/F$，透過率 $= F_2/F$，吸収率 $= (F - F_1 - F_2)/F$ である．それゆえ，反射率＋透過率＋吸収率＝1 である． （側垣博明）

→ルミナンス・ファクター，輝度
◆日本色彩学会編（1998）：「色科ハンド・6章」，JIS Z 8722（2000）

板状酸化鉄 [plate iron oxide]（着）

酸化鉄をプレート状または鱗片状にした光輝材顔料．ハイライトは光を反射して白く見えるが，シェイド（陰の部分）は酸化鉄の赤みを呈する．1990年代の初めに開発され，自動車用塗料，とくにダークグリーン系の塗料によく用いられた．これは補色の効果により，シェイドの彩度が低くなることを利用したものである．また，シルバーメタリックやライトグレイメタリックに少量添加することにより，一般的なメタリックカラーよりも滑らかな質感に見える．酸化鉄パール顔料とよばれるものは水熱合成法によって合成されたアルミニウム固溶板状酸化鉄である．粒子表面での反射率が高く，分散性がよく，塗膜中での配向性にすぐれている．これは塗料，プラスチック，印刷インキ，化粧品などに使われている．なお，黒色の板状酸化鉄もある．

（吉田豊太郎）

→光輝顔料，顔料，光輝材

反対色 [oppo colors]（感知）

無数の色のうち，赤，黄，緑，青の4色は混じり気のない純粋な基本的な色感覚でユニーク色という．これらのうち，赤と緑，黄と青は同時に存在することがないので反対色とよぶ．ドイツの生理学者ヘーリングはこのような色知覚の

基盤メカニズムとして2つの拮抗過程を仮定し，赤と緑，黄と青はおのおのの拮抗過程の正負の出力により生じる色だと考えた．これが反対色説の基本的枠組みである．赤－緑および黄－青の拮抗過程を反対色チャンネル（色チャンネル）とよぶ．心理物理学的には輝度情報を伝達するルミナンスチャンネルに対して，反対色チャンネルは色情報伝達メカニズムと考えられており，時空間周波数特性が異なる．

生理学的には，神経節細胞，外側膝状体，第1次視覚野などで，スペクトルの異なる波長領域の光に対して興奮性または抑制性の応答を示す細胞の存在が確認され，反対色チャンネルは実証されている．赤－緑反対色チャンネルとしては，L, M錐体から錐体双極細胞, midget 神経節細胞を経て外側膝状体の parvocellular 層へ投射する系が考えられている．黄－青反対色チャンネルについては，S錐体から興奮性の，L, M錐体から抑制性の入力を受けている二層状神経節細胞が重要な役割を果たすと考えられているが未解明の部分が多い． (阿山みよし)
→ユニーク色
◆Mullen, K.T. (1985), Calkins, D.J. ら (1998), Martin, P.R. ら (2001)

反対色応答 [color opponent response]
（感知）

霊長類の視覚系においては，神経節細胞，外側膝状体，大脳第1次視覚野などでスペクトルの異なる波長領域の光に対して興奮性または抑制性の応答を示す細胞が存在する．このような分光応答を反対色応答または反対色レスポンスといい，これらの細胞を総称して反対色応答細胞という．その波長特性に応じて赤－緑および黄－青反対色細胞に分類されている．Svaetichin (1953, 56) によるコイの網膜からの記録が3色説と反対色説の論争に終止符をうち，その後の段階説の枠組みによる色覚理論発展のきっかけとなった．

多くの反対色細胞は受容野の中心と周辺で分光応答特性が異なる中心周辺型受容野特性を示す．神経節細胞，外側膝状体では受容野中心にL錐体から興奮性，受容野周辺にM錐体から抑制性の入力を受ける（またはその逆）という単純な受容野特性が見られるが，大脳第1次視覚野では受容野中心と受容野周辺がおのおの逆相の反対色応答を示す二重反対色型細胞が報告されている．心理物理学的測定手法である色相キャンセレーション法で得られるクロマティック・バランスを指して反対色応答または反対色レスポンスと表現することもある．

(阿山みよし)
→色相キャンセレーション法
◆Svaetichin, G. (1953, 56), de Monasterio, F.M.・Gouras, P. (1975a, b), Gouras, P.・Zrenner, E. (1981)

ハント効果 [Hunt effect]（感知）

ハント効果とは有彩色のあざやかさの知覚が照明光の照度レベルに依存して変化することである．ハントは両眼隔壁法で右眼を $0.75 cd/ft^2$ に順応させ，左眼を 0.007 から $100 cd/ft^2$ までの順応状態に変えたときに，両眼に呈示された色の見えを等色にした．その結果を図に示してある．呈示した色は赤，橙，黄，緑，シアン，青，紫，マゼンタであり，図中のAからZが順応した照度で，Aが曇った昼光，Bが日没，Dが日没後30分後，Fが満月の5倍の明るさ，Zは暗黒に相当する．この図から，暗くなると，主にその色の飽和度が低下していることがわかる．測色学では彩度および飽和度は試料の照明光の明るさには依存しない概念であるので，この現象は現在の測色学では説明できない．ハントのこの論文では，順応の照明のレベルに従って飽和度が変化したと記述していたが，その後，彼はこの現象は飽和度が変化したのではなく，カラフルネスが変化しているのであると説明を変更している．カラフルネスとは新しい概念で，照

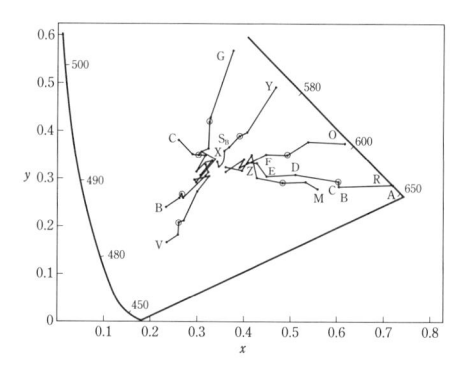

度レベルで変化する色のあざやかさを表すものである．照明光が明るくなるとカラフルネスが増加して，その色の知覚されたあざやかさが増加する現象は日常的に経験できる．　（鈴木恒男）
→両眼隔壁法, カラフルネス
◆Hunt, R.W.G. (1953)

バンプマッピング [bump mapping] (画処)

　鏡など特殊な平滑面を除いて，テクスチャーのない同質材の表面であっても，一般にはコインの刻印や壁などのように大小の凹凸がある．バンプマッピングは，この表面の凹凸のリアルな表示を高速かつ安価に実現する代表的な方法である (Blinn, 1978)．CG の幾何モデルは，一般にポリゴンまたは滑らかな曲面で近似されている．バンプマッピングは，図に示すように，これらの面上に，各部分の凹凸を示す法線の摂動をマッピングしてシェーディングを行う．この方法の欠点は，レンダリングに法線ベクトルのみを利用して隠面消去をしないから，影や面の境界部の細かな凹凸の表示ができず，また比較的大きい凹凸に対応できないことである．ジオメトリックテクスチャーリング (geometric texturing) は，この問題に対処するため，明示的な幾何形式を用いて面に第 3 の情報を付加するもので，以下の方法が開発されている．

　① 面の法線に沿って，面上の各点を実際に置き換えるディスプレースメントマッピング (displacement mapping)：煉瓦塀など，隠面消去，影，面の境界部の凹凸の表示ができる．ソリッドテクスチャーより簡単であるが，バンプマッピングより計算時間は大きい．② 炎などの 3 次元密度関数を調節するハイパーテクスチャーリング (hyper texturing, 別名 shape texturing)：陰関数面やメッシュに直接適用して岩の凹凸や窪みを表示できる．また，疑似的な陰関数面（スケルトンや等電位場）に掛けることによって，位相関係を保持しながら複雑な凹凸形状を表示

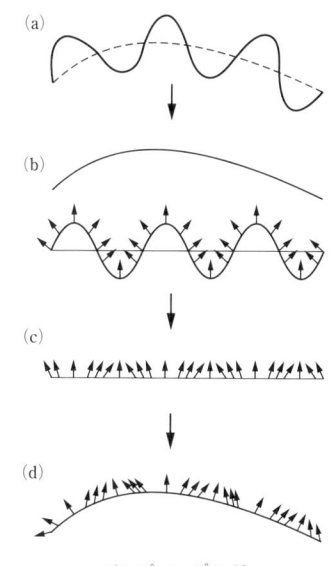

バンプマッピング

できる．データは少なくてよいが，計算時間が大きい．③ テクセルとよばれる適切な反射関数の密度分布をもった微小直方体を面にマッピングするテクセルマッピング (texel mapping) (Kajiya・Kay, 1989)：動物の毛や芝生，織り物などの表示が可能である．複雑なテクスチャーを比較的効率よくレンダリングできるが，あまり接近するとテクセルが見え，また曲面に直方体を張るのが簡単でない．④ 面上に分布した微小な幾何形状の相互作用を用いるセルラーテクスチャー (cellular texture)：刺や硬い毛などを表示できる．物理的・生物学的な配置規則を取り入れることができるなど，自由度が大きいが，データが非常に大きくなる (Worley, 1996)．

（中前栄八郎）
→レンダリング, フォーンモデル, トーランス-スパロウモデル, ◎3 次元テクスチャー
◆Blinn, J.F. (1978), Kajiya, J.・Kay, T. (1989), Worley, S.P. (1996)

[ひ]

ビアズリー, オーブリー [Aubrey Vincent Beardsley]（造）

　ビアズリーは19世紀末の唯美主義運動を代表するイギリスの挿絵画家．イギリス，ブライトンに生れたビアズリーはガーディアン保険会社に勤めていたが，1891年エドワード・バーン＝ジョーンズのすすめで挿絵を描くようになった．ギリシア美術，ルネサンス絵画，ホイッスラーや日本の浮世絵版画に感化されながら，ラファエル前派風の繊細な線描スタイルを築いた．1892年マロリーの『アーサー王の死』や93年創刊の「ステューディオ」誌，オスカー・ワイルドの英語版『サロメ』(1894),「イエロー・ブック」誌(1894-96),「サヴォイ」誌(1896創刊)などの挿絵や装丁がブームを巻き起こした．性愛，謎，幻想，無意識に惹かれていたビアズリーの装飾的な造形美は白と黒のあざやかなコントラストによって描かれ，世紀末デカダンスの象徴でもあった．有機的でデフォルメされたリズミカルな描線は一方でグロテスクとも評されたが，アール・ヌーヴォーの精神性を体現させ，ワイルドとともにイギリス世紀末（イエロー・ナインティーズ）を代表する人物となった．ワイルドの不調とともにビアズリーの人気も失われ，1898年26歳で夭折した． 　　　　　　　（三井直樹）

ピアノ, レンツォ [Renzo Piano]（造）

　1937年イタリアのジェノヴァ生れの建築家．ミラノ工科大学卒業後，カーンやマコウスキーの下で設計活動を行った．1971年，パリのポンピドゥー・センターの国際コンペティションに1等賞を獲得した．1988年には関西国際空港旅客ターミナル・ビル国際コンペティションに1等をとり，日本でも注目を浴びる．1992年のベルリン・ポツダム広場開発コンペにも優勝するなど，イタリア建築界では異彩を放つユニークな存在である．フレームだけで目立たせる空間システムや軽量コンクリートを使ったカーテンウォールによる膜構造，自由な曲面と，いずれもテクノロジーを駆使した計算しつくされたハイテク構造がピアノ独特の持ち味である．1985年にはジョン・ド・ヌール勲章その他各賞を受賞している． 　　　　　　　（三井秀樹）
→ポスト・モダンの色彩

PCS [profile connection space]（入出）

　色管理システムでは，デバイスプロファイルに，各カラーデバイスの制御に用いられる色空間とデバイス独立色空間（device independent color space）の関係が記述される．この場合，基本的にはデバイス独立色空間は，正しく定義されていれば，何を使ってもよい．しかし，色管理システムで複数のデバイス間の色を一致させるためには，デバイスプロファイルを結合する必要があるため，実用的にはシステムを無用に大きくしないため，いくつかの色空間に限る必要がある．これをPCSという．

　一般的によく利用されるICCプロファイルでは，D50を基準白色とし，CIEで定められた1931XYZ系か，CIELAB系の2種類を，PCSとして用いることが規定されている．カラーモニタやカラースキャナのデバイスプロファイルではXYZ系が，カラープリンタなどハードコピーのデバイスプロファイルでは，CIELABが利用されることが多い．色管理システムは，入力のデバイスプロファイルと出力のデバイスプロファイルをPCSを基に結合し，カラー画像の色変換を行う． 　　　　　　　（田島譲二）
→カラーマネジメントシステム，デバイスプロファイル

PCCS [Practical Color Co-ordinate System]（表）

　日本語名は日本色研配色体系．色相，明度，彩度の三属性で色を表記するが，色相は生理補色をなるべく対向位置に配するとともに日本語の色名を考慮するように10主要色相を不均等分

割した24色相で，心理四原色より中間色相を入れて8色相にし，最終的に24色相とした．整数表記だけが可能．明度はマンセル明度と同じ．彩度は無彩色から心理的な純色までを10分割する整数表記である．PCCSの特徴は明度と彩度の複合概念であるトーン（tone）にあり，これは基本的に等色相断面を区分した領域のことを指す．圏類，大分類，中分類，小分類などがあるが，現在は中分類トーンが広く用いられている．

PCCSは独自の系統色名をもつがこれは色相・トーン区分によるもので，日本語の色名範囲は色相とトーンの区分によって記述できるよう配慮されている．また色彩感情データなども基にして区分されており，色相とトーンによってある程度のイメージコントロールを可能としている．このため色相とトーンを用いて配色調和を得ることができるとするが，この背景にある考え方がPCCS配色調和理論である．これはオストワルトの色彩調和論をもとに構築されており，色相とトーンを用いて同一，類似，反対といった属性の組合わせで配色をつくるものである．

（坂田勝亮）

→トーン，PCCSの色相配色

PCCSの色相配色 [Practical Color Coordinate System]（調）

PCCSは日本色研配色体系といい，国内の教育界，産業界で広く認知，活用されているカラーシステムである．PCCSの色彩調和形式には次の類型がある（「PCCSハーモニックカラーチャート 201–L」解説書参照）．

(a) 同系の調和：色相の同系による調和
　　　　　トーンの同系による調和
　　　　　（共通性の原理/principle of common elements）
(b) 類似の調和：色相類似による調和
　　　　　トーンの類似による調和
　　　　　（類似性の原理/principle of analogy）
(c) 対照の調和：色相の対照による調和
　　　　　トーンの対照による調和
　　　　　（明瞭性の原理/principle of unambiguity）

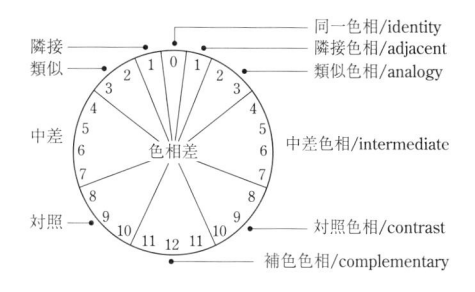

PCCSは，図のような24色相の構成で，色相差の大小による配色形式を示している．同一，類似，対照の調和類型は，ムーン–スペンサーの配色理論に共通するが，彼らのいう不調和の領域にも配色調和の類型化を適用している特徴がある．

同一色相配色（identity）：
　色相差 0，同じ色どうしの配色
隣接色相配色（adjacent）：
　色相差 1，隣り合う色どうしの配色
類似色相配色（analogy）：
　色相差 2 ないし 3
中差色相配色（intermediate）：
　色相差 4, 5, 6, 7
対照色相配色（contrast）：
　色相差 8, 9, 10
補色色相配色（complementary）：
　色相差 11 ないし 12

このうち，隣接・類似は上記の類似の調和，対照・補色は対照の調和の原理と対応している．

（松田博子）

→PCCS，補色

PWC と PVC [pigment weight concentration and pigment volume concentration]（着）

PWC：塗膜の全重量中に占める顔料重量の百分率．

PVC：塗膜の全容積中に占める顔料容積の百分率．この値が増すにつれ，塗膜の光学的性質，付着力，機械的強度，耐光性などが増し，水分透過性は減少していくが，ある値以上に増加すると機械的性質，耐光性などは低下し，水分透過性は増加する．このときの濃度を極限容積濃度という．

（吉田豊太郎）

比較刺激 [comparison stimulus]（心測）

　主に感覚・知覚の実験で用いられる刺激の名称．通常標準刺激を伴う形で用いられる．主に心理物理学的測定法の調整法を用いる際に使われる刺激布置であるが，極限法を用いて弁別閾を求める際にも使われることがある．図は典型的な波長弁別実験で用いられた刺激布置である（図の3本の曲線は，それぞれ標準刺激の大きさと網膜照度とを同時に3段階に変えたときの結果である（Wyszecki・Stiles, 1982）．それぞれ上のフィールドが標準刺激，下が比較刺激に相当する．この実験では，フィールドの大きさと網膜照度がセットでパラメータとなっているため，両刺激とも3段階にわたって変化している．標準刺激はそれぞれの大きさと網膜照度条件で

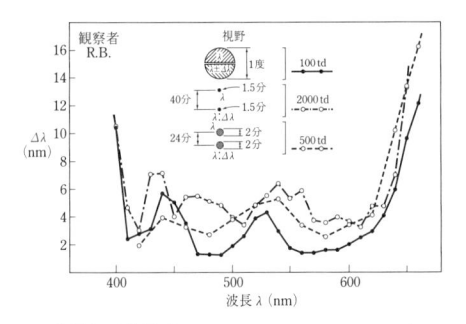

波長弁別曲線（Bedford・Wyszecki, 1958）

波長が変わっても常に一定の網膜照度に保たれており，一方，比較刺激も波長が変化してもその網膜照度は変わらないように調整される．各条件で，標準刺激をある波長（λ）にセットし，比較刺激の波長を波長軸上で変化させ，はじめて標準刺激と色が異なって感じられたときの比較刺激の波長を $\lambda \pm \Delta\lambda$ とすれば，$\Delta\lambda$ の平均値（の絶対値）が標準刺激の波長（λ）に対する弁別閾である．その後標準刺激が次の波長（λ）に変えられ，同様な方法で新たに $\lambda \pm \Delta\lambda$ が求められる．このように標準刺激自体も実験中条件が変わることが普通なので，比較刺激のみを指して「変化刺激」とよぶのは適当でない．

（三星宗雄）

→標準刺激，変化刺激
◆Wyszecki, G.・Stiles, W.S. (1982), Bedford, R.E.・Wyszecki, G. (1958)

光 [light]（物）

　国際照明用語集（ILV）では，光の定義として，1. 視覚系に生じる明るさおよび色の知覚・感覚，2. 可視放射，とし，さらに注として，光という語は，ときに可視波長範囲以外の光学的放射の意味で用いられるが，この用法は推奨しない，としている．国際整合規格としての照明用語の改定にあたって，これに対し，2つの意見が対立した．1つは，照明工学を含む学術・技術の分野で光の語が可視放射以外の放射にも多用されていることを承知の上で，照明用語としては（ILV）に整合させることが，英語ばかりでなく仏，独，露語にも適合し，一語一義を原則とする技術用語として適当であり，さらに，測光量と放射量との名称にも合理性が保てるというものであった．いま1つは（ILV）では，光はときに可視放射以外にも用いられるとするが，日本の現状ではすでにこれは広く定着している（光コネクタ，光ファイバー，光化学，光合成など）．したがって，「光の波長範囲を可視に限ることは，むしろ現状と乖離している」というものであった．これらの意見は結局，一致せず，光の定義に，3. 紫外放射，可視放射および赤外放射の総称，を追加し，両者の意見を解説に併記することになった．

（馬場護郎）

→紫外放射，赤外放射
◆IEC 60050 (1987), JIS Z 8113(1998)

光退色 [photofading]（化）

　光エネルギーによって励起された色素はエネルギーを放出して基底状態に戻るが，この際のエネルギーが直接あるいは間接的に光化学反応の原因となり，この時に生じるのが光退色である．染料の光退色における光化学反応としては，光酸化，光還元，光異性化などがあげられるが，現実の退色挙動は光酸化機構による例が多い．光酸化反応の機構は次の3つがあるが，主な反応は1）とされている．

1) 1重項酸素と基底状態の色素の反応：励起状態の色素から酸素へのエネルギー移動により1重項酸素が生成し，これが色素と反応する．$^1O_2^* + D \rightarrow$ 色素の酸化生成物．
2) 励起状態の色素と基底状態の酸素との反応．

3) 色素と酸素の間の電子移動による色素の酸化．

光還元反応としては次の2つの機構が考えられている．

1) 励起色素（D*）による基質からの水素引き抜き反応，D*+R−H→DH・+R・
2) 基質などからのラジカルの生成による反応．

それぞれの染料は，光酸化と光還元のいずれの反応も受ける性質を有しており，酸化と還元のいずれの影響を受けるかは染料が存在する基質などの環境条件に左右される．たとえば，セルロース繊維上の染料の光退色は光酸化反応が主体であるが，汗と光の複合退色の場合には光還元反応が主要因となっている．　（今田邦彦）
→基底状態
◆Allen, N.S.・McKellar, J.F. (1980)

光ファイバー [optical fiber]（照）

ガラスやプラスチックなどの誘電体でできた，円柱状の光導波路．円柱の中心部（コア）に屈折率の高い光学材料と，それ包み込む円筒部（クラッド）に屈折率の低い光学材料とを用いる．光がコアの一端に入射すると，コアとクラッドとの間の界面で全反射を繰り返しながらコア他端へと伝達される．伝達される光線は，コアの中心軸を含む平面を進む子午光線（meridional ray）と中心軸を通らないスキュー光線（skew ray）とがある．前者は光線追跡が後者よりも容易であるため，光ファイバーの光入射角の限界値など基本特性を検討する際に用いられるが，実際に光ファイバーにて伝達される光線のほとんどはスキュー光線である．コアの屈折率が均一でクラッドとの間で屈折率が急変する構造（ステップ型）のほか，コアの屈折率が中心から徐々に低くなる構造をもつ光ファイバー（分布屈折率型）もある．光を伝達する繊維が細いため，光ファイバーは，ある程度曲げることが可能になる．このためフレキシブルな光路を必要とする分野，たとえば，胃カメラ・内視鏡などの医療機器，FTTH（fiber to the home）などの高速度通信回線に用いられている．また，フィルタと組合わせて，さまざまな色のスポット照明光をつくるのにも役立っている．　（大竹史郎）

美観地区 [aesthetic zone]（デ）

美観地区は都市計画法および建築基準法に基づく地域地区の一種で，市街地の美観を維持するために定められる．美観地区と類似したものに風致地区があるが，風致地区の保護対象が自然的景観であるのに対し，美観地区は人工的景観を対象としている．美観地区には，皇居外苑一帯，伊勢市，京都では御所，二条城，東西本願寺，東寺，鴨川，清水，鴨東が，大阪では中之島，御堂筋，他が指定されている．美観地区内における建築制限等は地方公共団体の条例で定めることになっている．しかし東京都内ではその条例が制定されていない．京都では京都市市街地景観条例に美観地区規制が盛りこまれ，景観特性との調和をはかるようにデザイン指導が行われ，市長の承認を必要としている．倉敷では昭和43年（1968）に「倉敷市伝統美観保存条例」が制定され「美観地区」の名称が生れた．その後，国の重要伝統的建造物群保存地区に選ばれ，約500棟の建物をもつ倉敷美観地区は71％が伝建保存地区，29％がその他美観地区となっている．
　　　　　　　　　　　　　　　　（永田泰弘）

被験者 [subject]（心測）

実験的な方法で心理学的事象を研究する実験心理学の枠組みで，実験を行う人を実験者（experimenter），その研究対象である心理学的事象を行う，実験を受ける人を被験者とした．実験心理学では，研究の目的に応じて実験者が人為的に観察すべき事象を生起させる物理的条件をつくり，ある目的をもってその物理的条件を系統的に変化させる．その物理的条件下にいる被験者が観察した自分の心理学的事象を報告した結果，または実験者が被験者の広い意味（脳波などの生理学的指標も含む場合がある）での行動を外部から観察した結果から，物理的条件と心理学的事象の因果関係を研究するものである．英語の被験者を表すsubjectは「何々を受ける人」との意味から「実験を受ける人」との意味に転用され，日本語で被験者と訳された．この被験者という言葉は，色彩学の実験では使用されることが少なく，その代わり観察者（observer）との言葉が多く使用されるが，観察者は単に観

察するだけではなく，ある実験的な目的をもって色彩現象を解明するために観察するのであるから被験者とまったく同じ意味である．

(鈴木恒男)

◊観察者

ビコロール [bicolore (仏)] (調)

ビコロールとは，フランス語で「2色の」という意味．英語のバイカラー（bicolor），イタリア語のビコロール（bicolore）も同様の意味をもつ．ビコロールのビ（bi）は「2」を意味し，いずれも文字通り「2色」という意味である．ビコロール配色は，赤と白，青と白，白と黒などの配色のように，あざやか，強い，濃いというように，はっきりとしていて2色が対比する配色をいう場合が多い．コントラスト感のある明快な2色配色といえる．また，金と銀のように，色相が異なっても同質性のある配色を指し，宝飾やアクセサリー類の配色用語に活用されることもある．日本をはじめ，パキスタン，スウェーデン，デンマークのように，国旗にはビコロール配色が多く見られる．テキスタイルでは，ビコロールやバイカラーとよばれ，ポピュラーな配色表現である．たとえば，素材の地色をベースに1色を柄色としてプリントしたものや，ラグビーのユニフォームのボーダー柄もビコロールである．また，白磁に藍1色で染付した器や祭事に使われる紅色の幕の配色などもビコロール配色といえる．

(松田博子・大澤かほる)

→トリコロール，◊バイカラー

◆東商編 (2000), 大井・川崎 (1996), 野末ら (1996)

ビザンティンの色彩 [Byzantine colors] (造)

ビザンティンとは，330年，コンスタンティヌス大帝がローマから都を現在のイスタンブール（旧名ビューザンティオン）に移し，東ローマ帝国を築き，ビザンティン帝国に花開いたビザンティン文化や美術様式を指す．美術史上では5〜7世紀の初期ビザンティン美術が名高い．ビザンティン帝国はキリスト教支配の国家群であり，この頃には各地に多くの聖堂が建てられ，ローマ帝国のフレスコ・セッコ壁画にかわり，モザイク壁画やステンドグラスがつくられた．モザイクはギリシア・ローマ時代から，おもに大理石の白やグレイの無彩色のタイルとして浴場やテラス，噴水などに使われていたが，ビザンティン時代になると，色ガラスが用いられるようになり，色彩が一斉に華やかになった．為政者たちは政策的な意図として色彩を利用するようになった．自由な色彩を使う気運と複雑な色彩再現が可能となり，意図的に色彩に意味をもたせるようになったのである．黄金は天上界，白は天使や聖者，青は天空や神性を表し，緑は自然の恵みや慈愛を象徴した．キリスト教にまつわるモザイク画では，その他，紫・赤・青が随所に用いられている．とくにビザンティンでは色彩が権力者に特徴的に使用され，それぞれの階層によって使われる色が決められ，禁色が指定されたほどである．またビザンティンではステンドグラスはモザイクタイルといわれ，この時代の美術様式の華といわれるほど，各地の聖堂でつくられ，色ガラスが透過光によって，いっそう華麗な色光による色彩の演出をつくりだした．

(三井秀樹)

→古代ローマの色彩，ロマネスクの色彩

ビジュアル・マーチャンダイジング
[visual merchandising] (商)

店頭での商品ディスプレイにおける視覚表現を強く意図して商品化を進めること．単なる商品陳列のテクニックではなく，店舗のコンセプトイメージや販売促進のテーマにそった商品展開の視覚化を目指した商品化計画全体を意味するものである．最終的には視覚に訴えた商品展示となるため，商品のコンセプトやイメージが具体的に顧客に伝わるだけでなく，売場の全体構成がわかりやすく，商品が選びやすく買いやすい陳列方法として表現される．ビジュアル・マーチャンダイジングの手法においては，視覚への訴求効果を高める上で，色の果たす役割は非常に重要な位置を占めている．また，照明，アイキャッチ，売場の回遊性など，顧客が視覚的にわかりやすい全体計画が必要になる．とくに色彩訴求に重点を置いて，こうした視覚化をめざした商品化を意味する用語としてはカラーマーチャンダイジングがある．

(山内 誠)

→カラーマーチャンダイジング

◆吉村 (1990)

微小分光測光法 [microspectrophotometry]（生）

　1個の視細胞中に存在する視物質の吸収スペクトルを測定する方法．網膜から単離した視細胞外節部分に単波長光を通過させ，吸収された光の量を測定する．これを可視波長領域全体に対して行うと，視細胞外節部分の吸収スペクトルが得られ，網膜に存在する視物質の種類の同定や，視細胞の感度スペクトルの推定を行うことができる．網膜断片にこの方法を用いることにより，視細胞の配列様式を調べることができる．　　　　　　　　　　　　（花沢明俊）
→視細胞，桿体，錐体，吸引電極法，◎顕微分光測光法，顕微分光法

比色 [comparison for surface color]（測）

　ある色と，他の色を比較し，色を同定したり色の差異を特定すること．比色は，測色器で行うこともあれば，視感で行う場合もある．測色器で行う場合には，2色間の分光分布の特性を比較したり，色差を測定する作業がそれにあたる．視感で行うものを視感比色という．視感比色は，光源D65に近似する自然昼光や人工光源を用い，正反射光を避けた真上，または斜め45°の位置から対象となる2色を見比べる．ただし，角度によって色が変化するメタリックカラーやパールカラーのような対象の場合には，さまざまに見る角度を変えて，複数の角度で色を比べる必要があるが，一定の比色法は確立されていない．

　見比べるときには，対象とする試料の明度に近似した正方形の窓を開けた無彩色をあてがい，これをマスクとして使用する．視距離30cmの場合，その窓の開口部が1辺1cmで視角2°，1辺5cmでは視角10°に相当する．測色値には，視角2°または10°が使用されているので，これに整合させる際には，前記の開口寸法を用いればよい．視感比色は，2色を見比べる作業となるので，それを効率的に行えるように，あらかじめ見比べる色と，試料をあてがう開口部を用意した視感比色計もある．　　（大関　徹）
→視感測色方法，色差

比色計 [color comparator]（測）

　溶液や樹脂の色や濃度を求めるのに以前は視感による比色計が用いられた．これは，2分された視野の片方に試料を透過した光を，他方に標準試料を透過した光（または混色された光）を導いて比較するものである．また，等色させる手段としては，試料か標準の液槽にガラスの円筒を挿入して結果として液層の厚さを変える方法（Duboscq比色計），濃度と厚みを系統的に変えたガラスフィルタを多数用意し，それらを組合わせて混色する方法（Lovibond比色計）などがある．現在でも分光光度計で測定した吸収波長での吸光度から溶液の濃度を定量する方法を比色分析とよぶ．反射による色の場合も比色装置が広く用いられる．とくに，空や海の色，皮膚，バター，など半透明のものなど計測器による測定が困難な場合効果がある．工業製品の場合，色の変動の範囲や方向が限定されている場合が多いので，その変動の傾向や管理限界などを考慮して標準試料を作成しておけば色の判定にきわめて便利である．表面にテクスチャーのあるものや，色の異なる微細な点の集合した色を計測器で測定すると機械的に平均化した結果となり，肉眼で見た印象と異なることがあるが，比色装置を用い，同様の質感のある標準試料と比較すると測定とは異なる結果が得られることがある．　　　　　　　（馬場護郎）

備前焼（造）

　平安時代末から現代まで続くやきものの1つ．現在の岡山県備前市一帯に古窯跡が見られる．須恵器から発展した炻器（高い温度で焼き締められ，無釉だが吸水性のほとんどないやきもの）の典型．中世には壺，甕，すり鉢が盛んに焼かれ，その製品は西日本一帯にもたらされた．備前焼のすり鉢は丈夫で重宝され，当時の一種のブランド品でもあった．中世の備前の製品は生活用品であったが，室町時代末には茶人が茶陶として早くからこれを取り上げ，壺や鉢が，花入や水指に見立てられ用いられた．桃山時代には茶陶の製作が行われるようになり，水指，花生などに優品が見られ，平鉢，茶入，茶碗などもつくられた．江戸時代には青備前，白備前，加彩した彩色備前なども焼かれた．備前は現在，最も陶芸家の多い窯業地の1つである．須恵器か

ら発展した備前焼は，最初は須恵器風の灰青色であったが，中世に還元炎焼成から酸化炎焼成へと転換し，素地の中の鉄分によって，現在備前焼として知られるような赤褐色の肌となった．備前の原料土は，田土を使うという．田の底から採取する，きめが細かく鉄分を多く含む土である．備前焼の装飾には胡麻，牡丹餅，火襷などがある．どれも最初は自然に生じた窯変だったが，後に装飾として用いるようになった．

(中島由美)

非対称カラーマッチング法 [method of asymmetric color matching] (感知)

視票間の照明や背景条件が異なる場合の視感等色を非対称カラーマッチングとよぶ．たとえば，異なる照明光下における色票の見えのシフトを評価するためのカラーマッチングでは，2つの視票間の照明条件が異なり，非対称カラーマッチングとなる．また，同時対比効果を測定する場合にも隣接する刺激が異なるため，非対称カラーマッチングとなる．非対称カラーマッチングには，(単眼または両眼で) 観察視野を時間的に交互に切り替える方法と，両眼隔壁等色法の2とおりがある．視野を時間的に切り替える方法は観察状況が自然だが，周辺/照明条件の異なる視野を往復するため，順応状態が不定になりやすい．両眼隔壁等色法は左右眼が別々の周辺/照明条件を観察するため，単眼レベルの順応状態は一定になるが，周辺/照明条件の影響に両眼間転移がないことをあらかじめ確認しておく必要がある．また，非対称カラーマッチングを行う際には，実験条件を注意深く統制し，非対称になる条件以外の効果を最小化する必要がある．厳密には，等色する対象による網膜の刺激部位が異なる場合なども非対称等色となりうるが，この意味で用いられることは少ない (Wyszecki・Stiles, 1982).

(栗木一郎)

→対応色, 色恒常性, 両眼隔壁法
◆Wyszecki, G.・Stiles, W.S. (1982)

火襷 (造)

備前焼に見られる装飾の1つ．他の焼き締め陶器にも見られるが，発祥は備前焼である．製品を窯に入れるときに，製品どうしが熔着するのを防ぐために藁を巻いたのだが，この藁のアルカリ分が酸化炎焼成中に土の鉄分と反応して，やきものの表面を赤く変化させる．襷状に巻いた藁の跡に沿って赤い色が現れるので，赤い線を引いたように見え，これを火襷という．最初は，窯変という偶然の産物であった．窯変とは，窯の中で焼成中に作品に起こる変化であり，いわば予期せぬ失敗であるが，日本の伝統的な焼き締め陶は，この窯変が重要な鑑賞のポイントとなる場合が多い．これを後に意識して装飾として使うようになった．備前焼は赤褐色，黒褐色の印象が強いが，土肌が白っぽく焼き上がる状態もあり，そうした場合，火襷は効果的な装飾となる．装飾として用いた火襷の中には，作為が強すぎて不自然な印象のものもあるが，桃山時代の備前の火襷には自然体の強い魅力がある．畠山記念館の火襷水指は重要文化財．赤い変色部分は艶があり，無造作な線でありながら調和がある．

(中島由美)
→備前焼

ピッティ・フィラティ [pitti immagine filati (伊)] (商)

ピッティ・フィラティは正式名称をピッティ・イマジネ・フィラティとよび，1977年からイタリアのフィレンツェで開催されている服飾用ニット素材の展示会である．名称のピッティは，当初の展示会がフィレンツェのピッティ宮殿を会場に開催されていたことに由来し，イマジネは，英語のイメージ (image) に相当するイタリア語である．ピッティ・イマジネの名称を冠したフィレンツェにおける展示会は，ほかにも紳士服のピッティ・イマジネ・ウオモや，インテリア用テキスタイルのピッティ・イマジネ・カーザなど数種開催されているが，なかでも国際的な評価が高いのが，服飾用ニット素材を展示するピッティ・イマジネ・フィラティである．展示される服飾用ニット素材は，おもに編み物用糸のニット・ヤーンと編みでつくられた服地のニット地とに分かれる．ニット地には，スポーツウエア用のジャージ素材なども含まれる．

欧米においては，ニット素材を用いた服飾製品や既製服の流通は日本より盛んであり，その素材を展示する展示会も欧米の各地で開催されている．なかでも，ピッティ・フィラティと，パ

リで開催されるエキスポフィルは代表的な展示会としての定評を有している．次期の春夏と秋冬シーズンを対象に，年に2回開催される開催時期は，同じ服飾素材の展示会でもテキスタイルの展示会より早い．布地の展示会が通常，実シーズンの約12ヵ月前に開催されるのに対して，ニット・ヤーンとニット地の展示会は，約16ヵ月前に開催されるので，実シーズンに向けてのファッションカラー・トレンドを，より早い時期に確認することができる． (出井文太)
→エキスポフィル，ジャパン・クリエーション，リネアペッレ，◎ピッティ・イマジネ・フィラティ
◆東商編 (1998c):「ファッション色彩」，バンタンコミュニケーションズ編 (1985)

美度 [aesthetic measure]（感知）

「美は多様性における統一の表現にある」とはプラトンの言葉だが，数学者バーコフは図形の幾何学的特徴を点数化し，この値から図形の美しさを表す公式：M（美度）$= O$（秩序）$/C$（複雑さ）を提案した．これを色彩調和理論に適用したのが Moon と Spencer (1944a, b) である．彼らは科学的な理論と実際のデータに基づく色彩調和の予測式を提唱し，多くの議論を引き起こして，この分野に大きな影響を与えた．

彼らの理論では，組み合わされた2色のマンセル表色系における三属性（色相，彩度，明度）の差により，同等，類同，対比，第1の曖昧，第2の曖昧の5領域を設定し，2色が類似と対比の関係にあると快，曖昧な関係にあると不快と考える．一方，C を色数$+\{$（色相差+明度差+彩度差）のある色対の数$\}$ とし，O は三属性における色の関係が上記の5領域および眩輝（色差が大きくまぶしく感じられる領域）のどれにあたるかによって重みづけをした値の合計（美的係数）として，M が 0.5 以上であれば美的水準に達していると仮定する．

類似と対比を調和の基本に置く考え方はシュヴルールの古典的な理論とも一致するが，この式によると，色数が少なく，色相・彩度が類似して，明度差があると，美度が高いということになる．しかし，刺激が単純なほど美度が高くなるというバーコフの考え方を批判してアイゼンクらが $M = O \times C$ を提案したように，ムーンとスペンサーの予測式もあてはまりの悪さが指摘されている．その後，ベンゼは情報理論に基づく公式を，納谷や増山は精緻な予測式を提唱した．一方，ポープは調和は好ましさに由来するのであって，刺激の物理的特徴によって一律に予測されるものではないと批判し，ジャッドは熟知度の影響を指摘した．オストワルトや NCS など別の表色系に基づく理論も提案され，色覚の神経生理学モデルによる説明も行われている．さらに，呈示条件（照明，大きさ，背景，呈示順，色の見え方）や個人差（色の好みや職業における専門性），文化差，流行，用途などの諸観点からも検討が行われている． (三浦佳世)
→色の感性評価，イッテンの色彩調和論，ムーン-スペンサーの色彩調和論，コントラスト配色，色彩調和の実験的研究
◆Moon, P.・Spencer, D.E. (1944a, b), 福田ら (1998)

雛祭（桃の節句）（社）

3月3日は上巳の節句日で，一般には桃の節句もしくは女児の節句と称された．この日がいつごろから雛祭となったのかは明確ではないが，平安時代には上層階級の間ですでに人形を用いた雛（ひいな）遊びのようなものがあり，江戸時代になると内裏雛や宮廷の調度品を模したものを壇飾りにする形式が生れた．しかし当初から上巳の節句に雛祭を行っていたわけではなく，両者が結びついたのは江戸中期頃からと考えられている．つまり日本の節句は中国の暦法を真似たものだが，しだいに独自の節日（せちにち）として，各地でさまざまな異なった行事を行うようになり，とくに民間では節句に農耕行事を重ねる傾向があった．たとえば3月3日を「節句の花見」といい，ムラ中がこぞって野山に出かけ，田の神の依り代となる満開の桃の花の下で酒宴を開いた後，その花の枝を携えて帰り，自分の苗代田の水口に枝を刺して水口祭を行う習俗があった．したがって雛壇に供える桃の花，白酒，草餅は，こうした節句の花見行事の名残とされ，同じく菱餅の桃色，白色，緑色の3色もこれらの供え物を象徴する色とされている． (小林忠雄)
◆岩井 (1985)

ヒュー・アンド・トーン [hue and tone]（調）

ヒュー (hue) は色相，トーン (tone) は色調のこと．色相と色調によって色を展開すること

を意味する．色は，色相，明度，彩度の三属性による3次元空間（色空間または色立体という）によって表現できる．本来，3次元で構成される色の世界は，平面では表現できない．そこで，色の三属性のうち，明度と彩度を合わせ，トーンという概念を導入することで，色相とトーンの2つの属性により，色は平面上に展開できるようになる．色立体の等色相断面は，白の近傍には明色が，黒の近傍には暗色が集まっている．また，明度軸から最も距離を隔てた部分には純色および強い色が集まる．トーンは，いわば等色相断面を，適当に区分けし，明るい色の系列，暗い色の系列，強い色の系列，中程度の明度・彩度の系列，灰みの色の系列などに分類する概念である．このトーンを色相の別に展開すると，色相とトーンによる一覧表をつくることができる．

ヒュー・アンド・トーンの概念を用いると，色相別とトーン別の色分類が平面上で容易に行えるため，色の選択，配色調和の検討，さまざまな色の分布調査などの際にデザイン界で幅広く活用されている．ヒュー・アンド・トーンを使用するシステムの多くは，系統色名のシステムとなっており，それを活用した主なカラーシステムとしては，JIS Z 8102（2001）「物体色の色名」のJIS系統色名，日本色彩研究所のPCCS，日本流行色協会のJBCC，東京商工会議所が作成したCCICなどがあげられる．店頭販売の色管理に使われるPOSカラーコードも，ヒュー・アンド・トーンの考え方を使用したものがほとんどである． （大関　徹）
→トーン，PCCS，POSカラーコード，色の三属性，色立体，カラーアトラス

ピューリズム [Purism]（造）

1907年，パブロ・ピカソが《アヴィニョンの娘たち》を発表，キュビスム（立体派）は，20世紀美術運動の先陣を切った．その後，フォービスム，ダダイズム，未来派，ロシア構成主義など，新しい美の解釈をめぐってめじろ押しに美術運動が展開され，実験的な試みが行われた．ピューリズム（純粋主義）は第一次世界大戦後の1918年，キュビスムの流れをくんだ，アメデ・オザンファンとシャルル＝エドゥアール・ジャヌレ（ル・コルビュジエの本名）が著書『キュビスム以後』（1918）を著わし，その中でキュビスムが主観と装飾に満ちた表現に陥ったとし，「ピューリズム」を宣言した．彼らは「エスプリ・ヌーヴォー（新しい精神）」（1920）を発刊，純粋を探究する芸術表現を目指し，工業製品のように芸術における理性を強く主張，秩序を重んじ，冷たく客観視した表現を至上とした．彼らは垂直・水平線の構造と，何よりも明快な単純性を目指したが，作品自体は魅力的とはいえず，20世紀の革新性を打ち立てるまでには至らなかった．ただ，ジャヌレ（ル・コルビュジエ）は機能主義による建築によって，インターナショナル・スタイル（国際様式）を打ち立て，20世紀建築のモダニズム（近代主義）の最も重要な人物の一人になった． （三井秀樹）
→ル・コルビュジエ，機能主義，インターナショナル・スタイル

表現主義 [expressionism]（造）

一般に芸術学で，客観的再現的表現に対して，主観的感情表出的表現を意味する．歴史的には，およそ1905年から1920年代後半にかけてドイツ語圏の美術，建築，文学，音楽，演劇など多領域に及んだ「生」の根源性を希求する革新的かつ多様な運動．フランスのフォーヴィスムを含む場合もある．表現主義の呼称は1911年になって定着した．美術においては生命性や内的感情を表出する画家としてゴッホ，ゴーギャン，ムンク，マチス，ピカソらを先駆者とする．概して印象主義（impressionism）における感覚的な対象再現を否定する態度とされるが，運動の起点となったドレスデンのキルヒナーらの芸術家集団「ブリュッケ（橋）」（1905年結成）は，初期制作において「モニュメンタルな印象主義」を自認しており，その点では必ずしも印象主義の完全な否定とはいえない．生命的エネルギーを直接に描出しようとする表現主義絵画は，色彩のもつ感性的な喚起力を重要な武器とし，対象再現的な固有色はもちろんのこと，印象主義や新印象主義の理論的な色彩使用法にも制約されず，個々の色彩がもつ強烈な感情表出力と独自価値とを重視する．色彩は，光を再現するための等価物ではなく，顔料としてもつ独自価値の役割を期待されている．幅広の絵筆やパレッ

トナイフを使用した厚塗りの手法はこうした意図に適し，大胆に単純化した色面によって直接的な画面空間の構築を可能にした．一方，ミュンヘンの「青騎士」の中心画家ヴァシリィ・カンディンスキーは著書『芸術における精神的なもの』(1912) ほかで色彩を理論的に論じている．それは，黄と青との対照を好例とするように，補色対比を基盤とするかわりに色彩の心理的，感性的効果を重視するもので，当時の神秘学的色彩観やゲーテ色彩論の影響がうかがえる．表現主義的作風は，第二次大戦後のフランスの「コブラ」グループ，アメリカの抽象表現主義はじめ，現代にいたるまで継承されている．

(後藤文子)

→フォーヴィスム，カンディンスキー，ヴァシリィ
◆Denecke, C. (1954), Hess, W. (1981), Dittmann, L. (1987)

標準イルミナント [standard illuminant]
（測）

イルミナントは，JIS Z 8781「CIE 測色用標準イルミナント」によれば，われわれが物体を見るとき，その物体の色の知覚に影響を与える波長域にわたって定義された相対分光分布をもつ放射と定義されている．イルミナントは反射および透過物体色の三刺激値を計算する測色の目的に広く用いられている．従来は，測色用の光とよばれていたものである．この規格は 1991 年に第 1 版として発行された ISO/CIE 10526 (CIE standard colorimetric illuminants) を日本色彩学会の JIS 原案作成委員会が翻訳し，技術的内容および規格票の様式を変更することなく作成したものである．イルミナントという用語は委員会内で相当議論されたが，適当な訳語がなく，やむなく英語のカタカナ表現となった．

標準イルミナントとは，国際的な標準として相対分光分布を定義した光をいう．従来は，標準の光 A, B, C, D50, D65, D75 というようにいくつかの相対分光分布が定義されていたが，CIE 測色用標準イルミナントは A および D65 の 2 種類に定められた．CIE 測色用標準イルミナント A は，一般照明用タングステン電球照明を代表するものである．その相対分光分布は 2856K の黒体からの光を表している．JIS Z 8781 では波長 300～830nm まで 1nm 間隔の相対分光分布が定義されている．CIE 測色用標準イルミナント D65 は，平均昼光を代表するものである．記号 D65 の D は daylight の頭文字，65 は色温度 6500K を表す略号である．この D65 の相対分光分布も波長 300～830nm まで 1nm 間隔の相対分光分布が定義されている．

上記 2 つの標準イルミナントの相対分光分布は，理論的に定められたものである．これらの相対分光分布を実現するための人工光源が各国で製作され，測色の現場で使用されている．わが国では標準イルミナント D65 を模擬した測色用の蛍光ランプが開発されている．(側垣博明)
→色温度と相関色温度
◆JIS Z 8781 (1999)

標準光源と常用光源 [standard source and working standard source] （測）

標準光源とは，JIS Z 8720「測色用標準イルミナント（標準の光）及び標準光源」によれば，その光源の仕様が国際照明委員会 (CIE) によって規定され，その相対分光分布が標準イルミナント A あるいは D65 に近似する人工光源をいう．標準光源 A は，分布温度 2856K のガス入りタングステン電球で，ガラス球は無色透明のものである．ただし，標準イルミナントの分光分布を紫外部まで近似的に実現するためには，分布温度が 2856K の石英ガラス球の二重コイルハロゲン電球が用いられる．標準イルミナント D65 は，標準イルミナント D65 を実現する人工光源であるが，現在は実用化されていない．

可視および蛍光条件等色指数の等級区分

MI_{vis} または MI_{uv}			等級
		0.25 以下のとき	A
0.25	を超え	0.5 〃	B
0.5	〃	1.0 〃	C
1.0	〃	2.0 〃	D
2.0	〃		E

常用光源は，物体色の色比較を行う場合に用いられる人工光源である．標準光源 D65, D50, D55 および D75 は，それぞれ標準イルミナント D65 ならびに補助イルミナント D50, D55 および D75 を近似的に実現するための光源と定められている．そして，常用光源はそれら 4 種類の

分光分布の値が表として規定されており、それらの規定値に近似していなければならない．近似のよさの評価は、条件等色指数を用いて行う．この条件等色指数は、常用光源の分光分布の可視部と紫外部について計算する．可視条件等色指数 MI_{vis} および蛍光条件等色指数 MI_{uv} の等級区分が表のように定められている．この等級により常用光源の性能のよさが評価される．

(側垣博明)

→標準イルミナント，照明光条件等色
◆JIS Z 8720 (2000)

標準色票 [color standards book] (表)

JIS Z 8721「色の表示方法—三属性による表示」に基づいて作成した色票を標準色票という．1959 年に初版が、1993 年に第 8 版が発行されている．第 8 版は光沢版で、総数 2163 色が収録されている．この標準色票は、マンセル表色系に基づいて、色相環、色相別カラーチャートおよび明度スケールから構成されている．色相環は、色の三属性のうちの色相を例示したもので、各色相の明度が連続的に変化している高彩度色票を用いた 20 色相と明度・彩度をそろえた中彩度色票を用いた 10 色相の 2 種類になっている．色相別カラーチャートは、色相ごとに横軸方向には彩度が、縦軸方向には明度が、それぞれ規則的に変化するように配列された色票によって構成され、明度については、$V = 2 \sim 9$ までの 1 明度ステップの 8 段階、彩度については、$C = 0, 1, 2, 3, 4, 6, 8, 10, 12, 14, \cdots$ の段階になっている．明度スケールは、$V = 1 \sim 9.5$ までの 0.5 明度ステップの無彩色色票 18 色が配列されている．色票の大きさは天地 15mm × 左右 20mm で、明視の距離から観察したときに、視角 2° になるようになっている．

(小松原 仁)

→マンセル表色系

標準刺激 [standard stimulus] (心測)

主に感覚・知覚の実験で用いられる刺激の名称．通常比較刺激を伴う形で用いられる．ある光刺激に対する感覚的または知覚的特性（明るさ、色、大きさなど）の測定あるいはその刺激に対する弁別閾を測定するとき、一方の刺激（標準刺激）を固定したまま、もう一方の刺激（比較刺激）を変化させて、両刺激が見かけ上同じに見える点（PSE＝主観的等価点）またははじめて差（違い）が識別される点（jnd＝弁別閾）を求める方法がとられることが多い．PSE を求める方法は感覚の分野では一般にマッチング（matching）法とよばれる．その際比較刺激の物理的な特性をもって標準刺激によって生じた感覚（知覚）の特性とする．標準刺激と比較刺激は同形同大の場合もあるが、大きさそのものの効果が測定の対象になるような場合には（例：錯視量の測定）、必然的に両刺激の大きさおよび形も異なってくる．通常は標準刺激自体も実験中何段階かにわたって変えられる．色彩関係の実験においては、いわゆる 2 分視野（bipartite field）の刺激布置が用いられることが多く、また刺激の直径は特別な場合を除き視角 2° の場合が多い（Wyszecki・Stiles, 1982）．

(三星宗雄)

→比較刺激、変化刺激、主観的等価値、弁別閾、2 分視野、調整法、極限法
◆Wyszecki, G.・Stiles, W.S. (1982)

標準色 [standard colors] (商)

色の管理や色の施工を効率化するために、一定の色を集めそれを共通で使用できるように標準化した色のこと．標準色という考え方は、色を多数の製品に使用することで、カラーコーディネーションを容易にしたり、共通の色を大量に使用するメリットにより、その色の製造コストを抑えられるなど、主として色使用の効率化とコストの削減に寄与できるところに利点がある．わが国では、日本色彩研究所の前身である日本標準色協会で、1927 年にはすでに色の標準化への取り組みが始まっている．標準色は、幅広い産業で共通に用いられることが望ましいが、実際には、使用される色の範囲が製品分野によって偏っていたり、企業の独自色が必要な場合も多いため、製品分野別の標準色や企業独自の標準色など、多種の標準色が存在する．JIS との関連では、JIS Z 8721「三属性による色の表示方法」に準拠した「JIS 標準色票」、塗装顔料では日本塗料工業会による「塗料用標準色見本帳」や「自動車補修用色見本帳」などがある．また，

わが国の印刷業界では，大手印刷インキメーカの印刷色見本帳などが，標準色的な役割を担っている． (大関 徹)
→JIS標準色票

標準白色面と常用標準白色面 [standard white surface and working standard white surface] (測)

標準白色面は物体の反射率や輝度の測定を行う場合の基準面として用いられる．以前は，標準白色面としてマグネシウムを燃焼させて生じる酸化マグネシウムを煙着させた面が用いられていた．しかし，この酸化マグネシウム煙着面は，面の厚み，平坦性，密度などが製作ごとに異なるという不具合があった．さらに，煙着後の時間経過とともに，とくに短波長域の反射率が変化するなどの理由で用いられなくなった．現在は，硫酸バリウム粉末を成形した圧着面が標準白色面として用いられている．この方法はドイツ規格 DIN 5033 に規定されており，圧着器はツアイス社，ボッシュ・アンド・ロム社から販売されている．日常的に使用する多くの試料の反射率測定に硫酸バリウムの圧着面を使用するには，扱いが大変であり，また経時変化もある．

日常的に使用する目的でビトロライトやセラミック板などに反射率の値づけが施された「常用標準白色面」がある．光電色彩計の反射率測定の校正用として用いられている．JIS Z 8722「色の測定方法——反射及び透過物体色」では，常用標準白色面として，次の事項を満足していなければならないとしている．① 衝撃，磨耗，光照射，温度，湿度などの影響を受けにくく，表面が汚れた場合も払拭，洗浄，再研磨などの方法で容易にこれを除去し，もとの値を再現できるものでなければならない．② 均等拡散反射面に近い拡散反射特性があり，その特性が全面にわたって一様でなければならない．③ 分光立体角反射率がほぼ 0.9 以上であって，波長 380～780nm にわたってほぼ一様でなければならない．④ 分光立体角反射率の目盛り定めは，分光立体角反射率既知の標準白色面を用い，測定に使用する分光測光器と同型の装置によって行う．
(側垣博明)
→反射および透過物体色の測定方法

◆JIS Z 8722 (2000)

評定尺度法 [rating scale] (心測)

1次元の心理的連続体を心理尺度とする．この尺度を間隔尺度であると仮定し，それに基づきいくつかの刺激強度について 5 段階あるいは 7 段階評定する．次の 7 段階尺度（カテゴリー）を例にとると，"非常に明るい"，"明るい"，"やや明るい"，"普通"，"やや暗い"，"暗い"，"非常に暗い" になる．このような尺度では，7 つの異なる項目があるのではなく，"明るい" から "暗い" という心理的連続体上の位置カテゴリーとみなす．"明るい"，"暗い" という両側の反応ではなく，場合によっては，"明るい"，"やや明るい"，"かすかに明るい" などの片側の反応をとることもある．いずれの場合においても，それぞれに 1 点から 5 点あるいは 7 点を与え，平均などの基礎統計量を求める．それゆえ，この仮定を被験者にも十分知らせておく必要がある．通常，被験者が理解しやすくなるように尺度に等間隔目盛りをつける．実際には，n 個の刺激をあらかじめ用意された評定尺度に従って s 人の被験者に絶対判断をしてもらう．被験者はその尺度に示されている数値で答える．この場合，数値（カテゴリー）の使い方は被験者にまかされる．刺激に対して評定値を手がかりにモデルを設定し，間隔尺度としての意味をもつ尺度値を求めようとするのが系列範疇法である．詳細は他書にゆだねる．
(和氣典二)
→尺度構成

◆Guilford, J.P. (1954) [秋重監訳, 1959]

標本化定理 [sampling theorem] (画処)

連続信号を標本化して離散値の系列を得るとき，標本化の周波数がその信号の周波数帯域の 2 倍より大きければ，離散値の系列から元の連続信号が完全に復元できるという定理．時刻 t の連続関数である信号 $x_c(t)$ のスペクトルを $X_c(\omega)$（ω は（角）周波数）とすると，時間間隔 T で標本化を行って得られる離散値の系列 $x[n] = x_c(nT)$（n は整数）のスペクトル $X(e^{j\omega T})$ は，

$$X(e^{j\omega T}) = \frac{1}{T} \sum_{n=-\infty}^{\infty} X_c\left(\omega - \frac{2\pi n}{T}\right)$$

となり，元の連続信号 $x(t)$ のスペクトル $X_c(\omega)$

が標本化の周波数 $\omega_s = 2\pi/T$ の周期で繰り返されたものの足し合わせになる（図参照）．

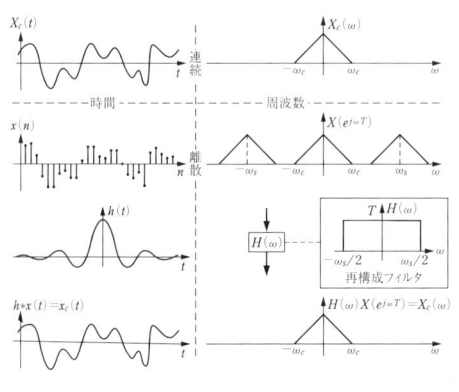

標本化とスペクトル

このとき ω_s が $X_c(\omega)$ に含まれる最高周波数 ω_c（ナイキスト周波数，Nyquist frequency）に対して条件 $\omega_s/2 > \omega_c$ を満たすならば，繰り返される個々のスペクトルは互いに重なり合うこと（エイリアシング，aliasing）がない．したがって，$0 < \omega < \omega_s/2$ で $H(\omega) = T$，$\omega > \omega_s/2$ で $H(\omega) = 0$ であるような低域通過フィルタ $H(\omega)$ に $X(e^{j\omega T})$ を通すことにより，

$$H(\omega)X(e^{j\omega T}) = X_c(\omega)$$

のように $x_c(t)$ のスペクトル $X_c(\omega)$ そのものだけが抽出される．これは離散値の系列 $x[n]$ から任意の時刻 t での元の連続信号 $x_c(t)$ の値が完全に復元できることを意味する． （来海　暁）
→画像の標本化, ◇サンプリング定義
◆Oppenheim, A.V.・Schafer, R.W.(1989), 長橋(1998)

表面色 [surface color; Oberflachenfarbe (独)]（感知）

　表面色とはカッツが提案した色の見え方の1つである．表面色とは知覚された色が物の表面に属し，そのもの自身を構成しているように知覚される色である．その表面色として知覚されるときの特徴は，① 観察者がその色までの距離を知覚できる，② その色が属している物の堅さが知覚できる，③ その色が構成している面のさまざまな方向性が知覚される，さらに ④ その物の形状に合わせその色の表面のテクスチャーなどが知覚されることである．通常，われわれが紙や布などの身近な物を知覚するときに得られる情報がこの表面色では知覚でき，最も日常的な色の知覚である．この表面色の知覚には，照明している光とその光を反射している表面の色としての知覚が成立しており，この表面色としての知覚が照明光が変わっても比較的変わらないという色の恒常性には必要なことである．日常的には，日陰に入った物は日向よりも眼に入る反射光量が少ないのに，見かけ上の明るさはほとんど変化しないとの例で示されるような現象が起るのは，この表面の色に見えているときだけである．この表面色は，後の研究者が色の見え方の1つとしての物体色と分類したものとほぼ同じ概念である． 　　（鈴木恒男）
→色の現れ（見え）方, 物体色, 明度の恒常性
◆Katz, D. (1935)

表面着色 [surface coating]（着）

　材料に顔料その他を練り込んで着色する「材料着色」に対して，物体の表面に何かをコーティングしたり，フィルム状のものを貼り付けたりして着色することを表面着色という．印刷，染色，塗装，貼り付け，鍍金，スパッタリング，イオンプレーティング，真空蒸着などの方法がある．繊維，木質系素材やアルマイトの染色は，組織の中まで染料が入り込んでいるので表面着色とはいえないかもしれないが，原液着色，材料着色と区別する意味では表面着色の一種と考えられる．一般に材料着色よりもコストは高いが，自由で多彩な表現ができ，品質感もよいものが多い．最近は材料着色の上に表面着色を施して，複合層で色を表現する手法も見られる．たとえばプラスチックの材料着色＋真空蒸着＋カラークリアーというような複合層である．これにより，従来見たことのない質感や色のニュアンス（カラートラベル効果など）を表現することもできる．
（吉田豊太郎）
→コーティング, 材料着色, 原液着色

ビレン，フェーバー [Faber Birren]（調）

　ビレンはアメリカの色彩研究家．シカゴ生れ．シカゴ美術学校でおよそ8年間，美術を学ぶ．シカゴ大学在学中色彩に関心を抱くようになり，卒業後ニューヨークに移り，カラーコンサルタント

として独立する．ビレンの色彩に関する関心は，広く色彩史，色彩体系の研究と創案から色彩心理・生理と色彩に対する人間の応答，色彩調節の研究，色彩療法におよぶ．アメリカはもとより，日本，イギリス，イタリア，アルゼンチンの安全色彩規格は，ビレンの研究に負うところが大きい．著作は際立って多く，著書27点，論文数は200をこえる．最も初期の著書は，『色の新次元』(The Crimson Press, 1934) である．代表的な著作に，『色彩心理とカラーセラピー』(The Citadel Press, 1950)，『絵画における色彩の歴史』(Van Nostrand Reinhold, 1965) などがある．

ビレンの功績として高く評価されるのは，色彩史上の名著の英訳復刻である．その対象には三原色印刷の開発者フランスのルブロン，イギリスの昆虫学者モーゼズ・ハリス，フランスの化学者シュヴルール，アメリカの物理学者ルード，アメリカの美術教育家マンセル，ドイツの化学者オストワルト，スイスの美術教育家イッテンらの著作がある．また色彩史研究の基礎となったビレンの膨大な色彩関連文献のコレクションはエール大学に寄贈され，現在，Art and Architecture Library の所蔵となっている． （緒方康二）

◆Hope, A.・Walsh, M. (1990), Birren, F. (1950)

紅型 [bingata dyeing] (衣化)

紅型は多色の模様染めのことで沖縄で生れ発展した染色である．ここでの紅は単に赤い色を指すのではなく，すべての色を表す意味として使われている．紅型の起源は定かではないが中国や東南アジア，友禅染の影響を受けながら独自に発展をし，18世紀頃に現在の様式が完成していたと思われる（図・口絵：笠に藤，流水，蛇籠に葵菖蒲文様をあしらった衣装部分）．また，階級や男女，年齢によって使用する色や図柄などが決まっていた．尚王朝時代は主に王家や士族などの特権階級の衣服として使用され，とくに黄色地は最高位の色で庶民には使用が許されてない禁色として王族の第1礼装に使われた．王家用の紅型は御殿柄とよばれ模様が左右対称形となり全体で1つの模様を構成している．また肩，胴，裾に同じ模様が2段・3段に配列さ

《琉球紅型》19世紀後半（沖縄県立博物館）

れたものを鎖大文様型や大文様2段型付，大文様3段型付とよび最上級のものであった．階級が低くなるにしたがって模様も細かくなり，使用できる色彩も限定され，藍型は一般士族の晴着で，庶民は藍型の小紋だけが着用を許された．文様は龍や鳳凰，青海立浪，松竹梅，鶴亀，牡丹，菖蒲など吉祥文様，草花，動物，太陽や流水などの自然景観，建造物，幾何学文様などあるが沖縄特有の題材は少ない．さらに1枚の着物の文様に春の桜・夏のあやめ・秋の紅葉・冬の雪輪など四季を問わずに描かれているのも特徴である．琉球王朝時代にお抱え染師として紅型三宗家の城間家，知念家，沢岻家があった．

紅型は顔料と植物染料を併用するのが特徴で種類は3種類あり，朱・藍・黄・緑・紫の5色を基調とした多色染めの「紅型」と琉球藍で紺の濃淡に染めた「藍型」，模様の一部分に色を施し藍で地を染めた「紅入り藍型」がある．また，染色方法には米糊で防染する「型染」と「筒描」の2つがあり，筒描は主に大風呂敷や舞台幕などに使われた．型染の特徴は型彫のときに小刀の刃を前方に向けて突くように彫り進む「突き彫り」でほとんどが「1枚型」を使用した．模様部分は大豆汁で溶いた顔料で色挿しをして，彩

色後に「隈取」とよばれる紅型特有のぼかし染めを施し，平面的な柄の輪郭や中心部分に濃い色でアクセントをつけ立体感や奥行きを出した．地染めには琉球藍や福木などの染料で染め，これらデザインから型彫り，糊置き，染色，仕上げまでの一連の作業工程をすべて1人の職人が行うことが紅型の特徴である． 　　　（矢部淑恵）
◆吉岡（常）ら（1993）

ヒンドゥー教の色 [Hindu colors]（社）

　ヒンドゥー教はインドの民族宗教．紀元前1500年から1300年にかけてインドに侵入したアーリア人の"バラモン教"を母体として，紀元前500年頃に成立した多神教の宗教．ヒンドゥー教は，主にブラフマン神，ヴィシュヌ神，シヴァ神の3神を信仰するが，ブラフマン神は創造を司り，ヴィシュヌ神は繁栄維持，そしてシヴァ神は破壊を司っており，3神は宇宙の3つの原理を表し，一体のものであると説くのである．ブラフマン神は普通，4ヴェーダ（聖典）を表す4つの顔をもち，小壺，笏をもっており，赤か金色の身体で，白髭の老人に描かれる．ヴィシュヌ神はヒンドゥー教の中心的な神であり，竜王アナンタに座す姿で描かれるが，黄色に彩色された身体をもち，10の動物神や人格神に化身して姿を変える．① 水色の魚の化身，② 濃紺の亀の化身，③ 黄緑色の猪の化身，④ 茶色の人獅子（ナラシンハ）の化身，⑤ ピンク色の倭人の化身，⑥ 青紫のパシュラ・ラーマ（斧をもつラーマ）の化身，⑦ 緑色のラーマの化身，⑧ 濃紺のクリシュナの化身，⑨ オレンジ色のバララーマの化身，⑩ 赤とピンクのカルキの化身である．破壊の神シヴァは通常，黒い衣服をまとっている．ヒンドゥー教の祭は，神々の色を反映して，さまざまな極彩色に彩られた祭りである．
　　　　　　　　　　　　　　　　（城　一夫）

［ふ］

ファッションカラー [fashion colors]（商）

　ファッションは，狭義には衣生活関連の流行現象を指し，広義には食や住を含むすべての衣食住生活関連の流行現象を表現する場合に用いられる．したがって，ファッションカラーの語も，狭義には衣生活関連の衣料品や服飾商品における流行の色という意味であり，広義には食住生活関連の食品やインテリア商品，家電商品，乗用車などの工業製品における流行の色という意味にも用いられている．衣料，服飾関連業界はファッション業界とよばれているが，狭義のファッションカラーでは，流行色ではなくとも，その業界における商品の色全般を指して，ファッションカラーの語が用いられる場合もある．したがって，工業製品のような他の分野の商品色にファッション商品の色を用いた場合には，ファッションカラーを採用した色と表現されることもある．　　　　　　　　　　　　　　（出井文太）
→トレンドカラー，定番色，流行色
◆東商編 (1998c)：「ファッション色彩」

フィールド [George Field]（調）

　フィールドはイギリスの科学者，絵の具・染料製造業者．ハートフォード州バークハンプステッド生れ．18歳でロンドンに出たフィールドは，化学の応用が繊維産業に不可欠な染料の開発や染織技術の改良に役立つことに着目，ナポレオン戦争の余波で，オランダからイギリスへのマダー（茜）の輸入が途絶えたとき，サー・ジョセフ・バンクス（植物学者，1778–1820年まで王立協会長）の援助のもと，染料の国産化に尽力した．1816年には開発した染色装置により，芸術協会（Society of Arts）から金のイシス賞を授与されている．1817年，色彩の調和に関する著書『クロマチックス；色の類比と調和に関する試論』を発表，この中でフィールドは独自の"類比（analogy）"の概念に基づき，赤・黄・青の三原色とその混合による発展的調和関係を展開する．このののち彼は1835年『クロマ

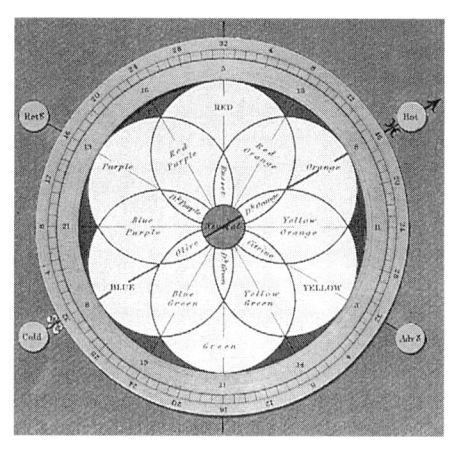

『クロマトグラフィー』(1835) におけるフィールドの色相環

トグラフィー』，1845年にはフィールド色彩学の集大成ともいうべき『クロマチックス；色と色料に関する論説』，さらに1850年，『描画の基礎；配色の文法』を発表，"赤5，黄3，青8の配合は，混合の結果無彩色となって完全な調和関係をなす"という彼の定量的調和論は，フランスのシュヴルールの同時対比に基づく調和論とならんで，19世紀中葉における実務的色彩調和論の双璧をなしていた．　　（緒方康二）
→フィールドの色彩調和論
◆Gage, J. (1993), Keyser, B.W. (1996)

フィールドの色彩調和論 [Field's theory of color harmony]（調）

　フィールドの色彩調和論は1817年の著作『クロマチックス』にはじまる．副題を「色の類比と調和に関する試論」としたこの著作で彼は，黒に接する青から赤をへて黄，そして白につながるギリシア的色彩観から色の構成を説く．この赤・黄・青を彼は1次色 (primaries) とよんだ．1次色は混合により2次色 (secondaries) を，2次色の混合は3次色 (tertiaries) を生む．フィールド哲学では，万物は3つの要素とその

類比（analogy）により関係づけられながら発展する．ここからこれら1次・2次・3次の色は，正三角形を組合わせた記号システムに組込まれ，中心が無彩色に収斂する1次色，2次色，3次色それぞれの調和関係が構築される．このような記号システムはまた，音楽におけるド・ミ・ソ3要素の和音とも，類比関係によって結ばれているともいう．『クロマチックス』で解説される初期のフィールドの調和論は，きわめて多義的であった．

このような彼の調和論は，1935年の著作『クロマトグラフィー』において一転して明快なものとなる．ここで彼は独自の実験装置"メトロクローム（metrochrome）"による実験を通じて，"赤5，黄3，青8の配合は，混合の結果無彩色となって調和する"とする定量的な色彩調和論をまとめあげた．またその定量的調和関係は，1次色としての赤・黄・青と，2次色としてのオレンジ・緑・紫を示す6つの円の組合わせによる一種のカラーサークルとして示された．この図からは，彼の調和関係にある色の組合わせには必ず，赤5：黄3：青8の量的関係が含まれていることが読み取れる仕組みになっている．1845年には，フィールド色彩調和論の集大成ともいうべき『クロマチックス―色と色料に関する論説』が発表された．彼の調和理論は19世紀後半，欧米一円に広範な支持を得ていた．たとえば第1回万国博覧会（ロンドン，1851年）の有名なパビリオン"クリスタルパレス"内部の色彩計画は，フィールドの調和論に基づき，赤・黄・青の三原色でまとめられた（色彩設計は建築家ジョーンズ）．また明治初期の日本の小学校教育にアメリカから導入された「色図」による色彩教育は，その大部分をフィールドの理論に依拠していた． （緒方康二）
→フィールド
◆Field, G. (1835), 文化女子大学図書館編 (2000), 緒方 (1981)

フェヒナーの法則 [Fechner's law]（心測）

反応の大きさを R，刺激閾 S_0 の倍数として表した刺激強度を S として，

$$R = k \cdot \log S$$

として表された関係を，フェヒナーの法則，または対数法則（logarithmic law）という．刺激強度が等比級数的に変化するとき，反応の大きさは等差級数的に変化することを意味する．この対数的対応関係は，反応の微小変化はウェーバー比に比例して生じると仮定して，この関係を微分方程式の形に表し，その微分方程式を解くことによって導き出される．また，刺激弁別閾 ΔS に対する反応の変化の幅がつねに一定であると仮定すれば，ウェーバーの法則から直接に導き出される．しかし，反応の微小変化がウェーバー比に比例して生じるという仮定は，直接実証されることはない．また，ウェーバーの法則が刺激の全変化範囲にわたって成り立つわけではない．さらに，刺激弁別閾 ΔS に対する反応の変化の幅もつねに一定であるという保証はない．したがって，フェヒナーの法則の妥当性は，反応変数をなんらかの手続きによって実測定値化して，それと刺激変数の対数との間に直線的関係が成立するかどうかを，確かめることによってしか検証できない．実際には，刺激変化の下端に向かっても，また上端に向かっても，直線関係から逸脱する傾向があることが指摘されている． （伊東三四）
→ウェーバー比，ウェーバーの法則，スティーブンスのべき法則
◆Guilford, J.P. (1954) [秋重監訳, 1959], Hurvich, L.M.・Jameson, D. (1966), 印東 (1969)

フェリーポーターの法則 [Ferry-Porter's law]（感知）

連続する矩形波によって呈示される点滅光の輝度を一定値 L に保ちながら，その点滅頻度（周波数）を変化させると，周波数が低いときには「ちらつき（フリッカー：flicker）」が感じられる．周波数を上げていくと，ちらつき感は徐々に弱まり，やがて，ちらつきが感じられなくなる点がある．このときの周波数を臨界融合頻度（critical fusion frequency：CFF）という．このときの視野の明るさは，刺激の時間平均された輝度 L_m と同じ定常光の明るさと等しくなる．図は，Hecht と Shlaer (1936) の網膜照度における CFF の変化を示したものである．刺激は白色で，波長を短波長から長波長まで7種類として，刺激の大きさは $\Delta\theta = 19°$ とし，中心固視で観察した結果を示したものである．縦軸に

CFF，横軸に明所視の分光視感効率 $V(\lambda)$ を基に計算した網膜照度を採っている．この図によると，$\lambda = 670$nm 以外の波長の光では，曲線が2つの部分から成立していることがわかる．これは網膜照度1までは桿体システム，それ以上の網膜照度では錐体システムの反応を反映していると考えられる．

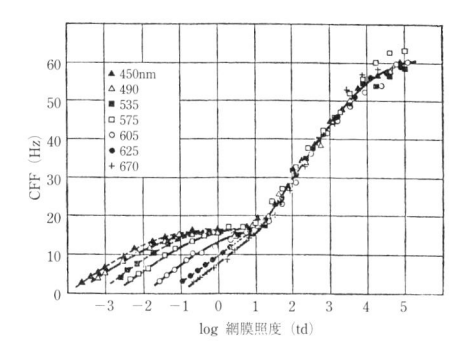

図からわかるように，桿体のCFFは20Hz以下でピークに達しており，桿体システムの時間応答は非常に劣っている．錐体システムではCFFが $\log L_m$ に比例して高くなる範囲が認められる．これは「$CFF = a \log L_m + b$」で表すことができる．「a, b」は適当な定数である．この関係が成立することをフェリー–ポーターの法則という．定数 a の値は，Porter (1902) によれば，錐体系で 10～15，桿体系で 1～2 とされている．Hecht と Verrijp (1933) は，先行研究を評論し，錐体系では10とする研究が最多であることを報告している．また Hartmann ら (1979) によれば，この法則が成立するのは，中心視においてであり，30°までの周辺視においては，複数の網膜上の領域でこの法則より強い対数的関係が認められる．この法則の適用可能範囲は，Porter (1902) によれば，刺激光の輝度が5 log 単位の間であり，高輝度になると適用できない．また，山岸 (1952) は，中心視で，刺激光の大きさが 8° 30′ までこの法則が成立することを報告している．

(高橋啓介)

→時間的コントラスト感度（関数），桿体，錐体
◆Hecht, S.・Shlaer, S. (1936), Porter, T.C. (1902), Hecht, S.・Verrijp, C.D. (1933), Hartmann, E. ら (1979), 山岸 (隆) (1952)

フォーヴィスム [Fauvisme (仏); Fauvism] (造)

20世紀初めにフランスで起こった絵画運動．フォーヴとも称され，野獣派と訳す．1905年10月に，パリのサロン・ドートンヌの第7室に展示されたマティス，ドラン，ヴラマンクらの作品を批評家のヴォークセルが「野獣（フォーヴ）の檻」と形容したために，この名称が生れた．明確な理論や主張に基づいて結束したのではなく，交友関係を中心に自然発生的に生れた運動で，最年長のマティスがその中心的な存在．木の幹を赤く，あるいは鼻のすじを緑に塗るなど，固有色を顧みず原色を大胆に使用した．ゴッホやゴーギャンから多大な影響を受け，フォルムを単純化しつつ，奔放な筆触で強烈かつ生々しい色彩を並置．自然の再現や光の描写から絵画の色彩を解放し，主観的な感覚を表現するために色彩の自律的価値を強調した．セザンヌの影響が決定的になった1907年のキュビスム（立体派）の出現から1, 2年後にフォーヴィスムは解体．「ブリュッケ」「青騎士」など，ほぼ同時期に起こったドイツ表現主義と呼応した．代表作はマティス《緑のすじのある肖像》(1905)，《生きるよろこび》(1905–06)，ヴラマンク《シャトー近郊の風景》(1905)，《ラ=モールの踊り子》(1906) など．

(一條和彦)

→マティス，アンリー，ゴッホ，キュビスム
◆Diehl, G. (1975) [渡辺訳, 1979], Giry, M. (1981), Herbert, J.D. (1992)

フォトダイオード [photodiode] (照)

p 形半導体と n 形半導体あるいは金属と半導体を接触させると，その接合部では材料のエネルギー準位の違いにより電子と正孔の拡散が起こり，キャリア濃度勾配が生成される．その接合部に電圧をかけると，電流が流れる電圧の向き（順バイアス）と流れない向き（逆バイアス）とが存在する．これがダイオードの整流作用である．一方，このダイオードに逆バイアスを加えておき，接合部に光をあてると内部光電効果により電子または正孔が生成され，その生成された電子あるいは正孔が逆バイアスに引っ張られて光電流として逆方向に電流が流れる．フォトダイオードはこのような原理とメカニズムを

利用して光電流を効率よく取り出す素子である．フォトダイオードの材料には，可視放射の波長領域で感度が高い Si, GaAsP, 赤外領域に高い感度を有する Ge, InGaAsP, HgCdTe などがある．　　　　　　　　　　　　　（中山昌春）
→光電流, 光電変換素子

フォト YCC 色空間 [photo YCC color space]（入出）

フォト CD システムの色符号化のために開発された色空間であるが，現在ではフォト CD だけでなく一般的なカラー画像の変換に用いられる．その特徴は，

① ITU-R BT.709 より広い色域を表現できる，② $R, G, B > 1.0$ となる高輝度色を表現できる，③ 画像圧縮に便利，
などがあげられる．

フォト YCC 色空間は，観察条件と符号化特性を定義しており，符号化されたデータを観察条件に相当する条件下で観察すると，その値は被写体の測色値として解釈される．フォト YCC 色空間の観察条件と符号化特性は次のとおりである．

観察条件：この観察条件は典型的な屋外のシーンを仮定している．

条　件	フォト YCC 色空間
観察フレア	なし
環境周囲	平均
環境照明レベル	> 5000 [lux]
順応白色点	$x = 0.3127, y = 0.3290$ (D65)

色符号化特性：この色符号化は，実際のシーンと観察条件の観察フレアの差や他の差異に伴う観察者の知覚の変化を補償する．そのデータは，ITU-R BT.709 に準拠し，三刺激値 XYZ (D65) より変換された非線形 RGB を用いて以下の変換にて算出される．

（1）非線形 RGB を用いてルミナンス（輝度）信号・クロミナンス（色差）信号に変換する．

$$\begin{pmatrix} Luma \\ Chroma1 \\ Chroma2 \end{pmatrix} = \begin{pmatrix} 0.299 & 0.587 & 0.114 \\ -0.299 & -0.587 & 0.886 \\ 0.701 & -0.587 & -0.114 \end{pmatrix} \begin{pmatrix} R \\ G \\ B \end{pmatrix}$$

（2）ルミナンス（輝度）信号・クロミナンス（色差）信号より，符号化データは，次式で算出される値を 8bit 量子化して得られる．

$$Y = \frac{255}{1.402} \times Luma,$$
$$C1 = 111.40 \times Chroma1 + 156,$$
$$C2 = 135.64 \times Chroma2 + 137$$

（坂本浩一）

フォ・ユニ [faux uni (仏)]（調）

一見，単色に見える近似色を使った配色．faux は仏語で「偽の」，uni は「単色」という意味である．一見，色が単色に見えるという意味を示す用語で，それに使われる色の色差についてはとくに限定はない．使われる色としては，とくに明度および色相が近似しているものが多い．これと同様の配色用語に「偽の単色画」を意味するフォ・カマイユ配色があるが，フォ・ユニはフォ・カマイユに比べ単色に見える度合いをより強く意識した際に用いられる用語となっている．テキスタイルの近似色によるカラーミックスで，一見，単色に見えるものなどをつくる際に使われる配色技法を示す用語である．

（大関　徹）
→カマイユとフォ・カマイユ

フォーンモデル [Phong model]（画処）

これは物体表面の不完全鏡面反射（imperfect specular reflection）の簡易モデルとして広く用いられている（Phong, 1975）．最も簡単な反射モデルは，完全拡散反射（perfect diffuse reflection）モデルで，物質の表面へ入射した光が多重散乱し，表面に出てくる光があらゆる方向に一様な反射をすると仮定したもので，ランベルトの余弦則にしたがう．粗い布地，ざら紙，地面などがこれに近く，適用可能である．これとは対照的な完全鏡面反射（perfect specular reflection）は，理想的な鏡の平滑面で，反射光は正反射成分だけで，完全な映り込みであるからレイトレーシング法はこれに適している．多くの物体表面の反射はこの2つの中間の特性をもっている．よく磨かれた金属の表面は不完全鏡面反射であるが，正反射成分が大きくハイライトが生じる．

フォーンモデルは，図に示すように，ランベルトの拡散反射モデルを下敷きにした最も簡易な経験的鏡面反射（empirical specular reflection）モデルで，自動車の塗装や工芸品等の微妙な光沢

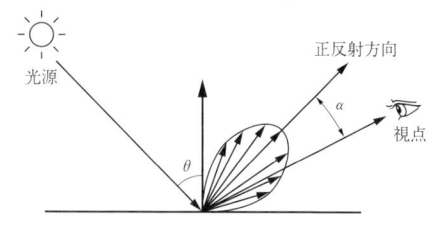

の精度が重要なものを除いて，日常的な局所レンダリングに広く用いられている．面上のある計算点 P におけるフォンモデルの反射光の強さ I は，次式で近似される．$I = I_p K_s(\theta)(\cos \alpha)^n$，ここで，$I_p$ は計算点 P における入射光の強さ，K_s は鏡面反射率で，厳密には，入射角 θ や波長 λ の関数であるが，適当な定数で代表している．α は入射光の反射方向と点 P から視点を見た方向とのずれの角，n はハイライト特性（面の緻密度）を示し，n が大きいほどシャープなハイライトを発生する．このハイライトは工業製品の曲面のデザインに重要な役割を果たす．表面のざらつきが大きくなるにしたがって，艶消しの金属の反射のように拡散反射成分が大きくなり，しだいに一様反射に近づく．しかし，このモデルでは，反射強度は入射角に無関係で，その分布は正反射方向に対して軸対称である．そのため，n を大きくとってもプラスチックのような感じになり，金属感は得られない．よりリアルな不完全鏡面反射のレンダリングには，より微視的な光学モデルを用いたモデル（トーランス–スパロウモデル）が必要である．

(中前栄八郎)

→トーランス–スパロウモデル，ランベルトの余弦法則，2色性反射モデル，レイトレーシング法，鏡面反射，拡散反射，レンダリング，バンプマッピング，◎フォンシェーディング

◆Phong, B.T. (1975)

フォン・クリース色順応メカニズム
[von Kries's adaptation mechanism]（感知）

　光受容器（3錐体）の信号が個別にゲイン調整された結果，錐体間の感度バランスが変化し，有彩色光に対して視覚系が順応する現象を示すメカニズム．照明光が変化しても物体の色の見えが大きく変化しない現象である色恒常性を説明するメカニズムとしてフォン・クリースによって提唱された（von Kries, 1902）．現在，色順応後の色の見えを説明するモデルとして提唱されているものも，フォン・クリースのメカニズムを用いているアルゴリズムが多い．表式は以下のとおりである．

$$L' = k_L \cdot L, M' = k_M \cdot M, S' = k_S \cdot S$$

ここで L', M', S' は感度変化後の3錐体の応答，k_L, k_M, k_S はそれぞれの錐体にかかるゲイン（フォン・クリース係数），L, M, S は感度変化前の3錐体の応答を示している．フォン・クリースはそれぞれの錐体にかかるゲイン（係数）を照明光に対して各錐体が生じる応答の逆数として定義した（完全順応）が，視覚系の特性は完全順応を示さず，心理物理実験の結果とは不完全順応の方が一致することが示されている．

(栗木一郎)

→対応色，非対称カラーマッチング法，色恒常性，不完全順応，◎フォン・クリース係数法則

◆Kries, J. von (1902)

フォン・クリース変換 [von Kries transform]（画処）

　色順応効果を説明するための1つの理論としてフォン・クリース色順応則（von Kries, 1900）が知られており，これを応用して画像の色信号を変換することを一般にフォン・クリース変換という．この色順応則によれば，人の眼の分光感度関数は不変で互いに独立しており，異なった照明に対する視覚系の順応は3つの色チャンネルに対するゲイン係数を調節することで達成される．たとえば，昼光下で3錐体の分光感度はほぼバランスがとれている．白熱電球光下は黄色っぽく見えるが，順応が進むと，短波長領域の感度が増大し，長波長領域の感度は減少し，そして中波長領域の感度は一定となる．このため照明光の分光分布が変化しても，白い物体は白く見え，ほかの色も昼光下での見えを保持することになる．この考え方は色順応に限らず，色恒常性実現を含む多くのアルゴリズムの基礎となっている．たとえば，白熱電球下で撮影した原画像を昼光下でのカラー画像に近似的に変換できる．変換の要点は，白色に対して見えを一定にするよう調整することである．基準白色物

体の色は照明光の色と解釈されるので，白色物体に対応するRGB値を推定すれば，これの逆数を重み係数として原画像を補正すればよいことになる． (富永昌治)
→フォン・クリース色順応メカニズム，色恒常性

舞楽装束の色彩（襲装束の色彩）
[characteristics of the colors for Bugaku costumes]（衣化）

舞楽は，わが国最古の伝統を有する古典的舞踊である．はじめ新羅の楽人たちによって，わが国に伝えられた．推古天皇の御世には，百済の味摩之が伎楽を伝え，ついで聖武天皇の天平年間，天竺の僧菩提，林邑の僧，仏哲によって，インドの舞楽が伝えられた．その後伝統廃絶の危機になったが，明治3年（1870），京都，南都，天王寺，および江戸城内の紅葉山の楽家を統合して雅楽寮とされ，現代の宮内庁式部職楽部に及んでいる．現存の舞楽は，これを大別して左方と右方に分けられる．左方は主として中国，インドから伝来したものに改修を加えたものと，その舞法曲調などによりわが国で新しく製作した舞楽であり，右方は朝鮮などから伝来したものを改作したものとその新作の舞楽である．左，右方の舞は，文舞，武舞，走舞および童舞の名称を有し，文舞は1名を平舞ともよび，閑雅な舞である．武舞は鉾または太刀を執り勇壮な舞である．走舞は仮面をつけての活発な動きの舞で，童舞は可憐な幼童の舞である．

襲装束（左方）童舞　下襲（大阪・四天王寺蔵）

舞楽装束の特徴は，とくに色彩構成の面に見られる．唐楽を主とする左方には赤系統の色を使用し，高麗楽を主とする右方には，緑から青系統の色を用いる．その基本色に対して白，黒の無彩色をはじめ淡い赤色や赤，黄，黄緑，水色，紫などの色が唐織や刺繍で織り込まれて，文様を浮き立たせ，また，対比，分割線，暈繝などの手法も用いられて色彩効果をあげている．すなわち，赤系統と，緑系統および青系統という全体の配色構成は，マンセル色相環上，約120°から180°の配色で，この配色は補色配色および準補色配色で，色相対比の効果により相互の色を最もよく引き立たせる配色である．

舞台装束の色彩構成にとって大切なことは，周囲の環境との調和である．舞楽は，木々の緑に囲まれた神社仏閣などの自然環境の中で演じられることが多く，一例として，朱塗りの高欄に金金具，緑色の地布など，周囲の色と，装束の赤と緑の補色，準備色配色は，変化と統一の調和美を発揮している．さらにこれらの配色がわれわれの心理に与える影響もまた大切である．恵まれた自然環境の中，閑雅な楽の音に乗って舞われる舞楽は，平安の雅をいまに伝えるものとして，宮中をはじめ神社，仏閣などの祭儀や饗応に奏されてわれわれを優雅艶麗の平安の王朝時代に遊ばせてくれる．これら2系統の色を基本とした舞楽装束の色彩構成の特色は舞台衣装としての華麗さとともに，心理的な面からも，動と静との2面性をもった色彩構成であるといえる．すなわち舞楽装束の特色は，その曲目の分類が色彩によって表現されていること，さらに文様とその配色構成の時代を超えた素晴らしさである．四天王寺で，毎年4月22日に行われる「聖霊会」は，舞楽四箇法要といって，国の重要無形文化財に指定され，その装束類は豊臣秀頼寄進のもので，桃山時代の染織工芸の粋を集めたものとして，一括，国の重要文化財に指定されている（口絵参照）． (今津玲子)
→分割線，暈繝，対比
◆河鰭（1957），今津（1990）

不完全順応 [incomplete adaptation; partial adaptation]（感知）

人間の感度調整機構である順応が不完全であ

ること.たとえば,もし照明強度に対する視覚系の順応が完全に行われたとすると,順応後の視覚信号においては照明強度の影響はまったく除去され,まったく同一の照明強度を知覚することになるが,実際には自分のいる空間の照明強度が高い/低いを判断することができる.色順応に対しても同様の現象が存在し,非白色の照明光に対し,照明光自体が無彩色として知覚されることがない.これは照明光が高彩度であるほど顕著に生じる現象である.たとえば,3500K程度の非白色の照明光の下では,完全拡散面のような均一な分光反射率をもつ白色面も黄色みを帯びて見える.不完全順応が顕在化した状態では,このように物体表面の属性の知覚と見た目の色知覚が分離する.照明光色度に対する不完全色順応の特性を心理物理的に測定した結果も報告されている(Fairchild・Lennie, 1992; Kuriki・Uchikawa, 1998).

同時に,色の見えに影響を及ぼすレベルの順応は数秒から数十秒かかって平衡状態に達することも報告されている.順応光の変化した瞬間から初期の5~10秒の間の急速な変化と,それ以降の緩やかな変化の2相性があることが指摘されている.順応環境が変わって初期の1~2分の順応状態は,順応状態が平衡に達していない不安定な不完全順応状態になる(Fairchild・Reniff, 1995; Kuriki・MacLeod, 1998). (栗木一郎)
→色順応,フォン・クリース色順応メカニズム,色恒常性,対応色
◆Fairchild, M.D.・Lennie, P. (1992), Kuriki, I.・Uchikawa, K. (1998), Kuriki, I.・MacLeod, D.I.A. (1998), Fairchild, M.D.・Reniff, R. (1995)

フタロシアニン [phthalocyanine] (着)

緑から青の色域の着色顔料.インキ,塗料,プラスチックの着色材料やカラーコピーの感光材料として使われている.また,最近はCD-Rの記録用の色素,染料を分解する化学触媒などにも利用されている.着色顔料としての塩素化フタロシアニングリーンは,鮮明な緑色の顔料.着色力が大きく,透明性にすぐれている.耐光性,耐熱性,耐溶剤性はすぐれているが,耐還元剤性は少し問題がある.臭塩素化フタロシアニングリーンは,着色力,透明性,物性などは前者と同じだが,色相がややイエローイッシュである.銅フタロシアニンブルーのα型は,一般に紫みの鮮明な青で,着色力が大きく,透明性にすぐれている.β型はα型に比べるとグリーニッシュな色相である.いずれも耐光性,耐熱性,耐薬品性はすぐれている.無金属フタロシアニンブルーは,鮮明な緑みの青である.耐光性,耐熱性はよいが耐薬品性はやや劣る.なお,フタロシアニンをフレーク状にした光輝材顔料をフタロシアニン・フレーク(flaked phthalocyanine)といい,1990年代の初めに自動車用塗料として使われたことがある. (吉田豊太郎)
→フタロシアニン・フレーク

フタロシアニン・フレーク [flaked phthalocyanine] (着)

着色顔料のフタロシアニンを結晶化し,フレーク状にして光輝材顔料としたもの.1990年代の初めに自動車用塗料として実用化された.平均粒径は約25μmで,一般的な光輝材よりやや大きめで,厚さも厚い.半透明で,反射光は赤銅色,透過光はブルー色となり,その中間の角度では赤銅色からブルー色に変化する.この光輝材を用いた塗料は,光輝感はあまり強くなく,一見ソリッドカラーのように見えるが,フリップフロップ効果,色相変化があり,アルミニウムのメタリックに比べて深み感,厚み感を感じる.ダークブルー系のカラーに適するが,ダークレッド,ブラウン系などにもおもしろい効果がある.仕上がり外観に高品質感を求めるときは,ダブルクリアーコートを必要とする. (吉田豊太郎)
→光輝材顔料,フリップフロップ効果,◇フレークト・フタロシアニン

仏教の色 [Buddhist colors] (社)

仏教とは,紀元前6世紀から紀元前5世紀頃,インドで仏陀が提唱した宗教のこと.キリスト教,イスラム教と並んで世界三大宗教の1つ.ヒンドゥー教,イスラム教に圧迫されて,インドでは衰えたが,中国,韓国,チベット,日本で独自の発展をした.仏教では「色」(シキと読む)は,広義では,単に「色彩」(color)の意味ではなく,宇宙に存在するすべてのものという哲学的な意味をもっている.「色」は梵語のRupa(ルーパ)の訳で,「形のある存在する物質,すべてのもの」を指している.「般若心経」

の有名な「色即是空，空即是色」は現実の物質的存在（色）はすべて虚しい存在であると同時に，虚しい存在であるからこそ，現実が肯定され，尊いものであるという意味である．一方，狭義の「色」は12処の1つに数えて，色処といい，18界の1つに数えて色界と称する．これには顕色と形色がある．顕色とは「いろ」のことで青，黄，赤，白，雲，煙，塵，霧，影，光，明，闇の12種類がある．また形色とは「かたち」のことで，長，短，方，円，高，下，正，不正の8種類がある．この顕色に空（蒼）を加えたり，また青，黄，赤，白に黒を加えて，5色（五正色，五大色）として，モノの基本とした．仏教の色彩の世界観は，陰陽五行説とも習合するが，その基本は曼荼羅に表現されている．

（城　一夫）

→曼荼羅，ラマ教の色

物体色 [object color]（感知）

　物体色は大きく分けて2つの使われ方がされている．その1つは色の見え方を表すもので，表面色の見え方をしたときを表すものである．もう1つは，色の見え方ではなく，つくられ方を表すもので，物体表面の色を測定する場合に使われ，その色が自ら光を発するのではなく，光を反射または透過する物体の色であることを示すものである．JISにおける反射および透過物体色との使われ方は，後者の使われ方の例である．前者の見え方で物体色を使用した例では，米国光学会測色委員会が編纂した『The Science of Color』が色の見え方を物体モードと非物体モードに分け，物体モードには光源（illuminant），表面（surface），空間（volume）が含まれるとしている．この物体モードの使い方は表面色よりも大きな概念である．その後の，物体色という用語の使い方は物体表面に属しているように知覚される色で，表面色にほぼ同じ見え方として使われることが多い．ただ，物体色が色の見え方を表すのか，色のつくられ方を表すのかがはっきりしないで使われている例は多くあるので，それがどちらなのかを使用する際には注意する必要があり，見え方を表すときには物体知覚色と特別に表記することをJIS Z 8105「色に関する用語」では推奨している．　（鈴木恒男）

→色の現れ（見え）方，表面色，光源色
◆OSA Committee on Colorimetry (1943, 53)

物体色の見え [perceived object color]
（感知）

　「物体色」には，「表面色」と「空間色」が含まれるが，ここでは一般的な「表面色」を「物体色」として取り扱うことにする．物体（表面）は固有の分光反射率を有しているが，その色の見えはそれを照らす照明光源や観察条件ならびに眼の順応状態などによって変化する．とくに，照明光源によって異なる物体色の見えを「演色」という．ある分光エネルギー分布をもつ照明光源で照らされたときの物体色の色度は，測色学的な数値計算によって定量的に求めることができ，たとえば照明光源の「演色性」を評価する際に用いられる．しかし，実際にその色がどのように見えるのかは，色順応や色対比ならびに色の恒常性を考慮する必要があり，具体的には色の見えモデルなどを用いて予測することになるが，観察条件や刺激条件によって色の見えは異なるため，予測は非常に難しいのが現状である．物体色の色の見えは，カラーネーミング（カラースケーリング）法で評価することができる．物体色モードの色の場合は，白みWと同様に黒みBkも知覚される．このとき，WとBkは反対色ではなく，ともに無彩色成分として共存する．したがって，すべての色はW+Bk+(R or G)+(Y or B)の組合わせで表現可能である（R：赤，G：緑，Y：黄，B：青）．この原理を用いて，物体色すべてを色みと白みと黒みの合計が100になるようにスケーリングしたのが，NCS表色系である．　（岡嶋克典）

→表面色，空間色，NCS，カラーネーミング法
◆日本色彩学会編 (1998)：「色科ハンド・13章」，日本視覚学会編 (2000a)

負の混色 [negative color mixture]（表）

　実在する色光を原刺激とする表色系では必ず負の混色が現れる．波長700.0nm，546.1nm，435.8nmの単色光を原刺激に用いるRGB表色系の場合を考えると原刺激R, G, Bによる加法混色で等色できる色の範囲は図のように原刺激でつくられる三角形の内側の範囲となる．スペクトル軌跡および赤紫線付近の彩度の高い色光

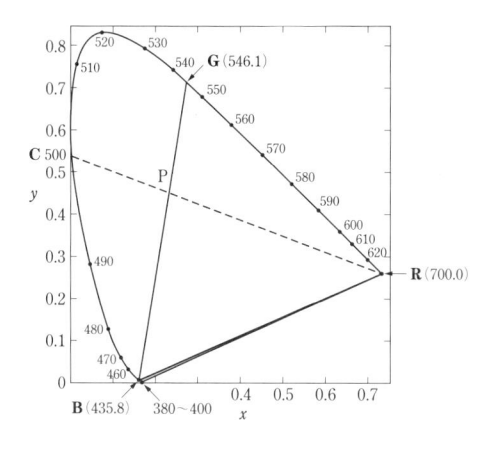

はこの三角形の外側に位置しており R, G, B の加法混色では等色できない．たとえば500nmの単色光を色光 C としてその三刺激値を求めたい場合どうすればよいかを考えてみる．この場合，R の原刺激を C と加法混色したものと G と B の原刺激を加法混色したものを並置して等色を行うと，線分 CR と線分 GB の交点 P で等色することがわかる．式で表すと，

$$C + RR = GG + BB$$

となる．ここで，R, G, B は等色時の原刺激の量，すなわち三刺激値である．左辺の第2項を右辺に移項すると，

$$C = -RR + GG + BB$$

となり，形式的には原刺激 R の刺激値を負として加法混色したとみることができる．これを負の混色という．RGB 表色系の等色関数は，上記の操作を等エネルギーの単色光すべてに対して行うことで求められる． （中野靖久）
→RGB 表色系，色ベクトル

不変波長 [invariant wavelength]（感知）

スペクトル光において輝度変化に伴う色相変化（ベツォルト-ブリュッケ・ヒューシフト）が見られない波長を不変波長という．パーディーによる色相マッチング法を用いた初期の研究では，474 nm, 506 nm, 571 nm が不変波長である．ユニーク色波長が不変波長でないならば反対色過程の平衡点波長が変化する．つまりその非線形性を支持するので，ユニーク色波長と不変波長

の関係については多くの研究がある．Boyntonと Gorden (1965) は 100 td と 1000 td の色相変化を測定し，不変波長として，静止刺激の色相マッチング法では 480 nm, 507 nm, 568 nm, カラーネーミング法で 470 nm, 520 nm, 598 nm を報告している．いずれもユニーク色波長とは一致していない．Nagy (1979) は 17 ms という短い呈示時間で 100～10000 td の色相変化を測定し，565 nm が不変波長となることを示した．ユニーク黄波長はこれより長波長側で，輝度により変化している．呈示時間 1 sec ではユニーク黄と青はほぼ不変波長といえる．Knoblauch ら (1985) は 2 色型色覚異常者の黄-青反対色平衡点波長（ユニーク緑に対応する）が，4.5 log の網膜照度範囲で不変波長であると報告している．

（阿山みよし）
→ベツォルト-ブリュッケ・ヒューシフト，ユニーク色
◆Boynton, R.M.・Gordon, J. (1965), Nagy, A.L. (1979), Ayama, M. ら (1987), Knoblauch, K. ら (1985)

踏切の色彩 [railway crossing equipment safety color code]（安）

JIS E 3701「踏切諸施設の色彩」として 1966 年に制定され，1984 年と 1995 年に改正されて「踏切諸施設—安全色彩」のタイトルとなり，現在に至る．この規格は，踏切道を通行しようとする歩行者および自動車などの運転手に注意を喚起するために，踏切諸施設に施す表面色について定めたものである．色の種類は，赤，黄，白および黒の一般表面色のほかに，Z 9117 の再帰反射色の赤，黄が使われる．色の指定は，一般表面色についてはマンセル記号で，再帰反射色は CIE XYZ 表色系の色度座標の範囲で示されている．色彩の使用方法は，踏切注意柵，踏切警報機，踏切遮断機，踏切警標，踏切反射鏡に，黄と黒を交互にした縞模様を施すことになっている．一部黄のみを施す場合もある．また，踏切注意札というものがあり，これは長方形の白地に黒でゴシック体の文字を書くことになっている．赤を使用するのが踏切支障報知装置用操作スイッチの場合で，その箱の正面のふたの凸部，パネルの枠および非常ボタンの文字に赤が使われている．これは，歩行者や車両の運転者が自ら操作するもので，この規格の制定によっ

て，各地のものがこの形状と色に統一されるようになった．ちなみに，1984年版では，箱の本体は青であった．その他，鉄道関係の色彩に関する規格として，E 3301 (1980)「転轍機標識」，色光に関してのE 3303 (1977)「鉄道信号保安用燈器のレンズ，フィルタ，反射鏡およびセミシールドユニット」などがある．E 3301では，青と黄赤が使われている． (児玉　晃)
→再帰性反射標識

プライマー [primer] (着)

本来は「最初に塗布するもの」という意味で，塗装では一般に下塗りをさす．プライマーの機能は，物体表面の保護（腐食防止，物理的な衝撃からの保護など）と，後に塗布するものとの付着性の付与である．自動車などのような複雑な構造をもつ製品のプライマーには，内部，細部へのつきまわり性がよいことが要求される．溶剤系浸漬プライマーと電着プライマーがあり，後者にはアニオン電着とカチオン電着がある．なお，上塗り塗装後に物体表面保護のため塗装されるものは補助プライマーとよぶ．

(吉田豊太郎)
→アニオン・カチオン電着塗装

プラスチックの色 [colors of plastics] (自人)

プラスチックの着色には，原料または成形段階で顔料または染料を練り込む内部着色と印刷や塗装によって表面を着色する方法がある．一般にプラスチックの着色は，内部着色のことを指す．着色の目的は，美飾効果による商品価値の向上，識別性の向上，容器内容物の保護・隠蔽，耐候性の向上，導電性などの機能性の付加など多岐にわたる．プラスチックの成形加工時の温度は，180°～290°Cの高温になるため，使用する顔料または染料には耐熱性が要求される．顔料や染料はプラスチックに練り込みやすくするために，粉粒状，固形状および液状にして用いるが，この形態によって，染料・顔料と金属石鹸などの分散剤を混合処理した粉末状のドライカラー，ドライカラーを顆粒状にして飛散性をおさえた顆粒状カラー，展色剤（ビヒクル）に顔料を分散させ，粒状に加工した潤性カラー，樹脂をドライカラーなどで最終濃度になるように着色成形したペレット状のカラードペレット，樹脂中に染料・顔料を高濃度に分散させたマスターバッチ，顔料を可塑剤などの展色剤に高濃度で分散させたペーストカラー，顔料や分散剤などを混ぜた液状の液状カラーに分類される．

(小松原　仁)

ブラックアウト [blackout] (着)

デザイン上見せたくない部分を黒くして目立たなくする方法．たとえば，建築では，階段の支持部や柱部などを黒くしてステップだけを見せる手法や，窓のサッシを黒くして窓を大きく見せる手法などがある．自動車ではセンターピラー，ドアフレーム，ラジエーターグリルの内部，ロッカー部などに黒い塗装，あるいはテープが施されるものがある．塗装によるブラックアウトは，一般に中塗りのあとの工程で行われ，その部分をマスキングして上塗りを塗布するが，吹きこぼれた黒色を隠蔽するためには上塗り色の隠蔽力が必要となり，その結果，色が濁ることがある．また，上塗り塗装の仕上がり外観品質（肌の平滑性，ツヤなど）にも悪い影響があるため，最近ではテープなどによるブラックアウトに移行する動きがある．これは塗色設計における色域拡大に大きく寄与する．

(吉田豊太郎)

ブラック・バサルト [black basalt earthenware] (造)

バサルト（basalt）は玄武岩の意，1769年，ジョサイア・ウェッジウッドが開発した黒色の炻器．ウェッジウッドが彼の新しいエトルリア工場で古典主義の時代思潮の影響を受け美術陶器の製作を志し最初に開発に成功した硬質の器．もともとこのような炻器質の陶器は1740年頃から地元のスタッフォードシャーで製作されていたが，彼はさまざまな実験を重ねてこれを改良し，粒子の細かい鉄とマンガンの還元焔による黒色の素地の焼成に成功した．彼はこれらの素地を用いて壺やメダイオン，人物の陶像などを製作し，おおいに人気を博し，その技法はイギリス国内はもとより広くヨーロッパ中に伝播した．また，ウェッジウッドは古代ギリシアの赤絵式陶器やエトルリアのブッケロの無釉の光沢のない表面に赤いエナメルの蠟画で人物を描き

古代のすぐれた陶器を再現した．有名な《ファースト・デイ・ベース（First Day Vase）》には「1769年6月13日スタッフォードシャーのエトルリアでウェッジウッドとベントリーによる最初の日の製品の1つ」と胴部に大きく記されている． 　　　　　　　　　　　　　　（前田正明）
→ウェッジウッド・ジョサイア，還元焼成

フランク系の色 [Frankish colors]（社）

フランクとは，西ゲルマン族の一派で，3世紀頃から西行して，しだいに諸部族を統合して，5世紀末に西ヨーロッパの大部分を占める地域に，「フランク王国」を打ち立てた．フランク王国は，西ヨーロッパ最初のキリスト教統一国家として，キリスト教文化の母体となった．13世紀頃，このフランク王国が現在の「フランス」に発展していき，17世紀にルイ王朝により，ヨーロッパで最も華やかな絶対王権国家が確立された．フランク王国は，キリスト教統一国家であったため，キリスト教色彩象徴主義が，後のその文化形成に大きな影響を与えた．黄金に輝くヴェルサイユ宮殿，赤，青，黄などの華麗な色彩が栄えるノートルダム寺院，シャルトル大聖堂のステンドグラス，そしてフランスのトリコロールの3色国旗（自由を表す青，平等の白，博愛の赤）など，いずれもキリスト教のシンボルカラーにほかならない．そして18世紀ロココ様式の華麗な美術の誕生．とくに女性サロン社会に花開いたピンクへの憧憬．セーブル磁器を彩るポンパドゥール・ピンク，トリアノン宮殿を飾るピンクの壁面．ワトーやフラゴナールが描いたピンクのドレスなど，ピンクへの嗜好は色濃く表れている．またワインの国フランスのさまざまなボルドー色，ワインカラーもフランク系の特徴的色彩である． 　　　　　　　（城　一夫）
→ポンパドゥール・ピンク

フランドル絵画の特徴 [colors of Flemish paintings]（造）

フランドルは，現在のベルギーにあたる地域を指す．12世紀より毛織物工業などによってブリュッゲ，ゲント，ブリュッセルなど諸都市が発展し，15世紀にはブルゴーニュ公国との併合により，イタリアのフィレンツェにならぶルネサンス文化のアルプス北方における担い手となった．イタリアの画家たちが幾何学的な透視図法，科学的な解剖学，古代記念碑類の研究などの習得に情熱を傾けたのに対し，フランドルでは15世紀前半に油彩画の技法が開発・改良され，他の追従を許さないほど高度な色彩芸術をもたらすことになった．絵画史上，特筆すべきできごとといわねばならない．

1420年代以降のフランドル絵画の飛躍的発展は，ヤン・ヴァン・エイクの天才に多くを負っていた．ヤンと兄のフーベルトを油彩画技法の発明者とする伝統的な見方は今日では支持されていないが，彼らがその技法の改良者だったことは20世紀の科学的な調査によっても検証されている．ヤンの技術上の偉業は，板に白い地塗りを施し，その上に透明性の薄い絵の具を2層3層と塗り重ねるグレージングとよばれる彩色法を確立したことにあった．1430年代前半に制作された《ゲント祭壇画》（1432）を例にとると，もっとも明るい白や肌色の部分は白い地塗りに薄い絵の具を1層加えただけであったが，もっとも絵の具層の厚い濃暗紅色の部分は10数層にも及んでいた．卓抜したグレージング技法によって生みだされた無限のニュアンスを伴う色彩は，自然の広大・微細な世界を徹底的に描写しようという態度と結びつき，ヤンの絵画に驚くべき奥行きと材質感を与えた．こうした技法に基づく豊潤な色彩と艶やかな絵の表面は，強い宗教感情の表出で知られたロヒール・ヴァン・デル・ウェイデン，細部描写と大画面の構成の両面に目を見張るものがあったヒューホー・ヴァン・デル・フース，優美でおだやかな雰囲気で人気を博したメムリンクなどに受け継がれていった．そしてフランドルに近接するネーデルラントの画家ヒエロニムス・ボスのように，グロテスクな容貌の人物，異様な生き物や植物などが混在した非現実的なヴィジョンを，多種多様な色彩で視覚化した異端の画家の登場も見た．
　　　　　　　　　　　　　　（小針由起隆）
◆黒江 (1979), Snyder, J. (1985), Gage, J. (1998–99)

プリ・トリートメント [pre-treatment]（着）

コーティングの前処理のこと．あらかじめ被コーティング物の表面をそれに適した状態に調

整するプロセス．塗装前処理，鍍金前処理などがある．最終的な仕上がりの目標や材質，コーティングの種類などにより，プリ・トリートメントの仕方も異なるが，脱脂，静電気除去，ゴミ・ホコリの除去，研磨，洗浄，防食処理などの工程がある．プリ・トリートメントをおろそかにすると，ゴミ，ブツ，はがれなどの不具合が起こることがある． （吉田豊太郎）
→塗装の不具合，◎前処理

フリップフロップ効果 [flip-flop effect; downflop effect] (化)

アルミニウム顔料をベースとするメタリック塗膜は，照明の方向や観察の角度によって明度が変化して見える．また，アルミニウム顔料と透明着色顔料を組合わせて用いると明度だけでなく色相や彩度も変化する．この性質をフリップフロップ性またはダウンフロップ性という．色相が変わるものはカラーフリップフロップ性という．アルミニウム顔料は薄いフレーク状で表面も平滑なので光の散乱が少なく入射光の正反射角方向から見たときには明るく輝いて見える．正反射角から離れて見ると暗く見える．これらフリップフロップ性は塗膜中に鏡面反射する物質が存在する場合（アルミニウム顔料など），入射光の一部が塗膜中の特定物質で選択的に散乱し，その下の層で反射する物質が存在する場合（超微粒子酸化チタンとアルミニウム顔料を含む塗膜など），あるいは入射光が干渉と反射を起こすもの（真珠光沢顔料など）などによって起こる．

フリップフロップ性を示す顔料にはアルミニウム顔料のほかに鱗片状マイカ（白雲母）に二酸化チタンを薄膜で被覆した雲母チタン系顔料，酸化鉄で被覆した酸化鉄被覆雲母，アルミニウムフレークに酸化鉄を被覆したもの，フレーク状のカーボングラファイトや超微粒子酸化チタンなどがあるが，これらのほとんどは光輝性顔料でもある． （珠数 滋）
→光輝顔料，アルミニウム顔料，パールマイカ顔料
◆日本色彩学会編（1998）：「色科ハンド・20 章」

ブルーアーク現象 [blue-arc phenomenon] (感知)

暗室内にある光点を近中心窩で見ているとき，その点から盲点にかけて注視点の近くから 1 本または 2 本の弧状の青い光が走るように見える現象である．これをその形と色からブルーアークとよぶ．この光覚現象は眼球内光学現象の 1 つで，眼内にある物体を自覚的に観察することができる内視現象（entoptic phenomenon）である．チェコスロバキアの生理学者で組織学者の Purkinje (1825) が，光覚に関する閾値の測定の研究でブルーアーク現象をはじめて記述したことから，プルキンエブルーアーク現象ともよばれる．

この現象に関して，これまで多くの実験的研究が行われてきた．Newhall (1937) の研究では，観察者は顎台で頭部顔面を固定され，十分に暗順応した暗室内で人工瞳孔越しに左眼の視野 20° の領域を観察する．観察者は，はじめに左手のボタンで注視点（視角 2°）を出し，次に右手のボタンで注視点のそばに赤，橙色の光点（0.5°×6°，縦形）を 0.5 秒呈示させる．そのときの光覚は注視点の上下に盲点に向かって水平方向に一方あるいは上下両方向に青い色（pale, reddish-blue）の弧（長円形，oval shape）を一時的に 1 秒程度自覚的に見ることができる．注視点の位置によって出現する弧の形が異なる（図中の×は注視点の位置を示す）． （菅野理樹夫）
◆Dolecek, R.L.・de Launay, J. (1945), Freidman, B. (1931), Purkinje, J.E. (1825), Newhall, S.M. (1937)

ブルータリズム [Brutalism] (造)

ブルータリズムは野獣を意味するブルート（brute）を語源として，20 世紀の画一化したモダニズムの建築様式を，野獣のように荒々しく打破しようとした建築運動である．

近代建築の始祖の 1 人，ル・コルビュジエは第二次世界大戦後，作風を一変させ，箱型の建築から，かつての表現主義的表現ともいえる有機的な造形志向の《ロンシャン教会堂》(1950–54) をつくり上げた．ここでは有機的形体と打ち放しのコンクリートの荒々しい表現で衝撃を与えた．また一方，イギリスではスミッソン夫妻やスターリングが《レスター大学工学部》(1959)

をつくり，ブルータリズムの建築を主張した．

ブルータリズムは1950年代以降，イギリスの建築界で提言された，こうした荒々しい建築表現志向の様式であり，むき出しの配管，打ち放しのコンクリート柱や壁面などの構造材料をそのまま露出させ表現すべきである，という主張である．1950年代のこの大胆な様式は，やがて訪れる1970年代のポスト・モダニズム表現の予兆となっていく． (三井秀樹)

→モダンの色彩，ポスト・モダンの色彩

ブルー・フルーテッド [blue-fluted] (造)

デンマークのロイヤル・コペンハーゲン磁器製作所の代表的な染付け磁器．1885年弱冠29歳で同工場のアート・ディレクターに迎えられた建築家・デザイナーのアーノルド・クローが白磁の素地を生かした中国や日本の染付け磁器に魅せられ，当時ヨーロッパで流行の主流となっていた器に豪華な金彩をほどこした装飾を否定し，コバルト・ブルーの下絵付けのみのテーブル・ウエアを製作．基本的には中国の唐草文様を想わせる左右相称の単純なデザインのこのディナー・セットは1888年のスカンディナヴィア博覧会，その翌年のパリ万国博覧会に出品して金賞を獲得，当時のテーブル・ウエアに大きな影響を与えた．ブルー・フルーテッドのパターンには1つには器の縁にレース模様の透し彫りをほどこしたフル・レース，他に透し彫りがなくレース模様を描いたハーフ・レース，そしてもう1つはプレーンとよばれる単純な線書きのものの3つのバリエーションがある．ブルー・フルーテッドの器は現在も世界の多くの人びとに使用され，日本でも大変人気が高い．アール・ヌーヴォーのデザイナーとして知られるクローは早くから日本の浮世絵に深い関心を示し，彼の他の作品のデザインには浮世絵の影響と見られる作品も少なくない． (前田正明)

プルーラリズム(多元主義) [Pluralism] (造)

プルーラリズム(多元主義)は，純粋で強い主張をもった美術運動の主義・主張とは対極の位置にある．複数の美術様式が共存し互いに影響しあう様式であり，現代美術の多様な表現様式の象徴として捉えられている．1970年代にはコンセプチュアル・アート，ランド・アート，メディア・アート，パフォーマンス，ビデオ・アート，パターン・アンド・デコレーションなどの新しいジャンルが次々と登場した．この70年代のプルーラリズムは，1960年代の政治や文化の変動のリアクションによってもたらされたと考えられる．この多元化した美術活動を無秩序とする評論家もいるが，現代社会の多様性を反映した文化・芸術の一面と捉える方が，的確であるともいえるだろう． (三井秀樹)

→ポスト・モダンの色彩

フルカラーディスプレイ [full-color display] (入出)

RGBチャネル各8bit，計24bitで各画素を表示できるコンピュータ用の画像呈示装置．色表示は三原色RGBの加法混色に基づき，表示可能な色数は$(2^8)^3 = 1677万7126$色となる．パーソナルコンピュータ(PC)に使用されているフルカラーディスプレイにはブラウン管(CRT: cathode ray tube)や液晶ディスプレイ(LCD: liquid crystal display)がある．CRTは，電子銃から電子線を蛍光剤を塗布した出力面に照射して輝点を光らせ，この電子線を偏向コイルによる磁場で曲げながら走査することにより画像を呈示する．出力面の各画素にはRGB 3種類の蛍光剤が塗られ，3本の電子銃によりそれぞれ個別におのおのの強度で照射されることによりフルカラー表示が行われる．一方LCDでは，1つの画素はRGBフィルタをかぶせた3つの画素から構成され，おのおのの画素は電極の電圧を制御することにより液晶の配向方向を任意の角度だけ回転させ，光の透過量を変化させて8bitの階調をつくりだす．ノートPCでは背面から白色照明を当てるバックライト型が主流であり，高画質のLCDには，電極のスイッチングに透明な薄膜トランジスタ(TFT: thin film transistor)を使ったTFT型が多く用いられるようになってきている．CRT，LCDいずれにおいても，RGB各チャネルの分光強度はディスプレイの種類ごとに異なるため，同じカラー画像を表示してもディスプレイが変わると色の見えが異なることに注意する必要がある．

(来海 暁)

→液晶ディスプレイ
◆金出ら (1987), 大石ら編 (2001), 松本編 (1995)

プルキンエ現象 [Purkinje phenomenon]
（感知）

昼間同じ明るさに見えた赤い花と青い花が夕暮れや夜間になると，青色の花がより明るく，赤い花は暗闇にかすむように暗く見える．この現象を，発見者の名前にちなんで，プルキンエ現象とよぶ．昼間の十分明るい明所視レベルでは網膜の錐体細胞が働いているが，薄明視や暗所視になると感度のよい桿体細胞が錐体に代わって働きだす．桿体の分光感度は錐体に比べ短波長側に高感度であり，逆に長波長側では低い．したがって，桿体が働きだすと視覚系全体の感度曲線が短波長側にシフトする．こうした分光感度のシフトをプルキンエシフト（Purkinje shift）とよぶ．輝度レベルとともに赤色系と青色系の色の明るさがそれぞれ逆方向に変化するのは，こうした分光感度の変化によって引き起こされる．薄暮や夜間の交通環境などでは標識などの見え方に注意が必要である．薄明視におけるプルキンエ現象を考慮して明るさの変化を正しく計測したり予測したりする技術が，いわゆる薄明視の測光システムである．しかし，薄明視の視覚特性や感度変化が複雑なため，開発が望まれているものの，まだすぐれたシステムは開発されていない． （佐川　賢）
→薄明視, 明所視, 暗所視

フレスコ画 [fresco]（造）

フレスコ（fresco）は，イタリア語で「新鮮な」を意味し，pittura a fresco（塗りたての湿った壁面に描いた絵）に由来する．壁画の中で最も一般的な技法である．基本的には，消石灰を主成分としたモルタルを建築物の表面に塗り，この面が固まらないうちに，顔料と水をよく混ぜてつくった絵の具で彩色してゆく技法．これは，ほかの壁画技法，乾き固まったモルタル面に彩色するセッコ（secco）などと区別するために，ア・フレスコ，ブオン・フレスコ（buon fresco）または真性フレスコともよばれる．ア・フレスコでは，使われる顔料は水だけで溶け，その壁面となるモルタルは水，砂，消石灰だけで成り立っている．水で溶いた顔料を壁面に塗ると，その絵の具は乾燥前のモルタルに含まれている水分と連動して，絵の具はモルタルの表面と一体化する．壁面のモルタル中にある消石灰が空気中の炭酸ガスにふれ化学変化を繰り返し，炭酸カルシウムの被膜をつくる．この自然な化学作用により堅牢な保護膜ができあがり，顔料は壁面に完全に定着するわけである． （降旗千賀子）

フローラ・ダニカ [Flora Danica]（造）

デンマークの王立ロイヤル・コペンハーゲン磁器製作所が製作した18世紀を代表するディナー・セット．「フローラ・ダニカ」はラテン語で「デンマークの花」の意．1789年国王クリスチャン7世がロシアの女帝エカテリナ2世（在位1762-96）への贈り物として製作したが，女帝の死去によってそのままデンマーク王室に引きとられた．その絵付けはデンマークの植物図鑑をもとにニュールンベルク出身の陶画家の名手ヨハン・クリストファ・バイエルが12年の歳月を費して描いたもの．デンマークに咲く野辺の草花の1点ずつを克明に描いている．また器の口縁部や縁飾り，カップの握手は純金を使った金彩で飾られている．このディナー・セットは往時1802点が製作され，現在そのうち1500点がクロンボルク城や王立工芸博物館に収集されている． （前田正明）

ブロカーズルツァー効果 [Broca-Sulzer effect]（感知）

明るさの知覚において，光をつけた瞬間にはすぐには明るさが感じられず一定の閾値に達するまでの時間（時間的加重の効果）が必要であることが知られている．このような物理的な色光に対する明るさの知覚に関して，BrocaとSulzer（1902）は，照度をパラメータ（16.2, 34.2, 64.5, 126, 170lx）として，その明るさの感度と時間的特性を測定した．その測定法は，白紙の中心部に小さな穴を2つ開けて視野中に隣接させた．一方の領域に数段階の輝度の光刺激を種々の時間呈示し，他方に比較刺激を2秒間呈示し両者が等しい明るさに知覚できるように比較光の輝度を調節した．結果は，比較刺激の強度（明るさの感度）は光刺激の呈示時間が50〜100ms付近で明るさの瞬間的なピークが現われ，

やがて一定値になる傾向が見出された（図参照）．これは同じ輝度であれば，2秒間呈示された光刺激より短時間呈示された条件の方がより明るく知覚されることを意味する．このことをブロカ−ズルツァー効果という．

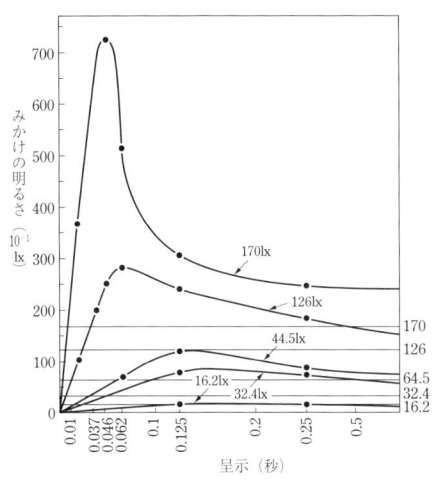

この効果は輝度にも依存し，ある範囲では輝度が高いほど効果が大であり，ピークの時間が短くなる．生理学的には視細胞で電気信号に変換された視覚情報は双極−神経節細胞の縦方向回路（小細胞層−空間情報処理，大細胞層−時間情報処理）と水平細胞や無軸索細胞の横方向回路などで処理されていることが知られている．その結果，空間情報に関しては図形などの輪郭を強調するマッハ効果，時間情報に関しては本項目の点灯直後の見かけの明るさを強調するブロカ−ズルツァー効果やブリュッケ−バートレー効果がある．このほか明るさの知覚の時間的特性に関するものとしてタルボ−プラトーの法則やブロックの法則などがある． （菅野理樹夫）
→大細胞層，小細胞層，ブロックの法則
◆Broca, A.; Sulzer, D. (1902), 田崎ら編 (1979), Moses, R.A. (1992)

プロダクトクリニック [product clinic]
（商）

商品評価，調査の一種．商品あるいはモックアップなどを被験者に見せて評価させる調査法．商品の色の調査では，平面に塗られたカラーサンプルだけでは正しい評価結果が得られにくいため，実際の商品（立体）に色をつけたもので評価をするのが望ましい．プロダクトクリニックの結果を有為なものとするための留意点は，① 被験者の選定が重要である．その商品の市場を代表する被験者を集めること．一般的な色彩嗜好調査はランダムサンプリングが基本であるが，プロダクトクリニックは，特定の商品の色彩嗜好・購入意向調査を目的としているので，その商品を買う可能性の高い人を被験者とすべきである．② 自然光あるいはその商品が使われる環境の光で実施すること．これは明るさや演色性が商品の色評価に影響するからである．③ 結果をうのみにしないこと．それは，色の嗜好は時代と共に変化するからである．プロダクトクリニックの結果は，あくまでその実施時点での嗜好を反映していると認識すべきである．
（吉田豊太郎）
◆東商編 (1998b)：「商品色彩」

ブロックの法則 [Bloch's law]（感知）

閾の検出が刺激の増分 ΔL と呈示持続時間 D の積で決まる特性をブロックの法則という．つまり，$\Delta L \cdot D = $ const. となり，閾は刺激の時間積分をした全エネルギーで決まることをいう．ブロックの法則は呈示持続時間が短いときに成立するが，限界の呈示時間は臨界呈示持続時間（critical duration）とよばれる．臨界呈示持続時間は絶対閾値の場合は約 100 ms，増分閾値で背景光が 100 td 以上では 30 ms となる．
（内川惠二）
→臨界呈示持続時間
◆Roufs, J.A.J. (1972)

プロビット法 [probit analysis]（心測）

心理物理学的測定法において，恒常法を用いて刺激閾を推定するとき，ミューラー−アーバン法と同様に，反応の出現確率によって誤差の効き方が異なることや，観測値の信頼性が出現率の水準によって異なることを是正し，推定精度を上げる目的で使用される方法である．本来は，ロジスティック法と並び，目的変数が2値の質的変数を含む場合に用いられる回帰分析法の1つである．正規グラフ法と同様，関数が累積正規

分布曲線に従うと仮定し，得られた相対頻度をz値に変換する．これをプロビット値とする．なお，負数の処理を避けるために，変換した値に5を加えてプロビット値とする場合がある．得られたプロビット値に対して，ミューラー–アーバン法と原理的に類似した重みを乗じるが，このとき，各重みに各刺激段階における刺激呈示回数を乗じる．その値を用いて，最尤法などで刺激閾や主観的等価値を推定する．プロビット法による推定では，重みに各刺激段階の呈示回数が含まれるため，各刺激の呈示回数が所定値の近傍では多く，離れたところでは少ないような測定結果を反映できるという利点がある．

(莨田貴子)

→ミューラー–アーバン法，恒常法，正規補間法，直線補間法

◆和田ら編 (1969)

プロポーション（比例） [proportion]（調）

プロポーションとは，全体における部分と部分，あるいは部分と全体など，ものの長さや面積の量的比例関係を指す言葉で，よいプロポーションをとることが古くから彫刻や絵画，建築など芸術や造形の領域では美の中心原理になっている．美しいプロポーションをもつものは，人体をはじめ自然界の動物や植物の中に数多く存在し，美的プロポーションを構成する原理については古代から多くの人びとによって研究がなされてきた．有名なルート比や黄金比は美しいプロポーションの代表として現代にも多く応用されている．

1) ルート比（root section）：ギリシア律ともいわれるルート比は，線や面の比率が $1:\sqrt{2}, 1:\sqrt{3}, 1:\sqrt{4}, 1:\sqrt{5}$ のようにルート（平方根）の比例関係にあるもので，古代ギリシア時代以来，線や面を分割する際の最も美しい比率とされ，芸術ばかりでなく実用の世界でも広く使われてきた．自然界の動植物には，このルート比の比率をもったものが数多く見られ，自然の美しさを構成する美の原理ともいえる．両辺の比がルートになっているものをルート矩形といい，長辺と短辺の比率が等分しても変わらない $\sqrt{2}$ 矩形は，美しくかつ合理的な矩形としてJISで定められた紙の大きさに用いられている．

2) 黄金比（golden section）：（別項参照）．

3) モデュロール（modulor）：近代の建築家として有名なル・コルビュジエのモデュロール（黄金尺）は，黄金比と人体各部の比例とを基にして考案された，すべてのデザインに適応しうる尺度で，美的プロポーションを構成するための理想的な尺度として，建築をはじめ多くのデザインに適用されている．

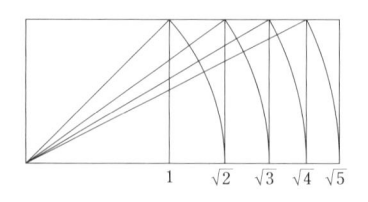

図1　ルート矩形

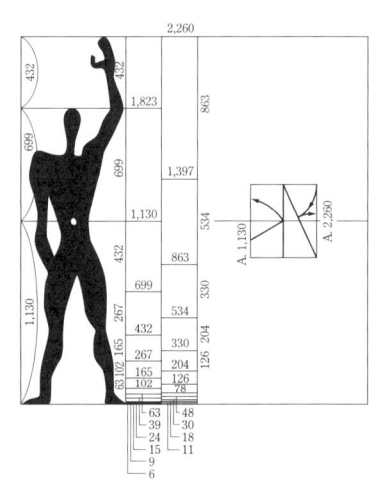

図2　モデュロール

配色におけるプロポーションは，組み合わせる色の形や面積，配置などが美しい比例関係になるように構成するための原理で，多くの例を絵画などに見ることができる．　　(中川早苗)

→バランス（均衡），黄金比，◎比率，割合

◆Garret, L. (1967), Graves, M. (1951), 山口・塚田 (1960), 吉岡（徹）(1983)

プロモーションカラー [promotion color]（商）

プロモーションは，英語で振興，奨励，促進といった意味があり，プロモーションカラーは

奨励色と訳すことができる．奨励色とは，商品色に採用した場合に次期に向け奨励される色という意味であり，次期に販売促進が期待される色のことを指す．また，流行色予測情報においては，提案している色の中でも，次期に向けとくに奨励される色をプロモーションカラーとよんでいる場合がある．マーケティングの一環としての販売促進活動はセールスプロモーション（sales promotion）とよばれるが，このセールスプロモーションにおいて，より効果的な販促活動を図るためにプロモーションカラーが活用される場合がある．セールスプロモーションにおいては，消費者がその趣旨をより理解しやすいように，プロモーションの趣旨を簡潔な言葉で表現したキャンペーンテーマを設定し，キャンペーン展開が行われる場合がある．カラーキャンペーンは，そのテーマにプロモーションカラーを採用したキャンペーン展開であり，その色はキャンペーンカラーとよばれる． (出井文太)
→カラーマーケティング，カラーマーチャンダイジング，流行色
◆東商編 (1998c)：「ファッション色彩」

ブロンジング [bronzing]（物）

赤インキを厚く塗って乾かした面をある方向から見ると緑色に輝いて見えたり，新しいピース（タバコ）の外箱のある部分が赤い膜で覆われて見えることがあり，手で拭うと一時は消えるが再び現れることがある．これをブロンジングとよぶ．フタロシアニンブルーやキナクリドンなど屈折率のきわめて大きい顔料を樹脂中に大量分散させて塗布すると，はじめは塗膜表面を樹脂が覆っているので，それぞれ青または褐色に見えるが，耐候試験などで表面の樹脂が除かれると，それぞれ赤または緑色に輝いて見える．これは顔料が樹脂中にあるときは，顔料粒子と樹脂との屈折率差が小さいので本来の色の補色の成分は吸収されているが，樹脂層がなくなって直接，空気と顔料粒子が接触すると屈折率差が大きいため，樹脂内では吸収されていた補色成分が顔料表面から反射されるためである．しかもこのことは表面反射が着色しているため金属感を与えるようになる．このような状態の塗板を積分球をもつ測色器で測定すると，補色成分は正反射方向に集中しているので，ライトトラップで正反射成分を除くと補色成分は吸収され，正反射成分を含めると補色成分の色が測定される．真鍮などの有彩色金属の粉末を用いたメタリックペイントは，ブロンズ色感は与えるが，ブロンジングとはよばない． (馬場護郎)
→2 色性

文学と色（社）

文学は人間の生や死，愛，苦悩などを，言語媒体，文字媒体を使用して表現する精神的思想，感情の結晶である．神話，口伝物語，詩歌，小説，戯曲，評論など，さまざまなジャンルに分類される．これらの文学において，古くから色彩は，思想，感情，情緒などの発露として，象徴的に使用されてきた．古代文学に属する『オデッセイア』『神統記』『聖書』『万葉集』など．また中世文学の『円卓物語』『源氏物語』『枕草子』など，すぐれた作品には，色彩が象徴的に使用されている．とくに『源氏物語』では，光源氏とは対照的に，作者の紫式部，藤壺，桐壺（紫の花をつける），紫の上など，すべて紫をイメージさせて，物語全体を貫く禁じられた愛を象徴している．近代文学ではスタンダールの『赤と黒』を始めとして，レミ・デ・グルモンの『色』(les couleurs)，メーテルリンクの『青い鳥』，ホーソンの『緋文字』，シムノンの『黄色い犬』，アイリッシュの『黒衣の花嫁』などが色彩を表徴的に表現しており，わが国の現代文学では遠藤周作『白い人』，芝木好子『貝紫幻想』『黄色い皇帝』『紫の山』，平岩弓枝『青の伝説』などがあげられる．とくに芝木好子の『貝紫幻想』は貝紫を研究する少壮の染色学者を縦軸に，その姪との近親相姦を描いた，これも禁じられた愛の物語である． (城 一夫)

分割線 [dividing line]（感知）

われわれの視野は，輪郭（線）によって，色や明るさの異なるいくつもの領域（「図と地」）に区分されている．その際，それらの領域（とくに「図」）において，上記の輪郭（線）は，「分割線」としての機能を有している．この「分割線」は，分割される各領域とは異なる「明るさ」あるいは「色相」による「線」から成っている

ので,「分割線」の力が強い場合には,各領域が同じ「明るさ」あるいは「色相」であっても,それらの間に明瞭な境界をもたらし,さまざまな形をもつ領域(「図」)を出現させることになる.それゆえ,「ウェルトハイマー―ベヌッシ効果」において,「明るさ」あるいは「色相」の異なる2領域(誘導図形)にまたがっている灰色の均一図形(検査図形;円環・長方形など)を,紐や細棒による「分割線」で分割すると,それらの均一図形がもっていた「形態(ゲシュタルト)的文脈」が分断されて,それぞれの隣接領域からの「対比の影響」が強調されることになり(本事典の「ウェルトハイマー―ベヌッシ効果」における図を参照),両検査図形部分は,著しく異なった「明るさ」あるいは「色相」に見える(千々岩,1998).また,小町谷・小町谷(1989)は,一定の「明るさ」あるいは「色調」が移行するステップ・パターンにおいて,各ステップ内での「明るさ」あるいは「色調」の"見えの変化"(溝彫り効果)が,隣接するステップの境界線上に細紐などの「分割線」を置くと,消失すること(分割線効果)を見出している.これらの現象は,「明るさ」あるいは「色相」に及ぼす「形の効果」(体制化の原理)を表しており,この効果に,分割線が決定的な役割を果たしている(Koffka, 1935 [鈴木監訳, 1988]).

(後藤倬男)

→図と地,ウェルトハイマー―ベヌッシ効果,対比,主観的輪郭

◆千々岩 (1998), 小町谷・小町谷 (1989), Koffka, K. (1935) [鈴木監訳, 1988]

分光感度 [spectral sensitivity] (入出)

光センサに入射する光の強度に対する出力の比を波長の関数として表したもの.テレビカメラやディジタルカメラでは,カメラ全体の分光感度はイメージセンサの分光感度 $D(\lambda)$ にレンズ光学系の分光透過率 $O(\lambda)$ を乗じたもので与えられ,さらにカラーカメラの場合は R(赤),G(緑),B(青)それぞれの出力チャンネルのフィルタの分光透過率 $H_r(\lambda)$, $H_g(\lambda)$, $H_b(\lambda)$ が乗ぜられる.各チャネルの出力 f_c ($c = r, g, b$) は,入力光の分光分布を $E(\lambda)$ とすれば,

$$f_c = \int D(\lambda) H_c(\lambda) O(\lambda) E(\lambda) d\lambda$$

となる.一般に分光感度の関数形はカメラの種類ごとに異なるので,異なる種類のカメラでは同じ対象を撮像しても出力画像は一致しない.とくにカラーカメラにおいては撮像した画像の色の見えがカメラごとに異なってしまい,色再現上の問題が生じる.これを防ぐには画像データを保存する際に,カメラ固有のRGBチャネル出力の表現形式から,国際照明委員会(CIE)の三刺激値 XYZ などカメラ特性に依存しない標準の色座標系に変換しておけばよい.

(来海 暁)

→イメージセンサ,ディジタルカメラ
◆安藤ら (1998), 安藤・菰淵 (1999)

分光視感効率 [spectral luminous efficiency] (照)

比視感度ともよばれる.分光視感効率とは,特定の測光条件の下で,波長 λ の放射と波長 λ_m の放射とが同じ強さの光感覚(明るさ感覚)を生じる場合における,波長 λ_m の放射束の,波長 λ の放射束に対する比のことである.通常,λ を変化させたときの最大値が1になるように基準化する.とくに断らない限り,CIE 標準分光視感効率または CIE 標準比視感度(spectral luminous efficiency [for the CIE standard photometric observer])の値をいう.この値は,標準的な分光視感効率または比視感度として,CIEにおいて合意された値であり,次の量記号の2種類がある.量記号:$V(\lambda)$(明所視の場合),$V'(\lambda)$(暗所視の場合).

CIE では,波長 360〜830nm までの範囲の 1nm おきの波長における明所視の標準分光視感効率を,1970 年に定めた.これは 1924 年に定めた標準分光視感効率 $V(\lambda)$ が滑らかな関数になるように補間と補外を行った結果として得られたものであり,国際法定度量衡委員会(CIPM)も 1972 年にこれを承認した.標準分光視感効率としては,この新しい値を用いることが望ましいが,計量単位令に従っても測光値の値には実用上の差を生じない.明所視に対する CIE 標準分光視感効率 $V(\lambda)$ または,暗所視に対する CIE 標準分光視感効率 $V'(\lambda)$ に合致する相対分光応答度をもち,光束の定義の前提になっている加法則に従う理想の観測者を CIE 測光標準

観測者（CIE standard photometric observer）とよぶ． (一條　隆)

分光測色方法 [spectrophotometric colorimetry]（測）

ある分光組成をもった光で物体を照明したとき，物体から反射または透過してきた光が網膜に達し3種類の視細胞に受光されて色を感じている．この様相を計器に置き換えて，物体の分光反射または分光透過特性を分光器により計り，国際照明委員会（CIE）が標準として定めたCIE標準イルミナントおよびCIE測色標準観測者の組合わせにより三刺激値を求めるのが分光測色法の原理である．JIS Z 8722「色の測定方法—反射及び透過物体色」は，分光測色方法について詳細を規定している．分光測色において，物体の反射あるいは透過を測定する場合に重要なものは分光測光器である．JIS Z 8722では，この分光測光器を第1種および第2種に分類している．

第1種分光測光器は，測定する任意の波長において，波長精度（正確さ），有効波長幅，測光目盛りの直線性などが測定できる分光測光器である．現在，最も高性能な分光測色が行えるものである．第2種分光測光器は，総合的な各波長での測定値が得られる分光測光器であり，第1種分光測光器に比べて簡易形である．第1種あるいは第2種分光測光器を用いて，反射物体あるいは透過物体を測定する場合の試料の照明および受光の幾何学的条件が定められている．反射物体の場合の条件を382頁，図1に，透過物体の場合の条件を382頁，図2に示す．装置のハードウエアは，一般に光源，分光装置，反射または透過試料部および受光器から構成されており，自記分光光度計といわれる．最近の装置は，マイコンを内部に組み込み測定と同時に種々の測色計算や装置自身の校正まで自動的に行うものがある． (側垣博明)
→反射および透過物体色の測定方法
◆日本色彩学会編 (1998)：「色科ハンド・6章」

分光的色再現 [spectral color reproduction]（入出）

ハントが分類した6種の色再現目標の1つ（Hunt, 1970）．被写体の分光反射率（または分光透過率）と再現画像の分光反射率（または分光透過率）が各波長ですべて一致するような再現を指す．分光的色再現の場合，オリジナルと再現色の分光特性が一致しているので，照明の分光組成や観察者の等色感度のばらつきなどにかかわらず等色が保証される．しかしながら，写真，印刷，テレビなどの一般的な色再現システムでは，使用可能な原色の数が限られていることから，オリジナルと同じ色材を用いたコピーを作成する場合を除いて分光的色再現を達成することは不可能である．これを達成する試みとしてはリップマン方式，micro-dispersion方式（Hunt, 1995）があるが，複雑な装置や特別な感材を用いる必要があるなどの理由から実用化はされていない．分光的色再現を達成すること自体は現実的ではないが，照明の分光分布や観察者の分光感度ばらつきに依存しない等色を与えるための必要条件として，分光的色再現を考えることは重要であろう． (山田　誠)
→測色的色再現
◆Hunt, R.W.G. (1970, 95)

分光分布 [spectral distribution]（照）

分光分布とは，分光密度 $X_{e,\lambda}$ の波長 λ に対する分布のことである．量記号は $X_{e,\lambda}(\lambda)$ $(= dX_{e,\lambda}(\lambda)/d\lambda)$ で表し，単位は分光密度 $X_{e,\lambda}$ の単位となる．波長の代わりに周波数 ν を用いることがある．この場合，量記号は $X_{e,\lambda}(\nu)$，単位は分光密度 $X_{e,\lambda}$ の単位となる．なお，ある値を基準にとって，分光分布を相対的に表すときには，「相対分光分布（relative spectral distribution [of a radiant, luminous or photon quantity $X(\lambda)$]）」という用語を用いる．基準値としては，分光分布の最大値，特定の波長における値，分光分布から求めた測光量の値などを用いる．量記号は S で表され，単位はなく無次元量（最大値などで基準化したとき），ワット毎メートル毎ルーメン（$W \cdot m^{-1} \cdot lm^{-1}$，測光量の値で基準化したとき）となる．

分光密度とは，波長 λ を中心とする微小波長幅内に含まれる放射量 X_e の，単位波長幅当たりの割合のことである．量記号は，$X_{e,\lambda}$ $(= (dX_e)/(d\lambda))$ で表され，単位は，毎メートル $[m^{-1}]$（量 X_e の単位）である．波長の代わ

りに周波数 ν を用いることがある．この場合，量記号は $X_{e\nu}(=(dX_e)/(d\nu))$，単位は毎ヘルツ $[Hz^{-1}]$（量 X_e の単位）となる．なお，分光密度および分光分布に対する外国語は，IEC では同義語として扱い，その備考 1. に spectral distribution は単一の波長ではなく，広い被波長範囲の関数を扱うとき，好んで用いられると記している．また，分光密度，分光分布および相対分光分布は，IEC では放射量に限らず，測光量または光子量についても適用できるように定義している．　　　　　　　　　　（一條　隆）
◎相対分光分布

分散 [dispersion]（化）

顔料は細かな 1 次粒子が凝集した形で供給される．塗料，印刷インキや絵の具などに用いる場合，展色剤（ビヒクル）への分散という工程が必要となる．分散工程によって目的とする色相，光沢，透明性や流動性が得られる．分散とは展色剤中で凝集した 1 次粒子をほぐし，微粒化状態を安定化する工程とよばれる．分散の過程を段階に分けて考えた場合，以下の 3 つの過程からなると考えられる．① 顔料が展色剤に「ぬれる」過程，この過程では顔料凝集体の微細な隙間に展色剤が浸透して顔料粒子間の凝集力を弱め，分散機による機械的解砕（微細化）を助ける．② 微細化過程，この過程は仕上がり粘度や微細化の程度により適当な分散機が選択される．低粘度ではビーズミル分散機が，高粘度では 3 本ロールミル分散機などが適当である．③ 分散安定化過程，微細化された粒子の表面は活性であり再凝集を起こしやすいため，表面にポリマーを吸着させてその立体障害により凝集を防止する方法か，表面荷電を与えその静電反発力で粒子間凝集を防ぐ方法がとられる．微粒子ほど荷電量は小さくなるので，安定化はポリマー吸着を利用する方法が一般的である．これら 3 つの過程は順序だって起こるわけではなく，ぬれ，分散および安定化は同時進行で起こる．
　　　　　　　　　　　　　　　（珠数　滋）
→1 次粒子，展色剤
◆小林（敏）(2001)，石森 (1994)

分散染料 [disperse dye]（化）

水に難溶性の染料で，水中に分散した系から

ポリエステル繊維やアセテート繊維などの疎水性合成繊維の染色に用いる染料を分散染料とよぶ．分散染料は初期の段階ではアセテート繊維の染色用として開発されたが，その後ポリエステル繊維の出現に伴い，染着性や堅牢度が不十分になったことから，ポリエステル用の分散染料が開発されている．現在ではポリエステル繊維が合成繊維の中で最も生産量の多い繊維に発展していることから，分散染料の生産量の 90％以

C.I.Disperse Orange 30

C.I.Disperse Red 73

C.I.Disperse Blue 165

C.I.Disperse Blue 79
ベンゼンアゾ系分散染料の例

C.I.Disperse Yellow 5
（キノリンアゾ系）

C.I.Disperse Red 58
（ベンゾチアゾールアゾ系）

C.I.Disperse Blue 106
（ニトロチアゾールアゾ系）
複素環アゾ系分散染料の例

C.I.Disperse Red 60　C.I.Disperse Blue 56

C.I.Disperse Blue 60
アントラキノン系分散染料の例

C.I.Disperse Yellow 64　C.I.Disperse Yellow 82
（キノリン系）　　　　（クマリン系）

C.I.Disperse Blue 354
（メチン系）
縮合系分散染料の例

上がポリエステル用分散染料で占められている．
化学構造から分類すると，ベンゼンアゾ系，複素環アゾ系，アントラキノン系，縮合系など多岐にわたるが，生産量から見るとアゾ系染料が全体の約70％以上を占めている．代表的な分散染料の化学構造の例を上記に示す．
分散染料の化学構造に共通した特徴としては次の点があげられる．
①染料分子内に水溶性基を有さない，②分子量は他の種類の染料に比べて小さい（分子量250～750程度），③溶解度パラメータがポリエステルの値（10.8）と近似．
分散染料は水溶性基を有さないため，市販分散染料は染料メーカにて分散剤（界面活性剤）を用い直径 $1\mu m$ 以下程度の微粒子に分散化し製品としている． （今田邦彦）
◆安部田・今田（1989）

分散素子 [dispersing element]（測）

分散とは，国際照明用語集では，①1つの媒質の中で，単色放射の伝搬速度が，その周波数の関数として変化する現象，②この現象を引き起こす媒質の性質，③たとえば，プリズムまたは格子を用いて得られるような，放射の単色成分の分離を生じる光学系の性質，と定義しているが，一般には③の意味で用いられることが多く，分散を生じさせる要素を分散素子という．分散素子として古くから用いられたのはプリズムで，頂角が30°，60°のものが多く，ときには定偏角プリズムが用いられる．材質は，可視域ではフリントガラス，紫外，可視，近赤外域では溶融石英，赤外域では NaCl，KBr を用いるものが多い．平面回折格子は平面ガラス板上に金属を蒸着し，その上に等間隔の溝を刻んだもので，機械切りの場合，刻線の形状，間隔を制御できるので特定波長域できわめて効率の高いものができる．機械切りの格子は製作に時間がかかるのでレプリカしたものが使用される．近年では，レーザ光と写真法によるホログラフィック回折格子が多く用いられる．また，分散素子と同様の作用をする連続干渉フィルタを用いることもある．回折格子と干渉フィルタは，原理上高次光が発生するので，ガラスフィルタなどで除去する． （馬場護郎）
→モノクロメータとポリクロメータ

ブンゼン-ロスコーの法則 [Bunsen-Roscoe's law]（心測）

まず，写真撮影を例にとってみよう．絞りF2.0，シャッタースピード1/60秒で最適の露光が得られる場合，絞りをF4.0にするとシャッタースピードは1/30秒で露光量は変化せず，ネガの濃度も変化しない．これはフィルムの感光物質の光学的特性による．すなわち，光化学的に変化する物質の量は，吸収された光の強度と照射時間の積に比例する．つまり，光強度 I と呈示時間 t との積 $I\cdot t$ が，刺激閾値に対して，一定である（$I\cdot t=$ 一定）ということである．これをブンゼン-ロスコーの法則という．この法則は暗順応時の人間の眼の感光作用にも適用できる（Bloch，1885）．この場合は，光覚閾における刺激光の強度と持続時間との関係の問題ととらえることができる．すなわち，明るさの時間加重（temporal summation）の問題である．

ブンゼン−ロスコーの法則が成立するということは，ある強度をもった光が瞬間ごとに網膜の視細胞を刺激して，ある潜在的な興奮を生じ，その興奮が完全に加重されて光が見える段階に達することを意味し，Zacks (1970) によると，それは主として，視対象の検出メカニズムの作用と考えられる．この法則が完全に成立するには，刺激光の照射される網膜領域の大きさおよび持続時間の範囲が限定されることが知られている（Blondel・Rey, 1911；Graham・Margaria, 1935；Karn, 1936）．さらに，刺激光の持続時間の効果には，刺激光の波長との交互作用が認められている（Biersdorf・Granada, 1962）．

(高橋啓介)

→時間的足し合わせ機能，ブロックの法則
◆Bloch, A.M. (1885), Zacks, J.L. (1970), Blondel, A.・Rey, J. (1911), Graham, C. H.・Margaria, R. (1935), Karn, H.W. (1936), Biersdorf, W.R.・Granada, A.M. (1962)

粉体塗料 [powder coating; powder paint]
(着)

溶剤を用いないで粉体の状態で塗装し，加熱して溶融させることにより架橋・硬化させ，塗膜を形成する塗料．塗料はエポキシ，アクリル，ポリエステルなどの熱硬化性タイプが用いられる．樹脂・顔料硬化剤・添加物などを混合，溶融後微粉砕し，分級してつくる．塗装方法は流動浸漬法，静電塗装法などがある．有機溶剤をほとんど使用しないため，VOCが低く，環境保護に適した塗料である．また有機溶剤による中毒や引火の危険もない．塗膜は数十〜数百 μm の厚膜化が可能で，溶剤系のようなタレやタマリが少なく，耐久性もすぐれている．工程で塗着しなかった塗料は回収して再利用できる．しかし，問題もある．発色の点ではまだ改善の必要があり，色替えも溶剤系塗料のように簡単にはいかない．また，トータルコストが高く，仕上がり外観（とくに平滑性）にも問題がある．したがって，過去には自動車用中塗りや上塗りとして使用されたことがあったが，2001年現在は日本では使用されていない．欧州では環境負荷の低さが見直されて，クリアー塗料が使用され始めている．

粉体塗料は一般に粒子径が小さいほど美観性が向上する一方，平均粒子径より小さい微粉が多く含まれると，塗装の効率は逆に低下し，外観も美しく仕上がらない．最近では微粒子粉体塗料が開発され，平均粒子径が 25μm と従来の粉体塗料よりも細かく，さらに標準偏差が 20μm 以下と粒がそろっているため，塗装対象品の凹部への均一な付着性にすぐれ，溶剤塗料並みの滑らかな仕上がりを得ることができるようになった．この特長をいかすと，従来の粉体塗料では達成できなかった薄膜化が可能となり，塗料の使用量を3割低減できた事例もあるなど，これまでの「粉体塗料はコスト高」という課題も解決に向かい，携帯電話やパソコンなどのIT関連機器をはじめ，家庭電化製品，厨房機器，事務機器，自販機，建材，景観材ほか，幅広い用途へ展開されている． (吉田豊太郎・伊藤行信)

→揮発性有機化合物

[ヘ]

平安時代の色彩 [color in the Heian Period]（社）

　平安時代は平安京遷都（794年）から1185年までの約400年を指している．平安京造営は風水思想によるといわれるように，初期には中国文化の影響を強く受けたが，中期以降は平安貴族によって，文学や衣装文化を中心に，しだいに「和様」文化がつくりあげられた．とくに染織文化の発展は，当時の日本人の美意識の高さを表している．女房装束に見る「重ねの色目」などは，当時の貴族達の高度で洗練された美意識を表すものであった．重ねの色目とは，四季折々自然の色の移ろいを，十二単などの衣服の配色に表現した，華麗な美意識の表れである．たとえば，春の色目の「桜」は表白，裏赤であり，冬の色目の「枯野」は表黄，裏淡青である．また五つ衣の色目には，同系色濃淡の「匂い」やそれに白を加えた「薄様」などのバリエーションがあった．また平安時代には「禁色(きんじき)」の服制が制定され，天皇の黄櫨染(こうろぜん)，皇太子の黄丹，深紫，紅の濃淡色，青白橡(つるばみ)，赤白橡などに対しては，身分の低い者の使用を禁止した．一方で「聴色(ゆるしいろ)」として禁色の薄い色の着用を認めたため，色彩文化の開放策もとられていた．さらに平安時代には「源氏物語絵巻」，「平家納経」，西本願寺の「三十六人家集」などの優雅で華麗な料紙や絵巻が制作された．これらに見る色彩の配合美は，重ねの色目とは別個の高度な技術美に溢れている．

（城　一夫）

→重ねの色目

平行光濃度と拡散光濃度 [specular density and diffuse density]（入出）

　透過濃度（transmission density）は，幾何学的測定条件により平行光濃度と拡散光濃度に分類される．それらの概念図を右欄に示す．

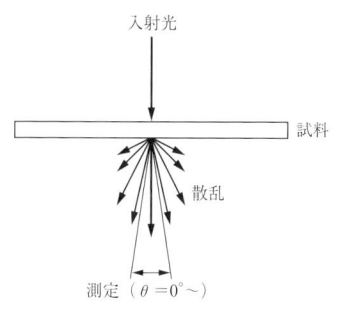

　図のように，試料に光が入射すると光がさまざまな方向に透過，散乱する．平行光濃度は，入

入射光に対し直進する光のみを測定した値であり，拡散光濃度は，入射光が試料で透過，散乱したすべての方向の光を測定した値である．

　しかし，厳密には，平行光濃度とよんでも，平行な光の成分だけでなくある角度範囲の光も測定するため，現在の国際標準（ISO 5-2）では，用語として，平行光濃度は投影濃度（projection density）に置き換えられている．また，反射濃度（reflection density）の場合は，光の入射と測定の幾何学的測定条件により，0/45，45/0濃度と拡散光濃度に分類される．　　（室岡　孝）

→濃度

◆ISO 5-2 (1991), ISO 5-4 (1995)

入射光に対し直進する光のみを測定
（平行光濃度）

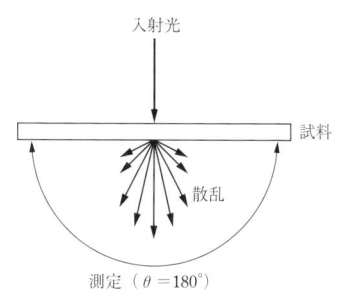

測定（$\theta = 0°\sim$）

透過するすべての方向の散乱光を測定
（拡散光濃度）

測定（$\theta = 180°$）

平版印刷 [lithography]（入出）

　平版印刷とは，印刷版において印字部と非印

字部とがほぼ同一平面上にあり，印字部を親油性，非印字部を親水性とし，版面に印刷インキと水とを交互に与え，水と油とが反発する性質を利用して印刷する方式である．18世紀末のアロイス・ゼネフェルダーの石版術により始まり，20世紀になってからはアルミニウムなどの金属版と間接版としてのゴム胴を用いる現在の方式に改良されるに至っている．カラー画像を高速に美しく印刷できるので，急速に現在の印刷業界における主要な印刷方式として普及した．ほとんどの平版印刷方式は，金属版上のインキをいったんブランケットとよばれるゴム胴に転移させた後に，印刷用紙に印刷するので，オフセット印刷ともよばれる．もともと，平版印刷とオフセット印刷の語源は異なるが，実際にはほぼ同義語であるかのように用いられている．

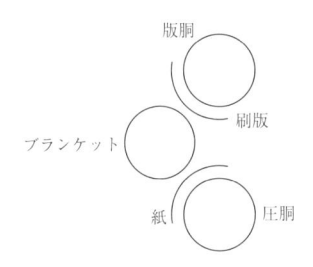

平板印刷方式（版胴・刷版・ブランケット・紙・圧胴）

平版印刷に用いられる印刷インキを平版インキまたはオフセットインキともよぶ．平版インキは，湿し水を用いることや平版印刷のインキ膜圧が薄いことなどから，湿し水とあまり乳化せず版に忠実に転写すること，着色力が大きいことなどが求められ，有機顔料が用いられる場合が多い． （島崎　治）
→凸版印刷，◎オフセット印刷

ペーブメント・カラー [colors of pavement]（デ）

ペーブメントは舗装路，舗装用材を意味するが米語では車道，英語では歩道を指す言葉でもある．日本では歩道を指す言葉として使われるケースが多い．舗装用材は自然石，煉瓦，炻器質タイル，磁器質タイル，インターロッキング，コンクリート平板，木煉瓦，ゴム系床材，透水性コンクリート，コンクリート，アスファルトなどに分類される．舗装用材の色は自然石の場合は花崗岩固有の白，灰色，黒と茶系の色相があり，表面仕上げの粗密により明度彩度感が変わる．煉瓦，炻器質タイルは原料の土の鉄分の含有量と焼成条件により色が変わるがライトブラウンからダークブラウンに至る茶系の色に集中している．磁器質タイルは釉薬の発色範囲で自由な着色が可能である．インターロッキングやカラーコンクリート平板は金属酸化物系無機顔料による着色なので色の範囲は広い．舗装のデザインを考える場合，舗装を目立たせる必要はないので，視覚障害者用誘導ブロックは輝度比を確保する他は，自然な素材色を活かし，多種類の色や用材を用いたり，彩度や明度の高い色や対比の強い配色を用いたり，舗装に絵を描いたりしないことが基本である． （永田泰弘）

ヘーリング [Karl Ewald Konstantin Hering]
（感知）

ヘーリングはドイツの生理学者でウェーバー-フェヒナー比で有名なウェーバーとフェヒナーの弟子である．その業績は神経生理学から心理物理学まで多岐にわたっているが，時代を超えた先見性のために同時代に正当に評価されなかったものもある．当時から評価された業績としては呼吸に関する生理学的知見が有名で，吸息時の肺伸展受容器の刺激が迷走神経を通じて延髄に届くと吸息が抑制されるヘーリング–プロイエル反射や，呼吸に関係する血圧の律動的動揺であるトラウベ–ヘーリング波にその名が記されている．

心理物理学の業績としては両眼連合理論と反対色理論が有名である．前者は，両眼はその中心にある1つの眼（cyclopean eye）のようにふるまうとの考えに基づいており，同一視方向の法則と等神経支配法則を提唱した．後者は，白と黒，赤と緑，黄と青は同時には存在しない反対色で，おのおのに対応する拮抗過程の正負の出力により生じる色感覚であるとする説である．色の見えやさまざまな色覚現象をうまく説明できる．ヤング–ヘルムホルツの三色説との対立が有名であるが，KaiserとBoynton（1969）は，

ヘーリングの著書の脚注には，三色説が前段階で反対色説がその後に続くという段階説を示唆する記述があると紹介している．　　（阿山みよし）
→反対色
◆Kaiser, P.K.・Boynton, R.M. (1996), Hurvich, L.M. (1969), 芋阪ら (1993)

ベツォルトの同化現象 [von Bezold's assimilation phenomenon]（感知）

一般に，時間的空間的に近接する視覚刺激間で，それぞれの刺激特性（色，明るさ，大きさなど）の差異が増大して知覚される現象を対比（contrast）というのに対して，差異が減少して知覚される現象を同化（assimilation）という．このうち色および明るさの同化現象については，ベツォルト型のアラベスクパターンが引用されることが多いため，別名ベツォルトの同化現象ともよばれている（たとえば Boynton, 1979）．

同化と対比は現象的には正反対の効果であるがゆえに，研究の1つの焦点は両者の成立機制間の関係にあてられてきた．Helson (1963) は，視覚系の神経活動の促進（加重）と抑制でそれぞれ同化と対比を統一的に説明し，両者は同一機制に基づく相補的な現象であると考えた．また Leeuwenberg (1982) は，自身の構造情報説に基づき，検査領域の形のコーディング（知覚的解釈）に対応して同化と対比の量的関係が決まると論じた．一方，Goto ら (2002) は「対比はボトムアップ的な生理的機構，同化はトップダウン的な認知的機構」とし，両現象を支配する中心的機構が質的に異なることを示唆している．

同化と対比の関係性については，単に「同一機制か別機制か」といった論点のみならず，たとえば同一機制であれば現象転換点の仕組みはどのようなものか，あるいは別機制であれば両者がいかなる相互作用を行うかなど，追究すべき問題は多く残されている．さらに，対比と比べ同化が現象的に不安定で微妙であることも研究の進展を遅らせる一因となっており，その点では実験方法（現象測定方法）に一層の工夫が求められよう．　　（高橋晋也）
→誘導現象，対比，色同化，◎ベツォルトの拡散効果
◆Bezold, W.von (1874), Boynton, R.M. (1979), Helson (1963), Leeuwenberg, E. (1982), Goto ら (2002)

ベツォルト-ブリュッケ・ヒューシフト [Bezold-Brücke hue-shift]（感知）

輝度による色光の色相変化を指す．もとは単色光の色相が輝度により変化する現象で，19世紀末にベツォルトとブリュッケが別々の論文で記述しているので2人の名をとってベツォルト-ブリュッケ・ヒューシフトとよばれている．定量的な測定は Purdy (1931) による色相マッチング法を用いた研究が有名で，彼の実験結果は広く引用されている．パーディーの研究においては，510nm 付近より長波長側では輝度増大に伴い黄色方向へ，それより短波長側では輝度増大に伴い青方向への色相変化が見られる．波長が 474nm，506nm，571nm 付近の光は輝度増大に伴う色相変化が見られない．このような波長を不変波長という．おのおのユニーク青，緑，黄に近いが，ユニーク色波長イコール不変波長ではない．呈示時間を短くするとユニーク黄波長付近の単色光の色相も複雑な変化を示す．Boynton と Gorden (1965) のカラーネーミング法による結果は，色相マッチング法の結果と定量的には一致しない．輝度一定で呈示時間を増大させた場合でも類似の色相変化が生じる結果が報告されている．　　（阿山みよし）
→ユニーク色
◆Purdy, D.M. (1931), Boynton, R.M.・Gorden, J. (1965), 阿山ら (1980)

ベットガー, ヨハン・フリードリッヒ [Johann Friedrich Böttger]（造）

ベットガーはマイセン磁器の発明者．1682年ドイツのチューリンゲン地方に貨幣マイスターの息子として生れる．12歳で薬局に入り，ベルリンのツォルンという薬剤師のもとで働く傍ら錬金術の研究に従事していた．1700年頃には彼が金づくりに成功したとの噂が流れ，プロイセン国王に召し出され，研究を重ねたが金をつくることができないために王の執拗な催促に耐えられず，ひそかにベルリンからドレスデンに逃れてきた．その最中ザクセン侯国のアウグスト強王が，彼にチルンハウス（Tschirn-haus）とともにマイセンの地で磁器を発明するよう命じた．ところが2人が1707年，最初に発明したのは磁器ではなく今日ベットガー炻器（せっき）とよばれる

中国の宜興窯の朱泥に似た赤茶色の炻器であった．この種の炻器はベットガー生存中に制作した作品の大半を占めるもので，エナメル彩を施した華やかな水注や彫像も制作された．

その後も磁器の開発は続けられ，1708年7月にベットガーは白磁器の試作品を提出したが，数ヵ月後に共同研究者チルンハウスが没したので真の発明者についての判定は難しい．いずれにせよ翌年1709年，この試作品を委員会が硬質磁器として認定したので，1710年に王は王立磁器窯設立のため「特許」を宣言．以後ベットガーは磁器製造に従事したが，色絵具が開発されなかったためもっぱらエナメル彩や銀彩，レリーフ装飾を施したバロック様式や中国磁器写しの白磁をつくった．王は磁器の秘法を厳守させるためベットガーに監禁生活を強いた．その心労のため酒浸りとなり，彼は1719年，37歳の若さで没した． （櫻庭美咲）

ベナリー効果 [Benáry's effect]（感知）

図1のような白い背景の黒い十字形の内側に灰色の三角形を貼り付けると，その灰色がより明るく見え，十字の外側に付けるとより暗く見える（Benáry, 1924）．2つの三角形はともに黒領域

図1　ベナリー効果

と白領域に同じ長さで接しているので，単純な明るさの対比では説明できない，ということが注目される点である（口絵参照）．ベナリーの「図地分離説」では，左上の三角形は黒い領域上にあって，十字形にくりぬかれた白い領域に一部を隠されていると見ることができるから，黒い領域からの明るさの対比でより明るく見えると考えることができる．右下の三角形がより暗く見えることも同様に説明できる．この学説の延長として，最近ムンカー–ホワイト効果（White, 1979）との同一性がしばしば議論される（Todorović, 1997；Zaidiら, 1997；Ross・Pessoa, 2000；Blakeslee・McCourt, 2001）．しかしながら，ムンカー–ホワイト効果は図2（左右の灰色は同じ）に見られるようにベナリー図形よりもはるかに強い明るさの錯視である．また，ムンカー–ホ

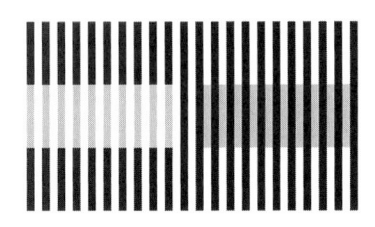

図2　ムンカー–ホワイト効果

ワイト効果には強い色相の錯視もあるが（北岡, 2001）（口絵参照，左右の赤は同じ），ベナリー効果にはあまり認められないことから，両者の同一性は疑わしい． （北岡明佳）
→ムンカー–ホワイト効果

◆Benáry, W. (1924), Blakeslee, B.・McCourt, M.E. (2001), Ross, W.D.・Pessoa, L. (2000), 北岡 (2001)

ベネトンのカラー計画 [Benetton colors]（衣化）

ベネトンは色あざやかなニットやデニムを中心としたカジュアルウエアの代表的なアパレルであり，世界120ヵ国，8000店舗を超える大メーカである．ベネトン社の掲げる「カラー・オブ・ベネトン（United Color of Benetton）」のキャッチフレーズのとおり，ベネトン社は，広告戦略と商品開発，店頭ディスプレイにおいて色を企業のコンセプトとして積極的に用いている．とくに，カラー・メッセージによる広告活動では，社長のベネトンとイタリアの写真家トスカーニによって1980年代後半から90年代に人種間の平等をテーマにした白人，黒人，東洋人などさまざまな人種が登場する広告をはじめ，エイズ予防を喚起する広告を出し，人種，環境，宗教的なタブーにあえて積極的に取り組んだことで大きな話題をよんだ．

商品開発の点では，カラフルなイタリアン・カラーを基調としながらも，各国のマーケット・トレンドを十分に採り入れた各国独自のカラー計画が立てられている．店頭の陳列方法についても，多種多彩なアイテムを色相のグラデーションで統一することでカラーライゼーションを行い

ディスプレイされている．さらに，1993年より「COLORS」というクオリティーの高いビジュアル誌を刊行しているが，毎回，人種問題，肥満，喫煙，同性愛，スポーツなど，さまざまなテーマに基づき編集されたもので，ベネトンの社会的なメッセージを伝える媒体の1つとなっている．

(渡辺明日香)

◆Benetton, L. (1990) [金子訳, 1992]

ベラスケス, ディエゴ [Diego Velazquez]
(造)

本名は Diego Rodriguez de Silva y Velazquez．17世紀スペイン絵画の巨匠．セビーリャに生れ，フランシスコ・パチェーコの下で修行し，イタリアおよび北方ルネサンス芸術を学んでいった．1623年にはフェリペ (Felipe) 4世（在位 1621-65）の首席宮廷画家になり，以後生涯マドリードで過ごした．セビーリャ時代の作風は，カラバッジオの影響による強いキアロスクーロ（明暗法）と写実的態度で，ややかたく冷たい画風ではあるが，光や色彩のコントラスト，テクスチャー（質感）の追求などを特徴とし，ボデーゴン（スペインの静物画）（《卵を料理する老婆と少年》(1618)《セビーリャの水売り》ほか）や肖像画（《修道女ヘロニマ・デ・ラ・フエンテ》ほか），さらに宗教画（《東方三賢者の礼拝》ほか），神話画（《バッカスの勝利（酔っ払いたち）》(1629頃)）を描き，一貫性のある構図の中に日常的な主題に卓越した技法を発揮した．ベラスケスは晩年に近づくと神話画，肖像画の集大成を制作していく．神話と現実を複雑に絡み合わせた《ラス・イランデーラス（織女たち）》(1657-60)ではヴェネチア派にはじまった空気遠近法を完成，肖像画《マルガリータ王女》の連作では軽妙な筆致と明るい色彩によって視覚的印象を的確に捉え，傑作《ラス・メニーナス（宮廷の侍女たち）》(1656)では構図への複雑で知的なアプローチが試みられた．この作品では前景と後景が明るく描かれることによって，闇につつまれた中景が空間の深さをつくりだしている．乱反射する光とその明暗が描かれる対象の色彩や輪郭を支配している．光によって空気を描写したベラスケスの作品は，光が強くなると同時に陰も濃くなっているので

ある．まさに光と色彩の革新を果たした画家といえよう．

(三井直樹)

→キアロスクーロ

◆神吉編 (1976), 城 (1993a)

ヘリコーン [helicon] (着)

1989年に開発された，ヘリカル（螺旋状）構造をもつコレステリック型液晶ポリマーである．構造は，プレートの分子を平行に整えたのち，分子配向を少しずつずらして螺旋状に約10枚積み重ね，重合反応により分子を固定化したものである．広いスペクトル領域で，入射する光の一部の領域のみが反射し，これ以外の領域の波長の光はすべて透過する．反射したスペクトル成分の領域は，螺旋状のポリマーのピッチ幅と材料の屈折率によって決まる．これにより，光源や観測する角度によって，強く，かつ連続的にスムーズに色が変化するカラートラベル（カラーフリップフロップ）を呈する．1995年にフランクフルト・モーターショーで発表されたメルセデスベンツに塗装され注目を集め，その後同社の Designo シリーズの特別色として販売された．日本では1998年のペイントショーで発表され，塗料，インキ，プラスチック，ゴム，人工皮革などの用途に検討が進められている．2001年現在，4種類のカラーバリエーションがあり，単体，あるいは混合，さらに着色顔料や他の光輝材との混合により，多彩な色調が得られる．色のダイナミックな変化はクロマフレアに似ているが，ヘリコーンの方が色の変化がおだやかで，光輝感，透明感が強い．粒径が大きいため，塗料では，ヘリコーンの量 (PWC) が多い場合はダブル・クリアーコートが必要である．

(吉田豊太郎・伊藤行信)

ヘルソン-ジャッド効果 [Helson-Judd effect] (感知)

高彩度の有彩色照明下で十分な色順応を行い，種々の明度の灰色（無彩色）色票を観測すると，背景の明度より高い明度の灰色色票は照明光の色相に，低い明度の灰色はその補色に見える効果をいう．1938年にジャッドの協力を得てヘルソンによって発見された．図は，高彩度の緑色光に照明された小部屋で十分に順応し，反射率23%（図の明度5に相当）の灰色背景で種々の

灰色色票が観測されたときの結果を示す．横軸と縦軸は，それぞれ，知覚された灰色色票の明度（L）と彩度（S）を示す．彩度の正負（±）は知覚された灰色色票の色相の違いを示し，正（+）は照明光の色相，負（-）は照明光の補色を示す．明度5よりも高い灰色は緑色に見え（縦軸の+側），明度5よりも低い灰色は緑色の補色の赤色に見え（縦軸の-側），明度5の灰色は緑色でも赤色（補色）でもない無彩色に見える（縦軸の0点）．有彩色照明光に5%の白色光を加えるだけでこの効果は現われない．反対色理論の証拠とされ，納谷モデルやハントモデル（色の見えモデル）では予測することができる．1991年に日本色彩学会の森らが中心となって両眼隔壁法により改めてヘルソン-ジャッド効果の観測が行われた． (矢野 正)
→色の見えモデル
◆Helson, H. (1938), Judd, D.B. (1940), Mori, L. ら (1991)

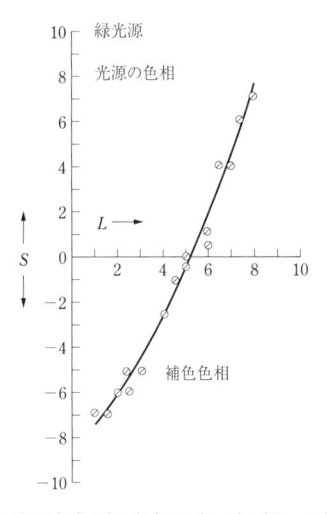

ヘルムホルツ [Hermann von Helmholtz]
（感知）

　ヘルムホルツはエネルギー保存則を唱えた物理学者として有名であるが，『生理光学』という著書を1860年に出版し，その分野の確立と発展に大きく貢献したことでも知られている．彼はヤングの三色説を支持し，網膜上の3種の受容体の仮想的なスペクトル応答曲線を描いている．これがヤング-ヘルムホルツの三色説とよばれる所以である．また，当時は加法混色と減法混色の違いも理解されておらず，ヤングも三原色の選択において戸惑いをみせていたが，ヘルムホルツはその違いを明らかにし，光を重ね合わせる場合は加法混色，色素を混ぜ合わせるときは減法混色となることを示した．これは，その後の色彩工学の発展につながる重要な発見である．このほかにも，補色の関係にある波長の組合わせを正確に求めたり，その実験の過程でたとえば青と黄の波長を混合して白色をつくるときの明るさの比が1:4となることから，同じ単色光でも彩度が異なり，黄の彩度が最も低く，短波長の青の彩度が最も高いことを示すなど，色彩工学の基礎となる実験を数多く行った．
（中野靖久）
→ヤング
◆Sherman, P.D. (1981)

ヘルムホルツ-コールラウシュ効果
[Helmholtz–Kohlrausch effect]（感知）

　明所視の範囲内で輝度を一定に保っても，色刺激の純度が変化することによって知覚される色（知覚色）の明るさが変化する現象をいう．これをヘルムホルツ-コールラウシュ効果という．ヘルムホルツが指摘し Kohlrausch (1935) が実験した．表面色でも光源色でも知覚される．等明度面のマンセル体系（Munsell Book of Color）を観測すれば，種々の色票が同じ明るさには知覚できないことを体験できる．ヘルムホルツ-コールラウシュ効果は B/L 比（光源色），または，L/Y 比（物体色）として表現される．B/L

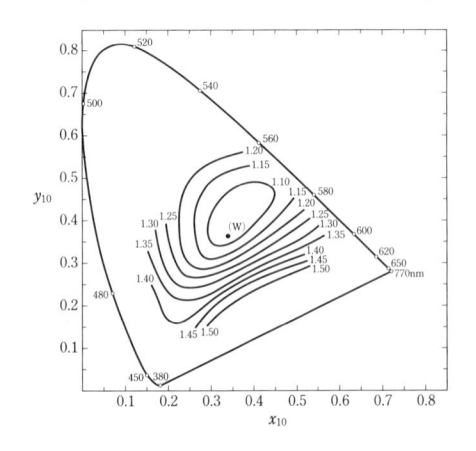

比とは，輝度 L（Luminance）の有彩色光と等しい明るさ（Brightness）に知覚された無彩色光の輝度（等価輝度）B との比である．図は色度図上に Wyszecki と Stiles (1982) による同一輝度内で B/L 比が等しい有彩色光の色度を結んだ曲線である．図の数値は B/L 比を示す．黄色では小さく，青，紫，赤紫色では彩度の増加とともに増大する．B/L 比の予測にはウェアーコーワンの変換式が有名である．しかしながら，変数増減法による重回帰式が用いられているため実験値との食い違いが指摘されており，いくつかの予測式が提案されている．Nayatani ら (1998, 2000) は，B/L 比（または，L/Y 比）以外の新しい表現方法を示し，有彩色の知覚明度を予測する式や相反則不軌との関係を示した．

(矢野 正)

◆Kohlrausch, V.A. (1935), Wyszecki, G.・Stiles, W.S. (1982), Nayatani, Y. ら (1998), Nayatani, Y.・Sobagaki, H. (2000)

ベロ藍 [Prussian blue]（造）

江戸時代後期にオランダ経由で輸入され，葛飾北斎や歌川広重など江戸後期の浮世絵師たちに好まれた明るい色調の青い絵の具で，プルシャン・ブルーの当時のよび名．近代に開発された化学技術で新しく人工的につくられた顔料としては，最も古いもの．ベルリンで染色，塗料関係に従事していたディースバッハと錬金術師ディッペルにより，1704年頃に，フローレンスレーキという赤い顔料をつくろうとして偶然に発見された青色顔料である．この後，次々と合成顔料が発見されていく．ベロ藍の名は，ベルリンの藍色からできた名称で一般的には，「ベロ」または「ベルリン・ブルー」ともよばれた．色の幅を表す「濃べろ，花色べろ，石青べろ」の名称が江戸時代の『絵本彩色通』（葛飾北斎著，1848年）に見られる．「ベロ藍」は，明治以降の名称といわれている．浮世絵に使われる青色には，少しくすんだ藍と華やかだが色がすぐあせてしまう露草の花からとる青しかなかった．このベロ藍は，江戸後期の浮世絵に，明るく彩度のある青をもたらした重要な色材で，浮世絵の色彩が一変することになる．目のさめるようなあざやかなプルシャン・ブルーを手に入れた絵師たちは

それまで日本に存在しなかった青に魅せられ多用，とくに渓斎英泉，葛飾北斎，歌川広重らがその表現を競った．北斎の《富嶽三十六景》や広重の《江戸百景》などに，プルシャン・ブルーの色彩を最大に活かした効果を見ることができる．

(降旗千賀子)

◆ヘンリー・スミス (1998)

変角測色 [goniometric colorimetry]（測）

反射光の空間分布を考えるとき，典型的な分布として均等拡散分布と完全鏡面分布が考えられる．前者は，どの方向から観察しても放射輝度（または輝度）が一定のもので，後者は，入射光と鏡像関係にある鏡面反射方向に反射光が集中しているもので，一般の反射体ではその両者の適当な比の和とされていた．いままでの反射測定の幾何条件は，この前提から定められていた．しかし，金属面でも表面に微細な凹凸があると表面からの反射光も鏡面反射方向だけには集中せず，かなり広い方向に散乱するし，メタリックやパールマイカペイントでは塗膜内の粒子による散乱も方向性があるので観察方向によって反射の強度だけでなく色も変化して見える．織物や紙などの反射光の空間分布は複雑で，繊維の方向によっても変化する．このような試料の色を実際の観察条件で測定するには，任意の照射角，観測角で測色することが必要で変角測色方法がとられる．変角測色装置は一般に試料を一方向から白色光照明し，試料の上側の半球面上の任意の方向の反射光を分光測色する．実際には，測定値の解析の便宜上，測定面内で照射角，観測角を変えて測定することが多い．交織織物などでは，試料を法線方向から照射し，観測角を一定にして試料をその面内で回転し，方位角による色の変化を求めることもある．

(馬場護郎)

→ゴニオアピアランス

変化刺激 [variable stimulus]（心測）

感覚・知覚の実験で用いられる刺激の名称．比較刺激と同義として用いられることが多い．しかし実際の実験では，パラメータとして標準刺激そのものも何段階かにわたって変えられることが多い（「比較刺激」の図 388 頁参照）．図では，波長弁別の結果を示す 3 本の曲線が描かれ

ているが，それぞれ標準刺激の大きさと網膜照度を同時に3段階に変えた時の結果である．したがって，変化刺激という名称はややあいまいな名称である（大山，1973）． （三星宗雄）
→比較刺激，標準刺激
◆大山 (1973)

べんがら（弁柄・紅殻） [Bengala; India red]
（造）

　主に赤褐色を呈する顔料．べんがらという色名は，成分の酸化鉄を含む良質の赤褐色の土がインドのベンガル地方で産出されたことに由来するとする説が有力である．朱とともに最も古くから用いられた顔料の1つである．中国では周口店山頂洞，欧州では後期旧石器時代の墓から見いだされている．わが国では縄文早期の東釧路貝塚などが古い例として知られ，墳墓，土器，埴輪，壁画や寺院での塗装をはじめ，身体装飾にも用いられた．現在の生産は，日本では山口県が最も多く，全国生産量のおよそ66%を占めている．

　製法としては，硫酸鉄を加熱した乾式，硫酸鉄から黄色酸化鉄をつくりそれを加熱する湿式によってつくられる．耐光性にすぐれ，耐薬品性，耐熱性にもすぐれており，毒性がないので，防錆材，煉瓦やセメントなどの着色や漆椀での彩色，化粧品や塗装顔料をはじめ，磁気製品のフェライト化合物など，幅広い用途に用いられている．色域としては，その種類に応じて黄色系から赤褐色および褐色系までの幅がある．一般的な色材としては，赤褐色を呈する$\alpha\text{-}Fe_2O_3$が多く用いられている．また，褐色を呈する$\gamma\text{-}Fe_2O_3$は，録音・録画用の磁気テープによく用いられる．
（大関 徹）

偏光 [polarized light; polarization]（物）

　電磁波の一部である光は，横波である．横波とは，波が伝わる方向に対して垂直な振動で起こる波である．この横波は振動の方向を1つの面に限定することができ，その面を振動面とよぶ．自然界に存在する光の多くは複数の異なる周波数の光を含んでいて，それぞれ電界の振動方向が決まっていないので振動面がバラバラであり，特定の振動面をもたない．このような光を偏光フィルタを通すことで，振動面のそろった光の状態にすることを偏光とよぶ．ある結晶では入ってきた光をお互いに直角に偏光した2つの内部光線に分けるだけではなく，一方の光線を強く吸収し，他方の光線を透過させる．このような結晶をヘラパタイト（人工偏光板）という．このヘラパタイトの微視的な結晶をセルロースの高分子膜間に一様な方向に並べて埋め込んでつくったのが偏光フィルタである．分光測光器に使用する分散素子には偏光特性をもつものがあり，液晶ディスプレイは偏光を利用しているので，この関係で測定に誤差が生じることがある．
（鈴木恒男）

変色と退色 [discoloration]（自人）

　変色と退色は繊維，プラスチック，紙，印刷，写真などでの好ましからざる色の変化であり，変退色と1つにしてよばれることもある．この変色と退色のそれぞれの使われ方をまとめると，次のようになる．

● 変色：着色物の色調（色相，明度，彩度）が変化すること．一般には，ものの色調が外的な要因によって，あるいは継時で，予期せぬ現象として，または好ましくない現象として変化することを指す．

　具体的には，塗装や染色物，印刷物，食品などの色調が，紫外線や酸化，洗濯，摩擦などの繰り返しによる継時変化や薬品，漂白剤，汗などの外的要因によって変化することをいう．このような場合，変色の一種である退色と合わせて，変退色という用語が使われる場合もある．

● 退色：着色物の色調がうすくなる方向に変化すること．すなわち，色相は変化せずに色の濃度がうすれることにより，彩度が低下し，明度が上昇して白に近づく方向に変色すること．一般的には，外的な要因や継時の劣化に伴って色がうすれる現象を表現する言葉として，色相の変化を伴う変色とともに用い，総称として変退色という用語が使われる場合もある．この変退色の試験方法は繊維やプラスチックではJISで定められ，基準となるグレースケールやブルースケールと視感によって変退色の程度を判定する．
（中畑顕雅）

→グレースケールとブルースケール

偏色判定 [judge of color deviation]（自人）

色合わせにおいて，与えられた色見本と試作した色見本とを比較し，色がどのように違っているのかを判定することを偏色判定という．偏色判定は，均等色空間でのマンセル表色系のグリッドが，色相がほぼ直線で，彩度がほぼ同心円で表すことができることに着目して，色の違いをマンセル表色系の色相，明度および彩度に相関する量として判定するもので，図式による方法と均等色空間でのメトリック量を用いる方法がある．最近では，メトリック量を簡単に計算することができるため，色相差，明度差，および彩度差に相関する量を計算によって求め，明度指数と色座標に測定値をプロットした図とを併用する場合が多い．CIELAB でのメトリック量は次で求める．

CIE 1976 lightness：
$$L^* = 116(Y/Y_n)^{1/3} - 16,$$

CIE 1976 a, b chroma：
$$C_{ab}^* = (a^{*2} + b^{*2})^{1/2},$$

CIE 1976 a, b hue-angle：
$$h_{ab} = \tan^{-1}(b^*/a^*),$$

CIE 1976 lightness difference：
$$\Delta L^* = L_1^* - L_2^*,$$

CIE 1976 chroma difference：
$$\Delta C_{ab}^* = C_{ab,1}^* - C_{ab,2}^*$$

CIE 1976 hue difference：
$$\Delta H_{ab}^* = s[2(C_{ab,1}^* \times C_{ab,2}^* - a_1^* \times a_2^* - b_1^* \times b_2^*)]^{1/2}.$$

ここで，$a_1^* \times b_2^* > a_2^* \times b_1^*$ なら，$s = -1$，そうでない場合は，$s = 1$． （小松原 仁）
→色合わせ，CIELAB，CIELUV，メトリック量
◆CIE Pub. No.116 (1995)

ベンハム・トップ [Benham's top]（感知）

図に示した白黒の図形パターンを中心軸の周りに 5～10 cycle/s で回転すると，A，B，C，D それぞれの 3 本の円弧に色がついて見える．実線の矢印方向に回転すると A に赤，B に黄，C に緑，D に青が見える．このコマのことを，考案者の名前を採って，ベンハム・トップとい

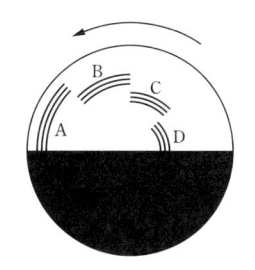

図の円弧 A，B，C，D に色がついて見える

う．この図形パターンは白黒であるのに色が見えるということで，この色を主観色（subjective color）とよんでいる．ベンハム・トップと同様な主観色は回転パターンを用いず，ベンハム・トップを模擬した時空間的な変化をするフラッシュ光を用いても生じさせることができる．また，主観色は人間だけでなくミツバチにも見えることが報告されている．したがって，このような主観色は刺激呈示の時空間的条件により，錐体以降の色覚応答が白色からシフトすることにより生じ，その色覚系内のレベルはかなり低次ではないかと考えられる． （内川惠二）
→主観色現象
◆Jarvis, J.R. (1977), Uttal, W.R. (1981), Srinivasan, M. ら (1987), Zrenner, E. (1983)

弁別閾 [difference thereshold; difference limen]（心測）

刺激量が変化する場合に，その変化を知覚できる最小刺激変化量を弁別閾という．刺激変化の方向は一般的に上昇，すなわち刺激量が増大していく場合と，下降，すなわち刺激量が減少していく場合の両方向が考えられるが，前者の場合の弁別閾を上弁別閾，後者の場合の弁別閾を下弁別閾という．また上弁別閾と下弁別閾の平均値を平均弁別閾といい，一般的に弁別閾というのはこの平均弁別閾のことを指す．弁別閾の測定は極限法，恒常法，調整法などが用いられるが，平均弁別閾を求めるために上弁別閾と下弁別閾の両方を求める必要がある．また採用する値も刺激閾の場合と同様に，直接反応なら50％の検出率，2件法の正答率なら75％の検出率の刺激量をもって弁別閾とする．弁別閾は差異が知覚できる最小値と考えられることから丁度可知差異（just noticeable difference: j.n.d.）

または最小可知差異（minimum noticeable difference）ともよばれる．この j.n.d. は知覚変化の最小量と考えることができるため，これを単位として感覚量の記述に用いることがある．これを j.n.d. 単位という． （坂田勝亮）

→刺激閾, 絶対閾, 識別閾, 上弁別閾にあたる値, 下弁別閾にあたる値, ◇丁度可知差異

[ほ]

ホイッスラー, ジェームス・アボット・マクニール [James Abbott McNeill Whistler] (造)

ホイッスラーはアメリカ, マサチューセッツ州ローウェルに生れ, 少年時代の一時期ロシアのサンクト・ペテルスブルクで過ごす. アメリカ陸軍士官学校を除籍になった後, 1855年パリに渡り, 1859年以降主にロンドンで活動し, 晩年はパリで過ごす. パリでは日本の浮世絵, 東洋美術・工芸品に魅せられ, エドゥワール・マネやクールベの写実主義作品, ラファエル前派などから影響を受けつつ,「ハーモニー」「シンフォニー」のシリーズを描いた. 形態と色彩の微妙な調和は音楽のハーモニーの音程と同じである, つまり音楽との共感覚であると考え, これらのシリーズの名称がつけられた. そのほかに「ノート」や「ノクターン」などのシリーズ名もある.《白のシンフォニー No.2：白い服の少女》(1864)には花瓶や団扇, 桜の花などが描かれ, 白色の微妙な色合い, 大胆な画面構成にも「ジャポニスム」の影響がうかがえる. 日本の落款のような蝶のサインも使用した. こうしてホイッスラーは日本美術に見られる遠近法を使用しない微妙な色合いに感化されながら, 1870年代には独自の色彩, 新しい構図を確立していった. 1877年に評論家ジョン・ラスキンと法廷で争うもととなった《黒と金のノクターン：落ちてくる花火》(1874)では色数は抑え, 光と陰の関係に集中させながら, 微妙な色の階調の中で花火の律動を描き, 非具象的な画風を確立している. (三井直樹)

方位色 [orientation colors] (社)

わが国に7世紀頃, 古代中国より伝わったと考えられている陰陽五行思想は, 天文学を基礎とした天地および森羅万象の空間認識を示した思想であった. とくに太陽と月, 火と水に対比させた南と北の方位は, 赤色と黒色で認識され, さらに東と西は青色と白色で認識され, 中央を黄色とした五行の色彩表現は, 天上の五惑星および地上の五元素の作用を説明するのに明解な表現でもあった. こうした五行による方位色は, その後のわが国の文化の中でさまざまな影響を与え, とくに祭 (神事) や年中行事, 寺社建築などにおいて, この五行が表現されている. たとえば江戸では3代将軍徳川家光の時に江戸城を守護するため東西南北の四方向と中央の五ヵ所に五色不動尊が祀られた. なかでも目黒不動尊と目白不動尊は今も地名として残っている. また加賀の金沢では前田利常の正妻として徳川家より輿入れした珠姫の婚姻にちなみ, 五色生菓子がつくられた. これは五方位すなわち森羅万象を意味する日月山海里の五色を表現したもので, 縁起菓子として今日でも結婚式に欠かせぬ食べ物である. さらに祭礼の旗や幟, 引き幕などの彩色表現や, 相撲の土俵の四隅に下げられた青, 赤, 白, 黒の四色の房も, 五行による守護神を象徴化しており, 方位色が日本文化に定着していることを示している. (小林忠雄)
◆吉野 (1978), 小林 (忠) (2000)

方位随伴性色残効 [orientation contingent color aftereffect] (感知)

マッカローが発表した論文で紹介された方向と色に関する残効 (刺激が取り去られた後に, その刺激が残す効果) であり, 著者の名前からマッカロー効果ともよばれている. 赤と黒で構成された縦縞と, 緑と黒で構成された横縞を交互に数秒ずつ, 合計で数分間観察する順応を行った後に, 白と黒で構成された縦縞と横縞のテストパターンを観察すると, 順応の色と方向の関係とは逆に, 縦縞の白い部分が淡い緑に, 横縞の白い部分が淡い赤に知覚される. この方向に随伴して知覚される色残効は, 残像が数秒間しか持続しないのに比べ, 数時間から数週間も白黒のテストパターンを見たときに色が知覚されるのが特徴である. この残効は, 白黒のテストパ

ターンまたは観察者の頭部を傾け，網膜上で斜めの縞模様が知覚されると白色部に見えていた色が消える．また，テストパターンまたは頭部を元の位置に戻すと再び色が知覚される．この残効をなくすには，順応のパターンの方向と色の組合わせを逆に（文中の例ならば赤い横縞と緑の縦縞）して再度数分順応すると色の知覚がなくなる．この残効に関しては，順応とテスト刺激の空間周波数特性，順応とテスト刺激のコントラスト特性，両眼間の交互作用などが検討されている．また，この残効の成立メカニズムには生理学的視点での説明や条件づけでの説明がなされている． 　　　　　　　　　（鈴木恒男）
◎マッカロー効果
◆McCollough, C. (1965), Shute, C.C.D. (1979)

法衣の色 [colors of priests' robes]（社）

仏教の僧侶のアイデンティティとして定められた衣服の色の壊色は如法色すなわち仏法にかなう色である．正色（青，黄，赤，白，黒），間色（紅，紫，碧，駆黄，緑）以外の色で，カサーヤといいここから袈裟という言葉が出てくる．銅の錆びた色，河の泥色，樹皮の色または鉄の錆びた赤土の色，この3つの色である．これがインド北方より前漢末に伝わり，東アジア地域で国家の理念とともに展開し，その中で僧服の色も変容していく．日本の法衣には大きく律衣・教衣・禅衣の流れがあり，教衣・禅衣は国家の祭司としての立場が表現されている．したがって，冠位十二階で定められたように国家の規定による色が重要なものとなる．現在の各宗派では，緋色を上位に定めている宗派，緋または紫を上位にもってくる宗派と多様である．深紫，浅紫，白，水色，黒，香，木蘭，墨，萌黄，黄色，浅黄，鳶色，紅香，藤色，栗皮色や縦糸，横糸の色を変えて橡葉重，落葉重，青丹，松葉重などのように混色としたものなどが使われている．一般的には高貴な色としての黒が使われる．社会と仏教の在りようが混然として原理主義でないことを感じさせる法衣の色である． 　（井筒與兵衛）
◆井筒 (1965, 74)

放射の視感効度 [luminous efficacy of radiation]（照）

放射の視感効度とは，ある放射について，光束を放射束で除した値のことである．量記号は，K（明所視の場合）または K'（暗所視の場合）で表され，単位はルーメン毎ワット（$\mathrm{lm \cdot W^{-1}}$）である．

$$K = F_\nu/\phi_e$$
$$= K_m \int_0^\infty \phi_{e,\lambda}(\lambda) V(\lambda) d\lambda \bigg/ \int_0^\infty \phi_{e,\lambda}(\lambda) d\lambda$$
$$K' = F'_\nu/\phi_e$$
$$= K'_m \int_0^\infty \phi_{e,\lambda}(\lambda) V'(\lambda) d\lambda \bigg/ \int_0^\infty \phi_{e,\lambda}(\lambda) d\lambda$$

単色放射についていう場合，（標準）分光視感効度と同じことになる． 　　　　　（一條　隆）

放射量 [radiant quantities]（照）

光束，光度，照度などの心理物理量としての測光量に対応する光の物理量であり，基本的な量の定義を以下に示す．

● 放射エネルギー（radiant energy）Q_e：放射として放出される，伝達される，または，受け取られるエネルギーで，単位は J（ジュール）．この放射量に対応する測光量は光量（quantity of light）である．

● 放射束（radiant flux）ϕ_e：放射として放出される，伝達される，または，受け取られる，単位時間当たりのエネルギーで，単位は（W）．放射パワー（radiant power）ともいう．この放射量に対応する測光量は光束である．

$$\phi_e = \frac{dQ_e}{dt}$$

● 放射強度（radiant intensity）I_e：与えられた方向を含む微小立体角を伝播する放射束（$d\phi_e$）をその微小立体角（$d\Omega$）で割ったもので，単位は（$\mathrm{W \cdot sr^{-1}}$）．この放射量に対応する測光量は光度（luminous intensity）である．

$$I_e = \frac{d\phi_e}{d\Omega}$$

● 放射照度（irradiance）E_e：面上の点を含む微小面にすべての方向から入射する放射束（$d\phi_e$）を微小面の面積（dA）で割ったもので，単位は（$\mathrm{W \cdot m^{-2}}$）．この放射量に対応する測光量は照度である．

$$E_e = \frac{d\phi_e}{dA}$$

● 放射輝度（radiance）L_e：発光面上，受光面上，または放射の伝播経路の断面上の微小面（面積 dA）における法線に対して角度 θ 傾いた方向から見た場合に，その微小面の見かけの面積（$dA \cdot \cos\theta$）を通り，かつ，その方向を含む微小立体角（$d\Omega$）の錐体内を伝播する放射束（$d^2\phi_e$）を見かけの微小面積と微小立体角で割ったものとして次式で与えられ，単位は（$W \cdot m^{-2} \cdot sr^{-1}$）．この放射量に対応する測光量は輝度である．

$$L_e = \frac{d^2\phi_e}{dA \cdot d\Omega \cdot \cos\theta}$$

この式は先に示した放射強度の関係式で置き換えると，次の表現が可能である．

$$L_e = \frac{dI_e}{dA \cdot \cos\theta}$$

また同様に，放射照度の関係式から，次の表現も可能である．

$$L_e = \frac{dE_e}{d\Omega \cdot \cos\theta}$$

● 放射発散度（radiant exitance）M_e：面上の微小表面の要素からすべての方向へ出る放射束（$d\phi_e$）をその要素の面積（dA）で割ったもので，単位は（$W \cdot m^{-2}$）．この放射量に対する測光量は光束発散度（luminous exitance）である．

$$M_e = \frac{d\phi_e}{dA}$$

（中山昌春）

→光束，光度，照度，輝度

宝石の色 [jewel colors]（自人）

宝石は，大きさ，カット，色，色ムラ，透明度，内包物の有無などによって，さまざまなグレードに品質が分けられる．身近な宝石の1つであるルビーはコランダムといわれる鉱物で，赤，橙，黄，緑，青，藍，紫などの色の中で，赤系統の色をもつものをいう．それ以外はサファイアといい，青が一般的に知られている．ルビーの色相はおおむね 10RP～5R の範囲で，濃いものから薄いものまでのさまざまな濃度を呈する．エメラルドはベリルという鉱物で，黄みの緑から青みの緑まで分布している．やや紫みの青や青みの緑が高く評価される傾向をもっているが，産地が優先されることがある．ダイヤモンドは，無色から黄色まで系統的に色が変化し，色の付き具合を D～Z までの 23 グレードに分類している．グレード D～G まではおおむね無色で，カラーレスとよばれる．グレード H～K まではやや黄みが感じられるが，商品としては，一般的な色の範囲になる．グレード Z より黄みの強いダイヤも産出されるが，ファンシーカラーとよばれ，区別されている．同様に，ピンクやブルー系のものも産出されるが，これらもファンシーカラーとよばれる．

（小松原 仁）

防染 [resist printing]（着）

あらかじめ布に染料の浸透を防ぐための「防染糊」を捺染しておいてから全体を浸染する染色方法のこと．防染された部分は，染色されず，生地色の柄模様で一般に白く抜けることになる．防染で白く抜けるべき部分にあらかじめ捺染などを行い色をつけ，その後，その部分を防染して染色したものは，着色防染とよばれる．防染する方法にはさまざまあるが，木型，金型の凸版を利用し，それらの型を布に圧着することで浸染を防ぐものや，古代からの方法として用いられてきた「ろう」を用いた臈纈染め，型友禅などで用いられる防染糊を使った型紙で行うもの，筆で防染剤を使用して自由に模様を描くものなどの手法がある．木型や金属型の凸版を使用したものでは，日本上代の臈纈，板締め染め，雪花絞り，ヨーロッパの糊型染め，ジャワのチャップなどが，型紙を利用したものでは，小紋柄，中型，紅型，型友禅などがあげられる．

（山内 誠）

→紅型，友禅染

◆板倉ら監（1977）

ぼかし（暈し）[shadings]（造）

東洋の絵画において，立体感や凹凸感の表現のために，色彩や墨の濃淡による変化を効果に用いる技法を暈または隈，あるいは隈取とよぶ．中国では 5 世紀，日本でも 7 世紀の絵画遺品には認められ，西域からの影響との指摘がある．ここでは主として，色彩の変化による造形的・装飾的効果が求められており，明暗の異なる色面あるいは色の帯を並列する繧繝と称される技法もこれに近い．暈は入れかたによって，内暈，外暈，返り暈などの語が用いられ，色暈，墨暈と区別することもある．水墨画は，本来「水暈墨章

画」の略称であるから，東洋絵画において最も効果的な暈しは，水墨画において発揮されたといってよい．墨の濃淡の暈し（暈染）や筆の抑揚による表現である水墨画は，中国唐時代・8世紀前半の自然主義的傾向のなかで，輪郭線・彩色による伝統的画法から開放されて生れたとされる．墨は水の加減によって濃淡のグラデーションに無限の変化をもたらすことが可能な素材であり，あらゆる色彩をモノクロームの譜調に還元することができる．水墨画に期待されたのは，すなわち2次元の画面に立体のイリュージョンを構築することであった．濃墨を濺ぎそのはね散らかるところに造形的効果をねらい，さらにわずかに淡墨を加えて仕上げるという溌墨の法や，淡墨で描いた上に濃墨を加え，あたかも前の墨が後の墨を破るように，墨の濃淡の譜調を生じつつ描く破墨の法に，水墨画発生の発端を見ることができる．前の墨が未だ乾かぬうちに次の墨を加えそのにじみの効果をねらった日本における琳派による「たらしこみ」の技法や西洋における，水分を含んだ筆の一刷毛を加える技法であるwashもまた，広義での暈しに属するといえる． （河合正朝）

◆戸田（禎）(1973, 91)

補色 [complementary color]（表）

2つの色光 C_1 と C_2 を加法混色した結果が白色 C_w に等しくなるとき，C_1 と C_2 を互いに補色であるという．補色の関係にある色 C_1 と C_2 は，色度図上の白色点 W を通る任意の直線上の点 W の両側にとることができる．なぜならばそのような C_1 と C_2 の輝度を適当に調整し加法混色することによって，直線上の白色 C_w と等色させることができるからである．したがって，補色の関係にある色光は事実上無限に存在する．とくに単色光 C_1，C_2 が補色の関係にある場合，それらの波長を補色波長対という．白色として D65 光源を選んだ場合，たとえば 480nm（青）と 578nm（黄）が補色波長対となる．一方，ある色を見つめた後，白色の面を観察すると色の残像が現れる．たとえば，赤い模様を見つめた後には緑の模様が知覚される．このような残像で現れる色のことも補色といい慣わされている．ただし，上記の白色との等色に基づいた補色（物理的補色）と区別するためには，残像によって見える色を残像補色や生理的補色とよぶ方が明確である．一般には，ある色に対する物理的補色と生理的補色は一致しない．

（石田泰一郎）

POSカラーコード [POS color code]（商）

商品が販売されている現場で，その商品の色を管理・統計するためのカラーコード．POS は Point-of-Sale の略で，「販売時点情報管理」と訳されている．POSカラーコードは商品のタグに印刷されているバーコード，価格や商品のコードなどと共に色の販売実績を調べるためのカラーコードとして量販店や百貨店などで利用されている．色の情報を効率よくコード化するために，POSカラーコードの多くは 0〜9 までの数字2桁で表示し，色相とトーンそれぞれを10分類し，計100色としてコード化する場合が多い．このカラーコードは，先にあげた販売店の店頭だけでなく，カラー管理の効率化を図る目的で製造業と商社，販売店などで共通のカラーコードを作成したり，あるいは同業種のカラー情報を共有する手段として業種別に作成するなど，その目的に応じたさまざまな形態のものがあり，JIS 規格のように統一されたカラーコードとして制定されているようなものはない．

製品の色は，単色だけでなく，ストライプなどの柄物や，メタリック色，パール色，透ける色などの素材感も重要な情報となるため，100種という限られたコードの中で，これらの情報を特定するコードの工夫をするなど，さまざまな試みがなされている． （大関 徹）

POSバーコードの色 [color for POS bar code]（商）

POS は，Point-of-Sale の略で，「販売時点情報管理」と訳されている．スーパーなど，販売店店頭での精算をスムーズにするため，食品や雑貨など，さまざまな商品のパッケージに印刷された縞模様のバーコードを用い，それを光学機器で読みとるシステムである．POSバーコードは，横幅の異なる2本の線（黒バー）の組合わせにより，13桁の数字を表現し，そのコードをヘリウムネオンレーザ光（波長633nm）の走

査で読みとる．

　バーコードは，ふつう白地に黒のバーで印刷されるが，黒部分を黒バー，白部分を白バーとよぶ．レジに設置されているスキャナ（読み取り機）は，黒バーと白バーの光の反射率の違いをコントラストとして受光素子が感知する仕組みとなっている．読み取りには長波長レーザ単色光が使用されるため，白バーの部分は白でなくとも，長波長成分を反射する赤，橙色，黄などでもよい．また，黒バーの部分は黒でなくとも長波長成分を吸収する緑，青，紫などでもよい．これにより白と黒以外にも多様な色が使えるので，バーコードを含めて印刷を施す際のデザインの自由度は高い．反対に白バーの部分に該当する印刷の下地色を緑や青にしたり，黒バーの該当色を赤や黄にしてしまうと，コードが読み取れなくなるので留意が必要である．

（大関　徹）

ポスト・モダンの色彩 [postmodern colors]
（造）

　ポスト・モダンとはモダン以降という意味で，デザイン史では1920年から1960年代末まで続いたモダニズムのリアクションとして起きた潮流を意味する．

　モダンの色が，多種多様な色彩を希求した全方位的な時代であるのに対し，ポスト・モダンでは装飾性への回帰や，修辞としての装飾の個性化デザインを反映して，色彩の個性化が模索された．ポスト・モダンでは画一化された色彩の嗜好は敬遠され，流行色に惑わされない個性的な色彩や，オリジナルな配色が求められている．また自然環境保全思想の台頭から，これまであまり注目されていなかったアースカラーとよばれる自然界の色をテーマとした濁色や，黒や白の無彩色との組合わせも，好まれるようになった．さらにコンピュータグラフィックスやインターネットなど，マルチメディアを核としたIT時代の到来を迎え，映像のディジタル・カラーが日常生活に深く浸透してきたことも，色彩という側面からみれば，革命的な変化として捉えられるだろう．

　このようにポスト・モダンの色において人類史上はじめて，色彩の多様化とディジタル化にともなう選択肢の分化と多様性という問題が浮上してきた．今後，色材の色・素材の色・映像の色に加えディジタルな色をわれわれがどのように捉え，これをどのように表現していくかが，21世紀の大きな課題であろう． （三井秀樹）

→モダンの色彩，アースカラー

ポップ・アート [pop art]（造）

　大衆社会ですでに記号化された日用品を本来の文脈から切り離し，美術品として再記号化する表現様式．20世紀，情報・生産技術の発達とともに急速に市民生活に浸透したマスメディア（テレビ，娯楽映画，グラビア誌，広告，三文小説，漫画，流行歌，などあらゆる商業的な活動）の産物は，本物の文化に対し，キッチュ，通俗文化と評された．やがて戦争をまたいで，現代生活のダイナミズムに呼応するそれら大衆芸術が，時代や社会を象徴する図像となることを示す芸術家たちが台頭する．ハミルトンらによる「これが明日だ」展（1956）に代表されるブリティッシュ・ポップは欧州（大陸諸国）やアメリカに広

ロイ・リキテンスタイン《ヘア・リボンの少女》1965（東京都現代美術館）

まった．抽象表現主義全盛のなか，ニュー・リアリズムやネオ・ダダの潮流から飛び出したポップの主題は，いずれにせよ戦後アメリカ的文化への眼差しを対象化したものといえよう．既製品の芸術化により，網膜的芸術から概念芸術への先駆となったデュシャンに精神的源流を見ることもできる．ポップ・アートのスター，ウォ

ホールの最後の大作はダ・ヴィンチ作《最後の晩餐》を題材にしており，本物の筋向かいの画廊で展示されたことは象徴的である．（図・口絵：漫画や菓子包みなどに印刷されたイメージをキャンバス上に拡大模写するスタイルで一躍ポップ・アートの旗手となったリキテンスタイン．明瞭な線，量産印刷を象徴する網点，登場人物の台詞や瞬間の擬音などが均質に扱われ，場面の意味は徹底して透明化される．）　（粟野由美）
→オプティカル・アート

ポップ・デザイン [pop design]（造）

ポップ・デザインは1950年代後半から1960年代にかけて登場したポップ・アート（Pop Art＝大衆芸術）と軌を同じくして誕生したデザイン活動の1つである．1952年に設立されたイギリスの「インディペンデント・グループ」（Independent group）に端を発し，1966年にはイタリアの「スーパースタジオ」（Super Studio），1960年代後半の「アーチズーム」（Archizoom），1976年の「アルキミア」（Studio Alchimia）などに広がりを見せた．彼らは，機能的，無機的，教条的に陥ったモダン・デザインに対する反動から，アール・ヌーヴォー，アール・デコ，未来主義，シュールレアリズム，オプアート，神秘主義，キッチュなど，さまざま要素をミックスし，消費者が喜ぶ「楽しい日常品のデザイン」の創造を目的とした．

ポップ・デザインの共通点は，従来の常識的デザインにとらわれない奇抜な創造性，非機能的で曲線的，自由奔放な形態，そして赤，青，黄などの原色や対照色相を駆使したカラフルな色彩などであり，奇想天外，創造性豊かなデザインであった．代表的な作品は，1964年，ピーター・マードックの五層のダンボールにカラフルな水玉をつけた椅子．1969年のガエタノ・ペシェの「UPシリーズ」の卵形をした真っ赤な椅子やあざやかな水色の丸型椅子．またピエロ・ガッティーらがデザインしたワイン・カラーの大きな袋形の椅子「サッコ」（袋に球状のスチロール片を詰めたもの）．また「スタジオ65」のデザインの，2m以上に及ぶ真っ赤な唇形のソファー．フランコ・メロのサボテン形の黄緑色をした衣装掛などをあげることができる．いずれも日常品の形態を借りながら，あざやかな原色使いで，ポップ感覚に溢れた楽しいデザインが特徴である．そしてポップ・デザインは，やがて70年代の「ラディカル・デザイン」や「ポスト・モダン」などのデザインを誕生させる先駆けとなった．

（三井直樹）

北方ルネサンスの色彩 [Northern Renaissance colors]（造）

北方ルネサンスとは，フランドル，ネーデルランド，ドイツなど，アルプス以北で展開されたルネサンスを指している．15, 16世紀，イタリア・ルネサンスの波は，当然，これらの地域にも波及してきた．

当然，これら北方地域でも，15世紀には暗黒の中世といわれたキリスト教色彩神秘主義から解放され，人文主義的な考え方が普及するが，南方ルネサンスとは趣を異にした色合いを帯びたものになっている．たとえば，ネッテルハイムのアグリッパやノストラダムスは，新プラトン主義に準拠した黄道十二星座の基本的な性格が国家や社会，人の運命を左右するものと考え，色彩もその十二星座の影響を強く受けていると説き，人生の指針となるべきホロスコープをつくった．このため占星術は，北方のみならず，ヨーロッパ全域に大流行し，人びとはその色の衣服や宝石を身につけたり，年中行事や人生儀礼や運命，職業，生活行動の規範とした．

ランブール兄弟が描いた《ベリー公のためのいとも豪華な時祷書》(1410–16)には，これら北方人の日常生活が色彩豊かに描かれており，当時の人びとの生活をうかがい知ることができる．ランブール兄弟は，占星術の象徴を12ヵ月に配して，季節ごとに異なる自然の色や人生の通過儀礼を表す華麗な色彩を，北方ルネサンスらしい落ち着いた色調で表現している．1月暦では，年初めを寿ぎ，ベリー公は王家の象徴である青の外衣を着用し，シャルトル司教は赤のローブを着用して，貴族の子弟は緑の外衣を着て，新年の贈物を交換している．また5月は，ブローニュの森の中を，緑色のローブを着用した貴婦人たちが森を散策することにより，緑の再生，復活などを祈願しており，9月には地味な色合い

の衣服を着た農民たちの刈り入れの様子を克明に伝えている．また北方では，北方土着の異教的樹木信仰とキリスト教が習合して，「グリーンマン」や「ジャク・イン・ザ・グリーン」などへの信仰が誕生して，年中行事としてしばしば生活を彩ることになった．

　一方，フランドル地方に興った毛織物産業は，すぐれたタペストリーを生み出したが，とくに美しい色彩に彩られた《貴婦人と一角獣》シリーズのタペストリーは，落ち着いた色調の中に北方ルネサンスの華麗な色彩文化を伝えている．

（三井直樹）

ボディーカラー [automobile body color]
（着）

　自動車のボディーにつけられる色．一般には塗料であるが，最近は材料着色のプラスチックや，水圧転写（プラスチックフィルムに印刷したものを貼り付ける）という製造方法も用いられるようになってきた．ボディーカラーには外板色と内板色がある．

- 外板色（outer panel color）：ボディーの外側部分の色を外板色という．「ボディーカラー」と同義語として使われることもある．また「エクステリアカラー」とも同義語として使われるが，これは外装部品色を含んだ外観の色を指す．
- 内板色（inner panel color）：外観には表れない部分の色を内板色という．たとえばボンネットフードの内側，フェンダーの内側，ドアの内側，ラゲージルーム（トランク）の内側などである．この部分は外板色ほど外観品質や耐光性などが要求されないため，外板色とは異なる塗料で塗装する場合もある．色によっては外板色はメタリックカラーの2C1B（クリアーコート），内板色はソリッドカラーの1C1B ということも可能である．

（吉田豊太郎）
→エクステリアカラー

頬紅 [rouge]（衣化）

　頬に紅を塗る化粧または化粧品．頬紅は頬に塗って顔色を健康で明るく見せ，かつ顔に立体感を与えて，よく見せるために使用される．日本では頬紅，口紅と区別しているが，西洋ではどちらもルージュである．日本には7世紀に高麗からエジプト原産の紅花の種が伝えられたのが最初といわれる．臙脂とよばれるのは，中国の燕国の名産品だったことによる．平安時代から江戸時代の中頃までは紅は白粉と混ぜて使われた．ヨーロッパでは，古代ギリシア時代から18世紀まで頬紅が多用された．紅の原料は鉱物性の色素，紅花から採った紅，カイガラムシ科のコチニールから採った染料コチニールなどが使われた．現代では頬紅という性格上，発色に重点が置かれ，着色顔料，すなわち酸化鉄やタール系色素や雲母チタンなどのパール顔料，ほかを多く処方している．処方のタイプはパウダータイプ，油性タイプ，乳化タイプなどがある．用意されている色の代表例はピンク系，ローズ系，レッド系，オレンジ系，ブラウン系などとなる．ピンク系，オレンジ系は血色をよく，ほかのダーク系は陰影を与えるのに使用される．頬紅と似た機能で，顔全体に使用するものにフェイスカラー，コントロールカラーがある．（村澤博人）
→赤化粧

ポリクロミー [polychromy]（造）

　言葉の意味は限定的な色調に拘束されない多彩色であり，西欧の建築や彫像などの装飾的彩色に見られる．モノクロミー（monochromy）の対比語であり，モノクロミーが同一色または同一色相の濃淡による彩色法であるのに対し，ポリクロミーは，多色装飾が，色彩計画や色調統一に基づかず意識的（または無意識）に多色多彩で表現されている場合をいう．また，対象の属性としての色の再現を追求する絵画の着色に対し，ポリクロミーは装飾効果を主とするため，基本的にあざやかな原色の対照を用いる．ポリクロミーの使用は，古代オリエント，ギリシアの建築，彫刻，中世ロマネスク，ゴシック時代の建築内部に多く見られ，ステンドグラスの彩色もその一例である．ドイツ，ケルン生れの19世紀王室儀典建築家イトルフは，古代建築がきらびやかな原色で塗られていたことに着目し，古代建築の形態を自由に組合わせ，それらをさまざまな色彩で潤色するという建築論を展開した．この古典様式と鉄骨構造の併用は，パリ《北駅（Care du Nord）》の改築（1866年）にも生かされている．

（井澤尚子）

ホワイトカラーとブルーカラー
[white-collar and blue-collar workers]
(衣化)

　襟色として一般に知られているものに労働階層を示すホワイトカラーとブルーカラーとがある．ホワイトカラーとはデスクワークを中心とした事務職や管理職に従事する人のことを意味し，正しくはホワイトカラーワーカーという．これに対するブルーカラーは，直接的な生産に携わる，現場での肉体的な作業を伴う労働者のことで，同様にブルーカラーワーカーの略称である．ホワイトカラーは，白いシャツにネクタイをしたスーツ姿で仕事をしているイメージから，ブルーカラーは，青い色をした作業着を着ているところから命名された．襟（collar）の語源はラテン語の「首輪」の意味で，襟の歴史はエジプト時代に始まり，西洋では14世紀末から本格的な発展を遂げる．17世紀頃に西洋で用いられたラバという折り返しのある襟では，教会でつけるラバは黒，弁護士は白でプリーツのあるものが着用されるなど，色や形で身分を示すことが習慣としてあった．さらに軍服の襟に用いられる階級章や，男子学生服の襟元に校章や学年のバッジをつける習慣が残っていることなどから，襟の形や色ないしは襟の部位そのものが身分の象徴としての役割を果たすことがある．

（渡辺明日香）

◆江森 (1979)

ポンパドゥール・ピンク [Pompadour rose (仏)] (造)

　1757年頃フランスのセーブル王立磁器製作所で開発された鮮明で上品な印象のサーモン・ピンク系ピンク色の釉薬．「ロゼ・ポンパドゥール」とは「ポンパドゥール夫人の薔薇色」を意味する．ピンクの色釉を地肌に塗りこめ，一部に残した余白の中にロココ趣味の風景や花鳥図などを窓絵として描き，余白の縁を金彩で縁どるというその華麗な意匠が，ポンパドゥール侯爵夫人（1721-64）の趣味を反映したセーブル独自の装飾法であった．このポンパドゥール・ピンクは当時科学アカデミー長官のジャン・エローかもしくは絵師のシュルーにより発明されたとされている．しかしその焼成は夫人の他界とともに中止され，わずか10年間しか継続されなかった．のちにこのピンク色はイギリスでも模倣され，18世紀のチェルシーやウースターでは「クラレット色」とよばれた．なお，セーブルではこのピンクのほかにエローによる「王者の青色（bleu de roi）」や「天上の青（bleu céleste）」（トルコ・ブルーともいう）などの地色用に開発した高火度焼成による釉薬が知られている．

（櫻庭美咲）

→釉，王者の青

ポンペイ壁画 [Pompeii wall painting] (造)

　ポンペイは，イタリア・ナポリの南東に位置する古代都市．紀元79年にヴェスヴィオ火山が大噴火を起こし，その火砕流によって埋没したポンペイの街が1748年以降に発掘され，その住居に残された壁画から当時の文化の繁栄ぶりや芸術の様式が明らかとなった．当時のポンペイはローマの保養地として栄え，ギリシアやローマの様式を継承していたが，この噴火によって，これらの文化や装飾様式が，そっくりそのままの形で残され，当時の様子を知る貴重な文化遺跡となった．

　壁画に使われた色彩は，当時の色彩的特徴をよく表し，ポンペイス・レッドやポンペイス・グリーンとよばれるあざやかな色彩が，後の19世紀初頭フランスのアンピール様式の基調色の形成に大きな影響を与えた．イギリスの建築家アダムスや家具デザイナーのシェラトンは，ポンペイ様式から強い影響を受け，19世紀の住宅やインテリアテキスタイルなどアンピール様式の立て役者となった．ここではグレコ・ローマン様式の花づなや月桂樹，オリーブ，ロータス，パルメットなどの紋様の浮き彫りと，直線を大胆に採り入れた構成の装飾がそっくり，復古調の装飾様式としてリ・デザインされ受け継がれている．

（三井秀樹）

→アンピールの色彩，アダム，ロバート，グレコ・ローマンカラー

[ま]

マーキングフィルム [marking film] (自人)

マーキングフィルムは，離型紙，粘着層およびプラスチックフィルム（PVC）で構成する原版表面に印刷層を形成した着色フィルムを，離型紙を剥がして被塗装物に接着して用いることから，「貼る塗料」ともよばれる．フィルム層は透明または着色顔料を練り込んだものがあり，印刷と合わせて，多種類の色を再現できる．用途としては，当初は看板・サインボード，自動車・鉄道車両，船舶，タンクなどのライン用に利用されたが，印刷技術の開発や耐候性にすぐれたインキの開発などによって，高速道路の遮音壁，送電鉄塔や工事用壁面など建築外装にも用いられるようになってきている．送電鉄塔など建築外装では，塗装時の塗料の飛散防止対策を必要としないため，安全性，簡便性および経済性にすぐれていることから，適用の範囲が広がっている．フィルムは，用途によってさまざまな種類が使用されているが，施工性，耐候性，経済性にすぐれた塩化ビニル系フィルムが，一般的に用いられる．同様に，粘着材は，被塗装物の素材，環境，接着強度などで異なるが，アクリル系の接着剤が用いられることが多い．

（小松原　仁）

マイセン窯 [Porzellan-Manufaktur Meissen] (独)] (造)

ヨーロッパで初めて硬質磁器を焼成したドイツの磁器窯．東洋磁器の熱心な収集者であったザクセン侯国のアウグスト強王は，自国で磁器を発明させようと自然科学者チルンハウスと錬金術師ベットガーを首都ドレスデンに招聘．そしてまず 1707 年にベットガーは赤茶色のベットガー炻器を発明した．そしてついに彼がカオリンを用いた白色の硬質磁器を完成し，1709 年にアウグスト強王に報告すると，翌 1710 年王はドレスデン近郊のマイセンに王立磁器窯を設立した．だがベットガーが没する 1719 年まで磁器の品質は未だ完全ではなく，その改良がのちのヘロルトに委ねられた．ウィーン出身の絵師のヘロルトは 1720 年にマイセン窯に雇用され，それまでマイセンの課題として残されていた多彩色の磁器用上絵の具を開発した．彼が工房を主導した「ヘロルトの時代」（1720–31 年）には，東洋的ロココ趣味による磁器絵付けの芸術性が頂点に達した．さらに 1731 年には彫刻家のケンドラーが工房へ招聘された．同 33 年，ケンドラーは主任陶彫家になり，王の注文により多くの白磁の大彫像を制作，また，この時代に注目すべき作品は，宰相ブリュール伯の注文により制作された《白鳥のセルヴィス》とよばれる大規模な食器セットである．さらに 1736 年以降はケンドラーが制作した「マイセン人形」とよばれる彩色磁器製小彫像が一世を風靡した．

1764 年以降のマイセン窯は新古典主義様式に移行，1770 年代からはセーブル窯の模倣が始まる．1774 年にはマルコリーニ伯爵が 60 年代以来の経営不振の再建に着手したが実らず 1814 年に辞任した．マイセン窯ではその後キューンが経営者として工房の近代化をおし進め，また 1870–94 年はライテルの指揮下で「玉葱文様」が再流行した．20 世紀初頭には世界的流行としてのユーゲント・シュティールの作品も制作された．第一次世界大戦以降は工房は国有化され，18 世紀のリバイバル作ばかりが製作される低迷期を迎えるが，1964 年の「芸術家集団」結成以降は夢や幻想，生の歓喜を繊細な色と流麗な線にこめた「アラビアン・ナイト」シリーズなど，再び意欲的な表現が試みられるようになった．

（櫻庭美咲）

マカクサル（の色知覚）[(color perception) of macaques] (生)

マカクサルとはニホンザル，アカゲザル，カニクイザルなどを含む．マカクサルは実験に用いられる他の動物に比べて系統発生的にヒトに

近く，目の構造や視覚神経系の構造がヒトに似ており，ヒトの視覚のモデル動物として広範に用いられている．とくに色覚はヒトにきわめて近いと考えられている．L, M, S の 3 錐体のもつ色素遺伝子はヒトとほとんど同一の塩基配列をもち，各錐体の分光感度特性はヒトとほとんど同じである．また行動実験の結果，波長弁別関数，彩度弁別関数，アノマロスコープによるレーレイ・マッチ，ユニーク色の波長などの多くの指標においてヒトとマカクサルの色覚は非常によく一致する．マカクサルの視覚神経系において色の情報は小細胞経路と顆粒細胞経路で処理されて大脳皮質 1 次視覚野に伝えられたのち，大脳皮質の腹側経路で V2, V4 野を経て下側頭皮質に伝えられると考えられている．これらのさまざまなレベルにおいて色の情報処理機構の生理学的研究がマカクサルにおいて進められているが，これらはヒトの色知覚の理解のうえで神経科学的な基礎を与えるものと考えられる．最近の研究で L と M のうち片方の錐体色素遺伝子を欠損したサルが見つかっているが，その頻度はヒトに比べてきわめて低い．そのような違いの原因はまだわかっていないが，マカクサルでは L 錐体と M 錐体の信号の差分による赤と緑の弁別がヒトに比べて強い淘汰圧として働く可能性も考えられる． (小松英彦)
→錐体
◆Onishi, A. ら (1999)

街並景観 [town scape] (デ)

戦後，わが国の都市計画におけるインフラ中心の施策から景観形成という視点の芽生えをみると，昭和 47 年 (1972) の京都市市街地景観条例があり，続いて昭和 48 年 (1973) の横浜市，昭和 53 年 (1978) 神戸市などの景観条例などに端を発している．街並景観とは，個々の建造物や道路，街路樹，公園，ストリートファーニチャー，植栽など街並構成要素の集合体を指しているが，当然，それは地域色として反映するものである．かつて日本には伝統的に美しい街並景観が存在したが，諸外国と比べると，現代日本のそれは著しく劣るといわれる．それには複雑な要因が絡み合う中で，まず指摘されるのが，多くの日本人にとって個人住宅が街並の一構成要素を担うという公共意識に乏しいことと，まちづくりにおける土地所有権保護の問題が障壁になり，強力な行政指導が困難だった点である．これに拍車をかけたのが高度成長期の"スクラップ＆ビルド"の競争原理であった．とくに商戦地区では各企業が客寄せのため，高彩度の奇をてらった企業色の強調，近隣を無視して，個々がいかに目立つかを競った．住宅街も欧米スタイルを真似た多様な様式のプレハブ住宅が全国的に蔓延し，どこも統一を欠いた景観を呈してきた．その結果，わが国から伝統的街並景観はほとんど消失し，土地固有の地域色も失われつつある． (日原もとこ)
→公共の色彩賞，騒色，景観条例，環境色彩，地域色，
◎都市景観，地域景観
◆公共の色彩を考える会編 (1989, 94)

マッキントッシュ，チャールズ・レンニー [Charles Rennie Mackintosh] (造)

マッキントッシュは，グラスゴー生れのスコットランドの建築家，家具デザイナーであり，20 世紀合理主義建築家の最もすぐれた先駆者の一人に数えられている．彼が最初に頭角を現したのは 1896 年グラスゴー美術学校増築の設計コンペに入賞し，それが 1909 年に完工し，広くヨーロッパに知れ渡ったからである．
マッキントッシュが後世に名を高めたのは，どちらかといえば家具や室内装飾家としての功績であろう．グラスゴー市内の一連の喫茶店のために設計した家具・照明器具・インテリアデザインは，斬新な発想，端正なデザインで当時話題をよんだ．直線と直角を基調とする簡素な構成と，アイボリーやブルーの明るい色調のデザイン・コンセプトは世紀末のイギリスにおけるアール・ヌーヴォーの旗手として不動の地位を築いた．とくに平行線や格子状のパターンによる背高椅子のデザインは，日本の障子や間取りを想起させる美学をもち，今なお製造され世界中で愛用されているヒット商品である．彼がグラスゴーに建てた《ヒル・ハウス》(1902–03) は，マッキントッシュの建築・家具・インテリアのデザイン理念の集約されたモデルとして，見ることができる．ここでは直線による知的な構成，透かし彫りによる外光を巧みに採り入れた光と

陰影の演出，照明・家具が一体化し，構成主義や新造形主義を先取りした卓越した彼のデザイン思想が認められる． (三井秀樹)
→アール・ヌーヴォー，グラスゴー派

マックアダムの楕円 [MacAdam's ellipses]
（表）

xy 色度図は，色の加法性と等色性を保証する XYZ 空間の2次元射影であるが，色度図内の絶対距離に知覚的な意味はない．すなわち，xy 色度図は色差の観点から不均一な平面である．1942年，イーストマンコダック社の研究員であった MacAdam (1942) は，xy 色度図の不均一性を示すために，標準 C 光源と同じ色度を有する視角 42°の白色周辺光（7.5mL=23.9cd/m²）に囲まれた，視角2°の2分視野（bipartite）を用いて，直径 2.6mm の人工瞳孔を通して単眼で観察した状態で，25 の参照色刺激に対して輝度を一定（15mL=47.7cd/m²）に保ちながら，1人の被験者に対して計2万 5000 回以上繰り返して等色実験を行った．等色点は，参照色の色度付近でばらつく．参照色刺激の色度から各方向における標準偏差の距離を円周として描いた楕円のことを，マックアダムの楕円という．楕円のサイズを 10 倍にしたものを図に示した．

色の識別閾（just noticeable difference：

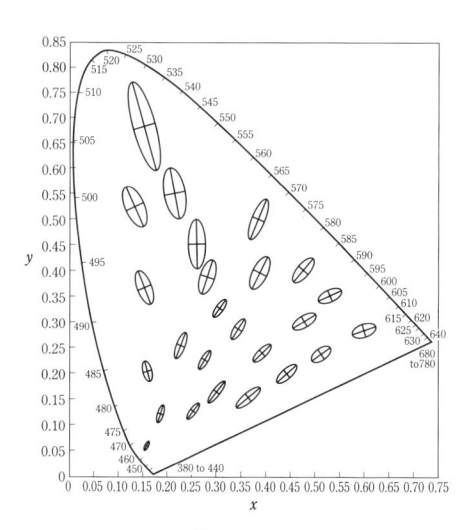

マックアダムの楕円（標準偏差の 10 倍に拡大して表示）

j.n.d）は，標準偏差の約3倍に相当することから，この図において，約 1/3 の楕円サイズが単位色差に相当する．図から，円ではなく楕円で，かつその傾きもサイズも場所によって異なることから，xy 色度図は色差という観点から見るとかなり不均一であることがわかる．この楕円をできるだけ同じ大きさの真円になるようにプロットできる色度図を均等色度図（UCS 色度図：uniform chromaticity scale diagram）といい，1976 年に国際照明委員会（CIE）が採択した u'，v' 色度図への変換式は次のとおりである．

$$u' = \frac{4x}{-2x+12y+3}, \quad v' = \frac{9y}{-2x+12y+3}$$

これを明度まで含めて3次元に拡張したのが均等色空間であり，CIE は 1976 年に，CIE LUV 均等色空間と CIE LAB 均等色空間を勧告している． (岡嶋克典)
→均等色度図
◆MacAdam, D.L. (1942)，日本色彩学会編 (1998)：「色科ハンド・7 章」

マックスウェル視光学系 [Maxwellian view]（感知）

マックスウェル視は，心理物理実験で用いられる観測の仕方であり，視対象物からの光を瞳孔径の中心に集光させることを特徴とする．こうすることにより，網膜に投射される網膜照度を，瞳孔径（視野の輝度，大きさなどさまざまな要因で変化する）の影響を受けずに定量的に把握できる．視対象物と眼球光学系との間に何も光学的工夫をせずに観測することを自然視（natural view）という．実際のマックスウェル視光学系は，視対象物と眼との間にマックスウェリアン・レンズ（Maxwellian lens）を配置し，このレンズで瞳孔の中心にいったん結像させる．刺激光として干渉フィルタなどの光学素子が置ける平行光を用い，マックスウェリアン・レンズの焦点の位置に瞳孔の中心をもっていく手法が実験でよく用いられる．この光学系でつくることができる視野の大きさは，マックスウェリアン・レンズの F ナンバー（レンズの開口と焦点距離との比）で決定される．

マックスウェル視光学系は，刺激光が瞳孔の中心で集光する設定を保つ必要がある．このた

め，実験にあたって，頭部を固定する必要がある．たとえば歯型用ワックス（dental wax）にて観測者の歯型をとり，その歯型を固定し，実験中は観測者に歯型をかませる手法がある．また，歯型にくわえて，額あて（head rest）や顎あて（chin rest）を併用する．　　　（大竹史郎）
◎自然視
◆池田 (1975), Wyszecki, G.・Stiles, W.S. (1982)

マッハ効果 [Mach effect]（感知）

図 (a) のような白黒の図形を高速で回転させるとき，輝度分布は図 (b) のようになるが，見えの明るさは図 (c) のようになる．とくに輝度勾配が変化する β と γ に明るい帯が観察され，β と γ の間は，ほぼ一様な灰色に見えるか，あるいは実際の輝度勾配に比べて明るさの変化が小さく感じられる．この現象はマッハにより発見され，マッハ効果あるいはマッハの帯（Mach band）とよばれる．マッハ効果は周辺に抑制性の領域をもつ受容野によってよく説明され，側抑制という網膜上の神経生理機構が，実際の視覚体験をよく説明する例として紹介されている（Ratliff, 1965）．　　　（篠田博之）
→側抑制
◆Ratliff, F. (1965)

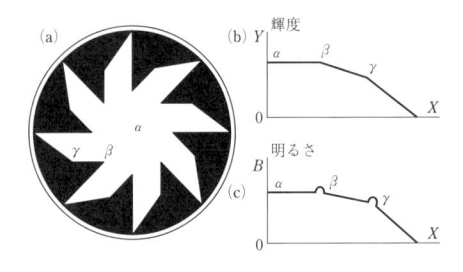

マティス，アンリ [Henri Matisse]（造）

フランスの画家．1869 年北部のノール県に生れ，1954 年ニース近郊で没．1891 年画家をめざしてパリに出て，アカデミー・ジュリアンでブーグローのもとで学ぶ．93 年エコール・デ・ボザールのギュスターヴ・モローの教室に通い，ジョルジュ・ルオーらと知り合う．モローの死後（1898），色彩表現の可能性を単純な構図から追究する．印象派のピサロを知り，セザンヌ，ゴッホ，ゴーガンの作品に注目．1900 年頃には彫刻にも手をひろげ，ロダンと出会う．1905 年アンデパンダン展に《豪奢，静寂，逸楽》を展示．同年秋のサロン・ドートンヌに顔に緑，髪に赤を用いた《帽子の女》を出品し，友人の画家アンドレ・ドラン，モーリス・ド・ヴラマンクらの作品とともに色彩表現の自由さから「フォーヴ（野獣）」と形容される．1911 年モスクワのコレクター，シチューキンの招きでロシアを訪問．同年と翌 11 年にはモロッコ旅行．1911 年には

マティス《赤の部屋》1908（サンクト・ペテルブルク，エルミタージュ美術館）

《バラ色のアトリエ》，《ナスのある静物》，《赤いアトリエ》の大作を制作．1918 年にニースに移り，生涯をほぼこの地で過ごす．壁画や礼拝堂の装飾，切り紙絵なども手がけた．マティスは，室内を題材にした傑作《赤の部屋（赤い調和）》(1908) で，主調色をはじめ緑，ついで青，最後に赤に変えたことで知られるように，色彩を固有色とも感情表出とも切り離し，徹底した関係性のうちにとらえた（口絵参照）．とくに 1914 年頃の作品では，具象的な画面でハイライトとして白を用いるべき部分に黒をおく手法も試みた．「黒い光」とよばれるこの実験にも画家の色彩観がよく示されている．著述『画家のノート』は重要．　　　（前田富士男）
→フォーヴィスム
◆Matisse, H. (1972) [二見訳, 1978], Gage, J. (1999)

眉墨 [eyebrow pencil; eyebrow cake]（衣化）

眉を濃く描いたり好みの形に整え，顔全体の印象を変えるのに使用する化粧品．アイブローペンシル，アイブローケーキなどとよばれる．色は黒系からブラウン系，グレイ系まであるが，現在では 1990 年代の茶髪の流行の影響を受けて，

明度や色調がより細分化されている．ペンシル型，ケーキ状などがある．古くは黒土や油煙や真菰墨などが使用された．平安時代より明治時代に入るまで，上流階級の成人女性の一部で眉毛を抜いたりのちには剃って額の上に描くことも行われた．江戸時代後半の庶民の女性は，結婚して子供ができると，眉を剃り落としたままで描くことをしなかった．明治元年（1868）の太政官布告がきっかけで，眉を剃らなくなり，眉墨を使う化粧法が一般化していった．眉の形の流行を半世紀ほど振り返ってみると，1970年代ぐらいまでは人工的で細い眉が好まれた．70年代後半になると，眉も自然さに重点がおかれるようになり，アメリカ映画の影響もあって濃くて太い眉が女性の意志の強さと自立性を表すともされて流行した．90年代に入ると細い眉がしだいに若い人の間で好まれるようになり，1990年代後半には人気歌手や俳優と同じ眉ラインがきれいに描ける眉テンプレートとよばれる一種の定規が評判となった． 　　　　　　（村澤博人）

マヨリカ [Majolica]（造）

イタリア・ルネサンスの色あざやかな錫釉陶器．マジョリカともいう．その名称は1114年にイタリア人がスペイン東部のマホルカ島を征服した際に持ちかえった美しいラスター彩の錫釉陶器に由来する．この錫釉陶器は14, 15世紀にスペインからさかんにイタリアへ輸入されたが，前述のマホルカ島を経由して輸送されたことからイタリアではこれを「マヨリカ」とよんだ．マジョリカはその英語読みである．この種の陶器は輸入品のみでなく，13世紀から14世紀にかけイタリアのシチリア島やオルヴィエト，デルータなどではアルカイック・マヨリカとよばれる素朴で中世的な装飾文様を描いた錫釉陶器が焼かれていた．15世紀にマヨリカはルネサンス絵画の影響を受けるようになった結果，古典神話や歴史的事件，聖書を主題とした絵画的な「イストリアート」図や，画家ラファエロの絵画に想を得たグロテスク文，当世風美人画などの絵付け装飾により，マヨリカの芸術性は飛躍的に向上した．イタリア最大の窯場であるファエンツァや，ペルージアに近いデルータ，ウンブリアのグッビオ，ウルビーノのカステル・デュランテなどがこの時代を代表する窯である．このほかは，彫刻家のルカ・デルラ・ロッピアやその一家は優美な陶彫を制作し，マヨリカの芸術性を開花させていった． （櫻庭美咲）
→ラスター彩

マルチカラー配色 [multi-color combination]（調）

マルチカラーとは，直訳すると「多くの色」という意味で，文字どおり，色数を多く使う配色のことを指していう．日本名では多色配色という．マルチカラーでデザイン展開する場合は，柄，カラー・ブロック（スペースを区切って，スペースごとに色を変える），杢調（複数色の色が霜降り状に，点々と飛び散っているように見える）などで表現される．配色は色数がふえるほど，色彩調和が得にくくなる．したがって，マルチカラー配色では，全体の調和を得るために，何らかの工夫が必要になる．たとえば，カラードミナント（ある色相を共通させる，色がついたサングラスで風景を見たときのような配色），トーンドミナント（あざやかな，淡いといったある色調を共通させる配色），すべての色を小面積で配置し，並置混色（遠目で見ると，それぞれの色が混ざり合って別の色に見える）の効果をねらう手法などが調和を得るための有効な手段としてあげられる． （大澤かほる）
→カラードミナント

マルチバンドカメラ [multi-band camera]（入出）

一般のカメラは三原色RGBに対応して3つのセンサをもつが，これよりも多くのセンサをもつカメラをマルチバンドカメラという（マルチチャンネルカメラ（multi-channel camera）ともいう）．これはモノクロCCDカメラとカラーフィルタを組合わせて構築でき，フィルタをうまく組み合わせれば，可視光をいくつかの波長帯に分割して画像計測を行うことができる．図は富永・髙橋 (1999) が構築した6つのセンサを有するマルチバンドカメラの分光感度関数を示す．このカメラでは6組のカラーフィルタを用いて，可視域を6つの波長帯に分割している．したがって，被写体の映像が6枚の分光画像として

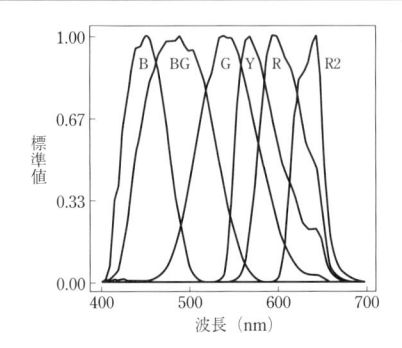

獲得される．このようなカメラの利点は，被写体の表面分光反射率や照明光の分光分布をカメラデータから推定できることである（Tominaga, 1996a）．このような分光関数は有限次元線形モデルで記述できる．実際，分光分布は3次元，分光反射率は5次元のモデルでおおよそ近似できることが知られている．したがって，6つのセンサ出力があれば，原理的に分光分布と分光反射率が推定できることになる．最近では，波長帯を可変に調整できる分光カメラも開発されている（Tominaga, 1999b）．　　　（富永昌治）
→有限次元線形モデル，◎マルチチャンネルカメラ
◆富永・高橋 (1999), Tominaga, S. (1996a, b)

マレーヴィッチ, カシミール [Kasimir Severinovich Malevich]（造）

シュプレマティズム（Suprematism）を代表するロシアの画家．印象派，象徴主義，未来派，キュビズムなどから影響を受けながら，農民や労働者を主題にしたプリミティブ的な画風をつくりあげていた．この頃の作品に見られる力強い筆使いや大胆な色彩は，明らかにアンリ・マティスを思わせる．1913年ペテルスブルクで上演されたロシア未来派のオペラ「太陽の征服」で，舞台美術を担当したマレーヴィッチは舞台背景に白と黒で塗り分けられた正方形を描き，幾何学的抽象をすでに取り込んでいた．1915年の「最後の未来派絵画展―0, 10」（0を目ざす10人の意）展に出品した《黒い正方形》は，白地の上に黒い正方形だけが描かれた作品であるが，これを自らシュプレマティズム（絶対主義）と表現した．シュプレマティズムとは，眼に見える現実世界から完全に独立させて，絵画を純粋に幾何学的な抽象にまで突き詰める一種の構成主義であった．1914年から1918年にかけて，円形や矩形，十字形などの単純な幾何学的形によって静的な直交する構図を試みた後，斜めの矩形によるダイナミックな構成へと移行していったが，1918年には一層単純化をおしすすめ，《白の上の白》の一連の作品を制作した．マレーヴィッチにとって自然から抽象化させた形態ではない絶対的な無対象性，それが白の正方形であり，やや斜めに傾けられた白い正方形が，わずかに明度の異なる白い正方形の中にあるという究極の幾何学的抽象まで高められたのである．この画面には3次元的な空間がつくりだされ，色彩の効果によってイリュージョンさえ感じられる．シュプレマティズムにおけるマレーヴィッチの理念はきわめて知的で，精神主義的でもあったが，極限まで突き詰めてしまった《白の上の白》の後には，自らつくりあげた理念の袋小路に入ってしまい，1920年代以降再び具象絵画へと戻ることになる．　　　（三井直樹）
→マティス, アンリ

マンセル [Albert Henry Munsell]（表）

マンセルはアメリカの画家，美術教育者，色彩研究家．マサチューセッツ州ボストン生れ．1880年マサチューセッツ美術師範学校（1873年創立）を卒業，翌年から母校の教員として，人体デッサンや絵画，色彩構成，芸用解剖学を担当した．在任中マンセルは特別研究員として北アフリカ，ヨーロッパをめぐり，1885年から88年まではパリに滞在している．この間彼はアカデミー・ジュリアン，エコール・デ・ボザールで学び，ボザールのコンペでは2等賞を獲得，さらにカトリーヌ・メジチ奨学生の資格も得てローマにも留学した．1888年帰国したマンセルは，没年の1918年まで母校で教鞭をとるかたわらボストンのバックベイにスタジオを構え，肖像画家としての活動も続けている．

マンセルがとくに色彩に関心をもちはじめた時期は不明である．ただ1879年，ルードの有名な『モダン・クロマチックス』が刊行されているが，マンセルは発刊と同時に『モダン・クロマチックス』を購入し，色彩研究に着手した

MUNSELL, Albert Henry

ことが残された日記に記されている．研究の結果，色の三属性を尺度として体系化されたマンセル独自のカラーシステムは，1905 年の『カラーノーテーション』の中で発表された．次いで 1915 年，884 点の色票からなる『マンセルカラーアトラス』を刊行，さらにマンセル没後の 1929 年，『マンセルカラーアトラス』を発展させた『マンセルブック・オブ・カラー』の初版が発刊されている．『カラーノーテーション』に端を発する彼のカラーシステムは，日本の JIS に導入されるなど世界的な支持があり，アメリカでの『カラーノーテーション』の刊行は，1990 年で 16 版を数えるほどのロングセラーとなっている． (緒方康二)

→マンセル表色系, JIS 標準色票
◆ Nickerson, D. (1940, 69), 緒方 (1995)

マンセル表色系 [Munsell system]（表）

色相，明度，彩度の三属性によって色を記述する表色系で，現在世界的に最も広く使われているカラーオーダーシステムの 1 つ．色相は R, Y, G, B, P の 5 主要色相に YR, GY, BG, PB, RP の 5 中間色相を挿入した計 10 色相をおのおの 10 分割して尺度化する．また明度は黒から白までを十段階に分割し，彩度は無彩色を 0 として等歩度になるように尺度化されている．マンセルシステムの特徴は表記の三属性に色知覚の三属性と同じ概念が用いられているとともに，各属性とも十進数を採用し，また実数表記により無限に細かい記述を可能としている点である．このため世界各国で産業基準として採用されている例が多い．マンセル色表記を HVC 表記ともいい，日本でも JIS Z 8721 に色の表示方法として採用されているとともに，JIS 標準色票としてマンセルシステムに従った色票が使われている．現在広く用いられているマンセルシステムは修正マンセルシステムとよばれ，1943 年に米国光学会（OSA）がオリジナルのマンセル色票の測光値を基に規準化して修正したものである．このためマンセル値は補助標準イルミナント C のもとで，三刺激値との相互変換が可能になっている．(坂田勝亮)
→色相, 明度, 彩度

曼荼羅 [maṇḍala]（社）

サンスクリット語 maṇḍala の漢字音写の語である．本来は仏の本質を意味し浄地を結界して表現するが，わが国では空海が伝えた真言密教における仏の集合体の形象を表す図像の意味に使われている．空海が伝えた曼荼羅は，胎蔵曼荼羅と金剛界曼荼羅の 2 種類である．この両部の曼荼羅は色彩によって区別されている．胎蔵曼荼羅は黄色で表し，理の原理を象徴するのに対して，金剛界曼荼羅は赤で象徴して，智の原理を表している．また胎赤金白といわれるように，胎蔵は赤，金剛界は白で表され，それぞれの仏の慈悲と知恵を対照的に表現している．

胎蔵曼荼羅では中央の中台八葉院を形どった肉団心が赤で描かれていて，慈悲を表すとともに内側から外側へと白，青，赤，黒の順序で配列されている．一方，金剛界曼荼羅は中央の白から青，黄，赤，黒の順である．2 つの曼荼羅には五如来が描かれ，それぞれ固有の体色で彩色されている．これを表示すると以下のとおりである．

【胎蔵曼荼羅】
①大日如来—白—中央
②宝幢如来—赤—東方
③開敷華王如来—黄—南方
④阿弥陀如来—青—西方
⑤天鼓雷音如来—黒—北方

【金剛界曼荼羅】
①大日如来—白—中央
②阿閦如来—青—東方
③宝生如来—黄金—南方
④無量寿如来—紅蓮華—西方
⑤不空成就如来—雑色—北方　(城　一夫)
→仏教の色

[み]

ミース・ファン・デル・ローエ, ルートヴィヒ [Ludwig Mies van der Rohe]（造）

ミース・ファン・デル・ローエはドイツ系アメリカ人でフランク・ロイド・ライト，ル・コルビュジエ，ヴァルター・グロピウスとならんで20世紀の建築の近代主義（モダニズム）をつくりあげた一人である．若い頃は近代工業化社会のシステムを築きあげたドイツ工作連盟（DWB）で活躍したペーター・ベーレンスの事務所で働き，ここで鉄とガラスによる建築を学び，後年，ミースの高層建築の先駆的な進出への足掛かりを掴む．また1930年にはグロピウスの後を継ぎ，バウハウスの学長となった．しかしナチスの迫害を受け1933年ベルリンで閉校を余儀なくされる．1937年にはアメリカに亡命し，イリノイ工科大学に招聘され，イリノイ工科大学の校舎設計に携わる．グリッド・システムによる鉄とガラスの端正な構造は，1958年にニューヨークに建てられた初の高層建築《シーグラム・ビル》のインターナショナル・スタイルに結実する．

ミースは鉄とガラスとコンクリートの近代建築における哲学をつくりあげ，「少ないほど，豊かになる」の名言をはいた．彼は生涯，文字どおり機能主義を徹底させ，スカイスクレーパ（摩天楼）に代表される現代の都市における高層建築の生みの親となった．　　（三井秀樹）
→インターナショナル・スタイル，バウハウス

見えの持続 [visual persistence]（感知）

刺激の物理的なオフセットからそのオフセットが知覚される間には時間遅れ（offset latency）がある．これを見えの持続とよぶ．見えの持続時間は刺激条件により変化することが知られているが，一般的に見えの持続時間は刺激の呈示持続時間または輝度に逆比例する．Bowen (1981) は輝度または等輝度刺激の呈示持続時間 D に対する見えの持続時間を被験者 RWB と KAM で測定した．図は輝度パルスと等輝度パルスの D が増加すると見えの持続時間が減少することを示している．また，等輝度パルス（○）に対する見えの持続時間は輝度パルス（●）より約50～100 ms 長く，反対色メカニズムはルミナンスメカニズムより見えの持続時間が長いことを示している．さらに，見えの持続時間は等輝度パルスの色相により異なり，刺激の呈示持続時間 D が100 ms のとき，570 nm 付近の等輝度パルスの見えの持続が最も長く，約180～190 ms 続くことも報告している．見えの持続時間が刺激の呈示時間または輝度と逆比例する関係を単純な神経応答の減少では説明することができないため，Fransic ら (1994) は視覚野からの興奮性フィードバックによる神経応答の持続が見えの持続を引き起こすというモデルを提案している．

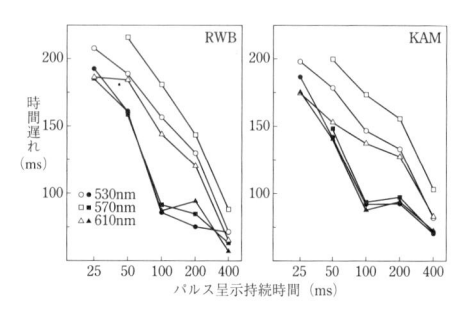

　　（吉澤達也）

◆Bowen, R.W. (1981), Fransic, G. ら (1994)

ミケランジェロ [Buonarroti Michelangelo]（造）

ミケランジェロはイタリア・ルネサンスを代表する画家，彫刻家，建築家，詩人．フィレンツェでギルランダイヨ (1449–94) の工房に通い，1494年まで同地でメディチ家の庇護をうける．ボローニャ，ローマを経て，1501年フィレンツェに戻り，《ドーニ家の聖母子》の円形画（トンド），《ダヴィデ》の大理石像などを制作．1505年教皇ユリウス2世によばれローマに移り，1508年から12年までヴァティカン宮殿システィーナ礼拝堂に天井画を制作．1520年からフィレンツェのサン・ロレンツォ聖堂でメディチ家礼拝堂な

どの建造に着手し，1534年から41年までふたたびシスティーナ礼拝堂に祭壇壁画《最後の審判》を描いた．

1985年に《ドーニ家の聖母子》，1994年までにシスティーナ礼拝堂の天井画，ついで《最後の審判》と，ミケランジェロの重要な絵画作品に行われた大規模な修復作業が完了し，従来の通念を一変させる輝く色彩がもたらされた．光と影が対象におよぼす微細な効果を重視したレオナルドと異なり，ミケランジェロは《ドーニ家の聖母子》で，明るい色彩によって主要な人物の肉体と衣服の量塊をくっきりとかたちづくり，それぞれの輪郭を強調する．まさに色彩によって形態を彫塚する手法は彫刻家のそれである．この作品では，下地と絵の具層とのあいだに挿入されている鉛白（lead white）が色彩にさらにあざやかな輝きをもたらしている．ミケランジェロは，聖母子の後に座るヨセフの下半身を覆う黄色の衣に，あざやかな赤色の陰をあたえるなど，対照的な色彩を並列させるカンジャンテによって，レオナルドとは異なる「浮き彫り」の感覚と「超越的」な印象を画面にもたらすことができた．

システィーナの天井画は，創世記に取材した中央の9場面，その両脇の預言者と巫女を配した部分，さらにその下部のルネッタ（半円形区画），スパンドレル（三角小間）に描かれた「キリストの祖先たち」から構成されている．創世記の神の衣を覆う紅紫色（mauve-purple）が下に位置する「キリストの祖先たち」の人物像の背景の多くに用いられるなど天井画全体にわたる色彩の配置は熟考されている．なかでも近年の修復は「キリストの祖先たち」の衣服を覆うカンジャンテによる目の覚めるような明るい色彩を蘇らせた．暗い天井の威圧感を緩めようとする実際上の工夫でありながら，これらの色彩はまた，祖先たちの世俗的な豪華な衣裳をあらわすとも，あるいは人物の造形にはいまだ見られないものの，創造主が定めた見えざる「召命」を意味するとも解釈されるが，場面に応じて象徴性をあたえる色彩の厳格な使用には，つづくマニエリスムの画家たちには見られない独創が示されている．

〔上村清雄〕

→レオナルド・ダ・ヴィンチ，カンジャンテ
◆Sherman, J.(1962), Hall, M.B.(1992), 若桑 (1993)

水引の色 [two-tone paper cord]（社）

水引とは髪を結ぶ際に用いた紙縒に糊水を引いたことからつけられた名称で，鎌倉時代より台頭した武士の習俗である元服の儀礼に必要なものとされた．水引は上質の和紙を細長く切り，縁起のよい五，七，九などの奇数本を束ねてつくった紙縒に，海草と白土を練ったもの，もしくは糊水を引いて干し固め，綿布で擦り光沢を出したものである．色は白一色のものもあるが，中央から半分ずつ濃淡に染め分けられたものが多い．本来，結髪用の水引が別に婚姻や葬送儀礼に使われ始めたのは室町時代からで，贈答品の包みが容易に解けないように結ばれた帯紙の代用であった．そして江戸時代になると，水引はしだいに慶弔の作法としての役割が重視され，武家の故実礼法を伝授する小笠原流の作法として完成をみる．したがって，水引の色調の紅白や金銀は婚礼や他の祝儀用に，白一色や黒白，黄白は弔事や法事用に使うという使い分けの慣習が生れた．さらに色とりどりの水引で松竹梅や鶴亀を細工する工芸品も表れ，江戸後期頃から長野県飯田市や石川県金沢市では伝統産業として定着し，今日もその製作技術が伝わっている．

〔小林忠雄〕

◆江馬 (1976), 本岡 (1977), 額田 (1994)

ミッソーニ [Otavio Missoni]（衣化）

イタリアの既製服ブランドであるミッソーニは，1921年ユーゴスラビア生れのオッタヴィオ・ミッソーニと1932年イギリス生れのロジータ夫妻が一代で築き上げた．陸上選手だったオッタヴィオは，1940年代後半から友人のために競技用のトラック・スーツをつくりはじめ，1948年のロンドンオリンピックのときには，イタリア選手団が彼の服を着用した．オリンピックで走るオッタヴィオの姿を見て，ロジータは彼との結婚を決意し，1953年に結婚と同時にロジータの祖父の創業したニット工場を受け継ぐ形で小さな作業場を創設し，ニットウエアの製作にあたった．その後，デザイナーのエマニュエル・カーンと一緒に1966年にミラノでコレクションを行ったのを皮切りに，翌年，1967年のピッ

ティ宮殿でのコレクションでは，軽い透かし編みのニットが話題となり「ウイメンズ・ウエア・デイリー」「ニューヨーク・タイムズ」などの紙面に取り上げられたちまち名声が高まった．ミッソーニのテキスタイルやニットは，色，素材，模様すべてのハーモニーが絶妙で，ミッソーニは「色彩の魔術師」とよばれている．ウール，綿，麻，レーヨン，シルクなど，20数種ほどのさまざまな素材を使い，職人的な技巧を駆使した縞模様や幾何模様をデザインした．またフォークアートから影響を受けたダル・トーンを中心とした独特の色調を用い，ときには40数種類もの色を同時に用いてグラデーションをつくるといったミッソーニ独自の寄せ集め（put together）という手法で一世を風靡した． (渡辺明日香)

緑の服 [green clothing]（衣化）

古代エジプト時代から，緑色は再生復活の色とされ，以来，西洋では緑は豊穣，豊作，幸福を祈願する色である．中世では，緑の服は日常的に着用されることは少なく，特別な意味をもっていた．すなわち，緑の服は，①五月祭を祝うための衣服として，②狩猟用の衣服として，③恋愛成就のための衣服として，④妊娠・受胎を意味する衣服として，⑤子供が着る衣服として，などに限られていた．五月祭はヨーロッパ大陸のケルト人の信仰に基づく夏を迎え入れる祭りのことで，深い森に芽吹きが訪れる五月に豊穣を祈願したものである．この五月祭に緑の服を着る習慣がさかんとなったのは，14世紀末頃のことで，宮廷中が緑で包まれるほどだったといわれている．また，緑の服は夏場の狩猟用の衣服としてカモフラージュの効果があるために着用された．さらに中世文学では，五月は恋の季節であるとされ，中世の若者たちは恋の成就には緑の色は欠かすことのできない定服として，緑の服を着て告白すると叶うとされた．緑色は生命の象徴の色であったから，妊娠を祝う色となり，妊婦たちは緑色の衣服を着て安産を祈願した．ブルゴーニュ公の宮殿では，公妃の産室の寝台の天蓋，幕，壁掛け，敷物など，室内をすべて緑一色に飾る習慣があった．また新緑の色として若さの象徴の色であり，子供の衣服とし

て緑の服が選ばれることもしばしばであった． (渡辺明日香)

◆徳井 (1995)

ミナイ手 [Minai ware]（造）

12世紀中頃から13世紀にかけてペルシアで焼成された多彩色絵陶器．「ミナイ」とはペルシア語で「エナメル彩」の意．その主要生産地はイラン北部のレイ，サヴェー，カシャーンなど．錫，鉛釉で化粧掛した白地に金属酸化物のエナメル彩で人物や動物が描かれている．色彩は普通7色を用いるのが一般的とされている．その絵の多くは婦人や馬や駱駝(らくだ)，人頭獣身の動物，小鳥，樹木にわたっているが，なかでも中国唐代の貴婦人たちを想わせる下膨れの丸顔の愛嬌のある女性をモチーフとした像が最も魅力的で，ミナイ手独特のものとして広く愛好されている．この錫釉色絵陶器の技法は13世紀中頃以降ムーア人の支配したイベリア半島南部地方に伝播し，この地で新たな開花をみた．ヨーロッパ近世陶器の嚆矢である「イスペノ・モレスク陶器」の誕生である．その生産の中心地はアンダルシア地方のマラガ，コルドバ，セヴィリアであったが，やがてヴァレンシア地方のマニセスとパテルナの窯場に移った．15世紀のマニセス窯が主としてラスター彩の陶器を焼成したのに対しパテルナ窯では緑，黄，黒などの多彩色陶器の生産が主流となった．ここで焼成された色絵陶器はバレアレス諸島のマホルカ島を経由して多量にイタリアに輸出され，イタリアではこれらのマホルカ島から舶来される美しい色絵陶器をマヨリカ焼として珍重し，やがてイタリア・ルネサンスの開花とともにイタリア各地で模倣，いわゆる「マヨリカ（英語名マジョリカ）焼」として新たな展開を見ることになった． (前田正明)

→マヨリカ

ミパルティー [mi parti (伊)]（衣化）

ミパルティーとは，本来は2等分されたという形容詞であり，服飾では，片身替わりのデザインを意味する．西洋の中世，とくに14～15世紀にかけて，衣服の色や文様を中心線の左右で異なったものに染め分けることが流行した．婦人の場合はシュールコやシュールコ・トゥーペール

とよばれる表着に，男性はコタルディという上着やホーズという脚衣にその例が見られる．このような片身替わりの意匠は，中世の封建社会における身分制度とのかかわり合いが強く，左右の文様が身分や家柄を象徴していた．礼装や儀式用の服装にその例が多いのもこのためであり，いわゆる西洋の紋章衣（heraldic costume）に多い．したがって，紋章に用いられることを許された赤，青，緑，紫，黒の色をミパルティーにして衣服に用いた．一方，ミパルティーは道化服の典型でもあり，赤と黄色のミパルティーの衣服などが楽師や大道芸人などの服装によく見られる．14世紀前半には貴族階級の少年・青年の衣服としても流行した．日本では桃山時代や江戸時代寛文期の衣装に，左右片身替わりの色や模様を用いたものが見られる．

（渡辺明日香）

◆徳井 (1995)

ミューラー-アーバン法 [Müller-Urban method]（心測）

恒常法を適用した場合の測定値から50％の確率で見える強度を算出するための方法の1つである．恒常法を使用して，"見えた"とか"明るい"などの出現確率を刺激強度に対してプロットする．精度を上げるため，最小自乗法を用いることもある．出現確率を z 値（正規分布の横座標を σ 単位で示したもの）に変換して，最小自乗法を適用すると，z 値上に歪みが現れることがある．つまり，50％付近の出現確率のズレに比べて0％や100％に近いところにおけるズレが大きくなり過ぎる．この歪みを少なくするために考案されたものがミューラー-アーバン法である．つまり，出現確率の水準によって適当な重みを乗じてから最小自乗法を適用する．この重みが「ミューラー-アーバンの重み」であり，その重みの値とそれを用いた計算のための数表もつくられている．つまり，出現確率が0.5のときに最大，出現確率が0.0と1.0に近づくと最小になるようなミューラーの重みと，それとは逆の0.5で最小，0.0と1.0で最大となるアーバンの重みの積を用いる．具体的には，苧阪 (1994) を参照のこと．

（和氣典二）

→恒常法，プロビット法
◆大山 (1969), 苧阪 (1994)

未来派 [futurismo (伊); futurism]（造）

20世紀初めに起こったイタリアの前衛芸術運動．1909年2月，詩人マリネッティがパリの「フィガロ」紙に「未来派宣言」を発表．疾走する自動車はヘレニズムの彫像《サモトラケのニケ》よりも美しいとするなど，過去の伝統を否定し，機械文明のもたらす速度とダイナミズムを礼讃した．速さという今日的価値を標榜した点で注目される．1910年，ボッチョーニ，カルラ，ルッソロ，バルラ，セヴェリーニの5人の美術家が2月に「未来派画家宣言」を，4月に「未来派絵画技術宣言」を発表．とくに後者で，絵画は「ユニヴァーサルな力動性」を「本質的補色主義」に基づく色彩分割で表現したものと定義した．フランスのキュビスムに呼応しながら，複数の視点からとらえた対象のイメージを，後期印象派の点描主義やイタリアの分割主義の技法を用いて同一画面上に描写した．かつ，運動の方向性を明確にすることを通じて，ダイナミックな速度の表現を試みた．代表作にボッチョーニ《アーケードの暴動》(1910)，《弾力性》(1912)，バッラ《バルコニーを走る少女》(1912) など．「騒音芸術」，「匂いの絵画」，「触覚芸術」など，視覚以外のさまざまな感覚への訴えかけも重視し，総合芸術を志向した．第一次世界大戦でボッチョーニなどを失い，運動は衰退へ向かった．

（一條和彦）

→キュビスム（立体派）
◆Martin, M.W. (1968), Hulten, P. (1986), Tisdall, C.・Bozzola, A. (1977) [松田訳, 1992]

[む]

ムーン–スペンサーの色彩調和論
[Moon–Spencer's theory of color harmony]（調）

　ムーン–スペンサーの調和論は，1944年アメリカ光学協会雑誌（JOSA）に発表された3編の論文，すなわち①「古典的色彩調和理論の公式化」，②「色彩調和における面積の問題」，③「色彩調和に適用された美度」からなる．これらの調和論は1943年，同じくJOSA誌上に発表されていたω（オメガ）空間上で展開される．ω空間とは，CIE色度図上では色と色の感覚的へだたりが均等に表示されないマンセル色空間を，近似的に均等な円筒座標に変換した色空間である．またω空間がマンセルシステムと対応関係をもつことから，ムーン–スペンサーの調和理論は，マンセルシステム上のH・V・C値の問題に還元して考えることができ，そこから科学的かつ定量的な調和理論が可能になるという．色を見る場合の順応点にも配慮がはらわれており，マンセル明度のN5が順応点として想定されている．また調和関係は，2色間における配色を基本に検討された．

　論文①ではムーン–スペンサーは歴史的展望をもとに，調和関係を"同一（identity）"，"類似（similarity）"，"対比（contrast）"に分類し，これらを明確に区切るファクターとして，"曖昧（ambiguity）"および"眩輝（glare）"という概念を導入した．曖昧の領域はマンセルのH・V・C値それぞれに数値として設定されているが，眩輝はV値のみに適用される概念である．

　②では歴史的な調和理論では，面積の問題が文学的表現にとどまっていたことを指摘し，2色配色における2色間の調和的面積関係を示す"スカラー・モーメント（scalar moment）"という概念を提起する．スカラー・モーメントとは，ω空間上の順応点（N5）からある色までの距離（これを"モーメント・アーム（moment arm）"という）と，その色の占める面積を掛け合わせた数値で，2色の数値が等しいか単純な倍数関

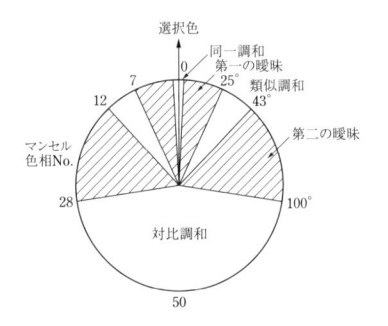

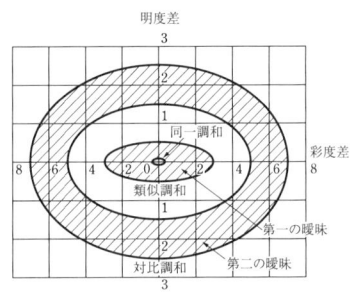

ムーン–スペンサーの調和論におけるあいまい領域（斜線部分）．上図は色相の，下図は明度と彩度のあいまい領域を示す．

係をなす場合，配色はこころよいバランスを生むという．またムーン–スペンサーは，配色の心理効果は色空間における"バランス・ポイント（balance point）"によって決まるともいう．バランス・ポイントとは調和する1組の色を，その面積に応じて回転混色した結果生れる色である．色度図上の1点として表せることから，バランス・ポイントという．この色をマンセルのH・V・C値に換算し，あらかじめ決められているH・V・Cそれぞれの値に対する心理効果の図表から，配色効果を読み取るのである．

　③では美の評価を定量的に取り扱うため，アメリカの数学者バーコフが提唱した美の尺度としての"美度"の公式，すなわち$M=O/C$（Mはaesthetic measure：美度，Oはorder：秩序，

Cはcomplexity：複雑さ)を色彩調和の評価に導入した．ここでOは調和としての同一，類似，対比，あるいは曖昧についての評価であり，それぞれの調和あるいは曖昧について，あらかじめサンプルによる実験を通じて係数化されている．複雑さの要素であるCは，配色の色数や色相，明度，彩度の差をカウントして決められる．また美度の計算結果は，0.5以上が望ましいという．

ムーン-スペンサーの調和論に対し，ハーバード大学教授ポープの反論がなされたことはよく知られる．日本においても，納谷(1965，66)らによる厳密な妥当性の検証が行われており，ムーン-スペンサーの調和理論の実効性について疑問視する結論となっている． 　　　(緒方康二)
→色彩調和論，色彩調和論の類型，ジャッドの色彩調和論，対比
◆Moon, P.・Spencer, D.E. (1943, 44a-c)，福田(1996)，納谷ら(1965)

無関連色 [unrelated color]（感知）

Hunt (1985)は色の秩序化（color ordering）は，2つの差異性に注目することである程度可能であることを提唱した．その1つの差異性は関連色か無関連色であり，もう1つは発光色か非発光色である．この無関連色とは他の色とは孤立して見える領域に属するように知覚される色である．この無関連色ともう1つの差異性である非発光色の知覚を併せもっていることが通常であり，この色の知覚では発光の無関連色として知覚されることが多い．なお，非発光の無関連色に分類される色の知覚は通常存在しない．他の色の見え方の分類では，無関連色に相当するのは，面色の一部である開口色や発光していると知覚された光源色である．夜空に見える信号灯の色，暗黒中に1色だけを呈示した色，表面色に見える色を小さな穴を通して単眼で観察したときにこの発光の無関連色の知覚が得られる．この発光の無関連色では，色の属性として明るさ(brightness)，色相(hue)，カラフルネス(colorfulness)，飽和度(saturation)が関係する． 　　　(鈴木恒男)
→色の現れ(見え)方，開口色，関連色，面色
◆Hunt, R.W.G. (1985)

無彩色と有彩色 [achromatic color and chromatic color]（表）

白，灰，黒を無彩色といい，無彩色以外の色を有彩色という．現象的には無彩色は色みを感じない色のことであり，知覚される属性は明るさだけになる．色覚は赤-緑，黄-青の反対色チャンネルによって説明される．刺激光が，幅広い波長の可視域周波数光を含んでいる場合（太陽光など）には，錐体からの信号の和や差によってつくられる赤と緑，黄と青の色信号は，どちらもお互いに打ち消し合い，反対色チャンネルの出力信号は，どちらも0になる．このときには，白，灰，黒以外の色がまったく知覚されない状態になる．このような場合に刺激は無彩色である．灰色と黒は一般的には物体色に関してだけ用いるが，CRT画像などのように知覚的に物体色である場合には光源色にも用いることもある．

有彩色は明るさ以外に赤み，青みといった色みの知覚を含み，色みの種類である色相と色みの強度である彩度の属性をも有する．この色みの種類はスペクトル上に展開する色と，スペクトルの両端の混色によって得られる紫や赤紫とから構成される．白色色票であっても，有彩色照明を与えた場合には，照明の色が色票表面に知覚され無彩色刺激であるとはよばれない．同様に，暗所視の場合には，錐体が機能しないので，色の違いは知覚されない．このように，刺激として無彩色だからといって現象的にも無彩色であるとはかぎらない．無彩色・有彩色は，刺激自体の属性ではあるが，実際の見えも加味して考える傾向がある． 　　　(坂田勝亮・篠森敬三)
→反対色チャンネル，暗所視

室町時代の色彩 [color in the Muromachi Period]（社）

室町時代は，足利尊氏による室町幕府開設の1333年から足利幕府が滅亡した1573年の240年間を指す．基本的には武家時代の延長であるが，同時に中国から渡来した禅宗の影響，世阿弥による能楽の発展など，色彩的にも変化を導く誘因が新たに見られた時代であった．鎌倉時代に端を発した禅宗の普及は，室町時代にいっそう隆盛をきわめ，禅文化が当時代の主流となっ

た.水墨画では雪舟らによるすぐれた水墨画が誕生し,茶道,華道,香道などの成立にも大きな影響を与えた.この無彩色に対比するように,金銀の世界が一方で出現した.3代将軍足利義満は,現世の極楽浄土としての鹿苑寺(金閣寺)を建立し,足利義政は東山に慈照寺(銀閣寺)をつくりあげ,また近江の大名・佐々木道誉は金襴・銀襴の豪華な衣裳を愛用して,婆沙羅大名の異名をとった.

　中国から輸入された金襴・銀襴の織物は,名物裂として当時の教養人の憧れとなった.この時代に世阿弥によって夢幻能が完成され,能役者は金襴,銀襴,唐織の衣裳を着用し,夢幻の世界に観者を遊ばせたのである.さらに調度品では,蒔絵を細微に施す技術が発達し,東山時代と称せられる一時代をつくった.室町時代はまた下剋上の時代であったから,前時代から行われた色による身分指示の制度は崩壊し,また染色技術の発達とともに一般庶民も比較的自由に色を用いたが,それでも賤民,とくに犬神人たちは,柿色の衣を着ることを義務づけられていた.いわば室町時代は色彩において光と影の時代であった.　　　　　　　　　　(城　一夫)

ムンカー-ホワイト効果 [Munker-White effect](感知)

　Helson (1963) は格子縞パターン(図1)を用いて同化現象を定量的に測定した.たとえば,図1(b)の黒縞にはさまれた灰色のテスト領域は,その幅が細くなるとより黒く(同化),太くなると白く(対比)見えた.Munker (1970) とWhite (1979) が灰色縞を短くすると(図2),左右方向の縞に対する同化が顕著に増大した.すなわち灰色のテスト縞が黒に隣接するとき,対比説からするとより白く見えることが予想されるが,実際には顕著に黒く見えた.縞幅を多少かえても現象はあまり変化しなかった.この強い同化効果をムンカー-ホワイト効果とよぶ(口絵参照).

　ところで図2(b)のパターンでは灰色縞の長さがそろって短くまとまって,白黒縞とは別に灰色正方形を形成しているように見える.灰色正方形の奥行き位置については(I)黒い格子縞の背後に「白い背景上に灰色正方形がある」よう

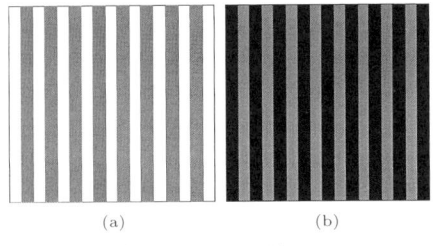

図1　ヘルソンのパターン

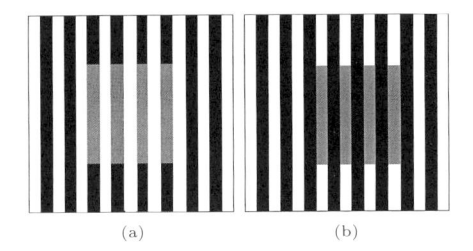

図2　ムンカー-ホワイトのパターン

にも,また,(II) 白・黒の縞の手前に「半透明シートの黒正方形」があるようにも見える.(I)の場合に正方形が黒っぽく見えるのは,1つにはそれが白背景の対比関係にあるからであり,あるいは,黒縞が灰色正方形の手前に現れて直接に接触しなくなるので,黒縞からの影響が弱まるからである.どちらにせよ,黒縞からの同化効果が増えることによるものではない.(II)の場合にはテスト領域は手前の黒の半透明シートと背後の白黒縞の二重に表象されている.半透明シートは黒いので黒縞上で見えず,白縞上では背後の白が透けて見えるので灰色になって見えるのである.上の(I),(II)のどちらにおいても取り上げられているのは正方形テスト領域の白さ(lightness)であり,明るさ(brightness)ではない.　　　　　　　　　　(多屋頼典)
→色同化
◆Helson, H. (1963), Munker, H. (1970), White, M. (1979)

ムンク,エドワルド [Edvard Munch](造)

　ムンクは表現主義を代表するノルウェーの画家・版画家.1881年から84年にかけてオスロの美術学校に学び,20年間にわたってベルギー,フランス,ドイツ,イタリアを旅した.1908年に精神疾患にかかり,翌年にノルウェーに戻り,

生涯を送ることになる．ムンクは非常に多作で，生涯を通じてさまざまな手法や色彩を試みているが，スカンジナビア人特有の文学的で神秘的な態度が作品全体に見られる．《病める子》(1885–86)，《叫び》(1893)，《生命のダンス》(1899–1900) などの 1890 年代から 1900 年代にかけての作品はアール・ヌーヴォーのような波打つ曲線，暗くよどんだ色合いであるが，強烈な色調で描かれている．ドイツ表現主義的な態度で描かれた《叫び》では苦痛に満ちた叫びが，大きく震え揺れ動く画面をつくりだしている．この頃カミーユ・ピサロ，ロートレック，ゴーガン，ゴッホ，さらには日本の浮世絵などからも影響を受けていた．ムンク自身の生い立ちの影響なのか，作品の主題は生と死，愛と官能，恐怖と憂愁などが多く，強烈な色彩による画風はスキャンダルをたびたび引き起こしたが，1908 年頃より明るい色彩と強いブラッシュ・ストロークを特徴とした外向的な作品を制作した．しかし最後の自画像《時計とベッドの間》(1940 頃) に見られるように，1920 年代以降は再び初期の象徴主義を取り戻し，強い感情表現への情熱はやまなかった．

（三井直樹）

[め]

迷光 [stray light]（測）

　正規の屈折や反射以外の不必要な光をいう．迷光の原因としては，光学部品（ミラーや回折格子など）の表面の汚れや傷などによる乱反射，装置内壁，光学部品支持具などでの反射，散乱，光学部品内の散乱光，蛍光などがあげられる．分光測光器では，測定時の信号に対する雑音成分となる．JIS Z 8724「光源色の測定方法」では白熱電球を光源として分光測光器を波長450nmに設定し，透過限界波長が $500nm \pm 5nm$ のシャープカット・ガラスフィルタを入射光路に挿入したときの迷光による出力が，挿入していないときの出力の1％以下であることが明記されている．1つの回折格子を使用するシングル回折格子分光測光器では，迷光が多い．配光測定では，迷光が大きな誤差の原因になる．迷光を減少させるため，光源と受光器には適当な穴あき遮光板を置き，部屋の天井，壁，床および遮光板の面はつやの少ない黒色の塗装や黒い布，さらには，黒く塗った板をひだ状に取り付けることで周囲からの反射を防ぐ．迷光分のみ測定して測光値から差引く方法もある．カメラなどの光学機器ではフィルム，CCDなどの感光体上に，また，カラースライドの投影において，スクリーン面上に到達して画質をそこねる原因となる．

　　　　　　　　　　　　　　　　（矢野　正）

迷彩色 [camouflage color]（衣化）

　迷彩色は，カムフラージュ・カラーともよばれ，あるものが背景に溶け込んで見えるように工夫された色のことをいう．背景に溶け込んで見えるようにするためには，あるものの色に背景色がもつ要素を取り入れ，あるものと背景との境界線を不明瞭にすればよい．通常「迷彩色」といわれる場合は，戦場で敵の目をごまかすために，兵士の衣服や，戦車，建物などに使われる．これらの色は，戦場の風景に合わせてさまざまな柄と配色が考え出されている．戦場が森であれば基調色は木々の葉の緑に，砂漠であれば砂の色を基調色とする．迷彩色としては前者の緑を基調にした配色が一般的によく知られている．前者の色は，カーキ（低彩度の黄緑～緑），オリーブ（暗い黄緑系），暗い緑，くすんだ緑，淡い緑，茶などで構成されている．柄は，斑点，横縞，まだら模様などで，これらの柄は，不規則な曲線による形を散在させるという点で共通している．このような柄は迷彩柄とよばれており，この柄の発想元の多くは自然界にある．自然風景を観察すれば，空，水面，森の中，生き物の表皮など，いたるところに迷彩柄を発見することができる．たとえば，トラの表皮の柄，鹿の斑点，ヒョウ柄なども，自然が創り出した迷彩柄といえる．現在，迷彩色，迷彩柄は，ファッション・デザインの1つとして日常的に用いられるようになった．ファッション・デザインとして使われる場合は，迷彩柄が独立した形で進行し，自然界には存在しない人工的な色が施される場合もある．

　　　　　　　　　　　　　　　　（大澤かほる）

明治の色彩 [color in the Meiji Period]（社）

　明治時代は1868年の新政府の発足から，1912年の大正天皇即位までの44年間を指す．この時代は「文明開化」の名のもとに西洋の華やかな文化や文物が輸入され，鎖国に慣れた当時の人びとに強烈なカルチャーショックを与えることとなった．西洋からさまざまな合成染料や顔料が輸入され，街には人工的な色彩が溢れ，また新しい色彩の風俗が誕生した．明治時代は，薩長土肥連合の倒幕軍の黒と金モールの軍服と赤い鬘(かつら)で幕を開けた．黒船，黒の大砲の到来とともに，黒は西洋文明の象徴であった．黒い蒸気機関車，黒い自動車，黒い自転車，黒いピアノ，黒い鉄砲などの外国から到来した文明の利器はすべて黒く彩色されており，人びとの憧憬の対象となった．

　明治新政府による「白地に赤く」の日本国旗

は，赤が新しい国家のシンボルであることを象徴している．「文明開化」の街には百貨店の赤塗りの送迎バスが走り，夜の街は赤い灯のイルミネーションに輝き，外国から輸入された合成染料のアニリン染料・洋紅で描かれた「開化絵」は毒々しいまでの紅色で，東京の光景を鮮烈に表現している．赤は文明開化のシンボルであった．欧風化は，衣裳の洋装化に顕著に現われた．とくに支配階級の男性たちは黒の燕尾服，白のシャツ，シルクハットを着用し，衣服における西洋化を実践することを試みた．一般的な女性たちの洋装化は遅れたが，着物の色として紫やオリーブ色が流行色となった．明治5年には，学制が発布され，女学生が着用する制服姿の袴の紫や海老茶が明治時代を象徴する色彩となった．

（城　一夫）

明順応（閾値） [light adaptation]（感知）

暗い所から急に明るい所に出ると，はじめはまぶしいがしだいに眼が慣れてくる現象をいう．たとえば，真っ暗な映画館から屋外に出たときに体験される．CIE 国際照明用語集では，刺激の輝度が少なくとも数 cd/m² 以上のときに，視覚系の状態が種々の輝度，分光分布，視角をもつ刺激（順応光）に，過去，現在とさらされることによって変化する過程と定義される．広範囲な明るさで知覚できるように，人間の眼の感度，とくに，錐体の反応が変化することで生じる．一般に，暗順応よりも早く，大きな感度の変化は数秒以内に生じる．ただし，Baker (1949) によれば，安定するまでに中心窩の錐体は2, 3分，完全には10分程度かかる．増分閾（背景光（順応光）に対する小刺激光の知覚限界輝度），減分閾などの実験により検討される．図は Crawford (1947) による種々の順応光に対して 0.5 秒間呈示された小刺激光を知覚できる増分閾を示す．刺激光が呈示されたときに急激に増加し，最高値からやや減少して順応光の輝度に応じた一定の閾値に到達する．図では刺激光の呈示が短いため一定の閾値に達していない．刺激光の呈示開始時（オン効果）と終了時（オフ効果）の閾値に増大が生じる．順応光の色や視角の大きさなどでも閾値は変化する．

（矢野　正）

◆Baker, H.D. (1949), Crawford, B.H. (1947)

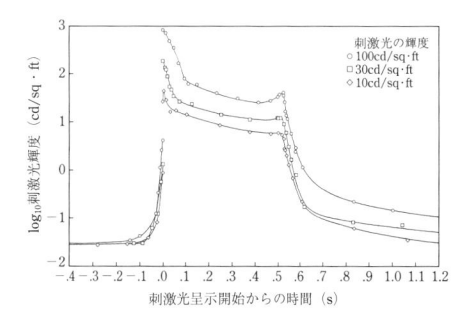

明所視 [photopic vision]（感知）

照度で数ルクス (lx) 以上，輝度では数 cd/m² 以上の明るさで，網膜にある3種類の錐体が働いて，物を見ている状態をいう．この錐体は網膜の中心部分である中心窩に密に存在しているため，明所視では空間的な細かな光の変化も見分けられる，通常われわれが色や物を見分けている状態である．この明所視での測光量を決めるために使われる分光視感効率は国際照明委員会 (CIE) が 1924 年に制定した $V(\lambda)$ である．この分光視感効率は 555nm が最も感度がよい．この明るさを決める $V(\lambda)$ には，3種類の錐体のうちの短波長側の錐状体（S錐体）は関与しないと考えられている．

測色量を代表する CIE の XYZ 表色系での

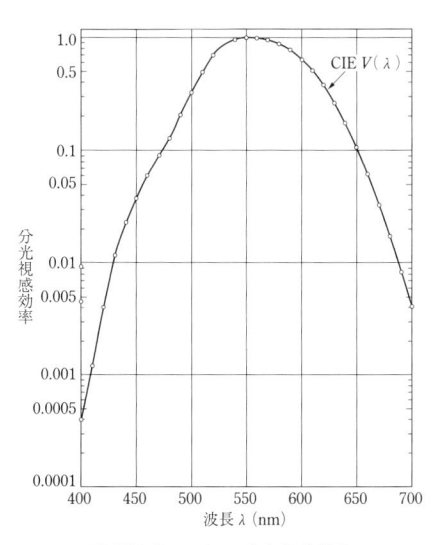

明所視（$V(\lambda)$）の分光視感効率

等色関数はこの明所視で求められたものである．色の識別や評価をするのは当然，明所視で行わなければならないが，暗い色まで細かく見るためには 1000lx の明るさで行うことが推奨されている．明所視の下限はほぼ定められているが，上限は明確ではない．ただ，あまり明るいと減能グレアが起こり，物が見え難くなるので，その手前が明所視の限界である． (鈴木恒男)
→暗所視, 薄明視

明度 [lightness]（表）

明度とは色の三属性のうち表面の明るさに関連する量である．明るさが，ある領域が発している光の絶対的な量の大小にかかわる感覚量であるのに対して，明度とは，同じ状態で照明された白色面の明るさを基準として判断される表面の相対的な明るさを意味する用語であり，両者を区別して用いる必要がある．たとえば，ある反射率をもつ灰色の紙を用意し，照明の強さを変えて観察したとき，その紙の表面の明るさは照明を強くするごとに増大するが，その紙の明度は照明の強弱にかかわらず一定となる．なぜならば，基準となる白色面の明るさも照明の強弱に応じて上下するからである．つまり明度は物体表面の反射率の高低に対応する感覚量であり，白さ－黒さの程度を表すといえる．さらに，明るさは光源の光，あるいは物体表面の双方について適用できる属性であるのに対して，明度は物体表面（一般的には関連色）について定義される属性である．マンセル表色系では明度の属性にバリュー（value）という用語をあて，理想的な白を 10，理想的な黒を 0 として物体表面の明るさに関する量を記述している．

(石田泰一郎)
→マンセル表色系

明度係数 [luminous coefficient]（表）

表色系の原刺激（primary stimulus）を加法混色して基礎刺激（basic stimulus）に等色したときの，原刺激の輝度を明度係数という．三刺激値は，明度係数で規格化された原刺激の強さである．国際照明委員会（CIE）が 1931 年に基準を定めた RGB 表色系では，原刺激として 3 種類の単色光（700nm，546.1nm，および 435.8nm）が，基礎刺激として等エネルギー白色が採用されている．その明度係数は，$l_r : l_g : l_b = 1 : 4.5907 : 0.0601$ である．XYZ 表色系は，可視域におけるスペクトルの三刺激値が負にならないようにしたり，3 つの原刺激（X, Y, Z）のうち，1 つ（Y）は標準比視感度曲線と一致させ，残りの 2 つ（X, Z）を色みだけ（明度係数 0）とするなど，実用的な観点をふまえて RGB 表色系に対して線形変換を施すことによって得られた． (大竹史郎)
→基礎刺激
◆池田（1989），日本色彩学会編（1998）：「色科ハンド・4 章」

明度の恒常性 [lightness constancy]（感知）

物体表面から眼に入射する光の強度が，照明光の変化により大きく変わっても，知覚される明度は恒常的に保たれる．これを明度の恒常性とよぶ．ここでいう知覚される明度とは，黒（very dark）から白（very light）の範囲で変化する，表面の反射率に相当する知覚量であり，絶対光量に相当する明るさとは区別される．最近では，周囲の輝度が大きく変化しても知覚される明度がほとんど変化しないことをあげて，これも明度の恒常性に含める立場もある．その場合，照明光変化に対する恒常性を第 1 の明度恒常性，背景輝度変化に対する恒常性を第 2 の明度恒常性とよんで区別する．明度の恒常性に関する研究の立場は大きく 2 つに分けられる．1 つは順応や対比といった比較的シンプルな生理機構や知覚現象で説明しようとする立場と，もう 1 つは照明光の知覚や物体表面の 3 次元的な理解など，認知的なアプローチをとる立場である．明度の恒常性に関しては Gilchrist（1994）や Gilchrist ら（1999）に詳説されている． (篠田博之)
→明るさ
◆Gilchrist, A.（1994），Gilchrist, A. ら（1999）

メインカラーとサブカラー [main color and sub color]（商）

メインカラーは，主に流行色予測情報において，主要色の意味で使われており，キーカラー（key color）の語も同じ意味に用いられる．流行色予測情報における流行予測色は，通常数グループに分けて提案されるが，おのおののカラーグループの中でも，次期シーズンに向けた方向性をとくに強く表現するグループはメイングルー

ブとよばれ，副次的に重要になるグループはサブグループとよばれる．各カラーグループ内には，さらに数色が含まれているが，メイン，サブグループともに，各カラーグループ内の色で，そのグループの性格を代表する色がメインカラーとよばれ，メインカラーに次いで重要になる色がサブカラーとよばれる．なかでも，メイングループ中のメインカラーには，次期に向けてのプロモーションカラーとしての重要な役割が担わされている場合が多い．

メインカラー，サブカラーという色の位置づけは，流行色予測情報だけではなく，カラーマーチャンダイジングにおいても用いられている．カラーマーチャンダイジングの一環として用意されるカラーラインナップは，同じ商品に対して何色かのカラーバリエーションを設定したものだが，このカラーラインナップの中では，メインになる色としてのメインカラーと，副次的に加えられる色としてのサブカラーが，区別されて設定される場合がある．商品イメージの主軸となる色であるメインカラーに対し，サブカラーは，メインカラーを引き立てたり，あるいはメインカラーに次いで重要な色として設定される．

〈出井文太・大澤かほる〉
→カラーバリエーション，プロモーションカラー，流行色，カラーマーチャンダイジング
◆東商編（1998c）:「ファッション色彩」

メタコントラスト [metacontrast]（感知）

ある視覚刺激（検査刺激）が呈示された直後に別の視覚刺激（マスク刺激）が呈示されると検査刺激の見えが妨害されることがある．これを逆向マスキングというが，メタコントラストは，逆向マスキングの一種で，とくに検査刺激とマスク刺激とが隣接した位置に呈示されたときに生じる視覚妨害効果をいう．図はメタコントラスト実験で用いられる刺激の配置の例である．検査刺激とマスク刺激とが呈示される時間差（SOA）の変化に伴うマスキング量の変化過程を示す曲線をマスキング関数といい，逆向マスキングには単調型（あるいは A 型）と逆 U 字型（B 型）の2種類のマスキング関数があるといわれている（Kolers, 1962）．単調型というのは，SOA が 0 のときにマスキング量が最大になり，SOA が長くなるにつれてマスキング量が減少していくタイプで，逆 U 型というのは，SOA が 50〜100ms のときにマスキング量が最大になるタイプである．メタコントラストの場合，検査刺激の強度がマスク刺激のそれよりも強いか同じときには，逆 U 字型に，弱いときには単調型になる（Breitmeyer, 1978；Weisstein, 1972）．なお，メタコントラストと同じ空間布置で，検査刺激がマスク刺激よりも後に呈示されたときに生じる弱い視覚妨害効果のことをパラコントラストという．

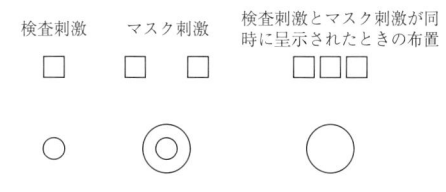

〈市原　茂〉
→刺激呈示開始時刻ずれ
◆Kolers, P.A. (1962), Breitmeyer, B.G. (1978), Weisstein, N. (1972)

目立ちやすさ [conspicuousness]（感知）

色にはよく目立ち，人目を引きつける色と，そうではない色とが存在する．一方，われわれは日常生活において，この色の「目立ちやすさ」を上手に使い分けている．たとえば，交通安全の維持というきわめて重要な役割を担っている交通標識では，赤色を使用したものが数多く存在している．また交通信号灯では，最重要でかつ緊急度の高い「止まれ」には赤色を使用している．さらに，緊急出動の役目をもつ消防自動車も赤色に塗色されている．緊急性が高いがゆえに，瞬時に人目につかなければならないものには赤色を採用するケースが多いといえる．他方，多数の色の中において，ある特定の色のみが取り分け目立っているということは，色の効用面あるいは実用面においてはきわめて大切なことである．ところで，色が目立つということは，いい換えれば「人目や注意を引きやすい」「視覚的な刺激が強い」「新奇性が強い」または逆に「普段よく見慣れている」という意味合いもあわせもっている．そこで，「目立ちやすさ」に代表されるこのような色の性質を，一般的には「誘目性」といっている．

〈中嶋芳雄〉
→色の誘目性，可読性

◆川上ら編 (1992), 日本色彩学会編 (1998)：「色科ハンド・22章」

目立つ色の組合わせ（感知）

　一般的に，色には「よく目立ち」人目を引きつけやすい色と，それほど引きつけない色とが存在している．この人目を引きつけようとする色の性質のことを，色の「誘目性」ともいっている．ここで，神作ら (1969) の行った視覚実験を紹介する．彼らは多数の色刺激を採用して，どの色が目立つ色なのかを視覚心理実験より求めている．その結果を図1に示す．黒，灰，白の3種類の背景に対する赤，黄赤，黄，黄緑，緑，青緑，青，青紫，紫，赤紫からなる10種類の色に対する色の目立ち，すなわち誘目性を示したものである．

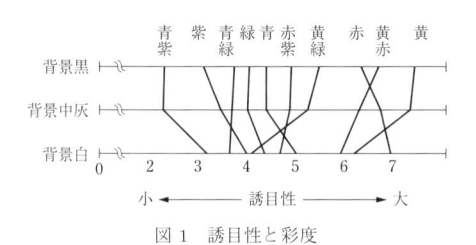

図1　誘目性と彩度

　黒の背景に対しては，目立ちの高い順番は黄，黄赤，赤，黄緑，赤紫，青，緑，青緑，紫，青紫，灰の背景に対しては，黄，赤，黄赤，黄緑，赤紫，青，緑，青緑，紫，青紫，白の背景では，赤，黄，黄赤，青，赤紫，緑，黄緑，紫，青緑，青紫となっている．また，色の三属性と誘目性

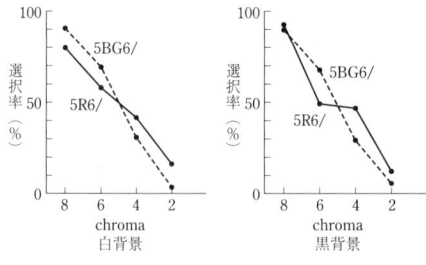

図2　表面色の誘目性の尺度値

との関係を検討した森川ら (1971) の結果では，目立ちと彩度との高い相関関係を示した．すなわち色相5Rと5BGの6/2, 6/4, 6/6, 6/8について，一対比較法を用いて，「より目立った色」を被験者に応答させ，図2に示す結果を得た．彩度低下とともに選択比率は直線的に低下している．

（中嶋芳雄）
→色の誘目性，可読性
◆神作 (1969), 森川ら (1971)

メタルハライドランプ [metal halide lamp]（照）

　メタルハライドランプは，水銀のほかにいろいろな金属ハロゲン化物を発光管内に封入した高輝度放電（HID）ランプで，封入した金属特有の発光スペクトルを有する．一般に，発光管内に金属のままで封入した場合，金属蒸気圧が高くならず十分な発光が得られないが，金属ヨウ化物などの金属ハロゲン化物として封入することによって，金属蒸気圧を高め強い発光を得ることを可能にしている．代表的な金属ハロゲン化物は，3本の線スペクトルを組合わせた Na–Tl–In 系，スカンジウムの多数の弱い線スペクトルを主体にした Sc 系，錫の分子発光による連続スペクトルを利用した Sn 系，ジスプロシウムの多数の弱い線スペクトルを主体にした Dy 系の4種類に大別できる．

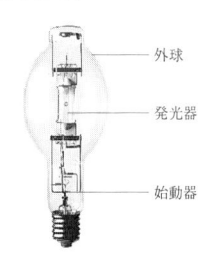

メタルハライドランプ

　特徴は，光色が 3000〜7000K，平均演色評価数 Ra が 65〜95，ワット数が 35W〜数 kW と種類が多彩で，効率も 70〜100 lm/W と高い反面，寿命や光束維持率で劣るものが多い．用途としては，屋内外の一般照明のほか，OHPやプロジェクタなどの光学機器用，印刷・製版，キュアー，殺菌などの光化学反応用，自動車ヘッドライトなどと幅が広い．

（川上幸二）
→HID ランプ

鍍金 [plating]（着）

　物に金属をつけること．溶融鍍金法，電気鍍金法などがある．被鍍金物は，当初は金属に限

られていたが，最近はプラスチック，セラミック，紙，繊維など，多くのものに鍍金することができるようになった．鍍金の役割は，美観，防錆・防食，機能である．鍍金の色は，つける金属の種類や被膜処理により異なる．またそれぞれ用途も異なる．亜鉛鍍金は銀色で，鉄の防錆を兼ねた美観用途として家電，自動車部品，建築などに，錫鍍金は銀白色で，毒性が低く，有機酸に溶けないので，食器や缶詰，玩具などに，アルマイトはほとんどのアルミ製品に施されており，自然発色被膜ではシルバー，ゴールド，アンバー，ブロンズ，グレー，電解着色被膜ではブロンズ，アンバー，ゴールド，ブラックなど，染色被膜では有彩色も含めて多彩な色が表現できる．金鍍金は他の鍍金では得られない美しい金色で，装飾品，ライター，眼鏡フレーム，照明器具などに，銀鍍金は装飾品，食器などに，ブロンズ鍍金はブラックからブラウンの色域で，家具の把手，美術品，工芸品に，ニッケル鍍金は銀白色で，家電製品，日用品に，ニッケル・クロム鍍金は銀白色で，最も一般的に多く用いられる．プラスチックの被鍍金材としては，ABS，ポリアミド（ナイロン），PPO（ノリル）などが主に用いられる． （吉田豊太郎・伊藤行信）

メディチ磁器 [porcellana dei Medici (伊)]
（造）

ヨーロッパにおける磁器発明以前，初めて磁器の模倣を試みたイタリアのやきもの．1570年代の初頭，メディチ家のフランチェスコ・マリア1世大公がフィレンツェに工房を設立．同工房では中国から輸入された染付磁器を範としてその生産が始められたが，1574年頃フラミニーノ・フォンタナかベルナルド・フォンタレンティのいずれかが今日メディチ磁器とよばれる素材を発明したと伝えられる．それは石灰泥と白泥土にフリットとよばれるガラス質の成分を混ぜた黄色または灰色みがかった白色系の素地に，青かマンガン赤の絵付けを施し，錫を含んだ白釉をかけた一種の軟質磁器である．東洋的な趣きの植物文様，動物やグロテスク文様などを描いた作品が，現在わずかに60点のみ伝世している．その主な製作期間は1581～86年のきわめて限られた期間であった．その理由は素地が不安定で焼成が難しく，また17世紀初頭までに大量の中国磁器がヨーロッパ市場にもたらされたことなどであるが，そのような複数の要因が重なり，1620年頃には終止符をうった．器の裏面に描き込まれたドーム型の屋根とその下部の「F」という文字がメディチ磁器の主な銘である．

（櫻庭美咲）

メトリック量 [psychometric term]（表）

Hunt (1977)の提案によって定着した用語で，明るさ，色相，クロマなどの色の見えの心理知覚量と相関する心理測定量の総称．JIS Z 8105「色に関する用語」ではCIELABおよびCIELUV色空間を用いて，次のメトリック量を定義している．

メトリック明度：CIELABおよびCIELUVのL^*のことをいい，明度と近似的に相関する量．CIE (1976)明度という．

メトリッククロマ：次の式によって計算されるクロマに近似的に相関する量．CIELUVの場合は，a, bをu, vに置きかえて計算する．

$$C_{ab}^* = (a^{*2} + b^{*2})^{1/2}.$$

メトリック色相角：次の式によって計算される色相に近似的に相関する量．CIELUVの場合は，a, bをu, vに置きかえて計算する．

$$h_{ab} = \arctan(b^*/a^*)$$

メトリック色相差：次の式によって計算される色相差に近似的に相関する量．2色の間の色差は，明度差，彩度差および色相差の和であるとして計算したもので，メトリック色相角の差とは異なる．2色の色相角の大小から正負の記号を付記して用いる．CIELUVの場合は，a, bをu, vに置きかえて計算する．

$$\Delta H_{ab}^* = [(\Delta E_{ab}^*)^2 + (\Delta a^*)^2 + (\Delta b^*)^2]^{1/2}$$

（小松原　仁）

→CIELAB, CIELUV
◆Hunt, R.W.G. (1977)

メラニン色素 [melanin pigment]（衣化）

メラニンは，動物の皮膚，眼，毛髪，脳軟膜などの組織・細胞に存在する，黒褐色，黒色の色素

顆粒の総称．表皮にある色素細胞メラノサイトによってつくられる．表皮は半透明のため，メラニン色素が肌の色を決定するのに大きな役割を果たしている．人種による肌色の違いは主としてメラニン色素の量と分布の違いによる．アフリカ人のメラニン色素は顆粒が大きく，1つ1つが単独に分布．ヨーロッパ人はメラニン色素が数個ずつかたまっていて，アジア人はヨーロッパ人よりもやや大きなメラニン色素の顆粒が数個ずつかたまって存在している．紫外線を浴びると，メラニン色素が多数生成されて肌が黒くなるが，紫外線が皮膚内部に入ることを防いで，肌を保護するためである．美白化粧品には，かつては漂白を主眼として化粧品で色素細胞を殺したり，メラニンを還元する作用のものなどが使用されたが，現在ではメラニンのもととなるチロシンに触媒として働くチロシナーゼの作用を抑える美白成分が開発されて配合されている． （村澤博人）
→顔色
◆村澤 (1999)

面色 [film color]（感知）

面色とはカッツが提案した色の見え方の1つである．面色は表面色の見え方とは対極をなす色の見え方である．英語の film color では薄膜の意味になるが，本来の独語の Fläche は平面の意味である．面色の特徴は観察者がその色までの距離を明確に知覚できなく，その面にもし手が届くなら，手がその中に入ってしまうように感じ，その面は観察者に対して平行な面（前額平行面）となり，表面の粗さなどは一切知覚されない，非常に特殊な知覚である．この色の見え方は，雲ひとつない大空を見上げているときに得られる見え方である．空を見上げた直後には，空はある距離で湾曲した面として知覚されるが，そのまま観察を続けると面色の特徴を備えてくる．このように，視野全体がある色におおわれて，均一視野の状態となり，時間が経過すると無彩色に知覚されるので，その状態以前が面色の知覚である．表面色と知覚された色を小さな穴から単眼で観察したときにも，面色の特徴が知覚される．この色のつくられ方からこの場合を開口色というが，あくまで開口色は，面色の一部である． （鈴木恒男）
→色の現れ（見え）方，開口色，無関連色，表面色
◆Katz, D. (1935)

面積効果 [effect of field sizes]（感知）

人間の視覚特性が，観測条件の違いにより大きく変化するということはよく知られている．その1つに刺激の大きさすなわち視角サイズがある．とくに色覚特性は視角が小さくなると大きく変化する．とりわけ，視角が10′以下というきわめて微小な視角になると，この傾向は顕著になる．これがいわゆる微小視野における色覚異常現象，すなわち小視野トリタノピア（small-field-tritanopia）とよばれる現象である．とくに青色に対する感度が低下することが大きな特徴といえる．微小視野に関する代表的な研究である，Middleton と Holmes (1949) の測定結果を図1に示す．視角2′および1′という微小視角における色票の見え方を測定したものである．微小視角においては，いずれの色票も彩度が低下し，無彩度すなわち白色方向へとその色度点が推移している．

また，高松ら (2001) による視角と色の見え方との関係を示したものを図2に示す．視角と有彩色成分の割合との関係を示したものである．ところで，色覚特性は視角が大きくなるにしたがって上昇するが，視角がきわめて大きくなった場合には再び低下し始める．たとえば，視野全体が同一色相でおおわれた色刺激を観測した場合，その色相はしだいに無彩色の方向へと変化していく．これは全体野（Ganzfeld）とよばれているものである．このように，刺激の面積

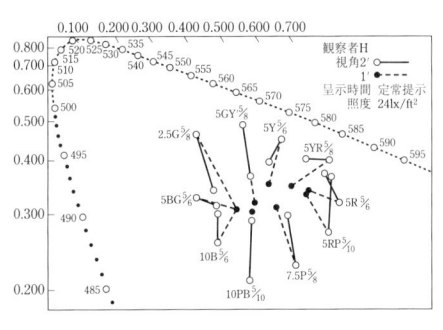

図1 視標の大きさによる見かけの色の色度変化

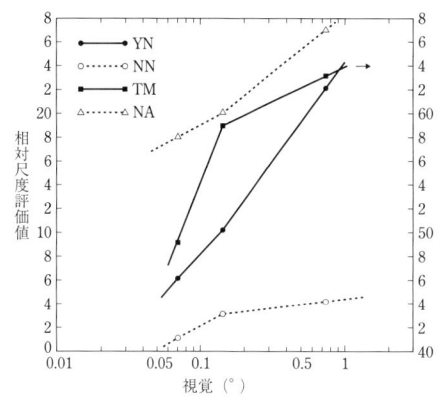

図2 青色信号灯に含まれる青色成分と視角との関係

効果，すなわち視野の大きさと色覚特性とはきわめて密接に関係している． 　　（中嶋芳雄）
→色と形の効果，小視野トリタノピア，ガンツフェルト
◆Middleton, W.E.K.・Holmes, M.C. (1949), 高松ら (2001)

メンフィス [Memphis]（造）

1982年，イタリアのミラノで建築家・デザイナーを中心に結成されたデザイン集団である．メンフィスの中心となるデザイナー・建築家のエットレ・ソットサスは1970年代から近代工業化のデザイン思想をそのまま引き継いでいる現代デザインのあり方に疑問を投げかけていた．現代の都市文化における人間とものとの関係を，より緊密にコミュニケーションを計る必要を痛感し，そこから新しいデザインのあり方を提案したのが，メンフィスの理念である．

具体的には機能よりも人間とものとの関係を重視したデザインとして，遊び心のある形・色・テクスチャーを提案，とにかく明るく楽しい住空間の創造を目指した．アール・デコの形を想起させる単純な幾何学的形体には曲がりくねったジグザグや丸・三角から，くり返しや重ねの形がふんだんに採り入れられ，まるでオモチャの形のようである．色は濁りのないあざやかな色で塗り分けられ，さまざまなパターンの印刷されたラミネート・プラスチックは現代デザインの常識を覆した．ものの表面をおおうバクテリアやひび割れ，スポンジ状の有機的なパターンは人間の生命観と相通じ，なぜか親しみを覚える．ソットサスを中心にマッテオ・テュン，ジョージ・J・ソウデン，ジュラルド・ティラー，日本の倉俣史朗，ナタリー・ドゥ・パスキエなどが活躍した． 　　（三井秀樹）
→ソットサス，エットレ

[も]

モアレ [moiré (仏)]（入出）

モアレの語源はフランス語で「波形」という意味である．一般的には，2つの周期の異なる模様をもつ画像を重ねたときに，波形の干渉により，もとの模様の周期よりもより大きな周期で目立つ新たな模様が出現する現象をいう．印刷においては，① 周期性をもつ原稿（たとえば，スピーカやセータの編み目など）と印刷用網点とのモアレ，や ② カラー印刷のときに C, M, Y, K の4つの網版を重ねたときに発生するモアレ，がとくに問題となり，印刷物の画質を劣化させる場合がある．前記 ① のモアレが出現した場合には，原稿のピントをぼかす，出力網点の角度を変える，高い線数の網点やFMスクリーンを用いる，などの対策により解決される．

2つの異なるスクリーン線数の網点を重ねた場合に発生するモアレの例

② については，網版の出力装置のメーカが，あらかじめ，印刷物上で目立ちにくいY版を除いた，C版，M版，K版の3版を重ね合わせたときにモアレが目立たないように網点の線数・角度を調整しておくのが通常である．網点の線数が C版，M版，K版でほぼ同等の場合，網点の角度はだいたい 15°，45°，75° と互いに 30° の差をもつようにさせると，モアレが目立たなくなることが知られている．この条件を満たすときに，C版，M版，K版の3版を重ねると「バラの輪状」の模様が視認され，この模様のことを「ロゼッタ」（フランス語）とよぶ．

〈島崎　治〉

盲点 [blind spot]（生）

眼底カメラで観察すると眼底は赤みを帯びた色をしているが，網膜の中心から鼻側に少し離れたところに白く明るい楕円形の領域が容易に観察される．これが視神経乳頭（視神経円板）であり視神経が網膜を貫いて出ていく場所である．視神経乳頭は周辺の網膜に比べてややくぼんでいる．また，視神経乳頭では網膜内側半分に栄養を供給する網膜中心動脈と網膜中心静脈が出入りする．視神経乳頭に対応する視野上の領域が盲点である．視神経乳頭は網膜上では中心窩から 4～5mm のところに存在するが，これは視野上では視野中心からほぼ水平方向に耳側に 15° 程度のところに相当する．盲点は水平方向に 5° 程度，垂直方向に 6°～7° 程度のやや縦長の形をしている．右目の盲点は右視野に，左目の盲点は左視野に分かれて存在するため，両目が開いているときには盲点にあたる場所にも片方の眼を通して視覚情報が入力される．一方，片目が開いているときには盲点にあたる視野には視覚情報が入力されないにもかかわらず，盲点の周辺の視野に存在する刺激と同様の色，輪郭，模様，動きなどが知覚される．この知覚現象は盲点における充填知覚とよばれる．充填知覚の結果，われわれは片目を閉じた状態においても，視野に視覚情報が存在しない領域があることをまったく意識することはない．近年サルの大脳皮質1次視覚野で盲点を表現している領域のニューロンが充填知覚時に活動することが報告されている．

〈小松英彦〉

→視神経，充填
◆Komatsu, H. ら (2000)

網膜 [retina]（生）

網膜とは眼球の後側の内壁を覆う薄い膜で，多数の視細胞や神経線維からなり，眼球をカメラにたとえるとフィルムの役割をもつ組織である．網膜で結像した光は，視覚情報として脳に送られる．網膜で視覚情報の処理にかかわって

いるのは視細胞，双極細胞，水平細胞，アマクリン細胞，神経節細胞の5種類である．これらは色素上皮上に規則正しい層構造を形成している．網膜の層構造は眼球の外側から順番に，色素上皮層，視細胞層，外顆粒層，外網状層，内顆粒層，内網状層，神経節細胞層，神経線維層とよばれている．色素上皮層には色素メラニンを含む黒色の色素上皮があり，視細胞層に捕捉されなかった光を吸収し，視細胞による光の再吸収や眼球内の乱反射を防いでいる．光受容器である視細胞の桿体，錐体は網膜の最深部，光の入射点から最も遠い位置にあり，視物質の存在する外節が色素上皮に接している．視細胞が受容した光は電気信号に変換され，層構造の中間に位置する双極細胞，眼球の内側に最も近い位置にある神経節細胞へと伝達され，視神経を介して脳に送られる．網膜には，このような層構造に対して縦方向の信号伝達経路のほかに，水平細胞，アマクリン細胞を介した横方向の経路が存在し，神経節細胞に見られる中心周辺拮抗型受容野の形成に関与している．神経節細胞の応答の色彩および時空間特性から，網膜における視覚情報処理は，視覚画像がもつ色彩，時間，空間における相関を低減し，視覚情報の脳への効率的な伝達を達成していると考えられている．
　　　　　　　　　　　　　　　（花沢明俊）
→視細胞，錐体，桿体

網膜視物質濃度測定 [retinal densitometry]（生）

　生体の網膜で機能している視物質の量を測定する方法．2°〜5°程度の範囲の平均値を求めるスポットデンシトメトリーと，走査型レーザ眼底鏡を用い，広い範囲を高い空間解像度で測定するイメージングデンシトメトリーがある．どちらも暗順応下で視物質が最大限に再生された状態と，明順応下で視物質が減少している状態（ブリーチング状態）の間の視物質の濃度差を測定し，視物質濃度を推定する．明順応下では暗順応下に比べ，視物質が光を吸収することにより，レチナールとオプシンに解離している．視物質に再生された状態のレチナールはそれぞれの視物質に特異的な波長の光を吸収するのに対し，ブリーチング状態のレチナールは紫外領域の光を吸収するため，それぞれの視物質の可視領域の光の吸収量は暗順応状態で最大となる．よって網膜にあてた可視光の反射量を暗順応状態と明順応状態で比較することにより，視物質の濃度差を測定することができる．網膜に吸収波長の異なる複数の視物質が存在する場合は，ブリーチングに用いる光の波長に依存して各視物質のブリーチング量が異なり，観測される光の吸収スペクトルが異なることから，網膜に存在する視物質の種類の同定や各視物質の吸収スペクトルの推定にも用いられる．また，視細胞が機能しているか否かが判別できるため，イメージングデンシトメトリーでは網膜の病変部位の同定を行うことができる．この方法によって測定される視物質濃度はある領域の平均値であり，視細胞の大きさ，間隔，長さ，方向，光軸上の視物質濃度などさまざまな要因を反映したものであって，視細胞中の視物質濃度とは異なっている．
　　　　　　　　　　　　　　　（花沢明俊）
→視物質，桿体，錐体，網膜

網膜照度 [retinal illuminance]（照）

　網膜照度とは，網膜上における照度を等価的に表すものとして定めた量のことである．輝度$1cd/m^2$の光源を面積$1mm^2$の瞳を通して見るときの網膜照度を単位とし，これを1トロランド（td）という．つまり，網膜照度とは，光源の輝度と瞳孔の面積との積として定義された測光量であり，光刺激によって生じる網膜照度に比例する量を表すために用いる．眼が一様な輝度の面を見ているときは，トロランドの値は，平方ミリメートルで表した自然または人工の瞳孔の面積とカンデラ毎平方メートルで表した面の輝度との積に等しい．
　　　　　　　　　　　　　　　（一條　隆）

モダール間現象 [intermodality phenomenon]（感知）

　視覚，聴覚，触覚，味覚，嗅覚，……などの感覚は，それぞれ互いの感覚印象が相異なり，区別できるということで異なるモダリティー（様相）のものとされてきた．ところが，実際には，異なる感性間に共通に見られる一般特性も存在しており，この相互関係に着目し，異なるとされている様相間に共通する性質のことをモダー

ル間（通様相性）現象とよんでいる。たとえば、"明るい"とか"暗い"の感じは普通視覚に見られる性質ではあるが、「明るい音」や「明るい味」などのごとく、音・味・香り・温度などにも認められる（表1参照）。同様にして、"太い"、"粗い"、"ざらざらする"などは、視・聴・触覚いずれの感覚にも共通する性質であり、さらには、"暖かい"、"冷たい"は皮膚感覚のみならず色にも見られる。

表1　通様相性としての明暗（Hornbostel, 1931）

感性	明	暗
触診	滑らか	粗い
圧	固い	柔らかい
触接	鋭い	鈍い
力	軽い	重い
温度	冷たい	暖かい
痛み	刺痛	鈍痛
有機感覚	飢え	飽和

色と音との根源的関係を示す研究（Zietz, 1931）によれば視覚的残像は低い音（200Hz）を聞いた場合は、いっそう暗い、柔らかい、暖かい、曇った色になり、輪郭はぼやけている。色の素材はゆるんで面色となる。高い音（550Hz）にあっては、いっそう明るく、固く、冷たく、はっきりする。輪郭は明確で、色の素材は表面色に相応するようになる。しっかりして突きぬけない。いっそう高い音（1100Hz）では、色は眩しく、目頭がくらむようで、そのために残像はしばしば破壊される。残像の形では、高い音では円い残像が角張った形になる。

音の高低と色聴の変化との関係は表2のようにまとめられる（Zietz, 1931）。また、以下のような条件を満たしたときに、視覚の明るさは同時に与えられる音の明るさの変化と同じ方向に変化して見える傾向のあることが認められている（Schiller・Wolff, 1933）。すなわち、

① 視覚の明るさと聴覚の明るさ（高さ）の度合いが互いに著しく相違しないこと、
② 視覚の方は面色の現れ方であること、
③ 音はかなり強いものの定位されていない状況であること、
④ 音の高さの変化は閾値以上であり、しかもあまり大きすぎないこと、

など。　　　　　　　　　　　（神作　博）
→感覚様相，色聴，色の現れ（見え）方
◆高木・城戸幡監（1952），和田ら編（1969），Zietz, K. (1931), Schiller, P.v.・Wolff, W. (1933)

表2　音の高低による色調の変化（Zietz, 1931）

色調	低音（200Hz）	高音（500Hz）
赤	暗い赤，菫	橙
橙	赤；青みが加わる	黄
黄	茶色；赤みがかった黄 赤紫	はっきりした明るい黄
緑	青緑，青；紫が加わる	はっきりした明るい緑，黄
青	菫；赤みが加わる	はっきりした明るい青；緑が加わる

モダンの色彩 ["modern" color]（造）

　モダンとは，近代を意味し，広義にはフランス革命（1789）以降の時代を，美術史上では印象主義の成立（1874）以降の時代を指す。しかし，ここではデザイン史に則して，19世紀末までのリアリズムが終焉を迎え，抽象表現が登場し，美術運動が次々と展開された20世紀初頭，近代デザイン時代の新しい概念の到来を意味する。20世紀は近代工業化社会の時代であり，従来の伝統的な美術表現に加え，応用美術の新しい概念として「デザイン」が社会的に認知され，装飾を排除したデザインのモダニズムが注目を浴びた。これは建築の「モダニズム」であり，建築・デザインの国際様式「インターナショナル・スタイル」ともよばれた。

　モダンの色彩は科学技術の発展により，あらゆる色材に加え，プラスチック，ステンレス・スチール，アルミニウムなど新しい素材の色がモダンの象徴となった。とくにプラスチックは自由な色をつくりだすことができ，透明・半透明などの透過素材も注目されるようになった。また20世紀は白熱電球ばかりでなく，ネオン管，蛍光管，ナトリウム，ハロゲン，キセノン・ランプからレーザ光，LEDなどさまざまな色光が登場，従来の色の概念を大きく広げた。色光は加算（法）混合により色の濁りや劣化がなく，絵の具の減算（法）混合による彩度の低下というこれまでの美術表現の欠点を補った。輝くような空間演出の色彩も，表現の視野に入ったことも20世紀色彩の大きな成果である。

映画やテレビの色彩は，まさしく色光の色であり，モダンの色として，すでに一般に深く浸透している．また20世紀にはマンセルやオストワルトのような色彩体系が整備され，色彩を科学的に測定し，また正確に再現する技術が確立されたことも，色彩表現と心理的な色彩効果を知る上でも，画期的な収穫であった．つまり20世紀のモダンの色はあらゆる色彩表現を可能にし，また科学技術の成果によって，多様な色の再現性を獲得した時代であるといえるだろう．

（三井秀樹）

→インターナショナル・スタイル，ポスト・モダンの色彩

モックアップ [mockup]（商）

実物大の模型のこと．粘土や木型，FRP，ポリエチレンのフォームコアなどの材料でベースをつくり，必要に応じて塗装・艤装する．飛行機，自動車，機械，携帯電話，カメラ，玩具などのデザインを行う際，スケッチやレンダリング，スケールモデルでは実際の寸法や距離感覚がわかりにくいので，実物大の模型を作成し，模擬的な操作をしたり，居住空間を確認したりするためにモックアップを作成する．また，店頭に置く展示見本（実物に色も形もそっくりだが機能はないもの）もモックアップとよんでいる．飛行士が訓練に使うシミュレータも，モックアップの一種であるが，これには訓練に必要な機能が備わっている．なお，コンピュータを用いてCGでシミュレーションするものを，ディジタル・モックアップとよぶ．　　（吉田豊太郎）

→クレイモデル

モノクロメータとポリクロメータ
[monochromator and polychromator]（測）

放射を波長的に分散し，そのスペクトルの一部をスリットを通して取り出すことによって単色放射を得る装置を「モノクロメータ（分光器）」といい，分散素子を用いた分散型分光器と，干渉計を用いた干渉型分光器とがある．分散型分光器は，以前はプリズムが用いられたが，近年は回折格子を用いたものが多い．分光器に要求される主な性能は，分解能と S/N 比で，高性能のものにはダブルモノクロメータが使用される．凹面回折格子分光器は反射面1枚で構成されるので損失が少なく，極紫外用に用いられる．干渉型分光器は，干渉計を用いフーリエ変換によるもので，当初はとくに S/N 比が必要な赤外域で用いられたが，近年は可視域にも使用される．放射を分光し，測定対象とする複数のスペクトル線を同時に検出する装置を「ポリクロメータ」といい，回折格子などで分散したスペクトルの結像面にアレイ型の受光素子を置いてつくられる．ポリクロメータは，機械的可動部がなく，小型化できるので近年小型の分光装置に用いられている．ポリクロメータは，任意の波長で，波長精度，バンドパスなどを確認することが困難なので，JIS Z 8722 では，第1種分光測光器，第2種分光測光器として区別している．

→分散素子　　　　　　　　　　　（馬場護郎）

モノトーン [monotone]（商）

モノトーンは単調な調子という意味で，単調な話し方や文体，表現などを指して使われる．色彩に用いられる場合には，単一の色調の意味になり，有彩色の場合でも，無彩色の場合でも，諧調に明暗差のない単一のトーン（色調）で統一された単色使いを指す．同じ単色調の意味で，モノクローム（monochrome）の語が用いられる場合もあるが，モノクロームは単一の色という意味であり，同じ単色調という意味でもモノトーンとは異なり，明暗差の階調変化をともなった単色使いを指して用いられる．

日本においてはモノトーンやモノクロームの語は，しばしばクロマティックカラー（chromatic color：有彩色）に対するアクロマティックカラー（achromatic color：無彩色）の意味に混同して使われている．たとえば，カラー映画やカラー写真に対して，白黒映画や白黒写真を，モノクロームを略してモノクロ映画やモノクロ写真とよぶような使われ方をする．モノトーンも，この場合のモノクロームと同じ意味で使われる場合があり，無彩色使い全般を指してモノトーンとよぶこともある．

1980年代の日本では，DC（デザイナー・アンド・キャラクターの略）ブランドのファッションが大流行した．このDCブランドのファッションは黒を筆頭にグレイ，白を混じえた無彩色を

主流としており，そのファッションは，モノトーンファッションともよばれた．無彩色系の色が流行色として進出したこの頃より，日本では無彩色系の色をモノトーンとよぶようになり現在に至っている．　　　　　　　　　　（出井文太）
◆日本流行色協会編（1993, 98）：「流行色」，No.436, 497」

物に由来する色の意味 [the meaning of colors from the elements]（社）

　金や銀は金属の名前であるが，金色，銀色として色の名前でもあり，その色名が物体の特性を離れて，独特な意味をもつ．この色名が歴史的・文化的にどのような作用を与えたかの意味を述べる．

● 金（gold）

　金は光の反射特性が独特で，つまり黄色系統に入る色なのであるが，その光沢または艶が独特である．マンセルやオストワルトやPCCSの色立体にも金は含まれていない．しかし，美術やデザインや生活の中で金は金色として，堂々とその位置をしめている．洋の東西を問わず金色は，古代から神性を象徴し，神社，仏寺，宗教画，聖人像などに使われている．古代エジプトではツタンカーメン王の黄金の棺や，ギリシアではパルテノンの神殿中に安置されていたという高さ11mの女神〈アテナ〉パルテナス（フェイデアス作）の像は，象牙とともに創られ，その純金の重さは1.1tもあったという．またビザンティンの黄金のモザイク壁画も彼岸的世界を示したものである．日本では，足利義満が建立した金閣寺や，秀吉のつくった金の茶室など，その権力者の威光を示している．そして数々の仏像とその光背は金色である．また，現在でも使われているおめでたい席での金屏風は，谷崎潤一郎の『陰翳礼讃』によれば，昔はうす暗い灯りの中でレフ版の効果があったようである．金は文字どおり"お金（おかね）"という貨幣の象徴でもある．そのために使いかたによっては豪華なイメージをあたえる一方，あまり金色をごてごて使うといやらしくもなりうる．

● 銀（silver）

　きらびやかで，ゴージャスでまた，派手な金と比べて，ひかえめな輝きをもつ銀は，渋く，また，落ち着いたイメージをもっている．銀も金と同様にその分光特性曲線は，白か灰色なのであるが，その反射特性が独特な光沢のあるものとされているので，マンセルなどの色票帳には含まれていない．銀色は銀色として確固たる地位をしめているのは承知のとおりである．それゆえ，燻し銀の光彩によって，金に代わって王権の象徴としてもしばしば用いられた．ササン朝のペルシア銀器もそのよい一例であろう．わが国では文明14年（1482）足利義政の遺令によって京都の銀閣寺（1489年建立）が現存している．テーブルを飾るスプーンや，ナイフ，銀の皿なども舌ざわりや肌ざわりもよく，高級レストランなどで使われている．また，現代の老若をとわず，銀のアクセサリーは，品もよく人びとに愛されている．デンマークのジョージ・ヤンセンのアクセサリーもそのよい一例であろう．また，歳をとってくると頭髪が白く銀色っぽくなってくるためか，シルバー・エイジとか，シルバーシートなどという言葉があることは承知の事実である．

● 銅（copper）

　考古学的・歴史的に鉄器時代とならんで，青銅時代という重要な時代があった．わが国では弥生時代に大陸から鉄器とほとんど同時に青銅器をつくることを学び銅鐸や貨幣などがつくられた．銅はエジプトでは，紀元前5000年頃すでに知られており，ビーズなどがつくられていた．王朝時代に入ると青銅が知られ，金とならぶ重要な素材となった．けれども，銅は古代中国において最も尊ばれ，とくに殷代最盛期には驚くほど精巧な銅器がつくられ，天地の神や宗廟を祀る祭祀，国家や王朝の権威を象徴するものとして饕餮などがあり，奇怪な動物や獣面，鬼面などが複雑かつ精緻に浮き彫りにされている．純粋の銅はもともと原子番号29の金属元素の1つで赤色を帯びており，赤銅色という言葉があるくらいである．しかし，空気中の水素と二酸化炭素が作用し，緑色の錆びがでやすい．すなわち，緑青がでやすい．それゆえ，銅はしめった空気の中では，青銅となりやすく，その緑青は顔料ともなっている．けれども，青銅は，

銅と錫との合金である．なお，銅からでた錆の緑青は，昔は毒とされていたが現在では人体には無害とされている．

● 灰（ash）

灰は，その名のごとく，物が焼け尽くして後に残った粉状の物質である．そのような色にたとえて灰色という．別名では鼠色，鉛色，グレイ．自然界では曇りや雨の日の空が灰色であり，岩石なども灰色に見えるが近寄って見ると他の色が混ざっている場合も多い．イメージとしては，灰色は，陰気，地味，ときには容疑が疑わしいこと，「灰色の政治家」などというときもある．物理的には灰色は黒と白の中間にある無彩色の段階の色である．写真や絵画などでは，陰影を表出し物を立体的に見せるために重要な位置をしめている．また，ファッションなどでは，使い方によっては品格のよい姿に装うこともできる．日本では江戸時代，人びとの贅沢を禁ずるため，華美な色彩の使用はいましめられたので「四十八茶百鼠」といって，地味な茶系統とともに，数多くの鼠色が使われた．たとえば，銀鼠—明るいグレイ．利休鼠—緑みのグレイ．浅葱鼠—空色がかったグレイ．桜鼠—明るい灰色みのピンク．梅鼠—赤みをもった灰のピンク．藤鼠—藤色と灰色の中間．鳩羽鼠—紫みのグレイ．葡萄鼠—灰みの青紫．千草鼠—灰みの緑．藍鼠—灰みの青．紺鼠—紺がかった灰みの青，などなどである．これらの鼠は完全に100種あったというわけではなく，数多くの鼠色があったということである．すなわち，完全な無彩色の灰（グレイ）だけではなくかなり色みをもったグレイッシュな鼠色を，ご禁制の中で，お洒落に使いこなしていたわけである．

（川添泰宏）

喪服の色 [the color of mourning dress]（衣化）

喪服は，喪にある期間に着る礼服のことで，そうふく，凶服ともいう．『日本書紀』では，素服と書いて，「あさのみそ」と読ませているように，未加工の麻布などが用いられていた．古く『和名抄』によると，喪服は不知古路毛とよばれ，藤葛などの繊維で織ったままの布でつくられたことに由来するとされる．つまり，日本古来の喪服は白や生成り色をしていた．日本最初の喪服の制度は，唐令にならい制定された養老令（718年）の喪葬令であり，天皇は本服2等以上の親喪のためには錫紵という浅黒色の細布でつくった闕腋の袍を着用するなど，喪の期間や服の種類，色が定められた．江戸時代には男性は麻裃，長裃，鉄色以外の無地の熨斗目裃などを着用し，女性は白無垢の小袖，白帯を着用した．明治時代に入ると，宮廷喪儀では，天皇の喪服は無文縄纓の冠・黒橡布の闕腋の袍・橡色布の表袴・黒橡布帯・縄帯などの規制があったが，後に洋服の採用とともに，西欧の制にならって，洋服の左腕，帽子，佩剣などに黒布をまとった．和服では男性は黒紋服に袴，女性は白無垢，白帯だったが，昭和時代に入ると女性も同様に黒紋服に黒帯を着用した．

洋装では男性はブラックスーツに黒ネクタイ，女性も黒のスーツまたはワンピース着用が一般的である．西洋の喪服はモーニング・ドレスといい，古代エジプトでは黄色，古代ローマでは男性は暗青色，女性は白い衣服を着用した．中部，東ヨーロッパでは農民の喪服は伝統的に白い色であった．しかしキリスト教の枢機卿や司祭たちは，死者のミサのときには黒い衣服を着ることが定められていた．その後，17世紀には高い身分の人たちの間で寝巻きやシーツ，カバー，ベッドを黒くして喪に服する習慣があった．19世紀には喪服用の黒いクレープやサージ，カシミアなどがつくられ，喪服を着る期間や種類が定まり，男女とも喪服の色は黒となり，喪が明けると紫や，夏には白が用いられた．

（渡辺明日香）

モホリ＝ナジ，ラースロ [László Moholy-Nagy]（造）

モホリ＝ナジはハンガリー生れ，造形作家，教育者で第一次世界大戦後ブダペストで前衛芸術運動，MAグループに参加，ロシア構成主義の影響を受けながら，造形運動を行っていた．モホリ＝ナジの転機は1923年，バウハウスに招聘された以降である．1919年にドイツのヴァイマールに開校した造形学校「バウハウス」の予備課程の担当ヨハネス・イッテンの跡を継ぎ，アルバースとともに工房での造形の基礎教育に専念

した．予備課程（後に期間が1年間となり基礎課程となる）では，造形要素としての形・色・材料の体験実習を行わせ，当時の新技術である写真による光のイメージや，印刷技術への応用，タイポグラフィへの実験的な試みなどを積極的に採り入れた．バウハウスで刊行された『材料から建築へ』(Moholy-Nagy, 1929) の英訳版『新しい視覚（The New Vision）』(1932) や『運動の視覚（Vision in Motion）』(1947) は現在でも各国で出版されデザイン教育の原点となっている．モホリ＝ナジは1928年，ナチス政権の弾圧が強まり，グロピウスとともにバウハウスを去り，その後アメリカ合衆国に渡り，シカゴで後に「ニュー・バウハウス」とよばれたデザイン学校の校長となる．ニュー・バウハウスは1946年，モホリ＝ナジが白血病で51歳で急死した後にイリノイ工科大学に併合された．バウハウスの基礎課程における造形感覚の涵養を目指したモホリ＝ナジをはじめとするイッテン，アルバースの造形の基礎訓練のカリキュラムは，第二次世界大戦後，世界各国のデザイン教育のモデルとなり，現在に至っている． （三井秀樹）

→バウハウス，イッテン，構成主義，インターナショナル・スタイル

◆Moholy-Nagy, L. (1929)

モラ [mola]（衣化）

モラとはサン・ブラス諸島のクナ族の女性によってつくられるアップリケ技法の一種である．アメリカ大陸中央部に位置するパナマ共和国の北岸，カリブ海に浮かぶ350余りの小さな島々が連なるサン・ブラス諸島にインディオ，クナ族が住んでいる．クナ族の女性のほとんどは民族衣装であるモラのブラウスに巻きスカートを身につけ，鼻には金の鼻輪，腕や足にはオレンジや黄色のビーズのアクセサリーを付けている．鮮烈な色使いやすぐれた色彩感覚と豊富な図柄が特徴である．モラは，長方形の色布で同じデザインのものを2枚つくり，ブラウスの前身頃と後身頃に止めつけられる．製作方法は土台となる布の上に赤や橙，黄色，緑，青，黒など色あざやかなさまざまな色の布を2〜4枚またはそれ以上重ね，模様にそって下に重ねた布を切らないように鋏で切り抜き布端を折り込みながら細かくたてまつりで縫っていく．近年では重ねる布の枚数を減らし，必要な部分だけに色布をはめ込む方法で製作され，多色を用いカラフルな配色のものがつくられる．モチーフとしては亀や鳥，魚などの動植物，幾何学模様，迷路，島の生活，儀式の道具，宗教，神様，精霊，戦い，迷信などで身の回りのあらゆる物をデザインしてつくられている． （矢部淑恵）

モリス，ウィリアム [William Morris]（造）

モリスは19世紀イギリスで活躍した近代デザインの運動であるアーツ・アンド・クラフツ運動（美術工芸運動）の中心的役割を担った美術工芸作家，デザイナーであり，また社会主義的な思想家である．モリスは産業革命後の荒廃した工業製品づくりの環境に業を煮やし，思想家ラスキンの影響を受け，工場における製品の機械生産を強く排斥，中世のギルド下の職人による手工芸品づくりに戻るべきと主張した．しかしながら，近代工業化の進展は目ざましく，再びモリスの手工芸による製品づくりの理想は実現できなかった．1861年彼は自らモリス・マーシャル・フォークナー商会を設立し，多くの壁紙や家具，ステンドグラスなどを制作した．とくに壁紙のデザインは14年間に80点にものぼり，大好評を博し，今なお欧米で使用されている．

また自邸《レッド・ハウス（赤い家）》はモリスがつくった室内装飾や家具の実験の場であり，展示場となった．1890年には私家版印刷所「ケルムスコット・プレス」をつくり，書籍の制作を精力的に手がけた．ここでは本の装丁ばかりでなくイラストレーションや活字の組合わせ，レイアウトなどタイポグラフィやエディトリアル・デザインに新境地を開き，壁紙の模様の構成法なども加え，現代のグラフィックデザインの基礎をつくった．モリスの手工芸への理想像は，一見古くさく現代のデザイン思想と相反するように見られるが，彼のデザインに対する姿勢や方法論は，今日のデザインに対する基本原理とほとんど変わっていない．それゆえモリスは現代デザインの父とよばれている． （三井秀樹）

→アーツ・アンド・クラフツ運動

モルフォクロス [morphocloth] (着)

　多層構造により多色を発色する繊維（モルフォテックス）を用いたファブリック．澄んだ色彩，透明感，強い光沢感と深み感などの複合質感，見る角度で色調が変化するアニソトロピック特性をもたせることができるのが特徴である．非染料透明体であるため，染色による廃液が発生しないので，環境にやさしく，また染色工程のエネルギーが不要である．日産自動車（株）が，南米のスルコウスキーモルフォ蝶の発色（トロピカルブルーで金属的光沢感をもつ）の仕組みを解明し，その要因である光の干渉反射機構による発色と，赤外線などを反射する光機能繊維を自動車用シート表皮材として開発し，シルビア・ヴァリエッタに採用した（2000年）．

（吉田豊太郎）

◆日本流行色協会編 (2001)

モンゴロイド系の色 [Mongoloid colors] (社)

　モンゴロイドとは「モンゴル（黄色）人種」という意味である．地球上の人口の1/3を占める．皮膚の色は淡褐色から濃褐色．髪は黒く直毛，虹彩は褐色から暗褐色が特徴である．人口分布はシベリア北部から，東南アジア，南アメリカにまで広範囲に及ぶ．ここでは主に中国系の漢民族および日本民族などの中部モンゴロイド人をとりあげる．モンゴロイド系は古代中国をその発祥の起源とするが，中国では「陰陽五行説」を宇宙の定理として，五行（木，火，土，金，水）に色彩（青，赤，黄，白，黒），方位，季節，聖獣などを対応させて，国家，社会，身体，天地の事象，都市計画の基本とした．また中国では「天地玄黄」といって，天の色では黒，地の色では黄色が最も尊いとして，畏敬した．中国皇帝の着用した黄色の衣裳は，このことに由来している．さらに漢民族では赤を祝儀の色として，最も愛でた．一方，韓（韓国）民族は，中国と同様に「陰陽五行説」を基本としながらも，「白衣民族」といわれるほどに白を「陰」の極みの色として敬愛した．また「日出る国」の日本民族は，「記紀」に見るように白，赤，黒，青の4色を神の色として畏敬したが，奈良，平安の頃，仏教や「陰陽五行説」の影響も強く受け，これらが習合して，独自な色彩文化が築かれた．

（城　一夫）

紋章の色 [color of crests] (衣化)

　紋章の起源はきわめて古く，ギリシア・ローマ時代において，戦場で敵と味方を区別するため兵士たちが盾に色を塗って識別をしたことに由来している．12世紀初頭までは色使いやモチーフの選択に厳密な決まりはなかったとされるが，後に封建制度の確立とともに，紋章が家系や血統を表すシンボルとなり，一族の同盟関係，位階，領地保有の証となった．婚姻の際に，妻の家の紋章を自分の盾に加える権利が与えられるなどして紋章の図案や色が複雑化するにつれ，これらをチェックする紋章官が登場し，規律が厳密に守られた．紋章に使用される色は，① 金属色，② 原色，③ 毛皮模様の3グループに決められており，金属色は金と銀の2色のみと規定されていたが，金色は黄色，銀色は白で代用することが許されていた．原色は，イギリスでは赤，青，緑，紫，黒が主であり，大陸ではこれに橙と深紅色が加えられた7色で構成されており，基本的には中間色やパステルカラーは識別しにくい色として使用が禁じられた．毛皮模様はアーミン（白貂(てん)の毛）と，ヴェア（リスの腹部の毛）の2種類が規定されているが，古典的な紋章以外にはあまり用いられていない．

　また，配色にも厳しいルールが規定されており，① 中世以降の紋章には必ず金や銀の金属色を用いる，② 金の上に銀，銀の上に金というように，金属色を重ね合わせることの禁止，③ 原色の上に原色を重ね合わせることの禁止，などが決められていた．現在でもイギリスの王室をはじめとしてヨーロッパの王室には紋章の伝統が継承されている．西洋の紋章がポリクロミーによって表現されるのに対して，日本の家紋では，ごく少数の例外を除いて，そのほとんどが黒と白のモノクロミーによる表現である．

（渡辺明日香）

◆Pastoureau, M. (1996) [松村訳, 1997]

モンドリアン, ピート [Piet Mondrian]
（造）

オランダの画家で抽象絵画の開拓者．1872 年にアメルスフォールトに生れ，1944 年ニューヨークにて没．キュビスムなどの影響を経て 1917 年頃，いかなる対象の再現からも離れて純粋に幾何学的要素を構成する制作論に移行し，同年，「デ・スティル」誌創刊に参加，同誌上で「新造形主義」を提唱した．

モンドリアンにおいて色彩とは，造形における個別的主観的な要素として新造形主義の目指す普遍性の表現に対する潜在的な撹乱要因であり，まずその感情のならびに視覚的効果の無制限な発露を抑える必要があった．とくに絵画メディアの固有性である平面性の自覚から，色彩の空間的効果は可能な限り排除されるべきであった．しかし，こうした要件を満たす範囲内でモンドリアンは，造形における有機的要素として色彩の強度を確保しようとした．赤・青・黄の三原色を平滑な矩形の色面として黒い水平線・垂直線によって仕切りながら用いる新造形主義の方法は，こうした関心に合致していた．

なお新造形主義の理論に見合った画面構造が確立する 1920 年代初頭までの模索期では，三原色は白ないし灰色を混ぜて使われており，また無彩色の矩形ごとの明暗によってグラデーションの契機も導入されている．こうした方法には，ときにオストワルトの色彩論の影響が指摘され，同じく模索期の作品についてゲーテ的な発想の介在も議論される．もっとも，モンドリアンの造形思考における色彩の問題は，色彩相互の調和という文脈だけでは捉えきれない．なぜなら，三原色を中心とする色彩相互の関係と同等かそれ以上に，色彩要素と無彩色要素との対立，あるいは色彩要素と直角・矩形などのフォルム要素との対立など，色彩を巻きこみつつそのつど生じるさまざまな対立関係が想定されており，色彩はそうした複数の対立軸すべてにおける視覚的ないし理念的な均衡の実現との関わりにおいて追究されているからである（口絵参照）．

1940 年ニューヨークに移り，《ブロードウェイ・ブギウギ》(1942/43) など，色面をリズミカルに配した作品を制作した．　　（福士 理）

→新造形主義，デ・スティル

◆Jaffe, H.L.C. (1970) [赤根訳, 1984], Holztman, H.・James, M.S. 編 (1986), Bois, Y.A. (1994), Blotkamp, C. (1994)

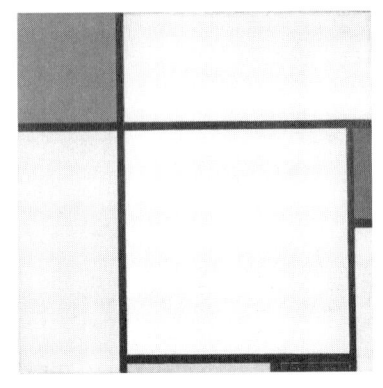

モンドリアン《コンポジション》1929（グッゲンハイム美術館）

[や]

焼付け塗装 [baking paint; baking finish]（着）

塗装後に熱を加えることで反応し，化学的な網目をつくり乾燥硬化させる塗装方法．これに用いられる塗料は，熱硬化アミノアルキド系，熱硬化アクリル系，ポリウレタン系，エポキシ系などがある．焼付け温度は被塗物や塗料により異なるが，70～300°C くらいである．完全乾燥した後は溶剤にも溶けない．塗膜品質・性能は自然乾燥タイプの塗料（ラッカー）よりすぐれており，色の表現範囲も広い．また，焼付けを行うことにより塗料が収縮し，光輝材の配向がよくなり，フリップフロップ感，緻密感が向上する効果もある．自動車の製造ラインで使用される塗料は，1955年頃から赤外線ランプによる加熱乾燥方式が導入され，その後徐々に熱風循環乾燥方式へと移行した． （吉田豊太郎）
→ラッカー，フリップフロップ効果，◎熱重合乾燥塗装

焼付け塗装の塗膜構成 [film construction of baking paint]（着）

焼付け塗装の上塗り塗膜構成（塗装工程）は，コート回数と焼付け（ベイク）回数で表す．たとえば1コート1ベイク（1C1B）は上塗り工程が1回，焼付けが1回である．1965年頃，メタリック塗料でアミノ樹脂とアクリル樹脂による1C1Bのメタリックエナメルが開発された．1970年頃からはメタリックカラーは2C1Bが採用された．2C1Bは一般にベースコートの上にウェット・オン・ウェットでクリアーを塗装し，1回焼付ける構成で，外観品質，塗膜性能，作業性が向上し，現在大半のメタリックカラーは2C1Bで塗装されている．ソリッドカラーの大半は，1990年代までは1C1Bであったが，最近は徐々に2C1Bに変わりつつある．

3C2Bは1980年頃から導入された．パールマイカカラーによく用いられる構成で，カラーベース・焼付け・マイカベース・クリアーコート・焼付けという構成である．3C1Bは1990年代に開発された方式で，色1ベース・色2ベース・クリアーコート・焼付けという工程である．3C2Bを簡略化したものとみることもできるが，色1ベースにソリッドまたはメタリックの高隠蔽性の塗料を塗り，ウェット・オン・ウェットで低隠蔽性の色2ベースを塗ることにより，この2層の複合色で意匠を表現することをねらいとした色もある．さらに高品質感や特殊な効果を目的とした塗膜構成では4C3B以上の色もある． （吉田豊太郎）
→焼付け塗装

やまと絵 [paintings from early Japan]（造）

平安時代以来用いられる絵画に関する用語．中国からもたらされた技法や題材を学ぶ，唐絵に対する語で，主題を日本の自然や風俗に求めた絵画を指す．大和絵，倭絵，やまと絵などと表記する．ここでは漢字と仮名の関係に基づき，「やまと絵」とする．大和絵屏風，大和絵障子などが王朝貴族の邸宅を飾り，物語，説話，社寺の縁起などを主題とする絵巻物が鑑賞目的を含みつつ制作された．

北宋の徽宗皇帝（1100-25）の内府所蔵の絵画の著録である『宣和画譜』は，蔵品中の日本絵画を評して，「彩色の美しさを大変重んじ，金碧を用いる．しかし，その真というものがない．ただ，絵がきれいで，見た目の美しさをとろうとしている」と述べる．基本的には「青緑山水」，すなわち自然景を表すのに緑青と群青の対比を重視し，金泥の併用もあったので「金碧山水」ともよばれる中国唐時代の彩色主義の宮廷絵画様式に学び，それを日本の自然を表現するのにふさわしい描写形式に変容したといえる．濃厚な彩色は，紺丹緑紫を基本とし，描くべき対象を明瞭な鉤勒線で象る．《源氏物語絵》などは，墨で下描きをしたのち色彩を加え，最後に輪郭線で仕上げることから「つくり絵」と称される．このように本来は，主題上の分類であったが，室町時代以降は，宋元の水墨画に対して宮廷貴族の趣向する彩色主義の絵画といったほどの意味

で，技法上の特長を指すようになった．近世絵画においては，1469年に宮廷絵所預の職を復した土佐光信を起点とする土佐派の画家たちの画風を指す． （河合正朝）
→源氏物語絵巻, ◎大和絵, 倭絵
◆秋山（1967），吉田（友）（1979），宮島（1985）

夜盲症 [night blindness; nyctalopia]（生）

網膜周辺部に密集する桿体とその系の機能に関する何らかの障害により，暗順応の過程に支障が生じる状態を「夜盲」とよび，この夜盲を主な症状とする疾患を「夜盲症」という．生れつき夜盲があって（先天性夜盲）進行しない「非進行性（stationary）」のものと，生後発症して進行する「進行性（progressive）」のものとに分類される．前者の代表例として，「先天停在性夜盲（congenital stationary (or essential) night blindness）」と「小口氏病」とがある．後者に属するものに，たとえば網膜色素変性症による夜盲症がある．他方，後天性夜盲としてビタミンAの欠乏による「特発性夜盲」が知られている．RippsとFishman(1990)は，臨床の見地からは「夜盲とは暗順応曲線（dark-adaptation curve）の桿体関与の部分（rod-mediated segment）における何らかの障害」とみなしうるとし，それは暗室内での時間経過にかかわりなく光覚閾が低下しないままの状態，ないし桿体の閾が最終的には健常に近い値に到達しても，それまでに通常のそれを大幅に超える暗順応時間が必要な状態を含む，と規定している．前者の状態を表す具体例を図に示す．

図は，視角1.5°の検査光（青色光）を網膜上耳側15°の部位に呈示し，その閾（縦軸）を暗室内で時間（横軸，分単位）を追って求めた，全褪色後の暗順応過程である．白マルでプロットされているのは先天停在性夜盲の被験者の結果で，健常眼の対照例の経過（白三角）に比べると，これに当てはめられる暗順応曲線は「コールラウシュの屈曲」が見られないものとなっている．すなわち，桿体の関与する部分が欠如している．なお，桿体系の機能の障害にもかかわらず，「網膜濃度計（retinal densitometer）」による測定を試みたところ，桿体の視物質であるロドプシンの存在が認められた．これは，先天

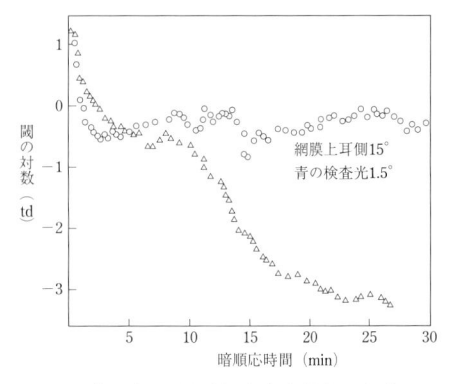

先天停在性夜盲の被験者（○）と健常眼（△）の全褪色後の暗順応曲線（Alpernら，1972）

性夜盲に関する他の研究報告（Carrら，1966; Ripps・Fishman, 1990）とも軌を一にする結果である． （鳥居修晃）
→暗順応, 桿体, ロドプシン
◆Alpern, M. ら(1972), Carr, R.E. ら(1966), Ripps, H.・Fishman, G.A. (1990)

ヤング [Thomas Young]（感知）

ヤングはダブルスリットの実験により光の波動性を検証したことで有名であるが，物理学のほかにも医学，言語学，保険統計学などさまざまな分野で活躍した博学の人であった．彼は若き医学生の頃，牛の眼球を解剖する機会に恵まれ，毛様筋により水晶体の形状が変わること，これに伴って水晶体の焦点距離が変わりピント調節が行われることを1793年発見している．有名な光の波動説を発表したのは1801年であるが，彼はその応用の1つとして色覚がいかにして生じるかを論じている．網膜には特定の周波数の振動に共鳴する振動子が並んでおり，網膜に光が入るとその周波数に応じて各振動子の振幅が変化し，その振動の大きさが視神経を伝わって脳に送られるというのが彼の説である．これだけならばニュートンも似たような考えに至っていたが，ヤングはさらに，あらゆる色が3種類の原色の混合でつくりだせるという当時すでに知られていた事実をこの機構と結びつけ，赤，黄，青の波長に共鳴する3種類の振動子が網膜に存在すると論じた．三原色を赤，黄，青とし

たのは画家の間で知られていた原色を基にしたためと思われるが，その後，光学的な観察をもとに，三原色を赤，緑，菫(すみれ)に修正している．色の三色性の原因を網膜の機構に求めたのは彼が最初とされ，その後の色覚理論の基礎となった．

（中野靖久）

→ヘルムホルツ
◆Sherman, P.D. (1981)

［ゆ］

釉 [glaze]（化）

陶磁器は素地と釉（うわぐすりのこと）よりなる．素地は焼成により固く焼け締まり器物の形を決める．釉はいわば着物のようなもので素地の上に 0.1〜0.5mm くらいの厚みで表面をコーティングするガラス状の薄膜で装飾の役目をもつ．模様をつける方法に，釉の下に絵付けする下絵付け，その上に施す上絵付けがあり，それに用いる絵の具をそれぞれ下絵付け，上絵付けという．

釉薬の成分は，① 骨材（酸として働くけい酸質原料），② 糊材（中性成分でアルミナ原料），③ 媒熔材（塩基性成分として働く土灰や石灰原料），④ 着色材からなっている．骨材は釉薬の熔融温度を上昇させる働きがあり，糊材のアルミナ原料は釉薬が結晶化するのを防ぎ，鮮明感と適当な粘性をもたせ，素地との融着性をもたせる働きをする．媒熔材は釉薬の溶ける温度を調節する働きをし，カリやソーダなどのアルカリ酸化物，石灰などのアルカリ土類酸化物，ホウ酸や鉛化合物が使われる．着色材は銅，鉄，コバルト，クロムなどの金属，実際の原料は 100 種類を超えそれぞれが複数の成分の働きをすることが多い．この調合を単純化する方法として，これら原料に含まれる化学成分は十数種類となるので，この化学式を使用して成分をモル数で表すことが行われる．これをゼーゲル式という．

（珠数　滋）

◆高嶋 (2000), 大西 (2000), Cooper, E.・Royle, D. (1978) [南雲訳, 1995]

UV 硬化塗料 [ultraviolet curing paint]（着）

紫外線エネルギーを用いて塗膜を硬化させるタイプの塗料．塗料の照射に用いられるのは主に近紫外線（λ：200〜400nm）である．赤外線，可視光線に比べて，紫外線はより大きいエネルギーをもつ．特徴は，硬化速度が早く，乾燥設備を必要としないので省エネルギー・省スペースである．溶剤をほとんど使わないので VOC が低い，塗膜の耐擦り傷性が高い，耐熱性，耐薬品性にすぐれているなどである．UV 硬化塗料は，木製品（床材，階段，カウンターなど），プラスチック（携帯電話，カメラ，ユニットバス，キッチンの面材など），金属（スチール家具，看板，エレベーターのドア，ゴルフクラブのヘッドなど），石材などの塗装に用いられている．スプレー塗装，ロールコーター，カーテンフローコーターなどの方法で塗装する．　（吉田豊太郎）

→揮発性有機化合物，◎紫外線硬化塗料

有機顔料と無機顔料 [organic and inorganic pigments]（化）

塗料や印刷インキ，プラスチック，絵の具などに色をつける材料を顔料という．

顔料は大別すると無機顔料と有機顔料に分けられ，さらに化学構造によって細分化される．無機顔料の歴史は古く，先史時代の洞窟の絵画に有色の土や岩石を砕いた鉱物起源の顔料が確認されている．現在使用されている主な無機顔料にはカーボンブラック，酸化チタン（チタン白），べんがら，黄鉛，紺青，群青など多くのものがある．有機顔料も古くからつくられているが，当初は植物や動物から得た色素をクレーなどの無機顔料に吸着させて顔料として使用していたが，19 世紀後半から繊維用にたくさんの染料が合成され，次いで水に不溶性の有機顔料が数多く合成されるようになり，色相の幅が広がり，着色力が大きいことから多くの分野で使用されるようになった．有機顔料は印刷インキに生産量の約半分が使用されているが，主なものにジスアゾイエロー（黄色），カーミン 6B（紅色），フタロシアニンブルー（藍色）がある．

顔料の性能を左右する重要な性質には色相，着色力，耐候性などがあるが，無機顔料と有機顔料

	色域	着色力	彩度	隠蔽力	耐候性	耐熱性
無機顔料	小	小	低い	大	大	高い
有機顔料	大	大	高い	小	小	低い

の差は概略表のように認識できる．通常は無機顔料と有機顔料とは，その特性を生かして補完的に使われている．ほとんどの顔料はカラーインデックス（Society of Dyers and Colourists 社）に登録されており，化学構造別には無機顔料が120種余り，有機顔料は300余種が登録されている．　　　　　　　　　　　　（珠数　滋）
→カラーインデックス
◆日本顔料技術協会編 (1989)，伊藤（征）総編 (2000)，色材協会編 (1989)

有限次元線形モデル [finite-dimensional linear model]（表）

　照明光の分光分布や物体表面の分光反射率といった分光関数の計測データを効率よく記述するために，分光関数を有限個の基底関数の線形結合として表現することを有限次元線形モデルという（Wandell, 1995）．まず照明光についてJuddら (1964) は典型的な昼光の分光分布が3つの基底関数で近似的に記述できることを示した．次に反射率については，Cohen (1964) はマンセル色票の分光反射率について基底関数に対応する4つの成分を示し，このうち最初の3つの成分で近似できるとした．マンセル色票については側垣ら (1983) による主成分分析法による解析もあり，分光反射率は平均値と3つの成分で表現できるとした．

　一方，自然界に存在する多くの物体表面の分光反射率について，Vrhelら (1994) は，マンセル色票，塗料を含む多くの分光反射率データの主成分分析によって，ほとんどすべての分光反射率は，7つ以内の基底関数で十分モデル化できることを示した．このようなモデル化の利点は，本来波長の連続関数として複雑な分布形状をする分光データの表現が簡略化できて，少数のカラーセンサの計測値から分光関数を推定することが可能になることである（Tominaga・Wandell, 1990）．　　　　　　　　（富永昌治）
→反射モデル，分光分布
◆Wandell, B.A. (1995), Judd, D.B.ら (1964), 側垣ら (1983), Vrhel, M.J.ら (1994), Tominaga, S.・Wandell, B.A.(1990)

UCR（下色除去）[under color removal]
（入出）

　C, M, Y 3色インキはおのおの選択的な分光吸収帯をもっているが，黒インキは全波長帯をほぼ一様に吸収するので，3色信号中のグレイ成分はある程度黒（墨）K で置換できる．色成分からグレイ成分を取り除き黒で置換する操作をUCR（下色除去）という．3色インキは不必要な波長帯に副吸収をもつので，減法混色による色再現では副吸収を補正するために色修正（マスキング）という操作が施される．原理的には原稿の色濃度成分から先に K だけグレイ成分を除去した後に色修正が施されるが，色修正行列には負の係数が含まれるので，UCR可能な墨量は色修正後の3色成分が負にならない最大値 K_{max} に制限される．K_{max} まで墨入れを行う場合をフルブラック（100% UCR）といい，2色と墨のみの色再現となる．実際上は画質をそこなわないために，明部では墨発生を禁止しグレイ成分が閾値を超えた場合にのみ墨入れを行う，スケルトンブラック法がよく使用される（GCR図 (a), (b) 210頁参照）．また印刷では，色修正計算により3色インキ量を決定した後に，墨量 K を自由に調整する方法（後墨）もあり，この場合色修正後の3色成分から K を差し引いた残りの CMY インキ量では原稿の色成分を正しく再現できないので，墨量に対応して4色再現のための補正が必要となる．　（小寺宏曄）
→GCR
◆金森・小寺 (1997)，佐柳・田宗 (1984)

友禅染 [Yūzen dyeing]（衣化）

　江戸時代に始められた糊置防染による染色方法で，元禄年間（1688–1704）頃に京都の扇絵師である宮崎友禅斎により創案されたと伝えられている．友禅の技法には楊枝糊の技法と手描友禅と型友禅がある．手描友禅は渋紙でできた円錐形の渋筒の先に先金という先端に小さな穴を空けた口金を付け，筒の中に糸目糊という糯粉と糠と石灰を混ぜ，蘇芳や亜鉛末などで色を付けた糊を入れ，模様の輪郭を糸のように細く糊で描いていく技法で，糊置きのことを糸目を引くという．その内側にさまざまな色を差していく染色方法で，糊を取り除くと友禅特有の細い白い線が残る．型友禅は明治になって始められた技法で，同じ模様を大量につくることができる．何枚もの型紙を使い，染料に糊を加えた

写し糊を使用し直接捺染する．友禅は京都の京友禅，石川県の加賀友禅が最も有名である．加賀友禅の特徴は，京友禅に比べ模様が写実的であること，色彩は加賀五彩といわれる藍・蘇芳・黄土・緑・墨を基本にした配色でぼかしを多く取り入れている．ぼかしは模様の外郭から内側にぼかしてゆき，「虫食い」とよばれる模様を付けるのが特徴とされる．京友禅では色彩は多彩で，内側から外郭へぼかしてゆき，仕上げに刺繍や箔置きを施すことがあげられる．現在でははっきりした違いはあまり見られない．

(矢部淑恵)

誘導・警告ブロック [detectable warning surface] (安)

視覚障害者の単独移動が安全に行われることを支援する目的でつくられた表面に凹凸パターンのある路面触覚表示は，日本で最初につくられ，線と点の2種類のパターンがある．前者は誘導や方向を呈示する目的をもち，後者は危険に対する注意喚起や警告を目的としている．このため，パターンの違いによって，誘導ブロックおよび警告ブロックと区別してよぶようになってきている．世界的には，鉄道駅ホームからの転落を防止することを目的とした警告ブロックの普及が進んでいる．わが国では，誘導・警告ブロックの大部分は黄色でつくられているが，イギリスの横断歩道では臙脂色を使うよう規定されているように，色彩が統一されているわけではない．しかし，形状を杖や足底で確認しながら行動することが前提になっても，視覚情報面からの支援も重要であることから，国際標準化機構 (ISO) では，視認性の面から，誘導・警告ブロックとそれらが敷設される背景との輝度比を規制することを検討している．黄色は，安全色では「注意」を意味していることから，視覚障害者に限らず，公共施設を利用する人に注意を喚起しているともいえるが，ISOでは，色については取り上げていない．しかし，環境色彩計画の面から，黄色以外の色を含めた，色彩使用の指針が強く望まれている．　(小松原 仁)
→安全色と安全標識

誘導現象 [induction phenomenon] (感知)

感覚知覚心理学で用いられる誘導 (induction) という用語を最も広義に解釈するならば，「ある刺激が，時間的空間的に近接する別の刺激に何らかの現象的影響を及ぼすこと」をいう．たとえば，相対的に面積の大きい視覚領域の運動が，その近傍の小面積の静止対象の運動印象を生じさせる現象は誘導運動 (induced movement) とよばれる．色知覚の領域では，色対比，色同化，ネオンカラー効果，色順応，色残効，主観色などが代表的な誘導現象と位置づけられる．

かつて，わが国の心理学界で精力的に議論された視覚誘導場の研究において，誘導の概念が，種々の視覚現象を支配する基底原理として特別な意味を与えられていた．横瀬のポテンシャル場，本川の網膜誘導場，小保内の感応理論などはその代表的なものである (小谷津, 1969)．たとえば，Motokawa (1949) は，独特の電気閃光法を用いた研究によって示された直接誘導と間接誘導との関係が，補色的過程にあることを明らかにしている．

ただし，近年では誘導という用語が使用される機会は限定されてきている．色知覚に関していえば，検査領域に色対比や色同化を生じさせる刺激領域を誘導領域とよぶ場合が最も一般的な使用例である．また，誘導という概念が，ある知覚現象それ自体を指す場合 (たとえば「色対比が誘導された」) と，理論的にその知覚現象の生起因までを含意する場合 (「誘導によって色対比が生じた」) が混同される場合も少なくないので，その点で書き手には配慮が，読み手には注意が必要である．　(高橋晋也)
→対比，色同化，色対比，色順応，ネオンカラー効果，主観色現象
◆小谷津 (1969), Motokawa, K. (1949)

郵便ポストの色 [colors of mailboxes] (自人)

日本では明治4年 (1871) に新しい郵便が開業，創業時の郵便ポストは「書状集め箱」「郵便箱」などとよばれ，木製であった．翌明治5年，杉材黒塗り角柱型の黒ポストが設置された．明治34年 (1901)，鉄製赤色の円筒形ポストが考案され，明治41年 (1908) に正式に鉄製赤色の円筒形ポストが制定された．このときから現在まで郵便ポストの色は記念ポストなどを除いて赤色である．ポストの正式名称は昭和23年

（1948）に決められた「郵便差出箱」であり，同年から速達郵便物専用の鋳鉄製丸型淡青色のポストが設置された．時代にふさわしい新しいポストは平成8年（1996）郵便差出箱10号から14号の5種類が誕生，色も明るくはっきりした赤に変更された．外国のポストの色は赤と黄色が多く次いで緑となっている．赤いポストはイギリス，オランダ，ベルギー，デンマーク，カナダ，ハンガリー，インド，韓国などに見られ，黄色はフランス，ドイツ，スペイン，スウェーデン，スイス，トルコなどに，また，緑色のポストはアイルランド，インドや中国にある．青色は米国で見られる．アルゼンチン，ブラジルは黄と黒の配色のポストである． （永田泰弘）

ユニーク色 [unique color]（感知）

無数の色のうち，赤，黄，緑，青の4色は混じり気のない純粋な基本的な色感覚でユニーク色といわれている．これらのうち，赤と緑，黄と青を同時に存在することのない反対色とよぶ．霊長類視覚系には赤－緑と黄－青の2つの反対色チャンネルが存在すると考えられ，生理学的な基盤メカニズムの詳細が解明されつつある．ユニーク赤，ユニーク緑は黄－青反対色過程の，ユニーク黄，ユニーク青は赤－緑反対色過程の興奮抑制の出力がバランスする平衡点の色と考えられている．つまり平衡になっていない方の反対色過程の応答によるので，それ以上分割できない色感覚を引き起こす．ほかの色，たとえば橙には赤みと黄みを感じるが，それは赤－緑反対色過程の赤応答と黄－青反対色過程の黄応答によるからである．ユニーク色と反対色過程の概念は色の見えを合理的に説明できる．
スペクトルにはユニーク青，ユニーク緑，ユニーク黄となる波長があるがユニーク赤は赤紫線上になる．ユニーク色波長がベツォルト－ブリュッケ・ヒューシフトの不変波長でないならば反対色過程の平衡点波長が変化する，すなわち反対色過程の非線形性を支持するので，ユニーク色波長と不変波長の関係については多くの研究がある． （阿山みよし）
→不変波長，ベツォルト－ブリュッケ・ヒューシフト
◆Kaiser, P.K.・Boynton, R.M. (1996), Ayama, M. ら (1987), 阿山 (1997)

ユニティー（統一）[unity]（調）

ユニティーとは，対象を構成する色や形，材質などの諸要素を，一定の組織系統下において統一のとれたまとまりを形成することをいう．個々の独立した要素が集まって構成されるところには多様の統一が生れ，変化のある要素が集まって構成されるところに変化の統一が生れる．また統一感が強すぎると単調で面白みがなく，変化がすぎると雑然としてまとまりがなくなるために適度のかね合いが求められる．つまり統一の中に変化を，変化の中に統一を求めることで有機的な統一が得られるとしている．もともと美しさとは1つのまとまりの様態であり，有機的統一は，質的まとまりであるハーモニー，量的まとまりであるバランス，時間的まとまりであるリズムの3つの観点から要約できる．一般には次の3つがまとまりのある美しさを構成する方法としてよく用いられている．

1）エンファシス（emphasis）：別項参照．
2）ドミナンス（dominance）：優勢，支配と訳されるように，主導部分が全体を支配し統一効果を図る手法で，1点にさまざまな要素を集中すれば，その点は全体の中で主導性をもち，全体を支配し，全体は従属した形になる．この主導性と従属性の関係を成立させることによって，まとまりを構成する手法である．
3）シンプリシティー（simplicity）：要素の数が多くなれば雑然としてまとまりがなくなるために，類似している要素をグループにまとめたり，切り捨てていくことにより，全体を簡素化してまとまりをつくる手法である．
 （中川早苗）
→エンファシス（重点），ハーモニー（調和），バランス（均衡），リズム（律動）
◆Graves, M. (1951), 山口・塚田 (1960), 古岡 (徹)(1983)

油溶性染料 [oil color; solvent dye]（化）

各種有機溶媒に溶解性を有する非イオン性染料を油溶性染料とよぶ．市販染料は通常水系で使用することを前提にしているが，油溶性染料だけは水系で使用するのではなく，各種有機溶剤，油脂，ワックス，合成樹脂の着色や油性イ

ンクなどに用いられる．油溶性染料は溶解して用いるため顔料にくらべて透明性にすぐれている点に特徴がある．溶媒としては下記のような異なった溶剤が用いられるが，油溶性染料はすべての溶剤にとけるわけではなく，それぞれに適した溶剤の系で使用される．

① 極性有機溶剤（アルコール，エステル，エーテルなど），② 非極性有機溶剤（ベンゼン，トルエンなどの石油系溶剤他），③ 油脂およびワックス類など．

油溶性染料の化学構造は次の2つのタイプに大別できる．

1) 分散染料タイプ：水溶性基を有さず，分子量が比較的小さい分散染料のタイプのもの．通常の油溶性染料は市販分散染料に比べ極性の低い化合物である点に特徴があるが，各種合成樹脂の着色用には分散染料の色素がそのまま使用されているケースもある．

2) 各種染料を改質して油溶性としたタイプ：水溶性の金属錯塩型染料や酸性染料を改質して油溶性としたものや，酸化染料縮合物などがある．

（今田邦彦）

◆有機合成化学協会編 (1970)

[よ]

溶剤系塗料 [solvent type paint; solvent borne paint]（着）

溶剤を用いて樹脂，顔料，添加剤などを溶解あるいは分散したタイプの塗料を総称していう．主として水性塗料，粉体塗料などと区別するために使う表現である．自然乾燥タイプ（ラッカー）と，強制乾燥タイプ（焼付け塗料など）がある．従来は最も多く使用されてきた塗料であり，顔料，展色剤（ビヒクル）の種類が多く，かつ利用のノウハウも蓄積されている．しかし，有機溶剤の排出による環境負荷の増大や，火災，中毒などの問題があり，徐々に非溶剤系塗料（水性塗料，粉体塗料など）に移行しつつある．

（吉田豊太郎）

→粉体塗料，焼付け塗装，ラッカー

[ら]

ライト・アート [light art]（造）

　自身の形をもたない光は，オブジェとして，環境として芸術の媒体となる．前者は機械技術が拓く新しい表現の可能性を探った20世紀初頭の前衛的な芸術思想を源流とする．知的秩序の構築を先端科学技術や工業製品そのものに求めた表現．たとえば人工光源や光源代替素材を画材として彫刻的形象表現をするほか，コンピュータやネットワーク技術によりレーザ光やサーチライトを制御するパフォーマンス，現代社会に浸透した照明技術や装置（電光掲示板や自動販売機など）を表現媒体とする．後者の例は，炎や太陽光の痕跡を自然の中で体感する，あるいは建築的造形を通して空間や時間のダイナミズムを提示する環境芸術，動的な色光に音響などを組合わせ眩暈（めまい）効果をねらったライト・ショウなどである．光を用いた表現の可能性は，技術の進歩とともに現実から仮想空間へ，ナノ・ワールドから宇宙へと舞台を広げている．火や光は人間の原始的記憶を強くゆさぶり精神の高揚と浄化をもたらす．世界各地に見られる，炎や光に関連する風習や伝統的な祭り，花火や祝祭の盛大な電飾アーチなども匿名的なライト・アートに含められるだろう．

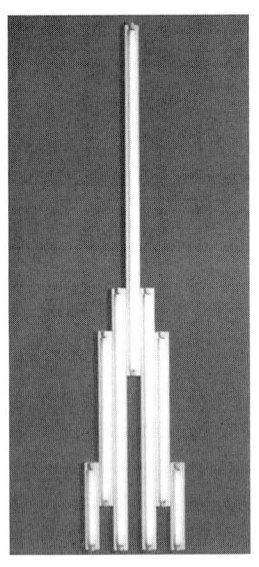

（粟野由美）

ダン・フラビン《タトリンのためのモニュメント》1966

ライトアップ [light up]（デ）

　造形的，美学的，歴史的などに価値のある建築物や工作物，自然の景勝対象物などを照明し，夜間に印象的，効果的に演出する景観照明手法の1つ．ライトアップの対象には，歴史的建造物，著名建築物，商業ビルなどの建築物をはじめ，橋梁，モニュメント，彫像，噴水などの工作物や美術作品，樹木や滝，崖などの自然物など，多くのものがある．照明された対象物は夜間にその存在を強く訴求する．対照物を夜間においても昼間と同じような表情に再現することではなく，照明によって昼とは異なった美しさを浮かび上がらせることに主眼がある．昼には見られない対象物の立体感，色彩感などの美的効果を表現することで，対象物を夜間景観のビューポイントにするとともに，その対象物がもつ意味や周囲環境の雰囲気を演出する．ライトアップには主として投光照明の手法が活用されるが，その計画に際しては，場違いな照明を用いない，グレアなどの光害とならない，省エネルギーへの配慮などが求められる．なお，景観照明には光源による装飾的な効果をねらったイルミネーション，レーザ光線や探照灯によるパフォーマンスなど，多くの手法がある．また，広義の照明による夜間景観には「ライトスケープ（lightscape）」を用いる．

（村上幸三郎）

◇エクステリア・デコレーティヴライティング

ライトのダッシュ [Wright's dash]（感知）

　Wright(1941)が色空間内の直線上で色度弁別閾値を測定して，CIE 1931 (x, y) 色度図上に線分として表示したものをライトのダッシュとよ

んでいる．図に示されているように，460 nm と 650 nm の間から 16 個の単色光と赤紫線上から 3 個の色光を選び，その中の 2 色の混色線上にテスト色光を設定し，合計 35 本の直線上で色弁別閾値が測定されている．被験者 1 名で，ライト自身である．刺激視野は視角 2° の 2 分視野，網膜照度は 75 td，色弁別閾値は明るさ一定の条件で求められた．Wright と Pitt(1934) の波長弁別閾値も色度図のスペクトル軌跡上に示されている．図中の各線分（ダッシュ）はその中点

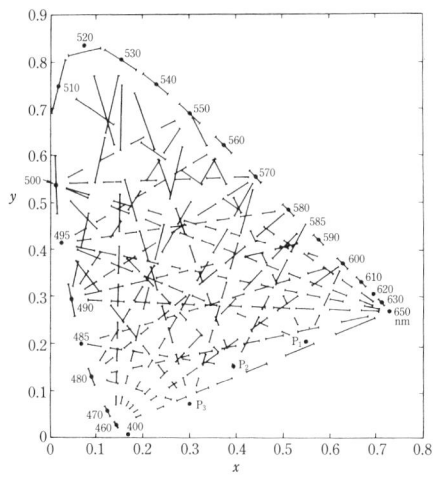

各線分の中点の色度での色弁別閾値を表す (Wright, 1941)

がテスト色光の位置になるように配置されている．これらのダッシュは 460 nm 付近では短く，520 nm 付近では長いというように，色度図内で長さが異なっている．これは CIE 1931 (x, y) 色度図が色弁別に対して均等ではないことを示している． （内川恵二）
→マックアダムの楕円
◆Wright, W.D. (1941), Wright, W.D.・Pitt, I.T. (1934)

楽焼（黒楽，赤楽）(造)

楽焼とは，狭義には桃山時代の陶工である長次郎に始まる楽家歴代の作品をいう．広義には，楽家の楽焼と同じ低火度軟質陶器の製陶方法，もしくはその作品をいう．狭義の楽焼は内窯とよばれる小さな窯で，750〜1100°C の，比較的低い温度で焼く．作品の主体は赤楽，黒楽とよば

れる茶碗であり，他には香合，花入，水指などの茶道具，および彫塑的なものがある．赤楽とは，楽焼の一種で，赤い焼き上がりのもの．土に黄土を化粧がけし，上に重ねて透明釉をかけて焼く．焼き上がりは，酸化された素地土と化粧土の赤みが，透明釉を通して現れる．黄，朱，緋色と焼成の条件などにより色合いには違いがある．一方，黒楽は，黒色のもの．赤楽よりも焼成温度は高く，窯の構造も異なっている．窯に 1 つずつ茶碗を入れて焼き，途中，鋏で挟んで窯から引き出す．引き出され，急冷された作品は，美しい黒色を呈する．この引出黒の技法は，瀬戸黒茶碗でも用いられる．引き出した際の鋏の跡が残るが，これは疵ではなく景色とみる．黒楽茶碗の釉は，楽家では加茂川の黒石を砕いて用いるとされている．初代長次郎は，千利休の指導によって楽茶碗をつくったが，漆黒の黒楽茶碗に，利休の茶の精神が現れているともいわれる． （中島由美）
→瀬戸（黄瀬戸，瀬戸黒，黒織部）焼

ラスター彩 [luster]（造）

陶磁器の表面を金属性の薄い膜で覆い，黄金色や金属的な輝きを生じさせる彩画法．その技法は素焼した器全面に鉛と錫で合成した白い釉薬をかけて焼成し，その上に硫化銅や硫化銀，金を粉末にして黄土と混ぜた泥土で絵付けをし，そのあと比較的低火度の還元焰で焼成．銅を多く用いた場合は茶色みをおびた金属的な輝きを示す．ラスター彩の起源は古く紀元前のエジプトのガラス器の装飾に用いられているが，10 世紀から 12 世紀にかけてのイスラム陶器の開花とともにラスター彩が広く装飾の主役を演じた．その最大の理由の 1 つはアッバス朝のカリフがコーランの言葉に従って帝国領内での金銀の使用を禁ずる奢侈禁止令を公布，このため金銀の器に代るものとして黄色の輝きをもつラスター彩陶器が盛んに製作されたことによる．一方，ヨーロッパでは 8 世紀以後イベリア半島南部を支配したイスラム教徒たちがオリエントからラスター彩の技法を受け継ぎ，14 世紀以後はアンダルシア地方に続いてヴァレンシア地方のマニセスを中心に多くのすぐれたラスター彩の陶器が製作されるようになった．そしてこれらのラ

スター彩は15世紀にはバレアレス諸島のマホルカ島を経由してイタリアに輸出された．ルネサンス期を迎えたイタリアでは多彩色絵陶器とともにデルータ，クッビオ，カステロ・デュランテなど各地の窯でラスター彩が焼成されるようになった．　　　　　　　　　　　（前田正明）
→還元焼成

ラッカー [lacquer]（着）

① 漆．② 化学的な硬化（架橋）反応を必要とせず，溶剤分の揮発によって乾燥塗膜をつくる塗料．塗料が安価で，常温で比較的短時間に自然乾燥し，焼付け炉や紫外線照射などの設備を必要としないので，小規模な塗装に多く使われている．カラーの選択幅は焼付け塗料やウレタン塗料よりはせまいが，一般的な用途としては十分な色域の塗料が供給されている．屋外における耐候性は焼付け塗料やウレタン塗料に劣る．基本は硝酸繊維素塗料．ニトロセルロース，樹脂，可塑剤を主成分とし，溶剤と希釈剤で溶かしたもの．ニトロセルロースの代わりにアセチルセルロースやCABを使うこともある．アクリルラッカーは熱可塑性アクリル樹脂にニトロセルロースかCABを少量加えたもの，ビニルラッカーはPVCと酢酸ビニル共重合体を配合したものである．固形分の多いラッカーをハイソリッドラッカーという．　　（吉田豊太郎）
→CAB，焼付け塗装，溶剤系塗料，揮発性有機化合物

ラテン・アメリカ系の色 [Latin American colors]（社）

ラテン・アメリカは15世紀にスペイン，ポルトガルなどのラテン民族が新大陸アメリカに進出し，次いで中部アメリカ，南アメリカと相次いで征服して，植民地化していった事実に由来している．つまりラテン・アメリカとはラテンの血と南アメリカに居住していた原住民とが混合して誕生した人種，文化の形態である．南アメリカは，輝くばかりの太陽と，インカ帝国が生み出した黄金に代表される豊かな鉱物資源，アンデスの密林地帯を含む豊富な森林資源に恵まれた自然の宝庫である．またコチニールの赤と貝紫の国でもある．この豊かな自然にはぐくまれ，ラテン・アメリカ民族は情熱的で，明るく，陽気で賑やかな性格が特徴になっている．ブラジルの首都リオデジャネイロで行われるリオのカーニバルは，この陽気な民族性を反映して，強烈な音楽のリズム，あざやかな赤，橙，黄，緑などの原色に彩られたドレスや仮装の色彩の饗宴であり，ここにラテンアメリカの風土と色彩への嗜好が余すところなく表現されている．ラテン・アメリカに属する国々の国旗には，これらの赤，黄，緑，青などがよく使われている．たとえばブラジル連邦共和国の国旗は，森林資源を象徴する緑，鉱物資源のシンボルである黄色，そして紺碧の空を表す青の3色であり，ボリビア共和国は緑が森林資源，黄色は国の鉱物資源，そして赤は勇士たちが独立のために流した赤い血を表している．　　　　　　　（城　一夫）

ラテン系の色 [Latin colors]（社）

ラテン民族はインド・ヨーロッパ語族の一派．紀元前1000年頃から現在の中部イタリアに定住して，大ローマ帝国を建設し，現在のイタリアの素地をつくった．後にスペイン，ポルトガルのイベリア半島に進出した．明るい太陽，紺碧の空に象徴されるように，明るく情熱的で陽気な性格をもっている．身体的特徴としては，黒い髪，黒い瞳，黄褐色の肌などの魅力的な容貌をしている．ラテン民族の色彩嗜好は，端的に緑，白，赤のイタリア3色旗に象徴されている．緑はイタリア，スペインの美しい緑の国土，白はアルプスの頂きにある白い雪，そして赤はフランス同様に博愛の精神を表している．ラテン民族の地にはヴェニス・グリーン，アルハンブラ・グリーンなど緑に関する色名が多く，彼らの緑に対する深い憧憬を表しているのである．また赤はイタリア独立戦争の際，勇敢なガルバルディー将軍配下の兵隊が着用した赤い軍服にも象徴されている．ポルトガルの国旗に使われている赤も新大陸を目指して船出していった勇気ある人びとの滾るような赤い血の色である．地中海周辺の地域は，紺碧の海と対照的に真っ白な土塀の家が立ち並んでいる．この白と青の抜けるようなコントラストもまたラテン民族の嗜好色である．　　　　　　　　　　　（城　一夫）

ラマ教の色 [Lamaist colors]（社）

ラマ教はチベットで発達した仏教の一派．ラ

マとはチベット語で「師」を意味し、仏・法・僧の三宝のほかにラマも尊敬するのでラマ教という。ラマ教では、人間の体験すべてをマントラ斉唱や瞑想の中に凝縮して意識下の深層領域に到達し、日常生活から解脱して現世成仏することを本願としている。これらの瞑想において、とくに色光は五仏の象徴する呪術的役割を果たすことになる。

瞑想のレベルには3つの体系（身，語，心）がある。心臓のレベルでは、中央に五仏の中心的存在である毘盧遮那がおり、青い光に輝き、身体は白である。心の元素を象徴して、普賢菩薩の叡智を表している。南には黄色い光輪の中に黄色い宝生が座っており、地の元素と触覚を象徴して、人間の慢心を表している。また西には赤い無量光が赤い光輪の中におり、火の元素，嗅覚を表している。赤という色は人間の欲望，性欲の象徴である。北は、緑色の光輪の中にいる緑色の不空成就が座っている。水の元素、味覚を象徴するとともに、人間の憎悪を表している。最後の東には青い光輪の中に青い身体の阿閦がいる。阿閦は創造の第一の要因であり、風の元素、聴覚を代表している。ラマ教の瞑想のレベルには、他にも語、身のレベルがあり、これらもまた五仏と対応しながら、瞑想の世界を深めていくのである。　　　　　　　　　（城　一夫）
→仏教の色，曼荼羅
◆Rawson, P. (1991) [森・森訳, 1992]

ランダム・ドット [random dots] (感知)

一定の面積内に、一定の確率で打たれた点のこと．これらの点で構成されたパターンをランダム・ドット・パターン（random dot pattern）といい、アメリカの心理学者ジュレスが初めて心理学実験に用いたといわれる。このパターンの特徴は単眼ではなんら特徴的なパターンを知覚できない点で、ジュレスはこのパターンの一部領域を両眼間でずらして視差（disparity）を生じさせたランダム・ドット・ステレオグラム（random dot stereogram）を用いても立体視が可能であることを示した。このことはそれまでいわれていたように各単眼でパターンの抽出が行われ、それを両眼間で比較して生じた視差から立体視が得られるという説を否定した。す

なわち単眼でパターンの認識が行われないにもかかわらず両眼間では立体視が生じるということは、まず両眼間の比較があり、その後に視差に基づく奥行き情報が明らかになって、その結果としてパターン認識が生じるという、従来考えられていたのとはまったく逆の処理機構の存在が明らかになった。

各ドットがランダムな方向に運動するものはダイナミック・ランダム・ドット（dynamic random dot）とよばれる。ランダム・ドットの一部の領域を任意の方向にシフトして作成された一組の刺激を時間的に連続して呈示すると、その領域にドットの運動が知覚され、また領域の境界が明瞭に知覚される。この刺激はランダム・ドット・キネマトグラム（random dot kinematogram: RDK）とよばれる。　　　（坂田勝亮・郷田直一）

ランドの2色法 [two-primary-color projections] (感知)

通常の色再現では3色を要するが、1959年にLand (1959a, b) が2色のみでかなりの色範囲の色再現が可能と報告し、センセーションを起こした。これは原景を赤と緑のフィルタを通した2とおりの画像として撮影し、赤フィルタ画像を再び赤フィルタを通して、緑フィルタ画像を白色（フィルタなし）で投影しこれを重ねることで得られる。このことから2色法とよばれる。確かに、対象によっては単に赤と白の混色では考えられない緑や黄が感じられ、弱いが青すら認められる。しかし、これは記憶色の対象であるものに限られ、中性的なものでは効果は少ないこともその後の検討で指摘された。発表直後、さまざまな追試がなされ、撮像条件、観視条件が細かに検討され、多くは色再現範囲については上記の事実を含め批判的な結果が示されている。しかし、混色法則以外の色が感じられることは事実であり、これが知覚の恒常性とも関係するとも考えられ、完全に否定されたわけではなく、色覚研究にとってよい検討課題とされている。ランドと後継者は上記恒常性とのからみを念頭に、レティネックス（retinaとcortexの合成語）理論を導いている。　　　（長谷川　敬）
→レティネックス理論
◆Land, E.H. (1959a, b), Ottoson, D.・Zeki, S. (1985)

ランドマーク [landmark]（デ）

　景観を構成する1つの要素で，都市や地域の象徴あるいは目印になるものをいう．ランドマークは都市の景観デザインにおいて個性的なイメージの表現やわかりやすさを創出するために有効な要素であり，リンチらは『都市のイメージ』で人びとが都市景観のイメージを把握する際の5つの要素を抽出し，それはパス，エッジ，ディストリクト，ノード，ランドマークであるとしている．ランドマークは周辺から見ることのできる高さと大きさと色彩をもち，記憶に残りやすい印象的なものである．日本では白壁あるいは黒い漆喰に石垣と瓦の色，なかには金のしゃちほこなどが備わるお城がランドマークの典型であり，寺院や五重塔，小高い山などもそれにあたる．外国では町の中央にある教会がランドマークとなっているケースが多い．現代では超高層ビルや赤白に塗り分けられたテレビ塔などで，新宿新都心のビル群，東京タワーなどがそれにあたる．小さな町では赤い鳥居や造り酒屋の煙突や，高木などもランドマークになり得る．都市のアイデンティティを強めるために，塔状のモニュメントをつくったり，実用的な塔状建造物の形態や街並みの色と対比する色彩を用いて成功している都市も見られる．　（永田泰弘）

ランベルトの余弦法則 [Lambert's cosine law]（照）

　放射輝度あるいは輝度が，その物体表面上の半球内のすべての方向に対して等しい場合，任意の方向の放射強度または光度について成り立つ法則で，次の関係式が成り立つ．

$$I_\theta = I_n \cos\theta$$

ここで I_n, I_θ はそれぞれ，物体表面の法線方向の放射強度または光度，および，法線と θ の角度をなす方向の放射強度または光度である．

　この関係を満足する面をランベルト面または均等拡散面といい，あらゆる方向に同一の放射輝度または輝度をもつ．また，放射発散度または光束発散度（M）と放射輝度または輝度（L）との間に，$M = \pi L$ の関係が成立する．なお，単に「ランベルトの法則」あるいは単に「余弦法則」というのを聞くことがあるが，これらにはそれぞれ別な意味があるので，留意する必要がある．ちなみに，ランベルトの法則は，媒質における光の吸収は媒質の厚さに依存する，という法則を意味する．また，余弦法則は「照度に関する入射角の余弦法則」を意味する中で使われることもある．　（中山昌春）

→完全拡散面

ランベルト−ベールの法則 [Lambert-Beer's law]（物）

　物質による光の吸収に関する経験則で，入射束の強度と透過束の強度の比の対数が，光の通過する長さに比例するというランベルト則と，物質と波長できまる吸収係数と濃度の積に比例するというベール則から成り立つ．入射束と透過束の強度の比の10を底とした対数を吸光度という．濃度をモルで表したときの吸収係数をモル吸光係数という．この法則は，溶液層内の関係で，表面および裏面の界面の反射は考えないので，分光測光器で測定するときは，内部透過率または溶媒の透過率を1とした溶質透過率から求める．吸収性物質に重合，解離などが生じるとき，吸光係数は定数ではなく濃度の関数となる．ランベルト−ベールの法則は，分光測光器による吸光分析の基礎をなすものである．照明の分野では，ある面要素について，その面の上側の半球内のすべての方向に対する輝度が等しいとき，要素面の法線からある角度の方向の光度が，法線方向の光度にその角度の余弦を乗じたものに等しくなり，この関係をランベルトの余弦法則とよび，この法則の成り立つ面を均等拡散面（ランベルト面）という．　（馬場護郎）

→ランベルトの余弦法則

［り］

リアリズム [realism]（造）

　理想や概念にとらわれることなく，現実や実在（reality）に価値を見いだし，ありのままの個物の様相や社会の事実を重視し，とくに神話や宗教にもとづく対象，伝統的含意などの表現を拒否する立場を指す．リアリズムは，絵画や文学など実際の芸術表現や技法においては，とくに「自然主義（naturalism）」とよばれる．たとえば絵画の自然主義は，対象物の細部や材質感，人体や物体への比例，個物の立体性，3次元的空間性，固有色の正確な再現をめざす表現法で，したがって立体性の再現にはキアロスクーロ，固有色の再現には色彩が重要な役割を果たす．

　一般にわが国では，立場としての「リアリズム」と表現法としての「自然主義」の区別を無視する傾向がある．日本語でいう写実主義とは，リアリズムの立場で自然主義の表現法をとること，と理解してよい．オランダのフェルメール，スペインのゴヤ，ベラスケスなどは，その意味で写実主義の典型例である．しかし，モネなどの印象派の作品は，視覚的現実を描く徹底したリアリズムに立ちながらも，固有色の否定や対象物の細部再現の無視，キアロスクーロの色彩化など自然主義を打破した点で，日本語での写実主義とはいえない．なお西洋美術史では，固有名詞のリアリズム（Realism）は通常，1850年頃から始まるクールベらの近代的芸術運動を指す．ほかにリアリズムのなかでも徹底した写真的な再現（フォト・リアリズム）を意図する表現法として，ローマ時代の肖像彫刻における「迫真主義（verism）」，1970年代以降にエアブラシなどを用いて描く「スーパー・リアリズム」などがある．

（三井直樹）

リートフェルト，ヘリット [Gerrit Thomas Rietveld]（造）

　リートフェルトはオランダの建築家で，1917年ライデンで創刊された雑誌「デ・スティル」を中心に絵画・彫刻・建築などの芸術家が集まり，純粋幾何学的抽象による美術運動に加わった．モンドリアンとドゥースブルグが中心となり主導的役割を果たしたが，モンドリアンの矩形と原色のみを用いた平面的な抽象造形に対し，これを立体の3次元にドゥースブルフが拡張し，さらにリートフェルトは建築レベルにまで応用し，造形的実験を行った．1924年ユトレヒトに建てられた《シュレーダー邸》では，ちょうどモンドリアンの平面構成を水平・垂直に3次元に拡張・再構築した小住宅となった．

　リートフェルトを「デ・スティル」における最も知られた芸術家の一人として後世に名を残したのは，1917年に制作された木製の肘掛け椅子《レッド・ブルー・イエロー・チェア》であろう．平面を交互に組みあげた幾何学的な構成と，原色を大胆に配した構成は，まさしく新造形主義（ネオ・プラスティズム）の幾何学の立体への転用であったといえよう．リートフェルトのこうした造形理念は，ロシアの構成主義や1919年に開校したばかりのバウハウスの教育にも影響を与えた．

（三井秀樹）
→構成主義，バウハウス，新造形主義

リズム（律動）[rhythm]（調）

　リズムとは旋律とか律動と訳されているように，一定の単位の規律正しい反復，抑揚，増減，強弱，長短，断続などを特徴とする運動で，音楽や舞踊などの時間的芸術における基本的な美の原理である．しかし，時間的経過をもたない植物の葉や枝の成長，貝殻の断面，結晶の構成など自然物や建物や服飾などの造形物においても，構成要素である点や線や面などの形を反復，増減，断続したり，色の強弱や明暗を一定の調子で繰り返すことによって，連続感や運動感を表現しているものは多く，見る人に軽快感や優美な印象を与える．つまり，それを見る私たちの視線が形や色の配列，方向などを追って時間的に動いていくためにリズムを感じるのである．

一般には次の３つが美しいリズム感を表現する原理としてよく使われている．
 1）レペティション（repetition）：別項参照．
 2）グラデーション（gradation）：別項参照．
 3）ムーブメント（movement）：ムーブメントはレペティションとちがって不規則な繰り返しによるリズム感の表現で，放物線や双曲線，自由曲線など，見る人にのびのびとした自由で変化のある美しい動きを感じさせる．色では，ある方向への動きや次の動きを予想させるような微妙な色の変化をいう． （中川早苗）

→グラデーション，レペティション，◎反復，交替，流動
◆Graves, M. (1951), 山口・塚田 (1960), 吉岡(徹)(1983), Garrett, L. (1967)

リダクションスクリーン（還元衝立）
[reduction screen]（感知）

暗黒中に輝面が置かれているような刺激を呈示するために，暗室の壁に穴を開け開口部を通じて外の一様な色面を見せるような装置．あるいは壁に相当する開口つきの板のこと．暗室の内側の壁面に照明光をあてることで，周辺刺激と中心刺激を独立にコントロールすることができる．はじめは穴から光が漏れてくるような開口色の見えが，照明光の強度を上げて周辺刺激が明るくなると開口部は輝きを失い，穴はリダクションスクリーンに貼られた紙のような表面色の見えになる． （鯉田孝和）

→開口色，表面色，物体色の見え

リッコの法則 [Ricco's law]（心測）

夜空にまたたく恒星の見えについて考えてみよう．これらの星は地球から無限遠に存在しているため，その大きさは視角０°の点である．それにもかかわらず，明るい星は大きく見える．プラネタリウムでは明るい星を大きく投影することでこうした見えをシミュレートしている．このような刺激光の明るさと大きさとの相補関係をリッコの法則という（Ricco, 1877）．図は，光覚閾（閾エネルギー）と，刺激光の大きさ（面積）との一般的な関係を示したモデルであるが，この図によると，刺激光の面積が小さいところでは，曲線は水平，すなわち，光覚閾に必要なエネルギーが刺激光の面積にかかわらず一定である．たとえば，刺激光の面積が２倍になると放射輝度（radiance）は 1/2 でよい．すなわち刺激の空間的形状にかかわらず，そこに分布しているエネルギーの総和がある値に達すれば，閾になるということである．この外部的な現象を明るさの空間加重（spatial summation）という．刺激光の面積が小さい所で認められる明るさの空間加重は，刺激光が大きくなると，やがて完全ではなくなり，さらに面積が大きくなると空間加重はまったく認められなくなる．つまり，この領域では，光覚閾は刺激の面積の増加とは無関係に，単に刺激の放射輝度だけで決定される．

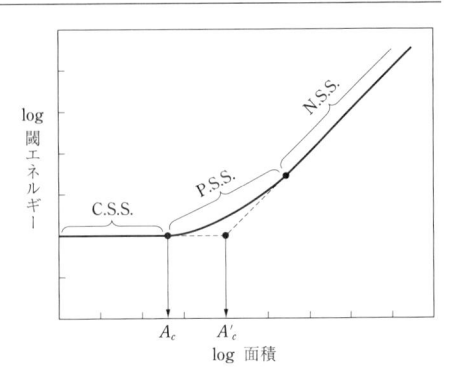

空間加重が完全である範囲を完全空間加重（C.S.S.）といい，刺激光が十分大きく，空間加重がなくなる範囲を非空間加重（N.S.S.）という．また，空間加重が不完全になり始める刺激光の面積（図中 A_c）を臨界面積（critical area）という．光覚閾の空間加重を表すのに，光覚閾での放射輝度を ΔN，刺激面積を A，空間加重機能を表す定数を x とすると，$\Delta N \cdot A^x = $ 一定と表現できる．この場合，$x = 1$ がリッコの法則であり，$x = 1/2$ がパイパーの法則（Piper, 1903），$x = 0$ が N.S.S. である． （高橋啓介）
→空間的足し合わせ
◆Ricco, A. (1877), Hallet, P.E. ら (1962), Piper, H. (1903), Sisson, D.F.・Granada, A.M. (1989)

立体角 [solid angle]（照）

国際単位系（SI 単位系）の２個の補助単位の１つ，ステラジアン（sr）を単位とする，空間的角度である．立体角 ω は，半径 r の球の中心から放射状に円錐を伸ばして球表面に交差する部

分に囲まれた表面積 S を用いると，

$$\omega = S/r^2$$

で定義できる．したがって，球表面積全体に対して張られる立体角は，球表面積が $4\pi r^2$ であることから 4π となる．また，1sr は $S = r^2$ の広がりに対応する．平面角 θ と立体角 ω のあいだには，

$$\omega = 2\pi(1 - \cos\theta)$$

という関係式が成立する．この式は次のように導出できる．図において，半径 r の球の微小表面積 dS は，中心角を 2ϕ とし，その微小変化量を $d\phi$ とすると，

$$dS = 2\pi \cdot r\sin\phi \cdot rd\phi$$
$$= 2\pi r^2 \sin\phi d\phi$$

であるから，立体角の定義より，

$$\omega = S/r^2 = 2\pi\int_0^\theta \sin\phi d\phi$$
$$= 2\pi(1 - \cos\theta)$$

となる．この式からも，球全体は $\theta = \pi$ のときであるから，$\omega = 4\pi$ となることが確認できる．

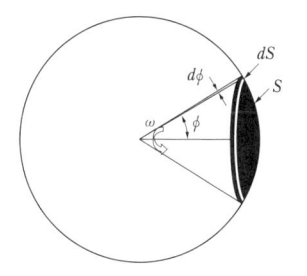

立体角は，測色学の基礎となる測光量の定義において重要な概念である．輝度 L は，単位面積当たりの光度 I であるが，光度は単位立体角当たりの光束 Φ として定義されることから，

$$L = \frac{d\Phi^2}{d\omega \cdot dA \cdot \cos\theta}$$

と書ける．ここで，$dA \cdot \cos\theta$ は発光面の微小正射影面積を表す． 〔岡嶋克典〕
→光度
◆照明学会編 (1990)

リネアペッレ [Lineapelle (伊)] (商)

リネアペッレは，イタリアのボローニャで開催されている．衣服，服飾雑貨用皮革素材を展示する国際的な展示会の名称であり，インテリア用皮革素材も展示されている．他の服飾素材展示会同様，次期春夏と秋冬シーズンを対象に，年2回開催されており，通常は，実シーズンの約1年前の5月に春夏，11月に秋冬展示会が開催されている．服飾素材の展示会は，実シーズンに向けた素材のトレンドだけではなく，カラートレンドが把握できる場としての意義をもつ．

リネアペッレでは，皮革素材だけではなく，皮革素材のアクセサリーや完成品の皮革製品も展示されており，皮革製品と皮革素材全体のトレンドや，そのカラートレンドが実シーズンに先立ち事前に確認できる場として重要である．なお，イタリアにおける服飾用の皮革関連の展示会としては，ほかにミラノで開催されるミペル (Mipel) が名高く，皮革素材中心の展示会であるリネアペッレに対して，皮革製品の展示会として高い国際的な評価を有している．製品を展示するミペルの開催時期は，素材を展示するリネアペッレよりも後になり，通常，実シーズンの約半年前にあたる3月に同年の秋冬向け，9月に翌年の春夏向けの展示会が開催されている．

〔出井文太〕
→エキスポフィル，ジャパン・クリエーション，ピッティ・フィラティ

流行色 [fashion colors] (商)

流行の色という意味の流行色は，英語でファッションカラーと訳されるが，流行色もファッションカラーの語もともに，衣食住すべての生活に関連して，流行の色という意味で使われている．狭義には衣生活関連のファッション分野の衣服や服飾商品における流行の色のことを指し，広義には，食品やインテリア商品，工業製品などの食住生活関連の商品までの分野を含んで，衣食住生活全般に関連した流行の色という意味で使われている．流行色の語が用いられる期間の幅は広く，過去に流行した色，実際に現在に流行している色，将来に流行するであろう流行予測色までの範囲を含んで，過去，現在，未来に及んでいる．

流行色の伝播を婦人服の例で見てみると，流

行予測色としての流行色が最も早く選定されるのは，実シーズンの約2年前に開催されている，インターカラー（国際流行色委員会）においてになる．このインターカラー決定色における色の方向性（カラートレンド）を参考にしながら，日本の日本流行色協会では，国内向けの流行色を，実シーズンの約18ヵ月前という時期に選定している．その後，実シーズンの約12ヵ月前になると，世界各地で服地素材の展示会が開催される時期になり，服地素材のトレンドとともに，服地という形に落とされたカラートレンドが確認できることになる．実シーズンの約6ヵ月前になると，服地素材はアパレル（既製服）の形態に加工され，既製服のデザインやスタイリングのトレンドとともに，既製服の形に落とされたカラートレンドを把握することができる．この時期に，世界各地で開催されているのが，アパレルメーカによる既製服の自社展示会であり，ファッションデザイナーによるプレタポルテ（高級既製服）のコレクション・ショーである．アパレルメーカの展示会や，デザイナーコレクションのショーにおいて提案された既製服が，実シーズンに店頭に並び，そこに取り入れられたトレンドカラーが多くの消費者に受けいれられた場合に，そのトレンドカラーは，初めて実際の流行色となる．

（出井文太）

→インターカラー，トレンドカラー，日本流行色協会，ファッションカラー

◆日本流行色協会編 (1993, 98)：「流行色，No.436, 497」，東商編 (1998c)：「ファッション色彩」

粒状度 [granularity]（入出）

画像の平坦な部分を観察すると，とくに拡大した画像においてざらついて見える．このざらつきの物理的評価値を粒状度とよび，粒状度は鮮鋭度と合わせて画像の像構造特性を表す．これに対し心理的な粒状の評価値は粒状性（graininess）とよぶ．代表的な粒状度としては，RMS粒状度，セルウィンの粒状度，ノイズウィーナースペクトルがある．RMS粒状度 σ は，画像の均一な濃度の領域を円形あるいは矩形の開口で走査し，得られる濃度変動の標準偏差として粒状度を求める方法で次式で計算される．

$$\sigma = \left[\sum (D_i - D)^2/(n-1)\right]^{1/2}$$

ここで，D_i は位置 i における濃度，D は平均濃度，n はデータ数を示す．これに対しセルウィンの粒状度 G は，$G = \sqrt{A} \cdot \sigma_A$（$A$ は開口面積，σ_A は開口 A の RMS 粒状度）として定義される粒状度で，測定開口が粒状の構成要素より十分大きいことが条件とはなるが，セルウィンの粒状度 G は開口の面積に依存しないという特徴がある．ノイズウィーナースペクトルは粒状の空間周波数特性で，粒状の構造や大きさが異なる場合の比較に有用である．

（宮﨑桂一）

領域分割 [region segmentation]（画処）

画像を特徴の一様な互いに重なりをもたない連結領域の集合に分割する処理を領域分割とよぶ．画像に撮影されている個々の対象物体の表面は，一様な特徴をもつことが多いため，画像上で物体と物体を分離したり，物体を背景から分離するために領域分割が使われる．このような処理をセグメンテーションというが，領域分割はエッジ検出と並んで重要なセグメンテーション手法の1つである．領域分割の方法には，① 特徴空間でクラスタを見つけてクラスタを分割するための閾値を決定し，画像に閾値処理を施して領域を切り出す方法，② 個々の画素のように小さな領域を初期領域として設定し，類似の特徴をもつ周辺の領域を順次に併合する方法，③ 初期領域を画像全体のように大きく設定して，特徴が一様でない領域を順次に分割していく方法，④ 分割と併合を交互に繰り返す方法，などが提案されている．領域の一様性を調べる特徴としては，明るさやカラーなどの画素単位の特徴だけでなく，テクスチャーのように局所的な画素集合の上で定義される特徴も使われる．

（大田友一）

→エッジ検出
◆Horn, B.K.P. (1986)

両眼色融合 [binocular color fusion]（感知）

左右の眼に異なる色を呈示すると，単眼による等色実験のときのようには安定した均一な混色は得られない．しかし，色の差が小さいときは，左右の眼の色刺激はある中間の色に比較的安定して見える．これを両眼色融合とよぶ．融合しやすい条件としては，色の差が比較的小さい

こと，視野が小さいこと，背景が暗いこと，そして一番重要な点として刺激の形が左右眼でまったく同じであることなどである．融合して見えるときの色はほぼ中間の色といえるが，単眼の混色実験のようにまだ理論化や定式化はされていない．

一方，色の差がたとえば赤や緑のように非常に大きいときは，一般的に安定した混色は得られず，不安定で複雑な見え方となる．一方の色が優勢に見えたり，他方の色が優勢に見えたり，あるいはそれらが時間的に交代して見える．さらに，視野の部分部分がモザイク状に異なる色で時間的（数秒）に変化する．あたかも2つの色が視野の部分部分で闘争しているかのように見えるので，これを（色の）視野闘争（binocular (color) rivalry）とよぶ．両眼色融合から視野闘争に移行するところの限界の色の差は，両眼色融合限界や両眼色差許容域として定量的なデータが報告されている．このデータによれば両眼色融合限界の色差は，通常の弁別閾の10倍以上となり，大きな色差となる． （佐川　賢）

両眼隔壁法 [haploscopic matching; haploscopic comparison]（感知）

左眼と右眼を隔壁板で隔離しそれぞれの眼を異なった色順応状態にして知覚された色の見え方の差異を比較する方法をいう．図に両眼隔壁法（binocular septum; binocular comparison）の一例を示す．左眼と右眼を別々に色順応状態にすることができるという仮説に基づく．左眼と右眼とのあいだに色覚の違いがある場合は，左眼と右眼の色順応状態を交互に変えて影響を消去することが必要となる．この方法の長所は，記憶に頼らず同時に比較できるので，実験結果の精密さが高い．また，種々の対応色を直接求めることができる．一方，短所は，通常の観測状態とは異なる実験上での状態であるため，人間の認知メカニズムに対して不具合を生じる方法であることや両眼の視覚の交互作用の影響による系統的な誤差が生じるとの指摘がある．左眼と右眼の照度が大きく違わなければ，系統的な誤差は小さいとの報告もある．この方法はWright（1934）によって初めて使用され，

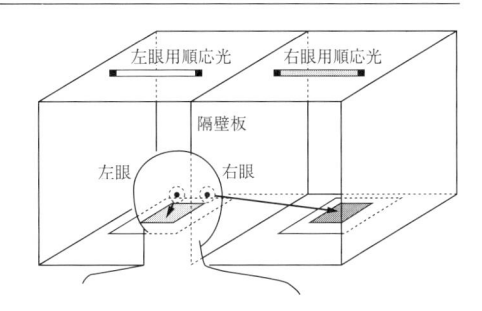

Breneman（1987），McCannら（1976），Moriら（1991）が使用して多くの実験データを報告した．この方法は，色順応に関する実験だけでなく，色刺激のサイズによる色の見えの実験，光源の演色性の差異を比較する実験，光源の違いによる色彩感情を求める実験などにも使用される． （矢野　正）

◎両眼隔視比較
◆Wright, W.D. (1934), Breneman, E.J. (1987), McCann, J.J. ら (1976), Mori, L. ら (1991)

緑黄色野菜 [brightly colored vegetables]
（社）

緑黄色野菜とは，一般的には緑や黄色などの色あざやかな野菜を指すと考えられている．しかし厚生省の分類では「新鮮な野菜100gの中にβ-カロテンを600μg以上含有するもの」と緑黄色野菜を定義しており，緑黄色野菜は色彩のみならず，それに含まれるβ-カロテンの量によって決定されているのである．代表的な緑黄色野菜をあげると，トマト，にんじん，ほうれん草，シソ，カボチャ，ピーマン，ブロッコリー，パセリ，小松菜，ニラ，オクラ，グリーン・アスパラガス，ヨウサイ，明日菜，ツルムラサキ，春菊などであり，トマトやにんじんのように見た目には赤い色の野菜でも緑黄色野菜に含まれている．成人男子では，このβ-カロテンを1日に約1800μg摂取することが必要といわれている．このβ-カロテンの含有量（μg）のベスト・スリーは，① シソ 8700，② パセリ 7500，③ にんじん 7300 などである．なおレタス，キュウリ，キャベツ，セロリ，白菜，グリーンピース，ネギなどの見た目には緑色をしているものでも，β-カロテンの含有量が少ない野菜は，一般的には淡色野菜とよんでいる． （城　一夫）

緑道 [greenway] (デ)

緑道は広い意味では自動車交通と分けて歩行者のために系統的につくられた道で，公園風に整備されて各種の公共公益施設を有機的に結ぶことにより多目的空間として機能する緑地系施設の1つである．法律的な意味では，緑道は都市公園の一種の緑地として都市計画決定され，整備されるもので，災害時の避難路の確保，市街地での快適性，安全性の確保を目的として，近隣地区を相互に結ぶ道で，植樹帯，歩行路，自転車路などで構成される．緑道はベルサイユ宮殿に代表される幾何模様花壇を使う整形式庭園（フレンチ・フォーマル・ガーデン）に対し，自然の景観を模したイギリス風景式庭園（ランドスケープ・ガーデン）の流れをくむ植栽の豊かな公園風の散歩道を指し，歩行者と自転車を中心に考え，車道には通過交通が入らないように配慮されている．通常は学校，公園，広場，スポーツ施設などを結ぶように敷設される．手法として緑門（アーチ）や緑廊（パーゴラ），花壇，トピアリー（整形的な装飾刈り込みをした樹木），ベンチ，水の流れなどを組み合わせることも行われる．蛙や蛇や昆虫などの身近な小動物などのためには連続した緑地が必要で，自然環境を守ることに緑道は貢献している． （永田泰弘）

臨界呈示持続時間 [critical duration] (感知)

視覚系には刺激を時間的に統合して1つの応答として出力する機能があり，統合が可能な時間的限界を臨界呈示持続時間とよんでいる．Barlow (1958) は刺激光の呈示持続時間 t （8.5〜930 ms）の関数として，暗順応後の異なる背景光に対する刺激光の絶対閾値 I を測定した（図）．背景光の強度（波長 507 nm における光量子数/s・degrees^2）が 7.83 の場合，$t < 30$ ms では呈示持続時間の増加に伴って閾値は単調減少し，傾き -1 の直線で近似されている．このとき，閾エネルギー $E(= I \times t)$ は一定であり，完全な時間的足し合わせが生じている．この現象はブロックの法則とよばれている．t が増加すると閾値は傾き -1 の近似直線から逸れ（不完全な時間的足し合わせ），$t > 100$ ms では閾値は一定になる．この実験結果の場合，閾値が傾き -1 の直線から離れはじめるときの呈示持続時間が臨界呈示持続時間である．臨界呈示持続時間は視覚系の時間的分解能を表す1つの指標であり，Roufs (1972) や Smith ら (1984) による輝度または色度の増分閾値を呈示持続時間の関数として測定した実験では，ルミナンスチャンネルの時間的分解能は約 100 ms 以下（網膜照度の増加により短くなる），反対色チャンネルでは約 160〜200 ms である． （吉澤達也）

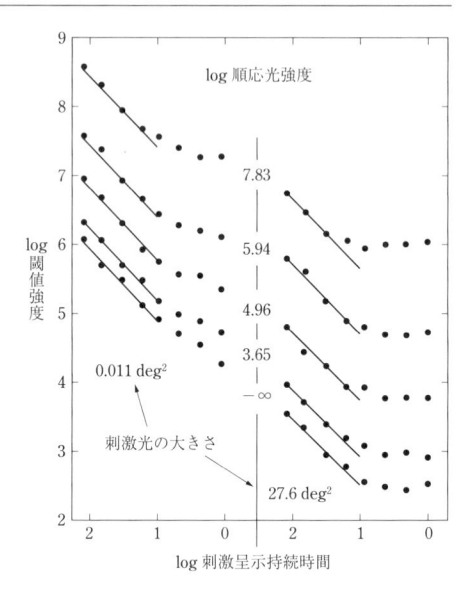

→時間的足し合わせ機能，ブロックの法則，反対色チャンネル，ルミナンスチャンネル

◆Barlow, H.B. (1958), Roufs, J.A.J. (1972), Smith, V.C. ら (1984)

琳派 [Rimpa style colors] (造)

光琳派または宗達光琳派の略．江戸時代初期に活躍した俵屋宗達，中期の尾形光琳，後期の酒井抱一らによって代表される．三者に直接的な師弟関係はなく，光琳は宗達を，抱一は宗達や光琳を，私的に画風形成の拠り所とし，その復興および顕彰等によって，自らの様式継承者としての位置を明らかにしている．王朝古典の文学主題や，やまと絵の四季絵や月次絵のモチーフである草花・花鳥に取材する絵画が彼らの作品に共通するところであり，大胆な意匠化と，緑青，群青，朱，丹，白，金，銀などを基調とする豊かな色彩の巧みな使用による装飾性の高い様

式をつくった．その一方，水墨画において，たらしこみ，ためこみ，ぼかしなど，独自の技法を用い，濃厚な彩色と水墨の融合，墨と色の互換，墨による色彩の暗示といった，中国で発生した水墨画が本来もつところの本質を，日本的とされる素材と解釈のなかで，再生・創造することに成功した．　　　　　　　（河合正朝）

◆山根 (1969), 小林・村重編 (1955-98), 戸田 (禎)(1987)

[る]

ルータの条件 [Luther-Bedingung (独)]（測）

測色用の受光器とフィルタの総合分光応答度がCIE等色関数 $\bar{x}(\lambda)$, $\bar{y}(\lambda)$, $\bar{z}(\lambda)$ に比例していれば，受光器の出力はそのまま入射光の三刺激値 X, Y, Z に比例する．また，物体色測定用の色彩計では，光源，フィルタ，受光器を総合した分光応答度がCIE標準イルミナントの相対分光分布と等色関数との積に比例していれば，物体色の三刺激値が直読される．このようなこ

光電色彩計の分光応答度の偏差に対する許容限界

等色関数の種類	波長範囲	許容限界 t
$\bar{x}(\lambda)$	500 nm 以下	0.10
	500 nm 以上	0.15
$\bar{y}(\lambda)$	全波長域	0.10
$\bar{z}(\lambda)$	全波長域	0.40
$\bar{x}_{10}(\lambda)$	500 nm 以下	0.10
	500 nm 以上	0.15
$\bar{y}_{10}(\lambda)$	全波長域	0.10
$\bar{z}_{10}(\lambda)$	全波長域	0.40

とは光電色彩計における必要条件であり，ルータの条件とよばれている．JIS Z 8724「色の測定方法－光源色」では，フィルタと受光器の総合的な分光応答度を評価する式が与えられている．分光応答度偏差 t の許容限界は表に示す値である．表中 $\bar{x}(\lambda)$ および $\bar{x}_{10}(\lambda)$ に対し許容限界 t が500nm以下と500nm以上に分けられているのは，$\bar{x}(\lambda)$ および $\bar{x}_{10}(\lambda)$ 関数が2峰性の分布をもつためである．　　　　　（側垣博明）
→刺激値直読方法
◆JIS Z 8724 (1997)

ルード [Ogden Nicholas Rood]（調）

ルードはアメリカの物理学者，コロンビア大学教授．コネチカット州ダンベリー生れ．プリンストン大学卒業後エール大学大学院に進み，ヴァージニア大学の助教授を務めた．さらに1854－58年までベルリンとミュンヘンの大学に学び，帰国後，ニューヨーク州トロイ大学の化学の教授に就任，ここで生理光学に関心を抱くようになる．1863年コロンビア大学の物理学主任教授に就任，以後38年間その席にあった．アマチュア画家でもあったルードがふたたびドイツを訪れたのちに著した『モダン・クロマチックス』(1879)は，19世紀中葉以降ヨーロッパで急速に発展した色彩科学の成果を，科学には縁遠い美術家や一般の読者にわかりやすく解き明かし，広く欧米一円に受け入れられた名著となった．ロンドンで英語の初版が発刊された翌年にはドイツ語版が，1881年にはフランス語版，英語版はビレンによれば，1916年まで6版を数えるという．

印象派の画家達が，シュヴルールをはじめとする19世紀色彩科学の成果に強い関心を示したことはよく知られる．なかでも新印象派のスーラーは，ルードの『モダン・クロマチックス』に示唆されて色の配合に光学的な視覚混合の理論を導入し，点描という技法に基づいて，画面の上で色を科学的に組織することを試みたことは有名である．ただルード自身にとって，『モダン・クロマチックス』が印象派を通じてアカデミックな表現をくつがえすほどの影響をもたらした結果については予想外でもありまた，印象派の画風には否定的でもあった．　　　（緒方康二）
→ジャッドの色彩調和論，色相の自然連鎖，ナチュラルハーモニー，色彩調和論
◆Birren, F. (1965, 78)

ルーベンス，ペーテル・パウル [Peter Paul Rubens]（造）

17世紀フランドル最大の画家で，バロック様式の創始者の一人．ドイツ西部のジーゲンに生れ，アントウェルペンで没する．残した作品は膨大な点数にのぼり，当時知られていたあらゆる主題に天才ぶりを発揮した．22歳でイタリアに旅立ち，以後8年間滞在する．マントヴァ公の宮廷画家という立場で，主要な芸術都市を精力的に訪れ，イタリア美術の至宝に接する．イタリア滞在中には外交使節としてスペインにも赴いている．1610年代前半には，《十字架降下》

のように，堅固な彫塑性をそなえた人体を強い明暗対比を用いて描いたが，しだいに個々の形態の明瞭性と彫塑性は後退し，ルーベンス本来の暖色系の色調と闊達な筆致がより重要な表現手段となっていった．注文作の制作にあたっては，ペンやチョークによる素描のほかに，オイル・スケッチも利用した．オイル・スケッチには2つのタイプがあり，一方は小さな板に褐色の濃淡だけで描いたもの，他方は数種の色彩で

ルーベンス《レウキッポスの娘たちの略奪》
1618頃（ミュンヘン・アルテ・ピナコテーク）

描いたものであった．また，ルーベンスに賞賛をもたらしつづけた裸婦の肉体の透き通るような白さは，板の白い下塗りと油彩絵の具の薄い層の重なり合いから得られる色彩効果であった．1630年代中頃からは風景画にも取り組み，黄金色の輝かしい光に染まる牧歌的情景を描いている．17世紀後半，フランスの画家や批評家たちの間では，豊麗な色彩に彩られたルーベンス絵画を支持するルーベニストと，厳格な描線に基づくプッサン絵画を支持するプシニストの両派が形成され，色彩と線描をめぐる活発な優劣論争が展開された（口絵参照）． （小針由紀隆）
→バロックの色彩
◆Hold, J.S. (1980), 高橋（裕）(1995)

ル・コルビュジエ [Le Corbusier]（造）

ル・コルビュジエはスイス生まれのフランスの建築家．本名はシャルル・エドゥアール・ジャヌレ．ミース・ファン・デル・ローエ，フランク・ロイド・ライトとならんで20世紀建築の礎となった近代主義（モダニズム）を代表する一人である．1920年代，彼は建築に装飾を排除した機能主義を導入し，立方体を基本とする無駄のない造形を目指した柱梁構造を提案し，合理主義の理念を徹底した．ル・コルビュジエは1923年，自著『建築に向かって』を出版し，その中で述べた「建築は住むための機械である」は，その後近代建築の合言葉となった．

ル・コルビュジエの呈示したモダニズム（近代主義）は，長い期間にわたり，戦後も世界中の都市建築を席捲し，1970年代のポスト・モダニズムにかわるまで実に半世紀に及んだ．1929年の《シュタイン邸》，1929–31年の《サヴォワ邸》は，ル・コルビュジエの建築理念を具現化した作品として高く評価された．戦後はマルセイユやベルリンなどの都市で集合住宅の設計を積極的に行った．ここでは人間工学に基づいた「モデュロール」の尺度（スケール）を用い，より快適な居住空間を構想した．

また1954年には，一転して曲線を生かした有機的形体の《ロンシャン・ノートルダム教会堂》を完成し，彼の多才な才能ぶりを示した．
（三井秀樹）
→機能主義

ルックアップテーブル [look-up table]
（入出）

数式で表すことが困難な入出力関係や高速処理が要求される演算などの結果を対照表としてあらかじめ記憶させておき，メモリを参照するだけで即時に結果を得るための参照テーブル（LUT：ルックアップテーブル）．測定値をもとに変換関係を直接対応づける対照表を作成すれば，いかなる非線形かつ複雑な変換も可能であり汎用性が高い．複数の色変換処理を施すような目的に適している．たとえば，RGB信号からCIELAB表色系をへてプリンタのCMYK色信号へ変換するような場合には，何段階もの処理を縦続接続する必要はなく，入力色信号から出力色信号への変換を一挙にテーブル化すればよい．各段階での量子化誤差の累積なども防ぐことができる．しかし，色変換は3次元あるいは4次元空間の変換であるから，可能なすべての入力に対する対照表を作成するには膨大なメモリと時間を要する．たとえば8bit×3色の場合で約

50 MB, 10 bit × 3 色の高精度画像では約 3 GB のテーブル容量となり，さらに印刷系で黒を独立信号として 4 色の入出力まで扱う場合には非現実的な値となる．このため，メモリを節約するためにテーブル補間法が利用されている．

(小寺宏曄)

→カラーマネジメントシステム，◎参照テーブル，LUT
◆岩本・小寺 (2000)，Jennings, E. ら (1989)

ルドン, オディロン [Odilon Redon]（造）

象徴主義を代表するフランスの画家．1870–80 年代，活発な市民生活を題材に色彩と光の追求に集中した印象主義に背を向けるように，捉えがたい人間の意識の深みに焦点をあわせ，木炭についで石版画による黒白作品を制作した．版画集《夢の中で》(1879)，《起源》(1883) などが有名．ルドンによれば，黒は精神の代弁者となりうる本質的な色彩で，思考や内的世界への探求を可能にする．ルドン自ら「黒」と称したこれら黒白作品では巨大な眼球や人面花など特異なモティーフが展開された．その後《眼を閉じて》(1890) を皮切りにおよそ 10 年をかけて色彩作品に完全に移行したが，パステルと油彩による色彩作品では一転して神話や花を題材に多彩で夢幻的な世界が繰りひろげられ，晩年の屏風や壁画などの受注制作に至った．題材と技法はともに劇的な転換を遂げたが，内的世界への眼差しは一貫しており，画面構成にも決定的な変化

ルドン《ペガサス・岩上の馬》1904
（広島・ひろしま美術館）

は認められない．つまり，場面を説明する細かなモティーフは用いず，背景の前に限られたモティーフしか置かない画面構成である．「黒」作品では画面はおおむね黒を基調とし，明暗は伝統的規範に従うことなく画面内の意味価に従って決定され，また色彩作品でも再現性に縛られない自由な配色がなされる．一見断絶したかのような「黒」と色彩作品の間に造形的連繋をみる指摘は多く，「黒」での淡色紙の使用や「黒」時代も制作され続けた油彩風景画の存在が注目される．色彩については印象主義の影響も指摘され，たしかに純色の並置や黄青，赤緑の補色関係に色彩対比の影響がうかがえるものの，しかし単色をそれ自体として強調するルドンは，色彩の関係性をさして重視しない．ルドンはむしろ，パステルや油彩など画材自体のもつ特性や質感を最大限に引きだし，画面に定着させようと努力を傾け，背景と前景との緊張にみちた交錯や画材の肌理の巧みな処置と相まって，空気を内包したかのような深みのある画面を創りだした（口絵参照）．

(中島 恵)

→印象主義
◆Redon, O. (1922) [池辺訳, 1983], Bacou, R. (1987) [本江訳, 1988], Gott, J. (1990), Druick, D. 編 (1994–95)

ルネサンスの色彩 [Renaissance colors]（造）

15, 16 世紀のイタリアでは，暗い中世のキリスト教権威主義から解放され，古代ギリシア・ローマの人文主義が復活し，「新プラトン主義」（現実を肯定することがキリスト教的生活と融合できるという考え方）が，人びとの生活の規範となった．その上，イタリアは，13 世紀以来の東西貿易の繁栄により，豊かな都市国家が各地に形成され，メディチ家を始めとする銀行家が誕生して，教会や会堂建築，繊維産業や染色業の振興，育成に努めた．15 世紀の半ばにはサンタ・マリア・デル・フィオーレ大聖堂，システィーナ礼拝堂らが相次いで落成．その壮麗な室内空間をティツァーノ，ダ・ヴィンチ，ミケランジェロ，ラファエロなどの画家たちが華麗な色彩のフレスコ画で彩り，イタリア・ルネサンスの壮麗な色彩空間を創出した．

また東西貿易によってもたらされる利益によって，イタリア各地で毛織物産業，絹織物産業，染色業が隆盛となり，豊かな色彩の服飾文化が誕

生した．富裕階級の人びとは，富の象徴として，華麗な色彩の衣服を着用した．良家の貴婦人や子女たちは，自らの財力を誇示するかのようにコチニールで染めた真っ赤な衣裳を着用し，また若者たちは流行唄に歌われたように，青色や緑色の衣服を着て，恋の告白をする慣わしがあった．ワインカラーやダーク・ブルーのビロード，スカーレット・レッドのビロードの衣服を着ることが大流行し，若者たちはカラフルなタイツや片身替りの衣服に誇らしげに身をつつんだ．言わば，イタリア・ルネサンスは，市民たちの生活は華麗な色彩の饗宴であった．

しかし，このような色彩の氾濫は，同時に人種，社会階層，職業における色彩の規制を生み出した．どの都市でも貴族や富裕階級は，金でも緋色でも好みの色を着用することが出来たが，修道士は白か焦げ茶，医学博士は貴族と同じばら色のマント，大学生は灰色などの衣服を着用することなどの規制があった．また13世紀から15世紀にかけて，ユダヤ人には黄色のマークの着用を強制し，ユダヤ人，売春婦，税の徴収人にも黄色，茶色の衣服の着用を義務づけた．中世がキリスト教による宗教的色彩象徴主義であるとするならば，ルネサンスは，市民生活の中に色彩象徴シンボリズムが導入されはじめた時代でもある．　　　　　　　　　　（三井直樹）

ルミナンス（輝度）信号 [luminance signal]
（入出）

ルミナンス（輝度）信号は，カラー画像信号の輝度すなわち無彩色の信号を示す．ルミナンス信号はディジタルテレビジョンのスタジオ規格であるITU-R BT.601で規定されている．この信号は，ITU-R BT.709を使用して，三刺激値 XYZ(D65) より変換され，8bitのディジタル信号として記録される．

（1）三刺激値 XYZ(D65) を線形 r, g, b へ変換する．

$$\begin{pmatrix} r \\ g \\ b \end{pmatrix} = \begin{pmatrix} 3.2410 & -1.5374 & -0.4986 \\ -0.9692 & 1.8760 & 0.0416 \\ 0.0556 & -0.2040 & 1.0570 \end{pmatrix} \cdot \begin{pmatrix} 0.01 & 0 & 0 \\ 0 & 0.01 & 0 \\ 0 & 0 & 0.01 \end{pmatrix} \begin{pmatrix} X_{D65} \\ Y_{D65} \\ Z_{D65} \end{pmatrix}$$

（2）線形 r, g, b を，ITU-R BT.709 の光電変換特性に準拠し非線形変換された R, G および B のビデオ信号に変換する．

$0.0 \leq r, g, b < 0.018$ の場合：

$R = 4.5 \times r, G = 4.5 \times g, B = 4.5 \times b$

$0.018 \leq r, g, b \leq 1.0$ の場合：

$R = 1.099 \times r^{0.45} - 0.099, G = 1.099 \times g^{0.45} - 0.099, B = 1.099 \times b^{0.45} - 0.099$

（3）ITU-R BT.601に準拠し，ビデオ信号 R, G および B を変換し，8bit量子化することでルミナンス信号が得られる．

$$E_y = 0.299R + 0.578G + 0.114B$$

（坂本浩一）

→クロミナンス（色差）信号

ルミナンスチャンネル [luminance channel]（感知）

色覚メカニズムの上では，3種類の錐体からの色応答は赤/緑と黄/青の反対色チャンネル（chromatic channel）とルミナンスチャンネルを経由してさらに高次色覚メカニズムへと伝えられる．ルミナンスチャンネルはL錐体とM錐体からの入力を受け，両者の和，つまりL+Mの応答を出力する．ルミナンスチャンネルにはS錐体からの入力はないとされている．ルミナンスチャンネルの分光感度は交照法あるいはMDB法などによって測定され，ジャッド修正 $V(\lambda)$ に近い形となる．ルミナンスチャンネルの時空間的コントラスト感度関数は，高輝度刺激に対して低時間，低空間周波数で感度低下をもつバンドパス型を示し，高時空間周波数（中心窩で約50〜60Hz，約60cpd）まで感度をもっている．一方，反対色チャンネルはローパス型の時空間的コントラスト感度特性をもち，ルミナンスチャンネルほど高時空間周波数まで感度がない．これは，ルミナンスチャンネルと反対色チャンネルが形成される受容野メカニズムが異なっていることの現れであるとされている．（内川惠二）
→反対色

◆Kelly, D.H.・van Norren, D. (1977), Mullen, K.T. (1985), 内川 (2001)

ルミナンス・ファクター [luminance factor]（表）

一般に，物体表面の色の三刺激値は，物体表面の分光反射率を $\beta(\lambda)$，物体表面を照射する照明光の相対分光放射束を $S_\lambda \cdot d\lambda$ とするとき，等色関数 $\bar{x}(\lambda), \bar{y}(\lambda), \bar{z}(\lambda)$ を用いて，

$$X = k \int_\lambda \beta(\lambda) \cdot S_\lambda \cdot \bar{x}(\lambda) d\lambda$$
$$Y = k \int_\lambda \beta(\lambda) \cdot S_\lambda \cdot \bar{y}(\lambda) d\lambda$$
$$Z = k \int_\lambda \beta(\lambda) \cdot S_\lambda \cdot \bar{z}(\lambda) d\lambda$$

と表す．ここで k は正規化のための係数であり，たとえば，$k = K_\mathrm{m} = 683$ lm/W とすれば三刺激値 Y は明所視輝度を与える．とくに物体表面の色の場合は，

$$k = \frac{100}{\int_\lambda S_\lambda \cdot \bar{y}(\lambda) d\lambda}$$

として，完全拡散反射面，つまりどの波長についても $\beta(\lambda) = 1$ となる面の三刺激値の Y が 100 となるように定めるとき，三刺激値 Y の値を，この物体表面のルミナンス・ファクターとよび，物体の明度（反射率）と定義している．ただし，このときの等色関数および三刺激値は，CIE 1931 年の XYZ 表色系の 2° 視野のものであって，CIE としては 1964 年の 10° 視野の等色関数を用いて計算される Y_{10} 値に対しては，そのような測光学的な意味づけを与えていない．ちなみに，ルミナンス・ファクター Y は表面の反射率を表すが，見えの明度をより忠実に表現するものとして，CIE では 1976 年に次式で定義される，心理メトリック明度 L^*（CIE 1976 psychometric lightness）を勧告している．

$$L^* = 116 \left(\frac{Y}{Y_0}\right)^{1/3} - 16$$

ただし，Y_0 は基準白色のルミナンス・ファクターで，通常は完全拡散反射面を基準白色とすることが多く，その場合の L^* は 100 となる．

（篠田博之）

→三刺激値

◆池田 (1989), Wyszecki, G.・Stiles, W.S. (1982)

ルンゲ, フィーリップ・オットー [Philipp Otto Runge]（造）

ドイツ・ロマン主義の画家．北ドイツのヴォルガストに生れ，ハンブルクで没．1799–1801 年にコペンハーゲンの美術アカデミーで学んだ後，ドレスデンでシュレーゲルやティークらの知遇をえてロマン主義的な思想を絵画で実践しようと志した．1804 年以降はハンブルクで活動．《朝》(1810) などの作品で知られるが，芸術理論家でもあり，とくにその色彩論は著作『色彩球』(1810) として確立された（口絵参照）．カラーオーダーシステムは，ギリシア・ローマ期あるいはルネサンス期から，色彩列，色彩三角形，色彩環，色彩三角錐など，多様に構想されてきたが，ルンゲによってはじめて近代的なモデルというべき「色彩球，Farben-Kugel」として明示された．ルンゲは，ゲーテとの交流から「色彩環」としてのシステムをよく理解していたものの，画家としての体験に基づいて，白－黒を垂直軸とする 3 次元的な球形の秩序を不可欠とみなしたからである．

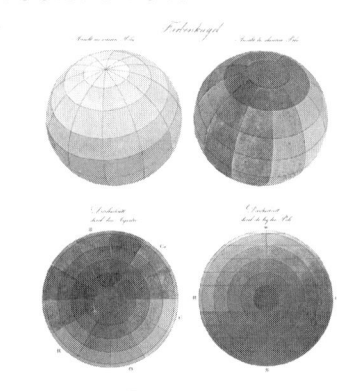

ルンゲ『色彩球』(1810) より

ルンゲはさらに興味深いことに，色彩球のみならず，オストワルトのモデルを先取りするように円錐を上下に重ねたシステムも構想していた．色彩間の関係を「力」，「コントラスト（対比）」という観点から追究して「調和」を論じる姿勢は，色彩研究史からみてその近代性が注目される．

（前田富士男）

→カラーオーダーシステム，ロマン主義の色彩，ゲーテ，オストワルト

◆Matile, H. (1979), Küppers, H. (1989)

[れ]

励起状態 [excited state]（化）

量子力学的な系の定常状態において，基底状態よりもエネルギーレベルの高い状態を励起状態という．色素分子の場合，光などのエネルギーの吸収によって励起された励起状態の電子の配置状況は，基底状態にあった結合軌道上の電子が，よりエネルギーレベルの高い空の反結合性軌道に遷移した電子状態で表される．電子が遷移した状態においては，多くの場合は空の反結合性軌道に遷移した電子のスピンの方向と結合軌道に残った電子スピンの方向が逆平行となるが，場合によっては電子スピンの方向が平行となるような系内交差とよばれる遷移が起こることもある．ここで，スピンが逆平行のまま遷移した励起状態を励起1重項状態（single state）とよび，スピンが平行の励起状態を3重項状態（triplet state）とよんでいる．

励起状態は不安定で化学的に反応性の高い電子状態であり，励起状態の分子は吸収したエネルギーを放出して再び基底状態に戻る性質がある．この際のエネルギーの放出には，分子が吸収エネルギーを熱運動エネルギーに変換して基底状態に失活するケース（無放射失活過程）と，蛍光や燐光の放射を伴って失活する場合（発光失活過程）がある． （今田邦彦）
→基底状態，電子遷移
◆時田ら (1989)

レイトレーシング法 [ray-tracing algorithm]（画処）

フォトリアリスティックなレンダリングをする際，鏡や塗装面などへの正反射による映り込み，ガラス面などの光の屈折・透過現象をリアルに表示するのに適しており，隠面消去，陰影表示の代表的な手法の1つである（Whitted, 1980）．隠面消去は，図1に示すように，視点からスクリーン上の各画素を通過する視線（ray，レイ）を発生し，おのおのの視線とすべてのポリゴン（または，球などの関数曲面）との交差判定を行い，視点に最も近い交点をもつポリゴンを探索する．陰影表示は，この交点と光源を結ぶことによって，その点の反射光を計算できる．鏡のような正反射特性をもつポリゴンの場合は，正反射方向にさらにレイを発生して映り込みを計

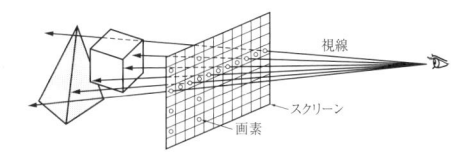

図1　レイトレーシング

算する．また，ガラスや水のような透明物体にたいしては，屈折方向にもレイを発生して光の屈折効果を計算する（図2参照）．これを再帰的に行うことによって，光の複雑な振る舞いをリアルに表示できる．

レイの追跡は，一般に次の条件を満足するとき終了する．被照面が拡散反射面か，視点への到達光が閾値以下の場合，または背景として処理されている場合（空など）．メモリはとくに必要ないが，計算時間は，各画素に向けて発したレイとすべてのポリゴンとの交差判定による可視面の算出，およびこれらの可視面と光源間に介在するポリゴンの検出と影の計算が必要である．反射，屈折を繰り返すとべき乗で大きくなる．単純に各画素ごとに計算すると膨大な計算時間がかかるから，基本的なアルゴリズムだけでは，適用範囲がポリゴン数の少ない場合に限られる．そのため種々の高速化手法が開発されている．① 表示対象物体を適当な階層構造のグループに分けて，それらを包含する立方体または球状のバウンディングボックスをつくり，レイとの交差判定をするバウンディングボリューム（bounding volume）法，② 表示対象空間を適当な階層構造の格子に分割し，レイとの交差判定をする空間分割法，がよく知られている．

各画素ごとに独立処理ができるから，並列処理

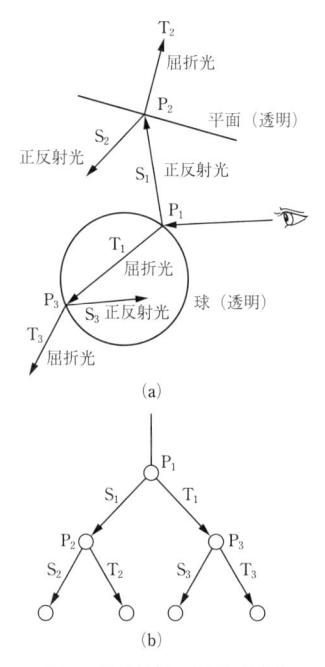

図2 光の反射・透過・屈折

が容易なうえプロセッサ間の通信や同期処理が少なくてすむ．複数のプロセッサをもつ並列計算機または計算機ネットワークを活用したレンダリングにむいている．また，正反射成分の大きい金属塗装面への周辺からの映り込みを簡易に表示するための環境マッピング（environment mapping，別名リフレクションマッピング（reflection mapping)，および透明，半透明物体の簡易表示に適したリフラクションマッピング（refraction mapping）にもレイトレーシング法が援用される．

（中前栄八郎）

→レンダリング，Zバッファ法，ラディオシティ法，スキャンライン法，◎視線探索法，光線追跡法
◆Whitted, T. (1980)

レイヨニスム [rayonism]（造）

光線主義とも表現する．フィリッポ・マリネッティによるモスクワでの講演に触発されたミハイル・ラリオノフが「ルチズム」（露語）として提唱した平面芸術の理念．光線や光の軌跡から画面を形成しようとする立場で，1913年の「標的」展の際に宣言された．「キュビスムと未来派とオルフィスムの総合である」と謳われたレイヨニスムは，ロシア・アヴァンギャルドの重要な美術運動として認知されている．後にラリオノフ夫人となるナタリア・ゴンチャロヴァが中心となったが，2人が1915年に西欧に移るまでの短命な運動となる．作品は完全な抽象とともに肖像画や風景画が多いが，未来派のダイナミズムに影響された画面には光線とよばれる斜めの力線が躍動的に描かれ，オルフィスムのように色彩豊かな力強さが感じられる．レイヨニスムがつくりだした絵画空間には，当時アインシュタインとエルンスト・マッハが提唱した時空連続体における4次元空間との関連性も見受けられる．

（三井直樹）
◆Gray, C. (1986), Atkins, R. (1993)

レーキ顔料 [lakes of dye; azo pigment lakes]（化）

近年のように堅牢な有機顔料が大量に合成される前は，水に溶ける酸性染料，塩基性染料および媒染染料と沈殿剤を用いて水に不溶の有機顔料として使用してきた．これらは染付けレーキまたは染色レーキとよばれ黒を除く各色がある．染付けレーキは色相が鮮明で着色力があり，現在でも独特の色調を生かして印刷インキを主体に文具用などに使用されているが，耐光性，耐熱性や耐溶剤性に劣るので使用量は減少している．もう1つのレーキ顔料としてアゾ系レーキ顔料がある．アゾ顔料の中で構造式に水溶性のスルホン酸基またはカルボキシル基をもっていて，これをカルシウム，バリウムなどのアルカリ土類金属で処理し水に不溶の顔料としたものである．溶性アゾ顔料ともよばれる．アゾ系レーキ顔料は鮮明で着色力も高く，ある程度の耐性があり，しかも安価であるので，印刷インキを中心に塩化ビニル，ゴム，文具，化粧品など広い用途に使用されている．色相は赤系が多いが黄色，橙色もある．とくに耐熱性のよいものはポリオレフィンの着色にも使用される．日本で最も生産量の多いものは，C.I. Pigment Red 57：1（ブリリアントカーミン6B）で7700t（2000年）が生産され，全有機顔料生産の20%余りを占めている．

（珠数　滋）
◆小野 (2000), Herbst, H.・Hunger, K. (1993)

レーザ [laser]（照）

　レーザは light amplification by stimulated emission of radiation（誘導放出による光の増幅（器））の頭文字をとって表された言葉であり，その意味するところは別にして，今日では「レーザ光線」「半導体レーザ」などのように一般語として広く使用されている．白熱電球では，フィラメントをつくっているタングステンが電流によって高温状態になり，タングステン中の電子がエネルギー的に励起されて，その励起エネルギーを光として自然放出する．また，気体の放電ランプでは，電流によってエネルギーの高い量子状態に励起された原子が，その励起エネルギーを光として自然放出する．このような自然放出された光はあらゆる方向へ無秩序（インコヒーレント）に放射され，一般には連続したあるいは不連続な多数の波長を含む．それに対してレーザ光は，物質中の励起された原子やイオン，分子にほかの光があたると新しい光が誘導放出される原理を利用したものであり，光源装置ではこの誘導放出された新しい光だけを増幅するような光共振器を形成することで特定の波長の強い光を発振させている．レーザ光は高光度できわめて狭い波長幅の単色光であり，また，位相の揃った可干渉性（コヒーレント）を有する平行光である．

　1960年のレーザ出現以来，レーザ技術の応用は広く，光学的スキャナ，印刷，微細加工，溶接，外科手術，光通信，測距離，水準器等々，家電製品から工業用製品まで，はては兵器までに及んでいる．なお，装置としてのよび名には使用する物質によって固体レーザ，気体レーザ，半導体レーザなどがあり，また，具体的な物質名をつけたルビーレーザ，YAGレーザ，エキシマレーザ，He-Neレーザなどというよび名もある．

（中山昌春）

→単色放射

レオナルド・ダ・ヴィンチ [Leonardo da Vinci]（造）

　レオナルド・ダ・ヴィンチはイタリア・ルネサンスを代表する芸術家，科学者．フィレンツェでヴェロッキョの工房で働き，《受胎告知》，未完に終わった《東方三博士の礼拝》を同地で制作．固有色の色価を一定とする「色調の（トーナル）統一」を画面にもたらす．光を外的な要素ととらえたレオナルドは，《東方三博士の礼拝》に見られるように，画面の下地に光と陰の配置をキアロスクーロによって定めたのちに，明るい部分には固有色に白色を加え，暗い箇所には，同じ固有色を濃くするのではなく，黒色を補う明暗表現を用いる．陽光や草原の色彩が人物を微細に彩るはたらきを識るレオナルドは，逆に野外の強烈な光や色彩の激しい対比は事物の把握を混乱させるものとして画家を戒めた．《ジネブラ・ベンチ》の肖像では，前景を大きく占める女性像の背後は暗い樹木の繁みに覆われ，彼女を浮かびあがらせる光には陽光の直接の輝きはない．このように暗い影が煙のように事物を包み込み，その輪郭線をやわらげぼかす「スフマート」の技法によって，絵画空間に光と影による「浮き彫り」の感覚がもたらされることをレオナルドは目指した．画面からうかびあがるかに見えるこの効果を，プリニウスら古代の著述家は絵画本来の役割と讃えており，その実現は彫刻より絵画芸術はすぐれていると考えたレオナルドには必須なものであった．

レオナルド《モナ・リザ（ラ・ジョコンダ）》
1503–05頃（パリ・ルーブル美術館）

　1482年公爵ルドヴィコ・イル・モーロに仕えるためミラノに赴き，《岩窟の聖母》，《最後の晩餐》を制作．《最後の晩餐》の壁画ではキリスト像の背後に夕暮れの空にのぞむ窓を描き，影となった前面の部分にあざやかな色彩を用いるな

ど,「スフマート」の暗い色調によって犠牲とされた「色彩の輝き (bellezza di colore)」の効果を共存させる試みを行う.ルドヴィコの失脚後,ヴェネツィア,マントヴァ,フィレンツェを経て,ふたたびミラノに滞在 (1506–13),《岩窟の聖母》の異作を制作,1513 年ローマに赴き,1517 年国王フランソワ一世の招きでフランスに移り同地で没する.

おそらくローマ滞在時に制作された《モナ・リザ》は,かつては画面左右が現状より大きく,そこにロッジャ(開廊)をあらわす円柱が描かれていた.当初,この絵を見る人は,外の風景に望むロッジャに座り,今こちらを振り返った彼女に相対しているような印象をうけたであろう.「スフマート」の技法を中心とする微細な明暗と色調の表現は,女性に謎めいたしかし生彩に富んだ表情をあたえ,特定の時間の光の動きを再現している.このようにレオナルドは光と色彩によって,時間の要素を絵画空間に導入することができた(口絵参照).　　　　　(上村清雄)
→キアロスクーロ,スフマート
◆Sherman, J.(1962), Hall, M.B.(1992), Gage, J. (1993)

REC709 [Recommendation ITU-R BT.709]
(入出)

1974 年以来,CCIR(現 ITU-R:国際電気通信連合—無線通信部会)により HDTV スタジオ規格の審議が行われ,1990 年に CCIR Rec.709(現 ITU-R Rec.BT.709-3, 表参照)が成立した.内容は,走査方式,信号波形,光電変換特性に関する規定からなり,走査方式に関しては,1125/60 方式と 1250/50 方式の併記や有効走査線数 1080 本の追加等の改定がなされてきている.光電変換特性規定は,電子カメラのガンマ補正特性に相当する信号源の総合光電変換,RGB 三原色色度,基準白色の 3 項目から構成されている.わが国や米国の地上波 TV 放送で採用されている NTSC 方式とは異なり,PAL・SECAM 方式で採用されていた D65 基準白色と現実のディスプレイ管蛍光体にそくした三原色色度を用いていることが特徴である.
　　　　　　　　　　　　　　　(市川幸治)
◆画像情報メディア学会編 (1999)

ITU-R Rec.BT.709-3 の主要パラメータ値

パラメータ	規定値	
	1125/60/2:1 方式	1250/50/2:1 方式
(1) 画面方式		
フレーム当たりの有効走査線数	1080	
ライン当たりの有効サンプル数	1920	
画面アスペクト比	16:9	
画素アスペクト比	1:1 (正方画素)	
(2) 走査方式		
フレーム当たりの走査線数	1125	1250
ライン当たりのサンプル数	2200	2376
フィールド周波数〔Hz〕	60 または 60/1.001	50
ライン周波数〔Hz〕	33750 または 33750/1.001	31250
ライン周波数精度	0.01%	
インタレース比	2:1	
(3) ディジタルサンプリング		
輝度信号サンプリング周波数〔MHz〕	74.25 または 74.25/1.001	74.25
色差信号サンプリング周波数〔MHz〕	輝度信号サンプリング周波数の 1/2	
量子化レベル	8 ビットシステム	10 ビットシステム
黒レベル (Y', R', G', B')	16	64
無彩色レベル (C'_B, C'_R)	128	512
ピークレベル (Y', R', G', B')	235	940
(C'_B, C'_R)	16 および 240	64 および 960
(4) アナログ信号	Y', R', G', B' 信号	C'_B, C'_R 信号
ブランキングレベル(基準)〔mV〕	0	0
公称ピークレベル〔mV〕	700	±350
同期信号レベル〔mV〕	±300	±300
公称信号帯域〔MHz〕	30	30
(5) 測色パラメータ		
三原色色度		
R	$x = 0.640$	$y = 0.330$
G	$x = 0.300$	$y = 0.600$
B	$x = 0.150$	$y = 0.060$
基準白色	$x = 0.3127$	$y = 0.3290$ (D65)
輝度・色差方程式	$Y' = 0.2126 R' + 0.7152 G' + 0.0722 B'$	
	$C'_B = (B' - Y')/1.8556$	
	$C'_R = (R' - Y')/1.54748$	
	ただし,R', G', B' はそれぞれガンマ補正された信号	
信号源の総合光電変換特性(ガンマ補正特性)	$V = 1.099 L^{0.45} - 0.099$ $1 \geq L \geq 0.018$	
	$V = 4.500 L$　$0.018 > L \geq 0$	
	ただし,V は電気信号レベル,L は被写体の相対輝度 $(1 \geq L \geq 0)$	

レディオシティ法 [radiocity algorithm]
（画処）

完全拡散面（フォーンモデル参照）どうしの相互反射をリアルに表示する大域的な陰影表示法（global illumination）の基本的な手法であり，今日では，さらに鏡面反射や散乱媒体効果を含むレンダリングに拡張されている（Cohen・Wallace, 1993）．一般的な陰影表示法では，直射光のみを計算し，直接光の当たらない面に対しては，環境光（間接光）として適当な入射光の強さ I_i を設定し，計算点への入射角とは無関係に反射率 k_d をかけ，この値を環境光として，Z-バッファ法，レイトレーシング法，スキャンライン法それぞれの計算結果に加算している．レディオシティ（ラジオシティ）法は，被照面を完全拡散面と仮定し，レンダリング対象空間内のすべての面の相互反射効果を計算して表示する．すなわち，入射光の強さを一定と仮定できる大きさの構成面の小領域（面素）を考え，各可視面素どうし間の放射光が反射を繰り返して減衰し，一定の明るさに収束したときの値を求める．

可視面素どうしのエネルギーの授受の割合は，図1に示すように，両者の距離 r_{ij}, 微小面積 dA_i, dA_j, および法線とのなす角 θ_i, θ_j の関数（フォームファクター）

$$F_{ij} = 1/A_j \int_{A_j}\int_{A_i} \cos\theta_i \cos\theta_j / \pi r_{ij}^2 \cdot dA_i dA_j$$

と，各面素の反射率と放射エネルギーによって決まる．これと光源から各面素に到達する放射光から構成される連立方程式を解くことによって，完全拡散面どうしの相互反射をリアルに表現することができる．フォームファクターは，光源の位置が一定であれば，面素間の遮蔽関係は不変であるから，その配光および視点の変化の影響を受けない．各面素のフォームファクターを求める代表的なものに，各面素の中心点Pに半立方体メッシュを置き，各面をスクリーンと考えZ-バッファ法によって面素間の可視情報を求めるヘミキューブ（hemi-cube）法がある（図2）．効率よく連立方程式を解く方法が種々試みられており，漸進的レディオシティ法（progressive radiocity）は代表的なものの1つである．また，

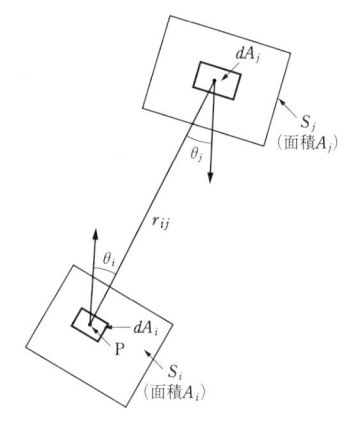

図1　光の相互反射

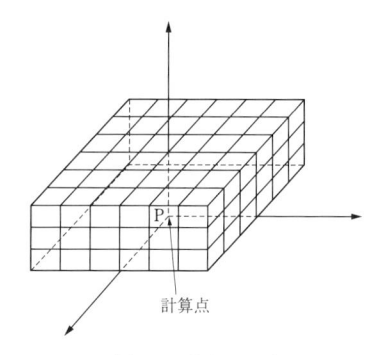

図2　ヘミキューブ

レイトレーシング法を拡張し，モンテカルロ法を用いて高速処理を図ったもの，さらに鏡面反射効果を加えたものなど，多数開発されている．

（中前栄八郎）

→レンダリング，スキャンライン法，Z-バッファ法，レイトレーシング法，◎インターリフレクション

◆Cohen, M.F.・Wallace, G.W. (1993)

レティネックス理論 [Retinex theory]
（感知）

人間の視覚系が感じる物体表面の明るさや色と，物体表面で反射されて網膜に入射する光の量や分光分布とは，必ずしも対応しない場合があるという現象を説明するために1971年にLandとMcCann (1971) によって提案された視覚系のモデルである．彼らは，視野内に含まれる種々の物体面で反射されて眼に入射する光の相対的な強さが，明るさや色の知覚を決めると考え，ラ

イトネス（lightness）という概念を導入した．ライトネスとは，知覚の対象となる物体面の輝度 A を，同じ照明下に置かれた基準となる白色面の輝度 A_n で正規化した値 A/A_n である．照明が変化して物体面や基準白色面の輝度が変わっても，ライトネスは変化しない．実際の環境では，視野全域にわたって照明が一定との仮定は成り立たないことが多いが，レティネックス理論では反射率の異なる物体面の境界部分（エッジ部分）の両側での輝度比を連結していくことによって，対象物体面と基準白色面の輝度比＝ライトネスを求める．これによって，視野内で照明が徐々に変化する場合にも適用できるようになっている．　　　　　　　　　　（大田友一）
→色恒常性
◆Land, E.H.・McCann, J.J. (1971)

レペティション（反復）[repetition]（調）

　レペティションとは，点，線，形，色などの要素が1つの単位をつくり，その単位が規則的に繰り返されることをいい，単位が繰り返されることによって構成される動的な美しさで，見る人に軽快な印象を与える．繰り返される単位の間隔が近すぎると同化しやすく，離れすぎると関係が弱まるので適度な距離が必要となる．縞や格子，水玉などの連続模様や，服飾におけるプリーツ，タック，スカラップなどに数多く応用され，統一のとれた秩序の美や繰り返しによる動的な美しさが表現される．しかし反面抑揚や強弱がないため変化に乏しく，ともすると平凡で単調になりやすいので，部分的にアクセントをつけ全体に緊張感をもたせて統一と変化を表現するとよい．色彩の分野では，統一や融和のよくない関係にある2色以上の配色を1つの単位として，それを繰り返し反復することによって融和性を高め，運動感や変化の美を表現するためによく用いられる技法である．（中川早苗）
→リズム（律動），◎繰り返し
◆Graves, M. (1951), 山口・塚田 (1960), 吉岡（徹）(1983)

レンダリング [rendering]（画処）

　ディジタルデータに基づいた描画技法全般（Glassner, 1995；Foleyら, 1990）をいい，以下に大別される．①透視投影法により，視野中の物体の広域的な光の相互作用を表示するフォトリアリスティックレンダリング（photorealistic rendering），②ディジタル映像の加工，およびCG画像とを合成するイメージベースドレンダリング（image based rendering），③3次元空間に分布するデータ（たとえば，人体，流体，磁場，電場など）を3次元表示するボリュームレンダリング（volume rendering），これを立体表示するステレオ技法，④ペンタッチ，油彩，水彩効果を表現するためのモディフィケーションを施すノンフォトリアリスティックレンダリング（non-photorealistic rendering），⑤バーチャルリアリティを実現するためのリアルタイムレンダリング，と多岐にわたるが，一般には①を指すことが多い．この場合，レンダリングは3次元幾何形状モデルとその配置および色彩情報作成後の描画処理をいう．すなわち表示空間設定のための座標変換，線画作成の場合は隠線消去，陰影画像作成の場合は隠面消去と陰影表示（シェーディング）を含む一連のプロセスをいい，そのプログラムをレンダラとよぶ．なお，3次元モデル作成用のプログラムをモデラとよぶ．

　隠面消去の代表的なアルゴリズムとしては，Z-バッファ法，レイトレーシング法，スキャンライン法があげられる．3次元陰影表示のためには，直接光（点・面光源等の配光特性，平行光線），間接光（環境光，天空光，広域的な面同士の相互反射），被照面特性（完全拡散，完全・不完全鏡面反射，吸収・屈折），微粒子媒体（空気分子，大気・水中などの微粒子による散乱・消散および多重散乱効果），受光面の光学特性（カメラ，まつ毛，瞳孔による回折効果），表面の簡易表示（テクスチャーマッピング，バンプマッピング，スムーズシェーディング）などのモデルが用いられる．画像の解像度（表示ピクセル数，アンチエイリアシングの有無）も完成画像の品質に大きく影響する．どのアルゴリズム，シェーディングモデルを使用するかは，レンダリングの目的（リアルタイムレンダリング，高画質レンダリング）に応じて取捨選択する必要がある．これらレンダラの開発のための有料・無料のグラフィックスライブラリおよび高速化のための

グラフィックスエンジンが市販されている．

(中前栄八郎)

→コンピュータグラフィックス, Z-バッファ法, スキャンライン法, レイトレーシング法, ラディオシティ法
◆Glassner, A.S. (1995), Foley, J.D. ら (1990)

[ろ]

ロールコーター塗装 [roll coater]（着）

塗料や接着剤を，2本以上のロールの間を通すことで厚さを決め，被塗物に塗布する塗装方法．合板，スレート板，カラー鉄板など，平らなものに塗装するのに適している．冷蔵庫などの大型家電製品に多く用いられている．VOCが少ないこと，スプレー塗装に比べ，比較的大粒径の光輝材を使用することができ，意匠の自由度が高いことが特徴である． （吉田豊太郎）
→揮発性有機化合物

ロールシャッハ法 [Rorschach test]（感知）

ロールシャッハ（Rorschach, 1921）とその多くの弟子らによってつくられたのがインキ・ブロット図版である．これはデザイン用語でデカルコマニー（インキのしみが左右対称に転写された偶然性の高い図柄）という手法を用いるのが特徴である．これらは人間の神経症，精神病，および大脳の器質障害を診断するもので，10枚の図版のうち，5枚が白黒，2枚が赤黒，残り3枚が多色刷りとなっている．診断は大きく形態反応（F），運動反応（M），色彩反応（C），陰影反応（Sh）に分類される．これによると主に色に反応するタイプと形に反応するタイプまたは，抽象的に漠然としたイメージで答えるタイプ，逆に特定の事象を具体的に述べるタイプなどがある．この結果，色彩反応型は外向的で社会的適応性が高いが，鬱病患者や，統合失調症患者は色を拒否する傾向が高い．いわゆる「色彩ショック」という現象で，白，黒，灰色を選ぶ患者は神経的障害を示唆するとされる．また，形態反応 F%の割合は，幼児期よりも成人期のほうが減少し，一般成人で F%が高いと，客観的な性格を反映する反面，想像力や柔軟性に欠ける．しかし，F%が極端に低すぎると情緒の不安定や現実把握の不完全さが見られたりする．
 （日原もとこ）
→色彩象徴検査，色彩と象徴，◎ロールシャッハテスト，投影法テスト

◆国分 (1990)，空井 (1989)，岡堂 (1993)，Birren, F. (1978)

60年代のサイケデリックカラー
[psychedelic colors of the 1960s]（衣化）

1960年代には，50年代半ばに発見された新しい合成染料やカラー・プラスチック素材の開発が一気に進み，衣服，インテリア，生活雑貨などのあらゆる面で多彩な色の商品が大量生産され市場に出回った．60年代を象徴する色彩は，光沢のあるビビッドな色，サイケデリックな配色など，色とりどりの色彩である．1960年にスイスの建築家ヴェルナー・パントンが初めて継ぎ目のないプラスチックの椅子をデザインし，赤や白，オレンジなどのプラスチック特有の光沢ある色がインテリアに用いられた．さらに，オプ・アートの影響を受けた黒と白の幾何柄をファッションのデザインに採り入れたクレージュや，幾何学形態の金属やプラスチック片を鋲留めでつなぎ合わせたシルバーメタリック色のパコ・ラバンヌによるミニドレスなどがつくられ，当時の熾烈な宇宙開発にデザインのインスピレーションを求めた未来的なクリエーションも生れた．また，60年代の半ば以降に広まったヒッピー運動の影響を受けて，東洋の民族的な伝統織物，衣服，装身具などに関心が集まり，多彩な配色のアフガニスタン・ドレスや，インドネシアのバティック・スカート，インド綿のカフタン，東洋のビーズやミラーワーク，ボディ・ペインティングなど，多彩なオリエンタル・カラーが流行した．さらに，サイケデリックカラーが浸透したことで，新しい色彩感覚が萌芽する．

サイケデリックとは，60年代の若者やアーティストたちが試みたドラッグや瞑想による意識の覚醒状態のこと．具体的にはその状態で知覚される極彩色や蛍光色の抽象模様のことであり，ピーター・マックスのイラストレーションやアレグザンダー・カルダーの絵などに，サイケデリックな色使いが見られる．あるいは，リ

キテンスタイン，アンディ・ウォーホール，ジャスパー・ジョーンズらアメリカのポップ・アーティストらの手がけるグラフィック・アートがもてはやされ，それに用いられた赤，黄色，青，白，黒などの明快でポップな配色が時代の色彩感覚をリードしていった．男性のファッションにも飛躍的にカラフルな色が用いられた．カラーシャツやスーツが好んで着用され，これらの流行は「ピーコック革命」とよばれた．このネーミングは，1967年にアメリカのデュポン社のディヒター博士が「将来に向かって男性のファッションが女性の服装より華美になると思われる．その理由は孔雀のオスとメスの理論と同じだ」と語ったことに由来している．　　　（渡辺明日香）
◆Judd, D.B.・Wyszecki, G.W. (1975)

ロココの色彩 [color of Rococo]（造）

ロココの語源は18世紀中盤，貝殻状の曲線装飾のロカイユの流行によるが，フランスのルイ15世の在位 (1715-74) にほぼ相当する時代のヨーロッパ美術を指してロココ様式とよんでいる．前世紀の強い明暗の対比からなるバロック様式とは異なり，当代の宮廷生活を反映して明るく軽快優美な様式となった．ロココ様式の色彩の特徴は，華麗で女性美を象徴するやわらかい色彩のトーンの使用に認められる．そのため，放縦で享楽主義的な色彩が好まれたと批評する美術史家もいるほどだ．この頃ヨーロッパ各地で陶磁器が生産されるようになり，フランスのセーブル (1756〜)，ドイツのマイセン (1710〜)，またイギリスのウェッジウッド (1754〜) ですぐれた製品がつくられるようになった．ここでもピンク（ポンパドゥール夫人が愛したことから「ポンパドゥール・ピンク」とよぶ）や「王者の青」，淡緑や淡黄，淡いブルー（ウェッジウッドでは「ジャスパー・グリーン」あるいは「ジャスパー・ブルー」とよぶ）などのやわらかな色調で彩色が施され，全体に輝くようないわばロマン主義的な色彩で埋めつくされている．

こうしたロココの色彩は装飾美術ばかりでなく，絵画の表現にも顕著に現れ，ヴァトー，ブーシェ，フラゴナールの描く人物は，いずれも明るく輝くような，透明感をもち，女性たちの肌は，いっそう明度の高いピンク系に推移している．これにはそれまでの油彩に加えて，パステルや水彩などの画材も使用されはじめ，やわらかなトーンが表現しやすくなったという背景も見逃せない．
　　　　　　　　　　　　　　　　（三井秀樹）
→バロックの色彩，アンピールの色彩，ポンパドゥール・ピンク，王者の青

ロスコ，マーク [Mark Rothko]（造）

ロシア出身で1913年にアメリカに移住し，イェール大学，アート・ステューデンツ・リーグに学ぶ．抽象表現主義を代表する画家．その作品世界はカラー・フィールド・ペインティングの基盤ともなった．1920年代からしばらくはシュルレアリスムの影響下にあったが，40年代末には，大画面に矩形の色面が浮遊する独自の様式を確立した．ロスコは，「赤-オレンジ-茶」などの同系色や「青-黄」などの補色を用いて画面全体に対立と同化のダイナミズムを与えながらも，矩形の色面の境界をにじませ，輪郭を曖昧に描くことで，表面色でありながら面色 (film color) のように色彩が浮遊して見える画面を創出した．しかし，たんなる色相の視覚的効果の

ロスコ《シーグラム壁画》（連作の1点）1959
（千葉・川村記念美術館）

呈示に終わることを忌避したロスコは，死や悲劇といった捉えがたい人間感情の様相を「色の見え方」のうちに追究した．20世紀の色彩絵画として最も注目に値する作品が50年代に成立している．ロスコは他方で，ポンペイの壁画や中世の写本挿絵の彩色法，レンブラントの上塗りの技法はじめ，同時代のドイツ系の色彩論や心理学理論，さらにはバロック音楽の対位法を学び，自らの創造の糧としていた．最晩年の制作で，展示空間の構築にもかかわったロスコ・

チャペル（ヒューストン，1964–67）の壁面連作は，記念碑的とよぶにふさわしい．ロスコのほとんどの作品は，色名をそのまま題名に転用する（口絵参照）． 　　　　　　　　　　（保坂健二朗）
→カラーフィールド・ペインティング，面色，色の現れ（見え）方
◆Gage, J. (1998–99), Gibson, A. (1981), Kozloff, M. (1985)

ロドプシン [rhodopsin] （生）

人間の網膜には光に反応する視細胞として桿体と錐体がある．桿体は光に対する感度がきわめて高く暗い所で活躍するが，1種類しかないので色を見るには役だっていない．それは3種類ある錐体の役目である．桿体の先端の外節に光に反応する物質がつまっていて，それがロドプシンである．まだそれが褪色してないときにはピンク色に見えるのでギリシア語の赤を表す rhodos と目を表す ops とを組合わせて rhodopsin と名づけられた．ロドプシンは動物の目に豊富にあるので抽出しやすく，その分光感度も古くから測られていた．ダートナルの標準曲線もそれで可能になった．一方で心理物理学的にも桿体の分光感度は測りやすい．色覚が伴わないので単色光も灰色に見え標準光と明るさのマッチングが容易にできる．暗所視の比視感度 $V'(\lambda)$ がそれである．目の水晶体（レンズ）など桿体より前に存在する物質の透過率で $V'(\lambda)$ を補正すると両者はよく一致し，ロドプシンが桿体の視物質であることが確立された．ロドプシンがどのように光を吸収して反応するかの長い過程のメカニズムはアメリカのウォールドによって明らかにされ，彼はそれによってノーベル賞を受賞した． 　　　　　　　　　　（池田光男）
→ダートナルの標準曲線，桿体，視細胞，分光視感効率

ロマネスクの色彩 [Romanesque colors] （造）

ロマネスクとは，中世ヨーロッパのゴシック様式に先立ち，11世紀から12世紀中頃南フランスや西ヨーロッパに成立した建築・彫刻・絵画を中心とした美術様式を指す．ロマネスク美術の特徴は，キリスト教を中心とした宗教芸術であり，アーチやドーム，ヴォールト（穹窿きゅうりゅう）をもつ聖堂の石造建築と彫刻，石造浮彫りや，ステンドグラス，ブロンズなどの金属工芸，染織などの装飾である．

ロマネスク時代の色彩を特徴づけるのは，何といっても絵画や織物・彩飾写本・ステンドグラスなどの装飾・工芸品であろう．絵画は線描写で陰影のない平面的で様式化された表現である．画面を囲む装飾的な縁取りと様式化された衣装・人物像は，どれもがあざやかな色彩と強い輪郭線の個性的な表現となっている．平面的で力強い表現とコントラストの高い配色は，金色をふんだんに使った福音書の彩飾写本や織物，またステンドグラスの輝くような色彩表現と，相通じる華やかさを誇っている．

しかし，一部を除き，かつてのあざやかなフレスコ画，デトランプやテンペラによる絵画の色彩は，ほとんど褪色現象や絵の具のはげ落ちによって，当時の色彩を現在見ることはできない．
　　　　　　　　　　（三井秀樹）
→ゴシックの色彩

ロマン主義の色彩 [colors of Romanticism] （造）

ロマン主義とは，おおよそ18世紀末から19世紀半ばにかけて展開したヨーロッパの芸術運動．知性よりも想像力や感情に意識の本質を見い出し，過去の芸術に規範を求める古典主義や，現実世界を重視するリアリズムとは異なり，憧憬や崇高さの気分に新しい体験の可能性を求めた．18世紀後半から19世紀初頭におこった新古典主義に並行もしくは対立する芸術家たち，とくに美術ではフランスのドラクロワとジェリコー，ドイツのフリードリヒ，ルンゲらを指す．ほかに文学，音楽，哲学など広い範囲に及ぶ．

ロマン主義の時代には色彩研究が急速に拡大した．18世紀初頭にニュートンが『光学』（1704）を公刊したが，この時代になるとゲーテ，シュヴルールが科学的色彩分析とは異なる新しい見解を発表する．ゲーテはニュートンの光学説を否定し，むしろ色彩を人間の生理的作用と密接に関わる知覚現象として捉え，感性学的な立場から『色彩論』（1810）を論じた．また，化学者シュヴルールはパリのゴブラン織工房長として染色研究に携わり，その経験から色相と色調（トーン）による調和という概念をもって『色彩の同時対比の法則』（1839）を発表した．ニュートンの

フリードリヒ《海辺の修道士》1810（ベルリン国立美術館）

『光学』を含め三大理論書ともよぶべきかれらの色彩理論は，光を探求し，その表現に腐心したターナー，コンスタブル，フリードリヒ，ルンゲ，ドラクロワらロマン主義の画家のみならず，文学者や詩人らにもそれぞれの表現領域における局面できわめて重要な示唆を与えた．たとえば，虹という自然現象ひとつにしても，つかの間に現れては消える儚さと神秘性は長らく人びとを魅了し，驚嘆させてきたが，ワーズワース，キーツ，ラムらイギリスのロマン主義の詩人にとってもそれはかわらぬ畏敬の対象で，多くの詩に詠まれている．一方，ニュートンによるプリズム分光実験によって，単色光が屈折率の差異から赤・橙・黄・緑・青・藍・菫の7色に分かれる虹の現象が明かにされると，イギリスにおいて反ニュートン的立場を代表するブレイクさえも，そのスペクトル分析に即した虹を描いた．また，ロンドンのロイヤル・アカデミー学長を務めたアメリカ出身の画家ベンジャミン・ウェストは，光の段階的な変化と色彩との関係を，虹を描くための色彩研究に応用し，理論化した点で注目される．その過程で，彼は自然を観察し，虹が出現する際の空の色調（青，灰，菫）が虹の絵画の下地として最適であることを指摘し，これを独自の視点から先行世代の絵画における色彩分析に応用するが，この一連の関心においてルーベンスに言及したことから，彼の考察はドラクロワの弟子世代にあたるフランスのロマン主義画家に示唆を与えることにもなった．

すでにルネサンス時代に，やはり自然観察に基づき虹の色彩が互いに密接に結びつき，断絶なく階層的に移行していることに着目したレオナルド・ダ・ヴィンチは，古代ギリシア・ローマ時代の音楽調和論に見られる音階の考え方から色彩の諧調性について思索している．音楽と色彩，その両者のアナロジー的観点は，ロマン主義における調性音楽の隆盛と色彩調和論の発展との間に共通して認められる調和への関心にもあてはまる．画家の実践にとっては，何よりも，対象の固有色を重視した再現的な自然描写を離れ，調和に基づく色彩システムに拠る新しい表現可能性が切り拓かれた点，すなわち近代的関心が重要である．シュヴルールは著書『色彩の同時対比の法則』において，近似する色相とトーンの組合わせによって画面に緊張感をもたらす「類似の調和」と，補色の対比的配色とトーンの変化とによって安定感をもたらす「対照の調和」という2つのカテゴリーを立てるが，たとえばこのように均衡と緊張による配色の繊細な変化によって明暗の微妙なニュアンスを生み出そうとする色彩理解は，それまで白と黒との使い分けによって描出していた光と闇の表現にも根本的な変革をもたらすとともに，画家にとっての白と黒との位置づけそのものの転換にもきっかけを与えることとなった．顕著な例として，ロマン主義時代の虹の巨匠とよばれたターナーがあげられる．彼は《バータミア湖》(1798)に描かれた噴霧状のほぼ白い虹をはじめ，空が画面の半分を占めるほどの晩年の風景画《雨，蒸気，速力》(1844)など，色彩コンポジションにおける白にそれまでとは異なる重要性を見出し，力動的な風景画の実現に成功した．

また青が，遠さや無限性，憧憬の気分を喚起する色彩としてフリードリヒの風景画などで重要な役割を演じていることや，プルシヤン（プロイセン）・ブルーがこの時代に日本に招来され，葛飾北斎や歌川広重の浮世絵に決定的な変化をもたらした事実も看過できない　　（後藤文子）

→ゲーテ，シュヴルール，ターナー，ヴィクター・ウィッター，ドラクロワ，ウジェーヌ，レオナルド・ダ・ヴィンチ

◆Lersch, T. (1974), Dittmann, L. (1977), Gage, J. (1993)

[わ]

YIQ 信号 [YIQ signal]（入出）

米国，日本などが採用しているテレビジョン放送方式である NTSC 方式では，三原色信号である R, G, B をルミナンス信号（輝度信号）である Y 信号と，I, Q 信号に変換し，Y, I, Q の順に広い帯域を利用して伝送される．γ 変換された R, G, B 信号である E'_R, E'_G, E'_B に対し，まずルミナンス信号（輝度信号）E'_Y とクロミナンス信号（色差信号）E'_U, E'_V が次のように得られる．

$$E'_Y = 0.0299E'_R + 0.587E'_G + 0.114E'_B,$$
$$E'_U = (E'_B - E'_Y)/2.03,$$
$$E'_V = (E'_R - E'_Y)/1.14$$

しかし，色度の解像度に関する感度が，E'_V の方向でなく，E'_V–E'_U 平面で 33° 回転したオレンジ－青緑の方向に優勢であるとの研究結果により，I, Q 信号に変換し，I により広い帯域が与えられた．最終的な変換式は，

$$E'_I = 0.736(E'_R - E'_Y) - 0.268(E'_B - E'_Y),$$
$$E'_Q = 0.478(E'_R - E'_Y) + 0.413(E'_B - E'_Y)$$

のようになる．Y 信号には約 5.5MHz, I 信号には約 1.5MHz, Q 信号には約 0.5MHz の帯域が使用される． （田島譲二）
→NTSC
◆Hunt, R.W.G. (1975)

綿染め [cotton dyeing]（着）

先染め技法の一種．織・編物（ファブリック）をつくる段階には，繊維の状態として，大きく綿状の段階，糸状の段階，そして織り上げられたファブリックの段階の 3 つがある．綿染めは，これらのうち，最も初期の段階で染色を施すものである．染色した複数の色綿を混合することで，個々の色とは異なる混色（併置混色）による色をつくりだすことができるが．それを利用して混色糸（カラーミックスヤーン）がつくりだせる．混色による色の豊かな味わいが大きな特徴で，上質素材によく用いられる．また綿の状態から染色されているために，染色堅牢度（耐候性，耐摩耗性など）にすぐれている．その反面，時間と手間がかかるためコストが高いことや，市場の色傾向の変化に対し，色をすぐには変更できないなど，市場即応性が低い．主に色の変化がゆるやかなメンズスーツなどの生地に多く用いられている． （山内 誠）
◆松田 (1995), 板倉ら (1977)

文　献

和　文

[ア行]

青木昭 (2001)：修復士とミケランジェロとシスティーナの間, 日本テレビ.

赤根和生 (1984)：ピート・モンドリアン―その人と芸術, 美術出版社.

秋山光和 (1964)：平安時代世俗画の研究, 吉川弘文館.

秋山光和 (1967)：王朝絵画の誕生, 中央公論社.

秋山光和 (2000)：日本絵巻物の研究, 中央公論美術出版.

浅野秀剛・吉田伸之編 (1998)：北斎, 朝日新聞社.

東堯・川上元郎・児玉晃 (1988)：色彩関連 JIS 解説書, 日本色彩学会 JIS 解説書編集委員会編, (財) スガウエザリング技術振興財団.

アプトインターナショナル編 (1999)：ティファニー展―その輝きと栄光と未来, アプトインターナショナル.

安部田貞治・今田邦彦 (1989)：解説染料化学, 色染社.

阿山みよし (1997)：色覚メカニズムの基礎, 光学, 26, 232-239.

阿山みよし・池田光男・中枝武弘 (1980)：呈示持続時間の Bezold-Brücke 現象への影響, 日本色彩学会誌, 4, 150-155.

阿山みよし・池田光男 (1981)：傍中心窩における反対色レスポンス関数の測定, 日本色彩学会誌, 5, 50-62.

阿山みよし・池田光男 (1994)：$u'v'$ 色度図全域における色光の色相および飽和度, 日本色彩学会誌, 18, 186-199.

荒関哲嗣 (1978)：黄八丈―その歴史と製法, 翠楊社.

安藤陸男・小宮一三・倉重光宏ら (1998)：ディジタル画像入力の基礎, コロナ社.

安藤陸男・菰淵寛仁 (1999)：固体撮像素子の基礎, 日本理工出版会.

飯島祥二 (2001)：都市景観環境と景観保全・形成政策―景観色彩の分析と色彩計画をめぐって, 学校法人吉備学園, 岡山商科大学.

家永三郎 (1964)：やまと絵, 日本の美術 10, 平凡社.

井口洋夫 (1982)：金属の話, 培風館.

池上博章・小野文孝・大町隆夫ら (1996)：カラーファクシミリの標準化 (1), 画像電子学会誌, 25(3), 188-194.

池田光男 (1975)：視覚の心理物理学, 森北出版.

池田光男 (1989)：色彩工学の基礎, 朝倉書店.

池田光男・芦澤昌子 (1994)：どうして色は見えるのか, 平凡社.

石原恵子・石原茂和・長町三生 (1995)：主観的輪郭を含めた 3 次元物体認識システム, 日本認知科学会機関紙, 2(3), 66-80.

石森元和 (1994)：分散, 色材協会誌, 67(6), 401-406.

板倉寿郎・野村喜八・元井能ら監修 (1977)：原色染織大辞典, 淡交社.

市毛勲 (1975)：朱の考古学, 雄山閣.

市村国宏 (1989)：クロミック材料と応用, シーエムシー社.

井筒雅風 (1965)：袈裟史, 雄山閣.

井筒雅風 (1974)：法衣史, 雄山閣.

伊藤彰 (1996)：炎と色の技術, アグネ技術センター.

伊藤征司郎 (総) 編 (2000)：顔料の事典, 朝倉書店.

伊藤安雄編 (1991)：おもしろいオフィス照明のはなし,「人間はどうやってモノを見ているか」, 日刊工業新聞社.

稲垣卓造 (1993)：景観要素の色度分布に関する研究, 大同工業大学紀要, 29, 253-269.

稲村耕雄 (1953)：コロネーション・カラー, COLOR, 5 月号.

稲村耕雄 (1955)：色彩論 (改訂版), 岩波書店.

乾敏郎 (1990)：視覚情報処理の基礎, サイエンス社.

乾正雄 (1965)：色彩計画―その新しい理論とデータ (1), 建築技術, 163, 75-78.

乾正雄 (1976)：建築の色彩設計, 鹿島出版会.

犬井正男 (1994)：最明色を求める高速アルゴリ

ズム，日本写真学会誌，57(6)，249–252.
今津玲子 (1990)：カラーデザイン―四天王寺蔵・舞楽装束，京都書院.
岩井宏実 (1985)：正月はなぜめでたいか，大月書店.
岩本明人・小寺宏曄 (2000)：デジタルハードコピー技術，共立出版.
印東太郎 (1969)：感覚・知覚心理学ハンドブック（和田陽平・大山正・今井省吾編），第3章「感覚・知覚測定法―2.2 尺度構成」，pp.56–73 誠信書房.
上田武人 (1953)：色彩調節，技報堂.
上田正昭ら (1972)：壁画古墳の謎，講談社.
ヴェロニク・ヴィーサンジェ（梅宮典子訳）：オプ・アート―誤解の歴史，BT 美術手帖，Vol.53, No.808，美術出版社.
内川惠二 (2001)：色覚のメカニズム―色を見る仕組み，色彩科学選書4，朝倉書店.
内川惠二・栗木一郎・篠田博之 (1993)：開口色と表面色モードにおける色空間のカテゴリカル色名領域，照明学会誌，77，346–354.
内田龍男・内池平樹監修 (2001)：フラットパネルディスプレイ大事典，工業調査会.
梅津八三・鳥居修晃・上村保子 (1987)：開眼手術後の初期段階における早期失明者の信号系活動，基礎心理学研究，6，67–78.
梅津八三・鳥居修晃・上村保子 (1990)：早期失明者の開眼手術後における信号系活動 (1)：光・視―信号系活動における図領域の定位活動と色の弁別活動，基礎心理学研究，8，69–82.
梅鉢幸重 (2000)：動物の色素，内田老鶴圃.
浦野理一 (1972)：唐桟，文化出版局.
映像情報メディア学会編（原島博監修）(1991)：画像情報圧縮，オーム社.
映像情報メディア学会編 (2000)：ディジタル映像処理，オーム社.
映像メディア学会編 (1997)：カラー画像工学，オーム社.
江尻正員・大田友一・池内克史 (1990)：マシンビジョン，昭晃堂.
SD 編集部編 (1982)：ブルーノ・タウト，鹿島出版会.
江馬務 (1949)：日本服飾史要，星野書店.
江馬務 (1976)：一生の典礼，江馬務著作集第7巻，中央公論社.
江森京子 (1979)：衿―作図と縫い方の秘訣，文化出版局.
近江源太郎 (1983)：色彩世相史，至誠堂.
近江源太郎 (1998)：新編 色彩科学ハンドブック（第2版）（日本色彩学会編），第17章「色彩調和に関する実験的研究」，pp.665–710，東京大学出版会.
近江源太郎 (1999)：色彩感覚，日本色研事業.
近江源太郎 (2000)：基本色は好まれる？，日本色彩学会誌，24（Suppl.），108–109.
応用物理学会光学懇話会編 (1986)：色の性質と技術，朝倉書店.
大井義雄・川崎秀昭 (1996)：カラーコーディネーター入門 色彩（改訂版），日本色研事業.
大石巌・畑田豊彦・田村徹編 (2001)：ディスプレイの基礎，共立出版.
大島正光 (1953)：色彩の生理心理学，技報堂.
大田登 (1993)：色彩工学，東京電機大学出版局.
大田登 (1997)：色再現工学の基礎，コロナ社.
大田登 (1998)：新編 色彩科学ハンドブック（第2版）（日本色彩学会編），第23章「色再現の理論」，pp.917–944，東京大学出版会.
太田安雄・清水金郎 (1992)：色覚と色覚異常（第2版），金原出版.
大高保二郎 (1994)：スペインのバロック絵画，世界大美術全集16，小学館.
大西政太郎 (2000)：新版 陶芸の釉薬，第2・4章，理工学社.
大藪権昭 (1988)：コーティング領域の界面制御，理工出版.
大山正 (1962)：色彩の心理効果，照明学会誌，46，452–458.
大山正 (1969)：感覚・知覚心理学ハンドブック（和田陽平・大山正・今井省吾編），第3章「感覚・知覚測定法―2.1 精神物理学的測定法」，pp.32–55，誠信書房.
大山正編（八木冕監修）(1970)：講座心理学4，知覚，東京大学出版会.
大山正 (1973)：心理学研究法2―実験I，東京大学出版会.
大山正編 (1984)：実験心理学，東京大学出版会.
大山正 (1994)：色彩心理学入門（中公新書），中央公論社.

大山正 (2000)：視覚心理学への招待，サイエンス社．

大山正 (2001)：色彩調和か配色効果か―心理学の立場から，日本色彩学会誌，25, 283–287.

大山正・瀧本誓・岩澤秀樹 (1993)：セマンティック・ディファレンシャル法を用いた共感覚性の研究，行動計量学，20, 55–64.

大山正・今井省吾・和氣典二編 (1994)：新編 感覚・知覚心理学ハンドブック，誠信書房．

小笠原慈瑛・森孝行 (1959)：大きさの恒常の度を示す指数について，心理学評論，3, 241–258.

岡嶋克典ら (1998)：速解光サイエンス辞典，オプトロニクス社．

岡太彬・今泉忠 (1994)：パソコン多次元尺度構成法，共立出版．

緒方康二 (1981)：明治とデザイン―色彩教育としての「色図」，夙川学院短期大学研究紀要，6.

緒方康二 (1995)：マンセルシステムの成立とその背景，夙川学院短期大学紀要，19.

岡堂哲雄 (1993)：心理テスト，こころの科学増刊，日本評論社．

岡本敏彦・村上孝夫 (1970)：天然物化学（改訂版），広川書店．

小口八郎 (1980)：古美術の科学，日本書籍出版．

苧阪直行 (1994)：新編感覚・知覚心理学ハンドブック（大山正・今井省吾・和氣典二編），第Ⅰ部 第2章「感覚・知覚測定法―2.1 精神物理学的測定法」，pp.19–41, 誠信書房．

苧阪良二編（八木冕監修）(1969)：講座心理学3「感覚」，東京大学出版会．

苧阪良二・中溝幸夫・古賀一男編 (1993)：眼球運動の実験心理学，名古屋大学出版会．

小野明夫 (2000)：顔料の事典（伊藤征司郎総編）Ⅱ 4.2 編「有機顔料―染付レーキ」, pp.281–289, 朝倉書店．

尾野正晴・関直子監修 (1996)：マティスのロザリオ礼拝堂，光琳社．

五十殿利治・土肥美夫編 (1991)：コンストルクツィア―構成主義の展開，ロシア・アヴァンギャルド 4, 国書刊行会．

オリベ出版部編 (1987)：日本のレトロ・スタイルブック，織部企画．

[カ行]

カーリー・ホール (1996)：宝石の写真図鑑，日本ヴォーグ社．

海保博之編 (1985)：心理・教育データの解析法10講，福村出版．

梶原昌昭 (1984)：象徴論，文化人類学 15 の理論（中公新書）（綾部恒雄編），中央公論社．

画像情報メディア学会編 (1990)：テレビジョン・画像情報工学データブック，オーム社．

画像情報メディア学会編 (1999)：ディジタルメディア規格ガイドブック，オーム社．

加藤悦三 (1958)：陶磁器顔料，窯業協会．

加藤唐九郎編 (1972)：原色陶器大事典，淡交社．

金出武雄・栗田正一・坂井利之ら (1987)：光と画像の基礎工学，電気学会基礎講座，日本電気学会．

金森克洋・小寺宏曄 (1997)：印刷・ハードコピーの色再現，カラー画像工学（日下秀夫監修），オーム社．

金子隆芳 (1991)：色彩科学事典（日本色彩学会編），第 30 章「色感覚と色知覚」, p.15, 朝倉書店．

金子隆芳 (1995)：色の科学―その心理と生理と物理，色彩科学選書 1, 朝倉書店．

神屋宗湛（山本寛・校閲）(1909)：宗湛日記，審美書院．

河合正朝 (1978)：友松・等顔，日本美術絵画全集 11, 集英社．

川上元郎 (1968)：カラーマッチング入門，理工出版社．

川上元郎・児玉晃・富家直ら編 (1987, 92)：色彩の事典，朝倉書店．

河北倫明 (1997)：画法と技法，同朋社出版．

河竹登志夫 (1989)：歌舞伎―伝統の美，立風書房．

河内十郎 (1995)：中枢性色覚障害―とくに大脳性色盲について，科学，65, 465–468.

河鰭実英 (1957)：舞楽図説，故實叢書 37, 明治図書出版．

神吉敬三 (1975)：ベラスケス（リッツォーリ版），世界美術全集 9, 集英社．

神吉敬三編 (1976)：ベラスケスとバロック美術，グランド世界美術 14, 講談社．

神作博 (1969)：色彩の誘目性に関する実験的研究（4），日本心理学会第 33 回大会発表論文集，133.

神作博 (1972)：照明の心理効果（照明学会照明普及会編），14–73.

喜田善弘・瓜屋詔夫 (1983)：特珠顔料，色彩協会誌，56(1), 39–57.

北岡明佳 (2001)：色彩知覚の知られざる不安定性，錯視のデザイン学 6, 日経サイエンス，31(7), 128–129.

北畠耀 (1989)：色彩演出辞典，セキスイインテリア.

北畠耀・有泉静江・松田豊ら (1993)：アパレル色彩企画，繊維産業構造改善事業協会.

北原健二 (1999)：先天色覚異常—より正しい理解のためのアドバイス，コンパクト眼科学 17, 金原出版.

木下修一 (2001)：構造色とその応用総論，O Plus E, 23, 298-301.

木村俊夫 (1950)：色の見かけ上の温かさと重さに就いて，心理学研究，20, 33–36.

木村朝・八木克彦・鈴木福二 (1997)：有色雲母チタン系顔料の開発，粉体および粉末冶金，44 (4), 387–392.

木村光雄 (1998)：伝統工芸染色技法の解説，色染社.

切畑健 (1983)：辻が花，京都書院.

切畑健 (1994)：歌舞伎衣裳，日本の染織 10, 紫紅社.

九鬼周造 (1930)：「いき」の構造，岩波書店.

日下八光 (1998)：東国の装飾古墳，雄山閣.

久保田一竹 (1994)：一竹辻が花・光の響，小学館.

暮沢剛巳 (1993)：オプ・アート，Art Words 現代美術のキーワード，大日本印刷.

黒江光彦 (1979)：ファン・アイク，世界美術全集 2, 集英社.

黒木宣彦 (1966)：染色理論化学，槇書店.

黒田永二 (1995)：焼物の謎に迫る，裳華房.

黒田日出男 (1986)：境界の中世・象徴の中世，東京大学出版会.

公共の色彩を考える会編 (1989)：公共の色彩を考える，青娥書房.

公共の色彩を考える会編 (1994)：まちの色彩作法「提言集」，都市文化社.

河野元昭 (1996)：北斎と葛飾派，日本の美術 367, 至文堂.

国分康孝 (1990)：カウンセリング辞典，誠信書房.

国立歴史民俗博物館編 (1990)：日本建築の装飾彩色，国立歴史民俗博物館.

国立歴史民俗博物館編 (1993)：装飾古墳の世界，朝日新聞社.

故實叢書編集部編 (1902a)：服色図解前・後篇，故實叢書，明治圖書出版.

故實叢書編集部編 (1902b)：織文図會，故實叢書，明治圖書出版.

巨勢朗 (2000)：顔料の事典（伊藤征司郎総編），II3 編「無機顔料—3.13 真珠光沢顔料・真珠顔料」，pp.236–240, 朝倉書店.

後藤倬男 (1996)：傾斜配置の縞模様図形における同時色同化・対比におよぼす縞の幅の効果，色学誌，20 (Suppl.), 16–17.

後藤倬男（研究代表者）(1997)：形態の意味把捉が視覚的同時対比に及ぼすトップダウン的効果に関する研究，科研費補助金研究成果報告書.

後藤倬男（研究代表者）(2002)：錯視に対する初頭観察実験の差異が刺激図形の認知的把捉に及ぼす諸効果に関する研究，科研費補助金研究成果報告書.

小林太市郎 (1963)：茶の湯における光と彩色，茶の美学（谷川徹三・古田紹欽編），図説茶道大系 1, 角川書店.

小林忠雄 (2000)：江戸・東京はどんな色，教育出版.

小林忠監修 (1998)：カラー版・浮世絵の歴史，美術出版.

小林忠・村重寧編 (1955-98)：琳派 1-5, 紫紅社.

小林忠・村重寧・灰野昭郎 (1990)：宗達と光琳，日本美術全集 18, 講談社.

小林敏勝 (2001)：顔料分散の基本的な考え方と最新技術，色材，74(3), 136–141.

駒沢勉編 (1992)：数量化理論，放送大学教育振興会.

小町谷朝生 (1987)：色彩のアルケオロジー，勁草書房.

小町谷朝生 (1991)：色彩と感性のポリフォニー，勁草書房.

小町谷朝生・小町谷尚子 (1989)：キュクロプスの窓—色と形はどう見えるか，日本出版サービス．

小松原仁 (1994)：識別色差及び許容色差による色差式の性能比較，Part 1，色彩研究，41，2–12．

小谷津孝明 (1969)：感覚・知覚心理学ハンドブック（和田陽平・大山正・今井省吾編），第19章「視覚の誘導場」，pp.504–536，誠信書房．

[サ行]

斎藤茂太 (1971)：精神科医三代，中央公論社．

坂井利之 (1983)：情報基礎学詳説，コロナ社．

境久雄・中山剛 (1978)：聴覚と音響心理，コロナ社．

桜井将人・古関貴幸・林寛文ら (2000)：周辺視における色の見え—テスト刺激及び背景条件の影響，照明学会誌，84，83–91．

佐野みどり (2000)：源氏物語絵巻，小学館．

佐柳和男 (1984)：ディジタルプリントと網点，印刷雑誌，66，6．

佐柳和男・田宗道弘 (1984)：印刷におけるスミ入れの考察 (I)，第1回光学コンファレンス，2–7．

シーエムシー編 (1983)：工業用色素の技術と市場，シーエムシー社．

色材協会編 (1989)：色材工学ハンドブック，朝倉書店．

色材協会編 (1993)：塗料用語辞典，技報堂出版．

色彩士検定委員会編 (1998)：Color Master，全国美術デザイン教育振興会．

色彩情報研究会編 (1994)：第15回消費者の色彩嗜好調査報告データ集，日本色彩研究所．

繁桝算男・柳井晴夫・森敏昭 (1999)：Q＆Aで知る統計解析—DOs and DON'Ts，サイエンス社．

志田政人 (2001)：ステンドグラスの絵解き，日貿出版社．

芝祐順 (1979)：因子分析法（第2版），東京大学出版会．

渋沢敬三・神奈川大学日本常民文化研究所編 (1984)：新版 絵巻物による日本常民生活絵引，平凡社．

清水伯夫 (1997)：ステンドグラス工房の朝，シンクールカット社．

城一夫 (1993a)：色彩の宇宙誌，明現社．

城一夫 (1993b)：西洋装飾文様事典，朝倉書店．

城一夫 (1994)：色彩博物館，明現社．

城一夫 (1995)：西洋染織文様史，明現社．

常人春 (1994)：紅白喜事，北京燕山出版社．

照明学会 (1990)：光の計測マニュアル，日本理工出版会．

照明学会照明普及会編 (1972)：照明の心理効果，日本照明学会．

白石学 (1999)：旋律に対する視覚的要素（芸術工学会），日韓国際論文集，21，119–124．

末松良一・山田宏尚 (2000)：画像処理工学，コロナ社．

菅野理樹夫・増田直衛 (1987)：注視点の分析手法—Haidinger's brushes を用いた新手法（2），日本応用心理学会第54回大会発表論文集，150．

鈴木恒男 (1990)：知覚的白さの許容度に基づく白色度式，日本色彩学会誌，14，114–121．

鈴木恒男 (1997)：顔色の見えを規定する要因の解析，日本色彩学会誌，21，150–157．

鈴木恒男 (1998)：好ましい肌色を規定する要因の解析 III—好ましい肌色の状況認識依存症，日本色彩学会誌，22，37–44．

鈴木恒男・田口誠一・内田敏夫 (1988)：網点面積率の新しい評価法，日本印刷学会誌，25，38–44．

鈴木恒男・小谷津孝明 (1998)：顔色，表情，感情の相互作用に関する研究，日本色彩学会誌，22，45–52．

鈴木恒男・棟方明博 (2001)：肌色の分類を行う際の心理的基準の解析，日本色彩学会誌，25，2–11．

墨田水二 (1995)：焼物の謎に迫る，裳華房．

瀬川かおり・内川惠二・栗木一郎 (1999)：周辺視野におけるカテゴリカル色知覚，照明学会誌，83，860–868．

関口修利・池田光男 (1983)：色の見えに基づく色視野の測定，日本眼科学会誌，4，122–127．

セゾン美術館編 (1995)：Bauhaus 1919–33（展覧会図録），セゾン美術館．

セゾン美術館編 (1997)：デ・ステイル 1917–32，セゾン美術館．

千宗左・千宗室・千宗守 (1989)：利休大事典, 淡交社.

全国服飾教育者連合会（AFT）監修 (2001)：文部科学省認定ファッションコーディネート色彩能力検定対策テキスト2級編, AFT企画.

相馬一郎 (1982)：カラーウォッチング―色彩のすべて, 小学館.

側垣博明・高浜幸太郎・納谷嘉信 (1983)：マンセル色票の分光反射率分布の解析, 日本色彩学会誌, 7(4), 167–174.

空井健三 (1989)：こころの科学, 27, 日本評論社.

[タ行]

大丸弘 (1961)：平安時代の服装, 成美社.

高階秀爾 (1971)：ルネッサンスの光と闇, 三彩社.

高木貞二・城戸幡太郎監修 (1952)：実験心理学提要, 第2巻, 岩波書店.

高木貞二・城戸幡太郎監修 (1953)：実験心理学提要, 第3巻, 岩波書店.

高木豊 (1996)：貝紫染め―海の紫, 染織 α, 180, 74–75.

高嶋広夫 (2000)：陶磁器釉の科学, 内田老鶴圃.

高瀬正典・内川惠二 (1991)：明順応周辺網膜における色光の見え, 光学, 20, 521–529.

高橋巌之助 (1994)：湿潤分散剤, 色材協会誌, 67(1), 44–51.

高橋雅夫 (1997)：化粧ものがたり―赤・白・黒の世界, 雄山閣.

高橋裕子 (1995)：リュベンスとその流派, 世界美術大全集17, 小学館.

高橋義人 (1988)：形態と象徴―ゲーテと「緑の自然科学」, 岩波書店.

高松衛・中嶋芳雄・神谷佳 (2001)：カラーネーミング法を用いた極微小視角における知覚色評価, 映像情報メディア学会誌, 55, 1298–1300.

高山純 (1969)：縄文人の入墨, 講談社.

武市道雄ら (2001)：農村環境整備色彩コントロールに関する研究, 農村整備環境センター.

竹宮恵子 (1997)：エルメスの道, 中央公論社.

田崎京二・大山正・樋渡清二編 (1979)：視覚情報処理, 朝倉書店.

田島譲二 (1996)：カラー画像複製論, 画像工学シリーズ10, 丸善.

田中良久 (1977)：心理学的測定法, 東京大学出版会.

谷真一・野間清六編 (1952)：日本美術辞典, 東京堂出版.

谷本博 (1989)：色彩工学ハンドブック（II–I章）（色材協会編）, 朝倉書店.

田村秀行 (1985)：コンピュータ画像処理入門, 総研出版.

近田康夫・城戸隆良・宇野正高ら (1994)：橋梁景観の色彩調和分析に関する研究, 土木学会論文集, 489.

千々岩英彰 (1994)：新編 感覚・知覚心理学ハンドブック（大山正・今井省吾・和氣典二編）, 第8章「8.1 色彩感情」, pp.528–550, 誠信書房.

千々岩英彰 (1998)：新編 色彩科学ハンドブック（第2版）（日本色彩学会編）, 第9章「色彩科学における心理物理的方法」, pp.368–371, 東京大学出版会.

千々岩英彰編 (1999)：図解・世界の色彩感情事典, 河出書房新社.

千々岩英彰・相馬一郎・富家直 (1963)：色彩の感情効果に関する研究（2）, 応用心理学会発表論文集, 152–153.

塚田敢 (1966, 90)：色彩の美学, 紀伊國屋書店.

辻惟雄編 (1982)：ブック・オブ・ブックス日本の美術 北斎, 小学館.

デジタルカメラ学習塾編 (2001)：デジタルフォト講座, エル・エー・ビー.

出村洋二 (1978)：色彩と形態の関連性について, 稲村女子短大研究紀要, 3, 29–38.

寺崎広業 (発行年次不記載)：山水畫講話, 日本美術学院.

寺田貴子 (1996)：有明海の貝紫による染色, 染織 α, 180, 37–39.

寺田寅彦 (1948)：錯覚数題（岩波文庫）, 寺田寅彦随筆集第4巻, 岩波書店.

寺西一紘 (1995)：加賀友禅, 橋本確文堂企画出版室.

電子写真学会編 (1988)：電子写真技術の基礎と応用, コロナ社.

土井康弘・安藤繁 (1980)：画像処理論, 昭晃堂.

土肥美夫 (1986)：タウト―芸術の旅，岩波書店.

土肥美夫・生松敬三 (1981)：ブルーノ・タウトと現代，岩波書店.

戸井田道三 (1986)：色とつやの日本文化，筑摩書房.

東京商工会議所編 (1998a)：カラーコーディネーター検定試験 1 級テキスト「環境色彩」，東京商工会議所会員サービス局検定センター.

東京商工会議所編 (1998b)：カラーコーディネーター検定試験 1 級テキスト「商品色彩」，東京商工会議所会員サービス局検定センター.

東京商工会議所編 (1998c)：カラーコーディネーター検定試験 1 級テキスト「ファッション色彩」，東京商工会議所会員サービス局検定センター.

東京商工会議所編 (1999)：カラーコーディネーター検定試験 2 級テキスト，東京商工会議所会員サービス局検定センター.

東京商工会議所編 (2000)：カラーコーディネーション，東京商工会議所.

時田澄男・松岡賢・古後義也ら (1989)：機能性色素の分子設計，丸善.

徳井淑子 (1995)：服飾の中世，勁草書房.

都市づくりパブリックデザインセンター編 (1994)：景観パーツ活用ガイド，都市づくりパブリックデザインセンター.

利光功 (1970)：バウハウス―歴史と理念，美術出版社.

戸田勝久 (1994)：千利休の美学―黒は古きこゝろ，平凡社.

戸田禎佑 (1973)：牧谿・玉澗，水墨画術大系，第 3 巻，講談社.

戸田禎佑 (1987)：色と光―水墨画発生のメカニズムに関する一提言，ミュージアム，439, 4-9.

戸田禎佑 (1991)：美術史における日中関係，美術史論叢 7，東京大学美術史研究室.

鳥羽山満ら (2000)：自動車用塗料の技術，シーエムシー社.

富家直・飯田健夫・斉藤幸子・永村寧 (1972)：色彩感情空間の分析 II，製品科学誌，70, 1-8.

富田久和 (1998)：新編色彩科学ハンドブック（第2版）（日本色彩学会編），第 20 章「顔料・塗料・プラスチックス」，pp.771-826，東京大学出版会.

富永昌治・西辻順一 (1996a)：カラーヒストグラムの直線検出に基づいた色ベクトル推定法，テレビジョン学会誌，50（11），1790-1797.

富永昌治・西辻順一 (1996b)：物体間の相互反射の色解析，日本色彩学会誌，20(3), 104-113.

富永昌治・岡山敏之 (1997)：ハイライトや相互反射の影響を含むカラー画像の解析法，電子情報通信学会論文誌，80-DII(6), 1360-1369.

富永昌治・高橋悦史 (1999)：6 色カメラによる分光情報の推定，電子情報通信学会論文誌，DII, J82-DII(7), 1180-1189.

トヨタ技術会 (1999)：生産用語事典，トヨタ技術会.

鳥居修晃・望月登志子 (1992)：視知覚の形成 1―開眼手術後の定位と弁別，培風館.

鳥居修晃・望月登志子 (2000)：先天盲開眼者の視覚世界，東京大学出版会.

鳥脇純一郎 (1993)：認識工学，パターン認識とその応用，コロナ社.

[ナ行]

内藤耕次郎 (1938)：共感覚の諸相と問題―特に色温，色冷，色味，色嗅の諸現象に就て，心理学論文集 VI, 145-149.

中川正宣・富家直・柳瀬徹夫 (1984)：色彩感情空間の構成，日本色彩学会誌，8, 147-158.

長崎盛輝 (1996)：色・彩色の日本史，淡交社.

永島信子 (1943)：日本衣服史，芸艸堂.

永田生慈監修 (1986-88)：北斎の絵手本 1-5，岩崎美術社.

永田生慈監修 (1987-89)：北斎漫画 1-3，岩崎美術社.

中田満雄・北畠耀・細野尚志 (1983)：デザインの色彩，日本色研事業.

仲泊聡 (1997)：大脳性色覚異常の臨床症状と病巣，神経眼科，14, 237-245.

長橋宏 (1998)：信号画像処理，昭晃堂.

中村克己 (1975)：縞・唐桟，日本の染織 9，泰流社.

中村克己編 (1975)：友禅，日本の染織 1，泰流社.

中村千穂・田宗道弘 (1990)：墨加刷の理論と実際，電子写真学会誌，29(3), 315.

中村涼應・中村幸真 (2000)：色彩仏画入門，日本放送出版協会.

中山公男監修 (1996)：後期印象派と世紀末の魅力, 同朋舎出版.

中山公男 (2000)：世界ガラス工芸史, 美術出版社.

中山剛 (1979)：画質評価と多変量解析, テレビジョン学会誌, 33(12), 1033–1040.

中山剛・宮川陸男・三浦種敏 (1966)：音質の総合評価, 日本音響学会誌, 22(6), 332–339.

中山剛・黒須正明 (1987)：画質構造の分析, 電子情報通信学会論文誌 B, J70–B(12), 1551–1561.

納谷嘉信 (1980)：産業色彩学, 朝倉書店.

納谷嘉信 (1998)：新編 色彩科学ハンドブック (第 2 版)(日本色彩学会編), 第 17 章「色彩調和論—3 配色感情次元, 配色嗜好感情の個人差, 面積比, 配色」, pp.675–680, 東京大学出版会.

納谷嘉信・辻本明江・山中俊夫・池田潤平 (1965)：色彩調和の一対比較法による検討（その 1. 予備実験）, 電気試験所彙報, 29(8), 631–639.

楢崎宗重 (1944)：北斎論, アトリエ社.

西住元嗣編 (1990)：眼光学の基礎, 金原出版.

西田秀穂 (1993)：カンディンスキー研究, 美術出版社.

新田勝久 (1995)：自動車塗料用パール顔料とその動向, 色材協会誌, 69(6), 396–404.

日本顔料技術協会編 (1989)：顔料便覧（改訂新版）, 誠文堂新光社.

日本視覚学会編 (2000a)：視覚情報処理ハンドブック, 朝倉書店.

日本視覚学会編 (2000b)：色彩工学の基礎, 朝倉書店.

日本色彩学会編 (1980, 89)：色彩科学ハンドブック（旧版）, 東京大学出版会.

日本色彩学会編 (1991)：色彩科学事典, 朝倉書店.

日本色彩学会編 (1998)：新編 色彩科学ハンドブック（第 2 版）——「1 章 光と色」, 「4 章 表色系」, 「6 章 測色・色比較の方法と標準物体」, 「7 章 色差」, 「8 章 色彩科学における心理物理的方法」, 「9 章 色の心理学」, 「11 章 色覚の生理学」, 「13 章 演色」, 「15 章 混色と色合せ」, 「17 章 色彩調和論」, 「19 章 染料と染色」, 「20 章 顔料・塗料・プラスチックス」, 「22 章 信号・標識の色」, 「27 章 カラー画像の情報処理」, 「29 章 自然物の色」, 「30 章 食品の色」, 東京大学出版会.
(注：章名のみを引用している文献はここにまとめて掲載した.)

日本色彩研究所編 (1991)：カラーマッチングの基礎と応用, 日刊工業新聞社.

日本色彩研究所編 (1993)：色彩と人間, 色彩ワンポイント 5, 日本色研事業.

日本写真学会編 (1998)：改訂 写真工学の基礎—銀塩写真館, コロナ社.

日本写真学会・日本画像学会合同編集委員会編 (1999)：ファインイメージングとハードコピー, コロナ社.

日本写真学会写真用語委員会編 (1988)：写真用語辞典, 日本工業出版社.

日本ジュエリー協会編 (1997)：ジュエリーコーディネーター検定 3 級テキスト, 日本ジュエリー協会.

日本照明委員会訳 (1989)：測色（第 2 版）, CIE 標準—測色用の光, 測色標準観測者, JCIE 翻訳出版物.

日本流行色協会編 (1993)：ファッションカラーハンドブック（戦後のファッションと流行色）(JAFCA 創立 40 周年記念号), 流行色, 436 号, 7·8 月号, 日本流行色協会.

日本流行色協会編 (1998)：ファッションカラーハンドブック PART2—90 年代トレンド総括, 流行色, 497 号, 日本流行色協会.

日本流行色協会編 (2001)：JAFCA オートカラーアウォード 2001, 流行色, 524 号, 日本流行色協会.

額田巖 (1994)：結び, 法政大学出版局.

根岸明子・西村武 (1998)：CRT 画面の表面色モードと光源色モードの見えの特性とその定式化の試み, 照明学会誌, 82, 512–522.

野末和志ら (1996)：テキスタイルデザイン [2] 配色設計, 繊維産業構造改善事業協会.

野間清六 (1968)：暈繝彩色の展開とその法則, 仏教芸術, 37, 28–36.

野村順一 (2000)：茶の湯と色彩—侘びの色彩学, 茶の湯と科学, 堀内國彦編, 茶道学大系, 第 8 巻, 淡交社.

[ハ行]

橋本仁司・相馬一郎 (1956)：色彩嗜好の調査 (2), 色彩研究, 1(2), 46-49.

橋本博英・飯田達夫 (1976)：油絵をシステムで学ぶ, 美術出版社.

浜口隆一（神代雄一郎監修）(1985)：現代建築事典（SD 選書）, 鹿島出版会.

浜田靖子 (1983)：イコンの世界, 美術出版社.

浜中淑彦 (1982)：視覚対象の失認, 精神科 Mook, 1, 69-76.

早川泰弘ら (1999)：ポータブル蛍光 X 線分析装置による国宝『源氏物語絵巻』の顔料分析, 保存科学, 39, 1-14.

早川泰弘ら (2001)：国宝源氏物語絵巻にみられる色彩材料について, 保存科学, 41, 1-14.

バンタンコミュニケーションズ編 (1985)：新ファッションビジネス基礎用語辞典（増補改定版）, 光琳出版.

彦坂道邇 (1989)：色材協会編, 色材工学ハンドブック, (II-I 章), 朝倉書店.

美術出版社編集部 (2000)：[決定版]現代色彩事典, BT 美術手帖, Vol.52, No.788, 美術出版社.

美術出版社編集部 (2001)：オプ・アートの快感, BT 美術手帖, Vol.53, No.808, 美術出版社.

美術出版社編集部 (2001)：オプ・タイム・ライン, BT 美術手帖, Vol.53, No.808, 美術出版社.

飛田満彦 (1998)：色彩科学, 丸善.

平沼良・宗内敦・江川成ら (1983)：カラー・ピラミッド性格検査法, 図書文化.

広瀬俊雄 (1988)：シュタイナーの人間観と教育法, ミネルヴァ書房.

福田邦夫 (1985)：色彩調和の成立事情, 青娥書房.

福田邦夫 (1996)：色彩調和論, 色彩科学選書 3, 朝倉書店.

福田邦夫 (1998)：新編 色彩科学ハンドブック（第 2 版）（日本色彩学会編）, 第 17 章「色彩調和論—7 欧米の歴史的色彩調和論」, pp.703-707, 東京大学出版会.

福田邦夫ら (1998)：新編 色彩科学ハンドブック（第 2 版）（日本色彩学会編）, 第 17 章「色彩調和論」, pp.664-709, 東京大学出版会.

藤井三雄・田中一光・向井周太郎 (2001)：現代デザイン事典, 平凡社.

藤幡正樹 (1997)：カラー・アズ・コンセプト, 美術出版社.

文化女子大学図書館編 (2000)：解題・目録（開館 50 周年記念）, 文化女子大学図書館所蔵欧文貴重図書目録, 文化女子大学図書館.

文化庁監修 (1979)：漆と漆絵, 日本の美術 163, 至文堂.

ヘンリー・スミス (1998)：浮世絵における「ブルー革命」, 浮世絵芸術 128, 日本浮世絵協会.

ホイットニー・スミス (1977)：世界旗章大図鑑, 平凡社.

ポーラ文化研究所編 (2001)：アンケートにみる日本人の髪色観, ポーラ文化研究所.

本間良助 (1933)：日本画を描く人の為の秘伝集, 厚生閣書店.

[マ行]

前川誠郎 (1984)：ジョルジョーネ／ティツィアーノ, カンヴァス世界の大画家, 中央公論社.

前嶋満州彦 (2000)：顔料の事典（伊藤征司郎総編）, II4 編「有機顔料—4.1 総論」, pp.263-280, 朝倉書店.

前田富士男 (1983)：パウル・クレーと色彩論, 美学, 133, 24-38.

前田富士男 (1992)：色彩論のイデオロギー—オストヴァルトと 1910 年代の絵画と制度, 哲学（三田哲学会）, 94, 100-120.

前田富士男 (1993)：オストヴァルトの『色彩論』とゲーテ—1910 年代における「関係」の視覚論, モルファロギア, 15, 20-35.

前田富士男 (1995)：パウル・クレーとオストヴァルト, 諸芸術の共生, 145-165, 渓水社.

前田千寸 (1960)：日本色彩文化史, 岩波書店.

馬嶋昭生 (1970)：色覚異常, 医学のあゆみ, 73, 562-567.

増田寅次郎 (1993)：眼科診断学・眼機能 1, 眼科学大系 1, 中山書店.

増田直衛・菅野理樹夫 (1985)：注視点の分析手法—Haidinger's brushes を用いた新手法 (1), 日本応用心理学会第 52 回大会発表論文集, 130.

増田直衛・菅野理樹夫・古崎敬 (1988)：注視点の分析手法—Haidinger's brushes を用いた新手法, 慶應義塾大学日吉紀要, 4, 51–61.

増田直衛・菅野理樹夫 (1991)：Haidinger's brushes を利用した注視点の分析, 日本応用心理学会第58回大会発表論文集, 154–155.

増田直衛・菅野理樹夫・曾我重司 (1993)：Haidinger's brushes を利用した注視点の分析—その2, 日本応用心理学会第60回大会発表論文集, 328–329.

松岡静雄 (1943)：ミクロネシア民族誌, 岩波書店.

松岡武 (1983)：色彩とパーソナリティ, 金子書房.

松木真 (1993)：カラーファクシミリ, 新版画像電子ハンドブック（画像電子学会編）, 380–394.

松沢高嗣 (1998)：機能性顔料の技術と応用展開, シーエムシー社.

松田豊 (1995)：色彩のデザイン, 色彩科学選書2, 朝倉書店.

松本正一編 (1995)：電子ディスプレイ, オーム社.

丸尾敏夫ら (2001)：眼科診療プラクティス66—色覚の考え方, 文光堂.

丸山伸彦 (1993)：友禅染, 日本の染織5, 紫紅社.

美崎薫 (1996)：デジタルカメラ徹底活用術, 二期出版.

水口ふく・青木誠四郎 (1926)：成人における色彩の嗜好に関する研究, 心理学研究, 1, 394–405.

水田徹編 (1995)：ギリシア・クラシックとヘレニズム, 世界美術大全集（西洋編）第4巻, 小学館.

三谷邦明・三田村雅子 (1998)：源氏物語絵巻の謎を読み解く, 角川書店.

三星宗雄 (1984)：Kirschman の第3法則とそれに関連する諸問題, 基礎心理学研究, 3, 81–94.

三宅洋一 (2000)：ディジタルカラー画像の解析・評価, 東京大学出版会.

宮島新一 (1985)：土佐光信と土佐派の系譜, 日本の美術247, 至文堂.

向井裕彦・緒方康二 (1993)：カラーコーディネーターのための色彩学入門, 建帛社.

向川惣一 (1998)：レオナルドの『マギの礼拝』と黄金分割, 美術解剖学雑誌, 4(2), 1–12.

村澤博人 (1992)：顔の文化誌, 東京書籍.

村澤博人 (1999)：肌色をきれいにする本, ポーラ文化研究所.

村澤博人・佐藤敏子 (1999)：肌色をもっときれいにする本, ポーラ文化研究所.

村田純一 (2002)：色彩の哲学, 岩波書店.

目黒美術館編 (1995)：画材と素材の引き出し博物館, 中央公論美術出版.

望月登志子 (1981)：開眼手術における色彩視の成立過程, 日本女子大学紀要（家政学部）, 28, 31–41.

望月登志子 (2001)：顔の表情認知における色彩の効果—色の種類と面積を通じて, 日本基礎心理学会第23回大会発表要旨集, 54.

本岡三郎 (1977)：加賀の水引人形師, 北国出版社.

本川弘一 (1957)：色覚の生理, 照明学会誌, 41, 241–245.

本宮隆広 (2000)：画像電子技術年報—ファクシミリ, 画像電子学会誌, 29(6), 711–714.

森礼於 (1998)：新編 色彩科学ハンドブック（第2版）（日本色彩学会編）, 第29章「自然物の色—1.2 虹の色」, pp.1220–1221, 東京大学出版会.

森川靖夫・小平和子・近江源太郎 (1971)：誘目性に関する基礎的研究, 色彩研究, 18, 21–25.

森田拾史郎（写真）・坂東三津五郎（文）(1974)：歌舞伎の隈取り, 芳賀書店.

森田義之 (1994)：ヴェネツィア絵画の色彩と技法, 世界美術全集13, 集英社.

モロンガ, N.S.(1995)：新規な有色光沢顔料, 色材, 68 (7), 411–423.

[ヤ行]

安田徳太郎 (1952)：人間の歴史2, 光文社.

安田浩・渡辺裕 (1996)：ディジタル画像圧縮の基礎, 日経BP出版センター.

矢田部達郎 (1955)：ウェルナァによる精神の発達（第4版）, 培風館.

柳井晴夫・繁桝算男・前川眞一・市川雅教 (1990)：因子分析—その理論と方法, 朝倉書店.

谷内田正彦 (1990)：コンピュータビジョン，丸善．

柳宗玄 (1986)：黒い聖母，福武書店．

矢野正・橋本健次郎 (2001)：肌色の好ましさの評価技術，Matsushita Technical Journal, August, 47(4), 348–353.

矢部良明 (1995)：千利休の創意—冷凍寂枯からの飛躍，角川書店．

山岸隆男 (1952)：Flicker の臨床応用への基礎的研究，日本眼科学会雑誌，56, 820–832.

山岸政雄編 (1991)：視覚と色—眼・光・色彩，前田印刷．

山口正城・塚田敢 (1960)：デザインの基礎，光生館．

山鳥重 (1985)：神経心理学入門，医学書院．

山中散生 (1971)：シュルレアリスム—資料と回想，美術出版社．

山中茉莉 (2001)：宝石ことば，八坂書房．

山梨県立美術館 (2001)：バルビゾンの画家たち（展覧会図録），山梨県立美術館．

山根有三 (1969)：宗達と光琳，原色日本の美術，14，小学館．

結城素明 (発行年次不記載)：画法一斑，日本美術学院．

有機合成化学協会編 (1970)：新版 染料便覧，丸善．

横浜市港湾局編 (1993)：みなと色彩計画，横浜市港湾局．

吉岡徹 (1983)：基礎デザイン，光生館．

吉岡徹 (1998)：生活造形の美意識，家政教育社．

吉岡常雄ら (1993)：紅型，日本の染色 6，京都書院．

吉岡幸雄 (1983)：帝王紫探訪，紫紅社．

吉岡幸雄 (2000)：日本の色事典，紫紅社．

吉澤達也・内川惠二 (1993)：色応答の時間的足し合わせの色相間比較，Vision, 5, 1–9.

吉田暎二 (1965)：浮世絵事典（定本），全 3 巻，画文堂．

吉田暎二 (1981)：浮世絵大百科事典，大修館．

吉田友之 (1979)：土佐光信，日本美術絵画全集 7，集英社．

吉野裕子 (1978)：陰陽五行思想からみた日本の祭，弘文堂．

吉村誠一 (1990)：ファッション用語の基礎知識，チャネラー．

淀川英司・東倉洋一・中根一成 (1998)：視聴覚の認識科学，電子情報通信学会．

[ラ〜ワ行]

麓照夫・金森克洋・小寺宏曄ら (1993)：プリズム補間法を用いたマルチメディア対応高速カラープロセッサ，画像電子学会誌，22(4), 382–393.

礫川全次編 (1997)：刺青の民俗学，批評社．

若桑みどり (1993)：光彩の絵画 ミケランジェロのシスティーナ礼拝堂天井画の図像解釈学的研究，哲学書房．

和氣典二 (1998)：新編 色彩科学ハンドブック（第 2 版）（日本色彩学会編），第 8 章「色彩科学における心理物理的方法—8.2 マッチング法とその測定法」，pp.308–315，東京大学出版会．

鷲尾泰俊・大橋靖雄 (1989)：多次元データの解析，岩波書店．

和田陽平 (1969)：感覚・知覚心理学ハンドブック（和田陽平・大山正・今井省吾編），第 1 章「感覚・知覚の意義」，pp.3–10，誠信書房．

和田陽平・大山正・今井省吾編 (1969)：感覚・知覚心理学ハンドブック，誠信書房．

色に関する事典および
ハンドブック，特許

(＊一部は和文の文献とも重複)

〔国内〕

映像情報メディア学会編 (2000)：映像メディアハンドブック，オーム社．

画像電子学会編 (1993)：新版 画像電子ハンドブック，コロナ社．

照明学会編 (1990)：照明用語事典，オーム社．

照明学会編 (1992)：ライティングハンドブック，オーム社．

日本印刷学会編 (2002)：印刷辞典（第5版），印刷局朝陽会．

日本写真学会編 (1998)：改訂 写真工学の基礎―銀塩写真編，コロナ社．

日本写真学会写真用語委員会編 (1988)：写真用語事典，日本工業出版社．

日本写真学会・日本画像学会合同編集委員会編 (1999)：ファインイメージングとハードコピー，コロナ社．

服装文化協会編 (1976)：服装大百科事典，文化出版局．

日本風俗史学会編 (1979)：日本風俗史事典，弘文堂．

板倉寿郎他監修 (1977)：原色染織大辞典，淡交社．

一見輝彦 (1995)：繊維素材辞典，ファッション教育社．

彰国社編 (1993)：建築大辞典，彰国社．

ジャン・シュヴァリエ，アラン・ゲールブラン著（金光仁三郎他 共訳）(1996)：世界シンボル大事典，大修館書店．

物理学辞典編集委員会編 (1992)：物理学辞典，培風館．

大木道則・大沢利昭・田仲元治他編 (1989)：化学大辞典，東京化学同人．

日本色彩研究所編 (1987)：新色名辞典，日本色研事業．

日本色彩学会編 (1998)：新編 色彩科学ハンドブック（第2版），東京大学出版会．

日本色彩学会編 (1991)：色彩科学事典，朝倉書店．

川上元郎・児玉晃・富家直ら編 (1987, 92)：色彩の事典，朝倉書店．

色材協会編 (1989)：色材工学ハンドブック，朝倉書店．

色材協会編 (1993)：塗料用語辞典，技報堂出版．

有機合成化学協会カラーケミカル事典編集委員会編 (1988)：カラーケミカル事典，シーエムシー社．

有機合成化学協会編 (1970)：新版 染料便覧，丸善．

伊藤征司郎総編 (2000)：顔料の事典，朝倉書店．

日本顔料技術協会編 (1989)：顔料便覧（改訂新版），誠文堂新光社．

日本学術振興会繊維・高分子機能加工第120委員会編 (1999)：染色加工の事典，朝倉書店．

本宮達也・鞠谷雄士・高寺政行他編 (2002)：繊維の百科事典，丸善．

日本視覚学会編 (2000)：視覚情報処理ハンドブック，朝倉書店．

藤永保・梅本堯夫・大山正編 (1981)：新版心理学事典，平凡社．

大山正・今井省吾・和氣典二編 (1994)：新編 感覚・知覚心理学ハンドブック，誠信書房．

伊藤俊太郎他編 (1977)：科学史技術事典，弘文堂．

谷真一・野間清六編 (1952)：日本美術辞典，東京堂出版．

長倉三郎他編 (1998)：岩波理化学辞典，岩波書店．

〔外国〕

ASTM Manual Series：NML 17, ASTM Publication Code Number (PCN) 28-017095-14.

ASTM E 1392-96 Angle Resolved Opitical Scatter Measurements on Specular or Diffuse Surfaces.

ASTM E 430-97 Measurement of Gloss of High-Gloss Surfaces by Goniophotometry.

Paint and Coating Mannual, 14th Ed. of the Gardner Sward Handbook.

特許

(国内)

1) 特開平 10-168448：蓄光顔料およびその製造方法
2) 特許第 2543825 号：蓄光性蛍光体
3) 特公昭 58-7674　鉄含有雲母鱗片顔料
4) 特公平 8-026283　塗装組成物

(外国)

1) USP 3,087,828 Nucleus pigment compositions
2) USP 4,753,829 Opalescent automotive paint composition containing microtitanium dioxide pigment

欧 文

[A]

Abney, W.W. (1910)：On the change in hue of spectrum colours by dilution with white light, Proc. Roy. London A, 83, 120–127.

Ackermann, J. (1980)：On Early Renaissance Color Theory and Practice (Studies in Italian Art and Architecture, 15–18th Centurie's, ed., Millon, H.A.), 11–40, Cambridge.

Albers, J. (1963)：Interaction of Color, Yale University Press（白石和也訳 (1972)：色彩構成―配色による創造，ダヴィッド社）．

Alberti, L.B. (1435)：Della Pittura（三輪福松訳 (1971)：絵画論，中央公論美術出版）．

Alberti, L.B. (15c.), De Statue（森雅彦編著 (1992)：芸術論，中央公論美術出版）．

Allen, E. (1973)：Separation of the spectral radiance factor curve of fluorescent substances into reflected and fluorescent components, Appl. Opt., 12(2), 289.

Allen, N.S. and McKellar, J.F. (1980)：Photochemistry of Dyed and Pigmented Polymers, Applied Science Publishers Ltd.

Allen, P.S. (1977)：Beginnings of interior environment, Prentice–Hall（町田ひろ子訳 (1983)：インテリアコーディネートの常識，町田ひろ子インテリアコーディネーターアカデミー）．

Alloway, L. (1958)：The Arts and the Mass Media, Architectural Design（日下隆司ら訳 (1998)：ポップ・アート―20世紀の大衆芸術革命，ホワイト RP＋セゾン美術館）．

Alpern, M., Holland, M.G. and Ohba, N. (1972)：Rhodopsin bleaching signals in essential night blindness, J. Physiol., 225, 457–476.

Alpern, M., Kitahara, K. and Krantz, D.H. (1983)：Perception of colour in unilateral tritanopia, J. Physiol., 335, 683–697.

Anderson, B.L. (1997)：A theory of illusory lightness and transparency in monocular and binocular images—The role of contour junctions, Perception, 26, 419–454.

Anderson, W. (1990)：Green Man, Campbell and Thomson and Mclaughlin Ltd.

Andrew, S. and Glassner, A.S. (1994)：Principles of Digital Image Synthesis (The Morgan Kaufmann Series in Computer Graphics and Geometric Modeling), Morgan Kaufmann.

Anselm Kiefer, B. (発行年不明)：Jorg Immendorff et Gerhard Richter, Cahiers du Musée National d'Art Moderne, 48, 82–99.

Aristoteles (school, 前4世紀頃)：De coloribus（福島民雄訳 (1969)：色について，アリストテレス全集 10，岩波書店）．

Arnheim, R. (1957)：Art and Visual Perception, Univ. California Press（波多野完治ら訳 (1963)：美術と視覚，美術出版社）．

Atkins, R. (1993)：Art' Spoke—A guide to modern ideas, movements, and buzzwords 1848–1944, Abbeville Press.

Ayama, M. and Ikeda, M. (1986)：Additivity of yellow chromatic valence, Vis. Res., 26, 763–769.

Ayama, M. and Ikeda, M. (1989)：Dependence of the chromatic valence function on chromatic standards, Vis. Res., 29, 1233–1244.

Ayama, M., Nakatsue, J. and Kaiser, J.P. (1987)：Constant hue loci of unique and binary balanced hues at 10, 100, and 1000 Td, J. Opt. Soc. Am. A., 4, 1136-1144.

[B]

Bacou, R. (1987)：Odilon Redon—Pastels, George Braziller, Inc.（本江邦夫訳 (1988)：オディロン・ルドン―パステル，美術出版社）．

Badt, K. (1961)：Die Farbenlehre Van Goghs, Verlag M. Dumont Schauberg Köln（佃堅輔訳 (1975)：ゴッホの色彩，紀伊國屋書店）．

Baker, H.D. (1949)：The course of foveal light adaptation measured by the threshold intensity increment, J. Opt. Soc. Am., 39,

172–179.

Ball, S.L. (1981): Ozenfant and Purism—The Evolution of a Style 1915–1930, UMI Research Press.

Barasch, M. (1978) : Light and Color in the Italian Renaissance, Theory of Art, N.Y.u.p.

Barlow, H.B. (1958) : Temporal and spatial summation in human vision at different background intensities, J. Physiol., 141, 337–350.

Barnes, S. J. and Wheelock, Jr., A.K. (1994): Van Dyck, National Gallery of Art.

Barrett, C. (1970): Op Art, Studio Vista London.

Bartleson, C.J. (1960) : Memory colors of familiar objects, J. Opt. Soc. Am., 50(1), 73–77.

Bartleson, C.J. and Bray, C.P. (1962) : On the preferred reproduction of fresh, bluesky, and green-grass colors, Photogr. Sci. Eng., 6, 19–25.

Bauer, R.M. (1993) : Agnosia, in K. M. Heilman and E. Valenstein (eds.), Clinical neuropsychology (3rd ed.), Oxford Univ. Press.

Baumgardt, E. (1949) : Les theories photochimiques classiques et quantiques de la vision et l'inhibition nerveuse en vision liminaire, Rev. d'Optique, 28, 661.

Baumgartner, G. (1960) : Indirekte Grössenbestimmung der rezeptiven Felder der Retina beim Menschen mittels der Hermannschen Gittertauschung. Pflugers Arch. Ges. Physiol., 272, 21–22.

Baylor, D.A., Nunn, B.J. and Schnapf, J.L. (1987) : Spectral sensitivity of cones of the monkey Macaca fascicularis, J. Physiol., 390, 145–160.

Beauvois, M.F. and Saillant, B. (1985) : Optic aphasia for colours and colour agnosia—A distinction between visual and visuo-verbal impairments in the processing of colours, Cognitive Neuropsychology,

2(1), 1–48.

Beazley, M. (1980): Colour, Artists House（本明寛訳 (1982)：カラーウォッチング―色彩のすべて, 小学館）.

Bedford, R.E. and Wyszecki, G. (1958) : Wavelength discrimination for point sources, J. Opt. Soc. Am., 48, 129–135.

Belliveau, J.W., Konneydy, D.N., McKinstry, R.C. et al. (1991) : Functional mapping of the Human visual cortex by magnetic resonance imaging, Science, 254, 716–719.

Benáry, W. (1924): Beobachtungen zu einem Experiment über Helligkeitskontrast, Psychol. Forsch., 5, 131–142.

Benetton, L. (1990): Io Ei Miei Fratelli, Sperling & Kupfer Editori S.P.A. （金子宣子訳 (1992)：ベネトン物語, ダイヤモンド社）.

Berlin, B. and Kay, P. (1969) : Basic Color Terms—Their Universality and Evolution, Univ. California Press.

Berns, R.S. (2000) : Principle of Color Technology, 3rd ed., John Wiley & Sons.

Bezold, W. von (1874) : Die Farbenlehre im Hinblick auf Kunst und Kunstgewerbe, Braunschweig.

Bidon, D.A. (1989) : Du Drapeau à la cotte; Vêtir l'Enfant au Moyen Âge, Cahiers du Léopard d'Or., No.1（徳井淑子訳 (2000)：巻き紐から衣服へ. 中世の子ども服, 中世衣生活誌―日常風景から想像世界まで, 所収）.

Biersdorf, W.R. and Granada, A.M. (1962): Effects of stimulus duration upon spectral sensitivity of the human electroretinogram, J. Opt. Soc. Am., 52(12), 1402–1406.

Birkhoff, G.D. (1933) : Aesthetic Measure, Harvard Univ. Press.

Birren, F. (1934) : Color Dimensions, The Crimson Press.

Birren, F. (1950) : Color Psychology and Color Therapy, The Citadel Press.

Birren, F. (1965) : History of Color in Painting, Van Nostrand Reinhold.

Birren, F. (1969) : The Color Primer, Van

Nostrand Reinhold.

Birren, F. (1978)：Three talks on color, 78 色研国際セミナー．

Birren, F. (1987)：The Principles of Hermony and Contact of Colors (a newly revised edition), Schiffer Publishing Ltd.

Blakeslee, B. and McCourt, M.E. (2001)：A multiscale spatial filtering account of the Wertheimer-Benáry effect and the corrugated Mondrian, Vis. Res., 41, 2487–2502.

Blanc, C. (1867)：Grammaire des Arts du dessin.

Bleuler, E. and Lehmann, K. (1881)：Zwangsmässige Lichtempfindungen durch Schallvund verwandte Erscheinungen, Fues Verlag.

Blinn, J.F. (1977)：Models of light reflection for computer synthesized pictures, SIGGRAPH, 11(2), 192–198.

Blinn, J.F. (1978)：Simulation with three dimensional texture, Computer Graphics (SIGGRAPH 78 Proceedings), 23(3), 271–280.

Blinn, J.F. (1978)：Simulation of wrinkled surface, Computer Graphics (ACM SIGGRAPH Annual Conference Series), 286–292.

Bloch, A.M. (1885)：Experiences sur la vision, Soc. Biol. Mern., 37, 439–495.

Blondel, A. and Rey, J. (1911)：Sur la perception des lumières brèves à la limite de leur portée, J. Physiol. (Paris), 1, 530–550.

Blotkamp, C. (ed.) (1982)：De Beginjaren van De Stiji 1917–1922. Utrecht, Reflex.

Blotkamp, C. (1994)：Mondrian, Destructie als Kunst, Zwolle, Waanders uitgevers (Eng. trans., 1994), Mondrian, Art of Destruction, Reaction Books.

Bois, Y.A. (1994)：L'iconolaste, Angelica Zander Rudenstine (ed.), Piet Mondrian 1872–1942 (exhib. cat.), Milan (Leonardo Arte), 313–377.

Bone, R.A. (1980)：The role of the macular pigment in the detection of polarized light, Vis. Res., 20, 213–220.

Borissavlievitch, M. (1954)：Traité désthétique scientifique de l'architecture, Blanchard.

Born, M. and Wolf, E. (1983)：Principles of Optics, Pergamon Press.

Both, R. and Campenhausen, C. von (1978)：Sensitivity of a sensory process to short time delays—A study in pattern induced flicker colors (PIFCs), Biol. Cybernetics, 30, 63–74.

Boulton, J.C. and Baker, Jr., C.L. (1993)：Dependence on stimulus onset asynchrony in apparent motion, Vis. Res., 33, 2013–2019.

Bowen, R.W. (1981)：Latencies for chromatic and achromatic visual mechanisms, Vis. Res., 21, 1457–1466.

Boynton, R.M. (1979)：Human Color Vision, Holt, Rinehart and Winston.

Boynton, R.M. and Gordon, J. (1965)：Bezold–Brücke hue shift measured by color-naming technique, J. Opt. Soc. Am., 55, 78–86.

Boynton, R.M. and Kaiser, P.K. (1968)：The additivity law made to work for heterochromatic photometry with bipartite fields, Science, 161, 366–368.

Boynton, R.M. and Olson, C.X. (1987)：Locating basic colors in the OSA space, Color Res. Appl., 12, 94–105.

Boynton, R.M. and Olson, C.X. (1990)：Salience of chromatic basic color terms confirmed by three measures, Vis. Res., 30, 1311–1317.

Brainard, G.C. (1998)：The biological and therapeutic effects of light, in Chapter 9, Color for Science, Art and Technology (ed., K. Nassau), Elsevier Science B.V.

Breece, H.T. and Holmes, R.A. (1971)：Bidirectional scattering characteristics healthy green soybean and corn leaves *in vivo*, Appl. Opt., 10, 119–127.

Breitmeyer, B.G. (1978)：Metacontrast

masking as a function of masking energy, Bull. Psychonomic Soc., 12, 50–52.

Breneman, E.J. (1987): Corresponding chromaticities for different states of adaptation to complex fields, J. Opt. Soc. Am., A4, 1115–1129.

Bressan, P., Mingolla, E., Spillmann, L. and Watanabe, T. (1997): Neon color spreading—A review, Perception, 26, 1353–1366.

Breton, A. (1965): Le surréalism et la peinture, Gallimard（巖谷國士ら訳 (1997)：シュルレアリスムと絵画, 人文書院）.

Broca, A. and Sulzer, D. (1902): La sensation luminance en fonction du temps, J. Physiol. Pathol. Gen., 4, 632–640.

Brown, C. and Vlieghe, H. (1999): Van Dyck 1599–1641, Rizzoli International Publications.

Brown, J. (1986): Velasques, Painter and Courtier, Yale Univ. Press.

Brücke, E. (1887): Die Physiologie der Farben für die Zwecke der Kunstgewerbe, S. Hirzel.

Bruno, M.H. (1994): The printer's role in a digital printing world—A summary of digital printing system, 日本印刷学会誌, 31(5), 322.

Buchsbaum, G. (1980): A spatial processor model for object color perception, J. Frankl. Inst., 310, 1–26.

Burbeck, C.A. and Kelly, D.H. (1980): Spatiotemporal characteristics of visual mechanisms—Excitatory-inhibitory model, J. Opt. Soc. Am., 70, 1121–1126.

Burnham, R.W., Hanes, R.M. and Bartleson, C.J. (1967): Color—A guide to basic facts and concepts, John Wiley & Sons.

Burns, S.A., Elsner, A.I., Pokorny, J. et al. (1984): The Abney Effect—Chromaticity coordinates of unique and other constant hues, Vis. Res., 24, 479–489.

Burris-Meyer, E. (1935): Color and Design in the Decorative Arts, Prentice–Hall.

[C]

Calkins, D. J., Tsukamoto, Y. and Sterling, P. (1998): Microcircuitry and mosaic of a blue-yellow ganglion cell in the primate retina, J. Neuroscience, 18, 3373–3385.

Carpenter, H.B. (1932): Color—A Manual of Its Theory and Practice, Charles Scribner's Sons.

Carr, R.E., Ripps, H., Siegel, I.M. and Weale, R.A. (1966): Rhodopsin and the electrical activity of the retina in congenital night blindness, Invest. Ophthal. Vis. Sci., 5, 497–507.

Cavanagh, P. (1991): Vision at equiluminance, in Kulikowski, J.J., Walsh, V. and Murray, I.J. (eds.), Limits of Vision (Vision and Visual Dysfunction, Vol. 5), MacMillan Press.

Cennini, C. (1400 頃): Il libro dell' Arte（辻茂編訳 (1991)：絵画術の書, 岩波書店；中村彝訳 (1976)：芸術の書, 中央公論美術出版）.

Chenieux-Gendron, J. (1984): Le surréalisme, Presses Univ. de France（星埜守之・鈴木雅雄訳 (1997)：シュルレアリスム, 人文書院）.

Cheskin, L. (1954): How to color—Tune Your Home, MacMillan.

Chevreul, M.E. (1839): De la loi du contraste simultané des couleurs et de l'assortiment des objets colorés, considéré d'après cette loi, Pitois–Levrault.

Chevreul, M.E. (1960): The principles of harmony and contrast of colors and their applications to the arts, George Bell & Sons.

Chevreul, M.E. (1987): The principles of harmony and contrast of colors and their applications to the arts, with a special introduction and a newly revised commentary by Faber Birren, Shiffer Publishing Ltd.

Chipp, H.B. (1958): Orphism and color theory, Art Bulletin, 40, 54–63.

文献（欧文）

Cinotti, M. (1991)：Caravaggio—la vita e l'opera, Edizioni Boils（森田義之訳 (1993)：カラヴァッジオ—生涯と全作品，岩波書店）．

Cohen, J. (1964)：Dependency of the spectral reflectance curves of the Munsell color chips, Psychonomi. Sci., 1, 369–370.

Cohen, J. and Gordon, D.A. (1949)：The Prevost-Fechner-Benham Subject Colors, Psychol. Bull., 46, 97–136.

Cohen, M.F. and Wallace, G.W. (1993)：Radiocity and Realistic Image Synthesis, Academic Press.

Collins, M. (1929)：A case of synaesthesia, J. Gen. Psychol., 2, 12–27.

Committee Colorimetry of the Optical Society of America (1963)：The Science of color (1st printing, 1953), Optical Society of America.

Commitee on Colorimetry (1943)：The Concept of color, J. Opt. Soc. Am., 33(10), 544–554.

Conklin, H.C. (1955)：Hanuno'o color categories, Southwestern J. Anthrop., 11, 339–344.

Conway, B.R. (2001)：Spatial structure of cone inputs to color cells in alert macaque primary visual cortex (V1), J. NeuroScience, 21, 2768–2783.

Cook, R.L. (1984)：Shade trees, Computer Graphics (ACM SIGGRAPH Annual Conference Series), 18(3), 223–231.

Cook, R.L. and Torrance, K. (1982)：A reflectance model for computer graphics, ACM Transactions on Graphics, 1(1), 7–24.

Cooper, E. and Royle, D. (1978)：Glazes for the Studio Potter, Batsford（南雲竜訳 (1995)：陶芸の釉薬入門，日本貿易出版社）．

Coren, S. (1974)：The use of Haidinger's brushes in study if stabilized retinal images, Behav. Res. Methods Instrum., 3, 295–297.

Cornsweet, T. (1970)：Visual Perception, Academic Press.

Corson, R. (1972)：Fashions in Makeup—From Ancient to Modern Times, Peter Owen Ltd.（ポーラ文化研究所訳 (1982)：メークアップの歴史，ポーラ文化研究所）．

Coslett, H.B. and Saffran, E.M. (1992)：Disorders of Higher Visual Processing—Theoretical and Clinical Perspectives—in Margolin, D.I. (ed.), Cognitive Neuropsychology in Clinical Practice.

Cosman, M.P. (1981)：Medieval Holidays and Festivals—A Calendar of Celebrations, Pelner Cosman c/o, Madeleine Cosman（加藤恭子・山田敏子訳 (1986)：ヨーロッパの祝祭典，原書房）．

Craik, K.J.W. (1966)：Brightness, discrimination, borders, and subjective brightness, In Sherwood, S.L. (ed.), The Nature of Psychology, Cambridge Univ. Press.

Crawford, B.H. (1947)：Visual adaptation in relation to brief conditioning stimuli, Proc. Roy Soc. London, 134B, 283–302.

Crawford, T.D. (1982)：Defining "basic color terms", Anthropol. Linguist, 24, 338–343.

Curcio, C.A. et al. (1990)：Human photoreceptor topography, J. Comp. Neurol., 292, 497–523.

Curcio, C.A., Sloan, K.R., Kalina, R.E. and Hendrickson, A.E. (1991)：Distribution and morphology of human cone photoreceptors stained with anti-blue opsin, J. Comp. Neurol., 321, 610–624.

[D]

Davidoff, J. (1991)：Cognition Through Color, The MIT Press（金子隆芳訳 (1993)：色彩の認知新論，マグロウヒル）．

Davis, R. and Gibson, K.S. (1931)：Filters for the reproduction of sunlight and daylight and the determination of color temperature, Misc. Publ., 114, Natl. Bureau of Standards.

Davson, H. (1980)：Physiology of the Eye (4th ed.), Churchill Livingstone.

de Duve, T. (1989)：Yves Klein, or the dead

dealer, October, 49, 72–90.
Degas, E. (1992)：Degas Pastels, ed. Boggs, J.S. and Maheux, A.F., George Braziller Inc.（大森達次郎訳（1993）：ドガ　パステル画，美術出版社）.
Delaunay, R. (1957)：Du Cubisme à l'art abstrait, S.E.V.P.E.N.
de Monasterio, F.M. and Gouras, P. (1975a)：Functional properties of ganglion cells of the rhesus monkey retina, J. Physiol., 251, 167–195.
de Monasterio, F.M. et al. (1975b)：Trichromatic colour opponency in ganglion cells of the rhesus monkey retina, J. Physiol., 251, 197–216.
Descartes, R. (1637)：Discours sur la Méthode（野田又夫訳（1974）：方法序説，中央文庫）.
de Weert, C.M.M. and van Kruysbergen, N.A.W.H. (1997)：Assimilation—Central and peripheral effects, Perception, 26, 1217–1224.
Denecke, C. (1954)：Die Farbe im Expressionismus, Düsseldorf.
Derrington, A.M., Krauskopf, J. and Lennic, P. (1984)：Chromatic mechanisms in lateral geniculate nucleus of macaque, J. Physiol., 357, 241–265.
Diehl, G. (1975)：Fauvism, Library of Great Artist 3, Harry N. Abrams（渡辺康子訳（1979）：フォーヴィスム，世界の巨匠シリーズ別巻3，美術出版社）.
Dittmann, L. (1977)：Zum Sinn der Farbgestaltung im 19 Jahrhundert, Beiträge zum Problem des Stilpluralismus, hrsg. von W. Hager und N. Knopp, 92–118.
Dittmann, L. (1987)：Farbgestaltung und Farbtheorie in der abendländschen Malerei, Darmstadt.
Dolecek, R.L. and de Launay, J. (1945)：Entoptic mapping of the Purkinje blue arcs, J. Opt. Soc. Am., 35, 676–680.
Domino, C. (1994)：Quand l'art se met au bleu, Beaux Arts Magazine, 113, 50–65.
Downey, J.E. (1911)：A case of colored gustation, Am. J. Psychol., 22, 528–539.
Downey, J.E. (1912)：Seeing sounds and hearing colors, Independent, 78, 315–318.
Droste, M. (1990)：Bauhaus 1919–1933, Bénédikt Taschen.（Mariko Nakano 訳（1992）：バウハウス，ベネディクト・タッシェン）.
Druick, D. (ed.)(1994–95)：Odilon Redon—Prince of Dream 1916–1940 (exhib. cat.), Art Institute of Chicago.
Duchamp, M. (1975)：Duchamp du signe, in Sanouillet, M. (ed.), Flammarion（北山研二訳（1995）：マルセル・デュシャン全著作，未知谷）.
Duve, T. (1984)：Nominalisme Pictura：Marcel Duchamp, la peinture et la modernité, Editions de Minuit（鎌田博夫訳（2001）：マルセル・デュシャン—絵画唯名論をめぐって，法政大学出版局）.
D'Zmura, M., Colantoni, P., Knoblauch, K. et al. (1997)：Color transparency, Perception, 26, 471–492.

[E]

Ebert, D.S., Musgrave, F.K., Peachey, D. et al. (1994)：Texturing and Modeling—A Procedural Approach, Academic Press.
Ebin, V. (1979)：The Body Decorated, Thames & Hudson.
Eckermann, J.P. (1836)：Gespräche mit Goethe in den letzten Jahren seines Lebens（山下肇訳（1968–69）：ゲーテとの対話（上・中・下），岩波書店）.
Eisner, A. and MacLeod, D.I.A. (1981)：Flicker photometric study of chromatic adaptation—Selective suppression of cone inputs by colored backgrounds, J. Opt. Soc. Am., 71, 705–718.
Ejima, Y. and Takahashi, S. (1985)：Interaction between short and longer-wavelength cones in hue cancellation codes—Nonlinearities of hue cancellation as a function of stimulus intensity, Vis.

Res., 25, 1911–1922.
Eskew, Jr., R.T., McLellan, J.S. and Giulianini, F. (1999) : Chromatic detection and discrimination—in Gegenfurtner, K.R. and Sharpe, L.T. (eds.), Color Vision, Cambridge Univ. Press.
Eysenck, H.J. (1941) : A critical and experimental study of color preference, Am. J. Psychol., 54, 385–394.

[**F**]

Fairchild, M.D. (1998) : Color Appearance Models, Addison-Wesley.
Fairchild, M.D. and Lennie, P. (1992) : Chromatic adaptation to natural and artificial illuminants, Vis. Res., 32, 2077–2085.
Fairchild, M.D. and Reniff, L. (1995) : Time course of chromatic adaptation for color-appearance judgments, J. Opt. Soc. Am., 12, 824–833.
Farah, M.J. (1990) : Visual Agnosia, The MIT Press (河内十郎・福澤一吉訳 (1996) : 視覚性失認, 新興医学出版社).
Farvis, J.F., Judice, C.N. and Ninke, W.H. (1976) : A survey of techniques for the display of continuous tone pictures on bilevel displays, Comp. Graph. Imag. Proc., 5, 13–40.
Fechner, G.T. (1876) : Vorschule der Ästhetik, Breitkopf & Härtel.
Fechner, G.T. (1860) : Element der Psychophysik, Breikopf & Härtel.
Feiner, S.K. et al. (1990) : Computer Graphics : Principles and Practice, Addison-Wesley.
Field, G. (1817):Chromatics—or, an essay on the analogy and harmony of colours, Newman.
Field, G. (1835) : Chromatography—Or a Treatise on Colour and Pigments, and of their Power in Painting, Charles Tilt.
Field, G (1845) : Chromatics, New Edition, David Bogue.
Finch, C. (1968) : Pop Art—Object and Image, Studio Vista (石崎浩一郎訳 (1976) : ポップアート, パルコピクチャーバックス).
Floyd, R.W. and Steinberg, L. (1975) : Adaptive algorithm for spatial greyscale, SID Int. Sym. Dig. Tech. Papers, 36–37.
Foley, J.D., van Dam, A., Feiner, S.K. et al. (1990) : Computer Graphics (2nd ed.), Addison-Wesley.
Foley, J.D., van Dam, A., Feiner, S.K. et al. (1994) : Introduction to Computer Graphics, Addison-Wesley.
Fransic, G., Grossberg, S. and Mingolla, E. (1994) : Cortical dynamics of feature buding and reset—Control of visual persistence, Vis. Res., 34, 1089–1104.
Freidman, B. (1931):The blue arcs of retina, Arch. Ophthalmol., 6, 663–674.

[**G**]

Gage, J. (1969) : Colour in Turner—Poetry and Truth, Praeger.
Gage, J. (1993):Colour and Culture, Thames and Hudson.
Gage, J. (1998–99) : Rothko, Color as Subject, Mark Rothko (exhib. cat.), National Gallery of Art.
Gage, J. (1999) : Color and Meaning—Art, Science, and Symbolism, Thames and Hudson.
Gale, M. (1997) : Dada and Surrealism, Phaidon Press (巖谷國士・塚原史訳 (2000) : ダダとシュルレアリスム, 岩波書店).
Ganz, E. (1972):Whiteness measurement, J. Color Appearance, 1(5), 33–41.
Gardner, G. (1984) : Simulation of natural sciences using textured quadratic surfaces, Computer Graphics (ACM Siggraph Annual Conference Series), 11–20.
Garner, P. (1996) : Sixties Design, Benedikt Taschen.
Garret, L. (1967) : Visual Design, Reinhold.
Gash, J. (1996):Caravaggio, The Dictionary of Art, 5, 702–722.
Gates, D.M., Gates, H.J., Gates, J.C. and

Gates, V.R. (1965)：Spectral properties of plants, Appl. Opt., 4(1), 11–20.

Gegenfurtner, K.R. and Hawken, M. J. (1996)：Interaction of motion and color in the visual pathways, Trends Neurosci., 19, 394–401.

Geldzahler, H. (1985)：Pop Art 1955–70, The International Cultural Corporation of Australia Ltd.

Gelp, A. (1929)：Die "Farbenkonstanz" der Sendinge, Handbuch der normalen und pathologischen, Physiologie, 12(1), 594–678.

Germer, S. (1994)：Le retour du refoule, le traitement de l'histoire allemande chez Georg.

Gervereau, L., Mellor, D., Dorleac, L.B., Wilson, S. et al. (1996)：Les Sixties Annees Utopias, Grafedit Azzano San Paolo.

Geschwind, N. (1965)：Disconnexion syndromes in animals and man, II, Brain, 88, 585–645（河内十郎訳 (1984)：高次脳機能の基礎—動物と人間における離断症候群, 新曜社).

Geschwind, N. and Fusillo, M. (1966)：Color-naming defects in association with alexia, Arch. Neurol., 15, 137–146.

Gettens, R.J. and Stout, G.L. (1966)：Painting Materials—A Short Encyclopaedia, Dover Publications, Inc.（森田恒之訳 (1973)：絵画材料事典, 美術出版社).

Ghazanfarpour, D.J. and Dischlet, M. (1995)：Spectral analysis for automatic 3-D texture generation, Computer and D.J. and Graphics, 3(19), 413–422.

Ghyka, M.C. (1927)：Esthétique des proportions dans la nature et dans les arts, Paris, Librairie Gallimard (Repr. Editions du Rocher, 1998).

Gibson, A. (1981)：Regression and color in abstract expressionism—Barnett Newman, Mark Rothko and Clyfford Still, Arts Magazine, 55(7), 144–153.

Gilchrist, A. (1994)：Lightness, Brightness, and Transparency, Hillsdale.

Gilchrist, A., Kossyfidis, C., Bonato, F. et al. (1999)：An anchoring theory of lightness perception, Psychol. Rev., 106, 795–834.

Gimbel, T. (1980)：Healing Through Colour, The C.W. Daniel Company Ltd.（日原もとこ訳 (1995)：色彩療法, フレグランスジャーナル社).

Gimbel, T. (1994)：The Book of Colour Healing, The C.W. Daniel Company Ltd.（日原もとこ訳 (1995)：カラーヒーリング, 産調出版).

Ginsberg, L. (1923)：A case of synaesthesia, Am. J. Psychol., 34, 582–589.

Giorgianni, F.J. and Madden, T.E. (1998)：Digital Color Management, Addison–Wesley.

Giry, M. (1981)：Le fauvisme, Neuchatel.

Glassner, A.S. (1995)：Principles of Digital Image Synthesis, Morgan Kaufmann.

Goethe, J.W. von (1791)：Beiträge zur Optik（中島芳郎訳 (1990–)：光学論考, モルフォロギア, 12～).

Goethe, J.W. von (1810)：Zur Farbenlehre, Cotta（高橋義人ら訳 (1999)：色彩論・完訳版, 工作舎).

Gogh, V.V. (1958)：The Complete Letters of Vincent Van Gogh, New York Graphic Society（二見史郎訳 (1969–70)：ゴッホ書簡全集, みすず書房).

Golding, J. (1988)：Cubism—A History and an Analysis, 1907–1914 (3rd Revised ed.; 1st ed., 1959), Harvard Univ. Press.

Gombrich, E.H. (1984)：The Sense of Order—A Study in the Psychology of Decorative Art, Phaidon（白石和也訳 (1989)：装飾芸術論, 岩崎美術社).

Goto, T., Uchiyama, I. and Kobari, H. (2002)：Effects of width-variation in slanted stripe-patterns on simultaneous assimilation and contrast, Psychologia, 45, 24–33.

Goto, T., Hanari, T., Ohnuma, S., Kobari, H., Shinoda, N., Sugiura, J., Tamoto,

K. and Hishimura, Y. (1995)：Effects of grasping-form attitude of brightness contrast in Koffka-ring type patterns, Psychologia, 38, 192–198.

Gott, J. (1990)：Enchanted Stone—The Graphic Worlds of Odilon Redon, National Gallery of Art.

Gouras, P. and Zrenner, E. (1981)：Color coding in primate retina, Vis. Res., 21, 1591–1598.

Graham, C.H. and Margaria, R. (1935)：Area and the intensity-time relation in peripheral retina, Am. J. Psychol., 113, 299–305.

Graham, C.H. and Brown, J.L. (1965)：Color contrast and color appearances—Brightness constancy and color constancy, in Graham, C.H. (ed.), Vision and Visual Perception, John Wiley & Sons.

Graves, M. (1951)：The Art of Color and Design, McGraw Hill Book Company, Inc.

Gray, C. (1986)：The Russian Experiment in Art 1863–1922, Thames and Hudson.

Gropius, W. (1952)：Bauhausbücher, Albert Langen Verlag（利光功ら編訳 (1991)：バウハウス叢書，中央公論美術出版）.

Grossberg, S. and Mingolla, E. (1985)：Neural dynamics of form perception—Boundary completion, illusory figures, and neon color spreading, Psychol. Rev., 92, 173–211.

Guilford, J.P. (1934)：The affective value of color as a function of hue, tint, and chroma, J. Exp. Psychol., 17, 342–370.

Guilford, J.P. (1940)：There is a system in color preferences, J. Opt. Soc. Am., 30, 453–459.

Guilford, J.P. (1954)：Psychometric Methods, McGraw-Hill（秋重義治監訳 (1959)：精神測定法，培風館）.

Guth, S.L. (1991)：Model for color vision and light adaptation, J. Opt. Soc. Am., 8, 976–993.

[H]

Haack, T. (1929)：Kontrast und Transformation, Z. Angew Psychol., 112, 93–138.

Haas, W. (1967)：Die Belle Epoque in Texten：Bilden und Zeugnissen, Verlag Kurt Desch GmbH（菊盛英夫訳 (1985)：ベル・エポック，岩波書店）.

Hall, M.B. (1992)：Color and Meaning—Practice and Theory in Renaissance Painting, Cambridge Univ. Press.

Hallet, P.E., Marriott, F.H.C. and Rodger, F.C. (1962)：The relationship of visual threshold to retinal position and area, J. Physiol., 160, 364–373.

Hammond, Jr., B.R., Johnson, E.J., Russell, R.M. et al. (1997)：Dietary modification of human macular pigment density, Invest. Ophthalmol. Vis. Sci., 38, 1795–1801.

Hanari, T., Ito, M., Takahashi, S., Nakamura, S., Nonami, H. and Goto, T. (1998)：Effects of form in Koffka-ring type patterns (2)：Examination of area-ratio of test figure to inducing figure in hue contrast, Psychologia, 41, 88–94.

Hanazawa, A., Komatsu, H. and Murakami, I. (2000)：Neural selectivity for hue and saturation of colour in the primary visual cortex of the monkey, Europ. J. Neurosci., 12, 1753–1763.

Hard, A., Sivik, L. and Tonnquist, G. (1996)：NCS, Natural Colour System—From concept to research and application, Part 1, Color Res. Appl., 21, 180–205.

Hardin, C.L. (1988)：Color for Philosophers, Hackett.

Harris, M. (1776 頃)：The Natural System of Colours.

Harrison, C. and Wood, P. (eds.) (1992)：Art in Theory 1900–1990—An Anthology of Changing Ideas, Blackwell Publishers.

Hart, Jr., W.M. (1992)：Aller's Physiology of the Eye (9th ed.), Mosby Year Book.

Hartline, H. K. and Ratliff, F. (1957)：

Inhibitory interaction of receptor units in the eye of Limulus, J. Gen. Physiol., 40, 357–376.

Hartmann, E., Lachenmayr, B. and Brettel, H. (1979)：The peripheral critical flicker frequency, Vis. Res., 19(9), 1019–1023.

Hasegawa, T. (1971)：Effects of spatio-temporal interaction on Fechner color, Acta Chromatica, 2, 49–57.

Hayes, C. (1978)：The Complete Guide to Painting and Drawing Techniques and Materials, Phaidon（北村孝一訳 (1980)：名画にみる絵の材料と技法，マール社）.

Hebb, D.H. (1949)：The Organization of Behavior—A neuropsychological theory, John Wiley & Sons.

Hecht, S. and Verrijp, C.D. (1933)：Intermittent stimulation by light, III—The relation between intensity and critical fusion frequency for different retinal locations, J. Gen. Physiol., 17, 251–265.

Hecht, S. and Shlaer, S. (1936)：Intermittent stimulation by light, V—the relation between intensity and critical fusion frequency for different part of the spectrum, J. Gen. Physiol., 19, 965–979.

Heimendahl, E. (1961)：Licht und Farbe, de Gruyter.

Heiss, R. (1952)：Der Farbpyramidentest, Psychologische Rundschau, Bd. I, S. 192, 1–11.

Helmholtz, H. von (1867)：Handbuch der physiologischen Optik, Voss.

Helson, H. (1938)：Fundamental problems in color vision, I—The principle governing changes in hue, saturation, and lightness of non-selective samples in chromatic illumination, J. Exp. Psychol., 23, 439–477.

Helson, H. (1963)：Studies of anomalous contrast and assimilation, J. Opt. Soc. Am., 53, 179–184.

Helson, H. (1964)：Adaptation-level Theory, Harper & Row.

Henry Art Gallery et al. (1990)：Art into Life—Russian Constructivism 1914–32 (exhib. cat.).

Herbert, J.D. (1992)：Fauve Painting, New Haven.

Herbert, R. (1962)：Barbizon revisited (exhib. cat.), Museum of Fine Arts.

Herbst, W. and Hunger, K. (1993)：Industrial Organic Pigments, VCH.

Hering, E. (1878)：Zur Lehre vom Lichtsinn, 2. Aufl. von 1874—Gerold.

Hering, E. (1874)：Outlines of a Theory of the Light Sense, Translated by L.M. Hurvich and D. Jameson in 1964, Harvard Univ. Press.

Hermann, L. (1870)：Eine Erscheinung des Simultanen Kontrastes, Pflugers Arch. Ges. Physiol., 3, 13–15.

Hervey, J. (1995)：Men in Black, Reaktion Books（太田良子訳 (1997)：黒服，研究社出版）.

Hess, W. (1981)：Das Problem der Farbe in den Selbstzeugnissen der Maler von Cézanne bis Mondrian, Mäander.

Hibino, H. (1991)：Peripheral vision—Its photopic aspects of recent developments, Jap. J. Psychonom. Sci., 10, 21–33.

Hibino, H. (1992a)：Counter balancing mechanism of yellow-blue opponent-color system against macular pigment, Jap. Psychol. Res., 34, 93–99.

Hibino, H. (1992b)：Red-green and yellow-blue opponent-color response as a function of retinal eccentricity, Vis. Res., 32, 1955–1964.

Hofstätter, H.H. (1965)：Symbolismus und die Kunst der Jahrhundertwende, Dumont（種村季弘訳 (1970)：象徴主義と世紀末芸術，美術出版社）.

Hold, J.S. (1980)：The Oil Sketches by Peter Paul Rubens, 2 vols., Princeton Univ. Press.

Holztman, H. and James, M.S. (ed. and trans., 1986)：The New Life—The Collected Writings of Piet Mondrian, G.K.

Hall & Co.

Homer, W.I. (1964)：Seurat and the Science of Painting, Harvard Univ. Press.

Hope, A. and Walsh, M. (1990)：Color Compendium, Van Nostrand Reinhold.

Horn, B.K.P. (1986)：Robot Vision, MIT Press（NTTヒューマンインタフェース研究所プロジェクトRVT訳 (1993)：ロボットビジョン，朝倉書店).

Horn, B.K.P. and Sjoberg, R.W. (1979)：Calculating the reflectance map, Appl. Opt., 18 (11), 1770–1779.

Hornbostel, E.M.V. (1931)：Über Geruchshelligkeit, Pflugers Arch. Ges. Physiol., 227, 517–538.

Hubel, D.H. and Wiesel, T.N. (1962)：Receptive fields, binocular interaction and functional architecture in the cat's visual cortex, J. Physiol., 160, 106–154.

Hubel, D.H. and Livingstone, M.S. (1987)：Segregation of form, color, and stereopsis in primate area 18, J. Neurosci., 7, 3378–3415.

Hulten, P. (1986)：Futurism & Futurisms, Abbeville Press.

Hulub, R., Kearsley, W. and Pearson, C. (1988)：Color systems calibration for graphic arts, J. Imaging Technol., 14, 47–52.

Hunt, R.W.G. (1953)：The perception of colour in 1° fields for different states of adaptation, J. Opt. Soc. Am., 43, 479–484.

Hunt, R.W.G. (1970)：Objectives in colour reproduction, J. Photogr. Sci., 18, 205–215.

Hunt, R.W.G. (1975)：The Reproduction of colour, Fountain Press.

Hunt, R.W.G. (1977)：The Specification of colour appearance, 1, Concepts and terms, Color Res. Appl., 2, 55–68.

Hunt, R.W.G. (1982)：A model of colour vision for predicting colour appearance, Color Res. Appl., 7, 95–112.

Hunt, R.W.G. (1985)：Perceptual factors affecting colour order systems, Color Res. Appl., 10, 12–19.

Hunt, R.W.G. (1991a)：Measuring Colour (2nd ed.), Ellis Horwood.

Hunt, R.W.G. (1991b)：Revised colour-appearance model for related and unrelated colours, Color Res. Appl., 16, 146–165.

Hunt, R.W.G. (1994)：An improved predictor of colorfulness in a model of vision, Color Res. Appl., 19, 23–26.

Hunt, R.W.G., Pitt, I.T. and Winter, L.M. (1974)：The preferred reproduction of blue sky, green grass, and Caucasian skin in colour photography, J. Photogr. Sci., 22. 144–149.

Hurvich, L.M. (1969)：Hering and the scientific establishment, Am. J. Psychol., 24, 497–514.

Hurvich, L.M. (1981)：Color Vision, Sinauer Associates Inc.

Hurvich, L.M. and Jameson, D. (1966)：The Perception of Brightness and Darkness, Allyn and Bacon.

[I]

Ikeda, M. (1965)：Temporal summation of positive and negative flashes in the visual system, J. Opt. Soc. Am., 55, 1527–1534.

Ikeda, M. and Uehira, I. (1989)：Unique hue loci and implications, Color Res. Appl., 14, 318–324.

Imdahl, M. (1987)：Farbe, Wilhelm Fink.

International Color Consortium(1997)：File Format for Color Profiles.

Inui, M. (1969)：Color in the interior environment, Lighting Res. Technol., 2, 86–92.

Itten, J. (1961a)：Art de la couleur, Dessain et Tolra.

Itten, J. (1961b)：Kunst der Farbe, Otto Maier（大智浩訳 (1971)：ヨハネス・イッテン 色彩論，美術出版社).

Itten, J. (1963)：Gestaltungs–und Formenlehre—Mein Vorkurs am Bauhaus, Otto Maier（手塚又四郎訳 (1970)：造形教育の基

礎—バウハウスにおける美術教育，美術出版社）．

Itten, J. (1973)：The Art of Color, Van Nostrand Reinhold.

ITU-RRec.BT.709-3(1998)：Parameter values for the HDTV standards for production and international programme exchange, J. Opt. Soc. Am. A., 2, 136–146.

[J]

Jackson, L. (1998)：The Sixties, Phaidon Press.

Jacobs, G.H. (1981)：Comparative Color Vision, Academic Press （三星宗雄訳 (1994)：動物は色が見えるか，晃洋書房）．

Jacobson, E. (1948)：Basic Color, Paul Theobald Chicago.

Jacobson, E. et al. (1948)：Color Harmony Manual, Container Corporation of America.

Jacson, C. (1980)：Color Me Beautiful, Acropolis Books Ltd.

Jaffe, H.L.C. (1956)：De Stijl 1917–1931— The Dutch Contribution to Modern Art, J.M., Meulenhof.

Jaffe, H.L.C. (1970)：Mondriaan, Piete Cornelis 1872–1944 （赤根和生訳 (1984)：抽象への意志：モンドリアンと《デ・ステイル》，朝日出版社）．

Jain, A.K. (1989)：Fundamentals of Digital Image Proccessing, Prentice-Hall.

Jameson, D. and Hurvich, L.M. (1955)： Some quantitative aspects of an opponent-colors theory, I—Chromatic responses and spectral saturation, J. Opt. Soc. Am., 45, 546–552.

Jameson, D. and Hurvich, L.M. (1961)： Complexities of perceived brightness, Science, 133, 174–179.

Jameson, D. and Hurvich, L.M. (1972)： Handbook of Sensory Physiology, Visual Psychophysics, Splinger.

Jarvis, J.R. (1977)：On Fechner-Benham subjective colour, Vis. Res., 17, 445–451.

Jennings, E. et al. (1989)：Error analysis of lookup table implementation in device-independent color imaging systems, Proc. SPIE, 2170, 98.

Judd, D.B. (1935)：A Maxwell triangle yielding unform chromaticity scales, J. Opt. Soc. Am., 25, 24–35.

Judd, D.B. (1940)：Hue, saturation, and lightness of surface colors with chromatic illumination, J. Opt. Soc. Am., 30, 2–32.

Judd, D.B. (1950)：Color Harmony—An Annotated Bibliography, U.S. Department of Commerce NBS, Letter Circular LC 987.

Judd, D.B. (1951)：Report of U.S. Secretariat Committee on colorimetry and artificial daylight—in Proceedings of the Twelfth Session of the CIE, Stockholm, Technical Committee No.7 (Bureau Central de la CIE, Paris, 1951).

Judd, D.B. (1952)：Color in Business, Science, and Industry, John Wiley & Sons.

Judd, D.B. (1955)：Classic laws of color harmony expressed in terms of the color solid, ISCC News Letter, 119, 13.

Judd, D.B. and Wyszecki, G.W. (1975)： Color in Business, Science and Industry (3rd ed.), John Wiley & Sons （本明寛監訳 (1964)：産業とビジネスのための応用色彩学，ダイヤモンド社），（注：翻訳は初版本による）．

Judd, D.B., MacAdam, D.L. and Wyszecki, G.W. (1964)：Spectral distribution of typical daylight as a function of correlated color temperature, J. Opt. Soc. Am., 54, 1031–1040.

[K]

Kahnweiler, D.-H.(1920)：Der Weg zum Kubismus, Hatje （千足伸行訳 (1970)：キュビズムへの道，鹿島出版会）．

Kaiser, H.F. (1958)：The varimax criterion for analytic lotation in factory analysis, Psychometrika, 23, 187–200.

Kaiser, P.K., Lee, B.B., Martin, P.R. and

Valberg, A. (1990)：The physiological basis of the minimally distinct border demonstrated in the ganglion cells of the macaque retina, J. Physiol., 422, 153–183.

Kaiser, P.K. and Boynton, R.M. (1996)：Human Color Vision (2nd ed.), Optical Society of America.

Kajiya, J.T. (1985)：Anisotropic Reflection Models, Computer Graphics (SIGGRAPH 85), 19(3), 15–21.

Kajiya, J. and Kay, T. (1989)：Rendering fur with three dimensional textures, Computer Graphics (ACM SIGGRAPH Annual Conference Series), 23(2), 271–298.

Kandinsky, W. (1952)：Über das Geistige in der Kunst, Benteli（西田秀穂ら訳 (1979)：カンディンスキー著作集，美術出版社）.

Kandinsky, W. (1977)：Concerning the Spiritual in Art (Trans. by M.T. Sadler), Mineola.

Kanizsa, C. (1979)：Organization in Vision—Essays on gestalt perception, Prager（野口薫監訳 (1985)：視覚の文法，サイエンス社）.

Karn, H.W. (1936)：Area and the intensity-time relation in the fovea, J. Gen. Psychol., 14, 360–369.

Kasimir, M. (1988–89)：Russian Museum, Leningrad (exhib. cat.).

Katz, D. (1911)：Die Erscheinungs weisen der Farben und ihre Beeinflussung durch die indivisuelle Erfahrung, Barth.

Katz, D. (1935)：The World of Color, Trans from German by MacLeod, R.B. & Fox, C.W., Johnson Reprinting Co.

Kay, P. and McDaniel, C.K. (1978)：The linguistic significance of the meanings of basic color terms, Language, 54(3), 610–646.

Kay, P., Berlin, B., Maffi, L. and Merrifield, W. (1997)：Color naming, across languages, in Hardin, C.L. and Maffi, L. (eds.), Color Categories in Thought and Language, Cambridge Univ. Press.

Kelly, D.H. (1961)：Visual responses to time-dependent sitimuli, I—Amplitudes sensitivity measurements, J. Opt. Soc. Am., 51, 422–429.

Kelly, D.H. (1983)：Spatiotemporal variation of chromatic and achromatic contrast thresholds, J. Opt. Soc. Am., 73, 742–750.

Kelly, K.L. and Judd, D.B. (1955)：The ISCC-NBS Method of Designation Colors and Dictionary of Color Names, NBS Circular 553.

Kelly, D.H. and van Norren, D. (1977)：Two-band model of heterochromatic flicker, J. Opt. Soc. Am., 67, 1081–1091.

Keyser, B.W. (1996)：Science and sensibility—Chemistry and the aesthetics of colour in the early nineteenth century, Color Res. Appl., 21(2), 169–179.

Kingdom, F. and Moulden, B. (1988)：Border effects on brightness—A review of findings, models and issues, Spatial Vision, 3, 225–262.

King–Smith, P.E. and Webb, J. (1974)：The use of photopic saturation in determining the fundamental spectral sensitivity curve, Vis. Res., 14, 421–429.

Kinsbourne, M. and Warrington, E.K. (1964)：Observations on colour agnosia, J. Neurol. Neurosurg. Psychiat., 27, 296–299.

Kitaoka, A., Gyoba, J., Kawabata, H. and Sakurai, K. (2001)：Two competing mechanisms underlying neon color spreading, visual phantoms and grating induction, Vis. Res., 41, 2347–2354.

Klee, P. (1956)：Das Bildnerische Denken, Schwabe & Co. Verlag（土方定一訳 (1973)：造形思考，新潮社）.

Klee, P. (1957)：Tagebücher Paul Klee, Dumont（南原実訳 (1961)：クレーの日記，新潮社）.

Klee, P. (1970)：Unendliche Naturgeschichte, Schwabe & Co.（南原実訳 (1981)：無限の造形，新潮社）.

Klee, P. (1979)：Beiträge zur bildnerischen Formlehre（西田秀穂・松崎俊之訳 (1988)：造形理論ノート，美術公論社）.

Klein, D.C., Moorer, R.Y. and Reppert, S.M. (1991): Suprachiasmatic Nucleus—The mind's clock, Oxford Univ. Press.

Klein, Y. (1983): Musée National d'art moderne (exhib. cat.).

Klinker, C.J., Shafer, S.A. and Kanade, T. (1988): The measurement of highlights in color images, Int. J. Comput. Vision, 2, 7–32.

Knoblauch, K., Sirovich, L. and Wooten, B.R. (1985): Linearity of hue cancellation in sex-linked dichromacy, J. Opt. Soc. Am. A., 2, 136–146.

Koffka, K. (1935): Principles of Gestalt Psychology, Kegan Paul（鈴木正彌監訳 (1988)：ゲシュタルト心理学の原理，福村出版）．

Kohlrausch, V.A. (1935): Photometrie Farbiger Lichter, Das Licht, 5, 259–275.

Kolers, P.A. (1962): Intensity and contour effects in visual masking, Vis. Res., 2, 277–294.

Komatsu, H. (1998a): Mechanisms of central color vision, Current Opinion in Neurobiol., 8, 503–508.

Komatsu, H. (1998b): The physiological substrates of color constancy—in Walsh, V. and Kulikowski, J. (eds.), Perceptual Constancy, 352–372, Cambridge Univ. Press.

Komatsu, H., Ideura, Y., Kaji, S. and Yamane, S. (1992): Color selectivity of neurons in the inferotemporal cortex of the awake macaque monkey, J. Neurosci., 12, 408–424.

Komatsu, H., Kinoshita, M. and Murakami, I. (2000): Neural responses in the retinotopic representation of the blind spot in the macaque V1 to stimuli for perceptual filling-in, J. Neurosci., 20, 9310–9319.

Kömel, H.W. (1988): Die homonymen Nemianopsien—Klinik und Pathöphysiologie zentraler Sehstrorungen, Springer（井上有史・馬屋原健訳 (1990)：視覚の神経学—中枢性視覚障害の臨床と病態生理，シュプリンガー・フェアラーク東京）．

Konig, A. (1903): Gesammelte Abhandlungen Physiologische Optik, Johann Ambrosius Barth.

Kotler, P. (1991): Marketing Management—Analysis, Planning, Implementation and Control, Prentice-Hall（小坂恕ら訳 (2000)：マーケティング・マネージメント第7版，プレジデント社）．

Kozloff, M. (1985): The problem of color-light in Rothko, Artform, 4(1), 38–44.

Krauss, R.E. (1998): The Picaso Papers, Farrar, Strans and Giroux（松岡新一郎訳 (2000)：ピカソ論，青土社）．

Krauskopf, J. and Mollon, J.D. (1971): The independence of the temporal integration properties of individual chromatic mechanisms in the human, Eye Physiol., 219, 611–623.

Krauskopf, J., Williams, D.R. and Heeley, D.W. (1982): Cardinal direction of color space, Vis. Res., 22, 1123–1131.

Krauskopf, J., Williams, D.R., Mandler, M.B. et al. (1986): Higher order color mechanisms, Vis. Res., 26, 23–32.

Krauskopf, J. and Farell, B. (1990): Influence of colour on the perception of coherent motion, Nature, 348, 328–331.

Kries, J. von (1902): Chromatic adaptation, Festschrift der Albrecht-Ludwig-Universität (Freiburg) (Trans. by MacAdam, D.L. (1970): Sources of Color Science, MIT Press Cambridge).

Kubelka, P. and Munk, F. (1931): Ein Beitrag zur Optik der Farbenstriche, Z. Tech. Phys., 12, 593–601.

Kudielka, R. (ed.) (1999): The eye's mind—Bridget Riley collected writing 1965–1999, Thomas & Hadson in association with The Serpentine Gallery and De Montfont University.

Kultermann, U. (1989): La construction de la libertad, una reevaluation del arte de Yves Klein, Goya, 265–266, 303–312.

Küppers, H. (1989): Harmonielehre der Farben, DuMont.

Kuriki, I. and Uchikawa, K. (1998)：Adaptive shift of visual sensitivity balance under ambient illuminant change, J. Opt. Soc. Am. A., 15, 2263–2274.

Küppers, H. (1978)：Das Grundgesetz der Farbenlehre（沢田俊一訳（1997）：色彩論の基本法則，中央公論美術出版）.

Kuriki, I. and MacLeod, D.I.A. (1998)：Chromatic adaptation after effection luminance and chromatic channels, in Christopher, Dickinson, M., Murrayand, I.J. and Carden, D. (eds.), John Dalton's Colour Vision Legacy, Taylor and Francis.

Kurtenbach, W., Stermheim, C.E. and Spillman, L. (1984)：Change in hue of spectral colors by dilution with white light (Abney effect), J. Opt. Soc. Am. A., 1, 365–372.

Kuspit, D. (1981)：The New(?) Expressionism, Art as Damaged Goods, Artforum, 20(3), 47–55.

Kuspit, D. (1993)：Signs of Psyche in Modern and Postmodern Art, Cambridge Univ. Press.

Kwong, K.K., Belliveau, J.W., Chesler, D.A. et al. (1992)：Dynamic magnetic resonance imaging of human brain activity during primary sensory stimulation, Proc. Natl. Acad. Sci. USA, 89, 5675–5679.

［L］

Lageira, J. (2001)：Le fauvisme au-dela de la couleur, Oeil, 521, 42–47.

Lambert, J.H. (1772)：Beschreibung einer mit dem Calauschen Wachse ausgemalten Farbenpyramide.

Land, E.H. (1959a)：Color vision and natural image, Part 1, Natl. Acad. Sci. Lett., 45, 115–129.

Land, E.H. (1959b)：Color vision and natural image, Part 2, Natl. Acad. Sci. Lett., 45, 636–644.

Land, E.H. and McCann, J.J. (1971)：Lightness and Retinex Theory, J. Opt. Soc. Am., 61, 1–11.

Langfeld, H.S. (1914)：Note on a case of chromaesthesia, Psychol. Bull., 11, 113–114.

Larimer, J., Krantz, D.H. and Cicerone, C.M. (1975)：Opponent-process additivity, II—Yellow/blue equilibria and nonlinear models, Vis. Res., 15, 73–731.

Laudenbacher, K. (1999)：Beobachtungen zur Maltechnik an ausgewählten Bildern der Schule von Barbizon, Barbizon und München (exhib. cat.), 393–402.

Leeuwenberg, E. (1982)：The perception of assimilation and brightness contact as derived from code theory, Perception and Psychophysics, 32, 345–352.

Lennie, P., Pokorny, J. and Smith, V.C. (1993)：Luminance, J. Opt. Soc. Am., 10, 1283–1293.

Leonardo da Vinci（15/16 世紀）：codice Ūrbinate—1270 他（杉浦明平訳（1954）：レオナルド・ダ・ヴィンチの手記（上），岩波文庫；加藤朝鳥訳（1996）：レオナルド・ダ・ヴィンチの繪画論，北宋社）.

Lersch, T. (1974)：Farbenlehre, Reallexikon zur deutschen Kunstgeschichte 7, 157–274.

LeRohellec, J. and Viénot, F. (2001)：Interaction of luminance and spectral adaptation upon Benham subjective colours, Color Res. Appl., 26, S174–179.

Lepter, G. (1970)：Haidinger's brushes and perception of polarization—The history to the present of an on-going problem, Acta Psychologia, 34, 106–114.

Lewis, P.A. (1988)：Pigment Handbook (2nd ed.), A Wiley-Interescience Publication.

Lindsay, J. and Turner, J.M.W. (1966)：Turner—His Life and Work, Adams & Mackey（高儀進訳（1984）：ターナー—芸術と生涯，講談社）.

Lippard, L.R. (1966)：Pop Art, Thames & Hudson（宮川淳訳（1967）：ポップアート，紀伊國屋書店）.

Livingstone, M.S. (1988)：Art, illusion and the visual system, Sci. Amer., 258(1), 68–

75.

Livingstone, M. (1990): Pop Art—A continuing history, Thames & Hudson.

Livingstone, M.S. and Hubel, D.H. (1995): Through the eye of monkeys and men, in Gregory, R.L. et al. (eds.), The Artful Eye, Oxford Univ. Press.

Lodder, C. (1983): Russian Constructivism, Yale Univ. Press.

Lovibond, J.W. (1887): The tintometer—A new instrument for the analysis, synthesis, matching, and measurement of colour, J. Soc. Dyers Colorists, 3, 186–193.

Lucie-smith, E. (1986): Lives of the Great Twentieth Century Artists, George Weidenfeld & Nicolson（篠原資明・南雄介・上田高広訳 (1995)：20世紀美術家列伝, 岩波書店）.

Luckiesh, M. and Guth, S.K. (1949): Brightness in visual field at borderline between comfort and discomfort (BCD), Illum. Eng., Nov., 650–670.

[M]

MacAdam, D.L. (1937): Projective transformation of I.C.I. color specification, J. Opt. Soc. Am., 27, 294–299.

MacAdam, D. L. (1942): Visual sensitivities to color difference in daylight, J. Opt. Soc. Am., 32, 247–274.

MacDonald, L.W. (1996): Development in colour management system, Displays, 16(4), 203.

MacDonald, L.W. and Luo, M.R. (1999): Color Imaging, John Wiley & Sons.

MacLeod, D.I.A. and Boynton, R.M. (1979): Chromaticity diagram showing cone excitation by stimuli of equal luminance, J. Opt. Soc. Am., 8, 1183–1186.

Malevich, K. (1968): Essays on Art (Trans. by Glowackiz–Prus, X. and MacMillin, A), Wittenborn.

Martin, M.W. (1968): Futurist Art and Theory 1909–15, Oxford.

Martin, P.R., Grünert, U., Chan, T.L. and Ghosh, K.K. (2001): Retinal pathways for colour vision—Studies of short-wavelength sensitive("blue") cones and their connections in primate retina, Color Res. Appl. (Suppl.), 26, 112–127.

Masuda, N., Sugano, L. and Kozaki, T. (1985): A study of the optimum appearance conditions of the Haidinger's brushes, Hiyoshi Report., 12, 98–105.

Matile, H. (1979): Die Farbenlehre Philipp Otto Runges, Mäander.

Matisse, H. (1972): Ecrits et propos sur l'art, Hermann（二見史郎訳 (1978)：画家のノート, みすず書房）.

Matsuzawa, T. (1985): Colour naming and classification in a chimpanzee (Pan troglodytes), J. Hum. Evol., 14, 283–291.

Maxwell, J.C. (1860): On the theory of compound colours, and the relations of the colours of the spectrum, Proc. Rey. Soc. London, 10, 404–409; 484–486.

Mayer, T. (1775): Opera inedita, Vol.1, Dietrich.

McCann, J.J., Mckee, S.P. and Taylor, T.H. (1976): Quantitative studies in Retinex—A comparison between response to the Color Mondrian experiments, Vis. Res., 16, 445–458.

McCarter, A. (1979): Chromatic induction effects in the Hermann grid illusion, Perception, 8, 105–114.

McCollough, C. (1965): Color adaptation of edge-detector in the human visual system, Science, 149, 1115–1116.

Metteli, F. (1974): The perception of transparency, Sci. Amer., 230(4), 91–98.

Metzger, W. (1953): Gesetze des Sehens, Springer（盛永四郎訳 (1968)：視覚の法則, 岩波書店）.

Michael, C.R. (1978): Color vision mechanisms in monkey striate cortex—dual-opponent cells with concentric receptive fields, J. Neurophysiol., 41, 572–588.

Middleton, W.E.K. and Holmes, M.C. (1949)：The apparent color of surfaces of small subtense—A preliminary report, J. Opt. Soc. Am., 39, 582–592.

Mitchell, D.P. and Netravali, A.N. (1988)：Reconstruction filters in computer graphics—in Dill, D. (ed.), Computer Graphics (SIGGRAPH '88 Proc.), 22, 221–228.

Moholy-Nagy, L. (1929)：Von Material zu Architektur, Bauhausbuch, Nr.14（宮島久雄訳（1992）：材料から建築へ，中央公論美術出版）．

Mollon, J.D., Astell, S. and Cavonius, C.R. (1992)：A reduction in stimulus duration can improve wavelength discriminations mediated by short-wave cones, Vis. Res., 32, 745–755.

Montag, E.D. and Boynton, R.M. (1987)：Rod influence in dichromatic surface color perception, Vis. Res., 27(12), 2153–2162.

Moon, P. and Spencer, D.E. (1943)：A metric based on the composite color stimulus, J. Opt. Soc. Am., 33(5), 270–277.

Moon, P. and Spencer, D. E. (1944a)：Geometric formulation of classical color harmony, J. Opt. Soc. Am., 34(1), 46–59.

Moon, P. and Spencer, D.E. (1944b)：Area in color harmony, J. Opt. Soc. Am., 34(2), 93–103.

Moon, P. and Spencer, D.E. (1944c)：Aesthetic measure applied to color harmony, J. Opt. Soc. Am., 34(4), 234–242.

Morand, P. (1976)：L'allure de Chanel, Hermann, editeurs des sciences et des arts（秦早穂子訳（1977）：獅子座の女シャネル，文化出版局）．

Moreland, J.D. (1968a)：On demonstrating the blue arcs phenomenon, Vis. Res., 8, 99–107.

Moreland, J.D. (1968b)：Threshold measurements of the blue arcs phenomenon, Vis. Res., 8, 1093–1106.

Moreland, J.D. (1969a)：Possible mechanism of the blue arcs of the retina, J. Physiol, 201, 60–61.

Moreland, J.D. (1969b)：Retinal topography and the blue-arcs phenomenon, Vis. Res., 9, 965–976.

Mori, L., Sobagaki, H., Komatsubara, H. and Ikeda, K. (1991)：Field trials on CIE chromatic adaptation formula, Proc. of the CIE 22nd Session, 55–58.

Moses, R.A. (1992)：Adler's Physiology of the Eye (9th ed.), 554–449, Mosby Year Book.

Motokawa, K. (1949)：Physiological induction in human retina as basis of color and brightness contrast, J. Neurophysiol., 12, 457–488.

Mullen, K.T. (1985)：The contrast sensitivity of human colour vision to red-green and yellow-blue chromatic gratings, J. Physiol., 359, 381–400.

Munker, H. (1970)：Farbige Gitter, Abbildung auf der Netzhaut und Übertragungstheoretische Beschreibung der Farbwahrehmung, (Habilitationschrift, Ludwing–Maximilians–Universität München).

Munsell, A.H. (1905)：A Color Notation, H.Ellis Co.

Munsell, A.H. (1921)：A Grammar of Color, The Strathmore Paper Company.

Myers, C.S. (1911)：A case of synaesthesia, Brit. J. Psychol., 4, 228–238.

[N]

Nagy, A.L. (1979)：Unique hues are not invariant with brief stimulus duration, Vis. Res., 19, 1427–1432.

Nagy, A.L. (1980)：Short-flash Bezold-Brücke hue shifts, Vis. Res., 20, 361–368.

Nagy, A.L. and Zacks, J.L. (1977)：The effects of psychophysical procedure and stimulus duration in the measurement of Bezold-Brücke hue shifts, Vis. Res., 17, 193–200.

Nakamura, C. and Sayanagi, K. (1989)：Gray Component Replacement by the Neugebauer Equations, Proc. SPIE, 1184, 50.

Nathans, J., Thomas, D. and Hogness, D.S. (1986a)：Molecular genetics of human color vision—The genes encoding blue, green, and red pigments, Science, 232, 193–202.

Nathans, J., Thomas, D. and Hogness, D.S. (1986b): Molecular genetics of inherited variation in human color vision, Science, 232, 203–210.

Nayatani, Y. (1986): Prediction of color appearance under various adapting conditions, Color Res. Appl., 11, 62–71.

Nayatani, Y. (2000): On attributes of achromatic and chromatic object-color perceptions, Color Res. Appl., 25(5), 318–332.

Nayatani, Y., Takahama, K., Sobagaki, H. et al. (1990): Color-appearance model and chromatic-adaptation transform, Color Res. Appl., 15, 210–221.

Nayatani, Y., Sobagaki, H., Hashimoto, K. and Yano, T. (1995): Lightness dependency of chroma scales of a nonlinear color-appearance model and its latest formulation, Color Res. Appl., 20, 156–167.

Nayatani, Y., Tanaka, C. and Tanaka, N. (1998): Prediction of the Helmholtz-Kohlrausch effect on object and luminous colors-II—Estimation in case of the variable, chromatic-color method, Journal of Light and Visual Environment, 22(2), 48–53.

Nayatani, Y., Yano, T., Hashimoto, K. and Sobagaki, H. (1999): Proposal of an Abridged Color-Appearance Model, CIECAM 94 LAB and Its Field Trials, Color Res. Appl., 24(6), 422–438.

Nayatani, Y. and Sobagaki, H. (2000): Prediction of experimental results on additivity-law failure, Color Res. Appl., 25(1), 1–11.

Nebehay, C.M. (1969): Gustav Klimt Dokumentation, Galerie Christian M. Nebehay (野村太郎訳 (1985): クリムト, 美術公論社).

Neugebauer, H.E.J. (1937): Die theoretischen Grundlagen des Mehrfarben-Druckes, Z. Wiss. Photogr., 34(4), 73–89.

Newhall, S.M. (1937): The constancy of the blue arcs phenomenon, J. Opt. Soc. Am., 66, 339–341.

Newhall, S.M. (1941): Warmth and coolness of colors, Psycho. Record, 4, 198–212.

Newhall, S.M., Nickerson, D. and Judd, D.B. (1943): Final report of the O.S.A. subcommittee on the spacing of the Munsell color, J. Opt. Soc. Am., 33, 385–418.

Newhall, S.M., Burnham, R.W. and Clark, J.R. (1957): Comparison of successive with simultaneous color matching, J. Opt. Soc. Am., 47(1), 46–56.

Newman, G. (1996): Colour, The Dictionary of Art, 4, 626–631.

Newton, I. (1704): Opticks, Reprint New York, Dover Pub., Inc.（阿部良夫・堀伸夫訳 (1948): 光学, 岩波文庫；堀伸夫・田中一郎訳 (1980): 光学, 槙書店；田中一郎訳 (1981): 光学, 朝日新聞社).

Nicholls, J.G., Martin, A.R. and Wallace, B.G. (1992): From Neuron to Brain (3rd ed.), Sinauer Assoc., Inc.

Nickerson, D. (1940): History of the Munsell Color System and Its Scientific Application, J. Opt. Soc. Am., 30, 575–586.

Nickerson, D. (1969): History of the Munsell Color System, Color Engineering, 7(5), 1–10.

Nickerson, D. (1981): OSA Uniform Color Scale Samples—A unique set, Color Res. Appl., 6, 7–33.

Nickerson, D. and Stults, K.F. (1944): Color tolerance specification, J. Opt. Soc. Am., 34, 550–570.

Norren, D. and Vos, J.J. (1974): Spectral transmission of the ocular media, Vis. Res., 15, 749–751.

Novotony, F. and Dobai, J. (1967): Gustav Klimt, Galerie Welz.

[O]

O'Brien, V. (1958): Contour perception, illusion and reality, J. Opt. Soc. Am., 48,

112–119.

Ogawa, S., Tank, D.W., Menon, R. et al. (1992)：Intrinsic signal changes accompanying sensory stimulation—Functional brain mapping with magnetic resonance imaging, Proc. Natl. Acad. Sci. USA, 89, 5951–5955.

Onishi, A., Koike, S., Ida, M., Imai, H., et al. (1999)：Dichromatism in macaque monkey, Nature, 402, 139–140.

Oppenheim, A.V. and Schafer, R.W. (1989)：Discrete-Time Signal Processing, Prentice–Hall.

OSA Committee on Colorimetry (1943)：The concept of color, J. Opt. Soc. Am., 33, 544–554.

OSA Committee on Colorimetry (1953)：The Science of Color, Thomas Y. Crowell Co.

Osgood, C.E., Suci, G.J. and Tannenbaum, P.H. (1957)：The Measurement of Meaning, Univ. Illinois Press.

Ostwald, W. (1916)：Die Farbenfibel, Unesma（中島実ら訳 (1942)：色彩学通論，成武堂版）.

Ostwald, W. (1917)：Die Farbenfibel, Unesma.

Ostwald, W. (1918)：Die Harmonie der Farben, Unesma.

Ostwald, W. (1923)：Farbkunde, S. Hirzelin.

Ostwald, W. (1927)：Lebenslinien eine Selbstbiographie, Klasing（都築洋次郎訳 (1979)：オストワルド自伝，東京図書）.

Ottoson, D. and Zeki, S. (1985)：Central and Peripheral Mechanism of Colour Vision, MacMillan.

Oxbury, J.M., Oxbury, S.M. and Humphrey, N.K. (1969)：Varieties of colour anomia, Brain, 92, 847–860.

Oyama, T. (1960)：Figure-ground dominance as a function of sector-angle, brightness, hue and orientation, J. Exp. Psychol., 50, 299–305.

Oyama, T., Sooma, I., Tomiie, T. and Chijiiwa, H. (1965)：A factor analytical study on affective responses to color, Acta Chromatica, 1(4), 164–173.

Oyama, T., Yamada, H. and Iwasawa, H. (1999)：Synesthetic tendencies as the basis of sensory symbolism—A review of a series of experiments by means of semantic differential, Psychologia, 41, 203–215.

Osborne, H. (1970)：The Oxford Companion to Art, Oxford Univ. Press.

[P]

Padgham, C.A. (1968)：Measurements of the colour sequence on positive visual after images, Vis. Res., 8, 939–949.

Padovan, R. (2002)：Towards Universality, Le Corbusier, Mies and De Stiji, Routledge.

Pastoureau, M. (1988)：Du bleu en noir Éthiques de la couleurs à la fin du Moyen Age, Médiévales（徳井淑子ら訳 (2000)：青から黒へ——中世末期の色彩倫理と染色，中世衣生活誌，勁草書房）.

Pastoureau, M. (1992)：Dictionnaire des Couleurs de Notre Temps, Christine Bonneton Editeur（石井直志・野崎三郎訳 (1995)：ヨーロッパの色彩，パピルス）.

Pastoureau, M. (1996)：Figures de L'héraldique, Découvertes Gallimard（松村剛訳 (1997)：紋章の歴史——ヨーロッパの色とかたち，創元社）.

Peachey, D. (1985)：Solid texturing on complex surfaces, Computer Graphics (ACM SIGGRAPH Annual Conference Series), 19(3), 279–286.

Pehnt, W. (1973)：Die Architektur des Expressionismus, Hatje（長谷川章訳 (1988)：表現主義の建築，鹿島出版会）.

Perlin, K. and Hoffert, E. (1989)：Hypertextures, Computer Graphics (ACM SIGGRAPH Annual Conference Series), 23(3) 253–262.

Pfeiffer, H. (1972)：L'Harmonie des couleurs, course théorique, 4ème éd., Dunod.

Pfister, M. (1950)：Der Farbpyramiden-Test. Psychol. Rdsch., 1, 192–194.

Phong, B. T. (1975)：Illumination for Computer Generated Pictures, Comm. ACM, 18(6), 311–317.

Piéron, H. (1923)：Le mécanisme des couleurs subjectives de Fechner-Benham, Société de Psychologie, 23, 75–80.

Piper, H. (1903)：Über Dunkeradaptation, Z. Angew. Psychol., 31, 161–214.

Piponnier, F. (1995)：Étoffes de ville et étoffes de cour, La ville et la cour des manvaises manières, Fayard（徳井淑子編訳 (2000)：都市の布と宮廷の布，中世衣生活誌—日常風景から想像世界まで，勁草書房）．

Pitt, I.T. and Winter, L.M. (1974)：Effect of surround on perceived saturation, J. Opt. Soc. Am., 64, 1328–1331.

Pokorny, J., Bowen, R.W., Williams, D.T. and Smith, V.C. (1979)：Duration thresholds for chromatic stimuli, J. Opt. Soc. Am., 69, 103–106.

Pokorny, J., Smith, V.C. and Lutze, M. (1987)：Aging of the human lens, Appl. Opt., 26, 1437–1440.

Polhemus, T. (1988)：Body Styles, Lennard Publishing.

Porter, T.C. (1902)：Contributions to the study of flicker, II, Proc. Roy. Soc. London, 70A, 313–329.

Poulin, P. and Fournier, A. (1990)：A model for anisotropic reflection, SIGGRAPH 90, 273–282.

Powell, I. (1981)：Lenses for correcting chromatic aberration of the eye, Appl. Opt., 20, 4152–4155.

Priest, I. G. and Brickwadde, F.G. (1938)：The minimum perceptible colorimetric purity as a function of dominant wave-length, J. Opt. Soc. Am., 28, 133–139.

Priestley, J. (1772)：The history and present state of discoveries relating to vision, light, and colours.

Purdy, D.M. (1931)：Special hue as a function of intensity, Am. J. Psychol., 43, 541–559.

Purdy, D.M. (1937)：Bezold-Brüke phenomenon and contours for constant hue, Am. J. Psychol., 49, 313–315.

Purkyne (Purkinje), J. E. (1825)：Beobachtungen und Versuche zum physiologie der Sinne—In Sebrane Spicy, Spolek Ceskych Lekaru, Prague (1918), 1, 99–101.

[R]

Rashbass, C. (1970)：The visibility of transient changes of luminance, J. Physiol., 210, 165–186.

Ratliff, F. (1965)：Mach bands—Quantitative studies on neural networks in the retina, Hoden-Day.

Ratliff, F. (1972)：Contour and contrast, Sci. Amer., 226(6), 90–101.

Ratliff, F. (1992)：Paul Signac and Color in Neo-Impressionism, Rockefeller Univ. Press.

Ravin, J.G. (1977)：Artistic Vision in Old-Claude Monet, In Marmor, M.F. and Ravin, J.G., The Eye of the Artist, Mosby–Year Book.

Rawson, P. (1991)：Sacred Tibet—Guide to an Esoteric Buddhism, Thames and Hudson（森雅秀・森善子訳 (1992)：聖なるチベット，平凡社）．

Reading, V.M. and Weale, R.A. (1974)：Macular pigment and chromatic aberration, J. Opt. Soc. Am., 64, 231–234.

Redies, C. and Spillmann, L. (1981)：The neon color effect in the Ehrenstein illusion, Perception, 10, 667–681.

Redon, O. (1922)：A soi même, journal (1867–1915), notes sur la vie, l'art et les artistes, Jose Corti（辺一郎訳 (1983)：ルドン私自身に，みすず書房）．

Reinhold, V. N. (1990)：The Color Compedium, Van Nostrand Reinhold.

Révész, G. (1923)：Über audition colorëe, Z. Angew. Psychol., 21, 308–332.

Rewald, J. (1937)：Cézanne—Correspondance recueille annotée et préfacée par John Rewald, Barnand Grasset（池上忠治訳 (1982)：

セザンヌの手紙, 美術公論社).

Ricco, A. (1877): Relazioni fra il minimo angolo visuale e l'intensita luminosa, Ann. Oto-Lar., 6, 373-479.

Richards, L.W. (1970): The calculation of the optical performance of paint films, J. Paint Technol., 42, 276-286.

Ridgway, R. (1912): Color Standards and Nomenclature, Ridgway.

Riggs, L.A. and Karwoski, T. (1934): Synesthesia, Brit. J. Psychol., 25, 29-41.

Ringbom, S. (1970): The Sounding Cosmos, Abo Academi (松本透訳 (1995): カンディンスキー——抽象絵画と神秘思想, 平凡社).

Ripps, H. and Fishman, G.A. (1990): The loss of night vision—Clinical manifestations—in man and animals, in Hess, R.F., Sharpe, L.T. and Nordby, K. (eds.), Night Vision—Basic clinical and applied aspects, Cambridge Univ. Press.

Rohracher, H. (1948): Kleine Charakterkunde, Urban & Schwarzenberg (宮本忠雄訳 (1959): 性格学入門, みすず書房).

Rood, O.N. (1879): Modern Chromatics, Drud un Varlag von Carl Gerlod's Sohn.

Rood, O.N. (1973): Modern Chromatics, Noted by Birren, F., Van Nostrand Reinhold.

Rorschach, H. (1921): Psychodiagnostik—A Diagnostic Test Based on Perceptin. Bern, Hans Huber, Grune & Stratton.

Roque, G. (1997): Art et science de la couleur, Chevreul et le peintres de Delacroix à l'abstraction, Jacqueline Chambon.

Rose, K.B. (1909): Some statistics on synaesthesia, Am. J. Psychol., 20, 447.

Rosenberg, H. (1960): The Tradition of the News, Horison Press (東野芳明・中屋健一訳 (1965): 新しいものの伝統, 紀伊國屋書店).

Ross, W.D. and Pessoa, L. (2000): Lightness from contrast—A selective integration model, Perception & Psychophysics, 62, 1160-1181.

Roufs, J.A.J. (1972): Dynamic properties of vision I—Experimental relationships between flicker and flash thresholds, Vis. Res., 12, 261-278.

Rubin, E. (1915, 独版・1921): Visuall wahrgenommene Figuren, Gyldendalske.

Rubin, W. (1989): Picasso and Braque, Pioneering Cubism (exhib. cat.).

Runge, P.O. (1810): Die Farbenkugel, oder Konstruktion des Verhältnisses aller Mischungen der Farben zu einander, und ihrer vollständigen Affinität, F. Perthes.

Rushbass, C. (1970): The visibility of transient change of luminance, J. Physiol., 210, 165-186.

[S]

Sacks, O. (1996): The Island of the Colorblind, Random House (春日井昌子訳・大庭紀雄監訳 (1999): 色のない島へ——脳神経外科医のミクロネシア探訪記, 早川書房).

Sagawa, K. (1999): Visual comfort to colored images evaluated by saturation distribution, Color Res. Appl., 24(5), 313-321.

Sagawa, K. (2000): Visual comfort evaluated by number of categorical colors in a colored image, Color Res. Appl., 25(3), 193-199.

Saunderson, J.L. (1942): Calculation of the color of pigmented plastics, J. Opt. Soc. Am., 32, 727-736.

Savoie, R.E. (1973): Bezold-Brücke effects and visual nonlinearity, J. Opt. Soc. Am., 63, 1253-1261.

Schiller, P.H. and Logothetis, N.K. (1990): The color-opponent and broad-band channels of the primate visual system, Trends Neurosci., 13, 392-398.

Schiller, P.v. and Wolff, W. (1933): Gegenseitige Beeinflussung der optischen und der akustischen Helligkeit, Z. Psychol., 129, 135-148.

Schnapf, J.L., Nuu, B.J., Meister, M. and Baylor, D.A. (1990): Visual transduction in cones of the monkey Macaca fascicularis, J. Physiol., 427, 681–713.

Schrauf, M., Lingelbach, B. and Wist, E.R. (1997)：The scintillating grid illusion, Vis. Res., 37, 1033–1038.

Schumann, F. (1900)：Beiträge zur Analyse der Gesichtswahrnehmungen, 1. Einige Beobachtungen über die Zusammenfassung von Gesichtseindrucken zu Einheiten, Z. Angew. Psychol., 23, 1–32.

Sekiguchi, N., Williams, D.R. and Brainard, D.H. (1993)：Efficiency for detecting isoluminant and isochromatic interference fringes, J. Opt. Soc. Am. A, 10, 2118–2133.

Senden, M. von (1932)：Raum–und Gestaltauffassung bei operierten Blindgeborenen vor und nach der Operation, Barth (Trans. by P. Heath, 1960 Space and Sight. Methuen).

Sérullaz, M. (1961)：L'impressionnisme, Presses Univ. de France（平岡昇・丸山尚一訳（1992)：印象派，白水社）.

Shafer, S.A. (1985)：Using color to separate reflection components, Color Res. Appl., 10, 210–218.

Shapero, M., Cline, D. and Hofstertter, H.W. (1968)：Dictionary of Visual Science (2nd ed.), Shapero Cline Hofstertter, Chilton Book, 664.

Sherman, J. (1962)：Leonardo's Colour and Chiaroscuro, Zeitschrift für Kunstgeschichte, 25, 13–47.

Sherman, P.D. (1981)：Colour vision in the nineteenth century, Adam Hilger.

Shinomori, K. (2000)：Senescent changes in color discrimination and color appearance, Journal of the Illuminating Engineering Institute of Japan（日本照明学会).

Shinomori, K., Schefrin, B.E. and Werner, J.S. (1997)：Spectral mechanisms of spatially induced blackness—Data and quantitative model, J. Opt. Soc. Am. A, 14, 372–387.

Shute, C.C.D. (1979)：The McCollough Effect—An Introduction of Central, Neuro transmitter Activity, Cambridge Univ. Press.

Simetz, G. (1969)：The expression of red and blue, Percept. Motor Skills, 29, 511–514.

Signac, P. (1899)：De Delacroix au Néo-Impressionnisme, Editions de La Révue Blanche.

Simon, F.T. (1972)：The two-mode method for measurement and formulation with fluorescent colorants, J. Color and Appearance, 1(4), 5–11.

Sisson, D.F. and Granada, A.M. (1989)：Psychophysically derived visual mechanisms in turtle—II Spatial properties, Vis. Res., 29(1), 107–114.

Smith, V.C. and Pokorny, J. (1975)：Spectral sensitivity of the foveal cone photopigments between 400 and 500nm, Vis. Res., 15, 161–171.

Smith, V.C., Bowen, R.W. and Pokorny, J. (1984)：Threshold temporal integration of chromatic stimuli, Vis. Res., 24, 653–660.

Snyder, J. (1985)：Northern Renaissance Art, Jarru N. Abrams.

Spate, V. (1979)：Orphism, Oxford Univ. Press.

Spillman, L. (1994)：The Hermann grid illusion—A tool for studying human perceptive field organization, Perception, 23, 691–708.

Spillman, L. and Werner, J.S. (eds.) (1990)：Visual Perception in The Neurophysiological Foundations, Academic Press, Inc.

Srinivasan, M., Lehrer, M. and Wehner, R. (1987)：Bees perceive illusory colours induced by movement, Vis. Res., 27, 1285–1289.

Stangos, N. (1981)：Concept of Modern Art, Thomas and Hudson.

Steiner, R. (1966)：Rudolf Steiner's Blackboard Drawing, Kugler, W., Univ. of Washington Press（高橋巌訳（1997)：遺された黒板絵，ワタリウム美術館（監修)，筑摩

書房).

Steiner, R. (1986):Das Wesen der Farben, Gesamtausgabe, R. Steiner Verlag(高橋巌訳(1990):色彩の本質,イザラ書房).

Stevens, S.S. (1961):To honor Fechner and repeal his law, Science, 133, 80–86.

Stevens, S. S. (1975):Stevens, G. (ed.), Psychophysics—Introduction to Its Perceptual, Neural and Social Prospects, John Wiley & Sons.

Stewart, E.C. (1959) The Gelb effect, J. Exp. Psychol., 57, 235–242.

Stiles, W.S. (1949):Increment Thresholds and the Mechanism of Colour Vision, Documenta.

Stiles, W.S. and Burch, J.M. (1955):Interim Report to the Commission Internationale de l'Eclairage Zurich, 1955, on the National Physical Laboratory's investigation of colour-matching (1955) with an appendix (ed. by Stiles, W.S. and Burch, J.M.), Optica Acta, 2, 168–181.

Stockman, A., MacLeod, D.I.A. and Lebrun, S.J. (1993a):Faster than the eye can see—Blue cones respond to rapid flicker, J. Opt. Soc. Am. A, 10, 1396–1402.

Stockman, A., MacLeod, D.I.A. and Vivien, J.A. (1993b):Isolation of the middle-and long-wavelength-sensitive cones in normal trichromats, J. Opt. Soc. Am. A, 10, 2471–2490.

Stockman, A., Macleod, D.I.A. and Johnson, N.E. (1993c):Spectral sensitivities of the human cones, J. Opt. Soc. Am. A, 10, 2491–2521.

Storey, J. (1985):Manual of Dyes and Fabrics, Thames and Hudson.

Stroop, J.R. (1935):Studies of interference in serial verbal reaction, J. Exp. Psychol., 18(6), 643–661.

Svaetichin, G. (1953):The cone action potential, Acta Physiol. Scand. (Suppl., 100), 29, 565–600.

Svaetichin, G. (1956):Spectral response curves from single cones, Acta Physiol. Scand. (Suppl., 134), 39, 17–46.

Swanson, W.H., Pokorny, J. and Smith, V.C. (1988):Effects of chromatic adaptation on phase-dependent sensitivity to heterochromatic flicker, J. Opt. Soc. Am. A, 5, 1976–1982.

Swartz, M.J. and Jordan, D.K. (1976):Anthropology-Perspective on Humanity, John Wiley & Sons.

Swindle, P.E. (1916):Positive after-images of long duration, Am. J. Psychol., 27, 324–334.

[T]

Thompson, B. (1794):Count of Rumford, Phil. Trans. of Roy. Soc. of London, 84.

Thompson, B. (1802):Count of Rumford, Philosophical Papers, Cadell, Jr. and W. Davis.

Taylor, C.D. (1930):Visual perception versus visual plus kinaesthetic perception in judging colored weights, J. Psychol., 4, 229–246.

Theuwissen, A.J.P. (1997):Solid-State Imaging with Charge-Coupled Devices, Kluwer Academic Publishers.

Tisdall, C. and Bozzolla, A. (1977):Futurism, Thames and Hudson(松田嘉子訳(1992):未来派,PARCO出版).

Todorovic, D. (1997):Lightness and junctions, Perception, 26, 379–394.

Tominaga, S. (1990):Spectral imaging by a multi-channel camera, J. Electronic Imaging, 8(4), 332–341.

Tominaga, S. (1994):Dichromatic reflection models for a variety of materials, Color Res. Appl., 19, 277–285.

Tominaga, S. (1996a):Multichannel vision system for estimating surface and illuminant functions, J. Opt. Soc. Am. A, 13, 2163–2173.

Tominaga, S. (1996b):Surface reflectance estimation by the dichromatic model, Color

Res. Appl., 21(2), 104–114.

Tominaga, S. and Wandell, B.A. (1989): The standard surface reflectance model and illuminant estimation, J. Opt. Soc. Am. A, 6, 576–584.

Tominaga, S. and Wandell, B.A. (1990): Component estimation of surface spectral reflectance, J. Opt. Soc. Am. A, 7(2), 312–317.

Tominaga, S. and Tanaka, N. (2000): Estimation of reflection parameters from a single color image, IEEE Comput. Graphics. Applic., 20(5), 58–66.

Tomita, T. (1963): Electrical activity in the vertebrate retina, J. Opt. Soc. Am., 53, 49–57.

Tomita, T. (1986): Retrospective review of retinal circuitry, Vis. Res., 26(9), 1339–1350.

Torii, S. (1963): Effect of unequality in color upon figure-ground dominance, Perceptual and Motor Skills, 16, 10.

Tordoff, M. (1984): The Servant of Colour—The Society of Dyers and Colourists, Bradford, West Yorkshire.

Torrance, K.E., Sparrow, E.M. and Birkebak, R.C. (1966): Polarization, directional distribution and off-specular peak phenomena in light reflected from roughened surfaces, J. Opt. Soc. Am., 56(7), 916–925.

Torrance, K.E. and Sparrow, E.M. (1967): Theory for off-specular reflection from roughened surface, J. Opt. Soc. Am., 57(9), 1104–1114.

Traum und Wirklichkeit Wien 1870-1930 (1985) (exhib. cat).

Trezona, P.W. (1987): Individual observer data for the 1955 Stiles-Burch 2° pilot investigation, J. Opt. Soc. Am. A, 4, 769–782.

Troland, L.T. (1920): An entoptic phenomenon demonstrating the optic impulse, Psychol. Bull., 17, 55–56.

Turner, V.W. (1969): The Ritual Process—Structure and Anti-Structure, Aldine (冨倉光雄訳 (1976): 儀礼の過程, 思索社).

[U]

Uchikawa, K. (1983): Purity discrimination—Successive vs simultaneous comparison method, Vis. Res., 23, 53–58.

Uchikawa, K. and Ikeda, M. (1981): Temporal deterioration of wavelength discrimination with successive comparison method, Vis. Res., 21, 591–595.

Uchikawa, K. and Ikeda, M. (1985): Wavelength discrimination with a chromatically alternating stimulus, Color Res. Appl., 10, 204–209.

Uchikawa, K. and Ikeda, M. (1986): Temporal integration of chromatic double pulses for detection of equal-luminance wavelength changes, J. Opt. Soc. Am. A, 3, 2109–2115.

Uchikawa, K. and Boynton, R.M. (1987): Categorical color perception of Japanese observers—Comparison with that of Americans, Vis. Res., 27, 1825–1833.

Uchikawa, K. and Ikeda, M. (1987): Color discrimination and appearance of short-duration, equal-luminance monochromatic lights, J. Opt. Soc. Am. A, 4, 1097–1103.

Uchikawa, K. and Yoshizawa, T. (1993): Temporal responses to chromatic and achromatic change inferred from temporal double-pulse integration, J. Opt. Soc. Am. A, 10, 1697–1705.

Uchikawa, K. and Shinoda, H. (1996): Influence of basic color categories on color memory discrimination, Color Res. Appl., 21, 430–439.

Uttal, W.R. (1981): A Taxonomy of Visual Process, Lawrence Erlbaum Association.

[V]

Valberg, A., Lee, B.B. and Kaiser, P.K. (1992): Responses of macaque ganglion cells to edge movement and the distinctness of border perception, J. Physiol., 458,

579–602.

van der Horst, G.J.C. (1969)：Chromatic flicker, J. Opt. Soc. Am., 59, 1213–1217.

van Norren, D. and Vos, J.J. (1974)：Spectral transmission of the ocular media, Vis. Res., 15, 749–751.

van Tujil, H.F.J.M. (1975)：A new visual illusion—Neonlike color spreading and complementary color induction between subjective contours, Acta Psychologica, 39, 441–444.

van Tujil, H.F.J.M. and de Weert, C.M.M. (1979)：Sensory conditions for the occurrence of the neon spreading illusion, Perception, 8, 211–215.

Vasarely, V. (1973–79)：Vasarely II, III, IV, Neuchatel.

Vickerataff, T. (1954)：The physical chemistry of dyeing, Olive and Boyd（高島直一・生源寺治雄・根本嘉郎訳 (1957)：染色の物理化学，丸善）.

Volbrecht, V.J. and Kliegl, R. (1998)：The Perception of Blackness—A Historical and Contemporary Review, In Color Vision—Perspectives from Different Disciplines, Walter de Gruyter.

Vrhel, M.J., Gershon, R. and Iwan, L.S. (1994)：Measurement and analysis of object reflectance spectral, Color Res. Appl., 19, 4–9.

[W]

Wald, G. (1945)：Human vision and the spectrum, Science, 101, 653–658.

Wald, G. (1964)：The receptors of human color vision, Science, 245, 1007–1016.

Wallach, H. (1948)：Brightnes constancy and the nature of the achromatic colors, J. Exp. Psychol., 36, 119–126.

Wallis, W.A. (1953)：The influence of color on apparent size, J. Gen. Phychol., 13, 193.

Walther, I.F. (1988)：Manfred Schneckenburger, Christiane Fricke, Klaus Honnef, Art of the 20th Century volume II, Taschen.

Wandell, B.A. (1995)：Foundations of Vision, Sinauer, Associates, Sunderland, MA.

Watson, A.B. and Pelli, D.G. (1983)：QUEST—A Bayesian adaptive psychometric method, Perception & Psychophysics, 33, 113–120.

Webster, M.A. and Mollon, J.D. (1994)：The influence of contrast adaptation on color appearance, Vis. Res., 34, 1993–2020.

Weisstein, N.(1972)：Metacontrast—in Jameson, D. and Hurvich, L.M. (eds.), Handbook of Sensory Physiology, VII/4, Visual Psychophysics, Springer-Verlag.

Weitzman, D.O. and Kinney, J.A.S. (1967)：Appearance of color for small, brief, spectral stimuli in the central fovea, J. Opt. Soc. Am., 57, 665–670.

Werner, J.S., Donnelly, S.K. and Kliegl, R. (1987)：Aging and human macular pigment density, Appended with translations from the work of Max Schultz and Edwald Hering, Vis. Res., 27, 257–268.

White, M. (1979)：A new effect of pattern on perceived lightness, Perception, 10, 215–230.

Whitted, T. (1980)：An improved illumination model for shaded display, Comm. ACM, 6(23), 343–349.

Wiesel, T.N. and Hubel, D.H. (1966)：Spatial and chromatic interactions in the lateral geniculate body of the rhesus monkey, J. Neurophysiol., 29, 1115–1156.

Williams, D., Sekiguchi, N. and Brainard, D. (1993)：Color contrast sensitivity, and the cone mosaic, Proc. Natl. Acad. Sci. USA, 90, 9770–9777.

Willmer, E.N. and Wright, W.D. (1945)：Color sensitivity of the fovea centralis, Nature, 156, 119–121.

Willy, H. and Klaus, H. (1993)：Industrial Organic Pigments, VCH.

Wingler, H.M. (1962)：Das Bauhaus, Dumont（バウハウス翻訳委員会 (1969)：バウ

ハウス，造型社）.

Wingler, H.M. (1969)：Bauhaus, The MIT Press.

Wittgenstein, L. (1977)：Remarlcs on Color, B. Blackwell（中村昇ら訳（1997）：色彩について，新書館）.

Woodworth, R.S. and Schlosberg, H. (1954)：Experimental Psychology (Revised ed.), Methuen & Co.

Worley, S.P. (1996)：A cellular texturing basis function, Computer Graphics(ACM SIGGRAPH Annual Conference Series), 291–294.

Wright, W.D. (1934)：The measurement and analysis of colour adaptation phenomena, Proc. Phys. Soc., London, 115B, 49.

Wright, W.D. (1941)：The sensitivity of the eye to small colour difference, Proc. Phys. Soc. London Gen. Phys., 53, 8–112.

Wright, W.D. (1943)：The graphical representation of small color difference, J. Opt. Soc. Am., 33, 632–636.

Wright, W.D. and Pitt, I.T. (1934)：Hue-discrimination in normal color-vision, Proc. Phys. Soc. London Gen. Phys., 46, 459–473.

Wyszecki, G. and Stiles, W.S. (1982)：Color Science—Concepts and Methods, Quantitative Data and Formulae (2nd ed.), Johon Wiley & Sons.

[Y〜Z]

Yeh, T., Lee, B.B. and Kremers, J. (1995)：Temporal response of ganglion cells of the macaque retina to cone-specific modulation, J. Opt. Soc. Am. A, 12, 456–464.

Yoshizawa, T. and Uchikawa, K. (1997)：Temporal integration characteristics of chromatic response as determined by use of the isoluminant double-pulse method, J. Opt. Soc. Am. A, 14, 2069–2080.

Yoshizawa, T., Mullen, T.K. and Baker, Jr., C.L. (2000)：Absence of a chromatic linear motion mechanism in human vision, Vis. Res., 40, 1993–2010.

Zacks, J.L. (1970)：Temporal summation phenomena at threshold—Their relation to visual mechanisms, Science, 170, 197–199.

Zaidi, Q., Spehar, B. and Shy, M. (1997)：Induced effects of backgrounds and foregrounds in three-dimensional configurations—The role of T-junctions, Perception, 26, 395–408.

Zajanc, R.B. (1980)：Feeling and thinking, Am. Psychol., 35(2), 151–175.

Zeishold, H. (1944)：Philosophy of the Ostwald color system, J. Opt. Soc. Am., 34, 355–360.

Zeising, A. (1854)：Neue Lehre von den Proportionen des menschlichen Körpers aus einem bisher unerkanunt gebliebenen, die ganze Natur und Kunst durchdringenden morphologischen Grundgesetze entwickelt und mit einer vollständigen historischen Übersicht der bisherigen Systeme begleitet, Weigel.

Zelevansky, L. (ed.) (1992)：Picasso and Braque—A Symposium, Harry N. Abrams.

Zietz, K. (1931)：Gegenseitige Beeinflussung von Farb und Tonerlebnissen, Z. Angew. Psychol., 121, 257–356.

Zrenner, E. (1983)：Neurophysiological Aspects of Colour Vision mechanisms in the Primate Retina—in Mollon, J.D. and Sharpe, L.T. (eds.), Color Vision: Physiology and Psychophysics, Academic Press.

色彩関連日本工業規格（JIS）一覧

用　語
JIS Z 8105　色に関する用語
JIS Z 8113　照明用語
JIS Z 8120　光学用語
JIS Z 8713　再帰性反射体—光学的特性—用語

表示方法
JIS Z 8102　物体色の色名
JIS Z 8110　色の表示方法—光源色の色名
JIS Z 8701　色の表示方法—XYZ 表色系及び $X_{10}Y_{10}Z_{10}$ 表色系
JIS Z 8781　CIE 側色標準イルミナント
JIS Z 8782　CIE 側色標準観測者の等色関数
JIS Z 8721　色の表示方法—三属性による表示
JIS Z 8729　色の表示方法—$L^*a^*b^*$ 表色系及び $L^*u^*v^*$ 表色系
JIS Z 8730　色の表示方法—物体色の色差
JIS Z 8715　色の表示方法—白色度
JIS Z 8719　条件等色指数—照明光条件等色度の評価方法
JIS Z 8718　観測者条件等色度の評価方法
JIS Z 8726　光源の演色性評価方法

測定方法
JIS Z 8723　表面色の視感比較方法
JIS Z 8722　色の測定方法— 反射及び透過物体色
JIS Z 8717　蛍光物体色の測定方法
JIS Z 8724　色の測定方法—光源色
JIS Z 8725　光源の分布温度及び色温度・相関色温度の測定方法
JIS Z 8741　鏡面光沢度—測定方法
JIS Z 8714　再帰性反射体—光学的特性—測定方法

光　源
JIS Z 8720　測色用標準イルミナント（標準の光）及び標準光源
JIS Z 8902　キセノン標準白色光源
JIS Z 8716　表面色の比較に用いる常用光源蛍光ランプ D65—形式及び性能
JIS Z 9112　蛍光ランプの光源色及び演色性による区分

安全色
JIS Z 9101　安全色及び安全標識—産業環境及び案内用安全標識のデザイン標識
JIS Z 9103　安全色—一般的事項
JIS Z 9104　安全標識—一般的事項
JIS Z 9107　安全標識板
JIS Z 9117　保安用反射シート及びテープ
JIS Z 9102　配管系の識別表示
JIS E 3031　鉄道信号用リレーの色別及び種標通則

JIS E 3301	転てつ器標識	
JIS E 3303	鉄道信号保安用燈器のレンズ、フィルタ、反射鏡及びセミシールドユニット	
JIS E 3701	踏切諸施設—安全色彩	
JIS F 7005	船用配管の識別	
JIS K 5673	安全色彩用蛍光塗料	
JIS M 7001	鉱山保安警標	
JIS W 0601	航空宇宙—配管—識別	
JIS W 8301	航空標識の色	

変退色試験方法

JIS L 0801	染色堅ろう度試験方法通則
JIS L 0803	染色堅ろう度試験用添付白布
JIS L 0804	変退色用グレースケール
JIS L 0805	汚染用グレースケール
JIS L 0808	標準染色濃度表
JIS L 0809	計器による変退色及び汚染の判定方法
JIS L 0841	日光に対する染色堅ろう度試験方法
JIS L 0844	洗濯に対する染色堅ろう度試験方法
JIS K 7101	着色プラスチック材料のガラスを透過した日光に対する色堅ろう度試験方法
JIS K 7102	着色プラスチック材料のカーボンアーク燈光に対する色堅ろう度試験方法
JIS K 7103	プラスチックの黄色度及び黄変度試験方法

工業製品の色

JIS C 7615	ネオン管
JIS D 5500	自動車用ランプ類
JIS D 5608	自動車用速度表示装置
JIS D 5713	自動車用停止表示板
JIS D 5714	自動車用停止表示燈
JIS D 9452	自転車—リフレックスリフレクタ
JIS S 0031	高齢者・障害者配慮設計指針—視覚表示物—年代別相対輝度の求め方及び光の評価方法
JIS S 0033	高齢者・障害者配慮設計指針—視覚表示物—年齢を考慮した基本色色領域に基づく色の組合せ方法
JIS S 6016	スタンプ台
JIS S 6020	朱肉
JIS S 6005	シャープペンシル用しん
JIS S 6006	鉛筆、色鉛筆及びそれらに用いるしん
JIS S 6026	クレヨン及びパス
JIS S 6028	水彩絵の具
JIS S 6037	マーキングペン
JIS S 6052	ほうろう白板

関連規格

JIS C 5062	抵抗器及びコンデンサの表示記号
JIS D 1619	自動車用ランプ類配光試験方法
JIS K 0102	工場排水試験方法
JIS K 3503	油脂の色試験方法(ロビボンド比色計による)

文献（JIS）

JIS K 2580　石油製品―色試験方法
JIS K 5101　顔料試験方法
JIS K 5600-4-3　塗料一般試験方法―第 4 部：塗膜の視覚特性―第 3 節：色の目視比較
JIS K 5600-4-4　塗料一般試験方法―第 4 部：塗膜の視覚特性―第 4 節：測色（原理）
JIS K 5600-4-5　塗料一般試験方法―第 4 部：塗膜の視覚特性―第 5 節：測色（測定）
JIS K 5600-4-6　塗料一般試験方法―第 4 部：塗膜の視覚特性―第 6 節：測色（色差の計算）
JIS K 5701-1　平版インキ―第 1 部：試験方法
JIS K 5701-2　平版インキ―第 2 部：プロセスインキの色及び透明性
JIS K 0071-1　化学製品の色試験方法―第 1 部：ハーゼン単位色数（白金―コバルトスケール）
JIS K 0071-2　化学製品の色試験方法―第 2 部：ガードナー色数
JIS K 0071-3　化学製品の色試験方法―第 3 部：セーボルト色数
JIS K 0071-4　化学製品の色試験方法―第 4 部：ASTM 色数
JIS K 7105　プラスチックの光学的特性試験方法
JIS P 8123　紙及びパルプのハンター白色度試験方法
JIS P 8142　紙及び板紙―75 度鏡面光沢度の測定方法
JIS P 8148　紙，板紙及びパルプ― ISO 白色度（拡散青色光反射率）の測定方法
JIS X 9201　高精細カラーディジタル標準画像（CMYK/SCID）
JIS X 9204　高精細カラーディジタル標準画像（XYZ/SCID）
JIS Z 9080　官能評価分析―方法

色彩関連国際規格一覧

1. ISO(International Organization for Standardization)

TC5　金属管及び管継手
ISO 9095：1990　Steel tubes—Continuous character marking and colour coding for material identification

TC6　紙，板紙及びパルプ
ISO 2469：1994　Paper, board and pulps—Measurement of diffuse reflectrance factor
ISO 2470：1999　Paper, board and pulps—Measurement of diffuse blue reflectance factor (ISO brigtness)
ISO 2471：1998　Paper and board—Determination of opacity (paper backing)—Diffuse reflectance method
ISO 3688：1999　Pulps—Preparation of laboratory sheets for the measurement of diffuse blue reflectance factor (ISO brightness)
ISO 8254-1：1999　Paper and board—Measurement of specular gloss—Part 1：75 degree gloss with a converging beam, TAPPI method

TC8　船舶及び海洋技術
ISO 2412：1982　Shipbuilding—Colours of indicator lights

TC20　航空機及び宇宙航行体
ISO 12：1987　Aerospace—Pipelines—Identification
ISO 2574：1994　Aircraft—Electrical cables—Identification marking

TC21　消防器具
ISO 6309：1987　Fire protection—Safety signs

TC22　自動車
ISO 3538：1997　Road vehicles—Safety glazing materials—Test methods for optical properties
ISO 7227：1987　Road vehicles—Lighting and light signalling devices—Vocabulary (Amd 1：2004)
ISO 7591：1982　Road vehicles—Retro-reflective registration plates for motor vehicles and trailers—Specification
ISO 8721：1987　Road vehicles—Measurement techniques in impact tests—Optical instrumentation
ISO/TR 9819：1991　Road vehicles—Comparison tables of regulations on photometric requirements of light signalling devices

TC28　石油製品及び潤滑油
ISO 2049：1996　Petroleum products—Determination of colour(ASTM scale)

TC29　工具
ISO 10243：1991　Tools for pressing—Compression springs with rectangular section—Housing dimensions and colour coding

TC34　農産食品

ISO 5564：1982　Black pepper and white pepper, whole or ground—Determination of piperine content—Spectrophotometric method

ISO 5566：1982　Turmeric—Determination of colouring power—Spectrophotometric method

TC35　ペイント及びワニス

ISO 473：1982　Lithopone pigments for paints—Specifications and methods of test

ISO 510：1977　Red lead for paints

ISO 787-1：1982　General methods of test for pigments and extenders—Part 1：Comparison of colour of pigments

ISO 787-15：1986　General methods of test for pigments and extenders—Part 15：Comparison of resistance to light of coloured pigments of similar types

ISO 787-16：1986　General methods of test for pigments and extenders—Part 16：Determaination of relative tinting strength (or equivalent colouring value) and colour on reduction of coloured pigments—Visual comparison method

ISO 787-17：2002　General methods of test for pigments and extenders—Part 17：Comparison of lightening power of white pigments

ISO 787-21：1979　General methods of test for pigments and extenders—Part 21：Comparison of heat stability of pigments using a stoving medium

ISO 787-23：1979　General methods of test for pigments and extenders—Part 23：Determination of density (using a centrifuge to remove entrained air)

ISO 787-24：1985　General methods of test for pigments and extenders—Part 24：Determination of relative tinting strength of coloured pigments and relative scattering power of white pigments—Photometric methods

ISO 788：1974　Ultramarine pigments for paints

ISO 1247：1974　Aluminium pigments for paints (Amd 1：1982)

ISO 1248：2006　Iron oxide pigments—Specifications and methods of test

ISO 1249：1974　Zinc chromate pigments—Basic zinc potassium chromate pigments and zinc tetrahydroxychromate pigments

ISO 2040：1972　Strontium chromate pigments for paints

ISO 2068：1972　Barium chromate pigments for paints

ISO 2495：1995　Iron blue pigments—Specifications and methods of test

ISO 2810：2004　Paints and varnishes—Natural weathering of coating—Exposure and assessment

ISO 2813：1994　Paints and varnishes—Determination of specular gloss of non-metallic paint films at 20 degrees, 60 degrees and 85 degrees

ISO 2814：1973　Paints and varnishes—Comparison of contrast ratio(hiding power) of paints of the same type and colour

ISO 3549：1995　Zinc dust pigment for paints—Specifications and test methods

ISO 3668：1998　Paints and varnishes—Visual comparison of the colour of paints

ISO 3711：1990　Lead chromate pigments and lead chromate-molybdate pigments—Specifications and methods of test

ISO 4620：1986　Cadmium pigments—Specification and methods of test

ISO 4621：1986　Chrome oxide green pigments—Specification and methods of test

ISO 4630-1 : 2004	Clear liquids—Estimation of colour by the Gardner colour scale—Part 1: Visual method
ISO 4630-2 : 2004	Clear liquids—Estimation of colour by the Gardner colour scale—Part 2: Spectrophotometric method
ISO 6271-1 : 1997	Clear liquids—Estimation of colour by the platinum-cobalt scale—Part 1: Visual method
ISO 6271-2 : 2004	Clear liquids—Estimation of colour by the platinum-cobalt scale—Part 2: Spectrophotometric method
ISO 6504-1 : 1983	Paints and varnishes—Determination of hiding power—Part 1: Kubelka–Munk method for white and light-coloured paints
ISO 6745 : 1990	Zinc phosphate pigments for paints—Specifications and methods of test
ISO 7724-1 : 1984	Paints and varnishes—Colorimetry—Part 1: Principles
ISO 7724-2 : 1984	Paints and varnishes—Colorimetry—Part 2: Colour measurement
ISO 7724-3 : 1984	Paints and varnishes—Colorimetry—Part 3: Calculation of colour differences
ISO 8781-1 : 1990	Pigments and extenders—Methods of assessment of dispersion characteristics—Part 1: Assessment from the change in tinting strength of coloured pigments
ISO 8781-2 : 1990	Pigments and extenders—Methods of assessment of dispersion characteristics—Part 2: Assessment from the change in fineness of grind
ISO 8781-3 : 1990	Pigments and extenders—Methods of assessment of dispersion characteristics—Part 3: Assessment from the change in gloss
ISO 11507 : 2007	Paints and varnishes—Exposure of coatings to artificial weathering—Exposure to fluorescent UV lamps and water

TC36　映画

ISO 6035 : 1983	Cinematography—Viewing conditons for the evaluation of films and slides for television—Colours, luminances and dimensions

TC37　用語

ISO 860 : 1996	Terminology work—Harmonization of concepts and terms

TC38　繊維

ISO 105-A01 : 1994	Textiles—Tests for colour fastness—Part A01: General principles of testing
ISO 105-A02 : 1993	Textiles—Tests for colour fastness—Part A02: Grey scale for assessing change in colour
ISO 105-A03 : 1993	Textiles—Tests for colour fastness—Part A03: Grey scale for assessing staining
ISO 105-A04 : 1989	Textiles—Tests for colour fastness—Part A04: Method for the instrumental assessment of the degree of staining of adjacent fabrics
ISO 105-A05 : 1996	Textiles—Tests for colour fastness—Part A05: Instrumental assessment of change in colour for determination of grey scale rating
ISO 105-B01 : 1994	Textiles—Tests for colour fastness—Part B01: Colour fastness to light: Daylight (Amd 1 : 1998)
ISO 105-B02 : 1994	Textiles—Tests for colour fastness—Part B02: Colour fastness to artifical light: Xenon arc fading lamp test (Amd 1 : 1998, Amd 2 : 2000)

ISO 105-B03∶1994	Textiles—Tests for colour fastness—Part B03∶Colour fastness to weathering∶Outdoor exposure
ISO 105-B04∶1994	Textiles—Tests for colour fastness—Part B04∶Colour fastness to artificial weathering∶Xenon arc fading lamp test
ISO 105-B05∶1993	Textiles—Tests for colour fastness—Part B05∶Detection and assessment of photochromism
ISO 105-B06∶1998	Textiles—Tests for colour fastness—Part B06∶Colour fastness and ageing to artifical light at high temperatures∶Xenon arc fading lamp test (Amd 1∶2002)
ISO 105-B08∶1995	Textiles—Tests for colour fastness—Part B08∶Quality control of blue wool reference materials 1 to 7
ISO 105-C06∶1994	Textiles—Tests for colour fastness—Part C06∶Colour fastness to domestic and commercial laundering
ISO 105-C07∶1999	Textiles—Tests for colour fastness—Part C07∶Colour fastness to wet scrubbing of pigment printed textiles
ISO 105-C08∶2001	Textiles—Tests for colour fastness—Part C08∶Colour fastness to domestic and commercial laundering using a non-phosphate reference detergent incorporating a low temperature bleach activator (Amd 1∶2006)
ISO 105-C09∶2001	Textiles—Tests for colour fastness—Part C09∶Colour fastness to domestic and commercial laundering—Oxidative bleach response using a non-phosphate reference detergent incorporating a low temperature bleach activator (Amd 1∶2003)
ISO 105-C12∶2004	Textiles—Tests for colour fastness—Part C12∶Colour fastness to industrial laundering
ISO 105-D01∶1993	Textiles—Tests for colour fastness—Part D01∶Colour fastness to dry cleaning
ISO 105-D02∶1993	Textiles—Tests for colour fastness—Part D02∶Colour fastness to rubbing∶Organic solvents
ISO 105-E01∶1994	Textiles—Tests for colour fastness—Part E01∶Colour fastness to water
ISO 105-E02∶1994	Textiles—Tests for colour fastness—Part E02∶Colour fastness to sea water
ISO 105-E03∶1994	Textiles—Tests for colour fasness—Part E03∶Colour fastness to chlorinated water (swimming-pool water)
ISO 105-E04∶1994	Textiles—Tests for colour fastness—Part E04∶Colour fastness to perspiration
ISO 105-E05∶1989	Textiles—Tests for colour fastness—Part E05∶Colour fastness to spotting∶Acid
ISO 105-E06∶1989	Textiles—Tests for colour fastness—Part E06∶Colour fastness to spotting∶Alkali
ISO 105-E07∶1989	Textiles—Tests for colour fastness—Part E07∶Colour fastness to spotting—Water
ISO 105-E08∶1994	Textiles—Tests for colour fastness—Part E08∶Colour fastness to hot

	water
ISO 105-E09：1989	Textiles—Tests for colour fastness—Part E09：Colour fastness to potting
ISO 105-E10：1994	Textiles—Tests for colour fastness—Part E10：Colour fastness to decatizing
ISO 105-E11：1994	Textiles—Tests for colour fastness—Part E11：Colour fastness to steaming
ISO 105-E12：1989	Textiles—Tests for colour fastness—Part E12：Colour fastness to milling：Alkaline milling (Amd 1：2002)
ISO 105-E13：1994	Textiles—Tests for colour fastness—Part E13：Colour fastness to acid-felting：Severe
ISO 105-E14：1994	Textiles—Tests for colour fastness—Part E14：Colour fastness to acid-felting：Mild
ISO 105-E16：2006	Textiles—Tests for colour fastness—Part E16：Colour fastness to water spotting on upholstery fabrics
ISO 105-F：1985	Textiles—Tests for colour fastness—Part F：Standard adjacent fabrics
ISO 105-F01：2001	Textiles—Tests for colour fastness—Part F01：Specification for wool adjacent fabric
ISO 105-F03：2001	Textiles—Tests for colour fastness—Part F03：Specification for polyamide adjacent fabric
ISO 105-F04：2001	Textiles—Tests for colour fastness—Part F04：Specification for polyester adjacent fabric
ISO 105-F05：2001	Textiles—Tests for colour fastness—Part F05：Specification for acrylic adjacent fabric
ISO 105-F06：2000	Textiles—Tests for colour fastness—Part F06：Specification for silk adjacent fabric
ISO 105-F07：2001	Textiles—Tests for colour fastness—Part F07：Specification for secondary acetate adjacent fabric
ISO 105-F10：1989	Textiles—Tests for colour fastness—Part F10：Specification for adjacent facric：Multifibre
ISO 105-G01：1993	Textiles—Tests for colour fastness—Part G01：Colour fastness to nitrogen oxides
ISO 105-G02：1993	Textiles—Tests for colour fastness—Part G02：Colour fastness to burnt—gas fumes
ISO 105-G03：1993	Textiles—Tests for colour fastness—Part G03：Colour fastness to ozone in the atmosphere
ISO 105-G04：1989	Textiles—Tests for colour fastness—Part G04：Colour fastness to oxides of nitrogen in the atmosphere at high humidities
ISO 105-J01：1997	Textiles—Tests for colour fastness—Part J01：General principles for measurement of surface colour
ISO 105-J02：1997	Textiles—Tests for colour fastness—Part J02：Instrumental assessment of relative whiteness
ISO 105-J03：1995	Textiles—Tests for colour fastness—Part J03：Calculation of colour differences

ISO 105-N01：1993	Textiles—Tests for colour fastness—Part N01：Colour fastness to bleaching：Hypochlorite
ISO 105-N02：1993	Textiles—Tests for colour fastness—Part N02：Colour fastness to bleaching：Peroxide
ISO 105-N03：1993	Textiles—Tests for colour fastness—Part N03：Colour fastness to bleaching：Sodium chlorite (mild)
ISO 105-N04：1993	Textiles—Tests for colour fastness—Part N04：Colour fastness to bleaching：Sodium chlorite (severe)
ISO 105-N05：1993	Textiles—Tests for colour fastness—Part N05：Colour fastness to stoving
ISO 105-P01：1993	Textiles—Tests for colour fastness—Part P01：Colour fastness to dry heat (excluding pressing)
ISO 105-P02：2002	Textiles—Tests for colour fastness—Part P02：Colour fastness to pleating：Steam pleating
ISO 105-S01：1993	Textiles—Tests for colour fastness—Part S01：Colour fastness to vulcanization：Hot air
ISO 105-S02：1993	Textiles—Tests for colour fastness—Part S02：Colour fastness to vulcanization：Sulfur monochloride
ISO 105-S03：1993	Textiles—Tests for colour fastness—Part S03：Colour fastness to vulcanization：Open steam
ISO 105-X01：1993	Textiles—Tests for colour fastness—Part X01：Colour fastness to carbonizing：Aluminium chloride
ISO 105-X02：1993	Textiles—Tests for colour fastness—Part X02：Colour fastness to carbonizing：Sulfuric acid
ISO 105-X04：1994	Textiles—Tests for colour fastness—Part X04：Colour fastness to mercerizing
ISO 105-X05：1994	Textiles—Tests for colour fastness—Part X05：Colour fastness to organic solvents
ISO 105-X06：1994	Textiles—Tests for colour fastness—Part X06：Colour fastness to soda boiling
ISO 105-X07：1994	Textiles—Tests for colour fastness—Part X07：Colour fastness to cross-dyeing：Wool
ISO 105-X08：1994	Textiles—Tests for colour fastness—Part X08：Colour fastness to degumming
ISO 105-X09：1993	Textiles—Tests for colour fastness—Part X09：Colour fastness to formaldehyde
ISO 105-X10：1993	Textiles—Tests for colour fastness—Part X10：Assessment of migration of textile colours into polyvinyl chloride coatings
ISO 105-X11：1994	Textiles—Tests for colour fastness—Part X11：Colour fastness to hot pressing
ISO 105-X12：1993	Textiles—Tests for colour fastness—Part X12：Colour fastness to rubbing
ISO 105-X13：1994	Textiles—Tests for colour fastness—Part X13：Colour fastness of wool dyes to processes using chemical means for creasing, pleating

	and setting
ISO 105-X14 : 1994	Textiles—Tests for colour fastness—Part X14 : Colour fastness to acid chlorination of wool : Sodium dichloroisocyanurate
ISO 105-X16 : 2001	Textiles—Tests for colour fastness—Part X16 : Colour fastness to rubbing—Small areas
ISO 105-Z01 : 1993	Textiles—Tests for colour fastness—Part Z01 : Colour fastness to metals in the dye—bath : Chromium salts
ISO 105-Z02 : 1993	Textiles—Tests for colour fastness—Part Z02 : Colour fastness to metals in the dye—bath : Iron and copper
ISO 105-Z03 : 1996	Textiles—Tests for colour fastness—Part Z03 : Intercompatibility of basic dyes for acrylic fibres
ISO 105-Z04 : 1995	Textiles—Tests for colour fastness—Part Z04 : Dispersibility of disperse dyes
ISO 105-Z05 : 1996	Textiles—Tests for colour fastness—Part Z05 : Determination of the dusting behaviour of dyes
ISO 105-Z06 : 1998	Textiles—Tests for colour fastness—Part Z06 : Evaluation of dye and pigment migration
ISO 105-Z07 : 1995	Textiles—Tests for colour fastness—Part Z07 : Determination of application solubility and solution stability of water-soluble dyes
ISO 105-Z08 : 1995	Textiles—Tests for colour fastness—Part Z08 : Determination of solubility and solution stability of reactive dyes in the presence of electrolytes
ISO 105-Z09 : 1995	Textiles—Tests for colour fastness—Part Z09 : Determination of cold water solubility of water-soluble dyes
ISO 105-Z10 : 1997	Textiles—Tests for colour fastness—Part Z10 : Determination of relative colour strength of dyes in solution
ISO 105-Z11 : 1998	Textiles—Tests for colour fastness—Part Z11:Evaluation of speckiness of colorant dispersions
ISO 4911 : 1980	Textiles—Cotton fibrices—Equipment and artifical lighting for cotton classing rooms
ISO 7768 : 2006	Textiles—Method for assessing the smoothness appearance of fabrics after cleansing

TC42　写真

ISO 5-2 : 2001	Photography—Density measurements—Part 2 : Geometric conditions for trasmission density
ISO 5-3 : 1995	Photography—Density measurements—Part 3 : Spectral conditions
ISO 5-4 : 1995	Photography—Density measurements—Part 4 : Geometric conditions for reflection density
ISO 3028 : 1984	Photography—Camera flash illuminants—Determination of ISO spectral distribution index (ISO/SDI)
ISO 3664 : 2000	Viewing conditions—Graphic technology and photography
ISO 5800 : 1987	Photography—Colour negative films for still photography—Determination of ISO speed
ISO 6728 : 1983	Photography—Camera lenses—Determination of ISO colour contribution

	index (ISO/CCI)
ISO 7187：1995	Photography—Materials for direct-positive colour-print cameras—Determination of ISO speed
ISO 7589：2002	Photography—Illuminants for sensitometry—Specifications for daylight, incandescent tungsten and printer
ISO 7829：1986	Photography—Black-and-white aerial camera films—Determination of ISO speed and average gradient
ISO 8374：2001	Photography—Determination of ISO safelight conditions

TC45　ゴム及び製品

ISO 3858：2004	Rubber compounding ingredients—Carbon black—Determination of light transmittance of toluene extract
ISO 4638：1984	Polymeric materials, cellular flexible—Determination of air flow permeability
ISO 4660：1999	Rubber, raw natural—Colour index test
ISO 4665：2006	Rubber, vulcanized or thermoplastic—Resistance to weathering
ISO 5435：1994	Rubber compounding ingredients—Carbon black—Determination of tinting strength

TC47　化学

ISO 1388-5：1981	Ethanol for industrial use—Methods of test—Part 5：Determination of aldehydes content—Visual colorimetric method
ISO 1388-8：1981	Ethanol for industrial use—Methods of test—Part 8：Determination of methanol content (methanol contents between 0.10 and 1.50% (V/V))—Visual colorimetric method
ISO 2211：1973	Liquid chemical products—Measurement of colour in Hazen units (platinum-cobalt scale)

TC48　実験用ガラス製理化学器具及び関連器具

ISO 1769：1975	Laboratory glassware—Pipettes—Colour coding
ISO 4794：1982	Laboratory glassware—Methods for assessing the chemical resistance of enamels used for colour coding and colour marking

TC61　プラスチック

ISO 489：1999	Plastics—Determination of refractive index
ISO 4582：1998	Plastics—Determination of changes in colour and variations in properties after exposure to daylight under glass, natural weathering or laboratory light sources
ISO 4611：1987	Plastics—Determination of the effects of exposure to damp heat, water spray and salt mist
ISO 8112：1984	Caprolactam for industrial use—Determination of colour of 50% aqueous caprolactam solution, expressed in Hazen units (platinum-cobalt scale)—Spectrometric method
ISO 13468-1：1996	Plastics—Determination of the total luminous transmittance of transparent materials—Part 1：Single-beam instrument
ISO 14782：1999	Plastics—Determination of haze for transparent materials

TC79　軽金属及び同合金

ISO 2135：1984	Anodizing of aluminium and its alloys—Accelerated test of light fastness

ISO 6581：1980　Anodizing of aluminium and its alloys—Determination of the fastness to ultra-violet light of coloured anodic oxide coatings using artificial light
ISO 6581：1980　Anodizing of aluminium and its alloys—Determination of the fastness to ultra-violet light of coloured anodic oxide coatings
ISO 6719：1986　Anodized aluminium and aluminium alloys—Measurement of reflectance characteristics of aluminium surfaces using integrating-sphere instruments
ISO 7668：1986　Anodized aluminium and aluminium alloys—Measurement of specular reflectance and specular gloss at angles of 20 degrees, 45 degrees, 60 degrees or 85 degrees
ISO 7759：1983　Anodizing of aluminium and its alloys—Measurement of reflectivity characteristics of aluminium surfaces using abridged goniophotometer or goniophotometer
ISO/TR 8125：1984　Anodizing of aluminium and its alloys—Determination of colour and colour difference of coloured anodic coatings

TC84　医療用注射器及び注射針
ISO 6009：1992　Hypodermic needles for single use—Colour coding for identification

TC94　個人用安全—保護衣及び保護具
ISO 4850：1979　Personal eye-protectors for welding and related techniques—Filters—Utilisation and transmittance requirements
ISO 4851：1979　Personal eye-protectors—Ultra-violet filters—Utilisation and transmittance requirements
ISO 4852：1978　Personal eye-protectors—Infra-red filters—Utilisation and transmittance requirements
ISO 4854：1981　Personal eye-protectors—Optical test methods
ISO 6161：1981　Personal eye-protectors—Filters and eye-protectors against laser radiation

TC106　歯科
ISO 7491：2000　Dental materials—Determination of colour stabilitiy

TC122　包装
ISO 780：1997　Packing—Pictorial marking for handling of goods

TC130　印刷技術
ISO 2834：1999　Graphic technology—Test print preparation for offset and letterpress inks
ISO 2834-1：2006　Graphic technology—Laboratory preparation of test prints—Part 1：Paste inks
ISO 2835：1974　Prints and printing inks—Assessment of light fastness
ISO 2836：2004　Graphic technology—Prints and printing inks—Assessment of resistance of prints to various agents
ISO 2846-1：2006　Graphic technology—Colour and transparency of ink sets for four-colour-printing—Part 1：Sheet-fed and heat-set web offset lithographic printing
ISO 2846-2：2000　Graphic technology—Colour and transparency of printing ink sets for four-colour-printing—Part 2：Coldset offset lithographic printing
ISO 2846-3：2002　Graphic technology—Colour and transparency of printing ink sets for four-colour-printing—Part 3：Publication gravure printing
ISO 2846-4：2000　Graphic technology—Colour and transparency of printing ink sets for four-colour-printing—Part 4：Screen printing

文献（ISO）

ISO 2846-5：2005	Graphic technology—Colour and transparency of printing ink sets for four-colour printing—Part 5：Flexographic printing
ISO 12040：1997	Graphic technology—Prints and printing inks—Assessment of light fastness using filtered xenon arc light
ISO 12634：1996	Graphic technology—Determination of tack of paste inks and vehicles by a rotary tackmeter
ISO 12640-1：1997	Graphic technology—Prepress digital data exchange—Part 1：CMYK standard colour image data (CMYK/SCID)
ISO 12640-2：2004	Graphic technology—Prepress digital data exchange—Part 2：XYZ/sRGB encoded standard colour image data (XYZ/SCID)
ISO 12646：2004	Graphic technology—Displays for colour proofing—Characteristics and viewing conditions
ISO 12647-1：2004	Graphic technology—Process control for the production of half-tone colour separations, proof and production prints—Part 1：Parameters and measurement methods
ISO 12647-2：2004	Graphic technology—Process control for the production of half-tone colour separations, proof and production prints—Part 2：Offset lithographic processes
ISO 12647-3：2005	Graphic technology—Process control for the production of half-tone colour separations, proofs and production prints—Part 3：Coldset offset lithography on newsprint
ISO 12647-4：2005	Graphic technology—Process control for the production of half-tone colour separations, proofs and production prints—Part 4：Publication gravure printing
ISO 12647-5：2001	Graphic technology—Process control for the manufacture of half-tone colour separations, proof and production prints—Part 5：Screen printing
ISO 12647-6：2006	Graphic technology—Process control for the production of half-tone colour separations, proofs and production prints—Part 6：Flexographic printing
ISO 13655：1996	Graphic technology—Spectral measurement and colorimetric computation for graphic arts images
ISO/TR 14672：2000	Graphic technology—Statistics of the natural SCID images defined in ISO 12640
ISO 15790：2004	Graphic technology and photography—Certified reference materials for reflection and transmission metrology—Documentation and procedures for use, including determination of combined standard uncertainty
ISO 15994：2005	Graphic technology—Testing of prints—Visual lustre
ISO/TR 16066：2003	Graphic technology—Standard object colour spectra database for colour reproduction evaluation (SOCS)

TC145　図記号

ISO 3864-1：2002	Graphical symbols—Safety colours and safety signs—Part 1：Design principles for safety signs in workplaces and public areas
ISO 3864-2：2004	Graphical symbols—Safety colours and safety signs—Part 2：Design

principles for product safety labels
ISO 3864-3：2006　Graphical symbols—Safety colours and safety signs—Part 3：Design principles for graphical symbols for use in safety signs
ISO 7001：1990　Public informatin symbols (Amd 1：1993)
ISO 7010：2003　Graphical symbols—Safety colours and safety signs—Safety signs used in workplaces and public areas (Amd 1：2006)
ISO/TR 7239：1984　Development and principles for application of public information symbols
ISO 16069：2004　Graphical symbols—Safety signs—Safety way guidance systems (SWGS)
ISO 17398：2004　Safety colours safety signs—Classification, performance and durability of safety signs

TC147　水質
ISO 7887：1994　Water quality—Examination and determination of colour

TC149　自転車
ISO 6742-1：1987　Cycles—Lighting and retro-reflective devices—Photometric and physical requirements—Part 1：Lighting equipment
ISO 6742-2：1985　Cycles—Lighting and retro-reflective devices—Photometric and physical requirements—Part 2：Retro-reflective devices

TC157　避妊具
ISO 8009：2004　Mechanical contraceptives—Reusable natural and silicone rubber contraceptive diaphragms—Requirements and tests

TC171　文書画像アプリケーション
ISO 6196-5：1987　Micrographics—Vocabulary—Part 5：Quality of images, legibility, inspection
ISO 8126：2000　Micrographics—Duplicating film, silver, diazo and vesicular—Visual density—Specifications and measurement

TC173　リハビリテーション機器システム
ISO 7176-9：2001　Wheelchairs—Part 9：Climatic tests for electric wheelchairs

TC174　ジュエリー
ISO 8654：1987　Colours of gold alloys—Definition, range of colours and designation

TC180　太陽エネルギー
ISO 9060：1990　Solar energy—Specification and classification of instruments for measuring hemispherical solar and direct solar radiation
ISO/TR 9901：1990　Solar energy—Field pyranometers—Recommended practice for use

2. IEC (International Electrotechnical Commission)

TC16　端子記号及びその他の表示
IEC 60073：1996　Basic and safety principles for man-machine interface, marking and identification—Coding principles for indication devices and actuators
IEC 60757：1983　Code for designation of colours

TC34　電球類及び関連機器
IEC 60081：2002　Double-capped fluorescent lamps—Performance specifications (Amd 1：

2000, Amd 2：2003, Amd 3：2005)
IEC 60188：2001　High-pressure mercury vapour lamps—Performance specifications
IEC 60809：2002　Lamps for road vehicles—Dimensional, electrical and luminous requirements (Amd 1：1996, Amd 2：2002, Amd 3：2004)

TC46　電気通信機器用ケーブル，配線類及び導波管
IEC 60304：1982　Standard colours for insulation for low-frequency cables and wires

TC65　工業プロセス計測制御
IEC 60584-3：1989　Thermocouples. Part 3：Extension and compensating cables—Tolerances and identification system

TC86　光ファイバ
IEC 60793-2：2003　Optical fibres—Part 2：Product specifications—General

TC104　条件，分類及び試験方法
IEC 60068-2-5：1975　Environmental testing—Part 2：Tests. Test Sa：Simulated solar radiation at ground level
IEC 60068-2-9：1975　Environmental testing—Part 2：Tests. Guidance for solar radiation testing (Amd 1：1984)

3. CIE (Commission Internationale de l'Eclairage)

CIE S 004/E：2001　Colours of light signals
ISO 8995：2002/CIE S 008/E：2001　Lighting of indoor places
ISO 23539：2005(E)/CIE S 010/E：2004　Photometry—the CIE system of physical photometry
ISO 23603：2005(E)/CIE S 012/E：2004　Standard method of assessing the spectral quality of daylight simulators for visual appraisal and measurement of colour
CIE S 014-1/E：2005　Colorimetry—Part 1：CIE Standard Colorimetric Observers
CIE S 014-2/E：2006　Colorimetry—Part 2：CIE Standard Illuminants
CIE S 015/E：2005　Lighting of outdoor work places
CIE S 016/E：2005　Lighting of outdoor work places—Lighting requirements for safety and security
CIE 13.3-1995　Method of measuring and specifying colour rendering of light sources (3rd Ed.)
CIE 15-2004　Colorimetry (3rd Ed.)
CIE 17.4-1987　International lighting vocabulary (4th Ed.) (Joint publication IEC/CIE)
CIE 18.2-1983　The basis of physical photometry (2nd Ed.)
CIE 38-1977　Radiometric and photometric characteristics of materials and their measurement
CIE 39.2-1983　Recommendations for surface colours for visual signalling (2nd Ed.)
CIE 41-1978　Light as a true visual quantity：Principles of measurement
CIE 44-1979　Absolute method for reflection measurements
CIE 54.2-2001　Retroreflection：Definition and measurement
CIE 59-1983　Polarization：Definitions and nomenclature, instrument polarization

CIE 63-1984	The spectroradiometric measurement of light sources
CIE 64-1984	Determination of the spectral responsivity of optical radiation detectors
CIE 65-1985	Electrically calibrated thermal detectors of radiation (absolute radiometers)
CIE 69-1987	Methods of characterizing illuminance meters and luminance meters—Performance, characteristics and specifications
CIE 70-1987	The measurement of absolute luminous intensity distributions
CIE 75-1988	Spectral luminous efficiency functions based upon brightness matching for monochromatic point sources, 2° and 10° fields
CIE 76-1988	Intercomparison on measurement of (total) spectral radiance factor of luminescent specimens
CIE 80-1989	Special metamerism index: Change in observer
CIE 84-1989	Measurement of luminous flux
CIE 85-1989	Solar spectral irradiance
CIE 86-1990	CIE 1988 2° spectral luminous efficiency function for photopic vision
CIE 87-1990	Colorimetry of self-luminous displays—A bibliography
CIE 101-1993	Parametric effects in colour—Difference evaluation
CIE 105-1993	Spectroradiometry: Measurement of pulsed optical radiation
CIE 109-1994	A method of predicting corresponding colours under different chromatic and illuminance adaptations
CIE 116-1995	Industrial colour-difference evaluation
CIE 142-2001	Improvement to industrial colour-different evaluation
CIE 143-2001	International recommendations for colour vision requirements for transport
CIE 145:2002	The correlation of models for vision and visual performance
CIE 148:2002	Action spectroscopy of skin with tunable lasers
CIE 150:2003	Guide on the limitation of the effects of obtrusive light from outdoor lighting installations
CIE 151:2003	Spectral weighting of solar ultraviolet radiation
CIE 153:2003	Report on an intercomparison of measurements of the luminous flux of high-pressure sodium lamps
CIE 154:2003	The maintenance of outdoor lighting systems
CIE 156:2004	Guidelines for the evaluation of gamut mapping algorithms
CIE 159:2004	A Colour appearance model for colour management systems: CIECAM 02
CIE 160:2004	A review of chromatic adaptation transforms
CIE 162:2004	Chromatic adaptation under mixed illumination condition when comparing softcopy and hardcopy images
CIE 165:2005	CIE 10 degree photopic photometric observer
CIE 167:2005	Recommended practice for Tabulating Spectral data for use in colour computation
CIE D 005	A method for assessing the quality of D65 daylight simulators for colorimetry (based on Publ. 51)
CIE D 007	A method of predicting corresponding colours under different chromatic and illuminance adaptations (Computer program to Publ. CIE 109)
CIE D 008	Computer program to calculate CRIs (to Publ. CIE 13.3)

執筆者一覧 (50音順，所属は執筆時)

(＊編集委員長)

秋 田 宗 平（京都工芸繊維大学名誉教授）
芦 澤 昌 子（青葉学園短期大学生活科学科教授）
阿 山 みよし（宇都宮大学工学部教授）
粟 野 由 美（東京造形大学デザイン学科講師）
池 田 光 男（立命館大学理工学部教授）
井 澤 尚 子（東京家政学院短期大学生活科学科助手）
石 田 泰一郎（京都大学大学院工学研究科助教授）
石 塚 　 弘（富士写真フィルム(株)足柄研究所）
礒 　 秀 康（富士写真フィルム(株)足柄研究所）
市 川 幸 治（富士写真フィルム(株)朝霞技術開発センター）
一 條 和 彦（慶應義塾大学文学部講師）
一 條 　 隆（東芝ライテック(株)研究所）
市 原 　 茂（東京都立大学人文学部教授）
井 筒 與兵衛（井筒）
出 井 文 太（(社)日本流行色協会）
伊 東 三 四（徳島大学名誉教授）
伊 藤 行 信（日本ペイント(株)デザインセンター）
伊 藤 　 渡（富士写真フィルム(株)宮台技術開発センター）
稲 垣 卓 造（大同工業大学工学部教授）
今 田 邦 彦（前住友化学工業(株)染料事業部）
今 津 玲 子（元四天王寺国際仏教大学短期大学部教授）
岩 瀬 雅 紀（東京理科大学基礎工学部助手）
植 木 　 武（共立女子短期大学生活科学科教授）
上 村 清 雄（千葉大学文学部助教授）
宇田川千英子（目白デザイン専門学校講師）
内 川 惠 二（東京工業大学大学院理工学研究科教授）
近 江 源太郎（女子美術大学芸術学部教授）
大 倉 卓 二（富士写真フィルム(株)足柄研究所）
大 澤 かほる（(社)日本流行色協会）
大 関 　 徹（(社)日本流行色協会）
大 竹 史 郎（松下電器産業(株)照明研究所）
大 田 友 一（筑波大学機能工学系教授）
大 山 　 正（元東京大学文学部教授）

執筆者一覧

岡 嶋 克 典（防衛大学校応用科学群応用物理学科助教授）
緒 方 康 二（夙川学院短期大学美術科教授）
苧 阪 直 行（京都大学大学院文学研究科教授）
尾 登 誠 一（東京芸術大学美術学部教授）
加 藤 雪 枝（椙山女学園大学生活環境学科教授）
加 藤 有 希 子（慶應義塾大学大学院）
金 沢　　勝（NHK放送技術研究所）
金 澤 律 子（東海大学教養学部）
金 谷 末 子（金沢工業大学工学部教授）
鹿 目 理 恵 子（日本色彩学会員）
河 合 正 朝（慶應義塾大学文学部教授）
川 上 幸 二（岩崎電気(株)技術部）
川 澄 未 来 子（愛知淑徳大学文化創造学部助教授）
川 添 泰 宏（武蔵野美術大学名誉教授）
神 作　　博（中京大学文学部教授）
北 岡 明 佳（立命館大学文学部助教授）
北 畠　　耀（文化女子大学造形学部教授）
北 原 健 二（東京慈恵会医科大学眼科学教授）
来 海　　暁（大阪電気通信大学大学院情報工学専攻講師）
栗 木 一 郎（NTTコミュニケーション科学基礎研究所）
桑 原 美 保（ピクシス・パレット主宰）
鯉 田 孝 和（岡崎国立共同研究機構生理学研究所）
郷 田 直 一（(株)国際電気通信基礎技術研究所）
児 玉　　晃（(財)日本色彩研究所）
小 寺 宏 曄（千葉大学工学部教授）
後 藤 倬 男（愛知県立芸術大学音楽学部教授）
後 藤 文 子（宮城県美術館）
小 林 忠 雄（東京家政学院大学人文学部教授）
小 針 由 紀 隆（静岡県立美術館）
小 町 谷 朝 生（文星芸術大学美術学部教授・東京芸術大学名誉教授）
小 松 原　　仁（(財)日本色彩研究所）
小 松 英 彦（岡崎国立共同研究機構生理学研究所）
齋 藤 美 穂（早稲田大学人間科学部教授）
坂 田 勝 亮（女子美術大学芸術学部助教授）
坂 本 浩 一（富士写真フィルム(株)朝霞技術開発センター）
佐 川　　賢（独立行政法人産業技術総合研究所）

櫻　庭　美　咲（武蔵野美術大学講師）
篠　田　博　之（立命館大学理工学部助教授）
篠　森　敬　三（高知工科大学情報システム工学科助教授）
島　崎　　　治（富士写真フィルム(株)宮台技術開発センター）
珠　数　　　滋（前住化カラー(株)顧問）
城　　　一　夫（共立女子短期大学生活科学科教授）
菅　野　理　樹　夫（高千穂大学教養部教授）
＊鈴　木　恒　男（慶應義塾大学法学部教授）
千　　　方　可（武者小路千家）
側　垣　博　明（女子美術大学大学院美術研究科教授）
平　不　二　夫（筑波大学名誉教授）
高　橋　啓　介（愛知淑徳大学文化創造学部教授）
高　橋　晋　也（名古屋大学大学院環境学研究科助教授）
武　井　邦　彦（玉川大学文学部教授）
竹　村　和　彦（富士写真フィルム(株)朝霞技術開発センター）
田　島　譲　二（NECマルチメディア研究所）
辰　巳　節　次（富士写真フィルム(株)宮台技術開発センター）
田　丸　雅　也（富士写真フィルム(株)朝霞技術開発センター）
多　屋　頼　典（岡山大学文学部教授）
千々岩　英　彰（武蔵野美術大学造形学部教授）
出　村　洋　二（環境色彩研究所代表）
徳　井　淑　子（お茶の水女子大学生活科学部教授）
富　永　昌　治（大阪電気通信大学総合情報学部教授）
鳥　居　修　晃（東京大学名誉教授）
中　川　早　苗（広島国際学院大学現代社会学部教授）
中　島　　　恵（慶應義塾大学大学院博士課程）
中　島　由　美（(社)日本陶磁協会）
中　嶋　芳　雄（富山大学工学部助教授）
永　田　泰　弘（(株)カラープランニングセンター）
中　塚　木　代　春（住友化学工業(株)精密化学研究所）
仲　泊　　　聡（神奈川リハビリテーション病院　眼科）
中　野　靖　久（広島市立大学情報科学部教授）
中　畑　顕　雅（関西ペイント(株)）
中　前　栄　八　郎（広島大学名誉教授）
中　山　　　剛（岐阜県立情報科学芸術大学院大学教授）
中　山　昌　春（東京理科大学理工学部講師）

執筆者一覧

橋本健次郎（松下電器産業(株)照明研究所）
長谷川　敬（聖心女子大学文学部教授）
長谷川博志（日本ペイント(株)デザインセンター）
花沢明俊（九州工業大学大学院生命体工学研究科助教授）
馬場護郎（(株)村上色彩技術研究所）
速水久夫（大阪芸術大学デザイン学科講師）
日原もとこ（東北芸術工科大学デザイン工学部教授）
日比野治雄（千葉大学工学部教授）
兵藤　学（富士写真フイルム(株)朝霞技術開発センター）
福士　理（札幌市芸術の森美術館）
福田邦夫（前女子美術大学大学院教授）
福永敏明（富士写真フイルム(株)宮台技術開発センター）
舟川政美（日産自動車(株)総合研究所）
降旗千賀子（目黒美術館）
保坂健二朗（東京国立近代美術館）
星野崇宏（東京大学大学院総合文化研究科）
前田富士男（慶應義塾大学文学部教授）
前田正明（武蔵野美術大学名誉教授）
増山英太郎（拓殖大学工学部教授）
松田博子（カラーコンサルタントスタジオ）
松田　豊（MAZDA カラープランニングオフィス）
松田陽子（Color Institute MeMe 主宰）
三浦佳世（九州大学大学院人間環境学研究院教授）
三井直樹（共立女子短期大学生活科学科講師）
三井秀樹（筑波大学芸術専門学群教授）
三星宗雄（神奈川大学外国語学部教授）
宮崎桂一（富士写真フイルム(株)足柄研究所）
向川惣一（金沢工業大学非常勤講師）
村上幸三郎（村上デザイン事務所）
村上　隆（名古屋大学大学院教育発達科学研究科教授）
村澤博人（前ポーラ文化研究所）
村山久美子（女子美術大学芸術学部教授）
室岡　孝（富士写真フイルム(株)足柄研究所）
望月登志子（日本女子大学人間社会学部教授）
矢口博久（千葉大学工学部教授）
矢野　正（松下電器産業(株)照明研究所）

矢 部 淑 恵（戸板女子短期大学服飾芸術科講師）
山 内　 誠（東レ(株)繊維マーケティング部）
山 岸 政 雄（金沢学院短期大学生活文化学科教授）
山 田　 誠（富士写真フィルム(株)足柄研究所）
吉 澤 達 也（金沢工業大学人間情報システム研究所）
吉 田 愼 悟（(株)カラープランニングセンター）
葭 田 貴 子（京都大学大学院文学研究科）
吉 田 豊太郎（日本ペイント(株)デザインセンター）
依 田　 章（富士写真フィルム(株)宮台技術開発センター）
和 氣 典 二（中京大学心理学部教授）
渡 辺 明日香（共立女子短期大学生活科学科助手）

索　引

[あ]

アーキグラム　1
アーシートーン　1
アースカラー　1
アーストーン　1
アーツ・アンド・クラフツ運動　1
アートディレクター　2
アーバンデザイン　2
アーバンの重み　451
アール・デコ　2
アール・ヌーヴォー　3
REA 塗装　92
REA 塗装機　248, 292
RMS 粒状度　490
RGB 表色系　3
RWB システム　4
藍　4
アイ・キャッチャー　4
藍絵　5
ISO ブライトネス　374
ISCC-NBS 系統色名　211
ISCC-NBS 色名法　240, 241
アイオドプシン　16
藍型　399
藍隈　149
ICC　335, 336, 386
ICC プロファイル　336, 386
アイ・ストップ　4
藍摺絵　5
アイソメリック・マッチ　149
アイダス理論　6
アイディア　5
アイディアスケッチ　32
アイディア・マネジャー・モデル　5
アイディア・マネジャー・モデルの提唱　5
ITU-R　95
アイデンティティ　5
アイデンティティ・カラー　5, 6
アイドカの法則　6
アイドマの法則　6
相反則不軌　428, 429
アイボリー・ブラック　6
アイボリーケント　6

アイボリーペーパー　6
曖昧　452, 453
白馬の節会　6
青空の色　7
青み付け　374
赤絵　188
赤絵式　43
赤絵式陶器　7
赤化粧　7
赤絨毯　7
茜　8, 147, 148
赤ひと色　173
赤姫　8
赤物家電と白物家電　8
明るさ　9
明るさ・色の錯視　365
明るさ対比　141, 311
明るさの加法則　13, 14
明るさの空間加重　488
明るさの恒常性　179, 180
明るさの時間加重　421, 422
アクション・ペインティング　9
アクセント　196, 369, 370
アクセントカラー　10
アクリル・アンダーコート　21, 22
アグレゲート　28
アクロマタイジングレンズ　10
アクロマティックカラー　467, 468
アグロメレート　28
浅葱幕　10
アシッドカラー　10
アシッド・ハウス　11
アシンメトリー　378, 379
飛鳥時代の色彩　11
アソートカラー　253, 254
アダム，ロバート (1728-92)　11
アダム・グリーン　11
アダムス-ニッカーソンの色差式　143
圧縮　97
安土・桃山時代の色彩　12
吾妻錦絵　75
後染め　12
アトリエと光　12
アニオン・カチオン電着塗装　13

索引

アニソトロピック特性　471
アパーチャーグリル方式　252
アバランシェフォトダイオード　184
アブニー効果　13
アブニーの法則　13
ア・フレスコ　414
アペレス（前 330 頃–330 頃）　6
アポリネール，ギヨーム（1880–1918）　89
アマクリン細胞　464, 465
網点　14
網点面積率　14, 366
アメリカン・デコ　356
綾威　33
荒事　149
アラブ系の色　14
アラビアン・ナイト　441
アリクネ　14
アリザリン　8, 339
アリスカル　233
アリストテレス（前 384–322 頃）　16, 17, 228
アリストファネス（前 445 頃–385 頃）　23
有田焼　31
アルカイック・マヨリカ　445
アルバース，ヨーゼフ（1888–1976）　88, 373, 469
アルベルティ，レオン・バッティスタ（1404–72）　318
アルミナフレーク　154
アルミニウム顔料　15
アルミニウムフレーク顔料　15
アレキサンダーの暗帯　361
アレクサンダー・ボルトニーク　61
アレンの方法　164
アロイス・ゼネフェルダー（1771–1834）　424
アンクタン，ルイ（1861–1932）　298
アングル，ジャン＝オーギュスト＝ドミニク（1780–1867）　352, 507
アングロ・サクソン系の色　15
アングロジャパニーズ　151
アンシャープマスク　16
暗順応　16
暗色問題　16
暗所視　17
暗清色　333
安全色と安全標識　18
安全表示　18, 21, 371
安全標識板　21
アンダーコーティング　21
アンダーコート　268, 269
暗電流　101, 137, 185

アンドキデス（前 530 年頃）　7
アントシアニン　267
案内色　139
アンピールの色彩　22
アンフォラ　7, 43
ANLAB40　209
アンリ，スミッソン（1923–　）　412

［い］

EL　78
イースターの赤　23
ED 塗装　23
イエロー・ブック　23
イエローベース　106, 107
イオンチャンネル　101, 137
イオンプレーティング　268, 269
位階の色　24
位階の色の変遷　24
威嚇色と警告色　24
いき　26, 27
閾値　25
閾値検出モデル　25
閾値とその測定法　25
閾値の決定に影響する要因　26
粋な色　26
イコン　27
異種輪郭　256
異色測光　27
異色測光用の視感測光法　178, 179
イストリアート　445
イスペノ・モレスク陶器　450
イスラム教の色　27
移染　27
位相　253
板締め染め　435
一液塗料　360
市川団十郎（1660–1704）　149
1C1B　439
1 次色　29, 30, 55, 401, 402
1 重項状態　499
1 次粒子　28
1 色型色覚の特徴　28
1 色調和　29, 30
一対比較法　29
五依　94, 95
一定数法　149
イッテン，ヨハネス（1888–1967）　29, 469
イッテンの色彩調和論　29

一品制作色　176
偽の単色画　404
糸染め　**30**
イフェクトカラー　114
衣服イメージと色　**31**
伊万里焼　**31**
image clarity　300
イメージコラージュ　32
イメージコンサルタント　120
イメージ情報　**31**
イメージスケッチ　**32**
イメージセンサ　**32**
イメージベースドレンダリング　504
イメージング・デンシトメトリー　466
イヤーズカラーチェンジ　109, 110
イリデッセント・エフェクト　**32**, 371
イルミナントによる知覚色のずれ　38
色あし　354
色あしがずれる　354
色合わせ　**33**
色糸威（縅）　**33**
色占い　**33**
色絵　188
色絵磁器　**34**
色落ち　354
色温度記法　316
色温度と相関色温度　**34**
色替え　**34**
色がなれている　42
色がのぼる　354
色感覚　**35**
色管理システム　118
色記憶のカテゴリー性　**35**
色量　435
色グレーティング　133, 134
色原体　377
色恒常性　**35**
色再現域　**35**, 215
色再現域圧縮　215, 216
色三角形　**36**
色残像　207
色失語症　**37**
色失認症　**37**
色視野　**37**
色収差　**38**
色受容野　**38**, 40
色順応　**38**
色順応変換式　260

色順応メカニズム　38, 39
色順応モデル　95
色対比　**39**
色知覚　**39**
色知覚の時間閾値　41
色つや　**39**
色同化　**40**
色と化学構造　**40**
色と形の効果　**40**
色と色彩　**41**
色と色名の応答時間　41
色直し　**41**
色鍋島　**42**
色なれ　**42**
色の現れ（見え）方　**42**
色の意味　**43**
色の運動視　**45**
色のエイリアシング　**45**
色の感性評価　**46**
色の記憶　**46**
色の許容差　**46**
色の空間的影響　**47**
色の軽・重　**47**
色の恒常性　131, 156, 179, 309, 310, 485
色のサイン　230
色の三属性　**47**
色の三属性の交互作用　**48**
色の時間対比　207
色の時間的影響　**48**
色の視認性　**49**
色の象徴性　**49**
色の信号的な特性　219
色の進出・後退　**49**
色の暖・寒　**50**
色の短時間呈示　**50**
色の調和　**51**
色の強さ　211
色の膨張・収縮　**51**
色の見え方　42, 43
色の見えモデル　**52**
色の誘目性　**52**
色フィルタ方式　219, 220
色分解　**52**
色分解信号　335
色ベクトル　**53**
色弁別　**53**
色弁別楕円　443
色目模様　103

色立体 **54**
色分かれ 354
陰影表示 278, 334, 499
陰影表示法 503
インキ・ブロット図版 506
インクジェット記録方式 **54**
印刷 398
印刷の色 **55**
因子 56, 57
インジカシン 4
因子寄与 56
インジゴ 4, 147, 148, 339
因子得点 **55**
因子得点の不定性 55
因子負荷量 **56**
因子分析 **56**
印象主義 **57**
インスタントカラー感光材料 105
インターカラー **57**
インターナショナル・スタイル 58
インターリフレクション 503
インタリーブ 212
インタレース **58**
インタレース走査 58
影青 165
インテリアカラー 121
インテリアカラーコーディネーション **58**
インテリアデコレーター 58, 59
インテリアデザイナー 58, 59
インテリアの色彩 170
インパルス応答 **59**
隠蔽色 **59**
隠蔽率 59
隠蔽力 **59**
隠面消去 278, 499
隠面消去法 295
陰陽五行説 **59**

[う]

ジードルング・ヴァイセンホーフ 341
ヴァザーリ, ジョルジュ(1511–74) 294, 318
ヴァザルリ, ヴィクトール (1908–97) **61**
ヴァルール 216
ヴァン・エイク, フーベルト (?–1426) 411
ヴァン・エイク, ヤン (1390 頃–1441) 411
ヴァン・ダイク, アンソニー (1599–1641) **61**, 381
ヴァン・ダイク・ブラウン 61
ヴァン・デ・ヴェルデ, アンリ (1863–1957) 341

ヴァン・デル・ウェイデン, ローヒル (1399–1464) 411
ヴァン・デル・フース, ヒューホー (1440 頃–82) 411
ウィーン分離派 **61**
ヴィクトリアの色 **62**
ヴィヨン, ジャック (1875–1963) 89, 336
ウエーブスキャン 210, 211, 287
ウェーバーの法則 **62**
ウェーバー比 **63**
ウェスト, ベンジャミン (1738–1820) 509
ウェッジウッド, ジョサイア (1730–95) **63**, 153
ヴェネツィア派 **63**
ウェルトハイマ–ベノッシ効果 **64**
ヴェロッキョ, アンドレア・デル (1435–88) 501
ヴェロネーゼ, パオロ (パオロ・カリアーリ) (1528–88) **64**
ヴェンダース, ヴィム (1945–) 233
ヴェンチューリ, ロバート (1925–) 233
ヴォークセル, ルイ 403
ウォータージェットとウォータージェット式織機 **65**
ウォームカラー調和 106, 107
ウォホール, アンディ(1928–87) 438
動き知覚を最小にする手法 134
薄様 94, 95
歌川広重 (1797–1858) 62, 429
内暈 435
裏彩色と裏箔 **65**
裏塗り 65
ヴラマンク, モーリス・ド (1876–1958) 403
裏山吹 94, 95
漆絵 **65**
ウルトラマリン・ブルー **66**
うるみ具 146
売れ足 117
売れ筋色 280
ウレタン塗料 **66**
暈繝 **66**
繧繝 435
繧繝彩色 152
運動誘発性消去現象 254
雲母摺絵 140
雲母引き 140

[え]

エア霧化静電塗装(REA 塗装機) **68**
エア霧化塗装 **68**

エアレス静電霧化塗装機　248, 292
英国色彩評議会（BCC）　194
エイジング　68
エイゼンシュタイン，セルゲイ（1898–1948）　68
HIDランプ　68
HDTV　69
エィリアシング　98, 203
液晶ディスプレイ　69
エキスポフィル　70
絵絹　65
エクステリアカラー　70
エクステリア・デコレーティヴライティング　482
エコロジーカラー　70
sRGB色空間　70
S錐体　305
S錐体分布　71
SD法　71
SD法の形容詞の選択　72
SD法の実施　72
SD法のデータ処理　72
エステス，リチャード（1932– ）　276
エスニックカラー　73
Sポテンシャル　73
エッグシェル・ポタリー　187
X型接合　346
X染色体　216, 217
*XYZ*表色系　74
エッジ検出　74, 490
江戸時代の色彩　74
エナメル彩　450
NCS　75
NTSC　75
NDフィルタ　324
$n–\pi^*$遷移　338, 339
fMRI　76
M錐体　274
MTF　76
MDB法（最小境界識別法）　76
MPEG　96
エリクソン，エリック（1902–94）　5
エリプティカルドット　14
LED　77
L,M,S錐体応答色空間　36, 37
L錐体　274
エルメス，ティエリ（1801–1878）　77
エルメスのオレンジ　77
*L/Y*比　428, 429
LUT　496

エレクトロルミネセンス　78, 162
エロー，ジャン（1685–1766）　82, 440
エンヴァイロンメンタルカラー　70
塩基性染料　78
遠視　148, 149
演色　408
演色性　79
演色性評価用試験色　79
演色評価数　79
遠赤外線　293
鉛直面照度　262, 263
エンド・エフェクト　80
エントロピー符号化　97
円2色性　362
エンファシス（重点）　80
エンペドクレスの四色論　335

[お]

黄化, 漂白, 青み付け　81
黄金比　81, 416
黄金分割　81, 82
王者の青　82, 507
黄青色対立型細胞　261, 262
黄斑部　82
黄変　82
黄変度　374
OSA表色系　83
OTF　76, 146
オーナメント　353, 354
オーバート現象　13
大はがれ　349, 350
オールトランス型　249
尾形乾山（1663–1743）　83, 172
尾形光琳（1658–1716）　84, 172, 492
屋外広告物　177, 178
小口氏病　474
小山内薫（1881–1928）　233
オザンファン，アメデ（1886–1966）　394
オズグッド，C.E.（1916– ）　71, 72
オストワルト，フリードリヒ・ウィルヘルム（1853–1932）　84, 341
オストワルトの色彩調和論　85
オストワルト表色系　86
オセアニア系の色　86
お節料理　87
織　33
お歯黒　87
オプシン　249, 465

索引

オフセット印刷　351, 423, 424
オプティカル・アート　**87**
オプティマル・カラー　**88**
ω 空間　227, 452
重みつき上下法　261
オリエンタル・ブラック　**88**
織部焼　**89**
織部釉　89
オルフィスム（色彩キュビスム）　**89**
オレンジピール　349, 350
オンデマンド型　54, 55
温白色　164
オンブレ　**89**
オンブレ・ストライプ　89
オンブレ・チェック　89

[か]

カーディナル色空間　**90**
カーディナル軸　274
ガーティン，トマス (1775-1802)　306
カーボンブラック　**90**
カーン，ルイス (1901-74)　386
カーンワイラー，ダニエル - ヘンリ（カーンウェイレル，ダニエル＝アンリ）(1884-1979)　138
外顆粒層　464, 465
開眼手術者の色知覚　**90**
外観の色　70
階級　152
開口色　**91**
開口色モード　91
外光派　57
絵身　246
回折　345, 346
外節　125, 137
回折格子　467
回旋運動　245
外装材　91, 92
外装色　**91**
解像力　**92**
階調　14
回転円盤式色彩計　102
回転混色　101, 102
回転霧化静電塗装機（ベル塗装機）　**92**
灰陶加彩　374
外板色　70, 439
外板・内板色　439
外部光電効果　185
外部量子効率　77

外膜　121
貝紫　**92**
界面反射　138, 139
梅華皮　167
顔色　**93**
加賀五彩　478
花卉　65
柿右衛門様式　203
拡散　**93**, 297
拡散インディカトリクス　93
拡散光濃度　367
拡散反射　**94**
拡散反射率　292
拡散率　93
確率的足し合わせ　**94**
カサーヤ　434
重ねの色目　**94**
可視化　197, 198
可視光　95
可視条件等色指数　395, 396
可視放射　**95**, 388
ガス退色堅牢度　172
画像処理　197, 198
画像におけるカラーマッチング　**95**
画像における主観評価法　**95**
画像における対比効果　**96**
画像の圧縮　**96**
画像の標本化　**96**
画像の符号化　**97**
画像の量子化　**97**
カソード電着塗装　13
カソードルミネセンス　162
画素と画素値　**98**
カタカリ　**98**
型染　399
片紅　314
価値因子　72
勝川春章 (1726-92)　99
葛飾北斎 (1760-1849)　62, **99**, 140, 429
褐色　247
ガッディ，アーニョロ (1333？-96)　318
ガッディー，ピエロ　438
活動性　41, 71, 72, 104, 131
活動性因子　72
カットオフ周波数　100
カテゴリカル色知覚　**99**
カテゴリカルカラーネーミング　99
可読閾　**100**

索引

可読性　100
カナル，アントーニオ (1697–1768)　64
鉄漿　87
狩野永徳 (1543–90)　12
狩野内膳 (1570–1616)　359
歌舞伎役者に由来する色（役者色）　100
かぶり　349, 350
過分極　101
下弁別閾にあたる値　101
ガボ，ナウム (1890–1977)　181
加法混色　101
加法混色色彩計　102
カマイユとフォ・カマイユ　102
鎌倉時代の色彩　103
カムフラージュ・カラー　456
画面のアスペクト　69
カラーアソート　103
カラーアソートメント　104
カラーアトラス　103
カラーアナリスト　120
カラーアピアランス　103
カラーアピアランスモデル　95, 260
カラーアベイラビリティー　104
唐藍　5
カラーイメージ　104
カラーインデックス　104
カラー・エンファンシス　80
カラーオーダーシステム　105
カラーカウンセラー　120
カラー拡散転写方式　105
カラー画像　105
カラーカメラ　445, 446
カラーカメラのホワイトバランス　106
カラーキーパーツ　106
カラー・キー・プログラム　106
カラークリアー　107
カラーコーディネーション　107
カラーコード　107
カラーコンサルタント　120
カラーコンセプト　108
カラーコンタクト　108
カラーサイクル　108
カラーシーラー　294, 295
カラーシミュレーション　109
カラーシミュレータ　109
カラーシンボリズム　49, 230
カラースキーム　109
カラーステンレス　123

カラースワッチ　109
カラーセラピスト　120
カラー戦略　109
カラーチャート　103, **110**
カラーディレクション　**110**
カラーテーブル　103, 110
カラーテーマ　108
カラーデザイナー　120
カラードアルミニウム顔料　319
カラー特徴空間　**110**
カラードシャドー　**111**
カラードミナント　**111**
カラートラベル　371, 427
カラートラベル効果　398
カラー中塗り　294, 295
カラーネーミング法　**111**
カラーネガフィルム　**112**
カラーハーモニー・マニュアル　**112**
カラーバランス　**113**
カラーバリエーション　103, **114**
カラーパレット　**114**
カラーヒストグラム　**114**
カラーピラミッドテスト　**115**
カラーファクシミリ　**115**
カラーフィールド・ペインティング　**116**
カラーフィルタ　445
カラープランニング（色彩設計）　**116**
カラーフリップフロップ　267, 427
カラーフリップフロップ性　412
カラーフレーミング　**117**
カラーブロッキング　**117**
カラー・ブロック　445
カラーベロシティー　**117**
カラーマーケティング　**117**
カラーマーチャンダイジング　**118**
カラーマッチング　33, 215, 216, 344
カラーマップ　103, **110**
カラーマネジメントシステム　**118**
カラーミックスヤーン　351
カラーラインアップ　103, 104, 114
カラーリバーサルフィルム　**118**
カラヴァッジェスキ（カラヴァッジオ派）　16, 119
カラヴァッジオ，ミケランジェロ・メリジ，ダ (1571–1610)　16, **119**, 427
唐呉須　190
硝子体　121
唐墨　287
カラッチ，アンニーバレ　381

カラフルネス **119**
カラリストとカラーコーディネーター **119**
カルシンド・アイボリー 6
カルダー，アレグザンダー (1898–1967) 509
カルフーネン–レーベ展開 161
カルラ，カルロ (1881–1996) 451
ガレ，エミール (1846–1904) 3
カロテン 267
韋威 33
川久保玲 (1942–) 88, 170
簡易型輝度計 284, 285
冠位十二階 142
冠位十二階制 49
間隔尺度 250, 397
感覚属性 **120**
感覚の次元 120
感覚の属性 120
感覚様相 120
眼球 **121**
眼球運動 291, 292
眼球内光学現象 372
環境色彩 **121**
環境色彩計画 **121**
環境マッピング 500
完結化 256
還元視 35
還元焼成 **122**
還元浴 313
汗堅牢度 172
眼光学系（角膜，虹彩，瞳孔，硝子体）**122**
観察者 389, 390
眼軸長 122
カンジャンテ **122**
干渉 345, 346
干渉型分光器 467
干渉効果 32, 33
干渉色 **123**
桿状体細胞 125
感情的結合の法則 225, 226
干渉パールマイカ 123
干渉フィルタ 123
干渉マイカ 371
干渉マイカ顔料 32, 33
寒色 50
間色 434
間接式熱風乾燥炉 124
間接尺度構成（法）**123**
完全拡散反射（透過）体 124

完全拡散反射面 383
完全拡散反射モデル 404
完全拡散面 **124**
完全鏡面分布 429
完全順応 405
完全上下法 25, 26
完全色 88
完全等色 256
完全放射体軌跡 187
乾燥炉 **124**
観測視野条件等色 261
観測者条件等色 **125**
観測者条件等色度 125
桿体 **125**
桿体 1 色型色覚 216, 217
桿体の侵入 **125**
ガンツフェルト **126**
カンディンスキー，ヴァシリィ(1866–1944) 61, **126**, 157, 182, 228
カンデラ 133, 183
観念論 234
官能検査 **127**
官能評価 127
寒紅 148
ガンマ **128**
ガンマ変換 69, 75, 76
ガンマ補正 128
慣用色名 **128**, 240, 241
顔料 **128**
顔料色素型 162
顔料分散 **129**
関連色 **129**

[き]

キアロスクーロ（明暗法あるいは濃淡法）**130**
キーカラー 458, 459
キーファー，アンゼルム (1945–) 270
黄色の服 **130**
記憶色 **131**
幾何学的条件等色 261
機器依存色 335
機器独立色 335, 336
生絹 65
麹塵 142
危険・注意標識 21
危険と注意 **131**
危険表示 371
基準イルミナント 79

基準光（イルミナント） **131**
基準白色　69, 95, 106
キセノンランプ　**132**
輝線　316
輝線スペクトル　316
規則的配列細密色票集　239
基礎刺激　**132**
喜多川歌麿 (1753？–1806)　140
北園克衛 (1902–78)　44
北空昼光　**132**
北野武 (1947–　)　233
基調色　141, 142, 351, 352
基底状態　**133**
輝度　**133**
輝度グレーティング　197
輝度格子縞　**133**
輝度勾配説　167, 168
輝度純度　242, 243, 316
輝度増分光の閾値　48
輝度の比視感度　**134**
キトラ古墳　299, 300
キノイド説　40
機能主義　**134**
機能的 MRI　76
黄八丈　**135**
揮発性有機化合物　**135**
基本色名　**135**, 164, 165, 310, 311
基本色名の発達　**135**
肌理　126
きめ込み　149
輝面色　**136**
逆暈繝　66, 67
逆数相関色温度　34
逆ストロープ　281, 282
逆向マスキング　459
CAD　197, 198
キャリブレーション　**136**
キャンセレーション光　235, 236
吸引電極法　**137**
球形光束計　293
吸光度　**137**
吸収型方形分布　88
吸収係数　149
吸収スペクトル　40, 137, 391
吸尽染色法　27, 28
朽筆　286, 287
QUEST 法　261
キュビスム（立体派）　**137**

境界色型方形分布　88
共感覚　**138**
共感覚性　228, 229
狂言幕　262
凝視点　245
共色部品　106
強調　80
強調色　10
共通性　56
郷土色　318
共鳴説　40
鏡面光沢度　183, 184
鏡面反射　**138**
鏡面反射率　292
橋梁色彩　**139**
極限法　**139**
極限容積濃度　387
極北美術　168
虚色　**140**
許容色差　46, 47
きら摺り（雲母摺）　**140**
ぎらつき　198
きらめき格子錯視　369
截金　144
ギリシア陶器　7
キリスト教の色　**140**
偽輪郭　171
キルシマンの法則　**141**
キルヒナー，ヨーハン・ゴッドローブ (1706 頃–？)　394
銀干渉フィルタ　123
キング，ジェッシー・マリソン (1876–1949)　151
均衡　113, 114
均衡点　**141**
近視　148, 149
禁色　**142**
銀摺り　140
近赤外線　293
近接の要因　80
金属感　143
金属元素の呈色　**142**
金属光沢　143
金属コロイドの呈色　**142**
金属錯塩型酸性染料　205, 206
金属色　143
均等色空間　**143**
均等拡散反射　93
均等拡散反射（透過）体　124

索引

均等拡散分布　429
均等拡散面（ランベルト面）　486
均等色度図　**143**
金箔　**144**
金襴手　**144**

[く]

具　**146**
空間加重効果　51, 52
空間周波数特性　**146**
空間色　**146**
空間対比　39
空間的足し合わせ　**147**
空間的な相互抑制機構　39
空間分解能　100
空気遠近法　219
クーニング，ヴィレム・デ (1904-)　9
空乏領域　210
クールカラー調和　106, 107
クールベ，ギュスターヴ (1819-77)　**147**, 433, 487
クォーティマックス回転　379
九鬼周造 (1888-1941)　26
草木染め　**147**
具墨　146
クセノンランプ　132
九谷焼　**148**
クチクラ層　182
口紅　**148**
屈折　**148**
屈折異常　148, 149
屈折率　38, 417
屈折率分散　282, 283
屈折率分布型レンズ　273, 274
クプカ，フランティシェク (1871-1957)　89
クベルカ–ムンクの法則　**149**
久保田一竹 (1917-)　328
隈　435
暈　435
隈取　149, 328, 400, 435
暗い所で目立つ色　**150**
クライン，イヴ (1928-62)　**150**
クラウス，ロザリンド・E　138
クラシックカラー　**150**
グラスゴー派　**151**
クラスタリング　**151**
グラスマン，ギュンター・ヘルマン (1809-77)　53, 151

グラスマンの法則　**151**
クラック　349, 350
クラッド　389
グラデーション（階調）　**152**
グラファイト　364
グラファイト塗料　**152**
グラフィタン塗料　**152**
倉俣史朗 (1934-91)　463
クラレット色　440
クリアーコート　**152**
クリーム・ウエア　**153**
グリーン・スリーブス　**153**
グリーンデザイン　**153**
グリーンバーグ，クレメント (1909-94)　116
グリーンベルト　**154**
グリーンマン　**154**
繰り返し　504
グリザイユ（灰色明暗法）　130
クリスタルシャイン　**154**
クリスマスの色　**154**
クリムト，エルンスト (1864-92)　155, 259
クリムト，グスターブ (1862-1918)　3, 61, **155**
グリーンサラダ　186
グルノウ，ゲルトロート (1870-1944)　373
グレア　**155**
クレイク–オブライエン効果　**156**
クレイモデル　**156**
グレースケールとブルースケール　**156**
クレー，パウル (1879-1940)　**157**, 355
グレージング　64, 411
グレコ・ローマンカラー　**157**
クレヨン画　**158**
クロー，アーノルド (1856-1931)　413
黒雲母　140
黒絵式陶器　7
クローズ，チャック (1940-)　276
グローバルイルミネーション　503
グロピウス，ヴァルター (1883-1969)　58, 61, 373, 448, 470
黒澤明 (1910-98)　233
黒摺　5
黒摺絵　65, 66
黒染　**158**
黒ひと色　173
黒服　**158**
クロマ　119, 201, 202
クロマチックネス　**159**
クロマフレア　32, 33, 267, 427

クロミナンスチャンネル（反対色チャンネル） 90
クロミナンス（色差）信号 **159**
クロム染料 206, 207
クロモクラスム 158
クロロフィル 267, 378
クロワゾニスム 160
クロワゾネ **160**
クワルツ 337
勲章の色 **160**

[け]

K–L展開 **161**
景観形成地区 **161**
景観条例 **161**, 442
景観論争 171
経験的鏡面反射モデル 404
蛍光 **162**, 164
蛍光顔料 **162**
蛍光条件等色指数 395, 396
蛍光染料 162, 163
蛍光増白 374
蛍光増白剤 81, **162**
蛍光と燐光 163
蛍光白色 163, 164
蛍光白色染料 162, 163
蛍光物体色 **163**
蛍光ランプ **164**
警告 131
継時混色 101, 102
形態反応 506
慶弔の色 **164**
鯨涅 246
系統色名 **164**, 240, 241
景徳鎮 **165**
系内交差 163, 499
経年変化 68
K平均アルゴリズム 151
計量的多次元尺度構成法 123, 124
系列誤差 26
系列範疇法 123, 124, 397
ゲーテ，ヨハン・ヴォルフガング・フォン (1749–1832)
　　　165, 233
ゲーテ現象 111
ゲーテの色彩調和論 **166**
景色 161, **167**
化粧品の色 **167**
血流変化の時間特性 76
ケミカルミネンス 162

ゲラン，ピエール・ナルシス (1774–1833) 352
ケリー，エルズワース (1923–) 116
ゲルプ効果 **167**
ゲルマン系の色 **168**
原液着色 **168**
限界輝度（BCD） 155, 156
建化 313
眩輝 452, 453
検査刺激 459
検査領域 141
原始時代の色彩 **168**
源氏物語絵巻 **169**
現象学的観察 42, 43
現象色 139
原色 **169**
ケンゾーカラー **169**
建築外装色 121, 122
建築色彩 **170**
建築のモダニズム 58
建築物の色彩計画 **171**
限定色表示 **171**
ケンドラー 441
減能グレア 155, 156
顕微分光測光法 391
顕微分光法 391
減分閾 457
減法混色 **171**
憲法染め 158
堅牢度 **172**
元禄の色彩 **172**

[こ]

コア 389
古伊万里 31
コイルコーティング 186
高圧蛍光水銀ランプ 69
高圧水銀ランプ 273
高演色形 164
光覚閾 312, 488
光覚感度 147
光学的ドットゲイン 350, 351
光学の零位法 178, 179
光学濃度 137, **173**
紅花緑葉 **173**
光輝 42, 43, 136
光輝顔料 **173**
光輝材 **174**, 383
光起電力効果 185

索引

高輝度放電ランプ 68, 69
公共の色彩賞 174
公共の色彩を考える会 175
航空灯火 176
航空標識 176
号口色 176
光源色 176
光源色の測定方法 177
広告媒体の色 177
硬彩 188
虹彩 122
光（量）子 178
光軸 245
高昇作用 166
恒常刺激法 181
交照測光法 178
恒常度指数 179
交照法 180
恒常法 181
交照法分光感度 76
光色 181
交織織物 429
構成主義 181
合成樹脂型 162
合成染料 182
光線主義 500
光線追跡法 499, 500
構造色 182
光束 183, 271
高速シャトルス織機 65
光束発散度 183
交替 487, 488
後退色 49, 50
光沢 42, 43, 183, 184
光沢感 183
光沢度 183
交通信号の色 184
光電現象 184, 185
光電効果 178, 184, 185
光電子 184
後天色覚異常 216, 217
光電色彩計 184
光電子増倍管 184
後天青黄異常 216, 217
光伝導効果 185
光電変換素子 184
光電流 185
光度 185

黄道十二宮 315, 316
光度標準電球 303
紅白の幕 185
興奮色 50
光量 434, 435
黄櫨染 142
ゴーガン，ポール（1843–1903）57, 160, 192, 298, 394, 403, 455
コーティング 186
コート回数 473
コールラウシュの屈曲 474
コーンスウィート効果 156
cone fundamentals 274, 275
五月祭の緑 186
五月のサラダ 186
五月の女王 186
五月の柱 186
黒鉛 152
国際色彩学会 186
国際照明委員会 186
国際照明用語集（ILV）388
国際民間航空条約 176
黒色顔料 6
黒体（放射）187
黒体軌跡 187
古九谷様式 148
黒陶 187
国防色 187
黒釉 188
ココシュカ，オスカー（1886–1980）155
五彩 188
誤差拡散法 188, 188, 189
ゴシックの色彩 189
固視点 189
50年代のカラフルな原色 189
古色 288, 289
5色調和 29, 30
個人差多次元尺度法 312, 313
呉須 190
古代エジプトの色彩 190
古代ギリシアの色彩 190
古代の色彩 191
古代ローマの色彩 191
国旗の色 191
ゴッドウィン，E.W. 3, 151
ゴッホ，フィンセント・ファン（1853–90）192, 340, 403, 455
固定型限定色表示 171

古典的受容野　259
ゴニオアパレント　192, 193
ゴニオアピアランス　**192**
ゴニオクロマチズム　192
好ましい色　**193**
好ましい色再現　**193**
好ましい肌色　**193**
コフカリング　65
胡粉　146
互変異性化　200
小絞柄　435
ゴヤ・イ・ルシエンテス，フランシスコ・デ (1746–1828)　487
固有色　**194**
コラージュ　259
コレステリック型液晶　427
コレッジオ (1489 頃–1534)　283
コロネーションカラー　**194**
混合反射　292
混色　**194**
混色系　3
コンスタブル，ジョン (1776–1837)　509
コンセプチュアル・アート　337
コンダクティブ・インキ　**195**
コンダクティブ・プラスチック　**195**
コンダクティブ・ヤーン　**195**
紺丹緑紫　67
混同色中心　**195**
コントラスト（対比）　**196**
コントラスト閾　**196**
コントラスト感度関数　**196**
コントラスト配色　**197**
コンピュータカラーマッチング　33
コンピュータグラフィックス　**197**
コンピュータビジョン　**198**
コンプリメンタリー　**198**
コンプレックスハーモニー　**198**
金碧山水　473

[さ]

サーストンの方法　29
サーマル方式　55
サーモクロミズム　**200**
サーモトロピー　200
サーモトロピック液晶系　200
鰓下腺（パープル腺）　92
再帰性反射標識　**200**
再帰反射　**201**

サイケデリック・カラー　**201**
再興九谷　148
最小自乗法　253, 290, 451
再生　309
最大視覚効率　183
彩度　**201**
最明色　88
サイモンの方法　164
最尤法　261
材料着色　**202**
ザウレス指数　179
サウンダーソン補正　**202**
酒井田柿右衛門 (1596–1668)　75, **202**
酒井抱一 (1761–1828)　492
先染め　**203**
錯視的輪郭　256
酢酸酸繊維素　209
笹色紅　148
撮影用銀塩感光材料　112, 118, 119
撮影ラチチュード　112
サティ，エリック (1866–1925)　386
サブオーディネートカラー　253, 254, 351, 352
サブサンプリング　**203**
サムネイル　32
サリヴァン，ルイス・ヘンリー (1856–1924)　134, 212
3AFC　25
散化　94
酸化焼成　**203**
酸化染料　**204**
酸化チタンコートシリカフレーク　267
酸化鉄パール顔料　383
酸化マグネシウム　397
三原色（絵の具の，減法混色の）　69, 75, **204**
三彩（唐三彩）　**204**
三刺激値　**205**
三刺激値 Y　497, 498
3 次元テクスチャー　385
3 次色　29, 30, 401, 402
3 重項状態　499
参照テーブル　495
三色係数　316
三色説　**205**
3 色調和　30
三色表色系　314, 344
3 色分解撮影方式　**205**
酸性染料　**205**
酸性媒染染料　**206**

索引

残像 **207**, 433, 434
サンタクロースの赤 **207**
三挺杼 65
桟留縞 343
サンプリング定義 397, 398
酸みの色 10, 11
散乱 **208**
散乱係数 149

[し]

試案色 176
CCIC 393, 394
CCIR 502
cGMP 101, 137
CIECAM97s 52, 95, 104
CIE 昼光 322
CIE 昼光イルミナント 265
CIE 白色度式 374
CIE 標準光源 302
CIE 標準分光視感効率 134
CIELAB **209**
CIELUV **209**
CAB **209**
CMOS イメージセンサ 32
CMT アキュータンス 296
GCR **209**
CCD 210
G 値 210
GT 値 210, 211
シーレ，エゴン (1890–1918) 155
JIS 標準色票 **211**
シェイド **211**
JBCC **211**
JPEG **212**
ジェイムス，ロバート (1734–94) 11
シェーディッド・プライマー 294, 295
シェーディング 347, 348
シェッフェの方法 29
シェラトン，トーマス (1751–1806) 440
ジェリコ，テオドール (1791–1824) 233, 508
ジオメトリックテクスチャーリング 385
ジオメトリック・メタメリズム 192
市街距離 312, 313
紫外線 **212**
紫外線硬化塗料 476
紫外放射 **212**
視角 **212**
視覚系の時間応答特性 59

視覚的ファントム 365
視覚的補完 365
視覚妨害効果 459
シカゴ派 **212**
しかみ 149
信楽焼 **213**
時間遅れ 448
時間加重 421, 422
時間周波数特性 59
視感測色方法 **213**
時間対比 **213**
視感調色 214
時間的 MTF 214
時間的加重の効果 414, 415
時間的コントラスト感度（関数）**214**
時間的足し合わせ機能 **214**, 360, 492
時間的分解能 48
視感度曲線 256
時間特性 180
視感度と分光視感効率 **215**
視感反射率 **215**
視感比色 391
視感比色計 391
色域 35, 36, 54
色域マッピング **215**
色価 216
色覚異常 **216**
色覚検出メカニズムの基本軸 90
色覚段階説 **217**
色覚のカーディナル軸 90
色覚モデル **218**
色差 **218**
色彩遠近法 **219**
色彩感情 **219**
色彩球 498
色彩計 **219**
色彩語 240, 241
色彩語彙 240, 241
色彩コロニー **220**
色彩識別能力 214
色彩嗜好 **220**
色彩嗜好と NCS との関連 **221**
色彩嗜好とオストワルト色票系との関連 **221**
色彩嗜好と加齢 **221**
色彩嗜好と条件づけ **222**
色彩嗜好と性差 **222**
色彩嗜好と年齢差 **222**
色彩嗜好とマンセル色票系との関連 **223**

色彩嗜好の経年効果　**223**
色彩嗜好の変遷　**223**
色彩象徴検査　**224**
色彩調節　**224**
色彩調節の変遷　**225**
色彩調和　51
色彩調和色空間　**225**
色彩調和の実験的研究　**225**, 393
色彩調和論　**226**, 393
色彩調和論の類型　**227**
色彩と音楽　**228**
色彩と感情　**230**
色彩と象徴　**230**
色彩の共感覚効果　**230**
色彩の公的連想　232
色彩の自然序列　357
色彩の心理的意味　**232**
色彩の本質　257, 258
色彩反応　506
色彩文化　**232**
色彩モンタージュ　**234**
色彩誘導指針　92
色彩論　**234**
色材配合別規則的配列色票集　239
色材配合別不規則的配列色票集　239
色差計　184
色差線素　144
色差パラメータ　**235**
色相　**235**
色相環の調和　85, 86
色相キャンセレーション法　**235**
色相置換法　448
色相の自然序列　236
色相の自然な明度比　236
色相の自然連鎖　**236**
色相配色　387
色相分割による配色の形式　**236**
色相弁別　376, 377
色素固定方式　105
色素放出方式　105
色聴　**237**
色調　348
色度（値）　**237**
色度格子縞　**238**
色度座標・色の座標　237, 238
色度図　**238**
色度平面　**239**
色度弁別　53, 54

色票と色票集　**239**
識別閾　**239**, 443
識別色差　47
識別性　177, 178, **240**
色別平均在庫日数　117
色名　**240**
色名健忘　37
色名呼称障害　**241**
色名呼称法　111, 112
色面分割主義　160
軸外色収差　38
軸上色収差　38
刺激閾　**242**
刺激間時間間隔 ISI　244
刺激色度　242, 243
（刺激）純度　**242**
刺激純度と輝度純度　243
刺激値直読方法　**243**
刺激頂　244
刺激呈示開始時刻ずれ　**244**
刺激和　237, 238
紫黒光　287
子午光線　389
視細胞　**244**, 274
試作色　176
視軸　**245**
四十八茶，百鼠　75
視準線　245
四神　**245**
視神経　**245**
シスレー，アルフレッド (1839–99)　57
刺青　**246**
視線　245
視線探索法　499, 500
自然観　444
自然光　**246**
自然主義 naturalism　487
自然色　1, 70, 357
自然な調和　357
自然連鎖の法則　226, 227
下塗り　23
七五三　**246**
七福神　**247**
実験者調整法　325
実験心理学　389, 390
実験美学　**247**
漆黒度　90
湿潤堅牢性　205, 206

索引

湿潤堅牢度　206, 207
実用色空間　274
視点場　247
自動車の中塗り・上塗り塗装機とそのシステム　248
自動車補修用色見本帳　396, 397
自動デッサン　259
シナプス終末　125
シニャック，ポール（1863–1935）　57, **248**, 276, 330, 340
シネティシズム（キネティズム）　61
志野（鼠志野，赤志野）焼　249
支配色　351, 352
視物質　249
視方向　245
しみ　349, 350
シミラリティ　196, 369, 370
視野　249
視野欠損　311
シャーベットトーン　**250**, 265
シャガール，マルク（1887–1985）　288
尺度構成　**250**
尺度構成法　276, 277
灼熱　42, 43
錫釉色絵陶器　450
斜交解　55
斜交回転　56
ジャスパー・ウエア　**250**
ジャスパー・グリーン　507
ジャスパー・デップ　250, 251
ジャスパー・ブルー　507
ジャック・イニャス・イトルフ（1792–1867）　439
シャッセリオー，テオドール（1819–56）　507
ジャッド，デイン・ブルクスター（1900–72）　**251**
ジャッド修正　497
ジャッドの色彩調和論　**251**
シャドーマスク　252
シャネル，ガブリエル（1883–1971）　252
シャネルの黒　252
ジャパン・クリエーション　252
シャボン玉の色　253
ジャン＝バティスト＝カミーユ，コロー（1796–1875）　379
シャンブレー　32, 33
11-シス型　249
重回帰係数　253
重回帰分析法　**253**
収縮色　50–52
従属色　253

収束点　217
従調色　253, 254
充塡　254
ジュヴィント，モーリッツ・フォン（1840–1871）　207
シュヴルール，ミッシェル・ユルゲン（1786–1889）　254
シュヴルールの色彩調和論　254
主観色現象　255
主観的等価値（PSE）　**256**, 341
主観的輪郭　256
主義・思想を表す色　**257**
主虹　361
主色光の調和　352
主成分得点　55
主成分分析　**257**
シュタイナー，ルドルフ（1861–1925）　**257**
手沢　288, 289
主調色　351, 352
シュティール，ユーゲント　441
シュトゥック，フランツ・フォン（1863–1928）　126
主波長と補色主波長　**258**
シュブルール　89
シュプレマティズム　**258**, 446
受容野　**259**
シュルー　440
シュルレアリスム　**259**
シュレンマー，オスカー（1888–1943）　373
純紫軌跡　**259**
純紫限界　259
順序尺度　123, 124, 250
純粋失読　241
純度弁別　242, 243
順応　35, 311
順応視野　**259**
順応による知覚色のずれ　39
順応白色　**260**
松煙　90
女王陶器　153
昇華型プリンタ　**260**
上下法　**260**
条件等色　**261**
条件等色指数　261
条件等色対　125, 264, 344, 345
条件等色度　261
条件等色のくずれ　263, 264
小細胞層　41, **261**
定式幕　262
小視野第3色覚異常　262

小視野トリタノピア **262**
焼成方法 203, 204
照度 **262**
情動 230
照度均斉度 263
照度計 262, 263
照度分布 262, 263, **263**
小はがれ 349, 350
商品コンセプト 108
上弁別閾にあたる値 263
照明光条件等色 263
照明と観測の幾何条件 **264**
照明と受光の幾何学条件 382
常用光源 **264**
奨励色 416, 417
昭和の色彩 **265**
ジョーンズ，ジャスパー (1930–) 507
植栽の色 **265**
食の五原色 **266**
食品の色 **266**
植物色素 **267**
植物染料 277, 339
植物の色 **267**
ジョルジョーネ（ジョルジョ・ダ・カステルフランコ）(1477 頃–1510) 64, 331
ジョン・ド・アンドレア 276
シラージュ（黄色明暗法） 130
白髪染め 204
白川静 (1910–) 246
白川英樹 (1936–) 195
シリカフレーク顔料 **267**
白雲母 140
白絵 375
白化粧 **268**
白み－黒み知覚 279
白みと黒み **268**
真空蒸着 **268**
神経節細胞 464, 465
人工マイカ 154
新古典主義様式建築 11
辰砂釉 142, 143
真珠色 **269**
真珠光沢顔料 **269**
進出色 49, 50
神聖比例 81, 82
真性フレスコ 414
新造形主義 **269**
身体彩色 **270**

新表現主義 **270**
シンプリシティー 479
シンボルカラーとシグナルカラー **270**
シンメトリー 378, 379
心理学的連続体 29, 325, 326
心理（精神）物理学的測定法 **271**
心理物理色 41
心理物理量 **271**
心理補色 166, 198
心理メトリック明度 498
神話の色 **271**

[す]

水銀ランプ **273**
推計近似法 261
水晶体 **273**
錐状体細胞 274
水性塗料 481
水性塗料のリサイクルシステム 4
錐体 **274**
錐体 1 色型色覚 216, 217
錐体 2 色型色覚 216, 217
錐体 3 色型色覚 216, 217
錐体空間 274
錐体分光感度関数 **274**
垂直 2 色性 362
水平細胞 464, 465
水平面照度 262, 263
水墨画 **275**, 435
水墨山 275
水墨図 275
スーパーグラフィック 121, 122, 171, 275
スーパーリアリズム **275**
スーラ，ジョルジュ(1859–91) 57, **276**, 330, 339
数量化 I 類 276, 277
数量化 III 類 276, 277
数量化 II 類 276, 277
数量化 IV 類 276, 277
数量化理論 **276**
蘇芳 **277**
スカラー・モーメント 452, 453
杉浦康平 (1932–) 229
SCID **277**
スキャナ **277**
スキャンライン法 **278**
スキュー光線 389
スクリアビン，アレクサンダー (1872–1915) 229
スクリーン線数 **278**

スケ 349, 350
スケール 254, 255
スケルトン **279**
スケルトン・カラー 279
スケルトンブラック法 477
スコット，D. ウォルター 6
錫釉陶器 337
裾濃 103
裾濃威 33
スターリング，ジェームス (1926–92) 412
スタイルズ–クロフォード効果 **279**
スタンダール（マリー・アンリ・ベイル）(1783–1842) 233
図地反転図形 282
図地分離説 426
スティーブンス効果 **279**
スティーブンスのべき法則 **280**
スティル，クリフォード (1904–80) 116
捨て色 **280**, 321
ステラジアン 488, 489
ステンドグラス **280**
ストークの法則 162
図と地 **281**
図と地の分化 281
ストループ効果 **281**
図になりやすい色 **282**
スネークス 74
スネルの式 **282**
スパッタリング 268, 269
スピルバーグ，スティーブン (1947–) 233
スプーンマーケルス 269
スフマート **283**
スプリットコンプリメンタリー **283**
スペクトル **283**
スペクトル応答関数 **284**
スペクトル感度曲線 284, 285
スペクトル軌跡 **285**
スペクトル分解 283, 284
スポーツと色彩 **285**
炭 **286**
墨加刷 209, 210
墨暈 435
墨と墨色 **287**
スムーズネス **287**
スモーキーカラー **287**
スライバー 351
スラブ系の色 **288**
摺箔 144

スルバラン，フランシスコ・デ (1598–1664) 381
擦れ・古び・枯れ **288**
スレン染料 314

[せ]

正暈繝 66, 67
青花 165, 304
正確な色再現 **290**
正規グラフ法 **290**
正規補間法 **290**
聖キャサリンの赤 **290**
生産色 176
青磁 **291**
静止網膜像 **291**
正色 434
清色 333
静電潜像 338
静電塗装 **292**
正透過 93
聖パトリックの緑 **292**
正反射率 **292**
生物ルミネセンス 162
正の残像 207
西洋占星術の色 **292**
生理的補色 436
セヴェリーニ，ジーノ (1883–1966) 451
ゼーゲル式 476
セーブル王立磁器製作所 440
赤外線 **293**
赤外放射 **293**
赤紫線 259
赤像式陶器 7
積分球 **293**
赤緑色対立型細胞 261, 262
セグメンテーション 74, 490
セザンヌ，ポール (1839–1906) 57, 138, **293**, 403, 444
雪花絞り 435
炻器 410
セッコ 414
絶対閾 242
折衷主義 **294**
節点 245
セットアップ作業 277, 278
セットグレー **294**, 295
z 値 451
セット中塗り 34, 35, **294**, 319
Z–バッファ法 **295**

CEPS 331, 332
瀬戸（黄瀬戸，瀬戸黒，黒織部）焼 **295**
ゼネフェルダー，アロイス (1771–1834) 424
セパレーション（分離） **296**
セラミック板 397
セルウィンの粒状度 490
セルマイヤーの式 282, 283
セルロース 209
セルロース・アセテート 209
セルロース・アセテート・ブチレート 209
ゼログラフィー 338
繊維の着色 **296**
鮮鋭度 **296**
線遠近法 219
前額平行面 462
旋光性 362
全色盲 216, 217
染色 297, 398
染色堅牢度 156, 157, 168, 510
染色速度 297
染色レーキ 500
線数メータ 278
線スペクトル 284
漸増 152
選択拡散 93
洗濯堅牢度 172
選択的色順応 **296**
染着機構 **297**
染着平衡 297
先天色覚異常 216, 217
先天青黄色覚異常 216, 217
先天赤緑色覚異常 216, 217
先天停在性夜盲 474
先天盲開眼者 90, 91
千利休 (1522–91) 12, 320
先媒染 8
鮮明度光沢度 183, 184
専用中塗り 294, 295
染料 128, 129

[そ]

相関係数行列 56, 57
相関色温度 322
双極細胞 125, 464, 465
総合主義 **298**
像構造特性 296, 490
総合的キュビスム 138
相互反射 **298**

走査線 58
走査線数 69, 75, 76
層状モデル 364
騒色 **298**
騒色公害 298, 299
装飾古墳 **299**
装飾品 353
像鮮鋭度 **300**
像鮮明度 **300**
相対分光感度 284, 285
相対分光分布 419, 420
相対弁別閾 63
宗達光琳派 **298**
ソウデン，ジョージ・J. 463
増分閾 457
増分閾値 **300**
増分閾法 **300**
ゾーニング **301**
測光標準観測者 418, 419
測色的色再現 **301**
測色標準観測者 **301**
測色補助標準観測者 301, 302
測色用光源 **302**
測色量 **302**
促進耐候試験 308
測定誤差 26
側抑制 **302**
素三彩 204
測光標準 303
測光標準電球 **303**
測光量 **303**
ソットサス，エットレ (1917–) 233, **303**, 463
外暈 435
染付 **304**
染付磁器 461
染付けレーキ 500
ソリッド系塗料 92
ソリッドテクスチャリング 334

[た]

ダ・カルビ (1480 頃–1520 頃) 130
タータン・チェックの色 **305**
ダートナルの標準曲線 **305**
ターナー，ヴィクター・ウィッター (1920–88) **305**
ターナー，ジョーゼフ・マラード・ウイリアム (1775–1851) 233, **306**, 509
第 1 色覚異常 216, 217
第 1 色弱 216, 217

第1種分光測光器　467, 494
対応色　**306**
対応する色再現　**307**
大気遠近法　219
大規模建築物等　307
大規模行為の色彩　**307**
耐光堅牢度　172
耐光堅牢度評価　156, 157
耐候性　**307**
耐光性　307
大細胞層　41, **308**
第3色覚異常　216, 217
第3色弱　216, 217
耐酸性雨塗料　**308**
耐酸塗料　308
体質顔料　**308**
代赭隈　149
対照　196
対照色相配色　387
大正の色彩　**309**
対照の調和　225, 226, 387
褪色　**309**
対数法則　280, 402
ダイナミック・ランダム・ドット　485
第2色覚異常　216, 217
第2色弱　216, 217
第2種分光測光器　467, 494
大脳視覚前野（V2, V4野）　**309**
大脳視覚野（V1野）　**310**
大脳視覚領（下側頭皮質（IT野））　**310**
大脳性色覚異常　**311**
大脳性色覚障害　241
ダイノード　184
ダイノードフィードバック法　178, 179
大脳皮質1次視覚野　261, 262
対比　**311**
対比（contrast）　452, 453
対比光沢度　183, 184
対比色　18
対比の調和　254, 255
タイプI型細胞　261, 262, 361
タイプII型細胞　261, 262
対立　196
タウト, ブルーノ (1880–1938)　220, **312**
タウンゼント　6
ダウンフロップ性　412
高畠華宵 (1891–1966)　309
高松塚　299, 300

卓上電子出版　331, 332
濁色　333
竹原古墳　299, 300
竹久夢二 (1884–1934)　309
武満徹 (1930–96)　229
足し合わせ係数　**312**
多次元尺度構成法　**312**
多重干渉　123
脱分極　101
建築染料　**313**
縦の色収差　38
タトリン, ウラジミール (1885–1953)　181
ダブルクリアコート　427
玉鋼　286
玉虫色　192
玉虫効果　32
ダ・メッシーナ, アントネッロ (1430–79)　64
為永春水 (1790–1843)　27
たらしこみ　314, 436
ダリ, サルバドール (1904–89)　259
タルボ–プラトーの法則　414, 415
たるみ　349, 350
タレ　349, 350
タレル, ジェームス (1941–　)　88
俵屋宗達 (1558–1637)　172, **314**, 492
単一変数の原理　**314**
丹絵　314, 315
丹絵と紅絵　**314**
段階　152
段階比較法　134
端午の節句　**315**
単彩明暗画　130
単純上下法　261
単純接触の効果仮説　222
単純調和　357
誕生石　**315**
暖色　50
単色記法と三色記法　**316**
単色光　316, 317
単色光軌跡　285
単色光束　215
単色放射　**316**
単色放射束　215
反染め　12
タンニン酸第二鉄　87

[ち]

地域景観　442

索 引

地域色　**318**
チェーンドット　14
チェンニーニ，チェンニーノ（1360 頃–1440 頃）
　　318
知覚確率　94
知覚的充填　254
知覚の分解能　239, 240
蓄光顔料　**318**
秩序の原理　226, 227, 251, 252
チッピング　**319**
地方色　318
着色アルマイト　143
着色アルミニウム顔料　**319**
着色抜染　377
着色防染　435
着色マイカ顔料　**319**
チャップ　435
茶の湯と色　**319**
茶髪　**321**
中型　435
中間混色　101, 102
昼光　**322**
昼光軌跡　**322**
昼光色　164
中国の皇帝の色　**322**
中差色相配色　387
中秋節　**323**
中心窩　**323**
中性点　**323**
中性濃度フィルタ　**324**
中世の色彩象徴　**324**
昼白色　164
チョーキング　349, 350
調査法　415
調子　348
調色　33
調整法　139, **325**
丁度可知差異　431
調和　216
直接グレア　155, 156
直接色素沈着効果　212
直接式熱風乾燥炉　124
直接尺度構成（法）　**325**
直接比較法　9, 13, 14, 27, 180
直線補間法　**326**
直交解　55
直交回転　56
ちらつき（フリッカー）　402, 403

沈静色　50
チント　333

[つ]

堆漆　173
堆朱　173
通過儀礼　305, 306
通過儀礼の赤と白　**327**
ツートーン・カラー　**327**
通様相性　72, 73, 465, 466
継紙　**327**
つくり絵　169, 473
辻が花（一竹辻が花）　**328**
土の色　**328**
筒描　399
ツヤ　210, 211
艶墨　146
釣り合い　378, 379

[て]

ディアギレフ，セルゲイ（1872–1929）　380
ディアズ・ド・ラ・ペーニャ　(1807–76)　379
低圧水銀ランプ　164
TFT　69
ディヴィジョニズム（分割主義）　**330**
ティエポロ，ジャンバッティスタ（1696–1770）　64
帝王紫　92, 93, 345, 346
ディザ　171
ディザ法　188, 189
DCT　212
DG フィルタ　133
ディジタルイメージ　197, 198
ディジタルカメラ　**330**
ディジタル・モックアップ　467
ディスク膜　125
ディスプレースメントマッピング　385
ティツィアーノ，ヴェチェリオ（1490 頃–1576）　64,
　　330
ティッシュ・エフェクト　**331**
DTP　**331**
定番色　**332**
DPCM　97
ティファニー，チャールズ・ルイス（1812–1902）　332
ティファニー・ブルー　**332**
ティラー，ジュラルド　463
ティリアン・パープル　92, 93
ディレクションカラー　**332**
ティンテッド・クリアーコート　107

ティント **333**
デカルコマニー 259, 506
適応型限定色表示 171
適応的精神物理学 261
デ・グールモン，レミ (1858–1915) 233
テクスチャー **333**
テクスチャーマッピング **334**
テクセルマッピング 385
デ・ステイル 269, **334**
鉄漿 87
テトラクロマティスム 335
デバイス依存色 **335**, 335, 336
デバイス独立色 **335**
デバイス独立色空間 386
デバイスプロファイル **336**
デプスバッファ法 295
デュシャン，マルセル (1887–1968) 88, 89, **336**
デュシャン＝ヴィヨン，レーモン (1876–1918) 336
テュン，マッテオ (1952–) 463
返り量 435
デルフト製ファイアンス 337
デルフト陶器 **337**
電界発光 78
電気泳動塗装 23
電気鍍金法 460, 461
電球色 164
天候による色の見えの変動 337
電子写真 **338**
電子遷移 **338**
電車の色 **339**
天上の青 440
展色剤 **339**
電着塗装 23
電着プライマー 410
伝統色 150, 151, 353
天然染料 **339**
点描 **339**
テンペラ **340**
天目釉 188
電話機の色 **340**

[と]

ドア・ロバート (1905–75) 106
ドイツ工作連盟 **341**
同一（identity） 452, 453
同一色相配色 387
投影濃度 423
投影法テスト 224

ドゥースブルフ，テオ・ファン（クリスティアーン・エミール・マリー・キュッペル）(1883–1931) 269, 270, **334**, 487
等エネルギー白色 238
等エネルギー白色光 132
同化 80, 331, 454
透過型方形分布 88
透過色 346
等価値 **341**
等価な色再現 **341**
透過濃度 423
透過ヘーズ 93
透過率 **342**
等間隔量子化 98
等輝度 180
等輝度光の閾値 48
道教の色 **342**
同系色の濃淡配色 348
同系の調和 387
道化の配色 **343**
瞳孔 122
投光照明 482
等黒系列の調和 85, 86
豆彩 34, 188
唐桟 **343**
唐三彩 204
等色相線 **343**
同時対比 254, 255, 331
同時比較と継時比較 **344**
東洲斎写楽 140
等純系列の調和 85, 86
等色 **344**
等色関数 **344**
等色差 83
等色相断面 348, 393, 394
等色と同色 **344**
等色方程式 **345**
同心円型受容野モデル 369
導電糸 195
導電性繊維 195
等白系列の調和 85, 86
ドゥ・パスキエ，ナタリー 463
銅フタロシアニン 407
動物・昆虫の色覚 **345**
動物染料 339
動物の色 **345**
動物の色素 **346**
等分散量子化 98

透明視　346
道路景観と色彩　346
透明表面色　42, 43
透明面色　42, 43, 146, 147
ド・ヴラマンク，モーリス (1876–1958)　444
トゥルーズ＝ロートレック，アンリ・ド (1864–1901)　455
トータルソリッド性分　368
トーナル配色　347
ドービニー，シャルル＝フランソワ (1817–78)　379
トーランス–スパロウモデル　347
道路交通法施行令　184
トーロップ,(テオドール・ヨハネス）ヤン (1858–1928)　155
トーン　348
トーン・オン・トーンとトーン・イン・トーン　348
トーンドミナント　445
ドガ，エドガー (1834–1917)　57
特異さのない組合わせ　166
特異な組合わせ　166
特色印刷　55
特徴空間　490
特徴ベクトル　110, 151
土佐光信（？–1522)　474
都市環境の色彩　121
都市計画法　349
都市景観　442
塗装　398
塗装の不具合　349, 412
塗装膜厚　350
ドットゲイン　350
特発性夜盲　474
凸版印刷　351, 423, 424
トップコート　268, 269
トップ染め　351
トナー　338
ド・ピール，ロージェ(1635–1709)　381
飛び越し走査　58
Dubseg 比色分析　391
塗膜の研磨方法　351
塗膜平滑性　287
ドミナンス　479
ドミナントカラー　351
ドミナント・トーン　352
ドミンゲス，オスカル (1906–57)　259
ドラクロワ，ウジェーヌ (1798–1863)　147, 192, 233, 352, 508, 509
トラディショナルカラー　353

ドラローシュ，ポール (1797–1856)　507
ドラン，アンドレ (1880–1954)　403, 444
トランスペアレント　279
トランスルーセント　279
トリコロール　353
ドリッピング　9
トリムカラー　353
塗料循環装置　354
塗料で使用する独特な色用語　354
塗料の色　354
塗料用標準色見本帳　396
トルコ赤　8
トレンドカラー　355
ドローネー，ソニア (1885–1979)　89
ドローネー，ロベール (1885–1941)　89, 138, 157, 355
トロピカル・デコ　356

[な]

内顆粒層　465
ナイキスト周波数　45, 46, 96, 97, 398
内視現象　412
内節　125
内装色　91, 92
内板色　439
内部光電効果　185, 403
内部着色　202
内部透過率　342, 486
内部量子効率　77
流れ　349
なじみの原理　226, 236, 251, 357
ナスト，トーマス (1840–1902)　207
ナタリア・セルゲェヴナ，ゴンチャロヴァ(1881–1962)　500
ナチュラルカラー　357
ナチュラル・カラー・システム　75
ナチュラルハーモニー　357
捺染　357
ナトリウムランプ　357
70 年代のアースカラー　358
鍋島焼　42
奈良三彩　204
奈良時代の色彩　358
南蛮の色彩　359

[に]

2AFC　25, 242
二液硬化型塗料　360

二液塗装　360
匂　95
匂い　103
濁し手　203, 374
にごりクリアー　107
2C1B　439
2 刺激光の相互作用　360
2 刺激法　244
2 次色　29, 55, 401, 402
虹の色　361
二者比較法　29
二重職務仮説　361
二重反対色型細胞　361
二重反対色型特性　259
2 色閾値法　361
2 色性　362, 371
2 色性反射モデル　362
2 色調和　29, 30
二挺杵　65
二定数法　149
2 分光器法　164
2 分視野　362, 396
2 方向反射（または透過）率分布関数　124
日本色彩研究所　363
日本照明委員会　187
日本流行色協会　363
ニュートン，アイザック (1642–1727)　233, 363
ニュー・ペインティング　270
ニューマン，バーネット (1905–70)　116
ニューラルネットワーク　364
如法色　434
二硫化モリブデン顔料　364
認知的輪郭　256

[ぬ]

縫箔　144
塗り肌感　287
ぬれ　420

[ね]

ネオン色拡散　365
ネオンカラー効果　365
ネグロイド系の色　365
熱重合乾燥塗装　473
熱昇華性染料　260
熱放射　293
練りこみ　202
念紙　286

[の]

ノイゲバウアーの式　366
ノイズウィーナースペクトル　490
濃度　366
能動画素型　32
禾目天目　188
野々村仁清　367
飲み物に使用される色素　367
ノルマン系の色　368
ノンインタリーブ　212
ノンパラメトリック上下法　261
ノンフォトリアリスティックレンダリング　504
ノンボラ　368
ノンボラタイル・コンテント　368
ノンリーフィングタイプ　15, 174

[は]

パーキン，ウィリアム・ヘンリー (1838–1907)　182
バーゼリッツ，ゲオルク (1938–)　270
パーソナルカラリスト　120
パーソナルコンサルタント　120
ハートビル法　369
ハーフ・レース　413
ハーマン格子錯視　369
ハーモニー（調和）　369
パールマイカ顔料　370
パーレン　259
パーレン，ヘンドリク・ファン　61
バーン＝ジョーンズ，エドワード (1833–98)　386
バイエル，ヨハン・クリストファ　414
灰色仮説　370
バイカラー　390
バイカラー顔料　267
バイカラー効果　371
配管識別　371
背景色置換　274, 275
背景色置換法　297
配光測定装置　383
配色の感情価　225, 226
配色の美度　225, 226
ハイソリッド型塗料　371
ハイソリッドラッカー　484
ハイディンガーブラシ現象　372
ハイパーテクスチャーリング　385
パイパーの法則　488
ハイパーリアリズム　275
π–π^* 遷移　338

π メカニズム **372**
バイヤー　4
倍率の色収差　38
バウハウス　**373**
バウンディングボリューム法　499
はがれ　350
箔　328
白化　350
白画　375
白瓷　373
白磁　**373**
白磁器　425, 426
白色　164
白色点　242, 243
白色度指数　374
白色度と黄色度　**374**
白色抜染　377
白鳥のセルヴィス　441
白陶　374
白熱電球　**374**
白描絵巻　375
白描画　**375**
薄膜 EL　78
薄膜干渉　123
薄明視　375
パステル　**375**
パステルトーン　375, 376
肌色　**376**
バッティング　27, 313
パチェーコ，フランシスコ (1564–1654)　427
破調　333
波長弁別関数　**376**
発光失活過程　163
発光色　136
発光ダイオード　**377**
発色団説　40
発色団と助色団　**377**
抜染　**377**
抜染糊　377
バッチ染め　296
バット染料　314
花の色　**377**
ハヌノー族の色カテゴリー　**378**
葉の色　**378**
ハフ変換　74
ハフマン符号化　97
ハミルトン，リチャード (1922–)　437
ばら毛染め　296

パラコントラスト　459
バランス（均衡）　**378**
バランスポイント　228, 452
ハリス，モーゼス　306
バリマックス回転　**379**
パルヴィ細胞経路　41
貼る塗料　441
バルビゾン派　**379**
バルラ，ジャーコモ (1871–1958)　451
バレエ・リュス　**380**
ハレとケの色　**380**
バレンタインデーの色　**380**
ハロゲン電球　**380**
ハロゲンランプ　381
バロックの色彩　**381**
瘢痕　246
反射　282, 283
反射および透過物体色の測定方法　**381**
反射グレア　155, 156
反射光の空間的分布　183
反射光の時間的分布　183
反射濃度　423
反射ヘーズ　300
反射モデル　**382**
反射率　**383**
板状酸化鉄　**383**
ハンソン，ドゥエイン (1925–96)　276
反対色　**383**
反対色応答　261, 262, **384**
反対色型特性　259
反対色過程　235, 236
反対色過程の平衡点　343, 344
反対色チャンネル　41, 59, 180, 244, 343, 376, 492, 497
反対色平衡点　235, 236
反対色理論　111, 112, 424
判断色　139
半値角　93
ハント効果　**384**
バンドパス型　214
販売時点情報管理　436, 437
半抜染　377
反復　487, 488
バンプマッピング　**385**

[ひ]

ビアズリー，オーブリー (1872–98)　23, 155, **386**
ピアノ，レンツォ (1937–)　1, **386**

索引

PEST 法　261
PS ファイル　331, 332
B/L 比　428, 429
ピーコック革命　507
PCS　**386**
PCCS　**386**
PCCS の色相配色　**387**
ピーター，スミッソン (1923–)　412
PWC　427
PWC と PVC　**387**
PTF　76
PTFE 圧着面　124
ビードロ（ガラス）釉　213
ピーリング　349, 350
ピエゾ方式　54, 55
美学　247
比較刺激　101, **388**
比較判断の法則　29
ピカソ，パブロ (1881–1973)　138, 181, 380, 394
ピカビア，フランシス (1879–1953)　89
光　**388**
光退色　**388**
光の分散　361
光ファイバー　**389**
美観地区　**389**
非計量多次元尺度法　312, 313
被験者　**389**
被験者調整法　325
ピコロール　**390**
ピサロ，カミーユ (1830–1903)　57, 293, 455
ビザンティンの色彩　**390**
比視感度　418, 419
ビジュアライゼーション　197, 198
ビジュアル・マーチャンダイジング　**390**
微小分光測光法　**391**
比色　**391**
比色計　**391**
比色分析　391
非選択拡散　93
備前焼　**391**
非対称カラーマッチング法　**392**
火襷　**392**
ビタミンカラー　10
左方　406
ピッティ・フィラティ　**392**
ピッティ・イマジネ・フィラティ　393
美度　**393**
ビトロライト　382, 397

雛祭（桃の節句）　**393**
非発光色　129, 453
ビヒクル　339
被覆力　59
火間　167
ヒュー・アンド・トーン　**393**
ピュリズム　**394**
評価性　41, 104, 131
表現主義　**394**
非溶剤系塗料　481
標識色　24, 25
標識板　21
標準イルミナント　**395**
標準光源　177
標準光源と常用光源　**395**
標準色票　**396**
標準刺激　**396**
標準色　**396**
標準土色帖　328, 329
標準白色面と常用標準白色面　**397**
標準比視感度　418, 419
標準分光視感効率　183, 185, 418, 419
標準分光視感効率 $V(\lambda)$　308
評定尺度法　**397**
漂白　374
標本化定理　**397**
表面色　**398**
表面着色　**398**
比率　416
比率尺度　123, 124, 250
ビリヤード・グリーン　265
ヒルシュフェルト＝マック，ルートヴィヒ (1893–1965)　373
ビレン，フェーバー (1900-88)　204, 225, **398**
紅型　**399**
ビング，サミュエル (1838–1905)　3
品質評価　127
ヒンドゥー教の色　**400**

［ふ］

ファースト・デイ・ベース　411
ファッションカラー　**401**
フィールド，ジョージ (1777-1854)　17, **401**
フィールドの色彩調和論　**401**
フィッシャー，テオドール (1862–1938)　312
V4 野　311
フィル・イン　331
ブーグロー　444

フーベルト　411
フーリエ逆変換　59
フーリエ変換　59
フェヒナーカラー　255, 256
フェヒナー，グスターフ・テオドール（1801-87）
　　247
フェヒナーの法則　**402**
フェリー=ポーターの法則　**402**
フェルメール・ファン・デルフト，ヤン（ヨハン）
　　(1632-75)　487
フォーヴィスム　**403**
フォーカル色　99, 131
フォークロア　73
フォード，ヘンリー（1863-1947）　233
フォスター，ノーマン（1935-　）　1
フォト・リアリズム　275
フォトダイオード　**403**
フォトリアリスティックレンダリング　504
フォトルミネセンス　162
フォトYCC色空間　**404**
フォ・ユニ　**404**
フォーンシェーディング　404, 405
フォーンモデル　**404**
フォン・クリース色順応メカニズム　**405**
フォン・クリース系数法則　405
フォン・クリース変換　405
フォンタナ，フラミニーノ　461
フォンタレンティ，ベルナルド　461
ブオン・フレスコ　414
不快グレア　155, 156
不快グレア評価方法 UGR　155, 156
富嶽三十六景　99
舞楽装束の色彩（襲装束の色彩）　**406**
不完全鏡面反射モデル　347, 348, 404, 405
不完全順応　260, **406**
不規則的配列色票集　239
蕗谷虹児（1898-1979）　309
不揮発性分　368
不揮発分　368
副虹　361
複合堅牢度試験法　172
複合退色　388
複合標識　19
副尺視力　239, 240
符号化特性　404
フサール，フィルモス（1884-1960）　334
フタロシアニン　**407**
フタロシアニン顔料　407

フタロシアニングリーン　407
フタロシアニン・フレーク　**407**
ブツ　349, 350
普通形　164
復活祭　23
仏教の色　**407**
プッサン，ニコラ（1593-1665）　381
物体色　**408**
物体色の見え　**408**
物体色立体　88
物理的補色　436
物理補色　198
ぶどう膜　121
不透明度　59
負の混色　**408**
負の残像　207, 213, 214
腐筆　286
不変波長　**409**
踏切の色彩　**409**
フュマージュ　259
ブライトネス　119
プライマー　**410**
ブラウン管　413
プラスチックの色　**410**
ブラック，ジョルジュ（1882-1963）　138
ブラックアウト　**410**
ブラック・バサルト　**410**
ブラッドリー=テリーの方法　29
フラボン　267
フランク系の色　**411**
プランクの放射束　187
プランクの放射体　187
フランケンサーラー，ヘレン（1928-96）　116
ブラン，シャルル　192, 353
フランドル絵画の特徴　**411**
プリ・トリートメント　**411**
ブリーチング　465
フリードリヒ，カスパー・ダーヴィト（1774-1840）
　　508, 509
ブリス，アーサー（1891-1975）　229
ブリスター　350
プリズム　421
フリッカー弁別　214
フリップフロップ効果　**412**
プリニウス（23-79）　501
ブリュッケ=バートレー効果　414, 415
プリント染め　296
プリンモデル　347

索引

ブルーアーク現象　**412**
ブルーアンドホワイト　304
ブルーオンイエロー視野計測　37, 38
ブルースター角　143, 246
ブルータリズム　**412**
ブルー・フルーテッド　**413**
ブルーベース　106, 107
ブルーラリズム（多元主義）　**413**
フルカラーディスプレイ　**413**
プルキンエ現象　**414**
プルシャン・ブルー　5, 429
古田織部（1544–1615）　12, 89
ブルトン，アンドレ（1896–1966）　259
プルプラ　44
フルブラック　477
フル・レース　**413**
ブルンスウィク指数　179
フレークト・フタロシアニン　407
プレート　21
フレーム・レッド　265
プレーン　**413**
フレスコ画　**414**
フレネルの式　148, 292
フレネル反射　139
フレネル反射率　143
ブロイアー　233
フローラ・ダニカ　**414**
ブロカーズルツァー効果　**414**
プロセス印刷　55
プロセティック連続体　235, 244
プロダクトクリニック　**415**
フロッグ・サービス　153
ブロックの法則　**415**, 422, 492
プロトタイプ　131
プロビット値　416
プロビット法　**415**
プロフィール，セマンティック　72, 73
ブロブ　310, 361
プロポーション（比例）　**416**
プロモーションカラー　**416**
ブロンジング　362, **417**
文学と色　**417**
分割手法　339
分割線　**417**
分極性　166
分光応答度　284
分光応答度偏差　243, 494
分光感度　**418**

分光感度曲線　305
分光輝度計　285
分光吸光度　137
分光視感効果度　**434**
分光視感効率　**418**
分光視感効率曲線　284
分光測色方法　**419**
分光の色再現　**419**
分光反射率　477
分光分布　**419**
分光方式　219, 220
粉彩　188
分散　**420**
分散形有機 EL　78
分散型分光器　467
分散染料　**420**
分散素子　**421**
分子軌道法　40
文身　246
分析的キュビスム　138
ブンゼン−ロスコーの法則　**421**
粉体クリアー　135
粉体塗料　**422**
分離派　3

[へ]

平安時代の色彩　**423**
平均照度　263
平均昼光　395
平衡　379
平行光濃度と拡散光濃度　**423**
平行 2 色性　362
併置加法混色　55
併置混色　102
平版印刷　**423**
平面回折格子　421
平面角　489
ペイント　186
ヘウイット説　40
ペヴスナー，アントワーヌ（1886–1962）　181
ベーシックカラー　332
ベースカラー　109, 114, 117, 351, 352
ペーブメント・カラー　**424**
ヘーリング，カール・エドワード・コンスタンティン（1834–1918）　**424**
ベーレンス，ペーター（1868–1940）　448
碧玉手　250
ヘクト　25

ペシェ, ガエタノ (1939–) 438
ベツォルトの拡散効果 425
ベツォルトの同化現象 425
ベツォルト–ブリュッケ・ヒューシフト **425**
ベットガー, ヨハン・フリードリッヒ (1682–1719) **425**, 441
ベッドガー炻器 441
ベッリーニ, ジョヴァンニ (1433–1515) 64
heterochromatic flicker photometry 180
ベナリー効果 **426**
紅入り藍型 399
紅雲母 140
紅隈 149
紅摺絵 315
ベネトンのカラー計画 **426**
ヘミキューブ法 503
ベラスケス, ディエゴ・ロドリゲス・デ・シルバ (1599–1660) 381, **427**, 487
ヘリコーン 267, **427**
ヘルソン–ジャッド効果 **427**
ヘルツ, エルウィン・フォン (1849–1913) 246
ヘルツェル, アードルフ (1853–1934) 341, 373
ベル塗装 68
ベルナール, エミール (1868–1941) 160, 298
ベルニーニ, ジャン（ジョヴァンニ）・ロレンツォ (1598–1680) 381
ヘルムホルツ, ヘルマン・ルードヴィヒ・フェルデナンド・フォン (1821–94) **428**
ヘルムホルツ–コールラウシュ効果 **428**
ヘルムホルツの照明差し引き説 167
ベルリンブルー 429
ベロ藍 **429**
ペロー, クロード (1613–88) 381
ヘロルト, ヨハン・グレゴール (1696–1776) 441
変角測色 **429**
変化刺激 **429**
べんがら（弁柄・紅殻）**430**
変換符号化 97
変形上下法（UDTR 法）261
偏光 **430**
偏差長円 144
変色と退色 **430**
偏色判定 **431**
ベンソン, W.A.S. 151
変調伝達関数 197
ベンハム・トップ **431**
ベンハムカラー 255, 256
弁別閾 **431**

[ほ]

ボイスィ, アネスリー 151
ホイッスラー, ジェームス・アボット・マクニール (1834–1903) 386, **433**
方位色 **433**
方位随伴性色残効 **433**
法衣の色 **434**
放射エネルギー 434
放射輝度係数（または輝度係数）124
放射強度 434
放射光度 271
放射束 271, 434, 435
放射の視感効果度 **434**
放射発散度 435
放射量 **434**
宝石の色 **435**
法線 246
防染 **435**
法線照度 262, 263
防染糊 435
膨張色 50–52
ホードラー, フェルディナンド (1853–1918) 155
BOLD 法 76
ぼかし（暈し）**435**
北斎漫画 99
保護色 59
補色 **436**
補色残像 29
補色波長対 436
補助色 18
補助標識 20
補助標準イルミナント 132
補助プライマー 410
POS カラーコード **436**
POS バーコードの色 **436**
ポスト・モダンの色彩 **437**
ボス, ヒエロニムス (1450 頃–1516) 411
ボッチョーニ, ウンベルト (1882–1916) 451
ポップ・アート **437**
ポップ・デザイン **438**
北方ルネサンスの色彩 **438**
ボディーカラー **439**
ボディペインティング 246
ホフマン, ハンス (1880–1966) 10
ホフマン, フランツ 312
ホフマン, ヨーゼフ (1870–1956) 61
頬紅 **439**

ポポーワ, リュボフイ 259
HOMO 133, 338, 339
ポリクロミー **439**
ポリクロメータ 467
ほりもの師 246
ボリュームレンダリング 504
ホロウィッツ 356
ホログラフィック回折格子 421
ポロック, ジャックス (1912-56) 9, 10
ホワイトカラーとブルーカラー **440**
ホワイト・グッズ 9
本阿弥光悦 (1558-1637) 75, 172, 314
本質的補色主義 451
ポンパドゥール・ピンク **440**
ポンペイス・グリーン **440**
ポンペイス・レッド **440**
ポンペイ壁画 **440**

[ま]

マーキングフィルム **441**
マードック, ピーター 438
マーロー, フィリップ 233
マイカ 154
マイカカラー 174
マイセン人形 441
マイセン窯 **441**
毎メガケルビン 34
前処理 412
マクサル(の色知覚) **441**
マグニチュード推定法 25, 26
マグノ細胞経路 41
マクラウド-ボイントン空間 274
マグリット, ルネ (1898-1967) 259
マコウスキー, ウラジミール (1846-1920) 386
マスキング関数 459
マスク刺激 459
マズロー, エイブラハム (1908-70) 6
街並景観 161, **442**
マッカロー効果 434
マッキントッシュ, チャールズ・レンニー (1868-1928) 3, 61, 151, **442**
マックアダムの楕円 **443**
マックス, ピーター 506
マックスウェリアン・レンズ 443, 444
マックスウェル, ジェームズ・クラーク (1831-79) 102
マックスウェル視光学系 **443**
マックスウェル方程式 148, 282

マッソン, ミハイル (1897-?) 259
マッチュ, フランツ (1861-1942) 155
マッチング法 256, 396
マッハ効果 444
マッハの帯 444
マティス, アンリ (1869-1954) 380, 403, **444**, 446
マテユウ, ジョルジュ(1921-) 21
マドンナブルー 66
マネ, エドゥワール (1832-83) 433
眉墨 444
眉テンプレート 445
マヨリカ 445
マリネッティ, フィリッポ (1876-1944) 451, 500
マルク, フランツ (1880-1916) 126, 157
マルチカラー効果 371
マルチカラー配色 **445**
マルチチャンネルカメラ 445, 446
マルチバンドカメラ **445**
マレーヴィッチ, ウラジミール 288
マレーヴィッチ, カシミール (1878-1935) 61, 181, 258, **446**
マロリー 23
マンセル, アルバート・ヘンリー (1858-1918) **446**
マンセル表色系 **447**
曼荼羅 **447**

[み]

ミース, ファン・デル・ローエ, ルートヴィヒ (1886-1969) 373, **448**, 495
見えの持続 **448**
右方 406
右同名性半盲 241
ミケランジェロ・ヴォナローティ(1475-1564) 123, **448**
水暈墨章画 436
水引の色 **449**
ミッソーニ, オッタヴィオ (1921-) **449**
三つ割りの法 99
緑の服 **450**
ミドルソリッド 368
ミドルソリッド型塗料 372
ミナイ手 **450**
ミバルティー **450**
宮崎友禅斎 75, 477
ミューラー―アーバン法 **451**
ミューラの重み 451
未来派 **451**
ミレー, ジャン=フランソワ (1814-75) 379

ミレッド　34
ミロ，ジョアン (1893–1983)　259

[む]

ムーブメント　152, 504
ムーン–スペンサーの色彩調和論　452
無関連色　453
無彩色と有彩色　453
無彩色の調和　86
ムテージウス，ヘルマン (1861–1927)　341
無放射失活過程　163, 499
斑濃威　33
ムリーリョ，バルトロメー・エステバン (1617–82)　381
室町時代の色彩　453
ムンカー=ホワイト効果　454
ムンク，エドワルド (1863–1944)　394, 454

[め]

メイアー，トビァス　45
名義尺度　123, 250
迷光　456
迷彩色　456
名辞主義（ノミナリズム）　337
明治の色彩　456
明順応（閾値）　457
明色　17
明所視　457
明清色　333
明度　458
明度関数　209
明度係数　458
明度の恒常性　458
明瞭性の原理　227, 251
メインカラーとサブカラー　458
メカニカルドットゲイン　351
珍敷塚古墳　299
メタコントラスト　459
メタセティック連続体　235, 244
目立ちやすさ　459
目立つ色の組合わせ　460
メタメリック・マッチ　149, 344, 345
メタリックカラー　15
メタリック顔料　15
メタリック系塗料　92
メタリック色　143
メタリック・ベル　92
メタルハライドランプ　460

メタルムラ　349
鍍金　268, 269, 460
メディチ磁器　461
メトリック・カラフルネス　119
メトリック量　461
メムリンク (1430 頃–1494)　411
メラニン色素　461
メロ，フランコ　438
面色　136, 462
面積効果　462
メンフィス　463

[も]

モアレ　464
盲点　464
網膜　464
網膜視物質濃度測定　465
網膜照度　465
網膜神経節細胞　245, 246
毛様小体　273
毛様体筋　273
モーザ，コロマン (1868–1918)　61
モード　42, 43, 129
モーブ　78
モーメント・アーム　452
モーリス，エミール　77
目視調色　214
木炭デッサン　286
モダール間現象　465
モダニズム　448, 495
モダリティー　121
モダン・スタイル　151
モダンの色彩　466
モックアップ　467
没骨法　275
モットリング　350
モデュロール　416
モネ，クロード (1840–1926)　57, 487
モノクローム　467
モノクロミー　439
モノクロメータとポリクロメータ　467
モノトーン　467
物に由来する色の意味　468
喪服の色　469
モホリ=ナジ，ラースロ (1885–1946)　181, 469
模様染め　399
モラ　470
モリス，ウィリアム (1834–96)　1, 470

モル吸光係数　486
モルフォクロス　**471**
モロー, ギュスターヴ (1826–98)　444
モンゴロイド系の色　**471**
紋章の色　**471**
モンドリアン, ピート (1872–1944)　61, 269, **472**

[や]

ヤウレンスキー, アレクセイ・フォン (1864–1941)
　126
焼付け（ベイク）　473
焼付け塗装　**473**
焼付け塗装の塗膜構成　**473**
焼付け塗料　484
焼付け温度　367
焼貫呉須　190
焼き筆法　286, 287
役者染め　100, 101
やまと絵　**473**
大和絵　473, 474
倭絵　473, 474
山本耀司 (1943–)　88, 170
夜盲症　**474**
ヤング, ジョン・B　332
ヤング, トーマス (1773–1829)　**474**

[ゆ]

唯物論　234
釉　**476**
UV 硬化塗料　**476**
有機顔料と無機顔料　**476**
ユークリッド距離　313
ユークリディアンドット　14
有限次元線形モデル　**477**
有彩蛍光色　164
UCA　209, 210
UCR（下色除去）　**477**
UCS 色度図　144
友禅染　**477**
誘導・警告ブロック　**478**
誘導運動　478
誘導現象　**478**
誘導領域　141, 478
郵便ポストの色　**478**
釉裏紅　165
釉裏青　304
油煙　90
ユズ肌　287, 349

油滴天目　188
ユニーク色　**479**
ユニーク色波長　409, 425
ユニティー（統一）　**479**
油溶性染料　**479**
聴色　142

[よ]

溶剤系浸漬プライマー　410
溶剤系塗料　**481**, 484
溶質透過率　342, 486
窯変　122, 167, 392
曜変天目　188
溶融鍍金法　460
ヨーロッパの糊型染め　435
余弦法則　262, 263, 486
予測符号化　97
4 色調和　30

[ら]

ライト・アート　**482**
ライトアップ　**482**
ライトスケープ　**482**
ライトのダッシュ　**482**
ライト, フランク・ロイド (1867–1959)　448, 495
ラインハート, アド (1913–67)　116
ラヴァル, シャルル　298
楽焼（黒楽, 赤楽）　**483**
ラスキン, ジョン (1819–1900)　1, 433
ラスター彩　**483**
ラッカー　473, 481, **484**
ラッシュトン　314
ラテン・アメリカ系の色　**484**
ラテン系の色　**484**
ラ・トゥール, ジョルジュド (1593–1652)　381
ラバ　440
ラピスラズリ　66
ラファエロ, サンティ (1483–1520)　294
ラフスケッチ　32
ラプラシアン強調処理　16
ラベル　21
ラマ教の色　**484**
ラリオノフ, ミハイル (1881–1964)　500
卵殻黒陶　187
ランクロ, ジャン・フィリップ　121, 171
乱視　148
ランダム・ドット　**485**
ランダム・ドット・キネマトグラム　485

ランダム・ドット・ステレオグラム　485
ランドの2色法　**485**
ランドマーク　**486**
ランバーシャン　94
ランベルトの余弦法則　**486**
ランベルト–ベールの法則　**486**
ランベルト面　486
ランボー，アルチュール (1854–91)　88
ランレングス符号化　97

[り]

リアリズム　**487**
リアルタイムレンダリング　504
リートフェルト，ヘリット (1888–1964)　117, 334, **487**
リーフィング現象　173, 174
リーフィングタイプ　15
リープマン効果　282
リキッドカラー着色　202
リキテンスタイン，ロイ (1923–97)　438, 507
利休色　320
力量性　72, 104, 131
リシッキー，エル (1890–1941)　44, 181, 259
リズム（律動）　**487**
リダクションスクリーン（還元衝立）　**488**
離断性色名呼称障害　37, 241
リチャードソン，ヘンリー・ボブソン (1838–86)　212
リッコの法則　**488**
立体角　**488**
立体角透過率　342
RIP　332
リップマン方式　419
リネアペッレ　**489**
リフレクションマッピング　500
流行色　**489**
硫酸バリウム　382, 397
硫酸バリウム面　124
粒状性　490
粒状度　490
流動　488
流動2色性　362
領域分割　**490**
両眼色融合　**490**
両眼奥行きの知覚　47
両眼隔視比較　491
両眼隔壁法　**491**
両眼色差許容域　490, 491

両眼色融合限界　490, 491
量子化誤差　98
緑黄色野菜　**491**
緑道　**492**
臨界角　148
臨界呈示持続時間　**492**
臨界融合周波数　180
臨界融合頻度　26, 402
輪郭線　80
輪郭の接合形態　346
隣接色相配色　387
琳派　**492**

[る]

類似 (similarity)　452, 453
類似色相配色　387
類似色の調和　255
類似性の原理　227, 251
類似の調和　225, 226, 387
ルイス，エルモ　6
ルイス，モーリス (1912–62)　116
ルータの条件　**494**
ルード，オグデン・ニコラス (1831–1902)　57, 355, **494**
ルート比　416
ルーベンス，ペーテル・パウル (1577–1640)　381, **494**, 495
ルーメン　133, 183
ルール66　135
ルオー，ジョルジュ (1871–1958)　444
ルクス　262, 263
ル・コルビュジエ (1887–1965)　58, 233, 412, 416, 448, **495**
ルソー，テオドール (1812–67)　379
ルター–ニベルグの色立体　88
ルックアップテーブル　137, 171, **495**
ルッソロ，ルイージ (1885–1947)　451
ルドリョフ，アンドレイ　27
ルドン，オディロン (1840–1916)　**496**
ルネサンスの色彩　**496**
ルノワール，オーギュスト (1841–1919)　57
ル・ブロン，ジカン・バライスト・アレクサンダー (1679–1719)　204
ルミナンス（輝度）信号　**497**
ルミナンスチャンネル　41, 90, 180, 492, **497**
ルミナンス・ファクター　**498**
ルミネセンス　164
LUMO　133, 338, 339

ルンゲ，フィーリプ・オットー (1777–1810) **498**, 508, 509

[れ]

励起状態 **499**
レイトレーシング法 **499**
レイヨニスム **500**
レイリー散乱 7
レーキ顔料 **500**
レーザ **501**
レートディストーション関数 96
レーン・マーク 201
レオナルド・ダ・ヴィンチ (1452–1519) 16, 283, **501**
レチナール 249, 465
レチナール分子 137
REC709 **502**
レック，バート・ファン・デル 269
レディオシティ法 **503**
レティネックス理論 **503**
レバント美術 168
レペティション（反復）**504**
連想記憶モデル 364
連続干渉フィルタ 421
連続スペクトル 284
連続染色法 27, 28
連続染め 296
連続噴射型 54
レンダリング **504**
レンブラント，ファン・レイン (1606–69) 17, 381

[ろ]

ローウィ，レイモンド (1893–1986) 233
臈纈 435
臈纈染め 435
老子 (前6世紀頃) 17
老人性白内障 91
ローエ 213, 233
ローカルカラー 318

ローカル色 347
ローゼンバーグ，ハロルド (1906–78) 9
ローソリッド型塗料 371, 372
ロドチェンコ，アレクサンドル (1891–1956) 181, 259
ローパス型 214
ローランサン，マリー (1885–1956) 380
ロールコーター塗装 **506**
ロールシャッハ，ヘルマン (1884–1922) 506
ロールシャッハテスト 506
ロールシャッハ法 **506**
ローレンツ–ローレンツのモデル式 283
60年代のサイケデリックカラー **506**
6色調和 30
ロココの色彩 **507**
ロシア・アヴァンギャルド 181
ロシア構成主義 259
ロジータ夫妻 449
ロジスティック法 415, 416
ロスコ・チャペル 508
ロスコ，マーク (1903–70) 116, **507**
ロゼッタ 464
ロドプシン 314, **508**
ロビボンド式色彩計 102
Lovibond 比色計 391
ロマネスクの色彩 **508**
ロマン主義の色彩 **508**
ロラン（ジュレ），クロード (1600–82) 382

[わ]

YIQ信号 **510**
ワイルド，オスカー (1854–1900) 23
ワキ 350
和墨 287
和田三造 (1886–1967) 363
綿染め **510**
割合 416
ワンコート電着 23
ワンショットカメラ 205

色彩用語事典

2003 年 3 月 27 日　初　版
2007 年 8 月 31 日　第 3 刷

［検印廃止］

編　集　日本色彩学会
　　　　　代表者・会長　太田安雄

発行所　財団法人　東京大学出版会
　　　　　代　表　者　岡本和夫
　　　　113–8654 東京都文京区本郷 7-3-1 東大構内
　　　　電話 03-3811-8814・振替 00160-6-59964

印刷所　三美印刷株式会社
製本所　牧製本印刷株式会社

ⓒ2003 The Color Science Association of Japan
ISBN 978-4-13-061120-6 Printed in Japan

®〈日本複写権センター委託出版物〉
本書の全部または一部を無断で複写複製（コピー）することは，著作権法上での例外を除き，禁じられています．本書からの複写を希望される場合は，日本複写権センター（03-3401-2382）にご連絡ください．

新編 色彩科学ハンドブック［第2版］
　　　　　　　　日本色彩学会 編　菊判/1538 頁/36000 円

色彩学概説
　　　　　　　　千々岩英彰 著　A5 判/240 頁/3200 円

ディジタルカラー画像の解析・評価
　　　　　　　　三宅洋一 著　A5 判/208 頁/3800 円

実験心理学
　　　　　　　　大山　正 編　A5 判/294 頁/2400 円

因子分析法［第2版］
　　　　　　　　芝　佑順 著　A5 判/308 頁/4800 円

マザッチオ　ルネサンス絵画の創始者
　　　　　　　　佐々木英也 著　A5 判/376 頁/8800 円

まなざしのレッスン　1 西洋伝統絵画
　　　　　　　　三浦　篤 著　A5 判/288 頁/2500 円

建築を語る
　　　　　　　　安藤忠雄 著　菊判/264 頁/2800 円

歌舞伎美論
　　　　　　　　河竹登志夫 著　A5 判/272 頁/4400 円

ここに表示された価格は本体価格です．ご購入の際には消費税が加算されますのでご了承下さい．